郑振铎年谱

上册

陈福康 著

山西出版集团
三晋出版社

郑振铎

郑先生我以为他是中国文化界最值得尊敬的人

一泯

李一泯为本书题词

李一泯，1903年生。老一辈无产阶级革命家。党内著名学者、书法家。1925年五卅运动中与郑振铎结识。题词时任党中央顾问委员会常委、国务院古籍整理出版小组组长等。1990年病故。

周一萍为本书作者题诗

　　周一萍,1915 年生。老一代革命战士。军内著名诗人、书法家。1937 年抗日救亡运动中与郑振铎结识。当年是郑振铎任教的暨南大学的学生,为暨大地下党支部书记。题诗时他刚从国防科工委副政委岗位上离休,任神剑文学艺术学会(国防科技工业战线文艺爱好者的学术团体)主席、中华诗词学会常务副会长、哈尔滨工业大学名誉教授等。1990 年他为苏北老区运河建设操心过度,突然病故。

老友鄭振鐸生於福建長樂以

出徙遇空難平生著述宏富閱于

文學藝術成就尤多今當逝世三

十周年由陳福康先生編著年譜

為詩紀之

一舉沖天去不還長永留業績

照人寰文章華國真堪慰故宅

長樂綿萬山

一九八八年九月十四日常任俠題 年八十五

常任侠为本书作者题诗

　　常任侠,1904 年生。著名学者、诗人、东方艺术史家。1930 年初在
学术研究活动中与郑振铎结识。题诗时任中央美术学院教授兼该院
图书馆馆长、国务院古籍整理出版小组顾问、国家文物鉴定委员会委
员等。1996 年病故。

　　1921年春摄于上海南市半淞园。中坐者郑振铎,右坐者沈雁冰,右立者叶圣陶,左立者沈雁冰之弟沈泽民。这是叶圣陶第一次与郑、沈见面。

　　1948年冬摄于郑振铎上海寓所书房,时先生五十周岁。先生气质高雅,身后卷帙缥缃,陶俑历历可见,正是先生当年全力抢救、保护、整理、出版祖国文化遗产之证。

1950 年摄于郑振铎北京寓所庭院。读书是先生一辈子最大的爱好和最大的享受,辛勤工作之余读书也是他的一种休息。

瀉水置平地　各自東西南北流　人生亦有命　安能行嘆復坐愁　酌酒以自寬　舉杯斷絕歌路難　心非木石豈無感　吞聲躑躅不敢言

端毅吾兄　以古高麗箋湘楊氏墨書鮑參軍擬行路難一篇呈

西諦

1941年12月上海完全沦陷于日本侵略军后，郑振铎被迫化名隐居，时先生手书鲍照《拟行路难》一首赠人，以表达自己的无限悲愤和坚强斗志。

1949 年初郑振铎书写龚自珍的名句并题数语，拟置诸座右。这是一份草稿，先生欲弃之纸篓而被他的一位学生讨去珍藏。时先生在地下党的安排下正准备秘密离沪南下香港北上参加新中国开国大典。

李長吉詩想像奔放奇特音見世人罕能枯澀若
讀長吉詩便知天才詩人是如何的文思沛旺
像長江大河,不可竭盡其遣辭用字之妙
如何的破天心揭地膽見宇宙間物無不
可掇入詩里而為之盡忠坤力子非詩
人而素喜長吉詩今得曾益祥本紙質
精究甚足愉悅頃增謁之之趣矣
一九五八年十二月八日西諦

郑振铎写在《昌谷集》清初刊本上的题跋手迹

漫步書林 目錄

序

王禎農書

刘基〔基〕多能鄙事

無名氏：居家必用事類全集

鄺璠：便民圖纂

無名氏：墨娥小录

汪楚英梅史

談買書

余象斗：刻圖志傳

玄曄：幾暇格物編

郑振铎《漫步书林》书稿目录手迹

序　言

郑尔康

　　记得早在 1980 年代初，福康同志还在上海复旦大学读研究生时，就给我来信，说想为我父亲郑振铎先生撰写一部年谱。我当时非常高兴，因为这也正是我多年想做的一项工作，但由于种种原因、种种困难，自己一直没有着手进行。而福康年富力强，聪明勤奋，潜心于文史研究，特别是对郑振铎的著作及生平已经下了极大的功夫，尽可能地掌握了大量的史料，很多地方可以说是我所自愧不如的。因此，由福康来撰写一部资料丰富、确凿详尽的《郑振铎年谱》，我和当时还健在的家母，是十分信得过的。于是，福康就埋头苦干起来了。他在复旦大学毕业后，工作了几年，再次考上了北京师范大学李何林教授的博士研究生，负笈京城又攻读了三年，期间也一直在继续为这部年谱搜集资料、调查访问和推敲撰写。终于，在 1988 年纪念郑振铎诞生九十周年和牺牲三十周年时，由书目文献出版社（即今国家图书馆出版社）出版了他的五六十万字的《郑振铎年谱》。

　　当时我应福康之请，为该书写过一篇序，其中有这样一些感慨：

　　"1958 年，父亲在万里长空中，光辉而壮丽地完成了他生命之歌中的最后一个乐章，像'火中凤凰'一般地飞向了无垠的宇宙。对于他的一生，作为儿子的我，似乎不宜过多评说；然而毋庸讳言的是，就在父亲为国捐躯的那年，他正遭受着规模很大的、极不公正的'批判'。当然，他那时是很痛苦的，他当时在书斋中踱步苦思的情景给我留下极深刻的印象,至今历历在目。然而,他对党和人民始终怀着一颗忠诚的心,刚开罢'批判'会后,就毅然领受了率团出国的使命(这说明党是信任他的),他怀着复杂的心情,登上了征途。也只是由于他在异国他乡的壮烈牺牲,这场'批判'才不了了之。然而,自那以后,他的名字,在很长一个时期内,很少出现在有关文学史、学术史等等著作、文章中。很多青年人,甚至于一些专门研究现代文学的人,对于郑振铎其人以及他一生对于文学事业的贡献几乎一无所知。这倒还不算什么;然而在某些虽然提到了他的文章里,却对他戴着有色眼镜加以评论,对这些评论,笔者和福康同志是实在不能苟同的……

"有感于此,福康同志认为,要改变世人的某些偏见,只有让已被湮没了的历史,重新站出来说话。也正是有鉴于此,福康同志才下决心编写这部年谱的。先父挚友叶圣陶先生说过:'我常常这样想,应该有人发个愿心,为振铎兄写一部传记,这对帮助人们了解"五四"以来的新文学运动大有好处。我还认为振铎兄的传记用不着什么夸张的手法,只要求内容翔实,他那充满着激情和活力的品格就足以使读者受到感染了。'(《〈郑振铎选集〉序》)记得福康同志曾跟我讲起过他自己正有这样一个'愿心'。我想,他编写的这一年谱正是他将来要写的传记的基础吧。我相信这部毫无虚夸、内容翔实的年谱的问世,对于检验过去一些关于郑振铎的议论之是否确切,是可以得到帮助的。同时,这部书也一定'对帮助人们了解"五四"以来的新文学运动大有好处'。因此,它虽然不是传记,但基本上是符合了叶圣陶等前辈的愿望的。"

应该说,我在二十年前写到的那些对郑振铎的偏见和忽视的状况,现在已经有了很大的改变。而这其中,就有着福康突出的劳绩和贡献。2000年,北京大学老教授严家炎先生在为一位香港学者关于郑振铎文学思想研究的书所写的序文中,就这样指出:"可惜长时期里,我们对郑振铎的研究比较少。直到[一九]八十年代至九十年代,才有陈福康先生等为此倾注大量心血,作出显著成绩。"我完全同意严先生讲的这句话。

　　福康除了撰著这部年谱以外，还发表了很多有关郑振铎研究的论文，而且后来又出版了《郑振铎论》(1991，商务印书馆)和《郑振铎传》(1994，北京十月文艺出版社)二书。其《郑振铎传》还荣获了全国首届优秀传记文学奖和全国高等院校人文社会科学研究优秀成果奖。有一位日本学者尾崎文昭教授在一篇论文中甚至说："在中国，郑振铎研究几乎是陈福康一个人的舞台。"但我知道，他后来那两部书的撰著，都是在《郑振铎年谱》打好的坚实基础上进行的。福康这样子做学问，我是非常佩服的。我在当年写的序中就认为："他的这种治学的严谨态度与方法，正是先父生前所提倡并身体力行的。父亲写东西，从不凭虚立论，而是以史实根据为第一，力求客观与实在。因此，他有的论文尽管'下笔浑如不系舟'(茅盾《挽郑振铎》)，但至少给后人研究和继承文学遗产提供了丰富的材料，这比某些只有'见识'而无'知识'，'宏'则'宏'矣、'观'却'观'不到什么的'宏观论文'要略胜一筹吧。"

　　我当时还写道："这是一部具有史料和学术价值的书。在编写过程中，笔者与福康同志多有过往。他确实是付出了艰辛的劳动。为了获得第一手材料，他常常冒了严寒酷暑，风霜雨雪，不辞辛劳地四处奔走，踏踏实实地查阅了不计其数的当年的出版物以及书信、日记、档案等；访问了许多文坛前辈。靠着一点一滴地日积月累、排列、分析，大到一部专著，小至一则记事，他都不轻易放过，就这样，他发掘出了不少人所未知的材料和佚文、佚事，有些是连笔者都不知、也从未听先母提起过的。在充分掌握史料的基础上，本书编写者对先父生平中的不少与中国现代文学有关的问题一一作了分析。如，对于创造社与文学研究会论争的缘起与是非，对于郑振铎、叶圣陶等人何以未加入左联，对于先父是否加入过社会主义青年团等等问题，提出了自己独到的见解……得到了一些先父老友及前辈学者的关注和好评。"该年谱出版后，我就曾在叶圣陶、夏衍、李一氓、启功、叶至善等先生那里，听到过对此书的夸奖。不仅国内有多篇评论，而且日本学者藤井省三教授、香港学者黄俊东编审、内地学者陈子善教授等先生，还在海外发表过专门的书评。可以说,初版的那本年谱已经是一部名著了。只是,当时仅印二千多部,这么多年来不断有朋友向我和福康要书,但绝版已久,也没法满足他们。我在网上还看到过,有人把该书书价涨到一百多元呢。好多年前,我就想帮福康联系再版,但他却说还想补充修订一下。

近二十年来,与先父有关的史料新发现了很多,其中不少正是由福康发掘、考证、整理出来的。每当他发现了什么线索,看到了什么材料,总是极其兴奋地马上告诉我。我满以为,他既有这么多年的积累,那么年谱补订起来一定不那么吃力。谁料想他正式动手修订,埋头一搞又是一二年,据他说一点也不轻松。我想,那肯定是因为他做学问一丝不苟,精益求精,到了呕心沥血的地步。如今,他的修订稿完成了,别的不说,仅从字数看,就大概是初版的两倍。我听福康说过,撰写年谱和写别的东西不一样,是不需要虚构的,不需要形象描写、心理描写之类,也不需要过多的作者自己的分析、议论。它排斥"水货",要的是实打实的与谱主有关的史料。因此,如果没有实质性的东西要补充,是不可能增加这么多篇幅的。而且,福康一如既往,并没有像有的年谱那样大段大段、甚至成篇成篇地抄录谱主的文章和有关资料,也没有像很多年谱那样在每一年甚至每一月的开头都写上许多当时国内外的大事记。(《郑振铎年谱》除了在谱主童年,大概因为实在缺少生平史料,才附上了一点有关的背景材料。)福康很注重直接引用第一手珍贵资料(如日记、书信、档案等),但也只是摘录其主要内容。我还听福康说过,他不满意于现在有的作家年谱写得就好像只是谱主的写作年表,似乎谱主除了写作以外就什么也不干。他认为年谱要尽可能全面地记载谱主的行事和言论,对作家也是一样,虽然写作是作家的主要工作,但并不是其全部人生。他说,他写的年谱就要注重"纪事"。他又说,梁任公据章实斋语而昌言:"方志,一方之史也;族谱家谱,一族一家之史也;年谱,一人之史也。三者皆为国史取材之资,而年谱之效用,时极宏大。"年谱是一种非常重要的史学著作,要通过一个人看到一个时代,一个世界。特别像郑振铎这样的交游极广,阅历极富,充满活力,甚至有点传奇色彩的谱主,一生做过的工作、联系的人物等等非常之多,在年谱中应该尽可能全面地反映。为此,福康看了大量的与先父有关的人士的书,包括未出版的"书"如私人日记等等。这里我想特别提一下日记。先父的日记,现已由福康整理后出版了,这次年谱修订中当然作了充分的利用。此外,这部年谱引用的他人的日记多达三十余种,不仅有鲁迅、周作人、胡适、叶圣陶这样大家知道的有名的日记,还有一些如杨昌济、赵南公、蔡元培、王伯祥、刘承幹、陈君葆、季羡林、赵家璧、贾进者、胡朴安、张珩、卢前、朱偰、沙孟海、常任侠、吴祖光、柯灵、史久芸等人的日记,大概是很少为人所知的吧。因此,内行的读者一定会感到,这样的年谱是比较少见、非常实用的。

这部修订本年谱还有很多特色可说,我也不多写了。总之,初版本已经达到很高的水平了,而现在,作者的修订本又做到这样子,我实在感到又惊又敬!在山西古籍出版社张继红总编的大力支持下,这部修订本《郑振铎年谱》可望在二〇〇七年问世。明年,就要迎来父亲诞辰一百十周年和牺牲五十周年的纪念日了,因此,这部年谱的出版是一桩十分及时的有重要意义的事,我非常地高兴!我想,父亲和母亲在天之灵也一定会感到非常欣慰的!谢谢年谱作者和山西古籍出版社的同志们!

　　　　　　　　　　　　　　　　二〇〇七年五月一日修改于玄览堂

目　录

（上册）

郑振铎像

李一氓题词

周一萍题诗

常任侠题诗

1921年春郑振铎与沈雁冰、叶圣陶、沈泽民合影

1948年冬郑振铎在上海寓所书房

1950年郑振铎在北京寓所庭院读书

1941年郑振铎手书"泻水置平地"诗

1949年郑振铎手书"狂攄文献耗中年"诗句

郑振铎写在《昌谷集》清初刊本上的题跋手迹

郑振铎《漫步书林》书稿目录手迹

一八九八年　一岁

（光绪二十四年　戊戌）

十二月十九日（阴历十一月初七）

郑振铎出生于浙江省温处道永嘉县（今温州市）。诞生地是乘凉桥一间名叫"炮丁"的旧屋子内（据叶大兵查访）。

郑振铎，字警民（据 1913 年《浙江第十中学校同学录》和 1920 年《北京铁路管理学校高等科乙班毕业纪念册》），又字铎民（据 1920 年 1 月《永嘉新学会会员录》）。因幼时大人为他"算命"，"五行缺木"，故小名木官。抗日战争时期在敌伪统治区曾用化名陈敬夫（一说用陈思训）。常用笔名有：西谛、C.T.、郭源新等；由名字与常用笔名衍化的笔名有：振铎、铎、郑西谛、西、谛、C.、源新、源、新、谷远、谷、远等；还曾用过笔名：慕之（《小说月报》）、S.C.（《儿童世界》）、子汶（《小说月报》）、Y.K.（《鉴赏周刊》）、文基（《小说月报》）、西源（《文学周报》）、宾芬（《小说月报》）、何谦（《文学》）、禾忠（《政协会刊》）、云纹（《政协会刊》）等；抗日战争时期用于影印出版古籍、署于藏书题跋、署于致重庆有关当局密信的化名有：玄览堂、玄览居士、幽芳居士、纫秋居士、犀谛，以及幽芳阁主、幼舫、友荒、纫秋、纫秋山馆主人、纫秋主人、纫秋馆主等。

郑振铎祖籍为福建省长乐县（今改为市）首占乡。祖父郑承晟，字允屏，号绍平，咸丰己未年正月初七（1859 年 2 月 9 日）生，约 1911 年卒。祖父"年轻时由福州跟随在温州当道台的表亲到温州当幕友，在道台衙门内做抄写工作；后来被委派为铜山岛海防小官"（据郑振铎大妹郑绮绣回忆）。为"浙江试用从九品"（据《郑兆祺家谱》）。祖母陈氏，咸丰乙卯年十二月廿二日（1856 年 1 月 29 日）生，约 1943 年 3

月卒。郑家迁温州大约在 1895 年。

　　祖父有三男三女。长子即郑振铎的父亲郑庆咸,生于光绪辛巳年四月十七日(1881 年 5 月 14 日),约卒于 1909 年;次子郑庆晋,生于光绪壬午年七月十五日(1882 年 8 月 28 日),卒年不详,早逝;三子郑庆豫,字莲蕃,约生于 1886 年,1908 年京师译学馆毕业后,去西班牙留学,归国后在北京外交部任签事,1944 年 4 月卒。三个女儿今皆不知名字,长女后嫁福州陈家(据说陈父曾在云南大理府任知府);二女后嫁福州李家;三女出世后因家境穷困被迫送给人家做养女。

　　郑振铎父亲郑庆咸和母亲郭宝娟(约 1880～1968)"自幼由双方母亲指腹为婚定亲"。郭氏"十六岁时因母亲(郭家)去世,而夫家(郑家)全家即将由福州去温州,随出嫁跟随丈夫一家到温州定居"(据郑绮绣回忆)。

　　郑振铎为长子,后有大妹郑绮绣 (1901～1991)、二妹郑文英(1906～2000),另有一小弟出生数天即夭亡。

　　本年 5 月 19 日,温州城区发生群众罢市,反对米价暴涨和征收新税,进而捣毁衙署。总镇衙门开枪,死伤群众数十人。

　　1 月,康有为提出变法的具体措施。3 月 26 日,康有为发动"公车"百余人上书。4 月,康有为、徐致清、杨深秀等人先后上疏要求"明定国是"、变法维新。6 月 11 日,光绪皇帝下《定国是诏》,决定变法。这是中国近代资产阶级改良派试图依附于皇帝而发动的一次政治改良运动,史称"戊戌变法"。但由于遭到顽固派的疯狂反对,仅历 103 天便惨遭失败。在此期间,温州也出现了陈虬、宋恕、陈介石(当时被称为"温州三杰",又称"东瓯三先生")以及孙诒让、黄绍箕等改良派人士。陈虬曾参加康有为的"公车上书",并在温州瑞安组织"求志社",在温州创办"利济医院"等;宋恕是许寿裳的老师,章太炎的好友,与梁启超、谭嗣同等交往甚密;陈介石是马叙伦的老师,交谊深厚。

一八九九～一九〇四年　二岁～七岁
（光绪二十五～三十年　己亥～甲辰）

在温州度过幼年时期。在三岁那年,辛丑年除夕(1901 年 2 月 18 日),大妹郑绮绣生。此时,家庭经济靠祖父做小官吏的收入,没有固定的房地财产,祖父常常一人喝酒。郑振铎后回忆说,"回想起来,似乎他那时是非常的高兴,他是陶醉着,为快乐的雾所围着,似乎他的沉重的忧郁都从心上移开了","在孙男与孙女中,他特别的喜欢我"。(《宴之趣》)

1899 年 3 月,山东义和团朱红灯部起义。年底,义和团运动发展到各州县。1900 年春,义和团主力由山东向直隶转移,随后进入京、津。6 月,运动达到最高潮。8 月中旬,帝国主义八国联军攻陷北京,西太后挟光绪帝仓皇出逃。同月,沙俄派遣十余万侵略军入侵我国东北。义和团起义农民遭到血腥镇压。1901 年 9 月 7 日,清政府与英、俄、美、德、日、奥、法、意、西、荷、比等十一国公使在北京签订了丧权辱国的《辛丑条约》,赔款四亿五千万两白银,出卖京津周围的军事控制权,在北京设立使馆区等,使中国进一步陷入帝国主义的控制与掠夺之下。温州早在 1876 年英帝国主义威逼清政府签订的《烟台条约》中,即被辟为所谓通商口岸,并作为外国领事官驻扎之处。外国传教士等在温州的活动亦一直很活跃。但温州人民从没停止过对侵略、掠夺和压迫的反抗与斗争,在义和团运动期间,温州地区也有农民起义响应,他们不称义和团而称神拳会。在北京义和团遭到失败后,温州瑞安地区的神拳会还继续坚持斗争若干时。

1899 年冬,中国资产阶级革命先驱者章太炎所著《訄书》木刻本刊行,后于 1902 年又在日本东京出版其修订本。1903 年 2 月,留日爱国青年在东京创刊《浙江潮》月刊,随后《湖北学生界》、《江苏》、《汉声》等反清革命刊物相继创办。1903 年 5 月,被誉为中国近代的《人权宣言》的邹容的政论《革命军》在上海出版。同年,署名"黄帝子孙之多数人"的《黄帝魂》(张继编)出版,收有关反清革命的文章 29 篇,后于 1911 年重刊,增至 44 篇。1904 年,陈天华所作通俗政治读物《猛回头》、《警世钟》在上海发行。随后,温州乐清县虹桥人陈耐辛亦作《新山歌》,内容与《猛回头》、《警世钟》相类。这些资产阶级民族民主革命的读物不久即对少年郑振铎的思想产生了影响,他后来回忆说:"我们在少年时候,便以读《黄帝魂》《浙江潮》一类的书为乐。'雪夜读禁书',公认为'人生一乐'。"(《文化正被扼杀着》)

一九〇五 ~ 一九〇六年　八 ~ 九岁
(光绪三十一 ~ 三十二年　乙巳 ~ 丙午)

约 1905 年,父亲去扬州当幕友,郑振铎随之去扬州生活。(1906 年 5 月 14 日,二妹郑文英出生于扬州。)不久,父亲因受刺激得病,回温州疗养无效逝世。郑振铎自述:"余幼客扬州二载,尝游法海寺。"(《〈扬州东园题跋〉题跋》)据郑绮绣回忆,父亲在扬州当幕僚时,"一天在衙门后花园见到知县的如夫人[按,即小妾],看她长相很像自己的妹妹,后经多方打听,原来即是给人家当养女的那个妹妹。当时思想上受到严重刺激,认为是奇耻大辱,当即神经错乱,由家人接回温州治疗无效,不久即去世。"

1905 年 8 月,中国资产阶级革命家孙中山联合兴中会、华兴会、光复会成立"中国同盟会",在日本东京召开成立大会。大会决定:以"驱除鞑虏,恢复中华,创立民国,平均地权"为宗旨。11 月,同盟会机关报《民报》创刊于东京,孙中山在发刊词中提出"民族"、"民权"、"民主"的三民主义纲领。在孙中山和同盟会的领导下,民主革命运动迅速高涨。

1906 年 3 月,鲁迅从日本仙台医专回到东京,弃医从文,专门从事文学活动。4 月,《民报》发行号外《民报与新民丛报辩驳之纲领》,有计划地对改良派展开大规模论战,国内外二十余种报刊投入了这场有关国家民族存亡的大辩论。

一九〇七~一九〇九年 十~十二岁

(光绪三十三~宣统元年 丁未~己酉)

约 1907 年,回到温州。父亲病故后,家庭生活渐趋贫困。祖父常借酒浇愁,又过几年亦抑郁而亡。父亲病故前后,母亲又生下一个小弟弟。郑振铎后写诗回忆说:"虽然我们只见了五六面,/但是这初生婴孩的最后的哑而不扬的哭声,/至今还使我负着悲哀的重担。"(《死了的小弟弟》)约此时,进小学读书。郑振铎后回忆说:"国文教员拖长了声音,板正了脸孔,教我读《古文观止》。我至今还恨这部无聊的选本!"(《记黄小泉先生》)

1907 年 3 月,孙中山被日本当局驱赶出境,旋即领导国内会党多次举行武装起义,虽每次均遭失败,但革命斗志不减。1907、1908年,鲁迅在《河南》杂志上发表《人之历史》、《摩罗诗力说》等文,介绍了当时国外进步的自然科学、社会科学和文学。1909 年 8 月,鲁迅从日本归国。11 月,柳亚子等人发起成立中国近代最大的资产阶级革命文学团体"南社"。

一九一〇年 十三岁

（宣统二年 庚戌）

约本年，跟从黄小泉先生念书，与其子黄炎甫为同学。郑振铎后来回忆说："小泉先生教我念《左传》，他用的是新的方法，我却很感到趣味。""我第一次有了一位不可怕而可爱的先生。这对于我爱读书的癖性的养成是很有关系的。""小泉先生便是我的真正的'启蒙先生'，真正的指导者。"（《记黄小泉先生》）

本年，人民群众自发的反清斗争增多，突出的有湖南长沙的抢米风潮和山东莱阳的抗捐斗争。同时，革命党人组织的起义也更为频繁。

7月，《小说月报》在上海创刊，商务印书馆出版。初由恽铁樵主编，1918年改由王蕴章主编。1920年前，该刊为鸳鸯蝴蝶派的主要刊物。1921年起由沈雁冰主编（郑振铎在后面大力支持），内容上全面革新，实际成为文学研究会的机关刊。1923年起至1931年底终刊为止，由郑振铎主编。

一九一一年 十四岁

（宣统三年 辛亥）

约此年前后，开始学习创作。郑振铎后来回忆说："年十三四时，读《聊斋志异》，便习写狐鬼之事。记得尝作笔记盈半册，皆灯前月下闻之于前辈长者的记载。迄未敢出示友朋。人亦无知之者。几经播迁，皆荡为云烟矣。后随长者们作诗钟。方解平仄，乃亦喜赋咏物小词。随作随弃，也不复存稿。"(《〈中国文学论集〉序》)

约本年春，入温州府官立中等农业学堂读书。该学堂设在道后关帝庙后进，原为温处道道尹董兆蓉(绍甫)在 1902 年后创办的蚕桑学堂，此时在道尹郭则沄主持下改名中等农业学堂，聘吕文起为校董，委施震泽为监督，潘宣丞为监学，扩大规模，招收新生。预科第一年级教学内容有修身、文学、历史、地理、经学、英文、算术、物理、化学、植物、图画、体操等十二科，与普通中学科目相似，育蚕另设技术科，由蔡冠群担任，"但很少亲授农业实际生产知识，似难满足学生需求。教师又采用注入式教学方法，不切合客观愿望。当时学生反映'学了一年，没有获得显著农业生产知识'，因此部分学生自动转学。如郑振铎转温州中学，陈经转温州师范，包容、夏铣转法政学校。"(冯举千《我所知道的温州蚕桑学堂》)

本年 4 月 27 日，在孙中山领导下，黄兴等发动震惊全国的广州起义。起义失败后，72 位烈士合葬于广州市郊黄花岗。5 月 9 日，清政府宣布将川汉、粤汉铁路"收归国有"，旋将路权出卖给英、法、德、美等外国银行，激起全国人民强烈反对，形成轰轰烈烈的"保路运动"。10 月 10 日，武昌起义爆发，各省纷纷响应，推翻了清政府的统治，史称"辛亥革命"。

11 月 4 日，杭州新军起义，当夜通电全省，次日成立浙江军政府。7 日，温州各界在道司前的第一师范学校操场，举行了庆祝光复大会，并发表了拥护革命的通电。8 日，温州宣布独立，原防营统领梅占魁被推为温州临时军政分府兼温处警备司令。

一九一二年　十五岁

（民国元年　壬子）

　　约本年,曾有一段时间生活在农民之间。郑振铎自述:"著者童年时,那时已经是在民国初元了——曾有一个时期居住在农民之间。农民们常苦于横征暴赋,叹息于兵戈的扰乱不息。当夏天,夕阳下了山,群星熠熠的明灭于天空,农民们吃过了晚饭,端了木凳,坐在谷场上,嘴里衔着旱烟管,眼望在茫茫无际的天空时,他们便往往若有所思的指点着格外明亮的一颗星道:'喏喏, 皇帝星出来了, 听说落在西方呢。真命天子出来,天下便有救了。'"(《玄鸟篇》)

　　本年1月1日,孙中山在南京就任临时大总统,宣告中华民国成立,定都南京。2月,孙中山辞去临时大总统职。4月,袁世凯窃取辛亥革命果实,在北京就任临时大总统,黎元洪任副总统。辛亥革命在内外反动势力的围攻破坏下,以妥协告终。
　　8月底,强台风袭击浙南,温州、处州一带暴雨成灾,海塘被毁,山洪暴发。据统计淹没农田41万亩,摧毁民房34万6千余间,灾民达59万4千余人。

一九一三年　十六岁
（民国二年　癸丑）

本年,入温州的浙江第十中学校读书。时家住瓦市殿巷(据《浙江第十中学校同学录》)。校长黄人望,金华人,日本早稻田大学师范毕业生,本省视学员;下学期起换何敬煌任校长,绍兴人,浙江高等学校毕业生。在预备考中学期间,曾和黄炎甫等几个同学在一所庙宇里补习国文,教员即黄小泉。郑振铎后来回忆说:"在那时候,我的国文,进步得最快。我第一次学习着作文。我永远不能忘记了那时候的快乐的生活。"(《记黄小泉先生》)

本年3月,孙中山从日本回国,筹划起兵讨伐袁世凯。6月,袁世凯通令各省尊孔祭孔,为复辟帝制大造舆论。7月,江西都督李烈钧在孙中山指示下兴兵讨袁,发动"二次革命"。但因国民党内部涣散,脱离人民,此举于9月失败。11月,康有为被拥为孔教会会长,袁世凯再次下尊孔令。

一九一四年　十七岁
（民国三年　甲寅）

在浙江第十中学校读书。约此时,祖父病故,家庭经济十分窘迫,主要靠母亲做针指活的微薄收入维持生活。有几次因缴不起学费,竟被学校当局停止参加考试。

本年 7 月,帝国主义重新瓜分世界、争夺殖民地的第一次世界大战爆发。9 月,日本帝国主义以对德宣战为借口,攫取了德国在我国山东的一切权益。

6 月,《礼拜六》周刊在上海创刊。此时,所谓"鸳鸯蝴蝶派"(又称"礼拜六派")作品盛行,本年是该派报刊及作品蜂起之年,徐枕亚的《玉梨魂》被称为该类作品最有影响的早期作品。

一九一五年　十八岁
(民国四年　乙卯)

在浙江第十中学校读书。刻苦求学,并注意阅读报刊杂志,关心国家大事。郑振铎自述:"当陈独秀主持的《青年杂志》于一九一五年左右,在上海出版时,——那时我已是一个读者"(《〈中国新文学大系·文学论争集〉导言》)。"在中学时代买不起书,家里所藏的《中国魂》、《新民丛报》之类,我都读过不止一遍。此外便买些《学生杂志》和《青年杂志》(《新青年》的前身)来读。对于线装的书是不曾问津过。曾向一位同学那里,借过一部《文心雕龙》,在暑假里抄了一遍。"(未刊稿)"余素喜治流略之学。童稚时,即手录《汉书艺文志》及《隋书经籍志》,时自省览。后得《八史经籍志》,乃大喜,类贫儿暴富。"(未刊残稿)

本年 1 月 18 日,日本驻华公使日置益代表日本政府向袁世凯提出"二十一条"要求,企图独占中国。袁世凯称帝心切,竟于 2 月 2 日派人同日方开始秘密谈判。3 月 18 日,日本帝国主义增派三万侵略军来华进行威胁。5 月 7 日,日方又向袁世凯政府提出最后通牒,史称"五七国耻"。8 月,为袁世凯称帝服务的"筹安会"宣告成立,并拼凑所谓"公民请愿团",叫嚷实行"君主立宪"。12 月 12 日,袁世凯公然宣布承受帝位。31 日,下令改明年为所谓"中华帝国洪宪元年"。全国人民愤怒反对,蔡锷等人发动"护国战争"。

9 月 15 日,陈独秀主编的《青年杂志》(第二卷起改名为《新青年》)在上海创刊。陈独秀发表《敬告青年》、《法兰西人与近代文明》等文,主张民主政治,提倡人权,反抗君主,反对强权。该刊是综合性的文化评论刊物,也是近代最早倡导"文学革命"的刊物,影响极大。

一九一六年　十九岁

(民国五年　丙辰)

在浙江第十中学校读书。本年孟春,上海中华书局出版张相编撰的《古今文综》一书,定价银十元,内容分六部、十二类,收录古今论著序录、书牍赠序、碑文墓铭、传状志记、诏令表奏、辞赋杂文等。郑振铎自述:"一位同学买到一部《古今文综》,我十分的羡慕他,曾向他一套一套的借来读,把其中有关于讨论文艺的文章,不论论说、书疏等等,都抄了下来,集成两厚本,名为《论文集要》。"(未刊稿) 郑振铎后于1957 年购得此书,又题曰:"一九一五年[按,时间有误]予在温州十中肄业,此书方出,一陈姓同学购得之。予健羡无已,乃假得之,穷一暑天之力,尽录其中论文之作,集为二册,题曰《论文集要》,殆是我从事纂集工作之始。今经四十余年矣,此二册钞本尚存行箧。顷过中国书店,见架上有此书,乃购之归,因追纪少年时代一段艰苦求书之事实。"

本年 3 月 22 日,袁世凯被迫撤销帝制。6 月 6 日,袁世凯在全国人民的声讨声中死去。8 月 1 日,黎元洪任总统职。

5 月,李大钊在日本早稻田大学未等卒业即回国进行革命活动,8 月,到北京创办《晨钟报》。12 月,蔡元培被任命为北京大学校长。本年,瞿秋白考入北京俄文专修馆读书。

一九一七年　二十岁

（民国六年　丁巳）

夏季

从温州到上海,随后到北京。郑振铎自述:"一九一七年夏天,从温州到了上海,住在外祖父家里。恰遇张勋之变,不能北上。偶到四马路去逛旧书摊。在一个摊上,见到一部小字石印本的《九通》,只要二元,便把它买了来。把这一大堆的书从四马路携到我的住处虹口是不大容易的。心里觉得饱满,觉得痛快,这是我收集线装书的开始。"(未刊稿)　当时,三叔郑莲蓀已在北京外交部任职,郑振铎去投靠三叔,寄居在他的西石槽六号寓所。

十二月十六至十九日

参加北京铁路管理学校高等科的招生考试。郑振铎的"叔父对于侄儿的这一上进要求不好却情拒绝,但又缺少慷慨大度的心胸。当时,文科院校的费用都很昂贵,上完大学需化去一笔可观的钱,所以叔父支持他报考铁路管理学校。在他的叔父想来,这所学校不但学费低,而且毕业后的职业有保障,这是可取的。"(尔康、仁义《万里鹏》)据郑绮绣回忆,郑振铎到北京后生活很艰苦,"有时冬天只有外面一件棉袍,里面贴身还穿着夏天的夏布褂衫。"有亲戚从北京回温州,把情况告诉郑振铎的祖母,老太太十分心痛,去信把郑莲蓀"大骂一通"。郑振铎的寡母生活更苦,"经常带孩子回娘家(在上海)住上一、二年",娘家的生活主要靠郑振铎的大舅负担。

本年 3 月 11 日,俄国二月革命爆发。11 月 7 日,俄国十月革命爆发并获得胜利,列宁领导布尔什维克党创立了世界上第一个社会主义国家。十月革命改变了整个世界历史的方向。中国革命也从此脱离了旧的世界资产阶级民主革命的范畴，而成为新的世界无产阶级革命的一部分。毛泽东指出："十月革命一声炮响，给我们送来了马克思列宁主义。十月革命帮助了全世界的也帮助了中国的先进分子，用无产阶级的宇宙观作为观察国家命运的工具，重新考虑自己的问题。走俄国人的路——这就是结论。"（《论人民民主专政》）

6月7日，张勋率辫子军自徐州北上，阴谋复辟清王朝。7月1日，张勋与康有为等拥清废帝溥仪复辟，逼走总统黎元洪，解散国会，并于当日恢复宣统年号。3日，段祺瑞在天津附近的马厂誓师讨逆。14日，段祺瑞入京重新执政。17日，段祺瑞悍然废弃国会和《临时约法》。孙中山随即发起"护法运动"。9月1日，旧国会议员在广州成立军政府，推孙中山为大元帅，誓言"根除奸凶，恢复约法"。

1月，《新青年》第2卷第5期发表胡适的《文学改良刍议》。2月，该刊第2卷第6期发表陈独秀的《文学革命论》。这两篇文章的发表，标志着反对文言、提倡白话，反对旧文学、提倡新文学的"五四"新文学运动的开端。

一九一八年　二十一岁

（民国七年　戊午）

一月五日

　　被北京铁路管理学校录取为高等科乙班（英文班）新生。该校为今北方交通大学的前身，创始于 1909 年 5 月，名铁路管理传习所，翌年改名为交通传习所，至 1916 年 12 月 12 日分为铁路管理学校与邮电学校两校。这时，铁路管理学校校长为俞人凤（技正），"始添招英文高等科一班，拔取学生六十名，增聘教员十余名，专授铁路管理课程。……此为吾校自招新生之第一班也。"（见《北京铁路管理学校高等科乙班毕业纪念册》中的《庚申级小史》）　该班各项功课多用英文教授，课程中尚有"日文"和"国文"。国文老师是黄晦闻，教了一年，郑振铎后来说："他教的是古文，没有给我什么影响。"（《〈中国文学研究〉序》）

一月十四日

　　正式开学上课，开始大学生活第一天。

一月

　　李大钊任北京大学图书馆主任。

四月中旬

　　学校"全班全体赴清华学校参观三角运动会"。（《庚申级小史》）

五月十四日

　　"本校与邮电学校开联合运动会。是日八时起首预赛，至下午一时复逐项决赛，结果本校占取优胜。"（《庚申级小史》）

五月十五日

　　《新青年》月刊第 4 卷第 5 期发表鲁迅的《狂人日记》，是为中国新文化运动史上第一篇振聋发聩的白话小说,是"五四"新文学的开山之作。

七月十五日

学校开始放暑假。"同日校令全体学生分往京汉、京奉及津浦、沪宁各路旅行参观。"(见《北京铁路管理学校高等科乙班毕业纪念册》中的《本校大事记》)

九月六日

学校暑假期满,继行开学。

十一月十一日

第一次世界大战结束。为重新瓜分世界,美英法等战胜国宣布将于明年1月在巴黎举行所谓和平会议。

十一月十五至十六日

李大钊在天安门广场举行的庆祝第一次世界大战结束的大会上,以《庶民的胜利》为题发表演说,后又写了《布尔什维主义的胜利》一文,分析了第一次世界大战的帝国主义性质,认为大战的结束是人民的胜利、社会主义的胜利,坚信未来"必是赤旗的世界"。这反映了中国具有初步共产主义思想的知识分子对十月革命的拥护和向往。两文后同载《新青年》第5卷第5期。

十二月二十四日

学校开始放年假。

本年

在铁路管理学校读书之余,爱好文学与史学,开始接触国外社会学和俄国文学(英译本),并与瞿秋白、耿济之等人相识。开始接受十月革命后新思潮的洗礼。

郑振铎自述:"在北京念书的时候,常托家叔莲蕃先生向外交部图书馆借些古书来看。刘知几的《史通》便曾花了整整一个暑假的工夫把它全部抄录下来。"(《〈中国文学研究〉序》初稿)"至平就学,得见郑夹漈《通志二十略》,复手录其《校雠略》、《艺文略》,……又假得章实斋《文史通义》,亦心服其论。时牵于治他学,于斯仅间一涉猎而已。"（未刊残稿）"在五四运动的前一年，我常常到北京青年会看书。那个小小的图书馆里，有七八个玻璃橱的书，其中以关于社会学的书，及俄国文学名著的英译本为最多。我最初很喜欢读社会问题的书。青年会干事步济时是一位很和蔼而肯帮助人的好人。他介绍给我看些俄国文学的书。在那里面，有契诃夫的戏曲集和短篇小说集，有安特列夫的戏曲集，托尔斯太的许多小说等。我对之发生了很大的兴趣。这小小的图书馆成了我常去盘桓的地方。"（《想起和济之同在一处的日子》）　步济时，原名 Burgess，John Stewart，1909 年来华，当时任北京基督教青年会干事，1919 年后任燕京大学社会学系教授，且一度为系主任。瞿秋白、耿济之均在俄国专修馆读书，因均住在东城，也常去青年会图书馆，故与郑振铎相识了。郑振铎自述："秋白在我们几个人当中，够得上是'老大哥'。他说的话，出的主意，都成熟、深入、有打算、有远见。他的中国书念得多，并大量的刻苦的读着哲学书。对于'老''庄'特殊有研究。我那时只读些刘知几《史通》，章实斋《文史通义》之类的书，见解很幼稚，对于他的博学和思想的深刻是十二分的佩服的。有许多事，都要去请教他。"（《记瞿秋白同志早年的二三事》）

一九一九年　二十二岁

（民国八年　己未）

一月十日

学校年假期满,继行开学。

二月十四日

"[交通]部令派技监沈琪兼本校校长。"(《本校大事记》)

二月十九日

"全体教职员、学生开会,欢送俞校长并欢迎沈新校长。"(《本校大事记》。又,《庚申级小史》则为 18 日。)

二月

铁路管理学校开办图书阅览室。

三月十八日

林琴南在北京《公言报》发表《致蔡鹤卿太史书》。在此前后,他又发表《论古文白话之相消长》及小说《荆生》、《妖梦》等,攻击新文化运动。蔡元培随即于 4 月 1 日《公言报》上发表《答林琴南书》,予以驳斥。郑振铎后来回忆说:"当时,蔡子民先生是我们的崇拜的中心。他的一言一动,无不被我们当作了范式。我和许多朋友们都不是他的学生,然而,受他的感动,也许并不下(或更甚)于他的学生们。他的答林琴南的信,他的答彭允彝的话,他的'三不主义',都叫我们感动异常。"(《从〈艺术论〉说起》)

三月二十五日

"[交通]部令于高等科乙班课程内酌加俄文钟点。"(《本校大事记》) "是年春,中东铁路收归本国管理,而我国铁路员司之俄文俄语者极为缺乏,遂决议将本班所授日文改授俄文。"(《庚申级小史》)

三月

"[交通]部令本年起每学年改作三学期。"(《本校大事记》)

四月一日

学校遵章放春假。

四月八日

学校继行开学。

五月四日

星期日。北京三千余青年学生在天安门前集会,高呼"外争国权,内惩国贼"、"取消二十一条"、"拒绝和约签字"等口号,会后举行示威游行,并至赵家楼火烧曹汝霖住宅,痛打章宗祥。警察赶至现场镇压。郑振铎因所在学校是个小单位,故未能参加前一天的会议,也未参加以上活动;但他的住所离赵家楼很近,这天午后他目睹了曹宅起火和警察追捕学生等情形。

五月五日

从报上了解到昨日事件的起因,赶到学校和同学们商量,并出席了当天组织起来的"北京市中等以上学校学生联合会",积极参加营救被捕学生等斗争。

五月九日

北京大学校长蔡元培宣布辞职离京,北京学界震动。各校学生相约于11日一律罢课,并组织讲演团赴各处作爱国讲演。运动很快波及全国。当时,郑振铎作为铁路管理学校的代表,瞿秋白、耿济之作为俄文专修学校的代表,瞿世英作为汇文学校的代表。郑振铎后来回忆说:在五四运动中他们"成了一个小单位,主要的原因是平常见面多,比较熟悉,因此,在开会、活动时也就常常在一起了。秋白在我们之中成为主要的'谋主',在学生会方面也以他的出色的辩才,起了很大的作用","越到后来,我们的活动越困难,北大、高师都无法开会了。只好到东城根的'汇文'去开。开的时候,老在夜间。悄悄的个别的溜进来开会。散了会之后,也一个个的悄悄的溜出去。"(《记瞿秋白早年的二三事》)

六月三日

铁路管理学校因学生运动提前放暑假。据《本校大事记》:"同日,校令高等科乙、丙两班全体学生分赴京汉、京奉、津浦三路旅行参观。"而据《庚申级小史》:"六月,学潮屡起,本校因将暑假提前,各班同学均于六月四日旋里,逮至八月望日返京到校,补试假前学期试验,经十余日试毕开课。"郑振铎当时回温州老家,当时他家住在温州沧河巷(据《永嘉新学会会员录》)。

六、七月

积极投入温州的爱国运动,除了参加各种会议、介绍北京爱国学生运动情况、发表演说、外出宣传等以外,还与陈仲陶等人发起组织救国讲演周刊社,并创办《救国讲演周刊》。该刊用红黑二色石印,毛边纸,二十四开。编辑部设在城东华盖山资福寺。该刊富有反帝爱国精神,旗帜鲜明,形式活泼,受到群众欢迎,曾推销到八百多份。约出了六七期,因揭露瓯海道尹黄庆澜而被他扼杀。"刊物上登了一个《漏海道尹黄庆澜》的消息,后又故意在刊物上登了一个《漏海道尹乃瓯海道尹之误》的更正消息,因此触怒了他,被他派兵搜查了一番,把东西拿走查封了。"(王希逸《"五四"期间温州的〈救国讲演周刊〉》)(按,民国成立后,温州属瓯海道,1926年道制取消,改称永嘉县。)

七月二十五日

下午二时,在母校浙江第十中学校礼堂参加"永嘉新学会"成立大会。到会共41人,讨论该会简章并选举职员。该会宗旨是"培养德性、交换知识、促进思想之革新",是在五四运动影响下温州成立的第一个较大的新文化社团。郑振铎后来说:"去年夏天,北京学生回他们的家时,有几个人很做了些成绩,把新文化带了归去,传播到他们的乡里去。最显著的例就是⋯⋯温州的永嘉新学会之产生。"(《再论我们今后的社会改造运动》)当时参加该会的北京各校毕业生有7人、肄业生(包括郑振铎)有11人。

七月

在《救国讲演周刊》第4期上发表一条短讯《私进日货被获》,署名铎,报道温州学生查禁日货的爱国行动。是为迄今所见郑振铎最早发表的文字。

八月一日

下午二时,参加永嘉新学会在浙江十中礼堂召开的第一次常年大会,讨论通过该会宣言书。郑振铎在会上提议创办出版部,出版会刊,被通过,后定刊名为《新学报》,半年刊。

八月十日

《永嘉新学会会员录》交付石印,共 64 人,郑振铎列名第 48。(后据 1920 年 1 月《新学报》第 1 期所载会员录,共 73 人,郑振铎列名第53。)

八月中旬

回到北京。学校"乙、丙两班补行上学期考试"。(《本校大事记》)

九月

铁路管理学校各班续行开学。但郑振铎课余仍积极参加学生运动。

十月二十一日

作一万六千余字长篇论文《中国妇女解放问题》,副标题为《中国妇女解放的必要 / 道德、社会心理、教育、职业、政治各方面解放的方法》,为我国妇女解放运动早期重要论文之一。后载 1920 年 1 月《新学报》第 1 期。

十月二十九日

在《时事新报·学灯》发表《〈新社会〉出版宣言》,表示"我们是向着德莫克拉西一方面,以改造中国的旧社会的。我们改造的目的就是想创造德莫克拉西的新社会——自由平等,没有一切阶级一切战争的和平幸福的新社会",并提出改造的方法是"向下的"、"渐进的"、"切实的",改造的态度是"研究的"、"慎重的"、"诚恳的"。当时,北京社会实进会想出一本专给青年人看的刊物,郑振铎便与瞿秋白、耿济之、瞿世英等四人创办《新社会》旬刊。郑振铎起草的该刊出版宣言代表了他们改造社会的纲领,当时毛泽东的老师杨昌济读到这宣言,即作了详细的笔记(见《达化斋日记》)。

十月

铁路管理学校"高等科乙、丙两班开欢送甲班同学(毕业)大会"(《本校大事记》)。

十一月一日

《新社会》旬刊在北京创刊,四开一大张。郑振铎主要负责集稿、编辑和校对。郑振铎在该刊卷首发表《发刊词》(同前《出版宣言》),在"社会实况"栏发表《北京的女佣》,是关于北京女佣的来源、劳动状况、待遇等等的调查报告。还发表了新诗《我是少年》,抒发了自己具有"潰腾的热血和活泼进取的气象"的激情,表示了"不管它浊浪排空,狂飙肆虐,/我只向光明的所在,进前!进前!进前!"这是已知作者发表的第一首诗。该诗1920年由"新诗社"编入《新诗集》;1921年又由著名语言学家赵元任亲自朗诵并灌成唱片,广为流传。《新社会》旬刊"成了反帝反封建的队伍里的一支勇敢的尖兵队。远到四川、两广、东北等地,都有我们的读者"。(郑振铎《记瞿秋白早年的二三事》)

十一月七日

晚七时,社会实进会借青年会会馆开扩大会员大会,请名人演讲,并备有游艺电影,以作余兴。

十一月九日

星期日,一早与耿济之二人携《新社会》创刊号去箭竿胡同访问陈独秀。陈独秀对如何编好《新社会》有所指示,并谈了对新文化运动一些问题的看法。郑振铎受到感动和启发,回来后即根据这次谈话内容写了《我们今后的社会改造运动》。

十一月十一日

《新社会》旬刊第2期出版。发表散文诗《灯光》,歌颂了先驱者"深秋中夜,黑云四罩,风吹叶落,萧萧作响。一个人提着灯,在荒野中寻路迈往"的探索精神,同时批评了某些青年不要"灯光"一味"乱闯"的猛撞作法。

从这期起,知《新社会》已有北京、天津、唐山、上海、南京、苏州、

杭州、温州及日本的销售代办处,第 3 期起又增加长沙。由此可见郑
振铎他们的干劲和能力。

十一月二十一日

《新社会》旬刊第 3 期出版。发表《我们今后的社会改造运动》,指
出当前的运动仍局限于知识阶级、不向切实方面做、范围过于广泛,
认为今后必须着眼于社会的全体、实地去做改造的工作、从小区域做
起。该文为受陈独秀启发而作,后又连载于同月 25 至 27 日上海《民
国日报·觉悟》。

十一月二十七日

浙江省督军卢永祥、省长齐耀珊密电北洋政府大总统、国务院、
内务部、教育部,提及:"此外如《新社会》、《解放与改造》、《少年中国》
等书[刊]以及上海《时事新报》,无不以改造新社会、推翻旧道德为标
帜,掇拾外人过激言论,迎合少年浮动心理,将使一旦信从,终身迷
罔。""当此邪说横行,不啻众流就下,防范之法,尤应加严。"后,12 月
2 日北洋政府国务院密电各省督军、省长、都统、护军使:"此种书报,
宗旨背谬,足为人心世道之忧","应即随时严密查察。如果与出版法
相违,立予禁止刷印邮寄,毋俾滋蔓,以遏乱萌。是为至要!"(见北洋
政府国务院档案)

十一月

铁路管理学校"令高等科乙、丙两班全体学生随同教员程叕甫、
尤芸阁、许子钦、鲍雪帆赴长辛店参观京汉机厂。"(《本校大事记》)

本月,日本帝国主义者在福州开枪逞凶,并派军舰威胁,消息传
到北京,27 日北京学界在北大开会,29 日上午北京学生约五千人在
天安门集会游行抗议,12 月 7 日北京各界人民约万余人在天安门召
开大会。郑振铎积极参加了"旅京福建学生联合会","奔走忙碌得了
不得"(郑振铎致张东荪信,见 1919 年 12 月 8 日《时事新报·学灯》),
并参与创办油印刊物《闽潮》。郑天挺回忆:"'五四'运动及福建学生
运动(即'闽案')时,和我常在一起的有郭梦良(弼蕃)、徐其湘(六
几)、朱谦之、郑振铎、黄英(庐隐)、许地山、龚启鎏(礼贤)、张忠稼(哲

农）、刘庆平、高兴伟等人。大家都是福建人,其中郑振铎还是我的本家侄子,以后过从亦多。"(《自传》)

十二月一日

《新社会》旬刊第 4 期出版,在"社会事情"栏发表关于国际劳动会议、英国铁路共管、美国煤矿工人罢工等纪事三则。上月北京女子高等师范学校女生李超因封建家庭压迫忧郁而死,本月北京大学学生林德扬又绝望自杀,此事引起社会震动,李大钊也写了文章,郑振铎在本期《新社会》上发表随感录《万恶的社会》,说:"我听见了这些消息,心里非常难过。咳! 万恶的社会! 你不改造,中国纯洁的青年,个个都要被你磨折死了! "

十二月六日

在骑河楼寇牧师宅开社会实进会职员会。会上提到扩充《新社会》旬刊及筹款等方案。

十二月八日

在《时事新报·学灯》发表 11 月 26 日致张东荪信,讨论社会改造问题,并提议成立一个"宗旨趋向"相同的新文化期刊的联合机关。

十二月十一日

《新社会》旬刊第 5 期出版。发表宋介、耿济之等人讨论青年自杀问题的专论,郑振铎加了短序并也作了专论,认为这"第一是社会制度的缺憾",必须"第一把旧社会改造",提出"要实行泛劳动主义",希望有"新村的组织"出现。

十二月十五日

在《新中国》月刊第 1 卷第 8 期上发表李宁(列宁)在 1917 年 4 月初写的《俄罗斯之政党》(以及《对于战争之解释》)的译文。这是列宁最早被译成中文的著作之一。(该文今译收入中文第二版《列宁全集》第 29 卷,题为《俄国的政党和无产阶级的任务》。)郑振铎译自 1918 年出版的《俄罗斯》杂志。他在附记中说:"此篇所载,于各政党之内容,主张,及态度,皆极明确,而又要言不烦。关于世界问题之广义派主义[按,即布尔什维克主义]亦可因此略见一斑。文末所附《对于战争之解释》一篇[按，今译作《关于战争的决议》，亦收《列宁全集》第 29 卷]尤足见广义派之精神，实当今研究俄事者之最好的参考资料也。"

十二月二十一日

《新社会》旬刊第 6 期出版。郑振铎发表随感录《面子！》，批判封建的贞节礼教，"原来只是面子上的事！"所载《社会实进会现在的职员与各部工作的现状》一文中，透露耿济之和郑振铎是该会编辑部正副部长，"编辑部共有会员四十二人。现在的工作，除《新社会》外还想着手编辑通俗丛书，及通俗周刊"。这后一工作是陈独秀指示的，但后来似未办成。

十二月二十五日

学校开始放年假（据《本校大事记》，而《庚申级小史》说是 26 日）。

一九二〇年　二十三岁

（民国九年　庚申）

一月一日

在西石槽六号寓宅召开《新社会》编辑会议。参加者有耿济之、瞿秋白、瞿世英、许地山。许地山为瞿世英介绍,新来参加编辑工作。议决该刊须"注重社会学说的介绍,每期应有一篇社会研究的著作,由瞿世英、许地山、郑振铎三君担任"（《北京社会实进会消息》,1920 年1 月 11 日《新社会》第 8 期）。

《新社会》旬刊第 7 期出版,改为 16 开本小册子。郑振铎发表《社会服务（Social Service）》一文,认为"'社会服务'的意义,乃是:我们知识阶级里的人,利用职务的余暇,实地的投身于劳动阶级或没有觉悟的群众中,用种种切实的方法,以唤起他们的觉悟,改造他们的生活,增进他们的幸福的一种工作。"号召:"诸君!我们的将来在田间,在工厂里;我们的朋友乃是可爱的农夫,乃是自食其力的工人。"还发表《社会的性质及目的》（译自吉丁斯（Giddings）《社会学原理》末章）和《一九一九年的中国出版界》等文。

一月三日

晚七时,在骑河楼寇牧师宅开社会实进会职员会。

一月十一日

《新社会》旬刊第 8 期出版。发表随感录《黑幕与嫌疑》、《纸上的改造事业》、《虚伪》、《报纸的休息》等文。

一月十二日

学校假期满,续行开学。（据《庚申级小史》;另据《本校大事记》,为 15 日开学。）

一月十七日

晚七时，在青年会开社会实进会职员特别会。这次会是由郑振铎、瞿世英、耿济之、祁大鹏四人请求会长特别召集的，主要讨论演剧问题(瞿世英作一剧本)和《新社会》登广告事等。

一月十八日

易家钺、罗敦伟等人在北京大学第一院事务室召开"家庭研究社"发起会，酝酿创刊《家庭研究》杂志。《家庭研究》于本年8月15日创刊，小32开，由上海泰东图书局印行。主要编辑先后有易家钺、罗敦伟、周长宪、谢楚桢和徐六几等。家庭研究社成立后第二年，易家钺、罗敦伟与郑振铎等又商量在此基础上成立一个"青年自立会"。

一月二十一日

《新社会》旬刊第9期出版。发表《再论我们今后的社会改造运动》，补充论述第3期上论文的观点，号召进步青年"去学那俄罗斯的青年男女的'去与农民为伍'的精神，去教育他们，指导他们，把他们的思想更改，迷梦警醒，同时并把他们的生活改造"。

一月

提议倡办的永嘉新学会《新学报》创刊，发表《中国妇女解放问题》一文。

二月一日

《新社会》编辑部开会，欢迎新加入的编辑员郭梦良和徐六几(均为北大学生、《奋斗》周刊社社员)，并讨论《新社会》编例改善等问题。

《新社会》旬刊第10期出版。发表《怎样服务社会？》(1月27日作)，强调从调查入手，对症下药，认为进步青年本身应有坚贞的意志、强恬不舍的精神、和蔼诚恳的态度。还发表《"罪的研究"》，并在许地山《强奸》一文后作附记。

二月七日

社会实进会全体职员在青年会103号开特别会，编辑部报告编辑本会事业报告书事。

二月十一日

《新社会》旬刊第 11 期出版。发表重要论文《现在的社会改造运动》,介绍世界各国的社会改革运动,认为新村运动"过于温和,偏于消极保守一方面";当时欧洲的社会民主党"绝不采用革命的手段,去反抗资本家和政府",因而是"不彻底的,乡愿的,绅士的社会运动","不可谓为社会运动的正轨";而"俄国的广义派"(即布尔什维克)"是信奉马克思的国家主义的","这种主义,实在是社会改造的第一步。有许多人称他们为过激派,确是不对"。虽然本文对无政府主义、工团主义等的认识还是不清楚的,但坚信"总而言之无论将来是哪一种的运动达到目的,而现社会的没有存在的余地,和平幸福的新社会的终必出现,是没有疑义的!"同刊还发表《罪的研究(续)》,新辟"书报介绍(关于社会科学及社会问题的)"专栏,作有小序,并发表《白拉克麦(Blackmar)氏的社会学要义》。

二月二十一日

《新社会》旬刊第 12 期出版。发表《学生的根本上的运动》,号召:"我亲爱的同学们!去!到田间和工厂里去!请不要忘了辛亥革命的教训——他是知识阶级的政治上的革命,所以没有效果,名存实亡。请不要作无谓的牺牲——少数的牺牲是无用的。我们的希望在将来,在农工的身上!"还发表《社会学略史》(未完),在"书报介绍"栏发表《海士氏的社会学》。

三月一日

《新社会》旬刊第 13 期出版。发表《社会学略史》(续),在"书报介绍"栏发表《吉丁斯氏的〈社会学原理〉》。

三月十日

在《奋斗》第 3 期上发表《反对"自由恋爱"!》,认为:"我们是要为全社会的人而牺牲的,我们是要为无穷的将来而牺牲的!""我们现在只有实行纯洁的独身主义决不可轻惹情丝!"

三月十一日

《新社会》旬刊第 14 期出版。发表《托尔斯泰的教育观——一封给他近亲某夫人的信》。后,3 月 31 日《民国日报·觉悟》转载。

三月二十日

　　为耿济之、沈颖等人翻译的《俄罗斯名家短篇小说第一集》作序。该书于 7 月由《新中国》杂志社出版,是我国最早的、而且直接从俄文翻译的俄国短篇小说选集。瞿秋白也作了序。郑振铎这篇序文是迄今所知他最早的重要文学论文,文中指出俄罗斯文学的价值:一、"能见世界的近代的文学的真价";二、体现了"'真'的精神","是感情的直觉的表现","是国民性格,社会情况的写真";三、"是人的文学,是切于人生关系的文学, 是人类的个性表现的文学"; 四、"是平民的文学";五、"独长于悲痛的描写,多凄苦的声音",是"悲剧的文学"。他认为介绍俄国文学是为了建设中国新文学的基础。

三月二十一日

　　《新社会》旬刊第 15 期出版。在"书报介绍"栏发表《爱尔和特的〈社会学与近代社会问题〉》。

四月三日

　　"高等科乙班全体同学,随同教员程敦甫赴西山实地测量,两星期后回校。"(《本校大事记》)

四月十一日

　　《新社会》旬刊第 17 期出版(实际衍期出版),为"劳动号(一)"。发表《什么是劳动问题?》和《中国劳动问题杂谈》,认为劳动问题(即劳资矛盾)完全是雇佣制度带来的,除非雇佣状态不再增进,或者雇佣制度不存在,劳动问题才不会发生。指出"中国的劳动界虽然在现在仍是无声无臭的,然而已有觉悟的样子;劳动运动的曙光也已升在水平线上将要射将出来,照遍大地了!"

四月十八日

　　赴西山实地测量的同学回到北京铁路管理学校。

四月二十一日

　　《新社会》旬刊第 18 期出版,为"劳动号(二)"。发表《劳动的要求与安逸的要求》、《理想社会里的人类工作》及《郑振铎启事》。

四月二十二日

在《时事新报·学灯》发表致张东荪信,提到社会改造运动应该先从运动者本身的改造着想,并谈到打算大力介绍俄国文学。

四月二十六日

出席社会实进会职员会,会议通过瞿世英的提议:举办"讲演会",拟请各大学教授及社会学专家讲演社会问题、社会学原理及世界各国的社会问题。后自 5 月 15 日起,每半月开讲演会一次,曾请胡适、高厚德(H.S.Galt)、陶履恭、周作人等人讲演,讲演稿大多由郑振铎整理或加按语在报刊发表。

四月二十八日

作重要论文《新文化运动者的精神与态度》,认为新文化运动者是运动的"原动力"。所以新文化运动者第一必须有"实践的精神",要学习列宁刻苦实践的精神;第二应有"坦白的心胸,光明的行动,和高尚的人格";第三应有"谦和的态度";第四应有"彻底坚决的态度",要学习马克思以数十年工夫写作《资本论》的精神。该文发表于 6 月 1 日出版的《新学报》第 2 期上。

五月一日

今日为中国工人阶级和先进知识分子第一次大规模纪念国际劳动节。《新社会》旬刊第 19 期出版,为"劳动号(三)",该期出版后即被北洋政府京师警察厅查禁。郑振铎发表《"五一"的纪念》,介绍国际劳动节的由来与意义。还发表《我们应该注意的一件事——中国军阀的兴办实业热》,号召反对"军阀财阀合并",认为须"打破实业救国的迷梦"。还发表《郑振铎启事》。

在《新青年》第 7 卷第 6 期刊登《新社会》出版广告。

五月二十日

致张东荪信,告以《新社会》因"主张反对政府"的罪名已被禁(载5 月 25 日《时事新报·学灯》)。当时,青年会方面的经理孔君还被警察厅抓去关了好久,但郑振铎等不畏强暴,要求青年会方面再出月刊,郑振铎定名为《人道》。

本年春

"一九二〇年春天,福建学生运动仍在进行。这时有十几个福建学生在北京组织了一个 S.R.学会(Social Reformation,意即社会改革)……记得北大有郭梦良、徐其湘和我;高师(师大)有张哲农、龚礼贤、刘庆平;女高师有黄庐隐、王世瑛、高奇如、何彤;清华有王世圻;师大附中有高仕圻;铁路学校有郑振铎;汇文中学有林昶,共十四人。这个会并没有公开。大家原想共同学习些社会改革的新思潮和新东西,但因为很快即到暑假,大多数人都毕业四散了,无形中就瓦解了。这个会没有组织形式,没有负责人,仅是各人案姓名笔画用英文字母排列个次序。"(郑天挺《自传》)

六月一日

在《新学报》第 2 期上发表《新文学运动者的精神与态度》,还发表长篇论文《俄罗斯文学底特质与其略史》。后一文中认为俄罗斯文学的特质:一是"人道的福音""爱的福音",二是"悲苦的音调,灰色的色彩",三是"悔恨的灵的自忏",四是"平民的文学,国语的文学",五是"富有哲学的主义,多讨论社会问题,人生问题";对于其略史,分为启源时期、罗曼主义时期、写实主义时期和现代,并分别作了介绍;最后"希望红的俄罗斯产生出许多光明的,熊熊的文学大著作来!"文末提及田汉在《民铎杂志》上尚未载完的《俄罗斯文学思潮一瞥》,在此前后郑振铎曾给在日本的田汉去信,希望他能提供、介绍些有关俄国文学史的资料。在该刊上还刊登了《新社会》出版广告。

六月八日

"上午得社会实进会郑君函"(周作人日记)。给周作人信中请他告知为社会实进第四次讲演会讲"新村问题"所拟的题目,以便去登广告,同时约他为《新社会》旬刊的后身《人道》月刊撰写关于"新村研究"的论文及书报介绍。

六月十三日

晚七时,在青年会出席社会实进会欢迎新董事茶话会,讨论了社会实进会工作情况及发展计划,通过刊行《人道》月刊等八项事宜,并计划把该会扩充成一个北京全体市民的社会服务机关。

六月十九日

"作讲演稿,下午二时了。……七时至青年会应社会实进会之招,讲演《新村的理想与实际》,十时回家。"(周作人日记)这是郑振铎与周作人第一次会见。(见周作人《希腊神话序》) 这次讲演由郑振铎记录,后又于 21 日加了附记,发表于 28 日的《时事新报·学灯》上。

六月二十日

"上午寄……郑振铎君函。"(周作人日记)

六月二十一日

"下午得郑君函。"(周作人日记)

六月二十二日

"上午……寄郑君函,附童君稿并照片二枚。"(周作人日记)

六月二十三日

"得郑君函。"(周作人日记)

本月

开始选译印度泰戈尔的诗集《偈檀伽利》。

七月二日

作《我对于编译丛书底几个意见》,后载 6 日《晨报》第七版"论坛"栏,其要点为:一、"在精不在多","要慎重一些";二、不能把自然科学书籍"抛在一边不理会";三、译专有名词要统一;还提出"应该略有系统,先出门径的根本的书,后出名家的专著","不要存有竞争的心理"。该文被《民国日报·觉悟》于 8 日选录。

七月八日

直皖军阀战乱暴发。15 日在京郊大战;18 日皖军溃败,企图窜入北京,引起市民大惊恐;19 日,皖系段祺瑞通电辞职后停战。据《庚申班小史》,铁路管理学校"时届暑假,遵章试验,适值直皖战乱,近逼京门,一时人心极为惶恐。本级李振先、李溶两班长,协同其余各班班长,面请校长暂停考试,俾令同学等迅速离京。当蒙如情允准。"

七月十五日

在《新中国》月刊第 2 卷第 7 期上发表长篇论文《写实主义时代

之俄罗斯文学》(后在 8 月 15 日该刊第 2 卷第 8 期续载完毕)。

七月十七日

"得郑君函。"(周作人日记)

八月二日

"上午郑振铎君来,赠《人道》月刊一本。"(周作人日记)

八月四日

上海《民国日报·觉悟》发表力子《出版界的好消息》:"北京社会实进会的《新社会》旬刊,前次无故被封,他们会员的勇气并不稍衰,费了多些力量,又出一种《人道》月刊,明日即可发行,两三天后可寄到上海。"

八月五日

由原《新社会》同人编辑的《人道》月刊正式创刊。《人道》尽管色彩有所缓淡,但出了这一期后,第二期已编好(郑振铎在 6 月 8 日致周作人信中即已约第二期的稿子,周后于今日作文一篇),但青年会方面却心有余悸,托词停办了。第一期上郑振铎发表了《宣言》和《人道主义》(《人道主义》后又载 8 月 22 日《民国日报·觉悟》),大力提倡人道主义,向往未来的"大社会——世界的社会的理想"。本期还发表他选译的泰戈尔《偈檀伽利》,随感录《中国人与人道》、《"政客的"、"学桶的"新文化运动》、《实行?! 做去?! 》、《天地人》,以及《北京社会实进会纪事》。据该记事,郑振铎此时为该会编辑部部长。在这之前,他曾与耿济之二人合译了《国际歌》歌词。本拟再译几首苏维埃俄国的革命诗歌后,一起载于《人道》;后因《人道》停刊,未续译。

本日,铁路管理学校"令全体学生分赴京汉、京奉、津浦各路旅行参观"(《本校大事记》)。

八月六日

"寄……郑君稿一篇。"(周作人日记)

八月七日

永嘉新学会在温州开第二次常年大会,凡未到会会员则参加通信选举,郑振铎被正式选为编辑委员。

八月九日

"上午郑君来,赠《俄国短篇小说》一册,携去武者君照片一枚。"
(周作人日记)日本作家武者小路实笃是新村主义的倡导者。

八月十日

作《对于青年的一个忠告》,告诫青年们不要光沉湎于谈情说爱。
载 16、17 日《晨报》第七版,24 日《民国日报·觉悟》转载。

八月十六日

周恩来率领天津觉悟社社员赴京,并函请人道社、曙光社、青年
互助团、少年中国学会等四团体在陶然亭开茶话会。李大钊作为少年
中国学会代表出席,提出各团体应"标明主义"的建议。出席者约 20
人,郑振铎是人道社负责人、曙光社社员,当亦出席。

八月十八日

下午,在李大钊提议下,觉悟社、曙光社、青年互助团、人道社、少
年中国学会等五团体在北京大学通信图书馆召开代表会议,议决成
立名为"改造联合"的联络组织。

八月二十日

为耿济之翻译俄国托尔斯泰的《艺术论》作序,认为"俄罗斯的艺
术家与批评家,自倍林斯基与杜薄罗林蒲夫后,他们的眼光,差不多
完全趋于'人生的艺术'的立足点上",认为"应该把艺术当做一种要
求解放,征服暴力,创造爱的世界的工具"。

"下午雨一阵。董、郑二君来。"(周作人日记)

八月二十二日

翻译《红色军队》一文,此文论述苏俄红军的无产阶级性质。在这
前后,还从《Soviet Russia》(《苏俄》)周刊上转译托洛茨基的《我们从
什么着手呢?》一文,并作短序,原文论述了苏俄人民是如何发展生产
战胜困难的。二文及序均发表于《曙光》第 1 卷第 6 期。

八月二十三日

翻译 6 月 19 日《Soviet Russia》周刊上《彼得·克罗泡特金与苏维
埃》一文,并作附记,驳斥关于苏俄政府"迫害"克罗泡特金等各种谣

言,发表于《曙光》第 1 卷第 6 期上。

夏季

经常在午前与瞿世英等人在中央公园后面柏树荫下讨论泰戈尔的作品及思想。

九月一日

作重要论文《俄国文学发达的原因与影响》,认为原因有:一、地理的原因,二、历史的关系,三、国民性的影响,四、政治的关系,五、外来的影响;并论述了俄国文学对本国的影响和对世界各国(主要是西欧和中国)的影响。后发表于《改造》第 3 卷第 4 期上。

在《新青年》第 8 卷第 1 期刊登《人道》月刊第 1、2 期要目广告。

九月八日

作小说《惊悸》,描写自己看到军队枪毙青年时的难受心情。这是迄今所知他最早发表的一篇小说。载 17 日《晨报》第七版。

九月九日

铁路管理学校暑假期满,续行开学。据《庚申级小史》,郑振铎所在班级学生 9 月 5 日即返校补试。

九月十三日

翻译俄国高尔基《文学与现在的俄罗斯》一文。这是他从张崧年处所借得的 6 月 4 日、11 日二期《The Athenaum》(《雅典》)周刊上转译的,原文是高尔基主编的《世界文学丛书》的序言。郑振铎作译后附记说,"这篇文章不仅是哥尔基的重要的著作,也是现在的最紧重的,最伟大的出版宣言。使我们与俄国的文学关系,更增亲切。"并高度赞扬"布尔塞维克"的文化建设,"无论哪一个国家没有比他更具有拥护的热忱,与创造的力量"。译文后发表于 10 月 1 日《新青年》第 8 卷第 2 期。

九月十七日

为安寿颐译俄国普希金《甲必丹之女》(今译《上尉的女儿》)作序。

九月十八日

下午,"郑振铎君来。"(周作人日记)

九月二十日

下午,"得郑振铎君函。"(周作人日记)

九月二十一日

郑振铎所在学校班级"开会改选班长,结果仍由李振先、李溶连任。时提议:本级诸人聚首三年,瞬将分袂,不可不稍留鸿雪之缘,以作日后之纪念。于是发起组织毕业纪念筹备会。"(《庚申级小史》)

九月二十二日

下午,"郑振铎君来访,赠予《点滴》一部。"(周作人日记)

本日,郑振铎所在学校班级开全体会议,选举职员筹备毕业纪念事宜,郑振铎被选为毕业纪念册的中文编辑(五人之一)。

九月二十五日

作《人的批评》一文,痛斥英美等帝国主义国家对社会主义俄国"闭着眼睛瞎批评"和他们对布尔什维克的诬蔑。载 10 月 20 日《民国日报·批评》。这以前,郑振铎与北大学生罗敦伟、徐六几、周长宪、张邦铭、缪金源等人组织"批评社",筹备创刊《批评》半月刊(附《民国日报》发行)。

本日,"下午二时,同级诸人开茶话会,筹备毕业后进行事宜。惟以诸事难以预料,如均在京等候,亦不相宜。故暂将毕业筹备会职员留京,以便随时与校中接洽进行事项。其余诸人,皆可暂时离京。"(《庚申级小史》)

九月二十八日

"下午郑、邰二君来。"(周作人日记)

九月三十日

作小说《平凡的毁了一生》,写一个青年,曾学俄语,后参加一个基督教的会,为人服务很热情,但为生活所迫贫困潦倒而死。载 10 月 3 日《晨报》第七版。

"得人道社函"。(周作人日记)

十月一日

下午，召开关于《人道》月刊的会议。"三时至青年会，赴《人道》月刊社会，共十六人。"（周作人日记）

十月十日

翻译的《神人》（俄国 C.H.谢尔盖耶夫——青斯基作）发表于《时事新报·学灯》双十节增刊上。这一期《学灯》上依序发表了周作人翻译的波兰·普路斯《世界的霉》、鲁迅的创作《头发的故事》、郭沫若的创作《棠棣之花》和郑振铎翻译的《神人》。郭沫若后来却因而认为国内文坛轻视创作重视翻译，发出"处女和媒婆"的议论，引起一场争论。

十月中旬

对王统照与许地山谈起瞿秋白要去苏俄："他这一走是决定了！……他为什么走？他居心要往这条路上走！他的心意的罗盘针，与他的境遇的四周雾雾，使他要定了决心走这条路！……他这一走，是抱了满腹人生的苦痛走的，是从刻苦与烦闷的人生中，找得出一条死路；也可以说是一条生路……"（王统照《〈新俄国游记〉》）

十月十五日

晚，与瞿秋白、耿济之、许地山、王统照、郭绍虞等六七人在耿济之家，为瞿秋白即将去苏维埃俄国而聚会。郑振铎意味深长地说，"到更冷可也更热的地方重新锻炼一下，秋白这把瘦骨头准会有抗冷的本领"，并称赞他："要找热的他才能去！"（王统照《恰恰是三十个年头了》）晚十一、二点钟，瞿秋白从北京饭店优林（Urin，远东共和国代表）处签了护照回来，又对送他的郑振铎、耿济之、瞿世英、郭绍虞、郭梦良、郭叔奇等说，"思想不能尽是这样紊乱下去的"，为此他要去"世界第一个社会革命的国家，世界革命的中心点，东西文化的接触地"实地学习，并希望："诸位同志各自勉励努力前进呵！"（瞿秋白《饿乡纪程》）

十月十六日

一早，与耿济之等送瞿秋白及其同行的俞颂华、李仲武上车，"感到很不舒服"，晚上即与耿济之二人写诗《追寄秋白、颂华、仲武》，表示"羡慕"他们"走向红光里去了","我们的心随着车轮转了"。诗载10月24日《时事新报·学灯》和25日《晨报》第五版。

十月十八日

瞿秋白在天津收到郑振铎等人的诗与信,即写《致 Humanité(人道)》信一封与《去国》诗一首寄郑振铎。郑振铎收到后,于21日加上附言发表于10月25日《晨报》第五版。

十月十九日

上海《民国日报》第一版刊出《本报特别启事》,宣布郑振铎为首的"批评社"主办的《批评》半月刊将于明日附于该报创刊。又刊出该社广告,指出:"文化运动怎样能上正轨? 怎样重新估定一切价值? 自然是要'批评'。可是我国出版界独少一个'批评'! 势逼至此——批评半月刊不能不出世了!""本刊对于一切世事如政教,风俗,习惯,新旧学说,新旧出版物……无不下一种正确忠实的批评。"

十月二十日

主编的《批评》半月刊创刊,附《民国日报》发行。创刊号上郑振铎发表《人的批评》。

十月二十一日

蒋百里介绍郑振铎去找上海商务印书馆经理张元济、编辑主任高梦旦。第二天,郑振铎即与耿济之两人去访张元济,可惜未遇。张元济是10月6日到北京的,高梦旦是10日到北京的。9日,张元济曾访蒋百里,表示希望结识北京新文化运动风云人物,而蒋百里转达了郑振铎等人欲创办文学杂志的愿望。

十月二十三日

访问张元济。张元济是日日记云:"昨日有郑振铎、耿匡(号济之)两人来访,不知为何许人,适外出,未遇。今晨郑君又来,见之,知为福建长乐人,住西石槽六号,在铁路管理学校肄业。询知耿君在外交部学习,为上海人。言前日由蒋百里介绍,愿出文学杂志,集合同人,供给材料。拟援北京大学月刊《艺学杂志》例,要求本馆发行,条件总可商量。余以梦旦附入《小说月报》之意告之。谓百里已提过,彼辈不赞成;或两月一册亦可。余允候归沪商议。"后商务方面坚持可以利用和改革旧有的《小说月报》,不愿接受新办的刊物,于是郑振铎等人转而决定先筹备成立一个文学会,以后再图另办刊物。

十月二十四日

"交通校友会在中央公园社稷坛开常年大会,并欢迎叶[恭绰]总长。本校[铁路管理学校]学生全体与会。"(《本校大事记》)

十月二十六日

为主编的《俄国戏曲集》(共 10 种)写叙,该丛书收入《共学社俄罗斯文学丛书》内,由上海商务印书馆出版。

十月二十七日

铁路管理学校"高等乙班学生分赴丰台、长辛店两处参观"(《本校大事记》)。

十月二十九日

晚,"郑振铎君来,云《人道》暂不能出版。"(周作人日记)

十月三十一日

郑振铎所在学校"高等科乙班全体学生赴青龙桥旅行参观"(《本校大事记》)。

十一月一日

所译罗素《自叙》在《新青年》第 8 卷第 3 期上发表。这实际是一篇反对战争的宣言。

十一月二日

"上午寄……郑、邓二君函。"(周作人日记)

十一月九日

"上午……郑振铎君来。下午……得郑铎君函,还照片一枚"。(周作人日记)

十一月十一日

翻译 Lafeadio Hearn 的《最高艺术的问题》,并作跋语,认为文中提倡的艺术须"切合于人生的思想"对我们也"有用处"。译文及跋语后载本年出版的《新学报》第 3 期。

十一月十五日

"郑君来,不值。"(周作人日记)

十一月十七日

"上午得郑君函,即复。"(周作人日记)

十一月十八日

"上午郑君来。"(周作人日记)

作《自治运动的目的与方法》,后发表于 12 月 15 日《改造》第 3 卷第 4 期。文中说,他不承认"自治运动"是改造中国的彻底的运动,但仍希望它"对于中国的改造有一些效果"。文章批评了这一运动的目的与方法都不很明确,认为目的应是"民治主义(Democracy)",方法应是"从事于民间的宣传与鼓吹"。

十一月二十一日

在《民国日报·批评》第 3 期发表重要论文《新的中国与新的世界》,指出应当"以新的世界底理想,来创造一个新的中国",但"讲到中国底地方情况到底是如何,所应当采用的到底是什么一种的运动底方法",则又觉得"也不敢冒昧地说出"。表现了一种探索与怅惘的心情。

十一月二十三日

"下午至万宝盖[胡同]耿济之宅,赴会共七人"。(周作人日记)此次会议郑振铎召集,商议组织文学研究会事,昨由孙伏园通知周作人参加。会上推举周作人起草《文学研究会宣言》、郑振铎起草《文学研究会简章》。此时,上海沈雁冰已来信,说商务印书馆要他担任《小说月报》主编,希望郑振铎等人寄稿。会上决定暂不出版文学杂志,而以改革后的《小说月报》代之。

十一月二十五日

为耿济之翻译的俄国托尔斯泰戏剧《黑暗之势力》作序。

十一月二十七日

晚七时,在青年会观看燕京大学女校为募款赈灾而演出的新剧《青鸟》(戏单上原作《蓝雀》)。当晚十二时,赶写了一篇《评燕大女校的新剧〈青鸟〉》,后载 29 日、30 日《晨报》第七版。该剧是比利时戏剧家梅德林创作的象征主义话剧,为最早流传到中国的话剧,郑振铎热情地支持了这一新生事物。

十一月二十八日

"晚为伏园作《文学[研究]会宣言》一篇。"(周作人日记)

十一月二十九日

借北京大学李大钊办公室(图书馆主任室)开会,筹备文学研究会成立事。

十二月一日

"得遐先、伏园、振铎函。"(周作人日记)

十二月二日

"上午寄伏园、振铎函。"(周作人日记)

十二月三日

"下午振铎来。"(周作人日记)

十二月四日

在万宝盖胡同耿济之家开会,讨论并通过郑振铎起草的《文学研究会简章》、周作人起草的《文学研究会宣言》;决定以周作人、朱希祖、蒋百里、郑振铎、耿济之、瞿世英、郭绍虞、孙伏园、沈雁冰、叶圣陶、许地山、王统照等 12 人名义发起成立文学研究会。

当时,郑振铎曾自告奋勇去信请鲁迅参加,但因鲁迅在教育部任职,受所谓"文官法"的约束不便参加。(虽然如此,鲁迅始终支持该会的许多工作。)郑振铎还曾写信给在东京的田汉,邀田汉、郭沫若参加发起该会,但田汉没有将该信转给郭沫若,也没给郑振铎回信。郑振铎后来在 1958 年 5 月写的《关于"文学研究会"》(讲话提纲,未刊)中说"北大的一部分人没有加入(胡适、康白情等)",有可能当时他也曾邀请过他们参加。

十二月五日

周作人托孙伏园给郑振铎带去为《小说月报》写的《圣书与中国文学》及所译的加藤武雄《乡愁》。可知郑振铎已开始为《小说月报》改革号组稿。

十二月七日

"上午寄……振铎、遏先函。"（周作人日记）

十二月八日

在主编《民国日报·批评》第 4 期上发表《本社启事》："《人道》第二期本预备刊行'新村号'；现在因特别情形，不能出版，特将所有稿件委托本社刊登。所以本刊本日发行'新村号'共计二张，概不加价。"本期发表了李大钊的《欧文底略传和他底新村运动》及郭绍虞、王统照、周作人、罗敦伟、庐隐、周长宪等人的文章。

"下午寄……振铎……函。"（周作人日记）

十二月十日

"下午得郑君函"。（周作人日记）

十二月十一日

"下午寄……振铎……函"。（周作人日记）

十二月十三日

在《晨报》第五版刊载《文学研究会宣言》及《文学研究会简章》。该宣言曾请鲁迅审阅过。宣言认为："将文艺当作高兴时的游戏或失意时的消遣的时候，现在已经过去了。我们相信文学是一种工作，而且又是于人生很切要的一种工作；治文学的人也当以这事为他终身的事业，正同劳农一样。"这是该会的主要主张。这两份文件后又发表于 1921 年 1 月 1 日《新青年》第 8 卷第 5 期和 1 月 10 日《小说月报》第 12 卷第 1 期及《民国日报·觉悟》等等报刊上。

十二月十四日

"上午得……郑振铎……函。"（周作人日记）

十二月十五日

上午"得振铎函，即答。"（周作人日记）

十二月十六日

铁路管理学校"高等科乙班举行毕业考试，（交通）部派参事关赓麟为监试员"（《本校大事记》）。考试至 23 日结束，郑振铎总分为乙等。

十二月十八日

"下午……得振铎函。"(周作人日记)

十二月十九日

"上午寄……振铎……函。"(周作人日记)

十二月二十日

作《太戈尔的艺术观》一文,介绍泰戈尔的文学艺术思想。

十二月二十三日

"下午……得……振铎……函。"(周作人日记)

十二月二十四日

"振铎、绍虞来,借去《俗谚论》一册。"(周作人日记)

十二月二十五日

铁路管理学校年假休业。郑振铎毕业后,被分派到沪杭甬铁路管理局当实习生,但他没有立即去报到。

十二月二十七日

"下午得振铎、伏园函。"(周作人日记)

十二月二十八日

"上午寄……伏园、振铎……函。"(周作人日记)

十二月三十日

文学研究会在京发起人在万宝盖胡同耿济之家开会,通过两星期来报名参加者名单,并议决于1921年1月4日在中央公园来今雨轩召开正式成立大会以及会议议事程序。

十二月

作《十四年来得诺贝尔奖金的文学家》,载1921年12月10日《时事新报》五千号纪念增刊。

约十二月

参与编辑《北京铁路管理学校高等科乙班毕业纪念册》,并为该纪念册写了小说《一个不幸的车夫》,描写所见到的被汽车撞倒的人力车夫及所听到的周围人们的议论,反映穷苦人民的悲惨遭遇。

本年

加入曙光社,为第三批社员。

约本年

与北京女子高等师范学生运动积极分子王世瑛在学生运动中相识并相恋(王世瑛也是福建人,在学校内与黄庐隐、程俊英、陈定秀四人被称为"四公子")。后因王的家长嫌郑家贫穷,王本人又缺乏反抗封建家庭的勇气,恋爱未成功。郑振铎为此在精神上受到很大打击。黄庐隐后来在 1925 年发表的中篇小说《海滨故人》中的"赵慰然"和"云青",就是以郑振铎与王世瑛为原型的(王世瑛后于 1924 年秋与张君劢结婚,1945 年 3 月因难产死亡)。

一九二一年　二十四岁

（民国十年　辛酉）

一月二日

致周作人信,通知后天开文学研究会成立会等事。

一月四日

在中央公园来今雨轩召开文学研究会成立大会。到会郑振铎、耿济之、孙伏园、瞿世英、许地山、蒋百里、朱希祖、王统照、易家钺、黄英、郭梦良、范用余、许光迪、白镛、江小鹣、苏宗武、李晋、宋介、王星汉、杨伟业等21人。推蒋百里为会议主席。首由郑振铎报告发起筹备经过;次讨论郑振铎起草的会章,逐条表决通过;继无记名投票选举职员,郑振铎被选为书记干事;选举毕摄影留念;继讨论该会活动方式,决定成立"读书会",并推郑振铎等人起草读书会简章,郑振铎参加读书会的小说组、戏剧组、批评文学组等;又决定各会员把自己所藏之书开一目录交给郑振铎,汇齐后付印,以便互相借阅;还讨论了会报、丛书、讲演诸问题;决定以郑振铎的寓所为接洽一切会务之处。至此,继承《新青年》文学革命传统的我国最早最大的这一新文学社团正式成立了。叶圣陶后来多次指出:"其中郑振铎是最初的发起人,各方面联络接洽,他费心最多,成立会上,他当选为书记干事,以后一直由他经营会务。"(《略叙文学研究会》)孙伏园说,"那时郑振铎先生奔走文学研究会最热心"(《怀耿济之》)。郭绍虞后来也说,"文学研究会之成立以振铎为骨干"(《关于文学研究会的成立》)。

一月五日

易家钺、罗敦伟等人主编的《家庭研究》第1卷第3期上刊登了《青年自立会简章及缘起》,发起人为易家钺、周长宪、杨璠、郭梦良、徐其湘、胡淑光、罗敦伟、成舍我、谢楚桢、郑振铎、杨遒夫、罗宗翰、陈大悲、陈顾远。

一月六日

寄上海沈雁冰信,告知周作人患肋膜炎,须休息一个月。

年初

与许地山、瞿世英等人在文学研究会内组织"太戈尔研究会",为我国最早的专门研究一个文学家的学会。

一月十日

《小说月报》第 12 卷第 1 期出版,在沈雁冰主编下全盘革新,郑振铎负责为它在北京组稿和审稿,该期内容的十分之六七是郑振铎组织(包括自撰)的。自此,该刊实际成为文学研究会的代用会刊。郑振铎在该期的《文艺丛谈》、《书报介绍》栏写了文章,介绍了他正在翻译的美国莫尔顿的《文学的近代研究》,还发表了他的小说《不幸的人》和《杂译太戈尔诗》(三首,1920 年 12 月 10 日译),及在许地山小说《命命鸟》后加的附言。

本日,沈雁冰致郑振铎信,部分内容后以《讨论创作致郑振铎先生信中的一段》为题载于《小说月报》第 12 卷第 2 期。沈雁冰提出今后《小说月报》发表作品要从严,他一人不能决定,应由郑振铎"会商鲁迅启明[按,即周作人]"等"诸同志兄审量,决定后再寄与弟"。

一月

主编的《俄国戏曲集》(共 10 种)开始由商务印书馆出版,第一本《巡按》(果戈理著,贺启明译)前有郑振铎写的《叙》。

参与编辑的《北京铁路管理学校高等科乙班毕业纪念册》出版,内收有郑振铎的小说《一个不幸的车夫》。

瞿秋白开始在北京《晨报》、上海《时事新报》上发表旅俄通讯,郑振铎"几乎不断的读着他的游记和通信,那些充满了热情和同情的报道,令无数的读者们对于这个人类历史上第一次出现的崭新的社会主义国家,发生了无限的向往之情。"(《记瞿秋白早年的二三事》)

二月十日

在《小说月报》第 12 卷第 2 期上发表翻译高尔基小说《木筏之上》，并在附记中介绍了高尔基的生平与文学活动。

二月二十七日

莫斯科出版的《共产国际远东书记处公报》第 1 期"远东来信"栏发表瞿秋白的《中国工人的状况和他们对俄国的期望》，文中提到："现代中国的报纸杂志都在从事社会主义学说的宣传。这种报刊的数目正日益增加。其中最受欢迎的有……《人道》等杂志。这些报刊很注意工人问题，很同情中国工人农民的处境。上述出版物向俄共（布）党表示衷心的敬意。"

三月三日

致周作人信，谈及文学研究会已有 48 名会员，并同意今后发展会员须从严。

三月十日

在《小说月报》第 12 卷第 3 期上发表论文《译文学书的三个问题》、《史蒂芬孙（R.L.Stevenson）评传》，还在《文艺丛谈》栏写文章，认为："写实主义的文学……的特质，实在于（一）科学的描写法与（二）谨慎的，有意义的描写对象之裁取。"并认为："写实主义的文学，虽然是忠实的写社会或人生的断片的，而其裁取此断片时，至少必融化有作者的最高理想在中间。"

三月二十一日

文学研究会假石达子庙欧美同学会大礼堂开临时会。首由郑振铎报告已与上海商务印书馆谈妥出版《文学研究会丛书》事，并通过契约；郑振铎继提出他要于月底出京，因此需另选代理书记干事，结果瞿世英当选。会后，小说组（郑振铎为组长）活动。

三月二十九日

瞿世英致郑振铎信，为其第二封关于讨论泰戈尔的长信。后载 4 月 1 日至 3 日《晨报》和 4 月 14 日、15 日《时事新报·学灯》。信中说"自兄行后，益复无聊"，又说："我这次通信，写得太长了。于旅行劳顿之后而迫兄读此长信，恨我否？"可知此时郑振铎已赴沪。郑振铎后来回忆说:"北京乎,上海乎的问题,曾使我迟疑了一月二月。要不是菊农、济之他们硬替我作主张,上海是几乎去不成的。"(1927 年 5 月 21日《欧行日记》)

三月三十日

下午,北京社会主义青年团在北京大学第二院开第四次大会,会上李大钊提议应设立一个事务所及筹备油印机,随即举行团组织领导的改选,成立由 11 人组成的执行委员会,其中"李大钊、郑振铎、某为出版委员"(据当时混入会场的内奸关谦写给北洋政府的秘密报告,原件今存中国第二历史档案馆)。

三月底或四月初

叶圣陶到上海第一次访沈雁冰与郑振铎、沈泽民,四人同游半淞园,并摄影留念。

四月十一日

鲁迅日记中首次见到郑振铎去信的记载,是请孙伏园转去的。

四月十七日

致瞿世英信,讨论泰戈尔的作品与思想。载 4 月 19 日至 21 日《时事新报·学灯》。这时,郑振铎已应张东荪之邀为《时事新报》编辑《学灯》副刊。

四月二十三日

《时事新报》头版刊载《本报特别启事》,宣告将出《文学旬刊》,并刊《文学旬刊宣言》与《文学旬刊体例》。该刊为文学研究会机关刊,由郑振铎主编。

在《时事新报·学灯》发表郭沫若的诗《归国吟》;明后日,又发表郭沫若《上海印象》诸诗。郭沫若、成仿吾是 4 月 3 日从日本回上海的。

四月二十四日

星期日,邀郭沫若在半淞园会面并吃午饭(日期为本年谱考定)。这是他们第一次会面,沈雁冰、柯一岑在座,由郑振铎作东。郑振铎再次请郭沫若参加文学研究会,被婉辞谢绝。最后郑振铎热情地陪送郭沫若一段路。

这以后,郑振铎还先后陪同叶圣陶、朱谦之等人到郭沫若在马霍路的住所访问。朱谦之后来回忆:"在这时我却交了许多海内知名之士,最为我爱重的是两位文学家郭沫若和郑振铎,……他俩性情思想不同,却都是我的顶好朋友。"(《荷心》、《回忆》、《世界观的转变》)

四月

主编"共学社丛书"之一的《俄国戏曲集》共 10 本,从 1 月至 4 月由商务印务馆出齐。本月出版的其中第 6 种契诃夫的《海鸥》、第 10 种史拉美克的《六月》二本为郑振铎本人所译。《六月》还附有郑振铎写的《作者传记》(共介绍 6 位俄国戏曲家)和《俄国名剧一览》(共介绍 40 种名剧)。

五月一日

译泰戈尔《新月集》诗五首,后载 6 月出版的《曙光》第 2 卷第 3 期。

五月九日

作论文《现在的戏剧翻译界》,后载 6 月 30 日《戏剧》月刊第 1 卷第 2 期。

五月十日

主编的《文学旬刊》作为《时事新报》副刊创刊。发表《宣言》、《体例》及文艺短论《文学的定义》。

在《小说月报》第 12 卷第 5 期上落华生《换巢鸾凤》后加了附言。

沈雁冰在《小说月报》第 12 卷第 5 期上刊出《小说月报第一次特别征文》,郑振铎颇怀疑这种出题、限字的作法,后在《文学旬刊》第 4 期上发表《悬赏征文的疑问》。

五月十一日

进商务印书馆编译所工作。

五月十六日

在《时事新报·学灯》发表《文学的危机》,批判礼拜六派。

鲁迅得郑振铎信,并于 19 日复信。

五月二十日

在《文学旬刊》第 2 期"杂谭"栏发表《翻译与创作天才》、《集锦小说》、《复活》,后二文为批判礼拜六派而作。又发表复读者仁君、玉麟、黄厚生、柳敬文、赵光荣等人信。

五月二十五日

在《民国日报·觉悟》发表《文学研究会丛书缘起》,后又载 5 月 27 日《时事新报·学灯》、6 月 10 日《东方杂志》第 18 卷第 11 期等报刊。

五月二十六日

在《民国日报·觉悟》发表《文学研究会丛书编例》,后又载 5 月 28 日《时事新报·学灯》、6 月 10 日《东方杂志》第 18 卷第 11 期、8 月 10 日《小说月报》第 12 卷第 8 期等报刊。

五月二十七日

在《民国日报·觉悟》发表与耿济之合作、从俄文译的《第三国际党颂歌》(即《国际歌》歌词)。同刊又发表《文学研究会丛书目录》,共 87 种,该目录后又载 5 月 28 日《时事新报·学灯》,题为《文学研究会丛书出版预告》;该目录后又载 6 月 10 日《东方杂志》第 18 卷第 11 期和 8 月 10 日《小说月报》第 12 卷第 8 期,共 83 种,略有不同。

五月二十八日

在《时事新报·学灯》上发表《由感情到理性(其一)》。

五月二十九日

在《文学旬刊》第 3 期上发表《书报评论》(一、《巡按》,二、《雷雨》),还发表"杂谭"《奇异的剿袭法》,批判礼拜六派天笑生抄袭外国小说以冒充创作的行径。

本月

与沈雁冰、陈大悲、欧阳予倩、汪仲贤、徐半梅、张聿光、柯一岑、陆冰心、沈冰血、滕若渠、熊佛西、张静庐等共 13 人发起组织"民众戏剧社",并写有宣言,于 5 月 31 日创刊《戏剧》月刊,这是我国新文学运动中第一个戏剧专刊。

六月四日

晚,同沈雁冰、沈泽民一起到英国戏院,看由上海中西女塾演出的比利时戏剧家梅德林作《青鸟》。与他去年在北京所看的不同,这次是用英语排演的。郑振铎看后即作《评中西女塾的〈青鸟〉》,认为演西洋新剧"于中国戏剧的改革与创造是极有影响的"。载6月9日、13日《时事新报·学灯》。

六月八日

在《民国日报·觉悟》发表随感录《几天来的感想》,指出"文学与科学与哲学与社会主义并不冲突",并针对6月3日北京军阀政府镇压以李大钊、马叙伦为首的"八校教职员索薪团"要求补发欠薪、保证教育经费的请愿斗争一事表示愤怒的抗议,声援北京教职员的正义斗争。

郭梦良由北京回福建,约黄庐隐同道,今日至上海,寓吉陞栈。郑振铎、徐六几建议他们游杭州西湖,后几人同往。郭梦良与黄庐隐即于此时定情。

本日下午,郭沫若、郁达夫等人在日本东京正式成立"创造社"(日期为本年谱考定)。

六月十日

在《文学旬刊》第4期"杂谭"栏发表《思想的反流》、《新旧文学的调和》,批判礼拜六派;发表《处女与媒婆》,对郭沫若把创作与翻译比作处女与媒婆的说法表示异议;发表《悬赏征文的疑问》,对沈雁冰在《小说月报》上限题征文表示异议。还发表复读者戴召伯、张友仁、曾雪楼、黄厚生、张国人、潘训等人信。

在《小说月报》第12卷第6期上发表《审定文学上名辞的提议》、《译太戈尔诗》、《语体文欧化之我观》、《美国的一个文学杂志〈The Dial〉》(1月3日作)等文。

六月十四日

郭沫若读了6月10日《文学旬刊》上郑振铎《处女与媒婆》一文,即致信郑振铎,对自己的这一比喻作了解释,表示欢迎郑振铎的批评,并表示要参加郑振铎等人批判礼拜六派的斗争。郑振铎高兴地将此信全文发表于《文学旬刊》第 6 期。

六月二十日

在《文学旬刊》第 5 期上发表论文《文学的使命》,认为"文学的真使命就是:表现个人对于环境的情绪感觉,欲以作者的欢愉与忧闷,引起读者同样的感觉。或以高尚飘逸的情绪与理想,来慰藉或提高读者的干枯无津的精神与卑鄙实利的心境。"同期还发表"杂谭"《文学中所表现的人生问题》,评论叶圣陶的《不快之感》等作品,认为"这种不快之感,都是起于人生的怀疑与失败","希望读者看了这篇东西以后,能发生一些要求解决的感觉。"

六月二十五日

在《东方杂志》第 18 卷第 12 期上发表翻译俄国梭罗古勃的《飞翼》,后收入《天鹅》与《近代俄国小说集》。

六月三十日

在《文学旬刊》第 6 期上发表"杂谭"《新旧文学果可调和么?》、《血和泪的文学》、《盲目的翻译家》等。《血和泪的文学》一文正式提出了这一文学口号,在文学史上具有重要意义。还发表郭沫若 6 月 14 日给他的信;发表沈雁冰与矢二的通信,并加按语,再次表示不赞成限题征文的做法。

七月五日

在《学生杂志》月刊第 8 卷第 7 期发表翻译泰戈尔诗《家》。

七月七日

参加郭绍虞婚礼,与顾颉刚二人任伴郎,潘家洵任赞礼。

本日起,至 13 日,在《时事新报·学灯》上发表郁达夫年初从日本寄来的处女作小说《银灰色的死》。这是郭沫若代郁达夫查问后,郑振铎从《学灯》主编李石岑的积稿中找出发表的。

七月十日

在《文学旬刊》第 7 期上开展"语体文欧化的讨论",转载《小说月报》第 12 卷第 6 期沈雁冰、郑振铎各自写的《语体文欧化之我观》、

《曙光》第 2 卷第 3 期王统照《语体文欧化的商榷》、《京报》6 月 30 日傅冻藤(东华)《语体文欧化》，并发表郑振铎《语体文欧化问题与东华先生讨论》和沈雁冰《"语体文欧化"答冻藤君》。这一讨论后来继续在其他刊物进行，对当时的文坛很有影响。

同日，《小说月报》第 12 卷第 7 期开展"创作的讨论"，参加者均文学研究会成员，郑振铎发表《平凡与纤巧》；同期他还发表《杂译太戈尔诗》。

七月十五日

在《改造》第 3 卷第 11 期上发表《俄国文学史中的翻译家》。

七月十六日

在《时事新报·学灯》上发表新诗《生命之火燃了！》，在跋中说这是读了《晨报》上"我的朋友周长宪"写的同题诗而作。诗中高唱："'再也忍不住了！'/让铁锤与犁耙把静默冲破吧！/让枪声与硝烟把沉闷的空气轰动了吧！/只要高唱革命之歌呀！/生命之火燃了！/熊熊地燃了！……"该诗后又载 12 月 15 日《评论之评论》第 1 卷第 4 期。

同日，在《时事新报》上发表《性的问题》一文，认为青年人不应沉湎于恋爱中，而应将主要精力投于"革命潮"；只有先改造社会，而后才考虑个人问题。这与他以前发表的《反对"自由恋爱"！》、《对于青年的一个忠告》等文看法一致；但这次却遭到《民国日报·觉悟》上 G.D.、汉胄(刘大白)、力子等人的"质问"，抓住郑振铎在用词概念上的不够严密("性"与"恋爱")，挖苦打击，虽经郑振铎去信解释，仍无理纠缠近一个月。

七月十七日

《时事新报·学灯》发表《李石岑启事》，宣布由郑振铎正式接替李石岑任《学灯》主编。又发表《西谛启事》，表示在该刊体例上将有所改变。

七月十八日

胡适今日开始"视察"商务印书馆(胡 16 日到上海)。上午，郑振铎、沈雁冰、叶圣陶、李石岑等与胡适谈。下午，郑振铎陪潘家洵去见胡适,与胡谈译书事。郑振铎表示:"他们几个新进来的人本想对于改良编译所的事作一个意见书,后来因知道绝无改良之望,故不曾做。"(胡适日记) 胡适遂怂恿郑振铎将意见写出来,郑答应了。

七月中旬

两次托李石岑写信给郭沫若,邀请郭沫若参加文学研究会,均遭谢绝(见郭沫若《创造十年》)。

七月二十一日

致刘大白信,指出:"我们现在所应讨论的,乃是:用什么方法去打破现代的经济制度。Bolshevism[按,即布尔什维主义]或是 Guild Socialism[按,即基尔特社会主义]或是 Anarchism[按,即无政府主义]? 革命主义,或是无抵抗主义? ……比较恋爱问题更要讨论的事,实是非常的多。中国的军阀,如何可以斩除;应该用什么方法来传播社会主义;……这些不都是比恋爱更重要的问题么? ……学问的研究,民间的宣传,……这不都又比恋爱要紧么? "并认为"我们的理想目标""就是要创造一个更好的人的社会。现在的革命潮自然是社会的"。此信附载 8 月 2 日《民国日报·觉悟》汉胄《我和郑振铎君底"麻烦"》文后。

七月二十二日

交给胡适一份关于改革商务印书馆编译所的意见书,共提出六条(见胡适日记)。胡适并与郑振铎、沈雁冰等人谈本月号《小说月报》关于创作的讨论,强调现实主义的意义。

七月二十三日

中国共产党在上海秘密召开第一次全国代表大会。

七月二十四日

在《时事新报·学灯》上开辟"儿童文学"专栏,刊载儿歌、童话等,为我国最早的儿童文学副刊。

七月二十五日

在《东方杂志》第 18 卷第 14 期上发表翻译俄国梭罗古勃《芳名》,后收入《天鹅》和《近代俄国小说集》。

七月二十七日

在《时事新报·学灯》上发表《我想谁也是不配骂人的罢！》,是针对《民国日报·觉悟》上的攻击文章的。本日及 29 日还在《学灯》上发表郁达夫从日本寄来的第一首新诗《最后的慰安也被夺去！》

据胡适日记:本日"晚间,梦旦邀了一班'新人'到他家中吃饭,与我会谈。到者:杨端六,郑振铎,郑贞文,钱经宇,胡愈之,沈雁冰。李石岑因病未来。"会谈内容为改革商务印书馆等事。

七月二十八日

在《时事新报·学灯》上发表《变节》,揭露"向以社会主义者著称的戴季陶",却当了神州信托公司的董事,实乃"变节的利用的社会主义者"。怒斥戴季陶"由'新主'而归命于'旧主',归命于末日将至之'旧主'","卖了自己,反戈向第四阶级进攻！""这不是小事,第四阶级的人也应该小心小心。提防那些变节的利用的社会主义者。"按,《民国日报·觉悟》上攻击郑振铎的 G.D. 疑即戴季陶。

七月二十九日

在《时事新报·学灯》上发表《我们的启事》(一)、(二)。

七月三十日

在《戏剧》第 1 卷第 3 期上发表重要论文《光明运动的开始》,认为:"在现在的丑恶,黑暗的环境中,艺术是应该负一部分制造光明的责任的。""所以我们的责任有两重,一重是改造戏剧,一重是改造社会。"

在《文学旬刊》第 9 期上发表重要论文《文学与革命》,呼唤革命文学的产生,认为:"把现在中国青年的革命之火燃着,正是现在的中国文学家最重要最伟大的责任。"同期还发表"杂谭"《肉欲横行的中国》、《消闲?！》、《问汉胄君》等,前二文为批判旧文学,后一文为批评《觉悟》上刘大白的文章。

七月三十一日

在《时事新报·学灯》上发表《言行合一》,再次批判"社会主义者而做了信托公司的董事"的戴季陶及其他言行不一者。

八月一日

在《时事新报·学灯》上发表《今后的学灯》,表示《学灯》将新增"现代学术界"、"俄国研究"、"社会主义研究"、"社会运动家"、"读书录"、"书报介绍"、"国内学术界消息"等专栏。《学灯》在郑振铎主编下大有起色。

八月三日

在《时事新报·学灯》上发表《但丁的六百年纪念》。

八月四日

在《时事新报·学灯》上发表所译泰戈尔《飞鸟集》中诗一首。

致周作人信,提到:"我只尽我的能力,本我的良心做去,别人的能够了解不能了解,可以不用管他,我也不愿意同他们作无谓的辩论,无论他们是如何的人,趋向总是相同的。我们要注全力来对付近来的反动,——《礼拜六》一流人的反动——呢,自己打架,不惟给他们笑,而且也减少效力不少。"主要是指《民国日报·觉悟》对他的发难。

八月五日

在《时事新报·学灯》上发表《艺术家与金钱》,控诉因经济贫困而断送了很多好作家;发表新诗《祈祷》,揭露血腥的社会现实;还发表《研究劳农俄国的参考书》,一直连载至 12 日,为当时中国人研究了解苏维埃俄国提供了重要资料。

八月七日

致《民国日报·觉悟》撰稿人"GD"信,要求"GD"亮出真实姓名。此信刊次日《觉悟》,但"GD"却不敢亮名,仍作无理纠缠与攻击(按,"GD"疑即戴季陶)。

八月十日

在《文学旬刊》第 10 期上发表《中国文人(?)对于文学的根本误解》,反对将文学作为消闲和游戏的东西;还以"文学研究会上海同人"名义发表《答宋春舫信》,讨论关于编选文学研究会丛书事。

八月十三日

上午,胡适与顾颉刚同去商务印书馆编译所,郑振铎与他们交谈一会。下午,郑振铎去孟渊旅社看顾颉刚,不久胡适亦来,同去第一春(徽菜馆)吃晚饭,饭后又同去四马路逛书店。

八月十五日

在《时事新报·学灯》上发表新诗《在电车上》,含蓄表达了要"打破"不合理的阶级制度的决心。

八月十六日

在《时事新报·学灯》开始连载《文齐斯特的〈文学批评原理〉》,至22日载完,介绍评述美国 C.T.Winchester 的《文学批评原理》一书。

同日,郭沫若《女神》由泰东图书局出版,其《序诗》由郑振铎拿去发表于 8 月 26 日《时事新报·学灯》。

八月二十一日

在《时事新报·学灯》上发表郑伯奇《批评郭沫若君底处女诗集〈女神〉》。

八月二十四日

郭沫若作儿歌《孤寂的儿》,思念在日本的儿子,诗稿由来访的郑振铎取去,发表于 8 月 28 日《时事新报·学灯》。

八月三十日

在《文学旬刊》第 12 期上发表新诗《微光》(8 月 24 日作),呼唤光明,反抗 Satan(撒旦,即恶魔)。此诗原是为朱谦之《革命哲学》(《创造社丛书》第 2 种,9 月 1 日泰东图书局出版)写的序诗。

九月三日

致周作人信,提到"上海现在黑幕书愈出愈多",因此《文学旬刊》不得不尽力从攻击方面做去";并认为新文学创作应"提倡修改的自然主义,实在必要,好的作品,所叙述总是极真切,浮光掠影的叙述,永远不会成好作品,现在大部分的作品所欠缺的就是真字也。"还提到 8 月 15、16 日日本《读卖新闻》上池田桃川《支那现代的小说》一文,说"日人某君,在《读卖新闻》上,有一篇批评中国创作的文字,骂得很利害,尽力讥笑中国现在的创作是平凡的,做作的,不是写实的,能动人的。可见这种观察是人人所同了。"池田文中提及郑振铎对千人一面的创作的批评,表示"同感"。这是迄今所知国外对郑振铎的最早的评论。

九月十日

鲁迅代周作人寄郑振铎书一本(何书未详)。

今日《文学旬刊》第 13 期上发表"记者"答宋云彬信,并附有"文学旬刊社"的"附启",当出于郑振铎之手。

九月十二日

为瞿世英译泰戈尔剧本《春之循环》作序,认为:"惟有工作,惟有活动,才能消除烦闷。"该书为郑振铎所校,其中不少诗歌是郑振铎译的,于 1921 年 10 月由商务印书馆出版,为郑振铎主编的《文学研究会丛书》第一本,后附《文学研究会丛书缘起》和《编例》。

九月二十日

在《文学旬刊》第 14 期上发表答读者许澄远信,谈对诗的看法:"诗是可唱的东西,惟不必限韵;句尾和韵是无关紧要的。不过一句中的天然音节却是非常重要!""新诗和短文是很有区别的,不在有韵无韵的关系,而在于诗有诗的情绪,散文有散文的情绪,一见便可知道。以用韵不用韵来区别诗和散文是很不完全的区别法。"还表示不赞成许澄远攻击胡寄尘:"我却以为既然自悟,便可以不必加以攻击,且对个人下攻击亦殊无谓而近于辞费。受之者不惟不能因此改过,且每每更铤而走险。很不是爱人之道。"还发表读者胡嘉给他的信。

九月二十一日

为所译俄国奥斯特洛夫斯泰的剧本《贫非罪》写序,认为:"他所描写的虽是当时社会的情形,但是这种情形现在还是普遍于人间社会——尤其于中国社会——里呢!"该书由许地山校阅,1922 年 3 月商务印书馆出版,郑振铎主编的《俄罗斯文学丛书》之一。

九月二十二日

作《儿童世界宣言》,说明即将由自己主编出版的《儿童世界》周刊的宗旨,是为了适宜、养成、指导儿童的兴趣与爱好,并介绍了内容分类。该宣言先后载 12 月 28 日《时事新报·学灯》、12 月 30 日《晨报副镌》、1922 年 1 月 1 日《妇女杂志》第 8 卷第 1 期等报刊上。

九月二十九日

《时事新报》第一版发表郁达夫起草的、创造社全体同人署名的《纯文学季刊〈创造〉出版预告》,提出"我国新文艺为一二偶像所垄断",将矛头指向文学研究会。

九月

《小说月报》第 12 卷增刊《俄国文学研究》出版。"论文"栏第一篇为郑振铎写的《俄国文学的启源时代》,论述了普希金以前即十九世纪以前的俄国文学。该刊还发表了他翻译的克洛林科的小说《林语》和普希金的短剧《莫萨特与沙莱里》(阿英后来指出,普希金剧本的中译,这是第一次,见阿英《翻译史话》);还发表了与耿济之同译的《赤色的诗歌——第三国际党的颂歌》(即《国际歌》歌词),并作附记说明这是去年七、八月时从友人处得到的"全俄劳工党"的出版物上翻译的。附记中还高度评价了苏俄革命诗歌:"充满着极雄迈,极充实的革命的精神,声势浩荡,如大锣大鼓之锤击,声满天地,而深中乎人人的心中。虽然也许不如彼细管哀弦之凄美,然而浩气贯乎中,其精彩自有不可掩者,真可称为赤化的革命的声音。不惟可以藉此见苏维埃的革命的精神,并且也可以窥见赤色的文学的一斑。"

约九月

回福州长乐家乡葬祖,约一个月。

十月一日

在《文学旬刊》上发表郁达夫的第一篇文学评论《〈茵梦湖〉的序引》。

十月五日

在《时事新报·学灯》上发表致读者品仁信。

十月十日

在《时事新报·学灯》上发表《双十节纪念》。

十月二十日

答读者孙祖基信,指出胡怀琛的《新文学浅说》"犯不着费许多工夫去批评","虽是有许多错误之处,而根本上尚无与我们绝端背驰,如《礼拜六》等贻毒青年的地方"。"我们现在的责任,不在于作这种劳而无大效的空批评,乃在极力介绍这样正确的文学原理"。并说除了《文学研究会丛书》要出文学理论书以外,"现在我们还想暂时先出一种'文学小丛书',把文学的根本常识,简简单单的介绍给大家"。此信后载 11 月 11 日《文学旬刊》第 19 期。

十月二十二日

据本日赵南公日记,易家钺因李凤亭推荐来上海泰东图书局工作,暂居郑振铎处。易家钺为文学研究会会员。

十月

本月起,郑振铎主编的《文学研究会丛书》开始由商务印书馆出版。这套丛书中包括文学理论、文学史、创作、翻译等,内容全面、丰富,连续出版时间很久,质量很高,数量很多,在中国文学史上影响很大。

十一月三日

致周作人信,提到《文学小丛书》,说沈雁冰拟将它归入《新时代丛书》;提到创造社作家,认为"他们于写实的精神,太为缺乏";并提到《南京高等师范日刊》最近大肆鼓吹旧诗词,说:"圣陶、雁冰同我几个人正想在《文学旬刊》上大骂他们一顿,以代表东南文明之大学,而思想如此陈旧,不可不大呼以促其反省也。"

在《时事新报·学灯》上发表郁达夫的第一篇散文《芜城日记》。

十一月五日

在《时事新报·学灯》上发表从 1921 年 9 月《Soviet Russia》(《苏俄》)月刊上翻译的《李宁的宣言》(列宁告全世界工农书)。郑振铎为该文作短序说,希望"中国的劳农能注意及之"。

十一月九日

在《时事新报·学灯》上发表《介绍小说月报"被损害民族的文学号"》,呼唤反映"被侮辱,被损害的人们的血泪的哀号",和"他们的精神的向上奋斗,与慷慨激昂的歌声”的“血和泪的文学”的产生。

十一月十一日

在《文学旬刊》上发表斯提(叶圣陶)《骸骨之迷恋》等文,批判《南京高等师范日刊》“诗学研究号”的复旧言论,同期还发表所作《陀思妥以夫斯基的百年纪念》,纪念这位“唤起大家对于被侮辱与被损害者的同情”的俄国作家。还发表复读者孙祖基信(10月20日写)。

与胡愈之、叶圣陶代表文学研究会,邀请俄国盲诗人、童话作者和世界语学者爱罗先珂到静安寺路环球中国学生会讲演,题为《现代的忧虑》。爱罗先珂同情被压迫的弱小者,去年漫游日本时,被日本当局视为社会主义宣传者而拘捕拷打,并驱逐出境。此时到上海,郑振铎、胡愈之等接待了他,还介绍他与北京的鲁迅联系。

十一月十五日

在《时事新报·学灯》上发表致读者王警涛信。

十一月十七日

在《时事新报·学灯》上发表致读者杨人杞信。

十一月十八日

在《时事新报·学灯》上发表致读者沈松泉信。

十一月二十一日

在《文学旬刊》第20期上发表《陀思妥以夫斯基作品一览》。又,该期有“编者”答薛鸿猷的信,当是郑振铎所作。薛是《南京高等师范日刊》“诗学研究号”编辑,寄来一信并附《一条疯狗》,谩骂发表了《骸骨之迷恋》的斯提(叶圣陶)。答信说对这种意气用事之辞本来不便刊登,“但新旧诗的问题,现在还在争论之中,迷恋骸骨的人也还不少,我们很想趁此机会很详细的讨论一番。所以决定下期把薛君的大稿登出,附以我们的批评。”

十一月二十二日

在《时事新报·学灯》上发表致读者王庚信。

十一月二十七日

在《时事新报·学灯》上发表致读者一方信。

十二月四日

在《时事新报·学灯》上发表致读者马晓帆信。

十二月十五日

《评论之评论》第 1 卷第 4 期以显著标题开辟"提倡革命的文学"专栏,重载郑振铎的《生命之火燃了!》和《文学与革命》,以及费觉天、瞿世英等人与郑振铎讨论革命文学的文章。后该期目录广告从 1922 年 2 月 3 日至 5 月 11 日三个半月间几乎天天刊载于《晨报副镌》,产生了较大的声势和影响。

十二月十一日

在《文学旬刊》第 22 期上发表"编者"致薛鸿猷信,当是郑振铎所作。又在缪凤林《旁观者言》后加了附言。

十二月二十一日

在《文学旬刊》第 23 期上发表 YL《论散文诗》,并加附言;发表薛鸿猷给编者信、宓汝卓给他的信。

十二月二十四日

在《时事新报·学灯》上发表《法朗士给美国人的一封信》。

十二月二十七日

在《时事新报·学灯》上发表致读者李先生信。

本年冬

与沈雁冰二人分别给广州的梁宗岱去信,对他的创作表示赞赏与鼓励,并邀请他加入文学研究会。梁宗岱遂成为广州第一个会员,入会号为 92。

约本年

住上海闸北永兴路永兴坊,与周予同、谢六逸住同一幢楼,顾颉刚、王伯祥、叶圣陶(1923 年 3 月入住)则住在后面一幢楼。同坊还住有杨贤江、俞平伯等。日夕相见,结下深厚友谊。

一九二二年 二十五岁

（民国十一年 壬戌）

一月一日

《诗》月刊创刊。这是叶圣陶、刘延陵、俞平伯等人编辑的我国新
文学史上第一个新诗刊物。得到郑振铎的大力支持，并由他提议从第
4 期起标明为文学研究会编辑。在创刊号上他发表《温柔之光》，"渴
望这一线温柔之光的来临"。

在《文学旬刊》第 24 期上发表《论散文诗》，这是我国新文学史上
较早研究和提倡散文诗的重要论文，发表后滕固、梁实秋等人又撰文
讨论，影响较大。又发表答读者郑重民信，说明因排字工人不熟练，
《文学旬刊》暂不能改成横排。又说："关于诗是否必须上口吟诵的问
题，我想很应该讨论。""新诗的不好，我很承认；自有新诗以来，实没
有几首好诗出现。但这决不是有韵无韵的关系。""诗不一定要韵，更
不一定要上口吟诵。"

一月五日

在《时事新报》上发表杂感《再醮》。

一月七日

主编的我国第一本儿童文学专刊《儿童世界》周刊创刊，由商务
印书馆出版。郑振铎主编了整整一年，几乎每期都有自己的作品发
表，开头几期甚至几乎是他一人执笔的。他还邀请了叶圣陶、赵景深
等人为儿童撰稿，还曾组织儿童文学研究会。他辛勤劳动的汗水，滋
润了"五四"后中国第一批儿童的心灵幼苗。在创刊号上，他发表了童
话《兔的幸福》、《太阳、月亮、风故事》、《太子和他的妃子》、《两个小猴
子的冒险记》(连载 6 期)、儿歌《两只小鼠》及根据王尔德神话故事译

述的《安乐王子》等,还发表《儿童创作底募集》一文,欢迎小读者自己投稿。

一月十日

在《小说月报》第 13 卷第 1 期上发表《杂译太戈尔诗》(九、十、十一)。又发表有关《儿童世界》周刊的广告,提到"以儿童为本位"。

一月十一日

在《文学旬刊》第 25 期上发表答读者敷德信,认为:"'诗'可以不必有'上口吟诵'的必要。""讲到自然的音节,不惟'诗'中有之,就是'散文'又何尝没有。这一层决不能即认为'诗'的特质。"又发表致读者敷德信,致读者凤林、幼南信。

一月十三日

作《〈雪朝〉短序》,提倡在文学创作上要"真率"和"质朴",反对"雕斫与粉饰"。

一月十四日

在《儿童世界》周刊第 1 卷第 2 期上发表儿歌《散花的舞》、《我的新书》、童话《怪猫》、《忠实的童子皮绿》、《老狗》,续载《两个小猴子的冒险记》等,并开始连载发表根据日本著名民间故事《竹取物语》译述的《竹公主》(共载 8 期)。

一月十五日

在《时事新报·学灯》上发表新诗《母亲》、《荆棘》。前者歌颂了母爱,后者表示了对贪婪的占有心理和不专一的"爱情"的鄙夷。

一月十七日

在《时事新报·学灯》上发表新诗《有卫兵的车》,表达对军阀部队的愤怒;《脆弱之心》,表达对劳动者的同情;《鸡——记船中所见》,反映其博爱的心情。

本日,湖南工人运动积极分子、青年团员黄爱、庞人铨在长沙浏阳门外被反动军阀、省长赵恒惕杀害。郑振铎后来"听见这个消息时,愤怒极了","便想在泪水燃着的时候,写一首诗来吊他们。但是一个人当情绪紧张的时候,是什么话也不能写出的。"(郑振铎《死者》附记）直到 10 月间才在《诗》月刊上发表悼念和抗议的诗《死者》。

一月二十一日

在《文学旬刊》第 26 期开辟专栏《民众文学的讨论》，作前言，认为"中国的一般民众，现在仍旧未脱旧思想的支配"，"还充满着《水浒》、《彭公案》及《征东》《征西》等通俗小说的影响。要想从根本上把中国改造，似乎非先把这一班读通俗小说的最大多数的人的脑筋先改造过不可。"

在《儿童世界》周刊第 1 卷第 3 期上发表诗歌图画故事《谁杀了知更雀》、童话《少年皇帝》、儿歌《不倒翁》，及续载《竹公主》、《两个小猴子的冒险记》等。

一月二十二日

在《时事新报·学灯》上发表《一九二一年的得诺贝尔奖金者》。

一月二十八日

在《儿童世界》周刊第 1 卷第 4 期上发表许地山作曲、郑振铎作词的儿童歌曲《海边》，和根据阿拉伯故事译述的《骡子》，儿歌《运动》、《小鱼》、《雀子说的》，童话《一个母亲的故事》，以及续载《竹公主》、《两个小猴子的冒险记》等。

一月三十一日

在《时事新报·学灯》上发表《西谛启事》："顷因事务过忙，《学灯》编辑职务不能兼顾，自二月一号起由柯一岑君继续负责。"《学灯》在宗白华、郭虞裳和郑振铎编辑期间，成为著名的"四大副刊"之一，"郑去，后继无人，归并报尾"，其后"虽犹存在，已无生气，迥非往日之有左右学术界的势力了"。（张静庐《中国的新闻记者与新闻纸》）

二月一日

在《民铎杂志》第 3 卷第 2 期上发表论文《俄国的诗歌》，从俄国产生第一部史诗时写起，直到十八世纪七十年代，最后还介绍了女诗人以及以翻译国外诗歌著称的诗人。

二月三日

从今日起，直到 5 月 11 日，在北京《晨报》上几乎天天刊登《评论之评论》第 1 卷第 4 期的要目广告,其中有《提倡革命的文学》专栏,列有郑振铎论文《文学与革命》、诗歌《生命之火燃了!》以及费觉天、周长宪、瞿世英等人有关论文的题目。

二月四日

在《儿童世界》周刊第 1 卷第 5 期上发表儿歌《初春》、童话《风的工作》、《狐与狼》,以及续载《竹公主》、《两个小猴子的冒险记》等。

二月九日

致周作人信,提及冰心《繁星》、许地山《空山灵雨》出版事(后均由郑振铎编入《文学研究会丛书》内出版),并提到《文学小丛书》"第一期共预定八本,拟(最晚)于五月内付印"。

二月十日

在《小说月报》第 13 卷第 2 期上发表翻译俄国梭罗古勃的寓言《锁钥》、《独立之树叶》、《平等》,俄国克雷洛夫寓言诗《天鹅梭鱼与螃蟹》、《箱子》,还发表《太戈尔传》和《太戈尔的艺术观》等。

二月十一日

在《儿童世界》周刊第 1 卷第 6 期上发表儿歌《快乐之天地》、《蝇子》,童话《牧师和他的书记》、《光明》、《狮子与老虎》,及续载《竹公主》、《两个小猴子的历险记》等。在《文学旬刊》第 28 期吴文祺《〈又一旁观者言〉的批评》后加了附言。

二月十八日

在《儿童世界》周刊第 1 卷第 7 期上发表儿歌《儿童之笛声》、《风之歌》(之一),童话《行善之报》、《小人国》,译述伊索寓言《猎犬》以及续载《竹公主》。

二月二十日

在《诗》第 1 卷第 2 期发表小诗《柳》、《雁荡山之顶》、《死了的小弟弟》、《夜游三潭印月》、《成人之哭》、《J 君的话》、《赤子之心——赠圣陶》等。

在《时事新报·学灯》上发表诗《静》、《鼓声》、《本性》、《侮辱》、《灰色的兵丁》、《安慰》、《燕子》等。其中《侮辱》一诗表达了对被压迫被侮辱的劳动人民的强烈同情，并号召："让我们做太阳，/ 让我们做太阳光的一线。/ 只要我们把无数线的太阳光集在一起,/ 就可以把黑雾散开了。"

二月二十一日

在《文学旬刊》第 29 期上发表"杂谭"《介绍与创作》。

二月二十二日

与正好赴北京任教的叶圣陶结伴，陪同爱罗先珂乘火车离沪北上。因鲁迅介绍爱罗先珂到北京大学讲授世界语和俄国文学。

二月二十四日

北京刚下过雪,上午晴,与耿济之二人陪爱罗先珂至八道湾鲁迅住所。这是郑振铎第一次见鲁迅,留下深刻的印象。

在《时事新报·学灯》上发表致读者张文禄信。

二月二十五日

在《儿童世界》周刊第 1 卷第 8 期上发表儿歌《纸船》、《风之歌》（之二）,童话《狮王》,印度故事《聪明之审判官》（连载 3 期）,及续载《竹公主》等。

三月三日

下午,陪爱罗先珂去女子高等师范大学讲演,爱罗先珂讲演题为《智识阶级的使命》。郑振铎与鲁迅在会场作了交谈。

三月四日

晚,同耿济之、瞿世英等人在来今雨轩吃饭。遇胡适,与他谈起上海的情况。

在《儿童世界》周刊第 1 卷第 9 期上发表儿歌《春之消息》,及续载《聪明的审判官》、《竹公主》。

三月五日

乘车回上海。6 日,在车上作诗《厌憎》,表达对军阀部队"极强烈的厌憎";作诗《两件故事》,则表达对普通士兵的同情。后均载 3 月12 日《晨报副镌》。

三月十日

在《小说月报》第 13 卷第 3 期上发表翻译俄国梭罗古勃小说《你是谁？》和克雷洛夫寓言诗《骡子与夜莺》。该期还载记者(沈雁冰)答姚天寅信，其中谈到与郑振铎等人反复商定编辑《文学小丛书》的计划；"编几部浅近的入门的书籍。每部字数约在二万字左右，取其代价廉，容易读完。编辑方法现拟先分四类搜寻题目：(一)通论文学原理之书，(二)研究一个派别或通论'时代别'与'种类别'的史论，(三)国别的文学史，(四)各个重要文学家的研究。"并列有已拟定的 32 本书目，"希望本年内能够出齐"。

三月十一日

在《儿童世界》周刊第 1 卷第 10 期上发表译述奥地利童话《柯伊》、续载《聪明的审判官》。

三月十八日

在《时事新报·学灯》上发表《〈父与子〉叙言》(3 月 12 日作)。《父与子》为俄国屠格涅夫的小说，耿济之译，本年由商务印书馆出版。

在《儿童世界》第 1 卷第 11 期上发表许地山作曲、郑振铎作词的儿童歌曲《早与晚》。

三月二十三日

在《时事新报·学灯》"歌德纪念号"发表《歌德的死辰纪念》。

三月二十五日

为郭绍虞翻译的奥地利剧作家显尼志劳七幕剧《阿那托尔》作序，指出作者"不管什么道德。他只是忠实地写出实在的现象。且他的工作也决没有丑恶的表现。他以他的秀丽的艺术的手腕，避免了一切秽浊的肉欲的描写。"该书由郑振铎校对修订，5 月由商务印书馆出版。

在《儿童世界》周刊第 1 卷第 12 期上发表《插图说明》、《谚语图释》。

三月

所译俄国奥斯特洛夫斯基剧本《贫非罪》由商务印书馆出版。在附录作者介绍中，郑振铎引用了俄国"急进派的批评家"杜勃罗留波夫的著名评论《黑暗王国中的一线光明》,并感叹:"咳! 长夜漫漫,何时达旦。在这'黑暗之国'里的人,读了这个黑暗的现象的描述,那一个不泪下于襟,仰首望太阳之出!"

四月一日

在《文学旬刊》第 33 期上发表《题〈影鸾草〉》诗及序,以及为郎损《答钱鹅湖君》一文写的附言,批评钱鹅湖关于诗的形式主义观点,支持了郎损(沈雁冰)的正确观点。

在《儿童世界》第 1 卷第 13 期上发表《插图说明》,郑振铎作词、许地山作曲的《黎明的微风》,以及《第二卷的本志》等。

四月七日

顾颉刚致李石岑信,谈学术界生活独立问题,即如何可以打造出一个专心治学的境遇来。李石岑将此信转郑振铎、沈雁冰、胡愈之、严既澄等人,共同讨论,后摘刊于《教育杂志》。

四月八日

在《儿童世界》第 2 卷第 1 期上发表童话《彭仁的口笛》及《儿童世界第一次征文》、《投稿规则》等。

四月十日

在《小说月报》第 13 卷第 4 期上发表诗《忧闷》,希望"能战退"忧闷;还发表散文诗《荒芜了的花园》,讽刺了"不动手做工,只在那里滔滔不息地讨论","甚且因为意见不合"而至于互相谩骂、扭打的空谈家。

四月十二日

应修人日记:"午前写给《文学旬刊》社西谛信,说《懊恼》末行正是我要改的;抄去《湖上》一诗。"

四月二十二日

在《儿童世界》周刊第 2 卷第 3 期上发表童话《兔子的故事》(连载 2 期)。

四月二十九日

在《儿童世界》周刊第 2 卷第 4 期上续载《兔子的故事》。

五月一日

在《文学旬刊》第 36 期上发表"杂谭"《悲观》,指出"礼拜六"派是社会的产物,"我们现在的工作,不在于与这班'卖文为活'的人争斗,消极的把他们扫除,乃在于与这腐败的社会争斗,积极的把他们的那种旧眼光变换过。"还发表诗《悲鸣之鸟》(4 月 24 日作),呼唤人们"为自己的生命与权利与自由而奋斗",又感叹"墟墓的人间还是寂沉沉的"。还发表《新刊介绍》,其中介绍了将要创刊的《创造》季刊。

同日,创造社主办的第一个刊物《创造》季刊创刊,郁达夫在该刊发表的《艺文私见》中影射文学研究会中人是"假批评家",压制天才,应当送"到清水粪坑里去和蛆虫争食物去";郭沫若发表的《海外归鸿》中也影射文学研究会"党同伐异"。郑振铎等人读后颇觉惊异和不满。

五月六日

在《儿童世界》周刊第 2 卷第 5 期上发表郑振铎作词、S.K.作曲的儿童歌曲《春游》。

五月十日

在《小说月报》第 13 卷第 5 期上发表翻译美国欧·亨利的小说《东方圣人的礼物》。

五月十一日

在《文学旬刊》第 37 期上发表文学论文《新文学观的建设》,批判了中国旧有的主张"文以载道"和"供人娱乐"的二大封建旧文学观,认为"文学是人生的自然的呼声"。同期及下期(6 月 1 日)该刊发表沈雁冰以笔名"损"写的《〈创造〉给我的印象》,反驳创造社的影射。此为文学研究会与创造社争论之始。本期还发表王任叔《对于一个散文诗作者表一些敬意!》,郑振铎并加附记,认为王任叔这篇介绍徐诺玉的诗的文章很难得,"这对于新进的作家的努力上是极有帮助的,我们很愿意尽量的发表这种批评的言论。"

五月二十日

在《儿童世界》周刊第 2 卷第 7 期上发表郑振铎作词、S.K.作曲的儿童歌曲《小猫》。

五月二十一日

在《文学旬刊》第 38 期上发表诗《读了一种小诗集以后》、《泪之流——呈平伯兄》，又发表致读者宓汝卓信（18 日作），讨论小说创作，说："我同圣陶一样，也主张小说是写下来的，不是做出来的。因为极端的无所为的客观描写的小说，决不是好小说，而且也没有做的必要。凡是做小说，至少也要人极深刻的观察，极真挚的欲诉的情绪，或欲表现自己的冲动，才能去写。""总之一句话：小说的灵魂，是思想与情绪。"

郑振铎在《读了一种小诗集以后》中写道："兄弟们！／是鸡鸣风急的黎明！／喋喋的语声，／漠然的笑，／无谓而虚伪的呻吟，／寂了吧！／心之灯油要停储些，／要停储着为这个昧爽的朦胧之用。／正是为了兄弟而要擎了灯立着的时候呀！"应修人读后，在日记中写道："看《文学旬刊》有西谛《读了一种小诗集以后》，为《湖畔》而发，致不满。"《湖畔》，本月初刚由杭州湖畔诗社出版，为潘漠华、冯雪峰、应修人、汪静之所作抒情诗集。

五月二十三日

应修人日记："雪[峰]信说，《文学旬刊》底批评无理，西谛提倡革命文学，我们要先革他底命……"

五月二十四日

应修人日记："来漠[华]信，说《湖畔》竟这样给人家批评起来，当自由的创作云云。"

五月二十七日

在《儿童世界》周刊第 2 卷第 8 期上发表童话《两个生瘤的老人》。

应修人日记："来漠[华]信，说……朱自清也不喜西谛言云云。"

五月

在《诗》第 1 卷第 3 期上发表《痛苦》、《漂泊者》、《无酬报的工作》、《自由》、《空虚的心》等诗。

六月一日

在《文学旬刊》第 39 期上发表"杂谭"《憎厌之歌》,指出:"我不相信举国沉沉,有血气的青年诗人竟皆为恋爱的桃色雾所障蔽;我不相信在这个狐鼠横行血腥扑鼻的世界,曾没有一个人要站立泰山,高唱悲怨之曲;……憎厌之歌,虽是刺耳感心,却至少也是日出之前的可爱之鸡的鸣声呀!"同期还发表王任叔致郑振铎信,希望郑振铎为他出版诗集《恶魔》,或择予选载。

六月三日

在《儿童世界》周刊第 2 卷第 9 期上发表童话《兔之祖先》、中国寓言《拔苗助长》及《儿童世界第二次征文》。

六月八日

为傅东华、金兆梓译述的勃利司潘莱《诗之研究》一书作引言。该书 1923 年 11 月由商务印书馆出版。

六月十日

在《小说月报》第 13 卷第 6 期上发表诗《无言》、《工作之后》、《蚁之争》、《觉感》、《湖边》等,其中《觉感》一首反映了各种黑暗社会现象给作者心上留下的伤痕。

在《儿童世界》周刊第 2 卷第 10 期上发表童话《米袋王》及《本刊征求投稿启事》。

六月十一日

在《文学旬刊》第 40 期上发表《杂谭》两则,认为"中国的读书社会,还够不上改造的资格",因为"肯读书的人太少了";还介绍和赞扬了《小说月报》上发表的翻译契诃夫的短篇小说《一阵狂病》。同期,还发表 5 月 30 日致王任叔信,说:"我们虽不曾见面,但我却在《恶魔》中看见一个较见面过的更袒露更真切的一个你了。"表示对王的《恶魔》"必尽力为谋出版,现在且先在旬刊上陆续选登出来"。

六月十七日

在《儿童世界》第 2 卷第 11 期上发表图画故事《青蛙寻食记》和童话《八十一王子》。

六月十九日

为所译俄国路卜洵长篇小说《灰色马》作引言,提及他所以翻译此书原因有二:一是为它"大胆直率的思想与美丽真切的艺术所感动";二是觉得如该书主人公那样的"不是实际的反动者,革命者"、"怀疑,不安而且漠视一切"的青年,"在现在过渡时期的中国渐渐的多了起来",因此此书"有可以参考的地方"。该书先在《小说月报》上连载,1924 年 1 月商务印书馆出单行本。曹聚仁后来回忆说:"我所读的书,……影响我最大的,却是一本路卜洵(Ropshin)的《灰色马》(郑振铎译)。"(《书林新话》)

六月二十一日

在《文学旬刊》第 41 期上发表《杂谭》四则,又发表答读者张厌如信,谈书价问题。

六月二十四日

在《儿童世界》第 2 卷第 12 期上发表图画故事《狗之故事》。

六月二十六日

为所译印度泰戈尔诗集《飞鸟集》作例言和序。

六月

主编的诗集《雪朝》由商务印书馆出版,该书共分八集,收朱自清19 首、周作人 27 首、俞平伯 15 首、徐玉诺 48 首、郭绍虞 16 首、叶圣陶 15 首、刘延陵 13 首、郑振铎 34 首。周作人题笺,郑振铎作序。此书是文学研究会早期代表诗选。

七月一日

在《文学旬刊》第 42 期上发表《杂谭》三则、诗《给歌者》。同期还发表中华书局丛书编辑部给他的信;王任叔给他的信信及所附二诗,王任叔感动地说:"承你的厚爱,奖励到我要哭了。"

在《儿童世界》周刊第 2 卷第 13 期上发表图画故事《鹦鹉之贼》及《第三卷的本志》。在后一文中提出"以前的本志是纯文学的,以后则欲参加些自然科学及手工游戏等材料进去"。

七月八日

下午,在一品香旅社召开文学研究会南方会员年会,讨论会务及其他重要问题,并欢送会员俞平伯赴美留学。会务讨论:"(一)会员间图书流通的办法。(二)会报征稿办法。(三)分组问题。(四)丛书及小丛书问题。(五)《文学旬刊》编辑问题";还讨论了:"(一)我们的倾向。(二)文艺上的民众与贵族——文学可以通俗化么?(三)中国文学之整理——范围与方法。(四)翻译问题——选材与译法。(五)方言文学的建设。"参加会议共 19 人。

在《儿童世界》周刊第 3 卷第 1 期上发表图画故事《仁侠之鹰》、《水手与大鹰》、童话《花架之下》、诗歌《给读者》、故事节述《无猫国》等。

七月十日

在《小说月报》第 13 卷第 7 期上发表《飞鸟集》选译五首、《灰色马译者引言》,以及开始连载所译俄国路卜洵长篇小说《灰色马》。

七月十一日

致周作人信,谈及"会报契约已订好",并望周作人早日为《文学小丛书》写关于古典主义的小册子等。

七月十五日

在《儿童世界》周刊第 3 卷第 2 期上发表图画故事《熊与鹿》、故事节述《大拇指》。

七月二十一日

在《文学旬刊》第 44 期上发表《〈灰色马〉的引言》。还发表《杂谭》七则,指出:"我要有一种预言:血与泪的文学,恐将成中国文坛的将来的趋向。"巴金在该期上以"佩竿"笔名发表第一首新诗《被虐者底哭声》。

七月二十二日

在《儿童世界》周刊第 3 卷第 3 期上发表图画故事《蜻蜓与青蛙》、故事节述《红线领》。

七月二十七日

郭沫若在《时事新报·学灯》上发表《论文学的研究与介绍》,针对郑振铎、沈雁冰在《文学旬刊》上批评翻译《浮士德》等书"不经济"、"不是现在切要的事",发表自己的意见。

七月二十九日

在《儿童世界》周刊第 3 卷第 4 期上发表图画故事《象与猴子》及《儿童世界社特别启事》。

七月三十日

应宁波四个教育、学术团体联合发起的"四明夏期教育讲习会"的邀请,与沈雁冰二人今晨乘三北轮船公司的"新宁绍"班轮到达宁波,下榻在宁波第四师范舍监汪仲干的寝室。当天,他们即在鄞县孔庙明伦堂讲演。郑振铎讲演的题目为《儿童文学的教授法》,由张承哉、王任叔笔录。内容分三点:一、小学校为什么要教儿童文学,二、儿童文学的特质,三、教授儿童文学的几个重要原则。该记录稿后连载于 8 月 10 日至 12 日宁波《时事公报》。

七月三十一日

下午一时半,四明夏期教育讲习会主持者在甲组讲堂内为郑振铎、沈雁冰开欢送大会。郑振铎即席发言,略云:"今日之儿童,即为将来中国或世界之主人翁也。吾人如不设法陶化之,俾各儿童俱有完美之智识,则中国其不亡者几希矣。"

七月

在《诗》第 1 卷第 4 期发表《枫叶》、《旅舍中之一夜》、《同了 E君》、《下午的园林》、《智者的成绩》、《辛苦》等诗。

八月一日

晨,与沈雁冰二人仍乘三北轮船公司的"新宁绍"轮回沪。这次他们的讲学,对宁波地区新文化教育事业推动颇大。事后当地成立了不少新文化社团。郑振铎这次与王任叔第一次见面,交谊更加深,后又介绍王加入了文学研究会。王任叔后来说:"一生中,文学事业上给我以最大帮助和影响的是郑振铎。"(《自传》)

同日,在《文学旬刊》第 45 期上发表《〈阿那托尔〉序言》。

八月四日

郭沫若在《时事新报·学灯》上发表 2 日写的《论国内的评坛及我对于创作上的态度》,指责沈雁冰、郑振铎等人"隐姓匿名,含沙射影"。

晚,郁达夫拉郭沫若一起到郑振铎住所,邀请郑参加明天的纪念《女神》出版一周年的聚会。"振铎高兴地答应参加,并答应要多多邀约些文学研究会的同人出席,想借这个机会来组织作家协会。"(郭沫若《创造十年》)

八月五日

在《儿童世界》周刊第 3 卷第 5 期上发表图画故事《苹果树下》。

晚,去一品香参加郁达夫发起的"《女神》纪念会"。郑振铎拉沈雁冰、谢六逸、黄庐隐等文学研究会成员参加,会后还摄影留念。由于隔阂尚未消尽,组织作家协会一事无从谈起。应修人日记:"晚静[汪静之]来,六点半,同到'《女神》生日纪念会'。到者约三四十人。上海知名的,大概都到。沫若、达夫都诚挚而和蔼。王统照、郑振铎、王怡菴、滕固都好。十点摄影,散。"

八月八日

今日及 12 日、13 日《时事新报·学灯》上连载郁达夫 4 日写的小说《血泪》,影射攻击郑振铎等提倡的"血和泪的文学"。

八月十日

在《小说月报》第 13 卷第 8 期上发表重要论文《文学的统一观》,认为应该"以文学为一个整体,为一个独立的研究的对象,通时与地与人与种类一以贯之,而作彻底的全部的研究"。并在文末跋语中说"这篇是一年以前的旧文字",其中不少议论是借鉴了美国莫尔顿的《世界文学》一书的。该文为我国最早倡导比较文学研究的论文。同期《小说月报》还续载所译《灰色马》。

八月十一日

在《文学旬刊》第 46 期上发表《杂谭》五则,回答郭沫若对他的指责。

八月十二日

在《儿童世界》周刊第 3 卷第 6 期上发表图画故事《伤狐避害记》。

八月十九日

在《儿童世界》周刊第 3 卷第 7 期上发表图画故事《黑猫之失败》、《罗辰乘风记》,儿歌《催眠歌》等。

八月二十一日

在《文学旬刊》第 47 期上发表《杂谭》四则,谈翻译工作。

应修人致周作人,评《雪朝》中诗,"说朱[自清]、俞[平伯]雕琢,徐[玉诺]、郑[振铎]粗率,叶[圣陶]、郭[绍虞]浅薄云云"。(应修人日记)

八月二十六日

在《儿童世界》周刊第 3 卷第 8 期上发表图画故事《费儿之厄运》、《小羊旅行记》。

八月

商务印书馆出版徐玉诺诗集《将来之花园》,郑振铎作《卷头语》说:"俄国急进派的批评家 Dobroubov[按,即杜勃罗留波夫]说,'近代俄国著名的诗人,没有一个人不唱颂他自己的挽歌的'。只有真情的人才能唱这挽歌。"并认为徐玉诺"是中国新诗人里第一个高唱'他自己的挽歌'的人"。

九月一日

在《文学旬刊》第 48 期上发表 8 月 26 日作《译诗的一个意见——〈太戈尔诗选〉的序言》。又发表致郭沫若的信,指出郭在《创造》杂志上批评唐和沈雁冰的翻译,"于批评中而夹以辱及人格的漫骂。似乎非正当的批评态度","你往往误会我们'伐异'以及其他一切,其实我们决没有这种心思"。

九月二日

在《儿童世界》周刊第 3 卷第 9 期上发表图画故事《小鱼遇险记》、《猴王》、《断尾狐》,及复增福的信(8 月 2 日作)。

九月九日

在《儿童世界》周刊第 3 卷第 10 期上发表图画故事《狗之变化》、《鼠先生画像记》。

九月十一日

在《文学旬刊》第 49 期上发表《我的一个要求》，"向研究中国文学的人要求一本比较完备些的中国文学史"，为此，"还要求先能有一部分的人尽力介绍文学上的各种知识进来，一部分的人从事于中国文学的片段的研究或整理"。还发表《杂谭》二则。同期，李芾甘（巴金）发表 8 月 23 日作《致文学旬刊》，表示支持郑振铎在该刊第 36 期《悲观》一文中的观点，并提到"西谛君的《悲鸣之鸟》何等沉痛呵！我读这篇时已陪了不少的眼泪了"。并有"记者"复信，当为郑振铎作。

九月十六日

在《儿童世界》周刊第 3 卷第 11 期上发表图画故事《吃西瓜》、《木偶之宴会》、《苦约克之经历》，及答复读者戴克修、桂秉衡的信。

九月二十一日

在《文学旬刊》第 50 期上发表《杂谭》五则，谈"化名"问题。还发表《评 H.A.Giles 的〈中国文学史〉》，指出英国剑桥大学翟理斯所著此书"最大的错谬，约有四点"，即"疏漏"、"滥收"、"详略不均"、"编次非法"；同时也肯定了"全书中最可注意之处"是"能第一次把中国文人向来轻视的小说与戏剧之类列入文学史中"和"能注意及佛教对于中国文学的影响"，"足以矫正对于中国文人的尊儒与贱视正当作品的成见"。

九月二十三日

在《儿童世界》周刊第 3 卷第 12 期上发表复读者周得寿信（8 月 5 日作），认为："儿童看的书，与成人看的不同。所以对于儿童文学的介绍，我向来不采用直译的方法……至于神秘一层，更不必故意避免。儿童是充满了幻想的。儿童文学中决不能——也不必——完全除掉一切神秘的原始的气味。"

九月三十日

在《儿童世界》周刊第 3 卷第 13 期上发表图画故事《溪旁发生的

故事》,及郑振铎作词、许地山作曲《湖水》。

九月

瞿秋白《饿乡纪程》一书由郑振铎编入"文学研究会丛书",本月由商务印书馆出版,书名被改为《新俄国游记》。

十月一日

在《文学旬刊》第51期上重要发表论文《整理中国文学的提议》,提出须有"打破一切传袭的文学观念的勇气",和具有"近代的文学研究的精神"。认为这一精神即莫尔顿提出的:"(一)文学统一的观察,(二)归纳的研究,(三)文学进化的观念。"

十月二日

顾颉刚致郑振铎信,了解福建诸姓大族中内部关系,及义庄、春秋祭日、族谱等情况,还托郑振铎向徐玉诺等人了解他省情况。

十月三日

致周作人信,提到"上海方面,极为醒醒,礼拜六派的势力,甚为盛大","商务近来亦拟出一种小说周刊,做稿的人,亦为他们一流。我们当初很想防止这种举动,但他们似乎不大领悟","等他出版后,我们想在上海攻击一下",并希望周作人在北京给予声援。(商务拟出周刊即《小说世界》)

十月七日

在《儿童世界》周刊第4卷第1期上发表图画故事《祸首之狗》、童话《汉士与郭丽》,开始连载长篇故事《巢人》,以及复余姚达三国民校读书会、汪家瑞、何思聪等处信。

十月九日

与柯一岑同游杭州。郑振铎在1921年石印本《重订浙江公立图书馆保存类目录》上有"西谛十、九车中"的题跋:"借一岑游西湖,他取了这本书送给我。"当在这年。

十月十日

在《文学旬刊》第52期上发表所译英国Shellry《给英国人》、所作《小诗》四首、所作《圣皮韦(Sainte Beuve)的自然主义批评论》(10月1

日作)及《杂谭》四则。

在《小说月报》第 13 卷第 10 期上续载所译长篇小说《灰色马》。

十月十四日

在《儿童世界》周刊第 4 卷第 2 期上发表《香蕉做的小鸟》(游戏)以及续载长篇故事《巢人》。

十月十七日

作《〈雪朝〉再版序言》,该书于 1923 年 1 月由商务印书馆再版。

十月二十一日

在《儿童世界》周刊第 4 卷第 3 期上发表图画故事《古瓶碎了》,开始连载图画故事《河马幼稚园》(共连载 9 期),另发表图画故事《夏天的梦》、游戏《果子做的渔翁》,续载长篇故事《巢人》。

十月二十八日

在《儿童世界》周刊第 4 卷第 4 期上发表《香蕉做的两只猪》(游戏),续载图画故事《河马幼稚园》和长篇故事《巢人》。

十月

在《诗》第 1 卷第 5 期上发表诗《死者》,愤怒控诉反动派杀害工人领袖黄爱、庞人铨,指出应该"以眼还眼,以牙还牙"。并在该诗注中说:"我们本想宽恕一切,但可惜我们的度量太小了。不要让最初流血者的鲜红的血无谓的流去呀!""这也是无法的。人世间的幕本就是由千万年来的'悲惨'与'恐怖'织成的。"同期还发表小诗《思》和《往事》。

所译印度泰戈尔诗集《飞鸟集》由上海商务印书馆出版,为"文学研究会丛书"之一。该书曾由叶圣陶、徐玉诺校阅。

秋季

上海大学成立。该校实际上是中国共产党早期培养干部的学校。邓中夏任校务长,陈望道任中文系主任,瞿秋白后来任社会学系主任。郑振铎也曾在该校任教(见自传,未刊;又见当年上海大学学生孔另境等人的回忆)。

十一月初

去苏州一游。与叶圣陶、王伯祥、顾颉刚、吴旭初等人游天平山，
又与顾颉刚上白云。（据《顾颉刚年谱》）

十一月四日

在《儿童世界》周刊第 4 卷第 5 期上发表《果子做的兔子》（游
戏）、《衣服污了》（插图说明），及续载图画故事《河马幼稚园》和长篇
故事《巢人》。

十一月十日

在《文学旬刊》第 55 期上发表读者汪馥泉《"中国文学史研究会"
底提议》，该文批评了创造社郁达夫等人"故意别解"郑振铎提出的
"血和泪的文学"口号等事，并建议双方团结起来研究中国文学史。沈
雁冰与郑振铎都在文末加了附记。同期，郑振铎还发表了《杂谭》五
则，认为："中国文学的研究，我们承认他是很必要的。但是我不愿意
大家在现在谈得太起劲了。因为文学的根本原理，到现在还没有输
入。"

在《小说月报》第 13 卷第 11 期上续载所译长篇小说《灰色马》。

十一月十一日

在《儿童世界》周刊第 4 卷第 6 期上发表图画故事《杂货店里》、
《鼠夫人教子记》，游戏《苹果做的象》，及续载图画故事《河马幼稚园》
和长篇故事《巢人》。

十一月十二日

陈望道在《民国日报·觉悟》上发表《讨论文学的一封信——整理
中国文学和普及文学常识》（致沈雁冰信），认为郑振铎"提议先输入
文学原理和文学常识"，"很有理由"，"尤其是目下的急务"。

十一月十八日

在《儿童世界》周刊第 4 卷第 7 期上发表图画故事《捕鸟记》、《自
行车场》，及续载图画故事《河马幼稚园》和长篇故事《巢人》。

十一月二十一日

在《文学旬刊》第 56 期上发表《杂谭》（二则）。该期载《本刊特别
启事》云："本刊自下星期起，依了上海文学研究会各会员的决议，特

请谢六逸先生为主任编辑。"

十一月二十五日

在《儿童世界》周刊第 4 卷第 8 期上发表图画故事《婴儿看护》及续载图画故事《河马幼稚园》、长篇故事《巢人》。

十二月一日

在《文学旬刊》第 57 期上发表《杂谭》（二则），指出："我们不仅攻击假的情诗，态度轻佻的情诗，便连虚伪的血泪文学，我们也要攻击！"又发表《文学之力》，指出："稍治俄国文学的人，莫不惊异他们和社会关系之密接。由俄国文学，我们得了一个印象：就是文学的本质，实际上虽然不以改造社会为极致；不替社会建设一种具体的方案；可是激动改造的根本精神之物，当以文学之力为优。"又提及："俄国的列宁，觉得受产业主义的压迫已久，所以他创造一种改造社会之方案。他的这种生活，我们不能不承认是艺术化的。"

在《儿童世界》周刊第 4 卷第 9 期上发表图画故事《猫与镜子》，及续载图画故事《河马幼稚园》和长篇故事《巢人》。

十二月七日

致周作人信，向鲁迅与周作人约稿，并提及鲁迅的小说"上海方面喜欢读的人极多"。郑振铎此时已继沈雁冰接编《小说月报》，"明年正月号，稿发已过半"。

十二月八日

在《儿童世界》周刊第 4 卷第 10 期上发表图画故事《猫与鹅》，及续载图画故事《河马幼稚园》和长篇故事《巢人》。

十二月十日

在《小说月报》第 13 卷第 12 期上续载所译俄国路卜洵长篇小说《灰色马》，至此连载完毕。

十二月十五日

在《儿童世界》周刊第 4 卷第 11 期（原署日期为 12 月 2 日，按推算当为今日。当时郑振铎即将辞去该刊主编，故赶编了数期，以致在日期上略有混乱，下同）上发表图画故事《战时》及续载图画故事《河马幼稚园》和长篇故事《巢人》。

十二月二十一日

在《文学旬刊》第 59 期上发表《西谛启事》,声明已不负《文学旬刊》和《儿童世界》的编辑之责(因调任《小说月报》主编)。

十二月二十二日

在《儿童世界》周刊第 4 卷第 12 期(原署日期为 12 月 9 日,按推算当为今日)发表图画故事《大力士的失败》、《圣诞节前夜》,谈话《圣诞节前夜》,续载图画故事《河马幼稚园》和长篇故事《巢人》。

十二月二十九日

在《儿童世界》周刊第 4 卷第 13 期(原署日期为 12 月 16 日,按推算当为今日)上发表图画故事《除夕的球戏》、儿歌《五色旗》、续载图画故事《河马幼稚园》。

本年下半年

创造社郭沫若、郁达夫、成仿吾等人,与文学研究会沈雁冰、郑振铎等人展开争论,主要围绕着文学创作和翻译的目的等。

本年

商务印书馆出版共学社《俄罗斯文学丛书》,郑振铎参与编辑,该丛书收入郑振铎译的《贫非罪》及作序的《甲必丹之女》、《父与子》等。

本年,业余曾在谢六逸主持的神州女子中学任教,后与该校学生、高梦旦之女高君箴由师生关系而恋爱。

本年,曾介绍王鲁彦到长沙岳云中学和第一师范学校教书。

一九二三年　二十六岁

（民国十二年　癸亥）

一月六日

《儿童世界》周刊第 5 卷第 1 期（新年特刊）出版，为郑振铎主编的最后一期，篇幅有平时的四倍多。此后郑振铎不任该刊主编，但仍列名于 14 名"编辑人"之中。该期上发表他的故事《伊索先生》、小童话《爱美与小羊》、图画故事《新年会》。叶圣陶的著名童话《稻草人》也由郑振铎编入该期发表。

本日，商议成立朴社事。因为不满于出版社老板的剥削和牵制，郑振铎在商务印书馆编译所几位朋友中提议自行组织出版社，得到大家赞同，遂定名为"朴社"（社名由周予同提出，与提倡"朴学"有关）。即与周予同、顾颉刚、胡愈之、沈雁冰、王伯祥、叶圣陶、谢六逸、陈达夫、常乃惪（燕生）等 10 人为发起人，每人月出 10 元钱，集资出版书籍。由顾颉刚任会计。3 月底，顾颉刚作朴社宣言、社约；4 月开会，将宣言、社约改定；9 月底，刻印之；10 月初，分寄各地。年内又有俞平伯、吴维清、潘家洵（介泉）、郭绍虞、耿济之、吴颂皋（缉熙）、陈万里、朱自清、陈乃乾等人入社。至 1924 年 9 月，该社上海同人一度宣布解散，维持印书。后顾颉刚、俞平伯又在北平再组朴社，郑振铎仍予支持，并将其《插图本中国文学史》交予出版。

一月十日

《小说月报》第 14 卷第 1 期出版，此为郑振铎任主编的第一期，本年只有他一个编辑（直到 1924 年徐调孚做郑振铎助手以前，该刊只有他一人编辑）。该期上发表他的论文《读毛诗序》，指出《毛诗序》是研究、认识《诗经》的"一堆最沉重、最难扫除而又必须最先扫除的

瓦砾"。该期开辟《整理国故与新文学运动》专栏,郑振铎写了《发端》,
并发表论文《新文学之建设与国故之新研究》,认为"要指出旧的文学
的真面目与弊病之所在,把他们所崇信的传统的信条,都一个个的打
翻","要重新估定或发现中国文学的价值,把金石从瓦砾堆中搜找出
来,把传统的灰尘从光润的镜子上拂拭下去"。发表邓演存译《研究文
学的办法》并加按语,指出"无论是批评创作,或谈整理中国文学",
"目前最急的任务,是介绍文学的原理"。发表所撰《关于文学原理的
重要书籍介绍》,共介绍了 50 种国外文学论著,为我国第一份较系统
地介绍国外文学理论的书目简介。发表所撰读书杂记《碧鸡漫志》、
《孔雀东南飞》、《李后主词》、《曲录》(二则)、《葬花词》、《纳兰容若》、
《步韵诗》等,还发表答读者施章、旭光、史本直信三则和《最后一页》
(本年每期《最后一页》都当是他所作)。

一月十一日

　　商务印书馆资方保守派又出《小说世界》周刊,叶劲风主编,大载
礼拜六派的稿子。郑振铎十分气愤,在去年得悉此消息时曾当面责问
王云五;此时,郑振铎等人经过商量,在 1 月 15 日上海《时事新报·学
灯》上发表一组文章,总题《〈小说世界〉与新文学者》,予以揭露与痛
斥。鲁迅也在 1 月 15 日北京《晨报副镌》上发表一封信,表示愤慨。

一月十三日

　　在《儿童世界》周刊第 5 卷第 2 期上发表小童话《张儿》,并开始
连载图画故事《爱美之笛》。

一月十九日

　　北京大学校长蔡元培提出辞职呈文,并发表《不合作宣言》,表示
不能与毫无人格的教育总长彭允彝为伍。郑振铎闻讯,很同情与敬佩
蔡元培的正义斗争。

一月二十日

　　在《儿童世界》周刊第 5 卷第 3 期上续载图画故事《爱美之笛》。

一月二十一日

　　吴文祺致郑振铎信,谈联绵词在文学上的价值等问题。郑振铎后

在 3 月号《小说月报》上公开作答,给了吴极大的鼓励,促使他走上语言文学研究的道路。

一月二十七日

在《儿童世界》周刊第 5 卷第 4 期上续载图画故事《爱美之笛》。

一月二十九日

收到王任叔寄赠的相片。

一月三十日

与王伯祥、叶圣陶、顾颉刚一起写了《我们对于北京国立学校南迁的主张》,声援蔡元培和北京学生反对彭允彝的斗争,建议北京国立学校南迁,以离开军阀政客"恶政治的旋涡",并不做恶政府的装饰品,"使全国人都知道政府办教育的没有诚意"。该文载 2 月 5 日《晨报副镌》。叶圣陶于本月由商务印书馆史地部主任朱经农介绍到商务印书馆国文部当编辑。

一月

为商务印书馆主编《童话》第三集出版,共四种:《猴儿的故事》、《鸟兽赛球》、《白须小儿》、《长鼻矮子》,每一本前均有郑振铎的《编者的话》。

二月一日

在《文学旬刊》第 63 期上发表致吴文祺信。

二月三日

在《儿童世界》周刊第 5 卷第 5 期上续载图画故事《爱美之笛》。

二月十日

在《小说月报》第 14 卷第 2 期上发表《何谓古典主义?》,读书杂记《唐诗》、《郑厚》、《王若虚的文学评论》;开辟《文学上名词译法的讨论》专栏,作《发端》,并发表论文《文学上名辞的音译问题》;还在吴致觉《关于诗歌的名词译例》一文前加了按语,在潘家洵译的《教父》后加了附记;还发表答读者陈宽、鹃外女士、润生信三则。从本期起,辟有《国内文坛消息》专栏,署名记者,郑振铎当为主要执笔者。

二月十一日

在《文学旬刊》第 64 期上发表小诗《怅惘》(一至八)、《小诗》(两首)、《毒龙之国》,均作于 2 月 9 日。在《毒龙之国》里揭露了"人间较地狱更为可畏"。

二月十七日

在《儿童世界》周刊第 5 卷第 7 期上续载图画故事《爱美之笛》。

二月二十八日

在《儿童世界》周刊第 5 卷第 8 期上续载图画故事《爱美之笛》。

三月一日

在《民铎》第 4 卷第 1 期(衍期出版)上发表小诗《怅惘》20 首(其中前八首曾载《文学旬刊》第 64 期)。

三月五日

为所购黄丕烈《士礼居藏书题跋记》题跋。

三月十日

在《小说月报》第 14 卷第 3 期上发表读书杂记《几部词集》、《李清照》;发表《关于诗经研究的重要书籍介绍》,为《诗经》研究者指示入门;还发表答读者吴文祺、陈宜福、彭新民、杨鸿杰信四则和咏琼给他的来信。在答吴文祺的信中认为吴的论文《联绵词在文学上的价值》"很好,而且很重要。白话文之应采用口语不常用的'联绵词',与应该采用'外来词'与欧化的语调,是同样的必要的。近来产生的新诗与散文,大概都有平庸之病。而形容词之缺乏,与雷同,实为其所以平庸的原因之一"。又说:"又看见《责任》上已把你的这篇文字,先行登出,所以我只好把他移在'选录'里了。请你原谅!"本期《国内文坛消息》栏提及:"朱自清,徐玉诺,俞平伯,刘延陵,郑振铎五君也将收集《雪朝》出版以后所作的新诗,合出一诗集。"又说:"郑西谛君也将选辑自《诗经》起至陶潜,李白,杜甫,白居易,李后主,苏轼,李清照,马致远诸人的作品,出一《中国诗人丛书》。"后这两个计划均未见实现。

三月十七日

去博古斋购得影印本《宋六十名家词》,归作题跋。

四月二日

在《文学旬刊》第 69 期上发表《小说月报社启事》。

四月十日

在《小说月报》第 14 卷第 4 期上发表小说《淡漠》，描写一对男女知识青年的恋爱婚姻生活从热烈到淡漠的故事。小说主人公原先都是学生运动积极分子，他们各自挣脱了封建婚姻的枷锁，勇敢地自由结合；但是毕业后，为了谋生而分居两地，原先的理想都碰碎在现实的岩石上了。据本年谱作者考证，这是郑振铎把黄庐隐与郭梦良的恋爱婚姻故事写进去了。这期还发表读书杂记《玉函山房辑佚书》、《中国戏曲集》；发表旧稿《丹麦现代批评家勃兰特传》，该文主要参考了 Boyesen 的《勃兰特评传》，文中表示"对于勃兰特表同情"，因为他"是一个现代生活的大反抗者"，"无论什么人，我认为，都应该表同情于反抗者，因为反抗者的不满意总是对的"。还发表读者宋春舫、顾泽培给他的信。

四月二十七日

周作人收到郑振铎订婚通知。翌日，周作人复信，并寄赠《比较文学史》一册。

四月二十九日

夜，写情诗《爱》、《云与月》，赠 M（按，即高君箴），后发表于 5 月出版的《诗》第 2 卷第 2 期上。

四月三十日

上午，鲁迅收到郑振铎来信及稿费 54 元。

四月

曾与沈雁冰、胡愈之、谢六逸、费鸿年等人打算合作翻译英国约翰·特林瓦特与威廉·俄彭合著的《文学艺术大纲》(The Outline of Literature and Art)（见 4 月 10 日《小说月报》第 14 卷第 4 期《国内文坛消息》和 4 月 22 日《文学旬刊》第 71 期《文坛消息》），后这一合作翻译计划未实现，而由郑振铎参考该书，一人编撰了《文学大纲》。

本月，与高君箴、刘淑度同游杭州。

五月一日

鲁迅到商务印书馆北京分馆取稿费,夜复郑振铎信(已佚)。

五月二日

在《文学旬刊》第 72 期上开辟《我们的杂记》专栏,发表他写的《发端》及《太戈尔的东来》、《〈在摇篮里〉》、《曼殊斐儿》、《两个大作家的纪念》等文。《〈在摇篮里〉》中表示了希望能产生"带着血泪的红色的作品出来"。

五月十日

在《小说月报》第 14 卷第 5 期上发表《卷头语》、读书杂记《〈文赋〉》、《中国的诗歌总集》等文,发表为徐志摩《曼殊斐儿》和高君箴译《缝针》(此篇是郑振铎邀她译的安徒生童话)二文所写的跋,以及答读者陈胜标、蔡觉心信(举出研究《诗经》的最重要的几种书)和答 W.C.Ching 信(介绍鲁迅、冰心的作品的出版情况)二则;同期,开始连载所撰《俄国文学史略》,这是我国最早较系统地介绍俄国文学史的专著。

五月十二日

在《文学旬刊》第 73 期上发表《给读者》,回顾了该刊创办二周年来对"盲目的复古运动与投机的'反文学'运动"斗争的经历,并宣布编辑队伍已经加强(为:王伯祥、余伯祥、沈雁冰、周予同、俞平伯、胡哲谋、胡愈之、叶圣陶、郑振铎、谢六逸、严既澄、顾颉刚);发表《〈世界文学〉——一部研究各国文学史的入门书》,介绍 1922 年美国波士顿出版的李查孙和渥文合著的《世界文学》一书;发表《我们的杂记》四则:《北京的兄弟》(介绍文学研究会北京分会将在《晨报》上创刊《文学旬刊》)、《翻译家的国王》、《埃及古墓的发见》、《倍那文德的戏曲集》。

五月十九日

致周作人信,对 5 月 13 日创刊的《创造周报》"太会骂人"表示不满,并要求文学研究会北京同人商量对付办法。

五月二十日

作《阿志跋绥夫与〈沙宁〉——〈沙宁〉的译序》,后发表于 1924 年

5 月 10 日《小说月报》第 15 卷第 5 期及 1929 年 1 月 10 日《小说月报》第 20 卷第 1 期上。

五月二十三日

夜,鲁迅写致郑振铎信(已佚,估计与 19 日郑振铎去信谈创造社"太会骂人"有关)。

六月二日

在《文学旬刊》第 75 期上发表《我们的杂记》四则:《美国的新诗杂志》、《〈芝兰与茉莉〉及其他》、《绿波社与〈诗坛〉》、《〈太戈尔号〉》。

六月十日

在《小说月报》第 14 卷第 6 期上续载《俄国文学史略》(二),及答读者石泉、陈震、寒冰信三则,还发表严既澄、陈宽给他的信二则。

六月十二日

在《文学旬刊》第 76 期上发表《我们的杂记》二则:《北京文学研究会消息》、《美国杂志里的中国剧本》。

六月二十二日

在《文学旬刊》第 77 期上发表《我们的杂记》三则:《北京的文学旬刊》、《两部重要的作品》、《韦尔士的来华》;并发表《杂感》二则,批判商务印书馆出版的《小说世界》。

六月

在天津《新民意报》副刊《朝霞》(赵景深编)的"阿史特洛夫斯基的百年忌"特号上发表《阿史特洛夫斯基传》。

七月二日

在《文学旬刊》第 78 期上发表《翻译与创作》,还发表《我们的杂记》二则:《高尔基的新著》(介绍高尔基的小说《幸运之原因》)、《红的花》(介绍鲁迅翻译的爱罗先珂《红的花》)。

七月八日

梁宗岱致郑振铎信,报告"文学研究会广州分会"昨日成立,会员共 9 人,并决议创办《越华报·文学旬刊》。郑振铎将此信发表于《小说月报》8 月号,并加按语对此表示祝贺。

七月十日

在《小说月报》第 14 卷第 7 期上发表《关于中国戏曲研究的书籍》、《杂译太戈尔诗》(1921 年 4 月 22 日)、《俄国文学史略》(三),及答读者刘真如、郭子雄、舒蕉女士、李炘延信四则,并在张闻天译西班牙戏剧家培那文德《热情之花》前发表附言(4 月 26 日作)。

七月十二日

在《文学旬刊》第 79 期上发表《论〈飞鸟集〉译文——答赵荫堂君》。

耿济之致郑振铎信,介绍高尔基等人主编的《世界文学丛书》的有关情况。郑振铎将此信发表于《小说月报》8 月号。

七月十四日

周毓英致郑振铎信,承认自己以前因为被《小说月报》退稿而心怀不满甚至写信骂人是不对的,又寄来一篇小说稿,希望郑振铎指出缺点,"指示后进者是先进者的义务",并希望此信能发表。郑振铎将此信发表于《小说月报》8 月号。

七月二十日

高梦旦邀郭沫若到他家吃晚饭,客人还有杨端六及夫人、郑贞文、何公敢、周颂久等,郑振铎、高君箴作陪。郭沫若认为这"就是婚约的披露燕罢?"(据郭沫若《创造十年》中说是《创造日》"要出版的前一天",推算为本日。)郑贞文为郑振铎的族祖,郑振铎曾请他为自己与高君箴的婚姻说合。

七月二十二日

在《文学旬刊》第 80 期上发表《再论〈飞鸟集〉译文——答梁实秋君》。

七月三十日

在《文学旬刊》(改名为《文学》)第 81 期上发表《本刊改革宣言》,宣布该刊自本期起改为周刊,并重申"本刊的态度与精神,仍与从前一样","对于'敌',我们保持严正的批评态度,对于'友',我们保持友谊的批评态度"。并公布特约撰稿者名单共 26 人,有郑振铎、瞿秋白等。该期还发表郑振铎译的《太戈尔诗一首》,及寓言《狼的国》。

八月三日

瞿秋白为郑振铎《俄国文学史略》一书写了第十四章《劳农俄国的新作家》,介绍了马雅可夫斯基等苏联作家。

八月六日

在《文学》周刊第 82 期上发表《文学的分类》及翻译《太戈尔诗三首》。

八月七日

为瞿世英等人译《太戈尔戏曲集》(一集)作序,该书由商务印书馆于 9 月出版。

八月十日

在《小说月报》第 14 卷第 8 期上发表《俄国文学史略》(四)、《关于俄国文学研究的重要书籍介绍》、所译泰戈尔诗《著作家》,在仲起《最后的一封信》、潘家洵译《门茄洛斯》、CE 女士译《拇指林娜》等文后发表跋记,还发表答读者周毓英、何玉盦、丁鱼裳、王嘉权信四则,另发表耿济之 7 月 12 日来信、梁宗岱 7 月 8 日来信(加按语祝贺文学研究会广州分会成立)等。

八月十三日

在《文学》周刊第 83 期上发表 8 月 9 日所作《诗歌之力》及所译《太戈尔诗三首》。

八月十七日

送许地山、冰心、顾一樵等人赴美留学。

八月二十日

在《文学》周刊第 84 期上发表 8 月 15 日所作《何谓诗？》,认为:"诗歌是美丽的情绪文学的一种,它常以暗示的文句,表白人类的情思,使读者能立即引起共鸣的情绪。它的文字也许是散文的,也许是韵文的。"从本期起,连续发表瞿秋白四篇作品。

八月二十七日

在《文学》周刊第 85 期上发表《诗歌的分类》和 8 月 22 日所作

《太戈尔新月集译序》。译序中提到自己对泰戈尔诗发生兴趣,是在近五年前由许地山介绍的,《新月集》的译文并经许地山的校读。

九月三日

在《文学》周刊第 86 期上发表《抒情诗》,以及致读者吉林某君信。

九月五日

为叶圣陶童话集《稻草人》作序,高度评价其思想、艺术成就,并指出"现代的人生是最足使人伤感的悲剧,而不是最美丽的童话",并认为:"把成人的悲哀显示给儿童,可以说是应该的。他们需要知道人间社会的现状,正如需要知道地理和博物的知识一样,我们不必也不能有意地加以防阻。"本书为我国新文学史上第一本国人创作的童话集,是郑振铎在主编《儿童世界》时请叶圣陶写的作品的结集,11 月由商务印书馆出版;而郑振铎该篇序文为新文学史上较早的重要的儿童文学论文。

九月六日

为耿济之译俄国安特列夫《人之一生》作序,该书本年由商务印书馆出版。

九月十日

主编《小说月报》第 14 卷第 9 期"太戈尔号"(上)出版,发表所作《欢迎太戈尔》、《太戈尔传》、《关于太戈尔研究的四部书》,以及所译泰戈尔诗《微思》、《〈歧路〉选译》、《〈吉檀迦利〉选译》(1920 年 7 月旧译、1923 年 9 月 9 日译)、《〈爱者之赠遗〉选译》(1923 年 8 月 10 日译)、《新月集选译》、《孩童之道》等,发表《俄国文学史略》(五)(续载完)、《关于俄国文学的两则杂记》、《俄国文学年表》,在顾仲起《归来》后发表附言,还发表答读者陈修工、史之芬、毓良、吴作、王涤生、金毅夫、王仲鲁、文倩、陈斌、施文星的信共九则。又在吕振群、沈兆瀛的二信后加了按语。

在《文学》周刊第 87 期上发表《史诗》。

九月十七日

在《文学》周刊 88 期上发表 9 月 6 日所作《人之一生——序耿济之译的安特列夫的〈人之一生〉》及 9 月 14 日致读者熊仲笙短信。

九月十八日

为熊佛西《青春底悲哀》、侯曜《复活的玫瑰》作序,文字相同,实为所主编的《文学研究会通俗戏剧丛书》的总序。

九月

所译泰戈尔诗集《新月集》由商务印书馆出版。

介绍赵景深去长沙岳云中学教高中国文课。

十月十日

下午,在一品香酒楼举行与高君箴结婚仪式。据茅盾回忆,结婚仪式前一天,郑振铎突然想起母亲没有现成的图章(照当时文明结婚仪式,结婚证书上须盖双方父母章),就请瞿秋白刻,"不料秋白的回信却是一张临时写起来的'秋白篆刻润格',内开:石章每字二元,七日取件;如属急需,限日取件,润格加倍;边款不计字数,概收二元。……"郑振铎一看,知道秋白事忙不能刻,便转请茅盾刻。第二天上午,茅盾去郑家,"忽然瞿秋白差人送来一封红纸包,大书'贺仪五十元'。郑振铎正在说:'何必送这样重的礼!'我把那纸包打开一看,却是三个图章,一个是郑母的,另两个是郑振铎和高君箴的,郑、高两章合为一对,刻边款'长乐'二字(因为郑、高二人都是福建长乐人),每章各占一字,这是用意双关的。我一算:润格加倍,边款两元,恰好是五十元。这个玩笑,出人意外,郑振铎和我都忍不住捧腹大笑。自然,我刻的那个图章,就收起来了"(茅盾《文学与政治的交错》)。本日结婚仪式请顾颉刚任司仪。顾颉刚日记:上午,"与履安[按,顾颉刚妻]到振铎处看新房"。下午,"与履安到一品香贺振铎君箴结婚。晤乃乾,伍一比[按,此处疑有误]诸君谈。予为司仪人"。夜,"看余兴《归宿》剧。十一点归。""振铎喜事,到客三四百人,可谓极一时之盛。夜中演剧,[严]既澄饰振铎,于订婚经过描摹太尽致,真不知在座之新郎新妇何以为情!剧分四节:(1)独身,(2)谒岳,(3)家叙,(4)订婚。"胡适日记:"三点,郑振铎与高君箴女士在一品香结婚,我去观礼。至夜八时始同经农、擘黄同至旅馆,谈到半夜始别。"周建人回忆:"司仪请上台讲话的第一个就是瞿秋白。瞿秋白上台讲了,他说:'中国革命需要大批的妇女参加,这是一股很大的力量。结婚是正常的事,但结婚以后,家务事就压上来了,精神负担也很大,使她参加革命时间减少。'然后就大声叫起来:'哎哟,又一个好女子被糟蹋掉了。'听了他最后一句话,大家吓了一跳,但一回味,觉得很风趣,很有鼓动性。可不是吗?"(《我所知道的瞿秋白同志》)茅盾回忆:"下午举行结婚仪式,瞿秋白来贺喜了,请他讲话,他便用'薛宝钗出闺成大礼'这个题目,讲了又庄严又诙谐的一番话,大意是妇女要解放,恋爱要自由。满堂宾客,有瞠目结舌者,有的鼓掌欢呼。"(《文学与政治的交错》)婚后,新人即去杭州等地度蜜月。

主编《小说月报》第 14 卷第 10 期"太戈尔号"(下)出版,发表《太戈尔传》(续)及所译泰戈尔诗《爱者之贻选译》、《园丁集选译》、《世纪末日》,还发表答读者吴守中、凄损信二则(在答凄损问研究新文学应看什么书时,同时推荐了《文学研究会丛书》和《创造社丛书》),在《国内文坛消息》中推荐了鲁迅的《呐喊》和周作人的《自己的园地》。还发表《请读第十五卷的小说月报》,介绍明年该刊的编辑计划。

十月十四日

在杭州西湖"三潭印月"处与夫人高君箴摄影留念。该照曾赠高君箴同学刘淑度,郑振铎题词曰:"民国十二年十月十四日照于杭州三潭印月,时清飔微拂,云影笼山,柔绿的湖波轻拍船身,如坐清幽绝尘之画室里摇篮中。今年四月我们亦曾同游于此,想姊尚能忆之。"

十月十五日

在《文学》周刊第 92 期上发表《〈稻草人〉序》。

十月十七日

在杭州,访问徐志摩。

十月二十二日

在《文学》周刊第 93 期上发表《太戈尔诗选译》(三首)。

十月二十五日

为瞿世英等译《太戈尔戏曲集》(二集)作序,该书由商务印书馆于1924 年 11 月出版。

十月二十九日

在《文学》周刊第 94 期上发表《太戈尔诗选译》,又发表《小说月报第十五卷号外中国文学研究号征文启事》。

十月三十一日

为所著《俄国文学史略》作序。

十一月五日

在《文学》周刊第 95 期上发表《杂译太戈尔诗》(二首)。

十一月十日

在《小说月报》第 14 卷第 11 期上发表《园丁集选译》及答严敦易、儿匡、孙百吉、徐文台、胡凤翔信五则。还发表梁实秋、冰心、许地山等人在赴美轮船上创作的诗文共 14 篇,总名为《海啸》。还在本期及下期连载发表黄庐隐的小说《海滨故人》,据本年谱作者考证,里面把郑振铎与王世瑛的恋爱及失恋的事写进去了。

十一月十二日

在《文学》周刊第 96 期上发表《杂译太戈尔诗》。

十一月十七日

作《得一九二三年诺贝尔奖金者夏芝》,载 19 日《文学》周刊第 97 期。

十一月十九日

瞿秋白在《文学》周刊第 97 期上发表《弟弟的信》,委婉批评郑振铎在《小说月报》上发表的《欢迎太戈尔》文中某些提法,认为不能爱一切人,而对衣冠禽兽的剥削阶级"只可使他消灭,不可使他繁殖"。

十一月二十六日

在《文学》周刊第 98 期上发表 11 月 24 日答读者刘政同信,同意他对《文学》周刊登载乱七八糟的骗人广告的批评,并说明这是《时事新报》社所为,文学研究会为此已交涉过好几次。

十二月三日

在《文学》周刊第 99 期上发表闻一多寄自美国的《泰果尔批评》，并加"编者附言"，认为要讨论泰戈尔来华之意义与影响，须分清作为思想家的泰戈尔与作为文学家的泰戈尔的关系；认为作为文学家，"这所生的影响一定是好的"。

十二月五日

因顾颉刚辞去上海商务印书馆之职，回北京大学研究所工作，今日在家里设宴为顾饯别。

十二月十日

《文学》周刊(包括原旬刊)出满百期，发表《本刊的回顾与我们今后的希望》，表示希望国内同性质的新文学刊物"要在扑灭盲目的复古运动与以文艺为游戏的礼拜六派的工作上合作"，"不要中途打起架来，为亲者所痛而为仇者所快。"还发表所作《〈星海〉发刊缘起》，说明"《星海》是文学研究会会刊的第一册，同时又是《文学》百期纪念的刊物"。该期还发表读者郑文若、宋海若致谢六逸、郑振铎信，有"记者"复信。

在《小说月报》第 14 卷第 12 期上发表《一九二三年得诺贝尔奖金者夏芝评传》以及答读者趾青、王兴刚、崔维炳、金毅夫、吴健、海鳌、陈炎南、施讷、王子钊信九则。

十二月十七日

在《文学》周刊第 101 期上发表 12 月 15 日作《中国文学者生卒考序》。郑振铎在最近两个月得到夫人高君箴的帮助，正从事《中国文学者生卒考》的编纂研究工作。

十二月二十四日

在《文学》周刊第 102 期上发表《第十五卷的小说月报预告》，并发表《郑振铎特别启事》，说明"因事务太忙，已将关于《文学》一部分的事，移交给叶绍钧君经理"。还发表读者贺自昭请他转告耀彩的信。

在《晨报副镌》上发表《明年的小说月报》。

本年

陈毅入北京中法大学学习，由王统照介绍参加文学研究会。

　　上海民智书局出版傥工编《新文艺评论》一书,收入郑振铎的《论散文诗》、《俄国的诗歌》、《屠格涅甫〈父与子〉叙言》、《〈灰色马〉的引言》等文。

一九二四年　二十七岁

（民国十三年　甲子）

一月二日

在寓所召开《文学》周刊编辑聚餐会。

一月三日

晚,叶圣陶、王伯祥等来寓谈。

一月五日

夜,《文学》周刊编辑聚餐会,"到者十九人,饮甚畅,乐极!"(王伯祥日记)

一月八日

致梁实秋信,邀请他为4月号《小说月报》拜伦专号撰稿。

致顾毓琇信,通知他的第一部剧本《芝兰与茉莉》已出版(收入《文学研究会丛书》)。

一月十日

在《小说月报》第15卷第1期(衍期出版)上发表《卷头语》;开始连载《文学大纲》,在《叙言》中说明有关外国文学部分参考了Drinkwater 的《文学大纲》(The Outline of Literature),刊出第1章《世界的古籍》、第2章《荷马》(全书共载至1927年1月10日第18卷第1期为止);开始连载与沈雁冰合撰的《现代世界文学者略传》(共载6期)和所撰《中国文学者生卒考(附传略)》(共载7期);还以"子汶"笔名发表《中国文学研究的重要书籍介绍》,共介绍了247种书籍。本期起还开辟了《儿童文学》专栏。

一月十三日

晚,郭梦良、黄庐隐在远东饭店举办结婚酒宴。"新娘即席赋诗,落落不拘,贺客亦尽兴和之。"(王伯祥日记)郑振铎当出席。郑天挺有贺联曰:"积三载同心宿愿始偿,趁吉日良辰一罄衷素;结百年好合旧盟重沥,正新梅艳雪交映园庭。"

一月十四日

晚,文学研究会在重元楼聚餐,叶圣陶、俞平伯作东,郑振铎、沈雁冰、胡愈之、王伯祥、谢六逸、周予同等均冒雨出席。

一月十八日

徐玉诺自厦门来沪,住惠中旅店。夜偕叶圣陶、王伯祥往访,同出散步。

一月二十八日

为所撰《俄国文学史略》作跋。

晚,在寓所召开《文学》周刊编辑聚餐会,胡愈之、周予同作东。

一月

所译俄国路卜洵长篇小说《灰色马》由商务印书馆出版,为《文学研究会丛书》之一,瞿秋白、沈雁冰作序,俞平伯作跋。

主编《文学研究会通俗戏剧丛书》由商务印书馆开始出版。

二月一日

周作人收到郑振铎寄赠所译《灰色马》一本。

二月二日

鲁迅得郑振铎信并版税 56 元。翌日,鲁迅又收到郑振铎寄赠所译《灰色马》一本。4 日,鲁迅托周建人转郑振铎一信表示感谢(信已佚)。

二月十日

在《小说月报》第 15 卷第 2 期上发表《卷头语》、《关于中国文学者生卒考的两封通信》(致王鉴、致北京 K)及续载《文学大纲》第 3 章《圣经的故事》、《现代世界文学者略传》(二)、《中国文学者生卒考(附传略)》(二)。

二月十五日

晚,在寓所召开朴社会议,沈雁冰、胡愈之、叶圣陶、王伯祥、陈乃

乾等参加。"决先把《浮生六记》印行。又拟就重要古籍中选注辑印为
《中国文学选本》陆续刊行,作中等学校教本或补充课本。"当场商定
14 种书,决定先出《史记》《孟子》《论衡》《词选》4 种,分别由叶圣陶、
王伯祥、陈乃乾、郑振铎选注,"希望于暑假前交稿,则开学时当得一
大批销路也。"(王伯祥日记)

二月二十日

在寓所召开《文学》周刊编辑聚餐会。席散之后,与沈雁冰、叶圣
陶、王伯祥、陈乃乾"集议拟印披露[朴]社中宣言及人物……当推圣
陶起草,稍缓再酌。"(王伯祥日记)

三月六日

与沈雁冰、胡愈之、叶圣陶、王伯祥、周予同集商朴社事。当时,商
务印书馆当局规定馆内人员不可在外组织出版社,沈雁冰、郑振铎等
人均不宜在朴社宣言上署名,他们想请时在北京的顾颉刚、潘介泉、
吴缉熙、陈万里等人出面发表朴社宣言,但顾颉刚不同意。上海同人
集议的结果是再写信与顾颉刚等人商量。

三月七日

"今日文学会聚餐,我与既澄当值……夜七时在振铎处设席,计
到者有郑振铎、余切生、沈雁冰、徐玉诺、胡愈之、叶圣陶、樊仲云、陈
乃乾、徐志摩、周予同及我十一人","今日圣陶把昨议的情形草就公
函,由列席的七人署名寄出,专致颉刚、介泉、缉熙。"(王伯祥日记)

三月十日

在《小说月报》第 15 卷第 3 期上发表《卷头语》、《关于〈中国文学
者生卒考〉的几则怀疑的解答》(读淦女士《淘沙》、复王鉴、复鬶遂如、
刘承修诸君)、译诗《停着呀,停着呀,可爱的水》、为徐志摩《征译诗
启》写的跋语等,还续载《文学大纲》第 4 章《希腊的神话》、《现代世界
文学者略传》(三)、《中国文学者生卒考(附传略)》(三)。

三月十六日

文学研究会在半淞园江上草堂举行聚餐会,并欢迎自北京来沪
的傅东华。郑振铎、沈雁冰、叶圣陶、胡愈之、王伯祥、周予同、瞿菊农、

黄庐隐、高君箴、计硕民、陈乃乾、褚东郊等出席。

三月十七日

在《文学》周刊第 113 期上发表《阿波罗与妷芬——希腊神话之一》。

夜,与沈雁冰、叶圣陶、胡愈之、王伯祥、傅东华、周建人、章雪村开会,商量《文学》周刊编辑印行事,拟脱离《时事新报》。

三月十九日

"散馆后在振铎家议朴社事。(一)决定答复北京同人,社址设在北京,发行机关在上海,且要告进行组织发行机关事。(二)发行机关乃由乃乾进行,上海同人允先出五百元与古本流通处陈君合办,分征同人在外埠者同意。(三)霜枫小丛书,决听平伯个人主持。"次日,"写信给颉刚、介泉、缉熙、万里。"(王伯祥日记)

三月二十日

为所译《新月集》作《再版自序》。

三月二十三日

晚,在粤商大酒楼举行《文学》周刊编辑聚餐会,严既澄、谢六逸作东,郑振铎、沈雁冰、叶圣陶、胡愈之、王伯祥、傅东华、周予同、樊仲云、严光(严既澄之弟)出席。

三月二十六日

接北京顾颉刚、潘介泉、吴缉熙来信,对设发行所事有异议。27日,"集同人商答复北京同人书,金主各言尔志,由各人自己本着主张写出来,汇总复去。"(王伯祥日记)

三月

所著《俄国文学史略》由上海商务印书馆出版,为《文学研究会丛书》之一。本书最后一章《劳动俄国的新作家》是请瞿秋白代写的,全书亦请瞿秋白校阅。该书出版后,王统照在 6 月 21 日《晨报副镌》介绍说:"此书能用页数不多的本子, 将俄国文学的历史上的变迁及其重要作家的风格、思想,有梗概的叙述。可谓近来论俄国文学的最好的小册子。"

四月二日

在《晨报副镌》上发表《读淦女士的〈淘沙〉》,为答复冯沅君对《中国文学者生卒考》提出的疑问。

四月九日

晚,在新有天举行《文学》周刊编辑聚餐会,叶圣陶作东,郑振铎、沈雁冰、胡愈之、王伯祥、傅东华、周予同、谢六逸、严既澄出席。商量《文学》周刊编辑印行事,打算从《时事新报》收回自办。

四月十日

主编《小说月报》第 15 卷第 4 期拜伦专号出版。(衍期出版。4 月 19 日为拜伦百年祭日。)发表《卷头语》说:"我们爱天才的作家,尤其爱伟大的反抗者。所以我们之赞颂拜伦,不仅仅赞颂他的超卓的天才而已。他的反抗的热情的行动,其足以使我们感动,实较他的诗歌为尤甚。他实是一个近代极伟大的反抗者,反抗压迫自由的恶魔,反抗一切虚伪的假道德的社会。"还发表所写《诗人拜伦的百年祭》,概述其一生事迹;《欢迎太戈尔先生》、《太戈尔到华的第一次记事》(泰戈尔于 4 月 12 日到沪);还续载《文学大纲》第 5 章《东方的圣经》、《现代世界文学者略传》(四)、《中国文学者生卒考(附传略)》(四)。本期选刊了英国画家菲力普斯所作拜伦像,鲁迅后来在《坟·杂忆》中还特意提到。

四月十二日

晨,与徐志摩、瞿世英、张君劢等人在汇山码头迎接乘"热田丸"来华访问的印度诗人泰戈尔。14 日,泰戈尔离沪赴杭,17 日返沪。

四月十三日

文学研究会等团体在闸北一寺中举行欢迎泰戈尔的会,晚又在蒋百里家里举行欢迎宴会。

四月十四日

下午,文学研究会等共 24 个上海团体代表 30 余人在一品香开会,郑振铎主持,讨论泰戈尔演讲大会等事。会上推选了一个执行委员会,由郑振铎、殷芝龄、朱经农、刘湛恩、俞寄凡、汪慎夫组成,郑振铎为书记。

四月十五日

上海各团体欢迎泰戈尔演讲大会执行委员会在青年会开第二次筹备会,郑振铎参加,会议决定 18 日开泰戈尔演讲大会。

四月十六日

"散馆后在振铎所为朴社事集议。愈之已回绍兴未到,振铎为筹办欢迎太戈尔事特忙,亦未出席。到场者只有雁冰、予同、圣陶及我四人。议决开店不涉社事,另推人担任出版委员全权处理。当推圣陶记出,写寄社员,如同赞同,便可由他们投票选举了,不知此后有效进行否?"(王伯祥日记)

四月十八日

上海各团体假商务印书馆东方图书馆会议厅举行欢迎泰戈尔大会,郑振铎、张元济等中外人士 1200 余人出席。泰戈尔发表演说《东方文明的危机》,力陈中印两国文化的重要意义,表示要以牺牲精神拯救东方文化。徐志摩作翻译。19 日,泰戈尔离沪赴宁。

四月二十二日

晚,在寓所举行《文学》周刊编辑聚餐会,周予同、胡愈之作东,叶圣陶、王伯祥等出席,"席间痛谈一切,全忘尔我,快快!"(王伯祥日记)

四月二十八日

"散馆后在振铎所集谈,到者都属朴社同人。自五时起,连夜餐在内,直谈至十时半始散归,快极了!我们这样不拘行迹的谈话,真是可贵!"(王伯祥日记)

四月

主编《小说月报》号外《法国文学研究》出版,发表与沈雁冰合作的《法国文学对于欧洲文学的影响》。

约四月

商务印书馆编译所迁入宝山路新楼。商务印书馆建立东方图书馆,藏书 51 万册,图片 5 千余种,为国内图书馆藏书最丰富者。该馆给郑振铎学术研究工作提供了方便。后毁于 1932 年"一·二八"日本侵略军轰炸。

五月八日

晚,在寓所举行《文学》周刊编辑聚餐会,沈雁冰、余祥森作东,叶圣陶、王伯祥等出席。

五月十日

在《小说月报》第 15 卷第 5 期上发表《卷头语》,续载《文学大纲》第 6 章《印度的史诗》、《现代世界文学者略传》(五)、《中国文学者生卒考(附传略)》(五),发表去年 5 月 20 日作《阿志跋绥夫与〈沙宁〉——〈沙宁〉的译序》。

致周作人信,提到拟将 7、8 月号《小说月报》办成"非战文学号",邀周作人和鲁迅写稿。

五月十二日

《文学》周刊第 121 期发表梁俊青《评郭沫若译的〈少年维特之烦恼〉》一文,指出郭沫若翻译此书中的误译。此文后又引起创造社与文学研究会之间的一场争论,一直持续至 7、8 月间。

五月十五日

鲁迅得郑振铎信并版税 55 元。次日,鲁迅复郑振铎信(已佚)。

五月二十日

晚,在新有天举行《文学》周刊编辑聚餐会,王伯祥作东,"除严既澄未来外,余都到。"(王伯祥日记)

五月三十日

晚,与沈雁冰、叶圣陶、王伯祥等在一品香吃朱经农、杨静山结婚喜酒,又到天吉里观新房。

六月二日

晚,在寓所举行《文学》周刊编辑聚餐会,"除既澄外俱到,谈甚畅,及归休,已十时许矣。"(王伯祥日记)

六月九日

《文学》周刊第 125 期发表郭沫若致梁俊青、成仿吾致郑振铎信,以及编者跋。跋中说:"郭君! 成君! 且平心静气的与在同路相见,不必一闻逆耳之言即忘了自己前途的'事业',而悻悻然欲与言者拼命。"

六月十日

在《小说月报》第 15 卷第 6 期上发表《卷头语》,续载《中国文学者生卒考(附传略)》(六)、《文学大纲》第 7 章《诗经与楚辞》、第8 章《最初的历史家与哲学家》,发表翻译《沙宁》(一)(仅载此一节,因未译完,后未续载,直到 1929 年《小说月报》才重载完毕),重载《读毛诗序》和读书杂记《碧鸡漫志》(即利用该刊第 14 卷第 1 期旧印张)。还在《最后一页》预告和征稿要出"非战文学"专号,"愿以文字的感化力,来向国民为反对战争的宣传! "

六月十一日

鲁迅寄郑振铎信(已佚)。

六月十六日

《文学》周刊第 126 期发表梁俊青分别致郑振铎、郭沫若、成仿吾信。

晚,在新有天举行《文学》周刊编辑聚餐会,叶圣陶、樊仲云作东,郑振铎、沈雁冰、胡愈之、王伯祥、周予同、徐调孚、谢六逸、计硕民出席。

六月三十日

在《文学》周刊第 128 期上发表《小说月报丛刊》、《〈星海〉的消息》、《爱好文艺美术的人们,请购文学家明信片!!! 》等广告、消息。

六月

瞿秋白《赤都心史》一书由郑振铎编入《文学研究会丛书》,由商务印书馆出版。

本月, 以上海文学研究会名义印行第一套文学家明信片,共六张,为世界六位文豪:泰戈尔、拜伦、夏芝、法朗士、霍普特曼、陀思妥耶夫斯基。

七月七日

鲁迅收到郑振铎 6 月 11 日签名赠送的《俄国文学史略》,是托周建人从上海带到北京的。

七月十日

《小说月报》第 15 卷第 7 期出版,为非战特大号,发表《卷头语》,表示:"我们不敢望以这种微弱的呼声,与惨目的图画,便能使熊熊的燃着自私心的野心家远避了麦尔斯[按,指战神];只要能在一般具有'人的心'的人民与军士中,只要能在热血的少年人中,播种下反对战争的种子,我们的愿望便算满足了。"还发表所译俄国安特列夫《红笑》,续载《文学大纲》第 9 章《希腊与罗马》。

七月十一日

下午,与叶圣陶、王伯祥、朱自清等聚谈。朱自清昨日由南京返上海。

七月十二日

"散馆后与雁冰、圣陶、愈之、予同、振铎往广西路古书流通处访乃乾。至则佩弦、平伯已在,因共往新世界对面的晋隆聚餐,就商朴社进行事。九时散去,复登天颜楼纳凉,谈久始归。""平伯下榻振铎处,佩弦则留在圣陶所,上海屋狭,一家竟难容两客也。"(王伯祥日记)

七月二十一日

《文学》周刊第 131 期发表郭沫若 7 月 2 日自日本福冈写来长信,认为文坛有人"滥招党羽"、"借刀杀人"等等,郑振铎与沈雁冰以"编者"名义发表了按语,指出创造社方面"只寻别人错头,忘记自己过失",声明今后除"以学理相质"以外,"若仍旧羌无左证谩骂快意,我们敬谢不敏,不再回答",从而结束了文学研究会与创造社之间持续了二年的笔墨之争。

七月二十三日

"散馆后在振铎所议《结婚的爱》版税抽法。到愈之、乃乾、振铎、圣陶及我五人,决先付印,将来照定价取百分之十五。"(王伯祥日记)《结婚的爱》,英国司托泼夫人著,胡仲持译。

七月二十六日

晚,在新有天举行《文学》周刊编辑聚餐会,傅东华作东,郑振铎、叶圣陶、王伯祥、周予同、徐调孚、樊仲云、严既澄等出席。

七月三十日

散馆后与叶圣陶、王伯祥谈文学研究会事。"他于文学会前途多所擘划,尤于出版物言之津津。弄得好,将来版税收入,确可做一桩较大的事业呢。"(王伯祥日记)

八月十日

《小说月报》第 15 卷第 8 期出版,为非战特大号。发表许杰的小说《惨雾》,许杰后来说:发表"这篇作品对我影响是比较大的",是其小说创作之始,"郑振铎对这篇小说还比较满意,于是引起我毕生从事文学创作的决心》"(《坎坷道路上的足迹》)　当时,巴金也写了一篇非战小说,但郑振铎没有采用(见巴金答研究生花建问)。本期还发表徐志摩译泰戈尔《告别词》,并作附言;又发表《介绍文学家明信片》。

八月十三日

陈望道致郑振铎信,感谢郑振铎转来读者施江淹对他的《修辞随录》(《修辞学发凡》一书初稿中的一部分)的商榷信,并感谢郑振铎对他的关心和指教:"那日相见,先生说我底《修辞随录》,引例都有趣,惟析字一格不曾说及弊端,恐怕死套起来,流弊不少。先生底意思极是,不曾说及弊端,当然是我底疏忽。不过说到死套,那却不止析字一格可以有流弊,一切辞格都可以有流弊。"

八月十七日

与叶圣陶、胡愈之、王伯祥、严敦易、顾彭年结伴游苏州,郭绍虞在苏州迎接,游拙政园、虎丘、留园等名胜。当晚回上海。

八月二十日

"散馆后在振铎所集议朴社进行事项,到雁冰、愈之、乃乾、铎、圣陶及我六人。所议详记录(雁冰记)。总之,本社发言人太多而做事人少见,前途实无多大希望也。"(王伯祥日记)

八月二十一日

江浙军阀又开战。

八月二十五日

在《文学》周刊第 136 期上发表文艺杂论《新与旧》。

八月三十日

在寓所举行《文学》周刊编辑聚餐会。

八月

与商务印书馆同事何其宽合作译述的美国杜柏的儿童读物《树居人》由商务印书馆出版,为"儿童史地丛书"之一。该书原由郑振铎于 1922 年译述连载于他主编的《儿童世界》周刊第 4 卷上,题为《巢人》,后因他调动工作未载完,便由何其宽合作译述,改为《树居人》结集出版。

主编文学研究会会刊《星海》由商务印书馆出版,为《文学》周刊百期纪念刊。郑振铎发表《发刊缘起》。该刊原拟约五个月出一期,并拟定了各期的名称:一、星海,二、星海,三、欧洲十九世纪的文学,四、创作集,五、戏剧研究。后仅见出版此期。

夏季

文学研究会广州分会负责人梁宗岱到上海访问郑振铎。

九月一日

在《文学》周刊第 137 期上发表民间故事研究文章《孟姜女》。

九月五日

因江浙军阀战事大开,与沈雁冰去叶圣陶处,告闸北危急情形,叶圣陶即把家人从仁余里搬出,送到克能海路仁厚里一所筒子楼暂住。

九月十日

在《小说月报》第 15 卷第 9 期上续载《文学大纲》第 10 章《汉之赋家历史家及论文家》、第 11 章《曹植与陶潜》,《现代世界文学者略传》(六),《中国文学者生卒考(附传略)》(七)。还发表慎抱的诗《寄西谛》:"你看那落霞潭的旁边,/ 依旧清水涟涟;/ 松台山脚,拽着城走似的,/ 依旧曲折蜿蜒,/ 只有我想思的人儿,不见!"当是郑振铎在温州的朋友寄给他的想念他的诗。同期还发表陈望道关于修辞学研究给他的信。

九月十八日

中国国民党发表《北伐宣言》,在中国共产党的支持下,旋开始北伐战争。郑振铎对此颇感兴奋。

上海朴社同人发出《通启》,暂时解散朴社,算还余款,提一千元作发行所基本股款继续印书。

九月二十九日

与胡愈之、王伯祥去庞京周医生开的医院看望 26 日因病住院的叶圣陶。

九月三十日

顾颉刚来信责问解散朴社。

十月六日

《文学》周刊第 142 期天用(朱湘)发表《桌话 Table Talk》,提到:"前不多时,西谛君说,西方的 pure essay[按,即纯散文]我国还没有人介绍过,预备译事暇时,介绍些英国的。"

十月九日

林琴南逝世。郑振铎于 11 月 11 日写成长篇论文《林琴南先生》,对他的一生作了全面的评价。

十月十日

在《小说月报》第 15 卷第 10 期上发表译述德国莱森的《莱森的寓言》,并续载《文学大纲》第 12 章《中世纪的欧洲文学》。

十月二十六日

与叶圣陶、王伯祥、丁晓先、计硕民、顾仲彝雇汽车赴浏河一吊战场。下午 3 时抵浏河西市梢,"满目炮弹枪子痕,状甚可惨,而热市菁华,全付劫火,尤为怵心。偶闻乡老谈,辄带悲哽声。吁,惨哉!"(王伯祥日记)

十一月十日

在《小说月报》第 15 卷第 11 期(衍期出版)上发表《第十六卷的

新计划》、《印度寓言》、《林琴南先生》、翻译《克鲁洛夫的寓言》(二则),并续载《文学大纲》第 13 章《中世纪的中国诗人(上)》。

十一月十八日

　　祖母七十寿辰,沈雁冰、叶圣陶、周予同、王伯祥合送贺礼十元。

十一月二十三日

　　致梁实秋信,欢迎他对《文学大纲》的误译之处提出批评,并说:"我愿意以你为生平的第一个益友!"

　　下午,与叶圣陶、胡愈之、王伯祥应陈乃乾约,赴同芳茶肆聚谈。

十一月二十四日

　　接顾颉刚来信,"彼甚固执,终以上海同人之举行解散[朴社]为大衅,似太不近人情矣。"(王伯祥日记)

十一月二十六日

　　为与夫人高君箴合作译述的童话集《天鹅》作序。

十一月

　　参与主编的《小说月报丛刊》由商务印书馆开始出版。该刊主要是将《小说月报》上的优秀作品印成单行本,郑振铎选译的《太戈尔诗》等收入丛刊内。

十二月一日

　　散馆后与沈雁冰、叶圣陶、王伯祥"同往来青阁晤乃乾,同至高长兴小饮,谈社事进行,并解决《结婚的爱》再版事"。(王伯祥日记)

十二月二日

　　鲁迅得郑振铎信。5 日,鲁迅复信(已佚)。

十二月十日

　　在《小说月报》第 15 卷第 12 期上发表《文学大纲》第 14 章《中世纪的中国诗人(下)》和《印度寓言》(下)。

十二月十五日

　　散馆后与沈雁冰、叶圣陶、王伯祥、周予同同往旅馆访俞平伯,俞昨日到沪。

十二月十八日

晚,在寓所举行《文学》周刊编辑聚餐会,定明年元旦起归郑振铎
主持集稿。

本年

编辑、印行《文学研究会会员录》,16 开本,前有说明:"本会的会
员录,曾印行了一次,这算是第二次。第一次仅有会员四十六人,这一
次已增加到一百三十一人。"第一次印行当是 1921 年 2 月。

介绍徐调孚参加《小说月报》编辑工作,为助手。

上海新文化书社出版赵景深编《童话评论》,收入郑振铎的《儿童
世界宣言》、《稻草人序》。

一九二五年　二十八岁

（民国十四年　乙丑）

一月五日

在《文学》周刊第 155 期上发表翻译《印度寓言》：一、《骆驼与猪》，二、《鸟与粘胶》，以及与读者曹谦的《关于〈欧洲文学入门〉的通信》。

一月八日

"夜饮于振铎所，盖《文学》[周刊]独立出版事已有头绪，今夕特开委员会商量进行办法也。我非委员，不过振铎邀我饮啖耳。列席人甚多殊拥挤。"（王伯祥日记）

一月十日

在《小说月报》第 16 卷第 1 期上发表所译俄国屠格涅夫《麻雀》；发表《各国"文学史"介绍》（1924 年 12 月 18 日写毕），共介绍百余种，大多为郑振铎收藏，他致力于搜集此类书已有五、六年；续载《文学大纲》第 15 章《中国戏曲的第一期》；发表《丹麦的民歌》。自本期起，《国内文坛消息》改名为《文坛杂讯》，其中不少篇当亦为郑振铎所撰。

一月十二日

在《文学》周刊第 156 期上续载所译《印度寓言》：三、《金属光片与电光》，四、《百灵鸟与它的幼鸟》，五、《两件宝物》。

一月十七日

在《文学》周刊第 157 期上发表翻译《印度寓言》二则：《驴披狮皮》《多话的龟》。

一月二十六日

上午,与沈雁冰访叶圣陶。

一月

与高君箴合作译述的童话集《天鹅》由商务印书馆出版,叶圣陶作序,为《文学研究会丛书》之一。

同月,与沈雁冰介绍顾仲起到广东黄埔陆军教导团参加北伐战争。顾仲起原是南通师范学校学生,因参加学生运动被学校开除,又遭家庭责骂,遂流浪到上海,曾作码头工人及其他杂工,并为《小说月报》投稿。郑振铎发现了这位作者,多次加按语发表其作品,并想介绍他到商务印书馆工作(但商务未予接收),后又与沈雁冰商量,二人写了介绍信并资助其路费,送他去黄埔军校。此人去黄埔后不久即加入中国共产党,为茅盾小说《幻灭》中的"强连长"的原型。

二月二日

在《文学》周刊第 158 期上发表《太戈尔诗杂译》(二首)。

二月九日

在《文学》周刊第 159 期上发表《太戈尔诗杂译》(二首)。

与沈雁冰、叶圣陶、王伯祥、丁晓先公宴顾仲彝于新有天,顾拟去福建集美任教。胡愈之、傅东华、徐调孚等作陪。

二月十日

在《小说月报》第 16 卷第 2 期上续载《文学大纲》第 16 章《中国小说的第一期》。本期发表许杰的小说《台下的喜剧》,描写农村的一个所谓"捉奸"的故事。"在排印好了的时候,许多审查员恐怕出版之后,受一些无赖者的攻击,要主张抽出;后来曾特别为了此篇开了一个讨论会,经西谛先生极端抗辩,才许出版。"(许杰《〈漂浮〉自序》)

二月十四日

晚,在寓所公钱傅东华,傅改就杭州盐务中学教席。

二月十六日

在《文学》周刊第 160 期上发表《太戈尔诗杂译》(三首)。

二月二十三日

在《文学》周刊第 161 期上发表《太戈尔诗杂译》(三首)。

二月二十四日

为所作《太戈尔传》一书作序。

二月二十五日

夏丏尊、朱自清、陈望道等人因不满旧的教育制度,于本日发起创立"立达中学"。本年秋,他们又租地于江湾,借款自建校舍,增设高中部及艺术专门部,并改校名为"立达学园"。郑振铎积极支持了教育阵线上这一新生事物。

二月二十七日

晚,在寓所与沈雁冰、叶圣陶、王伯祥、李石岑、周予同公饯陈达夫夫妇,陈将赴广州大学执教生物学。"席后纵谈良久,此乐久不作,谈来别有兴味,殊快。"(王伯祥日记)

三月五日

"朴社社章已由平伯起草讫,大约须照此矣。今日此间同人曾略计及之,或者为责任专一计,应请取消沪部,专设总部于北京乎!"(王伯祥日记)

三月七日

散馆后与叶圣陶、王伯祥共饮于王宝和酒店。

三月九日

在《文学》周刊第 163 期上发表《太戈尔诗杂译》(二首)。

三月十日

在《小说月报》第 16 卷第 3 期上发表《卷头语》及翻译《园丁集选译》、《莱森的寓言》(四则),并续载《文学大纲》第 17 章《欧洲文艺复兴时代的文学》。

三月十二日

在寓所召集会议,商量《文学》周刊独立出版事。

三月十五日

"晨仲彝来,……旋与偕访圣陶、雁冰、振铎。有顷,乃共饮于新有天。饭后,仲彝、雁冰去,予则与振铎、圣陶访乃乾。谈至傍晚始归。"(王伯祥日记)

三月十六日

在《文学》周刊第 164 期上发表泰戈尔《园丁集选译》(二首)。

三月二十二日

偕叶圣陶、王伯祥访陈乃乾,并游新世界。

三月二十八日

鲁迅寄周建人信,附致郑振铎信及转去蓼南(韦丛芜)稿;同时又寄所译《苦闷的象征》一书赠郑振铎。

三月

所译《太戈尔诗》由商务印书馆出版,为《小说月报丛刊》第 26 种(其中有几首为赵景深所译);《梭罗古勃》由商务印书馆出版,为《小说月报丛刊》第 28 种,为郑振铎与周建人翻译的俄国梭罗古勃的短篇小说集。

本月,以上海文学研究会名义印行第二套文学家明信片,共六张,为世界六位文豪:莎士比亚、雨果、托尔斯泰、安徒生、般生(挪威作家)、爱莫孙(美国诗人)。

四月七日

鲁迅得郑振铎信。9 日,鲁迅寄赠郑振铎明刻插图本平话小说《西湖二集》六本。郑振铎收到后"为之狂喜",鲁迅逝世后他还写道:这"乃是我书库里唯一的友情的赠与","看了它便要泫然泪下"(《永在的温情》)。

四月十日

《小说月报》第 16 卷第 4 期出版,为"翻译专号"。郑振铎发表《卷头语》,反对"重视'创作'而轻视'翻译'";发表所译《莱森的寓言》,续载《文学大纲》第 18 章《十七世纪的英国文学》、第 19 章《十七世纪的法国文学》。

四月十八日

"早上伯训传述:今日闸北市选,公习已派人往投票,大家可不必亲往矣。我与圣陶、致觉、振铎、雁冰、经宇联名函斥之。彼自知理屈,书面道歉,并托经宇疏通。我们因事已铸错,只好将就,此函本为预警

将来之再敢抹煞同人个人之意志也。呜呼！商人之行径真不堪设想若是耶！"（王伯祥日记）

四月十九日

鲁迅得郑振铎信，内容当是感谢鲁迅慷慨相赠明版小说《西湖二集》（信已佚）。

四月二十一日

散馆后在寓所召集会议，商量《文学》周刊独立出版事。

四月二十二日

散馆后应邀到民厚里吴颂皋所用餐。同席有叶圣陶、王伯祥、朱光潜、练为章、王世颖兄弟等，九时许方散。

四月二十五日

致周作人信，提及《文学》"在四年中，结了不少仇敌，文丐之流及学衡派的人切齿于我们无论矣，即自命为创造派的几位也怒目相对，此实至为痛心者。然而我们终要努力（最恨的是不做事）做去，……近来，我们的态度完全趋向于积极的。"

四月

所著《太戈尔传》由商务印书馆出版，为《文学研究会丛书》之一。此书为我国第一部研究泰戈尔的专著。

四、五月间

王任叔从浙江四明报馆辞退出来漂流到上海，找到郑振铎，受到热情接待，在郑振铎家参加过聚餐会，结识了陈望道、叶圣陶、夏丏尊等人。

五月四日

《文学》周刊第 171 期刊载《〈文学周报〉独立出版预告》，声明"自五月十日起完全脱离时事新报而独立发行"。又刊载《〈鉴赏〉出版预告》，该刊为郑振铎等人主编，内容注重于"读书录"一类文字，附《时事新报》出版。

五月十日

《文学》周刊第 172 期出版，改名为《文学周报》，独立出版。发表

《今后的本刊》,说明:"以前的本刊是专致力于文学的,现在却要更论及其他诸事。""从前的本刊是略偏于研究的文字的,现在却更要与睡梦的、迷路的民众争斗。""总之,我们今后所要打倒的是文艺界的诸恶魔,是迷古的倒流的思想;我们所要走的是清新的、活泼的生路。"还发表翻译《古希腊菲洛狄摩士 Philodemus 的恋歌》(五首),有跋;发表《短话》,痛言中国"离开'德摩克拉西'不知有几十万里之远呢!""民众的文学,谁愿意从事于此呢? 我愿为之执鞭。"

"为《文学周报》社写邮书……同往振铎所集会,同人到者甚寥落。七时许始会餐,在座者只十二人。幸振铎、圣陶俱制有诗谜数十条,因得尽欢,否则大索然矣。"(王伯祥日记)

在《小说月报》第 16 卷第 5 期上续载《文学大纲》第 20 章《十八世纪的英国文学》,发表《介绍〈文学周报〉》与《介绍〈鉴赏周刊〉》。

五月十一日

主编的《时事新报·鉴赏周刊》创刊,为"书报评论"性质的专刊。刊头为郑振铎题字。本期发表他写的《发刊词》、《评日本人编的〈支那短篇小说〉》(5 月 8 日作)、《介绍百年前刻的一部歌谣集——〈白雪遗音选〉的序》,并开始发表他选的《白雪遗音选》。

五月十二日

"颉刚寄书来,并附朴社选举票六枚,因即举之为本社总干事。"(王伯祥日记)

五月十七日

在《文学周报》第 173 期上发表《短话》,批评国人"懒惰"的特性及文学上歌咏赞颂"闲惰的享乐生活",指出:"此习不改,我们准备着做人家奴隶便了。"

五月十八日

在《鉴赏周刊》第 2 期上发表《本刊特别启事》(关于征稿),并开始以"Y.K."笔名发表《中国小说提要》,今为《短序》、《一、开辟演义》。

五月十九日

"编辑《文学》事,振铎稍持己见,颇与同人相为异同。或者将来以

此微故而弄不好呢。我以为此无伤。只要大家相见以诚,什么都可原谅的,况彼此无一定不变之成见乎!"(王伯祥日记)

五月二十三日

在《晨报副刊》第 114 期上发表《答〈关于《文学大纲》的几点疑问〉》,表示:"我最恨掩过饰非的人,自己有错便直捷的承认。然无错而为人所误会,却也不能不出来声明。"

五月二十五日

作《中国短篇小说集》总序和例言。该书是郑振铎编选的中国历代短篇小说选集,序中论述了短篇小说的定义以及中国小说史的有关问题,并提到:"本书受鲁迅先生的帮助与指导不少,特此致谢!"

在《鉴赏周刊》第 3 期上续载《中国小说提要》(二、五代平话)。

五月二十六日

为所编《中国短篇小说史》第一集作序言,这一集所收皆唐人小说,序中论述了唐代小说的价值及兴盛的原因等。

作《"谴责小说"》,批判那种"以揭发或布露某某人的阴私为目的"的被鲁迅称为"谴责小说"的作品。后载 6 月 7 日《文学周报》第176 期。

五月三十日

上海各校学生分头到公共租界各主要马路讲演,散发传单,抗议日本帝国主义者于 15 日枪杀工人顾正红及镇压罢工工人的暴行。约三千学生到南京路演说,租界巡捕当场猖狂抓了百余学生,激起近万群众聚集南京路老闸捕房,要求放人。英国捕头竟下令向徒手群众开枪,当场打死 16 人,重伤几十人,抓捕 50 余人,造成举世震惊的"五卅"惨案。

本日下午,郑振铎坐车去大庆里某书铺购书,车到浙江路南京路口,便觉情景异常,遂赶至南京路出事地点,此时离大屠杀仅一个半小时,见到血迹已被冲去,气得他热血沸腾!当天夜间,他又去南京路观察,竟见到有人还在若无其事地开游艺会,更为悲愤。后郑振铎根据目睹情形写成著名散文《街血洗去后》。

五月三十一日

上海工人阶级在中国共产党领导下成立总工会,发动上海20万工人罢工、5万余学生罢课、绝大多数商人罢市。郑振铎工作的商务印书馆工会是上海总工会的中坚力量。本日为星期日,郑振铎又赶到南京路出事地点观察。

六月一日

在中国共产党领导下,上海全市举行罢工、罢市、罢课。外国巡捕在南京路又一次开枪行凶,死4人,伤20余人。

胡愈之、叶圣陶、应修人、楼适夷等上海学术团体负责人在郑振铎家集会,激愤于当时上海各报"对于如此惨酷的足以使人类震动的大残杀案, 竟不肯说一句应说的话"(郑振铎《〈公理日报〉停刊宣言》),郑振铎提议自己来办一份报纸,得到与会者一致赞同。

在《鉴赏周刊》第4期上续载《中国小说提要》(三、新史奇观[一名顺治过江];四、铁冠图)。

六月二日

与胡愈之、叶圣陶等人为撰稿和编辑《公理日报》奋战通宵。王伯祥日记:"下午……因中华[书局]工人正在运动本厂同人罢工,大门紧闭,遂不得入。因往振铎家帮圣陶办《公理日报》发稿事……至十二时始归寝,圣陶、振铎则犹未行也,大约今晚必至平明才罢乎!"

六月三日

郑振铎负责的、以"上海学术团体对外联合会"名义主办的《公理日报》创刊。该报尖锐揭露抨击英日帝国主义的暴行,发行后受到广大群众的热烈支持和欢迎。该报发行所即设在郑振铎家里,他一家人都积极参加发行工作。后胡愈之在郑振铎遇难后回忆当时办报情形:"你把一切都丢开了,整晚不睡觉,自己动手写稿、编报、校对、接洽印刷,还在你自己的家门口亲自派报,所有当时参加工作的朋友都比不上你的干劲。"(《哭振铎》)。当时在商务印书馆发行所工作的陈云也积极参加义卖《公理日报》。

本日,商务印书馆同人发起"五卅"事件后援会,决议从6月1日起每日捐出一半工资援助罢工工人,直至事件解决时为止,并号召全市各界照行,以作持久战。王伯祥日记:"晨与圣陶到车站看情势,并购报而归。旋至振铎所,经商务门口,见有保卫团马步队荷械围守,并及馆之四周。愤极! 这必是商务当局邀来驱散中华工人者。到馆后,即由圣陶起草责问总务处书,将联署多人发出,而振铎谓已散出,馆中诿为不知。……未几,同人在花园中开会,推代表请总务处负责人莅场说明。他们派梦旦、百俞二人来,力赖无此事,乃要求三条件而散。继又讨论捐款援助罢工工人事,定各部推代表于下午二时解决之。……定抽取公积十分之一及按日捐薪百分之五至百分之五十赈急需。"

六月四日

鲁迅收到郑振铎寄赠的《太戈尔传》。

六月八日

在《公理日报》上发表陈祖堂的《斥上海报界》。(陈祖堂后来去广东参加革命工作。1932 年 3 月 19 日郑振铎在北京大学讲演《新文学的昨日今日与明日》时曾深切怀念他:"陈君在商务印书馆做工,为工人争利益,非常出力,可惜在北伐时南昌之役牺牲了。")

六月十日

在《小说月报》第 16 卷第 6 期上发表《蝴蝶的文学》及所译《印度寓言》、《高加索寓言》。本期《最后一页》说:"这一期应登的《文学大纲》,只好暂缺了,因作者正从事于某一件要务,一刻也不能有提笔的工夫。"下一期仍未续载。郑振铎当时主要正忙于五卅运动。

六月十六日

王伯祥日记:"晚饭后赴尚公受[日文]课,……但上课没有心绪,一小时后即出,过振铎所办《公理》。"

六月二十一日

上午,商务印书馆工会借虬江路广舞台召开成立大会,到会数千人,选出执行委员 23 人,郑振铎当选为委员。

六月二十三日

王伯祥日记:"《公理》经济人力都已不继,因公议明日出版后即停。"

六月二十四日

《公理日报》被迫停刊,主要原因是奉系军阀进驻上海,加上经济等原因。郑振铎撰写发表了《停刊宣言》,认为"五卅"后得到三点教训:一、空喊"公理"是无用的,要用"实力来帮助",二、对大部分国民和所谓"绅士"完全绝望了,三、看透了奸商、报阀、军阀及其他小人之卑鄙无耻。还发表《本刊同人特别启事》,表示"我们还想继续的大规模的筹备,预备在将来建立中国健全的言论机关的基础",以作民众的喉舌。火雪明《一年中的上海报纸》:"五卅"后,"有许多爱国的学者,组织了几种报纸,其中要推《公理》的议论尤其中理而宏达,可惜后来因为经费支绌的缘故,就此停版了。"(1925 年 10 月 10 日《时事新报》)

六月二十五日

王伯祥日记:"上午,晓先、圣陶、振铎、愈之来,谈《公理日报》有复活之机。因约下午五时在振铎所集议。至时往,仍无大结果,惟参加雁冰在内,略提组织而已。"

六月二十六日

"走到老闸捕房的对面,见某店的墙角,印着十余堆新墁的湿泥,泥块小如人指。'是枪弹的创痕呀!'我悽然的想着。手摩抚这些创孔,热泪不自禁的挤聚于眼眶。这些是仅留的大屠杀的创痕呀!"(郑振铎《墙角的创痕》)

六月二十八日

在《文学周报》第 179 期上发表记述五卅惨案的著名散文《街血洗去后》(后又载《小说月报》)。

六月二十九日

王伯祥日记:"今日[商务印书馆同人'五卅'事件后援会]代表会议决定七月份捐款,拟向[商务印书馆职工]大会提出照原办法折半缴款案。"

七月二日

为所译《印度寓言》作序,论述寓言的性质与意义,认为:"真的寓言家是负有极大的任务的。他不是一个叙述者,也不是一个比譬者。他乃是一个伟大的教师,一个善事的指导者,一个罪恶的纠察者。他的故事是使读者愉快的,然在快乐的面具中又藏着伟大的教训。"

七月三日

为所译德国《莱森寓言》作序。

七月五日

在《文学周报》第 180 期上发表《迁缓与麻木》(6 月 26 日作),为《街血洗去后》的续篇,主要描述"五卅"夜在南京路观察的情形,对于商界与部分市民对惨案的迁缓与麻木的态度表示非常不满。还发表《杂谭》,指出"五卅"以来中国人民对帝国主义极为愤怒和仇恨,"但是我们却要千万注意,我们所恨怒的只是那些抱着侵略野心的及一般损害我们的人,并不是那黄发绿眼的人的全体。譬如萧伯纳及他的朋友们……";本文还不点名地批评了友人俞平伯在 6 月 22 日《语丝》周刊第 32 期《雪耻与御侮》中说的"雪耻必先克己"的议论,从而引起与俞平伯的一场争论。

七月六日

王伯祥日记:"接颉刚寄来朴社印件,知颉刚以一百权当选为总干事。次多数为平伯,得廿三权。因通告上说明六月廿六日开票,廿八日即发。共收得一百三十权,尚差廿九权未到。因历时已久,且所差不过百分之十九,故即发表。"

七月十日

在《小说月报》第 16 卷第 7 期(衍时出版)上发表《卷头语》(诗,6 月作),号召"沉睡者,起来,起来! 无辜者的血,如红霞似的挂在大雷雨后的天空";发表诗《为中国》(6 月作)、《墙角的创痕》(7 月 7 日作)、《我们的中国》(7 月 16 日作)、《泥泽》(7 月 4 日夜作) 及重刊散文《街血洗去后》,多为有关五卅运动的作品。还发表许地山关于中国文学受印度伊兰文学影响的一封信,并加附言。

七月十二日

在《文学周报》第 181 期上发表《论寓言——〈印度寓言〉序》；发表散文《六月一日》(7 月 3 日作)，描述 6 月 1 日南京路上的再一次大屠杀，说："在有'人'的心者的眼中，脑中，红红的被屠杀者的血，是永远洗涤不去的。红色的帘，似永远的挂着……"

七月十九日

在《文学周报》第 182 期上发表《杂谭》，驳斥有人居心叵测地鼓吹"当欧洲大战时，法国学堂还照样的开课，画家还是照样的画画，文学家还是照样的创作"的谬论。

七月二十日

在《鉴赏周刊》第 7 期上续载《中国小说提要》(五、前七国志[一名孙庞演义])，并发表所选《白雪遗音选》(二则)。

七月二十六日

在《文学周报》第 183 期上重刊诗《为中国》，还发表《寓言的复兴》(7 月 16 日作)，论述明代时寓言的复兴。

七月二十七日

在《鉴赏周刊》第 8 期上续载《中国小说提要》(六、后七国志[一名乐田演义]，七、东周列国志)。

七月三十日

晚在新有天宴请即将赴法的敬隐渔，胡愈之、叶圣陶、王伯祥、徐调孚、樊仲云陪席。

八月三日

在《鉴赏周刊》第 9 期上续载《中国小说提要》(八、隋唐演义，九、说唐传，十、说唐小英雄传[一名罗通扫北])；并发表所选《白雪遗音选》(一则)。

八月九日

在《文学周报》第 185 期上发表《叙拳乱的两部传奇》，评论了林琴南的《蜀鹃啼》与陈季衡的《武陵春》，并联系五卅运动的实际，赞扬义和团反帝革命精神，同时反对其某些"愚昧"的举动，指出应该给人民"以正当的指导与相当的常识"。文中批判了当时某些人想依赖迷信的"超自然势力"去破敌的幻想,认为须脚踏实地一步步去做。

八月十日

在《语丝》周刊第 39 期上发表《答平伯君》。因郑振铎 7 月 5 日在《文学旬刊》上不指名地批评俞平伯,俞在 7 月 20 日《语丝》第 36 期上发表《质西谛君》,强调:"与其说对外宣战,不如说对内不许战;与其说抵制外货,不如说振兴国内实业;与其说打倒人家,不如说咱们自己站起。"郑振铎在这篇《答平伯君》中指出:"平伯的本意原是好的,以为欲对外必先对内,不料口吻乃竟与敌报相类。这不得不说他言语太不谨慎了。""对内不许战,非同时对外不准他们帮助军阀不可;说振兴国内实业,非同时抵制外货不可(因关税的不平等,国内实业,万难与外货竞争,不养成不用外货之习惯,则国货万难振兴);要自己站起来,非同时推倒人家不可(因他们本来是压在我们身上,不许我们站起)。"此文在发表前曾先寄给俞看过。俞平伯后来承认:"现在想起来,当然,他[指郑振铎]是对的。他已认清了中国的敌人是帝国主义。"(《忆振铎兄》)

本日,《小说月报》第 16 卷第 8 期出版,为"安徒生号"(上)。本年 8 月为安徒生 50 年忌日,4 月为他 120 岁生辰。郑振铎发表《卷头语》,称赞"安徒生是世界最伟大的童话作家。他的伟大就在于以他的童心与诗才开辟一个童话的天地,给文学以一个新的式样与新的珠宝。"本期发表所译安徒生《孩子们的闲谈》,还发表所撰《安徒生的作品及关于安徒生的参考书籍》,内容分:一、安徒生的作品,二、英文的关于安徒生的书籍及论文,三、中文的关于安徒生的书籍及论文。并以笔名"文基"开始连载译述中世纪欧洲出现的"一部伟大的禽兽史诗"、儿童故事《列那狐的历史》。

在《鉴赏周刊》第 10 期上续载《中国小说提要》(十一、说唐后传[一名说唐薛家府传],十二、说唐征西传),续载所选《白雪遗音选》(五则)。

八月十三日

为所编《中国短篇小说集》第二集作序。这一集是宋、明短篇小说,序中论述了这时期小说的概况。

八月十七日

在《鉴赏周刊》第 11 期上续载《中国小说提要》(十三、隋炀艳史,十四、廿四史通俗衍义,十五、后列国志);续载所选《白雪遗音选》(一则)。

八月二十二日

为了重振"五卅"运动以后被压迫而渐趋低潮的上海工人运动,共产党领导商务印书馆职工罢工。今日发行所、印刷所、总务处职工开始罢工,发表了《罢工宣言》和提出复工条件。

八月二十四日

商务印书馆编译所职工也参加罢工。郑振铎作为编译所工方代表之一出席与商务资方的第一次谈判,谈判无结果。

本日,在《鉴赏周刊》第 12 期上续载所选《白雪遗音选》(四则)。

八月二十五日

商务印书馆三所一处工会代表开会,讨论组织"罢工中央执行委员会",以统一事权。共选出 13 人,编译所 3 人:郑振铎、沈雁冰、丁晓先。

八月二十六日

参加商务印书馆劳资双方代表谈判会议。会上,军阀孙传芳派人来威逼复工。

八月二十七日

整天与商务印书馆资方谈判,至晚上九时达成协议,并签字。

八月二十八日

上午,参加商务印书馆全体职工大会,庆祝罢工胜利,通过《复工宣言》等。这次罢工虽主要局限于经济斗争,但检阅了阵容,团结了内部,统一了组织,使商务印书馆工会迅速成为上海四大工会之一,并走向政治斗争。郑振铎也在这次斗争中得到了锻炼。"在罢工期间,郑振铎和高梦旦翁婿间,有过这样的'约法',那就是离开谈判桌,两人绝对不谈有关罢工的事。郑高二人对此约法,始终是严格遵守的,这样就很好地处理了公与私的关系。"(郑尔康《郑振铎与商务印书馆》)

八月三十一日

在《鉴赏周刊》第 13 期上续载《中国小说提要》(十六、荡平奇妖传,十七、济公活佛),续载所选《白雪遗音选》。

八月

所译《印度寓言》和德国《莱森寓言》出版。又编辑出版了曹靖华翻译的契诃夫的《三姊妹》,是瞿秋白推荐来的书稿。以上均由商务印书馆出版,均为《文学研究会丛书》之一。

九月六日

在《文学周报》第 189 期上发表《止水的下层》,对那种"一丝一毫的反抗思想和前进意志都没有"的"止水"般的"下层"表示激愤。(按,此文对"全体的民众"的看法略有偏激。)后又被顾颉刚主编的《京报副刊·救国特刊》9 月 13 日转载,顾还加了按语。

九月七日

在《鉴赏周刊》第 14 期上续载《中国小说提要》(十八、残唐五代史演义),续载所选《白雪遗音选》(三则)。

九月十日

《小说月报》第 16 卷第 9 期出版,为"安徒生号"(下)。发表《卷头语》和所译安徒生《扑满》、《千年之后》、《凤鸟》,续载译述《列那狐的历史》。

九月十四日

在《鉴赏周刊》第 15 期上续载《中国小说提要》(十九、飞龙全传),续载所选《白雪遗音选》(二则)。

九月二十日

在《文学周报》第 191 期上发表希圣《黑暗时代法庭之一幕》,文中翻译了一段罗马法庭的纪事,郑振铎在文末加了跋语,指出:"黑暗的幕,罩于罗马人民的,现在似还罩在我们这里的人民头上。"

九月二十九日

在《鉴赏周刊》第 17 期上续载所选《白雪遗音选》(四则)。

九月

中国共产党领导的中国济难会成立，该会的主要任务是营救被捕的革命者，以及救济被害被捕的革命者的家属。郑振铎是 58 位发起人之一。

十月三日

《中国济难会发起宣言》发表于《申报》，其中有郑振铎署名。

十月六日

在《鉴赏周刊》第 18 期上续载《中国小说提要》(二十、杨家将传)。

十月九日

鲁迅寄赠《中国小说史略》。该书对郑振铎研究中国小说史起了重要的指导作用，"减少了许多我在暗中摸索之苦"(郑振铎《永在的温情》)。

十月十日

在《时事新报》双十增刊上发表《四库全书中的北宋人别集》，作于 10 月 4 日。文中提到"影印《四库全书》的消息，已喧传了好几年了。上一月北京国务会议居然通过将文津阁的一部分交给上海商务印书馆影印"，"我为中国文化前途计，我祷祝《四库全书》印行的计划能够早日实现"，并建议于全书印成后再出版单行本，"先印外间不易得的书，次印重要的有切于实用的书，最后再把次要的书全部印出"，"再陆续的将《四库》未收的重要的书印行出来"。

在《小说月报》第 16 卷第 10 期上发表《卷头语》，为一首寓意深长的诗，号召"不要站住争论路途的远近，不要站住辨难怎样的走法，不要因道路的艰险而灰心堕志，不要因小事而自相殴打，忘了前进"，要在黑夜中向着"一粒熠闪的明星"，"向前去，向前去"！还发表所译《印度寓言》和《列那狐的历史》(续)。

十月十四日

在《鉴赏周刊》第 19 期上续载所选《白雪遗音选》(二则)。

十月二十日

在《鉴赏周刊》第 20 期上续载所选《白雪遗音选》(三则)。

十月二十三日

为所选《白雪遗音选》一书作序,认为:"像这一类由真性情中流出的,无虚饰,无做作的诗,乃算是真的诗,好的诗。我们如提倡无虚伪的真诗,这个歌谣集便应当为我们所赞许!"

十月二十四日

在《文学周报》第 196 期上发表 10 月 19 日所作活报剧《秋晨》,描写反动军阀乱抓壮丁造成的悲惨景象。

十月三十日

与高梦旦、胡适乘江新轮去南京游玩。夜,在船上作小诗《旅中》12 首。(据胡适《重印〈文木山房集〉序》,为 10 月 29 日夜。)

十月三十一日

在《文学周报》第 197 期上发表 10 月 24 日所作《〈茂娜凡娜〉》,评述了梅特林克的这一剧本。

十月底、十一月初

胡适回忆:"我同高梦旦先生郑振铎先生去游南京。振铎天天去逛旧书摊,寻得了不少旧版的小说。有一天他跑回旅馆,高兴得很,说:'我找到一部宝贝了!'我们看时,原来他买得了一部《海上奇书》。"(《〈海上花列传〉序》)在南京郑振铎曾与胡适、高梦旦、曹诚英(胡适表妹)同游鸡鸣寺,今存鸡鸣寺山门前合影。

十一月十日

在《小说月报》第 16 卷第 11 期上发表《卷头语》,论述"文艺的价值,应以文艺本身的价值为评衡"。续载《文学大纲》第 21 章《十八世纪的法国文学》。发表《〈子恺漫画集〉序》(11 月 10 日作),谈发现丰子恺的漫画及帮助他发表与出书的经过,并论述其艺术价值。还续载《列那狐的历史》。

十一月十五日

在《文学周报》第 199 期上发表 11 月 7 日所作短篇小说《猫》,描述自己养猫的故事,体现作者对于自己过错的内疚与忏悔,以及人道主义的博爱精神。

十一月二十二日

王伯祥日记:"晨出与圣陶同到振铎所发报,以本期[《文学周报》第 200 期]增刊至十二面,较平时实多三倍,遂不易竣事。十二时,才及其半。以其时适有聚餐——文学会同人,在广西路消闲别墅——不得不停工作,联袂赴食所。至则众已毕集,我等到,即开宴。一时许即了,散去者甚多,余众十三人乃赴宝记共摄一影而散。"

友人郭梦良今日在上海宝隆医院病故。郑振铎在 30 日写悼文《哭梦良》,回忆了五四时期他俩及耿济之、瞿世英、徐六几等人在北京"几于每日必见,至少亦一周数见,见则必笑谑杂作,无所不言,言则必直揭胸臆;所见合则欢呼称快,不合则至于拍案叱骂"的情景。

十一月二十九日

为所译德国 A.Dirr 的《高加索民间故事》作序,说明翻译的目的是给儿童们读的,同时也给民间故事研究者参考。

十一月

加入楼适夷、丁修人等人组织的"上海通信图书馆共进会",会员编号为 120。该会创办于 1921 年 5 月 1 日,宗旨是团结进步青年,追求光明,追求知识。本年 12 月 7 日,该会执委会通过决议加入"中国济难会"。

十二月六日

文学研究会在天津路报本堂内设奠公祭郭梦良。次日,郑振铎《哭梦良》、黄庐隐(郭梦良妻)《郭君梦良行状》等文发表于《时事新报·学灯》。

十二月十日

在《小说月报》第 16 卷第 12 期上发表《卷头语》,续载《文学大纲》第 22 章《十八世纪的德国文学》,续载译述《列那狐的历史》(完)。

十二月十七日

上海总工会副委员长、中华全国总工会执行委员、五卅运动领导人之一刘华被反动军阀孙传芳秘密杀害。消息于 20 日由美国人在上海办的《大陆报》等透露,郑振铎闻讯后极为悲愤,后与郭沫若、沈雁冰、胡愈之、叶圣陶、蒋光赤、周建人等 43 人签署《人权保障宣言》,表示强烈抗议,并提出保障基本人权的四条要求。

十二月二十日

与叶圣陶、王伯祥同游六三园,宴叔迁于会宾楼。

十二月二十二日

王伯祥日记:"印刷所工人又告罢工,且阻编译所同人入内矣。九时许集振铎家,有愈之、仲云、均正、调孚、圣陶、雁冰及吴文祺等,盖俱见阻折至者。因临时动议钱雪村,即往邀予同、建人及雪村至。至十一时半,乃同往美丽川菜馆午餐,三时许始散出各归。雪村勤于事而见裁,当局者太聩聩矣。" 按,本年 1 月,商务印书馆《妇女杂志》主编章锡琛(雪村)因在该刊发表自己和周建人各自写的关于新性道德的文章,遭到新旧卫道者的攻击,使商务资方王云五大为惊慌;五卅运动时,雪村主持的"妇女问题研究会"积极参加了"上海学术团体对外联合会",更使王云五恐慌,于是在 8 月,王云五将雪村调离《妇女杂志》主编,到国文部当编辑(又将建人调到自然部当编辑)。郑振铎、胡愈之等人为之不平,支持雪村另行筹办一刊物《新女性》(后于 1926 年 1 月创刊),被王云五得悉,此时便将雪村辞退。郑振铎又介绍雪村到神州女子中学教书,并把《文学周报》和《文学周报社丛书》交给"妇女问题研究会"刊行。正是在郑振铎的大力支持下,雪村后于 1926 年 8 月 1 日正式创办了开明书店。

十二月二十六日

印刷所工潮解决,照常上班。

十二月二十七日

在《文学周报》第 205 期上发表短篇小说《风波》,取材于自己的家庭生活。还发表小诗《旅中》(12 首)。

十二月三十日

王伯祥日记:"散馆后在振铎所集议,到圣陶、调孚、仲云、雁冰、愈之、切生等,颇拟由文学会募资创办一图书馆。直谈至晚饭后九时始各归。"

十二月

许地山在英国牛津印度学院完成长篇论文《梵剧体例及其在汉剧上底点点滴滴》,论及中国古典戏剧受到印度文学的影响。该文得到郑振铎的帮助。郑振铎为他搜集了不少中国古籍上的材料(许地山要求郑振铎帮助的信的片断曾载于本年 7 月 10 日《小说月报》第 16 卷第 7 期),并为该文作了修订,后郑振铎把该文发表于 1927 年 6 月《小说月报》第 17 卷号外《中国文学研究专号》(上)。

本月,郑振铎主编的《文学周报社丛书》开始由"妇女问题研究会"章锡琛负责出版。第一本即郑振铎作序的《子恺漫画》,该丛书后又收入郑振铎的《列那狐的历史》以及他与人合译并作序的《血痕》等书。

下半年

王任叔在浙江奉化中学任教务主任,曾向郑振铎要语文教员,郑振铎推荐了许杰。后许杰因故未去,郑振铎又写介绍信推荐王以仁去。

本年(?)十二月二十五日(年份尚待考)

致董康信,提到"十二日承宠招,因在南京未回,故不能到,歉甚……近欲印行几种关于敦煌写本中的俗文学的书……颇想编一部小说目录,惟此目从未有人编过,除了采入内阁文库、大连图书馆及我自己的所藏外,他处简直不多见……俄国的李宁堡,荷兰的莱顿,德国的柏林、法兰克福诸地(西班牙、葡萄牙的京城亦有云),皆储藏中国古籍颇富,正在托人设法钞录其目录的一部分。不知何时可以得到。"

年底

致广州文学研究会分会叶启芳等人,告以沈雁冰将去广州参加国民党第二次全国代表大会,文学研究会委托沈雁冰与他们洽谈有关分会工作问题。

一九二六年　二十九岁

（民国十五年　丙寅）

一月一日

《济难月刊》创刊，为中国济难会全国总会发行，发表《中国济难会宗旨、事业》，重申"本会以救济一切解放运动之被难者，并发展与世界被压迫民众之团结精神为宗旨"，并公布 58 位发起人名单，中有郑振铎。

一月三日

中午，宴请沈雁冰、叶圣陶、胡愈之、王伯祥、何柏丞、周予同、徐调孚、傅彦长、朱应鹏、张若谷。"席次，谈甚畅。终席后又大谈，至畅"。（王伯祥日记）

在《文学周报》第 206 期上发表短篇小说《书之幸运》，取材于自己的购书读书与家庭生活，塑造了一个贫穷的知识分子的形象。

一月十日

在《小说月报》第 17 卷第 1 期上发表《卷头语》，续载《文学大纲》第 23 章《十八世纪的南欧与北欧》，发表所译《乞丐——高加索民间故事之一》，还发表短篇小说《失去的兔》，对黑暗社会制度下产生的偷盗现象，"心里充满了痛苦，悲悯，愤怒与诅咒"，并揭露了"贪官、军阀、奸商、少爷等等""明明的劫夺、偷盗一般人民的东西，反得了荣誉、恭敬"。从本期起，连载傅东华翻译的美国莫尔顿《文学之近代研究》。该书对郑振铎的文学思想颇有影响，以前他还想自己翻译。本期《文坛杂讯》栏说："介绍世界文学给中国，是一件超出于仅止于介绍的工作。我们知道，在一个大转变的开端，至少总有许多外来的鼓激与影响。……文学研究会近拟出版《世界文学》（季刊），专致力于这个介绍的工作,将于五六年之内,陆续介绍三五十种的世界大著进来。"
但后来郑振铎拟办的这个刊物未能办成。

一月十二日

《民国日报》发表《人权保障宣言》,强烈抗议上海军阀当局残酷
杀害工人领袖刘华,提出四项严正要求,郑振铎为 43 位署名者之一。

一月二十五日

《晨报副刊》第 1430 号转载《人权保障宣言》。

一月二十八日

本日谢六逸举办婚礼,郑振铎当参加。

一月二十九日

下午,赴新少年影片公司,参加田汉、欧阳予倩发起的以"消寒
会"形式欢迎日本作家谷崎润一郎。到 60 余人,至深夜。

一月三十一日

在《文学周报》第 210 期上发表玄珠(沈雁冰)写给"C.T.以及各位
老朋友"的信,谈去广州的船上的情形。还发表傅东华《〈文学之近代
研究〉译序》,提到:"本译稿的第一卷脱稿后,寄由郑振铎先生转托上
海商务印书馆出版,……而郑振铎先生也替我改正好几个译名,都是
我应当十分感激的。"

二月二日

晚,在新有天设宴,叶圣陶、王伯祥等《文学周报》社同人出席。

二月十日

在《小说月报》第 17 卷第 2 期上发表《卷头语》,续载《文学大纲》
第 24 章《中国小说的第二期》,发表所译《渔夫的儿子——高加索民
间故事之一》。

二月十四日

与叶圣陶、王伯祥出门闲步,访陈乃乾于中国书店,至福禄斋进
茶点,入市政厅听交响乐。夜,共饮于翠芳居。

二月十七日

与王伯祥、刘薰宇一起访叶圣陶。刘薰宇从江湾来,谈立达学园

事。

二月十八日

晚,在大东旅社设宴,叶圣陶、王伯祥等《文学周报》社同人均出席。

二月二十六日

徐志摩致赵景深信,准备明日上午到郑振铎家访问,邀其同往。

二月二十七日

晚,在新有天设宴,到席有叶圣陶、王伯祥、徐调孚、丰子恺、赵景深、顾仲彝、陶希圣、徐志摩、张若谷。"晚饭后,乘兴步月,迤逦一访六逸。彼已睡,竟争之起,谈久乃行。及各抵家,已十一时矣。"(王伯祥日记)

约二月

商务印书馆同事彭家煌试作短篇小说《Dismeryer 先生》,曾修改过七次,趁没人的时候,放在郑振铎的办公桌上。未久,郑振铎作退稿处理。后彭家煌寄到北京徐志摩主编的《晨报副刊》,被刊于 2 月 25、27 日上。郑振铎看了,对彭家煌道歉:"老彭,很对不起!你这篇东西做得很好。当时你送来,我实在没有看。"彭家煌的友人说:"他是经过这一点小挫折,这一点鼓励,才迈步走上文坛的。"(汪雪湄《痛苦的回忆》) 郑振铎不仅勇于自我批评,而且从此热情帮助彭家煌,吸收他加入文学研究会,并将包括这篇小说在内的他的处女集《怂恿》收入自己主编的《文学周报社丛书》内(1927 年 8 月出版)。

三月六日

立达学园开学,新聘郑振铎为教师。

三月七日

上海通信图书馆共进会召开临时会员大会,到会 32 人,因 5 月 1 日为该会成立五周年纪念会,故决议从 3 月 15 日到 4 月 15 日为"征求日",要求每个会员努力介绍新会员至少三人,争取到五周年大会时能满 500 人以上(此时已有会员 150 人)。在《负责征求者名录》中,郑振铎列为第 96 人(以入会先后为序)。

三月十日

在《小说月报》第 17 卷第 3 期上发表《卷头语》,指出:"生活就是奋斗,就是工作! 只有'前进'和'努力'的铁鎚才能在人生的铁砧上击出灿烂的火光。"发表小诗《微思》(8 首),续载《文学大纲》第 25 章《中国戏曲的第二期》,发表儿童神话故事《朝露》。

三月十五日

晚,与叶圣陶、王伯祥、陈乃乾同饮于新有天。陈乃乾将辞中国书店。

三月十八日

在李大钊领导下,北京各界群众二万余人在天安门广场举行国民大会,会后向段祺瑞执政府游行请愿,抗议 3 月 12 日日本帝国主义支持奉系军阀出动军舰炮击冯玉祥国民军,抗议 3 月 16 日八个帝国主义国家的联合对华通牒。段政府竟下令卫队开枪射击,死 47 人,伤 200 余人,是为震惊全国的"三一八惨案"。郑振铎闻讯怒不可遏。

三月二十日

在《教育杂志》第 18 卷第 3、4 期合刊上发表翻译俄国阿志巴绥夫小说《巴莎杜麦诺夫》。

三月二十三日

立达学会常务委员会议决,认定郑振铎为该会委员。

三月二十四日

与叶圣陶访王伯祥,商《文学周报》事。

为抗议"三一八惨案",立达学会开全体大会,决定停课一天,并发表宣言,"主张联合民众作根本改革,反对法律解决及依赖旧有任何势力。"(见《立达半月刊》第 13 期《园讯》)

三月二十五日

晚,出席在大新街悦宾楼举行的立达学会全体大会。会上胡愈之提议出版杂志,议决推胡愈之、章锡琛计划印刷发行事项,郑振铎、夏丏尊、李石岑、刘薰宇筹备编辑事宜,预定 9 月内出版(该刊后定名为《一般》)。王伯祥日记:"夜六时,立达学会在悦宾楼聚餐,欢迎我与圣陶、振铎、石岑、雪村、乔峰等人加入。旧会员方光焘、练为章、丰子恺、朱佩弦、周予同、胡愈之等本系熟人,故介绍参与如此。席次,讨论立达学会经费事。予认捐六十元,尽六月底前缴付。十时许返,与振铎、圣陶同行。"(王伯祥日记)

三月二十六日

晚设宴,到席有叶圣陶、王伯祥、徐悲鸿、李金发、叶法无、黄警顽、曹铁僧、张若谷。

三月二十七日

与叶圣陶、胡愈之、王伯祥、李石岑、周予同、樊仲云驱车赴无锡旅游。三时许抵惠山。晚饭于复兴园。饭后游新世界。

三月二十八日

与友人在无锡,游梅园等处,在梅园午饭,"方饭,岫庐、经农亦至,渠等今日来此也。"(王伯祥日记)下午,游鼋头渚。夜11时回到上海。

在《文学周报》第218期上发表独幕活报剧《春的中国》,反映上海工人、学生对"三一八惨案"的愤怒抗议。作者通过剧中一青年的口高呼:"这种的大惨杀事件,非惟不足以阻止我们的前进,且更足以使我们明白我们之益不可不努力,没有无代价的成功,也没有无流血的革命。大残虐的发生,便是预示着大变动的将实现。试看法国,俄国……"

三月二十九日

沈雁冰参加了国民党第二次全国代表大会后,从广东回到上海。王伯祥日记:"雁冰已自粤返,今夜集知友会谈振铎所。渠的事忙,七时便行,遂各归晚膳。"郑振铎告诉沈雁冰,当地反动军阀多次到商务印书馆来追查他的下落。沈即决定辞职,托郑向商务印书馆提出。翌日,郑便带去商务印书馆给沈的退职金和股票。4月12日,沈雁冰正式辞职,担任国民党上海交通局主任,从事革命宣传工作。

三月三十日

"夜,振铎、希圣、圣陶、致觉、晓先、调孚、愈之、仲云及予公宴雁

冰于铎所。谈至九时,各归。"(王伯祥日记)

四月二日

晚,《文学周报》社同人聚餐会。

四月三日

散馆后,与叶圣陶、王伯祥、徐调孚携照相机到蜀商公所摄照。

四月四日

在《文学周报》第 219 期上发表《杂感》,内容有关抗议"三一八惨案",并影射讽刺了曾"去位失官、藏书尽失"官僚政客章士钊等。

四月九日

夜,与叶圣陶、王伯祥等乘车,赴扬州旅游。

四月十日

上午,到扬州,下榻扬州饭店。下午,游瘦西湖、平山堂。夜膳于春园。

在《小说月报》第 17 卷第 4 期上发表《卷头语》,提出"不要眷顾着过去","也不必追悔着已逝去的错误",而"必须如一个新生的人,仰着头,挺着胸,向前走去","做的是今日所要做的事"。本期还续载《文学大纲》第 26 章《十八世纪的中国文学》,发表所作儿童神话故事《七星》。

四月十一日

由扬州去镇江,访彭公杨公祠,登第一江山寺,游焦山,又游金山。夜乘快车回上海。

四月十二日

晨,回到上海,到办公室上班,得悉立达学园的理科一年级学生夏侠服毒自杀,非常难过。后写《青年的自杀》谈自己的看法。

四月十四日

与妻子高君箴、叶圣陶、胡墨林(叶妻)、王伯祥、徐调孚、樊仲云、李石岑游龙华寺及铁路花园。

四月十七日

应李石岑邀,去他家晚餐。同席有叶圣陶、王伯祥、徐调孚、高觉敷、樊仲云等。席间谈到赵景深新婚等事。郑振铎说,自去年赵景深来沪工作后,更了解了他的个性,像"新发现一个人"。

四月二十四日

散馆后与叶圣陶、王伯祥等赴应昶喜宴于东亚酒楼。

四月二十五日

在《文学周报》第 222 期上发表《青年的自杀》,反对绝望和自杀的行为,号召:"'如果冬天到了,那末春天也是不远了。'请记住这句话,鼓足了勇气,向前走去,走去,走去!"

四月二十七日

访叶圣陶,展示新购明刻传奇二种,并邀王伯祥来共赏。

四月二十八日

商务印书馆监理张元济因与高凤池(亦为监理)在经营管理上意见不合,于 26 日向董事会提出辞职,并在《申报》等报刊刊载辞职启事。本日,郑振铎、叶圣陶、胡愈之等编译所同人 36 人联名致函张元济挽留。(后张元济坚辞,董事会于 7 月 21 日同意他辞去监理职务。)

四月

许杰的小说集《漂浮》由上海出版合社出版,他在自序中说"第一篇《漂浮》,是几篇长短不齐的小说连成一篇的小说","作成后又经西谛与雁冰先生们一次校阅,他们劝我把《大白纸》篇先独立了出版。因为我的《小四老婆》一篇,描写得太性欲了,说商务的老板是不敢给我出版的"。

五月七日

商务印书馆编译所同人会成立,通过《章程》十三条。

五月九日

在《文学周报》第 224 期上发表《狐与玫瑰》,介绍法国古代禽兽史诗《列那狐的历史》和恋爱寓言诗《玫瑰的故事》。

出席为纪念《文学周报》独立出版发行一周年在悦宾楼举行的聚餐会,共二十余人。

五月十日

在《小说月报》第 17 卷第 5 期上发表《卷头语》，认为："怀疑的，悲观的，徘徊于歧路的时代已经过去了。我们已在微薄的晨曦中，见到了前途的大路，见到了我们所要到达的鹄的，见到了我们所爱的中国的伟大的将来了。"续载《文学大纲》第 27 章《十九世纪的英国诗歌》。

五月二十二日

夜，与叶圣陶访王伯祥，同出散步，饮冰于微微公司。

五月二十三日

在《文学周报》第 226 期上发表《〈西特〉与〈皮奥伏尔夫〉》，介绍欧洲中世纪这两部著名的史诗。

五月二十七日

鲁迅得郑振铎信并版税汇票 59 元。

下午八时，立达学园开第三次导师会，郑振铎与王伯祥、方光焘被邀列席，"讨论添设文学专门部问题；并推定郑振铎、王伯祥、胡愈之、李石岑、周予同、章锡琛、周建人、高觉夫、李未农、刘叔琴、方光焘、丰子恺、沈亦珍、刘薰宇、夏丏尊、叶圣陶为筹备员。"（《立达半月刊》第 15 期《园讯》）

五月三十日

为纪念"五卅"一周年，在今日出版的《文学周报》第 227 期上发表散文《向光明走去》（5 月 22 日作），表示："我们要相信光明一定会到来。我们不仅相信，我们还要迎着光明走去！""要鼓足了勇气，不怖不懈，向着光明走去。"

上半年

转黎锦明致鲁迅一信，黎信指责鲁迅主编《莽原》不发表他的文章。（参见 11 月 9 日鲁迅致许广平信）

六月一日

散馆后，在寓所召集立达同人商文学专门部课程。夜，与叶圣陶、胡愈之、王伯祥公宴立达同人于新有天，十时半散归。

六月三日

鲁迅寄周建人信,附致郑振铎信(已佚)。

六月五日

叶圣陶主编的中国济难会刊物《光明》半月刊创刊,郑振铎支持该刊,并开始在上面连载他译的俄国阿志巴绥夫的小说《血痕》(第一章)。

六月八日

散馆后,与叶圣陶、胡愈之、王伯祥、徐调孚、樊仲云在寓所商议《文学周报》扩充篇幅事。

六月十日

在《小说月报》第 17 卷第 6 期上发表徐悲鸿的画《狮》,并作题记:"悲鸿君新自欧归,所作工力沉着,承示名作数幅,兹先刊此幅,以介绍于国人。"续载《文学大纲》第 28 章《十九世纪的英国小说》。发表陈毅用"曲秋"笔名写的自传体小说《归来的儿子》。

为所编《中国短篇小说集》第二集下册作序言。此册续选宋至明末的短篇小说,序中论述了续选的理由和所选作品的价值。

六月十二日

立达学园夏丏尊、方光焘、刘薰宇来商务印书馆召开立达同人集会,商决文学专门部事,定名为"立达学园文艺院中国文学系"。会后聚餐于悦宾楼,公贺周予同生女儿。出席者还有叶圣陶、胡愈之、王伯祥、章雪村、樊仲云、李石岑、孙伏园等,"纵谈达四小时,乃各冒雨而归,至乐也。"(王伯祥日记)

六月十三日

与叶圣陶、王伯祥同往霞飞路在华大戏院看电影《空谷兰》。

六月二十日

在《光明》半月刊第 2 期上续载翻译《血痕》(第二章)。

六月二十四日

散馆后,与叶圣陶、王伯祥、丁晓先、樊仲云等同赴济难会之招,"参加'榴花小集'于一品香。赴会者多熟友,如予同、愈之、石岑、丏尊、仲持、望道、贤江等,特宾则《商报》馆之陈布雷、潘公展也。"(王伯

祥日记)

六月二十七日

　　在《文学周报》第 231 期上发表《太戈尔诗杂译》(二首),并有短序,说:"太戈尔的诗,仿佛是好久没有人谈起了。不管别的人对于他如何的说,不管我自己的思想与心情如何的变化,我却是始终喜欢这位银须白发的诗人的东西的。"

六月二十九日

　　散馆后,与叶圣陶、胡愈之、王伯祥、周予同共宴朱自清于陶乐春。朱自清南归过上海。饭后又至卓别麟、北冰洋二家饮冰。朱宿二洋桥平安旅社。

约六月底

　　刚从英、法游学归来的邵洵美初次登门来访。邵后来写道:"像这样漂亮的学者,中国是不多的。他[按,指郑振铎]的确漂亮。""我们见了面谈话并不多,趣味显然是两样的:我喜欢创作,他喜欢编辑……但是他却给了许多东西[按,指收藏的古书]给我看。"(《儒林新史·郑振铎的小骨董》)

六月

　　译述童话《列那狐的历史》由文学周报社出版,开明书店发行,为《文学周报社丛书》之一(第二种)。

七月四日

　　晨,与叶圣陶、胡愈之、王伯祥、孙伏园、朱自清及其妹往游沙发公园。

七月九日

　　为所著《文学大纲》作《叙言》,强调文学没有国界、没有古今界的观点。这表明该书已基本完成了。

七月十日

　　在《小说月报》第 17 卷第 7 期上发表《卷头语》,续载《文学大纲》第 29 章《十九世纪的英国批评家及其他》、第 30 章《十九世纪的法国小说》。本期起连载舒庆春(老舍)的长篇小说《老张的哲学》,这是老舍在许地山鼓励下从伦敦寄给郑振铎的他的处女作。

七月十一日

上午，偕叶圣陶、王伯祥、孙伏园游新世界。

七月十三日

散馆后，与叶圣陶、王伯祥、孙伏园同往新新旅社访从苏州来的郭绍虞，未遇，因共膳于爱隆。餐后，又邀孙福熙、陈学昭、孙惠迪同在法租界一条僻街的石阶沿上，看环龙公园中放焰火。（按，明日是法国国庆节，今在沪法人举行提灯会。一年后郑振铎在法国写的日记中还回忆起此事。）

七月十四日

散馆后，与叶圣陶、胡愈之、王伯祥、周予同同至大陆旅社访郭绍虞，先饮冰于北冰洋，后聚饮于爱隆。次日，郭绍虞回苏州。

七月十六日

散馆后，与叶圣陶、王伯祥同赴福州路西口大西洋大菜社，参加天马会欢迎江小鹣聚会。

七月十八日

在《文学周报》第234期上发表《介绍〈威廉退尔〉》，说："这几天上海大戏院正在演《义士退而》，那就是席劳有名的《威廉退尔》之被摄成电影的。我虽有目疾，却有一种力逼我不得不去看。我真被感动，……因为不能写东西，只好节抄《文学大纲》里关于此剧的一段于下，以当介绍。"

七月二十日

在《光明》半月刊第4期上续载所译《血痕》（第三章）。

夜，在家里与叶圣陶、胡愈之、王伯祥、章雪村商量《文学周报》与开明书店订立印行丛书合同事，当场议定十四条协议。

七月二十二日

去莫干山避暑并写作。同行者有岳父高梦旦及友人唐擘黄等。

七月二十四日

写散文《山中通信》，记叙上莫干山沿路情况。发表于8月1日的

《文学周报》第 236 期上,后作为 1927 年 1 月开明书店出版的散文集《山中杂记》的《前记》。八月五日

在《光明》半月刊第 5 期上续载所译《血痕》(第四、五章),至此载完。

八月一日

开明书店正式挂牌。

八月十日

在《小说月报》第 17 卷第 8 期上发表《卷头语》,续载《文学大纲》第 31 章《十九世纪的法国诗歌》、第 32 章《十九世纪的法国戏曲及批评》。

八月十六日

鲁迅寄周建人信,附致郑振铎信(已佚),告诉他自己即将离京赴厦门工作。

八月二十一日

从莫干山回上海。

八月二十四日

夜,在晋龙餐社与叶圣陶、胡愈之、王伯祥、陈乃乾、章雪村、索非、陈惠侨、何作霖公饯孙伏园。孙明日赴厦门执教于厦门大学。

八月二十五日

下午,在家设茶会,与叶圣陶、胡愈之、王伯祥、孙伏园、李石岑、余协生、顾均正、徐调孚、陈乃乾、吴文祺等畅叙。

八月二十八日

在《语丝》周刊第 94 期上发表《〈平鬼传〉与〈捉鬼传〉》,为 7 月 17 日致周作人的信,论述《平鬼传》(又名《捉鬼传》)的价值,并指出评论者的疏误。

八月三十日

鲁迅昨日抵达上海,郑振铎今晚设宴为鲁迅洗尘。"夜间,振铎、雪村、愈之、丏尊、[刘]叔琴、[刘]大白、望道、雁冰、[刘]薰宇、予同、乔峰、圣陶及予公宴鲁迅于消闲别墅,兼为佩弦饯行。佩弦昨由白马

湖来,明后日将北行也。十时半始散。"(王伯祥日记)大部分出席者是第一次见到鲁迅。宴会上,鲁迅同郑振铎谈及日本的中国文学研究者盐谷温最近在日本内阁文库中发现有中国元刊本平话小说,自《武王伐纣书》至《三国志平话》,凡五种,每页皆有图。郑振铎闻之甚喜,认为"这种发见,对于中国小说史上是极有价值的"。后来,他即据此写了《日本最近发见之中国小说》,载 1927 年 6 月《小说月报》第 17 卷号外《中国文学研究》(下)。

本日,回忆在莫干山避暑情形,作散文《避暑会》(山中杂记之一)。所谓"避暑会"是外国人在莫干山办的一个机构,郑振铎不满于外人之越俎代庖举动,又慨叹于国人之不认真办事。后载 9 月 5 日《文学周报》第 240 期。

九月四日

晚,在家与沈雁冰设宴,请从广东来的叶启方,叶圣陶、胡愈之、王伯祥、夏丏尊、樊仲云、谢六逸作陪。

九月五日

参加筹备编辑的立达学园刊物《一般》月刊创刊(主编为夏丏尊)。

九月六日

作散文《三死》(山中杂记之二),追记莫干山上遇见或听说的三个人的死,后载 9 月 12 日《文学周报》第 241 期。

九月八日

为所编《中国短篇小说集》第三集上册作序言。本册所选为清代的短篇小说,序中论述了这一时期短篇小说的概况。

九月十日

在《小说月报》第 17 卷第 9 期上续载《文学大纲》第 33 章《十九世纪的德国文学》、第 34 章《十九世纪的俄国文学》。

九月十四日

作散文《月夜之话》(山中杂记之三),追记在莫干山上某夜与高梦旦、唐擘黄等人漫谈民间歌谣之事。后载 9 月 19 日《文学周报》第

242 期。

为与鲁迅、胡愈之、沈泽民合译的俄国阿志巴绥夫小说集《血痕》作序,该书 1927 年 3 月由开明书店出版。

九月二十日

作散文《山中的历日》(山中杂记之四),追记在莫干山上过的有规则的生活等。后载 9 月 26 日《文学周报》第 243 期。

九月二十五日

晚与叶圣陶、胡愈之、王伯祥、周予同在岭南楼为陈乃乾饯行,饮后又同登天韵楼纳凉,直至十时半返。陈乃乾应厦门大学之聘,往任研究院图书干事,兼任出版事务。

九月二十六日

"下午五时,立达中国文学系假开明书店开教务会议",叶圣陶、王伯祥、胡愈之、周予同、高觉敷、夏丏尊、方光焘、刘薰宇、樊仲云等人参加,"餐后,振铎由海宁观潮赶回亦来,谈至十时半乃各归。"(王伯祥日记)

九月三十日

作散文《塔山公园》(山中杂记之五),追记三次去塔山游玩的情形。后载 10 月 3 日《文学周报》第 244 期。

老舍致胡适信(胡当时正在伦敦参加中英庚款会议),提到:"我前者作了一个小说[按,即《老张的哲学》],寄给上海郑振铎。他已允代刊印,我又后悔了!因为,我匆匆写好,并没加修正,可是郑说,已经付印,无法退回。"

九月底

整理编写自去年 9 月至今年 9 月 27 日一年来所购书目,共 592 部,计 1700 余元(内约 300 元尚未付)。

十月二日

夜,在福州路杏花楼聚餐,参加者还有沈雁冰、叶圣陶、胡愈之、王伯祥、周予同、徐调孚、夏丏尊、章雪村、樊仲云、张若谷、傅彦长、萧朴生等。

十月五日

在《一般》月刊第 1 卷第 2 期上发表《中世纪的波斯诗人》(未完)。

十月十日

在《小说月报》第 17 卷第 10 期上发表《卷头语》,续载《文学大纲》第 35 章《十九世纪的波兰文学》、第 36 章《十九世纪的斯坎德那维亚文学》。

十月十八日

作《中国文学年表》,后载 1927 年 6 月《小说月报》第 17 卷号外《中国文学研究》(下)。

十月二十二日

夜在寓所聚餐,到者沈雁冰、叶圣陶、胡愈之、王伯祥、周予同、徐调孚、章雪村、陈乃乾、樊仲云。

十月

所编《文学大纲样本》由商务印书馆出版,封面用红蓝两色套印。

本月,许杰参加在上海的《华侨努力周报》的编辑工作,邀郑振铎为特邀撰稿人。

十一月三日

鲁迅得郑振铎信(附有宓汝卓信),即复(已佚)。宓汝卓曾与郑振铎在《文学旬刊》上通过信,此时他在日本早稻田大学读书,竟谎称是鲁迅的代表去向盐谷温索取正在印刷的《三国志平话》,因该书尚在装订中而未果,宓某因恐事情弄穿,便致郑振铎信,请鲁迅"追认"其为代表,并说此事于中国人的荣誉有关云云。鲁迅拒绝了这种无理要求。

十一月五日

在《一般》月刊第 1 卷第 3 期上续载完《中世纪的波斯诗人》。该文是 7 月 28 日在莫干山上完成的,是作为连载于《小说月报》上的《文学大纲》补写的一章。

十一月六日

赴俭德储蓄会食堂应章雪村、陈乃乾之宴,到者还有沈雁冰、叶圣陶、胡愈之、王伯祥、徐调孚、谢六逸、樊仲云、张若谷等。

十一月七日

中午,《新女性》社在俭德储蓄会食堂设宴,"到者二十余人,至二时许始散。"(王伯祥日记)郑振铎可能参加。

十一月八日

作散文《蝉与纺织娘》(山中杂记之六),追记在莫干山听蝉与纺织娘的鸣声等情形。后载 11 月 21 日《文学周报》第 251 期。

十一月十日

在《小说月报》第 17 卷第 11 期上发表《卷头语》,为一首盼望春天来临的诗;续载《文学大纲》第 37 章《十九世纪的南欧文学》、第 38 章《十九世纪的荷兰与比利时》、第 39 章《爱尔兰的文艺复兴》;还在"通讯"栏发表《答周仿溪君》,回答关于《文学大纲》的一些问题。

十一月十二日

作散文《苦鸦子》(山中杂记之七),追记在莫干山听到的一个妇女受虐待致死而变成整天叫苦的乌鸦的传说,并联系到现实生活中劳动妇女的悲苦生活。后载 11 月 28 日《文学周报》第 252 期。

十一月十四日

在《文学周报》第 249、250 期合刊上发表《本报特别启事》:"本报现因定户增多,事务过繁,从二五一期起委托上海宝山路宝山里开明书店发行。同时并扩充篇幅,改为三十二开本的卅二页,每期装订成册,并加美丽之封面……"还发表郑振铎《"自己动手"之最后一次》,说明该刊自从《时事新报》副刊中独立出来后,一年半内"是我们亲自动手折叠,检点打包,写信封,粘邮票,而且寄出的",现在虽然委托开明书店发行,"然而我们将在本报的文字里永持且扩大了我们的自己动手的精神。""现在是黑暗的时代,但黑暗的时代正是光明时代的前驱,在为光明而致力的群众中,本报始终是一个,且将永久是一个。"

晨,与叶圣陶、王伯祥同过孙福熙寓所,邀孙至家茶话。

十一月十六日

叶圣陶、王伯祥借郑振铎寓所设宴，"客为孟真、志希、雪村、乃乾、愈之、仲云、调孚、振铎、雁冰九人，合主为十一人。六时入席，八时毕，旋散坐杂谈。孟真议论风生，志希备述在南昌遇兵剧，均倾动一座。"(王伯祥日记)

十一月十七日

下午，商务印书馆编译所同人在商务印书馆俱乐部开会，商议明年加薪事。郑振铎当参加。

十一月二十日

晚，赴安乐园，应沈雁冰、谢六逸之宴，到者还有叶圣陶、胡愈之、王伯祥、周予同、徐调孚、章雪村、傅东华、樊仲云、傅彦长、张若谷，共13人。

十一月二十一日

在《文学周报》第251期上发表《闲谈》(一、《呐喊》)，高度评价："《呐喊》是最近数年来中国文坛上少见之作，那样的讥诮而沉挚，那样的描写深刻，似乎一个字一个字都是用刀刻在木上的。""自鲁迅先生出来后，才第一次用他的笔锋去写几篇'自古未有'的讽刺小说。那是一个新辟的天地，那是他独自创出的国土"，"他的在这一方面的成绩，至少是不朽的。"高度评价"《阿Q正传》确是《呐喊》中最出色之作"，"在中国近代文坛上的地位""是无比的"。并预言："将来恐也将成为世界最熟知的中国现代的代表作了。"又认为"像阿Q那样的一个人，终于要做起革命党来，终于受到那样大团圆的结局，似乎连作者他自己在最初写作时也是料不到的。至少在人格上似乎是两个。"

十一月二十三日

商务印书馆编译所同人在商务印书馆俱乐部开会，决定加薪标准和办法。郑振铎当参加。

十一月二十八日

在《文学周报》第252期上发表《闲谈》(二、夸大狂)(11月20日作)，认为对文艺界中的"夸大狂"要区别对待，"真正的病人，我们可怜他，虚伪的夸大者我们却不能宽恕他。我们最恨的是下流的作伪与卑鄙的假冒！”

作散文《不速之客》(山中杂记之八)，追记在莫干山上怀念妻子，以及她突然来到时的激动心情。后载 12 月 12 日《文学周报》第254期。

又作散文《山市》(山中杂记之九)，追记游逛莫干山中某市集的情形。后载 12 月 17 日《文学周报》第 255 期。

十二月四日

散馆后，和叶圣陶、王伯祥赴一品香，贺江小鹣结婚。

十二月五日

在《文学周报》第 253 期上发表《缀白裘索引》，为研究中国戏曲的人提供方便。

中午，至法大马路鸿运楼参加文学研究会同人聚餐会，到者还有沈雁冰、叶圣陶、王伯祥、周予同、徐调孚、谢六逸、章雪村、傅东华、陈乃乾、樊仲云、傅彦长、张若谷。

十二月六日

寄鲁迅信(已佚)。

十二月十日

在《小说月报》第 17 卷第 12 期上发表《卷头语》，认为努力工作是幸福的，“不仅收获时有说不出的成功的喜悦，即当工作时却也有无上的趣味”，而“最感苦闷的却是那些闲逛而无事可为的人”。这段话当时使王任叔很受感动，他后来回忆说：读了这使他得到“自救”，“使我一生来养成了爱劳恶逸的习惯。人常有闻一言而受用一生的”，“这一段话，对我说来就是如此”。(《悼念振铎》)本期还续载《文学大纲》第 40 章《美国文学》、第 41 章《十九世纪的中国文学》。

十二月十二日

在《文学周报》第 254 期上续载《缀白裘索引》(完)，发表胡适《给志摩信》并作附记(11 月 5 日夜作)，指出：国内已有一些青年“投下了他们的笔，去做实际的光明工作去了”，“大家都知道请愿时代是过去了，空论时代是过去了。现在的时代是实行的时代。我们前面有两支大道,一支是向旧的魔鬼的门去的,一支是向新的光明之宫去的。
我们都知道我们应该走的是那支大道。我们必得要走,虽然我们知道
那光明之宫是未必在很近的地方。"

十二月十四日

鲁迅致郑振铎信(已佚)。

十二月十五日

散馆后,和叶圣陶、王伯祥赴俭德储蓄会宿舍访傅斯年,"因在其
舍对门之大富贵晚餐。餐后复入谈,至十时始归。孟真于欧洲风俗言
之娓娓,故不觉其言之长也。"(王伯祥日记)

十二月十八日

鲁迅在《北新》周刊第 18 期上发表《阿 Q 正传的成因》,解答郑振
铎在 11 月 21 日《文学周报》第 251 期上发表的《闲谈》中对《阿 Q 正
传》的有关评论。

十二月十九日

中午到粤南楼聚餐,到者还有沈雁冰、叶圣陶、胡愈之、王伯祥、
周予同、谢六逸、徐调孚、樊仲云、傅彦长、张若谷,共 11 人。饭后摄
影。

十二月二十日

致鲁迅信(已佚),内容可能与《阿 Q 正传的成因》有关。鲁迅于
12 月 28 日复信(已佚)。

商务印书馆编译所同人在商务印书馆俱乐部开会,谈商务当局
所定加薪办法。郑振铎当参加。

十二月二十五日

夜,在家里与叶圣陶、胡愈之、王伯祥、周予同、金仲华、徐调孚、
顾均正公宴吴文祺,沈雁冰、谢六逸作陪。

十二月二十六日

下午,与叶圣陶、吴文祺、章君畴在王伯祥宅聚谈。

十二月三十一日

晚赴小有天聚餐,到者还有沈雁冰、叶圣陶、胡愈之、许地山、王

伯祥、徐调孚、谢六逸、陈乃乾、傅东华、陶希圣、樊仲云、傅彦长、张若谷,"七时许散,同往一品香谈,盖振铎等预定房间,备度永宵者也。九时许归。"(王伯祥日记)

鲁迅收到郑振铎寄赠《文学大纲》第 1 册。

十二月

选编标点《白雪遗音选》由上海开明书店出版,为《鉴赏丛书》第一种。此书从清人华广生《白雪遗音》(清道光八年刻本)中选出的俗曲、马头调等共 143 首。

所撰著的《文学大纲》开始由商务印书馆出版,至翌年 10 月出齐。

本年

所编选的《中国短篇小说集》开始由商务印书馆出版,共分三卷,至 1928 年 4 月出至第三卷上册(下册后未见出版)。收入唐代至清代的文言与平话短篇小说,并加有简注。每册前均有序数篇。鲁迅在《唐宋传奇集·序》中对此书表示赞赏,誉为"埽荡烟埃,斥伪返本,积年埋郁,一旦霍然";同时也指出其书《夜怪录》尚题王洙,《灵应传》未删于邈"的沿误。

"一九二六年底,我的大姑父在上海病重,大姑母写信要我到上海去帮助照料,并说大姑父愿意给我一笔路费,送我到法国去勤工俭学。我把这个消息告诉朱湘,朱湘听了很高兴。临行前,朱湘主动写了一封措词异常恳切的介绍信,叫我带给当时《小说月报》的主编郑振铎。到上海不久,我就带着朱湘的信到宝山路商务印书馆编译所去看郑振铎。"(徐霞村《我所认识的朱湘》)

一九二七年　三十岁
（民国十六年　丁卯）

一月三日

　　夜,在家里与叶圣陶、胡愈之、王伯祥、丁晓先等23人公宴樊仲云、吴文祺及陈学昭。樊、吴、陈于明日去武汉。

　　武汉人民为国民政府北迁和北伐胜利举行庆祝大会,英军竟用刺刀驱逐,刺死1人,刺伤数十人,史称"汉口事件"。5日,武汉人民在中国共产党领导下,英勇驱逐了英国巡捕,占领了英"租界"。6日,英军又在九江开枪,打死1人,伤多人,愤怒的群众又占领了九江英"租界"。消息传到上海,郑振铎义愤填膺,又深为人民群众的革命精神所激动。

一月四日

　　与叶圣陶、胡愈之、王伯祥、丁晓先、周予同、钱春江、李石岑、陶希圣、梅思平筹备创建上海著作人公会,推梅思平、陶希圣起草《上海著作人公会缘起》及《上海著作人公会章程》。

一月八日

　　与叶圣陶、胡愈之、王伯祥、丁晓先、周予同、钱春江、李石岑、陶希圣、梅思平等人讨论通过《上海著作人公会缘起》及《上海著作人公会章程》。该会宗旨为"增进著作人之福利及促进出版物之改良"。

一月九日

　　在《文学周报》第257期上发表《正月文艺家生卒表》。

　　晨,与叶圣陶、王伯祥同出,至乐园茶馆用茶,又晤陈乃乾,在金陵春午膳。午后,冒雨至俭德储蓄会访黎锦晖,未遇。

一月十日

在《小说月报》第 18 卷第 1 期上发表《卷头语》,用诗一样的语句号召告别"灰暗的漫漫长夜","向着阳光走去,走去!"还发表《插图之话》,为图文并茂的关于书籍插图的论文,其中着重论述了中国版画史。又发表《正月文艺家生卒表》。续载《文学大纲》第 42 章《新世纪的文学》,该书稿至此期连载完毕。

一月十三日

沈雁冰因有事要赴汉皋,特提早于今日开文学研究会同人聚餐会,兼为沈雁冰钱行。"十二时,迳往晋隆,到者有石岑、振铎、雪村、调孚、东华、圣陶、愈之、予同、六逸、雁冰及予十一人。二时许毕,大家散去。予与调孚、圣陶、愈之、予同、六逸、振铎复登新新屋顶公园啜茗焉。四时许出,调孚先归,予六人又往言茂源小酌。"(王伯祥日记)

一月十四日

王任叔致郑振铎信,批评了《文学周报》第 254 期上发表的胡适给徐志摩一信中的错误论点,联系广州的大革命的实际,指出"被统治阶级推倒了统治阶级的固有势力时","有专政的必要","一个大多数的阶级的专政,也是消灭阶级的策略"。还认为:"我觉得我们的《文学周报》,对于批判旧社会之封建思想与提倡革命的新思想的文字似乎太少了。中国现在有二大急需,一种是政治革命,现在已经有相当的成绩,一种是思想革命。《文学周报》对于后者应该负起相当的责任。"郑振铎将这封重要的信全文发表于 3 月 27 日《文学周报》第 267 期上。

一月十六日

在《文学周报》第 258 期上发表散文《宴之趣》(1 月 10 日作),谈与沈雁冰、叶圣陶、胡愈之、王伯祥等好友一起喝酒的情趣。

一月十七日

朱自清由京来沪,将返白马湖迎眷。中午,与叶圣陶、胡愈之、王伯祥、周予同、夏丏尊、章雪村、李石岑、孙福熙在新有天宴之。

一月二十日

所著散文集《山中杂记》由开明书店出版,书名由叶圣陶篆书。

一月二十三日

与叶圣陶、王伯祥、周予同共饮于豫丰泰。

一月二十四日

与友人以文学研究会上海分会、学术研究会、上海世界语学会、中华农学会、妇女问题研究会、弥洒社、上海通信图书馆名义，发表《上海学术团体为汉口事件宣言》，抗议英帝国主义，要求赔偿、惩凶、道歉、废除不平等条约等。

朱自清自白马湖移家来沪，明日乘船北上，卜居北京。"散馆后予与振铎、圣陶、愈之、石岑、予同、光焘、思平同饯于言茂源。且览且饮，不觉已十时半矣。知戒严时间已到，欲归不得，乃往一品香开一房间投止焉。"（王伯祥日记）

二月二日

与叶圣陶、王伯祥同至俭德储蓄会应吴朴安、陈乃乾之招宴。后又同往大戏院看戏《幸运无穷》。

二月四日

访傅斯年，叶圣陶、王伯祥亦刚到不久。辞出后，与叶圣陶、王伯祥同往卡尔登看电影。

二月十日

在《小说月报》第 18 卷第 2 期上发表《卷头语》和《二月文艺家生卒表》。

二月十六日

上海著作人公会正式成立，通信处为宝山路三德里 16 号。郑振铎、胡愈之、叶圣陶、丁晓先、周予同、钱春江、潘公展为执行委员，杨贤江、蒋光赤、徐调孚、傅彦长、朱应鹏为监察委员。上海著作人公会有《取缔不良刊物之提议》。

二月十八日

夜，在家里举行文学研究会聚餐会。到者有叶圣陶、胡愈之、王伯祥、周予同、徐调孚、谢六逸、赵景深、章雪村、李石岑、顾均正及郑振铎、高君箴共 12 人。"各携肴自随，不乞灵馆馔，风味胜绝。席次又得

景深唱演游艺多种,更助乐趣不少。"(王伯祥日记)

二月十九日

下午,上海工人举行总罢工。与友人到海宁路一带观看罢工后的情景。

二月二十一日

总罢工发展为第二次武装起义。王伯祥日记:"晨起待报不至,因与圣陶出,同访愈之,知今日各报相约暂停,以说话不易措词也。既而振铎踵至,悉昨又大捕工人。……旋与振、圣、愈同出,途遇贩报者,居然购得《时事新报》,谓今日只此一报出版,以迫于司令部之命,不得不出耳。"

二月二十二日

王伯祥日记:晨与叶圣陶"出访愈之,旋振铎亦至,乃共出一探时局消息。经由北站,英界南京路等处"。

二月二十五日

今日出版的《向导》第 189 期发表《中国共产党为上海总罢工告民众书》,号召:"工人及一切革命的市民起来夺取武装,响应北伐军,拥护国民政府!""由市民公会召集全上海市民代表大会,一切政权归市民代表大会,实现国民政府之北伐目的——市民会议的政权。"郑振铎及上海著作人公会积极响应了这一号召。

二月二十七日

在《文学周报》第 262、263 期合刊上发表《上海的居宅问题》(作于 1926 年 12 月 29 日夜),揭露上海普通市民居住条件之恶劣,号召大家:"起来,立刻起来为住宅问题而运动,为生命安全问题而运动!"还发表《上海之公园问题》(作于 1926 年 12 月 28 日夜)和《影戏院与"舞台"》,均为社会问题专论。同期发表《上海著作人公会缘起》。

三月五日

在《一般》月刊第 2 卷第 3 期(衍期出版)上发表《伍子胥与伍云召》,比较民间流传的伍子胥与伍云召的故事的异同,说明"旧小说及传说中的人物及情节是常常的互相抄袭,互相受有影响;虽或情节有略略的变更,人物有合二为一,或分一为二者"。

三月十日

在《小说月报》第 18 卷第 3 期上发表《卷头语》及与徐调孚合撰之《三月文艺家生卒表》。

三月十二日

在中共号召下,第一次上海市民代表大会召开,上海著作人公会的代表参加。选出市民代表大会执行委员 31 人,其中有商务印书馆编辑丁晓先和商务工会委员长王景云(均是中共党员)。

三月十三日

在《文学周报》第 265 期上发表《皮奥胡尔夫》(英国史诗述略)。

上午,赴豫丰泰应胡愈之之约,到者还有叶圣陶、王伯祥、夏丏尊、周予同、匡互生、丰子恺、周为群。当时匡互生有离开立达学园之意,胡愈之遂出面召集诸友一致挽留。

三月二十日

在《文学周报》第 266 期上发表《先生与他的学生——高加索民间故事》。

三月二十一日

上海工人在周恩来、罗亦农、赵世炎等参加的中共中央特别委员会领导下举行第三次武装起义,战斗到次日晚,占领上海,取得胜利,召开第二次市民代表大会,成立"上海特别市临时政府",选出委员 19 人。郑振铎的同事丁晓先、王景云均当选。郑振铎兴奋地参加了迎接北伐军的行动,此前,"北伐军快到上海时,我们就把鞭炮放在洋油筒中放,用槌子打铁当炮响。北伐军来时我们兴奋得不得了,去慰问时就像一家人一样。去过几次。"(郑振铎《最后一次讲话》)今日上午,到陈学昭、孙福熙处,"振铎先生带得望远镜来,他在看:'噫!噫!刚才那些兵们帽上有红布围的,此刻没有了!'……'火车轨道那里有好多兵。'"(陈学昭《上海新时代的诞生》)又据叶至善回忆,当时起义工人还曾把枪支弹药存放在郑振铎的家里(《父亲的书》)。

三月二十二日

上午，与叶圣陶、胡愈之、王伯祥、吴致觉、王芝九、娄立斋在振华旅馆议时局。

三月二十三日

上午，陈学昭、孙福熙、刑、王等人来访，又一起外出。

三月二十五日

中午，在新有天召集叶圣陶、胡愈之、王伯祥、徐调孚等人聚餐。

三月三十日

蒋介石借口"不明上海情形"，不承认"上海特别市临时政府"。

三月

与鲁迅、胡愈之、沈泽民等人合译的俄国阿志巴绥夫短篇小说集《血痕》由开明书店出版，为《文学周报社丛书》之一。

四月二日

国民党中央部分监察委员秘密会议决定"清党"，吴稚晖、李石曾等联名发电宣称要"护党救国"，为血腥屠杀共产党和人民群众制造舆论。

四月三日

在《文学周报》第 268 期上发表《居特龙》（德国史诗述略）。

四月八日

国民党右派组织的"上海临时政治委员会"成立，准备取代临时政府。

四月十日

在《小说月报》第 18 卷第 4 期上发表与徐调孚合撰的《四月文艺家生卒表》。

四月十二日

蒋介石在上海发动反革命政变，袭击工人纠察队指挥部所在地——商务印书馆俱乐部，收缴工人纠察队的武器，捕杀共产党员和革命工人。

四月十三日

上海市总工会领导工人举行抗议集会和游行。下午，当游行队伍行进到宝山路三德里（"上海著作人公会"办事处就在那里）附近时，预先埋伏的反动军队竟突然对赤手空拳的游行群众开枪！郑振铎参加了这次游行，"亲身经历了一场屠杀。要不是工人弟兄的掩护，他还险些惨遭毒手。当时反动军队已经抓住了他的衣袖，幸亏几位工友冲上来和敌人搏斗，他奋力撕掉被抓住的衣袖，才得以脱险。"（郑尔康《郑振铎与商务印书馆》）

四月十四日

"在寓所接到好友胡愈之的电话。说是，上海知识界针对这次事件，打算给当时国民党中的所谓'三大知识分子'——吴稚晖、蔡元培、李石曾写一封抗议信。郑振铎当即请胡愈之代他在抗议书上签个名。"（郑尔康《郑振铎与商务印书馆》） 抗议信中表示："目睹此率兽食人之惨剧"，"万难苟安缄默"！郑振铎是第一个签名者，依次为冯次行、章锡琛、胡愈之、周予同、吴觉农、李石岑。据胡愈之回忆，该信曾通过其弟胡仲持的关系公开发表于15日《商报》上。（据章锡琛回忆，则发表在《时事新报》上；又一说是《时报》。待考。）"这怕是中国知识分子对国民党反共屠杀的第一个抗议书"（王任叔《悼念振铎》）。"吴稚晖看了大为震怒，通知斯烈〔按，浙江军阀的一个师长〕按名搜捕，他们险遭毒手。"（章锡琛《漫谈商务印书馆》）夏衍回忆说："对这件事，周恩来同志不止一次和我谈起过，认为这是中国正直知识分子的'大无畏的壮举'。"（《怀念章锡琛先生》）

四月二十一日

"下午……晤圣陶、振铎、石岑、愈之、致觉，言宝山路事变之惨，不禁为之浩叹！"（王伯祥日记）

四月二十八日

李大钊在北京壮烈牺牲。郑振铎闻讯后极为悲愤。

五月八日

中午，在爱隆设宴，到者有叶圣陶、胡愈之、王伯祥、徐调孚、傅东华、陈乃乾、孙福熙等。

五月十日

在《小说月报》第 18 卷第 5 期上发表与徐调孚合撰的《五月文艺家生卒表》。

五月十三日

在《文学周报》第 269 期上发表《尼泊龙琪歌》(德国史诗述略)。

五月十四日

晚,与王伯祥等赴惠通喝茶,又与先在惠通的叶圣陶、周予同、徐调孚、章雪村、陈乃乾等一起去高长兴共饮。

此日前后,因白色恐怖加剧,在亲友的催促下,郑振铎决定赴欧躲避,开始匆匆准备行装和办理护照,岳父高梦旦替他买了船票。

五月十六日

中午,与叶圣陶、王伯祥、徐调孚、李石岑、周予同、吴致觉在新有天聚餐,谈拟出国避难事。

五月十八日

与准备同赴法国的陈学昭等人在小有天聚餐,席上与孙福熙、刘放园等人谈及旧诗词中关于送别的作品,心情怅然。此前,陈学昭本来因杨之华的建议打算去苏联的,郑振铎对她说:"你是学文学的,不是学政治,学政治到苏联好。"于是她就决定去法国。

五月十九日

开明书店章锡琛、商务印书馆编译所同人何炳松、叶圣陶、王伯祥等人为郑振铎及陈学昭在大西洋饭店举行公饯。郑振铎在临行前将《小说月报》委托叶圣陶代为主编、《文学研究会丛书》委托胡愈之、徐调孚代为主编。

五月二十一日

下午 2 时半,搭乘法国邮船"阿托士(Athos)第二"出国。同行还有陈学昭、袁中道、魏兆淇、徐元度等。岳父高梦旦,妻子高君箴,妹妹郑绮绣、郑文英,以及好友叶圣陶、王伯祥、周予同、徐调孚等人到码头挥泪送别。郑振铎决心把这次逃亡变成一次积极学习的机会:"这次欧行,颇有一点小希望。(一)希望把自己所要研究的文学,做一种专心的正则的研究。(二)希望能在国外清静的环境里做几部久欲动手写而迄因上海环境的纷扰而未写的小说。(三)希望能走遍各国大图书馆,遍阅其中之奇书及中国所罕见的书籍,如小说、戏曲之类。(四)希望多游历欧洲古迹名胜,修养自己的身心。"他还表示:"中国,我爱的中国,……我虽然离了你,我的全心都萦在你那里,决不会一刻忘记的,我虽离开你,仍将为你而努力!"(《欧行日记》) 晚,在船上邀请陈学昭等人写稿,为上海《文学周报》编几个"Athos 专号"。从本日起,他在每天的日记上都记上离别祖国和亲人的天数。

五月二十二日

在《文学周报》第 270 期上续载《尼泊龙琪歌(二)》(德国史诗述略)。

"写了几封信,并开始代箴校改《莱因河黄金》一稿。""同船的还有凌鸿勋夫妇和他们的孩子。他们是我的从前的邻居, 现在到香港去,不知有何事。他曾做过南洋大学的校长,最近才辞职。我们倚在船舷谈得很久。"(《欧行日记》)

五月二十三日

在船上修订完高君箴译的北欧神话《莱因河黄金》,并作附记,后载 1929 年 11 月《小说月报》第 20 卷第 11 期。又作散文《我们在Athos 上———篇小小的序文》和《离别》。后与同行陈学昭等人在船上写的文章一起寄回上海,载 6 月 12 日《文学周报》第 271 期"Athos号(一)"上。郑振铎在前一篇(序文)中说明:"我们离开了中国,我们的心愈萦念着中国。我们在可以允许我们写些东西的环境中写作着,告诉我们的亲爱的亲友和读者以我们在 Athos 上所感到的, 所想到的,所见闻到的。"《离别》的第一段写向祖国告别,第二段写向亲友告别,第三段写向妻子告别,写法各别,激动人心。文中表示:"我不忍离了中国而去,更不忍在这大时代中放弃每人应做的工作而去,抛弃了许多亲爱的勇士们在后面……暂别了,暂别了,在各方面争斗着的勇士们,我不久即将以更勇猛的力量加入你们当中了。"

五月二十四日

船到香港,曾上岸一游。

五月二十五日

在船上开始学法语。今读了半课法文,又草草读了沈伯英的《南九宫谱》。晚,作散文《浮家泛宅》(后未见发表)。

五月二十六日

上午,请一个红鼻子的法国军官当法文教师。夜,作散文《海燕》,先写故乡春天所见的小燕子,继写海上所见的海燕,最后引出"轻烟似的乡愁"。极为优美。后载 6 月 26 日《文学周报》第 273 期"Athos 号(二)"上。

五月二十七日

船到西贡,停三天。28、29 日曾上岸游玩。

六月一日

船到新加坡,曾上岸一游。

六月四日

在船上作散文《"A La Mer!"》,描写在船到新加坡时所见穷苦小孩以潜水拾银角为求乞的情景。后载 7 月 3 日《文学周报》第 274 期"Athos 号(三)"上。

六月六日

船到科仑布,曾上岸一游。

六月七日

在船上读戈公振的《欧游通信》和孙福熙的《归航》,对照自己的海上风浪体验。

六月十日

《小说月报》第 18 卷第 6 期上发表《郑振铎启事》,说明:"此次欧行,为时至促,亲友处多未及通知告辞。万乞原谅!"又载《文学周报》第 271 期,该期又发表与徐调孚合撰的《六月文艺家生卒表》。

本日,在船上为所著《文学大纲》作跋。又作散文《回过头去——献给上海的诸友》,想念在上海的好友胡愈之、王伯祥、顾颉刚、周予同、叶圣陶、傅东华、徐调孚、李石岑、沈雁冰、樊仲云、章锡琛、陈乃乾、黎锦晖、傅彦长、许地山等,郑振铎在日记中说:"拟先寄信给君箴他们看看,由他们决定发表与否。"大概他家属担心在反动当局统治下牵累这些朋友,所以当时没发表。后发表于 1934 年 10 月 1 日《良友》第 95 期上。

六月十二日

"上午,看《爱的教育》,很感动,几乎哭了出来。午饭后即看毕。写了好几封信,其中有一信是给此书的译者夏丏尊君的。"(《欧行日记》)

六月十三日

在船上作散文《大佛寺》,追述访问科仑布大佛寺的观感。后载 8 月 28 日《文学周报》第 5 卷第 4 期(总 279 期)"Athos 号(四)"。

六月十四日

船到亚丁,"亚丁给我们的第一个印象便是赤裸的奇形的黄色山","亚丁给我们的第二印象便是海鸥"。上岸一游。

六月十五日

船到耶婆地,进入红海。

六月十六日

鲁迅收到郑振铎离国前嘱托别人寄赠的《文学大纲》第 2、3 册。

六月十八日

上午,"勉强拿起一本《英文名著选》来看,颇有几篇有趣的;William Cowper 的一篇叙述他的三个兔子的文,尤好。午饭后,写了一篇《阿剌伯人》"(《欧行日记》)。该文描写了在亚丁等地见到的深受外国殖民主义压迫的苦难的阿拉伯人,表示了对压迫者的愤怒和对被压迫者的同情。后载 9 月 5 日《文学周报》第 5 卷第 5 期(总 280 期)"Athos 号(五)"。

本日,《文学周报》第 272 期上续载《尼泊龙琪歌(三)》(德国史诗述略)。

六月十九日

船入苏伊士运河。

六月二十日

　　船到波赛,上岸一游,买《巴黎指南》等书和画片。后,船开进地中海。

六月二十四日

　　作散文《同舟者》,描写了船上几位外国人的各式嘴脸。这是在船上所作的最后一篇散文,后载 9 月 12 日《文学周报》第 5 卷第 6 期(总第 281 期)"Athos 号(六)"。

六月二十五日

　　船到目的港法国马赛。到头等舱取护照,检察官独对中国人加盖一长形的印章:"宣言到法国后,不靠做工的薪水为生活。"郑振铎感到非常气愤和难过!

　　下午,无意中走到了朗香博物院(Musée De Long Champ),这是郑振铎在法国第一次参观的博物院。其中所陈列的图画和雕刻,都很使他醉心,有几件是久已闻名与见过它的照片的。

　　晚,乘去巴黎的火车。

六月二十六日

　　上午 10 时,到达巴黎里昂车站(Gare De Lyon)。高冈、高元来接。住沙尔彭街(Rue De Sorbonne)一个加尔孙旅馆(Hotel Garson)20 号房间,每日房租 15 法郎。中午,在一位广东人开的万花楼菜馆吃饭。"一个多月没有吃中国饭菜了,现在又见着豆角炒肉丝,蛋花汤,虽然味儿未必好,却很高兴。遇见袁昌英女士(杨太太)"(《欧行日记》)。下午,因旅途劳累,即睡。

六月二十七日

　　上午,写信给在伦敦的老舍、吴南如。遇敬隐渔、梁宗岱等。下午,即到中国公使馆开了去巴黎国立图书馆看书的介绍信。

六月二十八日

　　上午,戈公振由陈学昭陪同首次来访,戈公振请吃午饭。下午,到巴黎国立图书馆,但忘了带介绍信。只好折回,到闻名世界的"大马路"(Grand Boulevard)散步,又瞻仰了凯旋门(Arc de Triomphe)、无名战士墓,还去了巴黎近郊的白龙森林(Bois de Boulogne)。

六月二十九日

上午,到巴黎国立图书馆翻查目录。下午,参观巴黎最大的美术展览会(沙龙)。晚,朱光潜首次来访。

六月三十日

"得舍予由伦敦转来的地山来信,极喜! 这是我到欧洲后第一次接到的国内的来信! 但家信还未来,甚怅闷。饭后,同元到国立图书馆,得到四个月期的长期阅览券。仔细的看他们的目录,颇有好书。第一次借出敦煌的抄本来看;这不是在大厅中,是要在楼上'抄本阅览室'看的(中国书都要在这里看了。我借的是《太子五更转》……)"(《欧行日记》)

六月

主编的《小说月报》第 17 卷号外《中国文学研究》上、下二册由商务印书馆出版(被抽去沈雁冰谈中国小说性欲描写一文)。发表所撰《卷头语》、《研究中国文学的新途径》、《武松与其妻贾氏》、《中山狼故事之变异》、《螺壳中之女郎》、《鲁智深的家庭》、《宋人词话》、《明代之短篇平话小说》、《中国戏曲的选本》、《日本最近发见之中国小说》、《佛曲叙录》、《西谛所藏弹词目录》、《中国文学年表》等文。该刊登载的出版预告透露王伯祥、周予同、叶圣陶、郑振铎曾拟编《中国文选》,共约十大册,"本书的编制,依时代及作家为次第,以作者统辖作品,以时代统辖作者,不复分门别类;每册之首,有序言略述本时期文学之大势;每个作家之下,详述其生平及作风;每部作品之后,详载其重要版本","第一二三册已将编竣"。按,该书因郑振铎出国避难而未能完成,但郑振铎所编《变文与宝卷选》等后来是完成的(未刊)。

七月一日

陈学昭和袁中道"要搬到乡下去住,约好七时来我这里取她的大箱子去。……他们又约定,在我们五个同船的旅客各自分散之前,应该再同桌吃一回饭。我们同到东方饭店去,这也是一家中国菜馆。我们在那里吃了炸酱面。至少有五六年吃不到这样的好东西了。甚喜! 然又不觉的引动了乡愁与许多的北京的回忆。""夜间梁君及元来闲

谈,十时方去。"(《欧行日记》)

七月二日

"早餐后即到国立图书馆去……在'抄本阅览室'里,借出《觉世恒言》,《觉世雅言》及《醒世恒言》三部书来看。……先把《觉世恒言》一看,很觉得失望,原来就是《十二楼》。""中饭因为看书很起劲,忘记了时候,未吃。回来时,已四时半,与冈同到咖啡店吃了一块饼,一杯咖啡。杨太太请我和朱光潜,吴颂皋等在万花楼吃晚饭。……晚饭后,光潜,宗岱及元来谈,十时走。"(《欧行日记》)

七月三日

下午,乘火车去凡尔赛(Versailles),因为人太多,没有进凡尔赛宫参观。在花园中散步,欣赏路易十四时代的古迹。夜,写信给高君箴、徐调孚。

七月四日

上午,赴国立图书馆看《觉世名言》(即《十二楼》)《京本插增王庆田虎忠义水浒传》《钟伯敬批评水浒传》等书。晚,与高元同坐汽车游巴黎贫民区和富人区。

七月五日

晨,收到从伦敦转来的高君箴的信,这是郑振铎收到的第一封家信,引起浓厚离情。10 时,到图书馆,读《京本忠义水浒传》《续水浒传》(即《征四寇》)《李卓吾批评水浒传》《金圣叹批水浒传》等书。下午4 时,出馆。朱光潜,吴颂皋来访。

七月六日

上午 10 时,到图书馆,读李评本《水浒传》、钟评本《水浒传》及《英雄谱》《忠烈传》等书。3 时半出馆,至大街买物,预备给高冈带回国。夜,林昶来谈。与他至少有六七年不曾见面。

七月七日

上午,到中法友谊会看中国报纸。下午,戈公振约好要来而未来。林昶来。后又有徐,袁二君来。夜,写家信和给徐调孚信。

七月八日

9 时半,即到国立图书馆,读《西游记》《海公案》《精忠岳传》等书。下午,又读《韩朋十义记》《虎口余生》(即《铁冠图》)等。5 时出馆,到万花楼吃夜饭,杨太太邀约同到歌剧院(Opera)看《洛罕格林》(Lohengrin)。歌剧院位巴黎城中心,今夜为郑振铎第一次去。

七月九日

下午,参观克鲁尼博物院(Musée De Cluny)、巴黎圣母院(Notre Dame Deparis)。"夜间,请杨太太,宗岱,光潜,公振,颂皋五人在万花楼吃饭,用一百佛郎。饭后,遇程演生君,谈了一会,即归。"(《欧行日记》)

七月十日

在《文学周报》第 275 期上发表《郎歌巴系传说》(欧洲古代神话英雄传说)。

在《小说月报》第 18 卷第 7 期(衍期出版)上发表小说《王榆》、《三姑燕娟与三姑丈》,以及与徐调孚合撰的《七月文艺家生卒表》。中午,参观卢森堡博物院(Musée De luxembourg),"中有许多图画都是我久已见得它们的复制片的,有的曾登于《小说月报》上,有的曾悬挂在我家的壁上。所以觉得非常的亲切。"(《欧行日记》)下午,坐火车去枫丹白露(Fontainebleau),参观枫丹白露宫,特别认真参观其中的拿破仑遗迹别离宫(Cour des Adieux)。

七月十一日

上午 10 时,到国立图书馆读《东游记》《蝴蝶媒》《玉支矶》《赛红丝》《幻中真》诸书。夜,写给谢六逸、周予同各一信。

七月十二日

上午,与梁宗岱同去参观新派画家的大展览会。下午,同高元、高冈到都里爱园(Jardin Des Tuileries)看莫那(Claude Monet)有名的八大幅画《Suite Des Nymphes》,政府为之特设一博物院,名 Musée DeL'Orangerie。"程演生,戈公振约我三时到万花楼,开东方文化协会;到的人不少,以印度,中国的人为多。遇俄人马古烈君,他是东方语言学校的办事人之一,闻著了不少关于中国的书,且曾译了《两都

赋》。茶点后,照相。"(《欧行日记》)

七月十三日

"上午,得箴二信,得济之一信,皆由伦敦转来。……欣慰无已。在箴信里,惊悉高家大伯母已于六月中旬去世。……九时,到卢森堡博物院,尚未开门,又折回公园散步。……十时,复到博物院。很仔细的先看雕刻,后看图画,……下午,与冈及元同到皇宫(Palais Royal),……复与冈同到洛夫博物院(Musée de Louvre),这是世界最大的博物院,人类的文化艺术,自古埃及起,无不可于此见其一斑。"(《欧行日记》)

七月十四日

"今天是法国的国庆日,……商店,博物馆,图书馆,名胜之地,几乎在这一天都关了门,只除了戏院不关,……我不去看戏的人,反倒觉得的冷清起来。上午颇倦,写了复济之及箴的信后,即去午餐,餐后,独自在卢森堡公园树下坐着看书,然人太多,实在不能久坐。回家后,又写信数封,一给祖母,一给岳父,一给三叔。夜间十时,元来,我们同到九桥(Pont-neuf)看放焰火。"(《欧行日记》)

七月十五日

"上午,到卢森堡博物院去,拿着目录,一个一个房间仔细的对目录看着,……饭后,独自到洛夫博物院去,……一部分一部分的再细看。……回家后,又同元去买卢森堡博物院的名画集一册,……晚餐是宗岱请我和马古烈君在万花楼吃。……马君的思想虽旧,然中国古学的知识很富,……我与他约定,下星期一(十八日)下午二时,到东方语言学校看他们所收藏的中国书。夜,与冈及元同坐在大学广场之咖啡馆前,看他们跳舞,……十一时归家,把送箴的东西及给调孚他们的画片,都一一的收拾好,包好,因要托冈带回。"(《欧行日记》)

七月十六日

"上午八时起床,得岳父及箴各一信。到卢森堡公园散步。十时,进卢森堡博物院,继续对着目录看画;……午餐时,遇光潜,颂皋,杨太太等,同坐汽车到白龙森林划船。……我和光潜及一位萧君同船。……

在森林随意散步了一会,偕光潜及杨太太同到我的旅馆里来。元已先在。……宗岱今晚又请我和光潜吃饭,仍在万花楼,饭后,到我这里闲谈,曾觉之,徐元度诸君也来,房里很热闹。他们去后,写给云五,调孚,心南各一信,都为商务留学补助金事;……颇希望能依例得有一部分。"(《欧行日记》)

七月十七日

"早起,写给岳父及箴的信各一。学昭及兆淇来,同他们到卢森堡博物院周览一遍,……正午归,饭后,与元同到拿破仑墓。……出后,复到路丹博物院(Musée De Rodin);这个近代大雕刻家的博物院,即在他的生前的寓所中;……都是原作,自《思想者》起,至《巴尔扎克》,《萧伯纳》,《诗人与诗神》等止,都是我们曾在书上见到的。"(《欧行日记》)

七月十八日

"上午整理房间,书桌及箱子。午饭后,步行到里尔街(Rue de Lille)东方语言学校访马古烈君。二时,他才来,同去看校里收藏的中国书。……其中有数种颇可注意:(一)太平天国文告,马君说,他曾抄一份给程演生君,他已在北京印出。(二)西番文及满蒙文的书颇多。(三)中法战争时,粤省及上海所出的为刘永福鼓吹战绩的画报,大都用彩色印刷,有的很粗率,有的画还好(每张定价二角三角)。"(《欧行日记》)

七月十九日

晨,收到高君箴的挂号信,"信中附有蔡子民君及胡适君的介绍信数封。这是我所久盼未到的信。……九时半,徒步走到国立图书馆。这是第一次最远的步行,……约费时三十二分。……到图书馆方十时,借出《两交欢》,《五凤吟》,《常言道》,《蜃楼志》,《绣戈袍》五种。……《蜃楼志》,丁在君曾和我谈起过,说这部书很不坏,我久觅不得,今始得见。……文笔很好,当为《官场现形记》,《二十年目睹之怪现状》诸书之祖。这一派的小说末流很多,而前乎《蜃楼志》者,似不多见。《绣戈袍》一种是有名的弹词《倭袍传》(即《刁刘氏》)之改编。《倭袍传》,

我常推之为弹词中之最好者,……下午四时,又徒步而归。"(《欧行日记》)

七月二十日

上午,"到国立图书馆。借出《吴江雪》,《醒风流》,《情梦柝》,《归莲梦》,《宛如约》五书。……因看书很起劲,又忘记了吃午餐,……只好不吃。四时,又徒步而归。……袁中道君来,带来了由里昂转寄的《文学周报》,《阿托士专号》三,这是我们五十几天前在阿托士船上信笔涂写的成绩,今天见到它,仿佛如见'故人',很喜欢! 七时,与元同到万花楼吃晚饭。"(《欧行日记》)

七月二十一日

"今天是我的一个纪念日。两个月前的今天,正是我和箴相别,和家人相别,和中国相别,和诸友相别而登上了阿托士第二的日子。……早起,带了满腔的'离情别绪'而到国立图书馆,预备以'书'来排遣这无可排遣的愁闷。借出《拍案惊奇》二集,《贪欢报》,《燕居笔记》及《李卓吾评三国志》。……四时二十分回家;天气很热,又穿了雨衣在身,走得满身是汗。"(《欧行日记》)

七月二十二日

"到国立图书馆已十时半。借出《平妖传》,《雷峰塔》及《西游真诠》,皆咸同间之小字黄纸本。略一翻看,即送还他们。又借出李卓吾评本《西游记》,李卓吾评本《三国志》,笠翁评阅《三国志》及毛声山评本《三国志》。……五时回家。今天来回,仍步行。晚餐与冈及蔡医生在萌日饭店吃。萌日亦中国饭店……"(《欧行日记》)

七月二十三日

"十时出寓门,本想到图书馆,因颇倦,改途至卢森堡公园坐了一会。穿过公园而至中法友谊会看中国报纸。正午回,元已先在。饭后,偕元及冈同登伊夫尔塔(Tour Eiffel)[按,今译埃菲尔铁塔],这是世界最高的建筑,……下塔后,复到蜡人馆(Musée Grévin)去。……上午,写了许多信,给箴,岳父,舍予,南如,道直,学昭,伯祥各一封。"(《欧行日记》)

七月二十四日

"上午,都在抄前数日的日记。午餐与元同吃,……下午,在咖啡馆坐了一会,独自到名人殿(Panthéon)走了一遍。……为葬埋伟大人物之所在。……晚饭在萌日饭店吃。……夜间,把前几天未抄好的日记,都抄完了。预备寄回去给箴看。"(《欧行日记》)

七月二十五日

"上午十时,步行至国家图书馆,借出《包公案》,《一夕话》,《列女演义》,《冯驸马在安南征胜宝乐番贼故事》,及《西番宝蝶》五种。……三时,出馆。王维克,袁中道来谈。晚饭在万花楼吃。买了不少画片,分别包好,预备托冈带回送给上海的诸友。夜间,写给云五及调孚,予同诸友的信,并将学昭,隐渔,元度诸君给《月报》的文稿,及我自己给箴的小玩意儿,一并包为一包,交给了冈。"(《欧行日记》)

七月二十六日

"上午,开始写《巴黎国家图书馆中的中国小说与戏曲》文,没有写多少,便放下了。下午,理发,洗澡。与元、冈闲谈了半天,……买了三册 Kipling,Galsworthy 及 Hawthorne 的小说,……夜间,看了 Kipling 的《Just so Tales》,觉得很有趣,乃给孩子们看者。其中说及人类文字之发见的两篇故事,最好。"(《欧行日记》)

七月二十七日

"下午,……独自到 Turnitz 的巴黎分店里,买了三册的 Jack London 的小说,……晚饭后,送冈到车站,他今夜动身回国。九时二十分,开车。我的身虽归到旅馆,我的心是几乎跟了他回国了!"(《欧行日记》)

七月二十八日

"早晨,到杨太太那里去。……欲找她介绍一位法文先生。先生乃一老妇人,即住在她的楼下。约定下星期一起上课,每月一百五十佛郎的薪水,每星期教五点钟。下午,偕元及蔡医生同到波龙森林(Bois de Boulogne)去划船,……十时半,写了一信给箴,即睡。"(《欧行日记》)

七月二十九日

"九时半，早餐后，即到国家图书馆去，借出《三宝太监西洋记》，《封神传》，《呼家将》，《列国志》，及《玉娇梨》。……下午三时半出馆。写给箴，给调孚，给菊农各一信。夜间，元，曾觉之及徐元度来谈。十一时睡，又甚不安，梦见了济之，秋白，好像见秋白的肺病的非常可怕的样子。"(《欧行日记》)

七月三十日

晨，收到高君箴的信。"她那样的因我之轻于别离而受苦！……自见此信后，心里怅怅的苦闷着，饭后便消磨时间于咖啡馆，至四时方回。写了给箴的信及给放园，拔可，端六，同孙，振飞，昆山，叔通诸信后，又到了晚饭之时了。晚饭后，又去坐咖啡馆，至十时方回。时间是如此的浪费过去！"(《欧行日记》)

七月三十一日

"上午，到卢森堡公园里去散步，十一时方回。下午，又懒懒的躺在床上，不觉得睡着了，这一睡直至四时才醒，……动手写小说《九叔》，至夜间十二时方毕，待明天誊清。"(《欧行日记》)

八月一日

"上午，读了一点法文；誊清《九叔》一部分。饭后，到元家中，……三时乘地道车回；自己一个人坐地道车，这是第一次。……六时，到我的法文先生 Madame Conssin 家里读法文；她已六十多岁，白发如银，但口音还准确，……用的课本是 H.Didier 的《Parlono Francais》，很清楚，很便于初学。……夜间仍抄《九叔》，已毕，自己觉得很有趣。"(《欧行日记》)　按，小说《九叔》后载 11 月 10 日《小说月报》第 18 卷第 11 期。描写一个寄食在大哥家吃闲饭、又爱管闲事、惹得人人讨厌的九叔，后来竟在外面"发了财"，再回家来就没有人讨厌他了的故事。

八月二日

"九时起，到卢森堡公园读法文。十时半回，开始写一篇小说《病室》，本想有所讽刺，结果却反似同情于所要讽刺的人了。初写时，自己想不到感情会变迁到这个样子的！做小说，像这样的例子是常要遇到的。至夜间十二时半,《病室》已完全写毕。"(《欧行日记》) 按,小说《病室》后载 10 月 10 日《小说月报》第 18 卷第 10 期。描写一个患严重肺病又常无故发怒的青年,害得妻子也不得不避开的故事。

八月三日

"九时起,到卢森堡公园温读法文后回来,已十一时了;顺道到宗岱处,向他借了一部《文选》,一本《唐诗选》,很想念念这些书。下午及晚间,除读法文及吃晚饭的时间外,皆在续写《巴黎国家图书馆中的中国小说与戏曲》一文。仍未毕。"(《欧行日记》)

八月四日

"除上法文课外,今天仍在续写《巴黎国家图书馆中的中国小说与戏曲》一文。晚饭在 Steinbach,一家犹太人开的饭馆里吃。"(《欧行日记》)

八月五日

"几乎全天都在预备法文,……夜间,在打着一篇小说《三年》的草稿,十一时半睡。"(《欧行日记》)

八月六日

"早晨,得文英一信,很高兴,这是祖母们的来信的第一封!……昨天下午,上法文课时,先生说,请在下星期一,把钱带来。……而身边的钱,已不大够维持到月底了,哪里还有钱读法文!很想就此不念,托杨太太对她说,送了她一个星期的钱。……自己在家里念,也是一个样子的,如果肯用功的话,……自上午至夜间,除了读法文及吃饭的时间外,皆在写小说《三年》,至十时半,方告竣。"(《欧行日记》) 按,小说《三年》后收入《家庭的故事》。描写十七嫂在短短的三年内,因封建迷信及封建势力的残酷迫害, 由一个无忧无虑的少女变成一个麻木笨重、憔悴沉闷的妇人的悲惨故事。

八月七日

"上午仍到公园树下读法文,……十时回家,即开始写一篇小说《五老爹》,这几天写小说的兴致甚高,材料又如泉涌似的追迫而来,故写得很多。像这样的机会很少,不得不立刻捉住而利用之也。至午夜,《五老爹》已写毕,自己也还满意。晚饭,在万花楼吃,遇杨太太,交给她五十佛郎,请她转交给 Madame Con-ssin,作为上一个星期的薪金,并请她代为婉辞之。"(《欧行日记》)　按,小说《五老爹》,后载8月10日(衍期出版)《小说月报》第18卷第8期。描写一个贫穷老汉的一生,并回忆自己童年的往事。

八月八日

"全个上午都未出去。写给岳父,给箴,给文英各一信;在岳父的信内,曾详细的商量着要箴出国的事。……又写给彦长若谷等一信,调孚一信。写信毕,又开始写小说《王瑜》。这篇故事给我的印象很深,我久想写出,至今才得到了机会。至午夜一时许,才完全写毕。晚饭在万花楼吃,饭后,偕元及蔡,景二医生同到 Café Dreher 听音乐,那里的音乐是很有名的,常奏着大作家的名曲。……时已九点半,即先回家,因欲赶着把《王瑜》写完。"(《欧行日记》)　按,小说《王榆》后载7月10日(衍期出版)《小说月报》第18卷第7期。描写了一个脾气耿直的、忠诚的老家人的故事。

八月九日

"早晨,……照常到公园去读法文。……回家后,即写小说《春兰与秋菊》一篇,写得很高兴,至黄昏即写毕。夜间,到王维克那里谈了一会,十时回。写一信给调孚,并将前几天以来所作的六篇小说复看了一遍,封在一个大信封内。"(《欧行日记》)　按,小说《春兰与秋菊》后载9月10日《小说月报》第18卷第9期。小说对封建奴婢制度有所批判,但有的情节不典型,甚至有略嫌庸俗的不真实的描写,作者在建国后编自己的文集时,毅然删去了此篇。

八月十日

"上午,到邮局把稿子挂号寄给调孚。又步行到国家图书馆,借出《百炼真》、《一捧雪》、《花笺记》、《东周列国志》、《列国志》及《封神传》。……四时一刻出馆。回家,甚闷,微睡了一会。元来,同到万花楼吃晚饭。"(《欧行日记》)

《小说月报》第18卷第8期(按,实际衍期出版)发表小说《五老爹》及与徐调孚合撰的《八月文艺家生卒表》。

八月十一日

"得予同一信,很高兴,他们已接到我由巴黎发的信了。……步行到国家图书馆,借出《西江祝嘏》,《砥石斋二种曲》,《双翠圆》,及《双鸳祠》。……自今天以后,国家图书馆拟暂时不去了,中国的小说与戏曲,他们所收藏的,大略的都已看过一遍了。"(《欧行日记》)

八月十二日

"早餐后,即到公园,坐在树下读法文。遇袁中道君,他说,《文学周报》的 Athos 号第二,第三册,已经出版了,刚由里昂转寄来。我即到他家里取了二册回来;又得调孚一挂号信,甚喜!续写《巴黎国家图书馆中的中国小说与戏曲》一文,至午夜一时方毕,总算将五十天以来在巴黎所孜孜搜读的东西,作一个结束,作一个报告。其中颇有些重要的材料在内,虽然文章写得质朴无华,而其内容则甚可注意。预料发表后,当可引起许多人的研究与讨论。"(《欧行日记》) 按,该文后载 11 月 10 日《小说月报》第 18 卷第 11 期。后来,如日本学者长泽规矩也等人常称引此文。

八月十三日

"早餐后,仍到公园读法文。十一时归,写信给予同,圣陶,心南,调孚,景深及同人会。魏光淇君来,谈了一会。……三时开始写小说《五叔春荆》,写至五时,忽觉得不大满意。大约写小说的兴趣已减退了,再写下去,便成了勉强,一定写不好,很想以后不再写了。……晚饭后,偕元等同坐咖啡馆,……独自先回,把《五叔春荆》续写完毕。"(《欧行日记》) 按,小说《五叔春荆》后收入《家庭的故事》。描写从祖母口中听来的五叔的故事。

八月十四日

"八时起,早餐后,到公园散步了一周。偶买《New York Herald》,见上面赫然大书着蒋介石通电辞职的消息,并言北军大胜,一二星期内,将可到达南京,上海。我不禁黯然。万想不到中国政局乃竟如'白云苍狗',变化得这样快!"

　　上午十时许,开始写小说《三姑燕娟与三姑丈》,至午夜一时半才写毕。这篇小说,内容还好,也许写得粗些,此后拟暂时不再写小说了。许多材料,且留在心里,待更加成熟了些时,待写小说的兴致甚浓厚时再写出来。"(《欧行日记》)　按,小说《三姑燕娟与三姑丈》后载7月10日(衍期出版)《小说月报》第18卷第7期。描写一对贫困夫妇的遭遇,特别是描写了一个忠厚老实懦弱的三姑丈的悲惨的一生。

八月十五日

　　晨,收到胡愈之的一封挂号信,及高君箴二信、叶圣陶一信,喜极。"下午,偕景医生同到凡尔塞(Versailles)去。在车站上遇到了光潜。我们约定于九月二十三日同到伦敦去。前一次到凡尔塞,未进宫去,只在公园中走走,这一次则进了宫。跟随了一大批的游历者,匆匆的一间一间的看过去,……临出宫门时,还到国会(Congress)去看了一下,……七时回,到万花楼吃饭。……夜间,写给岳父一信,箴一信,又给圣陶,调孚一信,十时睡。"(《欧行日记》)

八月十六日

　　"寄去挂号信一封,给调孚,内有稿子三篇,一为论文,二为小说,还附有给愈之,圣陶的二信。另外又寄一信给圣陶,内附给雪村及少椿的信各一。又到公使馆去,收到岳父一信,并四十镑的汇票,……在那里和陈君谈了好一会。……由公使馆回时,到 Hashette 公司,买了英文的《法国文学史》及《法国艺术史》二册,又法文的《Apollo》一册,……徐元度来,直谈到七点,……今天得济之一信,严敦易一信。"(《欧行日记》)

八月十七日

　　"早起,得上海寄来书籍两包,乃第一次写信去叫箴寄下者。其中有王国维的《宋元戏曲史》及《人间词话》;当我接到地山的信,说起王先生投昆明池自杀事,便写信给箴叫她把这些书寄来,因欲作一文以纪念他也。我上船时,曾带了他的《人间词》,而别的诗词却都没有带;我真喜欢他的词。学昭还把这书借去,在餐厅里抄了一份去。前三四年在张东荪家里,我曾见过他一面,那态度是温温雅雅的,决不像会愤世自杀的样子。唉,也许愤世自杀的人,便是他那样温温雅雅的人!
乱嚷乱叫的倒没有这么大的勇气了。十时,到克鲁尼(Cluny)博物院
去,匆匆的走了一周,……下午二时,偕景医生同到 Hotel Invalide 里
的军事博物院(Army Museum)去参观。……从军事博物院出来,又到
拿破仑墓看了一次,……回家后,我的房间又搬到三楼第十七号里来
了;房间与十二号一样,也临街,……晚饭后,与元等同坐咖啡馆,九
时半回来,开始抄七月二十五日以后的日记,预备寄到上海给箴。七
月二十五日以前的,已由冈带回去了。"(《欧行日记》)

八月十八日

"在房里抄日记,整整抄了一个早晨。……午饭后,又偕景医生同
到 Musée Carnavalet 去,……其中使我感到兴趣的东西很不少,尤其
是革命时代史一部分,……革命时代的巷战情形,那发狂似的民众的
暴动情形,尤使我忆起了今年三月间上海的一个大时代——虽然没
有那么大的影响与结果,然其情形却是一样。……夜间,隐渔,元度来
谈。他们去后,又抄了一点日记……"(《欧行日记》)

八月十九日

"上午,到卢森堡博物院去,把上几次未仔细看过的第九,第十,
第十一间的图画,再看过一遍。……至十二时,即回家,与元同去吃午
饭。饭后,又与元同去理发,……回家,到克鲁尼(Cluny)博物院匆匆
的走了一周,……又到名人墓(Pantheon)去"(《欧行日记》),参观了卢
梭、福禄特尔、雨果、左拉等名人墓。晚,同梁宗岱、高元、蔡医生等同
去万花楼吃饭。

八月二十日

"上午……计写了三封家信,箴一,岳父一,祖母母亲一;五封友
人的信,圣陶,调孚一,石岑一,伯丞一,经宇一,君珈一,……在给箴
的信里,并附有七月二十五日至八月十八日的日记十五张;七月二十
五日以前的,已由冈带回了。午饭后,到大学礼拜堂(Eglise de la
Sorbonne)去参观……又到卢森堡博物院去,仔细的把其中所藏的雕
刻,对着目录看了一遍……晚饭在北京饭店吃。……九时一刻回。又

写信;给圣陶,调孚一信,云五,心南,敦易各一信。"(《欧行日记》)

八月二十一日

　　上午,参观恩纳博物院(Musée J.—J.Henner)。郑振铎曾在《小说月报》上复制介绍过恩纳的画《读书》(La Liseuse)。下午,去巴尔扎克博物院,不开门;参观特洛卡台洛宫(The Trocadero)的比较雕刻博物院 (Le Musée de Sculpture Comparce) 和人种志博物院 (Le Musée Ethnographique)。"五时回家,写了一封信给箴,因为今天我们是离别的第三个月纪念日……"(《欧行日记》)

　　本日,《阿米林人》(欧洲古代神话英雄传说)在《文学周报》第 5 卷第 3 期(总 278 期)上发表。

八月二十二日

　　上午,收到徐调孚、叶圣陶的一封挂号信,信里很详细的报告国内诸友人的消息。又收到王伯祥、陈乃乾、少聪的信各一封。到中法友谊会去看中国报纸,但没开门。下午,与高元同到意大利街一家书铺里买印度古代讲"爱术"的《Kama Sutra》英译本,又向高元借法译本,预备对照着读。

八月二十三日

　　清晨做梦见到玄珠(沈雁冰),"我是天天为他担心着……××来信说,他在江西。祝他是平平安安的在这个大时代中过着呀! 早餐后,又到中法友谊会去,门仍闭着,大约是会里的人都避暑去了。顺便到 Rue Madame 一家书馆里,买了五册的 Tanchnitz Edition 的书,共价六十佛郎。坐在公园草地旁,把书打开,看了一篇史的文生的小说。十二时回家。饭后,与元等同到波龙森林的边境,又回来,……我独自到小宫(Petit Palais)去……到家已五时余。桌上放着三包书,是调孚寄来的,其中有稿子,有《血痕》等书。"(《欧行日记》)

八月二十四日

　　"因雨,上午在家未出,在抄日记,预备寄给箴。独自到北京饭店吃饭。饭后,遇蔡医生,知道元病了,便同去看他。……谈到六时回。陈女士送了放园先生的一封信来,说了一会即去。……夜间,在家续抄

日记,直抄至今日的。已毕。"(《欧行日记》)

八月二十五日

　　"上午……闷坐在家中,写信给箴,并附八月十九日至二十四日的日记十二张……随即把这封信冒雨寄发了。回时,又写给调孚,圣陶及诸友的信,并写给同人会的信,附了不少画片去。午饭后,元等在此闲谈,至三时半方去。又写给庐隐及菊农,地山的信。四时半时,下楼寄调孚的信,在信格里不意中得到了箴的来信!我真是高兴极了!……蔡医生和宗岱来,同到万花楼吃晚饭。晚饭后又写给济之,放园及舍予的信。"(《欧行日记》)

八月二十六日

　　上午,"想开始写一篇《卢森堡博物院参观记》之类的文章,……×××君走了进来。他直谈到十一时后才去。他的肺病很深,使我非常怕。……亏得元来,唤我同去吃饭,才把这愁驱逐开了。饭后,与元及蔡医生在卢森堡公园树下坐到四时才回。……归家坐了不久,陈女士与杨太太来谈。箴的来信说,'日记'缺了五月三十日至六月四日的,我所以请陈女士把她的日记,约略的说给我听一下,以便重记。……七时,她们回去。与蔡医生同在北京饭店吃饭,饭后,同到一家 Music Hall,名为 'Palace'的,去看《妇女与竞技》(Femmes et Sports)。……这是我看 revue 的第一次,也许不再去看"(《欧行日记》)。

八月二十七日

　　上午,"到卢森堡公园去,读了 T.Hardy《Life's little Ironies》一篇,颇为之不怡,Hardy 的东西,差不多没有一篇不是灰色的,惨暗的,凄楚的。饭后,蔡医生在我房里谈了一会。杨太太来,……杨太太走后,我们同到 Riboli 街一家卖英国书的书铺里,买到一本《五十本流行的歌剧》,……又到喜剧院(Opéra Comique)定座看《漫郎》,……又同到波龙森林,在一家咖啡馆里喝茶,看隔院的人一对对在随着乐声跳舞着。五时,到湖上划船。……晚饭到 Père Louis 吃饭,……饭后,在街上闲步,……这是在夜间巴黎的街上散步的第一次。"(《欧行日记》)

八月二十八日

"一想起'已离家百日了！'便不禁更要引起浓挚的'乡愁'。……清晨,到公园走了一周。午饭时,元与蔡医生约去吃烧猪,……饭后,到 Place de Victor Hugo 看'十人画会'的露天展览会,……回到卢森堡车站,上车至 Robinson 去,……傍晚,坐火车回来很觉得疲倦……"（《欧行日记》）

八月二十九日

上午,"得箴一信,甚喜！抄了一会日记。元来,同去吃饭。……三时,同到波龙森林去划船。……七时许,到北京饭店吃饭;匆匆的吃完了饭,即到喜剧院去听《漫郎》。《漫郎》是教士 prévost 著的一部小说,曾有好几个人把它改编为歌剧,而惟现代大音乐家 Massenet 所编的一本为最好,今夜所演唱的,即为他所编的。"（《欧行日记》）

八月三十日

"八时半起床,写了一信给箴。……得予同,愈之及舍予各一信,……饭后,与元等同去公园闲坐着,三时回。……写信给予同,愈之,圣陶,雪村及舍予。信写毕,已将七时。蔡医生来,同到万花楼吃饭。"（《欧行日记》）饭后,与蔡到波龙森林去划船。

八月三十一日

"起床后,梳洗,记日记,已到十时半。到公园看报,走了一周,不觉得已经将十二时了。与元同去吃饭,饭后在 Cluny 咖啡馆坐到将三时才回。本想写《漫郎摄实戈》一文,写了半页,觉得心绪很乱,又放下了,便拿起日记来抄写。七时,到万花楼,与元同吃晚饭,和杨太太及学昭女士同到喜剧院（Opéra Comique）看《维特》（Werther）,戏票前几天已由杨太太替我买好了。……我自始至终,一点也没有松懈过,紧紧的,为她所吸引。……散戏后,坐公共汽车回。送杨太太她们回家后,我到了自己的房里,已经是第二天一时了。"（《欧行日记》）

九月七日

作小说《元荫嫂的墓前》,后载 1931 年 7 月 10 日《小说月报》第22 卷第 7 期。描写在封建婚姻制度和封建道德压迫下一个少妇忧郁而死的悲惨故事。

九月九日

作小说《赵太太》，描写一个女佣人与主人"非常轨的结合"后在封建大家庭中的尴尬处境，以及后来种种矛盾的解决。后收入1929年11月开明书店出版的《家庭的故事》增补本（按，文末写"一七、九、九"，年代有误）。

九月十日

小说《春兰与秋菊》及与徐调孚合撰的《九月文艺家生卒表》在《小说月报》第18卷第9期发表。

约九月下旬

去英国伦敦。此后主要在大英博物馆看所藏中国敦煌的"变文"等。

十月十日

小说《病室》及与徐调孚合撰的《十月文艺家生卒表》在《小说月报》第18卷第10期发表。

十月十一日

鲁迅收到郑振铎出国前留言托人寄赠的刚出版的《文学大纲》第4册。

十一月十日

《巴黎国家图书馆中之中国小说与戏曲》、小说《九叔》及与徐调孚合撰的《十一月文艺家生卒表》在《小说月报》第18卷第11期发表。

十一月二十八日

"上午，上课，在家做目录。下午，到B.M.[按，即大英博物馆]看元曲三种；夜做人名目录。早上，接箴信，剑三信；下午，接珈信，元度信，召南信。"（郑振铎残存的海外日记）

十一月二十九日

"上午，到B.M.，上课。下午，又到B.M.，本日共看了元曲五种。夜做人名目录。"（日记）

十一月三十日

阴历为十一月初七,正是郑振铎三十岁生日。他在日记中写道:

今日乃我三十生辰也。"人生半途",一事无成,不自愧欤?自今日后,宜立志:

(一)读书毋草率;每读一书必一页页读过。随有所见,即作札记。

(二)当日事当日即做。

(三)毋游惰费时。

(四)毋逞妄想。

(五)做事读书,须有秩序。

(六)每天须用功言语,英、法或德。

(七)做文须先熟思。做毕要改。

(八)不做非本行之文。

"今日觉得有点咳嗽,大约是伤风了。吃了两粒 Aspirin,又吃荷兰妇人所给 Cinnanmont 八滴。精神还好,惟咳而已。全日未出门,学校里也不去,只在家做剧作家索引。"(日记)

十一月

主要在研究中国古代"变文"及戏曲等,"偶然,心里感到单调与疲乏,便想换一方面,去看看别的书。手头恰有一部 J.G.Frazer 译注的 Apollodorus 的《The Library》,便常常的翻翻。"(郑振铎《〈希腊罗马神话与传说中的恋爱故事〉叙言》)　郑振铎从这位英国学者弗雷泽注释的阿波罗多洛斯的《神话集》中得到了很大的乐趣,于是转而大量阅读研究有关希腊罗马神话传说,并开始译述,原拟在《希腊罗马的神话与传说》的总题下,分为三部译述:一、《神谱》,二、《英雄传说》,三、《恋爱的故事》(后第一部未完成)。后因当时索居异国,时常想念祖国与亲人,便先译述第三部《恋爱的故事》,寄给国内的《小说月报》。

十二月一日

"伤风咳嗽尚未愈。仍未出门。得银行来信,知款已到。明日当去取。学校仍不去,只在家做索引。"(日记)

十二月二日

"上午,在家做索引;十时,到银行去,取回了二十镑。买小石像及纸夹等,共用二十五先令,又还帐十五先令。……下午仍做索引。旁晚上课。咳嗽尚未愈。"(日记)

十二月三日

"早上出去寄信,买药,又买书十余种。至使馆,遇不见一个人。吴已出去避寒了。终日在家中。咳嗽仍未痊愈。寄出箴一信,又新年片一包,又菊农、地山信各一。"(日记)

十二月四日

"终日在家,一步未出。咳嗽似已愈。邱来,程来。谈到正午。上下午俱在誊录剧作家人名于纸簿上,至旁晚,已毕。"(日记)

十二月五日

"买书不少。付房钱饭钱……家信至晚九时半才到。我已睡了,由程交来。旁晚,戈来,因此未能去上课。"(日记)

十二月六日

"上午,上课。在家写信。寄出给箴及大姊、文英信各一封。下午,郦[垫厚]来,同到 B.M.,看了元曲三种。四时,买了一本 Illustiation,又日记簿一本,送给 Peggy,因她母亲曾给我药吃也。夜,一事不做!旁晚看 Swift 的《书的战争》,很有趣!得文英、少聪各一信,得子恺一信。"(日记)

十二月七日

"上午,上课。看书。下午,上课。看书。夜谈话,十时半睡。上午,到 Charing Coron 各书坊去打了一周。"(日记)

十二月八日

"上下午俱上课。写《L 博物院》,仍未毕。"(日记)

十二月九日

"上午,在家写《L 博物院》[按,未知后来发表何处],至夜而毕。下午,至 B.M. 读元曲三种。五时半去上课。"(日记)

十二月十日

与徐调孚合撰的《十二月文艺家生卒表》在《小说月报》第 18 卷第 12 期发表。

"上午,得籛信,又圣陶、愈之、迟存各一信。复籛信及圣陶信,又给予同一信,信内附《记 L.M.的法国派图画》一稿(挂号)[按,未知后发表何处],又寄 L.M.画本一册(挂号)。十二时半,找到了中国饭店,舒[按,即老舍]已先在。郦继来。饭后,到郦处谈到很久。晚饭后,有许多朋友在谈。至十时半才散。"(日记)

十二月十一日

"终日在家,未出门一步。外面狂风怒吼。上午,程与一汪君者来。谈到十二时半。读毕了《Golden Ass》的节本,又神仙故事各一册。看毕了 A.Lang 的《Cupid and Psyche》(在《Custom and Myth》中)。"(日记)

十二月十二日

"上午,写《Cupid & Psyche》;上课。下午,到 B.M.;上课。夜闲谈。十时睡。寄出给曾觉之、陈召南二片。"(日记)

十二月十三日

"上午,到 B.M.去。下午,又去。未上课,读了元曲四种。出时,至 Proestein,买了《Ocean of story》一部,……拟分两个月还他。七时半,与郦同至 China society,一点意思也没有。又与邱、郦同到一家小茶店喝茶,回时已十二时半了。"(日记)

十二月十四日

"寄出给常玉信一,书一。籛及岳母信各一。又声乙信一。收到 P.送来的《Ocean of story》八册。到 B.M.,共看了元曲六种。下午,回后,甚闷。到 Gorgest.吃饭。夜,与郦同回,到他家坐到九时。"(日记)

十二月十五日

北京的日本文字同盟社出版的《文字同盟》第 9 期上,发表郑振铎《中国文学的新世纪》(摘自《文学大纲》第 4 册),桥川时雄译。

"八时半起来。到 B.M.去。买书二种……在 B.M.共阅了元曲六种。下午,到 K.Paul 找 Egerton,因他有事,即出。夜,写信给烈文、祖铭(寄出),又写给剑三、调、圣、愈之、昌群(未寄)。又写给籛信,未毕。"

（日记）

十二月十六日

"借给传尚霖十先令。寄出给心南拜年片一,给剑三信一,给圣、孚信一。到 B.M.看了六种元曲。在家读《Ocean of story》,甚有趣。又剪贴《录鬼簿》。四时,Egerton 来找,谈了一会。他约我 Chrismas 去吃饭。"（日记）

十二月十七日

"寄出给岳父及箴信。收到岳父及箴挂号信各一。说起箴决不能来。到 B.M.,共看了元曲七种。六时一刻,到上海楼,程请客也。遇夏奇峰等。夏非有趣之人。"（日记）

十二月十八日

"上午,剪贴剧家名;邱、郦来,同时划船,不料船已冻了。在 Gowgest.吃面,不好。下午,仍在家剪贴。六时,邱、郦、程来,同去吃晚饭,……回后,又闲谈至十时半。"（日记）

十二月十九日

"上下午俱到 B.M.,读元曲五种。接到岳母寄来之绒衫。下午,读《故事海》等,又整理元曲。十时半睡。生了炉,还甚冷。"（日记）

十二月二十日

"到 B.M.,读元曲五种。晚,将《Ocean of story》第一册读毕。写一信给箴;又附一信给调孚;皆托他们将书寄出事。"（日记）

十二月二十七日

"上午,与程闲谈了整个上午。下午,在家午睡。旁晚,到上海楼,傅请客。遇二张女士及刘锴君。"（日记）

十二月二十八日

"上下午俱在 B.M.,读元曲六种。上午,得箴一信,甚喜!下午五时,即写复信。她信内附有菊生的信一,并述脱险诗稿一。七时,到上海楼,张太太请客也。"（日记） 按,10月,张元济在国内遭歹徒绑架,后以一万元赎回。张在盗窟6日,曾吟诗自遣,归后自定为《盗窟十诗》,分寄诸友。

十二月二十九日

"上午到 B.M.,读元曲三种。至此时止,共读毕元曲九十九种。尚有一种《桃花女》,则 B.M.所无者。下午,在家整理稿子,预备写《北剧的楔子》。晚上,起了一半稿子。段君来谈,至十二时半才去。"(日记)

十二月三十日

"全日在家写《元曲的楔子》。上午,与段、程、王等大谈性事,至十一时三刻方散。下午,全在写'楔子'论;然写至旁晚,觉得头有些胀痛,……夜间,便废于闲谈,全文只好待明日誊清了。"(日记)

十二月三十一日

"上午,写'楔子'论(誊清)。下午,邱、曾来,同到程处打 Bridge 至六时半。夜,他们又来,买了两瓶酒来同吃,又打 B。直到了一点许才散。我入睡时,已经二时了。""今天是今年最后的一天也,旧的一切,皆成过去,新的一切,正待创造! 低了头工作着;谨慎,深入,有恒! "(日记)

一九二八年　三十一岁

（民国十七年　戊辰）

一月一日

"九时起。眷毕了《论北剧的楔子》。下午,在程处打 Bridge。夜,吴、邱、曾三人在此打 Bridge,直至第二天六时半才睡。不到二小时,便又醒了。"(日记)按,《论北剧的楔子》后载《留欧学生季报》。

一月二日

"八时半起。全日没有做事。下午直睡至七时一刻才起床。上午读了《Mediaeval Tales》十数页,在火炉旁读着,很有趣,夜,写了两封信给吴南如、舒舍予,请他们明天吃饭。十时睡。"(日记)

一月三日

"寄出《论楔子》给谭声乙。得君箴一信,大喜! 十时半,到银行取款。回后,至书铺买……书。下午,和傅到上海楼定菜。又到 Foyel 买三部书。至 Probethain 处,不遇。……夜,写信给箴、岳父及菊生。"(日记)

一月四日

"郦来,上午同到 University College 参观他们的教育会议的书店陈列所。拿了不少目录来。下午,无事的过了半天。夜七时,请客,到者南如夫妇、张太太小姐、刘锴、舍予、郦、尚霖等共九人。"(日记)

一月五日

"上下午俱在 B.M.,看完了一部《西厢记》。为郦照了一相,又在 Greek Gallery 里照了三个石像。夜,拿去洗。夜,在抄伦敦敦煌要目。十一时睡。"(日记)

一月九日

"旁晚,写复信给箴。夜,写信给愈之、圣、孚。"(日记)按,本日日记残缺。

一月十日

"上下午俱在写《Psyche & Cupid》。约写十张。旁晚,洗澡。八时,在 Palladium 看《Cinderella》。有戈、程二人同去。座位尚好,而戏不见高明。……十一时出来,和程同吃一杯茶。"(日记)

一月十一日

"上午下午俱在写《Psyche & Cupid》,总算把它写毕了,共 13300 字。五时,写毕后,甚无聊,到 Gorgest.吃饭,遇多人。与于、程等谈至十一时半,才上楼。即睡。"(日记) 按,今日译述的希腊罗马神话故事题为《"爱神"的爱》,后载 6 月 10 日《小说月报》第 19 卷第 6 期。

一月十二日

"上午下午,俱到 B.M.,借出了《变形记》等书。在内译了一小部分的《Procris & Cephalos》。归时,又译了一部分。……上午,郦来,知道 T.Hardy[英国作家哈代]于昨夜死了,年已八十七。拟作一文追念之。"(日记)

一月十三日

"上下午俱在 B.M.,写了《Myrrha 与其父》。四时,觉得很疲倦,便不再写什么。夜,续写《Procris》三张。""寄出给箴、岳父、祖母一信。""阅报,知 Hardy 的死,已决定火化之后,葬在 Westminster Abbey 中,墓在 Dickens 附近。"(日记)按,今日译述的希腊罗马神话故事《美婭与其父》,后载 8 月 10 日《小说月报》第 19 卷第 8 期。

一月十四日

"上午在 B.M.写好了一篇《风花》。下午,邱来,同打了半天纸牌。夜,又打纸牌、喝酒。"(日记)按,《风花》未知后发表何处。

一月十五日

"上午,与孙同到 Regent Park,去散步,遇邱、郦,我下船划了一会。下午,三时,到 Godgest.听孙讲《地质学》。七时,同到日本馆子吃饭。饭后,在郦处打 Reinetts。"(日记)

上海《文学周报》第 299 期上发表郑振铎翻译的高加索民间故事《巴古齐汗》。

一月十六日

"在 B.M.写完了一篇《Byblis 泉》。下午四时回,甚闷! 夜,吴来,谈到十点半才去。"(日记)

一月十七日

"得文英一信。即复一信,并写一信给箴。外祖父一信,亦即复。上午,到 B.M.至十一时即去。下午,在家写《Orpheus & Euridice》。五时,洗澡。八时半,和程闲谈,至十时半,即睡。"(日记)

一月十八日

"上下午俱在 B.M.,写了《Endymion》、《Pomola》二文。夜,又写了《Oenone》的一半。"(日记)

一月十九日

"上下午在 B.M.,写了《Ceyx & Alcyone》。四时半,程来谈。六时吃饭。饭后,即至 Gaeity Theater,看《Peter Pam》。……戏也做得真不坏。十一时半回,极高兴! 回时,得箴一信! "(日记)

一月二十日

"上下午在 B.M.,写《Hercules》及《Galatea & Acis》。甚疲倦。夜,程、吴来谈,至十时方去。写给箴一信,又给大姊、元一信。"(日记)

一月二十一日

"上下午在 B.M.,写了二文,约四千余字。夜,孙请吃饭。他们又到我处打牌,十二时散。"(日记)

一月二十二日

"上午,在家拟了一个《八仙西游记》回目。他们来,一同打牌。正午,我们数人合请孙,……下午,又在我处打牌。……夜,到吴处。今日除夕也! "(日记)

一月二十三日

"上午下午,俱在 B.M.。约写 3000 字,精神不好。……旁晚,读《桃花女》。夜,他们来打牌,至十二时始散。"(日记)

一月二十四日

"上下午俱在 B.M.，约写 4000 字。夜，写信给岳父及篪。"（日记）

一月二十五日

"上下午俱在 B.M.，约写四千字。夜，剪贴戏曲史材料。"（日记）

一月二十六日

"上下午俱在 B.M.，约写 5000 字。夜，剪贴戏曲史材料。"（日记）

一月二十七日

"全日在家剪贴戏曲史材料。夜，写信给岳父、祖母、篪。要岳父向商务交涉买今日所见之《Journal of Hellenic Studies》……我自己买不起也。"（日记）

一月二十八日

"收到篪一信，岳父寄来款十镑，调孚一信，《中国文学号》一册。即去取款。又到书铺买书。计费二镑余。"（日记）

一月二十九日

"下午三时，宁讲英国银行制度。夜在上海楼吃饭。中午在意大利饭店吃饭。夜，在此打牌，至十一时才散。"（日记）

一月三十日

"上下午俱在 B.M.，约写 4000 字。买书十种，……旁晚至夜，看完了《Digit of moon》，印度的恋爱故事。九时，唐和程来，他要我帮他抄小说书目，当即为他写出，至十二时才睡。"（日记）

一月三十一日

"上下午俱在 B.M.，看《Daphinis and Chlobos》。前面很好，后边则不大好了。下午，理发，又到书铺买了将近一镑的书。夜，整理译文，十二时睡。"（日记）

二月一日

"寄出篪信，又给调孚的挂号信二，内附稿二十四篇，共 79600 字，……上午去取'月款'，又去买书，……下午，至 Tate Gallery 买画片 Guid 等。"（日记）

二月二日

"上午,到 B.M.。下午,看电影,片名《Dangers of Ignorance》,说'性病'之害,很不坏;又到 Charing Coroso Rd.走走。买了十八先令的书。夜,程、孙在此打牌,至十时一刻去。"(日记)

二月三日

"上午,到 B.M.,下午亦去,三时半出;买书……五时看电影《复活》,做得很好。七时一刻,至上海楼,戈请客。有吕碧城。夜,程、吴、邱在此打牌。十一时半去。十二时睡。写给箴信,未完。"(日记)

二月四日

"上午,到 B.M.,约写 3000 字。下午,孙、吴来,打 Bridge 至七时。夜,加上郦、程,又至十一时半。即睡。上午收到箴寄来的包裹。甚喜!夜,不期的又收到箴的信,予同、愈之的信。""今天购得 J·G. Frazer 的《Golden Bough》。"(日记)

二月五日

星期日,"上午,看书闲谈。下午,打牌。"(日记)

二月六日

"上下午俱在 B.M.,约写 6000 字。夜,洗澡。他们又来要打牌,至十一时半才散。十二时睡。得箴一信。"(日记)

二月七日

"上下午俱在 B.M.,约写 6000 字。夜,在家写信给箴及岳父。又写一信给云五,论买书事。又和愈之联名写一信给所长,论派遣杂志编辑出国事。"(日记)按,胡愈之将于 3 月 24 日离沪赴法国。当时商务印书馆编译所所长是何炳松。

二月八日

"寄出箴及云五二信。在 B.M.约写 6000 字。下午,在家写信给圣、孚、愈之、予同。夜,郦要去看国际联盟协会的交际会,皆外国学生,共四十一国。后唱歌,表演尚好。散时,已十一时半。"(日记)

二月九日

"上下午俱在 B.M.,约写 6000。夜,他们来打牌,十时半去。预备《讳辨》稿。"(日记)按,郑振铎后在 1938 年 10 月 10 日发表《释讳篇》。

二月十日

"在 B.M.，上午写 3000 字，下午参考《封神》等。五时半，洗澡。饭后，他们来打牌。至十二时才去。夜梦见篴。得圣、孚及剑三信。写一信给篴。"（日记）

二月十一日

"上午在 B.M.，写 2600 字，下午在家预备《讳辨》。夜，写了一点《发掘史》的序。吴来，谈到十一时。睡，寄出给篴的信。"（日记）按，《近百年古城古墓发掘史》后于 1930 年 4 月由商务印书馆出版。该书共11 章，介绍了近百年来国外重要的田野考古发现。序中指出："我们中国的古物，始终没有经过专门发掘者的有意发掘过，除了几次的农夫农妇偶然的发见之外，一切宝物都是废弃于地，不知拾取。""所以，为了我们的学问界计，我们应该赶快联合起来，做有系统的，有意的，有方法的发掘工作……谁要是有意于这种的工作，我愿执锹铲以从之！"

二月十二日

"上午，写《序》，又闲谈打牌。下午，讲演《Tom tit tot》。又打牌。晚饭后整理《发掘史》稿。并写一信给岳父。"（日记）

二月二十一日

"写信给……篴和岳父"，向岳父要汇款"以备游欧"（日记）。（按，本日日记残缺）

二月二十二日

"上午下午俱在 B.M.。夜，抄书目。十时睡。写信给导之、秉坚及直实。"（日记）

二月二十三日

"上下午在 B.M.。夜，抄书目。"（日记）

二月二十四日

"上下午俱在 B.M.。旁晚抄书目。夜，到吴处闲谈。……回时已十一时，见篴信又来，共两封，皆催我快回者。又有愈之一信，他说，三月

半动身赴法。"(日记)

二月二十五日

"上下午俱在 B.M.。《大唐西域记》已对照了十卷。因中文本不全，此下无法进行也。下午四时出。抄书目，因 card[卡片]已经没有，又不能进行。夜，在吴处打牌，吃晚饭。程请客。十一时半睡。寄箴一信。"（日记）

二月二十六日

"上午，与邱同去划船。下午，邱讲演。夜，同去吃晚饭。"（日记）

二月二十七日

"上午下午俱在 B.M.，精神不好，三时即出。到 Hyde Park 坐了好一会。理发。到书铺看书。夜，九时即睡。得道直一信。"（日记）

二月二十八日

"上下午俱在 B.M.。四时回。写信给箴。夜，吴来谈。"（日记）

二月二十九日

"上下午俱在 B.M.。明天起，至三月五日止，B.M.将闭门清理了。拟趁此机会，逛逛伦敦。旁晚，写信给常、耿、朱、谭、蔡。夜，郦来，拉去打牌。十时回。"（日记）

三月十日

上海《小说月报》第 19 卷第 3 期上开始发表郑振铎译述的《希腊罗马神话传说中的恋爱故事》，本期发表《大熊小熊》、《丽妲与鹅》、《欧绿巴与牛》三篇。

约一月至三月

翻译 M.R.柯克士的《民俗学浅说》一书，后于 1934 年 4 月由商务印书馆出版。另，约与此同时，"曾为商务印书馆编译了一部《民俗学概论》。因为要加些材料进去，故始终未出版。不料这部《民俗学概论》的原稿二册，放在宝山路我的书桌的抽屉里，也和其他的许多原稿和珍贵的书籍一样，同时成为日本飞机炸弹下的牺牲品了。"（郑振铎《〈民俗学浅说〉译序》）

四月十日

《小说月报》第 19 卷第 4 期续载译述《希腊罗马神话传说中的恋爱故事》的《爱坡罗与妲芬》、《玉簪花》、《向日葵》三篇。

四月

所编《中国短篇小说集》第三集上册由商务印书馆出版。

约四月

游意大利，访问罗马、那不勒斯、佛罗伦萨、威尼斯等地，参观了不少文化古迹。

约五月初

从意大利到法国。从马赛乘船回国。

五月十日

《小说月报》第 19 卷第 5 期续载译述《希腊罗马神话传说中的恋爱故事》的《爱特美恩的美梦》、《乌鸦与柯绿妮丝》二篇。

六月八日

下午 2 时顷，船抵上海。4 时许，与叶圣陶、王伯祥、徐调孚等友人在冠生园茶楼激动会晤。"盖预先电话约谈者。阔别经年，骤见大喜，但欲言正多，反成无语默对也。铎以初归须访亲戚，未及多坐即起去。"（王伯祥日记）

六月十日

《小说月报》第 19 卷第 6 期续载译述《希腊罗马神话传说中的恋爱故事》的《"爱神"的爱》一篇。

六月十三日

晚，到开明书店编译所聚餐，到者有叶圣陶、王伯祥、章雪村、周予同、谢六逸、徐调孚、李石岑、赵景深、黎锦明、吴文祺等 11 人。"八时许罢饮，随意嬉谈至十时十分乃得归。"（王伯祥日记）

六月十五日

"散馆后与圣陶、调孚同振铎至其家，观所携归名画及邦贝古壁画摄影等。量多而质好，匆匆一翻，殊未能即遍也。如从容咀嚼，三日或未及尽其美耳。薄暮，四人偕出，同饮于方壶。九时许乃各归。"（王伯祥日记）

六月二十九日

去商务印书馆,与叶圣陶、王伯祥、徐调孚同饮于新雅酒楼。

六月

所译德国 A.狄尔的《高加索民间故事》由商务印书馆出版。

七月七日

与叶圣陶、章雪村、谢六逸、徐调孚、周予同、赵景深等人在晋隆聚餐。

七月十日

《小说月报》第 19 卷第 7 期续载译述《希腊罗马神话传说中的恋爱故事》的《巨人的爱》、《史克拉与骚西》、《骚西与辟考斯》、《象牙女郎》四篇。

七月十七日

在庐山,致胡适信,谈在中国公学上课安排事,谈在庐山的事,为《小说月报》20 卷向胡适约稿,还说自己想写一篇关于"名"的迷信的文章。

八月十日

《小说月报》第 19 卷第 8 期续载译述《希腊罗马神话传说中的恋爱故事》的《美姆与其父》、《亚杜尼斯之死》二篇。

九月一日

上海良友图书印刷公司出版《失去的指环》,收入郑振铎的短篇小说《压岁钱》。小说反映了作者童年时家里生活的艰辛。后收入《家庭的故事》一书中。

九月三日

"振铎今日复任《小说月报》编辑,圣陶仍回国文部。"(王伯祥日记)

九月十日

《小说月报》第 19 卷第 9 期续载译述《希腊罗马神话传说中的恋爱故事》的《歌者奥菲斯》、《白比丽丝泉》、《仙女波莫娜》三篇。

九月十八日

散馆后,由叶圣陶、王伯祥陪同到先施公司看家具,小饮于福州路民乐园。

九月二十七日

散馆后,与叶圣陶、王伯祥、吴致觉在善元泰小饮。

九月二十九日

致胡适信,指出胡适近日写的《〈宋人话本八种〉序》中关于"楔子"的说法有误。

九月

作论文《敦煌的俗文学》,后发表于 1929 年 3 月 10 日《小说月报》第 20 卷第 3 期,作为所著《中国文学史》中世卷第三篇第三章。

在商务印书馆编译所工作之余,在复旦大学等校任教,课程是中国文学史和小说史。

十月二日

"夜六时赴振铎约,即其家晚餐……谈笑至乐,久无此快矣。十时始各散归。"(王伯祥日记)到者还有叶圣陶、周予同、谢六逸、傅东华、赵景深、徐调孚等。

十月三日

散馆后,与叶圣陶、王伯祥等人在新雅宴请傅斯年。傅将在后天乘船返粤。

十月十日

在《小说月报》第 19 卷第 10 期上续载译述《希腊罗马神话传说中的恋爱故事》的《那克西斯》、《柏绿克丽丝的标枪》二篇。

十月十九日

晚,在家里宴请友人,到者叶圣陶、王伯祥、周予同、谢六逸、赵景深、章雪村、傅东华、贺昌群、樊仲云、高觉敷、邱晴帆等人。"举觞纵谈,乐甚。饮罢复唱笑为欢,至十时始散。"(王伯祥日记)

十月二十一日

夜,商务印书馆同人聚餐会,郑振铎当参加。

十月二十二日

在商务印书馆附设的尚公学校执教的王芝九，因所编的教科书有所谓"共嫌"，被警署拘捕，郑振铎与叶圣陶、王伯祥、周予同、吴致觉等人联名具保。后未成，王芝九被押往南京，郑振铎又与叶圣陶、王伯祥等人于 11 月 26 日联名向南京特刑地方临时庭呈文，证明王芝九"言动不失轨"，并请名律师孙道始出庭辩护，王始获释。

十月二十四日

为所作短篇小说集《家庭的故事》作《自序》。说明："其中有几篇是前三四年写的；一大部分则于去年八月，旅居巴黎的时候写成。"认为："中国的家庭，是一个神妙莫测的所在。凭我良心的评判，我实在说不出它究竟是好，还是坏，更难于指出它的坏处何在，或好处何在。但从那几篇的故事中或可以略略看出这个神妙莫测的将逝的中国旧家庭的片影吧。""许许多多的悲剧，还不都是那些旧家庭酝酿出来的么？不过假定他们是'坏的'，或'不对的'，那是他们本身的罪恶么？"

十月二十八日

下午，与曾孟朴、曾虚白、邵洵美、傅彦长、张若谷等十多位友人在新雅酒楼聚会。晚饭后，友人们又到郑振铎家继续聚谈。

十月

中华学艺社第五次学术视察团前往日本，出席日本学术协会第四届大会。商务印书馆张元济以学艺社名誉社员名义与郑贞文随同代表团东渡借影古书。出发前郑振铎曾就中国古代文艺、小说方面选出若干种书目交给他们作为借书时的参考。

十月底、十一月初

参与发起筹备中国著作者协会。

十一月三日

晚，在家里宴请友人。"六时入坐，远客为耿济之、余则仲云、予同、六逸、调孚、圣陶、敦易等稔友耳。饮罢，东华至。谈笑所之，上天下地，甚以为乐。十时半散出。"（王伯祥日记）

十一月十日

在《小说月报》第 19 卷第 11 期上续载译述《希腊罗马神话传说

中的恋爱故事》的《赛克斯与亚克安娜》、《潜水鸟》二篇。

十一月二十三日

"晚赴振铎宴,到初见客李青崖,余则稔友为多。饭后议及《文学周报》刊否事,当决续刊,由六逸编,其费则到者各以若干作股本。吾认五十元,尽旧历内缴清。十时许乃归。"(王伯祥日记)

十二月十日

在《小说月报》第 19 卷第 12 期上续载译述《希腊罗马神话传说中的恋爱故事》的《依菲斯》、《奥侬妮与巴里斯》、《潘与西冷克丝》、《林达与希绿》四篇。

十二月十五日

作《经书的效用》,后载 1929 年 1 月 1 日《文学周报》第 8 卷第 1 期(总 351 期)。论述经书何以在大众中会产生"驱邪却敌,保护善良"的敬仰和迷信的情况。

十二月十八日

作《关于游仙窟》,后载 1929 年 1 月 6 日《文学周报》第 8 卷第 2 期(总 352 期)。唐代小说《游仙窟》在国内久佚,但在日本文学史上却发生了重要影响。郑振铎介绍的是他向日本古典保存会求得的山田孝雄氏的翻印本。

十二月二十七日

为所译俄国阿志巴绥夫的小说《沙宁》补作《译序》。该书于 1930 年 5 月由商务印书馆出版。

本日,鲁迅致章廷谦信中提及:"振铎早回,既编说报[按,即《小说月报》],又教文学,计三校云。""三校"为复旦大学、中国公学,另一校大概是光华大学。

十二月三十日

下午,出席在北四川路广肇公学召开的中国著作者协会成立大会。到会共 90 余人。郑振铎签署了该会宣言,并在成立大会上与郑伯奇、沈端先、李初梨、彭康、周予同、樊仲云、潘梓年、章锡琛等九人当选为执行委员。该会实际是后来成立的中国左翼作家联盟的前身。郑振铎是主要发起人之一。

在《文学周报》第 350 期上发表启事,说明该刊从第 8 卷第 1 期起,脱离开明书店,改由远东图书公司印行。并声明:"本报同人数年来或奔走四方,或困于衣食,无暇为本报执笔,⋯⋯现同人多半复集于上海,聚议之下,金欲重振旗鼓,分担责任,继续本报历年来在阴霾重雾之中与险恶势力奋斗的精神。⋯⋯由耿济之,谢六逸,傅东华,李青崖,樊仲云,徐调孚,赵景深,郑振铎诸君同负编辑之责。内容较前略有增进,特别趋重于犀利的短评,及新颖的文坛消息。并有论述,随笔,逸话,创作,新兴文艺的介绍,书报评论等栏。总之,很想在尖利的打狗文章之外,插进些有趣味的文字与他处所不易看到的新颖消息。"

本日,所作小说集《家庭的故事》由上海远东图书公司出版。共收短篇小说 14 篇。该书由叶圣陶校对、徐调孚帮助搜集、老舍等人督促鼓励而出版。

十二月三十一日

与樊仲云、孙伏园三人去游苏州,共二天。

十二月

京剧演员梅兰芳从北平(本年起,国民政府改北京为北平)到上海演出。上海各日报、小报天天无聊捧场,引起郑振铎等人的反感。在苏州时,郑振铎以"西源"笔名写了《打倒旦角的代表人梅兰芳》等文。

一九二九年　三十二岁
（民国十八年：己巳）

一月一日

胡朴安等人发起的中国学会在上海成立。郑振铎应邀为 84 位发起人之一。该会以"研究中国学术，发扬民族精神"为宗旨。陈乃乾为会务部主任，姚石子为讲演部主任，胡朴安为编辑部主任。

一月五日

散馆后，与叶圣陶、王伯祥、周予同、吴文祺集饮于言茂源，"狂谈纵饮犹昔，不觉又至十一时。"（王伯祥日记）

一月十日

《小说月报》第 20 卷第 1 期出版，为特大号，篇幅为平时的三倍。本期头篇发表郑振铎邀请何炳松写的《论所谓"国学"》，并加了前言，同时发表自己写的《且慢谈所谓"国学"》，反对复古，认为"古书与古代文化的整理与研究，是最少数的最专门的工作，不必责之于一般人，于一般青年"，"即研究或整理古书与古代思想文化的人，也不可不懂得基本的科学知识与方法"，"全盘输入，采用西方的事物名理，以建设新的中国，新的社会，以改造个人的生活。"提出："目前的急务是：第一、建设巨大的外国文书图书馆。第二、建设各种科学的专门研究院，实验室，第三、用印行四部什么，四部什么的印刷力，来翻印或译印科学的基本要籍与名著。"郑振铎后来回忆说："[杨]贤江读了这篇文字，来了一封很恳切的信，——这是我们别后最长的通信——他赞成我的意见，但有一个很重要的修正，他以为西方的东西，不一定是完全无毒的；在吸收的时候，我们还该经过一番选择。"（《纪念今年逝去的几位友人（续）》）"这封信有两千多字长，满满的写了十多张信纸"，"我非常的感谢他的箴谏与启发"(《忆贤江》)。

《小说月报》本期起，新辟"随笔"专栏，本期有郑振铎的《"随笔"栏发端词》(1928 年 12 月 7 日作)："我们所谈的，有庄言，有谐语，有愤激的号呼，有冷隽的清话，有文艺的随记，有生活的零感……大之对于宇宙的大道理，小之对于日常的杂件……总之，什么都谈，只除了政治。像政治这样热辣辣的东西，我们实在不适宜去触到它。"(按，后一句实是嘲讽语)"我们是向前走的，不管我们是嬉笑，是怒骂，是嗟叹，是愤激，是绝望，是欢跃，我们却是向前走的，向光明走的；看似冷淡，内里却是热烈的，看似灰心，内里却未免有些光明在着。"本期该栏发表了郑振铎的《西方人所见的东方》，批评某些西方人带有错误的眼光来看中国。

本期还发表他的《阿志巴绥夫与〈沙宁〉——〈沙宁〉的译序》，并开始连载所译《沙宁》。此外，还发表他写的读书杂记《特洛哀的陷落》、《荷马系的小史诗》、《警世通言》、《丛书书目汇编》、《弘治本三国志演义的发见》、《关汉卿绯衣梦的发见》、《西游记杂剧》、《挂枝儿》等。还在胡适《治学的方法与材料》一文前加了按语。

本期开始发表巴金的第一部小说《灭亡》。又开始发表刘穆(刘思慕)翻译的《苏俄革命在戏剧上的反应》，并在《最后一页》指出此篇"所说当甚确切"，还提及"近来文坛上讨论文学的'普罗'化，很显得活气。但在苏俄的本身是怎样的呢？日本冈泽秀虎君新近发表了《苏俄十年间的文学论研究》一文，颇可使我们注意。陈雪帆[按，即陈望道]君特地译出，将于二月号起陆续刊于本报。耿济之君也答应着供给我们以关于他们的新颖的材料。"以上内容表明，自本期起《小说月报》的面目更加焕然一新了。

本日，胡也频、丁玲、沈从文等主编的《红黑》月刊创刊。在这以前，为创办该刊，胡也频与沈从文曾特意访问郑振铎，请求帮助。后来，郑振铎又得到红黑社的请帖，在静安寺华安公司楼上出席宴会，由胡也频、丁玲热情招待。

一月十五日

为所译述的《恋爱的故事》(希腊罗马的神话与传说之三)一书作《叙言》。该书 3 月由商务印书馆出版。

一月十七日

散馆后,与叶圣陶、王伯祥、徐调孚到开明书店编译所晤章雪村,办理购开明股份事。

为所藏吴梅撰《奢摩他室曲丛目卷》抄本题跋。

一月十九日

夜,赴叶圣陶家聚餐,到者有丁晓先、王伯祥、宋云彬、樊仲云、徐调孚、周予同,"过饮纵谈,至十一时半乃归。"(王伯祥日记)

梁启超病逝于北平。郑振铎随即作论文《梁任公先生》,并附有《梁任公先生年表》,后发表于 2 月 10 日《小说月报》第 20 卷第 2 期上,对梁启超一生作了详尽而全面的评述。时人评曰:"已经发表的论任公的文章,自然要算他第一了。"(1929 年 5 月 21 日丁文江致胡适信)

一月二十一日

作《英国戏剧家琼斯死了》,后载 1 月 27 日《文学周报》第 8 卷第 5 期(总 355 期)。赞扬琼斯"是一位很大胆的很勇敢的与现实社会反抗者","琼斯相信戏曲为改造社会的工具。他是舞台上的宣传家。"

一月

创造社后期刊物《思想月刊》第 5 期发表《中国著作者协会宣言》,表示:"我们痛心军阀的内战,我们愤慨帝国主义列强的侵略,当此存亡绝续之交,我们益感觉到自己责任之重大。我们是以出卖劳力为生活的,为维持自己的生存,故有改善经济条件与法律地位之要求;然而同时我们是知识的劳动者,中国文化之发扬与建设,其责任实在我们的两肩。我们为完成此重大的使命,敢结合中国著作界同志,成立中国著作者协会。"郑振铎为 42 位签名发起人之一。

本月,郑振铎把《文学周报》第 8 卷第 3 期编为"梅兰芳专号",郑振铎以"西源"笔名发表了《没落中的皮黄剧》、《打倒男扮女装的旦角／打倒旦角的代表人物梅兰芳》(作于 1928 年 12 月 31 日)等文,批判了旧戏剧。据秦德君回忆,当时郑振铎还请在日本的沈雁冰和秦德君也为该专号撰文。

二月二日

夜,赴新雅应周予同邀宴,到者有叶圣陶、王伯祥、宋云彬、徐霞村、高觉敷等,谈至十时半乃散归。

将《家庭的故事》签名赠送鲁迅。(鲁迅日记、书帐失记)

二月十日

在《小说月报》第 20 卷第 2 期上发表《梁任公先生》及《梁任公先生年表》;发表读书杂记《榨牛奶的女郎》、《元代的动物虐待禁例》、《元刊本琵琶记》、《秦桧之功》;续载所译《沙宁》。本期的《最后一页》提及,已约定在法国的胡愈之、孙伏园、彭补拙三人,在苏联的耿济之,在日本的茅盾等人为《小说月报》的特约通讯员。

在《文学周报》第 8 卷第 7 期(总 357 期)上发表《挂枝儿》,为重印出版四年前购得之《挂枝儿》一书写的跋。指出书中"几乎没有一首不是很好的恋歌。一方面具有民间恋歌中所特有的明白如话,质朴可爱,而又美秀动人的风趣,一方面又蕴着似浅近而实恳挚,似直捷而实曲折,似粗野而实细腻,似素质而实绮丽的情调。"

二月十二日

今日年初二,应贺昌群宴请,与叶圣陶、王伯祥、周予同结伴赴杭州和富春江旅游。中午抵杭州,晤潘介泉于开元路,探梅于灵峰寺外之补梅庵。下榻于湖滨旅馆,夜饮于凝紫路之碧梧轩,"谈极畅,予同几为大醉。"(王伯祥日记)

二月十三日

潘介泉导往桐庐里山,晤贺昌群。下午同登灵峰,瞻灵峰精舍。

二月十四日

别贺昌群,登轮游桐庐,观市街,下榻于惠宾旅馆。

二月十五日

·　游钓台,瞻宋末谢皋羽痛哭之西台,又瞻严子陵祠,茶憩于客星楼。

二月十六日

回到杭州,仍下榻于湖滨旅馆。次日,回到上海。

二月十八日

晚,在家里与友人聚餐。到者有叶圣陶、王伯祥、周予同,共商选编《中国文选》事。此事始于两年前,全书约十册,1927 年《小说月报》第 17 卷号外《中国文学研究》上曾载预告说"第一、二、三册已将编竣",后因"四一二政变"而未能进行。

二月二十三日

晚,赴新雅酒楼应樊仲云之招宴,到者有叶圣陶、王伯祥、周予同、徐调孚、傅东华、赵景深、陶希圣等九人。"希圣久不见,谈甚畅,直至十时三刻始散。"(王伯祥日记)

二月

国民党当局公布《宣传品审查条例》,开始了"文化围剿"的第一步。本月 7 日,创造社出版部被查封。

三月二日

"晚六时赴振铎约,盖剑三来此,借夜饭时一谈也……朋辈聚餐不用酒,此为第一次,可记也。饭后大谈,妙绪环生。剑三以事先行,余则直谈至十时始散。徒步返家,已十时三刻矣。"(王伯祥日记)到者还有叶圣陶、周予同、谢六逸、樊仲云、傅东华等。

三月三日

作散文《黄昏的观前街》,后载 4 月 10 日《小说月报》第 20 卷第 4 期。描写了与樊仲云、孙伏园一起去游苏州时领略到的黄昏时观前街的"煦暖温馥与亲切之感"。

三月十日

中午,商务印书馆编译所同人在邓脱摩饭店公宴张元济、高梦旦。"菊生以事未至,以书来道谢。梦旦则依时到耳。终席未尝有一人起立致辞者,亦未照相,故俗例拘牵全免,颇宁静也。"(王伯祥日记)郑振铎当参加。

在《小说月报》第 20 卷第 3 期上发表《敦煌的俗文学》(为所著

《中国文学史》中世卷第三篇第三章),续载所译《沙宁》,发表读书杂记《佛曲与俗文变文》、《书目长编》、《蔚蓝的城》。《蔚蓝的城》是苏联小说集,郑振铎指出:"对于许多想知道这个'共产国'的真实情形的人,这部书确是很重要。只有在文艺的作品里,才能将一个社会,一个崭新的社会,真切无伪的表现出来;他们将一切的好处,一切的坏处都写出来了;他们将一般人民的新的生活与心理也都写出来了。读遍了一切的正面或反面的宣传文字,都敌不过一册两册的文艺作品的能够使人彻底了解或明白他们。"

本期《小说月报》开始连载陈雪帆(陈望道)翻译的冈泽秀虎《苏俄十年间的文学论研究》,并在《最后一页》指出这"是一篇对于苏俄今日的文学论的极有系统的介绍。苏俄的文学作品已成为很多人注意的东西,即我们,也介绍了不少进来。独有为我们好些人争论的中心点的文学论,却始终没有仔仔细细的介绍。这十年来的苏俄方面的文艺论战的史迹是很值得我们的注意与研究的。此篇原著者尚未写毕,但我们看了这前一部分,已觉得后半一定是很靠得住的东西。所以我们决定要托译者随译随刊。"该文至翌年4月刊完。

三月十六日

夜,赴陶乐春出席贺昌群的喜筵,到者还有叶圣陶夫妇、何炳松、王伯祥、章雪村、周予同、高觉敷等。

三月二十日

夜,赴王伯祥宅应其招宴,到者有叶圣陶、顾颉刚、徐调孚。

三月二十七日

为陈穆如编《岭东情歌集》作序,后以《研究民歌的两条大路》为题发表于《文学周报》第8卷第12期,认为研究民歌应重视原始的民间口头流传作品的搜集。

三月

译述希腊罗马神话与传说《恋爱的故事》由商务印书馆出版,为"文学研究会丛书"之一。

四月一日

致江绍原信,挂号寄上"关于民间医学的一书《Medicine magic & Religion》",并说:"你攻击中医的努力,真使我们佩服无已。现在正是一个紧要的关头,望你更要勇敢才好。不知能否写成一篇关于民间医学的通论,及其与魔术之类的关系一文?这不是不重要的工作!《小说月报》很希望能够有光荣登载这篇东西!"当时江绍原在《贡献》及《科学月刊》刊物上连续发表了《中国人对于西洋方药医学的反应》一文,引起学术界的重视。

四月七日

散馆后,在家里与叶圣陶、王伯祥、周予同商议《中国文选》编选事。

四月十日

在《小说月报》第 20 卷第 4 期发表《词的启源》(所著《中国文学史》中世卷第三篇第一章),夏承焘读后有好评(见 9 月 14 日日记)。发表散文《黄昏的观前街》,续载所译《沙宁》,读书杂记《投笔记》、《幻影》、《卖胭脂》、《韩湘子》。

同期《小说月报》上发表刘穆(刘思慕)翻译的苏联波格丹诺夫《诗的唯物解释》,并加"编者志"说,波格丹诺夫"是苏俄的一个真挚的革命家,同时也是一个渊博的学者,其所论'普罗文艺',颇有独到的见解。"

同期《小说月报》又附载商务印书馆 4 月 1 日公布的《万有文库》第一集一千种目录及预约简章等,其中"汉译世界名著初集"目录中列有郑振铎译的《贫非罪》和《新月集》;"学生国学丛书"目录中列有郑振铎拟节选标点注释的《文心雕龙》;"国学小丛书"目录中列有郑振铎拟撰写的《小说概论》;"百科小丛书"目录中列有郑振铎撰写的《近百年古城古墓发掘史》和拟撰写的《现代文学》。上述拟节选标点注释的《文心雕龙》和拟撰写的《小说概论》、《现代文学》后来均因故未见完成。

四月十三日

夜,赴飞霞豫菜馆,应周予同招宴。到者还有叶圣陶、王伯祥、谢六逸、徐调孚、傅东华、宋云彬、赵景深、高觉敷、樊仲云共 11 人。

四月二十日

晚,叶圣陶、王伯祥、潘介泉同来,同餐于俄国俱乐部。潘介泉将往北大任教。

四月二十三日

作《评上海各日报的编辑法》,以"西源"笔名发表于《文学周报》第 8 卷,批判报纸编辑上的各种不良现象。

四月二十四日

"散馆后与圣陶往中国学言出版部访乃乾及孟真,少顷,振铎亦至,盖昨日电话约晤者,旋同往豫丰泰小饮,至九时许乃散归。谈次,孟真颇不快颉刚。颉刚受人排挤亦至矣,意者其偏执之见太牢固乎!"(王伯祥日记)

四月二十八日

在《文学周报》第 8 卷第 14～18 期合刊"苏俄小说专号"上发表翻译苏联女作家赛甫琳娜的小说《老太婆》。两年后,鲁迅也翻译了她的小说,肯定了她"是现在很辉煌的女性作家",并肯定了郑振铎等人对她的翻译介绍。这本《苏俄小说专号》后于 1934 年 1 月被国民党当局以"普罗文艺"的罪名查禁。

五月七日

胡也频写完小说《到莫斯科去》后,即送给郑振铎看,说明自己转变写作风格的意愿,并希望能发表于《小说月报》。郑振铎阅后,肯定了他的作风确实改变了,但向他委婉说明,为使《小说月报》不被反动派禁止,这样的色彩强烈的作品是不宜发表的。胡也频同意了郑振铎的意见,后以"白丁"笔名,改题为《到 M 城去》,发表于自己主编的《红黑》月刊,以后又出单行本。

五月十日

在《小说月报》第 20 卷第 5 期上发表《五代文学》(为所著《中国文学史》中世卷第三篇第二章),续载所译《沙宁》,读书杂记《老虎婆婆》。本期还发表特约蒙生(耿济之)从苏联寄来的《社会的定货问题》,内容谈的是苏联的文艺论战之一,即"文艺是否为社会的定货的问题",表示了对"拉普"派文艺观点的异议。郑振铎在《最后一页》中特地提及此文,认为"这末直接这末有系统的通讯,可以说是开了一个新纪元"。

五月十八日

　　散馆后,赴味雅应赵景深、谢六逸招宴,到者还有叶圣陶、王伯祥、傅东华、李青崖、徐霞村、陶希圣、樊仲云。

五月三十日

　　与叶圣陶、王伯祥、周予同、宋云彬游常熟。上午 10 时抵昆山,12 时登常熟轮,下午 5 时抵常熟。下榻于寺前街之新旅社。略憩后寻虞仲墓、言子墓,上辛峰,下石梅,过言子射圃。夜,饮于山景园。

五月三十一日

　　晨,访王石谷祠、兴福寺、清凉寺。下午,探拂水岩、剑门,又瞻报国院、维摩院,茗于望海楼。夜,饮于山景园。次日,循来路返回上海。

六月三日

　　下午,与叶圣陶、王伯祥、周予同至愚园路康有为宅观拍卖会。至百星大戏院看《白璧之爱》。

六月五日

　　国民党中央宣传部召开"全国宣传会议"第三次会议,通过所谓"确立本党之文艺政策案",声称要"一、创造三民主义之文学(如发扬民族精神、阐发民治思想、促进民生建设等文艺作品),二、取缔违反三民主义之一切文艺作品(如斫丧民族生命、反映封建思想、鼓吹阶级斗争等文艺作品)"。次日,又召开第四次(最后一次)会议,蒋介石出席并讲话,通过一系列"法案"。国民党加强了文化专制,郑振铎主编的《小说月报》等受到较大的压迫与限制。

六月十日

　　在《小说月报》第 20 卷第 6 期上续载所译《沙宁》。还发表东生(樊仲云)翻译的日本长泽规矩也《京本通俗小说与清平山堂》,这是长泽规矩也寄赠郑振铎的论文,郑振铎请樊仲云翻译的。

六月十五日

夜,在自己家里召友人聚餐,到者有叶圣陶、王伯祥、周予同、徐调孚、赵景深、谢六逸、傅东华、樊仲云,"谈有顷,乃合坐饮。九时毕,谈至一时始归。"(王伯祥日记)

六月二十一日

散馆后,与叶圣陶、王伯祥同至千顷堂买书。

七月十日

主编《小说月报》第20卷第7期"现代世界文学号(上)"出版,续载所译《沙宁》。还发表特约蒙生(耿济之)译的《新俄的文学》。

七月二十二日

《语丝》第5卷第20期发表"学濂"的《"热辣辣的政治"》,点名批评郑振铎在《小说月报》1月号"随笔"栏前的那段说明,偏激地认为"这是对于自己底资本主义的生活的满足,对于中国现状的满足,对于什么都满足的表示",还说郑振铎"不外是一个卑屈的然而乐观的文学者"。

七月二十三日

晚,赵景深在大中华酒楼设宴。赵原为尚公学校教员,新调入商务印书馆国文部。郑振铎当出席。

八月十日

主编《小说月报》第20卷第8期"现代世界文学号(下)"出版,发表论文《现代的斯堪德那维亚文学》,续载所译《沙宁》。

九月十日

在《小说月报》第20卷第9期上发表论文《水浒传的演化》,在文末7月15日写的"附识"中说,"本文有一部分颇得力于鲁迅、胡适之、俞平伯诸先生的已经发表的论文及著作"。续载所译《沙宁》。

九月十四日

"阅《小说月报》二六六号郑振铎《词的启源》,谓词与五、七言诗不发生关系。据《旧唐书·音乐志》'自开元以来,歌者杂用胡夷里巷之曲'句,谓'里巷与胡夷之曲,乃词之二大来源'。又谓依腔填词,始于裴谈、温庭筠。以绝细腻之笔,写无可奈何之相思离绪,始为文人之恋歌,而非民间之情曲。余所见郑君文字,此篇最不苟者矣。"(夏承焘日记)

九月二十一日

夜,赴叶圣陶家聚餐,到者还有杨贤江、丁晓先、王伯祥、宋云彬、陶希圣、樊仲云。

九月二十八日

夜,樊仲云借郑振铎家宴客,到者有叶圣陶、王伯祥等人。

九月

本月起,在暨南大学文学院中国语文学系开设小说史课。(据9月16日《暨南校刊》第2期)

十月五日

何炳松后日生日,今晚在杏花楼设宴,共五桌。郑振铎当参加。

十月六日

中午,赴悦宾楼应谢六逸招宴,到者还有叶圣陶、王伯祥、周予同、徐调孚、傅东华、赵景深、陶希圣、樊仲云,共10人。

十月十日

在《小说月报》第20卷第10期上发表论文《三国志演义的演化》,续载所译《沙宁》。还发表特约蒙生(耿济之)写的《苏俄的文学杂志》。还发表向觉明的《论唐代佛曲》,作者附记云:"我这篇文章作好之后,曾送给西谛先生一看,承他给了我许多的意见。……并以多种难得的材料相假,敬此致谢。"

十月十九日

夜,耿济之借郑振铎家宴客,到叶圣陶、王伯祥等。

十月二十日

上海《闲报》的"文坛鸿爪"栏发表一则消息,说郑振铎打算组织创办一个研究俄国文学的杂志,有步骤有计划地介绍俄国文学,而不是零碎翻译。参加者有耿济之、曹靖华等。但是,郑振铎的这一计划却遭到一些"左翼"朋友的误会和嘲讽,或说他是"投机者",或说他"赶时髦"。该杂志后来因故未能办成。

十月二十八日

下午,与叶圣陶、王伯祥、周予同、徐调孚至新乐府观昆曲《牧羊记》、《借靴》、《拾柴》、《泼粥》、《茶坊》、《藏舟》诸目。

十一月九日

下午,与叶圣陶、王伯祥、徐调孚至新乐府看昆曲《望乡》、《姑阻》、《失约》、《催试》、《秋江》、《卖书》。6时,同到郑振铎家聚餐,到者还有耿济之、谢六逸、傅东华、赵景深、宋云彬、陶希圣、樊仲云,共11人。

十一月十日

在《小说月报》第 20 卷第 11 期上发表《北宋词人》(为所著《中国文学史》中世卷第三篇第四章),续载所译《沙宁》,还发表 1927 年 5 月 23 日在离国的船上为高君箴校改的译稿《莱因河黄金》并加附记。

十一月十六日

散馆后,赴悦宾楼应谢六逸招宴,到者还有叶圣陶、王伯祥、周予同、徐调孚、严敦易、赵景深。

十一月十九日

作论文《中国小说的分类及其演化的趋势》,后载 1930 年 1 月 10 日《学生杂志》第 17 卷第 1 期,认为"中国小说向无明了的分类,中国小说史更无明了的分期",认为中国小说史可以分为五个时期:古代至唐开元天宝为胚胎期,开元天宝至北宋末为发育期,南宋至明弘治为成长期,明嘉靖至清乾隆嘉庆为全盛期,清乾隆嘉庆至现代为衰落期。文末跋云:"本文为著者在上海光华大学的讲演稿,其初稿一度曾发表于某周刊上。但近一年来,意见与前又略有不同。故再加以修改,刊于本志。"

十一月二十日

下午,与叶圣陶、王伯祥、徐调孚至新乐府看昆曲《惊梦》、《寻梦》、《冥判》、《鱼钱》、《端阳》。

十一月二十四日

在《文学周报》第 9 卷第 1 期(总 376 期)上发表论文《〈岳传〉的演化》。

十一月三十日

夜,赵景深借郑振铎家宴客,到叶圣陶、王伯祥等人。

十一月

在《民铎》第 10 卷第 5 期上发表《古迹的发现与其影响——〈近百年古城古墓发掘史〉序》。

所著短篇小说集《家庭的故事》由开明书店出版增补本,增加了《元荫嫂的墓前》、《赵太太》二篇。

十二月八日

在《文学周报》第 9 卷第 3 期(总 378 期)上发表论文《〈水浒传〉的续书》。

十二月十日

在《小说月报》第 20 卷第 12 期上发表《南宋词人》(为所著《中国文学史》中世卷第三篇第五章),翻译小说《沙宁》续载完毕。该期还发表洛生(即恽雨棠,共产党员,曾是商务印书馆工会执行委员,郑振铎觉得他是一位意志坚定、像谜一样的地下革命者,1931 年 2 月壮烈牺牲,见《纪念几位今年逝去的友人》)翻译的《柴霍甫的革命性——柴霍甫逝世二十五周纪念》。

十二月十五日

在《文学周报》第 9 卷第 4 期(总第 379 期)上发表论文《万花楼》。

本年

将四年前从书摊上购得的清代浮白山人选编的《挂枝儿》一书编入《鉴赏丛书》中排印出版。原书是浮白山人从明代冯梦龙同名书中编选而成的。

本年,中华教育文化基金董事会编译委员会主编的《大学丛书》开始由商务印书馆出版。郑振铎后参加"大学丛书委员会"。该丛书于 1933 年收入郑振铎的《文学大纲》。

一九三〇年　三十三岁

（民国十九年　庚午）

一月十日

在《小说月报》第 21 卷第 1 期上发表《杂剧的转变》（为所著《中国文学史》近代卷第一章）。开始连载译述的《希腊罗马神话与传说中的英雄传说》和以"宾芬"笔名撰写的《元曲叙录》。发表洛生（恽雨棠）翻译的《苏俄文艺概论》（至下期载完）。还发表丁玲创作的以瞿秋白和王剑虹的恋爱生活为素材的长篇小说《韦护》（至第 5 期载完）。本年《小说月报》12 期中，有 9 期发表丁玲的小说，推荐的力度十分罕见。

一月十一日

散馆后，与叶圣陶、王伯祥、赵景深、俞剑华、沈百英等共九人聚餐。

一月十七日

散馆后，与叶圣陶、王伯祥、周予同在北四川路窦乐安路口之咖啡馆叙谈。

一月二十二日

散馆后，与叶圣陶、王伯祥、徐调孚、谢六逸在新雅茶叙。

一月二十七日

与叶圣陶、王伯祥游邑庙，购物。

二月一日

上海《申报》等报刊出"光明大学"招生广告，宣布校长郭泰祺，副校长李金发，校董易培基、褚民谊、彭襄等，郑振铎任文学院院长。该大学创办未久，即于 19 日被国民党政府教育部以"办理未合规程、内容极其腐败简陋"为名勒令关闭。

本日,《萌芽月刊》第 1 卷第 2 期发表"连柱"的《学术和时髦》,不点名指责郑振铎打算系统翻译介绍俄国文学是所谓"赶时髦"。

二月十日

在《小说月报》第 21 卷第 2 期上续载所译述的《希腊罗马神话与传说中的英雄传说》和所撰《元曲叙录》。还在该期续载完洛生(恽雨棠)翻译的《苏俄文学概论》,并发表译者后记:"这本小册子之异于其他介绍苏俄文艺作品的著作是在于她不是简单地介绍苏俄文艺;而是介绍苏俄的革命文艺——苏维埃文艺,无产阶级文艺。""无产阶级之应有其自己阶级的文学,在目下的中国文坛上,大约已没有人敢于否认或反对了吧。则这一本小册子译成中文,介绍到中国来并非没有意义的。"同期还发表冯雪峰翻译的普列汉诺夫《文学及艺术的意义》。

二月十一日

夜,在自己家里与叶圣陶、王伯祥、周予同、徐调孚、高觉敷、博文、李青崖公宴贺昌群、赵景源(商务印书馆同事)。

三月一日

为所著《中国文学史(中世卷第三篇上)》作《后记》,该书于 5 月由商务印书馆出版。

三月二日

中国左翼作家联盟在上海成立。郑振铎虽然曾是左联的前身组织中国著作者协会的主要发起人和执行委员,但因各种原因(主要是左联早期的"左"倾关门主义)而没能参加左联,但他后来一直支持左联的革命文学运动,并不计较一些左联年青同志的偏激的攻击,在斗争中与左联作家结成深厚的战斗友谊。

三月十日

在《小说月报》第 21 卷第 3 期上续载所译述的《希腊罗马神话与传说中的英雄传说》和所撰《元曲叙录》。还在《国外文坛消息》栏发表张铁弦《新俄文坛消息一束》。

三月十五日

与叶圣陶、王伯祥游半淞园,饮于高长兴,访书于来青阁。

三月十七日

夜,何炳松在郑振铎家宴请老舍,叶圣陶、王伯祥等商务同人作陪。

三月二十一日

晚,在自己家召友人聚餐,到者有老舍、叶圣陶、王伯祥、卢冀野、赵景深、谢六逸、徐调孚等。

三月二十二日

散馆后,与叶圣陶、王伯祥访慰元。

三月二十四日

作《阿志巴绥夫的重要作品》和所译《沙宁》的《后记》。

三月

自费影印的明万历初年毗陵蒋孝三径草堂本《新编南九宫词》作为"西谛景印元明本散曲"之一由北京大学出版组印行(实际当是5月以后)。

四月一日

左联刊物《萌芽月刊》第1卷第4期发表"穆如"的《大学潮》,不点名地攻击郑振铎担任光明大学文学院长一事。

四月四日

沈雁冰(茅盾)由日本返抵上海。不久,即参加左联,对左联不吸收郑振铎等人参加感到纳闷,并表示不赞成这种"关门"的做法。茅盾回国后,郑振铎即向他说起神秘的革命者"洛生",经茅盾设法打听了解,郑振铎才知道他就是以前商务印书馆同事、共产党员恽雨棠。

四月十日

在《小说月报》第21卷第4期上发表《传奇的繁兴(上)》、译诗《骑士的死》,续载所撰《元曲叙录》和所译述的《希腊罗马神话与传说中的英雄传说》。

四月十一日

左联刊物《巴尔底山》第 1 卷第 1 期发表"王泉"的《悼"光明大学"》,点名嘲讽郑振铎。

四月二十一日

晚,在自己家里召友人聚饮,到者有叶圣陶、王伯祥、瞿菊农、谢六逸、徐调孚、周予同、傅东华、赵景深,至 10 时始散。

四月二十二日

夜,拟成《中国文学史草目》,计划分古代卷、中世卷、近代卷三大卷,计 18 册。

四月

所著《近百年古城古墓发掘史》由商务印书馆出版,为"万有文库"的第 1 集第 906 种。

本月,洛生(恽雨棠)访问郑振铎,征询他对无产阶级革命文学的看法,并希望《小说月报》能积极参加革命文学运动。

五月二日

"夜在振铎所公钱济之并欢迎雁冰。一则将出任驻赤塔总领事,一则甫归日本也。同坐丏尊、雪村、景源、叔渔、仲云、希圣、圣陶、东华、调孚、振铎、君箴、均正、予同等,至十时半乃散。"(王伯祥日记)

五月十日

在《小说月报》第 21 卷第 5 期上续载所译述《希腊罗马神话与传说中的英雄传说》和所撰《元曲叙录》。

五月十二日

与蔡元培、胡适、叶恭绰、杨杏佛、林语堂、戈公振、谢寿康、邵洵美、郭有守、唐腴庐等人,应徐志摩之邀,在上海华安大厦举行国际笔会中国分会发起人会。

五月二十一日

左联刊物《巴尔底山》第 1 卷第 5 期发表"狐尾"的《安全的一份》,批评郑振铎在《小说月报》第 17 卷号外《中国文学研究》(上)中说的"我们是在研究室里,我们是在做我们的工作,而室内却是安全的"(其实,郑振铎这句话本是充满对黑暗专制激愤的反话)。认为这

"超然于现代的社会斗争的漩涡，岂不是比从前提倡血与泪的文学，或起草什么人权宣言，格外来得聪明了么？"同期，发表"戎一"的《笔社与聚餐》，攻击郑振铎"是资本家豢养的'伙色'"，"把他划入在'中间阶级'的一类中去"也仍"是把他们估量得太高了"，"其实，他们根本是现在统治者的帮手"。同时，还发表5月11日《左联给复旦大学文学系诸教授的信》和《左联给〈巴尔底山〉编者的信》，揭露反动派冒充左联对郑振铎等人寄恐吓信的卑鄙行径（此事正反映了敌人妄图利用左联前期的"左"倾关门主义错误来间离郑振铎等人与左联的关系）。

五月三十一日

为所藏明万历初年毗陵蒋孝三径草堂本《新编南九宫词》题词，并付北京大学出版组印行。

五月

所译俄国阿志巴绥夫长篇小说《沙宁》由商务印书馆出版，为《文学研究会世界文学名著丛书》之一。

所著《中国文学史（中世卷第三篇上）》由商务印书馆出版。

二月至五月

老舍从国外归来后，住在郑振铎家里写作《小坡的生日》的后半部。

六月十日

在《小说月报》第21卷第6期上续载所撰《元曲叙录》和所译述的《希腊罗马神话与传说中的英雄传说》。

六月十三日

夜，在自己家里召友人聚餐，到者有叶圣陶、王伯祥、傅东华、陆侃如、冯沅君、储皖峰、白芷繁等。

六月二十一日

晚，赴新雅应傅东华之约，到者还有叶圣陶、王伯祥、周予同、徐调孚、陈望道、谢六逸、陆侃如、冯沅君、夏丏尊、章雪村。

六月二十八日

　　晚,李青崖在郑振铎家召友人聚餐,到者有叶圣陶、王伯祥、徐调孚、谢六逸、傅东华、赵景深、樊仲云。

七月十日

　　在《小说月报》第 21 卷第 7 期上续载所译述的《希腊罗马神话与传说中的英雄传说》和所撰《元曲叙录》。

七月二十二日

　　中国自由运动大同盟组织部"为加紧准备八一工作[按,8 月 1 日为国际反帝国主义战争日]和援助法电七二一惨案[按,7 月 21 日上海法商水电业罢工工人被杀伤 30 余人]"发出《组织部通告第五号》,其第七条"列举目前主要工作"中"号召全上海同学,尤其是被勒令停止办各学校"(按,当包括郑振铎参与筹备的"光明大学")的同学"组织起来,反抗停办学校,摧残教育,包围市教育局,打不登招生广告的各狗报。援助暨大和法电惨案,成立分盟,参加八一示威"。

七月

　　北平图书馆善本部考订组组长赵万里来沪,到郑振铎寓所看书,见到明嘉靖年间四川嘉定九峰书院刻本元遗山《中州乐府》,赞叹不已。

　　由左翼作家联盟、社会科学家联盟、社会科学研究会、新闻记者联盟、电影演员联盟、世界语联盟、话剧演员及美术工作者联盟等"八大盟"在上海组成中国左翼文化总同盟(简称"文总")。

八月十日

　　在《小说月报》第 21 卷第 8 期上续载所译述的《希腊罗马神话与传说中的英雄传说》和所撰《元曲叙录》。同期《国外文坛消息》栏发表张铁弦《新俄文坛消息一束》。

八月三十日

　　晚,王伯祥在郑振铎家召友人聚餐,到者有沈雁冰、叶圣陶、夏丏尊、章雪村、陈望道、谢六逸、周予同、徐调孚、傅东华。

八月

　　赵万里在《国立北平图书馆馆刊》第 4 卷第 4 号发表《记长乐郑

氏影印明刻新编南九宫词》。

九月二日

与叶圣陶、王伯祥访陈乃乾,访书于中国书店。

九月八日

散馆后,叶圣陶、王伯祥等赴郑振铎家,预祝郑母五十寿。次日,赴郑母寿筵于新新酒楼。

九月十日

在《小说月报》第21卷第9期上续载所译述的《希腊罗马神话与传说中的英雄传说》和所撰《元曲叙录》。

九月十三日

晚,在自己家里与章雪村设宴召友人聚餐,到者有沈雁冰、夏丏尊、陈望道、谢六逸、周予同、徐调孚、傅东华、赵景深、孙福熙。

九月二十日

散馆后,与叶圣陶、王伯祥、周予同、徐调孚、宋云彬饮于豫丰泰。

九月二十七日

夜,沈雁冰在郑振铎家里设宴召友人聚餐,到者有叶圣陶、夏丏尊、陈望道、王伯祥、谢六逸、周予同、徐调孚、傅东华、陶希圣、樊仲云等共14人。

九月下旬

北平图书馆谢国桢赴沪访书。"在沪上认识了郑西谛先生,西谛约我到他家吃晚饭,看了不少的好书,如明板磨忠记、修文传传奇,五色套板西湖佳话,明刻绣像列女传等书,饱我不少的眼福。"(谢国桢《三吴回忆录》)

十月四日

鲁迅得田汉信并附致郑振铎信及译稿,即托蒋径三将田汉的信及译稿转交郑振铎。

十月十日

在《小说月报》第21卷第10期上续载所译述的《希腊罗马神话与传说中的英雄传说》和所撰《元曲叙录》。

十一月八日

晚,到何炳松家,与叶圣陶、王伯祥、周予同会合,同赴格罗希路[今延庆路]黎青主之招宴,同坐还有萧友梅等。

十一月十日

在《小说月报》第 21 卷第 11 期上续载所译述的《希腊罗马神话与传说中的英雄传说》和所撰《元曲叙录》。

十一月十五日

夜,在自己家里和沈雁冰、叶圣陶、王伯祥、徐调孚、周予同、傅东华、李青崖等公宴李石岑。李石岑 1928 年 6 月 29 日赴法,本月上旬回国。

十一月十六日

国际笔会中国分会在上海华安大厦正式举行成立大会,郑振铎出席,推胡适为临时主席,通过章程。推选蔡元培、叶誉虎、徐志摩、郑振铎、邵洵美、戈公振、郭有守七人为理事,蔡为理事长,戈为书记,邵为会计。约定每月第一个星期日聚餐一次。

十一月十七日

夜,赴何炳松宴,到者还有叶圣陶、王伯祥、李石岑、傅东华、高觉敷等。

十一月二十三日

夜,赴功德林贺陶希圣母七十寿,到者还有叶圣陶、王伯祥、陈望道、谢六逸、周予同等。

十二月五日

散馆后,与叶圣陶、王伯祥、徐调孚、樊仲云等同茗于好世界。

十二月十日

在《小说月报》第 21 卷第 12 期上续载所译述的《希腊罗马神话与传说中的英雄传说》和所撰《元曲叙录》。

十二月十三日

夜,与叶圣陶、王伯祥、陈乃乾饮于世界酒家。

十二月十八日

为清代《花间九奏杂剧》九种作跋,后载《清人杂剧初集》第9册。

十二月十九日

为清代《续四声猿杂剧》四种作跋,后载《清人杂剧初集》第6册。

为《秋声谱杂剧》三种作跋,后载《清人杂剧初集》第10册。

十二月三十一日

与叶圣陶、王伯祥、往访陈达人、吴致觉。

十二月

为所编《清人杂剧初集》作《例言》(原署1931年12月作,误),载《清人杂剧初集》第1册卷首。

本年

夏衍翻译了苏联作家高尔基的戏剧集(包括《下层》[今译《夜店》]、《太阳儿》、《敌人》三个剧本),由郑振铎介绍给商务印书馆出版。后排校将竣,"一二八"战事爆发,书稿被毁。夏衍后来在《左联成立前后》中回忆说:"过去我们[按,指左联]作家的作品只能在自己办的或与左翼有关的书商办的杂志上发表……到了'一·二八'以后情况就不同了……通过郑振铎同志,连商务印书馆也肯出版左联作家的作品了。"其实,在"一二八"以前,郑振铎就开始帮助左联作家在商务印书馆出书了。

一九三一年　三十四岁
（民国二十年　辛未）

一月一日

在汪馥泉主编《新学生》月刊创刊号上发表论文《中国文学批评的发端》，从孔子的文学观说到挚虞的《文章流别志论》，其间颇有创见。文末所附参考书目中有："《中国文艺批评资料》第一集，西谛辑，在编辑中。"汪馥泉在《编辑后记》中说："郑先生自己也觉得这篇文章虽字数不多，但很有趣味。"

在《中学生》月刊第 11 期上发表《宋人话本》，为拟写的《宋元明小说的演进》一书中的一章。后因文中提及《唐三藏取经诗话》的版本问题，引起鲁迅的商榷。

一月七日

夜，赴世界酒家，应李青崖之招宴，到者还有叶圣陶、王伯祥、周予同、傅东华、陶希圣。

一月九日

散馆后，与叶圣陶、王伯祥、徐调孚应夏丏尊约，至世界酒家茶叙。

一月十日

在《小说月报》第 22 卷第 1 期上续载译述的《希腊罗马神话与传说中的英雄传说》和所撰《元曲叙录》。

本日，商务印书馆总经理王云五公布所谓《编译所编译工作报酬标准施行章程》。王云五以六个月的时间，匆匆视察欧洲九国，学得所谓"科学管理法"，于本日强行推行此章程共 26 条，并宣布至 6 月底为试办时期。此章程公布后，郑振铎与编译所全体职工均认为不合理,群起反对。

一月十二日

　　出席在静安寺雪园举行的中国笔会常会,及欢迎新从法国归国的作家盛成。

一月十四日

　　商务印书馆编译所开全体职工大会,一致通过反对王云五所定之《编译所编译工作报酬标准施行章程》,"盖所谓'科学管理法'者不过是抄袭西方资本主义国家生产过剩之一种抑勒办法,带有帝国主义之色彩,决不能容于今日之中华民国也。"(王伯祥日记)

一月十五日

　　商务印书馆编译所职工会在《申报》等报纸上发表《商务印书馆编译所职工会宣言》,"全体反对所谓绝对不合科学方法的新标准"。

一月十六日

　　商务印书馆职工"反对工作标准特种委员会"正式成立,出《临时报告》第一号。散馆后,与叶圣陶、王伯祥茗于新雅,谈商务印书馆前途。

一月十八日

　　为清代《后四声猿杂剧》四种作跋,后载《清人杂剧初集》第7册。

一月十九日

　　商务印书馆编译所职工会于四马路(今福州路)一枝香饭店召开上海各界人士招待会,反对王云五的所谓"科学管理法",请求各界主持公道。"到律师界、新闻界、各工会职工会代表及吴稚晖、潘公展、陈霆锐、朱隐青、邝富灼、谢福生、陈望道、夏丏尊等凡八十余人。由陈岳生报告经过情形后,先后发言者多至十余人,多以著作者甘苦之谈深表同情;且于'科学管理'、'合理化'等曲解处亦多所辞辟也。足征公道究在,欺世者终不能掩耳矣。"(王伯祥日记)后经有关方面调解,王云五被迫于22日取消所谓"报酬标准施行章程",这场斗争取得了胜利。事后郑振铎对人说:"由于此次的教训,我们认识了自己的力量。"(见1931年4月13日《文艺新闻》周刊第5期《著作家的组合》)

　　胡也频于 17 日被国民党反动当局逮捕,郑振铎闻讯后极为焦虑,今日急托沈从文带二百元钱给丁玲,并带去他与陈望道署名写给邵力子的一封信,设法营救胡也频。后来丁玲说:"我回湖南是我向郑振铎预支稿费二百元。后来我没有用稿子还债,是我一生中唯一的欠债。"(在《记丁玲续集》上的批语)

　　本日,鲁迅写《关于〈唐三藏取经诗话〉的版本》,与郑振铎作学术上的商榷,后载 1931 年 3 月《中学生》月刊第 12 期。

一月二十日

　　为清代《续离骚杂剧》四种作跋,后载《清人杂剧初集》第 2 册。

一月二十五日

　　为所编《清人杂剧初集》作《序言》,后载《北平图书馆馆刊》第 5 卷第 2 期、1934 年 4 月《文学季刊》第 1 卷第 2 期及该书卷首。本日,又为清代《明翠湖亭四韵事杂剧》四种作跋,后载《清人杂剧初集》第 5 册;为清代《桃花吟杂剧》一种作跋,后载《清人杂剧初集》第 8 册。

一月三十日

　　为清代《四色石杂剧》四种作跋,后载《清人杂剧初集》第 8 册。

二月一日

　　午前,与王伯祥、周予同、徐调孚访叶圣陶,邀叶圣陶和夫人胡墨林午饭于新雅。叶圣陶正式离开商务印书馆,入开明书店工作,任开明书店编译所副主任、《中学生》杂志主编。

二月七日

　　左联五作家及其他革命者共 24 人在龙华被国民党反动派秘密杀害。其中胡也频、恽雨棠(洛生)等同志是郑振铎熟识的。郑振铎闻讯后极为悲愤,后在年底写的《纪念几位今年逝去的友人》中沉痛哀悼。

二月八日

　　上午,周予同、叶圣陶、王伯祥来访。

二月十日

　　在《小说月报》第 22 卷第 2 期上续载所译述的《希腊罗马神话与

传说中的英雄传说》和所撰《元曲叙录》。

为清代《续离骚》、《吊琵琶》、《桃花源》、《黑白卫》、《清平调》杂剧五种作跋,后载《清人杂剧初集》第 4 册。

二月十一日

国民党中央去年颁布《工会法》,国民党上海市党部社会局据此限令商务印书馆工会于本年 2 月以前改组。本日,编译所职工普选,开票,郑振铎、周予同等九人当选。

二月十四日

商务印书馆编译所工会(被改名为"上海市出版业工会商务印书馆事务所编译处办事处",下同)开预备会,推定郑振铎与周予同任宣传委员兼办刊物。

二月二十日至二十四日

与王伯祥、周予同、贺昌群结伴游南京。

二月二十八日

为清代《临春阁》、《通天台》杂剧二种作跋,后载《清人杂剧初集》第 1 册。

三月一日

下午,与叶圣陶、王伯祥茗于冠生园。

三月三日

何炳松在家里与商务印书馆编译所诸同人公宴胡愈之。郑振铎当参加。胡愈之出国已三年,刚归来。

三月六日

晚,在家里与诸友公宴胡愈之。

三月十日

在《小说月报》第 22 卷第 3 期上续载所译述的《希腊罗马神话与传说中的英雄传说》和所撰《元曲叙录》。

三月十五日

上午,与叶圣陶、宋云彬、王伯祥聚谈为《中学生》撰文事。

三月二十日

商务印书馆编译所工会开第一次干事会,决定"出版刊物,由宣传干事议定办法,制造预算表"等(见 6 月 15 日《编辑者》月刊第 1 期)。

三月二十三日

为所编《清人杂剧初集》作跋,后载《清人杂剧初集》第 10 册末。

三月二十八日

夜,在家里召诸友聚餐,到者有叶圣陶、胡愈之、王伯祥、谢六逸、周予同、徐调孚等。

作《致文学青年》,后载 5 月 1 日《中学生》月刊第 15 期。

春季

上海良友图书印刷公司编辑孙师毅拟主编一套《中国现代史丛书》,第一期共八卷,施复亮写经济史,孙师毅写政治史,张心征写交通史,李达写实业史,周予同写教育史,郑振铎写中国现代文学史,孙绍尧写法制史,李朴园、梁得所、甘乃光写美术史。每册约 20 万字。预约广告后刊于 6、7 月《文艺新闻》及 9 月号《良友画报》等报刊上,预告年底全部出齐。结果"九一八"事变发生,预告近乎落空,后来仅出版了现代中国经济史、交通史、教育史三本。

四月五日

与叶圣陶、王伯祥、徐调孚、贺昌群等于新乐府观昆曲《寄子》、《搜山》、《打车》、《跳墙》、《着棋》、《佳期》、《训子》、《问病》、《琴挑》、《楼会》、《十字坡》、《乔醋》、《活捉》、《击鼓》、《堂配》。

四月六日

《文艺新闻》第 4 期《出版界之一周》报道:"大江书铺计划出版《大江百科文库》(中学教本)陈望道主编。执笔者为周予同、郑振铎、施复亮、匡互生、汪馥泉等数十人。"

四月八日

商务印书馆编译所工会开第二次常会,讨论"通过刊物《编辑者》办法条文"等(见《编辑者》第 1 期)。

四月十日

在《小说月报》第 22 卷第 4 期上续载所译述的《希腊罗马神话与

传说中的英雄传说》和所撰《元曲叙录》。

四月二十九日

为所编《元明杂剧辑逸》作《例言》。该书稿后积累盈尺，但因他希望能见到新的资料（如也是园《古今杂剧》等），故一直未付印。该《例言》原稿今存。

四月三十日

在《青年界》创刊号上发表《罗贯中》。

四月

所译印度泰戈尔诗集《新月集》由商务印书馆收入《万有文库》第一集再版。

五月二日

散馆后，与胡愈之、王伯祥、叶圣陶、谢六逸、周予同、徐调孚、樊仲云等茗于新雅。

五月三日

夜，在家里宴集诸友，到者有叶圣陶、夏丏尊、章雪村、王伯祥、谢六逸等。

五月十日

在《小说月报》第22卷第5期上续载所译述的《希腊罗马神话与传说中的英雄传说》和所撰《元曲叙录》。

夜，冒雨到四马路（今福州路）某书店查资料，于来青阁见到一书单，知在苏州有新出现的传奇与杂剧。次日即赶到苏州，发现与购得百十种传奇与杂剧的抄本，兴奋异常。

五月十六日

晚，叶圣陶夫妇、王伯祥等到郑振铎家拍曲，邱晴帆唱《议剑》，莲轩唱《游园》，育民唱《弹词》，吴小姐唱《思凡》。

五月十七日

叶圣陶、王伯祥来访，三人同出至南洋中学晤陈乃乾。夜，四人同赴都益处，应陈望道之约，到者还有徐调孚、谢六逸、周予同等。

五月十八日

作《钞本百种传奇的发现》,记述 11 日于苏州所购得之书,后载 6 月 15 日《编辑者》第 1 期。

五月二十八日

夜,叶圣陶、王伯祥在味雅宴请王芝九,郑振铎、丁晓先、傅东华、周予同、俞剑华、金子敦等作陪。

五月三十一日

夜,赴大新街杏华楼应陶希圣、樊仲云之约,共二桌,与叶圣陶、王伯祥、谢六逸、傅东华、陈望道、周予同、乐嗣炳、樊仲云同桌。

约五月

所编《清人杂剧初集》影印出版,为"西谛所刊杂剧传奇第一种",收入清人杂剧共 9 家 40 种。书末附有《西谛景印元明清本散曲目录》、《西谛所印杂剧传奇目录》。

约本月,辞去中国公学文史系兼职教授之聘。

六月九日

鲁迅由冯雪峰、蒋径三以及日本青年增田涉陪同,到郑振铎家,观赏他收藏的明清版书籍插图。这是鲁迅日记所记鲁迅第一次到郑振铎家作客。

六月十日

在《小说月报》第 22 卷第 6 期上续载所译述的《希腊罗马神话与传说中的英雄传说》和所撰《元曲叙录》。

六月十二日

晚,赴味雅应俞剑华、金光熙之约,到者还有叶圣陶、王伯祥、巴金、丁晓先、徐调孚、顾均正等。

六月十五日

与周予同二人主编的"上海市出版业工会商务编译所办事处"内部刊物《编辑者》月刊创刊。该刊共出 5 期即停刊。郑振铎在创刊号上发表《发刊词》,指出:"在这个急骤变动的大时代里,我们的责任是不很轻微的。"文章分析了知识分子阶级地位的历史变化,认为:"新兴的资本势力的压迫","只能增加了他们向前奋斗的勇气,与更清楚的认识了自己的真实的力量与责任，并不能丝毫摇撼到他们的自信与生存。"提出编辑者们要"督促监视"出版社当局"不使其为了'利令智昏'而印刷任何有毒害的东西"，并反抗"任何无理的新的压迫，凭藉了资本势力而加到我们的身上"。该期还发表他的《钞本百种传奇的发现》。在该期《编后》中说："这是我们的喉舌，希望大家继续努力作稿。"

共产国际潜伏在中国的秘密工作人员牛兰和他的妻子在上海被公共租界巡捕房逮捕。后来，郑振铎参加过营救活动。

六月二十二日

商务印书馆编译所工会开临时会，议及"工部局顾问费唐近在各报发表报告书，言论非常荒谬，赞扬租界办法，似上海非将租界永远交外人办理不可。中国民众尚无相当表示，海上各大报亦均不置一辞，为挽回民族地位起见，应联络各界反抗，作有力的行动。此案本处郑重通过，以全体干事名义提交理事会"。（见 7 月 15 日《编辑者》月刊第 2 期）

六月二十七日

鲁迅收到郑振铎所赠、托蒋径三带来的信笺及信封各一盒。这可看作郑振铎与鲁迅合作选刻笺谱的开始。

六月

与叶圣陶、王伯祥、徐调孚等打算翻印《六十种曲》，拟将全书加以圈点，弁以新序，并出家藏善本以勘比异同（据 6 月 15 日《编辑者》月刊第 1 期《学术界消息》）。后 1935 年 6 月由开明书店出版了叶圣陶等人断句精校排印本《六十种曲》。

七月十日

夜，应贺昌群之约赴陶乐春，为其子庆祝满月。到者还有叶圣陶、王伯祥、周予同、蒋径三等。

在《小说月报》第 22 卷第 7 期（衍期出版）上发表小说《元荫嫂的墓前》、论文《明清二代的平话集（上）》，续载所撰《曲海叙录》。又发表丁玲创作的短篇小说《田家冲》。这是丁玲在胡也频牺牲后根据自己

回湖南的感受创作的，是丁玲用马克思主义观点指导自己创作的第
一次尝试。

七月十五日

　　主编《编辑者》月刊第 2 期出版，发表所作《编译方针与编译计
划》，提到应有：一、一般的入门书籍的刊行，二、世界文学名著的翻
译，三、专门名著的介绍，四、各科参考要籍的编辑，五、中国旧刊要籍
与名著的整理与编印，六、秘籍的翻印与重要佚著的辑存。

七月十八日

　　请张元济写致傅增湘、罗振玉、陶湘、王季烈等老先生的介绍信，
欲去北平、大连等地拜访他们。

七月二十三日

　　鲁迅收到郑振铎来信并赠《百华诗笺谱》一函二本。鲁迅随即回
信谢之。（信已佚）

七月二十九日

　　商务印书馆编译所工会开第十次常会，议及"会员彭家煌以政治
嫌疑被捕，其妻孙珊馨要求工会作证，本处已据孙女士函转达〔上海
市出版业〕工会，据官厅复称，此系浙省密令，尚须调查证据。"（见 11
月 15 日《编辑者》第 4 期）彭家煌还是文学研究会的会员和左联成
员。

七月三十日

　　作长篇论文《元代的杂剧》，后在 8 月 10 日、9 月 10 日、10 月 10
日的《学生杂志》月刊第 18 卷第 1、2、3 期上连载。论述了元代各大剧
作家及其作品，文末云："我所辑的《元明杂剧辑逸》中，尚辑有费唐
臣、纪君祥、沈和甫等等，以及无名氏之作，凡数十种，以其并为零星
的残文，故这里皆不具述了。"

八月七日

　　与叶圣陶访王伯祥，偕出，小饮于豫丰泰。

八月九日

　　出席在北京路邓脱摩西餐馆举行的中国笔会常会，并在部分理

事改选中再次当选。

今日，大革命失败后被迫逃亡日本的原商务印书馆同事、教育家、共产党员杨贤江，因患膀胱结核、肾结核、肺结核等病逝世于日本长崎医科大学附属医院。不久，郑振铎得到噩耗，悲愤异常，年末在《纪念今年逝去的几位友人（续）》中深切地悼念这位"最好的先驱"、"具有真实的伟大的人格的'人物'"。

八月十日

在《小说月报》第 22 卷第 8 期上续载论文《明清二代的平话集》（下）及其《跋》与《再跋》。

八月中旬

赵万里从北平南下访书，郑振铎遂同他乘大汽车从杭州对岸西兴直开曹娥，再转火车去宁波访书。在宁波住马廉月湖老宅东厢房，三人昼夜畅谈，郑振铎抄录了马廉所藏有关小说戏曲史料和有关明代版画刻工姓氏资料等。曾欲登天一阁藏书楼，未成，遂访其他藏书家。于冯孟颛处抄得姚梅伯《今乐府选》全目。于孙祥熊处见到明抄本《玉簪记》、《录鬼簿》两书，并将《录鬼簿》借回，从 16 日至 18 日与赵万里、马廉一起抄录一遍。郑振铎抄录该书卷下及续编最后部分。（该书为研究中国戏曲史的重要资料，1938 年北京大学出版组将他们三人的抄本影照石印出版，遂得以流传。）郑振铎又邀赵、马二位一起去镇江访任中敏，马廉因故留在苏州独游虎丘，郑、赵去任家，共商重编《曲录》。

八月二十七日

抄《不登大雅堂书目钞》，"不登大雅堂"是赵万里的书斋名。

刘承幹日记："今晚宴赵万里。陪者张菊生、郑振铎、张冷僧、张芹伯、瞿济苍、〔黄〕公渚，九时半散席。"

八月二十八日

晚，叶圣陶、胡愈之、王伯祥、周予同、徐调孚、高觉敷、蒋径三、李一岑等人在三马路小有天公饯郑振铎、陈达夫、陶希圣。郑、陶将有北平之行，陈将赴法国游学。

八月

所著《近百年古城古墓发掘史》由商务印书馆收入《百科小丛书》中重版。

吕天石撰述、郑振铎校阅的《欧洲近代文艺思潮》由商务印书馆出版,为《新时代史地丛书》之一。

九月一日

夜,与叶圣陶、王伯祥、陈望道、傅东华、陶希圣等在北四川路南京酒家小饮,谈办《文史评论》事至 11 时。

九月二日

商务印书馆编译所工会开第 11 次常会,议及"郑振铎辞职,议决给假,不允辞职","郑振铎请假,《编辑者》须添人帮忙,议决,请陈稼轩代郑振铎职务,朱公垂帮同办理;再敦恳前约诸君投稿,备茶点,郑重召集一次集会。"(见 1931 年 11 月 15 日《编辑者》第 4 期)

九月三日

晚,傅东华、陈望道、谢六逸、樊仲云在桃园宴饯郑振铎、陶希圣,到者还有叶圣陶、王伯祥、王统照、赵景深、李青崖。饭后茶谈于大西洋,11 时散。

九月四日

晚,夏丏尊、章雪村在陶乐春饯郑振铎,到者还有沈雁冰、胡愈之、叶圣陶、王伯祥、周予同、宋云彬、方光焘、顾均正等。8 时许饭毕,又同往惠中旅馆开房间畅谈至 11 时许。

九月七日

携夫人及幼女离沪赴北平。郑振铎后来回忆说:"工会提出打倒王云五,没打倒他。他不走,我们就走! 圣陶走了,我也离开了。"(《最后一次讲话》)他先是向商务印书馆请假半年,此后实际便脱离了该馆。他是应老友、北平燕京大学国文系主任郭绍虞邀请去该校任教的。后任燕京大学和清华大学合聘教授,每周各授课六小时,主要教中国小说史、戏曲史及比较文学史等。先住成府,后住燕京大学天和厂一号。郑振铎离开商务印书馆,也是为了想摆脱繁忙的编辑工作,可以有时间从事《中国文学史》等著作的撰写。他离沪后,《小说月报》编务由徐调孚担任。

在浦口北上的火车上遇张恨水。时张所作《啼笑因缘》刚出版不久,郑振铎向他转述了茅盾对该书的评价,并表示了自己的意见:"在今日,新作的章回小说,很难达到文艺的水准。尤其是意识方面,作章回小说的人,认识不够。"对张恨水的进步表示了欢迎,使他很受教育与鼓舞。(见 1945 年 6 月 24 日《新华日报》张恨水《一段旅途回忆》。原文说是 1931 年初夏的事,疑误。)

九月十日

在《小说月报》第 22 卷第 9 期上续载《元曲叙录》。

九月十八日

日本侵略军夜袭沈阳,开始向我国东北大举进犯。后在蒋介石不抵抗的命令下,东北全境很快沦丧。郑振铎给上海商务印书馆老友写信,"非常愤闷,颇有回沪重办五卅时代《公理报》之意向。"(见 11 月 15 日《编辑者》第 4 期《本会及会员消息》)后燕京大学成立中国教职员抗日会,郑振铎被推举为会长。

九月二十日

在丁玲主编的左联机关刊《北斗》创刊号上发表论文《论元刻全相平话五种》。

九月二十五日

叶圣陶在《开展》杂志第 9 期发表《郑振铎有以语我来》。

十月十日

在《小说月报》第 22 卷第 10 期上续载《元曲叙录》,此为最后一次,后未续载。

十月二十四日

在《儿童世界》第 28 卷第 11 期上有郑振铎的"儿童世界庆祝大会演讲词"(可能是编者沈百英代撰),作为该刊的创刊人,祝贺该刊创刊十周年。

十月二十八日

　　商务印书馆编译所工会开第 16 次干事会常会,复议郑振铎辞职问题,决定准予辞职,以次多数票之刘南陔递补。(后刘来函坚辞,11月 2 日开临时会决议请周予同前往敦劝,如仍坚辞即请次多数之张世禄递补。12 月 9 日第 19 次常会议决张世禄递补,并致函通知。)

　　本日,出席清华大学中文系中国文学会借后工字厅举行的该学期第一次常会,并演讲,"语极恳切,对于同学加以鼓励,略谓清华有优美之环境,稳固之经费,同学应负起创造新文化的责任,努力前进,责无旁贷云云。"(见 11 月 14 日《清华周刊副刊》第 36 卷第 2 期《新闻》)会上,选举本届执行委员,郑振铎被选为学术委员(仅郑一人为老师,余皆为学生)。郑振铎热心关怀文学会的活动,指导同学们的创作、研究与办刊物。当时吴组缃、林庚等中国文学会委员会委员都得到过他的帮助。

十月

　　译述的童话《列那狐》由开明书店作为《世界少年文学丛书》之一再版。

十一月九日

　　上海《文艺新闻》"每日笔记"载:"小说月报编辑郑振铎到清华及燕大任课后,搜罗了许多佛经的绸□[按,此字不清],绸均明织,花纹与颜色极美丽,孙福熙往访,谓可选拣描绘,印成专集。"后来郑振铎自述:"一九三一年在北京市上得到了从'佛脏'中掏取出来的古刻本佛、道二百多种,其时代从宋元到嘉靖都有。中国木刻画史的一段空白时期乃得以填补起来。"(《〈中国古代木刻画选集〉序》)又说"得宋至明初有图单刊本经近五百本"(《劫中得书记》)。所谓"佛脏",就是泥胎或木胎的佛像的背后的方孔,里面常常藏有经卷等物。郑振铎所得出自法源寺。自购得这些"佛脏"珍本后,更加强了他在中国古代版画艺术方面进行收购、整理、研究、影印传世的决心。

十一月十九日

　　徐志摩因飞机失事身亡。郑振铎闻讯后,深为惋惜。数星期前,他还曾在胡适家中与徐交谈过。

十一月

北平朴社出版顾颉刚编《古史辨》第三册,收入郑振铎的论文《读毛诗序》。

十二月三日

作《纪念几位今年逝去的友人》(未完),沉痛悼念被国民党反动派杀害的共产党员胡也频、洛生(恽雨棠)同志,以及因飞机失事身亡的徐志摩。热烈称赞胡也频是"一位勇敢的时代的先锋","他的死是一个战士般的牺牲,是值得任何敌与友的致敬的",并说"我知道他在'工作',但我决不问他什么——我向来是绝对不打听友人们的行动的"。热烈赞扬恽雨棠是"意志异常的坚定的。在我的许多友人们里似没有比他更为严肃、坚定的",又说:"我不便问他的事。但我很担心他的行动。"对徐志摩之死也表示了哀悼,但说:"也频洛生的死,是战士般的牺牲,志摩的死,却是何所为的呢?"该文后发表于 12 月 15 日清华大学《文学月刊》第 2 卷第 1 期,有关徐志摩部分,后以《悼志摩》题又载 12 月 8 日《北平晨报》。

十二月十五日

清华大学《文学月刊》第 2 卷第 1 期出版,从本期起郑振铎担任该刊顾问(共 18 人)。

本年冬

通过夫人高君箴,邀请刘淑度担任自己的秘书。刘淑度回忆:"这年的冬天,我在上海神州女学的老同学,这时已成了郑振铎夫人的高君箴,来找我。她说:'最近郑先生从上海来北平,……准备在教书之余,编写中国文学史、绘画史、版画史等几部书。想请一两位助手帮助他工作。我想找你去。'我和母亲犹豫不决。……后来,郑振铎先生说将来打算给我在燕京大学'校刊编委会'补个名字,名义上我是'校刊编委会'的人,实际我在郑先生家帮助他工作。……从此以后,我就天天往郑先生家中跑。"(《我与篆刻》)刘淑度还拜齐白石为师学篆刻,后为郑振铎治印十来枚。郑振铎后来还请她为鲁迅刻印二方,颇得鲁迅喜欢。

一九三二年　三十五岁

（民国二十一年　壬申）

一月一日

　　在《中学生》月刊第 21 期《"贡献给今日的青年"诸家的意见如此》栏，与鲁迅等共 52 人分别发表文章，回答该刊提问："假如先生面前站着一个中学生，处此内忧外患的非常时代，将对他讲怎样的话，作努力的方针？"郑振铎在文内号召青年："我们不该枉自悲愤，我们不该以为游行，讲演，抵货，便尽了我们的责任。我们该唤起一般民众，和我们一同工作。民众的工作的力量，我们将会见到，那是几十年来把持着'统治大权'的军阀与官僚所决未梦见的。"

一月二日

　　在《儿童世界》周刊第 29 卷第 1 期上发表《贵族与狐》，这是他为纪念该刊创刊十周年而特地写的童话。

一月十四日

　　回上海。

一月十五日

　　在清华大学《文学月刊》第 2 卷第 2 期上发表《纪念今年逝去的几位友人（续）》，悼念共产党人杨贤江，热烈赞扬"在政治运动里，他也显出他的坚贞纯一的崇高的精神来。他信仰着某一种主义的时候，他便为这主义而献身，而奋斗，一点也不退却，一点也不彷徨。他是一个最好的先驱者，最好的工作的人。"郑振铎在 1931 年底写的这篇分两次发表的重要文章中，公开悼念和赞扬被反动派杀害和迫害致死的共产党人胡也频、恽雨棠、杨贤江等，认为他们"是我们这个古老的民族的一线新的生机"，愤怒抗议反动派用"屠杀"和"无数的别的不可说的法术儿"，"来销铄他们，毁亡他们。总之，要使意志坚定的最好的最有希望的青年们，在全国不见了踪迹。这是我们最可痛心的事"，"不仅仅是为了个人的友情而已。"郑振铎在当时公开发表如此旗帜鲜明的文章，是极为难得的！

一月十七日

上午，与叶圣陶、刘叔愚访王伯祥，同出，饭于新雅。

一月二十一日

夜，赴章雪村家聚餐，到者还有夏丏尊、叶圣陶、王伯祥、徐调孚、宋云彬、刘叔琴、方光焘等。

一月二十八日

中午，与叶圣陶、王伯祥、徐调孚、蒋径三、功甫共宴顾颉刚于北四川路中有天，顾此日赴杭省亲。下午，郑振铎从闸北湖州会馆走过，见到了列队准备上前线的士兵。他避难到沪西。夜 11 时许，日本侵略军进攻上海闸北，蔡廷锴等领导十九路军违背蒋介石指令，在全国人民爱国精神影响下，奋起抵抗。郑振铎躺在帆布床上听到枪声，一时全身的血都似乎为之凝止。

这次战役，商务印书馆总厂遭日军猛烈轰击破坏，东方图书馆被炸，烧毁图书无数。《小说月报》第 23 卷第 1 期（该期要发表郑振铎译述的俄国契里珂夫的短篇小说《魔术家》，和他亲自拉来的茅盾的长篇小说《子夜》、老舍的长篇小说《大明湖》的头一章等）被毁，该刊遂停刊。郑振铎已编好的所著诗集、短评杂感各一册，译述的《伊利亚特》、《奥特赛》二大史诗，编译的《民俗学概论》等书稿，以及他介绍而且已排版的夏衍翻译的苏联作家高尔基的戏剧集等，均被毁。郑振铎在东宝兴路的寓所则沦入日军之中，书箱被用刀斧斫开不少，失书数十箱，皆近人著作，全部的弹词、鼓词、宝卷及小唱本均丧失无遗。另，去年下半年瞿秋白翻译的苏联作家革拉特珂夫长篇小说《新土地》（原版书还是曹靖华特地从苏联寄上海鲁迅转瞿秋白的），郑振铎原准备以后发表于《小说月报》上的，亦被毁。日本帝国主义的滔天罪行罄竹难书！

二月六日

晨,叶圣陶、王伯祥来大中华旅社 308 号晤郑振铎、郑心南、俞颂久、顾寿白、李圣五,详谈救国工作及今后生活问题。

二月八日

离沪北上。

二月二十二日

在清华大学全校大会上讲演,题为《我所见的上海战争》,指出:"中国自鸦片战争一战后,与外国的战争,从未有得胜者。这次军队不多,竟能对峙如此之久,且著著胜利,可算是鸦片战后第一次的真正的有力的战争。……上海为血水冲洗,将要把一个浮华夸耀的万恶渊薮,改造成为一个与前绝不相同的'圣地'。……我们要努力准备着,站在我们面前的是最艰苦最光荣最有希望的一次大战争。我们要迎上去,战!战!战!胜利一定是在我们的一边……"讲演记录稿后经郑振铎审阅,发表于《国立清华大学校刊》第 374 期上。

二月二十六日

王伯祥日记:"又接振铎书,知北方反日标语绝迹,天津且日货畅流,为之叹愤。"

三月九日

作诗《我们的伤痕永不在背上——献给抗日烈士之灵》,后载 7 月 20 日《中华公论》月刊创刊号。

在"一二八"事变到克复百灵庙期间,郑振铎还作有《吴淞口的哨兵——记所见》、《"哀兵"咏——丰台事件的前夜》、《"什么时候是我杀敌的时候呢!?"——步兵之歌》、《"暾起于东方兮"——马队之歌》等抗日诗歌。

三月十九日

在北京大学作重要演讲《新文坛的昨日今日与明日》,全面回顾五四以来新文学运动的历史,说明现在和推论将来。这篇演讲为我国新文学史重要文献。许采章记录稿后载 7 月《百科杂志》第 1 期,王俊瑜记录稿后载 5 月 1 日《民众教育季刊》第 1 卷第 3、4 期合刊,《文艺

新闻》在 5 月 2 日第 53 期上发表了《中国在十年以后，不做主人就做
奴隶——郑振铎在北大演说》的通讯报道。其中许采章的记录稿后经
郑振铎审阅并收入所著《痀偻集》中。

三月二十三日

　　作《中国戏曲史料的新损失与新发见》，载 3 月 30 日清华大学
《文学月刊》第 2 卷第 4 期。文中凭记忆写了"一二八"役中被日寇烧
毁的部分"不可复赎的戏曲史上的珍奇无比的资料"，文末愤怒地指
出："十年或数十年的辛勤的收获，即一旦皆化为灰烬，则这种陆续的
搜求的结果，其运命也正未可知，特别是在我们这个没有海岸防御，
更没有空中防御的国家里。所谓先民的文化的收获，那一天不在风雨
飘摇的境地里冒着险？为了这（不必说是为了自己的自由与生命了），
谋国的人们好像也该有些警惕与感发罢！"

三月二十五日

　　作评论《我们所需要的文学》，载 4 月 2 日《清华周刊》第 37 卷第
6 期，号召作家们"在这热烘烘，火辣辣的伟大时代里"，创造出"力的
文学，争斗的文学，为群众而写的文学，刺激的，呼号的，热烈的文
学"。吴组缃在此文后写道：这不仅给清华，而且给整个"沉寂若死的
北方文坛"敲了"第一次的警钟"。

三月二十八日

　　趁春假回上海看望。寓所尚无恙，托岳父高梦旦和家叔郑莲蓄等
人将寓所内劫余存书全部迁出，后大多寄存在开明书店图书馆。

　　今日访叶圣陶。

三月三十日

　　晚，在胶州路合丰里岳父家请叶圣陶、王伯祥聚谈。

四月一日

　　与叶圣陶、王伯祥饮于高长兴。

四月三日

　　为明传奇《博笑记》作跋，载 5 月上海传真社影印《博笑记》卷末。

四月四日

到开明书店会叶圣陶等人。

为明传奇《修文记》作跋,载 5 月上海传真社影印《修文记》卷末。

致中华书局舒新城信,推荐杨绰庵《国民政府财政统计》书稿。

四月六日

回北平。

四月九日

因日寇侵略避难到上海的吴梅给郑振铎写信(见吴梅日记)。

五月七日

在《清华周刊》第 37 卷第 9、10 期合刊上发表论文《西厢记的本来面目是怎样的?——雍熙乐府本西厢记题记》。

五月二十日

在《矛盾月刊》第 2 期上发表《民间故事的巧合与转变》。

五月二十二日

为所著《中国文学史》作《例言》,说明了本书取材范围较他书为广、材料有三分之一以上为他书所未述,分期为自己所独创,论断亦多有创新,并附有很多珍贵有趣的插图等。《例言》后载《插图本中国文学史》卷首,并载 7 月 12 日《北平晨报》等处。

六月四日

为所著《中国文学史》作《自叙》,指出以前的中国文学史"几乎没有几部不是肢体残废,或患者贫血症的",表示自己十余年来"发愿要写一部比较的足以表现出中国文学整个真实的面目与进展的历史"的书,今日总算基本完成,"这或将是一部在不被摒弃之列的'爝火'罢。"《自叙》后载《插图本中国文学史》卷首,并载《东方杂志》复刊号、7 月 12 日《北平晨报》等处。

六月十一日

写完长篇论文《宋金元诸宫调考》,后载 7 月燕京大学国文学会《文学年报》创刊号。郑振铎在文末附记中说:"本文的草成,为力颇勤。文中各表,皆不是几天工夫所能写就的。诸宫调的研究,除王国维氏引其端外,今代尚未有他人着手。本文或足为后来研究者的一个比较有用的参考物罢。"

七月十日

　　共产国际工作人员牛兰于 7 月 1 日被南京国民政府以 "危害民国罪"审讯,2 日,牛兰在狱中绝食抗议。今日,潘汉年"利用社会合法形式,在汉口路老半斋菜馆请客,邀集上海文化界一些名人,如柳亚子、田汉、郑振铎等,商讨联合发表致南京国民党政府函电,表示抗议,要求立即释放牛兰夫妇。"(陈修良《潘汉年非凡的一生》)

七月二十日

　　在左联机关刊《北斗》第 2 卷第 3、4 期合刊"文学大众化问题征文"专栏发表文章,认为大众化的文学应是"为了大众而写,出于大众之手的大众自己的创作";肯定"自然的口语文学"是向大众化走去的初步;论证大众文学必然比旧文学高明,尽管在过渡时代未免幼稚;指出实现大众化最首要问题是争取大众受教育的权利。

七月二十三日

　　"午,往石驸马大街应菊农、伏园之招,来者佛西、振铎及刘、林、黎诸君"。(周作人《苦雨斋之一周》)

七月

　　所著文艺杂论、散文集《海燕》由上海新中国书局出版,为《新中国文艺丛书》之一。

　　本月,北平燕京大学国文学会主办的《文学年报》创刊。郑振铎任该刊顾问,在创刊号上发表长篇论文《宋金元诸宫调考》,并审阅了该期所有稿子。该期还发表燕京大学教师张寿林《王昭君故事演变之点点滴滴》一文,作者在文末说此文资料多由郑振铎提供。

约七月

　　所编《插图本中国文学史预约样本》由北平朴社出版,刊有插图8、9 张,并有《插图本中国文学史预约简章》、《自序》、《例言》、《目次》及正文抽页 8 页等。

八月十五日

　　鲁迅致台静农信中说:"郑君治学,盖用胡适之法,往往恃孤本秘笈,为惊人之具,此实足以炫耀人目,其为学子所珍赏,宜也。……郑君所作《中国文学史》,顷已在上海豫约出版,我曾于《小说月报》上见其关于小说者数章,诚哉滔滔不已,然此乃文学史资料长编,非'史'也。但倘有具史识者,资以为史,亦可用耳。"按,鲁迅当时还没有读到郑振铎《插图本中国文学史》,《小说月报》上"关于小说者数章"其实并不是该书中的"数章"。

十月一日

上海商务印书馆《东方杂志》社向全国知名人士遍发通启,征询:"(一)先生梦想的未来中国是怎样?(请描写一个轮廓或叙述未来中国的一方面。)(二)先生个人生活中有什么梦想?(这梦想当然不一定是能实现的。)"后在明年元旦该刊第 30 卷第 1 期上依收到回信的先后揭载,郑振铎列第八篇,他只回答了第一个问题("梦想的中国")。

十月十四日

在北京大学演讲《从变文到弹词》,由汪伟笔记,后收入《痴偻集》中。

十月三十一日

鲁迅托许广平到开明书店预定郑振铎《插图本中国文学史》一部。(后郑振铎赠送鲁迅一部。)

十一月二日

在清华大学中国文学会讲《昆曲产生后的明代戏剧》。

十一月九日

下午,去朱自清处,谈明清二代短剧等。

十一月十九、二十日

在燕京大学天和厂一号住所举办"《北西厢记》展览会",陈列明清刊本王实甫《西厢记》及有关书籍 27 种(其中有 6 种是借自北平图书馆的),中有明刊本 17 种、清刊本 9 种、近刊本 1 种,多为坊间不易见之善本。郑振铎还说将于明春再举办"《临川四梦》展览会"(后因故未举办)。

十一月二十五日

鲁迅在北平家中接待北平第一师范学院学生王志之等人，王志之等问起鲁迅对郑振铎《插图本中国文学史》的看法，鲁迅说"不大好，材料太杂"（王志之《忆北方左联》），"材料很丰富，不过没有什么观点"（潘炳皋《鲁迅先生访问记》）。按，其实鲁迅当时还没有看过该书。

十一月

编译《英国的神仙故事》由上海新中国书局出版，为小学高年级"国语补充读物"之一。

十二月二日

作论文《汤祷篇》，为所撰《古史新辨》之一，后载 1933 年 1 月 1 日《东方杂志》第 30 卷第 1 期。郑振铎认为顾颉刚等人的《古史辨》"乃是最后一部的表现中国式的怀疑精神与求真理的热忱的书，她是结束，不是开创"，而"要想走上另一条更近真理的路，那只有别去开辟门户"，"像郭沫若先生他们"那样。"老在旧书堆里翻筋斗，是绝对跳不出如来佛的手掌以外的"。本篇阐明我国古代君、师的关系和人祭的习俗，同时指出当时社会中还有许多"蛮性的遗留"，点了张宗昌等人的名，并希望"打鬼运动的发生"。

十二月上旬

文古书店刘某（刘炽昌？）引一同文堂伙友持来明富春堂刊本传奇五种，喜收之，付 210 元。

十二月十七日

为孙楷第撰《中国通俗小说书目》作序，指出："鲁迅先生的《中国小说史略》出，方才廓清了一切谬误的见解，为中国小说的研究打定了最稳固的基础。"

十二月

所著《插图本中国文学史》由北平朴社出版部出版。

本年下半年

为全力对付北平共产党，国民党当局调遣以蒋介石的侄子蒋孝先为头子的宪兵第三团进入北平，北平的统治加严。

本年

　　为藏书《四大痴传奇》作跋。

　　"郑振铎先生由成府迁至燕大东门内天和厂。屋后有小园,园外有小溪,上横小桥。先生属刊'小桥流水人家'。冰心先生见之,以为有小桥流水之致。"(刘淑度《淑度百印集》)

一九三三年　三十六岁
（民国二十二年　癸酉）

一月一日

在《东方杂志》第 30 卷第 1 期上发表《汤祷篇——〈古史新辨〉之一》，并在《新年的梦想·梦想的中国》栏以燕京大学教授身份作了极为鲜明的革命性的回答："我并没有什么梦想，我不相信有什么叫做'梦想'的人。人类的生活是沿了必然的定律走去的。未来的中国，我认为，将是一个伟大的快乐的国土。因了我们的努力，我们将会把若干年帝国主义者们所给予我们的创痕与血迹，医涤得干干净净。我们将不再见什么帝国主义者们的兵舰与军队在中国内地及海边停留着。我们将建设了一个伟大的社会主义的国家；个人为了群众而生存，群众也为了个人而生存。军阀的争斗，饥饿，水灾，以及一切苦难，都将成为过去的一梦。这并不是什么'梦想'，我们努力，便没有什么不会实现的！而现在正是我们和一切恶魔苦斗的时候！"

一月三日

日本侵略军攻占山海关。

一月六日

作论文《西游记的演化》，后载 10 月 1 日《文学》月刊第 1 卷第 4 期。该文后曾受到鲁迅的称赞，认为可以纠正《中国小说史略》中的某些论述，是"精确的论文"。（鲁迅《〈中国小说史略〉日本译本序》）

一月十七日

中华苏维埃临时中央政府、中国工农红军革命军事委员会发表宣言，声明在停止进攻革命根据地、保障人民的自由权利、武装人民三个条件下和国民党中愿意合作抗日的部分订立抗日协定。

一月十八日

上午,应邀去燕京大学大礼堂为燕大学生抗日会演讲,题为《中国的出路》,指出:"此次榆关失守,或能使中国有更大之出路","《大公报》载中国红军宣言与中央合作抗日,由此二消息,可知中国已奔向某一出路。"详细而精辟地分析了国际形势,得出结论:"大战的结果,向左或向右,我们不得知;只知结果是光荣的,乐观的,充满了光明和希望的。只要我们准备,我们必得胜利,得解放,而奔向光明的出路。"(见 1 月 19 日《燕京报》爱国专号第 8 期)

一月二十五日

今日除夕。王伯祥日记:"午刻在圣陶所吃年饭,振铎偕调孚来,盖昨甫自平南至也,相见倍欢,谈平事甚悉。饭后过余谈,东华、圣陶、调孚俱来,直至五时半乃辞去。"

一月二十七日

夜应傅东华宴,到者还有何炳松、叶圣陶、王伯祥、章雪村、徐调孚、宋云彬。

一月二十九日

夜,赴洁而精应胡愈之宴,陪客有叶圣陶、王伯祥。

一月三十一日

夜,赴高长兴应陈乃乾宴,到者还有叶圣陶、王伯祥、周越然等。散席后,叶圣陶、王伯祥陪郑振铎到小有天定菜。

一月

所著文艺杂论集《文探》由上海新中国书局出版,为《新中国文艺丛书》之一。

二月一日

夜在小有天宴诸友,到者有沈雁冰、叶圣陶、何炳松、胡愈之、王伯祥、傅东华、徐调孚、谢六逸、施蛰存、俞颂华、黄幼雄等。

二月二日

"夜与圣陶、调孚、云彬同赴小有天聚餐,除昨夜到者毕集外,又增入明养、仲华、息予、径三等。凡坐两席","谈至十一时,乃各散归。

振铎明晨即北行,不克把别矣。"(王伯祥日记)

二月三日

鲁迅收到郑振铎赠送的《插图本中国文学史》一至三册,是托周建人带去的。

二月五日

鲁迅致郑振铎信,感谢郑振铎赠送《插图本中国文学史》,并正式提议编选笺谱(即后来的《北平笺谱》),认为这"不独为文房清玩,亦中国木刻史上之一大纪念耳"。

春初

在北平东安市场某书肆得明刊本孟称舜编《古今名剧合选》,共56种元明戏曲。后郑振铎认为1933年国内"所发现的戏曲,当以此书为最重要"。(《一九三三年的古籍发现》)

三月一日

《新月》第4卷第6期发表燕京大学学生吴世昌《评郑著中国文学史》,对该书彻底贬斥,攻其一点不及其余,甚至胡说什么"自从偶然发现李群玉这条以后,我本来对于这本书的最低限度的信仰——本书至少可为中学生作参考书翻一下的信仰——至此已不得不根本动摇"云云。

三月三十日

从北平到上海。自《小说月报》被毁后,国内文坛亟缺一个中心刊物,左联办的杂志在当局压迫下又难以生存,鉴于这种情况,郑振铎回上海与茅盾研究,提议创办一个能长期生存的进步的大型文学刊物。此事得到鲁迅、胡愈之等人的响应和左联的支持,后来创刊了《文学》月刊。

三月三十一日

访叶圣陶、王伯祥等。

三月

日本学者长泽规矩也在日本书志学社的《书志学》第1卷第2期《新刊批评》栏评介郑振铎的《插图本中国文学史》。认为此书引用材料既新且富,又不墨守旧说,不像王国维那样拘于儒家之见,而是突破了传统的旧套。

四月一日

夜,在古益轩与友人聚餐,到者有叶圣陶、胡愈之、夏丏尊、章雪村、徐调孚、宋云彬、周建人、刘薰宇、刘叔琴、黎烈文、赵景源等。

四月六日

由周建人陪同去鲁迅家(这是今知郑振铎第一次去上海鲁迅家),并邀请鲁迅同去会宾楼晚餐。同席还有茅盾、胡愈之、叶圣陶、陈望道、郁达夫、巴金、王伯祥、傅东华、徐调孚、谢六逸、施蛰存、樊仲云等共15人。鲁迅日记:"三弟偕西谛来,即被邀至会宾楼晚饭,同席十五人。"王伯祥日记:"散班后,晚,赴会宾楼振铎、东华、愈之之宴,到十五人,挤一大圆桌,亦殊有趣也。计主人之外,有乔峰、鲁迅、仲云、达夫、蛰存、巴金、六逸、调孚、雁冰、望道、圣陶及予十二客。纵谈办《文学杂志》事,兼涉谐谑,至十时三刻乃散。"巴金回忆:"那天晚上⋯⋯鲁迅比谁都说得多,笑得多。"(《鲁迅》)席上,决定创办《文学杂志》,决定编委会名单,鲁迅不公开具名。该刊于7月1日创刊。

四月初

与鲁迅面商合作编选笺谱之事,初步拟定刻印50本送人。

在上海家里的书堆中,找出以前在伦敦时所译《民俗学浅说》一书稿,交给商务印书馆。回北平后,于5月10日作序。

四月二十二日

致《新月》编辑叶公超信,在学术问题上回答吴世昌的非难,并表示"其余的空话,实在没有工夫去一一的分辨"。该信后载6月1日《新月》第4卷第7期。

四月二十三日

下午,北平左联以"文学杂志社"名义,在北海五龙亭举办文艺茶话会。郑振铎、朱自清、范文澜应邀欣然前往。郑振铎得知北平左联要出《文学杂志》,遂决定把上海要出的《文学杂志》改名为《文学》。

四月二十五日

晚,应浦江清约前往聚会,到者有郭绍虞、朱自清、叶公超等。郑振铎谈论了《金瓶梅词话》的版本问题。

四月二十九日

"晚赴梁宗岱宴,振铎谓傅东华来信,左联方面拟将杂志拿去,而以他为挡箭牌,编辑会加至九人,左联方面约五人。又在第一期,要登一文曰《九一八后之反帝文学》,批评小说三篇,茅公主不署名,又将北平圈去若干人,此事颇难办,又不便宣布,后大概提出讨论,拟写一信至上海,并举余为平社书记。"(朱自清日记) 按,《九一八以后的反日文学》后载《文学》月刊第2期,署"东方未明"(即茅盾)。

"振铎在席上力说书法非艺术,众皆不谓然。"(朱自清日记) 郑振铎后回忆说:"有一天,在燕京大学南大地一位友人处晚餐。我们热烈的辩论着'中国字'是不是艺术的问题。向来总是'书画'同称。我却反对这个传统的观念。……当时,有十二个人在座。九个人都反对我的意见。只有冯芝生和我意见全同。"朱自清则"郑重的说道:'我算是半个赞成的吧……'"(《哭佩弦》)

四月

在北平设法联系复刻印刷笺谱事,交涉未果,因热河战事而被迫搁置。

本月,将4月10日天津《大公报》上"云"(即吴宓)写的《茅盾著长篇小说〈子夜〉》文章剪报寄上海茅盾。

五月六日

《生活》周刊发表《〈文学〉出版预告》:"编行这月刊的目的,在于集中全国作家的力量,期以内容充实而代表最新倾向的读物供给一般文学读者的需求。它为慎重起见,特组九人委员会负责编辑。聘请特约撰稿员数达五十余人,几乎把国内前列作家罗致尽净。内容除刊登名家创作,发表文学理论,批评新旧书报,译载现代名著外,并有对于一般文化现状的批判;同时极力介绍新进作家的处女作,期使本刊逐渐变成未来世代的新园地;又与各国进步的文学刊物常通消息,期能源源供给世界文坛的情报。"

上海小报《社会新闻》第 3 卷第 12 期发表署名"农"的《鲁迅沈雁冰的雄图》,说郑振铎是参加鲁迅和沈雁冰为首的文化运动的"台柱"之一,并造谣说最近鲁迅、沈雁冰、郑振铎等要成立一个什么会(按,大概是他们知道了要创刊《文学》月刊的消息),以提醒当局注意。

五月八日

在《清华周刊》第 39 卷第 8 期上发表《姚梅伯的〈今乐府选〉》,纠正钱南扬关于《今乐府选》的错误说法,并公布前年在宁波访书时抄得的该书全目。

五月十日

为所译英国柯克士《民俗学浅说》作《译序》,后载该书卷首。

五月十四日

丁玲被国民党特务秘密逮捕。郑振铎闻讯极为焦虑。

五月十五日

在北平左联办的《文学杂志》月刊第 2 期上发表《明代的〈时曲〉》,论述明代的民间诗歌。该刊编辑在《编后》云:"这期是在日军即将临城下编定的。三期也着手编了,内有……郑振铎先生底《评子夜》。"(按,后该刊于 8 月 15 日出版第 3、4 期合刊,未见该文)

五月二十日

《生活周刊》公布《文学》月刊编委会 9 人名单(郁达夫、茅盾、胡愈之、洪深、陈望道、徐调孚、傅东华、叶绍钧、郑振铎)和特约撰稿人 48 人名单。丁玲名列特约撰稿人名单之首(按姓氏笔画)。这实际是对被绑架的丁玲的声援和对国民党的抗议。

六月十八日

友人杨杏佛在上海被反动派刺杀。

七月一日

《文学》月刊创刊于上海,生活书店发行,为继《小说月报》后全国最有影响的大型进步文学月刊。郑振铎在创刊号上发表论文《谈〈金瓶梅词话〉》,认为《金瓶梅》"是一部很伟大的写实小说",并论述了它何以成为一本"秽书"、它的各种版本、它的作者与时代的推测等。还发表翻译苏联作家契里加夫的小说《严加管束》，在"译者附言"中说明译此小说"献给为光明而争斗的青年勇士们"，发人深思地提问："我们读了，将有怎样的感想？在我们这边，在此刻，有没有这类的事发生？有没有比这类事更残酷若干倍的事发生？受苦难的青年们所遇到的是怎样的待遇？"并激励革命青年："青年的勇士们是扫荡不尽的；明知那是火，那是阱，为了光明，为了群众，却偏要向前走；人类是有那末傻，是有那末勇敢！悲剧，不过造就无数像 Prometheus[普罗米修斯]般的伟大的人物而已。"《文学》创刊号又刊登了丁玲长篇小说《母亲》和短篇小说集《一个女人》的出版广告。以此表示对丁玲的关心和对国民党的抗议。

七月十四日

致赵景深信，感谢赵为《插图本中国文学史》作的勘误表："《文学史》赠户多至百人，但细读者不知有何人！兄的一部总算没有白送了！"并提到所编《元明杂剧辑逸》，以《雍熙乐府》、《盛世新声》、《词林摘艳》三书为基础，当不至十分的'寒俭'。"

友人邹韬奋因受国民党反动派迫害，被迫于今天离国赴欧。邹韬奋在临行前写的《萍踪寄语·开端》中说，"有一位很知己的好友听见我有出国之行，满腔热诚地赶着写了一封令我十分感动的信来勉励我"，这位朋友在信中引了郑振铎在 1927 年被迫出国时写的《离别》一文中的誓词来激励邹韬奋。

七、八月间

山西省立教育学院青年教师王哲甫为修订所撰《中国新文学运动史》，赴北平查阅资料，得到郑振铎的帮助。该书于本年 9 月由北平杰成印书局出版，为我国最早的新文学史专著之一。作者在序中说："此书作成后，曾蒙郑振铎先生的指导，修正了许多地方。"

八月一日

在《文学》月刊第 1 卷第 2 期上续载所译《严加管束》，载毕。该刊又登了丁玲短篇小说集《水》的出版广告。其中提到丁玲的短篇小说《田家冲》"是思想新颖，给我们一条向新社会之路的"。广告词很像是郑振铎所写。

八月二日

下午,朱自清来访。

八月三日

作短篇小说《取火者的逮捕》,后载 9 月 1 日《文学》月刊第 1 卷第 3 期。小说描写希腊神话中普罗米修斯为了正义、为了造福人类而从天上盗取火种给人间,因而被宙斯逮捕而受难的故事,实则是暗喻和歌颂为劳动人民解放而献身的革命者。

八月十五日

陈叔通致张元济信,提及"日前振铎兄往剧家,见有清初钞本,其中即有未见之孤本也"。

八月二十四日

中午,赴熊佛西招宴,为许地山去印度饯行。同席有周作人、朱自清、俞平伯及主客夫妇共 8 人。26 日,许地山设宴辞别。此前,曾与许地山、孙伏园同去前门外打磨厂的老二西堂(当时存在最老的出赁书肆)搜寻鼓词小说,"满脸满手都是灰尘,而获得北唐传、呼家将、杨家将、平妖传、乱柴沟等五部,合计不下四百册。"(郑振铎《一九三三年的古籍发见》)

八月二十八日

季羡林日记:"[李]长之说,郑振铎回信,《文学季刊》已接洽成功,叫他约人。他想约我,我很高兴。"　按,《文学季刊》原是北平立达书店约章靳以编的,章以为自己的资望能力不能胜任,便去找郑振铎,郑一口答应大力支持。

八月二十九日

季羡林日记:"访长之,遇靳以。听长之说,郑振铎所办之《文学季刊》是很大地规模的,约的有鲁迅、周作人、俞平伯,以至施蛰存、闻一多,无所不有。我笑着说,郑振铎想成文坛托拉斯。其实他的野心,据我想,也真的不小,他想把文学重心移在北平。"

八月

　　所著《文学大纲》由商务印书馆收入《大学丛书》中再版。

八、九月间

　　山西省赵城县广胜寺发现金代刻本藏经卷子,凡五千余卷。郑振铎从徐森玉处见到部分经卷,兴奋异常,认为"可惊动一世之耳目,或当有类干敦煌宝库的发见罢。"(《一九三三年的古籍发见》) 后在抗日战争中,八路军曾不惜一切代价保护这部古代经书不落入日寇之手,更使郑振铎感动。

九月四日

　　因热河战事告一段落,即从北平南下,今日到上海,即去鲁迅家面商编选笺谱诸事,决定印 100 部。

九月五日

　　早晨,王伯祥、宋云彬来告来青阁有明代《重刻元本题评音释西厢记》。下午即去看,认为是所知最古之本,便劝说店主杨某放弃影印计划而论价成交,将旅费用完。晚,与叶圣陶、胡愈之、王伯祥同赴傅东华家聚餐,茅盾、谢六逸、樊仲云亦至,谈至十时半散。

九月六日

　　晚,赴明湖春与友人聚餐,到者有茅盾、慕晖、朱光潜、蒋径三、谢六逸、许地山、樊仲云、徐调孚、黄幼雄、夏丏尊、胡愈之、李健吾、魏金枝、陈子展、淦卿、刘薰宇、煦先、宋云彬、金仲华、王伯祥等共 23 人。

九月七日

　　鲁迅得曹靖华信,即把代存的曹靖华的稿费及李霁野、韦丛芜所还款 527 元(主要是未名社解散后应付曹靖华的欠款)托郑振铎带去北平面交台静农转曹靖华。

九月九日

　　在《申报·自由谈》上发表《马致远杂剧》,指出前几天赵景深在《自由谈》上论及马致远杂剧一文中的错误。

九月十日

　　晚,叶圣陶、王伯祥、宋云彬、陈乃乾在一枝香宴请郑振铎。郑振铎于当夜离上海返北平。

此行郑振铎在上海除购得《重刻元本题评音释西厢记》外，又得明刻传奇《西湖记》、《偷桃记》、《锦笺记》、《还带记》等。

九月十三日

季羡林日记："长之叫我替郑振铎办的《文学季刊》作文章，我想译一篇 T.S.Eliot［艾略特］的《Metaphysical Poets［玄学派诗人］》给他。他又叫我多写书评。"

九月十七日

鲁迅收到郑振铎寄赠的《插图本中国文学史》第四册。鲁迅次日回信致谢（信已佚）。

九月二十七日

在天津《大公报·文艺副刊》发表《跋传奇十种》。

九月二十八日

鲁迅得郑振铎信，次日复信，就编印笺谱事提出详尽建议，并极信任地说："以后印造，我想最好是不要和我商量，因为信札往来，需时间而于进行之速有碍，我是独裁主义信徒也。"但郑振铎极尊重鲁迅，后来仍不时去信请示。

九月

挚友胡愈之秘密加入中国共产党。

十月一日

鲁迅收到郑振铎寄来的北平笺纸一大包，请鲁迅鉴选。鲁迅于 2 日、3 日二天接连写回信，与郑振铎商量编选、印行诸问题，并汇给郑振铎 400 元钱，作为合作刻印笺谱的费用。

十月十日

作短篇小说《亚凯诺的诱惑》，后载 12 月 1 日《文学》月刊第 1 卷第 6 期。描写希腊神话中普罗米修斯因盗火给人类而被宙斯钉在岩石上，宙斯并派亚凯诺来诱降，但遭到普罗米修斯的痛斥。他坚信人类必将胜利而神之族必将灭亡。小说实际上歌颂了坚贞不屈的革命者。

十月十一日

鲁迅收到郑振铎 7 日来信，即复，正式决定编印笺谱取名《北平笺谱》,"因为'北平'两字,可以限定了时代和地方。"并详细商讨了笺谱的用纸、用墨、纸的尺寸、目录的写法诸问题。

十月十四日

在天津《大公报·文艺副刊》上发表《跋〈重刻元本题评音释西厢记〉》。

十月十五日

以"燕京大学中国教职员抗日会主席"身份,领衔与"燕京大学学生抗日会主席"吴世昌、"三户书社经理"顾颉刚联署《燕京大学中国教职员及学生抗日会上教育部呈文》,为设立通俗读物编刊社请求补助事。此前他们"创办三户书社,藉民众思想之方式及其读物之形态,以抗日故事写为唱本剧本,定最低廉之价格出售……惟同人目的既不以抗日自限,则三户之名即嫌隘陋,故改为通俗读物编刊社,另立社章。其目标除提倡民族精神外,尤注意于国民道德之培养及现代常识之灌输。"他们的要求仅仅是"月颁国币二百元"。该呈文发表于10月20日《燕京大学校刊》第6卷第8期。

十月十九日

鲁迅收到郑振铎来信并笺纸一包、《北平图书馆舆图版画展览会目录》三本,即复信,同郑振铎商量《北平笺谱》的装订方式等问题。当晚,鲁迅挑选好笺纸,又复一信,寄还笺纸并赠郑振铎《伪自由书》一本。

十月二十一日

鲁迅收到郑振铎17日来信,即复。郑振铎信中提到打算明年在上海举办一个古代木刻展览会,并建议鲁迅将所藏现代木刻一起展览。(后得到鲁迅支持,在1935年1月举行展览。)郑振铎并寄上起草的《北平笺谱》广告,鲁迅即作了修改。鲁迅还认为郑振铎准备写的"《访笺杂记》是极有趣的故事,可以印入谱中"。

十月二十七日

鲁迅得郑振铎22日来信,即复。答应为郑振铎等筹备创办的《文学季刊》创刊号撰文,并赞同郑振铎提出的在该刊多载一点有关中国古典文学研究论文的编辑方针。

十月二十八日

鲁迅得郑振铎信并笺样一枚。

十月二十九日

《申报·自由谈》发表吴世昌来信,说郑振铎在《新月》第 4 卷第 7 期上发表的针对他的发难而致叶公超的那封信,"声辩五点,其中只有最后一点的半点有理由（而这最后一点在拙文中是最不重要一点的五分之一,覆按原文可知）,而这声辩的最后一点,据说是请某教授代作的。我对这五点都有驳覆,长五千余字,寄新月编者,无奈新月四卷八期到现在尚未出版"云云。

十月三十日

国民党反动政府颁布查禁革命文艺的密令,责成内务部审查刊物"须更严密,毋使漏网"。郑振铎参与主编的《文学》月刊等受到更严重的压迫。

本日,鲁迅为《北平笺谱》作序。次日,鲁迅致郑振铎信(已佚)并寄《〈北平序谱〉序》。

十月三十一日

李健吾、尤淑芬婚礼在清华同学会举行,周作人主婚,郑振铎前往祝贺,并赠白铜镇尺(文具)一对,上刻题词。

本年秋

岳父高梦旦来北平,曾与郑振铎、高君箴、高君珊、刘淑度等人共游西山。今存西山卓君庸别墅外留影。

约十月间

郑振铎对靳以说:"《文学》在上海的处境一天天地困难,有许多文章都被'检查老爷'抽掉,我们正好开辟一个新的阵地,这个阵地敌人还没有注意到,可以发挥作用。"(靳以《和振铎相处的日子》)郑振铎提出《文学季刊》可以多发表一点古典文学研究文章(后得到鲁迅的同意),后来并在《发刊词》中特意打出胡适和周作人在五四时期的旗号。这也是为了消散敌人的注意。

十一月三日

鲁迅收到郑振铎 10 月 31 日来信并笺样,即复。鲁迅得知《北平笺谱》12 月可成书,十分高兴,并欲"先睹为快"。信中还告诉郑振铎:国民党反动派"对于文字的新压迫将开始","前日潘公展朱应鹏辈,召书店老板训话,内容未详,大约又是禁左倾书,宣扬民族文学之类"。鲁迅还希望郑振铎帮助将自己珍藏的苏联原版木刻在北平影印出版。

十一月十一日

鲁迅收到郑振铎 7 日来信,即复。郑振铎信中提到拟请刘淑度替鲁迅刻印章,以备盖在《北平笺谱》上,得到鲁迅的赞同。鲁迅还对《北平笺谱》序文、签条拟请的书写者、目录排列的方式等提出具体意见,并建议郑振铎在《访笺杂记》中应提到"板儿杨,张老西"等民间艺人的名字。最后针对郑振铎来信说他"太兴奋",指出:"'兴奋'我很赞成,但不要'太','太'即容易疲劳。这种书籍,真非印行不可。新的文化既幼稚,又受压迫,难以发达;旧的又只受着官私两方的漠视,摧残,近来我真觉得文艺界会变成白地,由个人留一点东西给好事者及后人,可喜亦可哀也。"

十一月十五日

作《访笺杂记》,曾载 1934 年 1 月 31 日天津《大公报》等,遵照鲁迅意见,后收于《北平笺谱》卷末。

十一月十八日

"晚赴振铎宴,仍商《文学季刊》编辑事。"(朱自清日记)

十一月二十日

鲁迅收到郑振铎 16 日来信,即复,商量印书诸事,并提及"这一月来,我的投稿已被封锁","但《北平笺谱》序,或尚不至'抽毁'如钱谦益之作欤?"

十一月二十四日

鲁迅为支持郑振铎等人创办《文学季刊》,特作《选本》一文,次日寄出并附一信(已佚)。郑振铎等人得到鲁迅的来稿,非常兴奋,特地请人誊写后发排,"不仅是珍贵先生的手迹,也怕被'检查官'看出了笔迹而加以扣留没收。"（靳以《回忆鲁迅先生》）《选本》后载《文学季刊》创刊号。

十一月三十日

作论文《大众文学与为大众的文学》，后载 1934 年 1 月 1 日《文学季刊》第 1 卷第 1 期。论文认为那种"仿佛是离开大众很远的一批超然的人物"，"完全是为了教训，指导大众而写的""为大众的文学"，虽无可非议，但"仅在这个短期的过渡时代，能够呈现其作用"；希望这一过渡时代早日结束，而出现"出于大众之手笔，而且也专为大众自己而写作，而且是属于大众自己的""大众文学"。

十二月二日

鲁迅收到郑振铎来信，附《北平笺谱》序稿征求意见。鲁迅回信，认为"序文甚好，内函掌故不少，今惟将觉得可以商榷者数处，记出寄还，希酌夺。"并说对即将印成之《北平笺谱》"可以闭目揣摩而见之"，表示对共同劳动成果的喜爱心情。

十二月三日

季羡林日记："晚上又听到长之谈《文学季刊》出广告事情。"

十二月四日

作短篇小说《埃娥》，后载 1934 年 1 月 1 日《文学》月刊第 2 卷第 1 期。描写希腊神话中受尽宙斯等恶神迫害折磨的埃娥打算投海自杀而为普罗米修斯劝阻的故事，通过普罗米修斯说的"神之族是终于要没落的，代之而兴的是伟大和平的人类"，"凡一切受难受害者们的仇皆将得报复"，"被压迫者们将会大联合起来的"，暗示革命人民终将推翻反动派的统治。

本日，鲁迅收到叶圣陶寄来的笺样一本，即将其中之三幅于当晚寄郑振铎。

十二月五日

鲁迅致郑振铎信，托郑振铎在北平搜求日本人大村西崖复刻之中国插图书籍。

本日，诗人朱湘因失业穷困，愤而投江自杀。朱湘生前曾多次受到郑振铎的帮助，"相交最深"（赵景深语）。郑振铎闻讯后即写信哀悼，此信片断后影印发表于 1934 年 2 月《青年界》月刊第 5 卷第 2 期"朱湘纪念专号"。

十二月十日

作《一九三三年的古籍发见》，后载 1934 年 1 月 1 日《文学》月刊第 2 卷第 1 期。

十二月十二日

致中华书局陆费逵（伯鸿）、舒新城信，为《文学季刊》拉广告。

十二月十三日

鲁迅收到郑振铎寄来的刚印好的《北平笺谱》尾页 100 张，于每页上署名后即寄还郑振铎。

十二月十八日

复曹坪（端木蕻良）信，说读了他寄来的长篇小说《科尔沁旗草原》的原稿后，"我是如何的高兴啊！这将是中国十几年来最长的一部小说；且在质上，也极好。我必尽力设法，使之出版！"并"盼望第二部小说立刻便能动手写"。（后因书稿中有"违碍"，即反对国民党统治等原因，出版社不敢接受。直至 1940 年才由开明书店出版。）

十二月二十日

鲁迅得郑振铎 15 日来信，即复。郑振铎告诉鲁迅他在北平没有收到《文学》第 1 卷第 6 期，鲁迅愤怒地说"当系被暗扣"，并告诉他上海《生活周刊》已被迫停刊。

鲁迅致曹靖华信，提到关于中国文学史"我以为可看（一）谢无量：《中国大文学史》，（二）郑振铎：《插图本中国文学史》（已出四本，未完），（三）陆侃如、冯沅君：《中国诗史》（共三本），（四）王国维：《宋元戏曲史》，（五）鲁迅：《中国小说史略》。但这些都不过可看材料，见解却都是不正确的。"

十二月二十四日

上午，出席北平昆弋维护会全体大会。到会者还有刘半农、齐如山、傅惜华、孙楷第等 40 余人。刘半农被选为该会主席。

一九三四年　三十七岁

（民国二十三年　甲戌）

一月一日

郑振铎与章靳以主编的大型文学刊物《文学季刊》在北平创刊，由立达书店出版。鲁迅以"唐俟"笔名列于创刊号公布的"特约撰稿人"名单中。创刊号发表郑振铎所著《发刊词》、《大众文学与为大众的文学》；还发表鲁迅（笔名唐俟）的《选本》，瞿秋白（笔名商霆）的《读房龙的地理》等文。创刊号遭到国民党"检查官"删改。

《文学》月刊第 2 卷第 1 期出版（实际因受到国民党"检查官"刁难和大抽大砍，脱期半个多月）。郑振铎发表《标点古书与提倡旧文学》，反对无选择地大量标点出版古书，又认为要分清保存与提倡，少量流通与大量生产，专门研究的参考与普及等区别。又发表《新年试笔》，表示打算在今年印行宋、元、明的不常见的小说数种乃至数十种，明刊和旧抄的不常见的戏曲百种左右，因为这些"更足以窥见我们往昔的各时代的生活之核心的东西"。还发表短篇小说《埃娥》和《一九三三年的古籍发见》。

本日，邵洵美办的《十日谈》发表杨天南《二十二年的出版界》，攻击鲁迅、郑振铎编印《北平笺谱》"真是大开倒车，老将其实老了"，"无论如何，中国尚有如此优游不迫之好奇精神，是十分可贺的，但愿所余四十余部，没有一个闲暇之人敢去接受。"

一月六日

刘半农日记："中午赴撷英饭馆《文学季刊》社之宴，到者五十余人，相识者半数。"宴会当为郑振铎主持。刘半农日记并提到《文学季刊》上吴世昌《诗与语音》一文多妄语，有暇当作短文正之"。后来，刘半农给郑振铎寄来了表示反对意见的文章,郑又把刘文交给吴看,并鼓励吴继续发表自己的看法,还表示可以在发表刘文的同时发表吴的答辩文章。吴后写成《〈诗与语音〉篇的声明和讨论》,郑准备刊用,因故未能刊出,还特地写信向吴解释。

季羡林日记:"今天《文学季刊》社请客,我本来不想去,长之劝我去,终于去了。同车者有林庚、俞平伯、吴组缃。……群英济济,三山五岳的英雄好汉群居一堂,约百余人,北平文艺界知名之士差不多全到了,有的像理发匠,有的像流氓,有的像政客,有的像罪囚,有的东招西呼,认识人,有的仰面朝天,一个也不理,三三两两一小组,热烈地谈着话。到会的我知道的有巴金、沈从文、郑振铎、靳以、沈樱、俞平伯、杨丙辰、梁宗岱、刘半农、徐玉诺、徐霞村、蹇先艾、孙伏园、瞿菊农、朱自清、容庚、刘廷芳、朱光潜、郭绍虞、台静农等。"

一月十一日

鲁迅得郑振铎 6 日信,即复,谈到拟将《北平笺谱》分寄各国(法西斯国家除外)图书馆,建议郑振铎再编印明代小说传奇插图集和影印明版小说等,认为"纸墨更寿于金石",并愤怒斥责了"邵洵美之徒"的攻击。

一月十四日

刘半农日记:"午,赴撷英[饭馆]马隅卿、赵万里、孙子书之宴,为北平图书馆拟开戏曲音乐展览会事也。饭罢,与郑西谛、马隅卿、郑颖孙同到荣宝斋观《北平笺谱》样书,又至来薰阁……"

一月十六日

鲁迅得郑振铎所寄未经"检查官"删改的《文学季刊》创刊号样本一本,及郑振铎作《访笺杂记》一篇。

一月二十二日

上午,鲁迅得郑振铎信。

本日,郑振铎因茅盾去信催促来沪商量关于对付国民党"审查"与阻挠《文学》月刊出版事而从北平来到上海,当晚即到鲁迅家,送去刚印好的《北平笺谱》样书一函六本。

一月二十三日

与茅盾一起去傅东华家研究《文学》面临反动当局压迫的严重问题，提出从第 3 期起连出四期专号(翻译专号、创作专号、弱小民族文学专号、中国文学研究专号)的应付办法。最后一期决定由郑振铎负责。

一月二十四日

晚，赴南京饭店应傅东华宴，到者有叶圣陶、王伯祥、徐调孚等13 人。

一月二十六日

与茅盾一起到鲁迅家，研究《文学》诸事，鲁迅认为连出四期专号是目前对付当局压迫的可行的办法，表示赞成。被鲁迅留住吃午饭。

一月二十七日

在《申报·自由谈》上用笔名"谷远"发表《文坛的现状》，指出"这时代有点特别:不仅政治上的怪状特别多，即文坛上也是牛鬼蛇神，百出不穷"，揭露了投机革命的文人，并认为尽管"对峙着的阵线"常被搞乱，似乎"天下遂以太平无事"，但"另一个新的阵线，新的壁垒却正在树立着"。

一月二十八日

夜，友人叶圣陶等在一品香饯宴。今日，宋云彬因大革命时期参加共产党的事，被国民党当局逮捕，郑振铎等商量营救的办法(后宋云彬于 2 月 2 日获释)。

一月二十九日

乘夜车回北平。

鲁迅寄郑振铎信，要求补寄《北平笺谱》样书中的缺页。

本日，张秀中、路一主编的北平《北辰报·荒草》报道:"沪上生活书店出版之《文学》，前曾被当局搜查，并检去多份，现经多方调解，该刊已复刊，闻编辑人现请郑振铎、傅东华担任，二卷一期，前已到平，购者极形踊跃。"

二月一日

在《文学》月刊第 2 卷第 2 期(衍期出版)用笔名"谷"发表《学者与文人》,认为"文人或学者""和农工商是同样的一个'人',不过他所执的不是镰刀之类的工具,而是笔或规矩方圆（如工程师）等等罢了","不要以学问或文才自骄",而应该"为这个危急的民族,没落的社会而尽心尽力"。又用笔名"远"发表《从"不文的文人"说起》,揭露那些自己不做事、又妒忌别人做事的"不文的文人",指出:"世界是笨伯的勇敢者扛抬着的,惯于取巧的小聪明者,永远是不会分享着创造的快乐与光荣的。"3 月 16 日天津《大公报》有读者以为这两篇文章是鲁迅写的,因为文章的"气质""意味"很像,"有着最尖锐的透视"。

二月初

国民党反动当局逼迫《文学》声明"转变态度"才准许继续发行,并逼迫以后每期文稿须先送国民党上海市党部"审查"。

二月九日

鲁迅得郑振铎 5 日来函及附《北平笺谱》补页 5 张,即复,决定与郑振铎再合作翻刻《十竹斋笺谱》,并使之逐渐成为一套《图版丛刊》。同时建议编印廉价本,以减轻青年美术学生的负担并助其研究。

二月十一日

季羡林日记:"过午,长之送我一张票,弋昆社在哈尔飞演戏……到场名流甚多,刘半农、郑振铎、杨丙辰、盛成、冰心、吴文藻、陶希圣、赵万里等全到,演员是韩世昌、白云飞、侯益隆与马祥麟等,印象不十分太好。"

二月十五日

鲁迅得郑振铎信,并《北平笺谱》提书单。该书至此正式以"版画丛刊会"名义在北平出版。这是我国第一部中国古代彩色笺纸选集,共选收笺谱 332 幅,由北平荣宝斋、清秘阁、松古斋、宝晋斋、成兴斋、懿文斋、静文斋、松华斋、淳菁阁等九家提供,分 6 册,线装一函。卷首有鲁迅、西谛序文各一,卷末附西谛《访笺杂记》,分别由魏建功、郭绍虞等书写影印。初版共印 100 部,由鲁迅、西谛亲笔签名编号,当月即售罄。后又复印 100 部。

二月二十日

作《〈中国文学论集〉序》,概述自己从事文学写作与研究的经历。"此册所录,皆为关于中国文学的论文及杂著","十年工力,毕集于斯。亦间有稍堪流连,足资观览的。"此书在三年前即已编好交开明书店。

二月二十三日

鲁迅收到郑振铎寄来的《北平笺谱》18 部。次日致郑振铎信,满意地认为"此番成绩,颇在豫想之上";并告诉郑振铎,上海"新年新事,是查禁书籍百四十余种"。

二月二十五日

午至丰泽园,应《大公报·文艺副刊》之招,到者还有周作人、杨今甫、沈从文、俞平伯、叶公超、闻一多、卞之琳、巴金等。

二月二十六日

鲁迅致郑振铎信,请补寄《北平笺谱》缺页,并询及郑振铎拟编的《中国古代小说传奇插图集》的编选情况。

二月二十七日

季羡林日记:"过午,同吴组缃、长之到郑振铎家里去玩……上下古今地谈了半天,在朦胧的暮色里我又踏着雪走了回来。"

二月二十八日

作短篇历史小说《桂公塘》,写文天祥在南宋灭亡前夕毅然赴北谈判,为蒙古军扣留,后设计脱逃,在真州、扬州之间辗转奔逃,一直写到离开扬州,宿桂公塘为止。后载 4 月 1 日《文学》月刊第 2 卷第 4 期。小说借古讽今,影射了国民党在国难当头还一味排挤打击爱国者的卖国行径,塑造了高大的爱国者的形象,并刻划了投降派丑恶嘴脸。郑振铎在文末附记中说:"读文天祥《指南录》,不知泪之何从,竟打湿了那本破书。因缀饰成此篇,敬献给为国人所摈弃的抗敌战士们!""因为这一段事过于凄惨,自己写完了再读一过,却又落了一会泪。"

刘半农日记:"夜读《文学季刊》吴世昌《诗与语音》一文,拟作长函与主编人郑西谛,纠正其穿凿处。"

二月

《青年界》月刊第 5 卷第 2 期"朱湘纪念"专号发表郑振铎哀悼朱湘信的片断(手迹制版):"闻朱湘投江自杀,为之愕然,不怡者累日!"

三月一日

吴世昌又在《图书评论》第 2 卷第 7 期上发表长文《郑振铎著插图本中国文学史(第一,三,四各册)——附论变文发生时代与词的起源诸问题》,评论和贬低郑振铎的这本著作。

三月三日

鲁迅致郑振铎信,提到《北平笺谱》在上海很快售罄,促其再版印行。

季羡林日记:"先到张露薇处,同长之我们三人谈了半天关于《文学评论》(我们几个人办的)的事情。关于特别撰稿人、编辑各方面的事情都谈到了,不过唯一问题,就是出版处。我们拿不出钱来,只好等看郑振铎交涉得如何——不过,我想,我们现在还在吹着肥皂泡。"

三月五日

作短篇小说《神的灭亡》,后载 4 月 1 日《文学季刊》第 1 卷第 2 期。描写希腊神话中的先知者普罗米修斯的预言实现了,人类前仆后继地与恶神浴血奋战,终于取得了胜利。郑振铎后来说:"本来是不必再写第四篇的《神的灭亡》了;那必然的结局,已不止一次的在前面的三篇里提到。但仿佛总像有什么话倾吐未尽似的,遂竟不避蛇足,写下了这篇神的挽歌。""最后的那些关于人与神的战争的描写,却是全无故实的。"(《〈取火者的逮捕〉序》)

致鲁迅信,并附上刻印《北平笺谱》的帐目单。此书鲁迅付出 400元,郑振铎约付出 200 元。

三月十日

作论文《元明以来女作家考略》,后载本月《女青年月刊》第 13 卷第 3 期"妇女与文艺专号"。

本日,鲁迅致郑振铎信,提出将《北平笺谱》售出后自己份下所余

50 余元即作为助印《版画丛刊》之用,并表示将继续资助刻印《十竹斋笺谱》,还与郑振铎商量了《北平笺谱》再版事。

三月十三日

鲁迅致郑振铎信,附上日本友人内山完造预订再版《北平笺谱》的 300 元汇票,并继续商量此书再版事。

三月十五日

上海由汪精卫改组派部分政客支持的《新垒》月刊第 3 卷第 2、3 期合刊发表《与郑振铎论大众文学》,反对郑振铎的大众文学主张。

三月十七日

去丰泽园赴《大公报》社之招宴,到者有周作人、杨今甫、沈从文、巴金、闻一多、余上沅、叶公超等。

三月十九日

刘半农日记:"尽一日之长,写《读吴世昌君〈诗与语音〉》文一篇,凡三千余字,即送郑西谛登《文学季刊》。"

三月二十四日

鲁迅致郑振铎信(已佚)。

三月二十五日

朱自清日记:"下午振铎兄见告,靳以、巴金擅于季刊再版时抽去季羡林文,又不收李长之稿。巴金曾讽即成式评家,见季刊中,李匿名于《晨报》中骂之云。"

季羡林日记:"这几天心里很不高兴——《文学季刊》再版竟然把我的稿子抽了去……不经自己的许可,别人总不能乱抽的。难过的还不只因为这个,里面还有长之的关系。像巴金等看不起我们,当在意料中,但我们又何曾看得起他们呢?"

可见《文学季刊》编辑部内部人事关系矛盾已很深。

三月二十六日

为所作小说集《取火者的逮捕》作序,论述了希腊神话的伟大以及历来以希腊神话为题材的创作,并论述自己创作这四篇短篇小说的依据。末引《红楼梦》中一诗:"满纸荒唐言,一把辛酸泪。都云作者痴,谁解其中味!"暗示此书是孤愤之作。

季羡林日记:"因为抽稿子的事情,心里极不痛快。今天又听到长之说到几个人又都现了原形,巴金之愚妄浅薄,真令人想都想不到。"

本日,鲁迅得郑振铎 21 日来信并《北平笺谱》缺页 5 幅、《十竹斋笺谱》复刻样张 2 幅,即复,认为"复刻极佳"。

三月三十日

致赵景深信,提及朱湘的遗著《石门集》仍作为《文学研究会丛书》之一出版。

三月

所著《中国文学论集》由上海开明书店出版,为《文史丛刊》之一。

约本年春

与博晨光、史蜜司等人一起指导燕京大学英文系本届毕业生朱兰卿女士英译茅盾的《春蚕》、《秋收》、《林家铺子》、《喜剧》等四篇小说。

四月一日

在《文学季刊》第 1 卷第 2 期发表《元明以来杂剧总录》。本期还开始发表巴金(化名"欧阳镜容")的长篇小说《电》(改题《龙眼花开的时候》)。该小说原投上海《文学》月刊,并已登出预告将在第 2 卷发表,但前两章排成后被"检查官"禁止发表,于是改题化名在《文学季刊》发表。于此亦可见郑振铎创办该刊所起的作用。

四月三日

"中午郑振铎请客于玉华台,欲为上海《文学》杂志出一中国文学专号,请余作文一篇。余以近日身体不佳,所欠笔债甚多,又中国文学非余所专习,未曾确应。"(刘半农日记)

四月四日

季羡林日记:"前几天另外一页上露薇作了一个消息,说到《文学评论》要出版,对《文学季刊》颇为不敬,说其中多为丑怪论(如巴金反对批评)。这很不好,本来《文学评论》早就想出,一直没能成事实。最近因为抽我的稿子和不登长之的稿子,同郑振铎颇有点别扭,正在这个时候,有这样一个消息,显然同《文学季刊》对立,未免有悻悻然小人之态,而且里面又有郑振铎的名字,对郑与巴金的感情颇有不利。昨晚长之去找郑,据说结果不很好。"

四月五日

林语堂主编的《人间世》半月刊在上海创刊,郑振铎被列为"特约撰稿人"之一,但他后来没有为该刊写稿。

四月十四日

郑振铎签名寄赠《中国文学论集》给鲁迅(鲁迅于 4 月 25 日收到)。

四月十五日

《新垒》月刊第 3 卷第 4 期发表马儿(李焰生)的《郭源新的〈桂公塘〉》,谬托知己,说《桂公塘》是"真正的民族文艺,国家文艺",并借此攻击共产党领导的"普罗文学",又嘲讽了国民党的"民族主义文学"(此人不知道"郭源新"即郑振铎)。

四月十六日

为自存《中国文学论集》题词:"这是八九年来所作的论文的集子;只是东抹西涂的结果。然也不无可存者。姑集为一册,备用时翻阅。"

四月十七日

作《从何家槐事件说起》,后载 4 月 21 日天津《大公报》,批评当时的抄袭事件,指出:"一个不是不能写作的青年人,便如此轻易的被毁弃了,这当然未免该表示惋惜;……然而,该痛心的还不是这些,而是整个文坛的堕落的倾向与有希望的人的自投阱坑之中而不自惜的事。"

四月二十三日

左翼文艺青年主编的《中华日报·动向》发表俞遥的《〈文学〉的"创作专号"》,称赞《桂公塘》"作者却能运用他自由的笔,在峰回山转疑无路之中,突然柳暗花明又一村。情节一幕紧张一幕,读者的心,完全被作者摄住了。"但同期又发表耶夫的《郭源新的〈桂公塘〉》,说《桂

公塘》"对于当时的社会实况""是丝毫没有触到的","即连题材也没
有加以仔细的取舍和组织的"。

四月二十四日

　　作长篇论文《元代"公案"剧发生的原因及其特质》,后载 6 月 1
日《文学》第 2 卷第 6 期。此文注意从经济和政治方面探讨问题,论述
深刻;而且还以元明之际"中国政治史上最黑暗的时期"来影射现实,
极为尖锐。

　　同日,《中华日报·动向》发表艾淦(宋之的)的《新作家与老作
家》,批评《桂公塘》"题材老,见解老,笔法老,不但老,而且有点滥。其
所以然者,因为郭君根本就没有以新的历史眼光去认识和处理他所
选取的题材的缘故"。

四月二十八日

　　作长文《三十年来中国文学新资料的发现史略》,后载 6 月 1 日
《文学》第 2 卷第 6 期。指出中国文学史研究者"今日所要走的,乃是
就许多新的资料的出现而将文学史的局面重为审定的一条大道"。

四月

　　所译英国柯克士《民俗学浅说》由商务印书馆出版,为《社会科学
小丛书》之一。

约四月

　　美国记者伊罗生请鲁迅和茅盾选编一本当代中国左翼青年作家
短篇小说集(即《草鞋脚》),以供英译。郑振铎也提出了意见。

五月一日

　　进步文艺青年主编的《春光》月刊第 1 卷第 3 期刊出艾淦(宋之
的)的《〈桂公塘〉和〈天下太平〉》,认为《桂公塘》"作者根本就没有描
写历史题材的能力",并攻击作者"是靠着招牌,而本质上是死去了的
人",必须"清除"。

五月二日

　　鲁迅致郑振铎信,问及《北平笺谱》再版事等。

五月四日

汪懋祖在南京《时代公论》上发表《禁止文言与强令读经》,鼓吹复古读经。郑振铎读后欲撰文驳斥,后因忙未果。

五月九日

晚 8 时,燕京大学中文系学术讨论会在郑振铎家举行。

五月十二日

致鲁迅信,并寄复印木刻图等一卷。信中向鲁迅谈了因近来《新垒》、《春光》等刊对他的《桂公塘》或谬托知己胡说八道,或浅薄诋毁"左"得可笑,因而感到遗憾、气愤和啼笑皆非。还问了黎烈文不编《申报·自由谈》的内情。

五月十五日

《新垒》月刊第 3 卷第 5 期发表天狼《评〈桂公塘〉》,嘲讽国民党文人"不自量力的日在从事于所谓民族主义的文学,终于没有一篇好东西出来",同时又攻击共产党"普罗"作家,也批评了《中华日报·动向》上的文章,认为《桂公塘》才真正是民族文艺;同时,该文还对《桂公塘》的艺术作了分析。

五月十六日

鲁迅接郑振铎 12 日来信,即复,针对郑振铎信中提及的《桂公塘》发表后引起的奇特风波作了分析。认为《春光》等刊中作者皆少年,对所谓"老作家"集团怀有偏见,"必加以打击","然亦无大恶意,可以一笑置之";《新垒》中人,运用的不过是"所谓'左打左派,右打右派',《铁报》以来之老拳法,而实可见其无'垒'也";而"另有文氓,恶劣无极",应与之斗争,"因为天下究竟非文氓之天下也"。鲁迅并告知《申报·自由谈》调换编者之内幕。

五月十八日

作《净与丑》一文,后载 6 月 1 日《文学》月刊第 2 卷第 6 期。该文将政论与剧论巧妙结合,矛头直指现实生活舞台上大大小小的"草头王"和"狗头军师"这两个"丑角",指出他们"天天的在出现,在择人而噬","该从根本上铲除了那可以滋生这两个害群之物的净与丑的什么才对!"郑振铎后来曾说:"这是我的一篇得意之作。那天我听到了章某〔按,指章士钊〕当了上海流氓头子杜月笙的秘书和法律顾问,我压不住一肚子的气,便动笔写了这一篇,以发泄心中的愤慨。这是所谓正义感。"(夏鼐《纪念郑振铎先生逝世一周年》)

五月二十日

在《大公报》发表《儿童读物问题》,指出:"把成人的'读物'全盘的喂给了儿童,那是不合理的;即把它们'缩小'了给儿童,也还是不合理的。"呼吁:"救救孩子罢!"

五月二十二日

为所编《清人杂剧二集》作《题记》。该书共收杂剧 40 种,编印"历时三年,备尝艰苦。其间中辍于乱离播迁,或无力印刷者不止一次",曾得到北平图书馆、徐森玉、赵万里、马廉、俞平伯诸人的帮助。《题记》还提及"三集已哀然成书待印。三集以下则正在拟目"(按,后来未能印成)。

五月二十四日

鲁迅致郑振铎信,并寄赠自己编印的苏联木刻选集《引玉集》一册。

五月三十日

鲁迅应郑振铎约稿,又作《"看图识字"》一文,次日致郑振铎信并附上该文,该文后载《文学季刊》第 3 期。

五月

为燕京大学百万基金募捐第十一团导演"国乐新剧"《战妇》,原剧为高尔斯华绥(John Galsworthy)所作。

六月一日

《文学》月刊第 2 卷第 6 期"中国文学研究专号"出版,该期是由郑振铎亲自编定的特大号。卷首"文学论坛"4 篇均为郑振铎所作,题为《中国文学研究者向那里去?》、《中国文学的遗产问题》、《论文字的繁简》、《向翻印"古书"者提议》,还发表长文《三十年来中国文学新资料的发现史略》、《元明之际的文坛的概观》、《元代"公案"剧发生的原因及其特质》、《净与丑》,后三篇都是寓政论于文学史论中,巧妙地抨击了国民党的反动统治。还发表了《读曲杂录》。本期郑振铎共用了 8 个笔名。本期还发表林培志《〈拉马耶那〉与〈陈巡检梅岭失妻记〉》和李满桂《〈沙贡特拉〉和"赵贞女型"的戏剧》,二文均为郑振铎指导下写成的,是探讨印度文学对中国文学影响的比较文学论文。另外,还发表了向觉明的《明清之际之宝卷文学与白莲教》,此文亦得到郑振铎的帮助,文中提到"这类作品总自有其宗教上的目的,约略相当于今日党部的宣传文章",亦巧妙地讽刺了国民党。本期卷首还刊有《插图本中国文学史》重版预告。

六月二日

鲁迅收到 5 月 28 日郑振铎来信,即复,商量复刻《十竹斋笺谱》事,提出须印制普及版以供青年木刻家之需;又谈及《桂公塘》引起的风波,"以为大可置之不理";最后高度赞扬郑振铎所编本月《文学》"内容极充实,有许多是可以借此明白中国人的思想根柢的"。

六月三日

作短篇历史小说《黄公俊之最后》,后载 7 月 1 日《文学》月刊第 3 卷第 1 期。写太平天国革命期间,一个小地主家庭出身的知识分子怎样从怀疑到参加太平军,在太平天国失败前夕前往游说曾九与太平军合作,但被曾国藩拘留的故事。描写了曾国藩的反动顽固和黄公俊的坚贞不屈,也反映了太平军内部的变质和帝国主义的扼杀革命。黄公俊历史上并无其人,乃胡怀琛在某文中虚构的;而郑振铎此小说更完全是虚构的,与胡怀琛原作中的人物亦不同。

六月七日

鲁迅得郑振铎信。

六月九日

"上午访振铎,振铎谈以五四起家之人不应反动,所指盖此间背诵、拟作、诗词习作等事。……铎所重者盖反动思想云云。在他处便饭。承赠《中国文学论集》一本。"郑振铎又提到"一多论《诗经》为伪书",朱云"于一多书实未寓目也"(朱自清日记)。

六月十五日

上海《新垒》月刊第 3 卷第 6 期继续载文谬托知己夸奖《桂公塘》，并继续其"左打左派，右打右派"（鲁迅语）。

六月二十日

鲁迅致郑振铎信，要增订《北平笺谱》再版本 2 部。

六月二十一日

鲁迅收到郑振铎 18 日来信并附复刻《十竹斋笺谱》样张 36 幅，以及附致茅盾信，即复，认为样张刻得很好，希望该书最好能在年内出版，并详细商量了复刻《十竹斋笺谱》诸事。

六月二十五日

作长篇论文《清初到中叶长篇小说的发展》，后连载 7 月 15 日、8 月 15 日《申报月刊》第 3 卷第 7、8 期上。

六月二十六日

鲁迅致郑振铎信，谈关于印笺谱诸事，并汇款 300 元，为刻《十竹斋笺谱》之用。

六月二十九日

鲁迅致郑振铎信，谈设法借明代版画《博古页子》以备影印诸事。

七月六日

鲁迅得郑振铎 2 日来信并附致茅盾信，即复，商量复刻《十竹斋笺谱》的定价等事，并关心郑振铎在燕京大学与顾颉刚等人的人事关系，询问郑振铎是否愿意去许寿裳主持的北平大学女子文理学院工作。

七月七日

应平绥铁路局长沈昌之邀，由冰心、吴文藻夫妇发起，与文国鼐、雷洁琼、顾颉刚、陈其田、赵澄等八人组成"平绥沿线旅行团"，今日上午从清华园出发。"旅行的目的，大约是注意平绥沿线的风景，古迹，美建，风俗，宗教，以及经济，物产种种的状况，作几篇简单的报告。"（谢冰心《平绥沿线旅行纪序》）郑振铎被分配的主要任务是注意沿线古迹文物，他将所见所感都写成长信寄给高君箴，后并将这些信整理编成散文集《西行书简》。今日晚，火车到宣化。

七月八日

游宣化城。第一次见到穷苦人民的"穴居",感慨极深。晚乘火车到张家口。

七月九日

坐汽车在张家口游玩。见英、德等外商在该处设商店、洋行,每年获利极巨。晚回火车,在车上作散文《记黄小泉先生》,深切怀念自己少年时代这位"真正的'启蒙先生',真正的指导者"。黄小泉与郑振铎家有世谊,其子黄炎甫是郑振铎小学时好友。该文后载 9 月 20 日《太白》半月刊创刊号。

七月十日

上午火车开车,中午到大同。因雨,未能远游,在车上看书谈话。

七月十一日

坐汽车入大同城,参观上下华严寺等古迹,为众多的生动的古代塑像而惊异赞叹。"我看了又看,相了又相,爬上了供桌,在佛像菩萨像之间,走着,相着,赞叹着。在殿前殿后转了好几个弯。要是我一个人在这里的话,便住在这里一天两天三天都还不能看得饱足的。可惜天已正午,不能不走。走出这拥挤的宝殿时,还返顾了好几次!"(《西行书简·大同》)

午后,坐汽车去云冈,下榻于云冈别墅。参观石窟雕刻,"我的心是怦怦的急跳着。想望了许久的一千五百年前的艺术的宝窟,现在是要与它相见了!"(《西行书简·云冈》)匆匆巡览一遍,因日暮而归别墅。

七月十二日

继续参观古寺石窟,同游者均为古代雕刻艺术所震慑。"后顾方作无限之留恋,前瞻又引起无量之企求,目不能住,足不能停,如偷儿骤入宝库,神魂丧失,莫知所携,事后追忆亦如梦入天宫,醒后心自知而口不能道,此时方知文字之无用了!"(冰心《平绥沿线旅行纪》)

七月十三日

继续参观石窟,下午 4 时乘汽车回大同,夜宿火车上。作散文《云冈》,后载 1935 年平绥铁路管理局出版的《西北胜迹》。

七月十四日

上午在火车上休息,下午乘车去口泉镇参观煤矿,了解到煤矿工人非人的生活,"觉得很难过",感叹道:"'九渊之下,更有九渊',谁知道矛盾的人间是分隔着怎样的若干层的生活的阶级呢。""比较起来,我们能不说是罪人么?"(《西行书简·口泉镇》) 晚回大同。

七月十五日

再游大同城。夜 10 时,火车开动,12 时抵丰镇。

本日,上海《新垒》月刊第 4 卷第 1 期发表"静珍"的《文言白话及其繁简》,反对郑振铎在《文学》月刊第 2 卷第 6 期上《论文字的繁简》一文中的观点,并攻击"大众语"。鲁迅在 8 月 22 日写了《"大雪纷飞"》,支持了郑振铎,驳斥了对"大众语"的攻击。

七月十六日

遇早年北京铁路管理学校同学郑秉璋。上午游丰镇城,下午在车中休息。晨,"听说刘半农先生,到石灵庙考察方言,得病回平,不治而逝。闻讯之下,大家惊悼!"(冰心《平绥沿线旅行纪》) 午夜,车开到平地泉。

七月十七日

晨晤平地泉站站长,知前方因大水冲毁路轨,需两周方能修复,同行者商量,决定暂折回北平,待路轨修复后,直赴绥远继续旅行。上午,与自北平来的傅作义会晤。下午,游城外老虎山等处。夜 2 时 10分,火车离平地泉。

七月十八日

晚 7 时许,回到清华园站,旅游暂告一段落。

七月二十六日

徐懋庸在《大晚报》上发表《三卷一号〈文学〉杂评》,认为郑振铎的历史小说"失败得无可救药"。

七月二十九日

上海《中华日报·动向》发表"虹子"的《论向历史上找创作题材》,

攻击郑振铎等人的历史小说创作"是建设新的写实文学当中所不可忽视的阻碍"。

七月三十日

鲁迅得郑振铎信及附致茅盾信，因闻郑振铎有来沪之说，故未复。

七月

《文学》月刊创刊一周年纪念特辑《我与文学》由上海生活书店出版，署郑振铎、傅东华编。书中吴文祺、赵景深等人的文章中提到郑振铎对他们走上文学道路的重大帮助。

八月一日

李长之主编的《文学评论》双月刊创刊于北平。首篇载郑振铎《绅士和流氓》一文，认为地理上的界限（所谓"海派"、"京派"）是不能区分作家的，而"那些被这大时代所唤醒的具有伟大的心胸与灵魂的文人们"，"他们在无形里，曾形成了个共同的倾向，一个向前努力的共同的目的，虽然他们不一定真的有什么'同盟'，什么'组织'。"

八月二日

致鲁迅信，谈及台静农在北平被捕事，并问及穆木天在上海被捕事。

八月五日

鲁迅得郑振铎 8 月 2 日来信，即复，继续商量印版画等事。

八月八日

继续参加平绥铁路沿线旅行。原一行中文国鼐女士未去，而容庚新加入。上午，火车由清华园站启行。

八月九日

10 时许，抵绥远（呼和浩特），访傅作义等。

八月十日

参观归绥四召庙。

八月十一日

上午坐汽车赴百灵庙，入武川县，夜宿娘娘庙内。

八月十二日

上午继续坐汽车往百灵庙,下午至,住蒙政会的毡包内。

八月十三日

上午,游广福寺,参观藏经楼。晚,出席蒙俗盛宴"全羊席"。

八月十四日

上午,游康熙营盘故址。下午,观赛马、摔跤表演。

本日,鲁迅致郑振铎信,提到希望他去上海时将代刻的印章带去。

八月十五日

上午,乘汽车回归绥。

八月十六日

上午,与容庚、雷洁琼等人骑马去昭君墓参观。晚,郑振铎请全体旅伴在古丰轩吃饭,忽有电报来告顾颉刚母病笃,顾即定于明晨快车回北平。

本日,作散文《昭君墓》,后载 10 月 1 日《水星》月刊创刊号及1935 年平绥铁路管理局出版的《西北胜迹》。

八月十七日

上午,坐火车去包头,十二时半到,为平绥铁路之终点。下午,参观"新兴试办毛织工厂","厂多苦工,闻皆为学徒,每月仅给津贴二元,四年才出师。"(《西行书简·包头》) 夜宿车上。

八月十八日

上午,乘汽车欲去固阳县广觉寺参观,因大雨泥泞而返。夜宿车上。

八月十九日

上午,参观某"新村",与怀着"耕者有其田"的主张、向往苏联社会主义社会的山西人任君交谈。郑振铎怀疑此"世外桃源"式的设想"能否独在'浊世'中存在",并认为"新村运动向为无政府主义者的同志的组合,今此新村却带些官办性质,至少和当地政府是合作的。其主张很值得讨论。却也不妨有此一种试验。"(《西行书简·包头》) 下午,火车往回开,去磴口,参观民生渠,"此渠落成时,宣传得厉害。但到今日尚未收灌溉之利。"并了解到河西"土匪"甚多,"他们并不以匪为业;他们是农民。只是穷不聊生而出此。"看到"路上有许多背了包袱的农民在走着。他们都是赶到西头去做短工的,连几毛钱的车费也没有,只好步行而去。那耐苦求食的精神,足以表现出真正的中国人的本色。"(《西行书简·民生渠及其他》) 晚,火车回包头。

八月二十日

11 时半火车至公积坂。下午 5 时半,又至麦达召。

八月二十一日

晨,欲游麦达召,因雨未能,闻途中有一段轨道又出问题,大家商量,决定抓紧时间赶回,迟了恐欲归不得。晚八时半,车至旗下营。

八月二十二日

因雨不停,前方实情无法探得,南下之车皆停于旗下营,站上颇热闹。晚,绥远段长李振先来,此人为郑振铎早年北京铁路管理学校同班同学,相遇颇喜。李振先说轨道又冲坏,须三天才能修复,冰心等人拟折回麦达召等处参观,而郑振铎因有事,决定随工程车先返回。

八月二十三日

晨,匆匆告别旅伴,一人坐工程车先回北平。途中"眼见着那铺在松泥上的铁路,因不胜重量而弯沉下去。车过后,才平复如常。""铁路边的堤防被破坏得很厉害。整座的桥梁都被冲断。"(《西行书简·跋》)

今日,《北平晨报·教育界》载消息《燕大图书馆购书问题——主管人有滥字高价之嫌》,透露了燕京大学某些人抓住郑振铎转售明正统本《大藏经》(残本)一事,煽动风潮,攻击郑振铎。

八月二十五日

回北平,结束此次旅行。此行意义,据冰心的总结,约有四点:一、为保卫边疆,开发西北,了解西北边况,二、宣传中国第一条自己计划、勘测、建造的铁路,三、加强各族人民团结,四、瞻观祖国辽阔而破碎的河山和珍贵古迹。

八月二十七日

作《"文人"的面目》。后载 10 月《文学评论》双月刊第 2 期,为首篇。

八月三十日

已从北平南下上海。今日访问叶圣陶。

八月三十一日

中午,叶圣陶、王伯祥、章雪村、夏丏尊、徐调孚在冠生园宴请郑振铎,邀胡愈之、周予同、傅东华作陪。

八月

开明书店出版朱起凤《辞通》,郑振铎为此书的出版出过力。该辞书自 1896 年起开始撰写,1925 年,朱起凤携书稿(初名《新读书通》)来沪托郑振铎介绍给商务印书馆,其时王云五主持该馆事宜,竟不加翻检,未及一小时即将原稿退还。作者不灰心,继续修订补充。1930 吴文祺选录书稿中若干内容作成提要并油印,携来上海向各书局联系出版,郑振铎等看后极为赞赏,劝促开明书店接受书稿,并组织专人校订出版。这是我国第一部联绵词词典。

九月一日

《文学》月刊第 3 卷第 1 期发表张雄武的《读〈文学〉一周纪念号》,认为郑振铎的《黄公俊之最后》比《桂公塘》"可说是有了进步,但也还不能令人满意",认为里面"看不到活跃的群众","这是很大的缺点"。

九月二日

郑振铎由茅盾陪同秘密访问因内山书店某店员被捕而正在千爱里避难的鲁迅,赠鲁迅以自印《清人杂剧二集》一部,并带去请刘淑度为鲁迅刻的印章二方("鲁迅"、"旅隼")。

九月三日

为开明书店出版《二十五史》题词:"久想得到一部放在案头的《二十四史》。现在开明出版《二十五史》实现了我的梦想,同时也解决了旅客们如何能携带此断代的百科全书的问题。"题词后载 10 月 25 日《大公报》,又载 12 月 1 日《文学》月刊第 3 卷第 6 期。

九月四日

为所著《疴偻集》作序:"正读《庄子》,有感于疴偻老人承蜩的事,便以《疴偻》名之。"说明本书"表现了我的对于文学的观点。虽然比十年前略有些进步,但站在'为人生的文学'的立场上,却是一致的"。

晚,陈望道在东亚酒店举行聚餐,同席有鲁迅、茅盾等共 11 人,主要是商谈创刊《太白》半月刊事。郑振铎为《太白》编辑委员会 11 名成员之一。

九月七日

《中华日报·动向》发表何兰人《与张雄武略谈〈文学〉一周纪念号的两篇创作》,认为郑振铎的历史小说"根本没有写'主角的群众'"。

九月八日

为所著《西行书简》作《题记》,后载 10 月 1 日《文学》月刊第 3 卷第 4 期。书简亦陆续在该刊及《水星》月刊上发表,为今年夏天在平绥线上旅行时沿途寄给高君箴夫人的十几封信整理而成。《题记》中说:"有人天天在嚷着开发西北;西北的现状究竟是怎样的一个情形呢?关于这一类的记载是极少。我这十几封给君箴的信,虽然对于西北社会的情形说得不多,且更偏重于古迹方面,却总有点足资未闻未见者的参考。""故便趁着住在上海的十天,将它们整理一下,删去一部分的'私话'将它刊之于此! "《西行书简》后于 1937 年 6 月由商务印书馆出单行本。

为所著《欧行日记》作《自记》,提到"这部日记,其实只是半部之半。还有四分之三的原稿,因为几次的搬家,不知散失到什么地方去,再也不能找到。""到现在整整的隔了七个年头,老是保存在箧中,不愿意,且也简直没有想到,拿去发表。为的是,多半为私生活的记载,原来只是写来寄给君箴一个人看的,不料,隔了七年之后,这陈年老古董的东西却依旧不能藏拙到底。一半自然是为了穷,有不得不卖稿之势;其实,也因为这半部之半,实在飘泊得太久了,经过的劫难不在少数,都亏得君箴的细心保存,才能够'历劫'未毁。今日如果再不将它和世人相见,说不定再经一次的浩劫巨变,便也将和那四分之三的原稿一样,同埋在灰堆火场之中。……故趁着良友向我索稿的时候,毅然的下一决心,将它交给良友出版了。"该书于 10 月 31 日由良友图书印刷公司出版,为 1927 年 5 月 21 日至 8 月 31 日的日记整理而成,是作者在大革命失败后离沪,在轮船上和到巴黎后的生活记载。

九月九日

晚,赴何炳松家招宴。因明天回北平,何炳松为之祖钱。到者有胡愈之、叶圣陶、王伯祥、夏丏尊、章雪村、徐调孚、傅东华。

九月十一、十三日

《北洋画报》第 1139、1140 期发表"丰良化"(按,"风凉话"的谐音)的《郑振铎三部曲》,借郑振铎转售《大藏经》一事对他进行攻击。文中引用了郑振铎关于此事的公开信:"《大藏经》为明宣德本,诚然是我由北平购到的,但并非替燕大图书馆买。当时用燕京公共汽车运回,堆在我书房的地上,无力做书架,也没有工夫去整理,便想卖去它。当时曾向北平某君及燕大图书馆接洽。我因急于用款还帐,便以一千元售给燕大图书馆。这完全是买卖行为,根本上不会有所谓'风纪',想不到竟会有人借此中伤!……两年以来,屡次地想向燕大图书馆商量赎出,都不曾开口;一则艰于开口,二则还是为了穷。现在好了,我已决定设法收回。即使图书馆也想同样'牟利',我却也不妨出高过原售价的买价去赎它!"

九月二十日

陈望道主编、郑振铎参与发起的《太白》半月刊在上海创刊,生活书店出版。创刊号上郑振铎发表《记黄小泉先生》。

九月二十二日

已回北京。中午往丰泽园赴《大公报·文艺副刊》之招宴,到者有周作人、杨今甫、俞平伯、朱自清、闻一多、梁实秋、余上沅、沈从文等。

这次到上海,与良友图书印刷公司青年编辑赵家璧商量了编选《中国新文学大系》的计划,在如何分卷、找合适的编选者、以及搜集资料的线索等方面给了赵家璧很大的帮助,还代赵家璧写信请胡适等人担任编选写序,同时答应亲自编选其中的《文学论争集》。

九月二十四日

致鲁迅信并附笺样 6 幅及纸样。

九月二十六日

为所译述的《希腊神话》作序。该书 1935 年 2 月底由生活书店出版。

九月二十七日

鲁迅得郑振铎 24 日来信,即复,谈刻印古代版画事等。

九月二十八日

为所译《俄国短篇小说译丛》作《引言》,表示:"我们计划着要翻译许多重要的俄国短篇小说,集成一套的《俄国短篇小说译丛》。这一册是开头的一本。"(按,后来未能实现这一计划)该书 1936 年 3 月由商务印书馆出版。

本日,鲁迅得郑振铎所寄书 3 本、纸 220 枚,即复信,继续商量印版画及用纸诸事。

九月二十九日

作短篇历史小说《毁灭》,后载 11 月 1 日《文学》月刊第 3 卷第 5 期,写控制南明政权的阮大铖在国难之际贪污弄权,排斥异己,最后狼狈逃窜,既毁灭了国家也毁灭了自己;塑造了一个民族败类的典型形象,以鞭挞当时的国民党反动派。

九月

所著小说集《取火者的逮捕》由生活书店出版,为《创作文库》之一。

所编《清人杂剧二集》影印成书,收清人杂剧 13 家 40 种,由吴梅作序,容庚题签。

本月,光华书局出版《文艺鉴赏与批评》,收入郑振铎的《中国文学批评的发端》。

十月一日

与靳以、巴金等人合编的《水星》月刊创刊于北平,文化书局发行。郑振铎发表《昭君墓——西行书简》。还发表《〈刀剑集〉序》,表示自己历来"对于同道的人总是持着最宽容的态度",但"十余年来,我是不时的在和恶势力争斗着,有时竟至短刀相接",并指出文坛上的恶势力"最可怕的有两种",一种是"腐化的倾向"(指封建复古),一种是"恶化的倾向"(指低级趣味、堕落恶劣的作品)。《刀剑集》后名为《短剑集》,1936年1月由上海文化生活出版社出版。

在《文学》第3卷第4期上发表短论《大众语文学的"遗产"》,指出在历史上的文学作品中,也有过用"大众语"写的东西,认为"由典雅的文言文,到正则的白话文,再到活泼生动的'大众语'文,那是自然的趋势"。同期,开始连载《西行书简》,发表《小序》、《从清华园到宣化》、《张家口》、《大同》、《云冈》。

十月八日

鲁迅收到郑振铎3日来信,即复,建议在《十竹斋笺谱》卷首"写明借书人及刻工等事,如所谓'牌子'之状"。同时寄赠郑振铎《木刻纪程》1册,并托他转赠美国友人斯诺2册。

十月十三日

写长篇论文《论元人所写商人士子妓女间的三角恋爱剧》,后载12月16日《文学季刊》第1卷第4期。该文通过这一"三角恋爱剧"窥探了元代政治经济状况之一斑,认为文学作品中所反映的历史真相要比"正史"还真切、准确,认为社会经济决定文学形态,并支配其题材的运用。此文是郑振铎运用唯物史观研究文学史的代表作之一,多次得到鲁迅的赞扬。

十月十六日

致鲁迅信,告知已将《木刻纪程》转交斯诺诸事。

十月二十七日

鲁迅复郑振铎信,谈及关于出木刻版画事。

十月三十日

所著日记体散文集《欧行日记》由良友图书印刷公司出版,为《良友文学丛书》第14种。

十月

鼓励怂恿朱自清将以前写的文学杂论编集,后取题《你我》,由郑振铎编入《文学研究会创作丛书》,于 1936 年 3 月由商务出版。

十一月一日

在《文学》月刊第 3 卷第 5 期上发表短篇历史小说《毁灭》,并续载《西行书简》的《口泉镇》、《大同的再游》、《从丰镇到平地泉》、《归绥的四"召"》、《百灵庙之一》、《百灵庙之二》。

在《水星》月刊第 1 卷第 2 期上发表小诗十首,题为《微思》。

十一月三日

作散文《北平》,载 12 月 1 日《中学生》月刊第 50 期。本文抒发了对故都北平的热爱感情,也表达了对北平无聊闲人和商人的厌恶,还揭露和控诉了"九渊之下,更有九渊"的北平穷苦人民的"地下的黑暗的生活"。

本日,鲁迅收到良友图书印刷公司寄赠的郑振铎《欧行日记》。

十一月四日

为所著《西行书简》作跋,追纪 8 月 23 日绥远旅行回北平时在火车上所见水灾诸情。

十一月五日

签名寄赠鲁迅《取火者的逮捕》(鲁迅 9 日收到)。

十一月八日

鲁迅收到郑振铎 4 日来信及《十竹斋笺谱》样张六幅,即复,并寄去陈老莲《博古页子》供郑振铎在北平拍照。

十一月十日

鲁迅致郑振铎信,商量影印陈老莲木刻画诸事。

十一月上旬

清华大学举办"中国文学讨论会",朱自清主持,郑振铎作重要发言,谈当时以上海为中心的文言白话之争与关于大众语问题的讨论,批判了当时从国民党统治中心南京煽起的复旧和读经之风,尖锐地指出"他们完全是一条线下来的,都是统治阶级的希望,欲维持以平和局面,不许人民看天上,只许看地上,看过去的,而对现实不发生兴味,使民'不知不识,舜帝之则'",认为:"现在中国惟一的出路,乃是在向前看","我们的希望只是在前头,退后是死路。"该发言由"野光"记录,载 11 月 11 日至 14 日《北平晨报》。

十一月十一日

在《大公报·艺术周刊》上发表《明代徽派的版画》。

十一月十六日

鲁迅得郑振铎来信,当是告知拟南行一次。

十一月二十二日

在办公室接待燕京大学新闻系来访学生,谈了"中国文坛最近的趋势",认为"有鲁迅,茅盾等作品,我们也应自豪自足了"。还谈到"大众语"问题,认为最近鲁迅发表的文章"可谓一矢中的"。另谈到《文学季刊》的创刊等。

十一月二十三日

从北平乘火车去上海。

十一月二十五日

下午去鲁迅家。

十一月二十七日

晤叶圣陶。

十一月二十八日

叶圣陶夫妇等赴虹口大旅社贺郑振铎祖母陈太夫人八十大寿。

十一月三十日

中午,在新雅酒楼宴请叶圣陶、王伯祥、丁晓先、徐调孚。下午 4 时,登程返北平。临行前致赵景深信,谈及已将朱湘遗著《番石榴集》交商务印书馆出版,并寄去《清人杂剧二集》叙目。

十二月一日

在《文学》月刊第 3 卷第 6 期上续载《西行书简》的《百灵庙之三》、《包头》、《民生渠及其他》、《跋》。

十二月二日

鲁迅致郑振铎信,提及:"我想,明年一年中,出老莲画集一部,更以全力完成《笺谱》,已有大勋劳于天下矣。"

十二月五日

晚,赴淮阳春饭店,应许寿裳、李季谷之招宴。同席有周作人、马隅卿、徐祖正、熊佛西夫妇、朱自清、俞平伯、傅斯年、戴静山等。席上,郑振铎请周作人选编《中国新文学大系·散文一集》。

本日,鲁迅致郑振铎信,谈预约《十竹斋笺谱》及复印《博古页子》诸事。

十二月十日

鲁迅得郑振铎 7 日来信,即复,商量关于印《笺谱》及《博古页子》诸事。

十二月十二日

本日起,巴金在郑振铎寓所住了三个星期,完成了中篇小说《电》。巴金后来回忆说:"这小说是在一个极其安舒的环境里面写下来的。一个朋友让我住在他寄寓的花园里面,过了三个星期清闲生活,使我从容地完成了这《爱情的三部曲》的最后一部。我应该感谢他。"(《写作生活的回顾》)

十二月十六日

在《文学季刊》第 1 卷第 4 期上发表小诗《微思》五首、《元明以来杂剧总录》和论文《论元人所写商人士子妓女间的三角恋爱剧》。

十二月二十日

散文诗《幻境》发表于上海《漫画生活》月刊第 4 期,学习鲁迅《野草》的象征主义手法,描写了"我继续的踏着坚实而稳定的足步向前走",迎接"玫瑰色的曙光",而"那一对对的绿炯炯的冷光"终于"逐渐的和黑夜一同消失了去"。

十二月二十二日

《商务印书馆出版周刊》新 108 期上发表郑振铎《杜思退益夫斯基传略》,摘录自郑振铎《俄国文学史略》一书。

十二月二十三日

为张次溪编《清代燕都梨园史料》作序,认为戏曲史研究不仅应

"着眼于剧本和剧作家的探讨",同时也不能"忽略了舞台史或演剧史的一面","舞台上的技术的演变和剧本的写作是有极密切的关系的"。

十二月二十七日

鲁迅得 24 日郑振铎来信,即复,并附亲自设计的《十竹斋笺谱》"牌子"(即版权页)和封面的草图。

十二月二十九日至三十一日

北平《华北日报》发表刘宗向、淦靖南记录的郑振铎的学术报告《〈盛世新声〉与〈词林摘艳〉》。

十二月

参与发起"筹募诗人朱湘遗孤教育基金委员会",委员共 15 人,还有闻一多、施蛰存、傅东华、赵景深、罗暟岚、柳无忌、罗念生等。

所著论文集《疴偻集》由生活书店出版,为《创作文库》第 10 种。

本年

与燕京大学某些人的矛盾加深,有部分学生竟上书学校当局要除去郑振铎,国文系主任郭绍虞为之愤而辞职。文学院院长黄子通因组国文系执行委员会,邀历史系教授顾颉刚参加,共同主持该系。顾颉刚认为:"予非国文系人而加入此会,必为人所攻击,然他们本要我作挡箭牌。……为公家着想,只要办得好,即个人结些冤家亦复值得。"(顾颉刚 12 月 28 日日记)

在燕京、清华大学任教时,发现和培养了吴组缃、张天翼、余冠英、曹禺、季羡林、吴晗、吴晓铃、林庚、萧乾等青年学生,并介绍他们在《文学季刊》等刊物上发表文章和帮助出书。

一九三五年　三十八岁
（民国二十四年　乙亥）

一月一日

燕京大学国文系执行委员会议决,郑振铎以研究工作名义,下学期即离校;与郑振铎有矛盾的闻宥则准其辞职,下学年离校。"国文系之风潮历一年余,至今日而解决。"(顾颉刚日记)

由平津木刻研究会的金肇野、唐诃、许仑音等人发起主办的"全国木刻联合展览会"在北平太庙开幕。该展览会是在鲁迅、郑振铎支持下举办的。其第二室展览的为中国古代木刻及图书,均由郑振铎所选;第三室是西洋现代版画,由鲁迅所选。展览会盛况空前,平津六家大报出版特刊,至 3 日北平地区展览结束后,继在天津、济南、汉口、太原、上海五地展览,至 10 月中旬闭幕。

一月七日

周作人发表《关于"王顾左右"》,载《华北日报·每日文艺》第 35 期(署名"不知",后收《苦茶随笔》)。文中评述了郑振铎在北京大学讲演中预言今后文坛的倾向"其二是流入颓废,写'王顾左右'之文字",认为"郑先生的预言似乎该是:二、流入悲观,写譬喻讽刺之文学。"

一月八日

鲁迅得郑振铎 4 日来信,即复,商量印《十竹斋笺谱》事;对燕京大学有人"营植排挤"及所谓"新月派"之"凶悍阴险"表示十分愤慨,同时指出"萌退志是可以不必的";还提及左联内部有人"反正"诸事。

一月九日

鲁迅收到郑振铎 6 日来信,即复,对燕京大学"长于营植排挤者"表示愤慨,认为"先生如离开北平,亦大可惜,因北平究为文化旧都,继古开今之事,尚大有可为者在也。"还赞扬了郑振铎发表在《文学季刊》上的《论元人所写商人士子妓女间的三角恋爱剧》"真是洞见隐密"。同日,鲁迅致许寿裳信,推荐郑振铎到许主持的北平大学女子文理学院工作,说郑振铎"热心好学,世所闻知,倘其投闲,至为可惜。"(按,此事后未成)

一月十日

国民党 C.C.系怂恿所谓"十教授"在《文化建设》月刊第 1 卷第 4 期上发表所谓《中国本位的文化建设宣言》。该宣言丝毫不提及抗日救亡,其意在企图转移文化界的目标。郑振铎阅后即作了批判,后被《文化建设》题为《郑振铎之意见》,摘要发表于 2 月 10 日该刊第 1 卷第 5 期上。郑振铎鲜明地指出:"我以为文化问题固然重要,但中国民族本身如何能生存,却是更大的问题。日本的爪牙永远抓住中国,中国便永远没有复兴的可能。现在的问题是如何使中国能脱出日本的爪牙。所以迫切的问题,不是文化的问题,而是生存的问题。" "在中国旧文化里,是永远找不到出路,譬如国医国术运动之类,都只是亡国的前一幕的把戏。中国民族的生存必须寄托在新的文化,新的组织上。如何组织民众,如何使民众都有自觉的为生存的争斗心,是今日的急务,而恢复旧文化却是死路一条。"

一月十七日

鲁迅得郑振铎信,当是郑振铎告诉鲁迅他即将来沪一次。

一月二十一日

郑振铎已到上海,先去大陆新村访问茅盾,下午又与茅盾一起访问鲁迅,商谈了打算主编《世界文库》的设想,得到鲁迅的支持。

一月二十五日

下午,又拜访鲁迅。夜,叶圣陶、夏丏尊、章雪村、王伯祥、索非、徐调孚在章雪村家公宴子良,邀郑振铎、胡愈之、傅东华作陪。

一月二十八日

周作人为郑振铎译述的《希腊神话》作序,文中略述了与郑振铎的交往,并说:"我相信这故事集不但足与英美作家竞美,而且还可以打破一点国内现今乌黑的鸟空气,灌一阵新鲜的冷风进去。"

二月一日

下午,与茅盾一起拜访鲁迅。

二月六日

晚,拜访鲁迅。

二月十二日

拜访鲁迅。在以上数次拜访中,郑振铎约请了鲁迅为《世界文库》翻译俄国文学名著——果戈理《死魂灵》。

二月十五日

夜,与叶圣陶、王伯祥、徐调孚饮于马上侯。

为陈乃乾编《元人小令集》作序,末言:"年来颇有辑集元、明以来散曲的心愿,只因搜罗未备,未敢问世。乃乾乃先获我心,成此巨著。读之,能不汗颜乎?"该书4月由开明书店出版。

同日,《新小说》第1卷第2期发表《推行手头字缘起》,签署者共168个人、24个单位,郑振铎亦列名。该《缘起》后又发表于《太白》等报刊。这是文化界统一战线的一次大行动。

二月十七日

郑振铎为主编出版《世界文库》而邀请鲁迅、茅盾等夜餐,合席共十余人。席上,郑振铎将所编《清人杂剧初集》一部赠鲁迅。

二月十八日

致吴文祺信,邀请他参加编辑《世界文库》的工作。

二月十九日

友人马廉(隅卿)因脑溢血逝世于北平协和医院。

二月二十日

《人间世》第22期发起征求读者推选中国现代五十年来百部佳作。后赵景深、陆侃如、冯沅君、周一鸿、夏丏尊、王伯祥、叶圣陶、章锡琛、徐调孚等人均推选了郑振铎的《插图本中国文学史》。他们指出:"以前的文学史只注意正统的文学。这书于变文、戏剧和宝卷,叙述最详,是最大的特点。附了许多插图,在中国文学史中还是创举。量的方面,也推第一"(周一鸿语),还提出"惜尚无整个的中国戏曲史出现,敬以期之郑振铎先生"(徐调孚语)。另,赵景深等还推选了郑振铎的《家庭的故事》,余牧秋等推选了郑振铎的《文学大纲》。

二月二十二日

晚,访叶圣陶,并邀王伯祥、夏丏尊、章雪村、徐调孚也来共酌,听郑振铎谈邓尉探梅事。

二月二十三日

蔡元培日记:"郑振铎属列名于《世界文库》之编译委员会,允之。"

二月二十四日

瞿秋白在福建上杭被国民党当局抓俘,初未暴露身份,曾以林其祥化名给上海鲁迅写信,暗示鲁迅设法营救。

二月二十六日

夜,叶圣陶、王伯祥、夏丏尊、章雪村、丁晓先、范洗人、宋易公宴杭州浙江省立图书馆王鞠侯,兼请郑振铎、卢冀野。

二月

译述的《希腊神话》由生活书店出版。周作人作序。

三月一日

在《文学》月刊第4卷第3期发表短篇小说《陈士章传》,描述一个地主阶级家庭的知识分子不从事体力劳动,也不从事脑力劳动,不听从进步人物的劝告,终于成为一个废物,并在农民革命中失去了一切。同期还发表短评《译书与读者》,指出:"抛弃了轻率浅薄的'低级趣味'的追求,而以诚实和忍耐来读'名著',这是文学青年们和一般的有志的读者们所必要第一步实践的。"同期还发表鲁迅推荐的青年作家萧军在上海写的第一篇短篇小说《职业》,为萧军在上海文坛站住脚助了力。

在《艺风月刊》第3卷第3期第一次发表《世界文学名著的介绍——发刊〈世界文库〉缘起》。

三月二日

夜,在马上侯宴请叶圣陶、王伯祥、夏丏尊、章雪村、徐调孚。散席后,又回开明书店畅谈至十时许。

为开明书店编辑出版《二十五史补编》题词,赞扬这一工作"其有益于史学研究者的地方,实有过于《二十五史》"。题词后载 3 月 15 日《申报月刊》第 4 卷第 3 期和 4 月 1 日《文学》月刊第 4 卷第 4 期。郑振铎并被开明书店聘为该书总目的鉴定者之一。

三月四日

致中华书局舒新城信,希望书局买下潘训的翻译书稿,"潘君现已身故,家族待款甚亟;务请帮忙一下!" 按,革命作家潘训已在去年绝食牺牲于国民党的监狱中。

三月五日

回北平。

三月九日

鲁迅致郑振铎信,谈译《死魂灵》事,并介绍孟十还为《世界文库》译稿。

三月十四日

《大公报》刊载郑振铎《中国新文学大系论争集编选感想》手迹:"将十几年前的旧帐打开来一看,觉得有无限的感慨。以前许多生龙活虎般的文学战士们,现在多半是沉默无声,想不到我们的文士们会变老得这么快,然而更可怪的是,旧问题却依旧存在(例如'文''白'之争之类),不过旧派的人却由防御战而突然改取攻势了。这本书的出版可以省得许多'旧事重提',或不为无益的事罢。"

三月十四日、十五日

在《华北日报·每日文艺》上连载《世界文库发刊缘起》。

三月上旬

致鲁迅信和致胡适信,都提到要搬出燕京大学,改住东城北总布胡同 1 号。在致胡适信中谈《中国新文学大系》的《建设理论集》和《文学论争集》的编选问题,将自己编的《文学论争集》选目寄胡,以免与《建设理论集》重复。

三月二十日

鲁迅得郑振铎信,即复(已佚)。

三月二十八日

鲁迅致郑振铎信,并汇上请郑帮助影印珂勒惠支版画的 150 元钱,还希望将来郑能帮助在北平装订成书(按,后因郑振铎回沪工作,鲁迅托吴朗西在上海装订成书)。

三月三十日

鲁迅得郑振铎 27 日信,即复。郑在来信中提议在《世界文库》中重印鲁迅《古小说钩沉》,鲁迅认为"不如暂且放下"。关于合作印木刻事,鲁迅提出:"今年似不如以全力完成《十竹斋笺谱》,然后再图其他。"

四月五日

鲁迅得郑振铎信,8 日鲁迅复信(已佚)。

四月九日

鲁迅收到郑振铎来信并复刻《十竹斋笺谱》第一册,次日复信,高兴地说"成绩的确不坏",并再次提出今年"不如全力完成此书,至少也要出他三本"(共有四本)。但该书出版很慢,至鲁迅逝世后才出至第二册,全书直至 1941 年方出全。

四月十二日

鲁迅得郑振铎信。

四月十五日

作短篇小说《漩涡》,描写了革命教师李书怀虽然被恶势力排挤出学校,但他播下了反抗的火种;小说主人公武克刚从动摇到坚定,参加进步学生运动,反抗黑暗,追求光明。后载 12 月 16 日《文学季刊》第 2 卷第 4 期。

本日,"中国文化建设协会"北平分会发起所谓"读书运动宣传周",发表所谓《读书运动宣言》,要人们埋头读书不问世事。何应钦并于第三天发表广播讲话。显然,这是国民党当局有计划的一次活动。郑振铎应《北平晨报》之约,于今日写了《怎样读书》一文,提出要"活读", 即"要以新的方法, 新的眼光"去读书, 并揭露"以读经为政令, 以读文选、杜诗责之于个个青年, 那便是愚妄的举动"。文载翌日《北平晨报·北晨学园》。又载 6 月 1 日中国文化建设协会北平分会办的《读书季刊》第 1 期。

四月十七日

鲁迅得郑振铎信, 19 日复(已佚)。

四月二十二日

鲁迅得郑振铎信 (可能是告诉鲁迅已最后决定离开北平到上海工作)。

四月三十日

已到上海, 今日下午拜访鲁迅。

四月

与鲁迅合编的《版画丛刊》之一《十竹斋笺谱》(第一册)由北平荣宝斋出版。该笺谱原为明崇祯甲申(1644)年刻, 胡曰从编, 传世极少。鲁迅与郑振铎特借通县王孝慈藏本翻刻, 用上等棉料纸套色精印。鲁迅仅见到第一册出版而逝世, 为郑振铎的一大遗憾。

本月, 著名作家茅盾、胡愈之、陈望道、叶圣陶、许地山、夏丏尊、谢六逸、朱光潜、傅东华等应郑振铎邀请, 为《世界文库》题词, 一致赞扬郑振铎的这一壮举为"中国文坛的最高努力"。郑振铎为完成这一宏伟工作, 特发动了一百几十位学者、作家、翻译家参加。

本月, 鲁迅收到瞿秋白化名从国民党监狱辗转寄来希望设法营救的信。(因郑振铎是瞿秋白夫妇最好的朋友, 鲁迅、杨之华可能也将此事告诉了他。)20 日,《福建日报》就披露有叛徒向国民党当局供出瞿秋白已被俘房的消息。鲁迅后被迫放弃营救。

约本月离北平前, 曾与周作人谈话, 劝他在必要的时候应离开北平, 并驳斥了周作人所持的抗战"必败论"。周作人未接受劝告和批评。

五月一日

在《文学》月刊第 4 卷第 5 期上发表《世界文库发刊缘起》和《世

界文库第一集目录》。

本日,朝鲜《东亚日报》发表丁来东《郑振铎——会通新旧、东西文学的文坛幸运儿》。丁来东曾听过郑振铎的学术演讲。

五月十一日

国民党《中央日报》及《大公报》、《华侨日报》等以大字标题报道瞿秋白被捕的消息。

五月十二日

下午,去鲁迅家,并带去复刻《十竹斋笺谱》第 1 册 9 本。

上海的日本报纸《上海日日新闻》报道瞿秋白被捕的消息。《大公报》继续报道瞿秋白被捕消息。

五月十六日

夜,赴马上侯应叶圣陶、王伯祥、丁晓先、徐调孚、范洗人宴,谈至十时许。

五月十八日

蔡元培日记:"为《世界文库》作序。为文学社作《文学在一般文化上居怎样的地位》、《文学与一般艺术有何等关系》。"按,此三文均是应郑振铎之邀写的。后二文发表于郑振铎、傅东华主编的《文学百题》一书。

五月二十日

主编的《世界文库》由上海生活书店开始出版,每月出版一册,内容为选辑中外古典文学名著,凡长篇的均连载。本日出版的第 1 册卷首载有郑振铎《发刊缘起》和《编例》。该文库中所收中国古典文学名著几乎全是郑振铎亲自校辑和标点的(叔父郑莲蕃和学生刘淑度二人协助)。至 1936 年 4 月 20 日出至第 12 册中辍;后改变体例,又出单行本 15 种。由于抗日战争爆发和种种条件的限制,郑振铎的这一宏伟计划未能全部完成。

本日晚,与黎烈文同去鲁迅家,并送去鲁迅为《世界文库》第 1 册所译《死魂灵》的稿费 52 元。

五月二十一日

《时事新报》第一版又长篇报道瞿秋白被捕消息。

胡适日记:"看郑振铎的《中国文学史》三、四册。此书材料颇好,但他写得太糟,判断既平庸错误,而文字太不修饰,使人不愉快。周启明说他受著作之累,是不错的。"

五月二十三日

鲁迅寄郑振铎信(已佚),并寄《死魂灵》第 3、4 章译稿。

五月二十五日

赴开明书店晤诸友。为开明书店版《六十种曲》写推荐辞,誉为"扛鼎之作"。手迹刊于开明书店征求预约的样本上。

晚,到鲁迅家,周建人夫妇、茅盾等人也先后来到(可能是商议关于瞿秋白被捕并已暴露身份之事)。郑振铎明日北行。

五月二十八日

"昨[胡]小石云:'郑振铎所出《世界文库》,多未经见书,盍一购之?'余心怦然。"(吴梅日记)

六月六日

在北平。赵家璧日记:上午"十时半车到终点站北平。郑振铎和章靳以联袂来接。同去振铎家午饭,朱自清在座。饭后同游古物陈列所和中山公园。"赵家璧后来回忆:"我去北京前,他[按,指郑振铎]原邀我留京期间住在他家,临时因中日战局紧张,振铎急于离京返沪,故改请章靳以招待我,所以在车站上他们二人向我作了解释。"(《和靳以在一起的日子》)

六月八日

中午,章靳以设宴,"到梁宗岱、沉樱、李健吾、萨空了、沈从文、郑振铎等十余人"。"晚六时,振铎在家中设宴,把我介绍给几位从未见面的北方作家,有俞平伯、萧乾、毕树棠、王熙珍、高滔等,朱自清和靳以也在座。"(赵家璧日记)

六月九日

今日《大公报》、翌日《中央日报》、《申报》等报道,对瞿秋白"蒋[介石]批示枪决,将就地执行"。

六月十日

鲁迅在致日本增田涉的信中称赞"在中国教授中郑振铎君是工作和学习都很勤谨的人",对郑振铎被排挤出燕京大学表示义愤。

六月十一日

本日《时事新报》及后来的《新生》周刊、《读书与出版》诸报刊发表《我们对于文化运动的意见》,签署者共 148 人、17 个单位,郑振铎亦列名。这是共产党领导的文化界反对国民党文化专制的又一次大的行动。

六月十六日

在上海。《申报》上发表为开明书店校印出版《六十种曲》的题词。计划校勘标点出版这套书,本是郑振铎在 1931 年即与叶圣陶、王伯祥、徐调孚等人一起商定的。

晚,与茅盾、黎烈文同去鲁迅家,吃饭后与鲁迅一家同去看电影。

六月十七日

访叶圣陶。

六月十八日

郑振铎的老友、无产阶级革命家瞿秋白在福建长汀英勇就义。19日,南京国民党《中央日报》即以大标题报道此事。20 日,上海出版的日文报纸《上海日日新闻》也刊载瞿秋白已被枪决的"厦门十八日电"。郑振铎闻讯后极为悲愤,曾在家中召集瞿秋白生前友好秘密哀悼。(据杨之华回忆)

六月二十三日

《孽海花》作者孟朴逝世。郑振铎闻讯后曾与阿英、郑伯奇等商议合送一幛表示悼念。

六月二十七日

鲁迅得郑振铎信,即复(已佚)。

六月

平绥铁路管理局再版郑振铎等人写的《西北胜迹》,其中收入郑振铎《云冈》、《昭君墓》二文。

上海开明书店出版《都市的风光》，收入郑振铎的《北平》；又出版《升学与就业》，收入郑振铎的《致文学青年》。

曾为阿英的《李伯元》书稿介绍出版社，见 6 月 10 日阿英致舒新城信。

七月一日

下午去鲁迅家，带去《世界文库》第 2 册 1 本，及译稿费 53 元。鲁迅以所编木刻集《引玉集》一本赠郑振铎。

本日，《文学》月刊第 5 卷第 1 期发表姚琪《最近的两大工程》，认为郑振铎主编的《世界文库》"算得是'新文学'运动以来的创举"，其特点一是有计划、有系统，二是普及化，三是形式新颖。还发表茅盾以笔名"扬"写的《"盛夏草木长"》，提到《世界文库》的意义和作用不便估量得太低。

七月初

在瞿秋白牺牲的消息传到上海约半个月后，鲁迅约茅盾等一起去郑振铎家商量出版遗著事（据茅盾回忆）。

七月十一日

郁达夫日记："遇到了振铎，关于下学期暨大教授之课程计划等，略谈了一谈。"郑振铎拟聘郁达夫为暨大教授，讲日本史。但此事后未成功。据郭沫若《论郁达夫》一文说，是因当时教育部长王世杰称郁"生活浪漫，不足为人师"。

此前，教育部委派何炳松到上海暨南大学视事，试署校长。何炳松曾任商务印书馆编译所所长，为郑振铎同事。此次国民党 C.C.派让他当该校校长时，他颇犹豫，但得到郑振铎的支持，"要他一面同 CC 发生关系，表面上倾向于 CC 势力，另一方面，诸如办学方针等学校内部的事务，则由进步的学者们共同协商来管理。"（许杰《坎坷道路上的足迹》）因此，他一接受任命，即邀郑振铎到暨南大学任文学院院长兼中文系主任。郑即"举室南迁，藏书亦捆载而南。以所寓湫狭，将非所日需之图籍万数千册移储东区。"（《西谛所藏善本戏曲目录跋》）此时郑振铎住地丰路（今乌鲁木齐北路）地丰里 6 号。

七月十五日

《杂文》月刊第 2 期发表勃生(邢同华)的《从"文学遗产"到"世界文库"》,讽刺郑振铎"把自家的全副蕴蓄,见闻和珍本之类来在'世界文库'的名义之下出售,却未必是好办法",并认为"郑先生是忽略了现阶段的需要"。

李辉英主编的《创作》月刊创刊于上海,"特约撰稿人"中有郑振铎。

七月十六日

上午 10 时,与杜佐周、张耀翔、程瀛章、程瑞霖、陈科美、陈中孚七人,作为何炳松的代表,前去暨南大学办理接受移交工作。

七月十九日

蔡元培致张元济信,提到"蒋竹庄兄事,已由郑振铎院长与之接洽,每星期有六时教课"。

七月二十七日

鲁迅译完《死魂灵》第八章,即合前章寄给郑振铎。

七月

上海生活书店出版《文学百题》,为《文学》二周纪念特刊,署郑振铎、傅东华编。原拟 100 题,出版时仅 74 题,余皆为国民党"检查官"删除。郑振铎共写有 4 题:第 89 题《什么叫做"变文"?它和后来的"宝卷","诸宫调","弹词","鼓词"等体有怎样关系?》,第 90 题《宋元话本是怎样发展起来的?》,第 95 题《中国剧场的变迁是怎样的?古剧里面有无"脸谱"和"武打"之类的成份? 》,第 96 题《清代宫廷戏发展的情形怎样? 》。

八月一日

中午,到鲁迅家,交去《世界文库》第 3 期译稿费 108 元。

八月三日

叶圣陶等开明同人在小有天宴请郑振铎、周予同,煦先、心如、胡仲持作陪。

八月五日

鲁迅托郑振铎买得影印汲古阁抄本《南宋六十家集》。

八月六日

鲁迅日记:"西谛招夜饭,晚与广平携海婴同至其寓,同席十二人。"茅盾记得同席还有叶圣陶、陈望道、胡愈之、章雪村、徐调孚、傅东华等人。"既作为老朋友聚会对秋白表悼念,也就此正式议定编印秋白的遗作。"(茅盾《一九三五年记事》)当时有两个难题,一是要募捐较多的经费,二是要找敢印刷的工厂。郑振铎主动承担了这两件难事。这天,鲁迅赠郑振铎女儿玩具四合,郑振铎交给鲁迅《十竹斋笺谱》第 1 册五本、笺纸数十合。

八月十日

鲁迅寄郑振铎信,次日鲁迅又寄郑振铎一信(均已佚),当与筹印瞿秋白遗著有关。

八月十三日

上午,鲁迅得郑振铎来信,下午即复(已佚)。鲁迅信中提出想不译《死魂灵》第二部,但郑振铎不同意(见 8 月 15 日鲁迅致黄源信)。

八月十七日

暨南大学新任校长何炳松正式任命郑振铎为暨大文学院院长兼中国语文学系主任和教授。郑振铎上的课是中国文学史和敦煌俗文学等。

本日,鲁迅寄郑振铎信(已佚)。

八月三十日

上海良友图书印刷公司出版茅盾编选《中国新文学大系·小说一集》,其中收入郑振铎的《猫》和《书之幸运》;又出版郁达夫编选《中国新文学大系·散文二集》,其中收入郑振铎的《蝴蝶的文学》和《离别》。郁达夫在《散文二集》导言中评论说:"郑振铎本来是个最好的杂志编辑者,转入考古,就成了中国古文学鉴定剔别的人。按理而论,学者是该不会写文章的,但他的散文,却也富有着细腻的风光。且取他的叙别离之苦的文字,来和冰心的一比,就可以见得一个是男性的,一个是女性的了。大约此后,他在这一方面总还有着惊人的长进,因为他的素养,他的经验,都已经积到了百分之百的缘故。"
八月
李健吾应郑振铎之聘,从北平南下,就任暨南大学文学院法国文学教授。李健吾此时 29 岁,此前仅担任过清华大学外文系助教。
九月二日
《申报》载《中国文学珍本丛书》预约广告,上海杂志公司发行,第 1 辑共 50 种,施蛰存主编,郑振铎被聘请为编选委员。
九月三日
友人许地山到香港大学工作。
九月九日
北平东方文化事业总委员会日本人桥川时雄致郑振铎信。因不明地址,寄张元济转。
九月十一日
鲁迅致郑振铎信,商量编印瞿秋白遗著事,并将所拟草目附上。郑振铎积极协助鲁迅编印出版瞿著,并负责为印书募集资金,集得开明书店、暨南大学、生活书店等处友人共 200 元,其余不足之款均由郑振铎自认担负。今存有郑振铎手书认捐资金者名单。
九月十二日
暨南大学举行二十四年度开学典礼,郑振铎演讲,提及自己到上海两个多月来筹划学校事情,遇到不少困难,"因为我们的不敷衍,不联络,处处以同学的学业为前提,竟因此得罪了不少的人"。演说词由俞剑华记录,载 9 月 21 日《暨南校刊》第 143 期。
九月十五日
王任叔在《创作》第 1 卷第 3 期上发表《中国现代小说发展的动向底蠡测》,其中提到:"文学作品,以历史为题材,从前不是没有。……但自去年来,郭源新先生在《文学》上发表了几篇历史小说(如《桂公塘》、《黄公俊之最后》、《毁灭》等)以来,其间有个显然的变化。即是前者以个人主义的立场,借古人的尸体,来还自己的灵魂,作为表现自己底思想与性格底一面的。后者却从社会学的某一个观点,截取历史事件底某一现象,从而反映现实社会的一面的。"

九月十六日

下午 4 时,出席在新雅酒楼举行的暨南大学二十四年度第一次课程会议。

九月十七日

晚,同茅盾同去鲁迅家,又一起去新亚公司夜饭。生活书店邹韬奋、毕云程作东,同席还有胡愈之、傅东华等。席上邹韬奋等提出要撤换黄源的《译文》编辑一事,鲁迅不赞成这种他认为是"吃讲茶"的做法,未终席而离去。

九月十九日

为顾颉刚标点的明冯梦龙编《山歌》作跋,该书后由上海传经堂排印出版。跋中认为"山歌实在是博大精深,无施不宜的一种诗体",对其中优秀作品"惊叹其真朴美好"。跋中还提到曾于明清人编的戏曲选中辑录《明代歌谣集》一书,"可惜还没有机会出版"。

九月二十二日

茅盾访问鲁迅,传达郑振铎关于调解《译文》一事的提议,得到鲁迅原则上同意。

九月二十三日

鲁迅致郑振铎信(已佚),催付叶紫稿费,同时可能谈到《译文》事。

本日为暨南大学"总理纪念周",郑振铎讲演,由俞剑华笔记,题为《华侨教育与理想之暨南大学》,后载 10 月 7 日《暨南校刊》第 145 期。当时暨大经常搞所谓"总理纪念周",郑振铎后来回忆说:"每次纪念周,想不参加都不行。说到蒋介石,大家都得站起来,我却一个人坐在那里。"(《最后一次讲话》)

九月二十四日

上午,茅盾、黎烈文访鲁迅,带去生活书店方面的意见,不同意郑振铎提出的方案,决定《译文》停刊。郑振铎的调解工作遂告失败。

下午 4 时,郑振铎主持暨南大学文学院二十四年度第一次院务

会议，由邓明治作会议记录。该记录后载 10 月 7 日《暨南校刊》第
145 期。

九月二十六日

下午 4 时，主持暨南大学中国语文学系二十四年度第一次系务
会议，由邓明治作会议记录。该记录后载 10 月 7 日《暨南校刊》第
145 期。

九月三十日

下午 3 时，出席暨南大学教育系二十四年度第一次系务会议。

十月一日

下午 3 时，出席暨南大学外国语文学系二十四年度第一次系务
会议。

十月二日

在郑振铎的直接支持、指导下，暨南大学中文系学生组织的文学
研究会成立。后郑振铎经常出席他们的文艺座谈会，并邀请有关作家
前来讲演。

十月三日

暨南大学根据教育部的训令，开展所谓"军训"，本日发布《国立
暨南大学特别大队部委令》，委任郑振铎为"本大队第一中队长"云。

十月六日

中午，在家里宴请诸友，到者有叶圣陶、王伯祥、章雪村、宋云彬、
顾均正、徐调孚。饭后同游兆丰公园。

十月八日

下午 3 时，出席暨南大学二十四年度第一次校务会议。

十月十五日

上海良友图书印刷公司出版朱自清编选的《中国新文学大系·诗
集》，收入郑振铎的《鼓声》、《云与月》两首诗。该书是郑振铎力劝朱自
清编选的。

十月十七日

中午，在家里宴请诸友，到者有叶圣陶、王伯祥、何炳松、周予同、

徐调孚、范洗人、吴文祺、向觉民、福侯、埔翰等。谈至 3 时始散。

鲁迅致郑振铎信,并附上《死魂灵》译稿,说明译稿已告一段落,不拟再为续译,也不要生活书店将已发表的汇印成集。茅盾认为:"在《译文》停刊的风波中,真正倒了霉的,却是郑振铎。因为鲁迅怀疑这次《译文》事件是振铎在背后捣的鬼,并从此与振铎疏远了。而且拒绝把《死魂灵》第二部的译文继续在《世界文库》上发表。这当然冤枉了振铎。"(《一九三四年的文化"围剿"和反"围剿"》)但鲁迅仍与郑振铎合作编印瞿秋白遗著等。

十月十九日

中午,赴虬江路新雅酒家,应王伯祥之邀。主客为向觉民,陪席还有叶圣陶、章雪村、范洗人、徐调孚、周予同、张耀翔、程泽霖。

下午,去鲁迅家,带去《世界文库》译稿费 90 元。

十月二十日

《人世间》第 38 期发布该刊发起评选"五十年来百部佳作"的结果,叶圣陶、夏丏尊、赵景深、陆侃如、冯沅君、章雪村、王伯祥、徐调孚、周一鸿等人都热情地推荐了郑振铎的《插图本中国文学史》。

十月二十一日

写成《中国新文学大系·文学论争集》的《导言》,较全面地总结了新文学运动史上的斗争与争鸣。曹聚仁认为"郑振铎的《文学论争集导言》是一篇极好的现代新文学小史"。(《文坛五十年(续编)》)。

十月二十八日

出席暨南大学二十四年度第一学期教务会议。

十月三十日

下午 3 时,出席暨南大学编译出版委员会第一次会议。

十月

编选的《中国新文学大系·文学论争集》由良友图书印刷公司出版,前有郑振铎写的《导言》,并收入他写的《新与旧》、《新文学观的建设》、《新文学之建设与国故之新研究》、《论散文诗》、《谴责小说》、《光明运动的开始》诸文。

本月 1 日,中国共产党驻苏联莫斯科代表团主编、在法国巴黎出版的《救国报》上发表《八一宣言》。约本月下旬,夏衍从史沫特莱处得到该报。夏衍和周扬把上面的《八一宣言》送给郑振铎看了,"他不仅赞成,而且要我把那份《救国报》留下,他要给朋友们看看"(夏衍《懒寻旧梦录》)。

十一月四日

鲁迅致郑振铎信,告知已将瞿秋白遗著《海上述林》第一部编好,要求郑振铎联系好出版单位,交稿付印并接洽校对方法。郑振铎遵照鲁迅的指示迅速办理。

十一月七日

鲁迅得郑振铎回信。

十一月八日

晚,应苏联驻上海总领事馆邀请,出席为庆祝十月革命 18 周年而举办的招待会,并观看电影《夏伯阳》。出席者还有鲁迅全家、宋庆龄、茅盾、何香凝、黎烈文、史沫特莱等。

本日,"左联"驻苏联莫斯科代表萧三给"左联"写信,指示解散"左联",并指出:"文学界的郑[振铎],陈[望道]……亦何尝不可以作政治社会组织的宋[庆龄],蔡[元培]……!"

十一月九日

午后,鲁迅来访。郑振铎交给鲁迅《世界文库》译稿费 72 元。两人送瞿秋白遗著《海上述林》上册书稿去印刷厂。

十一月十二日

出席暨南大学课程审查委员会会议。

十一月二十二日

张露薇致鲁迅信,其中说郑振铎、茅盾、傅东华等不是"好人",咒骂他们为"畜生""流氓",指责鲁迅"和猫狗同群","总有些助桀为虐的嫌疑"。

十一月二十三日

"午间[卢]冀野来,携郑西谛《清剧二集》,有余一序,尚佳。""是

书共印二百部,将来亦有价值,……此书确有可传之处。惜卷首西谛题记,文理欠通,他日当劝其重作。"(吴梅日记)

夜,在家里与胡愈之宴请诸友,到者有茅盾、叶圣陶、王伯祥、夏丏尊、章雪村、傅东华、徐调孚、宋云彬、煦先。

十一月二十五日

下午 2 时,出席暨南大学训育委员会会议。

十一月

张静庐主持的上海杂志公司,计划出版由阿英、施蛰存合编的专收作家新作的《贝叶丛书》,每辑 10 册,每 3 月出 1 辑。在本月出版的《书报展论》第 1 期上,刊出第一辑(散文集)预告书目,其中有郑振铎的《回忆录》。后未见此丛书出版。

十二月二日

下午 3 时,出席暨南大学二十四年度第三次教务会议。

十二月九日

北平爱国学生数千人在中国共产党领导下冲破国民党政府恐怖统治,举行声势浩大的抗日救国示威游行,史称"一二九运动"。郑振铎闻讯后甚为激奋。

十二月十二日

郑振铎参与签署的《上海文化界救国运动宣言》发表。该宣言是在中共江苏省临时工作委员会领导下,由马相伯、沈钧儒、周建人、陶行知、邹韬奋等 200 余人签名发表的,强烈要求组织民众抗日,并给人民以自由和民主。

十二月十六日

《文学季刊》第 2 卷第 4 期(终刊号)出版,发表《告别的话》(巴金写),说明"环境却不许它继续存在下去"。"这八厚册刊物摆在我们的眼前,闪耀着,就像一颗光亮的星。星光虽然有时也会隐匿,但它却决不消失。倘使有一天环境使我们有余裕重提起笔管,那时候这颗星会发出灿烂的光辉,而我们这季刊也会像从火里出来的凤凰那样,以新生的姿态和你们相见了。"《告别的话》中原先还有这样的话:"文化的招牌如今还高高地挂在商店的门榜上，而我们这文坛也被操纵在商人的手里，在商店的周围再聚集着一群无文的文人。读者的需要是从来被忽视了的。在文坛上活动的就只有那少数为商人豢养的无文的文人。于是虫蛀的古籍和腐儒的呓语大批地被翻印而流布了，才子佳人的传奇故事之类，也一再地被介绍到青年中间……"这是影射攻击郑振铎和生活书店(当时生活书店除出版《世界文库》外，《文学季刊》也由郑振铎联系改在生活书店出版)，该期出版时这些话被删去了。巴金在该期发表的《一阵春风》中也嘲讽郑振铎是"热心整理古籍、翻印古书"的"圣人信徒"。(按，巴金晚年在最后一篇未完成的文章《怀念振铎》中诚恳地承认了错误。)

十二月二十二日

作《关于版画》，后载1936年1月1日《中学生》月刊第61期。该文指出："中国美术史也和别的专门的历史一样，还是一片无垠的荒原，一块不曾经人开垦过的黑土，我们只要努力的执起耒耜来耕种，便不会有'无收获'的工作。"并论述了鲁迅对我国版画事业的杰出贡献。

十二月二十七日

上海文化界救国会正式成立，选出马相伯、沈钧儒等35人为执行委员，并发表第二次《救国运动宣言》，要求停止内战和释放政治犯等。

本日上午和昨日上午，郑振铎在暨南大学考场监考。

十二月

据夏衍回忆，本月23日，夏衍托郑振铎转告茅盾，有重要事商量。第二天，他们三人在郑振铎家商谈解散"左联"事。(但据茅盾回忆则是在翌年一月初。)

本月，开明书店出版夏丏尊的《平屋杂文》。夏丏尊在自序中说："这回的结集起来付印，全出于几个朋友的怂恿。朋友之中怂恿最力的要算郑振铎先生，他在这一年来，几乎每次见到就谈起出集子的事。"

本年

　　生活书店出版外国短篇小说选集《二十六个和一个》,内选有瞿秋白、鲁迅的译作,也选有郑振铎翻译的苏联契里加夫的《严加管束》。

　　本年,帮助被国民党当局释放的王凡西解决生活困难。"我于一九三五年从监狱出来,[宋]云彬……对于我这个托派分子却仍无丝毫敌意。为要帮助我解决生活困难,他给我介绍了当时陈望道编的《大白》、黄源编的《语文》、郑振铎与王统照编的《文学》。最后他帮我与郑振铎讲妥,让我替郑主编的《世界文库》编译一本名叫《十九世纪俄国十大批评家》的书。这些卖文卖稿计划,有的根本未曾实现,有的部分实现(俄国批评家的论文编译好后,告知大部分在商务印书馆编辑部,大火中给焚毁了,结果只将残稿交给生活出版社出版了一本《培林斯基论文集》,并在《文学》上发表了沙了夫的《普希金论》)"(王凡西《怀念宋云彬与许志行》)

一九三六年　三十九岁
（民国二十五年　丙子）

一月一日

在谢六逸主编的《立报·言林》上发表散文《一九三六年》,满怀战斗激情地说:"我们得准备欢迎那通红的曙光,那笑脸迎人的 Aurora[按,即曙光]女神的出现。我们不要怕那将近黎明的狂风暴雪。我们不要对着那长久的闷人天气发愁。我们要握紧了双拳,以沉着壮烈的'决心'来欢迎这'多愁的不祥的'一九三六年!"

"苏灵扬[按,周扬爱人]临产,阵痛已经开始,但家里没有钱住医院。周扬出门跑了一个下午,晚上 7 点多才回来,总算从郑振铎那里借到 20 元钱,才解决了燃眉之急。"(陈明远《周扬的经济生活》)

一月初

据茅盾回忆,此时夏衍找郑振铎谈话,告以将解散"左联",并要求他出面组织文学界新的统一战线团体,并要郑振铎通知茅盾在郑家开会。后他们三人多次商议解散"左联"和成立新的组织诸事。

一月十一日

夜,去鲁迅家,带去帮鲁迅在北平翻印的德国凯绥·珂勒惠支版画 21 种,每种各 103 枚。其后,鲁迅又在上海补印文字,于 7 月始正式装订成册。这是鲁迅晚年所做的重要工作之一。

一月十四日

为孔另境编撰《中国小说史料》作序,指出:"'版本''目录'的研究,虽不就是'学问'的本身,却是弄'学问'的门径。未有升堂入室而不由门循径者,也未有研究某种学问而不明了关于某种学问的书籍之'目录''版本'的。"赞扬孔另境"这一种为人而不为己的吃力的工作"。

一月十六日

中午,与叶圣陶、王伯祥、夏丏尊、范洗人、丁晓先、子良聚餐。

一月二十八日

在"左联"后期机关刊《时事新报·每周文学》第 19 期"一二八纪念特辑"上以头篇地位发表文章,谈"一二八"事件四周年的感想,指出:"退让依然是免不了牺牲!"

一月

所著论文集《短剑集》由上海文化生活出版社出版,为《文学丛刊》第 1 集第 12 种。

二月一日

夏衍写的第一篇短篇小说《泡》在郑振铎主编的《文学》月刊第 6 卷第 2 期上发表,首次署用"夏衍"笔名。

二月三日

上午 10 时半,出席暨南大学第四次教务会议。

二月七日

下午 3 时,在八仙桥青年会九楼出席暨南大学第二次校务会议,并作报告。下午 6 时,出席暨大校长何炳松在青年会宴请全体教员的宴会。

二月九日

萧乾在天津《大公报·文艺》发表《悼〈文学季刊〉》,说"由那充满了悲愤的《告别的话》里,我们明白逼它夭折的仍是那一只大手,掐了它的脖项","刊物的负责人无形逐渐减少,直到最后似乎还是一个人支撑下来的",表示反对该刊"登些国故文章",还指责"偶尔却有'地理学'一类不相干的书评出现"(按,指郑振铎在该刊发表的瞿秋白以笔名商霆写的《读房龙的地理》),"与其做些刀剑短文[按,影射出版《短剑集》的郑振铎]抨击异己,毋宁倾这份全力在书评一栏的发展上"。

二月二十三日

竺可桢日记："十二点至先施对面新雅酒店,何柏丞邀中膳,到杜纪堂、张耀翔、程寰西、陈(前江西教厅)君、董任坚、郑振铎、及吴□君。席间谈及非常时期办教育之目的、方法等等,因之论及中国民族是否应遵古代和平主义之办法,抑或应积极主张卫国土,倾全力以抵抗。除董任坚一人均主张积极的抵抗。"

二月二十九日

在暨南大学讲演《中国文化的鸟瞰》,为该校"中国现代问题讲座"第四讲。

二月

《暨南学报》创刊,由开明书店出版。郑振铎为国立暨南大学编译出版委员会 14 名委员之一。在该刊创刊号上郑振铎发表《评图书集成"词曲部"》,将清代"御纂"的这部书的"牴牾处,疏漏处,谬误处,一一为之指出"。

三月一日

在《文学》月刊第 6 卷第 3 期"论坛"栏发表短论《再论翻印古书》,反对"一概的把将中国文字写成的古书都作为有毒的东西看待,把一切翻印与整理的工作都当作是反动的行为"的偏激观点。

三月二日

出席暨南大学第五次教务会议。

三月九日

作散文《忆北平》,后载了 3 月 14 日《永生》周刊第 1 卷第 2 期。认为国民党统治下的"整个北平城便是垃圾堆似的藏垢纳污的地方","整个中国又何尝不是呢?"但是,"我们所怀念的,乃是站在这广大的垃圾堆上而以扫除垃圾自任"的"不怕秽气,不怕危险"的人们,"那坚毅的脸,勇敢的心,稳定的步伐,在那死寂的古城里走响着。这是唯一的活人的声音和活动呢!" 最后豪迈地预言:"自焚的凤凰,将从灰烬里重生,垃圾堆终究是要被扫清的。"

三月十二日

以自著《短剑集》签名赠送鲁迅(鲁迅日记、书帐失记)

本日，鲁迅得郑振铎信。

三月十六日

在暨南大学"总理纪念周"演讲，由俞剑华笔记，题为《牺牲的时期和价值》，记录稿载《暨南校刊》第 165 期。郑振铎开头说，很想保持沉默，现在说话很不容易，接着高度赞扬了"一二·九"运动，认为其价值和勇敢精神超过了"五四"运动，是"历史上最悲壮的运动"。

下午 2 时，出席暨南大学第五次训育委员会会议。

三月十九日

晚，赴味雅聚餐，到者还有沈雁冰、叶圣陶、王伯祥、周予同、傅东华、金仲华、张天翼等。

三月二十一日

致张静庐信，责问有关挑拨鲁迅与自己的关系的谣传。

三月二十二日

得端木蕻良题赠照片，为本月郑振铎、郑小箴、端木蕻良、靳以、萧乾在上海合影。今存。

鲁迅得郑振铎信。

三月三十日

作《论通俗文学的整理》，后载 4 月 3 日《大晚报·火炬通俗文学》周刊第 1 期。按，该周刊为阿英所主编。

三月

所译高尔基等人的作品选集《俄国短篇小说译丛》由商务印书馆出版，为《文学研究会世界文学名著丛书》之一（其中有一篇系王鲁彦所译）。

本月，徐沉泗、叶忘忧编选的《郑振铎选集》由上海万象书屋出版，为《现代创作文库》第 11 种。

本月，叶圣陶的《圣陶短篇小说集》由商务印书馆出版，为《文学研究会创作丛书》之一。叶圣陶在《付印题词》中说，此书"经郑振铎先生的督促，才动手编选"。

本月，"左联"解散，开始筹备"文艺家协会"（最先拟名"作家协会"),出面与各方面联系的是郑振铎及傅东华。

本月,北平《文学导报》创刊号发表张露薇的《现代中国文学的总清算》,其中说 1933 年以来"支配着中国文坛的权势和思潮","第一,是郑振铎的流氓主义"。说"郑振铎本是天字第一号的流氓","他和他的同行们是专以榨取青年们的仅有的饭钱为目的的"。

四月五日

上海《夜莺》月刊第 2 期上发表署名"叶独宰"的《关于〈世界文库〉》,攻击郑振铎编辑《世界文库》的工作。

四月九日

致鲁迅信,并附张静庐、钱杏邨来信各一,主要为了消除不必要的误会,并说及"闻近又有在报端声讨《世界文库》腰斩《死魂灵》者;且看其如何发展,再说。《文库》方面是祷求先生之能将下半部续交发表的,即使已经在《译文》上登过。"

四月十五日

巴金在《作家》月刊创刊号上发表《大度与宽容》,不点名地指责郑振铎,又说什么"虫蛀的古籍和腐儒的呓语大批地被翻印";甘奴(聂绀弩)也在该刊及《新东方》发表《关于世界文库底翻印旧书》,说是"无批判地翻印","扰乱新的语文运动底阵容,直接间接为文化复古运动乃至整个复古运动助威,为存文会古教授、一折几扣的书业商服务"。(按,聂绀弩当时还在《中华月报》上发表《一年来的中国文化动态》,也是发表这样的意见。聂绀弩晚年则在《谈〈金瓶梅〉》一文中诚恳承认当时"攻击"郑振铎是"错误"的,是"破坏统一战线"。巴金晚年在最后一篇未完成的文章《怀念振铎》中,也诚恳地承认了错误。)

四月中旬

签署《作家协会缘起》(见何家槐 4 月 20 日致鲁迅信所附《作家协会缘起》,郑振铎署于 26 人之末)。

四月二十四日

下午 6 时,在派克路(今黄河路)功德林饭馆主持暨南大学文学院二十四年度第二次院务会议。

五月一日

　　在《中学生》月刊第 65 期上发表为开明书店校点出版的《六十种曲》的题词,认为"开明书店继《二十五史》正补编之后复有《六十种曲》之刊行,扛鼎之作,为我辈便利研究不少","今后元明戏曲史之研究者,当以此书与涵芬楼本《元曲选》,同为必备之籍"。

五月十五日

　　《作家》月刊第 2 期发表白燕的《关于"大度与宽容"——一封公开的信》,攻击郑振铎编《世界文库》翻印中外古典文学名著"其唯一被翻印的原因:当然是由于死人不会要版税,而活人却可以藉此赚一笔钱"。

五月二十日

　　下午 1 时,出席暨南大学文学院论文评定委员会第一次会议。

五月二十二日

　　下午 1 时,主持暨南大学中文系第四次系务会议。

五月二十九日

　　下午 2 时,主持暨南大学文学院第三次院务会议。

本年春

　　蔡元培、胡适、王云五联名发出《征集张菊生先生七十生日纪念论文启》,其中征稿人"文学方面"为沈尹默、夏剑丞、郑振铎、李拔可、林语堂、鲁迅、周作人。(按,后该论文集于 1937 年 1 月由商务印书馆出版,未见郑振铎的文章。)

六月四日

　　晚,出席暨南大学外文系第三次系务会议,又出席史地系第三次系务会议。

六月七日

　　作论文《中国儿童读物的分析》(上篇:从《三字经》到《千字文》到《历代蒙求》),后载 7 月 1 日《文学》第 7 卷第 1 期。文中批判了中国封建的儿童教育,指出它"无时不在加紧的制造奴隶","这样的教育,到今日还不曾完全停止,而在一部分被沦亡的土地,还正在加速度的进行着。"大声疾呼："积极的建设国防的儿童教育，尽量的写作着适合于时代与国防的儿童读物是必须立刻着手去做的！"

本日，郑振铎和周扬、夏衍、茅盾、叶圣陶等 40 人发起组织的"中国文艺家协会"正式成立。下午在福州路大西洋西餐馆开成立大会，到会约八、九十人，会上郑振铎与茅盾、王统照、傅东华、洪深、叶圣陶、徐懋庸、沈起予、夏丏尊等九人当选为理事。还通过分别慰问高尔基和鲁迅的信。（按，郑振铎因故未出席。）

六月十二日

出席暨南大学第三次校务会议，报告文学院上课情况、毕业论文数目及将来发展的计划等。

六月十四日

在《暨南校刊》第 176 期"大学成立九周年、创校三十周年纪念专号"上发表《文学院发展计划》。

六月十五日

暨南大学举行二十四年度毕业典礼。

六月十八日

苏联作家高尔基不幸逝世，郑振铎闻讯极为痛惜。

六月

在《暨南学报》第 2 卷第 1 期上发表长篇论文《〈盛世新声〉与〈词林摘艳〉》，对这两部元曲专著进行对比研究。

七月一日

在《文学》月刊第 7 卷第 1 期上发表《世界文库第二年革新计划》，决定：一、改变原先长篇作品分册连载的不便，将丛刊形式改成单行本，全年出 18 卷；二、增多外国文学部分，每月出版外国部分 1 卷，每隔月出版中国部分 1 卷；三、增加刊载近年重要名著，认为这"是最适合这时代与这时代的中国的读者的需要的"；四、附赠《世界文库月报》，该月刊专载关于本年所刊各种名著的批评论文，及记载作者的遗闻佚事等。郑振铎的上述计划后来因条件限制未能全部实现。

七月五日

友人蒋径三因堕马,死于杭州。后郑振铎与鲁迅、陈望道、许杰、钟敬文等 36 人署名铅印讣告,倡议刊行纪念册,并发起捐款,用作其子女教育费。

七月十八日

青年作家曹坪(端木蕻良)写信给鲁迅,提到前些年在文学青年中流传着"现在对新进作家爱护的有南迅北铎"的口碑。

七月二十日

在《今代文艺》第 1 期上发表论文《清末翻译小说对新文学的影响》。

七月二十二日

岳丈高梦旦逝世。次日上午,郑振铎参加小殓;26 日,参加大殓安葬仪式。

七月二十六日

蔡元培日记:"午后一时,梦旦大殓,往万国殡仪馆吊之。家属广告称:赙仪及挽幛、挽联、花圈、烛、锭,概不敢领。故我无所备。今日往,则菊生、云五均有联,而壁上亦有挽幛数幅云。"

八月一日

经郑振铎推荐,《文学》月刊第 7 卷第 2 期发表端木蕻良的短篇小说《鹭鸶湖的忧郁》,这是这位青年作者在文学专刊上发表的第一篇作品。在此前后,郑振铎带端木到生活书店的《世界知识》社去,介绍他与金仲华、张仲实等人认识,并指着一张空桌说:"这就是我的办公桌,你要愿意来,就可以在这张桌子上办公。"(见端木蕻良《生活的火花》。按,当是指郑振铎在《中华公论》或《战时联合旬刊》杂志的办公桌。)

八月十六日

作历史小说《王秀才的使命——"庚辛之际"之一》,后载 8 月 25 日《光明》半月刊第 1 卷第 6 期。附记说:"系依据牛津大学一图书馆所藏鸦片战争的汉文文件之一而写的。这文件的时间是庚子年,即英国兵舰陷舟山,侵宁波的时候;这文件的作者是一位通敌的秀才;他献书于英国舰长,自愿效劳;措辞之卑鄙,读之令人心胆俱战。姑更易其姓名,并隐其地名,写成如上的一章。"小说对汉奸的揭露颇为深刻,有现实寓意。

八月二十一日

夜在聚丰园作东聚餐,作东者还有沈雁冰、叶圣陶、王伯祥、傅东华、心如、煦先、马宗融、谢六逸、夏丏尊、章雪村、徐调孚、贾祖璋、宋云彬,来客为耿济之、陈望道、胡愈之、金仲华、林本侨。

本年夏

吴文藻因获得"罗氏基金会"游学教授奖金而前往欧美访问游学一年,其妻谢冰心同往。行前,郑振铎在上海为他们饯行,茅盾、胡愈之等出席。

九月三日

蔡元培日记:"高梦旦先生之追悼会,将于十三日举行,拟挽以一联:理想尽超人,平易只求合理化;文章能寿世,菁华尤在教科书。"

九月五日

晚6时,在汉口路"小有天"主持暨南大学文学院二十五年度中文、外文、史地、教育四系第一次联席会议,布置新学期的任务等。

九月七日

暨南大学二十五年度开学。本年度郑振铎继续担任文学院院长暨中文系主任,担任校务会议、行政会议、教务会议的委员,担任学校聘任委员会、训育委员会、图书委员会、编译委员会、招生委员会、免费暨公费学额委员会等的委员。工作十分繁重。

九月十二日

出席暨南大学新生生活指导谈话会,并作讲话,由楼夏操、俞剑华记录,记录稿载9月21日《暨南校刊》第180期。

九月十三日

蔡元培日记:"在宁波同乡会为高梦旦先生开追悼会,我主持,菊生代表董事会读祭文,黄君代表商务全体同人读祭文,雷震代表王雪艇、黄任之、蒋竹庄、吴稚晖、王云五演说。"

九月二十一日

出席暨南大学二十五年度第一次教务会议。

九月二十四日

下午 4 时,在八仙桥青年会九楼出席暨南大学第四次校务会议。

九月二十六日

鲁迅致沈雁冰信,提及"《述林》初拟计款分书,但如抽去三分之一交 C.T.则内山老板经售者只三百余本"。可知印瞿秋白遗著《海上述林》之款约三分之一由郑振铎所捐。鲁迅决定最后"付与 C.T.者,只能是赠送本"。

九月二十八日

致鲁迅信,告以《海上述林》上卷"已在关上候查",即已印好,正待国民党检查官"通过"。另希望鲁迅为复刻陈老莲《博古叶子》作序。

九月二十九日

鲁迅复郑振铎信,提出《海上述林》一共只印 500 部,捐款人一般一人只能分得一部。另告知不为《博古叶子》作序了,希望《十竹斋笺谱》第二册早日刻成。

九月三十日

在《世界文库月报》第 2 期上发表《〈金史·后妃纪〉与〈金主亮荒淫〉》,并发表致读者吴劳逸、张涤中、李茂銮信 3 封。

九月

校勘标点明冯梦龙编《醒世恒言》由生活书店出版,为《世界文库》之一种,书末附有郑振铎写的《关于〈醒世恒言〉》。

校勘标点明冯梦龙编《警世通言》由生活书店出版,为《世界文库》之一种。

十月一日

出席暨南大学二十五年度编译委员会会议。

十月二日

与鲁迅、郭沫若、茅盾、叶圣陶等 21 人联名发表《文艺界同人为团结御侮与言论自由宣言》。本宣言的发表,标志着文艺界的团结。据夏衍回忆,这个宣言是茅盾和郑振铎起草,冯雪峰定稿的。郑振铎曾给夏衍看了草稿,并征求夏衍与周扬是否列名。

晚6时,出席暨南大学文学院教育系第二次系务会议。

本日,鲁迅致郑振铎信,并将刚装订好的瞿秋白遗著《海上述林》上册寄来,托郑振铎分送有关人员。这是鲁迅给郑振铎的最后一封信。

十月十五日

晚6时,在功德林饭馆出席暨南大学史地学系二十五年度第二次系务会议。

十月十六日

邀请著名翻译家、老友耿济之到暨南大学讲演《俄国小说的特质》(当时耿济之在苏联任外交工作,8月间因病回国,这次赴苏返任经过上海),演讲前由郑振铎作简单介绍。

十月十九日

伟大的文学家、思想家、革命家鲁迅今晨逝世。郑振铎于今日下午从报上得知噩耗,“这消息像闷雷似的,当头打了下来,呆坐在那里不言不动”,“一夜不曾好好的安心的睡”。(郑振铎《永在的温情》)

夜,赴聚丰园聚会,到叶圣陶、胡愈之、邹韬奋、耿济之、王统照、王伯祥、周予同、傅东华、夏丏尊、章雪村、徐调孚、吴文祺、心如、金仲华、柯一岑、胡仲持等。

十月二十日

赴万国殡仪馆,瞻仰鲁迅遗容。“我要哭出来,大声的哭,但我那时竟流不出眼泪,泪水为悲戚所灼干了。我站在那里,久久的走不开。”(郑振铎《永在的温情》)

在《中流》半月刊第1卷第4期上发表《选文小记》,记述编选《晚清文选》的体会等。

十月二十一日

下午,在万国殡仪馆视鲁迅遗体入殓。

十月二十二日

下午,在万国殡仪馆参加鲁迅先生启灵祭,并执绋送殡。

晚 6 时,在"小有天"出席暨南大学外文系二十五年度第一次系务会议。

十月二十五日

作散文《永在的温情——纪念鲁迅先生》,记述与鲁迅的交往和友情,说:"他的温情永在我心头——也永在他的一切友人的心上,我相信。"后载 11 月 1 日《文学》月刊第 7 卷第 5 期。

又作散文《鲁迅先生并不偏狭》,赞扬鲁迅精神:"疾风会吹倒劲草,但吹不折凌霄的孤松。他的身体虽已埋掉,但他的精神却永远的笼罩在后来的踏着他的足迹前进的人们的身上和心上。"后载 11 月 6 日《中流》半月刊第 1 卷第 5 期。

十月二十六日

晚 6 时,在福州路梅园主持暨南大学中文系二十五年度第二次系务会议。

十月二十九日

下午 3 时,出席暨南大学文学院文史季刊编辑委员会第一次会议。

十月三十日

下午 1 时,主持暨南大学文学院二十五年度论文评定委员会第一次会议。

十月三十一日

为所编《晚清文选》作序。该书后于 1937 年 7 月由生活书店出版,为《世界文库》之一。序中说,在编选时,"不免时时有些感触。对于老维新党奋发有为,冒万难而不避,犯大不韪而不移的勇气,与乎老革命党的慷慨激昂,视死如生,抛头颅,喷热血以求得民族自由与解放的精神"深表佩服,"但特别有所感的是:老维新党所做的工作,至今还有待于我们的继续","而老革命党虽然推翻了满清政府,而民族解放的工作,却也还不曾告了结束;反之,外来的帝国主义的压迫,更日益加甚,民族的危机也一天天的加重,加深;读了他们在二三十年前所发表的愤慨的鼓动民族精神的文章, 真不禁还觉得并非过时之作。"

十月

筱梅编选的《郑振铎创作选》由上海仿古书店出版,为《最新现代名人创作丛书》第 19 种。

十一月一日

在邹韬奋主编的《生活星期刊》第 1 卷第 22 期上发表短文《悼鲁迅先生》,说:"鲁迅先生的死,不仅是中国失去了一个青年的最勇敢的领导者,也是我们失去了一个最真挚,最热忱的朋友。"

十一月六日

下午 1 时, 出席暨南大学文学院文史季刊编辑委员会第二次会议,被推举为该刊编委会主席,并议决由郑振铎负责即日拟就征稿简章,再向各教授征稿。

十一月十日

在《世界文库月报》第 3 期上发表《〈晚清文选〉序》,并发表致读者姜士英、蒋雪村、居鸿源信 3 封。

十一月二十二日

中午 11 时,在南京路大三元岭南厅出席暨南大学史地系二十五年度第三次系务会议。

深夜,上海救国会领袖沈钧儒、邹韬奋、李公朴、章乃器、王造时、沙千里、史良等七人被国民党反动派逮捕,时称"七君子事件"。郑振铎闻讯后极为愤怒。

十一月二十八日

下午 5 时,在家中召开暨南大学外文系第二次系务会议。

十一月

在生活书店出版的《民国二十六年文艺日记》上发表《杂感》,指出:"知道自己的弱点而克服之,乃是各民族进步的基础。""我们还应该从这一方面继续努力,为民族革新运动尽自己应做的职责。"

十二月三日

下午 4 时,出席暨南大学文艺研究会第一次文艺茶话会,学生们"以郑院长系新近逝世作家鲁迅先生多年老友,请其即席报告鲁氏生平及其努力方向与成就,郑院长报告毕,各会员更相率讨论鲁氏创作及其他各种文艺上诸问题,历一小时余始行散会云。"(见 12 月 7 日《暨南校刊》第 191 期)

十二月二十日

良友图书印刷公司出版茅盾等人推荐编选的《二十人所选短篇佳作集》,挑选的范围是 1935 年 11 月 30 日至 1936 年 11 月 30 日全国各文艺刊物上发表的短篇小说,其中收录了郑振铎推荐的罗烽《特别勋章》、沙汀《查灾》、田涛《荒》三篇。

十二月三十日

出席暨南大学本学期第二次教务会议。

本年

大力支持良友图书印刷公司的赵家璧筹备编辑《中国新文学大系》的姊妹篇《世界短篇小说大系》,并推荐耿济之为该大系俄国部分的编选者。可惜这一计划后未完成。

一九三七年　四十岁
（民国二十六年　丁丑）

一月五日

汉口《西北风》半月刊发表《中国文学史的目的》,当为该刊编者史济行剪窃郑振铎从前发表的作品而冒充郑振铎来稿。

一月十一日至十六日

在暨南大学监考（11 日上午、12 日下午、13 日上午、14 日下午、15 日全天、16 日上午）。

二月十九日

下午,主持暨南大学本学期图书馆第一次馆务会议。此时因原图书馆主任辞职,馆务暂由郑振铎兼代。

二月二十二日

下午 2 时,出席暨南大学第九次训育委员会会议。

二月

阿英在《青年界》月刊第 2 期上发表书评《一部绥远和山西的游记——郑振铎的〈西行书简〉》,将郑振铎《西行书简》与冰心同时写的《冰心游记》相比较,指出:"从这两部游记的对比上,很可以看到由于各个作家对于社会认识的不同, 注意点的各别, 写作的重心也就自异。《冰心游记》是强调着景物的描写的,而《西行书简》却把沿途的社会生活和古迹详加叙述、考证。""归结地说,《西行书简》在写作的态度上,是较之旧的游记更发展的;在社会的意义上,应予以较高的估价……《冰心游记》在这些地方是弱于《西行书简》的……"

三月三日

下午 2 时, 出席暨南大学成立十周年纪念特刊编辑委员会第一次会议。

三月四日

出席在陶乐春餐馆举行的暨南大学本年度教育系第五次系务会议。

三月十日

在《世界文库月报》第 4、5 期合刊上发表《鸦片战争后的中国文学》,为郑振铎 1929 年在复旦大学讲授中国文学史课中的一章。

三月十五日

《暨南校刊》第 201 期载《文学院各专任教授指导时间一览》,郑振铎指导时间为:星期一至六,上午 9 至 12 时,星期二至四,下午 1 至 4 时。

三月十七日

在暨南大学会议室主持图书委员会会议。

三月二十一日

中午 12 时,出席暨南大学历史地理系本学期第一次系务会议。

三月

"在《逸经》上连载据说是《多余的话》的全文。……这就引来了一阵喊喊声。郑振铎为了停息各种流言,自报奋勇通过内部关系去查《逸经》社的底稿。后来他兴冲冲地跑来告诉我,他已见到底稿,不是秋白的笔迹。'可见,'他大声说,'这是假的,是伪造的。'"(茅盾《一九三五年记事》)

四月四日

在杭州石渠阁购得明刊《坐隐先生精订冯海浮山堂词稿》残本,后作题跋,认为"虽非全帙,亦足珍也"。

四月十八日

为宋云彬历史小说集《玄武门之变》作序。该书本月由开明书店出版,序一为郑振铎作,序二为茅盾作,共收 16 篇小说。郑振铎在序中赞扬作者"在多方面剥落他们[按,指历史上和现实中的统治阶级]的假面具,而显示出他们的真面目来",并提出"在揭发帝王们的丑相之外,我更希望多写些民间生活的故事"。还提到书中《禅让的一幕》似乎没有什么新意。(我曾在计划着写《揖让篇》,但一时还没有工夫动手)"。此序后被摘录、改题为《剥落他们的假面目》,发表于5月15日开明书店《读书俱乐部》第29期。

四月二十四日

在郑振铎主持下,《国立暨南大学图书馆馆报》创刊。在该创刊号上,郑振铎发表《嘉靖本篆文阳春白雪跋》。还在该刊"介绍与批评"栏发表《王伯祥:廿五史补编》和《卢冀野(校订):红雪楼逸稿》,前一篇后来又载5月15日开明书店《读书俱乐部》第29期。

四月二十六日

与暨南大学廿六级全体毕业生合影留念。

四月

某日早晨,从某书肆(主人汪氏)处得到八册《邹式金杂剧新编》,极为兴奋,"发现了这部明末遗民们的悲愤的作品,这部包含近四十种明、清之际的杂剧的集子。这是文学史上的一个重要的发现,戏曲史上的几篇新页的补充。""这部《新编》的发现,其意义较之《盛明杂剧》初二集的出现,更为重大。"(郑振铎《邹式金杂剧新编跋》)

五月十三日

作《邹式金杂剧新编跋》,后载5月24日《国立暨南大学图书馆馆报》第2期。

五月十四日

作《关于〈大唐西域记〉》,后载5月24日《国立暨南大学图书馆馆报》第2期。

五月

作长篇论文《〈词林摘艳〉里的戏剧作家及散曲作家考》,以及附录一《〈词林摘艳〉引剧目录及作者姓名索引》、附录二《〈盛世新声〉及〈词林摘艳〉所载套数首句对照表》,后均载6月《暨南学报》第2卷第2期。

五月下旬或六月初

在某处演讲《中国的出路在哪里》,由 K.F.记录,记录稿后发表在 6 月 4 日《新闻报·茶话》上。郑振铎指出:"要找寻中国的出路,我们须从历史上鸦片战争看起,须从历史的演变和现代的发展推演出来。""我们要拥护完全为民族谋福利的政党与领袖。我们应该无条件的信奉:'大众的力量是最伟大的'。华北义军,此起彼仆,不知有数千百次,然而我们知道他们究竟有多少军火? 由于这一点,我们得以深信中国民族的力量是被压在大众的底下而未发掘出来。所以现在我们中国的急务,即在'唤起民众'与'共同奋斗'!""我们需要投身于民众,将自己的热情和精力贡献于民众的'教育者'! 解放民众,给民众以真的教育,否定本身所属的阶级来扶植新兴教育的力量!"

六月十四日

为暨南大学成立十周年、创校三十一周年纪念日,在教职员著译展览品中陈列了郑振铎的《晚明版画选集》(非卖品)。

六月二十一日

作论文《索引的利用与编纂》(后载《国立暨南大学图书馆馆报》),认为"'索引'和专门的参考书目乃是学问的两盏引路的明灯"。文中介绍和评述了当时已发表的一些索引,最后谈了对编纂索引的几点建设性意见。

六月中旬

与茅盾、周扬、夏衍、巴金、于立群、周立波、林淡秋、任白戈、光未然、许广平等 140 人(后增至 376 人)联名发表《反对日本〈新地〉辱华片宣言》,指出这部宣传日本帝国主义强盗政策、侮蔑中国人民的电影公然在上海上映,是对中国人民的挑衅和侮辱,严正要求"中国政府应即日给民众爱国的机会,结社的自由,言论出版自由,释放一切爱国犯,以与日本帝国主义底文化进攻相抗,直到中国四省的收复。"该宣言载 6 月 20 日《新演剧》第 1 卷第 2 期、6 月 27 日《大晚报》等多种报刊上。

六月底

国民党中央政治委员会秘书处寄郑振铎转沈雁冰信,请沈雁冰参加蒋介石召开的第三期庐山谈话会。郑振铎劝沈雁冰去,"可以听听老蒋说些什么,这比报纸上的新闻可靠"。沈雁冰遂写了回信,仍由郑振铎转寄。

六月

所著散文集《西行书简》和历史小说集《桂公塘》均由商务印书馆出版,均为《文学研究会创作丛书》第2集之一。

七月七日

日本侵略军向北平郊区卢沟桥发动进攻,中国守军第二十九军吉星文团奋起抵抗。8日,中共中央和中国红军通电全国,号召全民抗战。全面抗日战争开始了。

七月九日

与上海文化界洪深、叶灵凤、应云卫、萨空了、胡仲持等140余人在邓脱摩登饭店聚会,决议组织救国团体和电请前线将士力保国土,并公推洪深、胡愈之等19人为救国团体筹备委员。

七月十一日

被国民党当局绑架,曾被判无期徒刑,关囚在南京监狱已三年十个月的楼适夷,今日被交保释放。翌日,楼适夷到上海,17日去家乡余姚休息。楼适夷在上海时,曾与郑振铎等人在新雅饭店相见。

七月十五日

作《玄鸟篇》(一名《感生篇》),为"古史新辨"论文之一,揭示古代有关伟人诞生的传说的意义,认为"愈是荒唐无稽的传说,愈足见其确是在野蛮社会里产生出来的,换一句话,便是可确实相信其由来的古远"。后载7月20日《中华公论》创刊号。

《月报》第1卷第7期发表《中国的出路》,为摘录6月4日《新闻报》K.F.记录的郑振铎演讲《中国的出路在哪里》,指出:"人是政治的动物,一切活动均须受'政治'的支配,因此每人对于政治问题,至少应有深切的认识跟稍稍的涉猎。"

七月十八日

下午3时,在华安大厦(今南京西路104号华侨饭店)召开鲁迅先生纪念委员会成立大会,共出席 40 余人,首由主席郑振铎报告纪念鲁迅筹备委员会工作经过,会上推举宋庆龄、马相伯、蔡元培、沈钧儒等 70 余人为委员会委员(据 1937 年 8 月 15 日《救国时报》)。

七月二十日

与张志让、张仲实等人创办《中华公论》月刊,由生活书店发行,为"学术化的综合杂志"。创刊号第一篇为郑振铎关于抗战问题的短评《战争与和平》。指出:"只有与民众结合的'武力'才能防止战争,才能保卫和平。"同期,还发表他的"古史新辨"学术论文《玄鸟篇》及诗《我们的伤痕永不在背上——献给抗日烈士之灵》。

七月二十一日

《申报》发表《民族复兴协会定期开成立会》,报道:"本市各界组织之民族复兴协会(前称救亡协会)筹备委员会,昨日下午四时,举行第三次会议。到沈兹九、钱俊瑞、严谔声、萨空了、叶灵凤、严独鹤、张志让、顾执中、张志学、冯有真、胡愈之、周学湘、郑振铎、矛[茅]盾、诸青来、周剑云、姚苏凤、俞振铎、王晓籁、周寒梅等 20 余人,主席周剑云,记录吴汉。首由主席报告,旋开始讨论。决议要案:(1)确定本月 24 日(星期六)下午二时,在市商会二楼会议室举行成立大会;(2)征求个人会员,由各筹备委员介绍,填具入会表,加入本会;(3)公推冯有真、严独鹤加入宣传组,严谔声加入总务组,姚苏凤、张志让加入经济组;(4)大会宣言,公推严谔声、诸青来、叶灵凤审查,并提请成立大会通过后发表。"

七月二十四日

作长诗《保卫北平曲》,号召:"我们以铁和血来保卫北平!"

七月二十五日

上海编辑人协会成立,谢六逸任主席,郑振铎等 31 人为理事。

七月二十八日

上海市文艺界救亡协会成立,到会 500 余人,郑振铎等 83 人为理事。

七月二十九日

收到国民党中央政治委员会秘书处庐山办事处打来的转沈雁冰的电报："鉴三期谈话会因时局关系暂缓举行特此奉闻"，即转沈雁冰。（据茅盾回忆）

七月三十日

北平、天津失陷。

七月

所辑《晚清文选》由上海生活书店出版，为《世界文库》之一。选录晚清作家 126 人的 476 篇文章，外加佚名作家 3 篇，共分 3 卷。

八月五日

在《中流》第 2 卷第 10 期上发表诗歌《卢沟桥》，高唱："卢沟桥——是我们的第一道防线，也是我们的墓地。保卫卢沟桥！"

八月六日

在《国民》周刊第 1 卷第 14 期上发表诗歌《祈战死》，激励抗日战士："杀敌而死，死在战场上！"

八月十日

上海文化界郑振铎等 60 余人致电慰问北平文化界同人："暴日寇夺平津，屠戮民众，而于文化机构尤狂肆摧残，逮捕我学人，炸毁我学校，屠杀我知识青年，焚烧我图籍。如此兽行，实蛮貊之所不为，人神之所共怒。我北平文化界同人，身居前线，出生入死，心爱宗邦；赴汤蹈火，在诸公自是求仁得仁，在我辈只差先死后死。尚望再接再厉，抗敌到底，维系国脉于不坠！"

八月十一日

暨南大学暂借法租界辣斐德路（今复兴中路）比德小学为临时办公处。同时，已派人把印章、文件档案、图书资料、仪器设备等转移到法租界爱麦虞限路（今绍兴路）中华学艺社内。

八月十三日

在《国民》周刊第 1 卷第 15 期上发表诗二首《枪执在我的手里》、《什么时候是我杀敌的时候呢!？》。

白天，坚持主持暨南大学招生口试。（据钱今昔回忆） 夜晚，"正在熟睡着,忽被远远的清晰的枪声警醒了,……知道无可避免的战争是终于不能避免了","我在打算着该怎样尽力于这个大的生死存亡的民族战;有过种种的打算,计画,并没有想到躲、逃、撤退,和从战区里搬出什么事","我警觉着,在纸上乱划着若干的计画,还写了若干要说的话"。(《八月十三夜》)在真如的暨南大学校舍被日军炸毁。夜,校内师生迁避于中华学艺社寄宿。

八月十四日

因"八一三事变"严重威胁到美英在华利益和国民党的统治,国民党政府被迫发表自卫声明。中国空军今日首次参加抗战,在上海领空轰炸日军舰"出云舰",虽仅炸伤敌舰,但颇振奋人心。

一早,郑振铎便上街买报,市民惊恐不安。随后,家里电话不断传来可惊消息,东方天边起着大火。午后,去九江路参加上海文化界救亡协会的会议,路上目睹了我国空军轰炸日舰"出云舰"。下午,会上决定立即创办《救亡日报》。散会后,又去中华学艺社参加暨南大学在那里召开的会议。夜,写《我空军炸敌目击记》,后载地下党主办的《早报》上。

本日,寄藏于虹口开明书店里的 100 多箱古书被烧。(据《蛰居散记·烧书记》。另据 1937 年 10 月 31 日《烽火》第 9 期郑振铎《失书记》,这次共烧掉"凡八十余箱,近二千种,一万数千册的书"。)

八月十八日

作诗歌《我翱翔在天空——飞机师之歌》,鼓励抗日空军战士。载 8 月 25 日《呐喊》第 1 期。

八月二十日

在《中华公论》第 1 卷第 2 期上发表短论《上海战争》。

在《诗》第 1 卷第 2 期上发表诗《吊平津》,愤怒斥责国民党军政当局"轻率的退却放弃","剥夺了卫士的矛戈";发表诗《回击》,高呼"苟安的和平是一条死路,忍辱的退让是一种罪恶","抗战才是一条活路"。

八月二十一日

上海文化界救亡协会国际宣传委员会（胡愈之主持、郑振铎参加)发表中国文化界告国际友人书。

一个月前从国民党监狱获释的楼适夷,今日从余姚给郑振铎、茅盾、胡愈之写信,谈自己的思想,请教时局变动和民运开展等问题,表示急切希望参加工作。

八月二十二日

下午 1 时 5 分,国民党空军在上海南京路最热闹的中心误落下一颗炸弹,炸死炸伤数百人。郑振铎在事故发生后 10 分钟,因事经过南京路东段,目睹惨状,极为悲愤。

本日,作叙事诗《机关枪手》,歌颂英勇抗战的战士。后载 10 月 4 日《国闻周报》第 14 卷第 33～35 期《战时特刊》。

八月二十四日

上海市文化界救亡协会主办的《救亡日报》今日创刊。编委会由郭沫若、邹韬奋、茅盾、郑振铎、胡愈之、王任叔、阿英、夏衍、巴金等共 30 人组成。

为所编《西谛所藏善本戏曲目录》作跋。该目录由他手写后木刻,线装 1 册,自印出版。

八月二十五日

《呐喊》周刊(第 3 期起改名为《烽火》)创刊于上海,为《文学》、《文丛》、《中流》、《译文》等 4 刊在沪战后联合出版的小型抗战刊物。郑振铎在创刊号上发表《我翱翔在天空》(诗)。

在《救亡日报》上发表诗《剩在的三个战士》(8 月 24 日作),歌颂抗日英雄;又发表《论派遣国民使节———一个重要的建议》。

夜晚,为所著诗集《战号》作跋。

八月二十六日

为所著诗集《战号》作《献词》,表示:"谨以这本《战号》贡献给一切抗战的战士们!"该书 10 月由上海生活书店出版。

作诗《国魂的再生———致敬于殉难的抗战士兵》,后载 10 月 10 日《文学》第 9 卷第 3 期。

八月二十七日

在《救亡日报》上发表诗《"勇士"》（8 月 26 日作），歌颂抗战英雄士兵。

八月二十九日

《呐喊》周刊第 2 期提前出版，郑振铎发表论文《为士兵们做的文艺工作》（8 月 24 日作）以及《杂感》一篇。

八月三十一日

因国民党上海当局指使"公共租界"工部局扣留《呐喊》周刊、《救亡日报》、《抗战》三日刊等进步刊物，殴打报童，郑振铎与邹韬奋、茅盾、胡愈之四人联名向国民党中央执行委员会宣传部部长邵力子发去抗议电。

为所编《西谛所藏散曲目录》作跋。该目录由他手写后木刻，线装一册，自印出版。另又出有打印本。

九月一日

与金仲华、沈兹九、王志莘、杜佐周、张志让、张仲实、钱亦石、谢六逸、王纪元等人创办《战时联合旬刊》，为《世界知识》、《妇女生活》、《中华公论》、《国民周刊》在沪战后联合出版的小型抗战刊物。郑振铎在创刊号发表短论《肃清间谍》，揭露了"间谍潜伏在政府里的之多与其散布之广"；还发表短论《动员全国的人力》。

九月三日

郑振铎等人收到国民党上海市社会局局长潘公展处转来的邵力子的回电和回信，邵对他们的抗议电含糊其词，要他们"速办登记"云云。于是，郑振铎等人决定将《呐喊》改名《烽火》，继续办好这几份抗战报刊。

九月六日

在《救亡日报》上发表短论《扑灭人道与和平之敌人》。

九月十日

在《救亡日报》"消灭汉奸特辑"上发表短论《扫除汉奸》。

九月十一日

在《战时联合旬刊》第 2 期上发表短论《非战斗员的屠杀》,揭露日寇的滔天罪行;发表短论《国民外交与太平洋集体安全运动》,号召环太平洋诸国均投入抗日斗争。

九月十二日

在《救亡日报》上发表短论《焦土抗战》。

九月十五日

在《救亡日报》"怎样组织民众特辑"上发表短论《如何组织民众》。

九月二十一日

在《战时联合旬刊》第 3 期上发表短论《如何保持抗战的胜利》,认为:"只要我们抗战到底,牺牲到底;只要我们能够作持久战;我们的胜利是有充分把握的。"还发表短论《战时的文艺政策》,提出:"战时文艺政策的纲领,是:发动抗战的意志;整齐抗战的步骤;激起抗战的情绪。在前方和后方发挥有益于抗战的宣传作用。"

九月二十三日

在《救亡日报》上发表短论《战时教育问题》。

十月一日

在《战时联合旬刊》第 4 期上发表短论《战时大学教育》,诗《不愿做奴隶的人们,起来!》(9 月 8 日作),论文《明代倭寇侵略江浙考略》。后者总结历史经验为当前抗日战争服务。

暨南大学借公共租界小沙渡路(今西康路)侨光中学及附近民房作校舍,坚持开学。

十月十日

在《救亡日报》"国庆慰劳将士特刊"上发表《武昌起义的故事——纪念二十六年双十节》。

在《文学》月刊第 9 卷第 3 期上首篇地位发表散文《送旧中国入净火》,用但丁《神曲》诗句,说明这次战火实是一种"净火",可以烧尽旧中国的污垢,中国必能新生。同期还发表诗《国魂的再生——致敬于殉难的抗战士兵》。

十月十七日

在《烽火》周刊第 7 期"鲁迅先生周年祭"专栏上发表《忆冲锋的老战士鲁迅先生》,结合当前抗战纪念鲁迅。

十月十八日

上海战时文艺家协会借女青年会会场所开"鲁迅周年演讲会",郑振铎和郭沫若、冯雪峰、田汉等人演讲。

十月十九日

在《救亡日报》"鲁迅先生逝世周年纪念特辑"上发表《"失去了的导师"》,指出:"他的热情的呐喊虽然是永远的消失去了,但是他的伟大的精神却永远的在领导着青年们!"又在《申报》"专论"栏里发表《鲁迅先生的治学精神——为鲁迅先生周年纪念作》,指出"鲁迅先生不仅是一位最热情的战士,也是一位最冷静的学者",认为"他的《中国小说史略》为近十余年来治小说史者的南针","他是在根本上做工夫的。他打定了基础,搜齐了材料,然后经过了尖锐的考察,精密的分析,而以公平的态度下判断。"

下午,上海市文艺界救亡协会及上海战时文艺家协会在浦东大厦七楼举行鲁迅先生周年纪念座谈会,共百余人,推选郑振铎和沈钧儒、郭沫若、胡愈之、陈望道、巴金、汪馥泉七人为主席团;郑振铎报告本次会议筹备经过。大会决定正式组织"文艺界救亡协会",选出临时执行委员 11 人:郭沫若、王统照、郑振铎、汪馥泉、陈望道、巴金、欧阳予倩、田汉、傅东华、戴平万、谢六逸。会议提出由郑振铎代表出面催促商务印书馆从速出版《鲁迅全集》。

十月二十三日

文艺界救亡协会举行临时执行委员会会议,郑振铎任主席。决议:一、由巴金起草致前方将士慰问书,二、由田汉起草请各国文艺作家援助中国抗战书,三、由傅东华起草协会成立宣言,四、由谢六逸起草协会章程,五、由郑振铎以"鲁迅周年忌座谈会出席者"名义,致函商务印书馆,请从速印行《鲁迅全集》。会议对组织问题也有所决议。

十月二十九日

在《国民》周刊第 1 卷第 16 期发表《北平杂忆》，为小诗 12 首，前有短序，表明发表这些诗是为了表达"打到北平去！克复我们的日夜梦想着的古城"的决心。

十月三十一日

在《烽火》周刊第 9 期发表《失书记》（作于 26 日），记述自己因"一·二八"及"八·一三"等役而损失藏书的情况。

十月

诗集《战号》由上海生活书店出版，共收诗 21 首，分为三辑。第一辑是 1925 年"五卅"运动时所作，第二辑为 1932 年"一·二八"抗战时所作，第三辑为今年"七·七"抗战后所作。"题材却只有一个——抗敌！"

十一月三日

下午，出席上海文艺界在新雅酒楼举行的座谈会，但是国民党党棍与特务有预谋地夺取了会场，召开同名的所谓"文艺界救亡协会"成立会，郑振铎等人不愿被利用，愤然离场。这次会通过了所谓"组织大纲"，发表所谓"成立宣言"，并向蒋介石发了"致敬电"。还无耻地"推选"郑振铎为该"协会"的"常委"。为了揭露这一幕丑剧，郑振铎和郭沫若、田汉、王统照、巴金、陈望道、欧阳予倩、戴平万、谢六逸、傅东华、汪馥泉等 11 人（即真正的文艺界救亡协会全体临时执行委员）联名在 11 月 6 日上海《大公报》发表声明："我们对于本月三日在新雅成立之文艺界救亡协会并未预闻。"

十一月十日

在《文学》月刊第 9 卷第 4 期"前哨"栏发表杂文《四维大张》和《礼之用》。前文痛斥日伪电台诬篾"共产党泯灭纲常，不知礼义庸耻"的滥言；后文指出在抗敌斗争中鼓吹"礼"，"是连中山狼也要窃笑的"。

十一月十二日

国民党军队弃守上海，日军侵占上海四郊和苏州河以北地区、南市和沪西，仅市区英美"公共租界"和"法租界"未被占领，形同"孤岛",因而此后直至 1941 年 12 月 8 日上海全部沦陷时止,被称为"孤岛时期"。

这天,郑振铎"带着异样的心,铅似的重,钢似的硬,急忙忙的赶回家,整理着必要的行装,焚毁了有关的友人们的地址簿,把铅笔纵横写在电话机旁墙上的电话号码,用水和抹布洗去。……准备着随时离开家。先把日记和有关的文稿托人寄存到一位朋友家里去。"(《蛰居散记·暮影笼罩了一切》) 下午,在浦东大楼出席文化界救亡协会紧急会议。因为郭沫若、夏衍等一大批人都要撤退到内地,所以郭沫若提议救亡协会今后在上海的工作请郑振铎和钱杏邨(阿英)负责,"可以根据具体情况,有必要时也可以改换名称,分散作战。"(夏衍《懒寻旧梦录》) 《救亡日报》决定停刊(22 日该报沪版终刊,翌年元旦在广州复刊)。"夜里,我提着一个小提箱,到章民表叔家里去借住",隔了一个多月,才回到家里去住。这时,白天仍到暨南大学教课,"学校里面依然是慷慨激昂的我行我素"。(郑振铎《暮影笼罩了一切》)

十二月四日

发起"中国非常时期高等教育维持会"正式成立。与许地山、瞿世英、徐森玉、林语堂、马鉴、马衡、袁同礼、汤用彤、贺麟、简又文等 20 人发表宣言。该宣言后经香港新闻检查当局删节发表于 5 日《大众日报》上。

十二月五日

汉奸苏锡文在上海浦东成立所谓"上海大道市政府";12 月 14 日,汉奸王克敏又在北平成立所谓"中华民国临时政府"。郑振铎对此极为愤怒。

十二月二十日

《离骚》半月刊创刊。这以前,上海刚成为"孤岛"不久,中共地下组织出钱要阿英办一份综合性文艺刊物,阿英同于伶找郑振铎商量,郑振铎即推荐刘西渭(李健吾)当编辑,创办了该刊。但仅出一期即遭租界当局查禁。

十二月三十一日

日本侵略军自接管了国民党政府设在上海南京路哈同大楼的新闻检查处后,于今日下令宣布:凡华文报纸一律须送校样检查,否则即予取缔。《申报》、《大公报》、《立报》等或被迫停刊,或转移到香港出版。

约年底

上海成为"孤岛"后,郑振铎与胡愈之、王任叔、许广平、梅益、张宗麟、周建人、吴耀宗、沈体兰、孙瑞璜、胡咏骐、胡仲持、黄幼雄、陈明、冯宾符、梁士纯、陈鹤琴等20人秘密组织"复社",每人交纳50元入社费,筹备出版《西行漫记》、《鲁迅全集》等书。

郑振铎并参加了地下党领导的文化界和工商界上层统一战线工作,出席星期六聚餐会,这些聚会还常在郑振铎家中举行。(一说为"星四聚餐会","星四"既指星期四,又含有"醒世"的意思云。)

约此时,中学生黄裳找到郑振铎家里访问,并带去《西行书简》请题字,郑振铎题:"旧游之地,今已沦为狐兔之窟,何日得重游?"(见黄裳《榆下说书·〈革命者的乡土〉》)

本年

曾为杨世骥编撰的《近代中国文人志》作序。但该书后未见出版,今残存序文手稿一页。

一九三八年　四十一岁

（民国二十七年　戊寅）

一月二十九日

下午六时,钱亦石病逝于仁济医院。钱亦石与郑振铎同过事,历任上海大夏大学、复旦大学、暨南大学教授。大革命期间加入中国共产党,三十年代初为中国左翼社会科学家联盟负责人之一,后为地下党文委成员。抗战爆发后由郭沫若介绍入张发奎军队参加实际抗日斗争,不幸染病,卧三日,终于不起。时人赞曰:"战死非病死,英魂化国魂。"

一月三十日

下午 5 时,参加在戈登路马白路(今江宁路新会路)中央殡仪馆举办的钱亦石大殓。会上成立由凌亦秋(钱亦石妻)、郑振铎、胡愈之、倪文宙、张宗麟、周宪文等七人组成的治丧委员会。

早春

某天黎明,曹俊(国民党地下工作人员)来紧急通知:半夜得到情报,敌伪特务机关要通过租界工部局"引渡"一批爱国文化人,郑振铎被作为"复社"嫌疑分子列入黑名单。郑振铎随即乘上曹俊雇来的汽车紧急转移(见高君箴《"孤岛"时期的郑振铎》)。

二月十五日

在中共地下党文委领导下,胡愈之等借沪江大学创办的"上海社会科学讲习所"开学。郑振铎积极为讲习所上课。讲习所第二期起由王任叔接办,搬出沪江大学,后改名为"上海社会科学专科学校"。该校为上海周围的游击队和新四军培养了一批干部,当时被誉为"上海的抗大"。

二月二十日

友人胡愈之到香港。

二月二十二日

《华美晚报》经理朱祖同和《大美晚报》经理张似旭各得到敌伪特务寄来的方盒一个,内各藏鲜血淋漓的人手一只,并附书警告说如果继续坚持反日态度,将有更"佳"的"礼物"相赠。郑振铎与他们二位相熟,闻讯极为愤慨。

约二月

"复社"出版了美国进步记者埃德加·斯诺报道中国工农红军长征的《西行漫记》,在"孤岛"上海和全国影响极大。

三月十四日

茅盾致戈宝权信,提到前耿济之回国,带来戈宝权致茅盾信及赠茅盾所译书放在郑振铎处,郑因事忙,忘记转交;至近时始发现,急转交茅盾。

三月十七日

茅盾、梁士纯、陈君葆等参加在香港召开的座谈会。梁士纯发言谈到上海的社会科学讲习所,"每日上课由下午五时至九时。来的学生,不限中学和专门学校的学生,或在商店服务的店员,大学生也不少。学科都是应时下的需要。这讲习所的学员,初始只希望三百人,但现在已增至九百了。由此可知这要求的实在。他们担任讲学的,大声疾呼,愤慨激昂,但也不怕敌人的来拿。虽然刀锯鼎镬,他们是早不存放在心坎里了。"(陈君葆日记)

三月十八日

汉奸梁鸿志在南京成立所谓"中华民国维新政府"。

三月二十七日

中华全国文艺界抗敌协会成立于汉口,郑振铎被推选为该会45名理事之一。

四月一日

暨南大学迁至法租界陶尔斐斯路(今南昌路东段)四合里,租两幢楼房上课,学生以走读为主。

四月六日

到社会科学讲习所去上课时,在圆明园路转角处遇见沪江大学校长刘湛恩,刘说他因受到敌伪注意将立即转移。不料第二天他就被暗杀,郑振铎闻讯极为悲愤。后在抗战胜利后写的《记刘张二先生的被刺》中记其事。

四月七日

致孔另境信:"承邀十日下午二时到贵校,本应遵命。唯该时间恰为文艺座谈会之时间,实在无法分身。乞原谅!从下星期日起,该座谈会拟移至华华,乞俯允,为感!时间:下午二时半。兄如有暇,并乞参加。"按,"文艺座谈会"是原文化界救亡协会"改换名称,分散作战"的一种活动形式,"贵校"、"华华"均指孔另境任教务长之华华中学,为上海大学校友会主办,周日无课,可以作为开会的地方。

四月中旬

已去四川的叶圣陶收到上海郑振铎等人的"集锦书翰","欢跃之情无殊闻捷"。

四月二十八日

所谓"上海大道市政府"改称为"上海市政督办",宣称受南京"维新政府"管辖。

四月三十日

在地下党主办的《华美》周刊第 1 卷第 2 期上发表短论《"五四"运动的意义》。

五月四日

中华全国文艺界抗敌协会在汉口创办会报《抗战文艺》,郑振铎被推选为"会报编委会"33 位成员之一,为其中坚持在上海的唯一的一位。

五月八日

为《文汇报》柯灵主编的《世纪风》副刊专辟《书评专刊》(周刊),《发刊词》中指出:"战时的文化运动,不仅不应该停止,且较平常时更为需要。一切战时常识及其他有关战事的书报,均为我们当前的重要的粮食,其重要决不下于柴米油盐。""本刊的目的便在把战时的中国出版界的全般面目介绍给一般的读者,当然不免要加以选择并批评。"

五月九日

《上海报》从今日起连载郑振铎的小说《最后的十二勇士》(即《桂公塘》),至 6 月 10 日共载 29 节,未完。

五月十日

作《民族文话·自序》,指出:"我们民族是一个慷慨悲歌,舍生取义的民族;没有一个民贼,没有一次外来的侵略,能够消灭了、或减低了我们民族意识的。我们民族必要而且必能继续的生存下去,发展下去!" 表示要"在这个伟大的时代,把往古的仁人、志士、英雄先烈们的抗战故事,特别是表现在诗、文、小说、戏曲里的,以浅显之辞复述出来"。作者原拟从"周民族的史诗"一直写到民国初年;后因环境恶劣,只写到孔子便中止了。

五月十四日

茅盾等人在汉口《抗战文艺》第 1 卷第 4 期发表《给周作人的一封公开信》,希望他"幡然悔悟,急速离平,间道南来,参加抗敌建国工作"。郑振铎在上海也很关心周作人,"生怕他会动摇,会附逆",后来听说他答应就聘燕京大学,曾很高兴,岂知他最后"毕竟附了逆!"(郑振铎《惜周作人》)

五月十六日

致孙洪芬(中华教育文化基金会董事会干事长、北平图书馆馆务委员,此时在沪)信:"顷接守和先生来信,知北平图书馆有意购买也是园元曲,不禁为之雀跃!此书凡六十四册,原在二处分购,我本欲并得之。不意为一古董商并购而去,几得而复失,为之懊丧者数日。其中有三十册,售价一千。我们估计全书不过三千元。然此古董商竟定价至万元。我辈穷书生只好望洋兴叹了。然此实国宝,应为国家所有。万不可失去或陷于敌手。我和此辈估人,不善交涉。最好请先生电知赵斐云兄南下,和他们面谈一切,如何?"并表示希望与孙面晤。 按,此前某天晚上,陈乃乾来电告诉郑振铎,有人在苏州发现从常熟著名藏书家丁初我家散出的 30 余册元剧,郑即寻踪查访,听说已为书贾唐赓虞、古董商孙伯渊各得其半,估计至多 3 千元即可让得。待郑致电时在香港的北平图书馆副馆长袁同礼(守和)[按,北平图书馆为中华教育文化基金会与国民政府教育部合办的事业,由基金会董事长蔡元培兼任馆长,袁同礼为副馆长实际主持],得到回复,决定购致时,又据说唐某的一半却已为孙某买去,孙某合为全璧待价而沽,索取万元高价云。

孙洪芬复郑振铎信:"昨接守和先生来信,意愿购存,惟因本年书费过少,索价三千元,已极踌躇。深恐力有未逮。涨至万元,诚如尊函所云,只可望洋兴叹耳。除将来缄录寄守和先生,由该馆自行酌办外,特此奉复"。并表示欢迎来访。孙于 19 日抄附郑振铎信致袁同礼。孙定于 24 日赴香港。 按,此后郑振铎又发电报给袁同礼和卢冀野(在教育部任职),卢回电说教育部决购,陈立夫也来电报同意购致,经过艰苦谈判,最后以九千元定交。

五月二十八日

傅增湘致张元济信,因亦得知沪上书肆有元明杂剧出现,"皆《元曲选》所遗,索值三千元",托张元济代为议价,欲购。

五月二十九日

在《文汇报·世纪风·书评专刊》上发表《编者启事》。

五月三十日

今日签约,付定金,为国家抢救购致极为珍贵的《脉望馆抄校本古今杂剧》。此书共 64 册,包括抄本、刻本元明杂剧共 242 种,其中一大半是湮没散佚已久的。郑振铎后来说:"我为此事费尽了心力,受尽了气,担尽了心事,也受尽了冤枉,然而,一切都很圆满。在这样的一个动乱不安的时代,我竟发现了、而且保全了这么重要、伟大的一部名著,不能不自以为踌躇满志的了!中国文学史上平添了一百多本从来未见的元明名剧,实在不是一件小事!……在这么军事倥偬的时候还能够有力及此,可见我民族力量之惊人!但也可见'有志者事竟成',实在不是一句假话。""这是我为国家购致古书的开始。"(《求书日录·序》)"这个收获,不下于'内阁大库'的打开,不下于安阳甲骨文字的出现,不下于敦煌千佛洞抄本的发现。"(《劫中得书记·新序》)在这以前,郑振铎曾辑有《古剧钩沉》,虽积稿盈尺,但因坚信这部《古今杂剧》必有发现之一日,因而未敢轻易将自己的辑本问世。为购致这部书他历尽了曲折艰辛。(按,其实此事幕后还涉及潘博山、杨寿祺二人串通作谎,郑振铎并不知晓,情节曲折,参见陈福康《郑振铎传·三八·一部奇书》)但款迟至两个多月后才汇来,郑振铎只能先向暨南大学在沪的代理校长程瑞霖借贷。

五月

端木蕻良的长篇小说《大地的海》由生活书店出版,后记中说:"关于这书的出版,我感谢鲁迅先生,茅盾先生,西谛先生,胡风先生,他们给以我无限的温情和助力。"

六月一日

傅增湘又致张元济信,虽已悉郑振铎知道《脉望馆抄校本古今杂剧》之事,仍"务以必得为幸"。

六月二日

傅增湘又急电张元济,欲购《脉望馆抄校本古今杂剧》。

六月四日

张元济访潘博山,获见《脉望馆抄校本古今杂剧》半部32册。张又致潘信,希望将其中孤本拍照。

六月五日

暨南大学学生周一萍(中共地下党员)等主编的《文艺》旬刊(后出版时间不规则)创刊,该刊得到郑振铎的捐款、指导、帮助,每期必看。该刊一度是"孤岛"上唯一的抗日文艺刊物。其中"鲁迅先生逝世二周年纪念特辑"、"高尔基今年特辑"是根据郑振铎的指示编的。

六月九日

致张元济信,说:"也是园元曲发现后,几得而复失者再。但此绝世之国宝,万不能听任其流落国外,故几经努力,费尽苦心,始设法代某国家机关购得(价九千元)。……在文化上看来,实较克一城、得一地尤为重要也。"还提到:"闻潘博山先生言,先生对于此书,亦至为关切。知保存国宝,实人同此心。不知商务方面有影印此书之意否?因此种孤本书,如不流传,终是危险也。如一时不能承印,则最好用黑白纸晒印数份,分数地保存。"

张元济致傅增湘信,告以探得元曲情况,谓"不能不谓为奇书"。

六月十日

致张元济信,约定时间"趋府领教"。

六月十二日

访张元济,商量《脉望馆抄校本古今杂剧》影印之事。

六月十七日

在《文汇周刊》上发表《民族文话》、《释讳篇》。

六月二十五日

上海《译报》社出版梁士纯的《中国的抗战》,郑振铎作序,赞扬梁士纯是"一位热诚的复兴中国的代言人",认为他指出青年人应利用上海特殊环境努力学习,准备到内地去工作,"是每个青年人乃至每个教育家都得牢记在心头的"的指示。

七月二日

张元济致郑振铎信,说:"影印也是园藏元曲事,香港尚无复信。此间同人互商,此种罕见之书,际此时艰,自宜藉流通为保存。"

七月三日

在《文汇报·世纪风·书评专刊》发表《告别词》。该专刊共出 9 期。

七月四日

《大英夜报》创刊。该报约王统照编一个文艺副刊,王统照便与助手秦瘦鸥二人去找郑振铎商量,定名为《七月》,于 7 月 10 日创刊。

七月五日

与张元济电话谈影印也是园藏元曲事,教育部不同意出版。

七月十七日

下午,在麦伦中学为社会科学讲习所学生讲民俗学。"今郑先生讲得非常周到,说上古的民俗愈荒唐愈迷信愈真确,因那时是神权时代。现在有许多生蕃未开化的民族,依然野蛮吃人的事以及许多残忍的事都有。"(摘自当时讲习所学生贾进者日记)

于伶以中法联谊社戏剧组名义组织的上海剧艺社成立,郑振铎予以支持。

七月二十一日

国民党第五届中央委员会第 86 次会议通过《战时图书杂志原稿审查办法》和《修正抗战期间图书杂志审查标准》,决定设立中央图书杂志审查委员会及各省市图书杂志审查处以体现国民党的文化专制政策。郑振铎对此坚决反对。上海商务、中华、开明、世界、生活、黎明、新知、上海杂志公司、读书生活社等 15 家出版社联名呈请撤销,参议员邹韬奋等人也呈文反对,均遭国民党当局拒绝。

八月一日

下午 5 时,香港大学中文学会开会欢迎近日来港的郑振铎、冰心、吴文藻。胡希德主持,三人讲话,最后香港大学教授马鉴致辞后茶会。(郑振铎此时为暨南大学招生到香港,住了近一个月。)

八月十三日

在香港"八一三"纪念会上作《历史的教训与我们的工作》讲演。指出在抗战中"其实工作有许多,我们要各方面去工作,同时采用各种形式,在某种环境下,我们便应该采用某种形式,例如在上海,……各种抗日工作仍在积极的暗中进行着。" 讲演记录后载 22 日香港《大众日报·火炬》。

六月至八月

《鲁迅全集》20 卷在上海陆续出版。许广平指出,整个编辑工作"以郑振铎、王任叔两先生用力为多"。郑振铎是编辑计划起草之一,并撰写了总说明等。全集中的《近代美术思潮论》的图版是他特地去美术专科学校觅得原书制的版,《会稽郡故书杂集》是由他和吴文祺二人标点的。另外,郑振铎还为在重庆的叶圣陶等人预订该书。

八月二十四日

老友徐新六逝世。9月25日开追悼会。

八月

所著《中国俗文学史》由长沙商务印书馆出版,为《中国文化史丛书》第2集之一。该书为作者长年研究的成果。时人评曰:"关于俗文学史叙论之文字,除胡适之《白话文学史》外,罕有作者。""郑氏汇集群籍,上自《诗经》,下迄清代民歌,按时代而排比,叙述源流,征引词章,最称详切;浩浩长篇,资料丰美,供献颇多。……举凡古代歌谣,汉代俗文学,六朝民歌,唐代民间歌赋,变文,宋金杂剧词,鼓子词与诸宫调,元代散曲,明代民歌,宝卷,弹词,鼓词与子弟书,清代民歌,莫不网罗无遗,巨细皆备,前所未见也。"(见1939年9月《图书季刊》新第1卷第3期)

九月三十日

上海谊社主编《第一年》由美灵登出版公司出版(香港未名书店再版时改为《第一年代》),其中收入郑振铎《卢沟桥》、《回击》、《我翱翔在天空》。

九月下旬

法租界当局受日方压迫,限令暨南大学迁出。何炳松校长走访法国大使诺其亚,无果。10月1日,暨南大学借公共租界福熙路(今延安中路)附属中学教室上课,因不敷用,又暂借重庆路新寰中学校舍。

十月六日

在四马路(今福州路)健行大学为社会科学讲习所同学开始讲授元明文学课。"先讲导言,元明文学的大概"(贾进者日记)。据讲习所《招生简章》:"中国近代文学始于元明,一方面为民族运动的大时代,一方面为白话文学运动黄金时代,有特加讲述的必要。"

十月十日

《申报》借美国哥伦比亚出版公司发行的名义复刊,王任叔主编副刊《自由谈》。郑振铎支持该刊,即把所写《民族文话》交给王任叔发表。

同日,地下党主办的《公论丛书》第2辑《世界大战与中国抗战》

出版,郑振铎在此辑发表"古史新辨"论文《释讳篇》,论述历史上人名讳隐之由来,并讽刺了当代"飞黄腾达"的"各要人"。

十月十一日

在《申报·自由谈》上发表《民族文话·序》。

十月十二日

在《申报·自由谈》上发表《周民族的史诗——民族文话之一》。

十月十三日

在健行大学为上海社会科学讲习所同学讲授元明文学。

十月十四日

在《申报·自由谈》上发表《武王伐纣——民族文话之二》。

十月十五日

在《申报·自由谈》上发表《殷之"顽民"——民族文话之三》。

十月十六日

在茅盾主编的《文艺阵地》第2卷第1期"鲁迅先生逝世二周年纪念特辑"上发表《鲁迅的辑佚工作——为鲁迅先生逝世二周年纪念而作》,认为"鲁迅先生的辑佚工作和他的创作及翻译是'三绝'"。

本日,伪"上海市政府"在江湾成立,汉奸傅筱庵任"市长"。

十月十七日

在《申报·自由谈》上发表《奄,徐与淮夷(上)——民族文话之四》。

十月十八日

在《申报·自由谈》上发表《奄,徐与淮夷(下)——民族文话之四》。

十月十九日

秘密主持鲁迅逝世二周年纪念会。会场里置放着刚出版的《鲁迅全集》甲乙两种纪念本。郑振铎致词后,许广平讲话。

巴人(王任叔)在《申报·自由谈》以编者名义发表《超越鲁迅》;鹰隼(阿英)在《译报·大家谈》上发表《守成与发展》,对鲁迅杂文的意义发表了不甚正确的意见,并讽刺了巴人。

十月二十日

在健行大学为上海社会科学讲习所同学讲授元明文学,"今讲蒙古时之杂剧历史,完全举例,最后讲关汉卿作剧本最多最精,又述以婢女为主角的例子。"(贾进者日记)

本日,巴人在《申报·自由谈》发表《"有人"在这里!》,对鹰隼作了反批评,由此开始了所谓"鲁迅风"杂文问题的论争。

十月二十一日

鹰隼在《译报·大家谈》上发表《题外的文章——答巴人先生》。郑振铎读后立即给巴人去信,"说千万不要回答,恐为仇者所快"。(见10月22日《申报·自由谈》巴人《题内的话》)

十月二十二日

在《申报·自由谈》上发表《穆王西征记(上)——民族文话之五》。

十月二十四日

在《申报·自由谈》上发表《穆王西征记(下)——民族文话之五》。

十月二十七日

在健行大学为上海社会科学讲习所同学讲元明文学,"讲元曲,关汉卿计编有七个剧本故事中的中心点。"(贾进者日记)

十月二十八日

在《申报·自由谈》上发表《犬戎的兴起——民族文话之六》。

十月三十一日

在《申报·自由谈》上发表《"齐桓、晋文之事"——民族文话之七》。

十一月一日

暨南大学迁至公共租界康脑脱路(今康定路)826、828 号两幢房屋坚持上课。

十一月三日

致张元济信,告以教育部已允由商务印书馆选印《脉望馆抄校本古今杂剧》。

在健行大学为上海社会科学讲习所同学讲元明文学,"续讲关汉卿写的各样剧本内容,因彼时是封建时代,离不开迷信及旧礼教。"
(贾进者日记)

十一月四日

张元济致郑振铎,说选印《脉望馆抄校本古今杂剧》,因时局又变,商务印书馆出版范围越缩越小,此事还得与香港办事处商量。

十一月五日

中法剧艺学校以中法联谊会名义成立于上海,校址设法租界辣斐德路(今复兴中路)原中法工业专科学校内。校长为中法联谊会秘书长冯执中,训导主任于伶,话剧科主任阿英,郑振铎担任主讲中国戏剧史(后由赵景深代课)。"在许多教授之中,最受学生欢迎的是郑振铎先生,他虽然是当代最闻名的文学家,却非常和蔼可亲,平易近人,他教的是'中国戏剧史',照理这门课程容易显得沉闷与枯燥,可是他知识渊博,教材丰富,许多内容都是他个人发掘的最宝贵的新的史料,为一般《中国戏剧史》所没有,他讲得也非常仔细和清楚。"(穆尼《上海"孤岛"的两所话剧学校》)

十一月上旬

寄四川叶圣陶信,谈及为教育部收购《古今杂剧》一书等事。

十一月十日

在健行大学为上海社会科学讲习所同学讲元明文学,讲"作元曲又一名手王实甫做的《西厢记》内容","讨论得最详"(贾进者日记)。

十一月十二日

赴威海卫路中社礼堂参加孔另境、金韵琴的婚礼。到者还有许广平、王任叔、柯灵、金学成、许杰、唐弢、梅益等。

十一月十七日

在健行大学为上海社会科学讲习所同学讲元明文学,讲"写元曲之王实甫、李直夫、吴昌龄、康进之、高文秀辈。"(贾进者日记)

十一月二十九日

叶圣陶致郑振铎信,说"两承惠书,甚欢慰",又问:"兄所发见元代轶曲,其中有何出色作品(以内容文辞言)? 乞示其略……近见卢冀野作一文记其事,盛道兄与教长陈君,谓非二位之力则此书将泯没不彰。"

约十一月下旬

由《译报》主笔钱纳水出面,邀集郑振铎、王任叔、阿英、林淡秋、蒋天佐、梅益、孔另境、钟望阳、王元化、宗珏等四、五十人在福州路开明书店楼上开座谈会,讨论"鲁迅风"杂文问题,各抒己见,沟通思想,加强了"孤岛"上海进步文化界的团结。

十二月八日

在《译报·大家谈》上发表郑振铎、王任叔、阿英等三十余人签署的《我们对于"鲁迅风"杂文问题的意见》,该文还刊于 12 月 28 日《文汇报》、《大英夜报·海燕》,1939 年 1 月 1 日《译报周刊》以及《导报·晨钟》、《华美晨报·镀金城》等报刊。

十二月十八日

邀赵景深在家吃午饭,并介绍自己以前在燕京大学的学生、北大助教吴晓铃与赵景深相识。吴晓铃后来回忆说,"余自北平经沪去滇,曾在先生庙弄旧居读曲数日,先生以此目[按,即《西谛所藏善本戏曲目录》]砳印本见贻"。

十二月二十七日

张元济致郑振铎信,说昨得香港办事处回信,商务印书馆决定选印《脉望馆抄校本古今杂剧》。

十二月二十八日

访张元济,谈订立借印《脉望馆抄校本古今杂剧》契约事。

本年下半年

与王任叔、孔另境等人发起组织上海作者协会,参加者数十人,经常在四马路的华华中学内聚会。该会后来做了两件实事,一是创办了《鲁迅风》杂志,二是为世界书局编辑了一部《大时代文艺丛书》。

本年

北京大学出版组影照石印出版郑振铎与赵万里、马廉三人于1931 年 8 月手录的明抄本《录鬼簿》。

一九三九年　四十二岁

（民国二十八年　己卯）

一月八日

上午,在光华大学文哲研究组为学生作讲演,题为《现代文学》,讲"十八个月以来的文艺界的变化和趋势"。张歆海主持,奚谷记录。记录稿后发表于光华文哲研究组印行的《文哲》第 1 卷第 2、第 3 期。郑振铎在讲演中批评了战前黄震遐的《大上海的毁灭》是"站在'唯武器论'的立场上",已为事实证明是错误的。指出"统一战线的完成,更使文化界建立起铁的堡垒。"在坚持办刊物方面他表扬了傅东华;在剧本创作方面他表扬了凌鹤的《夜之歌》、田汉的《最后的胜利》、集体创作的《同心合力打××》、丁玲的《河田一郎》,及《台儿庄》《横山镇》,认为陈白尘的《魔窟》"犯了一种幻想病";诗歌方面他表扬了任钧;小说方面他表扬了谷斯范的《新水浒》、姚雪垠的《差半车麦秸》、骆宾基的《大上海的一日》,还对张天翼的《华威先生》作了分析。

一月十日

江苏启东、崇明地区抗日游击队创始人和优秀指挥者瞿犊、王进惨遭两面派、土顽头子张能忍阴谋杀害。瞿犊原是中国公学学生,王进原是郑振铎任教的上海社会科学讲习所的学生干部、中共党员。郑振铎闻此噩耗极为悲愤,后与竞日(严景耀)合写了悼文《我们最勇敢的民族战士》,载《瞿犊王进烈士纪念集》中。

一月十一日

《鲁迅风》创刊于上海,署冯梦云编。初为周刊,后改为半月刊,以登载杂文为主。郑振铎是该刊主要支持者之一。

一月十六日

在《文哲》半月刊第 1 卷第 2 期上发表《现代文学》(未完,系他人记录稿,未经本人审阅)。

一月二十一日

在《华美》周刊第 1 卷第 40 期上发表《在腐烂着的人们》,斥责那些只知算命问卜的对抗战失去信心的动摇分子。

一月二十四日

张元济致郑振铎信,附借印元明杂剧契约两份,请予签署。

一月二十五日

晚,在健行大学为上海社会科学讲习所同学"讲文学作法,述现代写报告〔文学〕、通俗文学的扼要点"。(贾进者日记)

一月二十六日

晚,在健行大学为上海社会科学讲习所同学继续"讲通俗文学如何深入民间而与抗战配合,并举目前前进的歌曲"为例。(贾进者日记)

一月

赵家璧主持"良友复兴图书印刷公司"在四川中路 215 号企业大楼 5 楼正式开业,《良友画报》也借发行人美国人密尔斯名义于 2 月 2 日复刊,得到郑振铎的支持与鼓励,认为:"这是一件绝对有意义的事!"郑振铎在该公司开业后亲自去看望,表示祝贺,并支持《良友画报》大胆刊用有关新四军、八路军、"工合组织"等图文报道及木刻。

二月一日

在《鲁迅风》周刊第 4 期上发表《民族文话·王子带之乱》。

在《文哲》半月刊第 1 卷第 3 期上发表《现代文学》(续完,系他人记录稿,未经本人审阅)。

二月八日

在《鲁迅风》周刊第 5 期上发表《民族文话》:《秦穆公之霸业》、《弦高救郑》。

二月十五日

在《鲁迅风》周刊第 6 期上发表《民族文话·楚民族的霸业》。

二月十八日

中午,在青年会九楼参加《鲁迅风》聚餐会,出席者还有王任叔、许广平、严景耀等,孔另境等报告了《鲁迅风》办刊现状。散席后郑振铎又参加讨论上海社会科学讲习所章程,决定改名为"上海社会科学专科学校",向社会扩大招生。王任叔为校长。

二月二十一日

暨南大学在康脑脱路(今康定路)的校舍因要修理,又借南阳路滨海中学上课。

三月一日

在《鲁迅风》周刊第7期上发表《民族文话·子产的内政与外交》。

三月八日

在《鲁迅风》周刊第8期上发表《民族文话·柳下惠之介》。

三月十日

张元济致郑振铎信,转香港寄来的教育部致郑振铎信,并谈移交、排印元明杂剧事。后商务印书馆于1941年5月出版了《孤本元明杂剧》,共144个剧本,其中136本为久已失传的。

三月十五日

在《鲁迅风》周刊第9期上发表《民族文话·晏子相齐》。

三月十六日

晚,为社会科学专科学校同学开始上新学期(第三期)第一次文学理论课。

三月十七日

著名词曲专家、郑振铎的学友吴梅(瞿安)逝世。郑振铎后写有《记吴瞿安先生》一文。

三月二十二日

在《鲁迅风》周刊第10期上发表《民族文话·大教育家孔子(上)》。

三月二十三日

晚,为社会科学专科学校同学上文学理论课,"讲'中国的报告文学(上)',由古代类似报告文学《穆天子传》开始,而《史记》,六朝、唐、宋的报告文学的内容,偏重于事的叙述。"(贾进者日记)

三月二十九日

在《鲁迅风》周刊第 11 期上发表《民族文话·大教育家孔子(中)》。

三月三十日

晚,为社会科学专科学校同学上文学习作课,"讲明末封建社会的惨史"。(贾进者日记)

四月五日

在《鲁迅风》周刊第 12 期上发表《民族文话·大教育家孔子(下)》。

四月六日

晚,为社会科学专科学校同学上文学习作课,"讲明末清初历史",并要求同学"每人做一篇报告文学"(贾进者日记)。郑振铎上完此课后,下星期起由方光焘接替上课,再一个月后由林淡秋接替上课。

四月九日

中华全国文艺界抗敌协会在重庆举行第一届年会,会上改选了第二届文协理事,当选理事共 45 人,郑振铎为外埠 15 名理事之一。

四月

得悉蒋介石、孔祥熙等聘马一浮去四川乐山创设"复性书院",并在国难中拨给开办费三万,每月经费四千,旨在宣传"理学","讲明经术",培养儒家。郑振铎不满这种做法。又得悉贺昌群也将离开浙江大学去参加该书院,即通过友人表示劝阻。(贺昌群最后宣布不参与该书院事。)

五月九日

叶圣陶致王伯祥信:"复性书院已决定开办,开办费三万,经常费月四千,孔院长又力拨基金十万。振铎兄不赞成昌群兄去浙大而来此,调孚兄以为此举开倒车,弟均同感。"

五月十日

致孔另境信："志行稿已读过。弟意尚可用。唯应略加删改(弟已擅行改过了)。兄意如何？'总序'今日可写毕。当奉上，请指正。弟的'小说'颇想能在一星期内赶写出来。大约也是'历史'的短篇。《丛书》总目盼能便中见示。"按，志行即许志行，其稿当是短篇小说《油瓶》，后收于 7 月世界书局出版的《大时代文艺丛书》之六《十人集》；"总序"和"总目"均为《大时代文艺丛书》所作，总序后署写成时间为 5 月 29 日；郑振铎的历史小说即《风涛》，后亦收于《十人集》。

五月十二日

暨南大学迁回康脑脱路(今康定路)的校舍上课。

五月十五日

致赵景深信，说因为事务过忙，已辞去中法剧艺学校每星期五下午一小时的"中国戏剧史"的课，请赵景深接代。

五月二十九日

为《大时代文艺丛书》写总序，号召："文艺工作者在这个大时代里必须更勇敢，更强毅的站在自己的岗位上，以如椽的笔，作为刀，作为矛，作为炮弹，为祖国的生存而奋斗。"该丛书是郑振铎与王任叔、孔另境主编的，本年 7 月起由上海世界书局出版，共出十余本。

五月

在《新中国文艺丛刊》第一辑《钟》上发表《通俗文学的写作》。

为纪念《文汇报》创刊一周年，该报出版《文汇年刊》。该刊实际主编何封(张汉辅)请郑振铎写《战时中国的文化动态》栏目中的《抗战中的文艺主潮》，发表时未署名。

六月四日

中午，出席夏丏尊为庆贺叶至善、夏满子在四川乐山成婚的宴会。"十一时，乘车往广西路聚园，一时识者毕集，予与允言、硕民、世璟、道始、振铎、厚斋、良才、守宪、晴帆同坐，颇多饮，二时许始散。"(王伯祥日记)

六月十五日

作历史小说《风涛》,取材于明末清流文人、东林党人遭难的故事,愤怒抨击了奸党的罪恶,具有借古讽今的意义。载 7 月世界书局出版的《大时代文艺丛书》之六《十人集》,列第一篇。

六月二十一日

致张元济信,提出排印元明杂剧应竭力保全原本面目的八项意见。

六月二十一日

张元济致郑振铎信,谈排印元明杂剧保全原本面目的看法,说"尊意爱护古书,至所钦佩。弟前此为商务印书馆校印古籍千数百部,亦同此意。"

六月

上海社会科学专科学校因受到敌伪和租界当局注意,被迫停办。学员骨干则继续坚持自学,仍由王任叔等指导。

七月

拟创办《文学月报》,但在四川的叶圣陶认为不如出不定期刊(见8 月 6 日叶圣陶致章锡琛信),后郑振铎于 11 月在开明书店创刊《文学集林》。

上海世界书局开始出版郑振铎、王任叔、孔另境主编的《大时代文艺丛书》。

八月七日

张元济访郑振铎,取去《脉望馆抄校本古今杂剧》后半部 32 册。

九月十四日

宋云彬《桂林日记》:"调孚信中云开明将于九月中创刊一《文学月刊》。由七个编辑委员编,实际则为调孚及振铎负责云。"

十月十九日

复唐弢信,提及:"我辈明白人,一切有作用的闲话——如果有作用的话——只好听之而已。所见者远大,则眼前的小麻烦自然会很随便的对付之也。乞勿介意!"并答应唐弢来借笺谱。

十月二十日

"余终日清理书籍,欲脱离古书于虫鼠之厄,奔波于楼之上下,筋疲力尽,乃姑置之。乘车至中国书店,无一可资留恋之书。正欲废然而返,在堆满'廉价'书之桌上忽发见破书一堆,为书贾叶某之物,其中有旧钞本天启宫词及此书[按,即明万历刊《唐十二家诗集》]等。索价不昂,便收得之。自喜不虚此行也。时日色黯淡,西风凄厉,衣衫单薄,渐觉凉意侵人,然挟书臂下,意甚自得,同时获得者尚有程荣刊嵇中散集一册。"(郑振铎《劫中得书记·唐十二家诗集》)

十月

支持王任叔开始撰写《文学读本》。(该书 1940 年珠林书店出版,1949 年海燕书店再版改名为《文学初步》,1953 年新文艺出版社出版修订本改名为《文学论稿》。)这是我国较早出现的一部系统的新文学理论著作,论述及材料比较全面,并努力用马列主义观点解释文学领域的各种问题,出版后流传广泛,影响较大。王任叔在初版《后记》中说:"最后,我有两点要特别声明,第一,对于中国文学的形式,我得到振铎兄的不少提示。我还应在此谢谢他借我许多参考书。"

秋末

因生活困难和兵燹频仍保存不易,忍痛将历年所藏之善本戏曲一部分让归北平图书馆。分两次出让,共计 84 种、262 册,得七千元。"曲藏为之半空。书去之日,心意惘惘。"(郑振铎《劫中得书记·序》)并又以此次卖书所得之半赎回先前质于某氏之精刊善本百二十余种。

十一月一日

在原上海社会科学专科学校同学主办的《学习》半月刊第 1 卷第 4 期上以首篇地位发表《服务与牺牲》,指出:"为国家民族而服务,乃是中国青年最高目标。"

十一月二十三日

保留在"孤岛"上海的唯一中国法权机关江苏高等法院第二分院的刑庭庭长、友人郁达夫之兄郁华,因拒绝敌伪威胁利诱,今日被敌伪暗杀。

十一月

与徐调孚一起主编的《文学集林》创刊,由开明书店出版。第一辑题为《山程》,郑振铎发表长文《跋脉望馆抄校本古今杂剧》。

十二月十六日

江苏高等法院第二分院首席检察官郑钺的女儿、国民党女特工郑苹如设计在静安寺路西比利亚皮货行刺杀汪伪特工总部主任丁默村未遂,被捕。据马国亮回忆,"郑振铎先生和郑苹如的父亲是素识"。

十二月二十六日

郑苹如被汉奸当局枪毙。以前郑振铎曾在霞飞路(今淮海中路)一家咖啡馆在友人介绍下见过郑苹如一面,抗战胜利后郑振铎写有《一个女间谍》纪念她。

十二月

在《文学集林》第二辑《望——》上发表《劫中得书记》序和89则"记"以及《一个改正》。郑振铎在《劫中得书记·序》中说:"夫保存国家征献,民族文化,其苦辛固未足埒攻坚陷阵,舍生卫国之男儿,然以余之孤军与诸贾竞,得此千百种书,诚亦艰苦备尝矣。""虽所耗时力,不可以数字计,然实为民族效微劳,则亦无悔!"自"八一三"事变后头两年,郑振铎主要是以个人的力量来抢救一些宝贵的民族文献。

日本白水社出版土井彦一郎翻译、注释的《西湖之夜》(中国白话文学二十讲),其中收入郑振铎的短篇小说《猫》。

暨南大学出版陈高傭主编《中国历代天灾人祸表》,陈高傭在《编纂缘起》中说:"二十四年,何炳松先生来长暨大,竭力提倡研究著述之风。郑振铎先生主持研究委员会,决定以充分力量帮助教授之专门研究。……我便决心要把这件工作作成。有此决心之后,我就和杜佐周、郑振铎、周予同三位先生商酌编纂的计划。"在编撰过程中"日常启发鼓励我的则为郑振铎、周予同、杜佐周、王勤堉、李长傅、周谷城诸先生"。

年底

鉴于个人经济力量实在有限,而劫中流散图籍甚多,日寇、汉奸及美国一些单位正在纷纷掠夺抢购,因而由郑振铎发起,与张元济、何炳松、张咏霓等人数次联名向重庆当局发电发函,要求拨款抢救民族文献。

本年

"曾有一日人来此,作'文化调查',结果,无一藏书家愿与之见面者。彼只好废然而返。"(见 1940 年 8 月 8 日郑振铎致张咏霓信)据高君箴《"孤岛"时期的郑振铎》,当时有个名叫清水的主管文化工作的日本特务曾托一个落水当了汉奸的"朋友"送给郑振铎一张数额很大的支票,要他出来"主持"一方面的文化工作,他当场撕碎支票并予怒斥。数天后,清水又到中国书店去打听郑振铎的消息,他恰巧也在书店,即装作普通读者,不动声色,并暗嘱书店伙计说他长久不来了,后又同样通知了其他各书店。按,清水董三,时任日本驻汪伪政府大使馆一等书记官,日本特务机关"梅机关"成员。

本年下半年

与良友复兴图书印刷公司赵家璧相商编辑出版《中国版画史》,开始编选《中国版画史图录》。

一九四〇年　四十三岁
（民国二十九年　庚辰）

一月四日

上午，"叶铭三来索款，以身无一文，嘱其缓日来取。闻暖红室刘公鲁藏书，已售给孙伯渊。……恐怕又要待价而沽了。拟托潘博山先生向其索目一阅。""傍晚，蔚南来电话，说某方对他和我有不利意。我一笑置之。但过了一会，柏丞先生也以电话通知此事，嘱防之。事情似乎相当的严重。即向张君查问，他也说有此事；列名黑单里的凡十四名，皆文化教育界中人（此十四人皆为文化界救亡协会之负责人）。予势不能不避其锋。七时，赴某宅，即借宿一宵。予正辑版画史，工作的进行，恐怕要受影响了。夜梦甚多。"（郑振铎《求书日录》）

一月五日

"西禾至某宅访予。他知道了这事，连忙来慰看；……访予同……偕至锦江茶室喝茶。予云：我辈书生，手无缚鸡之力，百无一用，但却有一团浩然之气。横逆之来，当知所以自处也。予同云：人生找结笔甚难。有好结笔倒也不坏。……十一时许，至中国书店，遇平贾孙实君等数人，……此后彼辈辇书北去，当具若干戒心矣。向朱惠泉购得光绪二十八年成都木刻本《四川明细地图》一巨幅，价八元，作入川之准备。赴传新书店，购得元刊吴师道校注本《战国策》残本一册，《罗汉文征》一册，《粤海小志》一册等，共价十一元。抱书回高宅，翻阅过午，竟未及午餐。书癖诚未易革除也。午睡甚酣，至三时才醒。写《版画史》'引用书目'，以参考材料不在手头，未能完工；又誊清《版画史》自序，未及一叶，即放下，亦以手头无书之故。"（《求书日录》）

一月六日

"晨七时起。誊写《版画史》自序，……下午五时许，至文汇书店，得光绪二十一年至二十三年份《京报》十余册，系由新闻报馆排印者，价二元。晚至航运俱乐部晚餐。……睡在床上，独自默念着：家藏中西图书，约值四五万元，家人衣食，数年内可以无忧。横逆之来，心仍泰然。惟版画史的工作，比较重要，如不能完成，未免可惜，且也不会再有什么人在这几年内去从事的，自当抛却百事，专力完成之。因此，便也不能不格外的小心躲避。然果无可避，则亦只好听之而已。身处危乡，手无寸铁，所恃以为宝者，唯有一腔正气耳。"(《求书日录》)

一月七日

"晨起写《版画史》自序三页，仍极慢，至午后，方才写毕。即至伯祥处，托他将自序校阅一遍。傍晚，赴东华处。……八时归，整理《太平山水图画》及《黄氏所刊版画集上》二册，所缺仍多，非赶印不可。"(《求书日录》) 郑振铎在《中国版画史序》中说："我国版画之兴起，远在世界诸国之先。""夫以世界版画之鼻祖，且具有一千余年灿烂光华之历史者，乃竟为世界学人忽视、误解至此，居恒未尝不愤愤也！二十余年来，倾全力于搜集我国版画之书，誓欲一雪此耻。所得、所见、所知，自唐宋以来之图籍，凡三千余种，一万余册，至于晚明之作，庋藏独多；所见民间流行之风俗画、吉祥画(以年画为主)，作为饰壁与供奉之资者，亦在千帧以上。" 后该序及《编例》、《引用书目一斑》等刊载于本月出版之《文学集林》第3辑"创作特辑"上。

蔡元培日记："午前，仲瑜偕蒋慰堂(复聪)来。慰堂在中央图书馆服务甚久，现在渝仍积极进行，此行由港往沪，拟收买旧本书，在港托叶玉甫，在沪托张菊生，闻瞿氏铁琴铜剑楼、刘氏嘉业堂、邓氏群碧楼之书，均将出售。" 按，蒋复璁(慰堂)为文学研究会发起人蒋百里的侄子，时任中央图书馆筹备处主任。据蒋复璁回忆：重庆当局收到郑振铎等人的电函后，想到"国立中央图书馆在战争爆发前，承中英庚款董事会拨助建筑费法币百余万元，未及动用，而因乱迁移。于是中英庚款董事长朱家骅先生开示于余，以为长期抗战，币值必将贬落，如俟还都建筑，则所值无几，不如以之购置图书，既足以保存国粹，又使币尽其用,诚两利之术。时值教育部长陈立夫先生出巡在外,顾毓琇先生以次长代理部务,亦深韪其议。及立夫先生返部,力赞其事。余奉命至上海,与诸君晤商,收购散佚之珍本图书。"(《涉险陷区访"书"记》)蒋于此时先到香港,与叶恭绰董事面商,决定购书经费以 40 万元为限,以三分之二款给上海,三分之一给香港,同时采购。

一月八日

　　晨起回家(静安寺庙弄)一转,见有异状,家人争告有巡捕十许人来打扰多时而刚离去。郑振铎遂匆匆取了若干日用之物即出。"有满地荆棘之感。'等是有家归未得',仿佛为予咏也。下午,至传新书店,得《皇朝礼器图式》残本三册,图极精细。……若英见予《劫中得书记》,赠予明刊钟伯敬、王思任集数种。翻阅数过,百感交集! 夜,仍住某宅。"(《求书日录》)

一月九日

　　上午"赴校办公,无异状。作致菊生、咏霓二先生函。午后,杨金华带了《版画史》的锦函来,涵尚潮湿,即将书签贴好,尚为古雅可观。访家璧,见他正在校对我所写《谈版画之发展》一文。箴有电话来,说,外间情形很紧张,以少出门为宜。"(《求书日录》)按,《谭中国的版画》一文后发表于本月《良友》画报上。

一月十日

　　"晨起,整理《版画史图录》第一辑各册页子,……九时,赴校上课。是这学期的末一课了,当敦勉各生安贫励志,保持身心的清白,为将来国家建设工作的柱石。……他们似均颇有感动。午后,至上海书林购王绶珊所藏《方志目》钞本二册,价六元。傍晚,过中国书店,遇平贾孙殿起。孙即编《贩书偶记》者,为书友中之翘楚。……谈甚畅。七时许,在暮色苍茫中,抱所得书及印样一包归。"(《求书日录》)

　　致张咏霓信:"久未见,至以为念! 前途有二电来,敬抄奉,阅后付丙可也。顷写《劫中得书记》一文,附奉一册,敬请指正。" 按,所附"二电",一署朱家骅,一为朱家骅、陈立夫同署,内容是答复郑振铎、张元济、张咏霓等人的"歌电"(5 日去电),表示赞成他们"创议在沪组织购书委员会,从事搜访遗佚,保存文献,以免落入敌手,流出海外",但又说:"惟值此抗战时期,筹集巨款深感不易,而汇划至沪尤属困难。如由沪上热心文化有力人士共同发起一会,筹募款项,先行搜访,以协助政府目前力所不及,将来由中央偿还本利,收归国有,未识尊见以为如何?"由此可见重庆当局最初对此事的态度。

一月十一日

"晨七时起,甚觉疲倦,疑有些伤风。十时许,赴中国书店,又赴万有书店,晤姜鼎铭,得嘉靖本《东坡七集》,明刊本《昌黎集》及明仿宋刊本《黄帝内经素问》,价三百五十元。……吴瞿安先生锐志欲收此类嘉靖刊本书百种,尝颜其所居曰百嘉室。恐终未能偿其愿也。镇日心闷意乱,似觉伤风甚剧。"(《求书日录》)

一月十二日

"上午,整理《版画史图录》。下午,访家璧。自觉体力不支,头涔涔欲晕,勉强归所寓。即解衣睡倒,晚饭也不能吃。热度高至三十八度许。疑是伤寒,……倚枕读东坡诗。"(《求书日录》)

一月十三日

"八时起,热度仍在三十八度。请了郑宝湜医生来诊。他也疑是伤寒。吃了蓖麻油,洗清肠胃。……下午,服药两次,热度反而高到三十九度。柏丞先生来一信,说蒋复璁先生从渝来,有事亟待面洽。勉强打一电话给他,说明病情,请他先与张凤举先生谈洽。终日倚枕读《东坡集》,颇有所得。"(《求书日录》)

一月十四日

"热度已退,觉精神清爽,惟四肢无力耳。……郑医生云:心脏甚弱,肺部亦不甚强。……上午,十一时许,柏丞先生来。说起蒋复璁来此,系为了我们上次去电,建议抢救,保存民族文献事;教部已有决心,想即在沪收购,以图挽救。拟推举菊生先生主持其事。惟他力辞不就,已转推张咏霓先生。……当与柏丞先生约定,在后天中午,与蒋、张诸位在菊生先生宅商谈此事。终日以牛奶、豆浆代饭,甚觉乏力。"(《求书日录》)

一月十五日

"热度已退净,惟全身仍觉软弱无力。十余年来,未有大病过,以此次卧床两日,最为严重。……午时,柏丞先生来电话,说复璁先生正在菊生先生处劝驾,未知有效否。要我下午也去一趟。午餐后,至潘博山先生处。谈起暖红室刘氏藏书事……又谈起群碧楼邓氏书……至良友,晤家璧,与他约定,每四个月,可出《版画史》四册……四时许,至柏丞先生处,谈了一会。又至菊生先生处,以病辞,未见。颇为不快。至凤举先生处,相见甚欢。将此事经过,详细的告诉了他,他也十分的高兴。"(《求书日录》)

一月十六日

"身体已复元,……八时许,到校办公,清理积牍。晤柏丞先生,谈及购书事,已决定由菊生、咏霓、柏丞、凤举四位及我负责。下午,回家一行,检出几部需用之书携带在身边。至中国书店,晤姚石子先生,谈甚畅。傍晚,至万宜坊,访蒋复璁先生。我们第一次见面,但畅所欲言,有如老友。……我们谈到九时许,竟忘记了吃饭。……回家,已近十一时,亲戚们很恐慌,不知予何在,恐怕会有什么事故。"(《求书日录》)

一月十七日

上午,"九时,赴图书馆办公。翻阅几种书目。午餐后,回家一行,看望贝贝[按,即儿子郑尔康]的病。……在三楼,整理小说书及半。……四时许,至中国书店,知有一批书要售出,群碧楼书亦要在年底以前出脱。当嘱以款可设法,惟不能售给平贾或分散零售。八时许归。博山有电话来,说玉海堂刘氏书,可以谈判成功,目录可于星期日上午送来。闻之,甚为兴奋。"(《求书日录》)夜仍宿他处。

一月十八日

"六时,起身。作一函,致菊生先生。清理《太平山水图画》二份,拟赠给慰堂先生。九时,赴校办公。陈某来谈,态度颇可疑,或有刺探之意。说起前日所传绑架事,谓出蔚南误会;又说不过是神经战的一种。我不欲听他的话,但亦须十分戒备。……午餐后,回家整理小说书。大致已完毕。共凡九箱……四时后,过中国书店……至传新书店,得清

词数种。"(《求书日录》)

一月十九日

"未明即起。九时许,赴校。至张咏霓先生处,商谈购书事。他提出两点意见:(1)对外宜缜密;以暨大,光华及涵芬楼名义购书。(2)款宜存中央银行。……正午,与柏丞先生同赴张[元济]宅。慰堂[按,即蒋复璁]、风举二位亦到。谈甚久。原则上以收购'藏书家'之书为主。未出者,拟劝其不售出。不能不出售者,则拟收购之,决不听任其分散零售或流落国外。玉海堂、群碧楼二家,当先行收下。我极力主张,在阴历年内必须有一笔款汇到,否则刘、邓二家书将不能得到。又主张,购书决不能拘于一格,决不能仅以罗致大藏书家之所藏为限。以市上零星所见之书,也尽有孤本、善本,非保存不可者在。不能顾此失彼。必须仿黄荛圃诸藏家的办法,多端收书。……最后,一致同意,自今以后,江南文献,决不听任其流落他去。有好书,有值得保存之书,我们必为国家保留。此愿蓄之已久,今日乃得实现,殊慰! 风举与予,负责采访;菊生负责鉴定宋元善本,柏丞、咏霓则负责保管经费。予生性好事,恐怕事实上非多负些责不可。三时许散。至中国书店,又得《皇朝礼器图式》四册……叶铭三以抄本唐宋词六本见售……"(《求书日录》)

一月二十日

"十时,至来青阁,购《四库标注》一部……即着人送到慰堂处。下午,至中国书店,与石麒谈购书事,费庚生送来装订好之《玉夏斋十种曲》,甚精雅。……四时,赴良友晤家璧,商《版画史》事。……六时半,赴胡咏骐宅晚餐。吴耀宗谈到内地的旅行的经过……"(《求书日录》)

一月二十一日

"七时许起。博山来谈,约定下午至孙伯渊处看玉海堂书。二时许,偕博山同赴孙处。……伯渊索价二万五千金。当答以考虑后再商谈。归时,已万家灯火矣。"(《求书日录》)

一月二十二日

"晨起,即致函菊生、咏霓二位,详述玉海堂所藏的内容。因购书款须俟慰堂归渝后方能汇来，现在尚不能与书贾有何具体的商谈与决定，只能力阻其不散售，留以待我们全数收购耳。九时，赴校，与柏丞先生谈此事。……下午，赴中国书店一行，无所得。"(《求书日录》)

一月二十三日

"阅报，见前昨二日冻死者在百数十人左右。为之愕然，凄然！这是世界任何大都市所未有之现象也！'朱门酒肉臭，路有冻死骨'，诚可为今日之上海咏也。"(郑振铎残存日记)"晨起，……读苏诗自遣。九时，赴校授课，饭后，至中国书店一行。无意中得《林下词选》二本，为之大喜。……四时，归，灯下阅《词选》，颇高兴。"(《求书日录》)

一月二十四日

"晨，赴校。饭后，至孙伯渊处，再细阅玉海堂书。菊生先生亦来。……归时，已万家灯火矣。"(《求书日录》)

一月二十五日

"与咏霓、柏丞先生商购玉海堂书事，决定不任流散。书价则托博山与孙伯渊磋谈。……下午，赴中国书店等处，见平贾辈来者不少，殆皆以此间为'淘金窟'也。今后'好书'当不致再落入他们手中。"(《求书日录》)

一月二十六日

"下午，至中国书店，无一书可取。又至他肆，也没有什么新到的东西。在来青阁偶见明黄嘉惠刊本《山谷题跋》四卷，姑购得之。我对于宋人题跋，很喜观看。……这些题跋，在小品里是上乘之作，其高者常有'魏晋风度'，着墨不多，而意趣自远。灯下，读《山谷题跋》，不觉尽之。"(《求书日录》)

一月二十七日

"下午，至来青阁，闻平贾某曾购得爱日精庐旧藏书数种，为之诧然，即追踪觅之，已不可得。……某贾必欲挈之北去，售给董康。迹其来源，知系得之老书贾汪某。……即访之，坚嘱其有好书必要为我留下，价可不论。"(《求书日录》)

一月二十八日

"晨起,即回家。想把书籍整理一过。但堆积太多,……整理了半天,倦甚。夜,住在家中。中夜,还有些不安之感。"(《求书日录》)

一月二十九日

"博山来电话云:孙伯渊催解决玉海堂事。当答以书价如能再减让若干,即可成交。九时,至校。即与伯丞先生详商。以待渝款寄来,恐必不及,拟先付给定洋若干。归饭时,即致函咏霓先生,……他也表示同意。无论如何,这一批书必须由我们截留下来。下午,博山来谈,说,伯渊已肯减让到一万七千金,不能再少,且须早日解决。否则,他因年内需款,有意他售。我说,三天以内,一定有确定的回答给他。"(《求书日录》)

一月三十日

"晨起,即致函咏霓先生,述昨日交涉经过。九时,赴校又与柏丞先生谈起这事。……当即致电慰堂催款。下午,至中国书店,得《遵生八笺》一部。此书,我少年时候很喜欢它……灯下翻阅,如见故人。"(《求书日录》)

一月三十一日

"未明即起,四无人声。梳洗后,阅王徵译的《远西奇器图说录最》。……在明末时代,西学本来可以大盛,所译各书亦多可观者。惜未能大量译出。且不久便遇'国变',科学之萌芽遂遭摧残以尽,驯至二百余年后,方再有'西学为用'的口号提出,百事遂都落人后了。阅此,感触万端。下午,至中国书店。无所得。"(《求书日录》)

本月

在《良友》画报第150期上发表《谭中国的版画》长文,并附版画插图17幅。

二月一日

晨起,赴校。下午,至中国书店,得《宝古堂重修宣和博古图录》残本两册,"极为得意","我历年得到《博古图录》好几部,今始发现其祖源,其喜悦可知!"(《求书日录》)

二月二日

"晨九时,赴校。下午,至中国书店,又至三马路各古书肆,无所得。知平贾辈南来者不少,有所企图,目的在苏州群碧楼邓氏书。邓氏书……其精华所在为若干精钞名校本。有《全唐诗集》一部,为季沧苇稿本,《全唐诗》全窃之,却不说明来历。如能得此,可证断三百年前的一重公案。惟恐所求太奢,不易应付耳。然必当设法得之,不任其零星售出,散失四方。"(《求书日录》)

二月三日

"晨起,博山来电话,说,孙贾催促甚急,……即致函咏霓先生,并到校与柏丞先生商谈,……下午至博山处……至中国、来青等肆,得残本《六十一家词》六册,……亦足快意。淮海、小山二家,均为予所深喜,亦均在其中。灯下,披卷快读,浑忘门外是何世界。"(《求书日录》)

致张咏霓信,提及"蒋慰堂先生已有来信,说,款已嘱拨,惟尚未到",但阴历年内必须付玉海堂书款等,"何先生及某意,拟向暨大先行借款二三万元应付。"又提及"办事细则已拟就,现送菊老一阅,明后日即可送上,请先生阅定。"(按,郑振铎等人秘密成立"文献保存同志会",郑振铎起草《文献保存同志会办事细则》,共十条,后刻写油印备案。)

二月四日

"晨,有书贾某来谈,谓群碧楼书求售甚急,平贾辈亦志在必得,有集资合购说。孙伯渊亦为此事赴苏州。此事殊感棘手。……仍须用全力设法购致。下午,至三马路各书肆,无所得。"(《求书日录》)

致张咏霓信,附"办事细则",请其签注意见。另附清人文集目录,并谈关于收购清人文集事上与张元济的不同意见。

二月五日

"九时半,赴校办公。借款事已办妥,各书肆的帐目,明天都可以付出了,有'无债一身轻'之感。赴咏霓先生处。……下午,杨君送来法式善钞本'宋元人诗集'目录一纸,计八十二种,都是从《永乐大典》抄撮下来的。……赴中国书店,晤瞿凤起。偕至大新喝咖啡。和他谈起购书事。说明我们的搜购古书,目的不在收书,而在防止古书的散失和外流。铁琴铜剑楼的藏书是国家的至宝,决不能听任其散失。他很高兴……傍晚复回中国书店,付清人文集款四百元,又至来青阁,付款二百元。至潘博山宅,和他谈群碧楼藏书出售事。"(《求书日录》)

二月六日

致张咏霓信,提及邓氏"群碧楼"藏书"抄校本在二百种以上,实为大观",书贾欲售十万元左右,"当缓缓图之"。

二月十一日

暨南大学康脑脱路(今康定路)校舍因修理,借南阳路滨海中学上课。

二月十三日

致张咏霓信,提及购书、存书之"办事处颇急于成立,不知法租界有房子可找否? 乞便中介绍一二处"。

二月十六日

致张咏霓信,主张"多购清人集及近代史料",又提及:"为办事慎密起见,似必须有一大间办事处与一二办事人员也。"

二月二十二日

张元济来信,谈收购清人文集及《仁宗大事档案》、《海左地图》等书价格事。

二月二十三日

致张咏霓信(二封),提及来青阁主人告知有一批书近八十箱,已嘱全部留下,不可散售。并指出:"我辈访购,必须先有见到新出书籍之机会,然后才可选择其精者。现已逐渐可使江南一带所出古书,必须先经我辈阅过,然后再售。然做到此地步,所费时力,已是不少矣。一二月后,必可办到全部好书不至漏失,且使平贾问津无从也。而所需款实亦不多。"

二月二十五日

致张咏霓信,托郭晴湖(光华大学教员,为文献保存同志会物色的办事人员)带上,信中提及"顷得赵万里先生来函,天津李木斋书,已以四十万元售与伪方(北平),此大可伤心事也! "

二月二十六日

致张咏霓信,提及租借办事处房屋:"觉园三楼租借事,慰堂已由[有]覆电来,云:已即转电香港叶先生转借矣。"按,觉园位于爱文义路(今北京西路),从前名南园,原是南洋兄弟烟草公司总经理简照南的私人花园。园内西首(今常德路 418 号)原有佛堂,这时已改建为上海佛教净业社。园内南首,刚刚新建了两幢三层楼房,名法宝馆,专藏古代法器法物,以及佛像和佛经等。法宝馆是叶恭绰捐资建造的,同时叶恭绰又是佛教净业社的发起人,也是中英庚款董事会的董事。

三月一日

致张咏霓信,提及:"平贾辈又将南下一批。书价日贵,而我们购书者,往往出价不及彼辈,好书仍将不免漏去,不胜焦急之至!"

三月五日

致张咏霓信,提及"上星期日(三日)下午,曾偕同菊老至孙贾处阅群碧楼书。"

三月六日

致张咏霓信,提议郭晴湖明后日起即开始办公,并提议"法宝[馆]处房间最好能商借二间,一作临时书库,一作办公室,似比较可以谨慎些。"

三月七日

致张咏霓信,请他选定群碧楼书目。

三月八日

上海各报刊载哈瓦斯社和路透社的华盛顿电讯,云美国国会图书馆东方部主任赫美尔昨日扬言"中国珍贵图书,现正源源流入美国,举凡希世孤本,珍稿秘藏,文史遗著,品类毕备",将来要研究中国历史、哲学等,"或将以华盛顿及美国各学府为研究所矣。"郑振铎见报后,极为悲愤。时郑振铎正整理《劫中得书续记》,便将这些狂言记在序中。这时文献保存同志会虽已经成立并开始工作,但不能泄露秘密,所以他仍慨叹:"余以一人之力欲挽狂澜,诚哉其为愚公移山之业也!杞人忧天,精卫填海,中夜彷徨,每不知涕之何从!"

三月九日

致张咏霓信,谈购书诸事。

三月十三日

致张咏霓信,提及:"本星期四(14日)下午四时左右拟约先生及何、张诸位在敝宅茶叙。……因有许多事要细谈也。办事细则已印出,兹奉上一份存查。"

三月十五日

致张咏霓信,谈开支票诸事。

三月十七日

致张咏霓信,提及刘晦之藏季沧苇辑《全唐诗》底本,"其中剪贴之本,佳品不少,实集唐人集之大成!可作为重辑全唐诗之基础(我本有此愿)。如有力,敝处颇欲自留之也。惜书生本色,百无所有,徒有望梅止渴耳。"

三月二十日

致张咏霓信,指出:"我辈对于国家及民族文化均负重责;只要鞠躬尽瘁,忠贞艰苦到底,自不至有人疵议。盖我辈所购者,决不至浪费公款一丝一毫;书之好坏,价之高低,知者自必甚明了也!一方面固以节俭为主,同时亦应以得书为目的:盖原来目的,固在保存文献也。浪费,乱买,当然对不住国家;如孤本及有关文化之图书,果经眼失收,或一时漏失,为敌所得,则尤失我辈之初衷,且亦大对不住国家也。故我不惜时力,为此事奔走。其中艰苦,诚是'冷暖自知'。"

本日,蔡元培病逝于香港。郑振铎后来说,五四时期,"蔡子民先生是我们的崇拜的中心。他的一言一动,无不被我们当作了范式",而数十年来,"始终如一的为青年们所敬仰的,似乎还只有蔡先生和鲁迅先生。"(《从〈艺术论〉说起》)

三月二十一日

致张咏霓信,谈租屋及书价诸事。

三月二十三日

上午,致张咏霓信,谈拟购宗礼白所藏金石书,"以其正符应购

'专门收藏'之目的也。"下午,偕郭晴湖去张咏霓家面谈。

三月二十四日

　　致张咏霓信,提及宗氏所藏金石书,"确不寻常:以其罕有通行本,而所有者多半为难得之书。以此目去配购通行本,便容易得多了。自可成为完备之一'金石书库'。"

三月二十六日

　　致张咏霓信,谈购书诸事。

三月二十七日

　　致张咏霓信,说:"为公家购书,确较私人为不易。我为自己购书,如为我所喜者,每不吝重值;但为公家购书,则反议价至酷。我辈爱护民族文献,视同性命。千辛万苦,自所不辞。近虽忙迫,然亦甘之如饴也。"

三月二十八日

　　致张咏霓信,谈关于开支票诸事。

三月二十九日

　　致张咏霓信,谈及江西袁氏书正在接洽中,"惟此批书价值远在邓氏群碧书以上,似必须促其成功也。"

三月三十日

　　致张咏霓信,谈购书诸事。

　　本日,汪伪政府在南京成立(自称"还都"),汪精卫任代理主席。南京伪"维新政府"和华北伪"临时政府"相继取消。

四月二日

　　致张咏霓信(二封),提及"'图章'二颗已刻好。兹奉上样张一纸。此为暗号,不可令'外人'知也。"据郑振铎后来回忆,"我们曾经有一颗长方印:'不薄今人爱古人',预备作为我们收来的古书、新书的暗记。这是适用于任何图籍上的,也表明了我们的态度。"(《求书日录》)该章为白文;另一章为"希古右文",朱文。均用于所购书上。另又有"书生本色"一章,用于银行立户代号。今日致张信中又说:"致慰堂函,已抄好。乞签字。"此即郑振铎起草的《文献保存同志会第一号工作报告》。

《工作报告》约 2400 字,提到"中国书店金[祖同]君介绍之甲骨一批,已归中法,同是公家机关,似不必分彼此也",可知郑振铎他们还曾顺便为国家抢救过一批甲骨。《工作报告》报告了"自二月初以来,购进各书有可奉告者","正在进行中者","零星在此间各书肆及北平各肆所得者"等,说明"大抵我辈搜访所及,近在苏杭,远至北平,与各地诸贾皆有来往,秘笈孤本,正层出不穷,将来经济方面盼有以继之⋯⋯我辈对于民族文献,古书珍籍,视同性命,万分爱护,凡力之所及,若果有关系重要之典籍图册,决不任其外流,而对于国家资力亦极宝重,不能不与商贾辈龂龂论价,搜访之际,或至废寝忘食,然实应尽之责,甘之如饴也。"又附上郑振铎起草的《文献保存同志会办事细则》。

四月三日

致张咏霓信,提及"平贾王晋卿辈已来,欲辇书而北"。

四月四日

致张咏霓信,提及"传新书一百余箱已车至法宝馆"。

四月七日

致张咏霓信,谈与平贾争取群碧楼书事。

四月八日

致张咏霓信,并寄上购群碧楼藏书五万五千元的支票请盖章。

四月十一日

致张咏霓信,提及:"昨日下午,由孙贾送来群碧楼各书(已运沪之一部分),业已点收无误。⋯⋯在此三千一百余册中,佳本缤纷,应接不暇。非先生力为主持购下,必将追憾无已也!"

四月十六日

致张咏霓信,提及:"'善本书'编目装箱,较费手续,以每书均须我亲自动笔写目,详载版本及内容也。"又提及:"我所编《中国版画史》'样本'已印出,兹附奉一册,请指正。"(按,该样本由良友复兴图书印刷公司出版)"内有名贵样张四幅及自序、编例、引用书目,各卷

说明等,都八十余面,中国纸精印一大本,售国币洋壹元。"(《良友》4月号广告)

四月十九日

致张咏霓信,提及"连日整理杭州胡氏书,并即加装箱,弄得筋疲力尽。"

四月二十日

致张咏霓信,谈"闻刘晦之书有全部出让意。平贾王晋卿在此,必有所图。殊为焦急!"

四月二十二日

致张咏霓信,提及北平修绠堂有二包书寄沪,原为售给"满铁"(敌伪)的,"特设法先行扣下拣选"。

四月二十三日

致张咏霓信,谈购书事。

四月二十四日

致张咏霓信,谈购书诸事。

四月二十五日

致张咏霓信(二封),提及"连续三日下午,会同晴湖先生,督视孙贾点交邓氏普通书,至昨日下午四时许,已全部点交完毕。"

四月二十九日

致张咏霓信,提及:"闻平贾辈近数日皆群趋至苏州,盖以苏州许博明及吴瞿庵二家留苏之书均将出售也。嘉业堂及张芹伯二处必须尽快设法。此数月中诚江南文化之生死存亡关头也。"

四月三十日

致张咏霓信,谈购书诸事。

五月一日

致张咏霓信,提及购书款已紧,"想来蒋君方面必可续有接济。否则,一至夏秋间,便将艰于周转矣。"

五月三日

致张咏霓信,提及收购到的晚明史料书,认为"此类史料书,不仅应传抄,实应流布人间也。俟集合数十种后,当汇为一丛书,与商务一商,设法刊行。"这是郑振铎编辑史料丛书的初念。

五月四日

致张咏霓信,提及施韵秋送来刘晦之书目 12 册,"其书太杂乱,且宋刊与'新译'杂陈,仅取其量多,不计其质之好坏,实无大藏书家之风度。当以半月之力,另抄出一月,'眉目'或可较为清朗。"

五月六日

致张咏霓信(二封),谈购书诸事。

五月七日

致张咏霓信,提议托来薰阁主人陈济川在北平各书肆代为选购图书。信中提到"蒋函第二号,今晨已托何先生寄出",此即郑振铎起草的《文献保存同志会第二号工作报告》。

《工作报告》约 3400 字,报告了所购群碧楼邓氏书"抄本中最可贵者","刻本之佳妙者",和所购其他藏家及书贾的珍本等,指出:"今后半年间,实为江南藏书之生死存亡之最紧要关头。若我辈不极力设法挽救,则江南文化,自我而尽,实对不住国家民族也。若能尽得各家所藏,则江南文物可全集中于国家矣(除瞿氏外)。故此半年间实为与敌争文物之最紧要关头也。我辈日夜思维,出全力以图之。尚恳先生商之骝先、立夫诸先生,再行设法拨款七八十万接济,至为感盼!"

本日,张元济收到郑振铎托丁英桂送去的张早年的朝考卷,当为郑于书摊上购得之物。

五月八日

致张咏霓信,谈购书诸事。

五月十一日

致张咏霓信,谈购书诸事。

五月十二日

致张咏霓信,谈购书诸事。

五月十三日

致张咏霓信,谈购书诸事,并附所起草的致蒋复璁信,内容当是申请再拨款事。

五月十四日

致张咏霓信，送上北平赵万里寄来代购三种书，提及："阅肆二十载，自信于坊贾情伪，知之甚稔。我辈决不至受其欺诈，亦不至浪费浪购。惟在情理之中之'利润'，则不能不任彼辈沾之。盖商人重利，不利何商。但过分之索诈，则断断不能许之耳。于'公平''不欺'之间，我辈可信为十分慎审也。"

以张咏霓、何炳松等三人名义致蒋复璁信，催汇款。

五月十五日

致张咏霓信，提及北平"赵万里先生昨来一函，可见其为我们得书之苦辛。"

五月十六日

《学习》第 2 卷第 4 期发表白翔（方行）记录的郑振铎以前在社会科学讲习所所讲的《民俗学与中国古史的研究》。

致张咏霓信，提及已商妥借法宝馆下层一大间为储存书箱之用。

五月十八日

致张咏霓信，提及："现所缺者，是足以压卷之若干宋版。"

五月二十日

致张咏霓信，谈购书诸事。

五月二十一日

致张咏霓信，提及重庆蒋复璁寄来一书单，"俟配齐，即陆续寄去"。

致蒋复璁信，提及："风闻张芹伯之弟，在美国留学（？）者，曾于最近来函，欲代美国某图书馆大购宋板书。……务恳速为设法，或由渝设法通知张某，不应代为搜购，欲购者，必须经过审查，验明无关文献，并非'国宝'，始可任其寄发。"

五月二十二日

致张咏霓信，谈购书诸事。

五月二十四日

致张咏霓信,谈购书诸事。

五月二十五日

致张咏霓信,谈购书诸事。

叶圣陶日记:"得予同、振铎复信。振铎仍致力于编辑出版,最近有《中国版画史》之作,谓其书于国际有地位,可换得若干外汇也。"按,因需要保密,郑振铎未将他正在抢救图书的事在信上告诉叶圣陶。

五月二十八日

致张咏霓信,提及"连日费许多工夫在选择刘晦之善本书"。

五月二十九日

致张咏霓信,谈购书诸事。

辑成《远碧楼善本书目五卷》,为刘晦之所藏善本书目。

五月三十一日

致张咏霓信,提及"《寒支集》余书,兹附奉。此书我曾于富晋得一部,毁于'一二八'之役;阅此,殊感凄怆也。"

六月一日

致张咏霓信(二封),谈购书及支票盖章诸事。

六月三日

致张咏霓信,谈及赵万里寄来俞大猷校辑之《续武经总要》,说:"得之大喜! ……俞氏书之获得,或即征'倭'得胜之先声也! "

六月五日

致张咏霓信,谈购书诸事。

六月六日

致张咏霓信(二封),提及收到《光华纪念册》(按,张咏霓为光华大学校长),称赞光华大学"在辛苦艰难之中,奋斗、缔造,有大成功,乃是一伟大之事业也! "

六月九日

致张咏霓信,谈购书诸事。

六月十二日

致张咏霓信,附所起草的致蒋复璁信,请阅改。

六月十三日

致张咏霓信,谈购书诸事。

六月十五日

致张咏霓信,谈购书诸事。

六月十七日

致蒋复璁信,提到:"兹由张凤举、李旦丘二先生介绍,知听涛山房得到商代铜器十余件,陶器三十余件,皆完整,系劫中在安阳出土者……我对此完全外行……兹将照片附上。此二批古物,最好由傅孟真兄方面收购。已再三嘱该肆不可拆售,等候我们回音。"

六月十八日

致张咏霓信,谈购书诸事。

六月二十四日

致张咏霓信,谈及:"近来所得书,以史料为主,究竟有实用,且已甚有成绩。殊感高兴!……敝意明代版本书,如蒋处款未续来,只好以购宗氏书(二千元)为限,余皆暂不问津,专力购置'史料'及'应用'书。"信中提到"此次致慰堂先生函,因极冗长,且附有书目,故抄了好几天。兹附上,乞签字后交下,以便再送何先生签字发出",此即郑振铎起草的《文献保存同志会第三号工作报告》。

《工作报告》约 5000 字,报告了上次报告以来所购书的情况,谈及"大抵我辈购书之目标,凡有五点",一、普通应用书籍,二、特别留意明末以来的史料书,三、明清未刊稿本,四、书院志、山志、抄本方志、重要的家谱,五、有关"文献"之其他著作。强调指出张芹伯、嘉业堂之藏书万不能再任其失去。"皕宋东运,木犀继去,海源之藏将空,江南之库已罄。此区区之仅存者,若再不幸而不复为我有,则将永难弥补终天之憾矣!民族文献,国家典籍,为子子孙孙元气之所系,为千百世祖先精灵之所寄;若在我辈之时,目睹其沦失,而不为一援手,后人其将如何怨怅乎?!幸早日设法救援为荷。"又指出:"我辈有一私愿,颇想多收《四库》存目,及未收诸书。于《四库》所已收者,则凡足以发馆臣删改涂抹之覆者,亦均拟收取之。盖《四库》之纂修,似若提倡我国文化,实则为消灭我国文化,欲使我民族不复知有夷夏之防,不复存一丝一毫之民族意识。……恢复古书面目,还我民族文化之真相,此正其时。故我辈于明抄明刊及清儒校本之与《四库》本不同者,尤为着意访求。"

六月二十五日

作《保卫民族文化运动》,后载茅盾、楼适夷主编、7月出版《文阵丛刊》第1辑《水火之间》卷首,号召爱国进步文化工作者"要在这最艰苦的时代,担负起保卫民族文化的工作"。该刊编者在《编后记》感谢作者"在万忙中写的论文,他向战斗的文化人发出一个似乎迂远而其实是急迫的呼声"。

六月二十七日

致张咏霓信,谈购书诸事。

六月二十八日

致张咏霓信,谈购书诸事。

六月二十九日

致张咏霓信,提及购书事"蒋款如无继,势非结束不可。……故此时宜谨慎的使用余款,但可不必停顿","敝意,如款续来者不多,则除刘书九种外,应集中力量,购:(一)四库未收及存目之书;(二)丛书;(三)清儒稿本及著作;(四)宋、元、明板之较廉者;(五)史料书。蒋款续来之数在五十万以上,则可设法进行嘉业、适园所藏,并多购方志矣。""总之,我辈收书,不重外表,不重古董,亦不在饰架壮观,惟以实用及保存文化为主。持此宗旨,想来决不会有人说闲话也。且有几部书或疑为古董,实则,自有其重要价值,决非古董也。""我辈之工作,完全为国家、民族之文化着想,无私嗜,无备心,故可好书不少。且眼光较为远大,亦不局促于一门一部,故所得能兼得'广大'与'精微'。""此愿如能在炮火中实现,则保存民族文化之功力,较黎洲、子晋、遵王、荛圃更大矣!近半年来所做者不过预备工夫而已。大抵平、沪一带各重要货色,皆可网罗一空。""重要之书,流落国外者可减至最低度;

甚至可以做到:非经我辈鉴定认为不收,可任其出国外,余皆可设法截留。"

七月一日

致张咏霓信,提及北平赵万里昨日来到上海,"赵先生为我们尽力极多,似应在数日内宴请他一次。"又提及朱家骅有一电来。

七月十二日

致张咏霓信,谈购书诸事。

七月十五日

致张咏霓信(二封),谈支票盖章诸事。

七月十九日

《大美晚报》记者、星期六聚餐会成员张似旭在郑振铎常去喝茶的一家咖啡馆里被敌伪刺杀。郑振铎在抗战胜利后写的《记刘张二先生的被刺》中记其事。

七月二十日

致张咏霓信,提及朱家骅来电,要求将善本书运美存放。

以张咏霓、何炳松等三人名义致蒋复璁信,提到:"金石、目录书尚未起运。现正派人至甬设法转寄。至全部书籍内运事,关系甚大,曾商之菊生先生,亦期期以为不可⋯⋯普通本不妨内运,即遭损失,尚可添补,惟善本则似仍以暂时存此为宜。"

七月二十一日

致张咏霓信,谈购书诸事,并提及"连日因招生事甚忙"。

七月二十五日

致张咏霓信,附何炳松起草致朱家骅电文。

七月二十六日

致张咏霓信,谈购书诸事。

七月二十九日

致张咏霓信,并附所拟《今后购书之目标》和《今后经费分配计划》二文。

七月

原上海社会科学专科学校同学等组织的"瞿王烈士纪念委员会"编的《瞿犊·王进烈士纪念集》出版,收有源新(郑振铎)与竟日(严景耀)合写的《我们最勇敢的民族战士》。

本月,参与策划的《元明杂剧》开始由商务印书馆排印。

本月,听到北极公司经理、通惠机器公司董事陈定达(三才)被汉奸逮捕的消息,感到"像晴天的一个霹雳似的"。陈被捕后,不到三个月,于10月2日被杀害于南京。"汉奸们那末公开的宣布杀人,恐怕还是破天荒的第一次。"(郑振铎《记陈三才》)其原因据说是陈定达参与谋刺汉奸头子汪精卫。

八月一日

致张咏霓信,谈支票诸事。

王伯祥日记:"散馆时,予同、振铎来邀,因与雪村、调孚共乘,以赴柏丞之约(其寓在福履理路福履别墅)。颂久、季堂、东华、莲僧亦至,宾主凡十人。共议创刊《学林》,属开明为之印行,此十人者即任编辑委员会常务委员。拟于双十节刊出第一期云。"

八月二日

致张咏霓信,谈购书诸事。

八月七日

致张咏霓信,提及"刘晦之所售宋板书等九种,昨方由银行库中赎出","置之善本甲库中,此数书皆可谓'甲'中之'甲'者!"

八月八日

致张咏霓信,谈及刘诗孙,指出:"文化汉奸,实可怕之至!去年曾有一日人来此,作'文化调查',结果,无一藏书家愿与之见面者。彼只好废然而返。今换了刘某来,已见到不少人,必大有所得矣。'物腐而后虫生',如果无内奸,外患必不至之烈!言念及此,痛愤无已!"

八月十日

致张咏霓信,提及"近见余锡嘉之《四库辨证》八册,即绝佳,纠正《四库提要》处极多"。

八月十二日

致张咏霓信,指出:"如能以我辈现有之财力,为国家建立一比较完备之图书馆,则于后来之学者至为有利,其功能与劳绩似有过于自行著书立说也。"

八月十四日

致蒋复璁信,附上书目。

八月二十日

致张咏霓信,提及"风雨楼邓氏藏书,决定以三万一千五百元成交"。

八月二十一日

致张咏霓信,谈关于支票盖章事,并附起草致蒋复璁信,即郑振铎起草的《文献保存同志会第四号工作报告》。该报告于 24 日定稿寄出。

八月二十四日

定稿寄出《文献保存同志会第四号工作报告》,约 7400 字,报告 6 月以来购书情况,其中包括有关太平天国文物、旧地图等,强调指出:"窃谓国家图书馆之收藏,与普通图书馆不同,不仅须在量上包罗万有,以多为胜,且须在质上足成为国际观瞻之目标。百川皆朝宗于海,言版本者必当归依于国立图书馆。凡可称为国宝者,必当集中于此。盖其性质原是博物馆之同流也。……此一大事业能在'抗建'期间完成,则诚是奇迹之奇迹,不仅国际间人士诧异无已,即子孙百代亦将感谢无穷矣!……此种购置,纯为兴国气象,实亦是建国过程中之应行实现之工作也。我辈固极愿为国家文献,'鞠躬尽瘁',深望骝公、立公及先生能力持大计,随时赐以指示及援助。"又提出:"近来通信颇感困难。以后通信,拟全用商业信札口气……以后各人署名,亦均拟用别号,好在先生必能辨别笔迹也。"

八月二十六日

致张咏霓信,谈选购沈曾植海日楼藏书事。

八月三十日

致张咏霓信,谈关于支票盖章诸事。

八月三十一日

致张咏霓信,谈及为国家购买铜器一批。

八月

为支持郁风等人在香港创办的综合性文艺刊物《耕耘》,曾寄去《关于〈太平山水诗画〉》一文,刊于本月出版的该刊第2期上,内容是对当时刚出版的自己主编的《中国版画史图录》中清代萧云从《太平山水诗画》一卷的介绍。该期《耕耘》同时刊出《太平山水诗画》中的三帧木刻。

夏季

正在从事南明史研究的柳亚子由钱杏村介绍,"自郑西谛处借得大兴傅以礼长恩阁传抄本《南疆逸史》五十六卷,较国光书局排印本增十二卷,内容亦多补缀,审为温氏[按,温睿临]晚年定稿。以二十日之力,手写副本六册,又以十五日之力勘定之。"(柳亚子《自撰年谱》)"对于我,这是何等伟大的收获呢?但西谛对这本书也很宝贵,借的时候,条件极严,他要限我一个月内还给他。我赖皮一下,多借了五天……"(柳亚子《八年回忆》)

九月一日

致张咏霓信(二封),说:"我辈自信眼光尚为远大,责任心亦甚强,该做之事决不推辞。任劳任怨,均所甘心。为国家保存文化,如在战场上作战,只有向前,决无逃避。""每一念及前方战士们之出生入死,便觉勇气百倍,万苦不辞。""我辈所已购者,已大是可观,将来编成善本目时,书数当在五千以上;且较北平圕之'善本目'为整齐,有系统,不若彼之破碎凌乱也"。

本日,《西洋文学》月刊在上海创刊,郑振铎被该刊聘为名誉编辑。

九月三日

致张咏霓信,提及"何先生处借款已说妥"。因当时重庆拨款迟迟未到,郑振铎只得暂向暨南大学(何炳松为校长)借用。

九月四日

致张咏霓信,提及:"如果刘、张二氏书成功,则'善本书'当在四百箱以上;不知该处如何容纳得下!似将来仍当再想办法也。"

今知当时教育部有"为奉主席代电令仰该馆迅即鉴定收购南浔张氏适园藏书具报"文件,可知收购适园藏书等事还曾上报到蒋介石。

九月五日

致张咏霓信,认为嘉业堂刘氏之书须再精选,所费不能超过5万,否则适园张氏之书便无法购得。并附建议剔除或加入的书目。

九月十一日

致张咏霓信,提及"平贾有以外交部档案八十余册求售者","实属骇人听闻",认为"类此之'文件',我辈似应为国家保存也"。

九月十四日

致张咏霓信,提及装箱诸事。

九月二十日

致蒋复璁信,提到:"中图自先生正式就任后,想必可大展鸿图也。敬贺,敬贺!盼能多购若干书籍,以实尊库。敝店无能为力,必当尽力代为采购也。"指8月1日中央图书馆在重庆正式成立,蒋复璁任馆长。

九月二十一日

致张咏霓信,说"连日装箱甚忙",并提及善本书"概以'千字文'编号,盖用'纫秋山馆'图章(购来之旧章,似可利用)"(按,郑振铎后据此印章取用"纫秋居士"、"纫秋"等化名)。还指出所购古书"不仅足傲视近来一切藏书家,且亦足以匹敌北平圕矣! ……在此时局,能为国建设一如此弘伟之图书馆,其工作之艰巨与重要,实远在黄黎洲、叶石君等人以私人之力,收拾残余者之上十百倍也。"又提及"'晚明史料丛刊'正在拟目。付商务影印行世,想可成功。柳亚子先生素热心于晚明史料之搜辑,对于此事,曾数次通函,极盼其能成为事实也。"

九月二十六日

致张咏霓信,提及正与郭晴湖、施韵秋进行编目、装箱诸事,并说:"《晚明史料丛书》第一集目录已拟就,兹附上,请指正。……先生指正后,当即函蔚[慰]堂一商,便可交商务设法印出矣。"(按,该丛书后定名为《玄览堂丛书》)

十月十一日

致张咏霓信,提及已拟致重庆蒋复璁电:"续股[按,隐指重庆拨款]盼能即汇或先汇若干以应急需。恳复。何张等叩。"

十月十五日

致张咏霓信,提及:"'丛书'之计划,拟于暇时先行拟就,奉上,请指正。前所云《晚明史料丛书》,何先生意,以为过于凄楚,无兴国气象,拟多选有兴国气象之书加入。"

十月十六日

致张咏霓信,指出:"现在此间环境日非,无人能担保'安全'。书能运出,自以即行运出为宜。……惟在运出之前,拟将要印行'丛书'之一部分重要图籍及其他必须录副之孤本,托商务先行摄印一份底板保存。"

十月十八日

致张咏霓信,提及"昨谈甚快!致朱[家骅]电稿已由何先生拟就,兹附上"。

十月二十二日

致张咏霓信,"兹拟就'报告'第五号奉上","又拟就'善本丛书目录'一份,亦请指正。"

致蒋复璁信,附上书目。

十月二十三日

致张咏霓信,谈整理、编目诸事,提到"致慰堂函,已誊清,兹奉上,请即签字交下,以便于明晨交何先生签字后,即可发出",此即郑振铎起草的《文献保存同志会第五号工作报告》。该报告于24日寄出。

十月二十四日

寄出《文献保存同志会第五号工作报告》,约5700字。报告二月来购书情况,用商业人口气云:"此间业务,颇为发达,平沪各贾送来各书,多有精品;惟惜存款早罄,往往未能收下耳。""深盼先生等能为文献前途着想,于万分困难之中,设法多赐接济是荷。凡我辈力所能及,无不愿为各股东尽瘁效劳,以期多得上等货色也。"并谈及拟影印史料丛书的计划。此报告当题为"营业报告",署名当为"如茂"(何炳松)"子裳"(张咏霓)"犀谛"(郑振铎)。以后各报告同此。

十月二十五日

致张咏霓信,提及"装箱事,现拟托商务代办"。

十一月一日

致蒋复璁信,提到"明[昨]日傍晚,取来黄氏校跋书……琳琅满目,应接不暇……披览终夜,喜而不寐,摩挲未已,几于忘饥。"

十一月五日

毕业于美国哥伦比亚大学的全国基督教青年会董事、上海宁波人寿保险公司总经理、"复社"成员胡咏骐患胰腺癌逝世。郑振铎随后写了《悼胡咏骐先生》,载 1941 年 7 月 15 日出版的《胡咏骐先生纪念册》,此文 1951 年收入《蛰居散记》一书中。按,胡咏骐 1939 年初被中共中央批准为秘密党员。

十一月十三日

致张咏霓信,提及:"关于运书事,连日接洽已略有头绪。大致以外交文件运出,不经'关'[按,指海关]检。否则,打草惊蛇,恐怕反要引起问题。"

十一月二十六日

致张咏霓信,提及:"续股尚未到,一切均陷于停顿中,然藉此机会,清理积书,亦是佳事。"还提到:"微闻嘉业主人已将其明刊本书编目付印。此事大有防碍。我辈如不速办,此书一出,必将有问题,故甚是焦虑!"另提到为公家购书之"'编目'事已将告一段落,正由施君整理写定"。

十一月

与何炳松、金兆梓、章锡琛、王伯祥、徐调孚、杜佐周、周予同、周昌寿、王勤堉、徐莲僧等人编辑的《学林》月刊创刊，开明书店出版。

十一月下旬至十二月上旬

原上海社会科学专科学校学生方行，以上海《学习》杂志记者的名义去苏北抗日民主根据地访问，于盐城见到陈毅。陈毅关切询问郑振铎的近况，说起 1926 年他投给郑振铎一篇小说稿被刊于《小说月报》的往事；陈毅还关心瞿秋白烈士家属的情况，说郑振铎是会有办法找到烈士家属的，烈士家属如有困难可到苏北来。陈毅还表示欢迎郑振铎去根据地工作。陈毅后特地与刘少奇联名（署"胡服"、"仲弘"）给郑振铎、周予同写信，派交通员带到上海，托方行面交郑振铎。据方行后来回忆，郑振铎看信后，"兴奋地说，有了根据地，抗战胜利就有了保证。此刻他为保存祖国文化，正与敌伪争夺……孤本、秘笈……此间又别无他人肯干此苦活，实难分身。根据地是要去的，不过时间早晚耳。"

后来，陈毅曾"多次派人从苏北秘密来沪，通过上海地下党"和郑振铎联系，"那时陈毅同志亲自布置了上海的地下交通站，并在吴淞口准备了船只，在上海的爱国人士，一旦发生危险，只要到指定地点以暗号联系，就会有船只把人送往苏北解放区[根据地]去。"（郑尔康《忆陈毅同志与父亲郑振铎的交往》）

十二月二日

致张咏霓信，提及："玉老[按，即叶恭绰]处如已有汇信来，乞即示知为感！闻渝沪通汇，至为不便，故须从港转。"

十二月三日

致张咏霓信，谈购书诸事，并提及"敝处应行编目之书已将次告罄"。

十二月五日

致张咏霓信，提及"印书事，何先生极赞成。俟'书目'决定后，即可先行购备若干纸张。汇款已由敝校会计询之新华[银行]，可存入'书生本色'户中，惟须在背面加盖'书生本色'之图章"（按，"书生本色"是郑振铎他们当时在银行立户的暗号）。

十二月六日

致张咏霓信,谈购书诸事。

十二月七日

致张咏霓信,提及:"连日理书,他事全然放开;盖遍阅'目录',检查有无重复之事,似若微细,实亦不甚易也。"又提及张元济患病住院。

十二月九日

致张咏霓信,提及朱家骅来一电,"似仍有十五万可到"。

十二月十一日

致张咏霓信,提及嘉业堂刘氏"欲望甚奢",认为"只有少取、精审之一法"以对付之。

十二月十三日

致张咏霓信,提及:"刘氏书,何先生意,以速成为宜。"

十二月十四日

致张咏霓信,提及"施君日来正进行编张葱玉书目,此批书目编就,将书送出后,敝处便可廓清矣(仅留拟抄留副本之书数种)"。

致蒋复璁信,谈购书诸事,并催款。

十二月十五日

原上海社会科学专科学校学生贾进者日记:"晚饭后去方行家,因伊约王[任叔]先生谈苏北事,并有陈[毅]、刘[少奇]致各文化人恳切敦促去苏北帮忙信。今王估计周[予同]、郑[振铎]先生们不会去苏北。"

十二月十七日

致张咏霓信,提及:"敝意,俟刘、张二批解决后,此事即可作一结束矣。"

十二月十八日

致张咏霓信,提及:"昨日下午,渝有专人来,已至敝处接洽过。此君为熟友,即徐森玉君(名鸿宝)(乞秘之),现任故宫博物院古物馆长;他们再三的托他来此一行。有许多话要谈。"

十二月十九日

致张咏霓信,谈购书诸事,并提及:"昨日下午,曾偕何先生访徐森玉先生长谈。"

十二月二十日

致张咏霓信,提及"森玉先生来,谈及渝方将开会,索购书之约略统计;兹以二日之力,略加计算,拟就一电"。

十二月二十一日

中午,徐森玉、何炳松、张咏霓三人应约至郑振铎家午餐并开会研究购书诸事。

十二月二十三日

致张咏霓信,提及拟请徐森玉"早日将已装箱之书加以点收","当即由森玉先生及我共同签字贴封为凭",并提及印书之纸已购得一部分。

与张咏霓、何炳松三人化名发密电致蒋复璁并转朱、陈,云"森公已到",已购善本约三千种,用款约42万。

十二月二十六日

致张咏霓信,提及徐森玉"已允点收所购各书。此事极为琐碎麻烦;恐至少须费一二月之力",又提议请徐森玉参加选定嘉业堂刘氏藏书。

十二月二十七日

致张咏霓信,提及:"今午偕韵秋赴刘宅阅其宋元刊本,约三小时而毕,大失所望! 鱼龙混杂,佳品至少,直似披沙拣金,真金极不多见。"

十二月二十八日

致张咏霓信,提及:"下星期起,拟每日赴刘宅阅书。大约每日总可阅二百种左右,则十日左右必可全部阅毕也。"

十二月二十九日

致张咏霓信,谈及蒋复璁昨来一电,其中提到请徐森玉"协助采购"。

十二月三十日

　　致张咏霓信(二封),提及昨今二天皆偕徐森玉去中国书店金颂清宅阅书、挑选。

十二月三十一日

　　致张咏霓信(二封),提及"今日下午又偕森玉先生赴金宅阅书";又提及印书事,指出"敝意关于'史料'一部分似应先印"。

一九四一年 四十四岁

（民国三十年 辛巳）

一月三日

　　胡朴安日记："寄郑振铎信。"

一月四日

　　致张咏霓信，云："年假中在写'总报告'，并仔细统计宋元及明刊本，抄稿本种数、册数，尚未完全写毕。兹先草就第六号'报告'，附上，请削正"；又提及新年中购得"姚振宗氏之《师石山房书目》(即《读书记》，内容极佳，多半为清儒著作之提要，足补四库提要之不备)……立即商之开明书店，已允代为出版。诚一可喜之事也！""第六号'报告'"于6日发出。

　　胡朴安日记："接郑振铎四日信。"

一月六日

　　寄出《文献保存同志会第六号工作报告》，约2700字。报告二个多月来购书情况，提到："近来与森连日商榷决定：除普通应用书外，我辈购置之目标，应以：(一)孤本，(二)未刊稿本，(三)极罕见本，(四)禁毁书，(五)《四库》存目及未收书为限。其他普通之宋元刊本，及习见易得之明刊本，均当弃之不顾。而对于'史料'书，则尤当着意搜罗，俾成大观。总之，以节约资力为主；以精为贵，不以多为贵；以质为重，不以量为重。"并提到"印书事，正积极进行"。

一月十日

　　致张咏霓信，谈支票盖章诸事。

一月十三日

　　致张咏霓信(二封)，提及："森玉先生顷在敝寓谈及：拟于最近一二日内请先生及何先生诸位至徐寓一聚（便饭）。同时并商运输各事。"

一月十六日

致张咏霓信,今日中午在徐森玉寓聚谈。

一月十七日

致张咏霓信,指出:"我辈所得,有数大特色:(一)抄校本多而精;(二)史料多,且较专门,如得刘物,则欲纂辑《明史长编》必可成功;(三)唐诗多,且颇精,并世藏家,恐无足匹敌者。……则重编《全唐诗》之工作,亦大可进行矣。得书不易,应用尤难。我辈如能在短时期内,尽量应用所得书,则诚不虚此番购置之苦心矣。"信中详细谈论了纂辑《明史长编》的计划、结构。(可惜这些设想均因时局险恶、斗争紧张而未能实现)。

一月十八日

胡朴安日记:"寄郑振铎信,附文一篇。"

晚,应李宣龚招饮,同席有徐森玉、顾廷龙、瞿凤起、潘博山、王仲明、赵万里等。

一月二十日

致张咏霓信,提出"购书事,似应以刘家书为一结束,不宜'旷日持久'"。

本日,借范君所藏明刊《医藏目录》以校自藏抄本。22 日校毕,并作题跋。

本日,徐森玉致蒋复璁信,提及郑振铎等人为国家抢救文献,"心专志一,手足胼胝,日无暇晷,确为人所不能;且操守坚正,一丝不苟,凡车船及联络等费,从未动用公款一钱。"

一月二十二日

致张咏霓信,谈购书诸事。

与张咏霓、何炳松三人化名发密电致蒋复璁并转朱、陈、杭:"刘书亟待解决。店务正在清点中。拟刘书解决后,告一段落。续股一批,盼能即汇,以利进行。"

一月

　　重庆中央图书馆与香港王云五商妥,将国家购书拨款以"图记"名义存入在香港的中央银行广州分行,凭其印鉴开支;另由何炳松在上海商业银行亦以"图记"名义开立存户,凭其印鉴开支。以此方法分期汇款至沪。

二月二日

　　晚,与周予同、严景耀、张宗麟等在大西洋饭店参加原上海社会科学讲习所学生方行、王辛南的结婚仪式。郑振铎作证婚人,致贺词。

二月八日

　　《上海周报》第3卷第7期发表《新四军皖南部队惨被围歼的真相》等文,还发表上海各界民众团体致全国各界公开信,指出"新四军成立以来,转战大江南北,其卫国卫民之功绩,中外各报,迭有记载,事实俱在",强烈谴责了国民党反共罪行。

二月九日

　　致张咏霓信,谈及"连日下午偕森公点查'善本',已达三分之一左右",又提及:"顷赵斐云兄来寓,谈及:刘诗孙又已来沪,不知有何任务? 暑假时,彼来此,系为满铁作'说客',欲购刘氏物。此次不知是否仍为此事? 甚为焦虑! "

二月十日

　　致张咏霓信(二封),提及重庆方面通过香港叶恭绰转汇来的十五万元已到,但汇费竟化去一万八千九百余元!

二月十二日

　　致张咏霓信,谈收到汇款诸事。

二月十三日

　　致张咏霓信,谈及明日中午在宅所宴请徐森玉、赵万里二人,除张咏霓、何炳松外,亦请徐鹿君、张凤举诸人作陪。

二月十五日

　　致张咏霓信,提及"印书事已积极进行。兹将'印样'奉上一份"。

二月十九日

致张咏霓信,附王云五来信并所拟回信(当时重庆教育部通过香港王云五转寄购书款)。

二月二十日

致张咏霓信,提及张元济已出院(住院约二个半月)。

何炳松致蒋复璁信,说:"此间事实际奔走最力者,当推西谛兄。而版本价格之审定则咏老最称负责。自森公驾临后,日夕与西谛兄商讨新本,检点旧藏,逐书经眼盖章,劳苦功高,同人极为心折。承奖贤劳,唯上述三公,足以当之无愧。弟则始终仅负支付款项之责,即此且与咏老共之,确属无功足录。"

二月二十一日

致张咏霓信,提及北平图书馆馆长袁守和不日或将来沪,认为"此人成事不足,败事有余","不能不防之"。

二月二十五日

为阿英编著《晚清戏曲录》作序。该书本是郑振铎建议阿英编的,认为这"不仅补静庵[王国维]先生曲录所未备,亦大有助于民族精神之发扬也",并进一步建议:"能于此一百四十本之晚清戏曲中择取十一,编为曲集印传乎?其有助于今日方兴未艾之民族意识,必将更巨也。"但因环境日愈恶劣,此书当时未能出版。1954年阿英把此书稿与另外晚清小说方面的内容合并出版《晚清戏曲小说目》时,将郑振铎此序全文引录于前言中。

二月二十六日

致蒋复璁信,坚决谢绝友人(徐森玉、何炳松)建议由公家付予劳务费一事。"弟束发读书,尚明义利之辨,一腔热血,爱国不敢后人。一岁以来,弟之所以号呼,废寝忘餐以从事于抢救文物者,纯是一番为国效劳之心。若一谈及报酬,则前功尽弃,大类居功邀赏矣,万万非弟所愿闻问也。……弟自前年中,目睹平贾辈在此专营故家藏书,捆载而北,尝有一日而付邮至千包以上者。目击心伤,截留无力,惟有付之浩叹耳!每中夜起立,彷徨吁叹,哀此民族文化,竟归沦陷,且复流亡海外,无复归来之望。我辈若不急起直追,收拾残余,则将来研究国史朝章者,必有远适海外留学之一日,此实我民族之奇耻大辱也!其重要似尤在丧一城、失一地以上。尝与菊、咏、柏诸公谈及,亦但有相顾踌躇,挽救无方也。故电蒋[介石]、朱[家骅]、陈[立夫]、翁[文灏]诸公陈述愚见,幸赖诸公珍护民族文化,赐以援手,又得吾公主持其间,辛劳备至,乃得有此一岁来之微绩。虽古籍之多亡,幸'补牢'之尚早,江南文化之不至一扫而空者,皆诸公之功也。……我辈得供奔走,略尽微劳,时读异书,多见秘籍,为幸亦以多矣!尚敢自诩其功乎?书生报国,仅能收拾残余,已有惭于前后方人士之喋血杀敌者矣。若竟复以此自诩,而贸然居功取酬,尚能自称为'人'乎?"

二月二十七日

致张咏霓信,提及:"连日偕森公至刘处阅书;明版部分,已阅毕,甚感满意!……夜间均在抄写所得善本目,亦殊不恶。合之刘书,约可有四千目左右,诚洋洋大观,不下于北平圕之四册'善本目'矣。"

二月二十八日

胡朴安日记:"寄郑振铎一信,并文一篇,书一部。"

三月一日

胡朴安日记:"接振铎一信。"

三月三日

致张咏霓(二封),谈购书、租房诸事。

三月七日

致张咏霓信,谈及:"袁守和等已到沪,(乞秘之)……同来者有王某,欲来此为美国国会图书馆购宋板书;见面时,当劝其为子孙多留些读书余地也!"又提及"丁君近拟押运一部分书赴渝,……连日装箱甚忙。所运去者都为普通应用书"。按,"王某"即王重民;"丁君"即丁衣仁,蒋复璁同学,时将赴重庆就中央图书馆职。

三月十三日

致张咏霓信,云:"经二月之力,已将我辈所得'善本'加以分类、编目"。"一年以来,瘁心力于此事,他事几皆不加闻问。殆亦可告无罪矣。""总计:约得善本三千八百种左右,可抵得过北平图书馆四册'善本目'之三千九百种矣! 以百数以内之款,值此书价奇昂之日,尚能得此数量,诚堪自慰慰人也!……何况尚有清代善本及普通本无数乎?"

三月十五日

致张咏霓信,提及"'书目'编成,殊可观;堪称不负所托也!"

本日,中华全国文艺界抗敌协会通信改选第三届理事在重庆开票,郑振铎与楼适夷被选为上海地区理事。

三月十七日

阿英将他手录的一卷《磨剑室革命文库目录》(柳亚子藏辛亥革命文献的目录)赠送给郑振铎,郑"殊感之",并作题跋云:"余所藏书目,无一关于辛亥革命者,得此足弥一憾。"

三月十八日

致张咏霓信,谈购书诸事。

三月十九日

致张咏霓信,谈购书诸事。提到丁衣仁将赴重庆就中央图书馆职。(后又有陈颂虞亦赴重庆,郑振铎托丁、陈带去 20 箱书,皆有关"目录"之书。)

与张咏霓、何炳松三人化名致蒋复璁信,提及:"森公来此后,几无日不相见,见无不畅所欲谈。森公游书肆四十年,博见广闻,当代无双。我辈得其助力,店务必能大为发达,殊可欣幸也!"

三月二十四日

致张咏霓信,提及收书中"惟宋元本部分颇为贫乏。今后拟专致力于此"。

三月二十五日

致张咏霓信,提及:"日来情势益非,我辈事,似非早日结束不可。"

三月二十七日

致张咏霓信,提出:"我辈以四月底结束为目标。以后,得书为次,清理为急矣!'善本'清理后,即当着手清理'普通书'矣。"

三月三十一日

致张咏霓信(二封),谈银行盖章诸事。

三月

为《顾氏画谱》题跋。该画谱为郑振铎16年前得之中国书店,乃明万历间刊武林顾黯然所作历代名公画谱,共四卷。郑振铎原拟辑入所编《中国版画史图录》,因与体例略有不合,此时遂单行影印为"图录外集"之一。

四月五日

致张咏霓信,说:"刘书迄今未有确耗,殊为着急!"

四月七日

致张咏霓信,谈购书诸事。

"夜赴振铎约,同席徐森玉先生、吴湖帆先生、李玄伯先生暨博山兄弟,观宋刊本《新定续志》、《吴郡图经续记》,皆曾为余有者。又宋刊《欧阳行周文集》暨明刊《十六名姬诗》,皆孤本也。中有薛素、马湘兰二家,他日拟借刊之。又明刊《吴中山歌》一种,亦异书也。"(张珩日记)

四月八日

致张咏霓信,谈购书诸事。

四月九日

致张咏霓信,下午在寓所请张咏霓、何炳松、徐森玉茶叙,商谈购书诸事。

四月十一日

致蒋复璁信,再次表示"弟之负责收书,纯是尽国民应尽之任务之一,决不能以微劳自诩,更不能支取会中分文,以重罪愆。"

四月十二日

致张咏霓信,谈购书诸事。

四月十三日

致张咏霓信,谈购刘氏书诸事,徐森玉已签名。

四月十五日

致张咏霓信,谈购刘氏书事,允二十五万元,"此事总算定局矣",

昨日下午已去点书。又写到"兹附上致慰堂函一通……乞阅正",此即郑振铎起草的《文献保存同志会第七号工作报告》,后于 16 日定稿,18 日寄出。

暨南大学进步学生主办的不定期《杂文丛刊》第一辑《鱼藏》出版。该丛刊在"孤岛"沦陷前(11 月 16 日)共出 9 辑,曾得到郑振铎的大力支持和指导。

四月十六日

《文献保存同志会第七号工作报告》定稿,约 2700 字,报告 1 月至 4 月购书情况,提出:"预计本月底(至迟五月底),店务必将告一段落。(一)款将不继;(二)藉此休息一时,将店中存书加以清理。"又说:"此间工作,正倾全力以编'善'目……收到后,除诸股东外,尚乞秘之,不可任人借抄,以免漏出,至盼,至感!"

四月十七日

致张咏霓信,提及嘉业堂刘氏书款已交付。

四月十九日

致张咏霓信,谈所购刘氏书"分藏四处,当可放心",并认为"此事告一结束,除还旧欠及略购若干不能不购之'善本'外,大可休息一时。即利用此时间编目"。

四月二十一日

致张咏霓信,云:"刘书已于前日下午运毕,当即分藏他处。堪释念也!"

四月二十二日

致张咏霓信,提出:"如能印四五十种好书,则我辈对于前人亦可告无罪矣。附奉拟印书目一份,乞详加指正为感!"

四月二十五日

致张咏霓信,谈购书付款诸事。

四月二十八日

致张咏霓信,谈支票盖章诸事。

四月二十九日

致张咏霓信,附所拟致蒋复璁报告(第八号),提出:"店务拟分两步结束:(一)本月底结束'零购'工作;(二)五月底结束'善本书目'编辑工作。"

五月一日

藏书《顾氏画谱》由良友复兴图书印刷公司影印出版,共印 200部。

五月二日

致张咏霓信,谈购书诸事,提到:"报告第八号底稿,先生忘未签字,兹附奉,乞补签。又誊清稿亦乞签字交还,以便寄发为荷!"该报告3日寄发。

五月三日

《文献保存同志会第八号工作报告》寄发,约 9000 字。报告一月来购书经过和其中的精品,并说:"此项营业报告约再有一次或二次(至多二次),即可完全结束矣。补充普通书之工作,亦拟暂时停止,俟将来再进行。"报告后附拟影印的《善本丛书》(即《玄览堂丛书》)的四集书目。

五月七日

致张咏霓信,谈书款诸事。

五月八日

"夜与湖帆公宴徐森玉、郑振铎、潘博山、景郑、李玄伯、夏剑丞、孙邦瑞及芹伯诸人,尽欢而散。"(张珩日记)

五月十日

"晚六时,何柏丞、徐森玉、郑西谛、叶揆初、瞿凤起、顾起潜、张芹伯先后来。由韵秋帮同招呼。以柏丞、森玉均第一次见面也。七时,宴诸君于外间。九时客散。……席间,闻森玉、西谛二公所谈所见之书,渊博极矣!见闻多,记忆力强,真可佩也!"(刘承幹日记)

五月十二日

致张咏霓信,云:"连日坊贾来者渐少,比较空闲;即乘此专力于'编目'工作。"

五月十三日

致张咏霓信，谈支票盖章事。

"夜蔡君宴于成都，同席者博山、森玉、西谛诸君。"（张珩日记）

五月十四日

晚"六时后，应张芹伯之招，同座者徐森玉、郑西谛、潘博山、景郑、瞿凤起、韵秋、葱玉。以森玉、西谛在看其藏书，故坐得甚迟。散后，又小谈至十时而归。"（刘承幹日记）

五月十七日

致张咏霓信，因重庆中英庚款会来电报，约张咏霓 19 日下午来开会研究。

五月十八日

《劫中得书续记》共 60 则写毕，并作短跋。该续记及其序、跋，后刊于 6 月出版的《文学集林》第 5 辑《殖荒者》。

五月十九日

致张咏霓信条，催速来开会，告同时有徐森玉、何炳松等。

五月二十日

致张咏霓信，谈到购书"即此告一段落，已大可观"。

五月二十一日

与何炳松、张咏霓三人化名致蒋复璁信，提到："近正办理清结，故零购部分已不再继续。惟每见'可欲'，中心又未免怦怦欲动耳。运货事，正积极设法。但总须犀［按，即郑振铎］赴港一行，以便决定如何办理。总之，以慎妥为主。俟运货事告一段落，犀当内行一次，面罄一切。陈股［按，指陈立夫教育部拨款］欲增加股款，扩大营业，闻之甚喜！'中庚'股曾来一'佳'［按，即 9 日］电，亦有此意。诸股东关怀文献，钦佩无已！……我辈自不敢辞劳，本'保存'之初衷，尽应尽之责也。"又提到："'善本书'所用印鉴，已请森公托王福厂刻'玄览中区'四字，甚佳。兹附上印样，乞存案备查。"据陈立夫回忆，当时拟将存在香港的书转运美国存放，书须盖章，"在沪托王福厂刊刻藏章，在港复刻六个"，盖章一事"历时三月，方克竣事"（《国立中央图书馆在抗战期间工作偶忆》)。

五月二十二日

致张咏霓信:"顷得慰堂先生来函二件,兹附奉;……诸股东对购书事,意兴似甚浓厚。我辈本为保存文献起见,再辛苦一番,似亦应尽之责。如能将芹伯、瞿氏、潘氏、杨氏诸家一网收之,诚古今未有之盛业也,固不尽收抬'残余'于一时已!"

致唐弢信,提及:"《版画史》售价甚昂,殊为不安,……将来拟出一'普及本',缩小篇幅,或可使人人可得。近拟辑《中国文学家像传》一书,自信颇佳,但售价亦恐颇昂(或亦拟出'普及本')。"又问及:"不日将有'航快'数件内寄,不知先生能代为寄出否?"按,唐弢当时在邮局工作,为避免敌伪的检查,郑振铎后即通过唐弢将购书、印书的有关邮件寄到重庆及香港。但唐弢当时并不知道郑振铎为国家购书之事。

五月二十三日

致张咏霓信,谈支票盖章事。

五月二十四日

致张咏霓信,附所拟致蒋复璁一信请阅改。

"晚应徐森玉、郑西谛之招,至西谛家中,看伊新买之书甚多。入席,推余首席。芹伯、葱玉、博山、景郑、瞿凤起、李宗侗(字玄伯,直隶高阳人,文正公孙,符曾左丞煜瀛之子)、蔡季襄(履历未详)、韵秋。九时返家。"(刘承幹日记)

五月二十六日

致张咏霓信,谈支票盖章事。

五月二十七日

致张咏霓信(二封),谈购李氏藏书事,并附书目(二件)。

五月三十一日

致张咏霓信,谈及:"'善本书目'卷一(经部)已抄就,共二百十六种,尚可观。"又提及:"'中英庚会'又来一电,兹附奉,……阅此电,可见内地诸公之热忱。此事似应面谈一次。"

五月

商务印书馆出版《孤本元明杂剧》,系郑振铎从 1938 年抢救收购的《脉望馆抄校本古今杂剧》中精选付印的。每部线装 32 册。

本月,邀请浦江清到暨南大学任教。

六月一日

胡朴安日记:"寄振铎一信,并文一篇。"

六月二日

致张咏霓信(二封),谈及:"现拟寄邮包二百五十七件至港暂存(皆刘物)。"(按,即把所购嘉业堂藏书寄到在香港任教的许地山处存放。)并附上所拟致蒋复璁第九号报告及复中英庚款会朱、杭二位电报。

胡朴安日记:"接振铎二日信。寄振铎一信。"

六月三日

《文献保存同志会第九号工作报告》定稿,约 2000 字,谈 5 月内购书情况,附上所整理的所购《善本书目》卷一"经部"(共 216 种),并说:"卷二'史部'亦在誊写中(约较'卷一'多三四倍)⋯⋯'子''集'二部,亦已具有底稿。无论如何,此目在六月内必可全部编就奉寄也。如此,则第一部分之工作,即自去岁二月至今年五月间之购置事业,可自[至]此告一总结束矣。(《总报告》拟分二次或三次奉上)"

六月四日

致张咏霓信,约定 6 日开会。

六月五日

致唐弢信,感谢日前代寄一信,今又托寄一信,并说以后"如尚便利,则亦不客气的拜托一切了"。

六月六日

致张咏霓信,谈补充购书诸事。

下午,约张咏霓、何炳松、徐森玉到家商谈购书事。

六月八日

致蒋复璁信,谈寄上书目事。

胡朴安日记:"寄振铎信。"

六月九日

致唐弢信,提及:"《十竹斋笺谱》第四卷,昨方由平寄来,绝佳。此书之成,乃百年来之一大工程也。""前后共费七年,始刻成!"

致张咏霓信,谈理书诸事。

六月十二日

致张咏霓信,提及:"昨又寄出书一批;大致在下星期内可告一结束;我辈如释重负,可放心得多矣!"又说:"我大约本月底即将动身。森公归心如箭,亦将同行。"可知郑振铎当时曾一度打算撤退到后方去。

六月十六日

致张咏霓信,提及:"刘晦之书已为平贾王晋卿购去。风闻已归□□□,携之东去,作为礼物矣!可叹!!!我辈迟了一步,便成终生之憾!现已设法,不知能留下几种否?"

致唐弢信,托寄二封信(内为购书书目)。

致蒋复璁信二封,谈寄上书目事。

六月十七日

致张咏霓信,谈及因生活所迫"万不得已"出售自己藏书事。

六月十八日

致张咏霓信,约明日下午开会事。

六月十九日

致张咏霓信,告知许地山来信,"寄港第一批书已平安到达,可慰也!""第四批亦已寄出。明日可寄第五批。刘书运出,我辈之责任减轻多矣。将来究竟运渝或运美,须待蒋君之通知"。

六月二十二日

致张咏霓信,告知"刘书除少数抄校本及须重印者外,均已寄出,共一千七百十包"。

六月二十三日

下午,邀张咏霓、何炳松、徐森玉在家开会。

六月二十四日

致张咏霓信，提出前一段购书工作"必当先行结束"，"'乙类善本'及普通书尚未编目，似非赶办不可。昨与何先生商定，拟加聘商务编辑员沈志坚君(顷已离商务)帮助编目"，并谈及准备赴港及走后购书编目及印书工作的安排。

六月二十七日

致张咏霓信，并附徐森玉致蒋复璁的信。

作《复镌十竹斋笺谱跋》，记述该笺谱复刻经过，"前尘回顾，悲忻交集，是乌能不记数语以告世人且有以慰亡友之灵也！"诸亡友中，首先是鲁迅"力促其成"，"时时以是为言"，但未及见第二册印成即逝世；另外还有马廉、王孝慈，也未见全书刻成而亡。"呜呼，此书虽微，亦尝饱经世变，备历存殁之故矣！"

六月二十八日

致张咏霓信(二封)，提及"连日赶写，'子''集'二部善目"，而且"必须自抄，因韵秋恐未甚详悉也"。

六月三十日

致张咏霓信(二封)，附所拟致蒋复璁信，并提及"连日理书，极忙"。

六月

所著论文集《困学集》由长沙商务印书馆出版，为"文学研究会创作丛书"之一。

所编《玄览堂丛书》由上海精华印刷公司(殆商务印书馆在沪印刷厂的化名)开始影印出版。丛书印成后，共 10 函 120 册，收有关明史的珍贵古籍、抄本共 34 种，前有郑振铎化名"玄览居士"写的序。

七月五日

晚，出席严景耀、雷洁琼结婚仪式。

七月九日

致张咏霓信，附朱家骅二电，并提及日内拟再运一批书。

致蒋复璁信，提到"下午，卓有同君来谈，说起宝礼堂宋板书事。

他说，潘家急于求售，索五十万美金，不能少，甚盼能归国家所有。弟闻之，更为高兴……"

七月十二日

致张咏霓信，提及"前昨二日偕森公往阅宝礼堂潘氏书"，皆宋版，极精美。

七月十五日

上海市保险业同业公会等九个团体编辑的《胡咏骐先生纪念册》出版，收入郑振铎《悼胡咏骐先生》一文。

七月十八日

致张咏霓信，提及徐森玉即将内行，赵万里已来沪，拟与张咏霓、何炳松三人公请一次。

七月二十二日

致张咏霓信，谈托徐森玉带书事。

七月二十五日

致张咏霓信（二封），云："森公昨晨南行，曾往送别，殊依依不舍也。精品托其带去二大箱。"并云："再有半月，'善目'中物，必可全部运毕。"郑振铎后来回忆说："国际形势，一天天的紧张起来。上海的局面更一天天的变坏下去。我们实在不敢担保我们所收得的图书能够安全的庋藏。不能不作迁地为良之计。首先把可列入'国宝'之林的最珍贵古书八十多种，托徐森玉先生带到香港，再由香港用飞机运载到重庆去。……国立中央图书馆接得这批书之后，曾开了一次展览会，听说颇为耸动一时。其余的明刊本，抄校本等，凡三千二百余部，为我们二年来心力所瘁者，也都已陆续的从邮局寄到香港大学，由亡友许地山先生负责收下，再行装箱设法运到美国，暂行庋藏。这个打包邮寄的工作，整整地费了我们近两个月的时间。叶玉虎先生在香港方面也尽了很大的力量。他在港、粤所收得的书也加入其中。"（《求书日录》）

致唐弢信："昨谈甚快！兹奉上致渝函一件，便中乞代发为感！"

与张咏霓、何炳松三人化名致蒋复璁信，提到已购书"除天一、平图外,海内外殆亦鲜有可与'我'颉颃者"。"藏章已刻成,颇佳,兹附上样张,乞察阅。此章已托森公携上,并拟购上好之印泥若干,由犀携上,以资应用"。还提到潘氏宝礼堂藏书,建议杭立武(庚款董事会总干事)给老同学卓有同(潘氏姻亲)写信做工作。又提到"颖川、紫阳二股东,如此热忱,极为感佩!我辈自不能不勉效微劳矣!" 颖川指陈立夫(当从南宋陈昉有《颖川语小》来),紫阳指朱家骅(当从南宋朱熹别号紫阳来)。

七月二十八日

致张咏霓信,提及:"时局不变,幸货已多半运出。……货究以速运为上策。朱君屡电促速运,自应照办。"

徐森玉致蒋复璁,云"二十七日下午抵香港,暂寓九龙酒店,与玉甫先生晤谈,机运已有头绪。须于最近期内办理,否则恐延缓。邮寄之书已到者二一〇〇包,均存冯平山图书馆,由许地山、马季明两兄派人管理。"

七月三十日

致张咏霓信,提及徐森玉已抵香港,来电催郑振铎携第二批善本书去港。

七月

上海新象书店出版巴雷编选的《郑振铎杰作选》,为"当代创作文库"之一。

八月四日

致张咏霓信,提及"运输事,自信办理尚甚妥善。数日内即可全部告竣矣(普通书不在内)",又谈购徐积馀所藏安徽志书事。

本日,老友许地山因心脏病发作,不幸在香港逝世。他在生前最后时刻为帮助郑振铎抢救民族文献出了大力。

八月六日

致张咏霓信,谈拟购徐积馀所藏安徽方志事,又谈预支赴香港旅费事。

八月十二日

致张咏霓信,提及"港行尚未决定日期,大约在二十左右。"

八月十四日

致唐弢信,托寄信,并提及:"数月来,理书忙极,百事俱废;然所得颇多,亦堪自慰也。"

致蒋复璁信,提到"连日渝遭狂炸,至为念念!同人等谅均安好!由航机运上之精本书……谅亦已存放稳妥处所,必能安全无恙也。对此事,我极为关心!"

八月十五日

晚,宋庆龄在香港私邸邀请陈君葆等人吃饭(商量"保卫中国同盟"之事),陈翰笙对陈君葆谈起许地山逝世后香港大学中文教授一职,"说郑振铎欲谋这位置也未始不可能,但他若进来,一定会把事闹得不可收拾为止"。陈君葆在日记中写道:"这样看来,他很反对郑,不晓得甚道理。"

八月十六日

致张咏霓信,谈购张芹伯书事,并附所拟致蒋复璁、徐森玉电文各一。

八月十八日

致张咏霓信,谈张芹伯书如购成,"则宋元本方面,可以弥补缺憾不少。抄校本部分,亦大可壮观。"又提及"'存港书目',明日可清理就绪"。

八月二十二日

致张咏霓信,谈购宋余仁仲本《礼记》事。

八月二十六日

致张咏霓信,谈购张芹伯书事,并附所拟二电文。

八月二十九日

致张咏霓信,谈因近来有些好书被他人争夺而去,"心中至为愤懑","终夜彷徨,深觉未能尽责,对不住国家!"指出其原因:"一在对市价估计太低,每以为此种价钱,无人肯出,而不知近来市面上之书价,实在飞涨得极多极快;囤货者之流,一万二万付去,直不等一会事。而我辈则每每坚持低价,不易成交,反为囤货者造成绝好之还价机会。诚堪痛心!二在我辈购书,每不能当机立断,不能眼明手快。"

九月四日

致张咏霓信,提及"徐氏方志事,已绝望,现拟将此款转购来薰阁之新书及他书等"。

九月六日

致张咏霓信,附所拟致蒋复璁信。

"下午,赵万里、郑振铎二兄来观王晋卿所存书。"(张珩日记)

本日,《上海周报》第 4 卷第 11 期发表"上海文化工作者百五十六人谨启(签名从略)"的《〈鲁迅三十年集〉推荐》,指出此书的出版是对鲁迅"最有意义的纪念"。郑振铎是这项工作的重要主持者之一,更自是签名者之一。

九月十一日

与张咏霓、何炳松三人化名致蒋复璁信,提到"犀[按,即郑振铎]本约定与森公同时南行,因此间琐事极多,未能料理就绪,暨大又开课在即,竟不能与行"。

九月十二日

致张咏霓信,提及:"芹货想可无枝节。惟不知何时来款耳。"

九月十三日

致张咏霓信,认为"芹货以全购为妥","似不妨稍缓几时,俟蒋款凑齐"再购。

九月十六日

致张咏霓信,约明日开会研究"芹货及印刷事"。

致唐弢信,托代寄信。

九月十七日

致张咏霓信,约下午开会,告何炳松也来。

九月十八日

致张咏霓信,附所拟致蒋复璁信。

九月二十日

致张咏霓信,谈支票、借书诸事。

九月二十二日

致唐弢信,提及曾为黎烈文在暨南大学分校谋事未成:"烈文兄事,曾与校方商谈,恐无办法,因分校不设法文课,而'国文'则已有二人也。"

九月二十三日

致张咏霓信,提及:"森公昨来一电(已复),云:货已改运美,此大可慰也!"

九月二十五日

致唐弢信,托寄香港信一件。

九月二十九日

致张咏霓信,转去何炳松一信。

九月

上海兰心出版社出版青年作者陈恩风的长篇小说《蓝天》,封面书名为郑振铎所题。作者在后记中感谢了郑振铎。

十月一日

为青年画家程及所作水彩画集作序,载画家当年自费出版的《程及水彩画》卷首。该序后发表于 1945 年 12 月 1 日《新文化》半月刊第 1 卷第 4 期,该画册后于 1946 年 3 月再印。郑振铎在序中高度肯定了画家"独有远见特识,不避艰苦,专习西洋画",敢于在艺术上创新以及真实反映"上海社会的众生相"的现实主义创作精神。　按,程及后携该画册赴美国,旅居 50 余载,为美国国家艺术学院唯一华裔院士云。1998 年上海交通大学为他建造"程及美术馆",馆名为江泽民题写。

十月二日

致张咏霓信,提及"前日在冷摊收得《约园藏书志》二册","内容至佳,叙说明畅,似大可印行"。

十月四日

致张咏霓信,并还所借明本目录等书。

致唐弢信,提及:"'三十年集'销路尚佳,近千部,然尚须特别努力一下。因'成本'恐尚未能收回也。"(按,指的是《鲁迅三十年集》)

十月五日

致张咏霓信,谈印书购纸款支票盖章事。

十月七日

致张咏霓信,提及:"昨得森公自渝来一'江'[三日]电,云:'芹货决购,款即全汇'。"

十月八日

致张咏霓信(二封),为张芹伯"反复无常,言而无信"而感到愤恨。

十月九日

致唐弢信,托寄致蒋复璁函二件。

致蒋复璁信二件,一件为与张咏霓、何炳松三人化名致徐森玉、蒋复璁,谈购张芹伯书反复议价事等。

十月十日

致蒋复璁信,谈影印丛书事。

十月十一日

致唐弢信,提及影印《玄览堂丛书》事:"必须邮寄一份至内地……能邮致一部,陈列于内地图书馆架上,诚佳事也!"(此时正陆续影印,尚未及装订及作序)后来,即托唐弢将该书印样分散陆续躲过敌伪的检查邮寄到重庆中央图书馆。

十月十三日

致张咏霓信,附上蒋复璁来电。

十月十七日

致张咏霓信(二封),谈关于复蒋复璁信事。

致唐弢信,托寄丛书印样。

与何炳松、张咏霓三人化名致蒋复璁信,谈拟购宝礼堂潘氏藏书。"此批书非同小可,诸股东注意及之,诚我国'文化'前途之大幸也!"

十月二十二日

致张咏霓信,附所拟致王云五一电,致朱家骅、蒋复璁一电。并提及:"闻芹书有某方向之接洽说,时刻有变化发生……如芹货竟为某方所夺,关系非浅!"

十月二十三日

致张咏霓信,提及香港王云五来电告款被冻结,无法汇来。"然此间待用甚急。于无办法之中,晨与何先生商定:拟将此款汇渝,再由渝转沪。虽损失汇水若干,亦无可奈之事也。"

致唐弢信,托寄致蒋复璁函。

致蒋复璁信,附上自己整理的宝礼堂潘氏藏书简目。又与何炳松、张咏霓三人化名致蒋复璁信,谈与张芹伯反复谈判事,并附上所签合同。

十月二十四日

致张咏霓信,谈"芹货事,已有眉目","经再三磋商,拟订一合同,以免再有反汗"。

十月二十五日

致张咏霓信,言:"顷已约芹于明日下午四时至敝处签订合同,同时付定洋","此事告一段落,殊可放下一段心事。惟悬悬于心者,未知蔚[慰]款能准时汇到否耳!"

致唐弢信,托寄信函,并附邮费。

十月二十六日

约唐弢来谈。

致张咏霓信,言:"顷五时许,芹来此,何先生亦来,'合同'已签字,总算'大功告成'矣!可喜可贺!"

"晚,张乾若、陈济川、郑西谛、瞿凤起、张芹伯先后来。七时,入席,宴乾若也。韵秋亦在陪客也。九时散。"(刘承幹日记)

十月二十八日

致张咏霓信,言:"今晨蒋蔚[慰]兄已汇来七数,芹事可不成问题矣!可喜也!"

致唐弢信,托寄丛书印样。

十月二十九日

致张咏霓信,谈付张芹伯款及整理图书事,"黄跋"及宋元本部分郑振铎拟亲自整理。

本日,抄录潘宗周《宝礼堂书录》中的宋元书目,"俾时自省览焉",并作题跋。

十月三十日

致唐弢信,托寄丛书印样。

十月三十一日

致张咏霓信,谈整理书事。

十月

北平图书馆在沪所存善本图书(部分为卢沟桥事变前运沪保藏者)共装一百箱,秘密运到美国存藏。其中有郑振铎让归该馆及帮助该馆收购的善本书。

本月,参加编辑的《鲁迅三十年集》由上海鲁迅全集出版社(即复社)出版,共 30 册,29 种。

约十月

以"玄览居士"假名作《玄览堂丛书序》,曰:"今世变方亟,三灾为烈,古书之散佚沦亡者多矣。乃今不为传布,而尚以秘惜为藏,诚罪人也……予究心明史,每愤文献不足征,有志搜访遗佚,历数十年而未已。求之冷肆,假之故家,所得珍秘不下三百余种。乃不得亟求其化身千百,以期长守,力有未足,先以什之一刊布于世。"此序署"庚辰初夏"(1940 年)作,当为迷惑敌伪,实际是本年秋所作。(本月 17 日郑振铎致唐弢信中,尚透露序文未完成。)

十一月一日

致张咏霓信,言:"昨日傍晚,已将芹处黄跋书点清接收,兹将写就之'书目'一份奉上。"

致唐弢信,托寄丛书印样。

十一月三日

致张咏霓信,提及"此数日内须亲至芹处检点宋元及抄校本书"。

十一月四日

致唐弢信,托寄丛书印样,并提及:"近数日来,见到奇书珍本不少,自诧眼福非浅!"

十一月六日

致张咏霓信,谈支票盖章诸事。

十一月八日

致张咏霓信,附所拟致王云五信。

与何炳松、张咏霓三人化名致蒋复璁信,谈购书事并催汇款。

十一月十日

致张咏霓信,谈支票盖章诸事。

十一月十一日

致唐弢信,托寄香港二函。

十一月十三日

致唐弢信,提及"《十竹斋笺谱》四册已装成矣",并托寄徐森玉、蒋复璁信各一。

十一月十四日

美国总统罗斯福下令撤退在华海军陆战队,这对上海"租界"的局势颇有影响。

十一月十五日

致张咏霓信,提及"芹货已零[另]租妥稳之房一间存放",又提及"张君搜集晚清史料十余年,有目一巨册,合售五千元。敝意,此等书大可购"。

本日,《上海周报》第4卷第21期发表"上海文化工作者一六八人同启"的《庆祝郭沫若先生五十诞辰及创作二十五周年纪念的信》,郑振铎当亦签名(签名原略)。

十一月十九日

致张咏霓信,谈购张君之晚清史料书等。

致唐弢信,托寄香港信。

致赵景深信，介绍暨南大学外文系学生金锡祚为拟写关于契诃夫的毕业论文前往借阅有关资料，说"一切由弟负责，请兄放心"。

胡朴安日记："接振铎信，回振铎信。"

十一月二十一日

致唐弢信，托寄三封信，并提及"所有'印样'当于最近期内整理就绪"。

十一月二十二日

致唐弢信，托寄丛书印样。

致蒋复璁信，提到托西南联大教授李宝堂带二箱书交香港马季明。

十一月二十四日

致唐弢信，托寄丛书印样。

十一月二十五日

致唐弢信(二封)，托寄丛书印样及一函。

十一月二十六日

致唐弢信，托寄丛书印样，提及"此批寄后，大批函件，一时不致有矣"，并提及"'丛书'在装订中"。

上海运藏香港图书盖图章的工作今日完成。

十一月二十七日

致张咏霓信，谈张芹伯提出的"吴兴人著述"的界限问题(因根据购书合同，这类著述张芹伯要留下)。

十一月二十九日

致张咏霓信，谈及"所有来往信件及帐单，敝处为慎重计，均已送存银行"。

十二月一日

致张咏霓信，言："芹货今日下午可点收完毕，尚有若干未检出者，然均是不甚重要之物矣。"

十二月二日

致唐弢信，托寄致内地函五件。

致蒋复璁信,提到"宋本过五百,或不难实现也。于此时此地,若竟得有此结果,岂非百世之伟业乎?便中乞商之诸股东,见复为感!灯下书至此,不禁神王气壮矣!"

十二月四日

致唐弢信,托寄致渝、港函各一,并提及"'丛书'又已印竣十四种,不日恐又要麻烦吾兄矣"。

香港叶恭绰向重庆报告:"沪来各书赶办盖章,连同港购各书盖会章,赶于上月廿六号办竣。一面办理请港政府检查、定船、封箱等事,一切完妥,本定十二月四号格兰总统船运出,与通运公司书面订实。不料国际情势紧张,航运因之演变……"后此批书未能运出。据陈君葆回忆,这批书"由叶恭绰、徐信符、冼玉清等十多人负责整理",约3万册,分装111箱,原欲以"中英文化协会香港分会秘书陈君葆"的名义,寄往美国华盛顿中国大使馆胡适收。

十二月五日

致张咏霓信,言:"芹货宋元本部分,已整理就绪;兹将'目'各一份奉上,请阅正。"

本日,上海奔流社出版的《奔流新集》之二《横眉》,在封二页发表"文坛威权"茅盾、郑振铎、傅东华、王统照四人推荐耿济之从俄文全译的陀斯妥耶夫斯基的长篇小说《兄弟们》的评语。郑振铎的评语是:"我深喜此书,久欲译之,惮其篇章过巨,辄复中止。耿济之先生从事于俄国文学的翻译,二十余年如一日。最近尤为努力。于译毕高尔基《家事》后,即接着再译此巨著,竟于半年内告成之。其奋励坚贞之精神,诚可佩敬!"

十二月八日

日本发动太平洋战争。清晨,郑振铎在睡梦里被电话铃声惊醒,友人C告知日军开始进占"租界"。上海"孤岛"最后沦陷。郑振铎即赶到暨南大学开校务会,决议:"看到一个日本兵或一面日本旗经过校门时,立刻停课,将这大学关闭结束。"郑振铎坚持上完"最后一课",在10点30分见到日本军用车开过,"立刻挺直了身体,作着立正的

姿势,沉毅的盖上了书本,以坚决的口气宣布道:'现在下课!'"(郑振铎《最后一课》)

胡朴安日记:"寄振铎信。晨四时闻有炮声两响。"

从 1940 年春至此,郑振铎等人为国收书,"创立了整个的国家图书馆。虽然不能说'应有尽有',但在'量'与'质'两方面却是同样的惊人,连自己也不能相信竟会有这末好的成绩!"(郑振铎《求书日录》)叶圣陶后来说:"当时在内地的许多朋友都为他的安全担心,甚至责怪他舍不得离开上海,哪知他在这个艰难的时期,站到自己认为应该站的岗位上,正在做这样一桩默默无闻而意义极其重大的工作。"(《〈西谛书话〉序》)据陈立夫后来回忆,郑振铎等人为国收书,"英庚款董事会约付一百二十余万元,教育部拨给专款二百数十万元"。(《国立中央图书馆在抗战期间工作偶忆》)

十二月九日至十六日

"'十二·八'后的一个星期内,我每天都在设法搬运我家里所藏的书。一部分运藏到设法租得之同弄堂的一个医生[按,即梁俊青]家里;一部分重要的宋、元刊本抄校本,则分别寄藏到张乾若先生及王伯祥先生处。所有的帐目,书目等等,也都寄藏到张、王二先生处,比较不重要的帐目,书目,则寄藏于张芹伯先生和张葱玉先生叔侄处。整整忙碌了七八天,动员我家里的全体的人,连孩子们也在内,还有几位书店里的伙友们。"(《求书日录》)　仅搬书就耗去了存款一万元中的二千多。

十二月十五日

致唐弢信,云:"偶得乾隆高丽笺若干,为兄写鲍诗一篇,谨以奉呈。姑留为念,拙笔实不足存也。"诗笺抄录了鲍照《拟行路难》十八首之四:"泻水置平地,各自东西南北流。人生亦有命,安能行叹复坐愁。　酌酒以自宽,举杯断绝歌路难。心非木石岂无感,吞声踯躅不敢言。"借以抒发自己的悲愤和斗争意志。

本日凌晨五时,许广平突被日本宪兵队逮捕。日寇向她逼问郑振铎等人的线索,她坚不吐实。

十二月十六日

被迫离家避难。"我没有确定的计划,我没有可住的地方,我没有敷余的款子。""只随身携带着一包换洗的贴身衣衫和牙刷毛巾,茫茫的在街上走着。""无目的向南走去。这时候我颇有殉道者的感觉,心境惨惶,然而坚定异常。"(《求书日录》)当天到金神父路(今瑞金二路)张耀翔家住宿,受到热情接待。

十二月十七日

一早,到张国淦(乾若)处商量隐居及改名易姓诸事。后改名为"陈敬夫"(据高君箴回忆;但据王伯祥的儿子说,是改名"陈思训"),并获得某文具店一位职员的假身份证。本日,向张耀翔借得《杜工部集》一部,晚上即住到张国淦为他联系好的汶林路(今宛平路)邓芷灵家。后来(约1943年1月下旬),又转到居尔典路(今湖南路)一屋隐居,不料对面一高楼日后成为大汉奸周佛海的新居,郑振铎曾受到"调查"和喧闹干扰,但他潜居虎穴之多年,只是在祖母故世时才偷偷地归家一次。

十二月十八日

香港被日本侵略军攻占。

十二月二十三日

"金华来,代振铎借款三千元,并带来《明朝宫史》一部,饭后开始抄写。"(张珩日记)

一九四二年　四十五岁

（民国三十一年　壬午）

一月八日

暨南大学毕业生、国民党地下工作人员（第三战区特派员）平祖仁被敌伪特工总部枪决。

一月十二日

化名"犀"致蒋复璁隐语信："此间八日后，秩序安宁如常……全家大小，均甚安吉，堪释远念。港地亲友，因消息隔绝，毫无音讯，最为罣念不安。玉老及马季二位，不知近况如何？积存各物，不知已否先期离港？便中尚恳示知一二为荷。弟在此，已失业家居，终日以写字读书为消遣，尚不甚苦闷。近拟笺注季沧苇及汪阆源二家藏书目录，亦消磨岁月之一法也。"这是郑振铎在日寇占领上海全市后第一封冒险与重庆方面秘密联系的信。

一月十三日

上海日本侵略当局宣布接管租界内七大公用事业（公共汽车公司、电气公司、自来火公司、自来水公司、电力公司、沪西电力公司、电话公司）。

一月十八日

被日本侵略军查封的良友复兴图书印刷公司启封，发现前未售出或未及寄出的郑振铎编著的《中国版画史图录》数十函均已被盗掠一空。在此前后，商务印书馆、中华书局、开明书店等各书局均被准许恢复营业。

一月十九日

晚，电影女明星英茵在国际饭店吞服生鸦片自杀。郑振铎后来回忆:"第二天晨报上大字刊载着英茵自杀的消息,却没有说出她为什么要自杀的原因。"她是见义勇为,料理了被敌伪杀害的平祖仁的葬事后自杀的。郑振铎认为"这一出真实的悲剧,可以写成伟大的戏曲或叙事诗的"。(《记平祖仁与英茵》)

一月二十二日

以"幽芳阁主"化名为藏书《道光二十六年日月刻度通书》作题跋,"此为今存之第一部中西合璧历书,于东西文化交通史上关系极大。予从郭石麒处得之,为之狂喜不已!"

一月二十六日

化名"犀"致蒋复璁隐语信:"前上一函,谅已收到。此间一切安宁,家中大小,自莛翁[当指张元济]以下均极健吉,堪释远念。家中用度,因生活高涨,甚为浩大,但尚可勉强维持现状耳。现所念念不释者,惟港地亲友之情况耳。公是一家[按,指善本书],是否平安无恙,尤为牵肠……一家离散至此,存亡莫卜,终夜彷徨,卧不安枕……致圣翁[按,指徐森玉]一函,乞代转致。"这是郑振铎未得到重庆方面回信而再次冒险写信联系。

一月二十九日

敌伪"中日文化协会上海分会"举行所谓"首届年会"。

一月底

郑振铎等人为中央图书馆购置的存在香港的三万余册古籍悉被日寇劫去。直至抗战胜利后,才被我国驻日代表团在日本帝国图书馆发现追回。据袁同礼1946年1月向教育部报告,听说当时"由日人竹藤峰治带引日军调查班宫本博少佐及肥田木近中尉,将此批善本书强行劫取,每箱上写'东京参谋本部御中'字样……运往东京"。

一月

上海开始缺粮大恐慌,敌伪当局用强制手段推行所谓"限价限卖"、"疏散人口"等措施。汉奸报纸鼓吹所谓"一次一碗饭运动"。市民们只得以玉蜀黍、马铃薯、山芋之类当主食。郑振铎在抗战胜利后写有《从'轧'米到'踏'米》回忆之。

二月一日

日伪当局从今日起开始"调查户口",并声称"调查户口之施行,含有绝对强制性质"。郑振铎后回忆说:"到了后来,'工部局'的储粮空了,同时,敌人们的压力也更大,更甚了,便借着实行'配给制度'的诱惑力,开始调查户口,编制'保甲';百数十年来向来乱丝无绪的'租界'的户口,竟被他们整理得有条有理。"(《从'轧'米到'踏'米》)

二月十二日

致唐弢信,拟托寄二封信,并提及:"弟近况如恒,堪以告慰。终日无事,惟读古书,写小楷耳。今冬尚不甚冷,殆已近春矣。"

三月

敌伪当局对居民的油粮实行所谓"计口配给"。所谓"配给制度",先是"半个月配给一次,到一个月两个月配给一次,直到了'无形停顿'为止",米价飞涨,人民无以为生。

四月十三日

郑振铎的友人、散文作家陆蠡被日本宪兵逮捕,旋即下落不明。郑振铎后来说:"陆蠡的死,最可痛心。他把那些敌人们当作'有理性'的'人'看待,结果却发现他们原来是一群兽,于是便殉难而亡。"(《记几个遭难的朋友们》)

四月二十三日

汉奸报纸《新中国报》透露,上海已有 36 万居民被强行驱赶到农村。

五月十一日

公共租界内居民今日起被发给所谓"市民证",法租界内居民则将发给所谓"居住证"。

七月四日

汉奸报纸《新中国报》透露:"自生活程度高昂后,自杀之风又炽,昨日傍晚六时许,虹口杨树浦桥,有夫妇两人,突然同跃入河中,冀图双双自杀。"郑振铎后在《"野有饿殍"》等文中对这种悲惨的现象作了记载。

七月七日

历史学家、目录学家、曾与郑振铎同事过的姚名达教授在江西带领"师生战地服务团"前往支援抗日军队途中,被日寇包围,他英勇反抗,壮烈牺牲。时年三十八岁。郑振铎于抗战胜利后曾作文《记姚明[名]达的殉难》。

七月十一日

日本侵略军攻占了郑振铎度过童年与少年生活的温州市,从而使国民政府失去了在浙江省的最后一个运输据点。

七月二十日

杭立武致蒋复璁信,称陈寅恪已脱离香港,行抵桂林。顷接其6月20日来信,述及日军抢夺郑振铎等人寄存香港之书:"英庚款会所购善本书,多为日本'波部队'运至东京,其运去之书目,无意中发现,存于马季明先生处,将来胜利之后,可以按目索还或索赔损失。"这大概是有关日军盗运上海寄存香港善本书的最早的报告。

七月二十一日

上海日本宪兵队发出通告,勒令缴送所谓"反动书报",即宣传爱国抗日的书报。郑振铎被迫几次烧毁有关书报,他后来回忆说:"我们听到要按家搜查的消息,听到为了一二本书报而逮捕人的消息,还听到无数的可怖的怪事、奇事、惨事。"(《烧书记》)

八月十一日

上海日本陆海军防空司令部发布所谓"第三号告示",宣布从明日起实施所谓"上海市内灯火准备管制",招牌装饰灯类亦予以熄灭。

八月二十五日

上海日本侵略当局今晚实施灯火警戒管制,室内灯火务须一律遮蔽。

八月二十八日

已去苏北抗日根据地的阿英日记记载:池宁从上海到新四军根据地,晚,"引池宁同志往见军长[按,即陈毅]。军长颇有意将洪泽湖作为文化人集中处,及文化根据地之意。因彼处在根据地内,最为安全地带也。……旋辞归,在我处闲谈诸友近况,得悉振铎兄仍困沪上,并未离去,拟与之通函。"

九月

日本帝国主义当局指使华北地区汉奸文人成立所谓"华北作家协会",由伪华北教育总署督办周作人担任所谓"评论会主席"。郑振铎闻讯后,既感到愤怒,又"觉得格外痛心,比见了任何人的堕落还要痛心!"(郑振铎《惜周作人》)

秋季

嘉业堂刘承幹《壬午让书纪事》:"郑西谛(名振铎)介施韵秋来言,谓有人欲购余藏书,愿出价贰百万。余以缥缃非生利之物,若能售去,以经营货殖,逐什一之利,弥补家用,未始非计。是时方在钞目,西谛谓前途急欲他往,只须将宋元明及各精钞本目录交阅,即行订约,其余不妨钞好再交。买方为张叔平(名振鋆,一字子羽,长沙人,文达公百熙之幼子),声气甚广,南浔之书可由渠请领'搬出证',日军方面彼可接洽,不致有阻云云。" 按,张叔平为张百熙第二子,号蜷厂。曾将故家岳云楼藏书四十万册,在上海设圣泽书藏。又为上海国际出版社社长,刊印大量中英对照书籍,影响甚广。(张晚年任澳门华侨大学图书馆长并在香港设东方图书馆。1970 年卒于港,享年七十三。又据张云《潘汉年传奇》说,张叔平当时是国民党第三战区司令长官顾祝同的代表,实际又是中共情报战线潘汉年领导下的秘密情报人员。他利用早年与周佛海相识的关系,与周联络,获得不少日伪方面的有用情报。1947 年,周被关押于南京老虎桥监狱时,张还代表潘汉年去探视,再次进行策反,但被周拒绝了。)张叔平此时欲购买嘉业堂藏书,请郑振铎、施韵秋做中证人。

十月一日

上海日本侵略当局扩大防空灯火管制,今日起举行所谓防空演习。

十月二十一日

"郑西谛与张叔平(原名振鋆,本字子羽,为长沙张子达公百熙之第三子,年四十五岁。前在蒋介石之航空署为秘书,丁丑战事后改此字,以避耳目)[来],谈良久。双方即在售书合同上签字,并付定洋拾万元。其人甚俊爽,不愧文达公之子也。……见证即西谛与韵秋二人。"(刘承幹日记)

"经数度磋商之后,乃于阳历十月二十一日订立合同议约。午后三时,张叔平偕西谛同至余处,签名盖章。"(刘承幹《壬午让书纪事》)刘氏出让书有"宋刊本、元刊本、明刊本、批校本、明钞本、四库底本、四库本、名家钞本、稿本、普通本(包括清代、现代刊本,石印本,铅印本在内)、普通钞本十一类书籍,共计十三万二千册……议得时值中储券二百万元正。"(《壬午让书纪事》)?嘉业堂藏书分置上海、南浔两地,交收付款亦分批进行,后来两方多有纠葛,郑振铎便退出中证。因张叔平力量有限,在购刘书之前,已找到亿中银行董事长朱鸿仪。张居中,留存了部分书,交给下家朱鸿仪之书,经张元济、叶揆初、徐森玉等人鉴别,认为不值,朱遂终止付款。这样,张也多次延期交付刘款。此事后来还引起诉讼,敌伪高官也纷纷介入。直至抗战胜利后,徐森玉等人出面调解,才由政府了结此事。

十月二十四日

刘承幹《壬午让书纪事》:"叔平派刘宗岳(字忍安)、刘邦骥(字德泉)兄弟来点收书籍。先点宋元本。是日午前,西谛携来五十万支票一纸,交与韵秋。"

十月二十五日

汉奸文人组织的所谓"文学家大会代表"今在上海金门饭店举行茶会,准备赴日本东京参加所谓"大东亚文学家大会"。

十月二十八日

张叔平致刘承幹信,因嘉业堂中止移运收点书籍一事,"特备茶会于虹口百老汇大厦",要刘出席。刘承幹《壬午让书纪事》:"此信到后,尚有电话相胁。余置不理,而柬帖亦竟不来。据韵秋言,系郑西谛力阻云。"

十月三十一日

"午刻,至徐家汇上海殡仪馆,吊郑西谛祖母之丧。遇陈济川。"（刘承幹日记）

十一月三日

所谓"大东亚文学家大会"在日本东京开场。

十一月九日

"晚,陈济川招饮于梁园。同座者徐森玉、郑西谛、瞿旭初、张芹伯、葱玉、葛荫梧、李宗侗、张世尧（济川来薰阁之夥友）、施韵秋。"（刘承幹日记）

秋季

经北平邃雅斋书友许奇亮帮助,见到明嘉靖黑口本《秦词正讹》残卷二册,略一翻阅即惊为奇书,亟收之。

十二月五日

"至来薰阁,无书可供一阅者。正怅闷间,一中年男子携书一册来,欲求书店中人为之估价。予亟索阅,乃《仙佛奇踪》初印本也。予问曰:仅此一册乎?曰,然。予曰:然则,此不全本也。然至佳。彼坚执以为系全书。盖此为仙部之一册,别署'逍遥墟'一名,故彼误以为全也。予前得仙部初印本一册,与此恰可相配,故颇欲得之。彼云已有人估值三百金,然实不售出。店中人与之商值至百余金,彼不顾而去。予怅惘者久之。未知将为何人有。……此实版画史上一重要资料也。交臂失之,不可复见矣。"（残存访书日录）

十二月八日

"至蒲石路访范行准君。与之偕往徐家汇图书馆。晤徐宗泽牧师。十年不见,风度犹昔。数月前,松江佘山教堂,散出明刊本《名理探全书》一部,为富晋书社所得。辗转归孙实君。范君以一千二百金,复从实君许得之。予尝向之索阅,则云:已归徐氏。予谈及之,徐氏乃取以相示。云,巴黎有此书一部。然国内则无第二全本也。又取新得明刊之关于天主教之版画书二种,均极珍贵。一为《天主降生言行纪略》,凡八卷,插图甚富。予尝得道光间刊本一部。此则崇祯本也。首有崇祯丁丑艾儒略序。……插图凡十五幅。所谓显相十五端者,凡欢喜五端,痛苦五端,荣福五端。每端一图,尚存泰西服饰及景物,实为至珍之品。徐氏并取 P·Pasqual M.Delia S.I.所著 Le Origini Dellarte Oristina Cinese(1583——1640)〔中国明季耶稣教艺术之起源,见于罗马出版之 Reale Accademia Dlitalia,1939–XVII〕一文相示。此文中载一明刊本之《念珠规程》,与原来刊本……相对照。盖即《玫瑰经》之别一明译本也。然人物衣冠已全易为中国式矣。徐氏允将此数种加入《版画史图录》中,隆情盛意,至可感也。"(残存访书日录)

　　按,以上二天残存访书日录也有可能作于 1943 年,现姑系于此,待续考。

十二月十四日

　　上海日本侵略当局下令本日起全市又举行第二次防空演习,共十天。

本年

　　美国基督教会在北平办的燕京大学被日军封闭,原在该校任教的郭绍虞拒绝伪北大的邀请,遂失业。郑振铎支持郭绍虞的正义行为,即把他介绍给上海开明书店的章锡琛,到上海担任辞书编纂工作。

　　本年,郑振铎常在开明书店与老友耿济之(其时改名为"耿孟邕"隐居)、周予同、郭绍虞、徐调孚等人见面,相互激励。"常常的以大饼或生煎馒头或烘山芋当午饭。仿佛又恢复了学生时代的生活","彼此相视苦笑。但也并不以为苦。觉得这苦是应该吃的!"(郑振铎《想起和济之同在一处的日子》)

一九四三年　四十六岁

（民国三十二年　癸未）

一月九日

汪伪政府宣布"与英美进入战争状态"。

一月二十六日

"过来薰阁，遇郭石麒，石麒正挟书一布袱，欲赴虹口某氏处。索其书单一阅，见有永乐刊本《刘尚宾文集》，嘉靖刊本《陶情乐府》及石阳山人《蠡海》三书在内，亟解包阅书。……《刘尚宾文集》及《蠡海》，则确为罕见之物，因与议价，并得此三书。"（残存的郑振铎访书日录）

一月二十九日

致刘承幹信："尊处与张叔平先生所订售书合同，敝人原为中人之一，至今牵延未决，敝人决意退出中人地位，特此声明，敬祈鉴察。"据刘承幹《壬午让书纪事》："因此时外面有种种流言，谓中人所得甚丰，而张叔平且亲语[叶]揆初，谓已厚酬中人，展转传述，西谛闻之不快，因有来函辞退中人地位。"

二月二日

"在汉文渊林子厚处得宋宾王校本《许白云集》一册，序三页，为宾王手写补足。"（郑振铎日记）　按，大概从这时起，郑振铎从汶林路（今宛平路）邓芷灵家又转到居尔典路（今湖南路）一屋秘密隐居。房东高真常，当是妻子家亲戚。

二月四日

"在富晋书社见到《汪克宽春秋胡传纂注附言》残本一册，元刊本也……是日为阴历壬午年大除夕，他肆一无所有。大是惨事。"（日记）

二月五日至九日

"各肆皆度岁休息，无可'阅肆'矣。"（日记）

二月十二日

"初八日。今日为入春后第一次阅肆，至富晋、忠厚、来青、来薰，饭后，又至汉文渊、文汇、上海、书林及传新。在忠厚购《痛史》，来薰购《荆驼逸史》及《明季稗史汇编》，传新购《南疆绎史》，备校勘用也。《绎史》并不坏。尚有《小腆纪年、纪传》、《两朝剥复录》、《南天恨》、《记载汇编》、《明季南北略》、《适园丛书》、《国粹丛书》等，虽已有，仍拟再购之，以资比勘。"（日记）

二月十四日

"偕徐［森玉］至来薰阁，孙景润云：有刻本《嘉庆一统志》，在鄞出现，可寄来。当即嘱其设法寄来。遇朱遂翔，彼云，在徽州，有明刻本《珍珠记》及《樱桃梦》出现。亦即嘱其设法。彼云：邮包不通。不知何时可见到也。"（日记）　"《四部丛刊续编》所收《嘉庆一统志》为故宫所藏钞本。刻本绝罕见。森玉先生云：尝见之。……此二传奇予皆未有。……高文举《珍珠记》，北平图书馆有文林阁刊本，恐人间无第二刊本也。"（残存访书日录）

二月十五日

"电车太挤，至霞飞路［按，即今淮海路］而已，未赴各肆。晤葱玉，云：刘晦之可全售，价六十万元。实甚廉也。当即嘱其设法购之。"（日记）

二月十六日

"至开明；至传新，晤绍樵，购《小腆纪年》、《两朝剥复录》等……又得《珍谱》抄本一册……绍樵出示天启本《淮安府志》（缺）……即购之。嘱为装订。又出示《宋文鉴》、《宋学士集》、《白氏长庆集》等……至汉文渊，得《渤海陈氏书目》一册（抄）……下午，偕箴至拔可处，见到明张之象注本《盐铁论》四册，注韩居旧藏，惜缺后二卷也。杨金华云：有王西庄校《黄山谷全集》，价千元。""以《天下郡国利病书》及《读史方舆纪要》六十四册易得四部丛刊本《洛阳伽蓝记》二册，欲配齐全书也。"（日记）

二月十七日

"至开明晤雪村,嘱其致函于傅君,偕剑三至大三元午餐,饭后,偕游各书肆,与寿祺谈甚畅。至传新,晤程守中。"(日记)

二月十八日

"未阅肆。阅手巾线袜等,极不易,每处均仅允许购一二双……可谓自有'商市'来之奇观也。开明送《洛阳伽蓝记》二本来。"(日记)

二月十九日

"元宵,未阅肆。与开明诸友在金陵酒家午餐。"(日记)

二月二十日

"赴来薰阁等处,无所得。与剑三同在老半斋午餐。在张宅晚餐。"(日记)

二月二十一日

"晴,未阅肆。与开明诸友在济之宅午餐。酒醉,睡至七时才醒。赴萧宅晚餐。"(日记)

二月二十二日

"第一次在家煮稀饭吃。十时半赴肆阅书。选购清人文集十许种。在大同午餐。饭后,至徐处闲谈。四时半回。"(日记)。

二月二十三日

"赴肆阅书,又选购清人集十许种。在老半斋吃刀鱼面等。下午,赴开明。六时在高宅,与伍、耿等谈店务。"(日记)按,"店务"指筹备"蕴华阁"事,详见下。

二月二十四日

"赴肆阅书。十二时半至金陵酒家独酌。饭后,赴西江处,阅《西清砚谱》……三时许,赴开明,谈甚畅。晤毛无止。偕伯、予、雪、丐、无等共赴傅宅晚餐。以傅请夏剑丞,予等均为陪客也。酒极佳。尽十许盅,微有醉意。归家即酣睡。"(日记)

二月二十五日

"赴肆阅书。得《白香亭诗》,甚喜,盖久觅未得也。十二时许,晤葱玉。在华府午餐。至森处闲谈。四时赴高处,与蕴及倍[儿子尔康]相见。"(日记)。

二月二十六日

"赴肆阅书。得《郭嵩焘全集》等。在高宅午餐。……理书。六时，至伯祥处，喝了不少酒。遇翼之。翼之云，苏城米价只二百九十元一担，如闻开元盛时事也。购鸡蛋五十余枚，价一百〇四元。(战前一元可购此数，约涨一百倍也。)"(日记)

二月二十七日

"赴肆阅书，选购数种。宛真来，知江妈昨夜逝去。相随二十载，极为忠心，一旦永别，自感难过！……下午四时，赴肆理书。六时许回。"(日记)按，江妈是郑家女佣；本日"理书"的"肆"当即"蕴华阁"。

二月二十八日

"赴肆理书。十二时半，赴高宅午餐，遇孙夫妇等。唐已盲，唱诗读曲，意兴甚豪。惟论古文，以四象为主，殊可诧异。盖亦家学渊源也(唐为文治子)。四时许，仍赴肆理书。"(日记)

三月一日

"上午，赴肆。今日开幕也。已布置得相当有条理。略谈，即赴忠厚，购《武夷山志》一部……又至来薰阁，遇金华及王佩净等。十二时许，至振业，访张，不遇。至大同午餐……四时半，赴肆，购文具等四十元。偕小宝[按，女儿小箴]、倍倍[按，儿子尔康]等赴金陵酒家晚餐。九时许回。今日肆中售去书及文具不少，约收入五六百元；如每日如此情形，则前途殊可乐观也。每日开支约须七十元，至少须做三百元以上始可敷用，做五百以上，便可挣钱矣。地点尚佳。顾客当可不鲜也。"(日记)　按，当时郑振铎出主意要耿济之开一爿旧书店，以掩护身份并谋生计，取名"蕴华阁"，暗以寓志；"蕴华"还是郑夫人高君箴的字。

"至忠厚书庄，与李紫东闲话。偶抽架上《武夷志略》一阅。此书不难得。予尝于北平三友堂得一部……此本印工不佳，然末页有一牌子，为予藏本所无。(予藏本缺末数页)因复以八十金收得，学向无涯，便于此类书亦须备得复本，始能确定刊书之年月。"(残存访书日录)

三月二日

"访张、徐不遇。至济处。遇申伯,同至来薰阁,见《敦煌杂钞》一部,携之归。至开明。偕诸友同往聚丰园午餐……饭后,至张处,又偕往徐处,遇玄。同赴肆一行。购《范当伯集》一部……与玄、徐同至凤宅,畅谈至傍晚始散。至高宅晚餐。"(日记)

"至来薰阁……见书堆中有《敦煌随笔》一部,即取阅。……自敦煌石室之古钞本发现后,西陲之史地乃为世人所注目。此书作于乾隆七年,然流传已罕。惟北平图书馆藏有此清润斋刊本,他处未见。森玉先生云:厂估得此书时,尝传钞若干部出售。此为原刊本,故肆中人殊重视之。索价至五百五十金。予姑携归,实不欲得之,以其昂也。"(残存访书日录)

三月三日

"至石公处闲谈。十二时许,至肆一行,知昨日不过做一百六七十元耳。盖以雨故也。予所购清人集等共一百五十余种,共价一千六百余元,当即付以一千六百元。……四时,写访书日录二页。五时半,复至肆一行,晤调孚,至开明选购书不少。今日买卖不坏,约有三四百元。七时许,至高宅晚餐。九时回。写访书日录二页。"(日记)

三月四日

"至徐处,遇心迪。至来薰阁,得《二老阁集》(后附《南雷文约》)……又至开明;偕诸友至同华楼午餐……又在来青阁购《南天痕》等三种……下午至高宅……六时许,至店一行。遇孙某。"(日记)

三月五日

"十时,赴徐处。同访赵元方,彼为荣庆之孙,甚懂版本,专收钞校,云:近得毛抄《酒经》及明活字本《吴中水利全书》、《容斋五笔》等。过来薰阁,遇吴及西江等。西江云:保文堂与吴向之事,已可解决。偕吴至金陵午餐。……宝来,同往肆,购文具十余元。至伯处闲谈。……晤石麒,见到王西庄校《黄山谷全集》"。(日记)

三月六日

"仍微雨不止。得徐积余先生讣闻,为之愕然(卒于四日申时)。即冒雨至花肆,送一索花篮,至安乐殡仪馆。至传新购《研六室文钞》、《石遗室文集》及康熙本《关帝圣迹图志》。……至开明,偕诸友赴会宾楼午餐。……二时许,至来薰阁等处,在忠厚购清人集二十许种。至金城,访赵元方,不遇。在书肆,与徐闲谈"。(日记) 按,徐积馀名乃昌,藏书家。

三月七日

"星期日……十时许,至肆,又选清人文集数种。宝亦来,偕至王宅。至大同午餐……饭后,至张宅,与周等雀战……到家已十一时矣。"(日记)

三月八日

"至徐处……谈甚畅,偕至来薰阁,又至开明。谈印《医方类聚》事颇详。偕诸友至会宾楼午餐……至孙处,实君尚未归。访葱玉不遇……归……写清文集目录数十纸。六时半,赴高宅晚餐。"(日记)

三月九日

"八时许,赴张处闲谈。又访徐,未遇。……至来薰阁,选清人集数种。遇乃乾。晤韵秋,彼携《太平欢乐图》百页(类《清明上河图》、《岁相图》等),索三千金。又天启间陆某批《希姓谱》一册,索五百金。偕乃乾至开明;与诸友同往会宾楼便饭。二时许,挤电车至高宅……六时,至肆一行,又选清人集十余种。七时半,至高宅晚餐。九时许归。"(日记)

三月十日

上午"八时,至徐处。彼拟于今晚北上也。谈颇久。至王彦和处闲谈。至来薰阁、忠厚等处小坐。无所得。见到吴所送去之陈校《文选》及吴批《史记》。又见许博明之书十许种……至开明,小坐。又至振业,与葱玉谈及杨某事,殊为慨叹;甚矣知人之难也! 一不在意,便为所欺。将来此种人必将出大弊病,不如早日断绝之为是。"下午"写清人文集目录。六时许,至肆,又选书数种。遇顾起潜。七时许,至高宅晚餐。沐浴。今日香烟抽得太多,头晕不已,甚不舒适。想:自即刻起,戒烟不吃。好在香烟近日价又大涨,戒绝不吃,正是时候也。尝数次发愿戒绝,竟又开戒。此次拟下一决心。用出毅力来戒绝之。九时半归。写

清人文集目录,至十二时方睡。"(日记)

三月十二日

"阴。灰雾弥天,至为闷损。到九时许……至前面参观张某之新居,布置甚佳,尚未迁入,殆亦一暴发户也。十一时,至高宅。稍谈,即赴马宅。晤箴等。饭后,携倍至周处小坐。"(日记)　按,"暴发户"指汉奸人家。

三月十三日

"九时许……至咏处闲谈……咏云:有《爝火录》在钞写,此明末史料也,予亦拟传钞一部。至来薰阁小坐。见杨某,彼虽多方饰辩,总以不多加信托为宜。购肥皂五块,价八十余元,连日飞涨,已达战前之一百数十倍,月前之三四倍矣!至开明,晤乃乾,购《懒翁诗集》一册,《明季事略》二册,共百金。'懒翁'为元董寿民,其集久佚不传……同往会宾楼午餐……至传新,选购清人文集数十种,惜无甚佳者……六时,至肆,又选购《三鱼堂集》等数种。七时许,至高宅晚餐。九时半回。"(日记)

三月十四日

"访张。过博山寓闲谈,承贻《明清藏书家尺牍》四册。至忠厚、来青阁及来薰阁。在来青购《授堂全书》一部。在大三元午餐……至传新,昨日所选书,凡五十余种,取来书单二纸。三时许,至张宅,张夫妇皆外出……六时许,至肆一行,偕耿至伯祥处闲谈。八时,至味心晚餐……谈筹设文具肆事甚畅。处今日之时会,势不能不'甘市隐'也。九时许,至高宅,稍坐即归。作致徐及济川函各一。"(日记)

以"纫秋居士"化名为《明清藏书家尺牍》作题跋,叹曰:"予嗜书而无力,明清诸大家批校本见之而未能收者多矣。阅此诸家手迹,为之慨然!"

三月十五日

"访张;至王宅,至秀州,至来青、来薰各肆,无所得。遇李。约周同进午餐于大三元……六时许,至肆,遇宝。有出售西书者,约三百五六十册,索三千金。耿恐有麻烦,决定不购。至高宅晚餐。九时归,为某

生讲《韩非子》二篇。"（日记）

三月十六日

"访张，取来借款支票一张。至开明，小坐闲谈一会。至来薰、来青等处。至振业，与葱约，明日取款一部分。四处奔波，无非为利，此从未经过之境界也，殊以为苦！……饭后，至高宅，又至张宅。编阅《书目丛刊》。"（日记）

三月十七日

"至来青、来薰等处小坐。付《四部丛刊》初、二、三编等第一批款五千元。至振业，访葱玉。至华府午餐。一时半许，至张［耀翔］宅。晤徐、罗二生。谈至近七时始散。至高宅晚餐。整理书目。"（日记）按，"徐、罗二生"为原暨南大学徐微、罗仲京两女学生。

三月十八日

"整理书目。十一时许方外出。至开明，同往会宾楼午餐。餐后，至各肆一行，无所得。……得宝信，即电招之出，劝慰百端。晚，偕往绿野新村晚餐，用八十元。"（日记）

三月十九日

"上午至开明，闲谈至十二时，偕诸友同往西南酒家午餐……餐后，至各肆一行，无所获……三时许，至来薰阁，与傅、蔡等闲谈。七时，至高宅晚餐。"（日记）

三月二十日

"上午至徐、张二处。又至开明闲谈。至来薰阁。至振业，访葱玉。至华府午餐。归家午睡。高元来谈。五时许，至肆，晤宝，携归……七时，至高宅晚餐。"（日记）

化名"悌"致蒋复璁隐语信："家中大小，自莅翁以下，均安吉如常，堪以释念，一切自知保重。营业因资本无多，买卖又复清淡，已暂行停顿矣。此间生活程度日高，支出日形浩大，家口众多，迟早必将拮据不堪。尚恳兄处能有接济。……店中资金，大部存港。港肆久无消息，近闻业已封闭，数载心血，废于一旦，深夜彷徨，不能入寐。家运之蹇，一至于此，不禁愤懑难平！沪店存货，为我家仅存之物，益不能不珍护之矣！圣翁已平安抵达,晤谈至欢！"

三月二十二日

"十时许,至高宅,又至开明。晤乃乾。闲谈颇久。偕诸友同至老半斋午餐,……购乃乾之《敛然阁文集》一部……四时半,至高宅,又至肆,携宝、妹同往大同晚餐……九时半,由高宅回……钞《清人文集目录》廿二纸。约计之,所收尚未及四百种,且佳品无多。若至千种之数,恐不甚易也。可见一事之着手,一愿之立,初若甚易,其结果必至困难重重;然如不中途放手,则当必可遂愿成功也。书此以自励。"(日记)

三月二十三日

"十时许,至高宅,至来薰阁,晤施,谈甚久。付杨纸帐一数。至开明,偕诸友至西南酒家午餐……饭后,至来青阁,与杨寿祺等谈印书事。杨不主张印书目,而力以印'传奇'为言。俟再仔细商量决定。三时回,午睡。写书目。六时,至高宅晚餐。"(日记)

三月二十四日

"十时,至觉园张宅,谈甚欢。施来,同往王宅看书。十二时,至瞿宅闲谈。到大新四楼,观梁俊青、吴曼青夫妇画展,甚有可观者,进步之快,为之诧异不置。至来薰阁等肆小坐。偕倍等在大三元午餐……四时半,至开明。乃乾携来龚孝拱手写之佛藏目录四册,汉碑文释二册,颇佳,共索二千金,力不能得之,姑携归一读。又至肆小坐……七时半,至高宅晚餐……归。整理清人集目及书目丛刊目录,至近十二时始睡。"(日记)按,梁俊青是郑振铎庙弄邻居,医生。夫妇俩均擅画,称"双青楼主"。

三月二十五日

"十时,至秀州书社等处,选购清人文集二十种……十一时半,至开明,偕乃乾至老半斋午餐……餐后,至来薰阁诸肆小坐,致济川一函。……五时半,至凤举处,偕往蕴华阁一行。七时,至高宅晚餐……九时许归。算书帐。"(日记)

三月二十六日

"十时,至秀州,又至王宅访施不遇。十一时许,至来薰阁小坐,无所得。在忠厚,见到《卫藏图识》乾隆版,有图,颇佳,正在装订,拟得之。十二时许,至开明,偕往五芳斋午餐……午睡至五时。算书帐。六时,至张宅,张氏夫妇皆外出,即至高宅晚餐。八时半归。阅刘氏书目,摘录其中重要者,至十二时始睡。"(日记) 按,"刘氏"即刘晦之。

三月二十七日

"九时,至张处,送还书目,谈甚久,言及欲请国文教员事,即致一电与微,约其至大同一谈。十一时许,至来青阁。近十二时,至大同午餐……五时,至张宅,与翔略谈,即至王处,谈至六时半,至高宅晚餐。九时回。"(日记)

三月二十八日

"九时许,至张处,闲谈多时,复至翔处。购玩具十余元赠饮德,彼今日周岁也。十二时半,至孙宅午餐。三时,至张宅,晤微,六时,别去。六时半,至王宅喝酒,耿在座。"(日记)

三月二十九日

"至袁宅小坐。袁欲远行,忙甚。至来薰阁,得徐函一,又见李卓吾评《西厢》,首有图,颇佳,即拟购之。中午,在大来午餐……至张宅,晤周及罗。"(日记)

三月三十日

"至王宅,闲谈久之,又至修文堂,晤实君,得《推篷寤语》(云间李豫亨撰)……十二时,至洁而精午餐,篯、宝、倍均来……餐后至公园,观狮子。……至寓,又至高宅,又至肆,与耿商购丁书事。至高宅晚餐。"(日记)

三月三十一日

"九时半,偕耿至丁宅阅书。选出若干种,尚未毕。拟明日续去。至光明午餐……至来薰阁等肆小坐;遇董惠聊,谈甚久……至开明,遇周干卿。三时半,至张宅,观雀战。至李宅,阅书,谈至七时;至东方旧书商店,购《中西烹饪学》二册……闻有古本《楚辞集注》及嘉靖本《兰雪集》,约日往阅。至高宅。七时半,又至张宅晚餐。"(日记)

三月

为购藏缪荃孙《艺风藏书再续记》作题跋："记中书多曾目睹，读之如与故人相见也。"署名"纫秋馆主"。

四月一日

"九时许，至丁宅阅书。十一时，至上海殡仪馆祭祖母。付三四月寄柩费……至乔家栅午餐，共五人……餐后，至张宅。偕孩子们游公园。"（日记）

四月二日

"十时，偕耿至丁宅阅书。忽发见有朱　之《国朝古文汇钞》及吴翊凤之《国朝文征》，殊为不虚此行。十一时半，至振业，晤葱玉，取来一数。一时许，至来薰阁小坐，又至来青阁，即付一数与之。至大三元午餐……至开明，晤诸友，闲谈至四时，又至来薰阁等处。晤石麒，得《忧□编》等……五时，至肆小坐。晤益藩。六时归。七时，至高宅晚餐。八时半归。作致徐、陈函各一。"（日记）

四月三日

"九时许，仍至丁处阅书。已大致阅毕，剔去一部分。彼似颇不满，有不售之意。计所选者已有三千册左右，每册说定四元，已需一万二千元矣。当立行设法筹款购之。至来薰阁小坐。遇金华等。复至西南酒家，与王、章午餐……复至开明，遇乃乾，谈至三时许，始别……六时许，访伯祥，不遇。至张宅，即在彼处晚餐。八时半回，倦甚。"（日记）

四月四日

"星期日。晴。今日为儿童节，原约小孩们同出游玩，但九时半至肆，偕汪同往丁处扎书，直至下午三时许始毕，即在丁处午餐，却浑忘了此事。至来薰阁，始忆及之。即电约至肆。同往杜美路公园略游。又至王宅，伯祥仍不在家。购礼物赠各孩……复至肆，晤起潜。至高宅小坐。"（日记）

四月五日

"九时许，在床上读《曼殊集》，颇为此咏'春雨楼头尺八箫'之诗僧事迹所感动。曼殊诗胜于文，清丽绝尘，与纳兰成德及西林太清君之富有异国情调者同。十时许,至来薰阁,晤施,付……搬书费也。十一时半,至开明,偕诸友赴宁波路三泰成喝酒,甚畅……主人欲余等题字,予为书'不醉无归'四字,伯翁作'天之美禄',雪村书'故乡风味',予同书'借酒浇愁'四字;主人复设酒宴客,更尽钟而别。时已下午三时矣。至济之宅选所购之书。五时许归。"(日记)

四月六日

"十时许,至来薰阁小坐,见吴向之稿本《明资治通鉴长编》及《乾隆以来系年要录》已到,即致电伯祥,嘱其即来检点册数。购《善本书影》别卷及《中国书籍解题》各一册,均长泽氏所著。至忠厚,购《劫灰录》等二种。见彼等正在以残书及《经策通纂》等不售书,作废纸售予纸厂估人;仅六七扎,得价六七百金,似不较售出为廉。近来旧书旧报,大量的被纸商收去造纸,将来若《九朝圣训》等大部而价廉之书均将绝迹于世,实文化之一大浩劫也!思之,为之憾慨无已!十一时半,至开明,取款一万;济之来,即交之,付丁书款也。至同兴楼午餐……一时半,至耿宅,理书。二时许,至肆;箴来,即偕往寓中……写丁书中之清人文集目录,约又得七十余种。合计仅有五百余种,离千种之目标尚远也。可见一事之成,始入必锐,渐进则渐艰焉。如持之以恒毅,则终必有成。否则必至中途而废也。"(日记)

四月七日

"阴雨,在寓写《清人文集目录》。十二时许,偕箴至高宅午餐。三时许,至耿宅清理丁书。购食物等共二十一元余。晚餐后,即归。"(日记)

四月八日

"九时许,至凌宅,代付租金。访张,不遇。见彼等正在做地产交易。十时,至张石公处闲谈。十一时半,至开明。偕章、周、王同往西南酒家午餐……餐后,至来薰阁小坐,晤石麒等人。购《新疆赋》原刻本一册……又在忠厚李紫东处,购《董文友全集》等书五种……在寓写《清人文集简目》毕,计共四百二十八种,虽溢出《清人文集篇目分类索引》之数,然彼所收者,予仍阙二百余种;如能达千部之数,则当可溢出六百种而不至于阙矣。拟尽先收购所阙之二百余种。分三部分收之:(一)罕本,最为着意,但恐'可遇不可求';(二)普通本,易得;(三)丛书本,如遇有'另种',即可收之;如因一书而购全部'丛书',大不值得也。仅此四百二十八种,所费已在一万二千金以上矣。诚非穷书生所能负担也。奈何,奈何!好大喜功,贪多务得,予一生之大病,却亦不能戒之。时时拮据,实缘于此。七时,至高宅晚餐。九时归。仍清理清文集目录。……得济川信一。"(日记)

四月九日

"发济川、圣翁信各一。十时许,至三马路各肆小坐,遇实君、石麒诸人。忠厚新得程演生先生目录书不少;必选购十许种,皆予所未备者。正午,至开明,偕章、周至生义隆吃面……至振业,访葱玉,不遇。归家午睡。宝来。六时许,同往张宅。七时,至远香居吃花卷等北方物……八时,至高宅。……今日见幼丐互抱,拳曲而睡,极惨,而绝无人过问之……此景象于街头屡屡见之。流浪儿童之收养与教养,今日尚可谈乎?!"(日记)

四月十日

"九时许,理发。至高宅,至耿宅。十一时许,至三马路各肆小坐。无所得。将款一五付清来青阁。正午,在华府午餐……饭后,访葱玉,不遇。至修文堂孙实君处,选购'目录'书数种而归……四时许,澹哉来谈。购磁器数件……六时,赴肆小坐,又得《敦艮吉斋文存》一种。在高宅晚餐,匆匆而回"。(日记)

四月十一日

"九时许,至张宅,闲谈。十时半,至培成,访未风。十一时半,至各书肆小坐,遇越然。同至大利,祝雪村母七十九大寿,贺客甚多。遇垂统、景深等,皆久不见面者。二时,偕周至张宅……闲谈至九时半始归。"(日记)

四月十二日

"今日为防空演习之第一天。九时许,至秀州朱处,选购清人文集十许种。恰遇封锁。文祺亦来;同候解严车通,已在十一时后矣。因车挤,乃偕同步行至三马路各肆小坐。《诗馀画谱》印样已来一张,甚佳。
在来薰阁叫菜午餐……至开明,又遇第二次封锁……三时半解禁。至
蕴华阁小坐,遇有购词者,颇觉是同调。箴等来。同至寓。六时半,至
野味香吃汤团等……至张宅,匆匆即回,已天色薄暮矣。"(日记)
按,敌伪当局的"防空演习"共四天,至15日止。《诗余画谱》为郑振铎
当时编印《中国版画史图录》所收之一种。

四月十三日

"上午在寓,至十一时许始到高宅午餐。一时许归,午睡至三时。
时犹在空袭警报中也。四时解除,即至耿宅。同往肆小坐。七时归,即
至高宅晚餐。"(日记)

四月十四日

"上午警报发了二次。至近十一时始开放。至传新,晤季琳、调孚。
调孚交来徐一函。付传新书款……又付商务书款……偕季等至西南
酒家午餐……至来薰阁,得《七经楼文钞》;见《北堂书钞》已寄到。又
至各肆匆匆一行。二时许归。午睡时,警报又作。四时许,警报解除……
六时许,至肆小坐。七时许,至高宅晚餐。"(日记)

四月十五日

"上午八时,警报大作……警报解除后,始至高宅午餐。餐后,即
归而午睡……警报又作。午睡醒时,警报亦解除。不久,箴来,同往高
宅……七时许,又发警报,至九时解除,十时则全部均解除矣。""游邻
居周某氏园,深有所感。""昨得微一信,欲复未果。夜,致其一电。作
致徐、陈二函,拟托世尧转寄。"(日记) 按,"周某氏"就是将于7月
15日搬来作"邻居"的大汉奸周佛海(1945年3月19日搬走)。

四月十六日

"九时许,至传新,选购文集多种。十时,至开明。十一时,至来薰
阁,晤施。又至各肆;从紫东处购得宋元本残页七八页,又有他书若干
种……至振业,访葱玉,仍未遇。在绿野新村午餐……归而午睡。澹哉
来谈。沐浴。六时许至高宅,遇竹庄。七时,至大同晚餐……至张处闲
谈,九时归。"(日记)

化名"犀"致蒋复璁隐语信:"李平记款已收到……兄处日用浩大,未必敷用,而尚能勉拨家用,感激之忱,非言可宣。谢甚,谢甚!此间费用日增,大是不了,幸合家大小均甚安吉,可慰远念!茳、圣二位老辈亦均健安,乞勿念!……近来有人计画开设旧书肆[按,当指"蕴华阁"],……兄处如需手头应用之书,当可陆续寄上矣,然尚未必能否告成也。"由此信可知,郑振铎又在极其困难的环境里为重庆方面办事了。

四月十七日

"十时,至徐宅。十一时许,至传新,又至开明。遇耿。至来薰阁,晤石麒。至来青阁,遇助廉等。见杨寿祺购中国书店之底货八十余扎,正欲售给收废纸者,大为感伤。即与之议价,以六千金全数得之。亦一大快事也!其中有不少系予所欲购者。即搬存汉学书店。购《扬州东园图咏》一册……二时许,至金陵酒家午餐……三时许归。至高宅……六时半,至肆小坐。七时许,至高宅晚餐。九时归。……今日总算做了一件大功德,殊为兴奋。然款则罄矣。"(日记)据郑振铎《"废纸"劫》云,书共五千余本、七八百种。"属有天幸,数日后,有友复济以数千金,乃得免于室人交谪,乃得免于不举火。"

四月十八日

"微约十时来。谈至十二时,到大同午餐……餐后,至张宅,偕耀翔夫妇同来。笺等已先至。微与罗来。四时许,周来。"(日记)

四月十九日

"十时许,笺去。至高宅,取款四千,交来青阁史君收,偿付前日书款之一部分也。至开明,偕至来薰阁午餐……伯祥所书之汉学书店四字,已张贴出,甚佳。在汉学,与石麒闲谈,购乾隆《瀛洲竹枝词》一册,咸丰时铅印之《六合丛谈》合订本一册……三时归……七时,至肆小坐,即至高宅晚餐……晚间本区有防空演习。"(日记)

"西谛来言,近日纸贵,沪上小厂每高价收买纸脚。人家之无知者贪近利,辄将架书秤与之。今日[按,当是前天]见有中国书店底货一批,并非残缺,其中颇有佳本,竟以四千元售与收纸者,即将车送纸厂轧碎复制次纸,慨以六千金即拨之,交汉学书店杨金华理存待估。余笑谓此举足以媲美当年罗叔言之抢救内阁大档也。"(王伯祥日记)

四月二十日

"十时许,至秀州,见朱惠泉,以日本《大藏经》一册见示,索六千金,即却之。续至来薰阁等处,无所得。至开明。偕周、耿、王至会宾楼午餐……至汉学,取《明季南北略》九册……六时许,至蕴华小坐。选购'地方总集'三种。近八时,至高宅晚餐。"(日记)

四月二十一日

"九时许,至来薰阁小坐,遇平贾何、乔、孙、孔等。有《金印记》,为罗懋登评注,向未之见,索三千金,拟得之而无力……又见《安麓村书画记》四册,为叶东乡抄本,甚佳,又康熙时张弘牧所纂《续画史》一册,为张氏手稿,合七百元,颇欲得之,即携之而回。至开明,偕周同至一海宁菜馆午餐……餐后,至孙实君处,久坐,未遇。至高宅,遇十二及澹哉,为房屋纠纷事也。无结果。箴携倍来……得圣与信一。"(日记)

四月二十二日

"十时许,至孙实君处……十一时许,至开明。在修文堂得胡玉缙批注《书目答问》二册,祁韵士《袖爽轩文稿》四册(抄本),余无所得。偕乃乾等西南酒家午餐……至来薰阁等处小坐……六时,至梁医生处取打针证。知箴、倍均有 T.B.,为之不安者久之。在大同晚餐……七时半,至张宅,晤吴、周。谈至近十时始归。"(日记)

四月二十三日

"九时许,至贝勒路卫生处,欲掉换打针证……至来薰阁,竟以二千金购下《金印记》,此款尚不知着落在何处也。仲章来,谈甚畅……十二时半,偕微至冠生园午餐……餐后,至开明,谈至三时许,至高宅。"(日记)

四月二十四日

"九时半,至济处,付二千元。阅《字鉴》三部,均佳;一有桂未谷题字,二为朱绪曾所校。十一时,至开明……以中来,谈至中午,偕往三泰成喝酒……午睡至六时……至肆小坐,见济进货不少,大有计划。
七时半,至高宅晚餐。"(日记)
四月二十五日
　　"微来。谈甚久。送花及瓶来。十一时半,偕出……正午,至庆棠
处午餐……五时半,至肆,遇益藩。六时,至萧宅晚餐。谈至近十时,始
步行而归。"(日记)
四月二十六日
　　"十时左右,至高宅……十时半,至开明,遇以中,偕往来薰阁等
处小坐。在石麒处购得清词十许种,中有一种,有晦闻师题字。十二
时,至蕴华阁,遇袁帅南。箴携宝、倍来。偕往华府午餐……致一电与
徐宅。知森已回,为之大慰,即匆匆通数语,约明晨相见。"　按,黄节
(晦闻)是郑振铎读大学时的国文教师。
四月二十七日
　　"十时许,访徐[森玉],谈北事甚久。闵尔昌语,尤可感动。十一
时,至来薰阁及汉学书店。正午,至冠生园,与微同进午餐。一时半至
开明。送《十国春秋》给伯祥,并于封页上题数十字。"(日记)　按,据
郑振铎后来《吴佩孚的生与死》一文回忆,在沦陷区北平的闵尔昌对
徐森玉说:"但希望中国、美国的飞机能来才好!"徐说:"来炸了,不是
你也很危险么?"闵答:"这样的被炸死了,倒是甘心的!"又,所作题跋
为:"浩劫之后,继以焚毁,古籍之存世者鲜矣!近数月来,纸商复以重
值搜罗旧书为制纸原料,各书肆对于巨帙之廉值书皆捆载出售,实图
籍之又大厄也。予目击心伤,挽救无力。昨来青阁得中国书店存书八
十余札,亦欲售予纸商,予大愤,倾囊悉得之。此《十国春秋》即其中之
一也。伯祥兄久欲得此书,谨以贻之,亦大劫中之一小纪念物也!"
四月二十八日
　　"十时许,至来薰阁,晤森。彼述一近事,云:'故人慷慨多奇节。'
至汉学书店,整理清人集,得二十余种。又总集十许种。一时许始毕。
在西南酒家午餐……餐后,至开明……赠伯祥《水道提纲》一部,亦从
纸商熔炉中救出者也。三时许,归家午餐。五时许醒,整理清人文集目

录;已得五百种以上矣。"（日记）　今日在《水道提纲》上题曰:"此书与《十国春秋》俱为予从纸商熔炉中救出者,伯祥欲得之,因并以奉贻。"王伯祥得此两书后,十分珍视这大劫中的纪念品,在郑振铎逝世后曾多次作文记其事。

四月二十九日

"十时许,赴来薰阁,阅文奎堂寄来书……遇施。至汉学,遇石麒,购竹枝词十余种。又购明钞本《芝山集》一本……至金陵酒家午餐……四时许,至高宅,途遇箴、倍。六时,别去。在肆小坐。七时半,至高宅晚餐。八时半归。整理清人文集目录。已超出五百种矣。上午抄清文集目,恰及五百种,已甚为不易矣。尚有百许种,在各肆可觅得。大约假以时日,千种之数,必不难达到也。惟囊空如洗,将来不知如何继续以购。与箴愁容相对,亦以拮据故也。"（日记）

四月三十日

"至森处,遇仲章,至来薰阁,闲谈至十二时许,赴冠生园,与微同进午餐……餐后,至开明。三时许归。箴等已来。七时许,偕宝至肆。"（日记）

四月

重庆文信书局出版署名郑振铎的《龙与巨怪（史诗的故事）》一书,土纸本,署发行人王君一,印刷者军事委员会政治部印刷所。收入郑振铎在1927年3月至7月在《文学周报》第265期至275期上发表的《皮奥胡尔夫》、《居特龙》、《尼泊龙琪歌》、《朗歌巴系传说》等篇,为第一次收集出版。

五月一日

"与箴等同至野味香吃云吞……至朱惠泉处,选书一批。至来薰阁。正午,至金陵午餐……遇文祺。偕至修文堂,取《学福斋集》等归。又至周处,闲谈至四时,回……六时半,至肆小坐。七时许,至高宅晚餐。"（日记）

五月二日

"十时许起。箴等在此,早餐后,已近十一时了。至高宅,午餐。一

时许,与箴等别,至张宅,又偕至微处。谈得很久……又至张宅闲谈。近七时,访伯、森,均不遇。至高宅晚餐。"(日记)

五月三日

"十时许,至来薰阁各肆小坐。无所得。十一时半,至开明,见朱惠泉各书均已送来,共约八百余元。即在彼,吃煮鸡蛋三枚,作为午餐,尚堪一饱。二时许,至森处。森还欠款二千八百余金。连日正奇窘,得此,聊苏涸辙耳。三时许,归而午睡,不能成眠。写清人文集目。六时许,至蕴华阁小坐,七时半,至高宅晚餐。"(日记)

五月四日

"九时许,至森处,取得《十竹斋笺谱》卷二一册。十时至朱惠泉处,付五百元。至来薰阁等处小坐。至开明,偕诸友至金陵酒家午餐……二时许,归家午睡……宝来,偕至蕴华阁。作致萧一函……七时许,至高宅晚餐。"(日记)

五月五日

"九时半,偕耿至丁宅选购书……共五十三册,内有'松陵带发僧自在'之诗集,旧抄本《围炉诗话》及叶德辉校之《汪文摘谬》三种,尚佳。清文集又增十二种。十一时半,携书至开明。即在彼吃鸡蛋三枚,作为午餐。二时许归。午睡甚酣。五时,至梁医生处打针。六时许,至微处。即在微家晚餐。罗亦来。餐后,偕微及罗,沿徐家汇路、高恩路、潘馨路,而至霞飞路;微等乘车归……时已十时,至高宅,即归。"(日记)

五月六日

"九时,至张处,偕往森处闲谈。十一时,至来薰阁理书。十二时,至开明……午餐未吃。二时许,至传新,徐绍樵以书单一纸见示,其中佳者不少。白绵纸《人镜阳秋》即其一也。甚为兴奋。归而午睡。四时许,至高宅。箴等来。宝有点发烧。心甚着急。六时半,偕宝等归。七哥等亦来。夜间请他们晚餐也。"(日记)

五月七日

"九时许,至来薰阁,借款一千元。又至汉学,闻潘博山君噩耗,为之惊骇不置。博山体素健,正壮年有为,不意其竟去此浊世也。谈版本者又弱一个矣。人生无常,尽情享受与建功立业皆有时不我待之概。'彩云易散琉璃脆',似应珍惜分阴也。十时许,至传新,付徐绍樵一千元。至开明。又至森处。遇凤举,后玄伯亦来,偕往绿野新村午餐。餐后,至安乐殡仪馆吊博山之丧,晤凤起、湖帆等。三时许归。午睡。六时半,至高宅。遇拔可。"(日记)。

五月八日

"九时,访森,不遇。十时许,至来薰、汉学等处小坐。购清人集三种。十一时半,至开明,偕周至杏花楼午餐……近三时,至来薰,见宋蜀刊大字本《后汉书》……四时,至高宅,箴已在……闻突尼斯已攻下,北非战事至此乃告一结束矣……至斐函一。"(日记)

五月九日

"十时许,访伯翁……十一时,访耿,不遇……一时许,至高宅,彼处已过午餐时候。只好饿了一顿。母亲携箴等来。今日乃岳母生日也……下午三时许,购面包一只充饥……贺客陆续来,皆至戚,无外人,晚餐有两桌……近十一时半始散。"(日记)

五月十日

"九时许,至森处,不遇。至汉学、来薰等处小坐。遇森。微有电话来。平肆寄来《果堂集》、《雅雨堂集》及《汪由敦诗文集》等。十一时许,至开明,与商拟以开明股票押款数千事,竟未能成。……箴需款甚急,宝又病,奈何,奈何!殊为焦急!十二时许,至冠生园,与微午餐……餐后,乃至三马路,遇西江,以《玄览堂》二部,取得现款二千,甚为痛快。可暂济燃眉之急矣……六时许,至蕴华阁。七时半,至高宅晚餐。"(日记)

五月十一日

"八时半,至高宅。九时半,至来薰、汉学小坐。遇助廉等,闲谈颇久。十一时半,至孙实君处。取来《孟陔堂文说》等。在华府午餐……三时半,至森处,玄伯亦来,偕往湖帆处,谈博山遗著事。景郑亦在。读《吴清卿题跋》(未刊),甚佳,当设法刊印。又见尤荟《五老图》,宋元人题跋甚多,有范成大、杨万里、洪迈、洪适、虞集、赵子昂等,皆真迹;此图真本,尝归蒋孟苹,蒋拆下《五老图》,分售美、法,而留存题跋真迹,复配以尤氏摹本,归之张葱玉,去岁葱玉售之集宝斋,今归孙氏。凡名迹,一归略识之无之贩子手中,便有五马分尸之厄,反不如落于无知无识之商贾铺子里,尚能保存'天真'也。言之可为浩叹!五时半……至微处。谈甚久。八时,周、罗来。共进面、饭。闲谈至近十时始归……连日谣言孔多,闻苏州闭城三日,沪杭车不通,上虞有日兵八被杀,种种征象,皆有暴风雨将至之概。"(日记)

化名"犀"致蒋复璁隐语信,又介绍"友人杨泉德君……最近拟回乡一行,尚乞赐以接谈并援手为感"。

五月十二日

"九时许,至高宅。十时,至来薰阁等肆小坐。购草书帖五种……十一时半,至开明……偕剑三至金陵酒家午餐……三时归……箴来。"(日记)

五月十三日

"与箴同进早餐。十一时许,至汉学、来薰各肆小坐。至开明。以鸡蛋三只作午餐,胃口几为翻倒……二时,归家午餐。七哥来谈。五时许,至张宅,偕张至梁医生处打针……今日以《书目丛刊》拟目交章,约需十万元左右方可印出,彼颇有踌躇意。将来,势必自印也。"(日记)

五月十四日

"十时,至来薰、汉学等处小坐。十一时半,至高宅午餐。知突尼斯战事已告结束。一时半,归家午睡……六时半,至蕴华阁小坐。七时许,至高宅晚餐。"(日记)

五月十五日

"九时,赴森处。见到康熙版嘉兴藏目二种,又抄本怡府目四本,均为神动,拟借印。十时,偕往孙实君处,取得书画及铜器目录十四册,为森取也。十一时半,归。未午餐……五时半,送草书各帖至微处。未遇。至张处,遇罗。闲谈久之。访周,至绿野新村叫菜至张寓……餐

后,谈至十时,又访微,尚未归,又至符处,亦不在。"(日记)

五月十六日

"九时半,至微处,闲谈久之。十一时,至汉学等处小坐……十二时半,回至微处午餐。餐后,仲京来……三时许,偕往张宅,约耀及其二女,同往杜美观电影,为 Gogol 之《Taras Bulba》,一法文片也,绝佳……七时半,散归。至高宅晚餐。"(日记)

五月十七日

"九时半,至森处闲谈。十时许,至汉学、来薰等处。十一时许,至开明。偕周等同往金陵酒家午餐……二时许,宝携倍来。森亦来……五时许,森去,不久,箴等亦去。贾宝玉谓聚时即悲别离之苦,予亦深有此感。六时,至蕴华阁小坐……七时,至高宅晚餐。"(日记)

五月十八日

"十时许,至来薰、汉学等处。晤韵秋,谈至近十二时始散。取金华款一千元。无好书可见,殊感寂寞。至冠生园午餐,晤微。遇周莲轩……餐后,至开明,取股息七十四元。二时半,归……六时……在微寓晚餐。仲京来。餐后,闲谈至九时……同沿徐家汇路步月。不觉已近十时矣。各散归。"(日记)

五月十九日

"十时,至高宅……十一时,至张处,又至森处。在森处午餐……一时许,至济处。稍谈,即归。午睡少顷。宝来,四时许,箴携倍来。"(日记)

五月二十日

"十时半,至开明,闲谈久之……十一时,至来薰、汉学小坐。十二时许,偕微至冠生园午餐……六时,至蕴华阁,晤耿。七时,至高宅晚餐。"(日记)

五月二十一日

"十时许,至汉学、来薰等处小坐,遇演生。十一时许,至开明。遇柯林[灵]。予叹息言:如今情形,还不如改业印刷匠人也。偕周[予同]、王[伯祥]、章[锡琛]同至金陵酒家午餐。周言:外间对予购书,颇有流言。章言:内山见予所购之书,亦颇以为怪。予本有不过书市之意,今既有此种情形,当更坚予决心矣。予为嗜书故,已至焦头烂额之境。不意小人辈乃复多方嫉妒,落井下石。呜呼,人有善念,竟亦生魔障乎!?恶念固不可有,善念竟亦不可有乎!?偶搜'文集'若干,便即种'流言'之因。可惧可叹也!!!然如持之以定力,谨慎小心,则或亦不妨我行我素也。"(日记)

五月二十二日

"九时许,至各肆小坐,无所得……十一时许,至开明。偕周同至金陵午餐……归家午睡了一会,至张宅,偕微等共十二人,同至'杜美'观《沉渊》(Lse Bas Fond),一法文片也,演得尚佳。七时,偕箴至高宅……日本宣布海军联合舰队司令山本于四月间战死。"(日记)

五月二十四日

"十时,至高宅闲谈。十一时许,至开明。章已将《四部丛刊》全部代为售出,共得三万金。除还章一万元外,所余仅二数,尚须付还帐款三千余元,实不足敷四五个月之用。如此度日,诚大可惧也。"(日记)

五月二十五日

"十时许,至开明,谈至十一时,至来薰阁……至大三元午餐……遇英桂。归家午睡。三时醒。宝来……六时,同至蕴华阁。七时,至微寓晚餐。近九时,至张宅。十时许,至高宅。"(日记)

五月二十六日

"十一时,至开明,取得书款五千元(付乃乾一千元),又《春雨楼集》二本。正午,偕微至冠生园午餐……一时许,归。午睡顷刻……写访书日录一则。六时,至高宅。"(日记)

"至传新,徐绍樵尚未归。无一书可阅,闷损之至。折往开明书店,晤伯祥。取得乃乾留下之《春雨楼集》二本。此书为扬州何氏物,予求之已久。乃乾赴扬获得之。予与之反复相商,时经半载,终得为予有,喜可知也。予前岁尝从罗子经许,得沈彩手写《春雨楼集》一本,为杂文及词,……后子经又以残本《春雨楼诗》一本归予,亦彩手写。今获此集,乃得见全本面目矣。"(残存访书日录)

五月二十七日

"忽有一念:拟编《林琴南余集》及《严又陵集》,不知此愿何日得遂?十一时,至凤举处闲谈。正午,至吕班路孙实君处,即在孙处午餐……持明钞本《龙江梦余录》(云间唐锦)归……至张宅。见新印闽人所著《岭云轩琐记》二册……四时归。午睡至六时醒。至高宅晚餐。"(日记)

五月二十八日

"十一时,至开明。偕周、王至金陵午餐……五时许,至高宅。"(日记)

五月二十九日

"九时,至森处……十时半,至开明……遇耿。过传新,绍樵已来。带来各头本,均佳甚,有《词林摘艳》、闵刻《绣襦记》、《李卓吾说书》、《人镜阳秋》、《劝善金科》、《古柏堂传奇》等,心为之动。又要花不少钱于此矣。正午,在大同午餐……一时许归……二时许,宝来……四时许,篓等来。六时,携宝及倍至金刚公司购物……至绿野新村晚餐……宝归,携倍至微处小坐。彼处有学生四五人,谈至九时半归……十二时许睡。昨得绍虞一信,晨复一信。"(日记)

"徐绍樵已归,携来……书十许种。予见而心动,嘱其留下。然尚不知书价几何……予方售去《四部丛刊》以易米。今食指动,恐又将作挖肉补疮计矣。结习难忘,有如是乎!"(残存访书日录)

五月三十日

晚"七时许,杨来,亚离去,赴传新。《人镜阳秋》及《词林摘艳》、《楚辞》、《玉梧琴谱》等四种,共索一万元。余只要《摘艳》,乃以四千八百金成交。虽极昂,然殊甚得意。尚有多种,未寄到。其中文集颇多,禁书亦有,并闻有极初印之《元曲选》,又《元人杂剧》、初印本《六十种曲》等,以其破烂,弃之未取。予深为惜之。力劝其早日去续取之。然此次购书,不同于前,以后继无款,购之,便类挖肉补疮也。嗜好所在,却又不能不动购之之心。奈何,奈何?!最好是'不见可欲,使心不乱'。予固不欲日处穷乡愁城,则自以有打算的生活为是;如以'购'为'售',视'书'为工具,为筹码,则购书亦未始非经商之一道。无奈予购之则不忍复'出'，万不得欲出，则心踌躇万端，徒添一番苦痛。且在窘迫时出之，则又被制于坊贾，受其抑价，大是无聊。何时始能断然割'爱'乎？至开明……时已九时，挟《摘艳》二册而归，亦颇为高兴。"（日记）

"先取《绣襦记》四本归。时已近九时，浑忘未进晚餐矣。灯下，细阅《绣襦记》。……近来明刊本插图书绝少见，传奇小说绝迹已久。予于一月间，既得《千金记》，复获此书，诚是奇缘也。价虽昂甚，却不能不收，少纵即逝矣。""欲出万金夺去此四五种书者，闻为平贾王晋卿。渠知予已得《词林摘艳》及《绣襦记》，则意兴当大减矣。探骊得珠，贵在眼明手快也。予收奇书数百部，何一非费尽苦辛，方能得之。其间甘苦，盖非仅足勤眼勤已也，有力者固未必能与予竞。而披卷相对，乐在其中，区区奔走之劳，则又不足道矣。"（残存访书日录）

五月三十一日

"十时，至传新，取《李氏说书》四册归，殊得意……十一时许，至汉学、来薰。金华允早日将版画史印出……在金陵酒家午餐……五时，至高宅……至微处……即在彼处晚餐。九时许，至张宅，闲谈至十时……归已十时半矣。阅《王昆绳集》，尽一册。"（日记）

"卓吾有《藏书》（《续藏书》）、《说书》、《焚书》，今惟《藏书》、《焚书》二种，世多有之；至《说书》，则各家藏书目中皆未之见。乾隆禁书目录，则入之全煅中。故尤为罕秘。研讨卓吾之哲学思想，此书实为最重要之根据。"（残存访书日录）

六月一日

"九时许，至森处闲谈……偕至叔平处小坐。十一时许，至传新，又至开明。偕剑三同至一小教门馆午餐……六时，至高宅。"（日记）

六月二日

"十时许，至传新，选定前已商妥之清人文集四五十种，惜无佳者。又取回《古柏堂传奇》等。至开明。正午，至功德林午餐，森请客也。遇叔迦。偕李、张等至修文堂小坐。三时许，偕至寓……六时，至蕴华小坐。七时，至微处晚餐。……遇苏青，此人为现时一流行作家也。未

交一语,送其归。与仲京等再至微处,闲谈至十时……到家时已十一时矣。"(日记)

"晨至传新书店……携归《古柏堂传奇》六册、《心史》二册。""《心史》决非伪书也。"(残存访书日录)

六月三日

"十时,至开明、传新。在开明,清理清人集一部分(传新物)。"下午,"箴来。雨脚不断,未能出门,殊闷损。阅张石洲顾谱毕。继阅阎谱,则不能终卷矣,盖卑其为人也。"(日记)

六月四日

上午,"至汉学、来薰小坐。十一时,至开明,取回余款五千;所有之数仅此矣。不过能维持一月余耳。下月如何,必须作一打算也。此种生活,从未过过,殆不能不说是苦;然苦中作乐之精神,则又有之,于是便将益增其负担矣。""今日为倍六岁生辰。"(日记)

六月五日

"为谨轩译《沙漠之恋》说明一篇。九时许,至高宅……冒雨至石公处。十一时许,至野味香吃云吞汤团各一碗……至耿处小坐。"(日记)

六月六日

"十时半,至传新,书尚未至。又至汉学、来薰等处。取一百二十四回小本《水浒》二册归。正午,约景耀夫妇在大三元午餐……三时许,伯祥、雪村、调孚偕来……六时许,喝酒。耿来。"(日记)

六月八日

晚,"森偕凤举来。谈至六时半,同出。至高宅晚餐。遇蔡、熊二夫人。问询地山夫人事,因欲为地山出全集也。"(日记)

六月九日

"九时,至森处。又至传新……至开明,与周谈颇久。十一时许,至来薰阁及汉学。遇森。送汉学开张礼一百元……至冠生园,已近十二时半,微已先在矣。同进午餐……二时归……五时许,至耀处。闲谈至六时……在微处晚餐……餐后,仲京来。"(日记)

六月十日

"九时许,至传新,选书至十一时,凡得二十许种,以《怀旧》《昂须》集为最佳。十一时半,至开明。十二时,至修文堂,与王志鹏谈购博古斋所印《守山阁丛书》等事。得王鑨《秋虎丘》上卷,为之狂喜。……至金陵酒家晚餐,因倍今日是阳历生日也。"(日记)

以"纫秋馆主"化名为所藏清王鑨《秋虎丘传奇》(残)作题跋。

著名翻译家伍光建在上海逝世。

六月十一日

"十时,至张叔平处,至森处……偕森至传新……十一时半,至来薰、汉学。遇王志鹏,办好'以书易书'之手续……五时半,至蕴华,遇耿。遇珊。六时许,又到微处去。"(日记)

六月十二日

"九时许,至传新……至开明……偕伯及予同往异味香牛肉铺,喝白干,吃炒饭……至各肆闲谈。"(日记)

六月十四日

"十时许,至高宅,又至汉学、来薰各处。十二时许,至开明。与王、周同进午餐。下午一时半许归。……购《养鸡法》三册(送真常)。"(日记)

六月十五日

"十时许,至森处……候以中不至。十一时,至耀处,与胡略谈。十二时半,至大来午餐,应拔可邀也。同座者有沈剑知、放园及与、洽等。二时许,复至耀处。箴已先在,正作手谈……五时半,观《茶花女》(La Fiaviata),为一意大利文歌剧。"(日记)

六月十六日

"十时许,至传新,谈定各书价格……至开明,遇以中、景深,谈甚畅。十二时许,至汉学及来薰,遇金华等。"(日记)

六月十七日

"大雨倾盆而下。写悼伍氏文一篇。"(日记)　郑振铎在《悼伍光建先生》文中高度赞扬他爱国、正直精神:"一个国家有国格,一个人有人格。国之所以永生者,以有无数有人格之国民前死后继耳。……
狐兔虽横行于村落中,但鹰鹗亦高翔于晴空之上。"该文后发表于 9
月桂林出版的叶圣陶主编的《中学生》复刊后第 67 期上,为所知郑振
铎在上海沦陷后唯一发表的文章。

六月十八日

"作致蔚[慰]函,复盖藩及叶函。写《访书日录》二页……开明来
取稿,送来以中所贻之蘑菇及五香甜卜。……四时半,访端毅。五时
半,至森处,未晤,见到刘晦之所藏宋本书影四册,留下一条。"(日记)

六月十九日

"写《访书日录》二纸。十一时许,至汉学、来薰等处。予所选清集,
竟有刘三者,欲夺去二种。……近午,至传新及开明。与传新结帐已
毕……取雪村交来百衲本《廿四史》书款一万元。大约可稳度两个多
月矣。一时半,偕予同赴金陵酒家午餐……向汉学借《历代诗馀》一
部。"(日记)

王伯祥日记:"寄洗人癸沪十二号[信]……顺告圣陶五十生辰此
间酿金祝贺状。寄圣陶沪蜀九十号[信],专祝其五十大庆。丏尊送二
百元,余与雪村、予同、西谛、均正、调孚、恂如各送百元,俱老币,合成
九如之数,适藉九十号之信,以遥申九老之会,亦甚巧合也。"叶圣陶
7 月 23 日收到,日记云"上海诸君信,为余今年五十岁,汇款为寿,殊
为感愧"。

六月二十日

"晨写《访书日录》二页。"晚"七时半,至严宅,他们新迁居也。在
彼晚餐。餐后,至萧处……谈至十时半归。"(日记)

六月二十一日

"十时,至传新,取《管子榷》十二册,焦理堂评阅本也。又至开明。
遇济之。十二时,至汉学、来薰小坐。"(日记)

六月二十二日

"上午,写《访书日录》四页",晚"近六时,至耿宅;济之请吃西餐
也。酒喝得不少,菜极丰富。同座者皆开明熟友,谈得甚畅。不知不觉

已到十时。"

"近来乞丐抢掠食物之风又盛。前日,真常嫂方被抢,昨日下午,篋至老大房购物,又被抢。此皆可怕事件之一端也。前日起,户口米又贵了50%,二升需九元矣。"(日记)

六月二十三日

"晨,写《访书日录》二页。十时许,携宝至传新及开明、来薰、汉学等处。购《清代政治制度参考书目》一册,价二十五元。遇盐谷之婿(吉川?),嘱肆伙不声言,乃得不交一语而去。"(日记)　按,盐谷温之婿名辛岛骁。

六月二十四日

"晨,写《访书日录》,仅半页而止。十时许,宝归。至来薰、汉学各肆小坐。遇石麒,得《访书馀录》第一册,价一百元。二年相离,竟得璧合,亦奇缘也。十二时半,至国际饭店午餐,遇黎、陆、杨等,谈编书事,甚详而畅。因虞洽卿路封锁,坐单人车去张宅……米已售至一千三百元一担,可怕之至!"(日记)

六月二十五日

"写《访书日录》三页半。十时半,至高宅。得放园一函。十一时许,至来薰、汉学小坐。遇董会[惠]卿、王志鹏等。……斐云寄来《碧琳琅馆书目》三册,甚佳,至感之也。……下午二时许,至张宅……归时,已过十时半矣。"(日记)

六月二十六日

"晨,写《访书日录》半页,觉得心甚乱,即搁笔。至高宅,欲访咏,已上车,遇森,即下车同至寓闲谈。十二时,别去。至高处午餐。午睡一会,二时许,至竹庄处。谈了一会,归。……八时许,偕至张处……张太太继述及潘大逵事,云:潘至殷勤,尝云:赌博与恋爱为生命之源。彼至平,遇一女;归后,女忽绝之。在此,又遇一女,女则追逐其后,无处不随,卒成姻眷。然潘终弃之而去。此实一事实也。……微谈及冯和仪(苏青)事,殊可笑。此人写了《结婚十年》一长篇(见《风雨谈》),周[佛海]妻殊赏识之。尝招之往见,欲官之。彼引以为殊荣。彼丈夫为一律师,结婚已十年,育四子,仍'不安于室',有离婚意。所谓虚荣心太重之女子,较男人尤为可怕,尤可无所不为也。"(日记)

六月二十七日

"十时许,至觉园,访咏。谈久之。……关于'编'书事,咏不欲加入,只好听之而已。十二时半,至高宅,珊请俞、孙、严等午餐也。……三时,偕严来谈。不久即别去。"(日记)

六月二十八日

"十一时半,至开明。遇以中及倪某。正午,偕伯祥、予同,至小回教馆午餐……至来薰及汉学小坐。"夜"十一时,倚在床上看书,渐渐入睡。书是柯灵新接手编之《万象》也。尚佳,面目一新矣。"(日记)按,《万象》本是 1941 年 7 月创刊之鸳鸯蝴蝶派刊物,此时柯灵从这一期(第 3 卷第 1 期)起接编,在郑振铎支持下给予革新,成为敌占时期上海正派的文学刊物。

六月二十九日

"阴雨。写了些'编例'等。十一时许,至高宅。午餐后,至汉学、来薰等处。……四时许,偕予同至青年会,晤黎、蒋、孙、萧、严等。共进茶点,谈至六时半散。近七时,至微处,即以切面作晚餐。予云:如今不仅没有功名心,连事业心也不大有了。又云:人生三大阶段,初是骂世,继而讽世,终则玩世。幸而尚未至玩世之境地也。"(日记) 按,当时郑振铎与周予同、耿济之、萧宗俊等人及十位爱国工商业者,组织一个"中国百科全书刊行会",计划编撰出版第一部中国百科全书,后因条件恶劣而未成。此处及后面引日记所载"计划书"等,即与此事有关。

六月三十日

"十时半,至汉学、来薰等肆小坐……至开明,晤耿……候东华不来……六时许,至耀处。高佣来谈……偕高佣访符彪,同至大同晚餐……高佣述消息颇多。彼等所谈,皆'生意'上事,可叹也! 高佣云:究竟过去有政治经验,故不至堕落。此语颇有几分理由。符云:知识分子多动摇。举周某及另一周某为例。予大不以为然。中国之真正的知识分子何尝有丝毫动摇乎! 彼等何足以代表中国之'士'大夫!!!"(日记)按,这里提到的两个"周某"当是周佛海、周作人。

七月一日

"十时,至高宅。又至传新,付徐绍樵款一千元。至开明,见彼等甚忙,因即欲开股东会也。至来薰及汉学。……五时许,森来谈。……六时,访东华,未遇。此次他来,与上次大不同,酬应至忙,俨然是小要人之面目矣。至蕴华阁小坐。途中想及去岁东华尽售家俱、书籍,以作旅资回乡时之破釜沉舟的意气,有如隔世。可叹也! 又忆及颐年事,亦可哀。前日,颐年被任为浙江清乡事务局局长。此事,彼如何能办得了!? "(日记)

七月二日

"今日米价突昂;自一千二百涨至一千七百,下午竟叩二千大关。谣言纷起。不知如何能生活下去?!十一时,至汉学、来薰等处小坐。托世尧交《春秋国华》与董惠卿,与其交换海源阁旧藏《中吴纪闻》(黄跋)。又至开明,访予同不遇。留一条。"(日记)

七月三日

"忽然想起今午森请客,乃急匆匆的赶去,时已一时有半矣。喝了不少酒,菜也吃了不少。"(日记)

七月四日

"七哥来谈,欲收废纸,并以拍纸簿一百打求售。予正深诛痛恶'收废纸者',自不至于与其合作也。十时许,微来。闲谈至十二时许,偕至华府午餐……二时许,偕访予同,谈了许久。耀翔来。理出一批书来,送微及耀翔。四时许,偕予同及微,访仲京,未遇,折至张宅,始遇到。"(日记)

七月五日

"晨,勉强的写完了'缘起'。至高宅,又至开明,将'缘起'托伯祥修正并清写一过。"(日记)

七月六日

"晨,写计划书等十许页。十时半,至高宅,又至汉学及来薰阁小坐。遇王志鹏……五时半,至蕴华阁小坐。遇耿等。欲购干面,竟已无有。日来物价大涨,市面上若干货品又已绝迹不见矣。**得伍昭錞家售出之李葆恂《海王府所见书画录》及《旧学翷笔记》各一册,价四十元。**"(日记)

七月七日

"未外出,在誊清计划书等。"(日记)

七月八日

"晨,写毕计划书等。……在微处晚餐。遇仲京及冯和仪。冯携其二女来,诉说进某处办事之苦,欲离开,亦欲离开家庭。**此皆其'不慎之于始'之故也。为之慨然。**"(日记)

七月九日

"上午,至高宅,又至汉学、来薰,得博山讣文,定明日**在护国寺开吊。**途遇特别警戒,临时搜查,男女分列;无市民证者凡四人,各被打'耳光'无数;一人打后还在笑,复又挨打。至商务,取股息。遇颂久、越然、乔峰等。颂久欲售书,以其经济情形甚窘也。渠云:书售完后,再售家俱,再售衣服。殊惨状。又云:近仍为彼等任翻译之责,只是'卖嘴不卖身'。此语可入《新世说》也。不知有人闻之而内怍否?续至开明,遇绍虞,已入局任事矣。闲谈甚久。伯翁肝火又大发。予云:不知至六十岁,是否仍如此肝火旺?渠云:如变为沉默消静,便是死期近矣。又云:现在世上,只有三种人,贼、鬼、狗。我辈自居何列乎?凡活得落,而能昂首天外者,皆此三类物也。"(日记)

七月十日

"晨九时半,赴孟德兰路护国寺吊潘博山丧,送赙仪五十元。晤葛咏莪、顾起潜及森等……七时许,至严宅晚餐,遇陈家蕙、意二小姐……八时半,偕严至萧宅……得消息颇多。"(日记)

七月十三日

"十时许,至来薰、汉学小坐。购《食物本草会纂》六册,《松江竹枝词》一册,塘工(?)图一册,均唐某所收者。价尚未知。十一时许,至开明。晤王、郭等,正在讨论'辞〇'[按,原文如此]之编例。调孚云:股东会举出伯祥等为董事,济之等为监察人。取得股息二百五十九元。……从高宅取来《仙媛纪事》及富春堂本《列女传》等书,灯下披阅,颇觉可喜。此类书今复可求乎? 珍秘之至,读之忘忧。"(日记)

七月十四日

"十一时,至张石公处,闲谈颇久。允为《方志考》设法印行。大约商之开明,当可成为事实也。……阅《西厢记》、《四声猿》等书,殊感兴趣。此类书如何舍得售去!? 甚矣'爱'之不易割舍也!"(日记)

七月十五日

"午睡至三时醒。卧阅《蔡福州外纪》二册,匆匆毕之。觉无甚意义。阅《启祯两朝遗诗小传》,则殊为感动。欲重印,惜无力。六时许,澹哉来,交来陈太太托售之朱墨六七锭,均佳。七时,步行至蕴华阁。耿不在。遇张尧伦。"(日记)

七月十六日

"晨……至高宅,又至汉学、来薰小坐。晤森。得曾钊《训诂堂藏书总目》一册,广雅书局抄本,亦嘉兴沈氏旧藏物也;石麒留以待予,甚感之。十一时许,至开明。诸友相对叹穷诉苦,诚向来所无之事。"(日记)

七月十七日

"十一时半,至森处,以中已先在。予与以中尽酒一瓶,菜肴甚为丰盛,余剩不少。饭后,畅谈久之,玄来,钱来。"(日记)

七月十八日

"至高宅午餐。餐后,至森处,闲谈少顷,即至微处……罗偕张可来。张可已二年余未遇……阅《万世师表》之译本,尽半册。译得尚佳。"(日记)

化名"犀"致蒋复璁隐语信,催汇款。

七月十九日

"十时,至高宅,又至来薰、汉学小坐,无所得。遇照相者,谈及以橡皮版印书事,甚有兴趣。约一星期内再谈。又遇仲彰,谈及印汉简事。穷而好事,不知如何生活得下去?!……三时许至唐处,寄二信。又

至高宅,即归。……六时半,至蕴华阁,遇耿。"(日记)

七月二十日

"十时许,至孙实君处……又至开明,与诸友谈笑甚欢。二时许,乘公共汽车至李宅……晤森及汪申伯。谈至四时归。"(日记)

七月二十一日

"十时,至高宅。至森处,付购面粉款一千四百元。尚不知何时可将面粉取来也。至开明。谈笑甚欢。以菜包六只作为午餐(六元)。"(日记)

七月二十二日

"清晨梦醒,警报声大作;盖今明日均有防空演习也。"(日记)

七月二十三日

"今日为岳父忌辰也。……听德国无线电台报告,知美军已占领西西里之首都。"(日记)

七月二十四日

"晨,至高宅,至来薰、汉学,又至开明。谈甚久。予同病了两天;今日方痊,精神尚疲。十二时,至商务。与颂久匆匆一谈,即至高宅。……七时,至伯祥宅。"(日记)

七月二十五日

今日郑振铎日记很短,末写"绝笔"二字。

八月二日

"至葱玉宅,见黄跋《书史会要》,元刊本《图绘宝鉴》及宋刊本《云斋广录》。"(残存访书日录)

八月四日

"知葱玉已以六万五千金得《云斋广录》于滂喜,葱玉有平水刘元绘之《钱塘异梦图》,与此恰配,亦奇迹也。"(残存访书日录)

八月六日

"至修文堂,见到《大金国志》,戈小莲旧藏,钞本,末有钱大昕跋。索一万金,咋舌而退。"(残存访书日录)

八月七日

化名"犀"致蒋复璁隐语信,催汇款,又云:"如为了囤积计,则书籍殆为最冷落、最廉价之物……似应乘此时多收若干,盖人弃我取,实计之至上者……对此'滂喜'物,我辈应如何珍视之乎?! 与圣翁商谈久之,束手无策,相对长叹。今日之大藏家,南瞿外,便应数到'滂喜'、'宝礼'二潘矣。'滂喜'如散失,诚不可补救之一大劫也……我辈日夜思维,无计可施,不得不恳兄向紫阳、颍川二股东处极力设法,筹得此款,以便购入。"郑振铎并已先向开明书店借款垫付。

八月二十日

致某先生信,谈借款购滂喜斋书事,称此乃"万不得失之'国宝'"。

八月二十五日

"以出门为畏途,乃当风披卷。崇祯瞿氏刊本《初学集》得之已久,今始得一读。牧斋为世诟病者久矣。总缘其尚有人心,不甘奴伏,《有学》一集,民族意识尚炽,丹忱不灭,傲骨犹存,迥异于一般歌颂新朝夷主之辈。遂遭夷主之忌,所著诗文皆被禁焚;即清初选本、专著,入牧斋一诗,有牧斋一序者,亦无不遭抽燬。……牧斋诗文,偏见殊多。于七子钟谭辈,无不丑诋之。盖自具领袖文坛之气概也。"(残存访书日录)

八月三十日

"阅绍虞见假之《词坛正法眼藏》。此书为明季闽中林瑜撰。……集古今谈诗者之所得,而参以己见,颇类万历时王昌会所纂之《诗话类编》。惟引书不注出处,所见多浅薄迂腐,实明末村学究之积习使然也。间有胜语,亦瑜不掩暇[瑕]。"(残存访书日录)

九月三日

意大利政府签署向美、英无条件投降书。

九月七日

"晨阅皮锡瑞《经学历史》,叙述简要而无甚胜义。所谓经学,实中国二千年学术界之大魔障。汉宋之争,今古文之争,皆是蜗角蛮触之争也。像孙悟空大闹天宫,尽管一筋斗打到十万八千里远,仍不出如

来佛之手掌心外,安得有识者以快刀斩乱麻之手段,为此无穷尽之纠葛作一痛痛快快之总结束乎!"(残存访书日录)

九月八日

"秋凉已深,可御夹衣矣。晨,冒雨至来薰阁,知其新收得明末刊本《册府元龟》三部,一出北平《余氏读已见书斋物》,一出济南,一则新由鄞县收来,欲假来一阅。出自济南者,已为顾起潜持去,乃假得北平本及鄞县本首二册归,穷一日夜之力对勘之,并录其序。"(残存访书日录)

九月九日

"小雨数日,闷损之至。忽见阳光,自有轻[清]新之感。然天气亦转暖。窗外又有蝉声矣。晨闻意大利已降;黄浦江上之意邮船康特怀地及炮舰一,均已自行凿沉。累累意人,又成楚囚矣。世事之变迁,诚如白云苍狗也。外出即归。阅森公见假之《魄生丛录》毕。"(残存访书日录)

九月十八日

"热甚,有如仲夏。街头戒备甚严,不欲外出。阅南海潘氏《宝礼堂宋本书录》。此书凡四册(不分卷),首有张元济序及潘宗周自序。……此目编述谨严,于藏印、宋讳外,特著'刻工姓名',是为创例。而辨别真伪,旁证类引,决非以专收天水佳椠者自豪之宗周所能办;盖实出张元济菊生先生手也。"(残存访书日录)

九月二十五日

王伯祥日记:"寄圣陶沪蜀九十四号[信]复百七号[信],谢办代面[按,叶圣陶托王伯祥代办寿面饷沪上诸友]并告代送西谛磁婚[按,结婚二十周年]公份。"

十月十日

今日当有与友人一起纪念自己"磁婚"的聚会。

十月十六日

以"纫秋居士"化名为所藏明林有麟《素园石谱》作题跋:"《素园石谱》明刊本,殊罕见,初印者尤少。此本予于十五六年前得之北平,仅存第三及第四卷。不意顷复于忠厚书庄得第一、二卷,恰成全书。且恰是不远复斋旧藏之一部,诚奇缘也。"

十月十九日

"在来薰阁见娄东王扶所辑之《词曲合考》六本(共五卷又余编一卷)。系稿本,未经刊行。"(残存访书日录)

十月二十五日

"晨,天阴将雨,有北风窜入破窗,虎虎作声。手微僵,似已入冬矣。阅《豫章丛书》本王猷定《四照堂文集》。……书此时,正闻远处有炸弹响声, 窗户为之微震, 警报声随大作。书毕则空袭警报恰解除也。"(残存访书日录)

十月二十六日

"祖同来,携《云南丛书》二十许册。欲以易新印书。中有《滇海虞衡志》二册,为檀萃所辑,颇佳。闲中阅毕,足广见闻。惟过于模拟范成大《桂海虞衡志》,殊可不必。又《诗法萃编》十册(二十五卷),为许印芳辑,所收自子夏《诗序》至沈德潜《说诗晬语》,凡二十余种。虽皆为习见之书,然汇于一编,颇便省览也。午后,玄伯来,快谈久之。并示前寄斐云诗云:'桃枝柳叶灿成堆,芳草薰风次第回。还是江南春色好,顾园楼畔待君来。'意极拳拳。又赠予一扇,一面为其夫人竹君女士画,一面为玄伯用放翁寄朱元晦韵题诗,诗云:'淡香斜影月横窗,书勘不知夜倍长。为厌胡尘污赤鸟,岂真竟与世相忘。'用此扇时,'胡尘'当已扫却也!"(残存访书日录)

十月二十七日

"淫雨不止,天色朦胧若黄昏,闭门不出,读书自遣。晨阅杨守敬《晦明轩稿》。"(残存访书日录)

十月二十八日

王伯祥日记:"西谛来,雪村告以今日为圣陶五十生辰,乃共谋聚饮,遥祝日疆,参加者两人外有予同、绍虞、丐尊、调孚、乃乾、济之、仲盐并余十人,叫一家春菜五百元及同宝泰酒五斤、四时春锅面二器,又弄口摊上馒头廿枚,凡费七百七十一元四角。圣陶来书本托治面饷,乃公议各出五十元,余数二百七十一元四角由余代圣陶支付。"

十一月十日

以"纫秋山馆主人"化名为所藏明万历刊本《素园石谱》作题跋:"此书久裂为二,乃相隔十五六载之久、相距千余里之远,终得复合为一,诚奇缘也。固为此书贺,亦自欣喜无已也。"

十一月十四日

以"纫秋居士"化名为所藏《李卓吾先生批评绣襦记传奇》作题跋(按,此书今藏台湾"国家图书馆")。

十二月二日

"于忠厚书庄袁西江处见到古泉拓本十三种,甚精。古泉之学,今胜于昔。凡古人所视为珍罕之品,在今日往往是习见之物。然古人一番搜讨之苦辛,却不容埋没。故此十许种书,在货币研究史上自有其重要之价值,西江索价三万金,余无力购入,乃录目如下,惟愿此十余种能得所归也。"(残存访书日录)

十二月十五日

清晨,友人夏丏尊、章锡琛及赵景深夫人李希同等被日本宪兵司令部逮捕。夏、章至25日释放。日本宪兵曾向夏、章追问郑振铎的住处,他们坚不吐实。

本年末或翌年初

王统照为郑振铎书写自作诗二首。序云:"癸未岁暮,偶得二诗,次首则托物寄怀以慰雪、尊二君者,西谛兄览后属书,即希笑正。"按,"雪、尊二君"即指被日寇关押十几天始获释的章锡琛、夏丏尊。其诗之二如下:

> 橘柚怀贞历岁时,充庭丹实耀寒枝。
> 繁霜鸿雁空飞唳,南国芳馨寄梦思。
> 密语敷阴成碧树,冬喧嗳雾佐清卮。
> 枳荆遍植争前路,受命灵根未可移。

一九四四年　四十七岁

（民国三十三年　甲申）

一月二日

下午,"在金都看《风雪夜归人》,不佳。"(郑振铎写在台历上的简单日记)按,《风雪夜归人》是吴祖光 1942 年创作的四幕话剧。

一月五日

"至四马路章宅午餐,喝酒颇多,甚畅。五时许方归。"(日记)

一月六日

"下午,闻程树德讣,至张宅吊之。"(日记)按,此处"张"是张耀翔。程树德为郑振铎老友程俊英之父,张耀翔的岳父。法律史学家。日本法政大学毕业,归国后历任北洋政府参政院参政,国务院法制局参事、帮办,北京大学、北平大学法学院、清华大学政治系讲师、教授等职。

一月八日

"写行箧书目跋。"(日记)

一月九日

"抄书目。以面包作午餐。"(日记)郑振铎后来回忆说:"我从来不肯好好的把自己的藏书编目,但在出卖的时候,卖书的要先看目录,便不能不咬紧牙关,硬了头皮去编。"(《蛰居散记·售书记》)该书目题为《长乐郑氏纫秋山馆行箧书目》,毛笔手书,线装二册,并有题跋。今藏重庆图书馆(国家图书馆亦存一稿)。

一月十日

"微雪。至张宅送书。"(日记)按,此处"张"当是张叔平,郑振铎因生活所迫将一批藏书卖给他。

一月十一日

"送书至张处,取书面等。"(日记)

一月十三日

"冒雨出,送书目至张处,因电车罢工,步行一时余始至。中午,在野味香,以云吞作午餐。餐后,至葱处,暂借二数。"(日记)

一月十四日

"晤宾符等,喝酒。九时半归。"(日记)

一月十七日

"访张,为售书事也。甚冷。"(日记)

一月十八日

"至各古书肆,得二洪遗稿四本,付五百元。"(日记)

一月十九日

"阴,微雨。遇张,售书事仍未有结果。可见购固不易,售亦甚难也。"(日记)

一月二十二日

"至各书肆一行,取《诗馀画谱》二部。至张宅,恰遇其三十初度。夜十时许归。"(日记)按,此处"三十初度"的"张"即张珩。

一月二十四日

"阴历除夕。晴。……多日未见阳光,今日忽金色满房,爽甚。下午,取款,付款,烧汤沐浴。"(日记)

一月二十五日

"阴雨。旧历元旦。上午购报一纸、购面包等……下午,舒等来贺年。"(日记)

一月二十六日

"早至各处贺年。中午酒喝得不少。夜亦喝酒。头涔涔然有些作痛。"(日记)

一月二十七日

"至张处取书目回。吃春酒,甚醉。"(日记)

一月三十日

"中午,喝酒,以面包当饭。……售书目录交去,不知能成功否?"(日记)

一月三十一日

"夜,章来喝酒,尽两瓶许。现越酎每瓶须九十八元以上,可谓昂矣! 年内所预备之年货为之一空。略有醉意。"(日记)

二月一日

"上午,至三马路各书肆。购红印本吴士鉴补《晋书艺文志》一本(二十元),燕大图书馆目录类书之部一本(一百六十元)。"(日记)

二月二日

"至李宅贺年,见林子有所编补清词综补人名目录一册,九时许归。"(日记)

二月三日

"中午,章请喝酒,微醺。吃生梨数只。夜写书目。十二时许睡。"(日记)

二月四日

"阴雨未已,至为闷人。写书目。夜……写书目至十二时许,毕。"(日记)

二月五日

"九时许,送书目至张处。十二时许,至大同午餐,菜价又昂到一倍以上矣。"(日记)

二月六日

"下午,在阳光中散步甚久,爽极! 夜至张宅,少坐即归,已十时矣。"(日记)

二月七日

"夜,晤张,售书事大约可办妥。"(日记)

二月八日

"今日为元宵节","下午,送第一批书至张处。"(日记)

二月九日、十日

写书目提要。

二月十一日

"晴,有东风,已大似春日天气矣。至葱处午餐,观元李仲宾墨竹长卷,元四贤像等,均佳绝。夜十时归。"(日记)

二月十二日

"至集古斋看毗沙门王天像及其他敦煌卷子;李氏藏咸亨间绘花卉一幅,亦佳;《盛世新声》为黑口本,唯阙申酉二集。……夜,至张处取第一批书款。"(日记)

二月十三日

"晴,太阳满窗。据案作书,意兴殊佳。午餐后,至杜美看法片《情天恋歌》,一轻巧之喜剧也。为之发噱者屡屡。"(日记)

二月十四日

"下午,至张处,张以二万九千元购《四库珍本》一部。"(日记)

于李玄伯处见洪昇《稗畦集》,即作题跋云:"喜欢赞叹,不能释手。昉思诗世无传本,此殆是天壤间仅存之一本也,"

二月十五日

"下午,至各书肆一行,购《辞源》一册,计七百二十八元,尚是大情面。见到林大椿校印之吴讷《唐宋百名家词》,此间竟不可得。在乔家栅晚餐。夜,看《文天祥》,殊幼稚。"(日记)

二月十八日

"写提要。至书肆,在老半斋午餐,吃红烧刀鱼。在汉学购《金陵文钞》等十许种,共二百二十元。夜,在张宅见到《大典》湖字一册,绝佳,以面包作晚餐。"(日记)

二月二十日

"至张宅闲谈。下午,至蕴华阁看书。"(日记)

二月二十一日

"至各书肆,无所得。还账。送徐积余奠仪一百元,……写提要数行。"(日记)

二月二十二日

"购《两何先生集》、《传芳集》等四种,共三百元。张处取回书款一

部分。下午又至书肆一行,无所得。"(日记)

二月二十四日

"取回书款第三批。"(日记)

二月二十六日

"至张宅午餐。下午,至各书肆,知商务等肆书价又涨了一百分之二百二十。可惊之至!"(日记)

二月二十九日

"至各书肆一行,得《慕良杂著》一本。"(日记)

在开明书店股份有限公司(编号 324 注册)合立转股单上签章,将原属"钊记"(盖章"夓",即古文"夏",疑即夏丏尊的股东户名)的一百股(2000 元)买入"康记"(盖章"郑振铎",当是郑振铎的股东户名)名下,"见议"周振甫(盖章);又在开明书店股份有限公司(编号 325 注册)合立转股单上签章,将原属耿济之的一百股买入"康记"名下,"见议"王伯祥(盖章)。

三月一日

"今日电车罢工,未外出。……五时许,步行至蕴华阁,无所得,见纸簿又涨价不少。"(日记)

三月二日

"写书目。……电车已复工,车价涨至一倍至三倍,角票已无所用之矣。"(日记)

三月三日

"上午,至修文堂,访孙助廉,未遇,无所得。……今夜开始永久的灯火管制,'不夜之城'自此成为黑暗之市矣!"(日记)按,日本"陆海军防空司令部"昨日发表联合布告,谓今日起上海实施"永久灯火管制"(见 3 月 2 日《新中国报》)。

三月六日

"晴,夜无月。春寒袭人,作数诗,夜有梦。"(日记)自此,郑振铎每天或每隔几天便作诗,新旧各体均有,借以抒发感情。今存本日所作其中一首(手稿,未刊):

野　狼

野狼在嚎，
　哀猿在啼，
猫头鹰瞪着圆眼在咕咕的叫，
　黑暗把天与地涂成一片。
倦了的旅客独自踯躅在莽原，
　前无村舍后无店；
枯树作势欲扑人，
　惊窜的狐兔也吓得人一跳。
天边远运的有一颗黄星，
　是黑漆一片的天地间仅有的光明。
仅这一星星的火亮啊，
　已足够使旅人慰安了。

三月七日

"取款，至各肆一行，购《郑堂札记》及《欧道堂集》各一册，价十五元。在西南酒家吃烩饭一碗。写诗。"（日记）

三月八日

"至张宅，以面作午餐。下午，自烧牛肉，作诗四首。"（日记）

三月九日

"写诗。下午，至国泰看电影，法文片也。"（日记）

三月十日

"下午，做蛋糕，做诗。"（日记）

三月十一日

"阴，春寒未已。烦忧犹昨，作诗亦感无聊。至各书肆，选购清人集数种。商务版《唐宋百家词》已到，价八百十六元，尚廉。夜，至兰心观《魔侠传》，不佳。"（日记）

三月十二日

"阴晴不定。写诗，第一次以七绝抒情，自视尚佳。中午，以面包作

餐。"(日记)

三月十三日

　　"写诗四首,均不佳。"(日记)

三月十四日

　　"阴,夜黑如墨。做诗十许首,自视尚佳,皆苦中求乐也。"(日记)

三月十五日

　　用"纫秋"化名为排印本明·吴讷编《唐宋百家词》作题跋,云此书
"盖植板京华,而由香港刷印,印成后即逢港变,存书都作一炬,仅有
数部运平。此系丁英桂君为予由平购得者。"

三月十九日

　　"在家自炊。写诗。饭成,尚可食,惟略烂耳。夜饭亦在家吃。"(日
记)

三月二十日

　　"至各书肆,无所得。至杨振华[毛笔店],购笔三百元,试之,不
佳,盖不合性情也,最好用狼毫或紫毫。"(日记)

三月二十一日

　　"写诗,午睡未成。六时出,十一时归,黑甚,但已习惯之矣。闻九
时后将禁绝人行,不知确否。路劫者已破获数起。大抵作案处皆在处
于闹静之间的地方;过静,反无之也。"(日记)

三月二十三日

　　"至各书肆,无所得。午睡甚酣。写诗。……购翟琴峰扇面一,明
板书页画四页,共八百元。"(日记)

三月二十四日

　　"至各书肆,无所得。至戴春记,不遇。购《唐人万首绝句选》二册,
价149.80,可谓昂矣!"(日记)

三月二十五日

　　"阴雨。至张处,至各书肆,无所得。遇商务旧同事丁君。下午,遇
孙、胡二生。晚饭后归,天尚未入黑也。"(日记)

三月二十八日

"至装订作,付绢三匹。写诗。"(日记)

三月二十九日

"至书肆,无所得。写诗。"(日记)

三月三十日

"写诗四首。夜梦如夏云,层层叠叠,欲驱不去。"(日记)

四月一日

"下午,午睡,四时许出门。遇封锁,至近五时始开放。幸携《古今》一册,尽其大半。"(日记)

四月三日

"至张宅,以面作午餐。午睡了一会。写诗。四时出,至蕴华阁,购文集五六种。……闻三叔噩耗,悲甚!一夜没有好好的睡。"(日记)按,三叔郑庆豫,字莲蕃,据1940年《维新政府职员录》,任伪政府外交部第一科代科长。

四月四日

"汇款至京,为三叔料理丧事,发一电。"(日记)

四月五日

"上午,至修文堂,购Wade之《语音自迩集》三册,许一千二百金。又购杂书三百五十金。午睡。三时,至上海殡仪馆上祭。沈恩孚正在大殓。四时至张宅……(闻蓝、冯事,殊奇。)"(日记)

四月六日

"太阳一现即隐。至各肆,得《章都三魏集》等共五百五十元。午睡。下午,大雷雨,今年第一次闻雷也。见《新中国报》消息,为之闷损甚!" 按,今日汉奸报纸《新中国报》发表译自日本《大陆新报》消息《中国文艺协会将在各地成立／会长将由周作人担任》,并无耻地宣布郑振铎是会员。郑振铎阅后极为气愤,在当时秘密隐居的情况下根本不能辟谣声明;但是,在内地的朋友们都信任他。靳以曾回忆说:"记得有一次,一个无耻的家伙说到他可能气节有亏,我就立刻气愤地加以驳斥。"(《不是悲伤的时候》)

四月八日

"至各肆,无所得。至章宅喝酒,……夜十时归,写诗。"(日记)

四月十二日

"阴雨不止。写诗。"(日记)

四月十四日

"至各肆,无所得。遇董会[惠]卿,云,有《小草斋文集》四册,黄跋《卫公……》二册,索平钞一万二千元。……四库珍本(来)。"(日记)

四月十六日

"至修文堂,晤二孙,无所得。"(日记)

四月十七日

"上午,至蕴华阁,无所得。付裱画铺等四千二百元。"(日记)

四月十八日

"上午至各书肆,无所得。付修绠堂书款(清人集)。……米价连日又大昂,自三千三百突增至三千五六。闻有故,至户口米不发。"(日记)

四月二十日

"上午,写诗。……下午五时出,至蕴华阁,无所得。"(日记)

四月二十一日

"上午,至各书肆,无所得。至章宅喝酒,颇有醉意。以八十金购菜果一枚食之,未前有之豪举也。"(日记)

四月二十二日

"上午,至书肆,购《官话汇编》一本,价三百元。"(日记)

四月二十四日

"上午,至各书肆,在汉学,以三十金购《元代白话碑》等三册。"(日记)

四月二十六日

"上午,至蕴华阁,无所得。以面包作午餐,……送书与张。"(日记)

为所购《南京泽存书库图书目录》初、二编题跋,云"视余前二年间所得,诚不足当一顾",署"幽芳阁主"。

五月二日

"上午,至张宅,谈甚久。至各书肆,得清人集数种。见《诗馀画谱》四十四页,索五千金,未购。"(日记)

五月三日

"上午,至装订作,至各书肆,得《珊珊集》二册,索二千五百金;《郑板桥画谱》一册,六百金。……下午,至刘以祥眼医处。"(日记)

五月八日

"上午,至各肆,无所得。装订作已送书来。"(日记)

五月十一日

"今日为岳母暖寿,客人来者不多。"(日记)

五月十三日

"至各肆,见来薰阁有《琴谱》二册,明初黑口本,索万元,有图甚佳。……郁闷,作诗十首。终夜不能入睡,情绪之怫郁,有生以来所仅有。又作诗十首。"(日记)

五月十五日

"上午,至各书肆,无所得。……归而午睡,……至蕴华阁,取珍本款。"(日记)

五月十八日

"上午,至各书肆,得陈仲奂校《古文论语》一本,价一千六百元。……写诗,心绪不宁。"(日记)

五月十九日

"上午,至蕴华阁。以云吞为午餐。午睡至二时许。……送书至张处,作诗。"(日记)

五月二十日

"至各书肆,取《太音大全》归,价八千金;又携来郑子尹一手卷,价四千金。"(日记)

六月一日

"上午,至各书肆,见杨某自宁波携来之《玉簪记》,为孙蜗庐物,如见故人,感慨系之!"(日记)按,该书郑振铎曾于1931年8月与赵万里一起去宁波访书时在孙祥熊(蜗庐)家见到,极为惊喜;此时重见,无力购买;不意后又于 1958 年初由上海古籍书店为郑振铎购得。郑振铎后作有长跋,述其离遇之奇。

在汉学书店购得陈师曾撰《中国绘画史》,归作题跋,署名"幼舫"。

六月二日

"上午,至张处,遇王学韬,彼已是军人矣。至各书肆。至章宅喝酒,打牌……连日米价,自三千余,至五千余,六千,八千,今日闻已至一万二千,乃至一万五千,可谓发了疯矣! 心焦之至!"(日记)

六月五日

"上午,至张处,偕至各书肆,无所得。……午睡。写诗八首。"(日记)

六月六日

"上午,至各书肆。在汉学,得残本数十种。"(日记)

六月七日

"报载英美军已在法国登岸,决定性之大战开始矣。至各书肆,无所得……宝来。至蕴华阁……在朱惠泉处取橘谱、狂言各一册。"(日记)

六月八日

"上午,访张未遇,至修文堂,见计斤售废纸,皆西书也,为之三叹! ……四时许,至蕴华阁,选购《万有文库》零本二十余册。"(日记)

六月九日

"上午,访张。至文华阁,架上贫甚,为之慨然! 至修文堂,遇某贾,云有《闲情四适》可得。"(日记)

在友人吴氏所设之文华阁购得余嘉锡撰《目录学发微》,归作题跋,署名"友荒"。

六月十日

"上午,至各书肆,无所得。喝酒,颇有醉意。游谈无根,大具伤感气息。三时归,午睡顷刻。(购《世界童话》五十册给倍,他今日生日

也。)"(日记)

六月十一日

"上午,访叔迦,谈至十时半归。"(日记)

六月十二日

"昨深夜闻警报声……上午,至各书肆,以四百元得《大涤子画册》一本……四时许,至修文堂,取《闲情四适》残本一册,索一千七百金,拟退还之……

修绠堂寄来清集三四十余种。"(日记)

六月十三日

"至各书肆,购文集三种……午睡。宝来,付蕴华阁六千。"(日记)

六月十四日

"上午,至各书肆,取得清人文集十余种,但无佳者。"(日记)

六月十六日

"徐君来阅书。以面包为午餐……理杂物,拟'书目考'总目。"(日记)　按,郑振铎当时打算编印有关古籍目录学著作的丛书。

六月十七日

"至各书肆,得清人集数种。中华书局大火,路断,不得至开明。"(日记)

六月十九日

"上午至各肆。在汉学得清人集十六种,皆旧所选得者。"(日记)

六月二十日

"上午,至各书肆,购陈逢衡《竹书纪年集证》,价一千二百元;又得清文集数种。"(日记)

六月二十一日

"略有感冒。上午,谈及某君事,惨极!至书肆,以三百金得《芳茂居士集》,不廉也!……蕴来,四时许,偕出。至蕴华阁、合众,见到汪刻《文廷式笔记》十六本,尚佳。"(日记)　按,"某君"当指正身受后期癌症折磨的邹韬奋。

六月二十二日

"上午,至张宅闲谈,购面包为午餐,往探友病。便访葱玉,犹未起床。"(日记)　按,"往探友病"指秘密去探望病危的邹韬奋。关于此事,郑振铎后有《韬奋的最后》一文纪之。

六月二十三日

"上午,至各书肆,在来青阁购《蛾术编》十本……闻抱经堂有《樱桃梦》,求之,不肯出,此人殊可恶!"(日记)

六月二十四日

"上午,至各书肆,无所得……六时出,在蕴华阁坐到七时许,至舒处,谈得颇畅。十一时许归。欲购日本印《续大藏经》一部,款已付石麒,不知能成交否?"(日记)

六月二十五日

"至各书肆,无所得,闻陈、谢等在天津得黄唐本《尚书》,拟售联钞十万元。在汉学喝酒。"(日记)

六月二十六日

"上午,至各书肆,得《诂经精舍文钞》五集,尚缺二、五两集。"(日记)

六月二十七日

"上午,至各书肆,无所得。经已购来,计九万金。"(日记)

六月二十八日

"上午,至修文堂,取书目二册,中有欲购之清人集不少。"(日记)

六月二十九日

"上午,至各书肆,得《群书札记》十二本,价一百二十金。见到《续藏经》,佳甚!"(日记)

七月四日

"上午,至各肆,无所得。至开明,祝夏丏翁五十有九寿辰,酒喝得不少,菜肴亦佳。"(日记)

七月五日

"上午,至合众,阅《中国文化名人录》,中颇有误。归,以焦米粥为午餐。午睡颇酣。闻蝉声。下午,四时许出,见到元拓孤本《诅楚文》,

绝佳。七时至舒处，阅'意香'小说，笑至腹痛。……付钱纸款一万五千元。"（日记）按，所付当是影印《长乐郑氏汇印传奇第一集》的纸钱。

七月八日

"午餐后，写'传奇'序……携序，拟请舒书之。商正不少。"（日记）按，即《长乐郑氏汇印传奇第一集自序》。序中以隐晦的语言抗议日本帝国主义："天时不正，河山如墨，泥泞载道，跬步不得，计唯闭户读书，以自遣耳。"并表示"继之或将有二集、三集、以至十集、廿集之印行。"（按，这一计划在当时厄于条件未能实现）"此第一集，自发愿经营至装帧成册，为时仅历二月"。序末署"中华民国二十三年七月七日"，当系为了迷惑敌伪。

七月十一日

"为倍照 X 光，奔波一个上午……写拟购清文集目。"（日记）

七月十二日

"在修文堂见到彭鹏之《古愚心言》，尚佳。"（日记）

七月十三日

"读《痛史》，尽二册。"（日记）

七月十九日

"阅报，知赛班岛已于七月十七日失，日相有谈话……读《明季稗史》，尽二本，感慨颇深。"（日记）

七月二十日

"上午，外出购报及桃子……闻日阁辞职，时局或当有变化欤？"（日记）

七月二十一日

"上午，外出购报……闻德国希氏被刺讯。"（日记）

七月二十二日

"上午，至张宅，传奇已订好样子，颇佳。"（日记）《长乐郑氏汇印传奇第一集》，影印本，共 2 函 12 册，收明代和清代的传奇共 6 种。

七月二十四日

"闻季君逝，为之怅然者久之！"（日记） 按，"季君"即邹韬奋，今晨病逝于上海,当时化名为"季晋卿"。上面这句话是郑振铎用铅笔添写在本日台历边上的。

七月二十五日

"上午,至文华阁,购劳格《读书杂识》五本……至修文堂,无所得。"(日记)

七月二十七日

"欧局有急转直下讯。"(日记)

七月二十八日

"上午,至张宅。以面包为午餐。午睡。沐浴。欧局无后文,不知何故。总之,已是'万木无声待雨来'的时候了。"(日记)

七月三十一日

"上午,至张宅,晤钱鹤记。奔波颇苦……至李宅赏荷花。"(日记)按,"奔波"当为印书事。

八月二日

"上午,至修文堂,见《南□文钞》四卷本,又闻有《大典》一册,崇祯历书四十余册,均拟购之。"(日记)

八月三日

"上午,得刚主赠《订讹杂录》,赵赠《闺情图》,又购得《经义杂记》一部。"(日记)

八月五日

"上午,至修文堂,见清人集已到一批,颇佳。"(日记)

八月二日至六日

王伯祥因小病在家休息,诸友慰问,郑振铎5日上午、6日上午去探望。王伯祥6日日记云:"善谈良晤,胜药我矣,遂觉霍然。"

八月七日

"上午,至修文堂,无所得。孙助廉寄来清诗文集目录一册,价已大涨,恐无法购之矣,且亦无佳者。"(日记)

八月八日

"清晨,有飞机及警报声。月明甚。至银行取款,闻香港路封锁,票据交换困难。……写清文集目录。"(日记) 按,郑振铎因生活所迫要出让藏书,开始编写 20 余年来、特别是近 3 年来自己专门搜购收藏的清代文集的目录。"(日记)

八月九日

"今日为防空日。出购报即归。写清代文集目录,凡得七百九十余种,尚有数十种,未编入。大约有八百种以上。写序毕。"(日记) 序中说明自己搜集的这类书籍"足以考见近百年来之世变",目的是为后人的研究"任其艰辛耳"。

八月十日

"上午,至修文堂,见清代文集又到不少,大约已经齐了,约需二万余金,尚不知如何还法?!"(日记)

八月十一日

"上午,至霞飞路,购熨斗一只,价一千一百四十四元,昂甚矣!闻战前只值八角也。"(日记)

八月十七日

"上午,至修文堂,取《三馀笔记》等数种归。"(日记)

八月二十四日

"上午,至修文堂,得清人集二种,至来薰阁等处,得清人集五种。价均昂。……下午,遇济川、刚主,谈至六时许归。"(日记)

八月二十五日

"上午,至富晋,得《亭林文集》二本,犹是朱氏印样校本也。……今夕为七月七日,新月在天,然予则孑然一身,有茫然之感。"(日记)

八月二十六日

"上午至修文堂,整理清人集。"(日记)

八月二十七日

"上午,访王,访张,谈售书事,稍有眉目。中午,在张宅午餐。因腹疾,足疲甚。三时半,至孙宅喝茶,归已七时许矣。写清人集目录,尽百余种,殊倦。"(日记) 按,王辛笛(当时任金城银行秘书)后来回忆说:郑振铎当时"立意搜罗清代文集,达八九百种,内中颇多坊间罕见之本,然一度终以手头一时奇窘,遽求易米为炊,急切之下,找我来想办法,但他意中仍思得一受者善为保藏,不使散失。不得已,代为容于银行的居停主人,慨然允予相助。"(《忆西谛》)郑振铎的爱国精神对受主周作民很有教育,周氏一直妥善保存这批书。周氏于1955年故世,其后人遵嘱将这批书全部献给国家。

八月二十八日

"上午,至来薰阁等肆。在传新,得清人集六种,价二千元。车挤甚!似倦疲不堪!……写清人集目至十一时,睡。"(日记)

八月二十九日

"上午,至金处,购书二千元。浑身湿透,以面包为午餐……写清人集目。"(日记)

八月三十一日

"写毕清集目录。"(日记)

八月下旬

得悉周作人在北平蓄意怂恿朱安女士将鲁迅遗书出售,十分气愤和焦急,竭力设法抢救。本拟亲自北上,但因友人均认为太冒险,遂被劝阻未去。后,许广平于9月10日发表启事阻止鲁迅遗书的出售;10月,唐弢与刘哲民到北平做朱安女士的工作;郑振铎专门给北平来薰阁、修绠堂各书店和赵万里等人写信(信由唐弢等带去),全力保卫鲁迅遗书。

九月一日

"至三马路各肆,购《学海堂集》,价一千六百元。《唐确慎》,价二百元。"(日记)

九月二日

"上午,至修文堂,理清人集,无所得。"(日记)

九月三日

"上午,送清集目至王处。"(日记) 郑振铎今日为《清代文集目录》作跋,末云:"似此一意求书,大类愚公移山,精卫填海……予素志恬淡,于人世间名利,视之蔑如。独于书,则每具患得患失之心。得之,往往大喜数日,如大将之克名城。失之,则每形之梦寐,耿耿不忘者数月数年……沧海横流,人间何世,赖有'此君'相慰,乃得稍见生意耳。则区区苦辛营求之劳,诚不足道也。"

九月四日

"晨,至来薰阁、开明等处,无所得。为雨所阻,留开明,购烤山芋为午餐……取明钞《北户录》、明末胡介日记各一册,价三千元。"(日记)

九月六日

"晨,至四马路及修文堂,无所得。孙助廉寄来书单一,《石云山人集》已昂至联钞四百五十元矣。闻至今尚未能寄出。在章家喝酒,菜颇佳。"(日记)

九月十日

"晨,王来,舒来。舒盘桓至五时许,始偕回……谈至畅。拟定许多工作计划,先从词选下手,大约每月总可成一本吧。"(日记)

九月十一日

"徐来谈,偕至李宅。买书事,略有决定。"(日记)

九月十二日

为《长乐郑氏汇印传奇》(第一集)题词:"予杜门读书,久绝人世间,庆吊之礼,亦不与俗子相往还,所时时高谈阔论、踪迹不断者,仅三数老友耳。微君时能针予过、中予失,过从尤密。予尝欲纂《晚明史修书目考》,思得其助,屡以为言,微君皆不之应。今夏借友力,得以所藏曲六本编为《影印传奇》第一集行世,微君乃欣然有同心,为署签,为写序言,即令墨版者是也。予不善书,尤恶世之以书家相标榜者。然观微君书,则亦未常(尝)不爱好之,殆心有所感,意有所注,遂处处有同嗜欤?秋夜皎洁,繁星在天,满地黄流,惟守孤辙。一灯荧荧,四无人声,相视而笑,不言而喻。但愿以此为始相扶助,以终此生耳。阶前虫声唧唧,亦若奏长笛、吹箫簧以相助也。书成,敬以第一部奉贻微君,开卷睹此,得毋莫逆于心欤?"

为《长乐郑氏汇印传奇》(第一集)题词:"叔平先生古道热肠,助人救世,日不暇给。此书之得于乱离之代印成问世,全藉叔平先生之力,固不仅予一人私衷感之也。夫古书之亡佚者多矣,汉唐写本传者绝罕,流沙遗简、敦煌卷子存什一于千万耳。即宋元以来,刊版盛行而不及千载,宋版之存者有几?元版之存者有几?殆皆可屈指计之也。亡于兵燹,亡于水火,亡于无知妇孺之手,亡于商贾与卫道者之手,无时无地不遭厄运。而存之则艰,传之尤难,每有皓首穷经毕生著述,而身没之后遗著荡然者。远者不论,即清代诸朴学大师之作未能传世者,岂在少数。但有有力者能为古人之著述化身千百,其承前启后之功固不在学人专家之下也。叔平先生愿力弘伟,继此必复将有所刊布也欤! 书成之日,敬奉贻一部并略抒所见以质高明。中华民国二十三年九月十二日,郑振铎拜书。"

按,该书郑振铎写的《序》、牌记及上引题词,均有意写为作于1934 年,当为防备敌伪。由上引题词一,可知本书题签和书写序言者为徐微;由上引题词二,可知本书《序》中提到"冒雨涉泥商之吾友,终藉吾友之赞,得先成第一集"之"吾友",即张叔平。赠给张叔平的一部,牌记注明乃"特制赠送本二"。然不知何故,该书实际并未送出,后仍在郑振铎藏书中。

九月十五日

"晨,至张处,至开明,至章宅午餐,喝酒不少,到者皆为各肆老板。至来薰,见董氏藏之《唐才子传》,甚佳……至来青,看活字本《曹子建集》,索黄金一两。"(日记)

九月十九日

"晨,至张处,至银行取款,陪舒至戈处看喉疾。……饭后,午餐片刻,写序一篇,一气呵成,尚为理直气壮。"(日记) 按,该序当为以"纫秋山馆主人"化名所作的《明季史料丛书》之序。序曰:"语云,亡人国者必亡其史,史亡而后,子孙忘其所自出,昧其已往之光荣,虽世世为奴为婢而不恤;然史果可亡乎!""若夫有史之民族,则终不可亡。盖史不能亡者也,史不亡则其民族亦终不可亡矣!"该序后请郭绍虞手书影印于卷首。该书共收明季史料20 余种,缩印出版,共印100 部。

首题"共和甲戌[按,即 1934 年]八月圣泽园印成",当系为了迷惑敌伪。所谓"圣泽园印成",当系张叔平赞助印成。

九月二十日

"晨,至张处,至开明,至来青、来薰等肆,无所得。以书目还孙,贪念一绝,心胸便觉泰然。"(日记)

九月二十一日

"晨至张处……四时许出,至文华阁,购新书二种。"(日记)

九月二十二日

"至开明,至汉学等肆,无所得。来薰有《古城》、《四友》等记,价均在储钞三千以上。午睡,写说明。"(日记)

九月二十三日

"晨,王[辛笛]来,收清集书款第一批三十,颇有惜意!'钱'何可与'书'比哉!"(日记)

九月二十七日

"晨,至来薰阁、开明等处,得清地方总集五部。"(日记) 按,此时郑振铎又起意搜集清代诗文总集。

九月二十九日

"晨出,为雨所湿。至来薰、来青等处,得清代诗文总集十许种。"(日记)

十月二日

"晨,圣来,借去《十竹斋笺谱》四册;偕至王处,看石章,观书,甚为高兴,不觉已至十一时。"(日记)

十月四月

"晨至汉学、来青各肆,得总集十许种。此间殆将网罗尽矣。"(日记)

十月五日

"晨,至富晋、汉学各肆,得清代诗文总集十许种。半月来,连旧有者,已积有百种以上矣。拟以三百种为限,尚可得也。在章宅喝酒,酒佳甚。"(日记)

十月六日

"晨,出购面包。写书目。"(日记)

十月十一日

"晨,至张宅,至施处,施患肺,卧病已久,今始得便探问。……四时出,至汉学、富晋,得《文房肆考》四册,价六百元。"(日记)

十月十五日

"至来薰阁……购弘治本《元遗山诗集》,价八千五百元,又以三百元一斤之低价,购《日本图案集》十七册,共价一万三千二百元。"(日记)

十月十七日

"晨,至张处,未遇,至施处。……五时许,至东方旧书商店,购《寒支集》,价三百元。"(日记)

十月十八日

"晨,至张处。至东方,选购日本版画六册,价二千六百元(二百八十元一斤)。"(日记)

十月十九日

"四时许,至来薰阁等处。在忠厚得《胸海诗存》等二种。"(日记)

十月二十日

"阴雨终日。晨至王宅(送目录),徐来。十一时,至开明,理清人集,未寻出者颇多。"(日记)

十月二十六日

"晨,至开明,知北方事颇详,惜未能至西山一探红叶也。"(日记)

十月二十七日

下午,"三时起,至秀洲书社,选清总集五六种,价已甚昂矣。"(日记)

十月二十八日

"晨,至各书肆,得总集数种……三时许,出,至秀洲,得总集五六种。"(日记)

秋季

为亡友潘博山所赠《明清两朝画苑尺牍》及《蓬盒遗墨》作题跋：
"此书在博山故世后，方始装订成册，阅之不胜有人琴之恸。"署名"纫
秋"。

又，曾作《"废纸"劫》一文，记述当时上海各书店将大量滞销图书
当作"废纸"出售给造纸商，感叹："文献之浩劫，盖莫甚于今日也！目
击心伤，回天无力。惨痛之甚，几有不忍过市之感。"（后发表于1945
年12月1日《周报》）

十一月四日

"晨至开明，至来薰、汉学等处，得《苔岑诗存》。"（日记）

十一月六日

"至戴春记，理发。在王宅午餐，酒喝得不少，谈甚畅。因说话太
多，微感不适。六时许，至舒处。舒在写《彗星夺婿》的剧本，已成半幕，
但盼其不终为'虎头'也。"（日记）

十一月七日

"晨，至开明，取收款，不过足供二十余天之需耳。可怕！"（日记）

十一月十日

"晨，至蕴华阁、开明、来薰阁等处。在来薰，见到《古城记》及《四
友记》，共索联钞七千，实太昂也。"（日记）

十一月十一日

日伪在南京举行所谓"中国文学年会"首届会议。次日，又召开所
谓"第三届大东亚文学者大会"。曾经攻击讽嘲过郑振铎的汉奸文人
杨光政等人参加了这些活动。

十一月十二日

"中午，有友人来喝酒，闲谈至五时，至萃古斋等处，见嘉靖本农
书五本（缺一本），天一阁旧藏，索万元，颇欲得之。购《清文雅正》一
本，价五十元。"（日记）

十一月十三日

"晨出，忽见街肆皆悬半旗，不知何故；后知汪[精卫]已于十一日
下午四时死，今日乃公布也。"（日记）汪精卫死于日本，汪死后由陈公

博代任其伪职。

十一月十四日

"晨,至开明、来薰等肆。得康熙本《曹秋岳尺牍》二册,《刘端临遗书》(原刊)二册,共价一千金。……五时许,出,至圣处。"(日记)

十一月十五日

"晨,至修文堂,晤孙氏兄弟,谈颇畅,得姚范《援鹑堂诗文集》,颇高兴。孙云,有《异梦记》,价至联钞八千,即四百余也,只好放手矣。又得《四词宗合刻》。"(日记)

十一月十八日

"晨,至来薰、开明等处,无所得。在传新,见日本刊《大明律》,索万余金。杨贾云:姚梅伯之《曲选》,已散出,分三处收藏。"(日记)

十一月十九日

"晨,挟书送至辛笛处,大似一书贾也。"(日记)

十一月二十三日

下午,"至王[辛笛]宅,吃饺子,取回现款四数。"(日记)

十一月二十四日

"十时许,至来薰阁等处,无所得。至开明,取款无著,殊闷。"(日记)

十一月二十五日

"三时半,至高宅,晤竹庄诸人,茶点食得不少。"(日记)

十一月二十七日

"下午,拟《书目考卷目便检》数卷,于分卷仍有未安。"(日记)

十一月三十日

"晨……写书目考目录一部分……甚惆怅。各处款均未送来,殊为闷闷!想那些岁寒无衣无食者,不知当如何愁苦!"(日记)

十二月一日

"家中待款甚急,颇焦急!至开明、来薰等处,得《竹初诗文钞》,价一千五百元,《新曲苑》,价二千五百元,又取来《四友》、《古城》二记。"(日记)

十二月二日

为于萃古斋购得之清王大海撰《海岛逸志》作题跋,署名"敬夫"。

十二月三日

"晨,阅报,知昨日冻死三百余人,可哀也! 圣来,偕往王处,同步行至伯翁处"。(日记)

十二月四日

"晨,乘电车至吕班路,复步行至开明。晤王,取书款若干,杯水车薪,何济于事! "(日记)

十二月六日

"晨至开明,取书款。闻有郁泰封藏蜀大字本《史记》廿册;欲售廿万;拟得之。至来薰、忠厚等处,在忠厚见沈刻《西京杂记》、明刻《欧阳行周集》、《刘随州集》等,而以《高东嘉集》后有徐兴公跋者为最佳,即取归。《四词宗合刻》已寄到,即付装订。"(日记)

十二月十日

"至陆处,商妥《书目考》事,甚高兴。"(日记)

十二月十三日

"至开明,见助廉之《温堂抄本书目》(天一、文渊、中州先贤集目)已寄到。绝佳。索二万金,可购也。"(日记)

十二月十六日

"晨,至开明,得鲍承勋刊《太上感应篇图说》残本二册,价一千元,甚为高兴。至忠厚、汉学等处,得《墨竹新谱》一册,《畿辅书微》十六册。"(日记)

十二月十八日

"晨,至三马路各肆,至来薰阁等处,取翻鲍本《太上感应篇图说》,索六千,拟退还之。见来青阁有吴县潘氏散出书一批,索三十万,内《乾隆搢绅录》一函,甚佳。"(日记)

十二月二十日

"晨,出购物,母亲携倍等于一时许来。午餐喝酒少许,孩子们很高兴。四时许,散。五时半,至舒处,点红烛两支,以今日予'暖寿

日'也……年将半百,所成何事,检讨半生,很自悔惧也！"(日记)

十二月二十一日

"今日为予四十七岁生辰。"(日记)按,以阴历十一月初七算。

十二月二十二日

"晨,挤车至各书肆,无所得。至开明,得《诗礼堂古文》四本,价一千元。……四时半,至蕴华阁,付戴款五千,已清讫。"(日记)

十二月二十三日

"译《蛮人》,当以一月之力毕之,毅力乃工作之动力也……午餐后,续译,共成二千余字。午睡。四时许出,至蕴华阁,无所得。至圣处,遇沈,谈甚畅。"(日记)

十二月二十六日

"晨十时许,至开明,在传新得英译《五车韵府》一本,价三百元。至汉学、来薰等处,无所得。"(日记)

十二月二十七日

"晨,至银行取款,所存已仅数百元矣。不知如何度岁?！"(日记)

十二月二十八日

郑振铎手书宋末爱国诗人汪元量《醉歌》一首发表在《春秋》第2年第2期上,借以表达对沦陷区荒淫无耻的卖国贼的愤慨。

十二月三十日

"晨,至张处,偕往探视施病。访瞿。"(日记)

约本年

"在抗日战争末期,党和我联系上了,派了人来,仔细地和我谈着怎样通过敌人的封锁线而到内地去的计划和路线,而且还派定了负责联系和引路的人。党是那么布置周密地要我们在危险时离开上海啊……"(郑振铎《把一切献给党》)

一九四五年　四十八岁

（民国三十四年　乙酉）

一月一日

用"敬夫"化名在小台历封页上题诗自励:"不怕作得少／只怕断断续续／若能天天作／作得一定多"

二月五日

为自撰清代总集书目题跋:"去岁秋冬之间，既尽斥清人文集以易米，心灰意懒，不复有收书之兴，乃庋总集于一室，编为此目，以自省览。此皆应用之书也，有此一目，殊便检索。惟天寒岁暮，粮储将空，室人、孺子不能一日无食；此目成后，此百许种之总集势或将继文集之后而被斥去，则此目者或将为待鬻之目矣。呜呼！"署"纫秋居士"。

二月二十六日

施韵秋病逝。"施临终时有致郑西谛、张咏霓函(口述)。"(刘承幹日记)

初春

王统照离上海回青岛，行前郑振铎、郭绍虞、唐弢、柯灵、师陀等为之饯行，席上王统照作诗《将北归赋此以示诸友》。

三月五日

晨，过张葱玉寓，张赠予清康熙刊本《西厢觭政》一书，归以"纫秋"化名作题跋，云:"予之版画书库中又多一精品矣。"

三月十七日

写《纫秋山馆书目》毕，作跋云"右书九百一十二种，皆予烬余鬻余之所存者"，并谈及自己收书的原则是为了应用，有时宁舍"熊掌"而取"鱼"。

四月一日

在重庆的教育部组织"战时文物保存委员会",郑振铎被列名于内。该委员会旨在从事战区和后方的文物保护工作,并为战后文物调查预先准备。但直至战事结束,教育部及有关部门对战时文物的损失调查工作并无实质性进展。

四月七日

宋云彬《昆明日记》:"茅盾、巴金、金兆梓等联名来函,谓'拟乘此湘桂文艺作家内徙、同志群集之机会,成立一种机构,为同仁之写作及出版谋福利',邀请参加。并谓'弟等所邀请共同发起此事者共十一人',计开:老舍、宋云彬、洪深、柳无忌、孙伏园、章靳以、叶圣陶、郑振铎、吕淑[叔]湘、朱自清、闻一多。"

四月十八日

王伯祥日记:"余久困于日用,前日与雪村言,拟以所藏《四部备要》二千五百册售于开明图书馆,俾易米自救。几经措商,今日始由西谛、予同之居间,言明以储币八十万元为代价。"

四月十九日

夜,友人李健吾突然被日本宪兵逮捕,近二十天后获释。此后,友人柯灵又第二次被捕。

四月

因生活所迫,将5500册藏书出让给中华书局图书馆。内有名人年谱50来种,《楚辞》各家评注本40来种,还有不少诗文总集、别集和地方性的郡邑诗人总集。附有一册手写《纫秋山馆书目》及跋文。

五月一日

王伯祥在郑振铎家里看到友人吴眉孙写的一阙《沁园春·卖书词》,反映了他们共同的心情:"自我得之,自我失之,何用慨然!况兵戈未息,时犹劫火;米盐不给,屡损盘餐。炳烛微明,巾箱秘本,能得余生几度看?自喜喜,未论斤称,不值文钱。也知过眼云烟,只晨夕、相依四十年。记小妻计价,肯抛钗珥;娇儿开卷,解录丹铅。良友乖违,宫娥惨对,此别销魂绝可怜!还自笑,笑珠亡椟在,旧目重编。"

五月十三日

以"纫秋"化名为所藏明刊《玉茗堂批评异梦记》作题跋二则。提及此书去冬由孙实君索价三万三千,因经济窘困而无力购之,今春为友人张叔平购去。"叔平见予深喜之,乃慨然曰:'即以贻君如何?'予大喜,遂挟之以归,报之以明刊本冯氏《经济类编》百册。然此为孤本,《类编》则不难得,固未能相提并论也。"

五月

以"纫秋"化名为所藏清康熙刊本《石濂和尚集》卷首附图作题跋。

六月一日

"因病未痊愈,晨出即归,精神不振,室内闷热,益增烦躁。读《晚霞》,无可取者。以焦米为粥,食之甚香。终日三餐,皆食此。下午,作短跋二篇。"(郑振铎写在台历上的残存的日记)

六月二日

"晨出,购物,洋蜡烛价至一千七百元一支,切面二千四百元一斤;数日不问价,不意已飞涨至此!"(日记)

六月四日

"晨,阅抄本《绛云楼书目》,多出不少注,且有黄校多处,甚佳。又见彩色套印活字本《金鱼图谱》,为道光戊申印本,句曲山农所著,颇好,惟图模糊耳。"(日记)

六月五日

"沐浴,理发:水价一担计二千元,理发计一千九百元,较一月前又涨一倍矣。"(日记)

六月六日

"午睡,甚酣。三时醒,写《秦词正讹》跋一篇……闻有活字本《春秋繁露》,售十三万,活字蓝印本《笔畴》,售数万,予均未见,可知久已不阅肆矣。"(日记) 该跋云,壬午秋日购得此书,"盖是秦时雍作者,非淮海词也。虽仅存半部,亦是未见难得之书,因亟收之。予之藏曲得此,大是生色矣。时雍号复庵,其曲仅见于诸明人选本中,不过寥寥数阅耳。不意今乃获其曲集,且复是嘉靖黑口本,诚奇遇也。可见凡事须留心,求书尤须不厌其琐琐求详。如以为淮海词不全本而不收,则必失之交臂矣。复庵曲生辣活泼,写情入骨,不类沈宁庵派之浮烂,实是明代南曲之最上上品。无意得之,欣喜无已,亦劫中杜门索居时一乐也。"署名"纫秋"。

六月七日

"理书觉好者不少,未免敝帚自珍。今欲得其一二,亦大是艰难也……四时半,出,购淡奶一瓶。前十日仅一千二百元,今则须三千四百元矣。牛油 1/4 磅,亦须三千四千[百]元,诚可怕也! ……十时睡。阅《列国志传》。"(日记)

仲夏

为所藏清人陈琮《烟草谱》作题跋:"劫中钱君尽鬻图籍以去,临别以此书见赠。良友之贻,固当珍什藏之。予集得插图书累数百种,此谱卷首有图二帧,亦予书库中罕见物之一也。"署名"纫秋"。

为所藏清人贺君召辑《扬州东园题咏》作题跋:"余幼客扬州二载,尝游法海寺。此贺氏东园则久已荡为荒烟茂草,无可踪迹矣。沧海桑田,何独一东园为然哉! 可叹也已! "署名"纫秋"。

六月八日

"晨出,购火腿等,万元不过一小包耳。皮蛋、咸蛋均至四百五十元一只,牛肉至五千六百元一斤,猪肉四千元一斤,杜[大]米已至六十万关。可怕也! 不知如何活下去!? ……闻世瑛君逝世讯,愕甚! 前尘往事,不堪思量! "(日记) 按,王世瑛是五四运动时期北京女子高等师范学生, 当时曾与郑振铎谈过恋爱,后因她家父母反对而未成功。

六月九日

"今日为防空日。晨出,借款,未成。"(日记)

六月十日

"连日为钱而忙,竟未得之,可见其难。"(日记)

六月十一日

"晨出,候款到,即出至闹市,奔波于宁波路等处,疲甚,热甚。购股票若干,亦姑试为之耳。"(日记)按,郑振铎此时因生活所迫,尝试买卖股票。

六月十二日

"晨出,购物,带了三万元,仅剩数千元,所购寥寥耳。可怕也!母亲及蕴、宝、倍来午餐。"(日记)

六月十三日

"晨出,至银行、市场,忙甚,颇无聊。"(日记)

六月十五日

"晨出,至银行、市场,奔波甚苦,无非为'利'而已。瞬息万变,人声鼎沸,一上一落,心亦随之,可怕也!只可偶一为之耳。午餐食生煎馒首十只……购牛奶一瓶,价已涨至五千八百元。"(日记)

六月十六日

"晨至市场,又至银行;取现款不得。天气已入霉季,心境亦如之。不知何日可以放晴?!午吃枪[羌]饼一千元,仅足果腹耳。"(日记)

六月十七日

"午,至丏[夏丏尊]处祝寿,午餐。今日为丏六十生辰也。客人有二桌,各送万金。"(日记)

六月十八日

"阴雨。冒雨出,至市场。究竟是损多益少。生平未有之经验,试了亦好。然得失频频,多未能免于介介,是可怕也!"(日记)

六月十九日

"晨出,至市场,无甚变化,闷损之至。借债还债,不胜其烦,此事诚不可为也!'可少休矣。'食生煎馒头十只充饥。至各肆,购《海日楼诗词》二本,《古器物学研究议》一本。"(日记)

为所购罗振玉《古器物学研究议》题跋,云:"久不阅肆矣,以方斥书数百种易米,意兴阑珊,不忍重睹线装册子也。" 又云:"罗氏为近五十年来最努力之学者,此议久应采为国策,而知者寥寥,可叹也。"署"纫秋"。

六月二十日

"晨出,至银行等处,奔波甚苦。"(日记)

六月二十一日

"晨,至市场,借款五百,为期仅四五百耳,不知可得'利润'若干否? 奔波至午,在东南午餐。归,知蕴携倍来过;二时许,又来。所谈无非柴米……看《情海归帆》,颇好。"(日记)

六月二十二日

"晨出,至市场,取现钞若干,竟未得。借款二百,又借四十,姑试为之。归来,倦甚。阅《情海归帆》,午睡未成,头涔涔作痛。"(日记)

六月二十三日

"上午,至市场。心里的变化,也如天气似的,忐忑不安;生平未曾有过如此之得失萦念过。'且止于此吧!'"(日记)

六月二十五日

"晨出,至市场,还了一笔欠款,颇以奔波为苦,拟不再碌碌于此了。但得些见识,也还不错。以生煎馒头为午餐……五时许,出。取钞本书若干回,阅之,甚为得意。"(日记)

六月二十七日

"冒雨出,雨衣湿透。至市场,接洽还款事,大约可告一结束,尚不至亏本。碌碌奔走者十余日,仅得此结果,精神上痛苦殊甚。以面包为午餐。午睡。四时许出,取善本书若干,以资'欣赏',以涤尘心,当可有助于修养。"(日记)

六月二十九日

"晨出,至市场,至银行,取现款五万,不敷数日用也。"(日记)

六月三十日

"晨出,至银行,了清欠款,所余不过二万余元耳。"(日记)

七月三日

"晨出,至市场,股票大跌。售去'新光',亏至十六万余,可谓'船破更遇顶头风'矣。借款不着,因银根大紧也。"(日记)

七月四日

"晨出,至市场,至银行。付利息二十余万元,殊为难过;借债度日,总不是办法也。"(日记)

七月五日

"晨出,至市场,因过迟,涨风已高,金价已达三百关,几乎所有股票皆涨停板。借款不多,无可措手,殊为无聊。"(日记)

七月六日

"晨出,借款六百,惜为时已迟,涨风过去,恐不能有所获矣。此种'人情'用之似属多余。戒之! 戒之! "(日记)

七月七日

"晨出,至市场,割却新新,亏三十五以上,是亦一教训也。"(日记)

七月九日

"晨出,至市场,交割毕,即归。计亏 38.9,亦一教训也。购牛肉十两,计九千四百元,几有日昂之感! 将赋'食无肉'矣!……今日为第十九次防空日。"(日记)

七月十日

"晨出,累得浑身是汗,而一事无成。借款不着,连开本票也须再跑一趟。可见种种措施,无非使我辈更苦耳。不知如何活下去法?! 愤懑之至!!! "(日记)

七月十一日

"晨出,因好事,又亏却三万余。至银行,续借事已办妥,尚为高兴。"(日记)

七月十二日

"晨出,至市场,付利息一部分。"(日记)

七月十三日

"晨出,至市场,情形大变,股币骤涨,金价高至四千关。望之,摇头而出。接洽好借款继续事,归……与友谈,叹生活之艰难,已至极顶,再有两三个月,决难维持下去……嗟叹不已,刺激不少。"(日记)

七月十四日

"晨出……至市场,至银行取现款。"(日记)

七月十六日

"晨出,至市场,见金价已高至五大关,各股无不涨停板者,不知何故。"(日记)

七月十七日

"晨出,至市场,知金价已涨至六关以外,惜昨已售去一粒,还欠外,尚余二数,可购米矣。……四时许出,访友,张咏霓昨病故,今日下午大殓,亦未去,心里很难过。"(日记)郑振铎后来回忆说:"我因为环境关系,竟不能抚棺一恸! 抱憾终生!"(《求书日录》)

七月十八日

"中午,有警报,甚可怕!"(日记)

七月十九日

"晨出,至市场,金价已出七百关矣! 借款付利息,即回。"(日记)

七月二十日

"晨出,至市场,金价已至九百关。售去一粒,还债,尚有余款。以后,恐不易借,即此为止可也。"(日记)

七月二十一日

"晨出,至市场,股市不振,有涨者,但一部分则反跌。"(日记)

七月二十二日

"十时半,出……警报声大作,似飞机不少,炸声、炮声四起,有吓得无人色者。一声极近,似即在近处爆发。此尚是小规模耳,然已如此可怖,不知将来如何?! "(日记)

七月二十三日

"晨出,至市场,金价已跃到一万一千关,可怕之至! 各股亦均飞跳,惟所购者均迟迟不进。午有警报,至开明略坐。"(日记)

七月二十四日

"晨出,至市场,见各股无不飞涨。商务已至三百十七万一股。正在闹哄了的时候,忽有警报,一切停止。飞机已来,忙至开明,中途停在一小巷,机枪扫射,似即在头顶。麦家圈落下一弹,有热风卷及,甚

为危险,小孩哭了起来。稍停,即逃至开明。"(日记)

七月二十五日

"晨出,至市场,忽起跌风,不知何故。匆匆的至银行,还债……下午,精神不好,以卧而阅书过久也。"(日记)

七月二十六日

"晨。至世界小学换居住证,等候了二小时许。好在手续一次已办妥,不必再去。归而生火做饭。蕴来。"(日记)

七月二十七日

"晨出,至市场,至银行,取现款。金价连日落至十关以内,热股却大涨,不知何故。"(日记)

七月二十八日

"晨出,至市场。借到款一千,扣息一百十,仅余八百九十耳。今日金价跌到八百余,不知何故,股又大涨。"(日记)

七月三十日

"晨出,至市场,金价徘徊于九十三四关,股则涨者颇多。"(日记)

七月三十一日

"闻圣已于六月底到家,慰甚!"(日记)

八月二日

"晨,至市场,股票又大涨不止,中小型尤其,大型则不动,金价尚止出十关。"(日记)

八月五日

"购《水经注》(大典影印),价十万金。"(日记)

八月六日

"晨至市场,金、股均不振。至开明,为现钞奔走,很不高兴。"(日记)

八月七日

"晨出,至市场,兴致极坏,匆匆售去源源,即归。自做午饭,饭毕,午睡。沐浴。看《济公传》消遣,未出门,又生火做晚饭。"(日记)

八月八日

"晨出,至市场,至银行,取现钞,又借到一千。未午餐。下午,又至市场,各股均涨停板,购新星三千。三时归,满身是汗。做饭。沐浴。看《济公传》。"(日记)

八月九日

"看《济公传》,自生火做饭,未出,因今日为防空日也。下午,高来说,俄国昨已向日宣战,市场上必是一阵大乱。……夜有梦,醒来,天犹未亮,闻炸声,勉强复入睡。"(日记)

八月十日

"晨出,至市场,昨日大乱之后,今日一切都回小,金价在十三四关上下。至银行,办完了手续,已近午矣。购面包为午餐。……看《济公传》毕,看杂志,十时许睡。"(日记)

今日日本表示要求投降。

八月十一日

"晨起,有人来,说起日本已经屈伏了。兴奋极矣!立即外出,消息已满城都知。秩序整然,闻昨夜有游行,有狂欢终夜者。至市场,已不做新交易,买不出东西,干着急。但现在已经不怕冻馁了!没有钱也不要紧。午归,国旗已满街飘扬。闻下午又有游行。晚报已详载消息。又闻接收的人已来,明晨正规军可到。午睡。沐浴。下午出,至耿宅,至家,全家欢声雷动。九时归,十二时睡。"(日记)

八月十二日

"四时即起床,晨出,晤友,即归,闻有人来找。在家少睡。赵来,沈来。外面情形尚未平定,因条件尚未签字也。昨有扰乱,故今日戒严。下午,又睡,因昨日兴奋过度,几半夜未睡也。六时许,饭毕出,至凤处,谈至十时归。闻叔平书事,颇为不满。"(日记)按,"叔平书事"当指张叔平购嘉业堂藏书事。张1942年购嘉业堂藏书,最初请郑振铎为中证人,但后来双方多有纠葛,郑振铎便退出中证。此事还曾引起诉讼,敌伪高官纷纷介入。

八月十三日

"**热甚,汗出如渖。夜睡不宁,起而复睡者数次。晨出,至市场,仍**

无交易,金价亦低,不能售出。至银行取现款。在广和居午餐。访瞿。至家一行。六时许,至红绵晚餐,见南京路自大新至河南路一段被封锁。"(日记)

八月十四日

"晨出,市场上仍无交易,各股均惨跌,殊不可解。午归,以面包为餐。……三时许,回家,甚感无聊,亦无从下手整理。有友来谈,晚餐喝了些酒,菜甚好。"(日记)

八月十五日

"晨出,至市场,因南京路封锁,不能过去,折至金城稍坐。又至开明,谈颇畅。归家,以冰激淋半块为午餐。……今日正午,日皇广播,正式宣布接受条件,‘和平’已实现矣!今后当可安生乐业,不愁饥寒了!"(日记)

抗战八年来,郑振铎一直坚持战斗在上海。他后来说:"假如有人问我:你这许多年躲避在上海究竟做了些什么事?我可以不含糊的回答他说:为了抢救并保存若干民族的文献。""我心里也想走,而想走不止一次,然而我不能走。我不能逃避我的责任。""前四年,我耗心力于罗致、访求文献,后四年———一二·八以后——我尽力于保全、整理那些已经得到的文献。我不能把这事告诉别人。"(《求书日录》)

郑振铎又说,后四年,"在这悠久的四个年头里,我也曾陆续的整理了不少的古书,写了好些跋尾。我并没有十分浪费这四年的蛰居的时间。"(《求书日录》) 按,除了题有年、月、日的题跋本年谱已分别收入外,今见这期间郑振铎所作题跋未署日期的还有:以"纫秋"化名为《醉乡记》、《汝水巾谱》、《清晖阁批点玉茗堂还魂记》、《春雨楼集》、《算沙室全藏目录》等书题跋;以"纫秋居士"化名为《精选点板昆调十部集乐府先春》、《东郭记》、《新刻赵状元三错认红梨记》等书题跋;以"幽芳阁主"化名为《全宋词》等书题跋;以"幽芳居士"化名为《芥子园画传》等书题跋;等等。在上述最后一书的题跋中,郑振铎生动地写出了他写作这些题跋时的心情:"收异书于兵荒马乱之世,守文献于秦火鲁壁之际,其责至重,却亦书生至乐之事也。……大地黑暗,圭月孤悬,蛰居斗室,一灯如豆。披卷吟赏,斗酒自劳,人间何世,斯世何地,均姑不闻问矣。"

八月十六日

"晨出,购报四份,已正式公布屈伏经过矣。购面包一,晨、午二餐均赖之。写稿二篇。四时许出,至家,至凤举处,遇玄伯,谈至傍晚,至景耀处晚餐,听无线电。八时半归,得舒十一日信,喜甚。十时许,睡。自昨夜起,已通夜有电。"(日记)

八月十七日

"晨出,购报即归。……见国机低飞盘桓,不自禁的拍手。四处有鞭炮声。仍以焦米粥为晨午餐。午睡。写文未毕。二时半,赴宅……欲写文,竟不能成一字。与玄、举通电话。"(日记) 按,所写文为政论《论新中国的建设》,提出民主建国九条建议,表达了对"建设现代的科学的伟大的新的中国"的强烈愿望。后分二次载于 9 月 10 日、11日《文汇报》。

八月二十日

开始写《蛰居散记》,本日作《自序》,认为对抗战时期敌占区的生活,"如果能有一部详细的记载,作为'千秋龟鉴',实胜于徒然的歌颂胜利的欢呼。""劫后余生,痛定思痛,把这几年来目睹耳闻的事实写下来,……也许可以使将来的史家们有些参考罢。"后载 9 月 8 日《周报》创刊号。

题《长乐郑氏汇印传奇第一集》编号本第一部赠张国淦,词云:"数年以来,予流离迁徙,不遑宁居,幸藉前辈先生与友人之力,得免罹难。石公先生肝胆照人,高义云天,维持尤多,感恩独深。今四海昇平,光明重睹,劫后余生,欣歌欢唱。敬献此帙,以表微忱,不足云谢,略志同庆。"

八月二十二日

"晨出,即归。沈来谈,在此午餐。……下午三时半,出。至贝勒路,见《中华日报》载朱毛致蒋电,觉得'政治'这东西,实在太可怕了。还是做自己的'本行'为是。访予同、文祺,均未遇。遇毛无止。五时半许,回家,遇戒严……绕道回。晴湖来。"(日记) 按,8月13日、16日,毛泽东曾二次起草以"第十八集团军总司令"名义致蒋介石的电报。电报公开发表,提高人民对内战的警惕性,表达了中国共产党的立场。

八月二十三日

"晨出,购报,发舒一信。至石公处,即归。济之来。午睡,未午餐。二时许,至家。今日为母亲寿辰也。一切仍是母亲自办,殊为不安。仲章来电说,森玉已到沪,即打一电话去,果然已来。晚餐后,匆匆即至百花巷,谈颇畅。恐戒严,九时许,即归。有许多消息,颇不愉快,姑听之而已。"(日记)

八月二十四日

"晨出,访予同,访增美,访丐尊。回家午餐……看小说,一事不作……与森通电话。五时许,偕增美至三多里,保存甚好,颇慰。又至瞿凤起处,知虞平静。至法宝馆,遇钱重知。……得舒第二信,喜甚。"(日记)

八月二十五日

"晨出,至圣翁处,晤金某、凤举、以中。二时许,回家……五时,步行到宗俊宅晚餐。遇大焜,久已不见他了。他说起内地情形,极为详细。"(日记)

八月二十六日

"发舒一信。晨,森玉、绍虞来,同至拔可处。途遇吴绍澍,略谈即别。偕绍虞归。……六时,至瑞璜处晚餐,客已到齐,谈颇畅。"(日记)

八月二十七日

"晨出,偕唐同至开明;因孔诞放假,废然而回。至各书肆,至雪村处,见'中联'已为宪兵队封闭。至予同、文祺、耀翔处,谈不甚畅,有无从说起之概。……五时许,予同来,刘韶仲来,至法宝馆,晤大焜,晤钱重知,见藏书处已大为变动。晚餐后,街上传国军已到,热闹之至!"(日记) 按,"藏书"即郑振铎在抗战中前四年为国家抢救的古籍。

八月二十八日

"晨,森玉来。沐浴。出,至开明,晤以中等。至工商,访伯郊,未遇。

……傍晚,至法宝馆,晤以中,文祺来,增美来。发柏丞一电。九时回,发舒一信。孙家晋来一信,求事,当即复,着其速来。藏书急待整理,惜无宽敞之处可以办公也。感触甚多,欲说的话太多。致斐云一信。"(日记)　9月下旬,郑振铎即带领原暨南大学学生徐微、孙家晋等人去常德路觉园法宝馆开始整理"孤岛"时期为国家秘密抢救下来而未及转寄,门口挂着"佛教净业社"牌子为掩护藏在那里的大批书籍。

本日,中国共产党主席毛泽东亲赴重庆与国民党蒋介石谈判。

八月二十九日

"晨出,购面包。谨轩来,济之来。……二时许,出,中途遇阻('捉汉奸')。至合众稍坐,与起潜、葵初、叔通谈,颇畅。五时许,至家,徐凤石来,为谋事也。仲足来,说了许多余所不知之事。以中来。……得舒一信,发斐及家晋信各一。"(日记)

八月三十日

"晨,森玉、仲章、伯昕、唐弢相继来,偕森玉至择一处。……三时半,出。至石公处,至誉虎处,不觉已至八时矣。回家吃粥,发电一通。"(日记)　按,徐伯昕、唐弢等人来是与郑振铎商量办刊物等事。

八月三十一日

"晨,伯郊来,交款四百余。出,访森玉,在彼处午餐。偕访叔平,忙乱无比。……五时半,外出。访菊生、乾若。在庆棠处喝酒二盅。访玄伯。……发舒一信(11)。"(日记)

八月下旬

李健吾被国民党上海市党部聘任为宣传部编审科长,李健吾问郑振铎的意见,"郑说身在公门好修行,有个自己人担任此职,对进步文化事业或许有益,不妨先答应下来。"(韩石山《李健吾传》)李在9月份做了一个月后辞职。

九月一日

"十时半,至凤举处。十一时半,至仲章处午餐。森玉、以中均在,喝啤酒不少。饭后,森玉假寐一会,窗外大雨如注,余等闲谈甚快。三时出,至耀翔处,未遇。至金处,付接食费。六时回,金华来。"(日记)

九月二日

"晨出,购报,购物。有友来谈。写'散记'第一篇,毕。……三时许,回家,写了若干字,唐弢、珂[柯]灵来。至法宝馆,未晤以中。……发舒一信。"(日记) 按,《蛰居散记》第一篇题为《暮影笼罩了一切》,回忆上海"孤岛"初期情形:"有人在黑夜里坚定的守着岗位,做着地下的工作;多数的人则守着信仰在等待天亮。极少数的人在做着丧心病狂的为虎作伥的事。"后载9月15日《周报》第2期。

九月三日

"晨出,至森玉处,见范成、振华等均在,候仲章至十时许,同往通园,为'书'忙也。又偕至宝建路十七号,见书不多,颇为失望。至美心午餐。冒雨归,午睡了一会。四时许,至科学社,晤叔通、夷初、傅雷诸人。七时许,偕予同至耀翔处,在打牌,稍坐即出。"(日记)

九月四日

"晨出,至通园,时间实在太糟蹋了,等到十二时,人才来齐,商量了一会,好容易决定了几个办法。……归,闻仪言,陈[群]处书,有为法宝馆所有者,骇甚,急甚!愤怒之极,食不下咽!应立即追究其来源,惜死者不能复活,如何得其口供呢?总有办法办理的!得慰堂一电。"(日记)

九月五日

"晨,写信,发舒一信(13信)。至通园,无甚事,仅至陈群各藏书处逐一观察一下,浑身是汗,已至午时。偕森玉、仲章至寓午餐。……五时许,回家。孙家晋来,谈颇畅。"(日记)

九月六日

"晨出,至通园,晤多人。至开明,晤丏尊等,谈甚畅。在一家春午餐,遇高谊等。……五时半,至花园坊,与森玉、仲章、以中共餐,很高兴,菜也不坏,啤酒喝得不少。偕以中步行归……舒有一信(4)在门口,得之喜甚!……国军今日已到一批。"(日记)

九月七日

"晨出购报,即归。写毕《锄奸论》。……下午四时许,至凤举处;至景耀处喝茶。……写信给舒(14信),不觉尽四纸……今日又如醉如狂的看汤恩伯经过。"(日记)《锄奸论》后载9月15日《周报》第2期,提出:"要肃清荒淫与无耻的集团!"还提出应将汉奸分成四等罪犯,每等又分政治的、经济的、文化的三类。"如果这一次不来一个大扫除,而再是那样的藏垢纳污下去,中华民族的前途一定会遭逢一次更大的空前浩劫的。"

这以后,郑振铎又写了不少锄奸论文,"这几篇文章发表后……颇有人辗转讽示,威胁利诱,要他笔底留情。西谛不为所动,一笑置之。"(唐弢《忆西谛》)

九月八日

"晨至通园,偕仲章至陈处;复至通园,谈至午时,回。……傍晚,西禾来,宪铸来,许杰来,胡宛春来。许、陈在此晚餐。……发舒一信(14),又魏金枝一信。晤曹俊,托其代发一电。"(日记)

柯灵、唐弢主编,刘哲民、钱家圭发行的《周报》,在郑振铎的大力支持下创刊。郑振铎开始在上面连载《蛰居散记》。

九月九日

"今日九时,何[应钦]、冈村在南京签订日军投降条约。宪铸来,仲章来。偕仲章至陈处,晤陈钟达,谈接收事,颇爽快。复至通园。……下午五时许,济之、调孚、玄伯、森玉、伯祥、雪村、绍虞、以中、仲章、凤举诸人,在此晚餐,谈甚快!"(日记)

九月十日

"晨,森玉来,偕出访慰堂,遇之扬子饭店。谈甚畅。教部以'京沪区教育复员辅导委员'名义予我,似觉无聊。至通园,戒严甚紧,不知何故。偕森玉、慰堂、仲章午餐。餐后,偕慰堂访吴雨绅,又访某,未遇,归家。稍息,又访郁秉坚。……晨至各书肆一行,无所得。"(日记)

当时,教育部派蒋复璁(慰堂)为京沪特派员,在上海设办事处,组织"京沪区教育复员辅导委员会",由蒋复璁兼主任委员,聘马叙伦、张凤举、许炳堃、郑振铎、刘英士、徐鸿宝(森玉)、叶凤虎等为委员,研讨有关教育复员问题,备供参考。另,身任国立中央图书馆馆长的蒋复璁还聘任郑振铎为该馆顾问兼编纂。

九月十一日

"晨八时许,回家。九时,至凤举处,开教育复员辅导委员会,到慰堂、森玉、夷初、潜夫等,至一时许,始散。在凤举处午餐。二时许,至通园,谈了一会,决定明日搬书。四时许,回寓。致舒一信(15)。……拟了几个电报稿。"(日记)

在昨日和今日《文汇报》上连载发表《论新中国的建设》。

九月十二日

"晨五时许即起身。七时许,至寓,匆匆即至通园。候至九时许,徐、蒋始到。他们另走,予等至陈宅搬书。遇阻,至黄处,不得要领。至菊生处,晤蒋等,再至陈宅,决定:与关系方面商洽后,再搬。偕蒋至华懋,未遇负责者。至三马路各肆,至开明,遇仲足,吃冰。倦甚,归休息。六时许,回家,写文件至九时许,睡。"(日记)

九月十三日

"晨,至办公处,匆匆一谈后,即偕慰堂访一樵、振吾,至合众,至通园,与叔平谈甚畅。在彼午餐。餐后,偕至寓,看书。二时许,至Cathey Mansion 开会,结果颇好。五时半,至警局访俞君。六时半,归,满涛、家晋在候着,唐弢来,付稿费九万元,此第一次收到之稿费也!七时许,去。写文件,至十时,倦甚,睡。"(日记)

九月十四日

"晨出,至寓,至高宅。至愚园路开会。会毕,即在彼处午餐。归家午睡。四时许,至拔可处茶叙,遇剑知、钟书诸人。六时许,至辛笛处,谈颇畅。七时许,归而晚餐。施、任二生来。晚,写《蛰居散记》第二篇毕。十时睡。"(日记) 这篇《蛰居散记》题为《记刘张二先生的被刺》,回忆记述"孤岛"时期敌伪暗杀爱国人士刘湛恩、张似旭的情形,说明:"那一边虽然有少数的'为虎作伥'的汉奸们在跳梁,但最大多数的人民,却是我们的伙伴,我们的同志,我们的永远不死的前仆后继的精神的朋友!"后载9月22日《周报》第3期。

中华全国文艺界抗敌协会向重庆各大报纸发布请求政府协助会

员复员并已拟定计划的消息。该计划书中提到"在敌人侵占地区忠贞不屈之会员，如……在上海之郑振铎……应在情况明了后请予慰劳"。

九月十五日

"晨五时许，起身。七时半，至愚园路办公，客人陆续而来。午，归寓一行，即至家午餐。……至愚园路办公。七时许，偕徐、周至家晚餐。"（日记）

九月十六日

"五时许醒，作信给舒。《周报》二期出版，送来稿费六十七万二千，可谓为最大的一笔款了！八时出，至愚园路办公，晤数友。九时半，至寓，得舒一信（5），喜甚！即复数字，发出（16）。……下午，在家理书。六时许，至梁宅晚餐。晤高佣、耀翔诸人。"（日记）

九月十七日

"晨出，至办公处，会客谈话，甚苦。慰堂到机场接何应钦。……一时许，复至办公处。与李伯嘉谈教科书定价事，反复辩论甚久。四时半，开会。六时许，散。夜，在办公处晚餐，来客不少，菜肴甚好。九时许，偕一樵至家闲谈，稍坐即去。"（日记）

九月十八日

"八时许，至凤举处，偕至同文书院视察。……三时许，至办公处，正在举行接受自然研究所会议。六时许，偕予同至杏花楼，应唐、柯约也。晤熟友多人，有万秋、禾子等。"（日记）按，"东亚同文书院"、"自然科学研究所"等，均为原敌伪文化机关。

九月十九日

"晨五时半，起，写《散记》一篇，交文祺。八时许，至办公处，接见数客，与书店谈妥国定本教科书定价事。……三时，至办公处，与凤举、森玉等谈颇畅。"（日记）　今日所作散记题为《"封锁"线内外》，回忆"孤岛"时候日伪随时设置的大大小小、或长期或临时"封锁线"的情形，控诉帝国主义侵略者的罪行。后载 9 月 29 日《周报》第 4 期。

九月二十日

"晨出,至办公处,至同文书院接收。经过情形甚好;惟资料室已空,大是可惜。中午,偕慰堂至徐家汇同兴馆午餐。下午,至自然科学研究所视察,又至近代科学图书馆等处,均重门锁闭,无法入内。四时许,回家。六时,中秋节宴,唐弢来。六时半,至科学社,应中研院约宴。"(日记)

九月二十一日

"晨,健吾来,伯昕来。至办公处。至寓一行,仍未得舒信,殊为不快。至自然科学研究所,至第三方面军司令部。下午,大雨倾盆而下,顷刻街衢积水没胫。晤沈兼士诸人,谈至六时许,至南华晚餐,应毛子佩约也。九时半,散,偕调孚归。街车尽绝,只好步行,鞋袜皆湿透。"(日记)

九月二十二日

"晨五时起,致舒一信(17),即发出。八时,至办公处……四时许,至寓,因门前有水,鞋袜又为之湿透。写《忆愈之》一文,毕。六时,至凤举家晚餐,有慰堂、兼士、森玉等,慰堂明日即赴京矣,因事未来。"(日记) 当时,郑振铎听说老友胡愈之已在南洋"病故",悲痛异常,即写此文记述胡愈之的革命生涯,表示"哀悼";后证明是"海外东坡"之谣。1951年郑振铎出版《蛰居散记》集子时,将此篇附录,"作为一个小小的纪念"。

九月二十三日

"晨,客来甚多,欲写一文,竟未能完工。偕绍虞至伯祥处,谈极畅。至金宅,代付房租。十一时,应王翼云约,至耿宅午餐。遇金仲华,方自内地来也。"(日记)

本日,夏衍从内地来上海,带来中华全国文艺界抗敌协会致郑振铎等人的《慰问上海文艺界书》,高度赞扬"八年以来,诸位先生在敌人的包围之中,继而在敌人的直接的屠杀威胁之下不屈不移,备尝辛苦,为中华民族保存了崇高的气节,中国人民以诸位为光荣,中国文艺界以诸位为骄傲。"夏衍还带来了"文协"关于《调查附逆文化人的决议》等文件(后载9月25日《新华日报》、29日《周报》第4期及10

月 1 日《文汇报》等）。"文协"并委托郑振铎、许广平、李健吾三人在上海负责领导调查文化汉奸的工作。

九月二十四日

"晨至办公处,忙极!开会至十二时,至顾毓琦[琇?]宅午餐,遇王晓籁等。偕兼士至广平宅,即出。至舒处……至辛笛处晚餐,徐公请也,在座皆熟人。十时许,归。(晤叔平,谈甚久。)"(日记)

九月二十五日

"兼士已走。晨,沈世璟来。八时许,至办公处,杂事极多,头脑为胀。……四时许,至伯昕处,谈至六时,散。得《腐蚀》一册。"(日记)

九月二十六日

"晨……唐弢来。八时许,至舒处,偕之至办公处,晤徐公。客来不绝。舒偕徐公至通园。十时,开会,问题不少。……六时,与唐弢同请金仲华、夏衍、健吾、许杰等,谈甚欢。"(日记)

九月二十七日

"晨,至办公处,应付各事。……午睡时,电话颇多。三时许,醒。以中、家晋来谈。二时许,出,至舒处,谈甚畅,即在舒处晚餐。黄福燕来,他在军统服务,说了好些消息。今日起,已开始捉汉奸,闻有六千人左右。"(日记)

九月二十八日

"晨,至办公处,托厉嘉祥至市府办许多手续。十二时,回家午餐(晤吴修及德国医学院学生等)。午睡,刘韶仲来,说已与第三方面军联络妥当。伯郊送款来。"(日记)

九月二十九日

"晨,写文一篇,未毕。至办公处,晤厉嘉祥,偕往市府开接收会,十二时许散,偕一樵至来薰阁一行。归家午餐。餐后,至瞿宅,至办公处。……三时许,至舒处,未遇。至福煦路相见。饭后,观《蜕变》。"(日记)今日未毕文当是《蛰居散记》之五《一个女间谍》,追记"孤岛"时期仅见过一面的一位后因谋刺大汉奸丁默邨未遂而就义的女间谍陈小姐(按,应是郑苹如)。

十月一日

"晨,伯昕来。出,至办公处,开会,忙甚。午餐毕,午睡。以中、家晋来。四时许,至舒处,谈至五时半,至陈安镇处晚餐,应令俊约也。匆匆吃毕,又至贝当路,应怀生约,晤鹤琴等。"(日记)

十月二日

"晨,芝联来。至办公处,慰堂已由京回,谈颇畅,办了不少公事。王克修来,偕往,邀唐弢至新雅午餐。……二时许,又至办公处,晤应成一等。"(日记)

十月三日

"晨,至办公处,忙碌半日。作《散记》一篇。午偕仲章至商学院及法宝馆一行,晤以中诸人。匆匆至舒处,谈至五时半……至广和居,客已到齐矣。共有三十许人,颇为盛会。十时许,散。与秋斯步行归,即睡。"(日记)　今日所作散记当是《蛰居散记》之五《一个女间谍》。后载10月6日《周报》第5期。今日盛会当是为创办《民主》周刊而举办的。

十月四日

"晨,至办公处,开会,见客甚多。……四时半,至学艺社,茶叙。六时许,至舒处,徐先生已由虞来,谈甚畅,偕至美心晚餐。……写《〈民主〉发刊词》一篇。"(日记)该文后载10月13日《民主》周刊创刊号。表示"强大、自由、民主的中国,乃是我们所希求,所要联合了全国的国民乃至一切的政党来缔造之的","我们决不愿意后退","我们不想放弃了我们自己的责任"。

十月五日

"起来甚早,写《散记》一篇。至办公处,忙碌至午时。饭后,至法宝馆,晤以中等。三时许,至舒处,谈至五时许。黄氏兄妹亦在……即至耀翔处,未遇。至伯翁处,谈甚久。九时归,写'专家政治'一文,居然写毕。"(日记)　今日所作散记当为《鹈鹕与鱼》,以替渔人捕鱼的"鹈鹕"比喻汉奸,揭露日寇的恶毒与汉奸的无耻。后载10月13日《周报》第6期。今日所作"专家政治"一文题为《专家政治与官僚政治》,

指出:"中国要完成建国的大业,首先第一事便是要打倒官僚主义。中国要走上现代国家的大道,首先第一事也便是要铲除官僚主义的遗毒。"(按,此处"官僚主义"指官僚资本主义)后载 10 月 13 日《周报》第 6 期。

教育部战时文物保存委员会拟具要求日本归还劫物初步意见,其中提出"拟由本部派专员驻东京盟军总部,协助调查我国文物被劫夺情形"。郑振铎曾多次向该委员会提出追查当年移藏香港冯平山图书馆而被日本劫去之珍本图书。

十月六日

"晨起,写'民主政治'一篇,毕。至办公处。午归,请客,到者有一樵、钟书、健吾、西禾、辛笛、芝联诸人,慰堂、振吾亦为不速之客,后来,唐弢、柯灵来,森老、沈仲章来,谈甚畅,《文艺复兴》决可实现出版。四时许,至通惠,《民主》稿已不少。六时许,至景耀处晚餐,有鹤琴及何曼诸人。"(日记)　本日所写文章题为《走上民主政治的第一步》,指出"收复区不是敌人的土地,国军也并不是占领军,对于收复区的人民们(当然汉奸们是除外),应该给以最大的同情与最大的安慰","获得自由权的保障"。后载 10 月 13 日《民主》周刊第 1 期。又,通惠印书馆为生活书店的印刷厂。

同日,《周报》第 5 期发表"来件"《我们对于处置敌人在华军商人的意见》,郑振铎等 39 人署名;该文又载 10 月 7 日《文汇报·世纪风》、10 月 20 日《新文化》半月刊第 1 期等。

十月八日

"晨起颇早,至办公处。晤叶风虎,久已不见面了。午一时许,偕风虎、森老、仲章,至家午餐,谈至三时许,才散。……因送济之,七时至雪园……到者有唐、高、李、徐、王诸位。济之明晨即飞渝。"(日记)

十月九日

"晨至办公处,接洽了许多公事,忙碌甚!……四时半,即至通惠,晤《民主》社编辑诸人。第一期已印好,即可于明日出版矣。内容尚佳。六时,至葵初处晚餐,有秉志诸人在座。八时,至雪村处,客已散。晤寿

康,甚快!"(日记)

十月十日

"今日是双十节,街上很热闹……午,至开明午餐,皆开明同人。晤范寿康,他到台湾办理接收事。二时许,看他动身。"(日记)"将十二时始到雪村家,参加开明同人胜利宴。与允臧、西谛、予同、调孚、均正、索非、雪村、守宪、绍虞、耕莘同席。"(王伯祥日记)

国共双方经过 43 天谈判,国民党被迫表示同意和平建国的基本方针,今日签署了《国共代表会议纪要》(即"双十协定")。但不久,蒋介石即撕毁了协定,挑起了内战。郑振铎于此受到深刻教育。

十月十一日

"晨至办公处,开会。……夜,李熙谋在广和居请客,到者皆交大同人,谈得颇高兴。"(日记)

十月十二日

"晨至办公处。……至六时许,到联华,今夜为《文艺复兴》请客也。到者不少,谈得很高兴。此月刊大约下月中可以问世。"(日记)

十月十三日

"晨至办事处,甚为忙碌。……晚在办事处晚餐,慰堂请柏丞、纪堂诸位也。谈至八时许,匆匆至萧宅,客尚未散。谈至十一时许,始归。甚疲倦。"(日记)

郑振铎主编的《民主》周刊在上海正式创刊。该刊为当时著名的进步刊物,具体编辑工作先后由蒋天佐、郑森禹、艾寒松担任,发行人为王丰年,实际经理工作由方学武担任。该刊从属于生活书店的出版发行战线,与《周报》、《文萃》一起被人称为国统区三大民主刊物。创刊号上郑振铎发表《发刊词》、《走上民主政治的第一步》,还在"随笔"栏发表《我们的责任更加重》,指出:"更光荣,更伟大,更可靠的和平,建设,正待着我们努力!"

十月十四日

下午,"精神很疲倦,写了《散记》一篇,写得很匆忙。梁医生等公请柏丞、纪堂,到人不少,谈甚畅。"(日记) 所写散记题为《记陈三才》,记述 1940 年 10 月 2 日被汉奸公开杀害的爱国工商业者陈定达的事迹,后载 10 月 20 日《周报》第 7 期。

本日,中华全国文艺界抗敌协会在重庆召开理监事联席会,讨论抗战胜利后该会的活动诸事,决定改名为"中华全国文艺界协会",简称仍为"文协";并决定成立上海分会,委托郑振铎、夏丏尊、许广平等人筹备。后上海分会为全国文协总会迁至上海作了接应和准备。

十月十五日

"晨至办公处,开会。……夜间,自己请客,到柏丞、纪堂、伯闵等人,谈颇畅,酒喝得不少。"(日记)

十月十六日

"晨至办公处,忙碌至午。回家午餐,写《民主》一文,毕。午睡。三时许,至法宝馆……四时半,至通惠,约谈《民主》事。二期内容颇为充实。"(日记)　所作文题为《读国共会议记录》,后载 10 月 20 日《民主》周刊第 2 期。

十月十七日

"晨,至办公处。午,至新新公司,萧宗俊约午餐,有意于办刊物也。……看《血溅巴打岛》,这是这几年来第一次看电影也。……颂久等约吃饭,未赴。"(日记)

十月十八日

"晨起颇早,未着一字。至办公处,开会。中午,应李伯嘉约,至老半斋午餐。喝酒不少。二时许,归,即至法宝馆……看《民主》二期清样"。(日记)

十月二十日

主编《民主》周刊第 2 期出版。郑振铎除发表政论《读国共会议记录》外,还发表由他领衔的共 24 人联名的《上海文艺界复全国文协书》。该复信又载本日《文汇报·世纪风》《建国日报》和 23 日《新华日报》等。这期《民主》还辟有"鲁迅逝世九周年纪念特辑",发表了克士(周建人)等人的文章。

本日,全国文协在重庆召开记者招待会,老舍报告文协总会将移往上海,已请郑振铎、许广平、夏丏尊、李健吾等着手进行。

十月二十七日

在主编的《民主》周刊第 3 期上发表政论《日本国民之再教育》,提出了"怎样从根本上铲除他们的军国主义的教育"的问题。

在《周报》第 8 期上发表《蛰居散记》之八《韬奋的最后》,回忆描写在 1944 年 7 月秘密探望病危时邹韬奋的情形, 高度赞扬邹韬奋"不是为了自己,而是为了真理,而是为了祖国"的革命精神。

致赵万里信,说:"好书如有出现,请代为留意,至要,至要! ……《清实录》北平有否?弟需购一部。……小说、戏曲一类的书,傅惜华他们那里,也许会散出,请兄千万代弟留意购得。此时,北平购书的人恐还不多也。"

十月二十九日

作《对于物价的紧急措置》,抗议国民党当局不管人民死活大肆提高物价的行径。后载 11 月 3 日《周报》第 9 期。

十月三十一日

在《文汇报》上发表《速制止电气公司涨价》,要求上海当局:"不要说尽了好话,应该做一点好事!"

十一月一日

《大公报》在上海复刊,开始连载郑振铎的《求书日录》,内容是郑振铎在抗日战争期间奋不顾身抢救保卫民族文献的有关回忆和日记。原拟发表 1940 年 1 月 4 日至 1941 年 12 月初有关"求书"的日记,结果因故仅发表了一个月的日记即停。共连载了 20 回,前 8 回是序(有关回忆)。今日发表《求书日录》(一),主要记述 1938 年为国家购致《脉望馆钞校本古今杂剧》一事。

教育部"战时文物保存委员会"改名为"清理战时文物损失委员会"。该委员会分设建筑、古物、图书、美术四组。由军政部、外交部、内政部各派代表一人, 另有中央研究院院长、中央文化运动委员会主任、北平故宫博物院院长、中央博物院筹备处主任、北平研究院院长、国史馆馆长、中央图书馆馆长,以及教育部部长特派的高级职员和聘请社会热心美术保存古物的人士充任该会委员。主任委员杭立武,副主任委员李济、梁思成,郑振铎为委员。

十一月二日

在《大公报·文艺》上发表《求书日录》(二),记述在 1937 年"八一三"以后整整四年为了抢救古籍坚守在上海的情形:"以我的力量和热忱吸引住南北的书贾们,救全了北自山西,平津,南至广东,西至汉口的许多古书与文献。没有一部重要的东西会逃过我的注意。我所必须求得的,我都能得到。那时,伪满的人在购书,敌人在购书,陈群、梁鸿志在购书,但我所要的东西决不会跑到他们那里去。我所拣剩下来的,他们才可以有机会拣选。"

十一月三日

竺可桢日记:中午"十二点至国际饭店十四楼。顾一樵与李振吾约西餐,到李寿雍、朱良璧、马叙伦、叶风虎、贺师俊、何柏[伯]丞、章友三、许炳堃、郑振铎等。"

在《大公报·文艺》上发表《求书日录》(三),记述自己年轻时起收购书籍的历史和兴趣,而至抗战时为国家抢购古籍时"兴趣渐渐的广豁,更广豁了;眼界也渐渐的阔大,更阔大了。从近代刊本到宋元旧本,到敦煌写经卷子,到古代石刻,到钟鼎文字,到甲骨文字,都感到有关联。对于抄校本的好处和黄顾细心校勘特点,也渐渐的加以认识和尊重。"

本日,在主编《民主》周刊第 4 期上发表《制止物价高翔的方案》和《东南亚洲的动荡与世界和平》。在《周报》第 9 期上发表《对于物价的紧急措置》和《蛰居散记》之九《"最后一课"》。后一文记述上海"孤岛"沦陷的那一天郑振铎在暨南大学坚持上完"最后一课"的动人情景。

十一月四日

在《大公报·文艺》上发表《求书日录》(四),记述 1939 年底与张元济、张咏霓、何炳松等人致电重庆政府当局要求"以国家的力量来'抢救'民族的文献"诸事。

十一月六日

在《大公报·文艺》上发表《求书日录》(五),记述 1940 年后为国家抢购古书的紧张情形。"我瘅心竭力的在做这件事,几乎把别的什么全都放下了,忘记了。我甚至忘记了为自己收书。我的不收书,恐怕是廿年来所未有的事。但因为有大的目标在前,我便把'小我'完全忘得干干净净。"

十一月七日

在《大公报·文艺》上发表《求书日录》(六),记述在 1941 年下半年秘密寄运所购书籍的情形。

十一月九日

在《大公报·文艺》上发表《求书日录》(七),记述在 1941 年"一二·八"以后忙着转移图书和紧急躲藏隐蔽诸事。

十一月十日

在主编《民主》周刊第 5 期"物价问题特辑"上发表政论《人为的涨价与人为的抑价》。

本日,在《周报》第 10 期上发表《蛰居散记》之十《记平祖仁与英茵》,记述原暨南大学毕业生平祖仁因从事抗日活动被捕遇害、女演员英茵出面为他料理后事后自杀的故事。该文后又发表于 1946 年 1 月《中国影坛》第 1 卷第 1 期,题为《平祖仁烈士殉国记》。

十一月十一日

在《大公报·文艺》上发表《求书日录》(八),记述在沦陷时期危险、艰苦的生活。《求书日录》的序至此连载完毕。

十一月十三日

在《大公报·文艺》上发表《求书日录》(九)。从今日起发表自1940年 1 月 4 日开始的有关"求书"内容的日记。

十一月十六日

在《大公报·文艺》上发表《求书日录》(十)。

在中共上海市委学委领导的《时代学生》第 3 期"助学运动专辑"上发表《为助学呼吁》。

十一月十七日

在主编《民主》周刊第 6 期上发表政论《我们反对内战！》，对国民党反动派的反人民的内战阴谋，表示了最强烈的抗议。

在《周报》第 11 期上发表《蛰居散记》之十一《坠楼人》，记述沦陷时期一位"妙龄的女郎"在野兽般的敌兵的迫害下坠楼自杀的事，认为"这血仇，这牺牲，是应该由我们来报复的"。同期，还发表《〈夜店〉》，评论师陀、柯灵根据高尔基早期同名小说改编的话剧《夜店》，给予肯定。

钱钟书在本日周煦良、傅雷主编的《新语》半月刊第 4 期（及下一期）上发表《小说说小》，深获郑振铎赞赏。钱钟书后来说："去年秋，傅怒安先生编《新语》，索稿无以应，刺取札记中涉稗官者二十许事报命。郑西谛先生见而谬赏，属其继录。"后钱钟书又写两篇，发表于郑振铎主编的《联合晚报·文学周刊》。

十一月十八日

在《大公报·文艺》上发表《求书日录》（十一）。

十一月十九日

在《前线日报》周予同主编的《书报评论》副刊第 1 期上发表《跋〈心史〉》，论述传世宋末爱国诗人郑思肖的《心史》绝非伪托，高度赞扬郑思肖坚贞的民族气节。

十一月二十一日

在《大公报·文艺》上发表《求书日录》（十二）。

十一月二十二日

《文汇报》发表《上海文化界百余人联名呼吁开放言论出版自由》，名单中有郑振铎。

十一月二十三日

在《大公报·文艺》上发表《求书日录》（十三）。

十一月二十四日

在主编《民主》周刊第 7 期上发表政论《我们的主张和态度》，对国是提出看法。

在《周报》第 12 期上发表《蛰居散记》之十二《烧书记》,记述 1937 年 8 月 14 日被日本侵略军烧去百余箱藏书,更记述了"孤岛"沦陷后为避祸而大规模"自动"烧书,言之痛心!

十一月二十五日

在《大公报·文艺》上发表《求书日录》(十四)。

十二月一日

在《周报》第 13 期上发表《蛰居散记》之十三《"废纸"劫》,这是去年秋天用文言写的札记,因《周报》索《蛰居散记》续稿,不及改写,即以付之。记叙上海沦陷期间有大量古书被当作"废纸"回炉作纸浆,"目击心伤,回天无力。惨痛之甚,几有不忍过市之感",叹为"文献之浩劫"。

本日,昆明西南联大、云南大学、中法大学等校学生因前几天集会抗议国民党反动派的内战独裁政策,今日遭到军警袭击,中共地下党员、青年教师于再和三名学生惨遭杀害。时称"一二·一惨案"。闻一多称之为"中华民国建国以来最黑暗的一天","四烈士的血是给新中国的历史写下了最初的一页"。郑振铎闻讯后义愤填膺,更坚定了斗志。

十二月三日

在《大公报·文艺》上发表《求书日录》(十六)。

十二月六日

在《大公报·文艺》上发表《求书日录》(十七)。

十二月八日

在主编《民主》第 9 期上发表《我们的抗议》,强烈抗议反动当局没收《民主》、《周报》等进步刊物。

在《周报》第 14 期上发表《蛰居散记》之十四《吴佩孚的生与死》,指出吴佩孚是一个顽固的人,"是一个旧时代的代表人物",但肯定和赞扬了他在北平沦陷后不投降敌人、保持气节这一点。

在《大公报·文艺》上发表《求书日录》(十八)。

十二月十五日

在主编《民主》周刊第 10 期上发表《由昆明学潮说起》,抗议反动派制造"一二·一"惨案。同期还载有《昆明"民主周刊社"来信》,其中之一是郑振铎在北平教书时的学生吴晗的来信,互通声息,互相激励。

在《周报》第 15 期上发表《蛰居散记》之十五《汉奸是怎样造成的?》,记述抗战时期几个他认识的人如何从发牢骚、看相问卜,到附逆当汉奸,认为"汉奸之所以造成的原因","是中国官僚主义的深厚的流毒所聚之结果","官僚主义不从根铲尽,汉奸是永远不会绝迹人间的!"

十二月十七日

全国文协上海分会正式成立。下午,在金城银行举行成立大会,郑振铎为大会主席,并最先致词。会议推选郑振铎为全国文协上海分会理事。

十二月十八日

在《大公报·文艺》上发表《求书日录》(十九)。

十二月十九日

作政论《杜鲁门宣言与中国前途》,评述美国总统杜鲁门于15日发表的《对华政策声明》,后载《民主》周刊第 11 期。

本日,王统照在山东主编的《民言报》副刊《潮音》创刊,来信向郑振铎约稿,郑振铎即把已在《周报》上发表的《封锁线内外》寄去,后载28 日《潮音》第 5 期,副标题为《上海在沦陷期中的地狱生活之一》。

十二月二十二日

在《周报》第 16 期上发表《蛰居散记》之十六《我的邻居们》,记述在沦陷期间自己蛰居地的对面楼房搬进了大汉奸周佛海,同时四周又搬来了很多日本人,"和敌伪的人物无心的做了邻居"后的"痛苦和麻烦"。

十二月二十四日

在《大公报·文艺》发表《求书日录》(二十),为 1940 年 2 月 4 日的"求书"日记,后即中辍。

本日,全国文协上海分会举行第一次理事会,推举郑振铎、许广平、李健吾、姚蓬子、叶以群五人为常委理事;郑振铎、葛一虹为总务股正副主任。

十二月二十五日

在"陆军第三方面军上海日侨管理处"主办的《导报》半月刊第4期上发表短论《日本今后该走的路》,表示希望"经过了这一次创深痛剧的教训之后日本人应该明白今后要走的路是什么路了","我们等待着他们的改革与进步!"

十二月二十六日

致《大公报·文艺》编辑信:"《求书日录》,篇幅甚多,恐非数月所能刊毕,而《文艺》须数日始得一见,刊载此类长文,似不甚相宜。请于即日起,停止刊出。将来当移登他报或篇幅较多之月刊上……"此信为12月30日《大公报·文艺》的编者《小启事》中引录。

十二月二十九日

在主编《民主》周刊第12期"新年特大号"上,发表《迎中华民国三十五年》。同期载由郑振铎、马叙伦等61人签名的《给美国人民的公开信》,呼吁美国人民支持中国人民反对蒋介石集团发动的反人民内战。该公开信又载本日《周报》第17期。

在《周报》第17期"新年特大号"上发表《蛰居散记》之十七《记几个遭难的朋友们》,记述在沦陷期间许广平、夏丏尊等许多友人被敌人逮捕、受尽折磨摧残,有的甚至失了踪;歌颂了他们的爱国精神。

年底

在中国共产党影响和支持下,与马叙伦、周建人、许广平、徐伯昕、柯灵等人筹备发起成立"中国民主促进会"。该组织于12月30日正式成立。后郑振铎被选为理事,并与马叙伦一起起草《中国民主促进会对于时局的宣言》。

约本年

王一平编选的郑振铎短篇小说集《三年》由上海艺光出版社出版,为《现代名家创作集丛》第九种。

一九四六年　四十九岁

（民国三十五　丙午）

一月一日

在《大公报》上发表《寒夜有感》,指出当前阶级分化、贫富悬殊的事实。

同日,《文选》月刊创刊号转载郑振铎《一个女间谍》。

一月二日

中国民主促进会举行第二次会员大会,郑振铎被推选为第一届理事会理事。

一月四日

晚七时半,全国文协上海分会假辣斐大戏院举行第一次文艺欣赏晚会,郑振铎总结报告了“八年来的上海文艺界”(此据《文联》创刊号《上海的“文艺复兴”》;而据次日上海《大公报》王坪《文艺晚会速写》,郑振铎报告题为《四年来的上海文坛》)。“郑振铎先生报告了一段可歌可泣的文艺战斗史”(1月5日《文汇报》)。

一月五日

作时评《论公共事业的非法加价》,“代表全上海的市民们向市政当局抗议”对人民的残酷剥削,愤怒控拆:“我们简直在怀疑,上海还是在沦陷时代,无法无天,无市民们说话的余地。”最后表示:“今非昔比,现在的国民们已经不是什么好说话,听任被欺,被剥削的人们了!国民们会自己站起来说,站起来做的!”文载1月6日《文汇报·星期评论》。

在主编《民主》周刊第13期上发表政论《勖政治协商会议诸君》,呼吁和平。

在《周报》第 18 期上发表《蛰居散记》之十八《售书记》,记述在抗战时期因生活所迫不得不售书的经历。

下午 2 时,与马叙伦、柳亚子、沙千里、金松岑、吴羹梅、杨荫溥、陈麟瑞等出席《文汇报》召开的第一次座谈会,谈胜利后中国的瞻顾。郑振铎发言谈到新成立的民主促进会的宗旨及自己的态度,表示鉴于目前严酷的现实,一个进步学者不得不参加政治活动,"不得不做点份外的事,这是关系千百年的大事,谁又能视若无睹"。

一月七日

晚"六时,开明同人约在杏花楼,座中有郑振铎、魏建功、周予同、夏丏尊诸君。夏丏老的确苍老了,振铎还是那个样子,酒后,把我抱了几抱笑着说:'你虽胖了,我还能抱得起你!'"(卢前《丁乙间四记·还乡日记·上海一周》)按,卢前刚从内地来。

一月九日

"晚间,振铎约在东庙弄四十四号寓所吃饭,席间有何柏丞、徐森玉、魏建功和开明几位朋友。看到他的《版画史图录》,使我爱赏不置。"(卢前《还乡日记·上海一周》)

一月十日

与李健吾联名主编的《文艺复兴》月刊在上海创刊,上海出版公司发行。封面为米凯朗基罗的素描《黎明》。郑振铎发表《发刊词》,认为"欧洲的文艺复兴终结了中世纪的漫长的黑暗时代,开启了新的世界,新的时代","中国今日也面临着一个'文艺复兴'的时代。"如今,"鲁迅的影响更大了","人民之友,人民的最亲切的代言人的文艺作者,你必须为人民而歌唱,而写作;你必须在黑暗中为人民执着火炬,作先驱者"。该刊为抗战胜利后国民党统治区最有名的大型文学月刊。

本日,国共双方签订《停战协定》,政治协商会议(即"旧政协")在重庆开幕。

一月十一日

为抗战前期所著《民族文话》作跋,"这部'文话'原想写到民国初年为止,不料只写到孔子便中止了。……今日能够再以此书与读者们相见,诚是感触万端。'胜利'带来了'新生'。且让这旧的文话做一个过去的结果吧。"该书于 2 月由国际文化服务社出版。

"傍晚,蒋慰堂、徐鸿宝、顾一樵同来。由慰堂说,张叔平买余之书,已允捐助政府,所有与余订立之合同内未交之书,现由政府收买。其余合同以外之书,无条件发还。合同内之书,交一保人同时发还。余答以'藏书楼今年扎过军队,蹂躏不堪言状,以书板作地板。此八年中损失至何程度,自己亦不明白,恐不能全'。慰堂谓'但求大略,稍少亦不妨,乞考虑之'。并谓教育部次长杭立武即将来沪,当到府面谒。余告以'张叔平运动周佛海,派人发封劫书,未免令人难堪'。森玉谓:'姑念他年幼无知。'余答:'年将五十,尚谓年轻乎?'临行,一樵云'可与沈秘书长士华接洽,即可发还'而去。"(刘承幹《壬午让书纪事》)郑振铎曾经介入其中的张叔平购嘉业堂藏书事,就此了结。

一月十二日

在主编《民主》周刊第 14 期上发表政论《再勖政治协商会诸君》,呼吁和平。

在《周报》第 19 期上发表《蛰居散记》之十九《惜周作人》,认为抗战期间"中国文艺界最大的损失是周作人的附逆","即在他做了汉奸之后,我们几个朋友也还不能忘情于他","我们总想能够保全他"。同时也严肃地指出了周作人附逆的思想根源。(该文又载《萌芽》第 3 期。)同期《周报》还发表由郑振铎、马叙伦起草的《中国民主促进会对于时局的宣言》,这是"民进"成立之后发表的第一个文件,它全面阐述了"民进"的政治主张,是"民进"在民主革命时期的纲领性文件。

一月十三日

在上海《大公报·星期论文》上发表《敌伪的文物那里去了》,揭露国民党当局监守自盗的卑鄙行径。

上午 9 时,上海各界人民代表数千人在沪西戈登路(今江宁路)玉佛寺大雄宝殿前的广场上,举行为去年"一二·一"昆明事件中殉难的于再等四烈士的公祭大会。主席团由宋庆龄、柳亚子、马叙伦、沙千里、郑振铎、许广平、金仲华等组成。会后群众自发组织示威游行三小时,时人认为是"五卅"后二十年来上海第一次强大的示威游行。郑振铎因故未出席公祭大会,但他除了列名于大会主席团和《上海各界公祭于再先生祭文》外,还是"于再先生纪念委员会"的二十名赞助人之一,并是"于再图书馆"基金捐款人之一(捐一千元)。郑振铎在当时还曾写了《悼于再先生和昆明死难同学》,悲愤地指出:"于再先生和诸位同学的死,死得凄惨,然而并不是白死,不仅不足以抑止民主运动的发展,只有更加激怒了许多国民们,使他们更认识清楚他们要走的路……我们并不退却半步;我们的责任只有更加重,'人生自古皆有死。'死是不足令志士们恐惧的!"该文后载11月上海镇华出版社出版《一二·一民主运动纪念集》。

一月十四日

上海各报载国民党"上海市政府布告",宣布了强化法西斯专政的《上海市区保甲组织暂行办法》及《上海市保甲整编施行细则》,谓于1月15日起即实施。郑振铎见报后怒不可遏。

一月十九日

在主编《民主》周刊第15期上发表政论《锄奸续论》,矛头直指国民党当局。同期,发表一位误入三青团的读者的来信,表示他读了《民主》后有所觉悟。

在《周报》第20期上发表《蛰居散记》之二十《记复社》,记述抗战前期与胡愈之等人发起组织"复社"出版《鲁迅全集》诸事。"关于这社的内容,这是第一次的'披露'。"

一月二十日

《新华日报》报道《马叙伦、郑振铎等发起组织中国民主促进会,发表对时局宣言提出八项主张》。

一月二十四日

私立合众图书馆董事陈陶遗、叶景葵、张元济、李宣龚、陈叔通联名上书上海市教育局,申请准予立案。呈书中提到该董事会1941年8月6日成立,"曾未几时,太平洋战事爆发,环境日恶,经费日绌,而敌伪注意亦綦严,勉力维持,罕事外接,始终未与敌伪合作。赖有清高积学若秉志、章鸿钊、马叙伦、郑振铎、陈聘丞、徐调孚、王庸、钱钟书等数十人以及社会潜修之士同情匡助,现在积存藏书约十四万册,正事陆续整理,准备供众阅览。"

一月二十五日

《新华日报》发表郑振铎等 11 人签署的《中国民主促进会向政协会建议》。

一月二十六日

在主编《民主》周刊第 16 期"春节特大号"上发表政论《整军论》。还发表中国民主促进会理事马叙伦、严景耀、郑振铎等 11 人署名的《中国民主促进会给政治协商会议建议书》。同期发表一位误入三青团的青年读者的来信,说:"我每期都一字不漏地仔细读贵刊。我从贵刊里,知道建设民主政治的重要,成立联合政府的迫切。……我的血才沸腾了。"

在孔另境主编的《新文学》月刊第 2 期上发表散文《记姚明[名]达的殉难》,记叙历史学家、友人姚名达率领学生英勇抗日被敌人杀死的悲壮事迹。

一月二十五日、二十六日

香港大学冯平山图书馆馆长陈君葆、港英当局端纳上尉等,提审日本人乐满、江村、竹藤峰治,追查被日方窃运去的上海"文献保存同志会"寄存在港的图书,但这几个人都推说不知。

一月

民治新闻专科学校从重庆迁回上海复校,校长顾执中聘郑振铎执教。

二月三日

中国民主促进会召开第三次会员大会,议及将开办以"促进民主政治实现"的方针为训练中心的"人文科学补习学校",并拟聘请郑振铎为该校教授。

二月四日

作"古史新辨"论文《黄鸟篇》，后载4月1日《文艺复兴》月刊第1卷第3期，论述农业社会里赘婿的地位，最后提到："将近三千年了，这样的封建制度的残余也还没有扫除干净，可见中国社会里，封建力量之如何巨大了。""该扫除的封建'余孽'或'制度'还不知道有多少呢，赘婿，童养媳，养子和妾，便是其中之二三。"

二月九日

在主编《民主》周刊第17期上发表时评《政治协商会议以后》。

二月十日

出席上海文艺青年联谊会成立大会。该文艺青年联谊会是在全国文协上海分会帮助下成立的。

本日，《上海文化》月刊公布"上海文化服务社"在上海部分学生中调查"我最钦佩的一位作家"的结果，郑振铎得票较多，列为第二名。调查者认为："郑振铎得票极多，想系：(甲)一般知识青年对郑氏在上海沦陷期中坚(艰)苦卓绝精神的崇敬；(乙)郑氏于最近所撰文章及其所编刊物之受人重视。"

本日，重庆各界民众在校场口集会庆祝政治协商会议成功，国民党反动派指使暴徒、特务捣乱会场，殴打郭沫若、李公朴、施复亮、章乃器等人。消息传到上海，郑振铎义愤填膺。

二月十一日

晚去爱麦虞限路(今绍兴路)中国科学社出席民主促进会举办的茶会。到者50人左右。见到前日刚从内地回上海的老友叶圣陶。会上黄炎培谈政治协商会议经过，胡子婴继之。会议决议组织人民基本自由保障委员会上海分会，由民主促进会为召集人。又决定发电报慰问昨日重庆受伤人员，到会者全体签名。

二月十二日

晚去青年会餐厅，应《浙江日报》社许志行之邀，同座还有叶圣陶、王伯祥、郭绍虞、楼适夷、冯仲足、施蛰存、赵景深等。"席散，振铎有兴，同路步月。"(叶圣陶日记)

二月十四日

"傍晚,至南国酒家,应美国新闻处处长费正清(美人)之邀。客七人,皆杂志之主编人。费君之意,其机关愿以资料及图片供给各杂志。"(叶圣陶日记)郑振铎可能参加。

二月十六日

在主编《民主》周刊第 18 期上发表时评《民权到底有保障没有》,又发表郑振铎等 43 人签名的《为重庆二月十日凶击事件致国府电》,愤怒抗议重庆校场口事件。同期《读者之页》发表一警察来信,谈其读了《民主》后的觉醒。同刊还发表《上海杂志界联谊会为抗议摧残言论出版发行自由宣言》。

在《周报》第 24 期上发表《蛰居散记》之二十一《从"轧"米到"踏"米》,记述抗战时期上海市民吃不到米饭的种种悲惨故事。《蛰居散记》在《周报》上连载至此辍止。

二月十七日

中国民主同盟、民主促进会、民主建国会等 30 多个团体在八仙桥青年会联合举行欢迎政协民盟代表、中国人民救国会主席沈钧儒茶会。到会 400 余人。郑振铎为主席团成员。"会终通过联名致书于蒋氏,严办教场口惨案,实施其四项诺言。又,要求上海当局撤销戒严令,停止推行保甲制度。又,劝市民拒填保甲户口表。"(叶圣陶日记)

二月十八日

下午,在金城银行餐厅主持全国文协上海分会为欢送老舍、曹禺赴美讲学,和欢迎近从各地来沪的会员而举行的盛大聚会,并致词:"深望此行能向美国介绍中国人民之真实生活。作为真正之人民使节……"会上,由凤子宣读苏北解放区作家致文协上海分会的信,信中说:"我们简直不能想象你们这几年是怎样坚持过来的,在暗无天日的暴敌统治之下,你们像一盏孤灯,独守在漫漫的长夜,不顾一切的对于生命的与生活的血淋淋的威胁,为民族为文化保持了崇高的气节与传统!"最后,郑振铎报告会务,通过几项议案后,即开始聚餐。

二月十九日

中午,去梅龙镇酒家,应姚蓬子之招宴。到者有叶圣陶、老舍、夏衍、吴朗西、叶以群、赵家璧等。

二月二十一日

下午三时，参加在梅龙镇酒家举行的吴祖光、吕恩婚礼。到者有叶圣陶、老舍、曹禺等。散后，邀叶圣陶、许广平两人到家闲坐，许广平谈及周作人种种劣行。六时，与叶、许两位同至赵家璧家，应其招宴。客还有老舍等人。

二月二十三日

在主编《民主》周刊第 19 期上发表政论《论官僚资本》，论述官僚资本的罪恶历史，提出要"扑灭官僚资本"，并认为首先要争取实现政治、经济的民主化。

二月二十五日

主编《文艺复兴》月刊第 1 卷第 2 期衍期出版。为抗议国民党法西斯专制，该刊刊载了马克思在 1842 年抗议反动的书报检查制度的一段语录。

二月二十六日

晚，与叶圣陶、老舍、王伯祥四人在永兴昌酒店小酌。"老舍尝谓盛宴共餐，不如小酒店之有情趣……谈甚欢。共谓数十年之老友得此小叙，弥可珍也。"（叶圣陶日记）"四时半，西谛电话约，谓老舍与曹禺应美国国务院之招出国讲学，即日便首途出发。连日各文艺团体设宴欢迎，老舍以未见及余为询，深致十年相思之殷。今日必欲偕来访余，拟顺约圣陶在永兴昌一叙，公式酒筵则谢绝也。余于散馆后即偕圣陶往永兴昌。六时许，西谛偕老舍来，握言甚欢，倾谈至八时许始别。"（王伯祥日记）

二月

所著《民族文话》由上海国际文化服务社出版。

本月，在赵景深主编的《青年界》月刊新 1 卷第 2 期上发表《跋五十六卷本南疆逸史》。

三月二日

在主编《民主》周刊第 20 期上发表时评《论中苏关系》。

在《周报》第 26 期上发表政论《论民权初步》,表示:"我们一丝一毫也不让步,不退缩。对于应该享受的国民权利,我们必须不折不扣的享受到!"

三月三日

中午,在家里与许广平两个作东请客。客有叶圣陶、老舍、胡风、赵家璧、凤子、赵清阁等。老舍与曹禺将于明日上船,后日开船,去美国。

三月四日

作时评《从接收谈到官规与军纪》,后载 4 月 6 日《民主》周报第 25 期,尖锐揭露国民党政府在抗战胜利后的"接收"实际是乘机抢劫,与敌伪时期腐烂不堪的情形没有差别,"如此明目张胆的'监守自盗',在哪一国,在哪一时代,曾经有发生过?"指出"已经腐烂了的东西,要它复原,绝对的做不到",必须立即把它"无容情的抛弃开去"。

三月六日

作时评《论中美苏关系与中国前途》,后载 3 月 16 日《民主》周刊第 21、22 期合刊上。

三月八日

开明书店经理室工作会议决定,延聘郑振铎、马叙伦、何伯丞、夏衍、吕诚之、吕叔湘、金仲华七人为该店编审委员会委员。

三月十四日

国民政府军事委员会军令部驻日本东京联络参谋王之、唐启琨报告:"日本前在香港抢夺我国中央图书馆书籍一百三十箱,计三万余册,存于帝国[图书]馆内,经交涉结果,已允归还。俟目录编竣,即交于上海教育局长顾毓琇以及外交部刘专员等设法接收运回。"

三月十六日

在《周报》第 27、28 期合刊上发表时评《严加管束》,反对国民党当局对日俘日侨及德侨的宽纵和放任。

三月十八日

中午,去章士敭家,应开明书店叶圣陶等招宴。"近议定邀店外七

人为特约编审委员,计马夷初、吕润之、仲华、何伯丞、振铎、夏衍、叔
湘。除叔湘在成都外,六人皆在上海,今日宴之。夷初未到,伯丞少坐
即去。席间未谈编审事,仅资联谊也。"(叶圣陶日记)

三月十九日

作论文《战后大学教育问题》,后载 3 月 23 日《民主》周刊第 23
期。

三月二十日

屈万里致郑振铎信,谈在日本发现被劫中国图书事。提及朱世民
赴日,带去郑振铎整理的书目查勘,又托杨全经赴沪续抄书目。又谈
及以前李宝棠从上海带去香港的 2 箱 51 种书早已收到,已于 1941
年由马季明带往重庆。

三月二十三日

"看振铎纪念吴瞿安一文。"(叶圣陶日记)《记吴瞿安先生》一文
后发表于 4 月 20 日《国文月刊》第 42 期上。

三月三十日

在主编《民主》周刊第 24 期上发表《我们要求民主的选举》,揭露
抗议国民党当局操纵上海市临时参议会的"选举",表示:"我们拒绝
参加一切非民主的选举!"

在《周报》第 30 期上发表《"物不得其平则鸣"》,抗议国统区物价
飞涨。

四月一日

主编《文艺复兴》月刊第 1 卷第 3 期衍期出版,发表论文《黄鸟
篇》。为抗议国民党反动专制,该期又刊载马克思在 1842 年关于出版
自由的一段语录。

四月五日

晚去冯宾符家,应其招宴。同席有叶圣陶、楼适夷、陆治、傅彬然
等人。席上楼适夷谈浙东苏北根据地的文教情况。

四月八日

中共代表王若飞、秦邦宪因国民党推翻政协决议而从重庆乘飞

机回延安汇报请示,叶挺、邓发、黄齐生等同行,至山西兴县黑茶山飞机失事,不幸遇难。噩耗传到上海后,郑振铎极为悲痛,与中国民主促进会的马叙伦等 15 人联名写信给中共中央主席毛泽东暨"四八"烈士家属,表示深切哀悼;并参加以宋庆龄为首的"上海各界追悼王秦叶邓黄诸先生大会筹备会",列名于 81 人发表的大会筹备会启事。

四月九日

作《怎样处置汉奸的财产》,后载 4 月 13 日《周报》第 32 期。该文反对国民党"知法犯法,监守自盗的侵占汉奸财产的人物",尤其强调其中的珍贵文物图籍必须公开收为国有。

四月十日

得悉南通人民为欢迎三方(共产党、国民党、美国)执行小组举行游行后有三人失踪、一记者被杀、全城特务大捕人等情,怒不可遏,作《南通血案抗议》,斥问:"这是什么世界呢? 我们疑心这是地狱里的新闻,不是来自天日清朗的人世间的!"同日,又作时评《将怎样应付这微妙的时局?》,揭露国民党"正在使用各种的方法和会议要想推翻或变更政治协商会议的结果",并表示:"我们不惜呕出心肺来,为国内的团结、和平、民主而致力,而工作。"二文后均载 4 月 13 日《民主》周刊第 26 期。

本日,《文艺生活》月刊光复版第 4 期发表胡明树《读郑振铎〈惜周作人〉》,认为郑振铎对周作人落水的原因"分析得很明白",对其表示惋惜"也没有理由表示非议",然而委婉批评了郑振铎对周作人评价偏高;同时指出:"但我并不因为对周作人的不尊敬而有损对郑先生的仰慕。因为郑先生是自五四一直到现在没有离开过岗位的人,他的贡献、成就和影响是远在周作人之上的……"

四月十二日

出席上海文化服务社召开的"上海文化界检讨座谈会",并发言。

四月十五日

在周恩来关怀指导下,《联合日报晚刊》(不久改名《联合晚报》)在上海创刊,该报请郑振铎为其主编副刊《文学周刊》(共主编了 27

期)。今晚,报社为此在"一家春"酒店请客,郑振铎、叶圣陶、钱钟书、芦焚等人出席。

四月十六日

"看振铎记五四一文。"(叶圣陶日记)《前事不忘——记五四运动》一文后发表于 5 月 1 日《中学生》月刊第 175 期上。

四月十七日

主编《联合日报晚刊·文学周刊》创刊,发表《文艺作家们向那里走?——代发刊词》,指出文艺作家应具有革命的精神,"他们在黑暗中生长,便应该在黑暗中争斗下去。他们不能逃避!"还发表《北平杂忆》小诗 32 首。

四月二十日

在主编《民主》周刊第 27 期上发表时评《为正义与人道而呼吁——为南通血案写》,悲愤地控诉反动派的黑暗统治:"是人间还是地狱?为什么如此的黑漆漆地不见一丝的亮光,一点的火星?我们到底是在'人'之中走着呢,还是生活在'群鬼'的世界里?"

在夏丏尊等人主编《国文月刊》第 42 期上发表散文《记吴瞿安先生》,纪念在抗战期间逝世的友人、著名戏曲研究者和教育家吴梅,指出:"他尽了他那个时代[按,主要指清末]的一个革命者的任务。这与他的慷慨激昂的性情很相合的。凡是一个性情真挚,坦白的人,殆无不是走在时代之前或与时代一同迈步前进的。"

晚,去李健吾家,应其招宴。同席有叶圣陶、徐调孚、钱钟书夫妇、戈医生等。

四月二十一日

作"古史新辨"论文《作俑篇》,后载 5 月 4 日马叙伦主编的《昌言》月刊创刊号。结论说:"'俑'是象征活人的,其产生的时代决不会比'以人为殉'的时代早。其产生的原因,是代替'活人'用的,最初是由于经济力量的不足及其他理由;其后,才因了道德观念的发展而废人用俑。孟子所谓'始作俑者,其无后乎'的诅咒,恰好是颠倒了事实的。"

四月二十二日

作"古史新辨"论文《伐檀篇——"诗经里所见的古代农民生活"之一》,后载 5 月 15 日《理论与现实》第 3 卷第 1 期复刊号。指出:"《诗经》是一个无穷无尽的宝库,正像《旧约》里的《雅歌》,是人类的永久的珠玉一样。我们在那里可以掘发出不少古代社会的生活状态来,特别是古代农民们的生活的描写,在别的地方是发掘不到的。"

四月二十三日

作时评《"停战!停战!!"》,强烈谴责国民党挑动内战,后载 4 月 27 日《民主》周刊第 28 期;又作《论大学教授待遇问题》,揭露国统区知识分子的贫困生活状况,支持上海大学教授"停教"运动。后载 4 月 27 日《周报》第 34 期。

参加在古拔路(今富民路)古拔新村 7 号召开的茶话会,商量纪念五四运动 27 周年事。

本日,老友夏丏尊因患肺结核病逝于上海,临终时愤怒地慨叹:"胜利,到底啥人胜利?——无从说起!"郑振铎闻讯很悲痛,随即参加治丧委员会,并写《悼夏丏尊先生》,后载 6 月 1 日《文艺复兴》月刊第 1 卷第 5 期。

四月三十日

上午,参加在玉佛寺举行的"上海各界追悼王秦叶邓黄诸先生大会",并送挽联"民主永生　烈士不死　——郑振铎"。郑振铎主持的《民主》周刊社也送了挽联。

四月

"中国木刻研究会"从重庆迁往上海,改名"中华全国木刻协会",并聘请宋庆龄、郭沫若、茅盾、许广平、郑振铎、冯雪峰、胡风、夏衍、田汉、阳翰笙、叶圣陶、曹靖华、张西曼、陶行知、徐悲鸿等人为筹备抗战八年木刻展的赞助人。

五月一日

在主编《文艺复兴》第 1 卷第 4 期上发表《迎"文艺节"》,指出"把五月四日,定为'文艺节'是有其特殊的意义的","我们要记住:文艺运动和民主运动是分不开的！争斗正在进行着！文艺作家们要奋身的投入这个争斗中，为人民的一员，为民主运动而不停不息的争斗着！"同期，还发表他写的《编后》。

在《中学生》月刊第175期上发表散文《前事不忘——记五四运动》，回忆自己亲身经历的五四运动。

五月二日

在主编《联合晚报·文学周刊》上发表短论《说"文艺节"》，强调知识分子应发扬五四精神，"向着广大的群众而发言，而服务"。

在《文汇报·图书》上发表《集曲偶识》：一、顾曲斋镌元剧二种，二、古本校注《西厢记》六卷，三、明山阴延阁镌《北西厢记》五卷，四、明山阴延阁镌本《四声猿》不分卷。

五月三日

下午，在开明书店参加夏丏尊先生治丧委员会第一次会议，到会者还有叶圣陶、马叙伦、周予同、夏衍等15人，讨论营葬、追悼、纪念诸事，议决6月间举行公葬，由文协、立达学会、开明书店、《中学生》杂志社、春晖中学等社团联合主持，并定6月2日在静安寺开追悼会。墓碑由马叙伦撰文，叶圣陶缮写。并拟定募集纪念金，奖助连任20年之中学国文教员。

五月四日

在主编《民主》周刊第29期上发表评论《五四运动的意义》，指出："我们纪念五四，我们不要忘记了五四运动所要求而今日仍还没有完全达到的两个目标：'科学与民主'。我们现在还要高喊着，要求'科学与民主'！"自此期起，该刊新辟由郑振铎撰写连载的《古事新谈》，"拿现代的眼光，来叙述历史上的大小事情"，借古讽今，抨击国民党反动统治。本日发表：一、秦政焚书坑儒，二、刘邦打陈豨，三、捐谷得官，四、囤积居奇，五、钱币与粮食。

本日，《世界晨报》记者邵琼因纪念"五四"节访问郑振铎。5日，该报报道郑振铎的部分讲话，其中指出"五四"学生运动"纯粹是对政治外交的不满表现"，"和现在的学生运动是一样的，不可能成为受指示和被利用，像昆明这次血案就可以为证。"6 日，该报又发表郑振铎的题词："五四时代我们所要求的是民主与科学。现在我们所要求的，还是科学与民主。这二十七年的时间，实在是空过了。将怎样的追赶上去呢？"

晚，参加在金城银行餐厅举行的文协会员聚餐会，到者 60 余人。郑振铎讲话提到"今日文化汉奸之嚣张，某落过水以色情文学见长之张××〔按，当指张资平〕，竟公然说：'跟我上卫戍部去，我怕得了谁？'据说他还要办什么文化公司，颇有人在后面撑腰。'文协的检举顶多是留个黑名单罢了'，难怪乎'汉奸报''文化汉奸'无不'魔高一丈'了。"（见 5 月 8 日《新民晚报》报道）

五月五日

上海诸报载国民党上海市警察局订定法西斯专政的"警员警管区制"，规定由每一个特别指定的警员管辖若干市民，可以随时"访问"居民家，以"明瞭各户详情"，"俾宵小无法匿迹"云云，并宣布将于 6 月起实施。郑振铎最坚决地反对和抗议这种反动措施。后在全市人民的强烈反抗下，国民党当局最终不敢公开实施。

五月八日

在《华侨日报·绿洲》上发表短论《五四运动的精神》，向海外侨胞宣传论述五四运动的意义。

五月九日

在主编《联合晚报·文学周刊》上发表小说《访问——一个未来的故事》，取材现实，描写国民党反动派如果实现了所谓"警员警管区制"后，人民将受到怎样的专制统治，极强烈、极形象地教育了国统区人民起来为民主而斗争。

在《文汇报·图书》上续载《集曲偶识》：五、锲重订出像注释《拜月亭》题评二卷，六、明武林容与堂镌李卓吾批评《琵琶行》二卷，七、明金陵富春堂镌五种曲十二卷，八、明朱墨镌本《琵琶记》四卷，九、李卓吾先生批评《浣沙记》二卷，十、鼎镌陈眉公先生批评《绣襦记》二卷。

五月十一日

在主编《民主》周刊第 30 期上发表评论《人权保障在哪里？》,强烈抨击国民党反动派的法西斯保甲制度和拟推行的"警员警管区制",警告反动派:"老百姓们恐怕不会愚笨到如此! 民怨沸腾之后,必定会有一个后果的!"同期,续载《古事新编》:六、萧何买田宅,七、陈平论刘邦,八、庄周辞聘,九、公暂哀不仕,十、鲁仲连义不帝秦,十一、奇货可居,十二,张耳陈余。

五月十六日

作政论《解决国是的一个理想》,后载 5 月 18 日《民主》周刊第31 期。

在主编《联合晚报·文学周刊》上发表论文《民间文艺的再认识问题》,论述"经过了八年的抗战,经过了大后方许多次的经验的所得",认识到自己以前说"旧瓶不能装新酒"是不甚正确的;提及革命根据地的《兄妹开荒》等秧歌剧,认为"异常的新鲜","是一个很好的例子,可以作为任何民间文艺的改革的范式的。"

在《文汇报·图书》上续载《集曲偶识》:十一、继志斋重校《锦笺记》二卷,十二、金陵唐氏刻全像杜丽娘牡丹亭还魂记四卷,十三、柳浪馆批评玉茗堂还魂记二卷,十四、玉夏斋传奇十种十八卷内一种不分卷,十五、怀远堂批点《燕子笺》二卷。

五月十七日

作短篇小说《变》,后发表于 6 月 1 日《昌言》月刊第 2 期,揭露国民党反动派包庇汉奸,狼狈为奸,以及乘机吞没汉奸的财物的丑恶行为。

王伯祥在郑振铎推荐下,为《文汇报》主编《史地周刊》。今日王伯祥编好第一期,即函送郑振铎。

五月十八日

在主编《民主》周刊第 31 期上发表评论《解决国是的一个理想》,又续刊《古事新谈》:十三、叔孙通谀秦二世,十四、叔孙通定朝仪,十五、张释之执法,十六、周仁的缄默。

五月二十一日

作评论《不要再打下去了！》，反对内战，后载5月25日《民主》周刊第32期。又作评论《把"主人"当作了什么人?！》，指出人民才是真正的主人，新旧官僚们是必然要被淘汰的，并提及"所谓'警员警管区制'，自从宣布了之后，人民们奔走号呼，惊骇不已，反对得异常的激烈，愤怒得血都要沸腾了。"号召："与传统的官僚政治争斗，与腐败分子争斗，与剥夺人民的权利与自由者争斗！"后载《周报》第38期。

五月二十三日

在主编《联合晚报·文学周刊》上发表论文《再论民间文艺》，指出对于民间文艺"有的应该在旧的形式里给灌输进新的内容，有的应该把他们加以部分的改革"。

下午，与郭沫若、田汉、许广平、夏衍等25人出席在红棉酒家举行的"改良评剧座谈会"，并发言，提到："京剧班的旦角用男子扮女人，我实在感到讨厌，所以我是不看梅兰芳，宁可看杨小楼的。"

五月二十五日

在主编《民主》周刊第32期上发表评论《不要再打下去了！》，还续载《古事新谈》：十七、公孙弘善做官，十八、主公偃倒行逆施，十九、公仪休不受鱼，二十、李离自杀，二十一、汲黯论张汤。

在南海花园，与黄炎培、马叙伦、孙晓村、严景耀等商讨东北局势及调解意见。

五月二十七日

晚，至千爱里吴大琨之新居，应其招宴。同席有叶圣陶及美国人文公直。

五月二十八日

晚，至新都饭店，应美亚绸厂之招宴。该厂今年建厂25周年，举行悬奖征文活动，特聘郑振铎、沈雁冰、叶圣陶、王伯祥、周予同、马叙伦、郭绍虞、胡朴安、严独鹤等十余人为评判员，今日均到会。宴后并得赠品袍料一件、被面一幅。

五月二十九日

作评论《赶快和平协商吧》，后载6月1日《民主》周刊第33期。

夜,与李健吾、柯灵、唐弢等宴请 26 日从广州来上海的沈雁冰、郭沫若、巴金、夏衍、田汉等作陪。

五月三十一日

在主编《联合晚报·文学周刊》上发表《小诗十首》。

五月

教育部成立"上海区清点接收封存文物委员会",以叶恭绰为会长,徐森玉负责主持,参加者有郑振铎、何炳松、顾毓琇、俞塘等人。后经两个多月的工作,点收了陈群、伪上海大学法学院、台湾银行、日人高木等处的敌伪藏书等。

六月一日

在主编《民主》周刊第 33 期上发表《赶快和平协商吧》,续载《古事新谈》:二十二、辕固生论汤武,二十三、董仲舒论灾异,二十四、张汤的阴谋。此后《古事新编》未见续载。

在主编《文艺复兴》月刊第 1 卷第 5 期上发表散文《悼夏丏尊先生》,认为夏丏尊是"那末需要由叹息、悲愤里站起来干的人,他如不死,可能会站起来干了。这是超出于友情以外的一个更大的损失。"

本日,在《上海文化》月刊上发表《求书日录一则》,为郑振铎1940 年 2 月 5 日的日记。"编者赘言"曰:"郑振铎氏之《求书日录》,一部分刊载于复刊后之上海《大公报》副刊《文艺》。嗣因《文艺》篇幅减削,未能刊完。兹由郑氏就未刊稿中亲选一则专交本刊发表。单行本将由商务印书馆出版。"(按,后该单行本未见出版。)同刊又发表郭天闻的《郑振铎论》,盛赞"振铎先生是逆流中的一根无形的砥柱,寓有为于无为之中,表现了中国文化人的真精神"。

六月二日

作评论《武力能解决问题吗?》,后载 6 月 8 日《周报》第 40 期,反对国民党发动内战,预言其必然失败的可耻下场。

下午,夏丏尊追悼会在槟榔路(今安远路)玉佛寺举行。共 300 余人。

六月三日

作评论《论根绝贪污现象》，后载6月8日《民主》周刊第34期，指出："要根绝贪污的现象，非实现政治的彻底改革不可，非实现真正的民主政治不可。民主的政治不实现，民主的政府不成立，贪污事件是不会绝迹的。"

六月四日

为农历端午节，当时全国文协曾定是日为"诗人节"。在上海《大公报》发表诗《诗人唱些什么——为三十五年"诗人节"作》，号召诗人："为这人民的世纪而歌；为这世纪的人民而歌。"

作《论国际图书交换事业——"论国际文化合作事业"之一》，后载6月6日《文汇报·图书》。

作《看司徒乔难民图》，后载7月1日上海《大公报·大公园》。郑振铎与画家司徒乔相别已有八、九年，抗战期间司徒乔颠沛于粤、桂、湘、鄂、豫五省，画了七十多幅难民图。此时司徒乔将其中十几幅便于携带者拿来给郑振铎看，郑振铎感而作此文，曰："是人间的地狱，是地狱的人间，且让在朝的诸公，家里雇用着七八种厨司的诸公，看看有动于中否。""我在做梦，几场的噩梦，内战再打下去，我们也便是他们〔按，指图中的难民〕，他们便是我们的一面镜子。"

上午，出席全国文协上海分会和诗歌音乐工作者协会上海分会在辣斐剧场举行的诗人节文艺欣赏会，并任主席。郭沫若、沈雁冰等出席，田汉第一个发言。晚，文协聚餐会在金城餐厅举行，兼为柳亚子补祝60寿辰，郑振铎当参加。

六月七日

在主编《联合晚报·文学周刊》上发表《小诗十首》。

六月八日

《文汇报》发表郑振铎署名的上海各界164人致蒋介石、马歇尔及各党各派书，呼吁停战和平。

六月九日

中国学术工作者协会（去年3月30日在重庆成立）因战后中国学术中心移到上海，今在上海召开上海分会筹备会，决定草拟分会简章,并分头邀约学术界诸先进加入发起。郑振铎参加筹备。

六月十一日

作评论《国是问题的前瞻》,后载 6 月 1 5 日《民主》周刊第 35 期,提出停战、恢复交通、整军、承认地方政权等主张,指出共产党解放区"有其深固的群众基础,改弦更张,是不大可能的",国民党应该"正视事实,明了实情,了解并同情其施政成就。任凭是谁,总不能蔑视这成就的"。

六月十二日

《新华日报》发表郑振铎署名的上海各界 164 人致蒋介石、马歇尔及各党各派书,呼吁停战和平。

六月十四日

"傍晚,我店[开明书店]在金城餐厅宴客,欢迎雁冰夫妇、巴金夫妇、望道夫妇、沫若夫妇、田汉、靳以、叔湘、[王]鞠侯、伯赞,并为亚子夫妇祝寿,兼邀无垢小姐。"(叶圣陶日记)郑振铎当参加。

六月十五日

在主编《民主》周刊第 35 期上发表评论《国是问题的前瞻》,又在该刊"时局笔谈特辑"中发表对时局的看法;该刊还发表《上海各界呼吁和平,马叙伦等 164 人上书蒋主席马歇尔及各党派》,郑振铎列名其中。

在《周报》第 41 期"十五天后能和平吗?"专栏发表短文,谈局势发展。

六月十七日

出席上海文化服务社召开的"战时战后文艺检讨座谈会",并发言,提及抗战前期在上海用中英庚款为国家搜购抢救图书诸事。到者还有郭沫若、夏衍、李健吾、赵景深、萧乾等。萧乾刚从国外回来。

六月十八日

因国民党当局阴谋将《民主》、《文萃》、《周报》、《昌言》、《人民世纪》等进步刊物查封,今日各杂志负责人聚会商议,发表抗议。

六月十九日

作评论《是对立还是合作？》，谈当局与人民的关系，反对专制，表达了对"人民的政府"的向往。后载 6 月 22 日《民主》周刊第 36 期。

六月二十日

与郭沫若、茅盾、马寅初、马叙伦、陶行知、叶圣陶、翦伯赞、胡绳、杜国庠、许涤新、周建人、蔡尚思等 24 人以"中国学术工作者协会上海分会筹备会"名义发出信函，邀集学术工作者加入，"务期于最近期间召集成立大会"。

六月二十一日

黄炎培致郑振铎信。今年 1 月，晋、冀、鲁、豫解放区在河北邢台地区设立北方大学，由范文澜主持，范托陈新乾持信来见黄，嘱为北方大学介荐教授，黄遂给郑振铎来信。

"饭后一时半，偕彬然至思南路一零七号[按，即中共代表团办事处]，应董必武之招，告以近日谈判经过。到者十数人，均熟识。董君谈甚久……华岗君方到沪，谈南京最近消息。"(叶圣陶日记)郑振铎当参加。

六月二十二日

在主编《民主》周刊第 36 期上发表《是对立还是合作？》；同期刊出《中国现势图》，实际上告诉蒋管区人民：解放军已解放了北方半个中国，人民解放力量强大无敌！还刊出《上海杂志界联谊会为抗议当局非法查禁〈消息半周刊〉向各界宣言》及《〈消息半周刊〉致本会函——为报告该刊被迫停刊经过》。同期还公布沈钧儒、沙千里、闵刚侯、史良四律师受任《民主》周刊社、《周报》社、《文萃》社、《人民世纪》社、《昌言》社当年法律顾问的通告。

致赵景深信，介绍原暨南大学学生孙家晋前去访问。

本日，和沈钧儒、陶行知等 50 余人趁邹韬奋灵柩安葬虹桥公墓，发起邹韬奋逝世两周年祭仪。

六月二十三日

上海十万群众举行反内战、反美国干涉中国内政的示威集会，选出马叙伦等十人为代表赴南京请愿。代表当晚抵达南京时遭到国民党特务、暴徒殴伤,时称"下关事件"。郑振铎闻讯愤怒异常。

六月二十四日

"傍晚,雁冰、振铎、夏衍三人来,商定于星期日[30日]开文协总会及上海分会之联席理事会。五时三刻,明社开月会,请雁冰讲新疆之经历。雁冰娓娓而谈,至三小时之久,犹仅其一小部分。"(叶圣陶日记)明社月会郑振铎当也参加。

六月二十六日

在《文汇报·世纪风》上发表短评《我的疑问》,斥问国民党当局制造"下关事件"。

本日,又作《悲愤的抗议》,后载6月29日《民主》周刊第37期,强烈抗议"下关事件"。

六月三十日

《文汇报》发表郑振铎等共259人署名的《上海文化界反内战争自由宣言》。

下午,去开明书店参加文协总会与上海分会的联席理事会。

六月下旬

介绍孙家晋去上海《大公报》编副刊《大公园》。后并将所作散文交他发表。

七月一日

在《文汇报·笔会》上发表散文《秋夜吟》,记述自己抗战时上海沦陷期间在群众和朋友掩护下的蛰居生活。后收入《蛰居散记》一书中。

在主编《文艺复兴》月刊第1卷第6期上发表《不朽的故事——为"七·七节"纪念抗战中亡故的作家们而作》,为本期"抗战八年死难作家纪念"专辑的引言,表示:"今当抗战胜利的第一次'七·七节';在这个伟大的节日,我们哀悼这些不朽的作家们,同时要告慰他们:活着的作家们是多末努力的继续的做着他们所要做而未能做的工作:为民主、自由,为和平建国而奋斗。"同期,又发表《悼许地山先生》,记述自己与许地山的深厚交谊,"失去了他,不仅是失去了一位真挚而有益的好友,而且是,失去了一位最坚贞,最有见地,最勇敢的同道的人。我的哀悼实在不仅是个人的友情的感伤！"

本日，"司徒乔战灾画展"在八仙桥青年会开幕，共展出 80 余幅作品。上海《大公报》载《司徒乔战灾画展特刊》，发表郑振铎《看司徒乔难民图》。

七月五日

在主编《联合晚报·文学周刊》上发表诗歌《献给——纪念"七·七"节》。

七月六日

在主编《民主》周刊第 38 期上发表评论《纪念"七·七"节》，文中歌颂了抗战时期"无数在敌人后方的地下工作者们"和"年高德劭的仁人志士们"，"为了祖国的光荣和独立，自由，视死如归，采薇自甘"的爱国精神。

七月七日

在上海《大公报》上发表短论《"七七"的话》，指出："在哀悼的时候，不要忘记了和平、建国、民主、自由！"

七月九日

作时评《"拖"的结果是什么？》，后载 7 月 13 日《民主》周刊第 39 期，反对国民党"拖"着不肯和平的反动政策。

晚，去霞飞路（今淮海路）某西餐馆，应大同书店经理张某及茅盾之邀，到席还有郭沫若、叶圣陶、冯乃超、田汉、洪深、冯雪峰等人。该书店当时请孔另境编辑文艺丛书，而茅盾为之组织，由茅盾、郭沫若、郑振铎、叶圣陶、洪深等人组成编委会，计划出版《大同文学丛书》（后改名为《大地文学丛书》）。

七月上旬

与陶行知、沈钧儒、郭沫若、马叙伦、王绍鏊、许广平、田汉等人联名致函美国人民，吁请美国人民督促其政府，不让其破坏中国人民的和平民主建国事业（见 7 月 14 日《新华日报》）。

七月十一日

国民党反动派在昆明暗杀著名民主人士李公朴。

"下午接到杭立武七月四日的来函,说百壹拾箱书已找回了,可不必追查。"(陈君葆日记)

七月十二日

《文汇报》柯灵主编的《读者的话》副刊因发表两封警察来信,表示他们不愿再做当局镇压民众的工具。反动派恼羞成怒,命令该报从7月18日至24日停刊一星期。

七月十五日

"中午,与伯祥、予同邀[贺]昌群、[李]青崖小饮于永兴昌,并招来振铎、王以中二位,谈甚畅。"(叶圣陶日记)

国民党反动派又在昆明暗杀著名民主人士闻一多。次日,中国民主同盟参加政治协商会议代表因李、闻被害事在上海南海花园举行文化界人士招待会,提出强烈控诉。

七月十七日

作评论《悼李公朴闻一多二先生》,后载7月20日《民主》周刊第40期,悲愤激昂地说:"这是什么一个世界!'打'风之后,继之以政治暗杀,显见得手段之日益残酷……然而,'暗杀'能够吓得退从事于民众运动或政治工作的人么?……'民不畏死,奈何以死惧之!'凡有坚定的信仰和主张的人,生命早已置之度外。他们不会怕死贪生。对他们,'暗杀'的阴影,只有更增加其决心与愤怒,丝毫不能摇撼其信仰……前面的人倒下了,后面的人绝对不会停步退却的,反因战友的死,而更燃起了向前冲去的勇气。"

"振铎来书,嘱为其所编《民主》作短文,谈闻一多之被杀。余请彬然代作三百字付之。"(叶圣陶日记)

本日,参与起草全国文协总会致国民党元老于右任、邵力子二先生电报,对李、闻惨案表示最强烈的控诉和抗议。

七月十九日

与郭沫若、茅盾、洪深、叶圣陶、周建人、许广平、田汉、胡愈之、曹靖华、巴金等十三人致电联合国人权委员会,强烈控诉与揭露国民党反动派杀害李、闻二位先生的滔天罪行。电文后载7月23日《新华日报》。

七月二十日

主编《民主》周刊第 40 期出版。首载郑振铎《悼李公朴闻一多二先生》，还发表了茅盾、郭沫若、叶圣陶、夏晨、寒松、陆诒、吴晗等人的哀悼、抗议文章。

七月二十一日

在《群众》周刊第 11 卷第 12 期上发表《悼李闻二先生》。此文与 7 月 17 日写的《悼李公朴闻一多二先生》后均收于李闻二烈士纪念委员会编印的《人民英烈——李公朴闻一多先生遇刺纪实》一书中。

全国文协总会因李、闻惨案在花旗银行召开临时大会，出席共 50 余人，叶圣陶主持会议，郭沫若等人发言。郑振铎在会上发言指出"阻止惨案只有用群众的力量，并向国内国际上宣传"。大会最后通过文协为李、闻惨案告全世界学者文人书和文协为李、闻惨案宣言两文件。

七月二十三日

"晚六时，应郭沫若之招，至其寓所。到者二十余人，多数为熟友。听周君[恩来]谈近局，剖析极详。分两席会饮，饮毕复谈，到家将十二时矣。"(叶圣陶日记)郑振铎当参加。

七月二十四日

作评论《梅雨时期的政局》，后载 7 月 27 日《民主》周刊第 41 期。

下午，去开明书店，与叶圣陶、吴晗、周予同、王伯祥、王以中、金子敦等饮酒相谈。饮至六时，与叶圣陶二人先出，至银河餐馆，欢迎新到沪之欧阳予倩、洪深、阳翰笙等文协会员。到者 50 余人。李何林刚从昆明来沪，谈李、闻被害事甚详，群情激愤。

七月二十五日

著名民主人士、教育家陶行知因愤于国民党反动政策，受刺激过深，奔走抗议过劳，不幸于今日脑溢血逝世。郑振铎闻讯极为悲痛，即作《悼陶行知先生》，后载 7 月 28 日《联合晚报》，称赞陶行知"是一位不屈不挠的民主斗士，许多年来便为民主运动而争斗着，从来没有放松过一下，休息过一刻"。

同日，著名学者、原商务印书馆编译所所长、原暨南大学校长、近任英士大学校长何炳松逝世。郑振铎参加了治丧委员会。

七月二十六日

下午五时，参加在中国殡仪馆举行的何炳松大殓仪式。因何炳松身后萧条，与友人联名电请教育部抚恤遗属。

今日《文汇报》刊载《作家手稿展览（一）》，为郑振铎的手稿。

七月三十一日

作评论《总该有一线光明罢》，后载 8 月 3 日《民主》周刊第 42 期。

"傍晚，偕予同、伯祥、以中应谢刚主（国桢）之招，餐于知味观。外有振铎及徐积余老先生。"（叶圣陶日记）

七月

国民党反动派在美帝国主义支持下挑起全面内战。

八月一日

作政论《争取民权，保卫民权！》，后载 8 月 24 日《周报》第 49、50 期合刊，号召人民奋起与反动统治阶级斗争。

主编《文艺复兴》月刊第 2 卷第 1 期出版，封面改为米凯朗基罗的素描《愤怒》，郑振铎在《编后》中写到："闻一多先生的遇难是中国文坛上的一个极大的损失。我们请他的老友朱自清熊佛西两先生写了二篇悼文，又转载了诗歌音乐工作者协会上海分会的一篇文章。我们失去了这末一位诗人和古代文学的研究者，这悲愤不止是属于文坛一隅的！"同期，开始连载钱锺书的长篇小说《围城》和巴金的长篇小说《寒夜》，均为 1940 年代文坛名著。

八月四日

在上海《大公报·大公园》上发表散文《云澹月黄话七夕》。

八月七日

作评论《日本投降以来的中国政局的清算》，后载 8 月 10 日《民主》周刊第 43 期。

八月十日

美国总统特使马歇尔和美驻华大使司徒雷登发表联合声明,宣布"调停"失败,随之蒋介石反动派放手打内战。

八月十三日

在上海《大公报·大公园》上发表散文《八月十三夜》,记 1937 年 8 月 13 日夜"这个历史上该永远纪念的一夜"中自己被枪炮声惊醒后的思想活动等。

八月十四日

作散文《八月十四日》,后载翌日《文汇报·世纪风》,记述1937 年 8 月 14 日中日战争全面爆发之日自己的活动等。

作评论《文化正被扼杀着》,后载 8 月 17 日《民主》周刊第 44 期,提及"有一个时期《周报》及本刊都有了北平版、重庆版和香港版",但由于政治黑暗、物价飞涨、禁售没收等等,"到了后来,差不多只剩下上海及其附近的一个小圈子还可以比较的销行无阻。夹杂在无数的五光十色,大红大绿的低级趣味的方形周刊之中,偶然的还见到若干种这一类的刊物存在着,但也已寥落得可怜了!至少,还显示着,还有些人在从事于严肃的工作;至少,还令人知道,上海还不曾全部被'荒淫无耻'所征服……"文中还抗议反动派不让《昌言》、《周报》等刊"登记",鼓励这些进步刊物"能够奋斗到底"! 文章揭露了最残暴的反动派原来是最怯弱的。

"入暮,洗翁以佳酿一罈开酒会,凡两席,多店中同事,外客仅达君夫人。仲华、振铎、华向渠父子及施锦芳小姐而已。"(叶圣陶日记)

八月二十一日

作评论《全面内战爆发了! 》,后载 8 月 24 日《民主》周刊第 45 期。

八月二十四日

唐弢、柯灵主编的《周报》在国民党反动派的高压下被迫出休刊号,郑振铎在上面发表具有强烈战斗性的《争取民权,保卫民权! 》。

八月二十七日

作评论《上海应该有一个国立图书馆》,指出:"如果要洗扫掉所谓'买办文化'的耻辱,便非首先把这样一个图书馆办好不可。"后载8月29日《文汇报·图书》。

八月二十八日

作政论《论联合政府》,后载《民主》周刊第46期。

八月三十一日

上海《大公报》记者彭子冈访问在北平的沈从文。沈从文坦率承认自己缺乏斗争和反抗精神,并说:"我没有像振铎和一多那样做,我想,便是因为我能承受生活上的一切压力,反抗性不大,这或许是弱点。"(见9月17日《大公报·大公园》子冈《沈从文在北平》)

八月

国民党当局悍然下令查禁杂志109种,其中包括郑振铎主编的《民主》周刊。

八、九月间

"上海大学教授联谊会"发起筹备。据该会干事兼召集人沈体兰回忆说,"第一次会议是五个人:张志让、蔡尚思、周予同、郑振铎和我。……决定分头找人,邀他们参加'大教联',经过我们分头活动,征得二十几人",见1953年12月17日"解放前上海大学教师运动座谈会"的纪要。但参加那次座谈会的蔡尚思后在1984年说:"当时在八仙桥基督教青年会聚餐,郑振铎既未到会,也始终不是上海大教联的会员。"(《上海大教联与信史实录》)。

九月五日

作评论《论不法与贪污》,后载9月6日《文汇报》,激愤地写道:"我愤慨! 我发怒! 我要大声的控诉! 每当一清晨在太阳光下看日报的时候,我便变得异常的神经质的,不愉快,而且容易生气。大大小小的事,差不多没有一件使人高兴的。每一天总有出于意外的新鲜出奇的事打击着你。"猛烈批判了国民党的反动政策。

本日,国民党上海市社会局局长吴开先致函市长吴国桢和警察局,说《民主》"内容反对政府,亦应一并饬令停刊"。

九月十日

在《文汇报·史地》上发表《悼何柏丞先生》，记述自己与何炳松的友谊，提及约二十多年前自己与一些商务印书馆同事因参加进步政治活动，"发生了很严重的事件，险有被捉的可能。但过了几时，这件事却渐渐的消灭无形了。事后才知道是柏丞先生极力疏释的结果。"该文后又载 9 月 25 日《读书通讯》第 117 期"悼念史学家何柏丞先生专号"。

晚，在佛教净业社举行文协晚会，到会百余人，郑振铎当参加。

九月十二日

作评论《谈"和""战"关头》，后载 9 月 14 日《民主》周刊第 48 期。

九月十八日

作《从凄寂的"九·一八"说起》，后载 9 月 21 日《民主》周刊第 49 期。

九月二十一日

"三时，偕彬然应周[恩来]君之邀，至其寓所。到者六七十人，挤满两间。周君谈将满一年之谈判经过，而终于无成者，实由美国之政策所致。最后决裂与否，将于此数日内定之。语甚长，历两小时有余。"(叶圣陶日记)郑振铎当参加。

九月二十五日

作评论《"本刊一年"回顾》，后载 9 月 28 日《民主》周刊第 50 期，回顾《民主》创刊一周年，指出："这一年的变化和失望实在太大了！我们明白：有少数的人是紧闭了双眼，不敢正视那黑暗，有更少数的人是把自己关在书室里，自以为能够躲开了那黑暗。""我们觉得，这些都不是好办法。黑暗只有更甚更深。我们不能不正视那黑暗，不能躲避那黑暗；黑影向你包裹拢来，更紧更紧的，你将向何处去？我们必须寻找出那黑暗所以更甚更深的原因，而加以探讨，打击。我们不怯懦。我们不躲避。我们始终抱定匹夫有责的观念，站在中国国民的立场上，说中国国民所必须说、所应该说的话。""我们只要尽我们国民应尽之责，强大、民主、自由的中国是不会成为虚无飘渺的空中楼阁的。"

"午后三时,雪峰、巴金、振铎、胡风四位来,共商文协之杂志《中国作家》出版事。议定出两月刊,以明年一月出版。目前各出拉稿,务期有较具斤两之东西。四时半散。"(叶圣陶日记)

九月二十六日

"午后三时,至青年会,为响应美军退出中国周,招待教育文化界。到三十余人,余为主席……发言者甚多。"(叶圣陶日记)郑振铎当参加。

九月二十八日

主编《民主》周刊第 50 期刚出版,即被反动派强行没收三千余册,捆载而去。

秋季

开始较大规模地搜集陶俑, 为了保护和研究这些珍贵的历史文物和艺术品。

十月一日

主编《文艺复兴》第 2 卷第 3 期出版,为"纪念鲁迅逝世十周年专号",发表郭沫若、冯雪峰、唐弢、李广田等人的悼念文章。郑振铎写了《编后》。

十月二日

作评论《重行申明我们的态度和主张》,后发表于《民主》周刊第 2 卷第 1、2 期合刊(总第 51、52 期合刊),揭露反动派对《民主》"时时加以没收,撕毁等等的举动"。

十月三日

上海《大公报》、《新闻报》等登载《李公朴闻一多两先生追悼大会筹备委员会启事》,由宋庆龄、周恩来、沈钧儒等 228 人署名,其中有郑振铎。后该委员会于 10 月 4 日上午假四马路(今福州路)天蟾舞台举行追悼大会;又于 10 月 6 日一整天假静安寺举行公祭。郑振铎当参加。

十月六日

《文汇报》发表以沈钧儒为首，包括郑振铎、郭沫若、茅盾、柳亚子、巴金、周建人、许广平等39人署名的《我们要求政府切实保障言论自由》，控诉和抗议"武装和便衣的警员成日奔走于许多书店报摊之间，按照名单查抄各种出版物，加以撕毁或没收"的罪恶行径。

十月七日

"傍晚，店中宴客，到钱经宇、孙春台［福熙］、唐现之、颉刚、振铎、一岑、巴金、建功诸人。谈笑甚欢。酒后，各写字一张，以为纪念，春台则作画。"（叶圣陶日记）

十月九日

"六时，至杏花楼，以文协名义宴刘开渠、萧乾。并为洪深慰劳，洪于闻李追悼会，甚为劳瘁。共集者沫若、雁冰、田汉、白尘、广平、伯赞、梅林、振铎、赵清阁。饮甚多，皆有醉意。"（叶圣陶日记）

十月十日

在主编《民主》周刊第2卷第1、2期合刊（总第51、52期合刊）上发表《重行申明我们的态度和主张》，还发表郑振铎参与署名的《我们要求政府切实保障言论自由》。

在《文汇报·世纪风》上发表《双十节感言》，回忆抗战胜利后第一个双十节的喜悦兴奋心情，反问："今年今日呢？谁还再有好心情随波逐浪的凑热闹！"

中午，开明书店在金城大楼餐厅聚会，纪念成立二十周年。郑振铎当参加。

十月十一日

国民党反动军队攻占张家口，达到它向解放区全面进攻的顶点。蒋介石为其"胜利"冲昏头脑，于次日悍然宣布召开伪国大。

今日，叶圣陶等开明书店同人及家属坐火车去无锡、苏州旅行两天。"车系托振铎说项（其亲戚在车站为职员），包定了一辆，挂于特别快车之后。"（叶圣陶日记）

十月十三日

下午2时，何炳松追悼会在爱麦虞限路（今绍兴路）中华学艺社举行。

十月十四日

国民党上海市警察局出令禁止《民主》等进步刊物。

十月十八日

在主编《联合晚报·文学周刊》上发表《鲁迅先生逝世十年祭》。

十月十九日

在国民党反动派的压力下,"上海市派报职业工会筹备会"发出"筹字第 14 号通告",禁止会员批发出售《民主》等进步刊物。反动派后又派人到《民主》周刊总经售处抢去该刊七百多本,并逮捕和警告经售该刊的报贩。

今在辣斐戏院召开纪念鲁迅大会。

十月二十日

上海《大公报》载《陶行知先生追悼大会筹备处启事》,由李济深、周恩来、沈钧儒等 498 人发起,郑振铎亦署名。

十月二十五日

作《我们的抗议》,后载 10 月 31 日《民主》周刊第 2 卷第 3、4 期合刊上。

本日,主编《联合晚报·文学周刊》出版第 27 期,内容主要是纪念鲁迅逝世十周年。该副刊此后即停刊。

十月二十七日

上午,在吕班路(今重庆南路)震旦大学举行陶行知追悼大会;下午,该处又举行各团体公祭。本日,《陶行知先生纪念集》出版,收入郑振铎的《悼陶行知先生》。

下午,参加开明书店同人酒会。

十月二十八日

为所藏明抄本《录鬼簿》作跋,指出该书"为研究元明间文学史最重要之未发现史料"。该书为郑振铎借债付 60 万元所得,并函告北平图书馆赵万里,赵要郑作此跋记之。该跋后载北平图书馆馆刊及 11 月 15 日《文艺春秋》第 3 卷第 5 期。1960 年 2 月,中华书局上海编辑所据郑振铎藏书(已捐北京图书馆)影印《天一阁蓝格写本正续录鬼簿》,徐森玉题写书名,书末印有此日郑振铎的题跋。

十月三十一日

主编《民主》周刊被迫停刊,今日出版终刊号(第 2 卷第 3、4 期合刊,总第 53、54 期合刊),为特大号,首为郑振铎的《我们的抗议》,激愤地表示:"我们并不退缩,也不灰心绝望。""本刊虽然被生生的扼死了,但永远不死的是她的精神。她虽被扼死,但不会是没有后继者的。""她会复活的!凤凰从火焰中重生,那光彩是会更灿烂辉煌的。"还发表马叙伦、吴晗、叶圣陶、吴耀宗、柳亚子、田汉、蔡尚思、余审之、寒松、许杰、罗稷南、郑森禹、求思(董秋思)、天顽、贺依(蒋天佐)等人的抗议文章和题词。贺依的《"吟罢低眉无写处"》提及:"广大的读者群是如何和它[按,指《民主》]起了心的共鸣!全中国的每一个省份都有许多人在热烈盼待邮局检查下的脱险者,许多偏僻乡村奇迹般流传着它的踪迹,许多青年冒着带大帽子的危险偷偷买了它偷偷的阅读,南洋的华侨响应它爱护它,美国的华侨也订阅它而且把它的文章和漫画在中文刊物上加以转载,这一切,使它的敌人震怒欲狂,却也恐惧得发抖了。那不是几个书生的勇气而已,不是书生们的正义和真理而已,而是中国人民的心声呵!它发自人民之心而又入于人民之心了。"

十月底

上海永祥印书馆总编辑、《文艺春秋》月刊主编范泉应约来取文稿。范泉后来回忆:"他带我走进他的书房,把一篇已经写好了的《明抄本〈录鬼簿〉跋》交给了我,还从书桌的抽屉里取出了早已准备我去取的照片,其中有与巴金先生合影一帧,与吴晗、俞平伯、冰心、靳以、李长之、林庚、沉樱等合影一帧,与朱自清、郭绍虞、顾颉刚等合影一帧。他还给我看了其他一些照片……那天他谈兴甚浓,和我谈到了整理国故的事,谈到了赵斐云、马隅卿、徐森玉、张寿镛先生等,他说他们都有'好书癖'。"郑振铎高度赞扬了张寿镛的爱国精神,说:"他的晚年,可以说是贯穿着一条爱国育人的红线,实现了他'与光华[大

学]同始终'的誓言。"(范泉《与光华同始终——缅怀张寿镛校长》)

十月

上海合众图书馆印行《海盐张氏涉园藏书目录》,郑振铎为之捐款 5 万元。出资者还有商务印书馆(40 万)、新华银行(10 万)、王云五(10 万)、王志莘(以下均 5 万)、李宣龚、徐寄顾、徐鸿宝、陈敬第、冯耿光、叶景葵、刘培馀、潘承弼、蒋复璁、顾廷龙。

十一月六日

"老舍到美国而后,美国通讯社曾发简短消息,谓老舍曾在某一会中发言,美国应保持原子弹秘密,以与苏联折冲云云。上海友人见此,颇不满于老舍,沫若、雁冰、田汉皆尝为文论及此事。其文传至美国,老舍大惹。大约通讯社之消息系有意或无意之误传……最近老舍致书与余及振铎、梅林,请辞文协理事,并退还前年文协支助之药费……言到美后未公开演说。"(叶圣陶日记)

十一月八日

"闻振铎患伤寒,为之焦虑。其夫人不甚能照料病人,其母年老,尚须操作家务,骤生重病,恐难获好好之将护。"(叶圣陶日记)

十一月九日

"午后,与同人往探振铎之病。病不严重,但振铎不耐静养,恐复原较迟。"(叶圣陶日记)

十一月十六日

"五时……至金门饭店,应大地书屋之招宴。此大地希由大同改组,由雁冰主编一文艺丛书,而列余与沫若、洪深、振铎之名。书已出两种。宴中,主人蒋寿同君致辞,兼为雁冰饯行。"(叶圣陶日记)

十一月二十四日

文协和其他团体在清华同学会聚会欢送茅盾赴苏访问,到会百余人。

十一月三十日

"午刻偕彬然至思南路,为朱德祝寿。到者六七十人,多熟友。……余乃大醉。醉时自己失去统制,一时悲从中来,出声而哭,所语为何,不自省记。"(叶圣陶日记)郑振铎当参加,后来他向唐弢讲过叶圣陶大哭的事。

十一月

上海镇华出版社(按,"镇华"是于再烈士的本名)出版"于再先生纪念委员会"编印的《一二·一民主运动纪念集》,纪念于再等牺牲一周年。该书收入郑振铎的《悼于再先生和昆明死难同学》及郑振铎列名的《上海各界公祭于再先生祭文》。

与洪深、叶圣陶、郭沫若、茅盾等组成《大地文学丛书》编辑委员会,由蒋寿同主持的上海大地书屋出版。原计划该丛书第四种即为郑振铎的《劫中得书记》,后仅见出版前二种即中辍。

十二月三日

晚,与郭沫若夫妇、孔另境等为即将赴苏联参观访问的茅盾夫妇饯行。

十二月五日

上午,与郭沫若夫妇、叶圣陶、叶以群、戈宝权等三四十人为赴苏的茅盾夫妇送行。在"斯摩尔尼"号轮客厅上,他们为茅盾写临别赠言。

十二月二十二日

"十二时为酒会。到者凡三席,饮甚多,振铎、洗翁、子敦、坚吾皆醉。"(叶圣陶日记)

十二月三十日

《文汇报》发表《马夷初、郑振铎、叶圣陶、潘梓年、田汉等三十八人发言抗议美军暴行要求美军退出中国》。

"今日余精神不好,全身发冷……振铎邀同人至其家为辞岁小宴,余亦未往。"(叶圣陶日记)今当为第一次"九九消寒会"。

十二月

与郭绍虞、叶圣陶、魏建功、顾廷龙等 33 人发起筹备"中国语文学会",并发表成立缘起。

本年

　　发愿编撰一部《中国历史参考图谱》,得到中共地下党员方行和上海出版公司刘哲民等人的支持,由他们邀集了李健吾、王辛笛、徐伯郊、贾进者等十多位朋友,各出资金,组织了一个"中国历史参考图谱刊行会"。郑振铎立即开始工作。大部分资金都作为购置参考图籍之用,在短短七、八个月内,郑宅即成为一个规模很不小的中国历史的参考图书室。

郑振铎年谱

下册

陈福康 著

山西出版集团

三晋出版社

一九四七年　五十岁
（民国三十六年　丁亥）

一月一日

"十二时，至郭沫若家，应其招宴，至则始知渠与于立群结婚之第十年纪念。宾客甚众，在八十人以上。饮谈歌唱，三时半始散。"（叶圣陶日记）郑振铎当参加。

一月五日

"晨，出购纸，即归。……至戴春记处一行。傍晚，约玄伯、森玉晚餐，慰堂来谈，葱玉亦来，子羽匆匆来，匆匆去。谈笑甚欢。"（郑振铎写在台历上的日记）

一月六日

"晨，挟《版画史》目录至开明，访绍虞，未晤。谈了一会，至上海纸张公司，至商务，晤伯嘉。至三马路各肆，选购考古材料一部分。倦甚。一时许，归。匆匆复至法宝馆，又到新华，至中研院，为开标事也。"（日记）按，今日《玄览堂丛书》开标。

一月七日

"晨，赵甡来取款。至银行，至法宝馆。下午……至来薰阁，选书甚多，皆有关考古之参考书。又至各肆，至富晋，阅《通鉴》。"（日记）

一月八日

"晨，至祖同宅，翻阅纸包，均未见宋元零页，甚为郁郁！至修文堂，购考古书数十种。……三时半，至商务，交去《插图本文学史》四册，又《拟编〈中国历史参考图谱〉说明》一份。四时半，至开明，转至雪村宅晚餐。第二次九九消寒会也。"（日记）消寒会到者还有叶圣陶、王伯祥、周予同、范洗人、朱达君、卢芷芬、濮文彬、朱达先等。

本日，美国马歇尔特使被召回国，行前发表声明，将和谈破裂的责任推诿于中国共产党。

一月九日

"晨起，客来不绝；潘应咸来，胡绳来，印刷者来。十一时许，至法宝馆，即归。……诸书友送所选购书来，约计需款在七百万以上，不知如何办法?! 四时许，至开明，高祖文请在马上侯喝酒。九时许归，理书，十时睡。"（日记）到者还有叶圣陶、王伯祥、周予同、丁晓先、卢芷芬等。"发致慰堂及经农函各一。"（郑振铎写在台历另面的记事）

一月十日

"三时许，潘应咸等来。五时，至张石公宅，谈甚久，所久觅未获之宋元本零页，已在他那里找到了。又找到《大典》等书，高兴极了！"（日记）

一月十一日

"晨，写信，阅书。至法宝馆……下午，未出。理书，阅书，颇有头绪，然总感参考书不够用。富晋来，西江来，温知书店伙计来。六时许，济川来，在此喝酒。八时许，去。出购杂志四本。夜，阅书，潘送薪水来。"（日记）"致慰堂信一。"（台历另面记事）

在上海《大公报》上发表政论暨剧评《和平必定会实现的！》，评李健吾所改作的剧本《和平颂》（原名《女人与和平》），指出应"面对着血淋淋的现实"，又指出："最寒冷的严冬终于是要过去的。可怕可恨的战神，绝对的不会老在人间作祟的。""《和平颂》是一个预言吧。然而，这预言不是空言的慰藉，是必定会实现，必定要实现的！"

一月十二日

"严敦易来，森老来。十一时半，出，至杏花楼午餐，应以中约也。近二时，又至万寿山，应伯昕约也。酒喝得不少。至各书肆。四时许，至马宅，饯别景耀也，又喝酒；谈至九时许，归。读《中国名画集》，无甚惬心当意之作。"（日记）

一月十三日

"晨，整理《版画史》（古纸本）；西江来，修文堂伙友来，均是送书

来的,款还不知在何处?至法宝馆,理书目。饭后,午睡少顷。整理《版画史》。五时许,至各书肆,即归。"(日记)

一月十四日

"在家理书,阅书。徐迟来。伯嘉来,谈及《中国历史参考图谱》事,他说,经农意不欲出版,而易以编辑世界名著等工作。即赶写一份计划。饭后,午睡未成,即至开明,将计划交给伯祥。至来薰阁。……七时许,至景耀宅晚餐,有马寅初、蔡一骋。"(日记)

写《新收旧版书目》。

一月十五日

"清理书房,倦甚。晨,西江来,实君来,仲章来,做饰套者来。十一时半,至法宝馆。饭后,午睡未成。富山来,周璧来,亦代来。下午,继续清理书房;阅书、理书、写信。"(日记)"发致慰堂函一。"(台历另面记事)

一月十六日

"晨,清理书房。至法宝馆。午睡,未成。慰堂来谈,子羽书以六千五百万成交,惟不知何日可付款耳。候开明电话,不来。赵来取款,即付之。经农、伯嘉来谈,决定印行《世界文学名著》等书。"(日记)"发致夏定域信等三函。"(台历另面记事)

一月十七日

"晨,至生活,访伯昕,未遇,留下《说明》及一函而归。至古拔路,又至合众,阅其所得日文考古书。十一时半归,至法宝馆。饭后,午睡未成。理书。五时半,偕伯、予等至濮文彬宅晚餐,酒喝得很痛快。"(日记)今为第三次九九消寒会。"振铎携来一样本,为美国之发明品。将书页缩至一张骨牌大小,肉眼观之,不能辩其字划。一张纸上印数十页,一部大书亦不过数十张纸耳。一个图书馆之所藏,亦不过一架而已。特制一机器,有放大镜,以书页就机器观之,则放大如原书。此机器售美金二百数十元……振铎怂恿我店向美国购得此机器之专利权,印行大批典籍。"(叶圣陶日记)

一月十八日

"晨,钱鹤林等来。慰堂来。《版画史》第五辑已装好十部,甚佳。森老来。偕慰、森同到大来午餐。又偕至古拔路,见敦煌卷子四十卷,中有佛像一帧,系押印之千佛图,绝佳。三时许归,孙实君持海源阁单子来谈。"(日记)

一月十九日

"晨,电伯昕,未得复。梅林来谈。十一时半,出。至万寿山午餐,皆史学家们,谈甚畅,酒喝得不少。三时,至古拔路,晤森、慰,借得《东瀛珠光》六册归。夜,拟预算表,因感伤风头痛。"(日记)"中午十二时万寿山4号,翦伯赞约。方行约,未去。"(台历另面记事)"与彬然至万寿山餐馆……客二十余人,多历史学者,伯赞拟出一历史杂志也。"(叶圣陶日记)"十一时一刻应伯赞之邀,走赴西藏路福州路转角万寿山酒楼,到者马夷初、田寿昌、顾颉刚、周谷城、邓初民、李季、潘梓年等。余则与胡绳、吴泽、李鼎新、楚图南、傅彬然、周予同、陈家康、蔡尚思、郑西谛、叶圣陶同席。与宴者皆一时史学名流,独惜郭沫若未至耳。"(王伯祥日记)

一月二十日

"晨,至上海出版公司及来青阁,借款五十。晤芦焚。午餐后,至法宝馆,施宅书已送来。健吾来,送款二十,商务亦送款来,可稳度此年关矣。三时归,子羽派车来接,探其病,并选书若干。"(日记)

一月二十一日

"计划《参考图谱》事。……森老来,未遇,留条云,慰堂跌伤。即至中美探望,正在接骨,心神凛凛。午归,饭后,至潘来,至法宝馆,整理一下。下午,西江来,方行来。出版事已有眉目矣。写信二封,即寄发。……团聚吃年夜饭。"(日记)"发致剑三、微子二信。"(台历另面记事)

一月二十二日

"今日农历元旦。在家理书,理物。施来,西禾来,济川来。醒吾等来,未遇。饭后,午睡一会,出访森老,至耿宅,均不遇。至伯祥宅,谈少顷,即别。至广平宅,未遇。至巴金处小坐,即归。威东夫妇在此晚餐,喝了些酒。写《参考图谱》广告。"(日记)

一月二十三日

"晨,写'缘起'[按,即《〈中国历史参考图谱〉编辑缘起》],毕。午,至晋隆午餐,方行等及予同均到,谈'图谱'事,决即进行,先购纸。……三婶及阿妹自南京来,久未见,甚喜。看闲书。……唐弢夫妇来。"(日记)

一月二十四日

"晨,孙实君来,潘应咸来,冷甚! 至医院晤慰堂,一时许归。……刘咸来,陈麟瑞来,梁医生夫妇来。(耀翔、西江来,未遇。)阅故宫所出各画册、周刊,可用者不少。"(日记)

一月二十五日

"晨,阅书。巴金、靳以、宗融来。一时许,唐弢派车来接,至马宅,稍坐即去,喝酒不少。商《参考图谱》事,已有成议,决可印也。三时许,至开明,换票付息。"(日记)

一月二十六日

"晨起……谢刚主来,周璧来,阅论文八本。十二时许,应王醒吾邀宴,皆温州菜,甚佳,喝酒不少。……陈云才来,沈樱来。五时许,至悦宾楼贺章[士贤]傅[又新]结婚。即去,至南国出版社晚餐,到者皆熟人。"(日记)共 18 桌,叶圣陶为证婚人。

一月二十七日

"晨,钱鹤林等来,选'样张'。……张澂来谈。"(日记)

叶圣陶在文协总会会所召开普希金逝世 110 周年纪念会筹备会,决定纪念会主席团名单,中有郑振铎。

一月二十八日

"晨,编《图谱》样张交印。至法宝馆,即归。杨寿祺来,陈烟桥来,老汪六吉号人来。……四时半,默存来,谈了好久,同行至'安定',不遇其主人,即至马宅晚餐。八时半,偕景耀步行而回。"(日记)

一月二十九日

"晨,未外出。家宝来,谈颇畅。饭后,午睡。写'广告'。五时许,至晋成钱庄,应刘哲民约也。酒菜均佳,谈《图谱》事,二千万已凑足。

八时许,偕辛笛回,谈很久,已有睡意……王艮仲处约,未赴。"(日记)
"下午二时,陈澄中母大殓,忘却,未去。"(台历另面记事)

本日,美国宣布撤回其军调处执行部人员,从而采取公开的援蒋反共政策。

一月三十日

"晨,钱鹤林来,又有数客来。十时半,至中美医院,晤慰、森,遇童、潘等。……菊农从英国回,谈甚畅,偕出购物。'安定'来,谢光甫二子来,谈售书事。夷初、景耀、叔通父女来晚餐,谈甚畅。"(日记)

一月三十一日

"晨,理书,阅书。至法宝馆。至雪园午餐,森老约尹石公诸人同聚也。二时许,石公等至宅稍坐,谈颇畅。午睡少顷。四时许,Miss P.来,谈了一会,偕至卡德路购书,未成,六时许归。拟赴马宅,因倦折回。拟《图谱》样本。"(日记)

二月一日

"晨,钱鹤林来,'安定'主人来。十一时,至晋成访哲民,未遇。至开明,遇季谷,《图谱》广告已登出,错字及漏掉之处太多。偕柯灵午餐。二时许,偕健、柯至青年会,稍坐即走。与辛笛、西禾、健吾同至红棉喝咖啡。五时归,谢君未来。七时,至叔通宅晚餐;有景耀、夷初、寅初数人。九时归。工作至午夜,始睡。中夜,牙痛。"(日记)

作《〈中国历史参考图谱〉自序》。

二月二日

"晨,健吾来,方行、范秉彝来,皆谈《图谱》事。未几,哲民亦来。实君送《嘉隆新例》来,极佳。石麒送《方舆胜略》来,末附外夷六卷,尤为罕见,极高兴! 诸事皆已解决,只待编辑付印之工作矣。此后,当埋头于此。饭后,午睡。时代约,未赴。五时许,访起潜,未遇。……子羽送《白鹤帖》诸书来。"(日记)

二月三日

"晨,至合众图书馆借书七种。钱鹤林来。至新华银行。……贺昌群来,谈甚畅。三时半,至上海出版公司,又至开明,至汉学、忠厚、来

薰等处。六时,至美国新闻处酒叙,熟人甚多。"(日记)

二月四日

"晨,徐迟来,尹石公来,偕至古拔路,又同往医院探望张子羽。向'合众'借书五册。饭后,午睡未成。赴古拔路晤石麒,付书款。至河南路晋成,晤哲民。四时许,至开明。五时许,同车至范洗人宅晚餐,酒菜均佳,不觉吃得过量。"(日记)今为第四次九九消寒会。今日消寒会"常员以外,加入硕丈、昌群、山公、祖璋等"。(叶圣陶日记)

致上海出版公司刘哲民信,谈为印"图谱"购纸等事。

二月五日

"晨,李君来。西江来,取款一百二十万。济川来。家晋及以中来。徐绍樵来。饭后,午睡未成。写《图谱》说明。谢君持书目来,求售,所望甚奢,恐不易成交。子羽着人送书来。烟桥来。得一电,知日本劫去之一〇七箱善本,即可运到,喜甚!携诸小儿去购灯,皆喜跃不已。夜,喝酒,写'样本'文字。"(日记)按,"样本"指《中国历史参考图谱》的样本。

二月六日

"晨,钱鹤林来。稷南、秋斯、图南、亦代、健吾来。忙至中午,客始散。'样本'编就。下午一时许,即到上海出版公司交稿付印。三时回。六时许,宴客,到森、尹、顾、夏、李、钱、王、谢、贺等人。葱、静二人未到。酒喝得不少。"(日记)

二月七日

"晨,印刷者来,孙景润来,携来申时行旧藏之《唐大诏令集》,有周星贻跋,颇佳。十一时许,至慰堂处,见有元刊《虞伯生诗续编》,宋刊《宋朝文鉴》,及朱竹垞校《文选》,尤以虞诗为最佳。午归,方行来,午睡未成。三时许,出。至上海出版公司,至濮处付款,至各书肆。七时许,归,甚倦。拟'广告',未毕。"(日记)

为许广平《遭难前后》一书作序。该书记述敌伪时期许广平被日寇逮捕前后的经历,于3月由上海出版公司出版。郑振铎在序中高度赞扬许广平当时"以超人的力量,伟大的牺牲的精神,拼着一己的生命,来卫护着无数的朋友们的。这是一位先驱者的大无畏的表现! 这是中华儿女们的最圣洁的精神的实型!"

二月八日

"晨,刘诗孙持《谢宣城[集]》及《陆宣公[集]》来,售六百万。出外购纸等。饭后,午睡不成。翦伯赞来,偕至各书肆一游。近三时,至大西洋菜社,应文汇约,座谈也。……理书,刘哲民来谈。"(日记)

与邓初民、胡风、潘梓年、翦伯赞、洪深、田汉、李健吾、周建人、胡绳等一起出席《文汇报》社召开的第56次星期座谈会,总结一年来的文化工作。郑振铎发言指出:"文化是在各式各样的方式下被扼杀的,被摧残迫害的。""假如国内的团结、民主与和平不能得到,内战仍是继续,整个文化界都将陷于极大的危机中,受到打击的,不仅是文学工作者而已。"这次座谈会记录后发表于2月23日《文汇报》,郑振铎的发言被题为《被牺牲的一年》。

二月九日

"晨,钱鹤林等来,刘诗孙有电话来索款。潘应咸来。十一时半,至范园张宅,晤华盛顿大学美人梅谷,谈颇畅。三时许,至居尔典路取书、理书甚忙。方行来谈,……编'第一期',已有头绪。柯罗版样张已送来,极佳。"(日记)"下午一时,西爱咸斯路471号蓉园三号工商专科学校茶叙(工作者协会)。下午九时,上址开会,均未去。"(台历另面记事)

中国民主促进会第五次会员大会召开,郑振铎被推为候补理事。

上海市百货业职工在劝工大楼举行抵制美货运动大会,国民党特务袭击会场,打死与会店员梁仁达,打伤多人,时称"二九血案"。郑振铎闻讯极为气愤。

二月十日

"晨,刘诗孙来。与森老通电话,知日本运回之图书一百〇七箱,已到,喜甚! ……至法宝馆,得一信……饭后……编《图谱》。三时许,至出版公司,知纸价又涨了不少,很不快。……傍晚……编《图谱》。森、葱偕来,谈了一会。"(日记)"下午二时,普式金纪念会(光华)。未

去。"(台历另面记事)

二月十一日

"晨,钱鹤林来。至中美探望慰堂。晤森老及王世襄。饭后,午睡未成。张世尧来。理书。四时许,谢君兄弟来,唐弢、柯灵来。……夜,重编预算等。"(日记)按,王世襄即押运被日本盗去之一百〇七箱珍贵图书回国的工作人员。

二月十二日

"晨,编《图谱》第一辑,毕。叔咢来谈。……三时许,至上海出版公司,晤唐弢。又至各书肆,在来薰阁得数书,甚佳。"(日记)

二月十三日

"晨,钱鹤林来。时代顾君来访问。Dr.梅谷偕开道同来。饭后,午睡未成。二时半,至甄审会,最后一次会议也。来者寥寥,勉强成会而已。五时,归。六时,至达君宅喝酒,颇高兴。圣陶喝醉了,言语颇错乱。"(日记)按,"甄审会"当系关于审查文化汉奸的专门会议。今晚为第五次九九消寒会。"下午六时,青年会320号(青年会图书馆会议)(未去)。"(台历另面记事)

二月十四日

"晨,整理《图谱》第一辑,已毕。孙景润等来。饭后,午睡了一会。二时许,至上海出版公司,偕柯灵至天蟾。匆匆即出,至美国总会访梅福士,偕至开明、来薰等处。四时许归,家璧、葱玉来谈。七时,至康乐,应虞文约也。"(日记)按,明日为第四届戏剧节,今在天蟾舞台出席观摩演出会,并指出:"各种地方戏的集合演出,是最可注意的事,改良地方戏可以从这里开始。"这段话后发表于2月17日《新闻报·艺月》"戏剧节专号"。

二月十五日

"晨,钱鹤林来,取去《图谱》第一辑底本付照,十时许,至合众,至森老处;上海出版公司。饭后……至慰堂处,谈至四时许,归,整理样本。六时,伯郊来,谈甚畅。健吾、柯灵、邦铎、哲民等亦来。仅家圭、辛笛、唐弢未到。谈至九时许,散。"(日记)

二月十六日

"谢君来谈。十二时许,客人们陆续来,酒喝得很多,甚热闹。"(日记)"中午十二时,宴请《图谱》股东。"(台历另面记事)

二月十七日

"晨,张葱玉来,孙景润来。至法宝馆。……三时许,来青阁送书来……潘应咸来。六时半,偕梁医生夫妇至文艺小憩,应道藩约也。有云卫、东山、凤子、景深诸人。谈至十时,散。"(日记)

二月十八日

"晨,森老来,钱鹤林送样来,甚为满意。至'晋成',访哲民,未值。……理《图谱》二辑稿。四时半,韩福士来谈,在此吃点心。……夜,有雅衷夫妇等在此晚餐,酒喝得不少。"(日记)

《文汇报》发表《中国民主促进会为二九惨案宣言》。

二月十九日

"晨,钱鹤林来。至寓取书。至凤子处,至'安定'印刷所,至上海出版公司。饭后,午睡一会。健吾来谈。哲民送款来。森老派人来取《佛国记》卷子。夜……编好《图谱》第十二辑十页。"(日记)

二月二十日

"钱鹤林来,付《图谱》十二辑第一批十页。刘诗孙来。屈万里来。周璧来。精神甚倦。安定来。饭后,午睡少顷。夏定域来。袁西江来。外出,至忠厚、汉学及来薰各处。至上海出版公司。……潘景郑来。谢某送书目来。夜……雅衷夫妇来。写稿四页许。"(日记)

二月二十一日

"晨,孙实君、屈万里、钱鹤林、安定等来。偕万里同至葱玉处,取书数种回,……叔曶在此午餐……二时许,刘诗孙等来。三时半,至一西书店购西书七本……八时,送书六本还起潜。"(日记)

本日,蒋介石迫使军调处执行部中共代表叶剑英等人撤回延安。

二月二十二日

"孙景润送书来,李子谷来。潘景郑来。直忙到吃饭时候,皆为他人事也。《图谱》样本已印好,据说今日可订出五百本,不知如何,饭后,刘诗孙来,景郑又来,屈万里来。休息一会,三时半出,至开明,偕往卢宅(伯翁之令坦)酒会,酒菜均佳。"(日记)今为第六次九九消寒会。

所编《中国历史参考图谱样本》已印好。该样本包括《自序》(2 月 1 日作)、《各辑内容说明》、《中国历史参考图谱出版日期表》、《预约中国历史参考图谱办法》及样张 4 页、图版 12 幅等。

二月二十三日

"十时半,赴中美访慰堂,又至大海访叔平,晤定域,偕行而归。……章克鼉来。杨文献送书来。印刷者来,印得不佳,颇为不高兴。森老来。富晋中人来,样本送来。方行来。……夜,写文四页。"(日记)

二月二十四日

"晨,潘景郑来,装订作来。写'说明'数页。十一时许,送书至凤子处。十二时,至美心,偕巴金夫妇及靳以午餐。餐后,巴金太太为自由[行]车碰到。……四时半,出。至来薰阁,晤辛树炽等。七时,至雪村宅晚餐,谈颇畅,酒喝得不少。"(日记)

二月二十五日

"晨,客来不绝。中研院杨君,来商印刷事。屈万里来。森老来,为叔平忙定价事。……下午,写稿,头有点晕。五时许,至善钟路萃古,选画册不少。六时半,至宗俊宅,谈甚畅。景耀云:燕大来电,要我回去教书。但本学期总不能去了。"(日记)

二月二十六日

"晨,来客不少。辛树炽等来观书……同至蜀腴午餐,……三时许归,文祺夫妇来谈甚久。哲民来谈。健吾来电,云:柯灵病甚。"(日记)

二月二十七日

"十二时,至春华楼吃饭,应文物损失会约也;又偕森老至蜀腴,约[赴]济川约也,酒喝得不少。四时许,在开明。五时半,偕至雪村处晚餐,又喝了不少酒。"(日记)"至雪村家聚饮,寿康与李季谷明日将返台湾,亦作饯之意。"(叶圣陶日记)

蒋介石逼迫中国共产党和谈代表本日全部撤离。

二月二十八日

"晨,印刷者来接洽。李子谷来。……饭后,以中来谈。午睡一会。潘应咸来。下午,搬书,未做事。但书总搬不完,不知何故!"(日记)

二月

日本《中国评论》杂志第 2 卷第 2 期发表须田祯一《郑振铎与"政治和文学"》,谈到郑振铎的业绩、斗争和《惜周作人》等文,认为郑振铎是上海光复后居知识分子"最高峰之一人"。

三月一日

"伤风,咳嗽。戒烟,气喘较好,痰也少了。童药山来。夏定域来。张葱玉来,偕往古拔路午餐,喝酒不少。四时许回。搬书上楼。夜,写《图谱》说明,将毕,甚感吃力,可见近日身体之衰弱。"(日记)

三月二日

"晨,五时许即起床。写《图谱》说明。客来不少。……四时许,出。至修文堂,选购书十余种。至汉学、来薰等处,又购书十余种。七时归,写'说明',毕。"(日记)按,所写为《中国历史参考图谱》第一期的说明。

下午,中国语文学会假开明书店四楼衍福楼召开成立大会,到 18 人,通过学会章程,并推举叶圣陶、陈望道、郭绍虞、周予同、方光焘、魏建功、章雪村、朱经农、金兆梓等人为理事,郑振铎、马叙伦、郭沫若、徐蔚南为监事。

著名俄国文学翻译家、郑振铎老友耿济之因患脑溢血逝世于沈阳。

三月三日

"晨,有客来。发《图谱》第一辑说明。童药山来。钱鹤林来。……四时,至开明。四时半,至美国新闻处茶会。六时半,在寓宴 Mrs. Fairbank 等,四时许散,酒喝得不少。"(日记)今晚在王伯祥家举行第七次九九消寒会,因故未去。

三月四日

"晨,客来不绝。惊闻济之噩耗,伤心至极!老友数十人,逝者已过半了！家宝来，谈剧史；韩福士来此午餐。……四时许，至郭墨林处看'俑'，价竟大昂，甚怪！六时许，至耿宅吊慰之。一片白衣冠，伤心惨目。七时，至高宅晚餐，晶生日也。"（日记）

三月五日

"晨，写信八封，即发出。李子谷来。封套付印。至张子羽处盖图章。……六时许，至耿宅，送文协赙赠金去。至伯翁宅，喝酒三杯，即归。"（日记）

三月六日

"晨，李子谷来，潘应咸来，童药山来，张秉三来。至慰堂处闲谈。访哲民，不遇，至开明，偕王、周至雪村宅喝酒。二时半，至葱玉处，审核其所售书也。六时许，归。饭后，编贴《图谱》第三辑。"（日记）

三月七日

"贴好《图谱》十八张，交照。客来不绝，实君送书来，景润送书来，颇有佳者，多留之，但款尚不知从何处来。十时，至法宝馆，候审计部人，不至，即归。饭后，济川送书来，童药山来。……三时，至上海出版公司，至修文堂，选书甚多。至三马路各肆，看到《滇略》。……夜，阅'考古学'，作札记。"（日记）郑振铎当时为了编好《中国历史参考图谱》，曾大量钻研了郭沫若等人的历史考古著作。

三月八日

"晨，印刷所来，孙实君来。为耿事，打电话至各处接洽，已有眉目，大约一千万可到。……方行来，冯仲足、王德鹏来，家璧来。至法宝馆理书。五时许，至中美访慰堂，谈甚畅。六时半，回。药山、景耀来，在此喝酒，有醉意。张世尧送书来。整理《图谱》图书。"（日记）"为耿事"即为耿济之遗属募捐。

三月九日

"晨，钱鹤林来，印刷者来，森老来。近午，伯祥、伯赞、谷城、予同、沫若诸人陆续来，谈笑甚欢，酒喝得不少。四时许，客始散尽。他们写了不少介绍词。……五时许，至郭墨林处，看唐三彩俑。"（日记）郑振铎在家宴请史学界朋友，请他们支持出版《中国历史参考图谱》，这些著名史学家都高度赞扬郑振铎这一意义巨大的工程。郭沫若题词指出:"……郑振铎先生以献身的精神编纂这部《中国历史参考图谱》实在是一项伟大的建设工作。这是应该国家做的工作,而郑先生以一人之力要把他完成;每一个中国人,凡有力量的都应该赞助他这项工作。"翦伯赞指出:"……这部书的出版,是中国金石图谱第一次的通俗版。从此以后,中国的古器物图谱,便会从有闲阶级的玩赏品,一变而为人民大众学习历史的宝典……"周予同指出:"振铎是我们的朋友中生命力最充沛的一位。他有傻想头,也有傻劲。他时常有将全生命贡献给值得贡献的事业的心。近十年来,他将生命力毫无顾惜的耗在'笺谱''版画'的搜集与印刷上,最近更耗在'中国历史图谱'上。这都是近于'前不见古人,后不见来者'的傻工作……"吴晗指出:"……郑西谛先生积数十年的搜藏,汇集历代有关人民生活的图录及实物拓片,精选复制,从石器时代的石器、陶器,到铜器、甲骨、周、秦文化遗物,流沙堕简,乐浪漆画,武梁刻石,北魏造像,正仓唐器,敦煌遗书,宋元书影,名画,以及工艺美术,建筑衣冠,名人画像墨迹,举凡一切可以代表各时代生活文化特征的,辑为《中国历史参考图谱》……"当时为郑振铎题词的史学家还有顾颉刚、周谷城、王伯祥、贺昌群、王国秀、王庸、丁山、向达等人,后发表于 4 月 1 日《文艺复兴》月刊第 3 卷第 2 期,及 5 月 1 日上海《大公报》上。

三月十日

"晨,钱鹤林来,印刷者来,李子谷送《图谱》说明校样来,即校毕;至法宝馆,即归。……理书……哲民来谈。……晚餐后,阅书。……范秉彝来,未见,因已熟睡也。"(日记)

三月十一日

"晨,印刷者来,富晋来,实君来,杨金华送《许氏家谱》来。忙碌至午,出至森老宅午餐,有彦和及王重民夫妇、陶孟和、建功、玄伯诸位,谈甚畅。二时许散。归家午睡一会。郭墨林来,送来唐女俑一套,甚佳。五时半,坐汽车至叶[圣陶]宅,第八次九九消寒会也,晤昌群等,酒菜均佳。"(日记)消寒会到者还有王伯祥、周予同、章雪村、范洗人、朱达君、卢芷芬、濮文彬、朱达先、郑亦秀等。

三月十二日

"钱鹤林来,夏君来,方令孺母女来,郑效洵送预约款来。……马宗融偕其表弟送预约款来。三时许,至居尔典路取书,付款一百万,总算了此一笔账矣。四时半,至慰堂处闲谈。五时半,至耿宅。六时许,至方[令孺]处晚餐,有沈樱等,谈甚畅。"(日记)

本日,郑振铎与民主人士共 56 人对莫斯科美苏英法四国外长会议发表意见,并致电该会,希望不干涉中国内政,促成内战早日结束,民主统一。

三月十三日

"晨,客来不少,纸商来。饭后,午睡一会。萃古斋送《纂组英华》来,……已成交,款尚不知在何处也。下午二时,至宁波同乡会一行,即归,吵闹不堪,殊生气。六时许,至永兴昌喝酒,伯、予及昌群均在。七时半,至会宾楼,喝酒不少。"(日记)按,宁波同乡会召开的是郑振铎与柳亚子、郭沫若、洪深、阳翰笙、潘公展等人发起的田汉五十寿辰及创作三十周年纪念会,并合赠祝寿纪念册。

三月十四日

"晨,钱鹤林来,各书店中人来;十时许,至张葱玉宅,取拟印之书回。……六时半,至杏花楼,沫若、圣陶、曹禺、巴金、靳以、洪、田等均在,谈至九时许,散。"(日记)"至杏花楼,与诸友为万家宝接风。"(叶圣陶日记),曹禺新从美国回。

三月十五日

"晨,萃古斋来。李子谷打电话来,说,第一期《图谱》已印好,即可出版了。甚为高兴。适夷来谈。开始写第二期'说明'……三时许,出。至上海出版公司,又至三马路各肆。见《图谱》均已送到,预约情形尚佳。至温知,看乾隆刻口字一册。……写'说明',至十一时许,仅成四分之一耳。"(日记)

三月十六日

"晨,写《图谱》说明。健吾偕青苗来谈,梁医生来,桂涛声来,各肆送书来,忙甚。十二时半,至悦宾楼,应严文郁约也。二时许,偕森老、友三至各肆阅书,亦时有佳者。四时许,至中美,访慰堂,谈至六时许归。晚餐后,续写'说明',至十一时许,始睡。"(日记)"正午十二时,静安寺(刚主),(未去)。"(台历另面记事)

三月十七日

"晨,景润来取款。写'说明';十一时许,至法宝馆。饭后,午睡。到上海出版公司。偕健吾喝咖啡。五时,回。续写'说明',至夜,尚未毕。(上午,至葱玉处取书)"(日记)

三月十八日

"晨,印刷者来,装订者来,取书款者来,实君来,应接不暇,而又亟需付印《图谱》说明,大有手忙足乱之感。十一时许,至葱玉处搬书,即在他家吃饭。二时许,回。陶某来。午睡。潘景郑来。七时,至梁医生宅晚餐,喝酒,不甚痛快,不知何故。"(日记)

三月十九日

"上午,潘景郑来,森老来,印刷者来,收书款者来,忙甚!……四时许,至居尔典路取书回,景郑又来。忙于理画册,抄广告。七时许,森老、葱玉,在此晚餐。"(日记)

三月二十日

"晨,客来不绝,李子谷来,韩贾送书来。十一时许,至慰堂处,谈至近一时方归。……潘景郑来,郑效洵来。五时许,至开明,最后一次之九九消寒会也。主会者为予同,酒甚好,谈笑甚欢。"(日记)

三月二十一日

"晨,客来不绝,景郑来,钱鹤林来。十一时许,至法宝馆,略布置了一下,即归。……下午,写'广告'等。六时许,偕至知味观,家宝、健吾、傅雷、钟各予诸人,为予做寿也。"(日记)

三月二十二日

"至法宝馆,得信,即归……葱玉来,实君来,应咸来……六时半,刘哲民来,方[行]、范[秉彝]来,谈了许久,在此晚餐。"(日记)"下午三时,文协会。"(台历另面记事)按,郑振铎因病未去。

三月二十三日

"晨，景郑来，鹤林来，戴春记来。十二时许，至辛笛宅午餐……四时许归，靳、巴偕来谈事。（上午，戈宝权来谈，甚畅。《时与文》社中人来谈，俞君来谈。）建功、济川来谈。五时许，偕建功到玄伯宅晚餐。有森老、君谋、默存诸人。"（日记）

三月二十四日

"晨，来取书款者数人，应咸来，葱玉来，实君来。……写信十四封，均发出。下午五时许，至修文堂，选购由平寄来之书数十种，甚有佳者。六时半，归。（郭墨林送魏俑若干来，颇佳。）晚餐后，至墨林处，看一批魏女俑，中有面具一，奇绝，即携之归。十时许，墨林送俑来。"（日记）

三月二十五日

"鹤林来，安定主人胡君偕纸号曹君来，金华送书来，实君送所选购之书来，周健民来。校《图谱》二辑说明毕。世尧来，起潜来。……四时许，至来薰、汉学等处。六时许，偕建功至开明，即在彼晚餐。今夜，为明社同人年登二十至五十者做寿，我是被请'寿者'之[一]，余为光熹、予同。……第一次说话，觉得舌疏。"（日记）

三月二十六日

"晨，森老来，杨文献来，墨林之弟来，申记之戴君来，李子谷来。评阅'论文'，毕。饭后，午睡。裱画店中人来，杨金华送书来，威东着人送车票来。五时许，至中美访慰堂，又至修文堂，实君卧病在床。六时回，晚餐后，写信三封，即发出。十时许，坐车至来薰阁，偕建功同上火车。十一时，开车，即睡。"（日记）

三月二十七日

"七时，到南京，即雇车到山西路中央图书馆，晤屈、童、尹诸位。早餐后，至成贤街总馆，晤廖、彭、陈诸位，参观书库，晤严文郁等。至中研院，晤杨等，偕出午餐，皆建功之学生们也。下午，至中大访昌群、仰之，谈甚畅。至成贤街图书馆午餐。至教育部，访田、吴，均未遇。至中研院，访孟真，谈甚畅。七时，图书馆中同人公宴予于南轩。"（日记)　郑振铎拜访中央研究院院长傅斯年,谈有关文物、古籍的清理保护工作,同时想拍摄有关文物以编入《中国历史参考图谱》,但被婉拒。

三月二十八日

"七时半,至希孟宅早餐,谈甚畅。九时半,至中研院,晤王崇武、夏鼐诸人,观档案及古物,可取者甚多。又与孟真细谈一次。十二时,至昌群宅午餐,喝大曲甚多。借中大一车,偕白华、仰之、昌群等,到中山门博物馆,晤曾女士。正在大兴土木中。五时许,至夫子庙,在泮池购书八册。七时许,至马顺兴晚餐,此为二百年老店,尚佳,仰之请客也。"(日记)按,今日为郑振铎与夏鼐初次见面。

三月二十九日

"晨起,晤王崇武、陶九及昌群,参观书库,如见故人,一一皆予手置之物也!十一时,偕昌群至鸡鸣寺,登台城……不久,建功亦来,偕至玄武湖。……途中遇叔谠及其新夫人。在茶馆觅座位不得,坐船在湖中荡着……四时半,归。在馆晚餐。理物。十时,至车站。十一时开车,即睡。"(日记)按,参观中央图书馆书库,其中善本均为郑振铎等人在战时所抢救。

三月三十日

"直到八时,方才抵沪,即雇车回。送建功至来薰,相别。……并未出门,只整理书籍及看书而已。李子谷来,第二辑说明已出版,仍有错字若干,这由自己未校第二遍之故也。"(日记)

三月三十一日

"晨,写信三封,即发出。写悼济之文,未毕。……下午,理书。三时半,至上海出版公司,至三马路各肆。在汉学购得《名山胜概记》一部,又杂书数种。至来薰,晤森老、建功,偕济、尧,同至南天吃炸酱面,为他们调解也。"(日记)

三月

日本《新中国》月刊第11期《新中国人物传》专栏发表斋藤秋男写的《郑振铎》一文,介绍郑振铎是抗战时期坚守在沦陷区的不屈的壮士,当前中国文艺复兴的指导者和投身于政治风暴的政论家。还称赞郑振铎写的《〈文艺复兴〉发刊词》洋溢着青春的气息,并说他的《蛰居散记》是珍贵的文章,也感动了日本的读者。

这以后,日本的安藤彦太郎和斋藤秋男合作翻译了郑振铎的《蛰居散记》(篇目有所改动,并改题为《烧书记——日本占领下的上海知识分子》),于1954年7月20日由东京岩波书店出版,后又再版。

四月一日

"晨,钱鹤林来。韩送《支那文化史迹》来……即购之。尚有数估来取款。……伯赞来。四时许,至郭寿臣处,见数俑,极佳。至修文堂。六时许,至来薰等处,偕建功至雪村宅,寂无动静,即出,偕至南天吃炸酱面,喝白干。"(日记)

"上午梅林来……商定以友人名义为振铎祝寿聚餐。"(叶圣陶日记)

四月二日

"晨,理书。森老来,钱鹤林等来,安定胡君送印好之《图谱》来,杨金华送锦缎来,王以中等来。饭后,杨晦来……家壁来,同出,至来薰、汉学、来青各肆。六时许,偕建功至雪村宅晚餐,菜甚佳,酒亦好。"(日记)

四月三日

"晨,金华来,子谷来。温知送敦煌写经一包来,内有佳者。玄伯来。写悼济之文一篇。饭后……凌某来,富晋来。编辑《图谱》第四辑。四时许,森老来,偕至玄伯宅阅书评价,茶点。五时半,偕至郭寿臣处,归已暮色苍茫矣。夜,写《耿济之先生传》,毕。"(日记)　按,上午所写即《想起和济之同在一处的日子》,深沉回忆了与这位"认识最早"的老朋友从五四运动前夕至今的深厚交谊,该文后载4月5日《文汇报》。《耿济之先生传》,后载4月15日《文艺春秋》月刊第4卷第4期,又载7月《开明》新1号。

致唐弢信:"稿已写就,因忙乱,并无重读一遍,有笔误及不妥处,请随意改正可也。"稿即《想起和济之同在一处的日子》。

四月四日

"晨,金华来,文献来,鹤林来,取去《图谱》十二辑稿十页,申记来,取去宣纸二十四刀。整理书房。郭寿臣子送泥俑来,价甚廉。……下午,范泉来,取稿去。三时许,至修文堂,购书若干,即归。夜,予、伯、圣、达诸君在此晚餐,建、雷均将远行也,郑缤亦在,谈笑甚欢! 酒佳甚。……得觉、晗、晓等信。"(日记)

四月五日

"晨,编好《图谱》第十二辑八页付印。至静安寺吊济之丧,匆匆写一挽辞送去,惨甚! ……二时许,又至静安寺,晤文协诸友,三时许,公祭毕,即回。沈樱来谈,应咸来,李本疆来,陈敬容、戈宝权来,范泉来。……夜,写《图谱》十一辑说明五页。"(日记)郑振铎写的挽辞曰:"呜呼济之,君不能死,而乃竟死,死不瞑目! 君文豪雄,君性讷朴,今之善人,谦退恭肃。埋头著作,卑斥征逐,劳碌一生,译文千轴。天乃不佑,何夺之速! 遗稿满案,何人可续? 上有老父,下有幼子,君竟死矣,何以养育? 呜呼济之,死不瞑目!"

在《文汇报》上发表《想起和济之同在一处的日子》。

四月六日

"晨,写《图谱》说明五页,韩世保送书来,森老来,看敦煌卷子。……下午,续写'说明'六页。六时许,偕箴,携宝、贝赴会宾楼,应文协会员们公宴,为予预祝五十寿辰也。到者近六十人,极热闹,亚子、夷初、衡山诸老,及初民、沫若、圣陶、寿昌、予倩、绍虞、予同诸友均到。"(日记)

是日到 60 人,5 席,老友叶圣陶作《鹧鸪天——振铎五十初度》祝贺:"今日为君举寿觞,不宜老友漫称扬。照人肝胆情犹昔,五十之年鬓未苍。繙旧简,出新章,共欣文史得津梁。精修笃学长无懈,伟绩他年讵易量。"

四月七日

"晨,写稿;金华来,李子谷来,森老、济之[济川? 或李济之?]来。在此午餐。……四时许,至修文堂选购新到各书。……滨田的泥像图

说,亦未购到。所得《图谱》,非此书也。九时许,写'说明',至近十二时,始毕。"(日记)

四月八日

"晨,杨文献来,文萃送书来,世保送书来,子谷来,将第三辑'说明'交其付印。'十大寺'已得到,颇为高兴。森老来,至法宝馆,即归。静安某君送抄校本十四种来,索二百,尚廉。……二时半,至文协,开文艺节筹备会。六时,至修文堂阅书。"(日记)

四月九日

"晨,胡送珂罗版印样来。富晋来,温知来,家晋来。整理《玄览堂丛书二集》。十二时许,至来薰阁,与森老不期而遇,至蜀腴,应蔺、夏、邓等约也。他们拟出《大学》月刊。近三时,散。至各书肆,又至惠中观'谢'书《边事小记》与《启祯野乘》二集,甚佳。至别处,见书贵极!只购明义士一书。……夜,灯下整理《四夷广记》毕。"(日记)

致刘哲民信,谈"图谱"的预定及广告诸事。

四月十日

"晨,森老来,文海、萃古来取款,即结清。写《迎文艺节》一文。申记来。整理书房。靳以来,在此午餐。……至郭寿臣处。观数唐俑及二汉银釉瓶,甚佳。六时回。灯下写信给舒"(日记)　今日所写文章后载5月2日上海《大公报》及5月6日《评论报》第18期,题为《迎第三届文艺节》。指出:"凡是一位作家,决不能无视绝大多数人民的痛苦的;决不能自外于这个苦难时代的苦难的。""为了中国,为了中国的人民们,应该把我们的武器——笔,充分的使用着,击退这个可诅咒的时代,打开一条光明的大路。不容情的和黑暗与愚昧与封建势力作战,直到了黑暗与愚昧与封建势力倒在地下,直到民主与科学的新中国的实现。"

本日,中国语文学会开第一次理事会议。

四月十一日

"晨,客来不绝。有人送书来。湘湖学生十余人,来此谈话。做锦套者来。戴春记取去《图谱》十一辑三百份。安定来,忙碌至午。……

整理书房,忙出汗来,甚觉疲倦。候至五时,李子谷不来,即至中美,探望慰堂,谈至近七时,归。继续整理书房。"(日记)

四月十二日

"晨,孙实君送书来,森老来,昌群来,谈甚畅,看谢氏散出之《边事小记》等,甚高兴。整理书房,甚累……三时许,昌群来,偕往志皋宅,听虹社昆曲,有'此曲只应天上有'之慨。六时出,到家一转,即赴马宅,晤已生、乔峰诸人、谈甚畅。"(日记)

四月十三日

"晨,少航来。钱鹤林子来,取去影印书《四夷广记》等几种。实君来,文祺来,图南来,景润来。十时半,至陈志皋宅,到者已甚多,大多皆熟人。欢谈久之。一时许,野餐,毕,摄影。二时,至甄审会,匆谈数语,摄影。三时许,归。仲章来谈,来薰送书来。"(日记)

四月十四日

"晨,钱鹤林来,申记来,抱经堂某来,购得《支那名画集》一册,计百幅,价二十七万元,尚廉,即付以现钞。文通编辑方诗铭等来。饭后,午睡。购花等,家壁偕文协会负责人来谈。方行来,仲章、昌群、纪堂、伯闵、哲民、森老、济之等相继来,俊青来,一樵来,在此晚餐,谈甚畅。"(日记)

四月十五日

"晨,钱鹤林来,李子谷来,交去'广告'等。孙景润等来……三时许,至开明,吃台湾西瓜。四时半,至汉学、来青、来薰等肆,得《格致丛书》二十四册。……青年会中人来,欲邀讲演,即回绝之。金华来,送来《名媛诗汇》,甚佳,即留下。夜,选《图谱》材料,不觉在椅上熟睡。"(日记)。

在《文艺春秋》月刊第4卷第4期上发表《耿济之先生传》。

四月十六日

"晨,编就《图谱》十页。鹤林来,即付照。萃古来,富晋来,得画册不少,均还不坏。……十一时半,至法宝馆。金华来,景润来。饭后,三时许,至居尔典路,取书数册,回。……夜,写信数封。"(日记)

四月十七日

"晨,景润来。付《明清名画集》款三百五十万元。中央社沈君来。写信,发出七封(剑三一信,昨已发出)。金华来,送来数俑,价甚廉。申记送《图谱》来。……下午,三时许,至上海出版公司,又至生活,至修文堂,选购书数十种。五时许,归。昌群约至永兴昌喝酒,与叶、王、周等谈甚畅。"(日记)据刘哲民回忆,这以前郑振铎紧急召他去谈话,问:"海关里有没有熟人?"并告诉他:"最近战争的情况逐步紧张,引起了有钱人的恐慌。上海古董商人为了逃避财产,把他们所有珍贵古玩集伙地装箱,预备运往美国,价值几十万美元,现在正和海关讨价还价中,如果让他们谈成功装运出去,那对国家文化是一个很大的损失。所以无论如何要设法拦阻它!"他们商量决定就在国民党的党报上揭露此事,通过刘哲民的熟人、《中央日报》采访部主任沈业儒发出上述消息,借助舆论力量来阻止它,使文物外流有所收敛。(刘哲民《回忆西谛先生》)

四月十八日

晚,"六时半,偕箴至上海出版公司,哲民等几位,为我祝寿也。"(日记)"下午五时,美国新闻处茶会(未去)。下午六时,文化中学晚餐(未去)。"(台历另面记事)

上海《中央日报·本市新闻》发表消息《大批古物偷运出口》,披露:"据可靠方面消息,若干古董巨商,现正在北平上海等地搜集我数千年来之历史文物,运往美国出售,以套取美金外汇,闻二三日前又有极名贵之字画,石刻,古铜,陶器,古瓷,陶俑等一百余箱,自沪偷运出口。"

四月十九日

"晨,写《从〈艺术论〉说起》一文。顾载记送裱染之纸来,钱鹤林来,郭石麒来,韩送书来,萃古斋送书来,申记来,取去纸三十六刀,戴春记来,李子谷来,孙家晋来。……下午,编《图谱》十二辑,并整理书房。六时许,至安定,至仲足宅晚餐,晤仲华、马、关、李、巳生、乔峰,伯昕未到。谈甚畅。十时许归,续编《图谱》。"(日记)《从〈艺术论〉说起》后载 4 月 21 日《文汇报》，又载 9 月出版的《文汇丛刊》之四《人民至上主义的文艺》。该文从二十多年前耿济之翻译的托尔斯泰的《艺术论》说起，指出："时代进步了，五四时代的那份幼稚的见解是不会再出现的了；然而，那份傻劲，那份勇气，那份辨别是非黑白的正义感，那份主张人道主义的精神，却是很可宝贵的东西。在今日争取民主、自由的青年人里，这一股劲儿和正义感，依然是存在着的。这是中国的光明的力量之所在。青年人们永远会维持着那份勇气的！"

四月二十日

"晨，钱鹤林、富晋来，申记来，戴春记来，森老来。编好《图谱》第十二辑(35—48)共十四页，即交鹤林付照。饭后，午睡。下午五时许，至中美访慰堂，谈甚畅。晚餐后，写《图谱》说明六页。"(日记)

"作一文谈耿济之。系振铎所嘱，将刊于《文艺复兴》者。"(叶圣陶日记)

四月二十一日

"晨，钱鹤林送《玄览堂》印好的样张来，各书肆中人来，木天来。客人络绎不绝，一字不能写。……二时许，至上海出版公司，至商务，至开明，又至三马路各肆。谈甚久。至郭寿臣处，至萃古斋，归时，已暮色苍茫矣。购鲥鱼下酒，微醺。写《图谱》说明六页。"(日记)

四月二十二日

"晨，李子谷来，萃古送书来。写《图谱》说明六页。饭后，午睡。续写'说明'。西江送书来。四时许，至修文堂，选购由平寄来书数十种。六时回，续写'说明'。至午夜，已渐写好。总算拼命赶出东西来，然倦甚；睡眠中，甚不安。"(日记)

四月二十三日

"晨，赶写'说明'毕……郭墨林来谈，潘应咸送薪水来……三时，至墨林处看汉唐俑，佳者甚多，而价则奇昂，不知如何付款法？归途，至起潜处小坐。晚餐后，阅书，忽动写《两汉艺术史》的念头，即拟一计划。"(日记)

四月二十四日

“晨,各书肆中人来,金华来,景润来……钱鹤林来。……下午,理书,阅报,出外购食物。六时许,济川来喝酒,谈颇畅。章克銎偕一友来阅书。”(日记)

四月二十五日

“晨,实君送书来,谈甚畅。暨大孙某来,甚无聊!郭墨林送俑十余件来,绝佳,很高兴!惟款尚未知从何处得到耳。王以中来。金华来。写《党与群》一篇,感慨甚多。饭后,写毕,午睡未成,理书。五时许,凤子、清阁来,即将稿交凤子。偕往百乐门,遇刘某,极无聊之人也。七时许,在大来晚餐。九时,至闵行路小坐,十时半归。即睡,有梦。”“下午四时许,茅盾自苏联归,未往接。”(日记)《党与群》后载5月20日凤子主编的《人世间》月刊复刊第3期,是一篇痛斥国民党、歌颂共产党之作,指出:“年轻的人们得当心!”“那分野是很显明的:凡一心为国为民,而无丝毫权利欲者,乃是真正的党。凡以利禄相结合,相勾引,便是‘群’,不是‘党’——虽然在表面上也挂着××‘党’的名义。”

四月二十六日

“晨,各书肆中人来,金华来,潘应咸来。……下午二时许,至霞飞路许宅,开文协理事会。五时许,散。甚无聊。夜,阅书。刘大杰来,谈售书事。摩挲古俑,甚为得意。”(日记)

四月二十七日

“晨,钱鹤林来,温知来,韩送书来。森老来,谈甚畅,偕至合众,借来‘文物清理会’目录‘引用书目’一册,其中各书,余已十有其九,甚为高兴。……翦伯赞、郭春涛、夏康农来谈。赵文钟来。喝酒不少,微醺。夜,做‘广告’。”(日记)

四月二十八日

“晨,钱鹤林来,申记来,戴春记来。文海来,送来《西域画聚成》一本,凡六十幅,绝佳。……实君来,谈甚久。……候校稿至六时,始止。未及校,即雇汽车至郭[沫若]宅。到者已甚多(三席),欢迎雁冰夫妇也。畅谈至十时半,始散。至雁冰处,又闲谈甚久……他送我俄国睡衣帽一套,为寿礼。”(日记)

四月二十九日

"晨,李子谷来,校'说明',甚苦。抱经堂顾来,萃古斋来,文海韩君来,皆来索款也。饭后,未睡。理书。一虹来谈,至商务取版税款,至开明。六时回,安定来。六时半,至郭寿臣处晚餐。酒不甚佳。"(日记)

四月三十日

"晨,戴春记来,各书肆人来。文海送来书数种,如《南宗衣钵》等,皆为李君所有,价昂甚,然为补充计,似不能不买也。……玄伯来谈。安定送印好之书来,取款去。实君来谈。刘哲民于九时许来,谈甚久,很痛快。拟好了好几种出版计划,大约总都能实现吧。""今日《图谱》未能出版。"(日记)

四月

许地山遗著《危巢坠简》由商务印书馆出版,郑振铎题签。

本月,郑振铎参加的"清理战时文物损失委员会"结束工作,尚有未结束之案件均移教育部继续办理。

五月一日

"晨,文海韩君送书来,有甚佳者,有久觅未得者,很高兴。方行来,谢君来,实君送书来。《图谱》说明,似尚未订好,甚焦急!……为《图谱》找材料。"(日记)

主编《文艺复兴》月刊第 3 卷第 3 期出版。郑振铎在《编后》中说明,该期原是"现代世界文学专号",刚付印时,得到耿济之逝世噩耗,于是赶编了"哀悼济之先生"特辑,排在最前面。首载郑振铎辑《耿济之先生遗稿》,郑在序中回忆了在上海沦陷时期曾与耿济之、萧宗俊等人组织"中国百科全书刊行会",打算编写我国百科全书,后因条件恶劣而未成诸事。该期还发表戈宝权、叶圣陶、徐调孚、周予同、赵景深、许杰等人的悼文。

五月二日

"阴雨,闷甚;不知[能]照相,焦急之至! 晨,为《图谱》觅材料,翻书不少。戴春记来,取去第四辑绵料纸本散页。文海来,郭墨林弟来,取去俑款二百七十万,款尚不知在何处,颇有举鼎绝膑之感。温知送

'貔子窝'等六种来,已全矣!颇高兴!下午,至青年会,因身体不佳,即走。偕家璧在南京喝咖啡。……夜,刚主来谈。"(日记)按,今日文协和中苏文协在青年会开会欢迎茅盾访苏归国。

五月三日

"晨,各书肆中人来不少。世保来,购得画册若干,价昂甚!……方行来,偕至上海出版公司。五时许,至清华同学会,第三届文艺节也。到者甚多,皆熟人。我也说了几句话。邵力子颇能言,然究竟无法挽回会场空气也。颇不愉快!"(日记)按,今日为文协九届年会。

致刘哲民信。

五月四日

"整日的在编《图谱》,太累了!很易光火!……金华来,世尧来,杭贾某来,石麒来。俞某来,似有探察之意,甚怪!刘重熹来。饭后,午睡未成,整日工作,累极!下午,客人来的好几个,均懒于应酬。……编《图谱》至十二时,睡。"(日记)

五月五日

"晨,李子谷来,钱鹤林来。编好《图谱》第五辑二十四张付印。整理书房,累极!浑身是汗。……写《苏联版画集序》,未毕。五时许,至杏花楼,公宴茅盾夫妇也。八时归。今日箴生日,客人不少。周旋了一下,即至康乐,与邵力子谈话颇畅。偕一虹等步行归。""杨金华等来,孙实君来,韩君来,孙景润来,均取款也。"(日记)　当时,曾在抗战期间重庆展览过的苏联版画辗转运到上海,由葛一虹负责在八仙桥雪赓堂大厅展出,受到上海人民欢迎。郑振铎极力怂恿葛一虹选印一部《苏联木刻》,今日并为之作序。

致刘哲民信,提到《大公报》广告,登得极好"。

五月六日

"晨,森老来。顾贾来,取款去。鹤林来。偕森老至郭寿臣宅,看陶俑四十余件,绝佳者有二十余件,甚为高兴!惟价太昂耳。……三时许,想赴蔚南约,已出门,因大雨而止。写'广告'数则。六时半,巳生、夷初等在此晚餐,喝了些酒。""李子谷送酒来。王湛贤来取稿。冯亦

代来。"(日记)

五月七日

"晨,各肆中人来。打了好几个电话,均未通,甚不高兴。下午,找到了达君,才算解决了问题。然调度之间,煞费苦心,诚是自讨苦吃之事也。饭后,午睡一会。下午三时许,令孺、沈樱及胡女士来,在此看'俑',看画。玄伯及其弟来。健吾、西禾来,在此喝咖啡。""温知送书来,甚佳,而廉。"(日记)

五月八日

"开明款已送来,可暂了一笔帐矣。……安娥来。写《看俑录》序一篇。子谷来。鹤林来。……一时许,送款给郭墨林(一千)。俑五十余只,即送去。满室林林,皆俑也。端详之,甚满意,仍嫌不足。写'说明',未成。整理西书等,预备售出。"(日记) 按,安娥来,是为争取得到郑振铎对她主编的《新闻报·艺月》副刊的支持。该刊于1946年9月创刊,先为周刊,因倾向进步而受到限制,渐变为双周刊,篇幅也缩小,后又被移入《新闻周报》,只剩二、三千字地位,不得不中辍;最近,经过交涉,才同意该刊回到《新闻报》。郑振铎为表示大力支持,答应第二天即交一稿,并当天赶写成《〈看俑录〉序》,后载5月12日《新闻报·艺月》第29期。文中谈到自己对雕塑艺术的热爱,表达了对当局不重视祖国艺术珍宝的强烈愤懑,并表示自己近年发愤收集陶俑等文物和艺术品,"不顾一切的继续的在做着这种没有人做的傻工作","将有'图录'之辑,而先写这部《看俑录》,随见随记,不按年代"(按,《看俑录》一书后未见写出)。末云:"时春暮犹寒,天阴欲雨,落花好雨,地上膏滑,独对如林的古俑,如在墟墓间也。"

五月九日

"晨,金华来,鹤林来,谢君来。整理西书,忙甚。……薛汕等均来要稿,交大学生来请讲演,均拒之。……五时许,至中美访慰堂。六时半,至君匋处晚餐。……与宝权同回。安娥来取稿。"(日记)今晚钱君匋宴请茅盾,出席者还有叶圣陶。

五月十日

"晨,理书。谢君来抄书目。饭后,午睡甚酣。又理书,已渐有条理(西书部分)。鹤林来,取去《图谱》十四辑图版十二页。金华来,文海来。傍晚,写'说明',至午夜十二时,写毕十八页。甚兴奋,即睡。""中午喝酒,景郑来。"(日记)

致刘哲民信。

五月十一日

"晨,写《图谱》说明,理书……下午,理书,写'说明'。至午夜,毕。六时许,伯祥、予同、达君、郑缤来,在此喝酒,看书,看俑,谈得很高兴。"(日记)

五月十二日

"晨,鹤林来,景郑来,文海韩君来,富晋来,安定胡君来,墨林来。浮雕之陶俑三个,已做好框子,墨林送来。极为满意。……下午,理书,不觉得到了六时,偕宝至高宅,岳母生辰也。来客皆亲属,无外人,共二桌,酒喝得不少。"(日记)

五月十三日

"晨,理书,……墨林处送俑来,凡四件,甚廉。景郑来。十一时,至中美,晤慰堂,遇朱国璋。……晚餐后,至三马路,在来薰阁得日文书数种,均正需要者,甚为高兴。"(日记)

五月十四日

"钱鹤林来,申记来。……六时许,步行至郭寿臣处喝酒,……哲民来,相左。"(日记)

五月十五日

"晨,钱鹤林来,售纸者来,金华来,靳以来。……下午,写'广告'等。心里甚闷,急欲筹款,甚为无聊!为何如此的不量力的'工作'着呢?然总有办法可以解决的。"(日记)

致刘哲民信,提及"图谱刊行会已负债累累",但又指出:"此类书,无人敢出版,其实印刷费尚廉,我辈为之,不能说是无打算、无办法也。惟弟自己则罗掘皆空,负债甚多,希望在下月内亦可将债务还清,现已将暂时不用之西书及善本书设法售出一批,勉强可以应付一时。"

本日,"中国历史参考图谱刊行会"预告该会不日将印行两大巨著:"域外所藏中国古画集"之一《西域画集》,郑振铎、徐森玉、张珩同编,每月约印行一或二辑;"中国雕塑史图录"之一《中国古明器陶俑图录》,郑振铎编。(见本日出版《中国历史参考图谱》第13辑附印广告)

五月十六日

"文海韩君送书来,李子谷来,取去'广告'底稿。安定来,申记来,郭墨林来。……下午……看书,对于人民生活史的写作,颇有兴趣,惟作画者无人耳。杨金华送装订好的《版画史》(古纸本)来。夜,写信。"(日记)

五月十七日

"杨文献来,云有数书(考古)可得到,为之喜甚!……六时半,至乔峰宅晚餐,甚感无聊,一言未发。"(日记)

五月十八日

"晨,实君送《纂组英华》来。刘哲民来,……午睡至三时方醒,即至文协,开理事会。五时许,至修文堂,购书若干。七时归,饭后,编《图谱》。""济之枢已到,因忙,亦未能去抚棺一哭!"(日记)

五月十九日

"晨编《图谱》第十四辑,毕,鹤林来,即付印。景润来,托其取款。世保来,携来优氏目录,共十册,求之已久,一旦得之,可喜也!惟索价在二千以上,如何付款,大是问题。此购西书之开始也。一开始,便有些成绩,佳兆也!……六时,至来喜,晤文郁、守和、黄如今等,森老请客也。"(日记)

五月二十日

"晨,杨文献送《乐浪时代之遗迹》来,甚为高兴!世保来。修文堂送书来。图南来。为靳以写一文,未毕。家璧来谈。……昨今两日均有学生游行。""大杰送款来。"(日记)按,今日所作是散文《一边是严肃的工作》,后载5月25日上海《大公报》,揭露批判反动阶级荒淫无耻的行径,歌颂革命者和进步文人严肃的工作。

五月二十一日

"晨,土林来,托他向各处设法筹款项等。抱经堂顾某来。杨文献来取款。森老来。《中国版画史》六辑预告,已印好送来,即分发各店及各处。忙至下午五六时,方毕。……《Eumorfoponlos Collection》十大册,已于傍晚送来,一大快意事也!""妹文秀自闽回,相见甚喜!"(日记)

致刘哲民信(二封),谈到近日为编印图谱到处求材,购得《乐浪时代之遗迹》、《辽金时代之建筑与佛像》、《周汉遗宝》等外国人编印的有关中国古画古物书籍,慨叹道:"弟求'材'如此之急,如此之热心,实在苦极了! 但在苦中,能够得到此'材',亦未始非乐也。"

五月二十二日

"晨,钱鹤林来,书套作来,郭墨林来,大杰来。饭后,伯赞、靳以、谷城来。……三时许,至汉学看俑,凡五十余件,尚佳,决购之,款尚不知在何处也。即携十余件归。健吾来,金华送俑来。七时许,至国际丰泽楼晚餐,杨、孙、韩为我做寿也。有森、葱、炯、刚、潜诸位,酒喝得不少。"(日记)

致刘哲民信,提到"广告最好多登些","最好各报轮流登出"。

五月二十三日

"晨,申记戴来,李子谷来,曹禺来,装订作来。……方行来,计划甚多。《陶俑图录》拟将国外所有者作为附录,如此,可全矣。或改为《陶磁图录之一》,亦可。又拟编《世界美术丛书》,不知如何忙得过来!"(日记)

在上海《大公报》上发表《苏联的版画》,是为中苏文协理事葛一虹主编的《苏联木刻》写的序,提及和鲁迅合作复刻的《十竹斋笺谱》等,指出:"最早把苏联的版画介绍到中国来的是鲁迅先生……中国的新木刻运动的发展,和鲁迅先生与中苏文化协会之介绍苏联版画,是有着密切的关系的。"该画册共收作品 37 幅,本月由天下图书公司出版。

五月二十四日

"午睡。三时起,阅书。遇一任某者,无端上门,纠缠不已,心口为之作痛。至傍晚,才走。……曹文钟来,取去《版画史》十二册。"(日记)

五月二十五日

"钱鹤林来,金华来,郭墨林来。……夜,寿姑、威东来,二妹请文秀也。"(日记)

五月二十六日

"晨,子谷来,鹤林来,金华来,萃古人来。石某再来,即嘱赴上海出版公司借款与之。做'俑'架者来,谢东平来,忙甚! 赴法宝馆一行,因款不敷,很不高兴……计划甚多,大致安排已妥,惟款无着耳。"(日记)

五月二十七日

"金华来,士保、景润、实君送书来。……富晋送预约款一百五十万来,大有雪中送炭之感! 一虹送版画二册来,并送来稿费二十五万元。正苦分文俱无,得此大慰。薛汕来。六时,至开明,偕王、周、朱至悦宾楼晚餐,用十五万,为舒祝寿也。"(日记)葛一虹所送即《苏联木刻》。

致刘哲民信。

五月二十八日

"晨,朱君来看书,安定来,申记来,温知送书来,萃古送书来,巴金送款来,戴春记来。……下午,阅书。未出门,整理书房,已可坐。"(日记)

叶圣陶致梅林信:"老舍寄来致振铎及弟一书……书中言美金拟汇来。据闻汇来我们太吃亏……昨日振铎言即当去信阻止……弟意请兄再去一信,说明必不可汇之理。"

五月二十九日

"晨,整理书房……鹤林来,子谷来,寿臣父子来。……傍晚,家璧来,晴湖来。"(日记)

五月三十日

"晨,钱鹤林来,金华来,森老来,起潜派人送酒来。昌群来,约以中同来午餐。三时许，昌群去。午睡，袁仲南来。五时许，至居尔典路一行，取书，不胜感慨之至！六时半，至文炯宅，森老与文炯为我做寿也。至者除玄伯、起潜、葱玉外，皆古书肆中人，如济川、实君等，谈笑甚欢。"（日记）

致刘哲民信，谈印书经费等事。

五月三十一日

"晨，各书肆中人来，皆索款者，应付苦极！……金华来取纸款，无着，只好退还而已。……下午，济之二时下葬，与圣、予、伯同至虹桥公墓，凄惨之至！三时许，回。金华又来谈，忽得一念，向来薰、来青各肆，凑款八百五十万元付之，了此一关再说。"（日记）

五月

所编《玄览堂丛书续集》由南京中央图书馆影印。收有关明史的珍贵古籍 20 余种。

六月一日

"晨，韩士林来，金华来，客来甚多。士保送来西书若干种，均佳，又得设法筹款矣！有计划而无力量，可怕可惨也！然有志竟成，总不会没有办法的！以此自励！自勉！下午，森禹来谈。……五时许，偕全家到虹口周威东宅晚餐，明日为雅衷生日也。"（日记）

六月二日

"晨，士保续送西书来，均不坏。顾来，金华来，鹤林来。已印竣《西域画集》，绝佳，甚可满意，此即'辛苦'之报酬也。景润来，实君来。饭后，士保送《西域考古图谱》来，佳极，……然赴哲民处取款仍无着，只好自己设法对付之矣！……六时许，至各书肆一行，选书数十种。七时，到蜀腴，瀚生、清阁、风子、□良、小曼、亦代等同席，谈颇畅，酒喝得不少。十时许至清阁宅闲谈。……今日清阁生日也。"（日记）

六月三日

"晨，索款者多，甚感应付为难，力不从心，奈何，奈何！济川来，谈起增资事，颇为兴奋，但恐亦不易实现也。万不得已，只好独自极力支撑着而已。……下午，士保来，金华偕售西书者来，蔡继襄来。"（日记）

《华商报》发表上海文化界百余人（其中有郑振铎）对当前学潮的呼吁，要求停止内战，释放学生，恢复被禁报刊。

六月四日

"因筹款未就绪，心甚不宁，实为不经心之故也！后宜戒之！晨，各书肆中人，送书来者已少，而索款者多，可见势利之至！得剑三函，又增郁闷！饭后，午睡。写'玄览'广告，又写拟售书目，不知能成功否？五时许，至慰堂处，又访蔡季襄，不遇。至各书肆，取《蹶张心法》二本。七时，至大发，同席者有森老、葱玉、以中、谢利恒及丁氏兄弟等。"（日记）

六月五日

"晨，精神甚为郁闷，一事不能做，亦未出门一步。索债者多，而款无着，奈何！？奈何？！……来薰阁送五百来，是雪中送炭之举也，甚感之！暨南款已取来，大费周折！夜，金华、士保来，谈甚久，忍痛还了士保几部书。"（日记）

六月六日

"晨，申记送样来，绝佳！极高兴！士保送款来，赵允源、郭墨林来取款，即付之……实君来谈，戴春记来。……五时许，至居尔典路取书。"（日记）

六月七日

"晨，发寄三封。士保来，金华来，郑君来，傅雷来。一事不能做，心里也觉得闷。……下午，郭易来，谈甚久，说起出版事，愈谈愈烦。……金华来，还是索款，益见不高兴！"（日记）

六月八日

"晨，叶德均来谈。因款未付，各书肆均不来，倒很清静，可见他们之势利。……五时许，至各书肆一行，在汉学购了几部书。七时，至梁园，方鹤亭等宴请我和予同，为祝寿也。知予同小女逝去，甚为难过！"（日记）

六月九日

"晨，写信，寄发老舍、子刚、景耀三位。终日不甚愉快。理书房。西江来谈,交一书单与之,拟出售,不知有售者否?……傍晚,马叔平、森玉、汤临石、起潜、默存、玄伯、守和、存训、葱玉陆续来,谈甚畅,酒喝得不少。铸臣、宝礼偕伯闵来谈,至午夜,始散。"(日记)

六月十日

"晨,金华来,为筹款也。……温知来,钱鹤林来。傍晚,金华又来,闻款已取去了,了此一件心事矣。绍虞来,谈甚久。"(日记)

袁同礼致郑振铎信,希望郑振铎将所编印图谱等或赠送,或廉价出售与北平图书馆。郑振铎表示同意。15 日,袁同礼又致信表示感谢。

六月十一日

"下午,四时许,方行等来,谈得很久。……理书……梁医生来,某德人来。"(日记)

六月十二日

"晨,做套子者来;裱纸者来。他事未做,理书。……下午,黄仲良来谈,颇畅。靳以来,谈了一会,托他向嗣群借款二千,即成功,颇高兴。傍晚……舒湮来,杭州书贾送画册若干来。"(日记)

六月十三日

"晨,温知来,取去敦煌写经。萃古来,说台湾无书可得。……方行来谈,甚畅。肯帮助者,世固不乏其人也。搬书,忙甚,不外出。晚餐后,阅《新西域记》,感触甚多,为何我们不出版这一类书呢?"(日记)

六月十四日

"鹤林来。……潘应咸来。阅书……夜,黄仲良来谈,论及考古书出版事,感慨甚多。……戴圣保来。"(日记)

六月十五日

"晨,孔里千送书来。……下午,顾载记送裱好之纸来。颇佳。理书,阅《洛阳伽蓝记》,心情仍甚恶。……郭墨林持二俑来,为二侏儒,甚好。"(日记)

六月十六日

"宋福记来。精神不佳,理书,仍未毕。……郭石麒来,得龚孝恭校

定庵词一本,甚高兴。阅书。理书。傍晚,钱鹤林来,郭墨林送汉瓦井栏三来,甚得意。……访黄仲良,谈甚畅。"(日记)

六月十七日

"晨,金华来。戴圣保送来《搜神广记》六十五页,即交金华付装订。十一时许,至美丰访康嗣群,谈颇高兴。至晋成,访哲民。至来薰。十二时半,至蜀腴,沫若、伯赞等均在座。三时,至忠厚、汉学等肆闲话,即回。至上海出版公司。……五时许,方行偕朱伯申来照俑,颇兴奋。……方代借一千。"(日记)

六月十八日

"晨,中大张君来谈。九时许,托辰生至美丰嗣群处取款二千。精神不甚佳。理书。饭后,午睡。理书,仍未能毕。诚所谓'书多为累'也。……访起潜,谈了一会,即归。"(日记)

六月十九日

"晨,孔里千送书来,不索帐,心较安。士保来,要款,便见烦躁!金华来,付款五百,尚须五百,才可了结也。又须张罗一番矣。一事未做,仍在理书,永远是乱糟糟的!如何办法!阅《文选》。……下午,朱来照俑。钱鹤林来。"(日记)

郭沫若在医院里陪守其幼子民英治疗烫伤,今日收到郑振铎托人送去的《中国历史参考图谱》五本,见其中收录了三种《诅楚文》,为"向来所未见过的","得到了一个意外的收获",于是"寂寞的心情又有所寄托","差不多日夕都把来讽诵",至6月26日出院时,"对于全文的了解也差不多达到了一个豁然贯通的程度"。郭出院后又得到郑振铎回信,解答了郭去信请教《诅楚文》资料来源诸问题,并将所藏资料赠送给郭,"并允许我把北宋以来所有关于考释和论究的文字都收集起来汇寄给我,要我好好作一篇考释。"(郭沫若《〈诅楚文〉考释》)

六月二十日

"晨,申记送印样来,甚为高兴!昌群来,偕往宝庆路访守和等。午,在此午餐。以中、家晋来谈,刚主亦来,谈甚畅。三时许,散。朱君来照俑,累甚!黄仲良来谈。傍晚。金华来。七时半,至梁医生处晚餐,

他请虞某一家也。"（日记）

"夜间九时半，昌群来谈……振铎邀渠共撰文化史，即用振铎现在收集之历史图谱插入。谈议方始，尚未定局也。"（叶圣陶日记）

六月二十一日

"晨，来客不少。实君来，索款也。未能付之。郭墨林打电话来索款，亦无以应之。……六时许，至开明，晤昌群、雁冰、仲华诸位，酒喝得不少。九时许，坐濮文彬车回。"（日记）

"夜间于店中设宴，外客有雁冰夫妇、觉农夫妇、仲华母子，以及振铎、昌群、文彬，余皆同人，凡两席。欢谈甚畅。"（叶圣陶日记）

六月二十二日

"晨，健吾偕秦宣夫来谈。予颇有愤慨，盖以无人做事也。正午，赴红棉，应包、盛诸君约也。在座者，除三数人外，皆六七十岁的老人。三时回，朱、贺已在候我。朱仍在照俑。七时许，去。"（日记）

六月二十三日

"晨，金华来，仍是索款。士保送伯郊喜帖来，未言款事。……整理书房，已较干净，可开始做事了!!! 靳以来访。辛笛送周款二百来，月底可以度过了。"（日记）

六月二十四日

"晨，森老来。他刚自南京回，有好些消息。整理书房，已全部理楚，即可工作矣! ……下午四时，至美国新闻处与 Foster 及 Wilson 相见，遇熟友甚多。六时出，偕以群、亦代，至凤子处小坐。七时，至文化会堂，应虞文约也，有经农、溯中、大杰、任坚诸人。"（日记）从五月二十八日至今日，郑振铎将书房整理好，为编印图谱等大干一场。

六月二十五日

"下午，朱君来照俑，奔走取俑，倦甚。颇以多事为苦! 佛西来电云：菊农来此。甚喜! 仲章来谈，在此晚餐。喝酒不少。刚主亦来。"（日记）

六月二十六日

"晨，李子谷来谈。昨得斐云长信一，即复。孔里千送关于西陲书籍及罗氏印《东方学会丛刊》来。……菊农来谈,久别忽相见,喜甚!以中来,欲外出,因雨,未果。傍晚,方行、贾进者来谈。"(日记)

六月二十七日

"晨,韩士保来。赴中美,访慰堂,遇钱默存。……下午四时半,朱来照佣。方行来,六时半,赴虹口沙龙燕集,应佛西约也。酒喝得不少。在座者多半为熟人。菊农、雁冰、沫若、绍虞、圣陶均在。"(日记)熊佛西为宴请瞿菊农,沙龙燕集是吴淞路上的日本菜馆。

六月二十八日

"晨,孙景润来,吴文祺来,彭道真来。……下午三时许,至逸园,贺森老子伯郊婚礼。晤见熟人甚多。六时许,归。客人陆续来,伯、予及圣夫妇先到,达君、佛西、菊农亦来,绍虞来,酒喝得不少。最后,一樵来谈,近十时,散。"(日记)

"放工后,与墨、伯、予、达驱车至振铎家,振铎宴瞿菊农也。其室中陈列泥俑泥马益多,云皆唐物……架上考古之图籍益丰富,惜室中局促,人皆聚谈,无由展观。菜肴甚精,皆振铎之母夫人手制。"(叶圣陶日记)

六月二十九日

"晨,钱鹤林来。九时半,至许宅,谈甚畅。《乐浪》可借到,甚为高兴! ……得昌群信一。六时半,仲章来,仲良、玄伯亦来,在此晚餐,谈甚畅。"(日记)

六月三十日

"晨,顾载记来,士保来,申记来,许杰来。写信九封。孙家晋来,饭后,午睡。下午,候朱,不至。发信九封。"(日记)

致刘哲民信,提及"最近七月份可出之书为《元明清名画集》,约有八十幅,极精美"(按,此书为《域外所藏中国古画集》之一,仅印200部,附有英文说明),并提及《西域画集》将于8月内出版。

七月一日

"晨,苏乾英与谢君来。为葱玉画集写序。……下午三时许,葱玉来,谈甚畅。朱君来,约明午来拍照。"(日记)

主编《文艺复兴》月刊第 3 卷第 5 期出版,为闻一多逝世周年特辑,发表闻一多遗稿及顾一樵等人的悼文多篇。

本日,郭沫若收到郑振铎寄去的容庚的《古石刻零拾》等书,极为高兴。

七月二日

"晨,钱鹤林来,士保送书来,萃古送书来。饭后,朱君来拍照,直忙到近九时,才算大功告成。写葱玉画集广告。乔峰女来。广平来,说鲁迅妻已故。方令孺女来。萧乾、家璧偕 W.Bingham 来,谈颇畅。"(日记)

七月三日

"托辰生至美丰付讫利息,并转期。……予倩来谈,甚久。冯亦代来谈。夜,热甚! ……遇亦代、祖光及唐少文等。"(日记)

七月四日

"晨,申记来,潘应咸来。……刚主来,建功偕济川来,谈甚畅。"(日记)

七月五日

"晨,钱鹤林来。何夫人偕其女来,说说,哭了起来,甚为难过! ……方行来,谈甚久,计划为沫若出考古丛书事。七时许出,至来薰阁,济川约,偕建功至四川小馆晚餐。"(日记)按,何炳松逝世已近周年,故其妻偕其女来找郑振铎。又,当时郑振铎因编《中国历史参考图谱》,集中精力系统地研读了郭沫若的历史、考古著作,因而有为郭出版考古丛书的打算。后因条件限制未果。

今日国民党当局发表文告,动员"戡定共党叛乱"云。

七月六日

"晨,士保来,杭贾来,做锦套者来。锦套甚佳。……黄仲良来辞行。"(日记)

七月七日

"晨,孙实君来,戴圣保来。做葱玉画集序,已毕,誊清。……一樵偕冰心来谈,甚高兴。约今晚在此晚餐。子谷来,哲民来,大致谈好。傍晚,调孚、家璧、冰心、放园、一樵及清阁陆续来。"(日记) 按,所作序即《韫辉斋藏唐宋以来名画集》序》。该书所收名画原为张葱玉所藏,郑振铎在抗战期间即曾有意将其印出,因故而止;这时,其藏画不幸为人捆载出国,徒留图影,郑振铎便将这些照片影印成集,由上海出版公司出版。

七月八日

"晨,孙助廉来,木天来。十时半,至慰堂处闲谈,颇为不快。……五时许,出。至三马路各书肆闲谈甚久,无所得。斐云代购之石刻拓本,已寄到。又《大典》照片六十余张,亦已见到。七时,在会宾楼。晤郭、沈、叶等,宴沈等律师也。"(日记)

"文协宴请沈衡山、沙千里、林某某三位律师。盖三律师为文协出面,与春明书店交涉,责备其出版各作家选集为妨害著作权,结果议和解……同席者沫若、雁冰、振铎、胡风、广平、梅林、适夷。"(叶圣陶日记)

七月九日

"钱鹤林来。至银行。郭墨林来,取去款三百万。借刘哲民之款一千,已用尽矣!……赵志安来,见示薛城发掘之汉陶照片,甚佳。五时许,至三马路各肆。取来斐云寄来之画像拓本三包,极佳,喜甚!夜,写致斐云及昌群函各一。"(日记)

七月十日

"晨,钱鹤林来,郭石麒来,孙家晋来。……写信,发出二函。傍晚,赵志安来,无话可谈,所携画(蓝瑛)亦伪迹。"(日记)

七月十一日

"钱鹤林来。潘应咸送薪水来。至法宝馆,理书。……济川自京携回借中央图书馆之西文书六种,已取来。细阅之,除一种不全外,均极佳。阅沙畹书甚久,对汉雕刻甚感趣味。"(日记)

七月十二日

"晨,鹤林来。圣保送印样来。甚佳。稷南来谈,天佐送稿及书来。……张葱玉来,谈甚畅。郭墨林送一侏儒来,云:汉马已到。……

九时半,至墨林处,见汉女俑头,绝佳。又有唐女俑一堂,连汉马共价六百万,不知款在何处也!"(日记)

七月十三日

"晨,至马宅,访叔平、季民昆仲,森玉亦在,谈殊畅。十时半回,靳以来,在此午餐。墨林弟送俑来,索款甚急。……理照片,甚久。夜,仍理照片。"(日记)

七月十四日

"晨,吴文祺来谈。十时半,至美丰,晤康嗣群,谈甚畅。至三马路各肆,无所得。……夜,大杰来谈,刚主夫妇来谈。"(日记)

七月十五日

"晨,钱鹤林来,申记送印样来。……《大学》来索稿……徐益藩来谈,欲于明日公祭顾亭林,亦好事、多事之流也。"(日记)

七月十六日

"晨,孙助廉来,杭贾某来。……五时许,至三马路各肆,无所得。近七时,至青年会,应怀生约也。请 Mrs.Fisher 晚餐,到者皆熟人。"(日记)"下午四时,亭林生日(觉园)(未去)。"(台历另面记事)

七月十七日

"晨,写信三封,即发出。饭后,午睡。写《忆六逸》一文,未毕。"(日记)

七月十八日

"晨,写信二封,即发出。写毕《忆六逸》。温知店伙来。饭后,午睡。下午,写《保存古物刍议》,至夜,写好十页。久不执笔,总算还写得流畅。"(日记)《忆六逸先生》后载 9 月 15 日《文讯》月刊第 7 卷第3 期,记述了自己与谢六逸的交谊,最后指出:"时代迫着他愤怒、争斗,但同时也迫着他为了生活的重担而穷苦而死。""这不是他一个人所独自走着的路。许多有良心的文人们都走着同样的路。"

七月十九日

"晨,胡颂高来,圣保来。写《保存古物刍议》,未毕……下午,续写。Neuman 来,欲为予书作经理人。济川偕希白来。七时许,至瑞璜

宅,晤冰心、默存夫妇、健吾、大杰等,谈甚畅。"(日记)"下午五时
Goloow Hall 主人约谈。"(台历另面记事)

七月二十日

"晨,续写《保存古物刍议》。韩世保来催款,颇不高兴。……晚餐
后,至三马路各肆一行,得新书数种,价皆极昂。十时半,归。将《刍议》
写毕。"(日记)

七月二十一日

"晨,整理《保存古物刍议》,已毕……三时许,冒热至清华同学
会,晤望道诸人。"(日记)"下午三时,刘大白纪念委员会(九江路四川
路口清华同学会)。"(台历另面记事) 按,《保存古物刍议》后载 8 月
20 日《大学》月刊第 6 卷第 3、4 期合刊。文中提及抗战时期抢救古籍
诸事。"刘大白之女儿欲为大白刻全集,邀大白友好会于清华同学
会……到者不足十人。决先从搜集入手,登报公告,请人寄来,以三月
为期。"(叶圣陶日记)

七月二十二日

"晨,葱玉送了两卷画来,谈甚畅。……写信两封,即发出。五时
许,至三马路各肆一行。七时许,至开明,晤建功夫妇、巴金夫妇等,谈
颇畅,酒喝得不少……孔另境来。《大学》来取稿去。"(日记)

七月二十三日

"晨,鹤林来,适夷、以群来,家晋来。……写《忆韬奋》一文……王
湛贤来取稿。"(日记) 明日即邹韬奋逝世三周年纪念。

七月二十四日

"晨,有客来谈,不能做一事,终日汗出如渖。……下午,梅福士来
辞行。六时许,至三马路各肆一行,无所得。至大鸿运楼晚餐,见到暨
大同学多人,有老方、以中等。"(日记)"下午六时,大鸿运酒楼,家晋、
裕年、锡祚等请。"(台历另面记事)

在《时代日报》上发表《忆韬奋先生》。称赞邹韬奋:"他为最大多
数的人民服务,为他们说话,为他们斗争着,一直到死。他像巨人似
的,屹立如山,执着火炬,为人民的先导。"并表示:"一想起了他,便不

会忘记了他的精神感召的！"

七月二十五日

"晨，伯昕来。鹤林来，取二手卷去摄影。宗融来，谈甚久。他被复旦辞去，表面上是给假一年。……五时许，至 Neuman 处吃茶，购了一部 O.Siren 的《中国古代艺术史》（四册），甚为高兴。又送我一部 Laufer 的《Jade》。"（日记）

七月二十六日

"热。整日不能做事。冒某来电，颇致责备，为之大怒，心口作痛，很不高兴。总缘多事，乃招横逆，可叹也！夜，觉得腹痛。"（日记）

七月二十七日

"夜，建功夫妇来谈。"（日记）

为亡友耿济之所译陀思妥耶夫斯基《卡拉马助夫兄弟们》一书作序，该书于 8 月由晨光出版公司出版。序末云："如今是老友凋零，地山、六逸，相继成了古人，济之也已抛掉了一切而去。而大雾弥天，白昼如夜，环境之糟，有过于三十年前，菊农与予亦均已无复少年时代的好心情了。然姜桂之性，尚未稍变。则也可以自慰而慰故人于地下了。"

七月二十八日

"觉得不大舒服。有热度。一事未做。"（日记）

七月二十九日

"仍病，服药。中午时，热度高至四十度。一事不能做。"（日记）

七月三十日

"病已大瘥。书贾辈来者数人，均懒于应对。以面包为饭。热度已退净。理书，甚倦。"（日记）

七月三十一日

"晨，李拔可来。孙实君来谈，说有《倚松老人集》（宋本）欲出售。下午，黎烈文自台湾来，谈甚久。六时许，至开明，听景深夫妇及俞振飞等唱曲。喝酒不少。"（日记）

八月一日

作《韫辉斋藏唐宋以来名画集序录》，后载 8 月 15 日天津《大公报》、8 月 20 日上海《大公报》。

本日，主编《文艺复兴》月刊第 3 卷第 6 期出版，在所作《编余》中说："在任何的困难情形之下，我们这本杂志，仍是要继续奋斗下去的。在未被高物价的重担压倒在地，一口气咽不过来的时候，我们是不会停止了工作的。"

八月二日

"三时许，至霞飞坊，文协开常理会也。五时散，到伯祥处稍坐。读顾颉刚《当代中国史学》，是一材料书也，颇有用。"（日记）文协开常理会"议决对困窘之会友三十一人，各致送八十万元。又议《中国作家》赶速出版"（叶圣陶日记）。

八月三日

"晨，找《图谱》材料。十一时半，至古拔路访森老，未遇。找起潜。巴金约在美心午餐，有烈文。"（日记）

八月四日

"决心编辑《图谱》下去，找材料极难！极麻烦！……王以中来，天佐来。"（日记）

八月五日

"晨，孙家晋来，整理《玄览堂二集》。饭后，午睡。沐浴后，继续整理《丛书》。六时许，赴雪村宅晚餐，酒喝得不少。晤陈达夫，近十五六年不见矣！"（日记）　按，即整理所编《玄览堂丛书续集》影印好的样张。

八月六日

"晨，整理《图谱》第十五辑，已将毕。……终日腹泻，肚痛，甚为难过。午晚均未食物。下午，已较好。夜，宴宗融、烈文、巴金、靳以、光焘、仲章、嗣群及建功夫妇，谈甚畅，但予未食一物。"（日记）　靳以后来回忆说："他很欢喜朋友，有一次为了证实他由于蛰居学会了一套烹饪术，就请了一桌客人，亲自下厨，做了不少的菜，让一桌人欣赏他的艺术，他自己却躺在藤椅上用毛巾盖了肚子……"（《不是悲伤的时

候》）

八月七日

　　"晨,鹤林来,墨林来。款已罄,无法可想！奈何?！奈何?！整理《图谱》。饭后,午睡……继续编辑《图谱》,已将'十五辑'编好二十二页,即可完工。又将动手'元代'的图谱了。……拟印行'普及版',草预约办法。"（日记）

八月八日

　　"晨,墨林来,景润来。为筹款着急而忙！无聊之至！至慰堂处闲谈,一时回。……欲写'说明',仅写二页而中止。下午,至郭处看俑,有骆驼一,极佳。……艾芜来,俊青来,世禄来,方行来。"（日记）

八月九日

　　"晨,客来不少。写'说明'二页。饭后,午睡……不能作一字,只好整理'玄览'耳。晚餐后,至三马路各肆一行,晤谈甚快,惟无所得。闻'铁琴'善本已出,拟设法为公家得之。"（日记）

八月十日

　　"晨,刚主来,富晋人来,少航来,景润来,墨林来。不能做一事,仅能整理'玄览'耳。……刚主携来汉画像石拓本三包,甚好。"（日记）

八月十一日

　　"墨林来,景润来,绍虞来。整理'玄览',忙甚。排比、装订,均须自己动手。应咸来,取来已整理好之'玄览'五十四册。傍晚,出外一行。又整理好'玄览'二十四册。……方行来。"（日记）

八月十二日

　　"晨,鹤林来,圣保来,沈君送绫来（五十四）,李子谷来。整理'玄览'。孙家晋来,戴敦复来。……应咸来,取去'玄览'二十六册。发信三封。"（日记）

八月十三日

　　"晨,实君来谈。……墨林来取款,以未借到,只好爽约了。"（日记）

八月十四日

"晨,胡颂高来,潘应咸送薪水来,还不够做宝宝之医费也。景润来,《纂组》尚未售出,急甚! 绍虞送稿来。发致斐云一信。……阅书。拟编《图谱》,未果。袁文彰来谈。"(日记)

八月十五日

"晨,为筹款苦! 为了周折,费尽苦心,实觉无聊! 申记来,陈瘦竹送稿来。至中美,晤慰堂。……墨林来。自觉癖[脾]气甚暴躁! 李子谷来,孔里千来。……张世尧来,取去考古书五种。"(日记)

八月十六日

"晨,有数客来,鹤林来,应咸来,金华来,家晋送样本来。……下午,整理'玄览',已毕。未外出。墨林又电催'俑'款,很不高兴。三时许,至梅龙镇茶叙。唐弢等来,均未见着。偕宝权回,找书不到,甚懊恼。"(日记)"至梅龙镇茶叙,讨论《中国作家》之出否。余与雁冰主暂时缓出……其他诸友均主出之。"(叶圣陶日记)

致赵景深信:"来信收到,隋树森先生拟印行《珍本曲丛》,闻之,甚为高兴,惜弟'珍本'近已无多,然二三十种是可以有的,也不必谈什么条件,只要出版后,送书若干部耳(五至十部),俟有成议,当将'目录'开上也。"

八月十七日

"晨,郑良诚来。编《图谱》。安定送印样来。……六时许,至清华同学会晚餐,宗融请客也。……编好《图谱》第十六辑之半。"(日记)

八月十八日

"鹤林来,交去《图谱》十七张。子谷来。富晋中人来,送还《纂组》,甚不高兴! 助廉来谈。……六时许,至马宅晚餐。……几乎囊无一文,闷甚! 总缘多事之故也! 夜,续编《图谱》。"(日记)

八月十九日

"晨,至美丰、晋成等处一行,借到哲民款二百,甚不高兴! 又至葱玉处闲谈。……六时许,至晋成,《文艺复兴》请客也,到艾芜、克家、巴、靳、宗融、郭、茅、唐弢、钟书夫妇等,谈至十时许,散。"(日记) 据刘哲民回忆,当时因为内战爆发,国统区一片混乱,物价飞涨,《文艺复兴》很难维持下去,郑振铎对他说:"当前所有的进步刊物,有的被封,有的停刊,只有《文艺复兴》硕果仅存了,一定要坚持下去,这是有政治意义的。"为了坚定他的信心,郑振铎邀请了沪上著名作家聚餐,征求意见,大家一致认为必须坚持办下去,郭沫若说:"你不付稿费,我们也要为你写稿。"(见刘哲民《回忆西谛先生》)

八月二十日

"晨,圣保来,裱纸者来。整理《图谱》十六、十七辑,前者至晚已毕,后者仅缺八幅,甚见吃力也。……为贾进者书扇"。(日记)

八月二十一日

"晨,钱鹤林来,金华来,世保来,景润来,文祺偕黎劭西来。……下午,整理《图谱》;六时许,至开明,开茶会也。至者甚多,……圣陶有'空虚'、'无目的'之感。"(日记)"傍晚,举行酒会于四楼办事室中。酒系傅耕莘所赠,云有十年陈。到者除我店十人外,来客二十余人。"(叶圣陶日记)

八月二十二日

"晨,往访劭西,谈少顷而别。他明晨即赴长沙。至中美,访慰堂。"(日记)

八月二十三日

"晨,应咸来,顾载记来。饭后,慰堂来谈,坚邀至南京,却之再三。下午,理书。拟写《西域画》序,只成一部分。夜……蒋天佐送稿来,谈了一会。……看完了《海国男儿》,不坏。适来。"(日记)

八月二十四日

"晨,十时许,至伯翁处。十一时许,至耀翔处。十二时许,至玄伯宅午餐。北平菜,甚佳。……六时半,达夫、予同来,伯翁、刚主、达君、耀翔夫妇及君珊陆续来,在此晚餐,喝酒不少。"(日记)

今日为王伯祥儿子王湜华题词:"学而时习之 / 湜华小友属书"

八月二十五日

"晨,写信三封,即发出。韫辉等签条已印好。子谷来,金华、景润来。……应咸来。"(日记)

八月二十六日

"晨,李子谷来。潘应咸来。理书。装箱,写《图谱》说明。……五时许,至居尔典路取善本曲子,深有所感! 夜,装箱,写《图谱》说明。"(日记)

八月二十七日

"晨,世保来,鹤林来,圣保来。又可恢复工作矣! 至中美,访慰堂。……郭墨林来,张葱玉来,谈甚久。傍晚,孔里千来。夜写《图谱》说明,为找来源而吃苦甚大! "(日记)

八月二十八日

"鹤林来。子谷来,交《图谱》说明付印。十时许,至北京路访玄伯,借到一千,甚感之! 至开明,谈了一会。"(日记)

八月二十九日

"鹤林来。斐云来,久未见,谈极畅。同至裕华新村,访森老,未晤,即在该处续谈甚久。同归午餐。午餐后,至来薰阁,晤森老,刚主亦来,谈至傍晚,到三马路各肆一行,无所得。"(日记)

八月三十日

"晨,欲写稿,未成,甚焦急!郭墨林来,石麒来。饭后,午睡。写《西域画》序数页。唐弢介绍售书者来,颇为麻烦。傍晚,客陆续来,皆为母亲暖寿也。喝酒不少。"(日记)

国民党反动派召开所谓"上海市文化界戡乱总动员会"。

八月三十一日

"晨,写《西域画》序,已毕。鹤林来,安定胡君来。……适夷来,取稿去。今日为母亲生辰。替她做了好几样菜,但大半还是她自己做的……凡三席,尚不大吃力。"(日记)

九月一日

"晨,申记来,斐云来,鹤林来。偕鹤林至孙伯渊处。……方行来,谈甚久。"(日记)

九月二日

"晨,金华来。写信四封,即发出。至大康,访葱玉,不遇,晤斐云

等。……七时,至蜀腴,晤巴、靳、乾、笛、风、亦代诸人。"(日记)

九月三日

"晨,世保来,说有台湾孙某持售西文、日文书不少。写信。……下午,写信,发出信六封。整理客厅。斐云来,所携钱遵王手抄《也是园书目》,黄跋毛藏《东京梦华录》,汲古阁藏明红格抄本《石刻铺叙》,均极佳。伯郊来。六时许,客陆续来,玄、刚、伯、予、孚、雪、范、森均来,最后,葱及辛来。谈至十时许,散。"(日记)

致隋树森信,谈到:"现在印刷工本之高,前所未有,商务有无能力印行《珍本曲丛》,大是问题。""敝意,如欲印《曲丛》,必须先将散曲和戏曲分别开来。""我的计划是:印一套《散曲集》,仿《双照楼词》,以影印为主,期不失原样","此类书,敝处善本不少,约可有二十多种。""至于善本戏曲,则最好用铅印,印六十种至一百多种,名为《续六十种曲》"。"近来忙极,一时未能用力于此事。俟秋后稍暇,当将二种之目录抄出"。最后,又为《文艺复兴》的"中国文学研究号"向隋树森约稿。

九月四日

"晨,写《图谱》说明,仅成一页。钱鹤林来,申记戴君来,实君来,辛笛送支票来。……六时许,至开明,晤方、赵、范等,陈麟瑞等请客也。谈颇畅。"(日记)"傍晚,同人宴请北平图书馆赵斐云君(万里),兼为范允臧[寿康]、方光焘作饯,而以振铎为陪客,谈笑至九时散。"(叶圣陶日记)

九月五日

"晨,印刷者来,潘应咸来。到瞿宅,见适之在校《水经》,即约他及森老、斐云来午餐,谈甚畅。近三时,方散。……夜,写广告二则。"(日记)

九月六日

"晨,写四信,即发出。八时许,至高宅。送珊行。"(日记)

九月七日

"世保来,郑良诚来。……至蜀腴午餐,应孙某约也。观《尚书正

义》,甚佳。索四亿,太昂。三时回,风子偕沙君来看俑,谈甚畅。卓有
同来,谈宝礼堂书事,云:最低价为美金五十万。夜,作一函给慰堂,谈
及此事。"(日记)"下午四时,海关俱乐部(沈昆南结婚)。"(台历另面
记事)按,似未去。

九月八日

"十一时许,冒雨访玄伯,不遇……五时许,方行来,伯郊来,将斐
云售书事谈妥,即至魏宅晚餐……方知系为森老及延荣庆寿也(昨日
寿辰)。……斐云、刚主,在此谈甚久。……李子谷来,取去信三封。发
慰堂二信。"(日记)

九月九日

"晨,客来不绝。顾载记来,金华来,乐嗣炳来。……靳以来,谈甚
久。……斐云来,谈甚畅。……夜,为《图谱》选材料。伯郊来谈。"(日
记)

九月十日

"晨,叶华来谈。写《西域画》说明。发致剑三信等数件。……下午,
写说明。杨金华来,算算帐,欠的不少,但也非没办法归还的。略觉高
兴。五时半许,至晋成,谈上海出版公司事,颇有萧索之感。"(日记)
"下午四时,鹤龄子结婚,虹口汉阳路 103 号长兴菜馆(未去)。"(台历
另面记事)

九月十一日

"晨,宋福记送《西域画》盒子来,甚为高兴!世保偕孙君来,一批
日文书,甚佳。(助廉来。)……实君来谈。饭后,午睡。沈衔书以脑溢
血疾,昨午病故。森老、玄伯均来电,有人生无常之叹!下午二时半,至
上海殡仪馆吊之,并至静安寺送其火葬。……达君持石田画来看,伪
品也。"(日记) 按,沈衔书 1891 年生,曾任北伐军总司令部军医长,
后创办《皇冠》杂志任社长。

九月十二日

"写信四封,即发出。客来不绝,不能做事。金华来。……下午,一
事不能做。欲赶写'说明',越急,越难下笔!奈何?!奈何?!夜……整

理《图谱》第十七辑图片。……给剑三一信。"（日记）

九月十三日

"晨,世保来,墨林来,金华来,胡颂高送印样来。十二时许,至许宅午餐,谈甚畅。……夜,写《西域画》说明数页。"（日记）

九月十四日

"晨,钱鹤林来,金华来。写《西域画》说明。……下午,郑效洵来谈。发二信。续写《西域画》说明,进行得极慢,奈何?! 奈何?!"（日记）

九月十五日

"晨,写《西域画》说明。金华来,景润来,斐云来,在此午餐。……四时许,至郁宅茶点,看了许多假画。六时许,郭有守来,谈了一会。偕圣陶至王艮仲宅晚餐。"（日记）"郭子杰自欧洲返国,今日来沪,邀友人会于善钟路郁姓家。"（叶圣陶日记）郭任职于联合国文教委员会;王艮仲在浦东办农场,有田千余亩云。

九月十六日

"晨,写《西域画》说明。金华来,以中、家晋来。应咸来,说起工役事,甚不愉快! 正饭时,慰堂来,斐云来,森老来。谈至近五时,始散,颇畅快! 五时半,至三马路各肆,得词二本,又至章宅晚餐,达夫请客也。"（日记）

九月十七日

"晨,金华来。写《西域画》说明,仍未毕。……下午……凤子偕翰笙来谈,看俑久之,傍晚始至[去]。"（日记）

九月十八日

"晨,客来不少。写《西域画》说明。饭后,午睡。慰堂来谈。汤临石来电云,画已借到,大为兴奋。夜,续写'说明'。写信,未毕。"（日记）

九月十九日

"晨,续写《西域画》说明,已将毕。……鹤林来,取去元明画二卷。圣保送《西域画》印片来。……金华偕景润来。全日片刻无暇,甚觉兴奋。自行装订《石谷画册》。夜,送一部给梁医生。他取出石涛画数幅

来看,皆伪品也。"(日记)

九月二十日

"晨,客来不绝。整理《西域画》说明,付印。饭后,午睡。自行装订《烟客画册》,并贴玻璃纸,不觉忙到晚上。……杨文献送来数书,尚佳,留下三种,价计万。"(日记)

九月二十一日

"晨,整理《西域画》。颂高来,云白来,助廉、西江、金华来。饭后,午睡。复贴玻璃纸。五时许,至各肆一行。阅宋抄本《景祐乾象新书》二册,极佳。金华来,郭墨林送俑数只来。……刘哲民来谈。"(日记)

九月二十二日

"晨,写广告发出。写剑三一信,又克家等二信,均发出。杨文献来取款,并送来《皇明象胥录》一部。……金华、里千来谈。夜,欲写稿,未成。仅整理并计划《图谱》普及版事。"(日记)

九月二十三日

"晨,有客来,饭后,午睡。夜,汤临石来。谈了许多话,甚以为怪!皆古董市上奇闻,前所未知也。"(日记)

九月二十四日

"亦代来,西江来。发信三封。……金华来,取去借来之画三轴。"(日记)

九月二十五日

"晨,墨林来谈,交来《韫辉画集》及《西域画》预约款各乙部,此第一次买卖也。很高兴!……下午,应咸来,墨林偕丁惠康来。朱达君来,《玄览堂续集》送来十一部,甚为兴奋。……《大公报》广告已登出。"(日记)

九月二十六日

"晨,客来不绝,甚忙。《韫辉》、《西域》,预定者尚多。颇为兴奋。……森老来,金华来。下午四时许,至中国画苑观尹默、迈士的书画展览。五时,至祥生饭店视欧阳予倩夫妇六十寿及其太夫人八十寿。……梅林来。"(日记)

九月二十七日

"晨，客来不少。整理印刷各书。圣保来，算帐，颇为兴奋。……写信九封，夜间发出。因热，不能入睡。算算成本，越算越不对劲！实在物价涨得太高了！"（日记）

致隋树森信，谈 20 日收到隋的来信并《〈秋涧文集〉中的元代曲家史料》一稿（后郑振铎将它发表于《文艺复兴》"中国文学研究号"上册），又说印行"《曲丛》事，恐怕要缓图之，盖近日物价又飞涨，出版家皆以出书为惧也。"

九月二十八日

"晨，做套子者来，景润来，世保来，实君来。中午，闵君请客，未去。梅林来，取去捐赠之书及所写的字。"（日记）

九月二十九日

"今日中秋，而无月。电车亦罢工，人心与天气同是郁郁无欢！晨，写信二封，即发出。……下午，写信十二封，皆为索稿事，亦即发出。"（日记）　按，郑振铎拟主编《文艺复兴》"中国文学研究号"，故向许多学者写信索稿。如本日致赵景深信，即请赵在 10 月底以前写一篇稿子。

九月三十日

"晨，金华来，送来锦缎数匹，款已昂至一百万矣！可怕也。……应咸来。……晚餐后，至各肆算帐，有爽快者，有极吝者，人情可见！……家晋来。斐云来，云明晨赴京。"（日记）

十月一日

"汪六吉来兜生意，又动心欲购之矣！顾载记来，付款六百万（购纸）。……南京昌群等汇款来购《画集》，甚感之！上海出版公司送款来，计算了许久，总是不够。奈何?！奈何?！……刚主来。晚饭后，偕一虹、宝权、箴、宝等同赴中秋园游会，情形甚好。"（日记）

在全国文协主编《中国作家》创刊号上发表论文《论古西域画》。

本日，宋庆龄为文艺界人士筹募医药救济基金，亲自主持中国福利基金会主办的中秋游园会，并捐赠孙中山的遗物在游园会义卖。郭沫若、茅盾、柳亚子、叶圣陶、郑振铎等人所捐物品也在游园会义卖。

十月二日

"晨,写信三封,即发出。王定宇来谈。……以中来,顾巨六来,老汪六吉来,金华来。因款不够,购纸事,已作罢。孔里千来,孙玄常来。……整理《西域画》,发现错误不少。"(日记)

十月三日

"晨,鹤龄、圣保、颂高来。金华来,借去现钞三百万。应咸来。……里千来,沈仲章来,以群来,方行来,谈甚久。仲章、方行在此晚餐。……夜,刚主来,说起卖汉画事。……来青阁送乐浪及工艺图鉴来。发信二封。"(日记)

十月四日

"晨,整理《西域画》图片,说明已校华,即送印刷所。子刚寄款来。至中研院看《四部丛刊》二十四箱,当即送还何家。……上海出版公司送款一千四百五十六万来,颇为高兴。……犹太书商来,谈了许久。整理《西域画》图片已毕。……郭墨林送来俑二只(□骑马人),绝佳。"(日记)

十月五日

"晨,敦易送稿来,健吾来,圣保来。……傍晚。孔里千来……《西域画》说明已校毕付印。"(日记)

十月六日

"晨,客来不少。继续整理'图片',一字未写。算帐。上海出版公司送款来。助廉来。……下午,梁医生夫妇来看画册。周元亮来谈取款事。西北文化协会韩德溥、杨同芳来谈《西域画》出回文版事。"(日记)

十月七日

"晨,金华送款来,家荣送款一千五百余万来,甚为高兴!家晋来。周元亮取去一千八百五十万。……下午,斐云来,文祺来,杜纪堂来,葱玉夫妇来,谈甚久,在此喝咖啡。周元亮来,又取去一百二十五万元。……整理'图片'。"(日记)

十月八日

"晨,算帐,颇乐观。写信六封,给昌群、慰堂等,均即发出。……刘哲民来谈颇久。四时半,至开明,看假字画多幅,谈话亦殊索然也! 至汉学、来薰等肆,见严铁桥写本《说本翼》(稿),颇高兴,即挟之而归。七时许,至蜀腴晚餐,葱玉请斐云也。"(日记)

致巴金信:"久未晤,甚念! 前谈孙家晋君的小说集纸版,原价让文化生活社出版事,不知兄已决定购入否,纸版费,计一百二十万元,价甚廉,乞通知弟一声,以便转告,俾得早日成交也。"孙家晋(吴岩)小说《株守》由郑振铎介绍于 1948 年 4 月由文化生活社出版出版。

十月九日

"晨,客来不绝。写信五封,即发出。金华来,温知中人来,鹤龄来。……为催'说明'的印刷,忙甚! 下午,取来'目录'二页及纸版,甚佳。"(日记)

十月十日

"清晨四时,即起身,因本日为双十节,箴、宝及倍赴苏州旅行也。匆匆梳洗后,提箱至祥生车行,……六时半,才坐到车子走。归后,已不能入睡。整理图片并装盒,好容易才整理好了五十部! 戴春记来,实君来,世保来,来薰高君来。……圣保来,画样未交全,甚为焦急。"(日记)

中国人民解放军总部发表宣言,发出"打倒蒋介石,解放全中国"的伟大号召。解放战争进入伟大的转折点。

十月十一日

"晨,世保来,张(泮池)来,家晋来,鹤龄来,叶华来,宋福记来。……夜,整理'图片',做广告数则。"(日记)

十月十二日

"晨,圣保送印样来,甚佳。……郭墨林送俑来,有二车及魁头,甚好。……十二时许,箴等归,带来不少食物。"(日记)

十月十三日

"晨,鹤龄来,取去购印刷机款二百八十万元。顾载记送纸来。……下午,戴春记送说明来,装订得不坏! 颇为高兴! 写信七封,即发出。……郭墨林来,取去俑款六百四十万元(汇给昌群一百六十万元。又,郭石麒来,取去书款一百万元。)……夜,刚主来谈。(金华偕汤临石来)"(日记)

十月十四日

"晨,戴春记送'说明'来,来薰、来青、金华等来取书,助廉来辞行,实君、西江来,圣保送印样来,老汪六吉送纸来,家晋来。……得佩弦一信,海粟一信。下午,绍虞来,斐云来。墨林来,送来书款一百二十八万元(《西》二部)。……整理《西》至夜十一时半才睡。"(日记)

十月十五日

"晨,客来不少。发信八封。……下午,金华来。整理图片,甚忙。傍晚,宝礼来谈(关于《文艺复兴》事),约其明午与刘哲民一洽,大约可以有办法。夜……自行整理'图片'。"(日记)

所编《西域画》上辑由上海出版公司出版。按,当时郑振铎编印出版了《韫辉斋所藏唐宋以来名画集》后,"便想起:何不把域外所藏的中国古画搜罗起来印出,一面记录过去被掠夺、被盗卖的情况,提高我们的警惕心,一面藉以加强人民们对于祖国伟大艺术作品的爱护心呢? 在愤激的情绪下,便不顾一切的先把《西域画》三辑印了出来。这是把英、法、德、日帝国主义者们怎样在中国西陲恣意的掠夺我们伟大的艺术作品的面貌完全暴露出来的一部书。"(郑振铎《〈中国历史参考图谱〉跋》)

十月十六日

"晨,客来不绝。世保偕张来。整理'图片',忙甚! 十一时半,至蜀腴午餐,约宝礼、哲民、健吾、唐弢谈《文艺复兴》事。……葱玉来,孙玄常、章克愰来。夜,整理'图片'装盒。共成四十五部,尚不敷分配也。已生介绍赵而昌来谈,因无暇,约其他日来。"(日记)

十月十七日

"晨,世保来,高来,修文堂中人来,皆来取《西域画》也。修理客厅地板。以中来,圣保来,……下午,整理书房,至夜始毕,……葱玉来,

整理画集目录。……孙玄常送稿来。"（日记）

十月十八日

"晨，圣保来，……整理'图片'，忙甚。……下午四时许，至玄伯宅喝茶，晤斐云、森玉等，见到《周元公集》二十册（十二卷本），绝佳（江州刻）。六时归。孔里千来。夜……做广告。墨林送俑来，三彩牛车，佳甚！"（日记）

十月十九日

"晨，郑来谈，圣保来。斐云来，即在此午餐。沫若、茅盾夫妇、宝权、云白、方行夫妇来，广平来，酒醉菜饱，谈得颇起劲。二时许，散。下午，黄如璧来，谈颇久。华东印刷所柳君等来，谈极畅。夜，写信二封，即发出。写给昌群信，未毕。"（日记）

十月二十日

"晨，贾进者来，未付款；鹤龄来，戴春记来，车《西域画》去。郭墨林来，取款去。家晋来，应咸来。忙至十一时许，才安静下来。森老来，安娥来。……斐云来，上海出版公司周君来。……郭墨林送一牛车来，极佳。彼以为是隋代的，予疑是五代之物。写信四封，即发出。"（日记）

十月二十一日

"晨，金华、景润来，戴春记来，鹤龄来。饭后，老汪六吉送纸（八尺科举）来。午睡。上海出版公司送款来。胡风来。世保来。宋福记来。富晋送款来，已将至绝境，忽有这些款子，又可度过一时矣！……发信八封，并寄晓铃《传奇六种》一部。拟'信'及价目表。"（日记）

十月二十二日

"晨，应咸来，世保来，直忙至午。发信五封。……下午，应咸来，慰堂来，默存、起潜来。谈久之。圣保来。……六时许，至开明，今日酒会也。"（日记）

十月二十三日

"得金淳信，知已于双十节前三日到沪，住两天，即走。乃失之交臂！心里痛苦之至！即写一信，发出。世保来，戴春记来，顾载记来，皆为取款事也。……下午，忙于设计及写广告等。竟将成为一出版者了！

好不可怕！得托给人办才好。此事可为而不可为，不宜经常从事也。"
（日记）

十月二十四日

"晨，圣保来，应咸来，森老来。发出《西域画》中、下辑征求预约信
二十多封。如有四五十部，即可开印了。忙极！……下午，又发出八封
信。给克檙一信，发航快四封。"（日记）

十月二十五日

"晨，墨林来，世保送书来，金华来。终日忙碌着。……下午，宋福
记送套盒来，立将《西域画》装入。傍晚，他们皆来取去。金华送一支票
来。夜，《陶俑图录》样本印好，即赶裁赶分，赶写封皮包好。忙碌至夜，
已毕。"（日记）

十月二十六日

"晨，温知来，来薰阁来，取去'样张'，即嘱其分送。墨林来。……
下午，整理《西域画》中辑图片，并《陶俑》图片。前同事钱君来。……母
亲今日到许昌去，住三四天即回。家中寂寞多了。发快函三，寄'样张'
二。夜，整理《西域画》中、下辑，已颇有眉目。"（日记）

为微子题字（当是为徐微题赠《西域画》）："酷暑蒸郁，心烦意乱，
遁而读书，乃获西域古剧跡不少，为之墨版传世，亦遣生之道也。
微子存读。"

十月二十七日

"晨，家晋来，别的客人们也不少。写信数封。饭后，午睡甚酣。寄
《西域画》二部给昌群及舒。感慨极多，欲发无从，惨极！……鹤林来。
付印《西域画》中辑二十九张。"（日记）

十月二十八日

"晨，甚冷。客来不少。金华来，顾载记来。至法宝馆理书，可告一
段落矣。午归，即至锦江，晤叔平及其妹与妹丈沈遵晦，谈了许久。……
下午，整理《唐宋画》目录。尚有二幅，未取来，甚可虑也！"（日记）

十月二十九日

"晨，森老来，又客来不绝，墨林来。……广告已印好，即分发。顾

巨六来谈,康嗣群来谈,范秉蠡来谈。"(日记)

十月三十日

"晨,鹤龄、圣保来,墨林来,又有好几个客人来,济济满室。付款收款,忙个不了,胸口有点作痛。……下午,森老来。三时许,偕至青年会,贺石麒子结婚。……上海出版公司送款来,本月底可以应付矣。"(日记)

十月三十一日

"晨,客来不绝,应付为苦。贾进者之弟来取款,即付之,了却此一件债务矣!……下午,欲赴沈衔书追悼会,未果。萧乾、潘际炯同来,谈甚久。来薰阁送款来。七时,偕萧乾赴黄逸慧医师宅晚餐。……西江来,应咸来。"(日记)

十一月一日

"晨,鹤龄来,金华来,世保偕泮池人来。墨林来,送了不少好'俑',甚为高兴! 傅雷偕 Headley 来,谈颇畅。"(日记)

在主编《文艺复兴》月刊第 4 卷第 2 期上发表《鲁迅与中国古版画》(按,该文为 11 月 14 日作,该刊乃衍期出版),回忆当年在鲁迅"诱导"之下"开始对于版画作比较专门的搜集与研究",指出:"一个伟大的作家,总是心胸阔大而能高瞻远瞩的。鲁迅先生不仅介绍了中国古版画给现代的创作家们,而且,更重要的是,他也介绍了西洋的版画给他们。""鲁迅先生的倡导之功是永远不能忘记的。"

十一月二日

"晨,世保来,墨林弟来,景润来。屋里坐满了人。金华来。……下午,墨林来,宋福记送套子来,张子厚来。即将《西域画》装套。夜……贴《唐宋画》签子,未毕,甚倦。……刘哲民来。来青阁送款来。"(日记)

十一月三日

"晨,金华、圣保、世保等来,忙得不能做事。购锦缎六匹……宋福记送剪下之锦二十六匹来……墨林来,送来汉狗一只,绝佳。取去十二时神一套。因系伪物也。"(日记)

十一月四日

"晨,鹤龄来,世保来,上海出版公司送款来,金华来。……富山送款来,大约七日的支出,可以应付过去矣。看书。傍晚,森老来。觉明自北平来,即住客厅中,谈甚畅。"(日记)向觉明原在北大任教,今来南京中央博物院任职。

十一月五日

"晨,森老偕王振铎来访觉明,谈甚久。泮池送款来,上海出版公司送款来,已相差不远矣。金华来,至大来午餐,森老请客也。有默存、起潜等。……六时许,伯、圣、予诸位来。森、觉、舒新城、李伯嘉及起潜来。在此晚餐,谈极畅。"(日记)"午接西谛电话,谓觉民昨日自平来,住伊家,今晚约在伊处与诸老友相叙,并属邀予同、圣陶同往……散馆后,与圣陶、予同乘达君之车径赴西谛之约……又有顷,森玉、新城、起潜、伯嘉先后至,乃闲谈、看画,七时半始就座。"(王伯祥日记)

十一月六日

"晨,鹤林来,圣保来,金华送来青阁款来,上海出版公司送款来。仍缺一千多万,奈何?!明日必当补上!应咸送薪水来。……五时许,偕觉明至中华新城处晚餐。"(日记)

十一月七日

"晨,圣保来,实君偕张树森来。因款未凑齐,甚为不安!……下午,未做一事,只在算帐,算来算去,总缺一二百万。"(日记)

十一月八日

"晨,客来不绝。上海出版公司送款来,已可凑足矣!为之一松。实君送款来。……寄信八封,并寄还景耀滨田书一部。下午……叔通来谈,说起购陶器事。……魏廷荣来谈。孔里千送书来。"(日记)

十一月九日

"来青史君来,墨林来。写信七封,即发出。……下午,夷初、陈惠来,相见甚喜!觉明由杭回,在此晚餐。……森老来。孔里千来。"(日记)

女作家白薇在苏州写长信"致郑振铎、张西曼、洪深、郭沫若、茅盾、田汉、陈子展、曹靖华、楚图南、适夷、阳翰笙、于伶、穆木天、任钧、臧克家、安娥、赵清阁、彭慧、刘海尼、赵景深、葛一虹、魏猛克、柳亚子诸先生",谈自己的生活与思想。后该信以《想·焦·狂》为题,由任钧加了题记,分八次连载发表于 1948 年 2 月 9 日至 22 日《新民晚报·夜光杯》上。

十一月十日

"晨,金华送款来,宋福记送锦套来,森老来。一时许,觉明来,偕至起潜处午餐,喝了些酒。三时许归。康农、张君来,送来文征明《千岩万壑卷》,为清宫故物,甚佳。墨林来。……黄君璧来。晚餐后,阅书。吴铁声送英文新字字典一册来。"(日记)

十一月十一日

"圣保送印样来,甚佳。顾载记送裱好之纸来。颇为忙碌。墨林来。……下午,写信数封,即发出。傍晚,墨林打电话来,云:蓝彩俑已取来,计凡十三只,内六七件有蓝彩者。甚佳,而尚不如理想之佳。在他那里晚餐,至丁惠康处看俑,有二大马、坐女俑等,均甚好。"(日记)

十一月十二日

"晨,富晋来,萃古来,鹤龄来,慰堂偕其女同来,谈甚久。森老来,葱玉来。本欲至志皋处,因懒,便不去了。……傍晚,孙玄常偕一友来,翻书甚久,殊倦于应对。"(日记)

十一月十三日

"晨,金华来,温知来,默存介绍了西服裁缝来。写二封,即发出。……墨林来。整理《明遗民画》,甚省力,即可付印也。得文昭信,知三婶母已于十一日逝世,甚为难过!……晚餐后,至墨林处看三彩骆驼,高至三尺许,诚佳品也。"(日记)

十一月十四日

"晨,世保来,王以中来,应咸来。……下午,写《鲁迅与中国古版画》,未毕。为筹款付俑帐,甚为烦恼,想可借得到也。夜,威东夫妇来,墨林来,送来汉俑二,高达二十二吋,绝佳。再有蓝马及坐女俑等,便可成为一个很'像样'的'收藏'了,惟款尚不知如何能付出耳??"(日记)

十一月十五日

"晨,金华来,鹤龄来,世保来。……辰生借款回,仅敷一半耳。可见借钱之不易。须星一始可见分晓也。心境殊郁闷。"(日记)

十一月十六日

"晨,客来不绝。金华来,世保来,以中来,森老来,适夷来,董每戡来,默[墨]林送俑来,曹文钟来。至午,客始散。……下午,适夷来,云白来!"(日记)

十一月十七日

"晨,顾载记送纸来,鹤龄来,圣保来。……下午,何家槐夫妇来。郭墨林来,取去购'俑'款四千万。此款今日方借到,即付之。自觉用心至苦也!"(日记)

十一月十八日

"晨,觉明、森老同来,谈博物馆事甚详。戴春记来,世保来。觉明在此午餐。……圣保来。……章克标来。森老有电话来。"(日记)

十一月十九日

"晨,富晋送书来,墨林来,张子厚来,实君送《支那古铜精华》来。为了筹款,甚为着急!……诺曼来,送来 Andersen 的古史研究,甚佳。……夜,梅林来谈。"(日记)

十一月二十日

"晨,来薰阁送款来。萨某送俑若干件来,间有佳者。墨林来,偕往禹贡叶溯仲处看蓝彩马等,尽有佳者,惟价太昂耳。……圣保送《唐宋画》印样来,已全部完工矣!赶订一部出来,给外交部刘某。"(日记)

十一月二十一日

"晨,西服裁缝来。写信六封,即发出(金淳信一)。西江来。……下午,世保来,丁惠康偕墨林来。心情不佳。四时许,出。至开明,谈了一会,至晨光,晤家璧、凤子、清阁,偕至大发吃蟹。又至前线看一木佛像,盖元代物也,颇佳。"(日记)

十一月二十二日

"晨,客来甚多。……发信四封。寄《西城画》一部给晓铃。装订作送《唐宋以来名画集》样本二部来,甚精美,惟颇有毛病。魏廷荣来谈。

五时半，至四明村乔峰宅晚餐，祝其六十寿辰也。到二十余人，皆熟友也。……孔里千送书来。"（日记）

十一月二十三日

"晨，送俑者来取款，价尚廉。戴春记等来，金华来，默存偕英人McSleavy来，谈甚久。刘哲民来，黄君璧来。偕君璧访藏俑之吕霞光未遇。至路局午餐，遇刘开渠、夏炎德诸人，大半皆初次见面者。三时回，森老来。……墨林来，谈及叶某处之'俑'，昂至三条半，可怕也！只好选其一二而已。夜，写文，未毕。"（日记）

十一月二十四日

"晨，世保来，因款已罄，甚为焦急！慰堂来谈，森老来说，偕往来喜午餐，颇饱。饭后，至叔通宅。下午，孔里千送书来。今日为小箴生日，外出为她购茶色玫瑰一束赐之。……晚餐时，共有一桌人，内有她的朋友二。……威东嘱人送汉砖来。"（日记）

十一月二十五日

"鹤龄来。家荣送款来，甚感之！墨林来，说叶某处已说好了，二匹蓝彩马为\$550元。又要设法筹款了！方行来，托其借款，不知成否？……下午，慰堂来谈，说起孙某的《尚书正义》事；此事费口舌已多，只好不再过问了！……夜，写《唐宋画跋》六页，明早再写数页，即可毕矣。牢骚满肚，借此一吐。"（日记）

十一月二十六日

"晨，写毕《唐宋画跋》；戴春记送装成之书五十部来，金华来，富晋来，家荣来。西江来，取去书十余部。进者来，借到一笔巨款，约定一个半月后还，却不知如何还法！墨林来，即取去此数。……下午，上海出版公司来，来薰阁来，均取书去。鹤龄来，因明日应付之款未筹足，甚不高兴。"（日记）　按，今日写毕之文后以《唐宋以来的名画集》为题发表于12月20日《人世间》月刊复刊第8、9期上，揭露和控诉了帝国主义强盗掠夺我国艺术珍宝和反动当局认贼作父的罪恶行径。

十一月二十七日

"晨，借到毛君七百万，方才度过了今天的一关，可谓苦极！但不久,上海出版公司和史家荣均送款来,又可度过此一二日矣。实君来谈。……下午,整理小房间,颇干净,可做事。拟专藏日文书及史料书,将额为'读史室'。……墨林送二蓝彩马来,绝佳。然既得之,又便生幻灭之悲哀矣。民国今天上船到美国去,未去送。夜,写广告二则。……得金淳一信。"(日记)

十一月二十八日

"晨,又装订好五十部《名画集》,立即打电话叫他们来取。到中午时,已为之一空。……下午,理书。来薰阁送款二百余万来。纪堂来。绍虞来,在此喝咖啡。六时许,至洪长兴,靳以等公饯辛笛夫妇也。……谈甚畅。九时半,偕辛笛、浩然夫妇至宅看俑。"(日记)按,王辛笛因金城银行事将赴美出差。

十一月二十九日

"晨,金华等来,圣保送印样来。因款不足,心里很闷!……下午,写广告。孔里千来,富晋书社中人来。……夜,写广告。"(日记)

十一月三十日

"晨,戴春记送书五十五部来,黄君璧来,起潜来。实君来,款收到数百。史家荣来,送来一千一百万,颇高兴。金华来,各取书而去,所存又无几矣。……孔里千来,圣保来,富晋来,来薰高某来。……萧乾夫妇偕一美国人来看俑,即去。"(日记)

秋季

刘哲民到郑振铎家,郑振铎给他看一份自己拟就的《拟编中国百科全书计划书》,感慨地说:"中国之大,竟无一部百科全书。实际上做起来也不难,有一百万资金就可以了。"刘说:"这么多专家和高水平的编辑不容易找。" 郑振铎说:"还是有办法的,不过现在还不是时候。这个计划书你拿去看看,将来也许有用。"该计划书即由刘哲民保存,后收入1984年2月上海学林出版社版《郑振铎书简》一书中。

十二月一日

"晨,送款至银行。富晋等送款来,今明二日的到期款子,可以勉强应付过去了!但三四号的,还没有着落呢,如此情形,甚是令人不

安! ……夜,做广告,已毕。写信,未毕。"(日记)

十二月二日

"晨,世保偕泮池书社人来,付来款三百余,甚失望。金华付来款三百余万,即存入。富晋亦交来五百余,西江则送来二百余,彼等皆甚帮忙也! 适夷、靳以来,在此午餐,喝酒。下午,偕至嗣群银行。又到晋成,将广告交之。又偕至辛笛处闲谈。五时许,至三马路各肆一行。"(日记)

十二月三日

"晨,客来不少,温知、实君均送款来。尚有不敷处,向毛君及应咸借九百,方得应付过去。写致斐云及以中快函各一。……赵伯苏来谈,应咸送款来。"(日记)

十二月四日

"晨,顾载记来,送书套者来,又付出款不少。……发信六封。"(日记)

十二月五日

"款将绝,而又收到、寄到一批,又可勉强度数日矣。下午,理客厅。六时许,靳以、默存夫妇、巴金、西禾、嗣群、伯郊、哲民及辛笛相继来,在此晚餐,谈笑甚欢。"(日记)

十二月六日

"布面本《唐宋画》已送来,甚佳。圣保送《西域画》中印样,已毕,仅余说明矣。……孔里千来。……沈仲章来谈。……世保来,结清了帐! "(日记)

十二月七日

"晨,客来不绝。孔里千送书来。夏鼐来,谈畅。康农偕张来,取去《文征明千岩万壑图卷》,谈至二时许,才去。……下午,闻潘雄死耗,甚为凄楚! 郭墨林送俑来,甚高兴,盖极佳也。"(日记)

十二月八日

"晨,客来甚多。森老来,已有好久不见了。鹤龄来。……下午,有军人模样者,持古玉器数件来,殆皆伪物也。却之。四时半,至开明;偕

他们到大鸿运晚餐,喝酒不少,然未醉。"(日记)

十二月九日

"晨,鹤龄来,世保来。……'广告'已登出,盼能有若干收入,以济穷也。"(日记)

十二月十日

"晨,郭墨林来,取去支票一纸;孔里千来取款,无以付之。写信二封,发出。因筹款,殊感狼狈。……四时半,至葛仲勋宅吃茶。葛与徐鸿宾、胡惠春请马叔平也。到者半为初见。谭和庵一纨绔子耳,印象殊不佳。财何足骄人哉?"(日记)

十二月十一日

"晨,客来不少。墨林来。……下午,约雪村、予同、伯祥、达君来谈,甚为高兴。看俑,看画,兴致均好。"(日记)

十二月十二日

"晨,森老来谈。孔里千来取款,姑开一支票与之,实一文莫名也。……下午,觉明来谈,谈及古物陈列所藏书事,似有成见。只好不去多事了。六时许,觉明约赴北四川路正阳楼吃羊肉锅子,有森老、王天沐等人。"(日记)

十二月十三日

"晨,书肆中人来。马某送俑来,见之,甚为不快。恐胃口自此倒矣!……下午……圣保来,《遗民画》印得甚好。不知为何销路不佳?!诺孟来。也许国外可以销若干吧?傍晚,达君来,取文征明画去。"(日记)

在天津《大公报》上发表《写在西域画之后》,未完,26日续载完。

十二月十四日

"晨,孔里千来。《热河》四册印得甚好,惜太贵也!宜停止购书购俑矣!!!!!!墨林来。石麒送一六朝骆驼来,上有胡俑,甚佳,食指又为之动矣。韩某送俑数只来,无一佳者,姑与款敷衍之。……下午,想了好些计划,尚未实行。威东夫妇及大妹来,在此晚餐。"(日记)

十二月十五日

"晨,来者不多,鹤龄来。……下午,因款未齐,且预约情形不佳,甚为不高兴。姑作最后之尝试,拟一《征求合资影印〈域外所藏中国古画集〉启事》,不知有效否? 四时许,嗣群来,谈颇畅。夜,写二信,殊凄楚。"(日记)

十二月十六日

"晨,打了好久的算盘。……下午,上海出版公司送款来,富晋送款来,金华送款来。明后天又可度过矣。略略高兴些,曹文钟来谈。……胡颂高送款来。"(日记)

十二月十七日

"晨,宋福记送布套来。世保来取布套。得亚子一信。至法宝馆,得舒一信,甚为高兴。……下午,墨林之弟来取款。在计划筹钱,一字不能写。夜,暖寿! 喝了不少酒。威东夫妇等来。钱鹤龄来,竟送了礼,甚怪! 健吾来。梁医生夫妇偕黄敦良来。"(日记)　按,18 日为阴历十一月初七,郑振铎 50 岁华诞;19 日是郑振铎阳历 49 周岁生日。

十二月十八日

"晨,金华等来,顾载记送纸来。十一时许,至合众,至开明,偕伯、予至雪村宅午餐,喝酒不少。至三马路各肆一行,无所得。三时半,复至开明,偕予同至张宅,不遇,至予同处晚餐,晤老许等。谈至十时归,冷甚! 客已尽散矣。……今日镇天在外,为避寿也。闻客来不少。"(日记)

十二月十九日

"晨,以中来。来薰、泮池、石麒均送款来。得此,枯辙之鲤可活数日矣。甚感之! 墨林来,鉴定石麒送来之骆驼胡俑为新物,即还之。……下午,张来,即写一便条交之,向开明取款。绍虞来,亦代、家璧来,喝咖啡。夜,森老、默存、以中、起潜、健吾、绍虞、济川诸人,在此晚餐。昨夜留下之一席。谈笑甚欢。"(日记)

十二月二十日

"晨,墨林来。宋送《西域画》布套来,又涨了三分之一! 圣保送印样来。校对《启事》。以中来,应咸来。……世保来,送来《日本国宝全集》四十册,退回十二册。共计已有六十九册,仅阙十五册矣。傍晚,马某来,因不欲购,故大杀价,然亦竟成交。可见从前出价实在太高了!"(日记)

十二月二十一日

"晨,金华来,他客亦来不少。十二时,至晋成,哲民约谈也。唐弢、柯灵、家圭同在座,喝了几杯酒。结果,也只是拖而已。三时许,回。一事不能做,忙于计划,忙于算帐,时间糟蹋了不少。欲写信,亦未成。"(日记)

十二月二十二日

"晨,金华来,家晋来,慰堂来,宋福记送书套来,济川来,西江来,来青阁伙计来,温知来。济济满堂。留慰堂在此午餐。墨林弟送数俑来,极坏之物也。森老来,谈至三时许,散。下午,金某来定书。《启事》已印好,不知有无响应者。即写信,发出七封。"(日记)

十二月二十三日

"晨,客来不少。写信十二封,即发出。十一时许,至美丰、晋成及通易,志皋即订两部,慷慨之至!十二时半,至梅龙镇,晤力子诸人。二时半,回。下午,继续发信。来青阁送款来。六时,至叶葵初宅晚餐,有慰堂、森老、默存、玄伯诸人在座。九时许,散。谈颇畅。……偕伯郊同归,取启事去。"(日记)按,昨今两天所发之信,均为征求合资影印《域外所藏中国古画集》,例如今见致刘俊信云:"兹有合资影印《域外所藏中国古画集》启事及简章,事在必成,盼能加入,并多约数友加入为荷!"致中华书局舒新城信亦附《征求合资影印〈域外所藏中国古画集〉启事》,舒新城在信上批字:"图书定一份"。中午赴梅龙镇为邵力子招宴,到者二十人。"文友久不会面者咸集。半年以来,如此之会殊少,以故各感兴奋。"(叶圣陶日记)

十二月二十四日

"晨,富晋送款来,上海出版公司送款来。这数日又可稳度矣。曹葆成来,谈购纸事。惟款不足耳,否则,大可多购也。……吴仲平来谈。夜,照俑像三十余,忙到近十时。"(日记)

十二月二十五日

"宋福记来,孙实君来。……金华来,曹葆成送纸六十刀来,款尚不知从何而有! 写信八封,即发出。威东夫妇来。饭后,阖家照相,甚乐。"(日记)

十二月二十六日

"晨,客来不少。'合资'事,反应尚佳。新华销了五部,开明销了四部。……下午,孔里千来,世保送西书数种来,实君送《唐宋元明名画大观》来,均拟购之。奈'消化不良'何! ……曹文钟送款来,陈之佛送款来。夜,照'俑'。至十时许,始毕。甚劳,甚倦,颇自叹苦也!"(日记)

十二月二十七日

"晨,候款,无送至者。金华来。……下午,董每戡来谈。世保、温知来,宝权来。为购参考书,烦心极矣! 夜,照俑者来。至十时半,始毕,尚须一次始可完工也。"(日记)

致刘哲民信,谈印书购纸等事。

十二月二十八日

"刘开渠来。……世保送《顾恺之女史箴图卷》来,颇兴奋。夜,照'俑'者来,已告一段落矣。"(日记)

十二月二十九日

"晨,开明送款来,明日大约又可很幸运的度过矣! 此种日子诚不易过也! 明年起,以不购俑,少买书为最要之一件事。否则,将不堪设想也! 圣保来,金华来,世保来。……下午,孔里千偕吴君来谈。估计一下,尚缺数百万。向毛君借八百万元,而美丰的一笔,则不能还矣。总缘购书太多之故也! "(日记)

十二月三十日

"晨,金华来,款未收到一文! 世保来,交来英法文书目一纸,佳者不少,惜只能望洋兴叹耳。……鹤龄、圣保来……陈原来谈,颇为高兴。进者来谈。意外之助力,当亦不少也。"(日记)

十二月三十一日

"晨,世保送西书十五册来,见之,食指又为之动矣! 奈何! 奈何!

欠款勉强应付过去。至新华一行，即归。……六时半，至洪长兴，默存夫妇请客也。有马德良、森老诸人。……下午，范泉来，平心太太来，墨林来。"（日记）

十二月

上海博文书店盗印郑振铎《海燕》、《文探》两书原版，将《海燕》抽去《致文学青年》一篇而改书名曰《黄昏的观前街》；将《文探》一书增加《致文学青年》一篇而改书名曰《致文学青年》。

本年

所编"中国雕塑史图录"之一《中国古明器陶俑图录》由上海出版公司印成纸样，收有图版 424 幅、图 720 幅、郑振铎历年搜集的陶俑 600 余件的照片、英法德日文专书中的陶俑照片 100 多张。因序言及说明仅写成一部分，未及时装订出版，纸样后由上海图书馆保存，延至 1986 年 12 月才由上海古籍出版社出版。

本年，为研究、保藏和编书，借了不少钱来买书画陶俑，使家庭经济颇为紧张。12 月 30 日郑振铎在 1948 年日记本第一页上用红墨水写道："用钱要有计划，要经济！少买书，不买俑！还帐要紧！！！千万，千万！！一有了钱，便要胡花，万万要不得！非参考十分必要的书万不可滑手便买！！！要记得还有许多帐未还，多少预约书未出版呢！"

本年，台北东华书局出版日译本《中国文艺丛书》，据广告，其第五种为郑振铎的《黄公俊的最后》，杨逵译。（今未见）

从 1940 年起即开始编印的《中国版画史图录》，本年出了第 5 辑共 4 册，至此共计已出 5 大函 20 册。该书共收版画一千数百幅，从唐代至清代的典籍、佛经、小说、戏曲等古书的插图以及画谱、笺谱里，博采精取，为中国版画史资料最重要的一部书籍。郑振铎并写了部分文字说明。（建国后，郑振铎拟再出第六辑，并于 1952 年印了《搜神广记》一册，但后未果。）

一九四八年　五十一岁

（民国三十七年　戊子）

一月一日

"富晋张来,印零件者来;少航来,谈甚畅。他说,近有许多人,心已死尽,仅存口与生殖器尚在活动耳。因相与慨叹纵欲者多而好事者少。不仅乾嘉诸老之风荡然,亦若光宣民初之好事者亦绝无。新官僚与流氓文化、买办资本三位一体,便演至'天理、国法、人情'俱丧尽斩绝之境。资本主义社会自有其道德与文化,我们这个社会,则不古不今,非农、非商、非工,大家相'攘夺'、相掠取,恬不为耻。人人均为极端的个人无政府主义者。为所欲为,无所约束。纲纪法守,一切不顾,所谓'青黄不接'之时代是也。穷则变,变则通,将必有不同之时代接踵而起也。……君哲夫妇等全家来拜年,……下午,默存送《书林季刊》十册来,中有予《黄鸟篇》之英译,读之,殊见单薄也。冯宝麟来谈,颇久。五时许,至会宾楼晚餐,应慰堂约也。在座者有森老、伯祥、默存、起潜、周宽甫、伯郊、辛笛,及南京中图的人二位,谈颇畅。"（日记）

在《新民晚报·夜光杯》上发表散文《迎一九四八年》,文末云:"在最艰苦的境地里,在最困难的生活里,工作和希望应该是默默的在发展着。生命是不断的除旧布新的。有生命力的人永远是滋生崛长着的。""冬天来了,春天还会远么?"

一月二日

"世保来,里千来,皆索款,颇为不高兴。十一时许,慰堂来,偕往市图书馆参观展览会。颇见单薄,且杂伪本。当告以必须抽换若干种。至三马路各书肆一行,不见好书。仅于汉学得陈乃乾为徐积余校《夷坚志》二十册,甚佳。有此一校本,《夷坚》有定本矣。又得《姑苏杨柳枝词》及《四家宫词》各一册。……文昭夫妇来;少谈即去。午睡。何伯丞之女公子来,诺孟送英文广告来,甚佳。夜……中央图书馆苏君来,取去《雷峰塔经卷》及《十竹斋画谱》,皆预备展览会抽换伪本者。阅《夷坚志》数卷。"(日记)

一月三日

"晨,世保来。第一个人来,即为索款,甚为不快! 装订好了《陶俑图录》样本一册,很高兴。……下午,在粘贴《图录》中之图片,自视颇佳。圣保送《遗民画》样张来,已全部印毕矣。再有三张'西域画'来,即可同时出版了。傍晚,唐弢来,谈《文艺复兴》事。哲民以脱身为快,故另介绍一发行人。唐弢拟加入编辑部。……他又说起《正言报》事,已拒之。"(日记)

一月四日

"晨,写《西域画》目录。至哈同路裱画店一行。近午,健吾、刚主、西江、墨林诸人相继来。……至法宝馆,得舒一信,……五时半,至辛笛宅晚餐。家璧、靳以、巴金、嗣群、亦代、际坰、凤子、健吾及辛笛诸位,为我补寿也。谈得很高兴,酒喝得不少。"(日记)

一月五日

"晨,一清早,索款者便纷纷的来。卖书的,印刷的,装订的,印零件的,均一一的对付过去了。……下午,整理《明遗民画》,甚是疲倦。"(日记)

一月六日

"晨,索款者仍多,甚为不高兴! 墨林弟来,索俑款,竟也不能付之。……预算各种收入及支出,竟难相抵。总缘购俑购书太多之故。以一穷书生,万不能贪多务得也! 以后切宜戒之!!! 非有余款,决不购物。否则,必将狼狈不堪! "(日记)

一月七日

"晨,仍有索书帐者来。……与箴吵闹甚烈,总因钱不够之故。不能谅解我的工作,何苦如此的苦作着呢! 温知来取书,正在气头上,骂了他一顿而去。十一时半,至老正兴喝酒,与严宝礼、徐铸成诸位,谈甚畅。饭后,至开明,又至金城,遇克家,发了一大顿牢骚。辛笛交来一千六百万,又可度过数日矣。归时,已近六时。稍坐,即至雪园,进者、方行、华封、秉彝请我也。"(日记)

一月八日

"圣保来取款……宋福记送书套来……曹宝成送纸帐来……还须购科举一百万,约五千万元也。直有四面楚歌之势。森老来。世保来,又是迫款之人!不高兴极了!借钱购书,恐怕当今只有我一人也!……下午,粘贴版权页,甚忙。墨林来,又是迫款之一人也!!!六时许,至新雅,中央图书馆宴请从日本来之英图书馆家 Brown 及 Clapp 二君。在座有默存、震寰及周连宽诸位。默存说话甚多而有风趣。Brown 老气横秋,有教会风。Clapp 则较为英挺天真。十时,散。归时,仍粘贴版权页。"(日记)

一月九日

"整个上午,忙着粘贴版权。装订作来取目录,即付之。顾载记来,……下午,二时,往吊济之老父梦蘧先生之丧于万安殡仪馆,凄凉之至!梦蘧先生为报业老前辈,现年七十四。我和济之最早的有稿酬的写作,就是由他介绍的。他病废已久,十年不下楼,故在上海从未见面。耿家仅由耿太太主持,年来两遭大丧,其境遇之痛苦可知也!还有几个小儿女未成立呢!思之,为之恻恻!……三时回,嗣群来,孔里千来。与嗣群谈甚久,他借去《东游记》及《瑶华传》二种。六时许,伯郊、唐弢、家圭及哲民来,为上海出版公司事,在此晚餐。"(日记)

一月十日

"晨,世保来……金华来,石麒来,进者来,戴春记送装订好之《明遗民画》来,即装入盒中。忙碌了半天。进者要还欠款,竟无以应之。……各肆取去书不少。西江来。……下午,整理书房。康嗣群来谈,交来正中合资款一千六百万。取出俑若干,因开明有十余人来此看俑也。五时许,他们都来了,挤了一房间。各带了食物来,为之讲述近一小时。六时许,入座喝酒,甚欢。达君允借款,可借此以还彼了。同时并有洗

人及倪群加入'合资',情形甚好,颇为高兴。"(日记)

"傍晚,同事十数人共往振铎家,观其所藏古代明器。振铎为之讲述,自汉迄五代,一一言其特点,与其鉴别之方,并以实物为证,听者惬心。渠嗜此事才一年有余,而识力极丰,收藏亦富,其气魄大可佩服。七时聚饮,到者各携菜肴一色,十四人围坐,别有风味。九时半散。"(叶圣陶日记)

一月十一日

"晨,印零件者来,实君来,森老来。计算欠帐,尚不足应付之,奈何!?……下午,起潜来,送来'合资'六百八十万,墨林偕丁惠康来,谈得颇高兴。在雨中,同至惠康处看'俑',其所藏粉彩俑八只,有姿势,绝佳。他悄悄地说,本有十一只,恐怕失掉了三只。颇为不高兴。"(日记)

一月十二日

"晨,森老来,持来王明清《挥麈四录》之宋刊本,叹观止矣。是建本,宋刻宋印,极珍异之书也。索三条。世保偕泮池张君来,取出《明遗民画》十部。……下午,两路局陈伯庄送款来,洗人送款来。十五日的到期款,又可对付过去矣。如此之苦,何人能了解乎?上海出版公司来取《明遗民画》,已仅存一部矣。……家璧来谈,送来老舍三书,又取去遗民画一部,作为样本。金华送油墨来。价以美金计,极昂。"(日记)

一月十三日

"晨,森老偕起潜来,阅《挥麈录》,即取去,世保亦在。……下午,计划广告事。……夜,写信,未毕。"(日记)

一月十四日

"晨,正等候着《西域画》中辑的装订,圣保之兄来了。带来了厚玻璃五块,即付之五百万,替他购下。此后,应该可以多印些东西出来了!戴春记车送《西域画》来,圣保来,即匆匆的一同动手,将一百部装入布套中。不多一会,便装好。世保取去了十四部。来青、温知、来薰均陆续的来取去。上海出版公司也来取去。堆积如山的东西,顿时为之一空。……范泉来,扣去六百五十万的购纸版费,交来一百五十万。

二时许，出。至晋成，交去广告一纸。哲民又问起《图谱》事，为之不欢！即出，至开明。借来十两，预备还给进者。至各肆一行，晤济川、富晋诸人。又遇曹文钟，谈颇畅。六时许，至蜀腴，应凤子约也。在座有靳以、嗣群、魏、陈、王、亦代、家璧及二美国人。"（日记）

一月十五日

"晨，忙广告，忙做价目表等等。终于弄好了必要的一切。里千来，定了几份预约书，交换那部磁器谱。以中来。……西江来，富晋来……华东柳君来，取去三彩持鸟俑一对，试做三色铜板。沈福文来，携来新做之漆器十余件，已大有进步，此项新工业，前途大可乐观也。以敦煌图案入工艺品，他是第一个人吧。很高兴！来薰高君来，预定了几部书。夜，贾进者之弟来，取去了前借之物。陈家大表婶和二表婶来，约她们在此喝酒……她们是我孩子时代的长亲。谈得很起劲。"（日记）

一月十六日

"晨，圣保送印样来。设计各种广告。……下午，至法宝馆一行，甚有感触！康嗣群来，借去小说一部。与刘哲民通电话，他答应预定《域外》五部，可解决一部分问题了。孔里千来，钱鹤林来。慰堂自南京来，即在此晚餐。"（日记）

一月十七日

"晨，戴春记来，取款一百五十三万元去。……孙实君来，送来《支那古明器陶俑图说》一部，甚为高兴。又有《皇明政要》，明嘉靖本，亦珍秘之籍也。慰堂来谈，施蛰存来谈。蛰存说起师专风潮事，我殊有愤慨！小人之合也以利，利害相冲突，便非互相搏击不可矣，可叹也！五时许，至金城七楼，应辛笛约也。多开明中人，又有靳以、巴金、家璧及际坰等，谈颇畅。坐濮文彬车回。酒喝得不少。文彬示以日本海月样张，尚佳。惟价亦不廉也。"（日记）王辛笛亦开明书店董事。

一月十八日

"晨，世保来，说有汉俑二只，即嘱其取来一阅。宋福记来，送来书套一百十只，即装入，托世保送来薰等肆。方行来谈。十一时许，慰堂偕张君夫妇来看俑，即偕其至愚园路，到蛰存宅晚餐。在座者皆熟人，盖为辛笛饯行也。未到一时,即走,尚未入席也。至玉佛寺,森老与慰堂请许潜夫,为其补祝七十寿。到叔通、葵初、起潜、钱君诸位。谈笑甚欢。取来梵澄所藏之明刊本水陆道场图,甚为高兴。三时回,家璧来,曹文钟来,郭墨林送丁惠康所藏之俑九只来。想望已久,一旦得之,喜可知也!世保送汉俑二只来,亦甚佳!今日'俑'运、'书'运之好,大可贺也!"(日记)按,"为辛笛饯行"是王辛笛因金城银行业务要赴美国出差。

一月十九日

"晨,曹文钟来,圣保来。……墨林来,持来二俑,男女各一,为西域之胡俑,红泥胎,画彩,绝佳。见之,不能不动心。即以二千万购下。债务则越陷越深矣!……下午,看俑久之,自觉《图谱》当为今代第一矣!颇自豪,然亦辛勤之酬报也。待款不至,仅上海出版公司交来三百余万,车薪杯水,无济于事。……周连宽偕孔里千来,他要阅书,随便检出几种给他看。夜,宋君来,取去《明遗民画》一本。他是一位长期的读者,诚笃人也。……孙实君送来《燕京学报》二、四二册,索八十万元,以可配齐,即付之。"(日记)

一月二十日

"晨,圣保来,世保来,温知王某来,上海出版公司中人来,宋福记送书套来,忙碌至午。得昌群一函,甚为高兴。……三舅来,……下午,来薰阁高君来,交来四十六万元。预约卖得坏极了,不知何故?!殆以阴历年关在迩之故欤?得晋成钱庄电话,知有二笔款子未付去,盖以哲民并未将四千万存入户内也。'轻诺者必寡信',心中不怡者久之。六时许,偕箴到健吾宅晚餐,在座者有巴金、靳以、未风夫妇及辛笛夫人。为饯别辛笛而设之筵会,辛笛竟未到!九时半,归。谈笑颇欢,说起孙某夫妇事,为之慨叹不已!"(日记)按,孙某指孙大雨。

一月二十一日

"顾载记送纸四百张来。圣保来,即交其车去。来青阁、富晋及上海出版公司均送款来。墨林兄弟来。靳以、巴金来,他们在此午餐。饭后,袁西江送款来……二时许,至汇丰四楼中英文化协会看沈福文漆器展览。遇萧乾诸人,谈颇畅。……至四时,方才到家。甚倦。整理所印之《西域画》等书。金华来,戴春记来。傍晚……亦代夫妇来,稍谈即去。"(日记)

一月二十二日

"晨,上海出版公司送款来,士保来,萃古斋中人来,孙实君来。……下午,陈白尘来谈,知道了一点最近文坛上的波折。原来,那矛盾是积之已久了,最近方才爆发。因为在阵阵压迫之下,且发表的地方太少,故不甚觉得热闹。将来,必定会有一场大争闹的。来薰阁送款来。康嗣群来,换了两张支票去。"(日记)

一月二十三日

"晨,士保来,托其带书至各'合资'人处;上海出版公司人来,亦托其带去。……下午,金华来,温知人来,……贾进者之弟来,取去利息六百多万。开明中人来此晚餐。"(日记)

"放工后,与伯祥诸人驱车至振铎家,观其所新得之俑。……既而共饮……酒次谈及二十余年来之往事,欢笑满座。振铎藏有较旧之墨,余向索三锭,他人亦各取数锭。"(叶圣陶日记)

一月二十四日

"晨,孙家晋送薪水来。算算款子还缺得不少,甚为不高兴。刘哲民又来催问《图谱》欠款事,简直是一筹莫展。……下午,于震寰陪了Clapp 来谈。他看俑看书,颇为高兴。孔里千送了《内蒙古长城地带》来,这是久觅不到的书了,虽价三百万,甚昂,然亦收之。绍虞来,墨林来。绍虞交来'合资'款八百万,他肯加入,诚为'不安'!为什么老是穷朋友肯帮忙呢? 有此八百,星一[按,即 1 月 26 日]的债,可以对付过去了,感甚,几出涕! 盖及时之助,较之八千八万尤为得力也!傍晚,金华送科举十六刀来,款还不知在哪里呢?!"(日记)

一月二十五日

"夜,金华来,顾载记送裱好夹贡来,方行来,周君来。……下午,曹文钟送款来,来薰阁送款来,但为数不多,不足以济穷也。惟能借此可度过明后天的帐款耳。与文钟谈及经济事,颇有感慨。亦代介绍四

海书店的刘君来谈。梁医生夫妇偕唐云来看俑。"（日记）
一月二十六日

"傍晚，慰堂来，森老来，起潜来，玄伯及 Clapp、周连宽、于震寰等连续来，在此晚餐。谈得颇为高兴，酒也喝得不少，但总觉有点不舒服。"（日记）

"午刻至冠生园，应中国福利会美国人邓君及廖梦醒之招，同坐有振铎、白尘、冯亦代三位。洛克番罗基金会有款美金七千五百元，拟以援助我国文人，令翻译欧美人文主义之著作，托福利会代办，福利会因之邀友人共商。"（叶圣陶日记） 按，此事郑振铎日记失记。宋庆龄当时利用美国洛克菲勒基金，特地在中国福利基金会中筹设一个翻译委员会，一方面介绍欧美著作，促进中外文化交流，一方面在经济上帮助翻译工作者。该委员会由郑振铎、叶圣陶、许广平、杜守素、冯亦代、章靳以等十多人组成。

一月二十七日

"圣保来，鹤龄来，金华来。……头发胀，且痛，不知何故。到了四时，因为睡一觉，觉得好些。即起身，恰好白尘、亦代夫妇及家璧来。在此喝咖啡，谈了好一会才走。……严文郁来，因已睡，且病，未见。"（日记）

一月二十八日

"晨，沈福文偕范君（？）来，据云：他藏有德意文之美术音乐书籍极多，木刻集尤多。惜未得一者见之。上海出版公司送款来。十一时许，家璧来，偕至淡井庙吊济之父丧。至开明，闲谈了一会。十二时半，至老正兴，为上海出版公司增资事也……此后，恐当由严宝礼们主持之了。……墨林来，金华来，谈了好一会。方行着人送款来，急帐可还清矣。……夜饭后……卧看《品花宝鉴》，觉尚佳，是文人之笔，非出色当行之小说也。"（日记）

一月二十九日

"金华来，取去纸及锦缎款一千四百七十五万元。圣保来，墨林来，取去四百万元。……西江来，未遇。乔峰来，予同来。金淳偕一友来,为其弟留学事来谈。予同在此喝酒。梁医生来,亦喝了几杯,谈得很畅。予同为《中学生》选封面图若干幅……他又谈起开明事来。纠纷之多,出于意外。可见人事之不易处理也。"(日记)

一月三十日

"晨,鹤龄来,谈颇久。装订者来,实君来,持示大维德中国磁器目录一册,索黄金十两。……内容甚佳,印刷极精,然以无此巨款,只好望洋兴叹耳。西江来,午饭刚吃完,舒来一电,云:已在车站,……坐车至北站……即购票,送之至无锡。……到了无锡……我坐了人力车至江南大学找以中……即住在以中处,喝了不少酒。遇钱宾四及其二助教,谈颇畅。十时许睡。以中已有醉意,把炭炉都踢翻了。"(日记)

一月三十一日

"晨,七时半起,以中招待甚为殷勤。十时许,步行到梅园……归,在荣巷街上午餐。……饭后,候舒来,至三时半始至……四时半,即坐人力车赴车站……匆匆而别。至十时,始到家,已闹得天翻地覆,人人皆知,殊觉无聊!"(日记)　按,此次郑振铎外出,因未及与家人说明,且当时政治形势险恶,所以闹了一场虚惊。

一月

所编《域外所藏中国古画集》由上海出版公司出版。

二月一日

"晨,电话来了不少。亏得早来,都一一的对付过去了。《正言报》和《益世报》都登出'失踪'的消息来,……友情之隆重可感,惟未免有些'过敏'耳。圣保来,济川来,西江来,墨林来,郑良诚来,方行来。上午,把《西域画》中辑等整理好。看墨林送来的九只女俑,均极佳。……刚主来谈,仲洽来,亦闻此消息而来者。"(日记)　按,两报所载消息如下:"文学家郑振铎,于昨日突然失踪,迄今尚未归家,其家庭已报警局,请求查访其下落。"据叶圣陶日记,报上又有说他已去香港者。

二月二日

"下午,写信,看《品花宝鉴》。世保来,金华来。傍晚,刘放园来,亦闻讯而来慰问者。赠以《明遗民画》一部。七时许,至国际饭店,晤杭文武。在座者为默存、王芸生及储安平,谈颇畅。九时半,归。森老今晨由南京回,打了一个电话来,说,友人们急得要死。慰堂就要偕同陈雪屏来营救。闻之,不安之至!何足以劳动老人至此乎?总缘失措,少说了一句话,遂至惊动多人。夜,达君偕调孚来。"(日记)

二月三日

"墨林来,实君来,健吾来。士保来,云:沈阳有一部《李朝实录》,为之惊喜不置!无论如何,要弄了来!……五时许,到大来喝咖啡。来薰阁送来刘惠之的《书画留真谱》二册,颇佳,可印。然亦无心绪及此。"(日记)

二月四日

"晨,圣保来,云,又定妥了一部机器,需要借款若干。饭后,宋福记来取款。……下午……士保来,又送来家谱一部,绝佳,并有《咸宾录》首二册,颇为高兴。傍晚,梁医生偕唐云等来,交阅宋版《宋文鉴》及《吴郡志》各一部。晚餐后,看《永庆升平后集》,写得极坏,简直看不下去。"(日记)

二月五日

"过年尚缺三四千,不知如何办法好!……至下午,款渐集。上海出版公司及他处皆送款来。可以对付过数关矣。……下午,发一长信,寄戚转,不知能够收到否?"(日记)

二月六日

"晨,里千偕泮池张君来,送来八百万。美丰款可扫数还清矣。晋成的广告款,亦着上海出版公司中人送去。如此,债务已所余无几矣。……下午,嗣群来谈,并将押在美丰的书十种交还。这几种书,已经押了半年多了,好容易才赎取了出来!见了,不禁泫然欲涕!嗣群有一个规模相当弘大的出版计划,盼望他能够成功也。五时许,予同来,在此喝酒,谈极畅!"(日记)

二月七日

"晨,为了罗氏基金事,挤公共汽车到五马路福利会。谈得很高兴。人选决定了,书名则由译者选择。……上海出版公司送款来,所缺已无几矣。是殆有天幸!……下午,曹葆成来,圣保来。出购糖果。傍晚,一虹偕盛家伦、魏绍昌来,谈得很久。他们定了三部《画集》。此一年底,可以应付过去了。晚餐后,世保偕张君来。"(日记)

"晨至福利基金会,讨论翻译外国书事。书本由冯亦代与振铎开出,计八十余种,将于此中择数种译之。遂选定需要辅[资]助而又能翻译者十人,拟于下次会时邀集共谈。"(叶圣陶日记)

二月八日

"方行来,送来借款三千……即通知曹宝成送纸来。森老来。来薰阁送款八百来。这一个年关,可以从容度过矣。谢辰生自北平来……带了不少现款来,境况比较好些。……下午,理书。世保来,因款无着,未付。石麒来谈。……有东莱银行高君来定书,以款不足,欲先付若干,甚为感动,当嘱其不必急急。"(日记)

二月九日

"阴历大除夕。……晨,顾载记送纸来……圣保来……金华来……来薰阁忽来电话通知退票,颇为不高兴。富晋送现款四百八十万来……上午,张君送预约款来。……辰生来……傍晚……威东夫妇及大姊来,沈太太来,均在此吃年下[夜]饭。"(日记)

二月十日

"阴历年初一。……晨,施韵秋之子来,西禾来,贾进者来,梁医生夫妇来。箴携宝及贝到高宅拜年。……下午,辰生来,家晋来。三时许,至居尔典路,房间已被侵入,糟蹋不堪!坐了一会,至高宅。四时许,至耀翔宅。在那里吃点心,谈了好一会儿。五时许,归。有好些客人来拜年。唐弢、济川、敦复、刚主等均来过,皆未遇。慰堂来,谈了好一会,把范成送的残经及修文堂的《成化历本》、《皇明政要》,来青阁的明黑格抄本《元明人集》取走。他絮絮叨叨的说起南京方面的探查事,甚觉不安。"(日记)

二月十一日

"晨,来拜年者不少。至梁医生宅,即归。谢辰生来。……傍晚,文祺来谈甚久。"(日记)

二月十二日

"晨，健吾、麟瑞来，梅林来，胡颂高来。至陈叔通处拜年。……十一时半，至李玄伯宅午餐。在座者有森老、慰堂、默存、刚主及玄伯之弟等。喝了几杯酒，谈甚畅。……夜……张澈来，谈了一会。"（日记）

二月十三日

"晨，士保及高君来。十一时许，至三马路各肆。正午，至新雅，晤方行、进者、华封、秉彝诸人。予同亦来，闲谈久之。……温知王某来拜年。五时许，至严宝礼宅晚餐，吃的是西餐……客人们来得很多，商量上海出版公司事颇久。"（日记）

二月十四日

"九时许，至福利会，到者寥寥数人。未谈什么而散……钱鹤龄来，郭墨林来，刘来。刘取去《西域画》中辑四部，《版画史》五辑一部，到南京四海去销。……二时许，耀翔夫妇来，纪堂来，梁医生来。他们在打牌。陈惠来，谈了好一会，看画册。郑森禹来。健吾、文彰、伯闵来。七时许，晚餐，谈颇畅。饭后，健吾等去，与陈惠等闲谈。"（日记）

二月十五日

"晨，墨林来，携来俑二只，一汉瓦鸭，一唐初胡俑，手捧元宝，共索价四百。似不便退还他。士保来，郑效洵来。……五时许，威东夫妇来拜年，即留之晚餐。默存来，靳以来，嗣群来，西禾来，Headley来，萧乾来，McAleary来，谈笑颇欢。"（日记）

二月十六日

"晨，顾载记送纸来，上海出版公司送款来。……下午，来薰阁人来，取去《西域画》及《唐宋以来名画集》。墨林弟送一俑来，顾巨六来，谢辰生来。发五信。"（日记）

二月十七日

"晨，范泉来，墨林兄弟来。至梁医生处种牛痘。写信二封，即发出。……写信八封，傍晚发出。大多皆是答复读者们的，搁置来信已久，今明日必须一一清理回复了之。夜，至梁医生宅晚餐，有马公愚等，凡二十许人，皆书画家也。熟悉者不过数人而已。"（日记）

二月十八日

"晨,有数客来。写信。……下午,写信,共发出十二封。三时许,陈万里偕二友来看俑。四时半,天佐来,孙玄常来,即去。秋斯、靳以、谭宁邦、梦醒、广平、图南、稷南、亦代、仲足等陆续来。商罗氏基金翻译事。即在此晚餐,酒喝得不少,谈颇畅。"(日记)

二月十九日

"晨,墨林来。金华来,借去二百万。圣保来。镇日不做一事。今日笺请客,……三时许,孙家晋来,偕至法宝馆理书。……四时许,至开明,晤予、伯、圣诸位。偕予、伯同到刚主宅晚餐。"(日记)

二月二十日

"晨,阅报,见许寿裳在台湾被暗杀讯,极为惊愕!他是一位好好先生,何以竟会遭人毒手呢?钱鹤龄来。雨淅沥不止,不能外出。上海出版公司人来。"(日记)　许先生是 18 日被暗杀的。

二月二十一日

"晨,钱鹤龄来,取去《汉晋画》底稿三十多幅去拍照,又取去购玻璃款七百万元。现在每张玻璃,价已至三万五千元了!去年此时,才四五百元一张也。郭石麒送款五百十二万来。……绍虞来谈。"(日记)

二月二十二日

"晨,圣保来……士保来……三时许,约翰某,偕二美国人来看俑。简直是什么也不懂。五时许,诺孟来,定去《陶俑图录》三十部,惟款未交来。又购《西域画》十部,交款一千万。"(日记)

二月二十三日

"晨,圣保来。整理《西域画》下辑底片,即交其带去。森老来。墨林来,谈及长沙出土有年号之陶俑事,颇为兴奋,当托其设法购来。……下午……谷斯范来谈,竟应付无心。阅《中国名画集》,细细读石田、南田画,觉得颇有所得,真伪大抵可辨。大画家自有其风格,一望即可知。作伪者心劳日拙,无论,不易像真也。"(日记)

二月二十四日

"阴历元宵节。……然大家似均无心度此佳节。物价飞涨不已,米价已出二百五十万关,房租又有按照生活指数增加之讯,小民们将如何活得下去呢?!晨,士保来,取款一千六百万元去。如此贪得,实在不该! ……下午,戴敦复来,周渭光来,方行来,谈颇畅。……七时许,王伯祥宅,叩门不开,即转至予同处,偕之至张宅闲谈。"(日记)

二月二十五日

"晨,圣保来,鹤龄来,印零件者来,王以中来,Heineman 来,有应接不暇之势。……下午,曹宝成来。慰堂自京来。谈不甚畅,约明晨在此与森老相见。五时许,至 Neurman 宅,与某美国医生相见,谈颇高兴。"(日记)

二月二十六日

"钱鹤龄来,送纸张者来,装订者来,慰堂来。森老来,墨林来,忙碌不堪。下午,编辑《清画第一辑》,尚佳。……下午,方行来谈。郭墨林送六朝小俑十九只来,皆一坑所出也,绝佳。颇高兴。而索价四两,殊昂。……下午,慰、森均在此相晤,偕至来喜定菜。夜,七时许,约哲民、家圭、唐弢、柯灵晚餐。他们都不大痛快,以酒慰之,还算谈得起劲。"(日记)

二月二十七日

"装订者来,裱纸者来,做纸盒者来,张君谋及森老来,候慰堂不至。士保来,圣保来,墨林来,贾进者来。……将补印之《西域画》上辑,装入盒中。……下午,慰堂来,谈了一会,即去。森老来,以中来,在此直谈到了近六时半。谷斯范来,因有客,即走。六时半,偕森老至来喜,到客十四五人,谈颇畅。"(日记)

二月二十八日

"晨,装订者来,戴圣保来,士保来,来薰阁送款来,忙碌至午。……下午,森老、慰堂来,济川来,葱玉来,一虹送款来,贾进者送款来,正在闲谈,得之,大为舒畅。……四时许,偕森老等至丁惠康宅看其自拍之电影。六时半,至吴湖帆宅晚餐。有魏廷荣、孙邦瑞、起潜、玄伯及森、慰诸人,看米襄阳多景楼诗及黄山谷诗卷。山谷诗一望即知其为伪作。森老云:米卷亦伪也。惟马湘兰致王伯穀札八通,甚佳。又有朱

（日记）謀壄《画史会要》，亦好。"（日记）

二月二十九日

"晨，宋启宸送款来，某君送款来，来青阁送款来，袁西江送款来。收入不少，然所差仍甚多，惟赴宁之旅费已有着落矣。森老来，以中来，墨林送隋代黄釉之二骆驼来，取去六朝俑款二两。……下午，萃古斋送款来……威东夫妇来。六时许，至张太太宅晚餐，有予同、纪堂、未风、贵定、陈惠诸位，谈颇畅。九时半，散，匆匆回家。取了行李，即上车。十一时开车，睡得不大好。"（日记）按，郑振铎今日赴南京。

三月一日

"七时许到，廖来接，往成贤街。……雇车到玄武门大树根访鈆弟，未遇。即赶到雨花台，访问了许久，才找到墓主李文彬家，佩贞、桂生及鈆弟均已先在那里。上山观穴，地势甚佳。近十时，安葬方毕。……下午……与慰堂谈颇久，晤张致一，偕往中大找昌群，在他那里谈了许久。找仰之。夜，在成贤街晚餐，有英士、觉明、曾小姐、傅为本及馆中人等，谈笑甚欢。十时许，散。与昌群谈了一会，即睡。"（日记）按，所安葬者当是郑振铎的三婶。

三月二日

"未早餐，即出。至颐和路找桂生，他已经上班去了。即至北城阅览室，晤屈万里及王季玉诸人，谈了一会，十时许，至四海书店访刘，不遇，晤廖莲芳。……午睡了一会。独自上鸡鸣寺……看了胭脂井，即回。在慰堂处看新购之敦煌卷子三十许卷，佳者不过三卷耳。中有变文一卷，最好。昌群来，同到萃耕，购书三种。又至清凉山扫叶楼，寂无他人，独对斜晖，观龚半千画像，大有所感。……六时许，至快活林，应程仰之约晚餐，为徽州家乡菜，甚佳。有觉明、仲舒、昌群及廖凤林诸位。"（日记）

三月三日

"晨，隋树森来访，谈'金元曲'事，甚详。九时许，至中央博物院，访曾、王、向诸位，观其四川汉俑，绝佳。即在院午餐。又晤罗季枚君。下午，偕往明孝陵游览，颇为高兴。……四时许，回。慰堂约同往教部，访了好几位朋友。六时许,又到济之宅访他,谈了好久。至希孟宅晚餐,适逢断电,燃烛而食。九时许,偕傅抱石访宗白华,谈甚畅。"(日记)

三月四日

"隋树森来谈,昌群来谈。九时半,至中央研究院,晤李济之、夏作铭,谈得很高兴,看到发掘之古物不少。六朝木画十许,尤佳。Le Coq 的《高昌》,已见到,色彩之灿烂,远非日本印本所能及。……中午,偕慰堂至朱骝先宅午餐,在[有]辛树帜等在座。二时许,至山西路。三时归,稍睡。写信给森老。找昌群,未得其地。六时半,至济之宅晚餐,谈颇畅。"(日记)

三月五日

"晨,将屈编书目,匆匆阅过一遍,写下了些意见。又阅《中国工艺美术图鉴》二册,加以批评,即送交教部。九时半,至史语所,晤作铭、济之,看了周代铜器及北宋本《史记》、三李诗等,谈了好一会。交款给作铭,预备购印相纸用。中午,在大华餐厅午餐,屈、廖、步青夫妇、吕、及予等公请也。酒喝得不少。慰堂下午四时许即赴上海。希孟来谈,崇武来谈,查君送了一本磁瓶来看,觉民来。……六时许,偕觉民、作铭至曲园晚餐,有昌群、曾小姐及罗寄梅夫妇。八时许,至罗宅看敦煌壁画之放大照片及电影,甚佳。十时许,昌群、作铭送至车站。上车,即别。十一时开车。"(日记)

三月六日

"晨,八时许到上海。……顾载记送纸来,鹤龄来,圣保来,墨林来。十时许,慰堂来。……写信给岱。已在教书,甚为高兴!……三时许,慰堂来。六时许,至伯祥宅,喝了三盅酒。至广平宅晚餐,复喝了不少酒。已生、仁彬、乔峰诸位均在座,谈至九时许散,即归。"(日记)

三月七日

"晨,士保来,装订者来,石麟来,曹未风偕二友来看俑。……下午,曹文钟来,鹤龄来。有送古董来鉴阅者。四时许,赴合众图书馆,约诸藏家茶叙也。到者不少。近六时散,偕袁帅南归,他借去《梧溪集》二

册。威东夫妇等在此晚餐。"（日记）

三月八日

"晨，圣保来，取款五百万元。鹤龄来。士保来……慰堂来，起潜来，森老来，在此午餐。毛太太介绍'新世纪出版社'中人来谈出版计划事，其计划凌乱不堪，可笑异常。……下午，墨林来，……乔峰来谈。六时许，至严宝礼宅晚餐，没有谈到什么具体的出版计划。同座者有吴湖帆、王新衡及珂[柯]、唐、徐诸人。酒喝得不少。"（日记）

三月九日

"晨，鹤龄来，高君来，顾载记来。十一时半，至张君谋宅午餐，有慰堂、森老、玄伯、胡笃秋、乐笃周、盛某、孙伯渊诸人，谈颇畅。……上海出版公司送款来。冯宝麟来谈。……五时半，偕箴至高宅。稍坐，即至志皋宅晚餐，送洪深赴厦门也。到者约三十许人，皆电影、戏剧界中人物。谈到九时半，复至高宅，偕箴归。"（日记）

三月十日

"将《汉晋六朝画》玻片次序编好……饭后，午睡了一会。谷斯范来。诺孟偕美国人清第来，谈甚久。"（日记）

蒋复璁写《为郑振铎所编〈中国历史参考图谱〉等书颇有价值，拟请教部酌予采购呈》，指出："西洋各国对于此等美术史乘均极重视，而我国则当以郑君所编为首创，在学术上颇有价值。尤足补各大学研究参考之不足。"后教育部定购了《中国历史参考图谱》和《域外所藏中国古画集》各十部。

三月十一日

"晨，顾载记送裱好之纸来，墨林来，包扎陶俑者来，圣保来，张君谋来。饭后，至丁惠康宅看其飞马二匹及宫女（坐）一只；飞马靠不住，而宫女则绝佳。色彩鲜艳，面容秀丽。云：值黄金十两余。不昂也。遇史、陈二人。……下午，候诺孟来，竟未至。……欲编陶俑次第，未成。总计之，尚不到四百品，号称五百者，实未细算也。"（日记）

三月十二日

"晨，士保来……饭后，午睡甚酣……客来均未之知。（家晋、绍虞

来。)下午,拟广告,未成。诺孟来,交来款四千二百万,上半月可以勉强度过矣。"(日记)

三月十三日

"晨,客来不少。……午,至起潜处午餐,有森老、慰堂诸位。……三时许,至清第宅喝茶,有诺孟同在。他所购俑均不佳。祝枝山写的四屏条,亦为伪物。"(日记)

三月十四日

"晨,方行来,圣保来。好不容易!《西域画》下辑已经印齐。士保来。叶华送□来。十一时许,默存来,慰堂、觉明、傅、屈、顾、苏、玄伯、森老等陆续来,在此午餐,喝白酒。三时许,散。墨林及来薰阁人来,艾来,宋福记送纸盒来,刘邦琛来。六时,至李石曾宅晚餐,到者不少,亦多熟人。观画,大都伪品。……九时许,出。偕森、慰至中央访觉明等。未遇。遇屈、傅诸人。"(日记)

三月十五日

"晨,圣保来……戴春记来……钱鹤龄来。饭后……郭墨林来,车去俑三箱。陈济川来。谈颇久。陈叔通来谈。四时许,至康乐酒家,贺伯丞二女结婚也。遇到熟人不少,惟予同诸人均未到,不知何故。慰堂亦来。"(日记)"车去俑三箱"是借给教育部运到台湾去展览。

三月十六日

"晨,士保来……石麟来……萃古交来南京泮池款四百四十万。十一时许,至合众,晤觉明、天木诸人,偕之至雪园午餐……下午,安娥来谈……家璧来谈。"(日记)

三月十七日

"晨,钱鹤龄来,富晋来,郭墨林来。……写了七八封信,均即发出。方行来谈,取去了不少从前《[世界]文库》的底本,由他去复原。圣保来,取去夹贡四刀。印刷工作,进行甚慢,颇不高兴!"(日记)

三月十八日

"晨,曹葆琛来,纸价几将涨到一倍。八尺科举已到一百四十万一刀,夹贡纸已到了二百万一刀。最坏的预想实现了!只好改定价,少印些。来取款者不少，而一无收入，奈何?!……编好《西》下的目录，即付印。寄历史书二包给舒。计划改订价目事。曹葆琛来……贾沛安之弟来。"（日记）

三月十九日

"张谷雏持黄宾虹介绍函来谈。他是广东人，在平购了不少敦煌画，要我去看看。……下午三时许，至宏兴鹧鸪莱行楼上，读张君所藏书画、敦煌画凡十幅。恐仅有一纸本者为五代画，是真迹。余皆元代物，年号是后填的。白玉蟾的字一卷，甚佳，是真的。常山杨邦基的水墨山水一卷，亦佳，似不伪，余均不可靠矣。索统写的《道德经》一卷（三国），似亦伪作。惟有六朝经一卷，前有彩画佛像，而地为粗麻布上粉者，当为真迹。"（日记）

三月二十日

"圣保送样十二张来，尚佳，套印者尤精。颇高兴!……下午，家晋、天佐来谈。天佐说起靳以诸人事，颇可怪。六时许，伯祥、予同、达君来喝酒。且饮且谈，颇乐。"（日记）

三月二十一日

"晨，至法藏寺吊章母丧，晤熟人甚多。和致觉谈了好一会。十一时许，回。黄苗子偕亦代来，谈颇畅。墨林来。……下午，装订者来，钱鹤龄来。仔细计算着此刻的成本。"（日记）

三月二十二日

"晨，圣保来，上海出版公司送款来。……夜，梅兰照相馆来拍'俑'。共拍了二十六张。还有一天才可毕。"（日记）

三月二十三日

"晨，斐云寄了三百多万来，正得其用。……二时许，至上海出版公司，开编辑会也。……七时许，健吾、唐弢来，在此晚餐。……金华来。"（日记）

三月二十四日

"晨，圣保来，墨林来，印零件者来，士保送日文书十余本来。到孙瑞璜宅，谈《画集》预约事。……下午……曹葆琛送纸一百〇一刀来。

候送款者,竟无人来。顾巨六来,送来款五百九十九万元,亦颇有用。辰生送从美国寄来之包裹一个,手续至为麻烦,竟等候了近一天!"(日记)

三月二十五日

"晨,整理《陶俑》稿。目录已印好,即交装订作。鹤龄来。……下午,装订作送《西[域画]下》一百五十部来。鹤龄送玻璃来,取去陶俑底稿四十张。墨林来,携回骆驼两只,送来马一匹,颇佳。五时半,到葛一虹宅晚餐,贺其新婚也。到者多半皆非熟人(他的亲戚为多)。有颜惠庆、吴清友及陆君诸人。与一虹叔谈颇畅。他在南洋中学教了二十五年书,颇有风趣。……决定明天赴杭。"(日记)

三月二十六日

"电威东购车票。晨,到亦代处借到七千万。又到哲民处,取来现款二千万。可以成行矣。……匆匆午餐。餐后,即坐祥生车到车站,威东已在等候,即偕上车。……在车阅《绿庐小孤女》,尽其半。六时许,到杭。即雇车到大华,因客满而退出。随至岱的住所,即偕之同出晚餐。……到了葛岭饭店,与范洗人同屋而住。……偕洗人出散步,至子恺处闲谈。"(日记)

三月二十七日

"候岱。九时半,同车到石屋洞……十时许,到九溪……经六和塔……独自登塔……十二时许,回湖滨,同访博文。午餐后,坐船在湖上……七时许,即别。回到旅馆,洗人尚未归,即冒雨到子恺处闲谈。"(日记)

三月二十八日

"九时许,岱来,……坐三轮车游灵隐……又至三天竺……餐后,至玉泉观鱼。……到葛岭……五时许……一人沿湖而回,洗人不在。至图书馆访陈博文,亦不在,乃独至杏花酒楼喝酒。"(日记)

三月二十九日

"晨起,在湖滨散步。……直到十时半,才上城隍山……下山至清和坊等处……十二时许,至陈博文处午餐……饭后,到博物馆一游……

六时许,至子恺宅,他约晚餐也。"(日记)

三月三十日

"早餐后,即至湖滨散步……逛西泠印社……走到了平湖秋月,再沿白堤归……洗人约在玉泉相见。九时,即到玉泉。看开明所购之地……十一时许,偕洗人及黄君步行到子恺宅午餐。酒喝得不少。看阮君搜集之红豆二匣,颇称大观。一时半,回旅馆。……三时许,到车站……八时半,到上海,坐祥生车归家。"(日记)

三月三十一日

"士保来,圣保送印样来,款尚缺若干。即托辰生立刻将支票存入新华。来青阁送款来,恰好凑足。这个月底又可度过矣。宋福记来取款。……下午,来薰阁送款来,一虹之戚送款来,颇为高兴。……诺孟取去《西域画》下七部……谷斯范来。康嗣群来谈甚久,在此喝咖啡,说起靳以事来,大为惋惜。"(日记)

四月一日

"晨起……装订者来,做纸盒者来,印刷者来,直有应接不暇之势。皆来取款者也。……下午……整理'俑'图。夜,找照相馆来拍'俑'照。"(日记)

四月二日

"晨,圣保来,金华来,来薰、来青人来,皆来取书也。……下午……绍虞来谈,在此喝咖啡。"(日记)

四月三日

"晨起……鹤龄来,士保来,Heineman 来。……下午,巴金、靳以来,谈其加入社经事经过甚久,也不好多加责备。在此喝咖啡,吃王洁斐送来之炒面。照相馆来,取款一千一百万元去。鹿文波来,取款四千万元去,又已无存款矣! 方行来谈。调孚偕张某持一文与可画竹轴来阅定。有'晋府'及天一阁印章,颇怪。竹势甚佳,而文与可的名字,则是后来加入的。……富晋送《史记会注考证》来,即购之。"(日记)

四月四日

"九时许,偕宝、贝及潘家子女等,乘威东借之汽车到龙华去。一

无可观……又至黄家花园，经乱，房屋已毁去不少。至冠生园农场吃饭。下午一时许，归。……钱鹤龄来。"（日记）

四月五日

"晨，士保来，墨林来，装订者来。……下午，写岱信一，即发出。今日邮资又涨价了。三时许，至 Western Art Gallery，遇北大教德文者 Wilhiem 夫妇等。喝咖啡，看 Heineman 所藏之俑，三彩盘、瓶及铜器等，颇佳。购得《Roman Portrtaits》一册，价三百万。"（日记）

四月六日

"上午，Wilhiem 来，看版画数种。他是卫理贤子，故大有书生气，颇谈得来。又有佛西介绍一英国人某来，彼为研究中国鞋子者，其实一无所知，一最讨厌之商人也。……下午，写信未成。约伯、予二人来喝酒。七时许，他们来了，喝酒不少（尽四斤）。谈得很高兴。"（日记）

四月七日

"晨，圣保送《清画》（一）印样来，顾载记送裱纸来。"（日记）

四月八日

"晨，圣保来……金华来。……下午，至三井花园观樱花……遇严敦易。至比德，访金淳。"（日记）

四月九日

"蒋天佐来谈，修文堂送书来。……下午，田涛来谈，郭墨林来谈。森老约至九如晚餐，今日觉明诸人从台湾归。五时许，至扬子饭店，晤觉明、天木、森老及庄慕林，偕往九如，谈甚畅，酒喝得不少。起潜亦来。回到旅馆，谈至近十时，至来薰阁小坐。济川代购台湾席一……觉明赠鱼子二匣……里千偕泮池中人送款来。携台湾展览之俑三箱已送回。"（日记）据蒋复璁回忆："三月，教育部组织文化宣慰团，派我担任团长，邀集中央图书馆、中央博物院筹备处以及沪上收藏家，各选择所藏图书文物精品，运抵台湾，在省立博物馆举行文物展览，以宣扬祖国文化。……展览三周后返回南京。台湾受日本军阀统治达五十年之久，本省同胞于光复后首次欣见祖国文物，实具有重大意义。"（《我与中央图书馆》）赴台文物中就有郑振铎所藏陶俑。

四月十日

"晨,金华来。慰堂来,送来台湾草帽一顶;屈万里来。送来台湾拖鞋等……颇高兴。……下午……墨林来,送来汉井二只,甚佳,且价亦颇廉。又有长沙出土之画花陶碗等数只,均甚好……(金华复来,拆开木箱,取出各俑,除其中有一俑头部落下外,余皆完整,大是幸事也!)"(日记)

四月十一日

"晨,王天木来,谈颇畅。偕至大来午餐……饭后,午睡少顷。至许宅,开文协理事会也。相谈尚为和谐。四时半,偕圣陶至伯祥宅喝酒,尽六七盅,而未醉,谈亦甚畅。甚难得之一场痛饮也。八时半归。墨林来,携来小俑七八只,甚佳。贝贝又有小病,梁医生来,谈了好一会。"(日记)

"三人小饮,余从我妹处取菜三色佐饮。无所不谈,历两小时许,甚快。"(叶圣陶日记)

四月十二日

"曹文钟来,郭墨林来,装订者来。……欲整理'唐'画付印,久而未成。可见工作之不易。整理'俑'照,亦仅成一部分。傍晚,王天木偕其未婚妻来谈。托其将安阳大理石人像照片三张,转交给李济之一阅。"(日记)

四月十三日

"晨,金华来,梅林来谈。宝宝偕程霞云夫妇赴宁游览……下午,圣保来,送来'印样'数种。《汉晋六朝画》已完工矣!好不容易!来青阁送款来。诸孟来,因海内门目录里,刊有我的著作目录,他颇为不高兴。鹤龄来,将'俑'照付拍,亦即将完成矣。"(日记)

四月十四日

"画集老印不出,一半也为了天气关系,很不痛快!晋成来收广告费,未付。这次登了两天广告,花了二千四百九十六万元,但效果甚少也。……下午,诸孟来谈。他因《唐宋以来》定价低,颇为不快。只好随他去了。"(日记)

四月十五日

"晨,客来不少。至菊老宅。借得俑数只,均佳。有一手携提袋之立女俑,尤为可贵。可证唐代'提袋'之真相也。尚有带蓝彩之女俑一堂,计十二只,因不易携取,未借来。"(日记)

四月十六日

"《汉晋画》已装订好五十部,尚佳。宋福记送套盒来。整天的在贴版权页等琐事。下午,计划着《唐五代画》的选择及付印事。至郭墨林宅,见到唐三彩壶二,带蓝彩,甚佳,惜无力以得之,仅取得一蓝彩小女俑耳。"(日记)

四月十七日

"来取《汉晋画》者不少,几一扫而空。此辑印刷得还不坏,惟不知如何,竟印得极慢。……定户近来愈见其少,盖缘购买力日弱之故。书价愈高,则购者越少,甚可怕也!……夜,照俑十九张,颇见疲倦。"(日记)

四月十八日

"晨……金华来,郭易来,梅林来,宋启宸来,范成偕其二友来,玄伯来。……夜……金华来谈……(方行来,取去前借之款三千。)"(日记)

四月十九日

"晨,胡颂高来谈。金华来,要购纸,惜无款,中午时,刚主来,在此便饭。他答应代借美金若干,纸款又可有着落了。惟不知将来如何偿还之耳。"(日记)

全国文协代主席叶圣陶,常务理事郑振铎、许广平、胡风、姚蓬子,理事会秘书梅林联名致信美国笔会,感谢美国笔会捐助中国文协2440美元。

四月二十日

"因为《汉晋画》迄未印齐,心里非常的不痛快!来取书者甚多,均婉辞对付之,甚见痛苦。《清画》第一辑倒印成了不少,看看还不坏。"(日记)

四月二十一日

"晨,圣保来……方行来谈。曹葆琛来……下午,上海出版公司送现款三千多万来,可以应付此后数日之需要矣。……(发了三封信)(泮池张君来,交来款五百多万。士保偕来。夜,刘邦琛来,仍无书给他。)"(日记)

四月二十二日

"晨,出去购鲜花及水果等,明天是箴生辰也。顾载记送裱好之蓝布一匹来,取去款一千二百余万元,皆现钞也。《汉晋六朝画》至今未印全(除了五十部外),甚以为奇!……傍晚,曹文钟来谈。夜,家中人聚饮,为箴暖寿。惜宝未归也……(下午,诺孟来,约下星期一下午来取《汉晋画》。)"(日记)

四月二十三日

"曹葆琛来,又购了科举五十刀,计六千五百万元。款还不知在哪里呢?!梁医生夫妇来,谈了一会。……下午,宝自南京回……带来了天木拍的四川汉俑照片一束,见了,尤为喜悦!今日为箴四十八岁的生辰,客人们来了不少。贾沛安来,说起借款事,有难色。以后只好不向他开口了。……墨林来,付不出帐,只好托他代为设法。……鹤龄来。葛一虹来谈。辰生来。慰堂来谈。"(日记)

四月二十四日

"晨,到愚园路申记印刷所,观其印刷情形……而圣保则已到庙弄来了。即匆匆归,谈了一会。到梅兰取放大照片。……五时许,圣陶来。其后,靳以、巴金、梅林等陆续来。最后到者为田汉及安娥。他们在此晚餐,商'特刊'及文艺奖金事。酒喝得不少,谈得也颇高兴。至近十时始散,送巴金等至西摩路口而别。"(日记)

"傍晚,至振铎家与文协诸君聚餐。餐后谈会中悬赏征文,以期推进文艺之事。"(叶圣陶日记)

四月二十五日

"傍晚,墨林来,又是追款,只好虚言应付之,奈何?!曹文钟来取书。谢刚主来谈。借去日文书数册。……有种种计划,惟以无'力',多

半不能实行也。有钱者不肯做事,惟有我辈穷人,好事,却无'力'。故文化情形,寥落至此! 可叹也! "(日记)

四月二十六日

"下午,上海出版公司送款来,为数戋戋,不足付装订费也。魏建功自台湾来,谈甚畅……即留他在此喝酒。王世襄来,送来托交慰堂之铜器及写经等。不久,即走。夜,打电话来,约我去看他的稿子。因喝酒微醺。未去。"(日记)

四月二十七日

"晨,方行来,装订者来,做套盒者来(取去一千二百多万元),曹文钟来,陈博文自杭州来,博文欲予偕至三马路各古书肆推销其木版书。即同往,在各肆走了一遍。十一时许,至通易,访志皋,不遇。即至开明,谈甚畅。偕洗人、伯祥、予同、博文同到永兴昌喝酒,微有醉意。二时许,归。来薰阁送款来。中央图书馆送本月份第三批薪水来。……默存来谈,颇久。墨林来。六时半,坐车至虹江路两路局晚餐,应陈伯庄约也。到者多为路局中人,仅舒新城、卜少夫、程及予为外客……(有医生宋名通,为名琼之兄,亦在座,甚笃实。)"(日记)

四月二十八日

"晨,圣保来。《汉晋画》仍未印毕,为之焦急不已! 金华来。家璧偕亦代来,商出版事。偕至来喜午餐。正值选举副总统开票,唱票声自收音机传出,极为讨厌。……傍晚,郑之梁来。取去已出版之《西域画》三函、《遗民画》一函、《汉晋画》一函,交来支票四千万。可度过此一月底矣。"(日记)

四月二十九日

"晨,钱鹤林来。十二时,到章雪村宅,应午餐约也。今日为雪村子士扬(篆)生日。丰子恺自杭来,亦在座,谈甚畅,酒喝得不少。赠子恺《西域画》《汉晋画》等。二时许,散,至来薰阁稍坐。与建功谈甚久。"(日记)

本日,上海《大公报》社在八仙桥青年会召开第 20 次时事座谈会。座谈会题目是《德先生与赛先生》。邀请出席者有郑振铎、任鸿隽、蔡尚思、林同济、张志让、黄炎培、周建人、卢于道、吴耀宗、沈体兰、杨晦、夏康农等人。郑振铎因故未出席,5月1日记者唐振常特来补充采访。郑振铎等人的讲话发表于5月3日《大公报》。

四月三十日

"晨,金华来,未遇。士保来,富晋送书来。九时半,至福利会谈翻译事,仍无甚头绪也。约五日七时,在予处再谈。十时半,散。即至开明,谈了很久。十二时许,偕他们同到法藏寺,丐尊逝世二周年,在那里做佛事也。……《夏氏字典》第一页恰好排出样子来。藉此,他可以不朽了。……下午,伯祥、予同、洗人、达君、雪村、建功、圣陶来,在此晚餐。本约了子恺,但他今晨匆匆的回杭州去了,故未到,谈到近十时才散,酒喝得不少。(傍晚,中大历史学社人来,顾巨六来)。……戴某送《唐五代画》玻璃来。"(日记)

"傍晚,至振铎家,应其招饮。观日本人所印我国名画集,其彩色者,由名手木刻精印,复套珂罗版,可爱之甚。饮甚欢。"(叶圣陶日记)

五月一日

"下午,欲写信,竟未能执笔。大公报记者唐振常来,记录着'德先生与赛先生'的谈话,竟不能畅所欲言。……编写《唐五代画》。"(日记)按,郑振铎对记者说:"民主和科学,是五四时《新青年》叫出的,到现在已经卅年了。……民主基础一定建设在平等上,如果有一个或几个特权阶级的存在,甚么民主都谈不到了。这种特权阶级,从袁世凯这种政府起到军阀混战时代,一直到现在,都还存在的。……这样的情形,离开真正的民主政治,恐怕还有十万八千里路远。……政治不民主,科学的发达也是不可能的。"郑振铎的谈话发表于3日上海《大公报》。

中共中央在纪念国际劳动节口号中发出"各民主党派、各人民团体、各社会贤达迅速召开政治协商会议,讨论并实现召集人民代表大会,成立民主联合政府"的号召,郑振铎受到极大鼓舞。

五月二日

"上午……寰西来,送来一千七百万,甚感之。宁某来,为郑之《阿

Q正传注》一书商出版事。……八叔公来，他在苏州经商，已有多年，是亲戚生存者里辈份最大的了。楚图南来，新民报晚刊来取稿。"（日记）

五月三日

"打一电话给达君，托他卖去一批东西。……下午，圣保来，取去一千五百万元。《汉晋画》好容易才印齐。……《唐五代画》已编好。钱鹤龄来。陈受颐打电话来，很高兴他已到了上海。傍晚，编《宋画》，发现三辑实在容纳不下，便突然的生出一个主意来，欲加印四辑……（潘应咸来，消瘦不少。）"（日记）

五月四日

"来青阁送款八百五十万元来。天已晴。写了好几封信，为了加印《域外所藏古画集》四辑事，通知合资者，不知有无效果？……下午，潘应咸、孙家晋来，将王世襄存此之铜器等，装箱寄宁。陈受颐来，谈甚畅。孙玄常、徐益藩等来谈。夜……至梁医生宅，送《汉晋画》一部给他。遇唐云、白蕉等。……（哲民逼款甚急，很难过！）"（日记）

在《新民报晚刊·夜光杯》上发表《"人"的发现——为纪念"五四"作》，指出："'五四'到今日，已经三十年了，固然不能说没有什么成就，而无知的封建的非人的阴云，还重重叠叠的弥漫在天空。有'人'格，有'人'味儿的中国人，还该一息不懈的争斗下去，直到扫除尽了一切非'人'的东西为止。"

在全国文协编印的"文协十周年暨文艺节纪念特刊"《五四谈文艺》的《我们的话》栏标题下发表短论。共44人执笔，郑振铎列于首位。

五月五日

"晨，来客甚多。因为经济周转困难，颇为不快！发出通知续定信不少，想可有效力。如全部收到，可有五亿多，足以应付一时也。……下午，整理帐目等。"（日记）

五月六日

"整日忙于发信等事。写信给岱。……客来不少，非索债，即接洽

印刷等事。曹葆琛来，即向之购夹贡一万张。价在二百六十万元一刀，共需二亿六千万元，不知如何付款法?!"（日记）

五月七日

"晨，曹葆成[琛]来，付出十六日及十八日的支票二张，计款二亿六千万元，不知有无办法付出?! ……健吾来，和他接洽好借款事。"（日记）

五月八日

"到孙瑞璜处谈借款事。孙王国秀来此看'俑'……大约新华借款可以成功。不过需要抵押品耳。拟向达君商之。"（日记）

五月九日

"付出装订者款。现在做布套等，要二十四万元一只。每月至少须付出四千万元以上也。印刷者须付出约一亿。预计，如每月出二种，必须二亿以上始可对付过去。心里很焦急，但想来必可无问题也。'船到桥头自会直'。抱此观念，自不至悲观也。"（日记）

五月十日

"钱鹤龄来。《俑》差不多已编好数十页，即可付印矣。今后，应以全力先完成《俑录》。否则，延期过久，殊为人多一口实也。下午六时，Hedley 有鸡尾酒会，作一函谢之，未去。因开明今晚有酒会也。……五时半，至开明，谈颇畅。惟总觉得胸部窒塞，头有些胀，故酒喝得不多。有醉者，达君夫人则失声痛哭，盖有所感者。"（日记）

"傍晚，举行酒会。酒系洗公所赠，十余年之陈酒。到者三十余人，散坐于四楼办事室，俨如酒馆。余与振铎予同同席。"（叶圣陶日记）

五月十一日

"晨，至开明，至孙瑞璜宅。今日为梁医生夫妇生日，但自己在寓请客，不能去，仅送《清画》第一辑一部为贺礼。已有达君及郑缤送续款来，很高兴。五时许，予同、圣陶、伯祥、洗人、达君、雪村及建功来此晚餐。酒喝得不少，谈得很畅快。达君交来会德丰股票一百股，时值十亿以上。即交新华，做抵押透支五亿。纸价可不愁付不出矣。"（日记）

五月十二日

"圣保等来。九时半,至沪光看史东山导演之《新闻怨》,尚佳。……中午,在红棉午餐,昆仑吃[请]客也。酒喝得不少。餐后,不待坐谈,即辞去,到三马路各肆,为透支事盖章。……下午,客来不绝,一事不能做。夜,阅书。九时许,睡。下午,凤子偕沙博理来,云,星期日结婚,欲我做证婚人,即允之。"(日记) 按,沙博理为美国人(后入中国籍)。

五月十三日

"晨,客来不少。上午,将契约送到新华。此款即可动用矣。开明约吃晚餐,因同时孙太太请客,故未去。七时许,至孙宅。到者有大杰、默存夫妇及健吾等,谈颇畅。……数日来,购善本数种,其中《小山乐府》尤佳。极为得意,又得西书四种,皆必须购置之基本书也。而所需之款则甚巨。不知将来如何偿还之!"(日记)

五月十四日

"晨,对付了印刷者后,即偕箴至大光明看曹禺之《艳阳天》。技术上极为进步。全剧紧张之至,为之感泣!惟恐曲高和寡耳。午,曹禺请我们在新雅午餐,到者皆熟人。酒喝得不少,皆有醉意。主人则已醉矣。三时许散。偕唐弢访哲民,他正忙着。即出,至开明。……夜……墨林来,稍谈,即去。"(日记)

"观曹禺新片《艳阳天》之试映……观毕,承邀宴于新雅。两席,坐皆熟人。曹禺完成此作,至兴奋,饮酒甚多,颇有醉意。而坚欲请人评其缺失,不欲闻赞语,尤见其艺术良心。"(叶圣陶日记)

五月十五日

"晨,士保送叔平书目来,心中别有所感,颇不痛快!印刷者来。……整日的在家整理图片。送款来者数家。"(日记)按,书商韩士保送来张叔平的书目,当是抗战后期郑振铎因生活所迫而出让给张的书。

五月十六日

"晨,徐文炯、陈其田来,与文炯谈久之。他新近从广州香港归,云有广东明版府志数十种,颇佳。当力劝其购入。……下午,三时许,谭宁邦来,偕至凤子新寓,为其证婚。四时许,结婚。仪式尚为隆重。介

绍人为谭及方令孺,陈媖、清阁等均在。五时许,归。休息了一会,偕箴
到美华参加婚宴。到者二百余人,酒喝得不少。萧乾醉得不省人事。……
他们要我发表中美结婚之感想,仅能不落边际的说几句耳。"(日记)
五月十七日

"士保送叔平所藏善本来,颇有所感。……下午,客来不少。六时
许,到三马路各肆一行,无所得。济川之叔病死,至来薰阁慰之。七时
半,至锦江,晤 Fast,谈久之,皆关作家福利事。"(日记)

"傍晚至锦江餐馆,应美人范君之邀。范为洛氏基金会代表,来商
谈翻译名著事。到者皆熟友,参与此事之委员会者。谈至九时而散。"
(叶圣陶日记)
五月十八日

"晨,孙实君来。……下午,康嗣群来谈。"(日记)
五月十九日

"晨,圣保来。十时许,至河南路,访哲民,遇中央行顾君等。谈了
一会,即到商务,购了不少廉价书。晤谢仁彬诸位。至开明,晤圣、伯诸
位。……下午,来青阁取书。……H.Van 太太来,取去《清画第一辑》一
册。凤子偕沙博理来,送来衣料一件。……《西域画》中辑送来了十部。
教部款一亿〇九百万已送来,连成本还不敷,不知如何对付法?!"(日
记)
五月二十日

"晨,鹤龄来,圣保来。《唐五代画》已全部印毕。《陶录》的样张也
已送来,印得不太好,颇不满意。……下午,写一信给岱,颇有感慨!曹
葆琛来……曹文钟来……孙玄常来,取去《清画第一辑》一本。来薰阁
等取《西域画》中辑。此项还债工作,不知何时始可告毕也!H.Van 太
太送款九百六十万来,恰不在家。六时许,至美华,应凤子夫妇约也。
喝酒不少(共二桌)。……孙助廉上午来谈,送来《碎金》一部,永乐本
也。索一千五百万元。总统就职日,在凄风苦雨中过去。福利会及储
安平约,俱未赴。"(日记)
五月二十一日

"晨,曹葆琛来,购定八尺科举一百刀……此款又须费力张罗一下矣。来人不少,总是付款者多,送款者少。仔细一算,透支款已用逾四亿矣。好不可怕!……六时许,风子、沙博理来,靳以来,沈樱来,巴金夫妇来,一虹夫妇来,方令孺来,翰笙来,颇为热闹,谈甚久。"(日记)

致刘哲民信,提到"《文艺复兴》'中国文学号'盼能付印"。

五月二十二日

"晨,来客不少。一一对付之,无非为款事也。《大公报》广告已登出,约需三千万。可谓昂矣。但亦不无效力,上海出版公司即送来三千多万。下午,康嗣群打电话来,说,他的亲戚要定一部《古画集》,大约可收入五六千万元。王崇武来谈,颇为高兴,很畅快!"(日记)

五月二十三日

"晨,圣保来,胡颂高来,鹤龄来,冯锦钊来,周渭光来。至瑞璜处一行,即归。……二时许,至开明,开股东会也。四时许,散,至虹口开明宿舍,看调孚他们的住宅。……六时许,至中建社,应高祖文约喝酒也。有圣、伯、予、孚、晓先诸人。……(晨,孙助廉送《Animal Style in South Russia and China》,索二十元,即允之。盖黑田源次旧藏之物也。今日已不易得之矣。)(郭墨林送六朝羊俑等四只来,尚佳。)"(日记)

五月二十四日

"晨,士保来。家璧约晚餐,为清阁生日也。又开明约于五时许,开董事会并晚餐。均因夜间自己请客,未能去。(昨日开明开股东会,我以七千八百多万票,当选为第十二届董事。)……下午,温知送《笔耕园》一册来,共六十页,为日本黑田氏家藏之册页,皆宋、元、明小品也。有极佳者。索五千万。六时许,萧乾来,默存夫妇来,嗣群来,起潜来,玄伯来,王崇武偕李君来,森老来。萧乾稍谈即去。谈论古事及版本,甚欢。"(日记)　"昨日之选举之董监揭晓。董事易叶圣陶、王馨迪为郑振铎、马荫良。"(王伯祥日记)

五月二十五日

"晨,鹤龄来,圣保来,石麒送款来,辰生来。编《陶俑图录》。……

下午,续编《图录》。六时许,至三马路各肆,无所得,仅见温知有日本印画册若干种。又汉学有王缓珊书数种,其中以嘉靖单刊本《文心雕龙》及《野客丛书》为最佳。《大明会典》亦好……七时许,归。中途遇家璧,偕回。几乎无话可谈。此君过于精明,恐将不免吃亏也。"(日记)

五月二十六日

"晨,顾载记送裱好之夹贡十刀来。田涛来。整理《宋画》。戴春记送装订好之《唐五代画》来,颇为高兴,当即装入盒内。上海出版公司取去《唐画》数十部。……下午,来取书者纷纷不绝。石麒送来古画照片数十张,价一千万,即购之。圣保送《俑录》的木造纸本来……傍晚……购月季花十株,植于小园中,荒芜之景为之改观。"(日记)

上海《大公报》发表叶圣陶、许广平、郑振铎、熊佛西、陈望道、巴金、臧克家、唐弢、靳以、梅林、徐铸成等人推荐文华电影公司根据曹禺作品拍摄的《艳阳天》。郑振铎高度评价说:"自始至终,一气呵成,令观众无一秒钟不在紧张中。孤人们的不幸,感动得全场饮泣。渔鼓急击,愤懑难忍。申张正义,明辨是非,被压迫者知奋起以赴之了。'是'与'正义'决不会孤立无援的。"

五月二十七日

"晨,圣保来,石麒来……墨林来索款。……下午,理好一部分该发出的《域外古画集》,陆续寄发。……发岱二信,牢骚满腹。"(日记)

五月二十八日

"晨,鹤龄来,墨林来,孙助廉来。上海出版公司人来,托其送去各书预约书。大致已分送过半矣。郭石麒送款来。……下午,步送泮池款来。……到合众去,未晤起潜。"(日记)

五月二十九日

"孙助廉来谈,索款颇急,只好敷衍到下星期再说。墨林亦来,颇不高兴。史家荣送款来。上海出版公司送款来。调孚派金才送陆维钊预约款来,多半是现钞。十二时许,至玄伯宅午餐。有乔大壮、马慕轩、默存、起潜等。……宋福记来。金城等处又送款来。"(日记)

五月三十日

"晨，宋启宸来，取书，并续定数辑。董秋斯来谈。……夜，招梅兰照相馆人来照'俑'，这一批拍毕，可以不必再到家里来了。……把'俑'搬上搬下，皆是一手一足之烈，无一人可帮忙，也无一人肯帮忙！"（日记）

《新民报晚刊·夜光杯》发表"作家访问记"之一——刘岚山写的《从文学转到考古的郑振铎》，提到郑振铎"讲了一些关于中国执政者一向就不注意这些事情[按，指文物考古工作]，也不帮助有心从事这一工作的研究者"，"古物大都为外人收买了去"，"简直是民族文化的大罪人"。该访问记还附载了郑振铎提供的"唐代贵族的出行"和"北魏时代的妇女"两幅陶俑的照片。

五月三十一日

"晨，来客不少。整理一批《陶俑图录》的稿子，预备付印。"（日记）

六月一日

"晨，圣保送《图录》校样来，不甚佳。心里也多了一层不痛快！拟将第三批稿交给他，忙着编排次第。钱鹤龄来。今日来取款者纷纷。下午，宋福记取去二千万；辰生取去利息一千多；嗣群的欠款已付清；曹文钟来谈。郭墨林来，取去欠款。偕墨林同到禹贡等处观'俑'。颇有佳者。惜无款以购之耳。……健吾送借款来，即在此午餐。甚感之！"（日记）

六月二日

"晨，鹤龄来，。郭墨林送四坐俑来，极不佳，姑收之。编《图录》第三批已毕。此批付印，已过半告成矣。孙助廉来取款，付他一部分。下午，王湛贤偕一友来取稿。郭石麒来。苏君自南京来，要取书去。晚餐后，便忙忙的赶着理书了。夜，写一信给岱。"（日记）

六月三日

"晨，钱鹤龄来。圣保来，取印刷款四千五十六万去。苏莹□来，整理好善本书六十□种，一百五十一本，装两箱，交其带京。其中多半为黄、顾二家所校跋者，极为名贵。今市上连一种也不多见了。辰生来，同在此午餐。……复信八封，即寄出。……来薰阁送款一千九百万来。

晚餐后……十时许,赴车站。取得车票,即上卧车赴南京,为参观故宫博物院及中央博物院联合展览会也。"(日记)

六月四日

"七时二十五分到南京。中央图书馆有车来接,即进城到成贤街。……和慰堂谈了一刻,森老来。九时半,到半山公园中央博物院看'故''中'联合展览会。……十时半,晤天木、觉明、森老、叔平、曾小姐诸位,谈甚畅。又陆续的见到来参观的人,像郑颖孙、陈之佛、傅抱石和上海来的葱玉、谭和庵诸位。……就在那里吃午饭。有李小缘、胡小石二位。下午,昌群来。六时半,回到成贤街。七时许,慰堂请客。到者有昌群、寄梅、森老、希孟、叶麐及馆中诸人。散后,和寄梅、昌群等,在我房里谈了一会。"(日记)

上海《大公报》发表《文化等各界 281 人对美国积极助日复兴的抗议》,其中有郑振铎。

六月五日

"晨……至江苏路平教会找菊农,谈了一会。又晤阳初。复至分馆,访屈万里,谈了好一会……又到中研院访夏作铭、李济之。见到殷代的土俑,可谓为'俑'之祖了……又见到一批唐代的骑马俑,还不坏。午归,和慰堂同至曲园午餐,应森老、叔平约也。在座有柳翼谋、尹石公、葱玉、和庵、徐某、昌群、曾小姐、觉明诸位。酒喝得不少,菜甚佳,且甚别致。偕觉明、昌群归。把送天木、曾小姐和觉明的东西都交给了觉明。……六时许……夏作铭来谈。候昌群不至,到他家里去访他。谈了一会。访陈之佛,不遇。独至夫子庙,至泮池。……十时许归。昌群来谈,觉得甚倦。"(日记)

六月六日

"九时许,至济之宅,谈了一会。夏作铭亦来。十时归,与慰堂谈了一会,……参观了书库一周……孙助廉来,偕至鸡鸣寺一游。……二时半,至龙蟠里,访柳翼谋,未遇。即至太平商场中温知、萃古各肆一游。……五时许,至泮池,晤面熟人好几个,皆不甚知其名。到秦淮河畔徘徊了一会。六时,至桃叶渡大集成晚餐,应昌群约也。到者森老、叔平、叶哎、觉明、曾小姐,皆熟人,谈甚畅,菜多酒好(梅花酒)。近十时才散。偕昌群访罗寄梅,喝了些鸡尾酒和咖啡而归。"(日记)

六月七日

"晨,觉明来谈。森老来。写一信给岱。寄梅来,坐他的车到山西路,晤屈万里。阅各书库,取《皇明献征录》,计一百二十卷,凡一百册,每卷多则百许页,少则六十余页。叹息而止,不能印也。晤童养年。十一时许,回成贤街,遇中大吕斯百。十二时半,曾小姐来,坐她的车至清真老宝新午餐,应柳翼谋、尹石公约也。菜甚丰,予与叔平酒喝得不少。至泮池,与冀野谈颇久。购萧梁时代拓本十许种,价一千五百万元,归已四时矣。……六时许,偕慰堂至中央研究院晚餐,应济之、作铭约也。谈颇畅。九时许归,森老与曾小姐已先在。十时许,至车站,上了卧车。……森老云:简直睡不着。南京之行,就此结束。凡住四天,展览会只看了一次。种种的纵横排阖,观之,颇为可笑可怜!我们只好躲得远远的,省得惹了一身的龌龊。"(日记)

六月八日

"晨八时,到上海,坐送客车回家。事情多极了,……下午,整理'俑'的图片及《宋画》玻片,未毕。此事实极麻烦也。"(日记)

六月九日

"晨,来青阁送款来,天一珂罗版社人来。《宋画》即将付印,不能不加快整理了。胡颂高来,可托其同时印'中辑'也。严文郁来,谈颇久。当约其于明天傍晚来晚餐。……下午,写了几封信。整理《宋画》上辑,尚无眉目。盖先要整理好底样,然后再一张张的对照玻片,殊为麻烦也。"(日记)

六月十日

"今天为贝十二岁的生日。……晨,颇热。鹤龄来,圣保来,宋福记来,取去款不少。又托来薰阁购缩本《四部丛刊》等,用去四千八百多万元。……下午,作一画给岱。整理《宋画》上辑,预备付印。甚为紧张。费了许多工夫,才理好一半。希望将中、下辑亦同时编好付印。六时许,予同、伯祥来,默存来,□与李馨吾来,严文郁来,章克檩来,顾起潜来,周连宽来,在此晚餐。亲戚们则在楼上吃饭。谈得颇痛快。……
森老腹疾仍未愈,故未到。"(日记)

六月十一日

"晨,天一珂罗版社来,取去《宋画》上辑玻片三十二张。周叔迦来
谈甚久。装订作来。中山大学冯君来取书,谈甚久。……来薰阁送代
购之缩本《四部丛刊》。计四百余册,价三千七百五十万元,尚不及十
万一册也,尚廉。……(下午,Neuman 来,送来二千八百万元。)"(日记)

六月十二日

"晨,天一送印样来,尚佳。教部批书者来接洽的有数批。……慰
堂来谈。……夜,希孟来谈,颇畅,他是一极聪明、极有见地的人。郭墨
林来,送来俑若干,有似是而非者,皆不是我所亟需者。颇不高兴。"
(日记)

六月十三日

"晨,田涛来谈……钱鹤龄来谈。墨林偕其父寿臣来看俑,有绝佳
者。……下午……方行来谈。"(日记)

六月十四日

"孙助廉来取款,鹿文波来取款,潘应咸来。俟印刷者不至,甚为
不高兴。……下午,郭墨林来,取去款不少。……太朴来谈。来薰阁送
书来,又托其向商务代购若干种。以九千万得一百衲本《二十四史》,
似反较前数月为廉也。七时许,至许宅晚餐,有已生、仲足诸人……九
时半,归。……阅陈寅恪《读东城父老传》(史语所集刊第□本),觉得
他确是读'史'得间的。"(日记)

六月十五日

"鹤龄来,天一来。整理图片,未毕。……下午,四海汇款六千余
来。整理了《陶俑图录》四十张。"(日记)

六月十六日

"晨,温知王某来。张骏祥来,为译事谈了一会。此事麻烦之多,出
于意外,此后万万不可多事了!……与亦代通过电话。天一送印样不
少张来。……宋福记送《宋画》布套来。圣保来,候之已久,却印不出

也。下午,纪堂和宪文来谈。……傍晚,威东夫妇来,泮池送书款来。"
(日记)

六月十七日

"赶编《宋画》及《图录》。精神不振,而工作则非做不可。……夜,
方行来谈。"(日记)

六月十八日

"天一印刷《宋画》上辑,工作甚快。故一面整理玻片,一面又须补
充原稿付拍。颇为忙碌。商务送百衲本《廿四史》一箱来。昨付九千万
购之,今日已涨价,且已不可再得了。连日物价狂涨,如山洪暴发,不
可收拾,不知如何办法才好!心绪甚为恶劣!米价已至一千八百万元
一担了!"(日记)

老友朱自清与北平各大学教授多人联名发表宣言,抗议美帝国
主义扶植日本,并拒绝领取"美援"面粉,表现了中国人民的英雄气
概,郑振铎读后很感动与欣慰。

六月十九日

"天一中人来,结了第一批印刷费。……一时半许,即坐车到了开
明。今天开第二天[次]股东会也。说是二时开会,直到了四时方才开
会……圣陶辞协理,只好允之。"(日记)

六月二十日

"晨,钱鹤龄来。方行偕何叙甫来,谈久之。他颇为健谈,对于古董
也收集极多。至近一时,方才走。他是唯一的一位收藏家,毫不悭吝的
将所藏者捐赠出来的。……下午……在家阅书,阅图片,编辑《画集》
渐有头绪。《宋画》'上'、'中'二辑,均已告成,'下辑'也即着手了。……
慰堂来谈。"(日记)

六月二十一日

"十时,接电话,恰是岱打来的。匆匆的即到大都会……在冠生园
午餐……到大华看电影……送之上三轮车。因岱五时有约会也。"(日
记)

六月二十二日

"对付了印刷者等后,即赴比德,到已十时矣。访金淳。过了一会,岱才来。……在大同午餐……二时许,至国泰,看一滑稽片……到大来晚餐。"(日记)

六月二十三日

"晨,圣保送印样来,不如预期者之多。本月底以前,恐怕《陶俑图录》又不能印竣了。森老来谈。"下午"方行来谈久之。"(日记)

六月二十四日

"晨,钱鹤龄来。《宋画》上辑,进行甚快,中辑亦已付印,故赶着将下辑未备之材料付照。惟圣保处则印刷甚慢,不如预期者远甚耳。……下午,除整理《宋画》下辑外,不能做他事。"(日记)

六月二十五日

"晨,天一送样来。《宋画》上辑,即将告成矣。胡颂高送印样来,说'中辑'也可于下月六日印齐。以此,赶将纸盒布套等理齐。……下午,贴版权页等。正在忙忙碌碌的工作着,有某校二生来,要求参加公断会。即加拒绝,云:不能讲话,且亦无暇也。写信四封,即发出。"(日记)

六月二十六日

"晨,天一送《宋画》(上)印样来。至此,上辑已全部完工了。……潘应咸来,送来薪水及慰堂送来之款。上海出版公司中人来,送来现钞二千八十万元。……下午,周君来,商'中国文学号'事。预备照相,把房间里的纸盒布套等搬移一空。整理《宋画》下辑的材料。傍晚……章克燊送《书林》二册来,广告已登出,有错处。……有某生来谈,允之始去。书价又涨了五成!"(日记)"中国文学号"指郑振铎在编的《文艺复兴》中国文学研究号。

六月二十七日

"晨,候印刷者不至,仅天一送印样来耳。整理《宋画》下辑玻璃底片,应加入者,已超出六十张以上,只好再度选择一下。大妹携龙龙来。……五时许,叶石荪和徐中玉同来,谈了一会。来薰阁送款七千多万来。夜……拍俑照十四张,这大约是最后的一批了。……晨,秋斯来谈。上午,钱辛稻送款来。"(日记)

七月一日

"《宋画》上辑车来一部分,已可发书了。中辑目录亦已印好。晨,忙着装书入盒。……下午,整理'下辑'图片,已将毕。下辑目录也已编好。候印刷者及取书者均不来,仅富晋来,取去书二部。七时许,到梅龙镇晚餐,文协宴请邵力子也。到的人,有久未见到的。十时半,散。偕家宝、一虹、巴金、靳以到寓闲谈,喝柠檬水。……马唯民从苏州来。"(日记)

七月三日

"下午三时,偕彬然至红棉酒家,为何香凝祝七十寿……到者约八九十人。"(叶圣陶日记)郑振铎可能参加。

七月四日

"三时许,西谛折简相邀,谓觉民甫自南京大学来,明后日即须乘轮赴津返平,还教北京大学,再来未卜何日已。匆匆约定今晚七时在渠处便酌,并讬代约予同。……座谈有顷,客陆续至:刚主兄弟先来,觉民继至,默存、玄伯、起潜亦先后到,予同则最后至。因合坐小饮畅谈,至近十时始散。先送觉民上一路电车,然后偕西谛、予同徜徉于静安寺路、西摩路,直至福煦路始别。"(王伯祥日记)

七月十六日

"傍晚,同人共往国际戏院,观沈浮、阳翰笙所作《万家灯火》。"(叶圣陶日记)郑振铎当参加。

七月中旬

上海《大公报》社召开关于阳翰笙、沈浮创作的电影《万家灯火》的座谈会,后该报 21 日、28 日《戏剧与电影》周刊发表《〈万家灯火〉座谈》,郑振铎第二个讲话,予以高度评价。

七月二十日

"午刻,同人与高觉敷小饮于聚昌馆。高已久不晤面,此次将往南岳,接受教育学院为院长。子恺适来沪,亦来小饮。"(叶圣陶日记)郑振铎可能参加,或在此前后亦请高觉敷吃饭,因高是郑的中学同学。

七月

温州青年画家张明曹来上海,携带画作百余件,多为描写浙东风景名胜,29 日在八仙桥青年会雪赓堂办预展,30 日至 8 月 1 日展览。郑振铎为画展题词"温州第一笔",又作《题张明曹飞瀑图》:"翛然置我会仙岩,恍听钟声出碧杉。记倚危亭看飞瀑,弥天梅雨湿春衫。"这是迄今我们见到的郑振铎唯一留存的一首旧体诗。

八月十二日

老友朱自清在北平病逝,郑振铎闻讯极为悲痛。

八月十三日

"佩弦已于昨日午前十一时病逝院中。晨间于报端得此讯,为之惊愕难任,因与圣陶、予同、雪村、洗人、西谛、绍虞、彬然、调孚、芷芬、龙文等联名电唁其家属,由稚圃代表临奠。"(王伯祥日记)郑振铎并与叶圣陶、俞平伯等商量负责收集朱自清遗著,准备为他出全集。

八月十四日

为主编《文艺复兴》"中国文学研究号"(上)作《题辞》指出,这是继他主编的二十多年前《小说月报》和十多年前《文学》的"中国文学研究"专号之后的第三个专号。简略回顾了"这十多年来关于中国文学研究的倾向与发展",高度赞扬郭沫若、闻一多的古典文学研究"尤有新的研究的方法,开辟了一条从前没有人走过的道路"。最后写到:"正当本册付印时,我们得到了朱自清先生的噩耗。这似一声霹雳,把编者震得呆住了。朱先生对于这个'专号'帮助极多。他是编者三十年来的好友,研究的方向相同的很多。他的逝去,不仅是青年们失去了一个良师,中国文坛里失去了一个巨人,中国文学研究者们失去了一个好的指导者,同时也是苦难的中国,失去了一个最有良心的好人和学者!谨以本'专号'献给朱先生之灵!"后载 9 月 10 日出版的该期卷首。

八月十六日

上海市中等教育研究会经过二个多月的筹备,本日在南京东路慈淑大楼二楼中国艺苑举办中等教育展览会。历时一周,于 22 日闭幕。这是中共地下党指示举办的,目的是揭露、批判反动的教育制度,展示革命的、理想的教育制度。郑振铎应邀列为发起人。在开幕前印发的请柬上都印上了发起人的名字。

八月十七日

作散文《哭佩弦》,后载 9 月 15 日《文讯月刊》第 9 卷第 3 期"朱自清先生追念特辑",述叙了朱自清认真、持重、艰苦、正直的一生,指出他近年"在走上一条新的路上来了。可惜的是,他正在走着,他的旧伤痕却使他倒了下去"。

八月二十三日

作散文《悼朱自清先生》,后载 9 月 1 日《中国建设》第 6 卷第 6 期,指出:"朱自清先生是认真而严肃的;他的为人的态度,为学的功夫,教书的精神,都是认真而严肃的。他的热忱,仿佛深藏不露。他没有脸红耳赤的呼喊,也没有火辣辣的辩难。与朋友的谈论,总是平淡而虚心的。但我们都知道他是感情极丰富的一个人。""他是在跟着'时代'走的。虽然他并不站在'尖端',但他是以认真而严肃的态度在虚心的学习着的。"

八月二十五日

"傍晚,偕伯祥、予同、达君至振铎家,应其招宴。主客为潘光旦、陈梦家二君,余人亦多熟识。"(叶圣陶日记)"散馆后应西谛之邀,与圣陶、予同共载以赴之,有顷默存至、森玉至、潘光旦至、起潜至、陈梦家至、达君至、祖文至,最后孙瑞璜至,七时半始入坐,且饮且谈,观默存与梦家斗口,致趣也。九时许乃罢,又坐至近十时始与予同共乘以归。"(王伯祥日记)

八月二十八日

傍晚,开明书店在衍福楼宴请郑振铎、巴金、李健吾、杨东莼、吴朗西、钱歌川、王辛迪、陈岳生、端木蕻良等。

八月三十日

下午,全国文协和清华同学会假花旗银行大楼联合举行朱自清逝世追悼会,郑振铎送挽词:"呜呼!君虽死于病,实死于贫与愁,一代学人竟贫愁以死。君不负所学,国实负君,呜呼!"

九月六日

吴晗已来沪。"将放工时,忽接王艮仲电话,谓辰伯来沪,欲与余相晤,将以车来接。候之至七时许,车始至,又迎振铎及辰伯之弟春曦,遂至艮仲家。辰伯两年为别,精健弥甚。谈平地近状,亦谈佩之全集。旋饮黄酒。食罢复谈。"(叶圣陶日记)

九月七日

文协理事会在延福楼召开,郑振铎、叶圣陶、姚蓬子、巴金、阳翰笙、许广平、曹靖华、冯雪峰、梅林等出席,讨论征文评选诸事。

九月九日

致夏鼐信,感谢他寄来有关东西周的古物照片(为编撰《中国历史参考图谱》之用)。并附致郭宝钧信,谈关于"历史图谱"的编选问题。

"傍晚,偕彬然应王艮仲、许揆若、孙晓村、高祖文四人之招,聚餐闲谈。到者将四十人,共谈《中建》北平版之如何供稿。"(叶圣陶日记)郑振铎可能参加。

九月十日

主编《文艺复兴》"中国文学研究号"(上)出版,所作《题辞》发表于卷首。

九月十一日

"昌群忽来访,别无他事,因念及沪上友人,便乘兴而来。适雪村家设宴,即拉与俱往。雪村开三年陈之酒一坛。二十余人畅饮之,乃有数人入于醉。子恺、鞠侯、昌群、振铎、雪村也。昌群本拟住振铎家,疲不能动,即宿雪村家。"(叶圣陶日记)

九月十三日

"傍晚至振铎家。振铎宴昌群、子恺,邀我店同人作陪。外有徐森老及梁医生。……昌群仍宿于客室。"(叶圣陶日记)

九月十九日

中午"方饭时,杂志聚餐会以电话来招,遂赴钱业公会,辰伯亦在,诸友向致欢迎。"(叶圣陶日记)郑振铎可能参加。

九月二十日

中共中央致电香港分局钱之光、上海局刘晓及刘长春,提出拟再邀请参加新政协会议名单(其中当有郑振铎),并指示将这些人员于今冬明春送入解放区方为合适。

九月二十一日

"傍晚,文协在我店开理监事会,凑合邵力子先生来沪之便也……会毕聚餐,欢饮笑呼,九时散。"(叶圣陶日记)郑振铎当参加。

九月二十三日

下午,冯雪峰、胡风、梅林、蒋天佐在文协会所拟定文协第三次征文评选委员会名单,郑振铎被安排为民间文学作品的评委。

九月二十四日

"上午十时,至霞飞路中国福利基金会,此系其新迁会所……开翻译工作委员会,推定振铎为此会主席,商量以后新计划,并筹设西文图书馆。会毕,偕振铎至环龙路,观雕塑展览会。此系市美术馆所主办,陈列泥俑、陶器、石刻、铜镜等件,振铎之出品颇不少,其所藏之骆驼,居于正中。"(叶圣陶日记)

九月二十六日

"三时,至康乐酒家,应比利时人善秉仁神父之约,同在者有其同国人高乐康神父……友人继至者十数人,共摄一影,进茶点而散。余遂至辰伯寓所,应共招饮之约。到者仲华、仲足、振铎、祖文、黄裳。"(叶圣陶日记)善秉仁神父之约,郑振铎也可能参加。

九月二十九日

"傍晚,在店中四楼小饮,外客有辰伯、振铎、祖文、黄裳四人,同人六人。连饮两小时,谈话又一小时,始散。"(叶圣陶日记)

九月

在《开明》新 7 号(总第 45 期)上发表文章介绍《闻一多全集》。

本月,上海举办敦煌艺术展览,郑振铎去参观因之认识常书鸿。

十月一日

"今日起钟点拨慢一时。七点半至车站,应高祖文之招游苏州,同游者振铎、予同、辰伯、黄裳。"(叶圣陶日记)周予同又偕许杰同来(许到苏州社教学院上课)。到苏后,高夫人及汽车公司经理许显民女士来接,游木渎、灵岩山、天平山。晚,乘车回城,晤吴觉民,许杰偕马荫良、戴敦复(皆社教学院教师)来,共饮甚欢。"振铎、黄裳欲访书,而护龙街书肆已关门,扣之都不应。于是至景德路汽车公司总所,许女士将其经理室设榻容我等睡。"(叶圣陶日记)

黄裳后来回忆:"使人很难忘记的是第一天吃完夜饭以后到玄妙观和护龙街上访书的经过……我花了很便宜的价钱买了两册康熙刻本的《骆临海集》送给了吴晗,因为骆宾王是他的同乡,义乌人。我们中间只有郑西谛是著名的藏书家。吴晗叹息着说,教了十年书,节衣缩食买过一些旧书,可是到现在连一本明版也没有。西谛听了笑着说,'你是研究明史的,我送你一部朱元璋的文集吧。'……吴晗是很高兴的,因为他的《朱元璋传》的改写稿(第三稿?)最近已经交出付印了,他自然为能得到它而高兴。"(《过去的足迹》)

十月二日

晨,黄裳自其友人家来,高祖文自其家来,遂共游汪氏义庄、狮子林。下午,游西园、虎丘。夜,坐火车回沪。翌日 2 时到。

十月六日

"傍晚至功德林,为公司[按,指商务印书馆]请杨遇夫、郑振铎夜饭作陪。"(史久芸日记)

十月十日

"振铎今日为银婚纪念,邀我等夜宴。"(叶圣陶日记)王伯祥因患臀疔,不能平坐,特作一柬令儿子滋华送来:"谛兄箴嫂俪鉴:昨日予同兄书来,承示电约今夕预宴尊府。屈指默计,贤伉俪已值银婚。揆诸往例,闻召必趋,欣兹佳辰,尤宜速驾。乃身婴微疾,有愿莫申。顽臀之患未除,植坐之能犹虚。若蹩躠而来,纵无恶于形秽;果忝侍末席,实有伤夫雅观。辄令儿子滋华报命专谢以闻。良会坐失,惭恨无已。幸有以照之。即颂白首共千秋!"

十月二十三日

"下午三时,偕调孚出席翻译工作委员会。会毕,与靳以、振铎谈《中国作家》编稿事。"(叶圣陶日记)

十月二十四日

"午刻,应王辛笛之招,会于悦宾楼。多《大公报》友人,听王芸生谈时局。"(叶圣陶日记)郑振铎可能参加。

十月二十八日

"下午六时半,应黄裳之邀,餐于锦江。同座为巴金、振铎、唐弢、靳以诸君。"(叶圣陶日记)

十月

去南京,访夏鼐等,主要为拍摄有关古物图片,用于《中国历史参考图谱》。

十一月十七日

致蒋复璁信:"兄两次过沪,均未停留,有许多话要谈,一时也说不尽。默存兄转达的话,都已知道。苏先生来,已理好'善本'三箱托其带上,尚有二箱左右,只好下次再带上了。前次有将'善本'寄放半山园中央博物院之说,敝意颇以为不可。盖该院地址似较荒僻,远不如'朝天宫'之谨慎也。曾和森老仔细谈过,古物和'善本',均利于'分',不利于'合',似不宜集中在一处。民族精神所寄托之物,绝对的应该妥筹善策,不能听任其再有罹劫之虞……敝意不妨选最精者装箱,存放安全之地。或即设法运沪存放亦可……闻中央研究院古物,孟复先生并不想动,亦不装箱,自亦有其理由……弟日夜思维,总觉得对于已集中之国家民族的精神所寄之物,必须策其万全!中心至感痛苦。"可见郑振铎对鼎革之际国家珍贵文物、善本的安全问题忧心忡忡。

十二月五日

致夏鼐信,因面临覆亡的蒋介石政府准备偷运国家珍贵文物之事而极为不安,指出:"古物古书,在南京者'身份'极重。故宫所藏,固为流传有自之'国宝',即研究未竟之'生坑',未为世人所知者,亦复极多。不知作何打算。弟耿耿不寐,殊为焦虑。……弟所怕者惟以'北京人'之复辙为虑耳。"

十二月七日

蒋介石集团宣布迁逃台湾。此后,国民党当局将中央图书馆的一些善本十多万册(其中大多为郑振铎等人在抗战时期抢救下来的)分三次用军舰等运往台湾。期间,存放在上海尚未运到南京的一部分书,在郑振铎等人的"拖延"下,留了下来。当时,徐森玉对故宫博物院的一部分文物、赵万里对北平图书馆的善本书,也都根据郑振铎的指示,采取隐瞒、分散、拖延等方法,尽量保留下来。

十二月十七日

"午刻,赵家璧招饮于其寓,他客皆熟友,甚畅适。"(叶圣陶日记)郑振铎可能参加。

十二月二十日

主编《文艺复兴》"中国文学研究号"(中)出版,载有郑振铎所作《编后》。

十二月二十一日

国民党当局作出"各院馆搬运文物的原则决定以后,立即行动。第一批系由海军总司令部派中鼎轮载运",今日"在南京下关装船,五单位共计七七二箱,其中属于中央图书馆的有六十箱,由王省吾先生押运。"(杭立武《国立中央图书馆与我》)22 日开船,26 日到基隆。中央图书馆运书事由特藏组主任屈万里负责。(蒋复璁《我与中央图书馆》)

十二月二十五日

"十时许,昌群与振铎来店,即留饮酒,谈甚适。"(叶圣陶日记)

十二月二十七日

致刘哲民信,提到"《参考图谱》正以全力进行,一旦中止,未免可惜!且将来销路必极大,为保存币值之一大保障",希望支持出版。

十二月二十八日

"午后,偕彬、予二兄访铎兄,谈近事,无结论。"(叶圣陶日记)按,当是讨论如何绕道香港去解放区之事。

本年

所编《玄览堂丛书三集》交南京中央图书馆影印(后正式出书已在 1955 年 7 月)。收有关明史的珍贵古籍十余种。

本年,帮助瞿秋白烈士夫人杨之华向亚东图书馆经理汪孟邹要求追寻 1927 年瞿秋白亲自编好的《瞿秋白论文集》的手稿。后该手稿在建国后终于找到。

约本年底

"到上海将近解放前的一段时间,白色恐怖更加严重,几个进步期刊的编辑人,经常到星期六晚上,轮流充当东道主,每次约在跟上次不同的地点,秘密聚餐,相互交换一些有关解放战争和文化艺术界意外遭遇的信息。参加秘密聚餐的,有《中学生》编辑叶圣陶、徐调孚,《世界知识》编辑冯宾符,《观察》编辑储安平,《文艺复兴》编辑郑振铎、李健吾等。"(范泉《丐翁和叶老》)

本年底、次年初

"当 1948 年之冬,解放大军将要南下的时候,留居在上海的爱国人士们随时有被疯狂的蒋匪特务所杀害的危险,……党派了人来也要我走。我决心动身到香港去。党告诉我说:你不是欠了不少债么?我们替你还罢。这时,正在解放战争之际,一分钱都是很可宝贵的,我怎么忍心接受党的这笔钱呢?结果是卖掉了几部书作路费而上船。"(郑振铎《把一切献给党》)

藏书家李文衡回忆:"1948 年冬,韩君持《纫秋山馆行箧书目》一册来。云郑振铎先生亟需旅费,愿以此册所有书出让。书目后有长跋,全册为郑先生手书,询以所需之数,当即照数赠送。三日后送书来,每部书末有郑先生手书'长乐郑振铎藏书'七字。读跋文后,深知郑先生求书备极辛苦,常常节衣缩食以购书,真是难能可贵。"(《天津李氏荣先阁藏书杂记》)按,据韩士保面告,当时他是代张叔平卖这批书的。又,李文衡于 1952 年把这批书捐送给了重庆图书馆。

一九四九年　五十二岁

（民国三十八年　己丑）

一月一日

新华社播发毛泽东写的新年献词《将革命进行到底》，向全世界和全国宣告了中国人民解放军将渡江南下，解放全国。郑振铎极受振奋。

一月三日

国民党当局搬运文物、图书第二批，因"海军方面一时无法调派军舰，决定租用商船，乃托友人向招商局接洽，租到了海沪轮"，今日该轮到南京下关，4 日、5 日装船，"五机关共装了三千五百零二箱，其中属于国立中央图书馆的有四六二箱，由苏莹辉、昌彼德、任简三位先生押运"，6 日开船，9 日到基隆。（杭立武《国立中央图书馆与我》）又据蒋复璁回忆，此批中央图书馆的书共三九八箱。（《我与中央图书馆》）

一月四日

"放工后，与同人驱车至达君家。十位作东，迎叔湘，送余与墨、彬、芷芬、士敩五人。铎兄亦来会。谈饮甚畅。"（叶圣陶日记）按，"十位作东"是伯祥、雪村、达君、洗人、雪山、予同、调孚、均正、祖璋、锡光。"迎叔湘"是欢迎他加入开明书店。

一月六日

"放工后，驱车至铎家，计洗、村、予、祥、达、敩、彬与余。铎特备羊肉锅饷客，酒次诸公各有赠别之言，当牢记之。"（叶圣陶日记）"散馆后，应西谛之约，与洗、村、达、予、圣、彬、敩共载以赴之，少坐即饮。除杜办羊肉涮锅外，治馔甚腆。欢谈至八时许，各辞归，以圣等明晨须登轮,亟返治装也。"(王伯祥日记)按,叶圣陶与夫人将动身绕道香港去解放区。

一月十二日

叶圣陶在香港作《致沪上诸友》,提及"此行甚安适,无风无浪,长乐[郑振铎]有兴,亦可出此途。乞容翁[王伯祥]转告之。"

一月十四日

毛泽东发表《关于时局的声明》,驳斥蒋介石的元旦求和声明,提出以彻底消灭反动势力为基础的八项和谈条件。21日,蒋介石宣告"引退",由李宗仁代理总统。

一月二十八日

国民党当局搬运文物、图书第三批,"已无法租得商船,只好再请海军总司令桂永清帮忙,承他指派运输舰昆仑号担任",该舰今日下午开到南京下关,原计划要运二千箱,其中中央图书馆一五〇箱,因部分海军军官家属抢着也要逃跑,占据前舱,所以无法全部启运。"中央图书馆系由储连甲先生押运",30日开船,中途有修理和停顿,2月22日才到基隆。此后,国民党当局就无法再搬运了。(杭立武《国立中央图书馆与我》)又据蒋复璁回忆,此批中央图书馆的书共一八六箱。(《我与中央图书馆》)又据郑肇升《国立中央图书馆五十年》,"第三批则因船满,有八十余箱未能运台,第四批待运的有二百余箱,则因李宗仁下令和谈而停止运台。"

"教育部令疏运善本图书至台,共计十二万余册,其中有宋本二〇一部,金本五部,元本二三〇部,明本六二一九部,嘉兴藏经一部,清代刊本三四四部,稿本四八三部,批校本四四六部,抄本二五八六部,高丽本二七三部,日本刊本二三〇部,安南刊本二部及敦煌写经一五三卷。自来珍藏书目,其繁富宏博,似未有逾于此者,斯皆抗战期间采购之善本,亦有一部分系抗战后所接收者。"(陈立夫《国立中央图书馆在抗战期间工作偶忆》)"中央图书馆迁运台中的图书,三批总计六四四箱,多为珍贵藏书,其中善本书就有十二万一千三百多册,其他珍品如名贤手札墨迹、金石拓片、甲骨残片、铜陶瓷器、汉简、写本经卷等,还有中文书、杂志、公报、报纸、地图、蓝图、西文书、西文杂志,装箱时也是经过精选的。"(杭立武《国立中央图书馆与我》)"此次运台虽未能如数运出,但善本已全部运出,计有十二万一千三百余册,金石拓片也有五千六百种,其他尚有甲骨残片,铜陶瓷器,汉简,写本经卷,报纸杂志等。其分类件数如下:善本明[此字疑误?]一二一、三六八册另六四散叶;名贤手札墨迹八册;甲骨残片八四八块;金石拓片五、五九九种;铜陶瓷器二九件;汉简三〇枚;写本经卷一五三卷;普通明[此字疑误?]二〇、一九六册;杂志公报二、〇六八册;报纸四六三册;西文杂志三、八八六卷又二五八册四四种。重要珍藏都已来台,所缺者为一般图书及期刊而已。"(郑肇升《国立中央图书馆五十年》)

一月

《青年界》新 6 卷第 5 期刊登《〈达夫全集〉出版预告》,拟分 6 卷,约 200 万字,编辑委员会为郭沫若、郑振铎、刘大杰、赵景深、李小峰、郁飞组成。后该书因故未出版。

二月九日

叶圣陶日记:"据荃麟言,铎兄将于明日登轮来港,打销初意之说非确。余闻之欣然。"

二月十四日

中共地下党组织为保护著名爱国民主人士,准备迎接解放,秘密安排一些民主人士撤退到香港转东北解放区。本日下午二时,郑振铎得到通知去领船票,即致刘哲民信,告以即将"乘舟破浪南行矣",并意味深长地写道:"大约相见期不会太远。"信中对上海出版公司的工作给予了很高的评价和鼓励,并对自己所编《中国历史参考图谱》、《文艺复兴》及其"中国文学研究"专号(下)的出版事宜作了安排和指示。

夜,约唐弢到家里,"屋子里并没有第三个人,西谛却郑重其事地把我拉在一旁,带着充满感情的声音告诉我:'明天我就出发了!'"(唐弢《忆西谛》)

临行前还与孙家晋谈话，吟咏了杜甫的咏马诗"竹披双耳峻，风入四蹄轻。所向无空阔，真堪托死生"，以寄托自己激动的心情与坚定的信念。并说："最近重读了何其芳的《画梦录》，丁令威化鹤归来，城郭已非；将来我倒想重写这个故事，化鹤归来，城郭焕然一新……"暗示了他即将远走以及革命即将胜利。

二月十五日

一早，携女儿郑小箴乘盛京轮南下。行前，又匆匆致刘哲民一函，对上海出版公司诸事补充作指示，鼓励他说："公司前途希望极大，决不趋时，而基础一定可以很稳固。"

叶圣陶日记："今日报载上海白色恐怖复炽，又有开名单准备捕人之消息，相识者且有被捕者。铎兄迟迟其行，迄未见到，深为悬念。"

二月十六日

叶圣陶日记："今日接洗公电，言铎兄已动身，十九日可到。"

二月十九日

上午，到香港，叶圣陶、傅彬然、章士敏等至码头迎接。至九龙酒店，赁得在叶圣陶右侧一房间。中午，"徐伯昕邀午餐，以振铎为福建人，特觅一闽菜馆。饭后，陪振铎访家宝、以群、翰笙，皆未遇。"（叶圣陶日记）

二月二十日

"午刻，与云彬、振铎小饮。"（叶圣陶日记）

二月二十一日

"傍晚，[陆]联棠作东，宴铎兄于红星，他客有仲华、朱智贤，兼为宋小姐作饯，渠明日返台湾矣。与铎、云、仲四人饮白兰地一瓶。"（叶圣陶日记）

二月二十二日

上午，周钢鸣来，即与他及叶圣陶、萧乾等乘车去达德学院开座谈会。中午到达，先到者还有曹禺、叶以群、楼适夷、马思聪、史东山、张瑞芳等。午饭后，一时半，在该院民主会堂开会，全院学生二百余人均参加，郑振铎发言。四时半散会，乘车回寓所。

本日,致刘哲民一信,告以"途中走了四天,在基隆停了一天",并对出版公司的工作表示关心。

二月二十四日

中午,柯灵作东,为郑振铎、叶圣陶、曹禺等人即将北上饯行。

晚,中共驻港代表潘汉年、方方、许涤新、夏衍举行晚宴,招待黄炎培、陈叔通、马寅初、张志让、沈体兰、俞寰澄、包达三、郑振铎、张絅伯、盛丕华等,征询对国民党战争罪犯名单的意见。

王伯祥日记:"旋由四马路转到西谛前五日港发信,知已安抵,晤圣陶,且住同一旅邸。信中所言大旨与圣同,谆谆以完成《廿五史外编》等计划为勖。故人殷望,思不能遽副之耳!"

二月二十五日

香港地下党组织为保证郑振铎等人的安全,又安排他们搬至大中华旅馆。此为一旧式旅馆,房间较局促,郑振铎父女与傅彬然合居一室。中午,应徐铸成之招,与叶圣陶等在上海餐馆午餐。

晚,应王芸生、萧乾之招,与叶圣陶去六国饭店晚餐。

二月二十六日

致巴金、章靳以、康嗣群、陈西禾信:"临行匆匆,未能告别,歉甚!到此后,心境殊为轻松……之琳兄已见到,吴性裁也已谈过。关于研究宋代服饰事,他也颇能了解,请西禾兄和王天木兄积极进行……老巴出书的劲儿,大家佩服之至……《文艺复兴》事,请靳兄多多帮忙……嗣群兄想已开始办公。在此和柯灵、伯郊谈及,他们都很起劲,愿意设法在此多招股本,惟稿子须设法多拉些耳。"

致顾廷龙信:"归行匆匆,未及造府告别,歉甚歉甚!……玄览堂三集事盼兄鼎力主持,如不能续印下去,则仅此四十册亦可成书,乞商之慰堂兄为荷。"

致刘哲民信,谈为上海出版公司招股等事,并附致唐弢、李健吾信。

晚6时,香港地下党组织将郑振铎等人的行李秘密搬上轮船;为保证安全,晚8时,又请他们迁至大同旅馆夜宿,这是一个更简陋的旅馆,郑振铎父女与曹禺夫妇合居一室。

二月二十七日

夜 9 时许,改穿中式短服,冒充押货员身份,秘密上船,与宋云彬、傅彬然合住一舱。同船有叶圣陶、陈叔通、马寅初、包达三、张绚伯、柳亚子、张志让、沈体兰、吴全衡、王芸生、徐铸成、赵超构、刘尊棋、宋云彬、傅彬然、曹禺等,共计男女老幼 27 人,为香港党组织运送有关人士北上以来人数最多的一次。

二月二十八日

清晨,地下党派李实(罗雁子)"复来送别,并告余等,此行共二十余人,而合法之搭客规定只十二人,余等皆不能作搭客,须自承为轮上职员或押管商货者,苟遇港府派员检查时,余须自承为任总务者,季龙为副会计员,彬然与振铎则皆为押货员云"(宋云彬日记)。中午 11 时 50 分,轮船开行。郑振铎心情激动,相约在船上每晚开会,亦庄亦谐,讨论与娱乐相兼。

二月

在香港时,写信给上海的钱钟书、杨绛夫妇,要他们暂不出国,等待解放。又写信请中共中央山东分局转给老友王统照,请他持此信赴山东解放区。后王统照因反动军警戒备森严未能赴,返而作《几度》诗以待解放。

三月一日

晚,在船上举行第一次晚会。当夜,叶圣陶作诗,次日呈郑振铎等,云:"南运经时又北游,最欣同气与同舟。"在此前后,柳亚子为同船 27 人各写诗一首,赠郑振铎诗云:"旧学新知各有闻,郑郎玉貌气干云。哂园遗著疑真伪,异见还应考订勤。"赠郑小箴诗云:"谢絮陈椒重小箴,郑家娇女嗣清音。最难慈父还兼母,体贴长途宛转心。"

三月三日

上午 10 时,出席在船上召开的座谈会,讨论"在文化及一般社会方面如何推进新民主主义之实现"。张绚伯主席,宋云彬记录。

三月四日

上午 10 时,在船上开第二次座谈会,叶圣陶主席,谈今后新闻、戏剧、电影等文化事业。晚 7 时,开晚会兼以志别。因风浪大,感眩晕,先退席。夜,船突遇国民党军舰盘问,因而改道,佯作向朝鲜行驶状,致多行一小时有余。

三月五日

午后,船抵山东烟台海面。5 时,船靠码头。岸上有解放军及市府人员迎接。得悉国民党海军重庆号起义成功,大喜。晚,徐中夫市长等招待晚餐。餐后,安排在市郊一西洋别墅住宿。(因恐国民党飞机来袭,故特安置于此处。)

三月六日

华东军区郭子化等三位首长特来迎接。其中匡亚明系叶圣陶从前景云里邻居。下午,同叶圣陶、宋云彬等巡游街市。晚 6 时,去某戏院参加烟台市党政军民召开的欢迎晚会。

三月七日

上午,解放军战士帮助把行李装上卡车。下午,坐车出发,晚 9 时,停于莱西三李庄。

三月八日

午后,与叶圣陶、宋云彬等人"至一党务人员薛姓之宿所,其人颇风雅,壁悬陈师曾之对联,何子贞之屏条,皆收购者。又有印刷品书画集数箱。出城子崖出土之黑陶一具相示,上有文字,与殷契相类。铎兄谓此物与龟甲文同时也。"(叶圣陶日记)"有一黑陶碎片,振铎断为殷代遗物。"(宋云彬日记)　晚,参加当地军民欢迎会。

三月九日

上午 8 时,乘汽车继续前行,夜至潍县(今名潍坊特别市,解放已一年余)住宿,郑振铎父女与宋云彬同室。

三月十日

上午,参观潍县城,与叶圣陶、张絅伯、宋云彬参观图书馆,臧副市长(臧克家之本家)亲为引导;晚乘火车,8 时至中共华东局暨华东军区所在地青州市(益都)住宿,许世友等来接。

三月十一日

下午,到孟家村;晚,参加华东党政军机关召开的欢迎会,并讲话。看京剧《空城计》、《三岔口》、《御碑亭》、《芦花荡》。

三月十二日

上午,参观附近之托儿所等;下午,参观军官教导团(收养蒋军投降军官之所),与被俘军官王耀武等谈话。

三月十三日

下午,与被俘战犯杜聿明谈话,"振铎等均向之质问"(宋云彬日记)。7时许,坐火车出发。郑振铎父女与叶圣陶夫妇同一卧车室。

三月十四日

清晨4时,车到济南。6时下车,在招待所晤恽逸群、叶籁士等。早餐后游大明湖及图书馆、博物馆、华东大学。午后开座谈会,了解解放军攻下济南的经过。4时乘火车出发,暮至桑梓店,复乘汽车,至翌日天微明时到德州。

三月十五日

上午,"假寐约两小时,即与振铎、彬然、超构等赴市,购烧鸡、酱肉归"(宋云彬日记)。下午,德州市长设宴款待。

三月十六日

晨,坐汽车继续前行。未久,所乘之车发生故障,即挤上宋云彬等人之车。"振铎本欲与余等同坐一车而未果,至是乃大乐。"(宋云彬日记)夜8时半,到沧州,即上火车住宿,仍与叶圣陶夫妇同厢。

三月十七日

竟日在车中闲坐漫谈。夜,与自石家庄上车的邓颖超和杨之华晤谈。夜10时,火车开动。

三月十八日

晨5时许,至天津,停一个多小时,上午10时许到北平。叶剑英市长到车站迎接。郭沫若、沈钧儒、胡愈之、马叙伦、许广平等老友亦候于车站。被安排在六国饭店住宿。

"沫若电话,谓郑西谛等今晨到平,对文物事有新资料。因赴北京饭店访沫若,同诣六国饭店。据西谛言,主张迁移文物最力者为王世杰、傅斯年、朱家骅,王并取得蒋之同意而积极进行者。陈叔通为余言,傅于开会时对余反对迁移大加攻击,并于蒋前大进谗言。果不出余所料也。"(马衡日记)

三月十九日

　　签署《北平文化界声讨南京反动政府盗运文物宣言》,共 310 人签名,载诸北平各报。晚,叶剑英等首长为郑振铎等人设宴洗尘。

三月二十日

　　下午,与叶圣陶访赵万里,由赵陪同访潘家洵于红楼,未遇;遂访朱光潜、沈从文。晚,至北京饭店开会,谈响应世界和平大会之事;复开文协理监事会,准备与华北文协开联席会,筹备全国文艺界协会。

三月二十一日

　　上午,"振铎嘱修绠堂送来《章氏丛书》正续编"。(宋云彬日记)

　　"夜七时,二百余人会于一堂,听罗迈谈话。分为四点:一、解放军致胜之由(在于土改),二、关于和谈,三、关于新政协,四、共产党人待人处事之态度。"(叶圣陶日记)

三月二十二日

　　"晚饭后,文协理监事与华北文协理事开联席会议,决定筹备中华全国文学艺术工作者代表大会。推出筹备委员多人。又推出出席世界和平大会文艺方面之代表,计十二人,沫若、振铎、田汉、洪深、家宝等俱在内。九时半散。"(叶圣陶日记)

　　"诣叔通长谈,晤包达三……继访西谛。"(马衡日记)

三月二十三日

　　上午 10 时,至北京饭店出席"学术工作者协会在平会员谈话会"。会后与叶圣陶夫妇、宋云彬等在东安市场附近酒店小酌。

三月二十四日

　　上午,吴晓铃来,说到近日东安市场书铺以废纸出售旧书刊,即与宋云彬等去调查,归,与叶圣陶、宋云彬联名致信"文管会",要求抢救收购。

晚，到北京饭店参加中华全国文学艺术工作者代表大会筹备委员会第一次会议，为大会筹备委员 42 人之一。又出席将去参加世界和平大会的各人民团体代表会议。

三月二十五日

下午，中共中央由西柏坡迁至北平。郑振铎与全体文化界知名人士前往西郊机场迎接毛主席、周副主席等。

三月二十六日

"上午十时赴北京饭店，出席学协理事会。中午偕圣陶夫妇暨振铎、彬然同赴北大俞平伯等之宴。列名具柬邀请者凡十七人，俞平伯、王重民、朱光潜、金克木、郑天挺、林庚、吴晓铃、季羡林、沈从文、顾小刚、向达、孙楷第、黄文弼、魏建功、杨人楩、韩寿萱、赵万里。地点为孑民纪念堂。"（宋云彬日记）

三月二十七日

"晚，国民戏院有晚会，为欢迎所谓民主人士者，及欢送巴黎世界和平大会代表出国，节目甚多，以戴爱莲之舞蹈较可观。"（宋云彬日记）

三月二十八日

"夜，长安剧院有评剧晚会，仍为欢迎民主人士及欢送和平代表而开。"（宋云彬日记）

三月二十九日

"晨六时许起。写给箴的信。……十二时半，到东车站。送行者甚多，宝也同来。一时二十分，开车。近四时，到天津，欢迎的队伍甚为壮大，遇到徐伯昕等从香港北上的友人们不少。伯昕交给我上海的来信好几封，皆是一个月以前发的。箴和嗣群、辰生、微等都有信。……在津，约停半个小时……山海关在夜中经过。过唐山时，则是暮色苍茫、灯火万家的时候。"（郑振铎日记）按，郑振铎参加以郭沫若为团长，刘宁一、马寅初为副团长的出席世界和平大会中国代表团，今日离开北平出发。行前，周恩来亲为治装，以壮行色。

本日，致刘哲民、康嗣群、李健吾等人信，告以出国事。

三月三十日

"六时许,起床。兴城、锦西、锦州等地,均陆续经过。下午四时许,到沈阳,……有党政长官们到站来接。同至铁路宾馆,吃了一顿很好的晚餐。见到重庆号的邓舰长。……七时许,开车北上,……长春在睡梦中经过。"(日记)邓舰长指刚刚起义北上的原国民党海军重庆号舰长邓兆祥。

三月三十一日

"晨六时醒,即起床。……写给小箴和圣陶等二信。……又写给洗人、微及箴二信。十时许,到哈尔滨站,来接者极多,初发、德全演说。……到'马的斯'旅馆午餐。餐后,到监狱、松花江边及烈士纪念馆参观,颇有所感,特别在松花江边。六时许,回旅馆,住 136 号,房间很大。他们在办理护照事,极忙。丁玲、古元均已来,谈了很久。"(日记)按,丁玲、古元二人当时在东北工作,此时向代表团报到。

三月

《晨光世界文学丛书》(原称《美国文学丛书》)由上海晨光出版公司开始出版。为我国第一套美国文学丛书,共 18 种、20 卷。据赵家璧调查,该丛书的编译,最早是在抗日战争末期的重庆,由当时任美国驻华大使馆文化参赞费正清提出来的,并得到中共方面的赞同。不久,抗战胜利,费正清调到上海任美国新闻总处处长,又正式向郑振铎提出编译该丛书的建议,经文协上海分会讨论通过,郑振铎就成为中方的负责人。1946 年 6 月,费正清回国,又联系到洛克菲勒财团的资助,此事即由郑振铎在上海主持进行。赵家璧认为:"这样一套比较完整而有系统的介绍一个国家的文学代表作的成套丛书,洋洋大观,可说是我国外国文学翻译史上的一大盛举。""这套丛书,事实上应该写上'郑振铎主编'五个大字。"(《出版〈美国文学丛书〉的前前后后》)

约三月

中共上海地下组织负责人章汉夫(其父谢仁炳是郑振铎在商务印书馆的老同事)找到郑振铎的学生、助手孙家晋,了解法宝馆藏书保管情况,并说:"人民会感谢你们的。"

四月一日

在哈尔滨，"十时许，至兆麟公园，参加群众大会，到者凡三万余人，讲者有饶斌及沫若、宁一、奚若、广平诸人。……四时许，回到车上，即开车北走。九时许，即便沉沉入睡，伯赞在谈，也听不见。"（日记）

四月二日

"七时许，至博克图。……又过海拉尔等地。下午四时许，到满洲里，人烟寥寥（闻仅九千人，内苏联人二千），气候颇冷。到街上闲逛，两耳有些僵痛，即归。苏联领事上车来谈入境及乘车事。今夜，仍住原车上，明天始可上'国际列车'也。……（上午十时，文艺组开会。）"（日记）

四月三日

"到了下午三时许，才搬上国际列车。一房二人，甚为华丽。四时许，开车。过中俄交界处，……至□□□〔按，原阙〕，招待至为殷勤，……俄外交部派了一个专人来接待、伴送。七时许，仍在餐室吃晚饭。饭后，回车。有去〔看〕电影者，有至饭厅喝茶者，予则早早就睡。"（日记）

四月四日

"六时许起，即开车。早餐后，看《乐章集》。……四时许，学术组开会。不过讨论大会宣言的修正问题而已。七时许，晚餐。……正餐间，已到了赤塔。VOKS〔按，即苏联对外文化协会〕的代表 Andereff 和赤塔市长□君都到车上来。Anderev 是要随同我们到莫斯科的。"（日记）

四月五日

"七时许，起床。下车散步，……修车，至十一时许始吃早饭。十二时半，开车。赤塔长官们皆来送行。（发一信给小箴及圣陶。）沿途风景奇绝，……停靠数小站，皆曾下车散步，……夜，在房里开文艺组会议，谈得很久，并听戴爱莲报告中国舞蹈情形。"（日记）

四月六日

"六时许起。见到贝加尔湖，此世界第一大湖也，已全部结冰，沿湖走了六个小时,经过了好几十个山洞,才到伊尔库次克。……在站上走了好一会,沿湖风景极美。写一信给小箴,在伊发出。晚餐后,开文艺组会议,报告各部门的略史,十一时半始散,即睡。"(日记)

四月七日

"给微写一信,……三时许,到□□□[按,原阙]下车散步了一会。开会,讨论文艺组发言事,由田汉起草。晚餐后……说了许多笑话。"(日记)

四月八日

"至七时,起。过新西比利亚站,很大,下车散步了一会儿。……夜十二时许,至 Omsk,许多人多已入睡,下车散步。"(日记)

四月九日

"傍晚,在乌拉尔停了一会,在站上散步。明月半轮,引人生乡愁。过此,就入欧洲了。"(日记)

四月十日

"过乌拉尔山后,天气反冷,人烟反荒凉,甚以为怪。……夜,开文艺组的报告会。……与伯赞讨论研究院组织事。"(日记)

四月十一日

"下午二时二十分到莫斯科车站,VOKS 已经有车子来接,作家等也来了好些人。住在国家旅馆,是最热闹的中心。(421)和邓初民合住一屋。……七时许,到 VOKS 参加鸡尾酒会,有音乐歌唱。十一时半,归。又在沫若房里开会。直到一时许,才归房入睡。……给箴、小箴、圣陶等写信。"(日记)

"振铎自满洲里来信。"(宋云彬日记)

四月十二日

"写信给斐云、觉明、建功几位,作文艺组个人发言稿一篇,誊清了一遍。……四时许,至《新世纪》编辑部,Simonov[西蒙诺夫,苏联作家协会副总书记]招待,并见到《城与年》的作家等人。到一乔治亚酒店晚餐,喝了不少酒,情绪甚为热烈而轻松。七时半,步行到歌剧院看演《灰娘》。十一时归。在沫若房里谈了一会。……预定明天早晨要飞

捷克,后又改为派九人为先遣队,而余人乘明日下午火车去。"(日记)

四月十三日

"上午,收拾行李……一时半,开车向西南行。一路上有 VOKS 的代表二人同行照料。在南方,正是当年苏德作战之地,废铁满地,……令人感慨不已。午餐,在车上吃些饼干。晚餐则甚为丰盛。……在旅馆中写好个人发言的草稿一篇。"(日记)

四月十四日

"一路南行,景色已大为不同,除战迹尚存外,已遍地皆绿……乡愁益深矣!下午四时许,到达 Kiev[基辅],此为俄国文化古城,虽经战争破坏,而古迹存者尚多,惜未能一往凭吊。"(日记)

四月十五日

"十一时许,到达罗夫,在这里要停留八小时。在餐厅上开会,重行分组讲座并搜集材料。写信给小箴及景耀,即寄发……三时,由 VOKS 的代表们借了汽车来,偕到城内参观。此城有八百年的历史,较莫斯科仅少四龄。登山顶,俯瞰全城,此为古堡之废墟,而新的战迹也还存在。……惜以太匆匆,未能参观,仅走马看花而已。五时许,回站。七时,开车。"(日记)

四月十六日

"到了却普,是俄捷的边境了,伴送的 VOKS 的朋友们回去了,我们登上了从维也纳来的车子。到了捷克的境内,是十二时半,受到了隆重的接待,好几个朋友们来接。有专车,沿途经过 Kosicek、Gilinae 等地,均有盛大约会,音乐队吹奏着国歌,演说。在 Kosicek 有农民代表二(女),献面包与盐。"(日记)

四月十七日

"九时许,到了普拉格。在站上受到了盛大的迎接。十时许,到了旅馆(Palace Hotel),住 64 号,尚为宽敞。……出外午餐,……在大街上走了一会。开文艺组会议,选出赴巴黎的先锋队十人。……写信……外出晚餐。……近十时,归。又开全体会,决定了八人至十人先赴巴黎,余者留在捷京。……遇蒙古代表团,凡三四人。"(日记)在车站迎

接的有捷克斯洛伐克首都布拉格市市长瓦赛克、捷克出席巴黎世界
和平大会筹委会主席费兰克等人。

四月十八日

"七时起,写信。……十一时,第三组开会。午餐后,即乘大汽车到
'作家别墅'去玩。……在那里喝酒。晤普赛[实]克,谈了好一会。六
时半,归。匆匆晚餐后,即至汽车俱乐部与各方代表相见,但到者并不
多,不知何故。与捷克诗人马赛修斯谈了好一会。他译李白、杜甫的
诗,还想译《西厢记》。……'别墅'为旧物,德人占捷克时,曾为德督的
住所。"(日记)

四月十九日

"下午二时许,出外购物。……晚餐后,到试映处看电影。爬上了
七楼,颇为吃力。凡三片,一、玻璃制造的情形,二、战后建设的情形
(皆短片),三、矿工的故事。摄影技术甚佳。……附有条件的去巴黎,
已为我们所拒绝,曾举行记者会,发表声明(夜十时)。"(日记)按,当
时法国政府限制中国代表入境(40 人只准 8 人入境),中国代表团颇
气愤,拒绝法国政府的条件。

本日,以布拉格风景画明信片寄唐弢,背题:"普拉格的风景美极
了! 处处是花,是树,是古迹。郊外尤多丛林;落叶重重,履之,如蹈在
地毡上。太阳从叶隙射入,斑斓如锦。河岸绿草如茵,红舟似叶,游人
蚁聚,欣欣然各得其乐。异乡之客亦为之觉得煦然温暖也。"

四月二十日

世界和平大会决定在巴黎和布拉格同时召开,中国代表团参加
布拉格会议。"七时半,紧急会议,为了和平大会在捷克同时召开,今
天九时许就要开幕,当决定全体去出席。地点在捷克国会,可容三百
六十席,恰恰坐满,设备甚好,仪式简单而隆重。首由捷克议长致欢迎
词,次由捷克作家协会会长主席,颇为热烈。……下午二时半,续会。
捷克宣传部长演说,姿势甚为有力。次有矿工、农民、铁路工人、钢厂
工人、近郊农民、合作社、学生、天主教等代表讲演。五时许散会,回旅
馆。六时,到国会晚餐。七时,看歌剧。八时半,因倦,中途而回。"(日记)

四月二十一日

"今日休会。晨七时许起,偕耀宗、悲鸿同去国家博物馆参观,……下午二时许……和伯赞、于道同出购物。……六时,晚餐。至歌剧院看 Ballet[芭蕾舞],有歌唱,殊可异!分二剧,一为嘉年华会,二为童话剧,又分三则,第一为无猫国,第二为皮鞋匠与死神,第三为辛特莱拉。"(日记)

致刘哲民信,鼓励他将上海出版公司坚持办下去,"无论如何,必须不使中断","前途不会是没有希望的"。并附致唐弢、李健吾明信片。

四月二十二日

"八时在餐厅开会。九时许,到国会,开第二次和平大会也。到十时半方才宣布开会,仍由 J.Drda 主席,很热闹。中国代表(郭)在十一时半许演说,全场热烈鼓掌。……三时,又赴会。捷克人民们首先将礼物一批送给中国代表,次送苏联等国。又有小学生讲演等。"(日记)

四月二十三日

"晨七时许起,写信,给箴及宝等。九时许,到国会,开第三次世界和平大会。今天的情绪热烈极了!……上午,得到大军[按,指解放军]三十万过江[按,指长江]的消息,(英国兵船事)[按,指英军舰"紫石英"号入侵长江,轰击解放军阵地之事],既兴奋,又发愁。到了十二时许,主席宣布解放军已入南京,何其神速也!代表们一致起立,热烈鼓掌,为中国道贺。会场秩序散乱了起来,过十多分钟才安静下来。下午三时许,续会。……四时许,一队青年代表们忽拥进会场,致词后,各以鲜花送给我们,并抱吻。我为之热泪盈眶。……九时即睡。十一时半,忽闻街头呼毛泽东声,盖青年们至旅馆门前欢呼也。"(日记)

四月二十四日

"今天并不因星期日而休会,……我们的代表,有两位上去演说,一为马寅初,一为刘宁一。……夜间……八时半赴外交部招待会,各国使节及人士到者凡四五百人,拥挤不堪。"(日记)

四月二十五日

"开末次会。以俄国代表西蒙诺夫演说时,博得掌声最多。下午,通过宣言。六时半,散会,即驱车至群众大会。群众的情绪热烈万分,时时高呼口号。有八个人演说。直到九时许,方才散会。出会场时,争与我们握手的人极多。十时许,到歌剧院,举行各国代表们的联欢会也。……(上海有解放讯)"(日记)按,上海于 5 月 27 日解放。

四月二十六日

"上午……和伯赞出去买了一批东西,……三时许,又赴国会照相,继至东方学院,受他们的招待。与查尔士大学文学院的一位教授谈捷克大学教育事甚详。……晚餐后,被招待看电影,未去。伯赞、靖华等在房里谈得很晚。"(日记)

四月二十七日

"晨,赴查尔士大学,参观该大学授予沫若哲学博士学位的典礼,仪式颇为隆重。十时半,归。偕伯赞出购物,……下午二时许,偕伯赞、文中参观国家博物馆。因有人领导说明,比较的详尽得多了。四时许,归。在房里整理行李。"(日记)

四月二十八日

"上午,偕伯赞、文中、悲鸿至人学博物馆及现代艺术陈列所参观。前者以中国器物列入野蛮人的一群,我颇为不快!且多半为假古董。……十二时,到旧市政厅,看十二使徒钟。……下午,写信给箴、宝及洗人、微,……偕伯赞至公园散步。……夜,以鸡尾酒会招待捷克政府人士及他国友人,来者不少。"(日记)

四月二十九日

"晨七时许,至飞机场。……八时半,起飞。飞机的号码是 Л1723号。这是我第一次坐飞机。……至二时许,即到莫斯科(时间快了一小时,即三时许),欢迎者甚众。坐汽车,约一小时,至旅馆。住的还是原来的房间。……夜,到马戏场看马戏。这也是生平第一次也,颇为惊险。"(日记)

四月三十日

"早餐后,乘汽车环游莫斯科城。……至列宁山,遥望莫城。"下午

"至列宁博物馆参观。……看电影。……晚餐后,开会。十时许,逛街,甚热闹。……给小箴写一信。"(日记)

五月一日

"劳动节! ……九时十分,开始动身赴红场,沿途都有警备线,通过了五道关,才到红场看台。没有座位,立在前面。十时正,史太林[斯大林]出场了,一片热烈的掌声。阅兵式开始,……继之,是群众游行大会。……九时,在旅馆门前看放烟火与探照灯,乘车至各广场一游。十一时许,归,晚餐。餐后,又到红场走了一周。"(日记)

五月二日

"十时半,到革命博物馆参观。……六时半,晚餐。到歌剧院看Ballet《巴黎的火焰》,是描写法国大革命的故事的,音乐和动作都令人惊心动魄。'Ballet'之作,以此为叹观止矣。此亦旧形式、新内容之一例也。鼓掌之声不绝! ……又偕古元到广场上兜了一圈,群众们仍在跳舞,看马戏班表演。"(日记)

五月三日

"十时,到列宁图书馆参观。……继至'画苑'参观,匆匆的走了一遍。……七时许,至红军中央戏院,看话剧《在彼岸》。虽不懂话,也颇能知其情节。写苏联男女间谍,在哈尔滨活动,得到日本人的重要情报,历尽惊险,终于使苏联得以解放了东北。……早晨,为何理作《西游记》译本序。下午五时后,到历史博物馆参观,不料已闭馆。"(日记)

五月四日

"十时,到苏联建设展览会参观,见其战后的恢复及第四'五年计划'的进行的情形。……下午二时半,至列宁墓献花圈,绕棺一周。列宁的面容如生,颇有所感! 又绕到墓后各陪冢看了一回。高尔基也葬在那里。四时半,到农学院参观,简略的听着报告米秋[丘]林学说的内容,看土壤室、果品室及马的博物馆。……丁玲介绍Позднеева.Л.Д.[波兹涅耶娃,曾翻译丁玲的《太阳照在桑乾河上》],与我谈中国文学的问题,颇为高兴。"(日记)

五月五日

"六时半起床,把《西游记》序写毕,寄给何理。上午,本来要参观史太林汽车厂,因未接洽好,临时作罢。至书店购书,又至百货商店购杂物。午餐后,二时许,即至一中学参观。四时半,至莫斯科大学谈话。六时半归。夜,十时半,至车站。十一时半,开车,赴列宁格拉特参观。同行者凡十四人,有马寅初、翦伯赞、丁玲、古元、徐悲鸿、李德全、钱俊瑞、卢于道、葛志成、王刚等,又 VOKS 同伴者二人,共坐一辆车,很热闹。"(日记)

今日,《红楼梦》重要抄本《脂砚斋重评石头记》(庚辰本)因郑振铎热心介绍,燕京大学图书馆以黄金二两购自藏家徐星署后人之手。(抄本原出北城旗人家中, 徐星署 1933 年初于北京东城隆福寺地摊以八银币购得。)燕大遂与原藏有之明弘治岳氏奇妙全像《西厢记》(此书最古刻本)、百回钞本《绿野仙踪》(刻本皆八十回)并称为燕大馆藏"三宝"。1952 年北大燕大合并后,入藏北京大学图书馆。

五月六日

"十时半,到列宁格拉特,有 VOKS 的人来接,同到'Astoria'旅馆,是此间一大旅馆也。住 207 号。……坐汽车环游此城一周,有向导讲述古迹及历史。……四时半,到'保卫列宁格拉特'博物馆参观。战争残酷之状如在目前,凡被围九百天,饿死的人比打死的还多。七时出,在街上走了一会。八时,到歌剧院听歌剧,演的是一公爵出征匈奴的事,还不坏。"(日记)

五月七日

"八时,动身到夏宫去……沿途战迹斑斑,……夏宫沿芬兰湾,可望海。林木森森,喷泉不少。石像皆贴金,惜创痍未复,正在极力修理中。此避暑胜地,今日已为人民们所有矣。……下午一时许,到冬宫去参观。此为世界第四个大博物馆,自古代希腊到近代欧洲各国之美术品,无不有之。我们签了字,进到仓库,看见不少 Scythia[今译为锡西厄]人的遗物,极为高兴。……五时许,参观'少年先锋宫',其中技术一部门,最为我们所欣赏。……十时许,上火车,回莫斯科。"(日记)

五月八日

"上午十一时许,到达莫斯科,沫若等均到站来接。……即同登汽车,参观'纪念列宁集体农场'。……又出看马房、鸡房、牛房、果园、温室等,又到俱乐部及一农民住宅参观。直到了下午四时许方归,……直吃到七时许方散……又偕伯赞等同去参观地道车站。历经三站,建筑极为壮伟,现代的不朽之美术物也。八时许,VOKS 人来讲其组织,因欲收拾行李,未听毕,即上楼。"(日记)

五月九日

"十时半,到克宁姆[克里姆林]宫参观。看古代的东西,也坐在最高苏维埃的议席上。古物虽无列城的冬宫多,但也有杰出的,不过,多半无甚艺术价值者耳。……二时三刻……至苏联作家协会,与他们谈话。双方互询情况,颇为融洽,也知道了许多版税等问题。……八时,到 VOKS 去,他们开一个欢迎会,有钢琴,女高音,男低音(船夫曲为最佳)及傀儡戏。"(日记)

五月十日

"清晨五时,上了飞机,离开了莫斯科,向东归去。欧洲之行,作一结束了……夜,在'新西比利亚'停留,住机场招待所。外出晚餐,又去看电影,看排戏。归睡时已午夜一时半矣。"(日记)

五月十一日

"三时起身,早餐。四时,上飞机,即起飞。午刻,在伊尔柯次克停留了一会,即续飞至赤塔。……一时半许到,有人来接。四时许,午餐……七时回;稍睡了一会,即到车站,与 VOKS 代表安得列夫相别。九时,开车东行。"(日记)

五月十二日

"直到下午二时,方才到 Bronor。此为俄境的最后一站,在那里停留了很久。……四时许,开车赴满洲里。徐徐的进入国境,大有亲切、热烈之感。风雪甚大。即将行李搬上专车。坐敞车至兴华楼晚餐,吃了一顿很丰盛的中国菜,吃了不少酒,颇有醉意。归车后,又喝茶,听砚秋等唱平剧。"(日记)

五月十三日

"六时许起床。车已在走。见到一站,名海拉尔,在那里停了很久。……四时,文艺组开会,讨论苏联参观所见的情形。接着,由沫若报告,代表团应该拟编两个报告,一为和平大会经过,一为参观经过。大家都同意,即可着手编纂。"(日记)

五月十四日

"八时,到哈尔滨站,迎接的人甚多,由田汉及陈家康讲演。十时许,到马迭尔旅馆,与曹禺同住 122 号。……二时许,至沫若房商议明日讲演事。下午,到松花江边走了一会。五时许,主人们请客……七时许……有电影,未去看。写明晨的讲演稿,未毕而电灯灭了。偕伯赞下楼闲谈。讲演稿写毕。"(日记)

五月十五日

"九时半,到兆麟公园,对欢迎大会讲话。我是第三个讲话的人,因久不讲演,颇有力竭声嘶之概。发一信一电给微……又发一信给小箴。……他们都分组到各校讲演,我到东北书店购书。……夜,八时许,至南冈铁路俱乐部开晚会。有跳舞、说大鼓、相声、武术及程之唱、戴之舞。"(日记)

五月十六日

"至秋林公司购书及杂物,……二时许,出发游松花江。登八百吨的'公略号',在军乐声中,徐徐离岸,观者如堵。……和三强、于道、文中、伯赞等谈到近午夜,才归房入睡。"(日记)

五月十七日

"在哈尔滨整整三天,道里、道外及南冈总算都游了一番。九时许,上车站,开车。负责者均来送行。……下午四时许,至长春,有一个盛大的群众欢迎会。沫若说[讲]话,负责者招待我们周览长春市一周。废井颓垣,触目皆是,可见当时双方争夺之惨烈。傍晚,负责者请我们晚宴,……偕耀宗等先回火车。……二时许,开车赴沈阳。"(日记)

五月十八日

"近九时半,才到了沈阳。据说,车站外有十万人的欢迎大会呢。

（后阅报，知为五万人。）先同在站台上的欢迎者握手，有女生们献花。后至站外台上，沫若、丁玲讲话。……步行到文化宾馆，沿路都排列着欢迎的队伍，还有不少的秧歌队，……午睡到二时半才起来。偕文中、宦乡、三强、靖华同到沈市，周览一番。至故宫，因已过时，不得其门而入。至光华，又至各古董肆、书肆一游，购书二册。晚餐后，舒群及鲁艺负责者来访。"（日记）

五月十九日

"八时早餐。开全体会，沫若感动得哭了，还有几个人也眼泪汪汪的。我也说了话。要在此等候第二批人的来到呢，……二时许，到北陵去逛，同去者十七人。北陵离沈不过数里，为清太宗皇太极之陵寝。……合拍了一张相。……五时，东北局等机关请客，菜肴至佳！"（日记）

五月二十日

"九时许到体育场，参预'沈阳市第一届联合体育大会'。……偕伯赞、靖华到丁玲处午餐，喝了不少酒。晤陈明、立波诸人。……三时，下楼，参加文化座谈会。讲话者有许德珩、翦伯赞、侯外庐、我、田汉、卢于道、曹禺、斐［裴］文中、宦乡及钱三强十人。……晚宴由东北局宣传部及东北政务委员会教育部请。……和李初梨谈了不少话，他对于古董也甚有兴趣也。"（日记）

五月二十一日

"七时半，早餐。一部分人到鞍山参观铁矿，一部分人到车站去迎接第二批的十个人。我均不去，在房里写报告。写成了《列宁图书馆》及《克列姆宫》两篇。……下午二时，到故宫陈列所参观。……继至博物馆参观，晤李子信、孙女士等，见到陶俑、瓷器、铜器、文具、家具、缂丝等，尚未整理就绪，故未开馆。其中以辽金瓷器为最佳。又有渤海国的东西不少，高句丽的遗物也有一部分。缂丝尤为独一无二之宝藏。我们谈得很起劲……晚餐后，因灯光昏暗，无所事事，与奚若、伯赞等闲谈，尽情地笑了一场。"（日记）

五月二十二日

"早餐时,宣布要分组到各部门报告,我毫无准备的被派到鲁迅文艺学院报告。周光忠来谈,他现在《东北日报》办事。九时半,到鲁艺美术部,晤金人,相见甚欢!十时,开讲,颇无条理,只介绍了苏联建设的情形。继为曹禺、悲鸿的说话。……至本部午餐。得到安东发现汉墓的消息,兴奋之至!……六时半,市政府宴会,……有晚会,表演的人不少,代表团也有戴、程、洪、田等上台演唱。"(日记)

五月二十三日

"整日的在房里写'报告'。到了下午五时许,写好了三篇,一为普特[布拉]格的国立博物院,一为苏联作家协会,一为夏宫。写得相当的吃力。明天上午,就要离沈入关了。……晚上八时许,李文信、佟柱臣来谈,颇为畅快。他们都是弄考古的,有同好。十时许,走。我们——伯赞、文中——又谈了一会。"(日记)

五月二十四日

晨,"在楚生房里谈了许多。下楼一看,人已全走。坐了三轮,赶到车站。八时,开车。……四时许,到锦州,欢迎的人极多。有群众大会,由伯赞、广平及曹禺讲话。后来,沫若还是讲了。七时许,上车,即开。很早的就去睡。十一时半,经过山海关,睡眼蒙胧的下车走了一会,即上车。不知何时睡去,沿途有音乐声。入关后,每站均有欢迎者了。唯夜间,无人下车。"(日记)

五月二十五日

"沿途各站,均有欢迎者。……仅唐山一站,有洪深下去讲演了几分钟,其他各站均没有讲。九时许,到天津,欢迎的人不少。到招待处,由沫若、初民、宦乡、普生及家康报告,均为前所未有的精采。二时许,上车,径开北平,沿途亦有欢迎者。五时许,进了东站,欢迎的人极多,宝也来了!相见欢甚!即至天安门,开群众大会。黑压压的一片,总有十万人以上。由叶剑英等讲后,即由沫若、寅初、奚若、楚生、德全及萧三陆续的讲。散会时已暮色苍苍,将近八时了。晤恩来。晚餐后,晤阿英,极为高兴!"(日记)

"至八时许,始回旅馆。连访振铎、洪深、曹禺诸同志,谈至十一

时。"(阿英日记)

五月二十六日

"八时早餐。餐后,即到东四二条,访圣陶、云彬诸位,芷芬亦在,我们谈得非常的高兴。取了一部分衣服和书来。十一时许,云彬偕回,取了烟斗,即去。……二时许,至二楼会客厅开会。出国代表团,至此已正式宣告结束了,唯在本月三十一日还要再开一次会,报告也仍要写出来。四时半,至来薰阁,得到微的来函,……这是南方来的第一信也。六时许,至斐云宅,即在他那里晚餐。餐毕,偕至觉明宅闲谈,刚主亦在。谈至十时许,方归,颇见尽兴。"(日记)

五月二十七日

"与振铎同志谈散佚文物事,拟成立组织董理之。请彼拟计划,俟回平时,再找周副主席研究。"(阿英日记) 按,阿英明日将返天津一次。

五月二十八日

"下午三时,在传心殿招待各界参观新设之革命史料陈列室,报告设置经过。发言者有郑振铎、翦伯赞、郭沫若、范文澜等,至六时半散会。"(马衡日记)

五月三十一日

上午,访阿英,未遇;后阿英来访,谈文物工作等事。

五月

被任命为华北人民政府高等教育委员会委员,至10月。

六月一日

致刘哲民、唐弢信,指示:"出版公司事,应该积极进行。《周报》是否立刻出版,必须和夏衍、徐伯昕几人接头一下。""此刻出版公司应做的事是出书。"

六月二日

下午,"五时,为振铎电话催醒,因傅惜华拟一见,乃往四楼。据云汉学会组织甚好,将印汉画千幅。惜系为法人工作。"(阿英日记)

六月五日

"中午振铎及其女公子小箴、卢芷芬先后来,同赴灶温吃面,彬然作东。"(宋云彬日记)

六月六日

下午,茅盾、李一氓、阿英等来访,后一起去琉璃厂看碑,遇雨,五时返。

六月七日

下午,周恩来副主席请阿英进中南海谈有关文物管理组织等问题,赞同郑振铎提出的建议,并作了指示。阿英当晚即向郑振铎作了传达,使他极为振奋。这是新中国文物事业的最初规划。

六月九日

下午,与阿英、李一氓、曾达斋(袁殊)等同去琉璃厂、隆福寺看书。夜,阿英又来谈。

六月十日

上午,"至振铎处漫谈。"(阿英日记)　下午,"振铎来,携有敦煌唐写本佛经残本及三种《道德经》写本各一卷,唐代户册一卷,皆可宝贵,惜索价太昂,振铎与我等皆无力购买也。偕振铎、圣陶赴灶温小饮,无话不谈,积闷尽抒。"(宋云彬日记)　晚,"将寝,为振铎约去看明棉纸本《花间集》、敦煌写本《老子》、唐写本户口册子。"(阿英日记)

六月十一日

"下午赴图书馆,开图、博、考古工作者协会筹备会,推定裴文中、向达、韩寿萱、黄仲良、王有三及余六人起草,定本月廿二至廿四日中任何一日开第二次筹备会。并推梁思成、郑振铎加入开名单。"(马衡日记)

六月十二日

"中午商务印书馆北平分馆请客,由孙乾三、伊见思、宣信予出面邀请,在欧美同学会吃西餐,同坐有陈叔通、马寅初及振铎、圣陶等。"(宋云彬日记)

中午,"往北京饭店访郭沫若、郑西谛诸人,未遇。"(马衡日记)

"二时半,在北京饭店参加筹备新政协之同组诸君开会。余之一

组曰'文化界民主人士',凡七人,雁冰、振铎、欧阳予倩、田汉、侯外庐、曾照抡及余也。"(叶圣陶日记)

六月十四日

晚,"与振铎漫谈"。(阿英日记)

六月十五日

中国人民政治协商会议筹备会议在北平中南海勤政殿隆重举行,郑振铎参加。会议后分各个筹备小组进行工作。郑振铎参加第二小组(起草中国人民政治协商会议组织法)和第六小组(拟定国旗、国徽、国歌方案)的工作。

晚,阿英、李一氓来谈。

六月十六日

下午,在中南海开政协筹备会全体大会,讨论通过筹备会条例。

在华北文协的《文艺报》第7期上发表《记苏联作家协会》。

六月十八日

"中午在玉华台吃饭,座有朱达君、郑振铎等十余人。"(宋云彬日记)下午,在中南海开政协筹备会第二小组会议。

六月十九日

下午,在中南海开政协筹备会全体大会,讨论通过参加政协会议的单位共45个。

六月二十日

"晚与达君、振铎、芷芬、彬然及圣陶伉俪在润明楼聚餐,商谈开明今后方针,彬然一人意见最多,余固无从插嘴也。"(宋云彬日记)

六月二十二日

下午,在北京饭店有中国学术工作者协会常务理事会,郑振铎当参加。

六月二十五日

作《文代大会的前瞻》,后载7月2日《人民日报》和7月11日《文汇报》,回顾"五四"以来的新文学发展历程,论述即将召开的中华全国文学艺术工作者代表大会的历史意义。

下午，赴中南海勤政殿出席由周恩来主持的中国社会科学工作者代表大会筹备座谈会。座谈会名单共 57 人，由周恩来亲自审定，郑振铎被列于历史学方面的 13 人之一。会后有酒宴。晚，阿英来谈。

六月二十六日

"三时，请翦伯赞、郑振铎、裴文中在传心殿演讲苏联、捷克之图书馆、博物馆事业，至六时半散会。"（马衡日记）

六月二十八日

下午，在北京饭店开政协筹备会第二小组会议。晚，在东总布胡同开最后一次政协筹备会全体大会。

六月二十九日

下午，在北京饭店开全国文学艺术工作者代表大会筹备会议。

六月三十日

上午，在中南海怀仁堂开文代会预备会，决定主席团和常务主席（17 人）名单等。郑振铎在内。

七月一日

下午，在北京饭店出席"新史学研究会筹备会"成立大会。到会 30 余人，被选为 11 个筹备委员之一。会议认为全国史学工作者应团结起来，从事新史学的建设工作。会议通过了筹备会的组织规程和中国新史学研究会暂行简章，并决定迅速筹备召开全国历史工作者代表大会。（按，二年后该会正式成立，改名为中国史学会。）

七月二日

上午，中华全国文学艺术工作者代表大会在北平隆重召开。郑振铎为南方代表第一团成员、代表资格审查委员会委员、大会主席团成员、常务主席团成员。

"午饭后，续开主席团常委会。"（阿英日记）

七月四日

上午，在中南海怀仁堂开文代会，沈雁冰作报告，谈国统区的革命文艺运动。后郑振铎于 10 日发言作补充，主要谈抗战时期上海"孤岛"文艺运动。

政协第六筹备小组第一次会议在中南海勤政殿举行，叶剑英主持,决定:以新政治协商会议筹备会的名义向全国公开发布启事,征集对国旗的意见和图案;由郭沫若、沈雁冰、郑振铎三人草拟征集条例送筹委会批准……

七月六日

文代会第五天。下午,聆听周恩来副主席做报告。"余听其辞未毕,与乔峰、振铎先出,至北京饭店,应董老与薄一波、聂荣臻之招宴。此宴为庆贺'七七',到者二百余人。董老与聂将军致辞,李济深亦发言。七时席散。"(叶圣陶日记)

七月七日

"吴湖帆致书郭沫若,愿以所藏文物十余种捐献政府,郭以原书送高教会,冶秋以电话见询,余谓识其人并知此事。盖湖帆收得无款山水一开,审知为黄公望《富春山居图卷》之前段,骑缝印章各占其半。余前年在沪,与森玉往说之,劝其让与故宫,俾与所藏此卷复合。湖帆谓俟政治清明,当将一切财产献与政府。初以为搪塞之词,不甚信之。湖帆见余怀疑,乃略露其子不肖状。今果实践前言,是真出之诚意也。因将此项诺言签注书后,并请电沪军管会与森玉取得联系,接收后由故宫接受。冶秋允照办。下午,往访郑西谛,告以此事,请其函告森玉,藉此北来。"(马衡日记)

七月八日

上午,在中南海怀仁堂开文代会主席团会议,讨论如何组织各个协会等。

七月九日

下午"五时许,振铎偕小箴来,同往灶温喝酒吃面,圣陶作东,约费二千余元。"(宋云彬日记)

七月十日

文代大会第八天,自由发言。郑振铎讲话,对7月4日茅盾作的《十年来国民党反动派统治区革命文艺运动总报告》作重要补充,从编印《鲁迅全集》说起,并提及历史剧《岳飞》、《文天祥》,上海"孤岛"

时的漫画、木刻,以及冯雪峰《寓言》、袁水拍《马凡陀山歌》、沈浮《万家灯火》等作品。

"午饭后,开主席团常委会。"(阿英日记)

七月十一日

"午刻至玉华台,友人凡十三人欢迎王剑三。"(叶圣陶日记)郑振铎当参加。

"晚,赴北京饭店开会,商讨古物保管会组织。与会者为马夷初、郭沫若、郑振铎、王冶秋及余五人。商讨结果,此会应嘱[属]中央[政府],推振铎草拟草案,俟将来中央[政府]成立后以备采用。"(马衡日记)

七月十四日

文代大会第十一天,通过章程及选举规约。

"下午三时,赴勤政殿出席'中国社会科学工作者代表会发起人会议'。此会将连开三天,星期六休会,至十七日选出新政协代表即闭幕。"(宋云彬日记)

"下午三时,赴勤政殿'中国社会科学工作者代表会发起人会议'。由郭沫若致开幕词,林伯渠报告筹备经过,朱德、周恩来讲演,六时半散会。"(马衡日记)

"傍晚,至御河桥二号,应华北党政军及以下各级机关之招邀。文代会代表全到。坐于露天,作鸡尾酒会形式……酒罢有歌舞数节。八时散。如此六七百人之大会餐,殊有兴趣。"(叶圣陶日记)

七月十五日

"上午赴北京饭店,出席文代会南方第一团会议,圈定委员会选举票。振铎赠余理发券,即在北京饭店理发。"(宋云彬日记)

"二时,至勤政殿开会,林伯渠主席,李达、史明、陆定一相继演说,通过会章及常务委员人选。"(马衡日记)

七月十六日

"午睡后,与诸同人驱车至怀仁堂,参加中苏友好协会之发起人大会。"(叶圣陶日记)下午,"振铎邀赴灶温小饮,座有圣陶、蠖生。"

（宋云彬日记）

七月十七日

文代大会第十四天,开始选举并继续讨论提案。郑振铎被选为中华全国文学艺术界联合会全国委员会委员。

"三时,赴'社会科学工作者代表会发起人会议',由沈钧儒主席,讨论提案。"(马衡日记)

七月十八日

在上海《文汇报·磁力》上发表《回忆早年的瞿秋白》,记述"五四"前后与瞿秋白等人一起从事政治活动和文学活动的往事,说:"秋白的瘦削而苍白的脸,带着很浓厚的常州口音的谈吐,还是活生生的活在我的心上,活在所有他的朋友们,同志们的心上。"

七月十九日

文代大会闭幕,成立了中华全国文学艺术界联合会,郑振铎当选为全国文联八十七名委员之一。

在文代大会上,曾为风子在记事本上题字:"文艺境域至今而最广……从前是有所不为,今日必须想到该怎样做的问题。"

七月二十日

"午刻,至惠尔康,应振铎、辛迪、唐弢、柯灵之邀宴。他客多解放区中作家。二时散。"(叶圣陶日记)

七月二十一日

"傍晚,至北京饭店。中共中央宴请文代会全体代表。设席七十桌,两厅全满。七时散。"(叶圣陶日记)

致刘哲民信,谈和唐弢、柯灵等人讨论关于上海出版公司的招股、出版计划、房屋、《文艺复兴》的复刊及编委会、《周报》的复刊等事的意见。提出:"出版问题,中心拟放在历史、考古、美术及文艺方面,其他杂书亦可出版,股本大,则范围自可放宽也。或出版一种'新文艺大系'之类,如何?(似良友之'新文学大系'而所收更广)"又提及自己拟写《苏联游记》一书。并附致康嗣群信。

七月二十三日

下午,出席中华全国文学艺术界联合会全国委员会第一次会议,被选为常委和福利部负责人,并被选为文联出席全国政协的代表。

本日和翌日,出席中华全国文学工作者协会成立大会,被选为协会全国委员会委员、常务委员、研究部负责人。

七月二十六日

夜,与叶圣陶、潘介泉、钟敬文等在灶温共饮。

七月二十八日

"九时至公园来今雨轩,文协全国委员会开首次之会。互选出常务委员二十一人……又将大会通过之章程加以修润。十二时散。"(叶圣陶日记)

八月二日

致刘哲民信,提及"《周报》如出,弟的《苏联游记》当可逐期在《周报》上发表",又提及"《陶俑图录》全部已印好"。

八月三日

"晨,与氓兄及振铎同去琉璃厂,取来明以前武梁祠拓本断片二、题签二,合两轴,价未议定……到通学斋看书。"(阿英日记)

"晚,郑振铎偕赵万里来。"(宋云彬日记)

八月四日

"下午五时芷芬偕新自上海来北平之开明同人来,同赴灶温欢宴,设两桌,圣陶作主……芷芬赴沪时,余与圣陶、彬然、振铎等曾提意见,请开明编辑部一部分人员来北平,在平设编辑分所。余等原意,无非以将来首都在北平,北平为人才集中之地,在此设一编辑机构,编书征稿,均较方便耳。而周予同竟误会余等别有用意,谓将以此作退步,备将来脱离编审会时重返开明,殊令人齿冷也。"(宋云彬日记)

八月五日

主编《文艺复兴》"中国文学研究号"(下)出版。

晚,偕女儿到东安市场购酒菜三包赴宋云彬处开怀痛饮。

八月六日

"振铎兄来谈,据云汉泥人甚佳。"(阿英日记)

八月八日

因明日为老友杨贤江逝世 18 周年，今在《光明日报》发表《忆贤江》，深切悼念这位受反动派迫害致死的革命者。

"夷初约往北京饭店一谈，因晤郑西谛。"（马衡日记）

八月十一日

夫人高君箴携儿子郑尔康来到北平（后因住宅未解决，高君箴又回上海）。夜，偕夫人子女访宋云彬。

八月十九日

晚，与邵力子、胡愈之、沈雁冰、叶圣陶、周建人、吴觉农、宋云彬、傅彬然等，在中山公园上春林设宴为章锡琛夫妇洗尘。章锡琛夫妇10 日到北平。

八月二十一日

"约叔通、力子、夷初、西谛、士远、述勤、畅安父子等午餐。由乙尊命小邵备菜一席，须减轻油量，客皆称善。"（马衡日记）

八月二十七日

"晚七时偕圣陶等赴北京饭店，在振铎卧室饮酒畅谈。"（宋云彬日记）此时，郑振铎已从六国饭店搬到北京饭店住。

八月二十九日

华北人民政府高等教育委员会所属故宫博物院、北平图书馆、历史博物馆、北平文物整理委员会等四个单位有两个新的陈列室举行预展，高等教育委员会特邀请专家数十人参观，征求意见。座谈会上，郑振铎、裴文中、范文澜、王冶秋等相继发言，探讨了今后博物馆发展方向等问题。

八月三十日

致上海刘哲民、康嗣群、李健吾、唐弢、柯灵、靳以等人信，商量筹划《文艺复兴》复刊事。（此事后因故未果。）

八月

得悉周作人出狱后编译了《希腊女诗人萨波》一书，即怂恿上海出版公司接收。该书后于 1951 年 8 月由上海出版公司出版。

九月一日

晚，"振铎伉俪挈其儿女并偕曹禺、方瑞来，谈至九时许始去。"（宋云彬日记）

九月四日

"二时预展，四陈列室：一、帝后生活史料，二、禁书，皆在文华殿；三、玉器，在诚肃殿；四、纺织品，在武英殿。招待来宾于传心殿。到会者有成仿吾、范文澜、郑振铎、裴文中、邓初民等。"（马衡日记）

九月六日

"石家庄运来古物一批，在历史博物馆开箱，约往参观。沫若、西谛、冶秋皆在。"（马衡日记）

九月七日

下午，在北京饭店听周恩来关于政协代表之推选、中国人民政治协商会议组织法和中华人民共和国人民政府组织法的报告。会后与叶圣陶、宋云彬、章元善等共饮。

九月八日

吴文祺妻陈云裳从上海给宋云彬来信，说吴文祺在上海法院告她，要宋云彬、郑振铎、胡愈之替她说一句公道话。宋托叶圣陶将此信转郑振铎。后由郑振铎出面代表宋等给上海周予同写信，请周向吴恳切劝告、调解。

今日，张元济到北平，下榻六国饭店。即赴北京饭店访郑振铎等。翌日，郑振铎回访张元济。

九月十一日

中午，张元济在欧美同学会设宴，请与商务印书馆有关之旧友，到者有郑振铎、沈雁冰、胡愈之、叶圣陶、宋云彬、周建人、沈钧儒、郭沫若、马寅初、黄炎培、陈叔通、马叙伦等。

九月十二日

下午，赴北平图书馆参观赵城藏经。抗战时期八路军曾不惜一切代价保护这部古代经书不落入日寇之手。

致刘哲民信，提到"新的《文艺复兴》，已在积极拉稿中……弟的

《苏联游记》拟先刊数篇,再出单行本"。

本日签发郑振铎的《中国人民政治协商会议第一届全体会议代表证》,注明"代表单位:中华全国文学艺术界联合会","席次:第474号"。原件今存。

九月十三日

"下午,至东车站接森玉,由西谛等送至。"(马衡日记)

九月十七日

宋云彬日记:"五时半颇思饮酒,叩陈太太房门,无应者。转至振铎处,振铎出席政协筹备会未归,询之小箴,果有酒,且有牛肉干,大喜,开瓶独酌,尽半茶杯。"

九月二十日

宋云彬日记:"上午九时赴北京饭店……晤雁冰、振铎。振铎煮咖啡请客,甚佳。"

马衡日记:"访森玉,劝驾不得要领。午饭后访西谛、叔通,以此事告之,两君允为代劝。殊可感也。"按,马衡当时想劝徐森玉留在故宫工作。

九月二十一日

中国人民政治协商会议开幕。郑振铎作为全国文联的代表出席这次大会。大会至30日闭幕,郑振铎被选为政协全国委员会委员和文教组组长。

约九月

某夜,陈毅由李一氓陪同来访,畅谈至晓。郑振铎与陈毅神交已久,但却是第一次见面,郑振铎大有"相见恨晚"之叹。

九月下旬

致刘哲民信,谈上海出版公司发展事。

十月一日

中华人民共和国宣告成立!出席开国大典。

十月二日

上午,中国保卫世界和平大会开幕,郑振铎为大会主席团成员

150 人之一。

十月三日

中国保卫世界和平大会选出全国委员会，并发表宣言。郑振铎被选为全国委员会委员 140 人之一。

十月六日

"下午，往六国饭店接张菊生先生及其公子树年，又至北京饭店接西谛，同到绛雪轩看书。除东北所收者，又将《唐音统籤》十集各提一册示之。文献馆提光绪十八年殿试黄榜，菊老为二甲第二十四名，唐文治、蔡元培皆同榜。张谓同年中惟唐蔚芝健在，其余多不知究竟矣。最后古物馆出王仁煦《切韵》示之。"（马衡日记）

十月八日

中午，张元济邀郑振铎、沈雁冰、陈叔通、宦乡、秉志等在萃华楼小酌。

十月九日

中国人民政治协会会议全国委员会举行第一次会议，毛泽东当选为全国委员会主席，周恩来等为副主席。

上午，与胡愈之一起访张元济，谈今后的出版工作。

十月十日

中华全国文学工作者协会欢宴苏联作家协会总书记法捷耶夫，餐后在文联会议厅举行文学座谈会，共 20 余人，郑振铎参加。

在《文艺报》半月刊第 1 卷第 2 期上发表诗《"中国人从此站立起来了"》，热情地高吟："'中国人从此站立起来了。'中国人像一个钢的巨人似的，挣断了一百多年来的帝国主义的枷锁，伸出了铁拳，将侵略者们击倒。"

十月十一日

上午，中共中央宣传部陆定一、徐特立拜访张元济，谈今后的出版工作。中午，陆、徐二位并于玉华台设宴，请张元济及郑振铎、沈雁冰、胡愈之、叶圣陶、周建人、陈叔通、祝志澄、徐伯昕、黄洛峰等。

十月十三日

作论文《中国小说史家的鲁迅》，后载 10 月 25 日《人民文学》创刊号，指出："近三十年来研究中国古小说的人很多，但像鲁迅先生那样气吞全牛，一举而奠定了研究的总方向，有了那末伟大而正确的指示的，还不曾有过第二人。"并详细论述了鲁迅的《古小说钩沉》、《唐宋传奇集》、《小说旧闻钞》三本书和《中国小说史略》的关系。

"福开森藏王齐翰《挑耳图》、仇英《烈女图》、沈周《梅花》三卷将装箱，约森玉、西谛、悲鸿来观，西谛又约丁惠康同来。森玉谓《烈女图》最佳，其余皆不足观。约森玉、西谛至五芳斋小酌。"（马衡日记）

十月十九日

晚，出席北京大学师生纪念鲁迅的集会并演讲，指出鲁迅先生生前受迫害的地方自北京、上海、绍兴、广州到厦门都陆续解放了，这是中国人民的、也是鲁迅先生的胜利。

十月二十日

中午，与胡愈之、叶圣陶、吴觉农、朱达君、顾均正诸人会餐，商量开明书店公私合营事。

十月二十一日

中央人民政府政务院宣告成立，周恩来报告各部门组织问题。政务院文化教育委员会成立，郭沫若任主任。

致刘哲民信，谢辞出任上海出版公司董事长职务的提议："盖弟即将在某部任职，怕难兼任此事，只要任一普通董事即可。"

十月二十二日

致刘哲民信，因即将南行，要刘哲民暂缓北上。

十月二十五日

政务院举行第二次政务会议，议决：（1）关于接收前国民党政府中央各机关人员档案物资问题，（2）关于接管华北人民政府所属各省市及接管所辖各部、会、院、行的问题。

十月二十七日

"郑西谛来谈。"（马衡日记）

十月二十八日

"冶秋来商文物局将于下月一日开始办公,而文整会[文物整理委员会]尚无法腾房,拟先借堂子一用……适西谛亦来征询聘沈士远为研究员,余无意见,允即呈会。"(马衡日记)

十月三十日

致杭州夏鼐信,指出全国建国后"文化将以北京为中心,文物也将以北京为中心。我们都极希望兄能北来!""中国考古工作的前途、希望太大了,渴望我兄能够前来领导这个工作。""此非一人之私愿,实国家文物百年大计之所系也。"

致南京王天木信,提到"关于[旧]中央博物院事,我们的意见,都以为应该维持现状,即使暂时不能大加扩充,也绝对地不会缩小也。陶孟和先生今天南下,已将此意托他向曾[昭燏]小姐传达。……我现在暂时负责文物局,局分三处,一图书馆处,二博物馆处,三古物处。不仅办理行政的事务,也盼望能有学术研究的工作。也曾和孟和先生说过,托他代为邀请兄北上,在局里任事。不知兄意如何?兄对古物事业素有经验和热忱,深盼能来此合作也。我国从前的博物馆,除'中博'有新的气象外,余皆死气沉沉之古董陈列室耳。深望兄能来此,大家振作一番也。兄意以为如何?我不想把许多行政工作加在兄的身上,但望能作些领导的计划和专门的技术上的主持者。也请夏作铭兄来,由他主持古物处。兄能代为劝驾否?"

当时,郑振铎拟动员向达(觉明)负责图书馆处的工作,裴文中负责博物馆处的工作,参加筹建自然博物馆,王天木(振铎)参加辅导各博物馆的工作,夏鼐(作铭)负责古物处的工作。

十月三十一日

致刘哲民信,提到"内人今日回沪,托带此函"。

十一月一日

政务院各委、部、会、院、署开始正式办公。文化部正式成立。16日,中央人民政府正式任命郑振铎为文化部文物局局长,王冶秋为副局长。从此,郑振铎负责新中国最初近十年的文物保护和考古发掘研究工作,对制定和宣传文物政策、保护古代文物、培养和扩大考古工作者的队伍、推动文物考古工作的开展等,作出了重要的开创性的贡献。

苏秉琦致王天木信,提到"文物局的人事还在安排中,斐公〔裴文中〕在原则上已暂允可任博物馆处处长,副处长一职,郑公属吾兄,斐公当然赞成。郑公又想把古物处请夏作铭来担任"。

十一月二日

致关德栋信,告诉关德栋的《〈降魔神变押座文〉与〈目莲缘起〉》一文已在《文艺复兴》中国文学研究专号中册发表。

十一月三日

张元济致沈雁冰信,谈到商务印书馆拟成立出版委员会,欲请沈雁冰主持。沈14日回信坚辞,转荐郑振铎自代,并提及商务欲出"新民主丛书"诸事"已商诸振铎兄,甚为赞同。如何约稿,何日期得半数等等,振铎兄均胸有成竹"。沈19日又去信说:"关于丛书,振铎兄已约得五六部稿,渠南下后当面陈详情。"郑振铎当时曾向费孝通、宦乡等人约得书稿,但后来该丛书因故未出。

十一月四日

夏鼐致王天木信:"西谛先生近有信来,说正忙着筹备文物局事,并且说到已请兄允帮忙,辅导各博物馆的事业……西谛先生邀弟去'古物处处长',弟已去函婉辞。"

十一月五日

致夏鼐信,再次热情动员他北上负责考古工作,满怀深情地介绍了最近新发现的重要古迹及急须去做的工作,说:"无数的该做的事,都等待着我们去做。……在这几年之内,关于考古事业,恐怕是要由我们负起责任来。兄能放弃了考古的事业么?"

十一月八日

上午,召集文物局第一次碰头会,研究博物馆处明年经费预算等问题。

十一月九日

"诣文物局晤冶秋、西谛略谈。"(马衡日记)

十一月十日

上午,召集文物局第二次碰头会。郑振铎根据周总理对他送呈的筹备故宫博物院陈列的初步方案的批示,决定将原拟"古物处"改名为"文物处"。

"西谛来访陈[万]里,陪至古物馆晤之。"(马衡日记)

致夏鼐信,对他谢绝北上工作表示遗憾,并再次说服他北上,指出:"现在,为学问者,已不可能如前之年守门户,必须将所得公之于工农大众。似此革命,已为极温和的。然究竟是革命;一切均已不能墨守从前之习惯。……望兄为了国家的文化前途计,能毅然北来,共同工作。甚盼,感甚!……弟非为个人计,为一局计,实为大众的利益看想也。"并"以身说法":"弟生平不惯做行政事,但今日为了人民,为了国家民族,也不能不努力的做些事。且既做了,则必须做好。"

十一月十一日

政务院举行第五次政务会议,决定组织华东工作团,由董必武副总理领导,南下接收前国民党政府中央各机关人员、档案、物资,并接管华北人民政府有关单位。

十一月十二日

召集文物局第一次局务会议。

夏鼐致王天木信,提到"向公[达]有信来,谓自己……亦有入文物局之可能,大概是担任图书馆处处长"。

十一月十四日

致刘哲民信。

十一月十五日

召集文物局碰头会。

十一月十六日

召集文物局第二次局务会议。

十一月十七日

"赴文物局开会,郑西谛报告所属机关业务之方针,并谓历史博物馆担任纵的使命,本院[故宫博物院]则担任横的方面。计划甚是。

继就明年度预算之编制有所指示。十二时散会。"（马衡日记）

　　参加董副总理主持的华东工作团会议。明确了工作团的任务是接收已由南京、上海、杭州等地军管会接管的前国民党政府中央各机关，并决定哪些机构及人员迁到北京，哪些图书、资财、档案运到北京，以及留在地方的人员如何办训练班等问题。郑振铎任华东工作团文教组组长。

十一月十九日

　　出席文化部艺术局文艺书刊座谈会。

十一月二十二日

　　主持华东工作团文教组会议。会上根据周总理"提出问题，先行研究，再行南下"的指示精神，详细讨论有关接收工作规则。

十一月二十四日

　　出席华东工作团组长会议。

十一月二十六日

　　召集文物局第三次局务会议。

十一月二十七日

　　今日星期天，上午10时，在团城召开古典文学作品整理出版问题座谈会，出席者有叶圣陶、俞平伯、杨振声、林庚、钟敬文、黄药眠、魏建功、宋云彬、浦江清、赵万里等十七八人。"一时半会餐，饮酒适量。酒后复闲谈，至三时而散。"（叶圣陶日记）

十一月二十八日

　　上午，"诣文物局晤西谛、冶秋。"（马衡日记）

　　下午，出席文化部第三次部务会议。

　　苏秉琦致王天木信，提到"文物局内的三处是图书、博物、文物。'古物'是原拟的名称，周总理说：'古太多了，不要净管古的。'所以改为'文物'"。

十一月二十九日

　　参加华东工作团第一批人员会议，通过了工作规则。

　　同日，召集文物局碰头会。

十二月一日

召集文物局碰头会。

十二月三日

召集文物局局务会议。

致高君箴信，说"本来定于二十一日南下的，现因工作团一时未能成行，故也把行期延迟了"，"北京饭店近来很严格""且不能住家眷"，"房子已在积极的找"。"大约在十号左右，必定要南下的"。

十二月七日

召集文物局碰头会。

"诣文物局晤冶秋，……西谛定明日赴宁。"（马衡日记）

十二月十日

在南京。参加华东工作团第一批全体人员会议。

十二月十一日

上午，谒孙中山陵墓。晚，乘车去上海。

十二月十二日

在上海。住百老汇大厦（后改名上海大厦）1340 号。参加华东工作团会议。

十二月十四日

中午，工作团举行汇报工作会议。

十二月十五日

下午，与前国民党政府教育部驻沪图书仪器监运清理处处长李某谈话。

十二月二十日

主持华东工作团文教组第一次会议。

十二月二十二日

主持关于卫生部在沪接管工作会议。

十二月二十四日

主持华东工作团第三组汇报会议，听取出版总署金灿然、卫生部林士笑、科学院恽子强、文化部赵万里等人关于接管工作的汇报。

十二月二十七日

致夏鼐信,再次动员他北上主持文物处工作,并说:"弟极愿来杭与兄面罄一切(俟此间工作告一段落,即当动身)"(按,后因工作太忙,未能去成。)

十二月二十八日

主持华东工作团第三组汇报会议。

十二月三十一日

主持华东工作团第三组汇报会议。

一九五〇年　五十三岁

年初

在上海。参加华东工作团的接收、接管工作。

常熟曹大铁回忆："解放之初，政府令地主献粮，瞿氏有收租田三千余亩而无现金，因有以献书抵献粮之举。而张葱玉家再虞有租田一万亩，首先完纳。国历十二月八日〔按，换算当为 1 月 25 日，曹氏记忆有误？〕欲回沪，因无车辆，折返至余南郊老宅，先母语其于族人处闻瞿氏以献书抵献粮事甚详，因与余畅论此举，迄午夜后二时。翌日晨归沪，适郑公西谛招饮与其庙弄公寓，并为介见董必武氏。席间，葱玉述瞿氏近状，并乞郑公及在座赵斐云援手，终由董氏主裁获解。"（《梓人韵语》）

一月十一日

此前参观在沪著名常熟藏书家瞿氏"铁琴铜剑楼"藏书，商议献书、卖书事。今日致瞿济苍、瞿旭和、瞿凤起三人信："此次南归，造府饱览尊藏，至为快慰。铁琴铜剑楼藏书，保存五世，历年逾百，实为海内私家藏书中最完整的宝库。先生们化私为公，将尊藏宋元明刊本及抄校本五十二种一千八百十六册，捐献中央人民政府，受领之余，感佩莫名。此项爱护文化，信任政府之热忱，当为世人所共见而共仰，谨此道谢。至作价归公部分，亦都为尊藏书目中所载之善本，今得归之公库，深庆物得其所。并盼其余尊藏全部，将来能够在双方协议下，陆续价购归公，以免散入私人手中，此亦当为先生们之夙愿也。"这些书后均归北京图书馆（今国家图书馆）所藏。

本日，在上海文艺处邀集美术家座谈，商讨筹备国立革命博物馆的展品，决定发动全国美术工作者创作表现中国人民革命斗争史的油画、雕塑等艺术品。在郑振铎的指示下,1 月 23 日华东区美术工作者成立"革命历史画创作委员会"。

一月十四日

为王伯祥儿子王湜华题词:"为新中国的建设而奋斗! / 湜华嘱书"

一月十七日

在上海。下午,致刘哲民信,并附上所拟《中国历史参考图谱》普及本甲、乙两种的装订办法。(甲种分六册,宣纸,双面印,磁青面,丝线订;乙种分三册,道林纸,双面印,洋装。)

一月二十日

"得兆鹏书,知北运文物一千五百箱,廿四或廿五日装车启运。"(马衡日记)这些都是郑振铎经办的。

一月二十四日

在南京。致刘哲民信,提及:"本来预定今夜北上,因临时又有事,只好等到二十七夜才能动身。"在南京时,到前"中央博物馆"去了好几次,在夏鼐发掘所得的陶俑及彭山出土的陶俑前"徘徊了好久,不忍走开"。(见翌日致夏鼐信)

一月二十五日

在南京。致夏鼐信,指出:考古工作"在最近一二年,也许不过'少试其技',到了三五年之后,工作一定可以大为展开。人民的力量是无限量的巨大的。"

一月二十六日

据 29 日《人民日报》报道,北京图书馆上海办事处的图书仪器今日由上海运到北京,其中有中文善本书 25 箱、敦煌写经卷子 49 箱、显微照书机 2 箱,与中央图书馆上海办事处国际交换图书 45 箱。此外还有上海铁琴铜剑楼名贵古书 13 箱,及朱启钤捐献的明岐阳王的文物图像 6 箱等。另有从南京运回的工程书籍 81 箱等。总计大小334 件,已一并运到北京图书馆。这些都是郑振铎经办的。

一月二十七日

夜,从南京乘火车回北京。

一月二十九日

"郑振铎今日自上海返,即来访圣陶及余等,谈笑尽欢而去。"(宋云彬日记)

一月三十日

"致振铎函,问《孔雀东南飞》有敦煌抄本否。"(宋云彬日记)

"闻西谛昨到京,因偕邦华往访,不晤。"(马衡日记)

一月三十一日

"偕邦华诣郑西谛谈分院事,未得要领。"(马衡日记)

一月

在郑振铎主持下,中央文化部文物局创刊了《文物参考资料》月刊。

本月23日,叶圣陶、周建人、金灿然访问枯居家中的周作人,请周作人从事翻译工作。"过了几天郑西谛君替我从中法大学图书馆借来一册《伊索寓言》,差人送了来,那是希腊文和法文译本,我便根据了这个翻译。这就是我给公家译书的开始。"(周作人《知堂回想录》)

二月一日

"致振铎函。"(宋云彬日记)

"与邦华商分院事,即电西谛。谓须慎重考虑,邦华等可先回宁。遂定后日启行。"(马衡日记)

二月二日

致刘哲民信,鼓励上海出版公司"多出好书",并说:"《参考图谱》正在积极进行中,惟所运书籍尚未到,故亦无法下笔写,到后,即可日夜赶工。"

二月五日

上午,至六国饭店,出席政务院文教委员会第二次全体委员会议,董副总理到会作了关于军事情况、政治情况和外交情况的重要报告,郑振铎作了详尽记录。下午,各部、署作工作报告,讨论1950年工作计划。

二月七日

"振铎、老舍、平伯等来叶[圣陶]家,饮酒谈笑甚欢。振铎言小箴正努力学俄文,每星期三小时,与沈衡老、萨空了、愈之及兹九等同学,在东总布胡同衡老公馆,共聘一俄国教师。"(宋云彬日记)

二月九日

上午,"诣团城晤西谛。"(马衡日记)

二月十一日

"下午四时有学习会,忽接振铎电话,谓余心清代章乃器请客人喝酒,并看古董。未几,振铎坐汽车来接,余即退席,偕振铎、赵万里及蠼生前往。章氏购有铜器、瓷器、陶器三千件,大抵皆赝鼎也。……赵斐云为余言,彼此次南下,与常熟瞿氏有所接触。瞿氏以负债累累,愿将铁琴铜剑楼藏书出售一部分。结果经斐云与振铎之介绍,由政府(文化部)以三千万人民币代价,购得藏书三百零二种,另由瞿氏捐献政府五十二种。按铁琴铜剑楼藏书共约千二百种,已去其四分之一强。……斐云又言,瞿氏领到书款后,又来电告急,谓粮价飞涨,以书款还债尚不敷千万元,斐云乃为介绍无锡丁惠康君(丁福保之子),由丁氏出资千万元,购铁琴铜剑楼书如干种,即由丁福保出面,捐献人民政府云。……(茅盾任文化部长,致电振铎,谓只可以人民币一千六百万元购得此三百种书。其时振铎已与瞿氏说妥,未便贬价,仍出资三千万元。)"(宋云彬日记)

二月十二日

"以西谛约来谈,故终日未出门,然终未来。"(马衡日记)

二月十五日

致刘哲民信,提及自己"住宅事迄未解决,至今仍住北京饭店。内人也因此不能北上"。按,不久郑振铎被安排搬往西四颁赏胡同13号居住。

二月十八日

年初二。"下午,往访西谛长谈。"(马衡日记)

"晚六时，振铎、余心清、赵斐云及曹禺伉俪应邀而来，共饮绍兴酒尽七斤，振铎犹呼'热酒热酒'。酒后剧谈，至十时许方兴尽而散。"（宋云彬日记）

二月二十一日

废名访周作人，带去郑振铎从中法大学图书馆借出之法国商伯利译本《伊索寓言》等，让枯居北京的周作人发挥一技之长从事翻译工作。周作人颇受感动，从 3 月 13 日起化两个月之力完成。这是建国后他从事翻译工作的开始。

二月二十五日

晚"六时赴开明书店宴会，在八面槽玉华台，座有吕叔湘、覃必陶、郑振铎及圣陶、彬然等。散席后，余与振铎赴东安市场，略一巡视，即各归寓所。"（宋云彬日记）宋云彬有离京意，郑振铎也认为仅安排宋编教科书是不得当的。

二月二十八日

"张禾草来信，云有'雨过天晴'瓷器欲出卖，嘱与振铎接洽……按柴窑陶器久绝人间，禾草何由得之。此亦所谓妄人也已。"（宋云彬日记）

"冶秋来电话，谓合肥县政府偕刘氏后人送'虢季子白盘'来，上午开箱，约往观。……与冶秋、西谛略谈而归。"（马衡日记）

三月二日

"下午，西谛、天木来看捷克展品，六时始去。"（马衡日记）

晚"六时赴和平门外台山会馆卢芷芬寓宴饮，座有叔湘、达君、国豪、必陶、振铎及圣陶、彬然等，饮白兰地甚多。"（宋云彬日记）

三月三日

上午，在团城承光殿主持我国古代极名贵的青铜器"虢季子白盘"的特展（该古物由皖北刘肃曾捐献）。董必武、郭沫若、沈雁冰、马叙伦、陈叔通、范文澜、唐兰、马衡等前来参观，由郑振铎、王冶秋亲自招待。

三月五日

出席全国文联和新闻出版总署联合举办的戴望舒追悼会。(戴 2
月 28 日逝世)

三月六日

下午,参加政务院文教委员会会议,听郭沫若主任传达陈云副总
理关于国家财政经济工作的报告。

三月八日

下午, 在御河桥二号参加中国保卫世界和平委员会举办的欢送
萧三出国的茶会。会上有刘宁一报告国内和平运动情况,陈家康报告
国外和平运动情况,沈雁冰、马叙伦、钱俊瑞、许德珩、李德全等人致
欢送辞,萧三致答辞。

三月九日

"晚,文物局宴刘肃曾(號盘主人)于同和局。"(马衡日记)

三月十二日

"中午在松公府北大孑民堂聚餐,应振铎之邀也。振铎发起组织
古典文艺整理委员会,邀余参加。余原担任整理《西游记》,而周扬则
谓不如整理《三国演义》,强余主持其事,不得已允之。"(宋云彬日记)

三月十四日

"至团城,晤冶秋略谈,……候西谛久不归,乃返院。"(马衡日记)

三月二十日

"下午,偕郑亦桥赴文物局晤西谛,并参观虢盘。"(马衡日记)

三月二十三日

"二时,偕愈之至文教委,开第三次委务会议。首修订本年度各单
位之工作要点……次讨论科学院各研究所之所长副所长人选。振铎
任考古研究所所长云。"(叶圣陶日记)

三月二十八日

"十时,赴文物局晤冶秋、西谛,谈革命博物馆拟暂借宝蕴楼为馆
址。……在西谛室内,遇通古斋黄静涵,欲以所藏铜器售予公家。"(马
衡日记)

三月二十九日

经过两个多月筹备,今日召开中国民间文艺研究会成立大会。大会主席周扬报告筹备经过,郭沫若、茅盾、老舍、郑振铎相继讲话。郑振铎被选为研究会 47 名理事之一。

四月一日

"捷克'中国月'展览,本院[故宫博物院]可派一人出国。余初拟派畅安,而局方不同意,因往解释。郑[振铎]、王[冶秋]均坚持不遣,只得作罢。"(马衡日记)

四月三日

上午,"西谛来看西河沿拆除工程。"(马衡日记)

四月五日

"外交部以古画一大批送文物局,冶秋约往鉴定,无一真者。继思古画例禁出口,外交部不应以此赠送友邦,亟函冶秋、西谛,告以此意,不如征求现代作品储备赠送。"(马衡日记)

四月八日

"诣团城,与冶秋、西谛谈革大学习事。据云尚须政务院批准,则十日开学赶不及矣。"(马衡日记)

"中午赴振铎、宦乡之宴,在欧美同学会,饮伏特加三四杯,微醉。"(宋云彬日记)

四月十五日

中国民主促进会在北京举行建国后第一届全国代表大会。郑振铎以中国民主革命已经胜利、他参加发起中国民主促进会时的奋斗目的已经达到为理由退出该组织。

四月十八日

"下午……至政协全国委员会,出席文教组之首次会议。此组以振铎任组长。讨论政务院交下之《关于职工业余教育之指示》。"(叶圣陶日记)会后晚餐,同桌叶圣陶、吴晗、余心清、邵荃麟。

四月二十日

"午后二时,偕愈之至文委,出席第六次委务会议。陆定一报告华东文教情况……胡乔木报告新闻工作会议经过……次讨论文化部所

提关于保存古物发掘遗址之数项办法。"（叶圣陶日记）

四月二十四日

"诣团城晤西谛。"（马衡日记）

四月二十五日

《文艺报》第 2 卷第 3 期"文艺动态"栏报道："文学名著《边城》、《水浒传》、《腐蚀》将先后由上海文华影片公司制成电影。……《水浒传》将由文华编导委员会集体整理，并请郑振铎、王天木为顾问。"

四月二十八日

上午，"为于思泊约西谛、冶秋明日下午至其家看古器。"（马衡日记）

下午，在北京饭店听艾思奇关于社会发展史的学习报告。后由周恩来作关于学习问题的重要报告，主要谈三个问题：一、教条主义与经验主义问题，二、理论与实际结合的问题，三、批评与自我批评问题。郑振铎认真作了记录。

四月二十九日

"下午，偕西谛往于思泊处看铜器，果与前年议价所购者目录相符。"（马衡日记）

致刘哲民信，鼓励办好上海出版公司，"一时经济困难，亦不足虑。只要稳健的做下去，一定会发展的。"并提及"近来忙碌异常，日为琐务所牵，一时尚无时间下笔写什么。但《参考图谱》总是非写不可的。天天在着急，在责备自己。"

四月三十日

"中午至玉华台，我署宴请谢仁冰、叔老、黄任老、振铎、宧乡四位同席。"（叶圣陶日记）

五月一日

登天安门城楼观看庆祝五一国际劳动节游行队伍。"七时半偕振铎坐汽车归，游行队伍犹未过尽也。"（宋云彬日记）

五月三日

"西谛约力子来看牡丹，期而未至。"（马衡日记）

五月六日

晚"六时,至萃华楼,洗翁以开明名义宴客。凡两席。酒散,愈之、振铎等共往开明小坐,谈出版总署与开明如何公私合作。十一时散。"(叶圣陶日记)

"六时,过萃华楼饭庄宴饮,晤雁冰、愈之、夏衍、乔峰、彬然、灿然、云彬、宦乡、晓先、墨林、西谛、蝼生、叔湘等,凡两席。八时许始罢,宾客纷散。夏衍、愈之、彬然、叔湘、圣陶、宦乡复来店中谈合作事……至十时半乃散。"(王伯祥日记)

五月九日

"诣冶秋,商分院事。又访西谛,则已赴我院图书馆,亟返院,略与晤谈。"(马衡日记)

五月十二日

"西谛来,因以结果告之,西谛又与详谈。下午,赴文物局讨论诉状。[按,当指宝恒木厂修缮乾隆花园停工,故宫拟诉诸法律事] 闻郿原钟今晚将由物主熊述匋送来,局方约在曲园晚饭,为之洗尘。"(马衡日记)

五月十三日

"赴文物局再看郿原钟,……当为越器。沈、周、丁三部长皆来看,沫若最后来,意见与余同。冶秋、西谛邀往全聚德午餐。"(马衡日记)

"六时许,觉农、西谛、圣陶、雪村、彬然、桢祥陆续至,惟待力子不至。先聚谈共饮,至八时出席[开明书店]董事会,越半时力子来,讨论各案。通过业务委员会……董事会……,并定总管理处于六月中旬在京成立,同时上海成立总管理处驻沪办事处。十时半始散。"(王伯祥日记)

五月十四日

赴中山公园,出席首都保卫世界和平签名运动大会。

五月十六日

"下午汇报,西谛言士远事近始查明,公文为文化部遗失,补抄补送。又欲以符定一为图书馆研究员,谓已却无可却,只得听之。"(马衡

日记）

五月十七日

"颐和园分配文物开始清点，王雷一变其昨日态度，谓我院欲留者彼亦非争回不可，颟顸殆不可以理喻。因往文物局晤西谛、冶秋。"（马衡日记）

五月二十日

"下午，赴武英殿与西谛、万里、兆鹏等计划改陈瓷器。西谛拟自来参加。"（马衡日记）

五月二十一日

参加文化部艺术局编审委员会关于编选中国古典文学作品丛书的第一次座谈会。这些丛书是应苏联方面的要求编选的。

五月二十二日

致唐弢信，鼓励他做好华东文化部文物处副处长的工作，并提到"华东区盗墓之风极盛"，"已在设法禁止中"，指示唐弢"和望道、河清、仲华诸兄一商，华东文化部必须把这个现象，彻底调查，并设法澄清一下才好。"

"与俞星枢、夏纬寿、余鸣谦同赴文物局，商起诉宝恒营造厂事，并鉴定诸姁兕。遇张葱玉，新自上海来任文物处副处长。下午，西谛来看太和殿盱眙李氏文物特展。"（马衡日记）

五月二十四日

中央人民政府政务院明令颁发《古文化遗址及古墓葬之调查发掘暂行办法》、《禁止珍贵文物图书出口暂行办法》等。这些文件均是郑振铎参与制定的。

五月二十八日

上午，北京市文艺工作者代表大会在劳动人民文化宫开幕。郑振铎出席并讲话。

"下午赴北京［大］孑民纪念堂出席古典文艺整理讨论会。余前担任整理《三国演义》，振铎希望能在九月份以前完成。散会后偕振铎赴北京饭店，饮白兰地尽半瓶。"（宋云彬日记）

五月三十日

"三时,至政协全国委员会,出席文教组之座谈会。全国委员会将于下月十日始,召开大会,今日之会系谈有无提案可以提出……振铎当主席,颇明快,开会历两小时而散,实为罕有之例。"(叶圣陶日记)

六月二日

在文化部文物局会议室召开"图书分类法座谈会",出席者有于光远、王冶秋、王重民、向达、吕叔湘、孟超、徐特立、孙伏园、潘光旦等19人。在郑振铎主持下,成立了图书分类法工作小组,制定了适合新中国图书馆实际需要的第一个图书分类法。

六月三日

"晚云裳、甲丰、振铎先后来,振铎谈至十时半方去。"(宋云彬日记)

六月六日

以文物局局长名义发表讲话,要求全国人民和各有关部门注意保护古迹文物,指出近来有不少古迹文物遭受破坏,亟应制止。讲话内容载8日《光明日报》、《进步日报》以及本月《文物参考资料》等。

六月九日

晚"往女青年会等老友(长子润华与钱琴珠举行婚礼),到西谛、介泉、觉明、圣陶、雁冰、力子、仲持、平伯、宾符、晓先、云彬、彬然、仲华、斐云等……入座聚餐,凡一百二十位……首由余致辞,继由圣陶、西谛、雪村、力子讲话,至为欢愉……九时始散。"(王伯祥日记)

六月十一日

"十一时半雇车赴肉市口全聚德宴饮,应老舍、李伯钊、赵树理之邀也,坐有梅兰芳、周信芳。徐调孚今晨抵平,亦应邀而来。偕振铎赴琉璃厂通古斋看古董。又赴荣宝斋……"(宋云彬日记)

六月十四日至十七日

"此四日下午四至八时俱往怀仁堂参加政协全国委员会第二次会议。"(叶圣陶日记)

六月十六日

政务院发布《征集革命文物令》。

六月十七日

"下午,访西谛、冶秋。"(马衡日记)

六月十九日

召集政协文教组会议,讨论提案。

六月二十日

"三时至科学院。彼处开院务会议,分组讨论。考古所与语言研究所合为一组……考古研究所主持人为振铎,语言研究所主持人为莘田。六时散。"(叶圣陶日记)

六月二十一日

"下午,至葱玉处看《杜牧张好好诗》,乃溥仪赏溥杰物,应由故宫所购,而西谛谓字卷可以不收,奇哉!"(马衡日记)按,杜牧此墨迹后由故宫收藏。

六月二十三日

"今日为大会闭幕之日,通过各项决议,毛主席致闭幕辞,五点半散。众皆趋北京饭店会餐。"(叶圣陶日记)

六月二十七日

致夏鼐信。此时夏鼐在郑振铎的反复动员下已决定到北京工作。郑振铎要他从速北上商定考古所下半年计划。

六月二十八日

"下午,诣文物局开会,商苏联艺展出品。郑西谛欲令历史博物馆选石佛头,余谓帝国主义国家欲得佛头而奸商凿云岗、龙门之佛头以应之,于是石刻遭劫,吾人不当步趋帝国主义之后尘。郑始折服,打消此议。"(马衡日记)

七月一日

参加中央人民政府出版总署图书馆及秋白纪念堂的揭幕仪式,并讲话。按,出版总署所在地东总布胡同10号为瞿秋白五四时期肄业的俄文专修学校故址,为纪念他,特辟一室为秋白纪念堂。出版总署图书馆当时有图书12万册。由孙伏园、孟超分别任正副馆长。

"下午……与西谛谈立庵古物馆问题,立庵允考虑。"(马衡日记)

七月六日

新华社向全国报道了政务院颁发的《禁止珍贵文物图书出口暂行办法》、《保护古迹、文物办法》、《古文化遗址及古墓葬调查发掘暂行办法》等文件。

七月七日

致刘哲民信,指出:"出版事业的前途,希望是很大的。""公司的'将来',还在历史、美术一类书的出版上。这是独门生意,没有能够竞争的。"并提及拟写的"《苏捷纪行》正在整理稿件中"。还提及:《历史图谱》必以全力完成之!逸群兄处的二万单位如能借成,即可继续印行,印《中国古画选》和故宫博物院的画册,亦可印出也。"当时,上海出版公司经济遇到困难,华东地区党报《解放日报》社长恽逸群等得悉后,为了使郑振铎主编的《中国历史参考图谱》能继续刊行,党报采用预约订购的办法在经济上给予了支持。

七月八日

"晚,履儿设宴于玉华台,邀叔通、絅伯、沫若、西林、西谛、冶秋、翰笙、悲鸿、铭德等,诚多事也。"(马衡日记)

七月十日

夏鼐从南方去北京团城文物局报到。当时,夏鼐向郑振铎提出想不担任考古所副所长的职务,专搞研究工作。郑振铎笑着说:"不用提了。党这样重视我们,信任我们。我们还能推辞吗?你是知道的,我也是生平不惯做行政事的人,现在还当这里的局长呢!"夏鼐深受教育,从此再也不提辞职事了。

七月十五日

"絅伯约晚餐于外交学会,座有叔通、西谛、葱玉及余全家,九时半散。"(马衡日记)

文物局呈中央文化部,请转呈政务院将院颁各项保护征集文物的法令加入土改学习文件之中。

七月十八日

"下午六时半,雪村、彬然来,西谛继至,力子旋到。七时许即在屋顶露天晚餐。八时许就屋内开[开明书店]董事会,通过组织大纲及业务委员会组织与会议简则。雪山亦提函谢事,于是[雪]村[雪]山大逞机锋,颇有卷土压人之概,纠缠至十时半始散,人位犹未落局,洗人想蹙额难眠矣。"(王伯祥日记)

七月二十一日

文化部文物局组织"雁北文化勘查团",团长为裴文中,副团长陈梦家与刘致平。勘查团分考古、古建筑两组,有莫宗江、赵正之、傅振伦、阎文儒、宿白等专家参加。

七月二十三日

"十一时半赴中山公园来今雨轩,以雪村的女儿阿蜜结婚,友好在彼举行公宴也……振铎对开明事殊愤愤,彼告余,顾均正等若干人有所结合,思把持一切。又谓伯翁系被迫而走。时彬然方在围廊中与人议论,振铎指谓余曰:'彼亦思把持开明之一人,我不知彼以何理由横身干涉开明事。'"(宋云彬日记)

七月二十七日

为筹建上海鲁迅纪念馆,与文物局副局长王冶秋联名打报告给周恩来总理。总理于8月4日亲自批复。后郑振铎又向周总理提出为纪念馆题字的请求,总理于10月间题了"鲁迅纪念馆"五个字。

七月二十八日

"下午,赴文物局开会,听南京博物院曾昭燏、南京图书馆贺昌群业务报告。晚,文物局宴请曾、贺、刘等于欧美同学会,即往作陪。"(马衡日记)

八月二日

主持召集海关总署、邮政总局等单位有关负责人会议,讨论古物出口鉴定问题,并制定《文物出口鉴定委员会暂行组织条例草案》。

八月三日

"下午三时半赴文物局,出席古典文学整理委员会。余本担任整理《三国演义》,今日决定余与魏建功、黄药眠三人为一组,余为召集人。七时偕振铎伉俪赴解放饭店,应余心清等之邀也。车至中途,振铎忽忆及今日为星期四,须出席政协全国委员会之学习座谈会,遂中途下车。"(宋云彬日记)

八月七日

作《〈参加苏联"中国艺展"古代艺术品目录〉序》,后载《文物参考资料》第 1 卷第 7 期。为准备参加 10 月间在莫斯科举办的中国艺术展览会,郑振铎负责主持了 8 月 2 日至 5 日在故宫博物院举行的中国艺术展览会,展出初选艺术品 1200 余种,以吸取各方意见和批评,作为最后审定的参考,展品审定后再运往苏联。

马衡子文冲(谦儿)今日因故在德州车站被拘留,马衡遂求郑振铎等人帮助。

八月八日

"下午四时,赴文物局会报。郑西谛谓将请庾楼代收书籍。允之。"(马衡日记)按,庾楼即故宫博物院图书馆代馆长。

八月十日

"郑西谛转来统战部复函,谓徐冰赴青岛修养,文冲事已交齐燕铭办理。"(马衡日记)

《文艺报》第 2 卷第 10 期《文艺动态》栏报道:"中央文化部艺术局现已着手编辑《中国古典文艺丛书》,整理系统自汉乐府起至明清俗文学止,初步计划分为十个单元,即《水浒》、《唐诗新选》、《宋元话本选》、,《乐府诗选》、《明清俗曲选》、《红楼梦》、《三国志演义》、《杜甫诗选》、《元曲新选》、《白居易诗选》,参加整理工作的人有郑振铎、俞平伯等,争取今年内完成一半。"

八月十一日

"西谛、葱玉来看位育斋等处,并至图书馆看庾楼。"(马衡日记)

八月十三日

"晚,西谛约晚餐于翠华楼,座有朱桂辛、陈叔通、翁克齐、何叙甫、刘士能、曾昭燏等。"(马衡日记)

八月十五日

《新华月报》第 2 卷第 4 期《文艺动态》栏报道,中央文化部艺术局编审委员会开始编辑《中国古典文学》和《中国历代诗选》两套丛书。前者由郑振铎主编,有 30 余位专家参加;后者由郭沫若、郑振铎、艾青主编,有 10 余位专家参加。按,这两套丛书是应苏联方面要求编的,后一种郑振铎负责宋以后部分。

八月二十一日

"西谛介绍卫生部李新农,要求寄存卫生展品。下午……至端门送士能行,西谛、天木亦至,遂同赴车站送行。"(马衡日记)

八月二十二日

主持召开博物馆事业座谈会,参加者有陶孟和、向达、陈梦家等专家及各博物馆的工作人员。郑振铎首先报告了博物馆事业之过去与现在情况以及将来发展的方向。会议讨论了博物馆的任务以及与文化馆、科学馆的区别,国立博物馆的分布与博物馆人才的培养等问题。"下午三时,赴文物局开会,谈全国博物馆分配计划及博物馆业务等问题,七时始散。"(马衡日记)

八月二十三日

主持召开"社会发展史陈列"座谈会,参加者有杨钟健、吴晗、苏秉琦、郑天挺、胡先晋等专家。郑振铎首先报告了"社会发展史陈列"在今天的需要及陈列原则(要有正确的理论作基础,以实物为主,模型图片为辅,布置上力求朴实等),后大家谈了具体意见。

八月二十五日

"赴文物局,与冶秋长谈;候西谛,久不至,遂返院。"(马衡日记)

八月二十六日

"下午三时,赴文物局开会,商讨三年计划,七时散会。"(马衡日记)

八月三十日

致刘哲民信,提到出版总署署长胡愈之邀请自己为全国出版工作会议的特邀代表,但自己不能代表上海出版公司,也不能每天去开会,所以胡又加邀唐弢为代表。信中还感谢恽逸群对《中国历史参考图谱》继续刊行的支持。

主持召开筹备民族博物馆座谈会，参加者有民族事务委员会朱早观、高伯玉、马报天、多杰，北京大学季羡林、马坚、金克木、马学良，北京图书馆于道泉，故宫博物院马衡等。郑振铎首先报告指出为加强兄弟民族的团结，有成立中央民族博物馆的必要，决定筹备委员会要多包罗专家及兄弟民族人员，馆址暂设故宫博物院。会上讨论了《兄弟民族文物拟集范围》草案。

"陈紫蓬……送来书画七卷，为之介绍于文物局。"（马衡日记）

八月三十一日

在《文物参考资料》第 1 卷第 8 期上发表《〈图书分类法问题研究资料〉前言》，指出"图书馆是新民主主义的文化教育的重要事业之一，今后必定要大量的发展，无论在量上或在质上。如果新的图书分类法不搞好，图书馆的业务是无法展开的"，认为"新的分类法，必须是集体的写作，而决不是个人的创作"，必须"彻底的改写""资本主义国家的图书馆工作者的分类"。

再次主持召集海关总署、邮政总局等单位有关人员会议，讨论《文物出口鉴定委员会暂行办法总则》草案。

八月

兼任中国科学院考古研究所所长。

夏季

与王利器、吴晓铃等一起开始校勘、整理、标点 120 回本《水浒全传》，至 1953 年 11 月完成。郑振铎主要负责全书的标点工作。

九月一日

致唐弢信，提及："文物工作，困难甚多，但总当克服；且能逐步解决。现已稍有'规模'了（几个'法'都已解决；'文管会'的规章也已定好）。九月下旬，拟小规模的约请各大行政区的'文物处长'来京，有一次仔细的讨论。"

九月二日

"上午在［出版总］署，由少数人商量我署对于商务印书馆致助之

方。十一时,诸人共往玉华台,与陈叔老、黄任老、雁冰、振铎、宦乡会谈,即言商务事……谈至午后二时散。"(叶圣陶日记)

"晚,郑西谛邀晚餐于团城,为雁北考察团洗尘。赵正之大醉,以汽车送之归。"(马衡日记)

九月七日

"下午,赴文物局开民族文物展览筹备会。"(马衡日记)

九月九日

"得西谛转来统战部秘书处函,谓谦儿过德[州]时,正在军运护路时期,谦曾探询解放军中情况,引起公安人员怀疑。查其旅行证,谓渔商,后又知为军人身份,又发现持有蒋军中之服务证件,遂予扣留。今既查明,已由中央公安部于八日电山东公安厅即日释放,大约日内可来京矣。"(马衡日记)马文冲至 30 日方到北京。

九月十一日

致唐弢信,谈及:"我以为兄在十日一定可以来,曾经到车站去接过一次,却扑了一个空。"又谈及:"文物处处长会议事,正和中央文化部接洽,即可决定。决定后,即分途发电邀请。"

"西谛来电话,谓劳动部长李立三电话言,劳模展览会非借太和殿不可,问余意如何。余即与景华赴局共同研究,恐不可抗,遂由西谛电李允之。"(马衡日记)张景华是故宫博物院总务处处长。

九月十五日

第一届全国出版会议在京召开,郑振铎为华东区特邀代表,并在开幕式上讲话,指出:"现在是我们真正为人民服务、'认真作好出版工作'的时候了!"叶圣陶日记:"午后二时,举行开幕式。余致开幕辞,历半小时许。次之,沫若、吴老、雁冰、李德全、振铎诸位讲话……六时散会,开幕式颇不错。会餐于惠丰堂。"会议至 25 日闭幕。

九月十八日

撰写《一年来"文物工作"纲要》,内容包括一年来颁发的《禁止珍贵文物图书出口暂行办法》等 5 个文件,对现有图书馆、博物馆的统计,一年来成立的"文物管理委员会"的统计,一年来人民捐献中央的文物、图书的统计,一年来建筑文物的休整工作等。1998 年 12 月由文物出版社收入《郑振铎文博文集》中。

"散值前,赴团城访西谛。"(马衡日记)

九月二十一日

"尹子文等自南京送民族文物来,云在车站见森玉。乃同车来者。天木来,问之,果然。西谛邀晚饭,盖为此也。散值后,诣团城访之,遂同赴全聚德吃烧[烤]鸭。裴文中率考古发掘队赴东北,今夜启行,亦参加此宴会。"(马衡日记)

九月二十三日

致香港陈君葆信:"前国立中央图书馆(现改名为国立南京图书馆)在抗战中,曾寄存一部分善本图书在香港大学冯平山图书馆。李宝堂先生赴港时,又带上了一批。这一部分的书籍(还有若干部存在马季明教授家中),我们现在要运到北京来。希望先生能够清理出来,准备启运。原来是许地山先生经手的。许先生故后,由先生保管多年,我们心里非常的感谢! 并请便中向季明先生致谢! "此信由郑振铎写后签名盖章,郑振铎姓名前又有叶恭绰签名盖章。

九月二十五日

第一届全国出版会议上午通过五个决议,"中间插入朱总司令之讲话,会众甚兴奋。饭后两点续开……出版会议至此结束。余以三点时离开会场,驱车至怀仁堂,参加全国战斗英雄劳动模范代表会议之开幕式。"(叶圣陶日记)郑振铎当亦参加。

九月二十六日

中午,"偕愈之、伯昕驱车至萃华楼,应谢仁冰之招,谈商务[印书馆]事。有叔老、任老、俞寰老、振铎、华东新闻出版局二位、商务工会一位。"(叶圣陶日记)

九月二十八日

"西谛至保和殿来看民族文物展览布置,尚未告竣。"(马衡日记)

九月二十九日

"郑西谛嘱代表招待参观民族文物展览会之来宾,有乌兰夫等十余人。……文物局亦有文物展览，二时预展。晤邵力子、叶玉甫、邓叔存、张伯驹、于思泊等。文物以沈阳博物院借来之汉墓壁画摹本为最佳。"（马衡日记）郑振铎在团城承光殿主持举办"庆祝国庆文物展览"预展。参观者有李济深、蓝公武、彭真、邓拓、柳亚子等60余人。展览内容主要为文物局成立一年来新收（包括接收、捐献、收购等）文物的一部分，以及雁北文物勘察团发掘的古物与借陈的汉唐壁画摹本。展览会定于10月2日起公开展出。

十月一日

在《文汇报》发表《给"古董"以新生命》。指出："给'古董'以新的生命，就是使它复活起来，积极的表现其功用，使它能够和实际生活联系起来。""蔑视民族文物（古董）的积极的作用的，或蔑视博物馆事业和工作的重要性的人，徒见其思想的不曾搞通而已。"

本日，中央文化部受苏联政府邀请举办的"中国艺术展览会"在莫斯科的特列甲科夫画馆隆重开幕。苏联《艺术杂志》双月刊出一特刊介绍，并刊载郑振铎的《〈参加苏联"中国艺展"古代艺术品目录〉序》。

十月七日

"下午，许广平、雪峰、胡风、乔木、振铎诸君来谈鲁迅著作出版事。结论为许广平结束其鲁迅出版社，将版权托付我署。编选翻译鲁迅著作，悉由我署决定之。我署则委其事于编辑社，社由雪峰主之。"（叶圣陶日记）

十月八日

"西谛借绛雪轩设宴，邀民族文物展览筹备会有关人约六十人餐叙。"（马衡日记）

十月九日

"上午，少数人会谈，讨论商务印书馆业务改进委员会之组织与人选。"（叶圣陶日记）郑振铎可能参加。

十月十日

"文物局介绍西北文物处赵望云、东北王修、华中方壮猷、西南马

耕渔来参观。"（马衡日记）

十月十一日

　　上午，主持召开全国各大行政区文物处长会议。到会有王修、徐森玉、唐弢、方壮猷、马耕渔、赵望云等。首先由文化部部长沈雁冰讲话，继由郑振铎报告一年来的文物工作及今后工作方向。会议共进行了四天。

十月十四日

　　"下午，文物局假绛雪轩开文物工作者座谈会，有华东区文物处长徐鸿宝、唐弢，华中区方壮猷，西北区赵望云，西南区马耕渔等报告工作。东北区王修已返东北，代以某君，忘其名。余强调建议调查古迹、防止盗掘、防止出口三事。散会后，应文物局邀，赴同和居晚饭。"（马衡日记）

十月十六日

　　上午，主持全国各大行政区文物处长会议闭幕会，作总结报告，会议阐明了文物工作在新中国建设事业中的意义，确定了文物工作的方针与任务，提示了文物工作的重点，确定了领导关系。

十月十九日

　　晚，"至琉璃厂荣宝斋。荣宝斋为诗笺裱背铺……近以营业不振，亏累不少，欲将歇业。我署乃投资一亿元，作为公私合营，始可维持。今日为重行开张之期，特设宴请客。余到时已开宴，愈之、振铎、建功诸位先在，即共饮。"（叶圣陶日记）

十月二十四日

　　"偕西谛等看乾隆花园工程，至茶、缎库、文献馆，最后至文华殿、主敬殿，看帝国主义侵略史料。下午，赴文物局汇报。"（马衡日记）

十月二十五日

　　中国人民志愿军出国与朝鲜人民军并肩作战，向侵略至鸭绿江附近的美国侵略军发起强大反攻。

十月二十六日

　　晚，"七点半，共至北京饭店，开中国保卫世界和平大会委员会及反抗[对]美帝侵略大会委员会。郭沫若报告,此二会拟合并为一……于是按预拟名单通过此会之全国委员将二百人。"(叶圣陶日记)

十月二十七日

新华社北京电讯发布中国人民保卫世界和平反对美国侵略委员会全国委员名单,共 158 人,有郑振铎。

任弼时逝世。郑振铎当参加 30 日的悼念活动。

十月三十一日

在《文物参考资料》第 1 卷第 10 期上发表《一年来的文物工作》,总结了一年来在图书馆、博物馆、图书文物调查、地下发掘、古建筑整修、图书文物收集等方面的工作。

十月

在《人民画报》第 1 卷第 4 期上发表《鲁迅——"民族魂"》,认为:"'民族魂'这三个大字,说明了鲁迅先生的精神,说明他一生为人民奋斗到底的历史。""鲁迅先生是中国民族的最好的儿子之一;他表现了中国民族的最好的一面。他抛弃了传统的封建坏的成分,但保留着中国民族的最可夸耀的精神——所谓浩然之气——还加上为人民服务的新的观点。"

十一月三日

致刘哲民信,谈编辑"历史图谱"等书之事,提及所编《中国古明器陶俑图录》封面书签已请郭沫若写好。

十一月四日

以中国共产党为首的中国各党派发表联合宣言,誓以全力支持中国人民正义要求,为抗美援朝保家卫国的神圣任务而斗争。

抗战时期寄存在香港的一部分善本图书今日启运北京。"下午打发所有中央图书寄京。装成三箱交吴荻舟兄运去。这样费了许多天工作才把事情弄妥,真是身上少了千钧的担子也似的。"(陈君葆日记)

十一月七日

"下午……赴文物局汇报。西谛言文化部将联合各机关开抗美援朝展览会,假我院三殿会场,于十二月中旬开幕,本星五开筹备会。"

（马衡日记）

十一月十日

上午，在中国社会科学研究会联合办事处礼堂主持北京市图书馆博物馆文物工作者抗美援朝座谈会，到会 107 人。郑振铎首先就美帝战略、兵源、钢铁产量的困难和原子弹的不足畏等方面加以分析，证明它是纸老虎；继而说明和平阵营力量的壮大和有利条件；最后提出全国文物工作者应作的工作。发言者继有孟超、王重民、向达、柯莱、马衡、陈鸿舜、韩寿萱、阴法鲁等。会上通过发表《北京市图书馆博物馆文物工作者抗美援朝宣言》，郑振铎等 600 余人签名。会议还决定成立"北京市图书馆博物馆文物工作者抗美援朝保家卫国工作委员会"，全力支持"中国人民保卫世界和平反对美帝侵略委员会"主办的"抗美援朝保家卫国展览会"，协助北京图书馆举办"认识美帝图书展览会"等。本日，"抗美援朝保家卫国展览会"筹备委员会成立，由36 人组成，罗隆基为主任委员，郑振铎为副主任委员。该展览会后于12 月 25 日在故宫太和殿正式揭幕。"图、博、文物工作者假金钩胡同开会，商讨共同宣言，并致函朝鲜图、博工作者慰问。下午，文物局召开'抗美援朝保家卫国展览'筹备会，征求各方合作，并由'保卫和平反对侵略委员会'主办，组织秘书处，设编辑、征集、设计三部。"（马衡日记）

十一月十三日

"下午，赴局，问军委欲用景山之理由。西谛言，将有军队六百人前来驻防，除寿皇殿不用外，其余皆须腾出。"（马衡日记）

十一月十五日

致刘哲民信，谈编辑"历史图谱"诸事，提出："必要在年内赶完这个工作"，又提及"影印《鲁迅日记》，极为重要，最好多印'普及本'（报纸本），以便推销。"为上海出版公司影印《鲁迅日记》及出版其他鲁迅著作，郑振铎曾多次与冯雪峰及出版总署等处联系。

"下午，持陈氏簠盖及玉器赴文物局，但近日金融冻结，须俟二十日始可决定。"（马衡日记）按，马衡代为陈紫蓬让售文物。

十一月十六日

在抗美援朝的《在京文学工作者宣言》上签名,共 145 人,郑振铎列第4 名。后载 11 月 25 日《文艺报》第 3 卷第 3 期。

十一月十八日

"得西谛电话,约与景华谈话。据云文史研究馆将设于故宫内,经再三拒绝,始择定北海静心斋为其馆址。"(马衡日记)

十一月十九日

"在振铎处吃午饭,饮酒一杯。振铎谓开明已拒绝印行古典文艺丛书,皆'傅胖子'从中作梗云。"(宋云彬日记)

十一月二十日

"立庵来谈,并以境丘虎符托转询文物局,拟易钱百五十万。军委文化部邀午餐于萃华楼,同席有西谛、寿萱。下午三时,赴文物局开会,分配预算。"(马衡日记)按,立庵即唐兰。

十一月二十一日

致刘哲民信,审订上海出版公司的《文艺复兴丛书》及《世界文学丛书》的计划,认为"甚好"。同日编就寄上"历史图谱"第八辑(两晋南北朝)。

致夏鼐(作铭)、郭宝钧(子衡)、苏秉琦等人信(时均在河南辉县发掘古墓),谈发掘工作及经费诸事。

十一月二十三日

"赴文物局,晤西谛略谈。"(马衡日记)

王伯祥在开明书店因人事关系不谐提出辞职,宋云彬今日作《漫成二首谏王伯翁》:"萧朱郤末多先例,交态原随世态新。长乐平生风谊重(长乐谓郑振铎),甘抛心力作调人。""但闻涸辙鲋濡沫,岂有危巢雀逐鸠。世事沧桑心事定,且将余怒付东流(借定庵句)。"

十一月二十五日

"赴文物局,为立庵催询虎符款。晤西谛,还价百万,并嘱将石经送去议价。因转告立庵。陈紫蓬来,亦为售古物事……请其径送文物局,毋须由余转手。"(马衡日记)

十一月二十七日

文化部主持召开的全国戏剧工作会议在京开幕,郑振铎在《光明日报》的"全国戏曲工作会议特刊"上发表《接受遗产与戏曲改进工作》,提出:"有计划的改进旧剧,稳步的改革其演技,删改补充其剧本,在今天是有必要的。而旧的剧本,旧的演技,也尽有可以为我们所接受的遗产在。那末丰富的遗产,宝贵的人民大众的智慧的结晶,是值得我们用一辈子的力量去发掘,去发现,去研究,去接受的。"

十一月二十九日

"至文物局……晤西谛,请其速为解决。闻将于下午一时半开收购文物审查会。"(马衡日记)

十一月三十日

在《文物参考资料》第 1 卷第 11 期上王重民的《论美帝劫购我国古书》一文后发表《附记》,补充指出:"王重民先生以上所记的,都是有关善本书的。但美帝各图书馆所攫取或采购的中国书,还有四五千种的地方志书,近二千种的'家谱',数量极大的近百年来的史料(包括报纸、杂志、小册子)。他们掠购这批有用之书,是别有用心的。""'方志'是有关'国防'及'资源'的材料","美帝的居心不问可知!"

晚,"六时半赴北大孑民纪念堂北大文科研究所同人之宴。主人为罗常培、汤用彤、向达、金毓黻、陈[郑]天挺、王重民,被邀者除余外,有圣陶、伯祥、调孚、均正及振铎。先是于国庆纪念日晤罗常培,知北大一部分同人方搜集近代史料,特为介绍开明出版。现第一册《太平天国史料》已付排校,下月中旬可出版,故宴请余等,表谢意,示联络也。席间陈[郑]天挺谓北大一部分同人拟编撰历史丛书三套:一、中国史;二、西洋史;三、近代中国史。……亦拟交开明出版。均正闻言,急谓此后开明拟专出中学生读物,此种丛书恐标准太高。振铎谓不出这一类书将出些什么书,声色俱厉,甚矣均正之陋也。"(宋云彬日记)

十二月一日

致刘哲民信,谈编辑"历史图谱"诸事,元代的已编好,明代的正在赶编。

十二月二日

　　致刘哲民信,提及拟在年内将《中国历史参考图谱》编完,"了此一事,心愿大畅"。

十二月五日

　　晚"六时至同和居,应柯灵之邀。同座有老舍、家宝、振铎、伏老、树理诸君,谈甚欢。"(叶圣陶日记)

十二月六日

　　上午,"诣文物局,与西谛谈胜德利事。"(马衡日记)按,胜德利是故宫博物院职工,工作态度不好,群众今晚开会,要求开除其工会会籍,甚至开除出博物院。

　　"午后二时,至雁冰所,开新文学选集之编辑会议。"(叶圣陶日记)郑振铎当参加。

　　致刘哲民信,提及近日"差不多是聚精会神的在做《图谱》工作,别的什么都不能写了"。

十二月七日

　　"下午,诣文物局,以昨晚大会告之。西谛言,胜之夫□□□,曩在沪时曾识之,昨来托缓颊,告以群众之事,莫能左右也。"(马衡日记)

十二月八日

　　致刘哲民信,谈编辑"历史图谱"诸事,提到"《美帝侵华画史》正在编,须赶开展览会"。

十二月十一日

　　"访西谛,为陶北溟转达求售石刻之意。"(马衡日记)

十二月十三日

　　致夏鼐信,当时夏鼐正在河南辉县做考古发掘工作。信中说:"在那里过年,倒是别有风趣。我老想念着帐幕中的生活——很像'蒙古包'——可惜一时还走不开;否则,一定在年内要和天木同来,带点年礼,大家来一同痛快的过个新年。正在作此准备,不知能如愿否?"虽然后来郑振铎未能"如愿"去那里,但此信在发掘队中传观,使队员们感到温暖和鼓舞。

"中午赴西总布胡同中华书局之宴,振铎等均在座。余以达君来函示振铎。《古典文艺丛书》振铎原拟交开明出版,而开明业务委员会予以否决,振铎大不高兴。旋与中华舒新城接洽,舒满口允应。今日商讨条件,……条件至为公平,两相比较,显得开明气量狭小,所见不广矣。开明主持者皆庸才,彬然在幕后操纵。此次拒绝出版《古典文艺丛书》,小墨亦竭力主张者。"(宋云彬日记)

十二月十四日

"西谛约一时来,看拆除工程。因就食堂午餐。同往南天门外及慈宁宫花园、慈宁宫等处巡视一周,又至武英殿看布置情形。……晚,西谛宴楚图南、李则刚、杨□□、许广平等于同和居,被邀作陪。"(马衡日记)

十二月十八日

致刘哲民信,提及对《中国历史参考图谱》"拟再编《补编》四辑(历代的新材料)、《续编》四辑(民国以来到解放战争的胜利)"。

十二月二十五日

"下午,天木来言西谛拟以长沙出土之缯书樆本加入抗美援朝展览。余以为不起多大作用。"(马衡日记)

十二月二十七日

"下午,赴文物局晤西谛……偕西谛、子期、葱玉赴钟粹宫、景阳宫、景仁宫等处巡视。"(马衡日记)

十二月二十九日

"参加东德博览会之古代手工艺品明日须送出……因与葱玉商,博览会而征及旧工艺品,实无意义,最好打销此议。葱玉不敢作主,遂同赴局建议于西谛,西谛亦不能作主。"(马衡日记)

十二月三十日

致刘哲民信,提及:"年关在即,一切都在做'总结',又在计划明年的工作,故显得更忙乱!"

十二月

北京图书馆编印《抗美援朝资料目录》，封面书名为郑振铎题写。

本年

北京来薰阁书店出版《古今民间文艺丛书》，这是书店主人陈济川邀请郑振铎、魏天行、傅惜华、老舍主编的，共出三种，又专刊两本。后因私营书店不能兼做出版工作，未再出下去。

本年，在某报（待考）发表《怎样把图书馆、博物馆服务于劳动大众》，1998 年 12 月由文物出版社收入《郑振铎文博文集》中。

一九五一年　五十四岁

一月一日

晚"六时,偕愈之、乔峰至中南海勤政殿,参加中央政府之新年团
拜聚餐……余在第七席,周总理为主人,同座有老舍、萧三、钱三强、
陈援庵、振铎、罗隆基、梁漱溟、徐悲鸿……余之一席间谈及文字改
革,周总理亦颇留恋汉字。"(叶圣陶日记)

一月六日

致刘哲民信,谈编辑《中国历史参考图谱》诸事,"清代的四辑,亦
已在日夜赶工中"。

参加关于编选注释中国古典文学作品选集的第四次座谈会。

下午"二时,赴历史博物馆看原始共产社会展览。西谛、冶秋、文
中皆来会。"(马衡日记)

一月八日

致刘哲民信,谈编辑"历史图谱"诸事,"清代的四辑已大有眉目,
材料已收集得差不多,正在补充、摄影、觅购中,月内定可交稿也。"

"胜德利有信来,续假一个半月,并请求借款六十万元,真不知羞
耻。五时半,往文物局晤西谛,适于坚在座,以此函示之,并询局方对
于此案究拟如何处理。西谛对情况不甚了解,于坚以目前谈话情况告
之。"(马衡日记)

中央文学研究所开办。该所由中央文化部领导,全国文协协办,
丁玲任所长。1954 年改名为中国作家协会文学讲习所、1984 年改名
为鲁迅文学院。郑振铎从一开始就对该所工作给予大力支持。据老学
员赵郁秀说:"据说当年任国家文教主任的郭沫若曾接受丁玲建议,
专门主持召开过一次研究成立培养作家学校的会议,……谈到经费

时,文化部长沈雁冰说:'我曾同周扬、西谛(郑振铎)商量过,可由文化部承担。'"

一月十二日

撰写《文化部文物局 1950 年工作总结报告》,1998 年 12 月由文物出版社收入《郑振铎文博文集》中。

一月十四日

"罗努生、郑西谛以抗美援朝展览会宴参与其事者于文化俱乐部,余亦被邀,以示酬谢之意。"(马衡日记)

一月十六日

"午后三时,至怀仁堂,听周总理报告,题目为说明本年概算之意义。"(叶圣陶日记)郑振铎当参加。

一月十七日

"西谛、冶秋约晚饭于同和居,同席有丁惠康、张子厚、常书鸿、李一氓、徐悲鸿等。"(马衡日记)

一月二十日

致刘哲民信,谈编辑"历史图谱"诸事,又提出拟编补编及续编。

一月二十六日

因敦煌文物展览将于 3 月间在国立北京历史博物馆开幕,特于今日邀集考古、美术专家向达、徐悲鸿、吴作人、王逊以及历史博物馆负责人、敦煌文物研究所所长常书鸿等二十余人,座谈有关筹备问题。据常书鸿回忆,该展览"筹备工作由郑、王[冶秋]二位领导主持,聘请了北京大学的向达、阎文儒、宿白、赵正之;清华大学梁思成、阴法鲁;燕京大学陈梦家;辅仁大学孙作云;中央美术学院徐悲鸿、王逊;故宫博物院徐邦达;历史博物馆韩寿萱和我,组成敦煌文物展览工作室,由我带潘洁兹、李承仙、常沙娜等进行具体筹备。"(《忆冶秋同志与敦煌研究所》)

一月二十八日

下午,去王伯祥家,遇宋云彬,又与宋云彬赴隆福寺街看旧书。

一月三十日

"午后两点至文化俱乐部。编译局邀集翻译界同人六十余人开座谈会,商量如何召开翻译工作会议,会议之重点为何。"(叶圣陶日记)郑振铎当参加。

一月三十一日

"访西谛,为罗子期作说客。西谛言,其状甚窘,当为之设法。"(马衡日记)按,当时罗福颐生活困难,想以家藏文物让售文物局。

一月

起草全国政协文教组 1951 年上半年 2 至 6 月工作计划。

二月二日

致刘哲民信,谈"历史图谱"诸事,"清代的四辑,已将次编好。过了阴历年,即可奉上。"

二月四日

下午,与赵万里、张珩赴隆福寺看书,于修绠堂遇宋运彬。

开明书店总经理、老友范洗人在上海逝世。

二月七日

今日年初二,下午宋云彬来拜年。

柳亚子致郑振铎信,介绍亡友姚石子之子姚昆田(在外交部工作)前来求教。

二月八日

上午,赴南河沿新史学会开春节座谈会。范文澜主持,林伯渠、郭沫若、吴玉章、徐特立等讲话,郑振铎作一年工作报告。"到会者约二百人……一时许散。"(马衡日记)"陈垣发言,责问科学院何以不设历史研究所,颇愤愤也。"(宋云彬日记)

二月九日

致刘哲民信,谈"历史图谱"诸事,"春节假期三天,匆匆的过去了,未出家门一步,已将清代的四辑编好,尚缺几张,即当补齐。"并说:"此书前途希望很大,今年能否以全力为之?"还表示"历史图谱"完成后,将致力于名画选、古建筑选、雕刻选等书的工作。

二月十二日

致刘哲民信,谈"历史图谱"诸事。

二月十三日

致刘哲民信,谈"历史图谱"再版诸事,又提到"《蛰居散记》可请唐弢、柯灵二兄修改后,即行出版"。

董必武副总理将珍藏的明熹宗给赵南星夫妇的"诰命"一轴及赵南星"铁如意"一柄,捐赠公家。他在给郑振铎、王冶秋的信中说明,这两件重要历史文物是1947年冬陈毅将军在山东同蒋军作战时亲自交给他的,后陈毅还从《代州志》等古书中摘录了有关这两件文物的资料寄给他(这些资料董老亦抄录寄来)。老一辈革命家对祖国文物的重视,使郑振铎深受感动。

二月十四日

致刘哲民信,谈编辑及再版"历史图谱"诸事。

二月十六日

文物局制定了中央自然博物馆筹备计划。这是根据年初政务院和文化部的决定,由郑振铎负责抓的工作。

二月十九日

致刘哲民信,谈"历史图谱"诸事,"第二十四辑(清四)全部为新材料,搜集起来,极为不易。直到昨夜,才能[将]内容大致编好。"

二月二十日

致刘哲民信,谈"历史图谱"诸事,至此,尚有最后几张照片未拍好以外,已基本编完交稿了。"再版事,正在积极筹备中。正和出版总署在洽谈。俟有结果,即当函告。"

二月二十一日

致刘哲民信(二封),谈"历史图谱"诸事。

二月二十六日

"西谛、冶秋偕周扬部长来,看武英殿及太和殿筹备七一中共三十周年展览会,与景华等陪同观察。"(马衡日记)

"午后,文物局孙家晋、彭处长来,怂恿我署办中央书库,谈一小时。"(叶圣陶日记)孙家晋等是奉郑振铎指示去的。

三月二日

　　陈君葆日记:"收到人民政府文化局[部]文物局一月十六日函。"按,当是郑振铎收到香港运北京的抗战时期寄存的善本图书后的公函。

三月五日

　　致刘哲民信,谈"历史图谱"印刷纸张、成本诸事。

三月六日

　　"振铎派孙家晋来,约余与渠联名发起为座谈会,讨论筹建中央书库,其期定于星期四。"(叶圣陶日记)

三月八日

　　下午"二时,余与蟫生至文物局,出席筹建中央书库之座谈会。共谓此库有意义,宜着手筹建。以独立为妥,不附属于任何部门,而以文化部与出版总署共同领导之。结果推出七人,我署四人,文物[化]部三人,草拟具体之筹建计划,以便提出于文委。"(叶圣陶日记)

三月十日

　　闻上海将办大规模的图书馆及博物馆,特向陈毅市长及李亚农、徐森玉分别写信,推荐"邃于版本目录之学"的瞿济苍、瞿凤起二人参加图书馆工作。瞿凤起后于4月参加上海市文物管理委员会的古籍整理工作,8月参加上海图书馆筹备工作。

　　下午,参加政协文教界人士会议,并作记录。

三月十三日

　　今日起,文化部召开全国文化行政工作会议。

三月十七日

　　为《雁北文物勘查团报告》作序,后载3月31日《文物参考资料》第2卷第3期。指出:"雁北文物勘查团是中华人民共和国成立以来第一次组织的规模较大的一个关于文物的实地调查研究的工作团体,它的这个报告也是中华人民共和国成立以来第一个出版的关于这一方面的科学的调查报告。"

三月二十一日

致刘哲民信,谈"历史图谱"印制诸事,并提及:"替我谢谢季琳兄[按,即柯灵],在百忙中替我修正《蛰居散记》。连日开会,极忙。"

三月二十二日

致刘哲民信,谈"历史图谱"第 23 辑内有关美国流氓华尔的墓地的图片要设法取消。

三月二十三日

参加文化部局长会议,记录总结报告。"九时,赴文化部,听周扬部长对文化行政会议总结报告,共十八项。"(马衡日记)

三月二十四日

在《群众日报》上发表《永乐大典》一文。

三月二十八日

"赴文物局,了解本院改革方案之情况。分别晤西谛、冶秋……文物局夜校假神武门楼举行开学典礼,到有丁西林副部长、沙可夫主任及郑、王两校长。会后尚有余兴,至十二时始散。"(马衡日记)

三月三十日

"武英殿陶瓷馆预展……局中自局长以下来者甚多。章乃器亦来。"(马衡日记)

致刘哲民信,谈"历史图谱"诸事,并提议上海出版公司购买北京延光室及他处待售之战前所摄中国名画照片底板,以出版中国名画选。

三月三十一日

"下午二时起,中山堂、社稷坛有科学院各所研究员,各部、院、会处长级以上听讲,露天,坐在地下,有兵守卫。"(郑振铎工作笔记)

三月

编订、作序的《敦煌壁画选》由北京荣宝斋木刻套色印制出版。后经郑振铎重新编选,于 1952 年出第一辑,1953 年出第二辑,1954 年出第三辑,每辑各 12 幅。1956 年又合三辑为一辑,重新选图 24 幅出版。

四月二日

中央自然博物馆筹备委员会成立,由丁西林(主任委员)、郑振铎、裴文中、王冶秋、郑作新、胡先骕、袁翰青（刘均代）、李璞、张春霖、孙云铸、李季通等 11 人组成。

"下午，诣文物局，适郑西谛将出，遇诸门。"（马衡日记）

四月五日

在《光明日报》上发表《重视文物的保护调查研究工作》。

四月六日

致刘哲民信，谈"历史图谱"诸事，"尚有'跋'及第二十四辑的图四页，因连日开会，未有一刻'定坐'的时间，故尚未编写好。当尽于一二日内编写好寄上。"

四月七日

作《蛰居散记》新序，说明重行整理出版此书是"作为暴露日本帝国主义者的凶残与压迫的记录的一部分，且作为痛定思痛的纪念"。指出："单有热情与正义感是绝对不够的！如果没有革命的理论的正确指导，必定会把问题或事实看成是很单纯了的。"

致刘哲民信，寄去《〈蛰居散记〉新序》，并提及："《鲁迅日记》出版，自是一件大事。曾和许广平先生谈过，全书出后，是否仿全集式样，用铅印排印出来，定价可以低廉些，让有《全集》的人，个个人都可以买到。是否可以考虑此事？与雪峰一商，如何？"

致唐弢信，寄去北京图书馆所藏鲁迅手稿目录，问及《鲁迅日记》销售情况；并催询上海筹建图书馆和博物馆的情况，认为："此事必须早日办，上海市实在不可一日无图书馆、博物馆也。我们极盼望能够乐观其成。仅仅为此，我也要南归一次。"

致夏鼐信："兹将第四次所务会议记录及标本处理办法各一份奉上，请即付油印。"

四月十日

"午后二时至午门门楼上，观敦煌壁画摹本之展览。"（叶圣陶日记）今日，郑振铎筹备主持的敦煌文物展览在历史博物馆举行预展，招待政府机关首长及艺术、文物工作者二百余人参观。（据常书鸿回忆，周恩来、郭沫若、沈雁冰、周扬等 7 日来参观。）13 日起正式展出。

展览内容以敦煌莫高窟九百余件壁画摹本为主，并配合一部分汉壁画与六朝彩画墓砖摹本、敦煌文物为帝国主义劫掠的照片材料等。

致刘哲民信，提及"因事拟于十四日动身南下"。

四月十一日

在《人民日报》上发表《敦煌文物展览的意义》，该文后又载 5 月 25 日《新华月报》第 4 卷第 1 期、5 月 31 日《文物参考资料》第 2 卷第 4 期等刊。文中指出，敦煌文物的展览，不完全是表白敦煌艺术的重要性，也不只是报道敦煌文物研究所的辛勤工作，主要是为了叙述敦煌文物被帝国主义掠夺的惨痛历史，提高人民的爱国主义精神。

四月十三日

作《〈伟大的艺术传统〉序》，后载 4 月 25 日《文艺报》半月刊第 4 卷第 1 期，末云："我们叙述这样的一部中国艺术的简史的时候，时时双眼都涌现着泪珠，不由得不更增强了对帝国主义者侵略的反抗与憎怒，不由得不更加深了对祖国的热爱。……热爱祖国的伟大的艺术传统，也就是热爱祖国，也就在进行着爱国主义的教育。"

四月十四日

动身南下，去上海出差。马衡日记："致西谛书，以其今日赴沪，恐不及晤谈也。"

四月十六日

上午 9 时许，到上海。

四月十八日

下午到杭州，宋云彬、邵裴子等来车站接。开始对浙江视察文物保管情况，唐弢陪同。

四月十九日

"振铎今日动身赴宁波，坐小汽车去。"（宋云彬日记）

四月二十日

在《文汇报》上发表《〈蛰居散记〉新序》。

四月二十一日

回杭州。下午，邀宋云彬至湖滨饮酒，"至旧书店看书，振铎以七十万元购得初版《六十种曲》(内缺《琵琶》等两种)，大乐。……振铎为唐弢发言：'余最喜与云彬小饮清谈，彼风度潇洒，数十年如一日，不若一般自命前进者，一脸正经，满口教条，令人不可向迩也。'"(宋云彬日记)

四月二十三日

上午，在杭州龙兴路浙江省文管会开会。

四月二十五日

致赵万里信(今存后半封)，提到购得崇祯刊《缙绅履历》等二书，"论述明季史料者，当见之狂喜！……此行不虚矣！后天回上海。……此间保护甚为周到，因之，行动也大受限制。本想逛逛九溪十八涧，怕太麻烦人家，也许竟不去了。"

四月二十六日

上午，在浙江省政协召开座谈会。

四月

唐弢回忆："我们在杭州稍住。往浙江图书馆晤张宗祥（鲁迅同事)，在文物保管委员会见马一浮。后至绍兴(地委从土改中在地主家得百年陈酒以饷西谛，西谛大乐)，以后在余姚住一晚，到宁波住了几天，参观天一阁。"(致本书笔者信)在宁波湖西著名藏书楼天一阁视察时，见该藏书楼亟待整修，当即与该市文化界人士举行座谈，就修建楼舍、充实设备、加强保管等问题进行研究。

五月一日

陈君葆日记："今晨蒋复璁冒雨来，问及中央图书馆的书，我告诉他去年北京有信来取，已照点交了，并且也有了回信作收据了。他听完便说，这就好了。"

五月二日

在上海。下午3时，在上海大厦16楼召集上海文学界人士38人开座谈会，许杰、罗稷南、靳以、刘大杰、全增嘏、郭绍虞、陈麟瑞、方令儒、陈望道、徐中玉、陈伯吹、李健吾、魏金枝、李青崖、柯灵、唐弢、施蛰存、余上沅、严独鹤等人踊跃发言，谈及稿酬问题、教育问题、党与非党关系问题等等。

五月三日

晚7时半，在上海大厦16楼召集上海美术界人士22人开座谈会，陈烟桥、孙雪泥、朱锦江、郑午昌、张乐平、特伟、洪荒、赵延平、吴耘、杨可扬、蒋玄治、陶谋基、钱君匋等人踊跃发言，谈美术工作、党群关系等问题。

五月四日

下午5时，在上海大厦16楼召集上海科技界人士20人开座谈会，沈克非、朱恒璧、吴学周、卢于道、刘人寿、赵祖康、周仁、朱洗等人踊跃发言，谈医务工作、党群关系等等。

五月七日

致梁思永信，提及上月"在宁波，无意中知道李氏藏有明刊原本《天工开物》。这是很大的消息！可惜找到了关系，且找到了李宅，而重门深锁，主人离去已久，未能亲见此书。闻主人现在上海，正积极的在找关系，想和他谈谈。如能得到此书，则大可为研究'科学史'的人增加了一部重要的史料也。（流行本《天工开物》，非原书也）"按，李氏即李庆城，不久即在上海联系上。

五月九日

在乐义饭店楼下（按，时郑振铎住乐义饭店217室），召集上海图书馆、博物馆工作人员开座谈会，发言者有徐中玉、阮学光、金则人、陈世襄、顾廷龙、章景璎、舒新城、杨宽、白蕉、童养年等。

夜8时，在上海大厦16楼召集上海高教界人士23人开座谈会，潘世兹、胡文耀、欧元怀、顾树森、周谷城、顾执中、廖世承、王国秀、笪移今、陈石英、褚葆一、顾毓琦等发言。周而复出席并解释政府有关政策。

五月十日

在《文艺报》半月刊第4卷第2期上发表《伟大的艺术传统——殷代的艺术（上）》。

致徐韬（浙江省图书馆副馆长）信，谈："《缙绅录》如张先生能以三十万见让,极为感荷,……硖石蒋家书,请和文管会邵裴子先生一商,须迅即派人去为要!……又硖石濮桥朱剑心家的藏书,也须派人去整理、编目。他本人已见到,……又有一要事,须请阆声先生或先生来沪一行,决定处理办法。……此事系宁波李氏愿意捐献其全部藏书,藏在浙江图书馆,惟其子拟在馆求一职。"

下午 2 时,参加上海市人民政府举行的工商界、教育界人士座谈会,王芸生、周予同、廖世承、卢于道、吴蕴初等人发言,谈 4 月 27 日上海镇压反革命大逮捕后的动态、思想问题等。

五月十一日

写《〈中国历史参考图谱〉跋》,指出:"像这样的一部书乃是属于人民的,也是现在所正需要的,决不是个人的著作,决不能使它有任何不妥善或不正确或有错误之处存在。"

五月十六日

致刘哲民信,提及:"《伟大的艺术传统图录》预计销路不会少,请积极进行借款筹印。"这次郑振铎在沪,与刘哲民谈起他在《文艺报》上连载的《伟大的艺术传统》,本拟附印很多图片,但《文艺报》因印刷技术上的困难和篇幅的限制,每次附印图片仅占他交去的二、三分之一,比较精细些、复杂些或篇幅较大的图片均无法印出,因此打算另编一套《伟大的艺术传统图录》与之相辅而行。刘哲民表示支持这个计划,使郑振铎很高兴。

五月十七日

晚,举行宴会,招待捐献文物图书者李庆城、朱剑心。徐森玉、唐弢、徐平羽、沙文汉、徐韬、朱鬻卿、秦康祥、徐伯郊等作陪。

五月二十一日

致徐韬信:"昨未及畅谈,为歉!李庆城先生捐书事,必须好好的褒扬他才对,这批书十分的重要。"并附致浙江省文教厅厅长刘丹、副厅长俞仲武信。

致刘丹、俞仲武信:"谭［震林］主席曾允将飞来峰下所储油筒［桶］迁走,不知现已迁移否? 乞见告! 峡［硖］石濮桥镇朱敛新(剑心)

家的藏书,已由其本人允交人民政府保管。其中有仇英画的一幅中堂,如尚在,亦请保管。又峡[硖]石镇上蒋四房的藏书,善本极多,亦应集中代为保管。……又收购废纸事,文化部亦正在筹款拨付中,晤裴子先生时,请代为告知。兹有一事奉恳:宁波李庆城先生藏书极为丰富,史料尤多,经我在沪和他本人面谈,已允全部捐献给人民政府。此事极为重要。……现李先生拟于本月二十四日(星期四)陪同他母亲返鄞料理此事,华东文化部派专人同去。到杭后,乞加意照料,……并请派员护送他们到宁波,……中央对于捐献文物、图书的人,向来极为重视……"

张元济致王重民信,谈十多年前收得《翁文端公日记》25 册,今托郑振铎带上,代翁氏后人捐献给北京图书馆。

五月二十三日

下午 3 时,在上海市政协参加政协各委员会召集人会议。熊佛西、王芸生、周予同、谢仁冰、沈志远、荣毅仁、胡子婴、吴学周、马纯古、方明、徐永祚、严谔声、刘靖基、胡厥文等人发言,谈及稿酬制度、劳资关系等等。

五月二十五日

在《文艺报》半月刊第 4 卷第 3 期上发表《伟大的艺术传统——殷代的艺术(下)》。

五月二十七日

晚 7 时,在上海大厦 16 楼召集座谈会。

五月二十九日

致刘哲民信,商量"《中国历史参考图谱》刊行会"出资人聚会名单。

上午,在上海市政协召开座谈会,熊(佛西)、董、周(予同)、石挥、刘厚生、许杰、李亚农等发言。

五月三十日

致梁思永信,谈考古所工作及上海博物馆工作等。

五月三十一日

　　下午 4 时,在上海大厦 16 楼召开图书馆、博物馆人员文物工作座谈会,李亚农、徐平羽、吴仲超、于伶、戴白韬、冯定、黄源、陈同生等人发言。郑振铎讲话。

　　晚 7 时,在上海大厦 16 楼,参加文教工作座谈会,汇报本月 2 日、3 日、4 日、9 日召集各次座谈会的情况。

　　本日,主编《文物参考资料》第 2 卷第 4 期《敦煌文物展览特刊》(上册)出版,前有郑振铎的《〈敦煌文物展览特刊〉前言》和《敦煌文物展览的意义》。

五月

　　散文集《蛰居散记》由上海出版公司出版,为《文艺复兴丛书》之一。这是从 1945 年 9 月 8 日至 1946 年 2 月 16 日《周报》上连载的 21 篇《蛰居散记》中抽去 5 篇,补入当年写的另外 5 篇散文而汇集成的书。具体修订工作由作者委托柯灵等负责。

　　所编《中国历史参考图谱》共 24 辑,从 1947 年 3 月起始印,至本月终于出全(共出版线装、平装、散装三种),并附有若干册文字说明(惜未及写全),共收图片 3003 幅。刘哲民后来说:"西谛先生以渊博的学问从多少图籍中搜罗有关仰韶、小屯文化,安阳甲骨,商周铜器,西陲汉简,乐浪漆画,武梁刻石,北魏造像,正仓唐器,敦煌壁画,宋元书影名画,明代的刊本磁皿,清朝人物画像墨迹,以及各个时代有关生活文化、工艺美术、建筑衣冠等,从几倍的图片中,花了多少不眠之夜,取精用宏,披抄拣金地一页页编成这部巨编。""后来我在'图谱刊行会'解放前的银钱支付帐上,却没有见到编辑费用和其他任何相当费用的支付。可见这段时期,西谛自己是不取任何报酬而枵腹从公的。"(《回忆西谛先生》)

六月五日

　　致唐弢信,要郭若愚再赴鄞一次,陪同李庆城母子出来,"以全信用"。又提到李氏捐书拨给哪个馆保管尚待研究。

六月七日

　　晚 6 时,宴请捐献文物图书人士,出席者为潘世兹、丁惠康、潘景郑、瞿济苍、瞿旭初、瞿凤起、黄源、徐森玉、唐弢、钟林、顾廷龙。

六月十日

在《文艺报》半月刊第 4 卷第 4 期上发表《伟大的艺术传统——西周时期的艺术》。

晚 6 时，举行告别宴会，邀请陈望道、黄源、吴仲超、徐平羽、于伶、戴白韬、陈同生、李亚农、徐森玉、唐弢、刘汝醴等人出席。

六月十一日

致唐弢信，说："你的工作做得很好，我非常的高兴，而且钦佩！""有你在华东，我们是可以十分放心的。"并称赞徐森玉"乃是真真实实的一位了不起的鉴别专家，非争取他、爱护他不可。……应该争取做他的徒弟，多和他接触，多请教他。"同日，又给李庆城写致唐弢的介绍信，推荐他到华东文化部文物处工作。

这次郑振铎在上海期间，赵从蕃之子赵敦甫专程从南京来沪，将所藏宋龙舒郡斋初刊本《金石录》面交郑振铎，献给国家。

晚 8 时 20 分，乘火车返回北京。

约六月上旬

水利文献专家赵世暹从南京甘氏津逮楼藏书中发现宋嘉祐初刻本《金石录》，到上海请张元济鉴定题记后，交给郑振铎，捐给国家。（后甘家还把所剩书籍、刻版、框架等装了三卡车，都捐献给南京图书馆。）郑振铎后在《人民日报》专栏文章《漫步书林》中发表《余象斗：列国志传》一文中提到，"南京赵世暹先生曾从论担称斤的旧书里，获得了宋刻本的《金石录》三十卷的全书"。

六月十三日

上午，抵达北京。

六月十六日

"下午……至文物局晤西谛。西谛甫归自上海，曾到宁波了解天一阁情况，见到冯孟颛等人。谓朱鹁卿在上海亦曾见到。此次自沪秘籍有北宋龙舒郡斋本《金石录》三十卷，自来未见著录，有唐伯虎印，惜遭水渍为美中不足耳。"（马衡日记）

六月二十日

致刘哲民信,提及:"鲁迅日记普及本,许先生已看过样本,无意见,可即照样印行。……鲁迅的油印本生理学讲义,已托北京图书馆照相。……《伟大的艺术传统图录》的图片,已在积极选拣[择]中。不久当可将第一、二辑寄上。"

六月二十五日

在《文艺报》半月刊第 4 卷第 5 期上发表《伟大的艺术传统——韩国的艺术》。

六月二十九日

"傍晚,偕雪村、薰宇、云彬至中山公园啜茗,与予同、绍虞、光燕晤叙,彼等均来京参加教部召开之高等教育课程改革会议。同座者尚有振铎、伯祥、彬然、均正、螶生。旋即会餐,谈杂事,几无止境。"(叶圣陶日记)

七月五日

"晚,文物局宴敦煌、辽西两处来人,邀余作陪。"(马衡日记)

七月七日

致唐弢信,说:"所需鲁迅手稿已照好五种,兹另包附上。"又谈及出版郁达夫诗集事,认为最好暂缓。

致刘哲民信,谈《伟大的艺术传统图录》广告、预订、交稿诸事;又另包寄上鲁迅致章川岛的信,请转给方行编鲁迅书信集用。

七月八日

叶圣陶女儿"至美与螶生结婚,今午邀少数友好会餐,借作公开表示。设两席,皆至熟之人,而且夫妇共临,谈笑颇洽"。(叶圣陶日记)郑振铎当参加。

七月九日

致刘哲民信,说对外文化联络事务局急需《中国历史参考图谱》为出国赠送之用。《伟大的艺术传统图录》则正在赶编及拍照中。

七月十日

在《文艺报》半月刊第 4 卷第 6 期上发表《伟大的艺术传统——

新郑与浑源》,并发表《伟大的艺术传统图录》预约广告。

"沈仲章来京,为科学院考古研究所设计摄影室,西谛介绍至本院参观摄影设备。"(马衡日记)

七月十三日

致刘哲民信,谈"《伟大的艺术传统图录》事,进行得很顺利"。政务院文化教育委员会已通过对外文化联络事务局定购了 500 部。

七月十四日

陈君葆率领香港大学学生北上观光,11 日到北京,今日见到茅盾,"图书事,沈雁冰答应通知郑振铎约时间叙谈"。(陈君葆日记)

七月十六日

"文物局见到了郑振铎。适沈仲章也来了。谈了好一会。"(陈君葆日记)

七月十七日

"晚赴西四牌楼同和居,郑振铎与王冶秋请客。与王重民谈北京图书馆事,宋云彬也谈了一下,再看到他离不开的烟斗!约好了徐伯郊明日游颐和园。"(陈君葆日记)

七月十九日

"晚上云彬夫妇请吃烧[烤]鸭子,振铎夫妇也来,因认识郑太太。"(陈君葆日记)

七月二十五日

在《文艺报》半月刊第 4 卷第 7 期上发表《伟大的艺术传统——楚民族的艺术》。

七月二十七日

致刘哲民信,托沈仲章带上《伟大的艺术传统图录》照片一包,并说其余的图片及目录数日后托徐伯郊带上。

七月二十八日

中国史学会在京成立,郭沫若、吴玉章、范文澜、翦伯赞、郑振铎、陈翰笙等 133 人出席,郭沫若主持会议,郑振铎报告两年来的筹备工作情况。会议选出理事 46 人,候补理事 9 人。郑振铎列郭沫若、吴玉章、范文澜(各 169 票)、徐特立(168 票)之后,为第五名(167 票)。

七月三十日

"文物局访郑振铎。"(陈君葆日记)

八月十日

在《文艺报》半月刊第 4 卷第 8 期上发表《伟大的艺术传统》第七、八两节。

致刘哲民信,谈《伟大的艺术传统图录》诸事。

八月十二日

北京图书馆举行"《永乐大典》展览"预展,招待首长及专家。明日起正式展出,至 31 日止。展出本年 6 月苏联列宁格勒大学东方系图书馆归还被帝俄掠去之《永乐大典》11 册,商务印书馆董事会捐献的 21 册,北京图书馆原藏(共 110 册)之一部分 50 册,天津市周叔弢捐献之 1 册,共 83 册;并附以各国图书馆所藏《永乐大典》的影本,共 98 册。参观群众共计 8200 余人。郑振铎写了《关于〈永乐大典〉》一文,指出此书"最大的浩劫即是一九〇〇年(庚子)八国联军入京的一次","这是帝国主义者掠夺我们祖国重要文献资料和文物的一个典型的例子。这是值得我们提高警惕的。把这个例子叙述出来,足以提高我们的爱国主义的教育,足以增强我们保护祖国文化、艺术遗产的信念和决心。"文后载 8 月 30 日《人民日报》和 10 月 25 日《文物参考资料》第 2 卷第 9 期。"五时半,赴北京图书馆参观《永乐大典》预展会,盖苏联送回十一册、张菊生捐献涵芬楼所藏廿一册,皆归该馆也。"(马衡日记)按,国内捐献的《永乐大典》残册大多由郑振铎经手,如郑振铎颁给周叔弢《褒奖状》:"周叔弢先生将所藏《永乐大典》一册捐献北京图书馆,化私为公,足资矜式,特此褒扬。"

八月十六日

苏联大使馆参赞费德林为郑振铎参与主编的《中国历代诗选》完稿,设宴招待中方编选人员。

八月二十三日

为《北京荣宝斋诗笺谱》作序。该书后延至 1957 年 11 月方由荣宝斋印行出版。

致刘哲民信，谈"艺术图录"诸事，并指示："出版公司多向'图谱'这方面走，则无第二家可以竞争，千万注意为荷。"

八月二十五日

在《文艺报》半月刊第 4 卷第 9 期上发表《伟大的艺术传统——两汉的艺术（上）》。九月四日致刘哲民信，谈"艺术图录"诸事。

八月二十六日

出席中国史学会召开的"九三"抗战胜利日座谈会，就"纪念抗日战争胜利，反对美国单独对日媾和"进行座谈。

八月二十九日

"下午……赴太和殿看出国展览。西谛亲自布置，有吴作人等为之帮忙。"（马衡日记）

八月三十日

"遇西谛，略谈，拟争取收回大高殿。"（马衡日记）

八月三十一日

"赴文物局，偕西谛赴政务院开礼品管理委员会。委员七人：齐燕铭、余心清、赖亚力、郑振铎、周子健、汪东兴及余。商处理礼品方法。即在余心清家午饭。下午，同赴太和门库房选礼品数十种，作中南海勤政殿陈设。旋赴太和殿看出国（赴印度）展览。"（马衡日记）

九月三日

致刘哲民信，谈到"近来因布置'展览'，极忙"，又说"我想《艺术图录》所收的东西，决不和《历史图谱》及《域外古画集》重复——除了实在不得已的非重复不可的图片之外"。

九月七日

致刘哲民信，提及《伟大的艺术传统图录》的封面题字已请周总理写。（后因总理太忙，改请郭沫若写。）

九月十日

在《文艺报》半月刊第 4 卷第 10 期上发表《伟大的艺术传统——两汉的艺术（中）》。

在京举行兄弟民族文物展览会。

九月十二日

致刘哲民信,因徐伯郊回沪,托他带上有关"艺术图录"稿件、图片。

九月十四日

致刘哲民信,说中秋后数日即将动身赴印、缅访问,并附上《伟大的艺术传统图录》第一辑至第三辑目录各一份。

九月十五日

致刘哲民信,谈"艺术图录"诸事,并托他照顾住在上海的母亲。

九月十八日

致刘哲民信,谈"艺术图录"诸事,谈到"家母也许不久就要北上。庙弄房屋及家母北上费用,请设法张罗一下为感"。

九月二十日

致刘哲民信,谈"艺术图录"有销路大增的可能。

"十时半,赴文物局开会。以西谛将出国,召集本局及所属各机关领导人谈话。下午……送印度访问团之行……赴东车站。团长丁西林,副团长李一氓。团员中相识者有郑西谛、常书鸿、吴作人、冯友兰、陈翰笙等。晤周鲠生、洪深等于车站。"(马衡日记)出访印度、缅甸的中国文化代表团共 15 人,晚 6 时许动身赴广州。

九月二十二日

上午,到汉口,游东湖。晚 7 时,过江,又从武昌南下。

九月二十四日

晨 5 时许,抵广州,住沙面胜利大厦。

致刘哲民信,谈行途情况,并谈"艺术图录"诸事。

九月二十六日

在广州。致刘哲民信,谈"艺术图录"诸事。又谈到"弟对出版事业,计划颇多。但都不是什么通俗的,这是一个缺点。也想联合'专家'们编些通俗小丛书之类,为上海出版公司计,这一类书是最好销的"。致徐森玉信,提到"闻先生有北上意,我们竭诚欢迎! 已电北京,专电至沪速驾矣"。又提到"郭墨林及郭石麒在沪均甚窘。此二人皆不可多得之人才",请徐森玉设法延揽。

九月二十八日

在广州。写《〈伟大的艺术传统图录〉序》,指出:"在中国的伟大的艺术传统里,重要的作品,是取之不尽,用之不竭的。新中国的艺术家们在从事于'推陈出新'的工作时,必须取精用宏。把伟大的艺术作品,尽多尽快的供给他们,并且大量的流通出来,是有其必要,有其意义的。在创作民族形式的艺术上,更有其重要的作用。"

九月三十日

在广州。致刘哲民信(二封)并附致方行信,谈"艺术图录"诸事及行程等,并告知北京家已搬到黄化门大街 17 号文物局宿舍中。

致梁思永、夏鼐信,谈行程,并谈考古所的工作。

十月一日

在《文艺报》半月刊第 4 卷第 11、12 期合刊上发表《伟大的艺术传统——两汉的艺术(下)》。

文化部文物局改名为社会文化事业管理局。12 月 14 日,政务院任命郑振铎为文化部社会文化事业管理局局长,王冶秋、王书庄为副局长。

十月二日

从广州去香港。

十月五日

在香港。致刘哲民信,为上海出版公司今后的发展提出许多指导意见,并提出出版一套《世界短篇小说丛书》的计划。

十月六日

在香港。致刘哲民信,谈托徐伯郊在香港买些衣料杂物诸事。

十月七日

离香港,乘英轮 Sangola 赴印度。这次在香港,郑振铎得悉晋代著名书法家的秘世珍品"二希"在港有人欲出售,急指示徐伯郊向国内报告,全力抢救,不使流散海外。

十月十日

在《文物参考资料》第 2 卷第 8 期上发表《关于"天一阁"藏书的数字统计》。

十月十一日

下午，船抵新加坡。致刘哲民信，询问关于"艺术图录"出版情况及读者反映等事。

十月十五日

船离新加坡。第二天到槟榔屿，又停四天。（据 21 日致刘哲民信；而据 25 日至梁思永、夏鼐信，为 16 日离开新加坡。）

十月十九日

船离槟榔屿去仰光。

十月二十一日

中午，船抵缅甸首都仰光。致刘哲民信，告以途中情况，并询"艺术图录"诸事。在仰光约停留六天。（据 25 日致梁思永、夏鼐信，为 22 日到仰光。）

十月二十五日

致梁思永、夏鼐信，谈途中情况，并向考古所同志们问候。

"十时半，赴文物局……冶秋询《中秋》、《伯远》两帖历史，谓郭昭俊押在香港外人处，本年十一月底即将押绝，郭无力赎取。拟请公家取赎。嘱致函郭沫若，请其设法。"（马衡日记）

十月二十九日

到印度首都德里，住总统府，受到印度总统、总理热情招待。翌日晚，为印度燃灯节，十分热闹。

十月三十一日

在德里。致刘哲民信，提及救护稀世珍品"二希"事，要他如见到徐伯郊即转告"总要设法买下的"。

十一月一日

"下午，冶秋来，言《中秋》、《伯远》二帖经郭沫若于廿五日晚将余函批交阳翰笙处理，次晨（廿六日）即乘飞机出国。顷据翰笙通知，周总理以为国家未便办此交涉,拟仍请胡惠春出名。惟须保证其非赝品及安全送至国内。余谓此事可托森玉函胡惠春,冶秋以为然。六时,访森玉于三时学会,适葱玉亦在座,因以此事告之。森玉允候信办理。"(马衡日记)

十一月二日

"马夷初约六时在其家谈话。下值后赴之,冶秋已先在。乃以'二希'之始末告之。决定托森玉转托胡惠春办理。夷初约明日晤周总理后作最后决定。"(马衡日记)

十一月五日

"文化部开改组后之社会文化事业管理局初次会……阳翰笙来觅冶秋谈话,余知为'二希'事,询之果然。阳索夷初、冶秋及余三人之谈话记录,于四时前送政务院。冶秋嘱余起草。回家午饭后,即将该二帖之真伪问题及保证安全运回问题写一记录交冶秋送去。"(马衡日记)

当天,周恩来总理即批示马叙伦(政务院文化教育委员会副主任)、王冶秋(文物局副局长)、马衡(故宫博物院院长),并告薄一波(政务院财政经济委员会副主任、财政部部长)、南汉宸(中国人民银行行长):"同意购回王献之《中秋帖》及王珣《伯远帖》,惟须派负责人员及识者前往鉴别真伪,并须经过我方现在香港的可靠银行,查明物主郭昭俊有无讹骗或高抬押价之事,以保证两帖顺利购回。所需价款确数,可由我方在香港银行与中南胡惠春及物主郭昭俊当面商定,并电京得批准后垫付,待《中秋》及《伯远》帖运入国境后拨还。以上处理手续,请与薄、南两同志接洽。"

十一月六日

离德里动身南下,到印度各名胜古迹、大学与博物馆参观。

十一月八日

王冶秋向马衡传达周总理关于"二希"的批示。11日夜,王冶秋和马衡乘火车南下,15日到广州,徐森玉、徐伯郊来接。

十一月十二日

下午,到孟买,受到热烈欢迎。

十一月十三日

在孟买,致刘哲民信,告以"预备去逛逛博物院及旧书摊。十六日,又要乘飞机到内地去。二十八日可回到德里"。又提到接刘哲民信,知"《艺术图录》见者说好,我很放心"。

十一月十六日

马衡、王冶秋晤朱光副市长。"朱劝余等赴港一行。潘明训宝礼堂藏书已由其后人捐献,由伯郊自港运来,现存市府……准备明晚取道澳门赴香港。买西服上装,余与冶秋各一件,化装商人模样。"(马衡日记)后来,马衡、王冶秋 18 日抵澳门,22 日返广州,由胡惠春及徐伯郊等在香港找债权人波哥(英教士)及物主谈判,后以近五十万(488,376.62)港币成交。28 日"二希"送回广州,29 日夜王冶秋、马衡北归。

十一月中旬

在印度的马得拉斯(Madras)、可钦(Cochin)等地访问。

十一月二十七日

中午,从特里万德鲁姥(Trivandrum)乘飞机回到马得拉斯。

十一月二十八日

一早,从马得拉斯飞回德里。在飞机上给萨空了、郑小箴写信。

十二月三日

毛泽东主席致郑振铎信:"有姚虞琴先生经陈叔通先生转赠给我一件王船山手迹,据去此种手迹甚为稀有。今送至兄处,请为保存为盼!"

马衡、王冶秋携带《中秋》、《伯远》两帖回到北京。至此,抢救国宝"二希"的工作胜利结束。

十二月八日

在《人民日报》上发表《北京近郊文物的发掘与保护》。

十二月九日

从印度加尔各答乘飞机去缅甸仰光,受到热烈欢迎。住一家华侨别墅。

十二月十三日

在仰光,致刘哲民信,高兴地提到:"'二希'已由政府收购。这是一个好消息。伯郊兄已有信来,详告此事。凡是'国宝',我们都是要争取的。"并说:"明天就要乘飞机到曼德里勒了。在那里住四天后,即回仰光。"附致周予同信。

十二月二十七日

在仰光,致刘哲民信,告以"印、缅之行,已将完成",并提及"在印度曾购到大批书籍,多半是关于美术、考古的。" 按,这些书本来是他打算编《世界美术全集》用的,后来他为了支持中央美术学院,大多让给了该院图书馆。

十二月二十八日

离仰光,乘新地亚(Santhia)船回国。

此次中国文化代表团在印度访问41天,在缅甸访问18天,曾在两国主要城市举行中国文化艺术展览会5次,展品有现代中国的图片、敦煌壁画摹本、古代和现代手工艺品等,参观人数共达21.5万人。

在印度、缅甸访问时,郑振铎曾撰有演讲稿《新中国的文物工作》,1998年12月由文物出版社收入《郑振铎文博文集》中。

十二月

《中国考古学报》复刊,为第5册第1、2分合刊,1953年改名为《考古学报》,郑振铎为编辑委员会主任。

本月,上海博物馆成立。

本年

中国史学会组织编撰的《中国近代史资料丛刊》开始由上海神州国光社出版。参加编撰的史学家有范文澜、翦伯赞、白寿彝、齐思和、邵循正、向达等。约十年内陆续出版,共10种,62册,3000多万字。它是在马克思主义观点指导下对中国近代史资料作的一次大规模的科学整理,为中国近代史研究提供了最基本和最有价值的史料,堪称新中国历史学界的盛举,影响深远。郑振铎是该丛刊总编辑之一。

一九五二年　五十五岁

一月十日

从仰光乘船经新加坡抵香港。

一月十三日

从香港乘车抵广州。致刘哲民信,提及"《世界短篇小说集》有计划编印否?此书极有用处,且可畅销,当倾全力以为之"。又说"我有意编一套《世界美术全集》,搜集'材料'不少"。

一月十五日

在广州,致刘哲民信,提及上海出版分司"必须打算作'结束',或改为'合营',或与其他出版社合营,私人出版事业,将来是不应该有的"。

一月二十日

在广州,致刘哲民信,提及在广州遇见徐伯郊,知"艺术图录"已销完,甚为高兴,并说"《图录》的印行,实为解放后伟大的创举",又提及:"拟与几位艺术家共编《世界美术丛书》一事,正在进行中,不知公司能够担任出版否?拟每月出版一册,以图为主,文字为辅。每册约有图一百面左右,文字不过三万至五万字。"(按,此书后未出成)

约今日,从广州乘车北上。

一月二十八日

陈君葆日记:"致郑振铎的信:关于定购科学杂志事,及拟购汪憬吾遗著《晋会要》手抄本。又述及港大拟径函教育部商取课程及其他资料,欲得若干种便利事,欲其代达夷老,商进止。"

一月三十日

回到北京。

一月三十一日

致刘哲民信，提到"昨日方回京，即参加'三反运动'"（按，当时党中央号召开展反贪污、反浪费、反官僚主义运动）。又提及"弟近来深自检讨，觉得过去在生活方面实在浪费过度，毫无计划。今后，必须精打细算。一丝一缕，当念来处不易。请客宴会之举，已经绝无仅有"。"其实，我们早就应该如此了。此时，一声棒喝，打破迷津。""食前方丈，不过果腹；锦衣百箱，不过暖身；广厦数十间，不过容膝。一个人的真实需要，实在是很有限的。""'反浪费'的精神，应该贯彻到私人生活里去。"信中还提出："我想到：中国四大发明，都应该有专史：（一）火药史；（二）指南针史；（三）印刷史；（四）纸张史。都可以找到专家来写。将来还可以出版'服饰史'，'建筑史'，'舟车史'，'染织史'，'陶磁史'，等等。每种均应附图甚多，且均可分若干册出版。"又提出："关于'印刷史'一部分，应由向达、赵万里及我三人参加。"

二月一日

陈君葆日记："徐伯郊到图书馆来，原来振铎过港没有停留。"

二月三日

叶圣陶来访。"振铎方与文化代表团访印度、缅甸，归来不久。为谈印度风俗习惯。"（叶圣陶日记）

二月十二日

致刘哲民信，谈到回到北京后，忙于"三反"运动，自己又忙于整理近80箱的藏书。并提到"我们正想编一个刊物，专载'文物'的图片，以新出土及未发表过的东西为主，而略加说明"，"这将是一个'国家的对外宣传'的刊物"。

二月二十一日

致刘哲民信，提到："月来正忙于'三反运动'，实在没有工夫执笔。《伟大的艺术传统》，当于百忙中设法撰写，俾得完全[成]这个工作。这工作完成后，当再努力于《世界美术的传统图录》的编辑也。"

二月二十七日

致刘哲民信，谈艺术图谱诸事，又谈及"近来再三自省，觉得生活必须以清俭为主。有吃、有穿、有住，已经是很够享受了；且吃得不坏，穿得很暖，住得很舒服，更是享受得过度了。有何德何能，有何功绩劳苦，值得如此享受呢？""虽然政府特别照顾，特别优待，居之，于心何安呢？"又谈到自己大量的藏书，将来要捐献出去。

常任侠"赴文物局访郑西谛，为图书馆选购自印度带来的艺术书籍"（常任侠日记）。常任侠从郑振铎那里为中央美术学院图书馆选购得自印度带来的艺术书籍计 53 种，内容包括印度、希腊、罗马、蒙古、波斯、英国、孟加拉和中国等不同时期的绘画、雕塑、宗教艺术等。印度的《Ropam》(东方美术季刊) 在印度也很稀有，"郑振铎兄出使印度，辛苦搜求，竟得一套。我同他商量，连同《山奇》(San Chi)、《阿旃陀》(Ajanta)等英国所刊巨著，均归本院图书馆。承他慨允，建成这一善果。"(常任侠《冰庐失宝记》)

三月十七日

上海《大公报·读书与出版》上发表读者何和一来信，催问《中国历史参考图谱》的文字说明为何迟迟不出全。郑振铎见报后，十分重视。

三月十九日

致刘哲民信，提到"近来'打虎'工作极忙"（按，"打虎"，即当时"五反"运动揭露贪污犯），又谈及"艺术图录"诸事。

三月二十一日

宋庆龄与郭沫若等联名发电，邀请亚洲和太平洋沿岸各国爱好和平与正义的人士，共同发起召开"亚洲及太平洋区域和平会议"。郑振铎参加了发起和筹备工作。

三月二十二日

约今日，致刘哲民信，提到："《大公报》登有读者来信，催索《参考图谱》的说明书。这是一个大负担。得暇，总当写好陆续付印也。'回答'将于日内寄上。"

三月二十三日

致徐森玉、唐弢信，谈"无锡荣德生先生拟将大公图书馆藏书全部及所藏字画、碑刻、铜器、矿石捐献"给国家之事,指示他们接洽、办理。

三月二十四日

作《"〈中国历史参考图谱〉说明"将继续出版》,后载上海 3 月 31日《大公报·读书与出版》,为答复读者来信。除解释因参考书不多、且一直未从上海运到北京,及常因公出国等客观原因外,表示一定不辜负读者期望,力争完成此项工作。

三月二十五日

致刘哲民信,附去答《大公报》读者来信一稿,托即寄该报;提及自己在"开明书店的股子,拟即捐献给人民政府";还提到:"出版公司的信誉很好。《鲁迅日记》和《可爱的祖[中]国》都很得北京方面的重视。秋白的笔迹何时可以印出?《鲁迅书札》的原稿,也盼能早日付印也。"

三月二十九日

致刘哲民信,谈编"艺术图录"诸事,提到图录的序须修改。

四月二日

致刘哲民信,谈编印"艺术图录"诸事,又谈上海出版公司成立编辑部诸事。

四月四日

致刘哲民信,谈"艺术图录"的说明诸事。

王伯祥访叶圣陶,"渠发牢骚,谓开明[书店]创立二十余年,今将与青年出版社合并,不意残局之收结,责归于其身。在合并机构中任事既勉强,且心意上不安(以薪金特大,与他人不协调),最好别谋他事,嘱余设法。"(叶圣陶日记)按,后来郑振铎受命筹备北京大学文学研究所,即请王伯祥参加。

四月七日

致刘哲民信,谈"艺术图录"诸事。徐伯郊今晨到京。

四月十日

致刘哲民信,谈"艺术图录"诸事,还谈到"关于《伟大的艺术传统》本书的编写,亦正想继续的写下去。惟时间不多,难于急就。"并拟附较多插图,分精装本与甚廉之普及本。(按,此计划后未完成)

四月十一日

致冯仲足信:"明天下午六时,请和孟海先生及文汉先生同到敝宅喝酒闲谈如何?"

致刘哲民信,谈"艺术图录"诸事,提到"清代画最难选","实费尽心力也"。

四月十二日

沙孟海日记:"西谛约过黄化门大街寓中晚餐,与三弟、仲足同赴之。同坐有王冶秋副局长及曹禺夫妇。郑太夫人年七十余,手自肴馔。九时散归。"

四月十五日

沙孟海日记:"至社会文化局看郑西谛、张葱玉、李涵,并晤裴文中、王天木(振铎)、谢元璐、张景华。裴为第二处长,王为副处长,谢为第四处秘书,张为故宫博物院保管部主任。"

四月十八日

致刘哲民信,谈"艺术图录"诸事。

四月十九日

沙孟海日记:"晚间,三弟约周建人、郑西谛、王冶秋、胡愈之仲持兄弟、冯季定仲足兄弟、徐悲鸿廖静文夫妇、唐守愚、王任叔,饮集正阳门外全聚德酒楼。是处以善烧鸭子著名。九时半,散归。"

四月二十三日

致刘哲民信,谈"艺术图录"诸事。

五月三日

致刘哲民信,谈"艺术图录"诸事,并提及"日来招待印、缅文化代表团殊见忙碌"。

五月四日

下午,怀仁堂举行纪念雨果、果戈理、达芬奇、阿维森纳四位世界文化名人大会。郑振铎可能参加。

五月七日

晚,民主德国驻华大使馆举行庆贺其国解放七周年酒会,郑振铎可能参加。

五月八日

致刘哲民信,谈"艺术图录"诸事,并谈及"《中国历史参考图谱》已引起广大的注意,正在研究如何重编、改版,如何再版出书"。

五月十一日

在《人民日报》上发表《印度艺术展览介绍》。

本日,中缅友好协会在北京成立,郑振铎任会长。

五月十二日

致刘哲民信,谈"艺术图录"诸事。

五月十四日

作《重印十竹斋笺谱序》,载本年约 6 月底荣宝斋重印出版的《十竹斋笺谱》卷首。

五月十五日

作《〈敦煌壁画选〉序》(手稿原题《敦煌千佛洞》),该壁画选由敦煌文物研究所编,段文杰等临摹,本年由荣宝斋出版第 1 辑,共 12 幅。

晚,外交部为将离京往各地参观的印度文化代表团设宴。郑振铎当参加。

五月十六日

中印友好协会在北京成立,丁西林任会长,郑振铎任理事。

五月十七日

"午后二时,偕彬然至市政府晤吴辰伯,商量佩弦全集之出版问题。参加者尚有平伯、江清、均正、振铎、佩弦夫人……讨论许久,决定不出全集而出文集,数人分别重看其文,删去其不适者,所收以具有进步性为准……月底诸人看完,再集会商量。"(叶圣陶日记)

五月十九日

致刘哲民信,谈及"踌躇、慎选了近两个多月",终于把"艺术图录"的最后两辑完成。同日,托去上海的徐伯郊将原稿一包带给刘哲民,又附一信,高兴地说:"《图录》的编辑工作,今天上午已经是'功德完满'了! 心里很高兴! 把一件相当巨大的工作,在短时期内告成,除了许多人的帮助之外,兄的鼓励与合作,乃是最大的推动力!"

五月二十一日

致刘哲民信,谈到"我们见到不少重要的古画,都是一年前所未能见到的",提议《艺术图录》再印续集,仍可印至 12 辑,请刘哲民估计一下成本。(按,"续集"后未及编印出版)

五月二十九日

致刘哲民信,谈"艺术图录"诸事,又谈及:"《图录》续集,正在搜集材料中。一时也还有困难。且不出则已,如欲出版,必须仔细的选取最精美的有代表性的作品;以唐、宋二代为主;元、明少选,且须极精,且为甚罕见者,清代则一幅不选。"

致唐弢信,提到:"昨接《鲁迅全集补遗续编》一册,至为感谢! 此书搜罗甚备,考证详密,深佩兄用力之勤! "又问及方行所编《鲁迅书简》的情况,希望能早日出版。还力劝唐弢、柯灵主持上海出版公司的编辑工作。

五月三十日

致刘哲民信,谈"艺术图录"诸事。

五月三十一日

下午,参加关于"亚洲及太平洋区域和平会议筹备会议"的会议。听周总理讲话并作记录,被分配参加大会第二组(日本组)与第四组(缅甸组)的讨论。(据郑振铎笔记)

六月三日

"亚洲及太平洋区域和平会议筹备会议"在北京开幕,有亚洲、澳洲、美洲太平洋沿岸 19 个国家的代表 45 人参加,会议一致通过了宣言起草委员会的组织与人选。6 日,会议闭幕,通过了《筹备会议宣言》及《关于各项筹备工作的提议》。亚洲及太平洋区域和平会议后于 10 月 2 日在北京正式举行。

六月六日

致刘哲民信,谈"艺术图录"诸事,提议印行普及本。

六月八日

全国文联举行庆祝大会,祝贺丁玲、周立波、贺敬之、丁毅四人荣获斯大林奖金。郑振铎当参加。

六月十日

致刘哲民信,谈"艺术图录"诸事,并谈及"《图录续集》正在积极进行搜集材料中"。

六月十三日

致刘哲民信,谈"艺术图录"诸事,提及"经过了仔细考虑与研究之后,已将《伟大的艺术传统》全书的'目录'写出",并附寄目录。

六月十六日

致周恩来总理信,并附呈所编未正式出版的《中国古明器陶俑图录》一部。向总理谈祖国的"雕塑艺术,其重要不下于绘画,而汉唐之石雕和陶俑,流出国外者尤夥"。自己"自一九四七年春天到一九四八年冬天两年之间,在上海购得汉魏六朝隋唐俑凡四五百件","其中有绝精者,足为我国雕塑艺术的最好的代表作"。"近见首都各博物院,内容极为空虚,雕塑尤少","因拟将个人收藏的全部陶俑(其中有一部分为唐三彩盘),贡献给中央人民政府"。周总理于 18 日在此信上批示:"送郭[沫若]副总理、周扬副部长商办。"并指示要帮助郑振铎偿还购买陶俑的债务。还指示:"如陶俑确需收藏,今后国家也应该注意收购。""对郑先生的好意应予鼓励。"

六月十七日

致刘哲民信,谈"艺术图录"诸事,并谈到拟编《伟大的艺术传统》,"昨今两日,再一细想,再考虑实际的情况,可能还要分得细些。可能有五十多册(不是三十六册)。"

六月二十日

在隆福寺文渊阁购《佩文斋广群芳谱》,归,作题跋。

六月二十六日

"晨,丁玲来访。其所主持中央文学研究所将设我国古代文学之课,由诸友分题讲授,派余'古文'一题,云是振铎所定。余亦不知如何选材立说,当与振铎商之。"(叶圣陶日记)

六月二十七日

致刘哲民信,谈《伟大的艺术传统》的编写计划,及图录、图录续集等。

七月一日

致刘哲民信,谈"艺术图录"诸事。

七月二日

在隆福寺文渊阁购得明人王世贞编《书苑》、《画苑》,和元人夏文彦撰《图绘宝鉴》诸书,归,作题跋。

晚"六时,至萃华楼,应文学研究所之邀,讨论所中开中国文学课之事。此事由振铎主持,渠讲文学史概要为纲,诸友分讲作家作品以配合之。为时仅四个月,学员又多未尝接触旧文者,只能概略言之,未能详也。谈毕聚餐,九点散。"(叶圣陶日记)

七月十日

修订《〈伟大的艺术传统图录〉序》。

七月十二日

致刘哲民信,提及拟编《中国绘画史参考书目》,以及《陶瓷书录》、《建筑书录》、《雕刻书录》、《美术工艺书录》等书,认为"销路未必太好,但是有用处的长期性的书也"。

七月十八日

"中央文学研究所派定余讲'古文'一目,将于下月举行,前日来催问应为学员预备何种材料。余于此殊未设想及之。振铎既为此课程之领导,譬诸教务长,余宜先与一商。因作一书,略书所思,请渠订正……俟振铎覆书来,再行深加考虑。"(叶圣陶日记)

七月二十一日

致刘哲民信,谈"艺术图录"诸事,并提及图录续集"拟以半年之力,从事于搜集材料及研究,才敢下笔也"。

七月二十二日

在中央文学研究所讲授中国文学史第三讲《秦与两汉文学》。（按，前两讲推测当在 8 日和 15 日，题目未详。）

"振铎覆书至，于余之意见有所补充，但语焉不详，尚待揣摩。"（叶圣陶日记）

中央文学研究所学员胡昭后来回忆："我忘不了郑振铎先生主讲的中国文学史课程，他讲述大致的轮廓，但每堂课总是讲得那么妙趣横生，那么多轶事和掌故。"（《灯》）

七月二十七日

"饭后二时，偕伯祥至中山公园茶叙，讨论佩弦遗文出版事。开明同人、清华同人、吴辰伯、振铎以次至。调孚病休一年有余，今日第二次出门，面色尚可，共为心喜。讨论两小时许，决定定名《朱自清文集》……序文请王瑶起草，俟大家看过修改过，署辰伯、平伯、振铎及余之名……佩弦夫人似颇心慰，可于其容色见之。"（叶圣陶日记）按，后王瑶起草的序出版时没有采用。

七月二十九日

在中央文学研究所讲授中国文学史第四讲《三国六朝文学》。

七月三十日

致刘哲民信，谈购书事。

得邵锐所抄明人张萱《西园题跋》、近人袁励准《中秘日录》二书，分别作题跋。在后一抄本的题跋中说："予方从事于搜集溥仪携出故宫之书画，得此足资稽考。"这指的是郑振铎领导的通过在香港的徐伯郊秘密为国家收购从故宫散出的文物的工作。

七月三十一日

"文学研究所所排中国文学科目中独无词，余自告奋勇，愿讲稼轩词。所中同人与振铎皆以为然。今日因选稼轩词数首，录之，备所中打印。"（叶圣陶日记）

七月

上海图书馆成立。

八月五日

在中央文学研究所讲授中国文学史第五讲《唐诗、变文和传奇文》。

八月十一日

主持中国科学院考古研究所、文化部文物局和北京大学联合举办的全国第一届考古工作人员训练班开学典礼。政务院副总理郭沫若、文化部部长沈雁冰等到会并讲话。训练班经过三个月的课堂学习和田野实习,于 11 月结业。参加学习者共 71 人。

八月十二日

在中央文学研究所讲授中国文学史第六讲《词与词话》。

八月十六日

陈君葆率香港大学师生北上观光,15 日到京, 今日 "午后游北海,我顺便交了徐伯郊托交的名画照片和给章行严先生的维他命药油针给郑振铎局长,然后才进北海公园畅游。"(陈君葆日记)

八月二十日

致刘哲民信,提及 "这几天读汪氏《珊瑚网》及张氏《清河书画舫》"等书,深感"学问无穷,开卷有得。故于材料书,我特别的注意也"。还提及感谢刘哲民在沪帮助包装陶俑,准备运京捐献给国家。

八月二十一日

作《祝贺印度各地举行的"亚洲周"》,后载 8 月 24 日《人民日报》。

晚,出席文化部举行的宴会,欢迎罗马尼亚部队歌舞团。

本日,张元济致郑振铎信,谓:"清初龚鼎孳、孙承泽,均可称文学家,为先九世祖书有屏条,常悬挂在客座壁上。……又有前明遗民澹归和尚为先八世祖及七世本生[祖]亦书有屏幅,中有水龙吟词,系澹归作。八世祖之语载入《遍行堂续集》中。现均拟捐送贵会。" 后文物局派上海市文管会吕贞白于 12 月 23 日到张宅领取这四件已有三百多年的文物。

八月二十五日

致徐伯郊(在广州)信,"香港来信及托陈君葆先生带来的信都已收到了",指示:"所有在港要收购的文物,请统计一下……并请分别'最要的'、'次要的',以便一次请求外汇。……陈仁涛的古钱,如能在九十万港元左右成交,决当购下。……回港后,请和张大千多联系。凡在美国的名画,还有在日本的,最好通过他的关系能够弄回来。这是一件大事。盼他能够努力一下也。《晋文公复国图》乃卢芹斋之所藏,均盼能弄回国来。此事甚为重要,且须机密。请和朱市长谈谈。能直捷和大千公开的谈,并托他(鼓励他)努力于此举否?"这是现在能看到的郑振铎最早给徐伯郊关于请他在香港为国家收购文物、善本的信。徐的秘密收购工作从去年就开始了。

八月二十六日

在中央文学研究所讲授中国文学史第七讲《戏文、杂剧与小说》。

"看王瑶代撰之佩弦文集序文,将付打印,交诸友提意见,然后由余汇总修润。"(叶圣陶日记)

八月二十九日

指派张珩、赵万里去天津,接受藏书家周叔弢捐献给国家的古籍善本 715 种,2672 册。

八月三十日

致刘哲民信,提及"艺术图录"最后三辑已收到,"此事告一结束,是一件大事。堪以自慰!"又提及所藏陶俑由沪运京后,"全部捐献给中央","'故宫'正缺这一类东西。此次陈列出来,当可大为哄[轰]动"。还提到对郭若愚愿为《中国古明器陶俑图录》写说明,深表谢意;另提到《中国版画史图录》第六辑的纸张已备好(且已印好一册),当把材料整理好即可付印(按,《中国版画史图录》第六辑后未出成)。

八月三十一日

在藏书《王氏书苑画苑》上作题跋曰:"天朗气清,风日佳丽,颇有凉意,未入寒时。晨起,步小园中,饮苦茶,殊自怡悦。借得明嘉靖复宋本画书十数种,因与《画苑》对校一过,尽数种。年来百事猬集,久失窥园之兴,偶得半日之休沐,遂事此不急之务。心情旷阔,所得颇多也。"

九月二日

在中央文学研究所讲授中国文学史第八讲《明代的小说与戏曲》。

九月六日

致刘哲民信,谈及:"近写《中国古代绘画》一文,尚觉扼要,简明。……又在写《中国古代版画》一文,写好后,也当寄上。如果不在'人民美术出版社'印出,即当交'公司'印出也。"

致徐伯郊信,指示:"(一)以收购'古画'为主;古画中以收购'宋元人'画为主。(二)碑帖、法书(字),暂时不收购。(三)铜器、玉器、雕刻、漆器等,收其精美而价廉者。"

九月九日

在中央文学研究所讲授中国文学史第九讲《桃花扇和红楼梦》。

九月十一日

张珩为郑振铎购得清人姜绍书撰《无声诗史》,郑振铎作题跋说:"此本写刊极精,久访未获,……甚感之。"

九月十二日

为购藏清人杨翰《归石轩画谈》、《息柯杂著》作题跋,"秋日照古松上,苍翠可喜,展卷略读,殊自怡悦也。"

九月十三日

致刘哲民信,谈有关母亲等人由上海搬家来北京诸事,提及陶俑已运到故宫,正在拆箱。

九月十四日

为购藏余绍宋《书画书录解题》作题跋,指出:"此书颇便检阅,惟分类不当,论证疏陋,所见复不甚广,聊备一格而已,不足引为典据也。"

接南京赵世暹来信,报告北京市宣内小市曾出现永定河档案许多,后又出冀鲁晋水利卷宗百斤,建议文物局收购保存。郑振铎极为重视,立即先后派傅忠谟、罗福颐前往调查,查得西城抄手胡同文学斋书店确有此项档案。

故宫博物院《1952 年局拨郑局长捐献文物》目录单最后一页记："以上 59 页共 655 号计 655 件于 1952 年 9 月 14 日提取讫"。此后，郑振铎又向故宫博物院捐献了两件南宋时期的泥塑罗汉像，故其捐献文物总数为 657 件。后经鉴定，其中三分之一为国宝级文物。

九月十五日

致周叔弢信："葱玉、斐云回京，将来先生捐献之善本图书，琳琅满目，美不胜收。北京图书馆增加了这末重要的一批'宝藏'，不仅现在的'中国印刷发展史展览'大为生色，即将来刊印《善本书目续编》时，亦足令内容充实丰富，大为动人也。敬代人民向先生致极恳挚谢意！"并邀请周叔弢来京参观北京图书馆举办的"中国印本书籍展览"。

九月十六日

在中央文学研究所讲授中国文学史第十讲（最后一讲）《李宝嘉和吴沃尧》。

九月十七日

为购藏清人汪鋆《扬州画苑录》作题跋，提及购得此书的"小小的经历"，"可见收书之不易。即不难得之物，亦往往是可遇而不可求也。"

九月十八日

致刘哲民信，提及"近这几天来，收到的唐宋元的名画真迹极多，心里万分高兴。有的是向来不曾见之'著录'的，但最大多数还是溥仪携出故宫的东西。……研究中国绘画史的人大可有'左右逢源'之乐了。汰尽伪品，独显真相，这是前人所未曾有的'幸福'。而这'幸福'，我们在毛泽东时代实现了！"

九月十八、十九日

西城抄手胡同文学斋书店向文物局交来有关水利工程档案共 12 捆，255 斤，文物局付款 1275000 元。据查均为敌伪时期之档案，乃此时水利部工作人员作为废纸售出者。郑振铎随即与水利部部长傅作义面谈，促其注意追查。23 日，傅作义即派水利部工作人员 5 人到文物局抄录这批档案目录。

九月十九日

陈君葆日记:"与伯郊到东亚银行九楼一位姓胡的[按,当是胡惠春]去谈了一会,目的是要替国家购买陈仁涛的一批古钱。他们商量了一过,结果仍要找一位姓金的来才能决定去看陈仁涛。这件事当中,也有多少技术上的困难。因此伯郊想到找我。第一,人民政府要买这一批东西,却又不让物主知道是政府买,这样来抬高价钱,如果让我露面来作买家的代表人,陈仁涛便只得来暗中摸索了。这个方法可能有效。第二,里边购买外汇,一时款还未能汇到这里来,而这方面谈到交易也不得不先给陈以一笔款以坚定他的信心,同时他这批东西也是押了在银行里的,拿出来也要费手续。所以这事的结果是胡金才几个人先凑了五万元给仁涛,逐后又添了若干千,这样开始弄好了,然后五点多,胡金才陪同我到浅水湾去访陈仁涛。陈仁涛的一批东西,大概是集南北方药雨、张叔纯两藏在一人手上,而又增了他自己所搜罗的若干部分所成,计八箱,洋洋乎巨观哉!""要统通看完了非一日不可办","他愿意以八十万售与国家,前索百贰十万。"

九月二十日

北京图书馆为迎接第三届国庆节,举办"中国印本书籍展览",今日预展。(9 月 29 日正式开幕) 所展览的珍本书籍中,有 50 多种是郑振铎个人提供的。

九月二十三日

在文渊阁购得清人高士奇撰、刘坚删订的《销夏录》,归作题跋,认为"此本颇罕见"。

九月二十四日

作《〈中国印本书籍展览目录〉引言》,后载 10 月由中央人民政府文化部社会文化事业管理局(按,1952 年文物局兼管群众文化馆、电化教育事业等,改称"社会文化事业管理局",仍由郑振铎任局长,1954 年恢复文物局旧称)出版的该目录卷首,该目录由郑振铎题笺。引言简叙了中国造纸与印刷发展的历史。

作《为紧急收购与收集旧档案致文化部的报告》,提到水利部出售工程档案事,指出:"此事关系重大,必须追究卖出档案的责任所在。一则,各部档案,均有重大的文献和史料价值;二则,实际上是尚需查考的;三则,敌伪时期和国民党统治时期的档案,有关人事方面的,必须加以保存,以便追查线索。如卖出或毁烧了事,殊有湮没证据的嫌疑。……请我部即行呈报文委转呈政务院,将此事作为'内部通报'……提高警惕,以免再蹈覆辙。"该报告1998年12月由文物出版社收入《郑振铎文博文集》中。

九月二十八日

母亲郭宝娟到达北京黄化门大街17号安居。

九月三十日

致刘哲民信,提及拟编《中国版画史图录》第六辑及《伟大的艺术传统图录》续集等。

九月

《人民画报》印载唐寅《孟蜀宫妓图》,说明文字为郑振铎撰写。

本月,东北文化部派科长曲瑞琦携送在五反运动中所缴得的原先为溥仪所盗清宫收藏书画经卷129件到文物局。郑振铎随后聘请局内外专家徐森玉、张珩、江丰、叶浅予、蔡仪、马元放、王朝闻、蔡若虹、叶恭绰、张伯驹、启功、惠孝同、谢稚柳、朱家济、邓以蛰、徐邦达、谢元璐等17人组织鉴定委员会(后江丰、蔡仪、马元放3人未参加),对这批书画及另外天津文化局在五反运动中所缴得的原先为溥仪所盗清宫收藏书画12件,进行仔细的鉴定。

本月,组织"炳灵寺石窟勘察团",由赵望云、吴作人、常书鸿为正副团长,共13人前往勘察。

十月二日

亚洲及太平洋区域和平会议在北京正式召开,郑振铎参加。会议期间,《进步日报》和《大公报》联合邀请在京有关学者举行了亚洲各国文化关系座谈会,郑振铎、范文澜、汤用彤、翦伯赞、陈垣、柴德赓、钱伟长、梁思成、季羡林、向达、翁独健、周一良、马坚、金克木、白寿彝、荣孟源、万斯年、邹荻凡等人出席。

十月五日

　　为所藏清人潘曾莹《墨缘小录》作题跋："余于京肆得论画、题画书,与乎画录、画记、画人传等二百余种,罗掘皆空,无可增益。乃更求之沪渎,郭石麒为予获数十种,皆为京肆所不能有者,此书其一也。殊感之。"

十月六日

　　文化部举办第一届全国戏曲观摩演出大会,共有 23 个剧种,上演节目 90 多个,参加会议的戏曲工作者达 1800 多人。郑振铎也参加了。大会于 11 月 14 日闭幕。

十月七日

　　陈君葆日记:"致郑振铎函,关于寄杂志事。"

十月十六日

　　中印友好协会设宴招待出席亚洲及太平洋区域和平会议的印度代表团。宴会由中印友好协会会长丁西林、副会长陈翰笙主持。郑振铎出席。出席者还有李德全、罗隆基、吴蕴初、陈文贵、钱端升、老舍、吴玉章、陈垣、孙晓邨、汤用彤、周培源等。

十月十七日

　　中缅友好协会设宴招待出席亚洲及太平洋区域和平会议的缅甸代表团。宴会由中缅友好协会会长郑振铎、副会长钱伟长主持。出席者还有马寅初、梅汝敖、陈垣等。

　　致刘哲民信,谈版画史图录六辑、艺术图录续集、敦煌壁画诸事。

十月二十日

　　在富晋书社购得明刊唐人裴孝源《贞观公私画史》,作题跋。

十月二十四日

　　陈君葆日记:"伯郊来,说款汇来了,这样他的事完全成功了。"

十月二十七日

　　"三时,偕愈之到怀仁堂,出席[政协]全国委员会之扩大会议……会中晤振铎,言于北大新设之文学研究所已成立,渠为主持人(尚有何其芳),伯祥可入所为研究员云。余觉其甚为得所。"(叶圣陶日记)按,王伯祥想调动工作,此时北京大学文学研究所正在筹备中。

十月三十日

"午后二时……至文委,出席委务会议。郭沫若报告文委加强后之阵容,以习仲勋为转任副主任,钱俊瑞脱离教育部,为专任秘书长"。(叶圣陶日记)郑振铎当参加此会议。

十一月四日

中国书店在北京成立。这是郑振铎与吴晗等人倡议成立的主要从事古旧书购售的书店。

文化部社会文化事业管理局收到天津刘少山捐献的宋元善本26种,427册,其中包括宋刻《楚辞集注》及《百川学海》。此事由郑振铎经手,"郑局长在致刘老先生信中曾画龙点睛地提及《楚辞集注》和《百川学海》两孤本,意怕刘老先生不舍得捐出这两部精品,据说刘老先生看信后大笑,说郑局长真内行也。遂于一九五二年将包括以上两种在内的共二十六种四百贰拾柒册整捐于国家,后保存于北京图书馆。"(苗淑菊《关于〈楚辞集注〉的一段佳话》)宋刻《楚辞集注》后由郑振铎安排影印出版。(后来,1972年中日建交时,毛泽东主席还曾用此影印本作为国礼赠送给日本田中角荣首相。)

十一月六日

怀仁堂召开预祝苏联十月革命35周年及"中苏友好月"开始之会,郑振铎当参加。

十一月七日

下午,首都电影院举行苏联电影展开幕典礼,郑振铎可能参加。

十一月九日

中国科学院邀请访华的苏联文化工作者代表团团员、历史学家叶菲莫夫和我国历史学家举行座谈会,范文澜主持,郑振铎、陶孟和、罗常培、巫宝三、翦伯赞、尹达、刘大年、竺可桢等40多人出席。

十一月十五日

"下午四时至勤政殿,列席政府委员会之第十九次会议。"(叶圣陶日记)郑振铎当参加。

十一月二十日

致刘哲民信,力劝将上海出版公司维持下去。并谈及拟请唐弢去北京负责图书馆处的工作,拟调开文(鹿文波)、申记(戴圣保)等珂罗版印刷所到北京工作诸事。

十二月一日

致刘哲民信,谈调开文、申记诸印刷所去京工作事,及有关出版事宜。

《文物参考资料》第 4 期出版,上载郑振铎《〈中国印本书籍展览〉引言》。

十二月五日

靳以赴朝鲜慰问志愿军后回到北京,今日中午老舍请吃饭,"饭后,给老郑打电话,他不在,与家宝到他家,谈至五时到人民文学出版社再访雪峰。"(靳以日记)

十二月六日

"上午七时振铎来,到他家早餐。谈了些时,之后又回到住处……"(靳以日记)

十二月八日

陈君葆日记:"午间与伯郊饮咖啡于牛奶公司,他要到穗去一趟,约好他明天早上来早点,并取《西郊草堂》一画去。"

十二月九日

陈君葆日记:"伯郊来取画,因托他连汪憬吾先生所著的《晋会要》二十册也带到广州去交给杜厅长一看。"按,画和书后来都交到了郑振铎那里。

十二月十二日

致刘哲民信,托王冶秋赴沪带去,联系调开文、申记诸印刷所去北京组织故宫博物院印刷厂事。据刘哲民回忆:"动议开文、申记、安定迁京,正当西谛筹划编纂《伟大的艺术传统图录续集》预备付印之时。一旦国家需要,他毫不考虑个人的计划,而是竭尽全力急国家之所需。……在这件事上,也表现了西谛先生公而忘私的襟怀和高瞻远瞩的识见。鹿文波等入故宫博物院后,为院里制了不少彩色铜图,很得到国内外称誉。目前北京、上海的珂罗版印刷工人,差不多也都是原来两家珂罗版印刷所传授而来的。"(《回忆西谛先生》)

致唐弢信,亦托王冶秋面交,为动员唐弢到北京工作,负责图书馆的事。

十二月十五日

郭石麒代为购得清人朱逢泰《画石轩卧游随录》,即作题跋。

致徐伯郊信:"接电话,知已回穗,甚以为慰……你替国家办事,迄未支付分文,我们甚为不安。拟按月补送薪金……又陈澄中的善本是否可购? 陈仁涛的古钱究需若干? 并乞告知,以便事前筹款。"并要徐暂时留在广州,等候指示。

十二月十九日

晚,出席苏联电影艺术工作者代表团和苏联影片输出公司驻中国总代表处联合举行的宴会,庆祝"中苏友好月"及"苏联影片展览月"顺利结束。周恩来等 180 多人参加。

十二月二十日

起草文物局《为收购北京旧书肆所有各省方志致文化部的报告》,该报告 1998 年 12 月由文物出版社收入《郑振铎文博文集》中。

十二月二十三日

购得清人唐岱《绘事发微》,作题跋云:"此书原刊本甚罕见……殊为得意。时晴日满窗,残雪未消,间有鸟雀飞鸣觅食。披卷一过,心旷神怡。"

致徐伯郊信(徐在广州),谈收购文物诸事,提到张大千藏画《林泉清集》疑伪,不能要。又提到"你所藏的善本,如肯出让,亦盼能收得"。并说:"你在港的工作,是肯定的有很大的成绩的,我们都很感激你! 为国家、人民争取到已流出国外的'重宝',这是一件大工作。尚恳能多多努力,获得更大的成功! "

十二月二十四日

张元济致郑振铎信,谓:"前月徐森玉先生由京返沪,交到王石瞿先生手校项絪本《山海经》一部……钤有涵芬楼印记……弟一见书衣认为故物,不知何以散出在外,编《烬余书录》时不见是书,故未列入。今合浦珠还,亟拟补撰提要附于录后。"又谓:"近日王冶秋君莅沪过访,谈次知涵芬楼烬余各书甚蒙垂注,至深感荷。此等书籍,断非私人机构所能永保。同人久有贡诸中央之意。只因种种关系,未即实行。敝同人史久芸亦曾传达雅意。前日敝馆经理沈季湘、襄理张雄飞二君,往谒王冶秋君,面陈一切,想经转达聪听,兹不赘陈。"

十二月二十六日

致徐伯郊信(徐在广州),谈收购文物诸事。再次提到:"张大千的王蒙《林泉清集》,不能要。原来说好是《修竹远山》的。我们不能收下伪品。"

十二月三十日

致徐伯郊信(徐在广州),再次提到张大千藏画《林泉清集》不能要。谈到:"明年收购的意见,正在交换中。香港的市面不好,正是收购的大好机会。惟仍必须十分的机密,十分的小心慎重,以免有坏人钻空子。……处处要防备,处处要妥慎,绝对不能有一点疏忽。一不小心,就容易出乱子,实在不大好办。一切务请请示朱市长后再办为要!"

十二月

起草文物局《关于鉴定溥仪所盗书画的情况报告》,该报告 1998年12 月由文物出版社收入《郑振铎文博文集》中。

本年

郑振铎曾费五个月的时间,从建国前出版的《中国版画史图录》中选出有代表性的作品三百多幅,加上新发现的材料中择优补充二百多幅,编成一部《中国古代木刻画选集》,共八卷,准备以普及本形式出版。后因"中国古代木刻史"的文字部分未能写成,所以未交付出版。

本年,郑振铎还曾在某处讲授中国美术史,今残存讲义提纲。

本年,苏联艺术科学院出版《中国造型艺术》(俄文),为1950年在莫斯科举办的中国艺术展览的特刊。书前有郑振铎与王振铎、张珩等合写的《中国古代艺术》一文,其中"总说"部分为郑振铎亲自撰写。

本年,起草《关于收购古书画事代文化部拟稿》(致国家文委),该代拟稿1998年12月由文物出版社收入《郑振铎文博文集》中。

一九五三年　五十六岁

一月一日

"傍晚,至怀仁堂参加团拜会餐。"(叶圣陶日记)郑振铎当也参加。

一月七日

晚,出席中华全国美术工作者协会和中央美术学院联合举办的祝贺齐白石 93 岁寿辰的宴会。周恩来等 200 多人参加。

一月九日

"晨间调孚均正来访,谓佩弦文集排版已就,即可付印,而序文尚缺。前托王瑶代撰之序文,大家认为夸饰处多,不合用……因商由余作一简短之题记,叙此集拖延至四年以上,几经变更之经过,在最近期内办讫。"(叶圣陶日记)

一月十二日

"十一时,约戴孝翁[戴孝侯]同往北海团城,见社会文化事业管理局郑振铎局长、王冶秋副局长,谈涵芬楼善本书由政府价购事。"(史久芸日记)

"三点至怀仁堂听周总理报告……八点至[政协]全国委员会。今夕为扩大常务会议,讨论中央人民政府委员会之决议草案,关于召开全国人民代表大会及各级地方人民代表大会者。"(叶圣陶日记)郑振铎当也参加。

一月十三日

"三点半至勤政殿,列席政府委员会第二十次会议,讨论题目即为召开全国人民代表大会,以昨夕所议之草案为据。"(叶圣陶日记)郑振铎当也参加。

一月十九日

下午,出席讨论中国科学院计划的会议,郭沫若主持,李四光报告编制计划的经过。

一月二十日

下午,主持关于建国瓷发展方向的座谈会。祝、高、陈万里、何、潘、王逊、高庄、郑可、梅健鹰等专家艺人发言。

一月二十八日

下午"三点至怀仁堂,听邓小平报告草拟人民代表大会及各级人民代表大会选举法草案之大旨……明日[政协]全国委员会将分组讨论。"(叶圣陶日记)郑振铎当参加。

一月二十九日

致徐伯郊信(徐在广州),知张大千另外三幅藏画已购回,甚喜。又提到"您存港的善本,能运回否? 我们很希望能够收购也"。

二月三日

致刘哲民信,谈开文、申记等珂罗版印刷所迁京诸事,并提及要影印《楚辞集注》事。

陈君葆日记:"中央文化部寄来转给李绳毅奖状一件,然则《晋会要》一书已转到北京去了。"按,汪憬吾遗著《晋会要》手稿由香港李绳毅向汪氏后人买下捐赠给国家。

二月四日至七日

参加政协第一届全国委员会第四次会议。

二月十日

史久芸日记:"午后往琉璃厂,与沈[季湘]、丁[英桂]两君往社会文化事业管理局,与郑振铎、赵万里谈点交善本书事。"

二月十一日

陈君葆日记:"晚李绳毅两夫妇到访,他已收到我给他的通知信,所以今日他来,我便把文化部社管局寄来的信和褒奖状交他。"

二月十二日

史久芸日记:"七时半,往西长安街拍致傅翁[韦傅卿]电。又往社会文化事业管理局,与沈季翁[沈季湘]、丁英翁[丁英桂]同见郑振铎局长。谈至九时半,辞出。"

二月十九日

致徐伯郊信(徐在广州),指示他赴港接洽陈澄中善本书事等。又提到:"闻卢芹斋在巴黎病危,他的东西有办法托人收购否?……你自己的《陆放翁集》及几十种明版方志,盼能售让给公家。"

二月二十日

"三点至政务院,列席政务会议。"(叶圣陶日记)郑振铎当也参加。

为即将影印的宋本《楚辞集注》作跋,详论《楚辞》各种版本的优劣,指出:"今年是屈原逝世的二千二百三十年。我们藉此机会,把这部最古的最完备的《楚辞集注》定本,影印出来,作为对于屈原这位古代伟大的爱祖国、爱人们的诗人的一个纪念。"文载 6 月人民文学出版社影印《楚辞集注》卷末。

二月二十一日

史久芸日记:"下午五时半,同戴孝翁[戴孝侯]、丁英翁[丁英桂]往西四同和居,应郑振铎、王冶秋两局长招夜饭。九时归。"

二月二十二日

经政务院文教委员会决定,北京大学文学研究所成立,郑振铎任所长,何其芳任副所长。(该所 1956 年 1 月改属中国科学院,1977 年 5 月改属中国社会科学院。)郑振铎联系、动员、介绍了俞平伯、钱钟书、王伯祥、潘家洵、孙楷第、李健吾、余冠英、杨绛、罗念生、罗大冈等人来所工作。

二月二十七日

上午,主持关于建国瓷发展方向的座谈会,王朝闻、艾青、江丰、邹雅、钟灵等专家发言。

三月二日

致刘哲民信,谈开文制版所等迁京诸事。

三月五日

斯大林逝世。郑振铎后曾赴苏联大使馆致悼，并写《哀悼我们最敬爱的导师斯大林同志》，载3月15日《文艺报》半月刊第5期；又写《悼中国人民的最敬爱的导师斯大林同志》，载3月30日《文物参考资料》第2期。

三月十日

致刘哲民信，告以关于开文制版所迁京事庞文波已来京面谈。并问及戴、胡两家迁京事进行情况。

三月十二日

下午，召集追悼斯大林座谈会，记录了林仲易、陈铭德、周范文、陈瑾昆、黄绍竑、邓季惺、许宝驹、楚溪春、费青、许闻天、范朴斋、袁翰青等人的发言。

三月十九日

出席悼念斯大林座谈会，记录了张志和、李一平、史良等人的发言。

三月二十四日

主持政协全国委员会文化教育组会议，讨论关于革命建筑及名胜名迹的保护修缮、地下文物保护及考古发掘等问题，并作报告。

在隆福寺修绠堂购得清人王时敏《王奉常书画题跋》，归作题跋。

三月二十七日

致徐伯郊信（徐在广州），提到"正在与有关方面商谈""如何在港组织一个小组，来主持收购，如何把已购之物带穗等等"。指示："我们的收购重点，还是古画（明以前）与善本书，因其易于流散也。至于古器物，像铜、瓷、玉器等，除非十分重要的，均可暂时不收。……现在首先要解决的问题是陈仁涛的一批古货币。""至于书画方面，……最重要的是陈澄中的书，务请能设法购到国内收藏，重要者已仅此一家矣。兄的善本，也请能一并见让——如果愿意的话。""一切均请兄努力！兄为人民争取了不少极重要的东西，功在国家，不仅我们感谢你而已。"最后又提到"明天有一个小展览会，陈列宋徽宗及马麟等画，一定可以大博好评也。"

三月

上海开明书店出版《朱自清文集》，郑振铎为该书编辑委员会 11 人之一。

《中国考古学报》改为《考古学报》季刊，郑振铎继任编辑委员会主任。

四月六日

张元济致郑振铎信，说"涵芬楼烬余善本仰荷玉成，俾能得所，衔感无极。"又说："家藏元儒谢先生应芳手书佛经六种，书法极精，历六百年金纸如新。藏之私邸，决非长策，合亦献归国有。""先九世祖讳惟赤于清初中试，顺治甲午科顺天乡试举人，当时领有鹿鸣宴银质杯盘各一事，制作甚精。藏之寒家，适满三百年。……询之友人，传世科第者亦云从未目睹。……此为国家典章数百年之遗物，窃愿归诸国有。"

四月八日

致刘哲民信，谈上海几家珂罗版印刷所迁京诸事。

致徐伯郊信（徐在广州），提到"关于收购文物事，我们已有通盘计划，正在呈请批准中，大约不日即可批准"。"收购事，拟成立小组，由兄负责接洽、鉴定并议价事，由中国银行沈经理及温康兰二位负责付款等事；由你们三人成立一个小组。如此可省责任过重也。温康兰同志处，已由廖承志同志通知他。沈经理处，最好由朱副市长通知一下。温康兰同志如何和你接洽，可先和广州的华南统战部长饶彰枫同志联系。"详细指示了今年二季度必须先收购的 17 件书画文物。又提到："张大千的《修竹远山》何时可取回？他已否回港？盼他能够回国来。"

四月十七日

史久芸日记："上午九时，约沈［季湘］、丁［英桂］、戴［孝侯］诸君往社会文化事业局访郑振铎局长。余谈菊公［张元济］托售旧书事。"

四月十八日

上午，主持政协全国委员会外交、文教组联合座谈会第一次会议，座谈我国对外文化交流问题，出席者 35 人。

四月二十二日

致刘哲民信,介绍人民文学出版社许觉民到上海联系影印《楚辞集注》和《楚辞图》二书,"希望能在一个月之内印出",并指出"这是一个政治任务"(指配合纪念屈原的活动)。

四月二十三日

致刘哲民信,介绍文物局张鸿杰、谢辰生到上海联系珂罗版印刷所迁京、敦煌壁画集装订等事。

四月二十五日

致刘哲民信,提及《历史图谱》须修订,暂缓再版,建议再版《艺术图录》。

四月二十八日

致徐伯郊信(徐在广州),指示:"朱光同志明后天就回穗。一切当由他面谈……收购小组,你到港后,请即着手组织起来……凡从日本来的东西,都应收。这是十分必要的。其次,凡有被美帝垂涎欲购之可能的,也必须先购。"

四月二十九日

致刘哲民、唐弢信,提到:"内人因事回沪一行,约住二十多天。请便中照料她为感!"

五月九日

上午,主持政协全国委员会外交、文教组联合座谈会第二次会议,座谈我国对外文化交流问题,出席者30人。

五月十七日

为所编《楚辞图》作序及解题。该书选自宋代以来至清人门应兆所绘各图,合为一辑,为楚辞图集较全之本。

五月二十三日

致刘哲民信,提及:"《楚辞集注》的样张,已见到,甚好,实是今日极大的一个印刷工程也。"又介绍人民文学出版社文怀沙到上海联系影印《楚辞图》事。

五月三十日

起草《故宫博物院改进计划的专题报告》,该报告 1998 年 12 月由文物出版社收入《郑振铎文博文集》中。

五月

以屈原事迹为题材,创作历史小说《汨罗江》,投某刊(据手稿,收稿章日期为 5 月 21 日)后被退回,颇为不悦。该作品后刊于 1957 年 9 月《收获》双月刊第 2 期。

六月三日

史久芸日记:"八时,往社管局访郑振铎局长。"

在《新建设》月刊第 6 期上发表《屈原传》。

六月五日

在香港《大公报·新野》上发表《大诗人屈原》。

六月十日

陈君葆日记:"九时伯郊来了,并带了李绳毅的褒奖状来。"

六月十一日

作关于保护"天一阁"(宁波著名藏书楼)的批示,1998 年 12 月由文物出版社收入《郑振铎文博文集》中。

六月十三日

陈君葆日记:"给郑西谛的信。"

六月十五日

农历端午节。在《光明日报》上发表《纪念伟大的诗人——屈原》。

上午,人民文学出版社送来所辑《楚辞图》影印本样书,即作题跋云:"此书搜辑、排比,颇费心力,今重繙一遍,觉得尚称完备,颇自高兴也。"

下午,出席全国文联为纪念我国伟大爱国诗人屈原逝世 2230 周年召开的座谈会。屈原是世界和平理事会号召本年纪念的世界四大文化名人之一。

本日,历史博物馆举办楚文物展览,共陈列 420 多件展品。

六月十七日

致刘哲民信,为《楚辞集注》、《楚辞图》如期出版而致谢,并对装订等方面提出几点改进意见。

六月十九日

陈君葆日记:"致北京图书馆函,夹上一封给郑振铎,问他从前自上海寄港的一批书籍有无《刘后村居士集》,如有共得几册?"

六月二十八日

参加科学院会议,上午听吕叔湘报告学习苏联科学院语言研究所的经验,下午听刘大年报告学习苏联科学院历史研究所的经验与发展方向。

六月二十九日

王任叔致马宗生信:"前几天,人民文学[出版]社来信,要我在业务时外,帮他们做点事。第一件事,是审查一下郑振铎的《插图本中国文学史》。他们要印它,要我一章一节看后,提出意见,由郑振铎修改,再来印行。"

七月一日

茅盾主编的《译文》月刊创刊。据陈冰夷回忆:"《译文》月刊编辑委员会成员名单,是茅盾亲自拟定,经文协主席团会议讨论通过的。编委会委员都是熟悉外国文学的著名老作家和老翻译家,我记得有:茅盾、周扬、郑振铎、洪深、曹靖华、姜椿芳(林陵)、董秋斯、萧乾、陈冰夷。"(《忆〈世界文学〉创办经过》)

七月三日

为中华全国科学技术普及协会举办的"基本建设科学知识系统讲座"讲课,题为《基本建设人员应有的古文物知识》,由丁锡洪速记,郑振铎修改。指出:"中国的考古工作,如果和基本建设部门好好地结合起来,必定会随着基本建设工程的开展而飞跃开展的;它将有无限光辉的前途。"

七月八日

上午,文委开常会,"文委计划财物局作关于编制全国文教事业计划工作之报告"。(叶圣陶日记)郑振铎当参加。

七月九日

　　邀请北京艺术工作者座谈,组织麦积山石窟勘察团,由吴作人任团长,王朝闻、常任侠、罗工柳、李瑞年等 14 人参加。8 月,该勘察团去麦积山石窟工作。

七月十三日

　　致刘哲民信,谈"艺术图录"说明的英文稿及珂罗版印刷所迁京诸事。

七月十八日

　　史久芸日记:"九时,到社管局,为影印《戏曲丛刊》事开会。"此前,郑振铎建议商务印书馆影印他主编的《古本戏曲丛刊》。

七月二十一日

　　史久芸日记:"七时半,赴文化部社管局,同戴孝翁[戴孝侯]与郑振铎接洽签订合同,并取来古曲本五十四册回琉璃厂。"按,所签合同为影印《古本戏曲丛刊》。

　　晚,出席中国人民保卫世界和平委员会在和平宾馆举行的宴会,欢迎以萨钦·森古普塔为团长的印度艺术代表团。

七月二十三日

　　根据 7 月 3 日在中华全国科学技术普及协会举办的"基本建设科学知识系统讲座"上的讲课记录重写《基本建设人员应有的古文物知识》,后载 12 月 30 日《文物参考资料》第 12 期。全国科普协会又于 1954 年 1 月出版单行本,改题为《基本建设与古文物保护工作》。

七月二十六日

　　在《人民日报》上发表《欢迎印度艺术代表团》。晚,毛主席出席印度艺术代表团演出晚会,并接见该代表团团长。

七月三十一日

　　作《中印文化交流——为欢迎印度艺术代表团而作》,后载 8 月 15 日《文艺报》半月刊第 15 期。

　　用"玄览"化名致香港徐伯郊信,颇有暗语:"朱公转寄各件,均已收到。甚佳,甚佳! ……陈澄中氏的善本书,先生如得之,即可成一大藏家,似必须以全力进行,并盼能早日有结果。"

八月一日

中国科学院考古研究所、北京大学和文化部社会文化事业管理局联合主办第二届考古工作人员训练班在北京大学举办开学典礼，郑振铎讲话。训练班共收学员 89 人，至 11 月 4 日结束。

八月五日

读明人董其昌《画禅室随笔》，并题跋。

八月十二日

《文汇报》上重发郑振铎的《欢迎印度艺术代表团》。

八月十三日、十四日

据史久芸日记，伊见思连续往郑振铎办公室取去影印《古本戏曲丛刊》的原本。

八月十四日

王任叔致马充生信："我已看完了郑振铎的文学史。结束人民文学出版社交给我的任务。再多用一礼拜空时间，写出意见。"

八月二十四日

"大小忽雷自沪至，欣喜无已！翌日，启书箧，检得《双忽雷本事》一册，当年购此时，初未期得睹双忽雷也。今此二乐器归于公藏，人人均得而见矣。"(《〈双忽雷本事〉题跋》)   按，"双忽雷"为两把唐代二弦胡琴，此时由贵州刘世珩后人献给国家，归故宫博物院藏。又按，或有疑大忽雷非唐物，乃琴师张瑞山赝制以诶刘氏者。

八月二十五日

为所藏刘世珩辑《双忽雷本事》作题跋(见上条)。

八月二十五日至二十九日

在《工人日报》上连载发表《在"地下博物馆"的门前——基本建设人员应有的古文物知识》。

八月二十六日

致刘哲民信，谈戴、胡印刷所迁京事，因故暂缓，等待通知，但所有故宫博物院印刷珂罗版的事仍全委托他们在上海做。又提出："《域外所藏古画集》可以精选一下，再版一次如何？""《伟大的艺术传统》，拟变更计划,分为十二册出版。"

八月二十八日

作《炳灵寺石窟概述》,载中央文化部社会文化事业管理局 9 月出版《炳灵寺石窟》卷首;又载 10 月 23 日《光明日报》、10 月 28 日《新华月报》第 10 期、11 月《现代佛学》等报刊。指出:"七八十年来隐晦的被人遗忘了的炳灵寺石窟,在人民的手中,将会放射出更辉煌的光芒的。"

八月二十九日

用"玄览"化名致香港徐伯郊信:"十二日来信收到。日前曾奉上一函……古币款,已汇上。请即与沈君办理手续。明札一批,已办好,甚慰。"又提到诸古画收购事:"陈君的宋元善本事,已进行否?究竟需要多少钱? 恳即办为荷。"

九月八日至十一日

政协全国委员会常委会扩大会议在京召开。郑振铎参加。

九月十二日

"下午三时到怀仁堂。今日为政府委员会第二十四次会议,被邀列席者视前为众,殆有二三百人……"(叶圣陶日记)13 至 18 日均开政府委员会扩大会议,郑振铎当参加。

九月十三日

上午"至中山公园来今雨轩,应伯祥之约,晤绍虞、予同。少顷诸人咸集,尚有芷芬、士敫、振甫、振铎及其子……杂谈京沪情况,颇为愉快。"(叶圣陶日记)

九月十五日

在《文艺报》半月刊第 17 期上发表《屈原作品在中国文学上的影响》,列述屈原作品的巨大影响,指出其原因:"首先是,屈原的悲剧的生活,悲剧的死,和他忠直不屈,与贪污腐朽的执政者反抗到底的精神,感动了后代一切有正义感、有良心的作家们。""次之,屈原的惊人的精湛清丽的作品,在艺术上有伟大的不朽的成就。""还有一点:屈原的作品是出自民间的。"该文又载 10 月 28 日《新华月报》第 10 期。

上午，在中央文学研究院（第二期第一学期）讲课，题为《为什么和怎样学习古典文学遗产？》。

九月二十日

"午间愈之作东，宴老友于全聚德。余以外，到者有予同、望道、绍虞、光燕、振铎、剑三、雪村、伏园、薰宇九人。纵谈为快，亦殊难得。餐毕游颐和园……复游西郊公园，出园已六点。"（叶圣陶日记）

九月二十一日

致刘哲民信，提及："闻'汉学研究所'仍拟印《汉代画像全集》第三集，请转告戴、胡，不能承印此种书籍。因帝国主义者的印件，我们现在决不可代印！"

九月二十二日

上午开全国文联常委会。

九月二十三日

全国文学艺术工作者第二次代表大会开幕。大会至 10 月 6 日闭幕，郑振铎被选为中国文学艺术界联合会全国委员会主席团委员，中国作家协会理事会理事兼古典文学部部长。

见这次文代会的上海市代表中没有李健吾，郑振铎提出意见。巴金在给妻子的信中说："健吾未去参加文代会，郑振铎提意见，这是对的。"此前，李健吾因在上海不受重视，向郑振铎表示希望到北京工作，郑振铎即邀请他到文学研究所来工作。李健吾后于 1954 年 7 月调到文学研究所工作。

九月二十四日

上午，在中央文学研究院讲课，题为《中国古典文学中诗的传统》。后于 10 月 18 日修订讲稿，改题为《中国古典文学中的诗歌传统》，1984 年 1 月由上海古籍出版社收入《郑振铎古典文学论文集》中。

九月二十六日

著名画家徐悲鸿今晨因脑溢血逝世，28 日郑振铎赴中央美术学院吊唁。郑振铎曾评价徐悲鸿："很好地运用着西洋画法来绘写中国

题材,他是融合中西画法而获得成功的一个画家。"(《近百年中国绘画的发展》)

九月二十七日

中国人民保卫世界和平委员会、中华全国文学艺术界联合会、中华全国文学工作者协会、中华全国自然科学专门学会联合会、中华全国科学技术普及协会等五大团体在怀仁堂举行纪念屈原、哥白尼、拉伯雷、马蒂等四位世界文化名人大会。郑振铎作关于法国作家拉伯雷的报告。今存照片。

九月二十八日

在《人民日报》上发表《纪念弗浪沙瓦·拉伯雷——一九五三年九月二十七日在北京纪念四位世界文化名人大会上的演说》。

九月三十日

上午,在文代会上发言。

十月二日

为孙楷第《论中国短篇白话小说》作序,称赞作者"由'目录之学'而更深入的研究小说的流变与发展",是"有益的、有用的"工作。载11月上海棠棣出版社出版该书卷首。

十月五日

上午,在文代会上代表古典文学艺术研究者讲话。

十月六日

上午,在中央文学研究院讲课,题为《中国古典文学中的戏曲传统》。后于10月29日修订讲稿。1984年1月由上海古籍出版社收入《郑振铎古典文学论文集》中。

十月十一日

致徐森玉信,谈编辑影印《古本戏剧丛刊》和收购有关书画事。又谈故宫博物院新建绘画馆揭幕事,邀请徐森玉、谢稚柳两位来京审查和参加揭幕。"此是一件大事,是中国第一次像样子的一个美术馆,其开幕,必须十分慎重的将事。"

十月十二日

中央人民政府政务院发出《关于在基本建设工程中保护历史及革命文物的指示》。

十月十三日

上午,在中央文学研究院讲课,题为《中国古典文学中的小说传统》。后于11月5日修订讲稿。1984年1月由上海古籍出版社收入《郑振铎古典文学论文集》中。

十月十四日至十一月七日

中国科学院召开研究所所长会议。会议研究了各研究单位今后数年内的工作方向和明年的工作重点。

十月十九日

鲁迅逝世十七周年纪念日。首都文艺界人士和各界群众共200多人前往鲁迅故居致敬,郑振铎也去了。

十月二十日

在文物局召开关于故宫博物院绘画馆与印刷所工作问题的会议。

十月二十一日

在《人民日报》上发表《为做好古典文学的普及工作而努力》,指出"所谓古典文学遗产,就是指的那些有不朽的人民性的、现实主义的、至今还为广大人民所喜闻乐见的作品",强调"古典文学研究者们必须运用马克思列宁主义和毛泽东思想"。

十月二十八日

张元济致郑振铎信,托人专门送上原沈曾植所藏林则徐致沈鼎甫信,并说已向沈氏后人"建议以此书献诸史馆,为信史之征",请示"究应纳于何项机关,可以永久保存"。

十一月一日

故宫博物院绘画馆开放展览。在《人民日报》上发表《中国绘画的优秀传统》。后又载11月15日《文艺报》半月刊第8卷第21期、1954年1月30日《文物参考资料》第1期、1954年2月《新华月报》第2期等。

十一月一日至二日

在《光明日报》上发表《中国古代绘画概述》。后又载1954年1月30日《文物参考资料》第1期。

十一月四日

致刘哲民信,谈影印徐悲鸿旧藏《八十七神仙卷》事。

十一月六日

致刘哲民信,谈影印《八十七神仙卷》事,并催促再版《伟大的艺术传统图录》,建议再版《西域画》。

十一月八日

致刘哲民信,提及:"连日因筹备出国,忙极!"又说:"这几年以来,虽然也做了事,也写了些文章,编了些书,但总觉得匆匆忙忙的,没有好好的看书,查书,更没有好好的研究些问题,这是大病,将来如何能'改变'一下呢?堆积的材料多极了!将来会更多,过几年之后,如修订《历史参考图谱》,一定会'面貌'完全不同的。因为有机会接触更多、更新的历史文物的发现,所以,时时觉得兴奋;虽忙,虽累,而甚乐之!"

致郭若愚信,说:"你的《小屯殷墟文字缀合编》,……此书很重要,科学院拟为出版(已列入明年出版计划中)。惟书名拟定为:《殷墟文字缀合编》,如何?……关于序及索引,何时可成?有没有可能加上'释文'或'考释'之类的文字,或先出《缀合编》,《考释》待以后再出亦可。先生以为如何?"

十一月九日

为参与整理、亲自标点的《水浒全传》作序,简述各种《水浒》版本的流变,比较其优劣,说明校勘、标点和整理的情况。载1954年3月人民文学出版社《水浒全传》卷首。

十一月十日

致张元济信,"读商务送来上月二十八日手书并林文忠公长札一通,至慰!此札关系鸦片战争的史事甚大,当遵嘱交翦伯赞君一阅,并拟设法影印(当并其他林氏手札数十通一同印出)。我局现集中明清二代尺牍不少,拟即由我局一并将此收下,……至此项尺牍,可能全部拨交北京图书馆保存。”

十一月十二日

　　应波兰有关方面邀请, 前往华沙参加屈原纪念会, 同行有朱世纶。“上午十一时半,起飞。下午三时半,到达外蒙古人民共和国萨珊大。一小村耳。四周皆小山,草原上残雪未消,五时,坐汽车到镇上晚餐。一汤,一羊肉,一茶,尚佳。八时半,睡。”(郑振铎日记)

十一月十三日

　　“十时半,到乌兰把托尔早餐。……遇从莫斯科来的飞机。零下30度。十二时许起飞。三时到伊尔柯次克,检查行李,……四时多,才住到旅馆里来。……换乘大型飞机,飞五小时许,到新西伯利亚,在那里喝茶,休息,又换一次飞机。天气是零下39度。(二时)到史维尔德洛夫斯克。停了一个多钟。喝茶,吃面包。冰天雪地,冷极! 三时半,直飞莫斯科。”(日记)

十一月十四日

　　“上午九时,到达莫斯科。路经莫斯科大学,觉得弘伟之至。使馆人来,说,明天没有去华沙的飞机。午饭后,即到大使馆找戈宝权设法。和他谈了好一会,所得甚多。接波兰大使馆电话,知纪念会改期举行。如在后天动身,一定能赶得上也。……八时许,宝权来谈。他把讲稿译文对读了一下,纠正了不少。”(日记)

十一月十五日

　　“十一时许,到历史博物馆参观。……大使馆中人来,说飞机已定好。明天准定可走了。收拾行装。”(日记)

十一月十六日

　　“六时,动身赴飞机场……八时起飞……七时四十分,到明斯克,休息一时又二十分,又起飞……二时许,到达华沙。大使馆和波兰和大的人都来接。汽车经过市内时, 战争的痕迹尚存若干。住 Hotel Orbis 的 223 号。……下楼吃饭。有魏得志等人作陪。……四时一刻,曾大使来谈。快到五时,赴屈原纪念会。我和朱[世纶]都坐在主席台上。先由汉学家某氏报告屈原纪念的意义,后由我报告屈原的生平及纪念的原因。休息了一会,再举行音乐晚会。有著名的诗人及演员朗诵中国民歌及屈原诗。最后,由著名钢琴家演奏钢琴。我代表和大,送礼给波兰和大。散会,已八时。即至作家俱乐部晚餐。参加者凡十二人,以教汉学者为多。我又送一份礼给波兰作家协会。"(日记)

十一月十七日

"写报告。写信。九时一刻,早餐。餐后,即赴华沙城游览。破坏之烈,触目惊心。而恢复之快,亦大足令人钦佩。……遇二波兰人,必欲叫我们干一杯,说,'兄弟!''兄弟这一个字包括一切。'在古城市集上,遇从卡拉柯夫城来的一群女学生,被包围签字。……二时,回旅馆。……四时半,到大使馆。接洽各事均妥……七时,到国家歌剧院,听'Halka',以农民为主角,革命性很强。"(日记)游览陪同者魏连斯基。

十一月十八日

"十时许,到印刷厂参观。此厂即五〇年世界和大二次大会的会场。……十二时,出。到百货公司及书店逛逛,买了些书。又到国际新闻俱乐部参观。二时许,回。休息到二时半,赴波兰和大的邀宴。地点在记者俱乐部,有英菲尔特等出席,均是波兰和大代表团也。四时半回……大使馆人来谈。"(日记)

十一月十九日

"九时十分,坐车到集体农庄去参观。……一时半,到一个农业技术学校参观。今年春天,茅盾也来过。即在该校午餐。……四时,学生欢迎,我致辞后,即归。……六时三刻,到国家剧场看话剧《幸福》。这是描写贵族男女婚姻的,极讽刺之能事。"(日记)

十一月二十日

"十时,到华沙汽车工厂参观。……十二时许,到博物院参观。正展览'文艺复兴时代'的文物图书。又看波兰古今名画。本来不开放,特别为我们而打开门。又看荷兰名画,俄国名画及埃及、希腊、罗马的古物及雕刻。买了些明信片及说明书。……四时许,到大使馆。护照及车票等均已办妥。五时,到古城及商店购物。……九时半,到车站。十时十分,开车。与波兰代表团同车,有照应得多了。大使馆杨等来送行。"(日记)　按,世界"和大"理事会会议即将在奥地利的维也纳举行,中国"和大"代表团共18人,团长是茅盾,副团长廖承志,郑振铎作为已在国外的"特邀代表"赶去参加会议。

十一月二十一日

"六时,到达波兰边境。……八时许,入捷克境,……直到四时才出境。四时半,到了奥地利边境,……七时半,到达维也纳。……有人来接。住第四区一旅馆。与贯一、茅盾等见面。他们正在忙着。"(日记)

十一月二十二日

"八时许,出外早餐。九时许回。与朱讨论做总结事。十一时,与沈、吴同到公园,拍了几张照片。……四时许,与章、吴同到街上闲逛一会。……五时半,回旅馆。六时半,步行去吃晚餐。路途相当的远。八时许,回。一氓来谈。"(日记)

十一月二十三日

"六时许,起床。重看《插图本文学史》,自己觉得,还有些胜处,但错字太多,且也时有累句,必须细细校改一下。八时,早餐。餐后无事,写了好几篇文章的提纲。[按,当时郑振铎草拟了撰写《汉代的艺术》等提纲和1954年写作计划及编书计划]……下午三时,正式开会。有居里的总报告,拉斐德的报告议程,南尼及法国、英国、越南代表的报告。"(日记)

十一月二十四日

"九时许,开会。上午是中国、朝鲜、日本、苏联、荷兰、德国、捷克及印度八国代表讲话。午餐后,继续开会,讲话的是:英国、波兰、奥国、芬兰、瑞士、罗马尼亚、比利时、希腊、土尔其、挪威及赛甫洛斯[塞浦路斯]代表。苏联爱伦堡和波兰英费尔德讲得最好。七时散会,即晚餐。餐后,回旅馆。森禹来谈。"(日记)

十一月二十五日

"九时三刻才开会,……一直开到下午一时,讲话者有:伊朗、非洲、意大利、苏联(苏尔柯夫)、法国(戈登夫人)、挪威、瑞典(安德琳夫人)、巴西、加拿大(文幼章)、芬兰、波兰及法国……代表二十人。中间没有休息,极倦,头痛。下午三时,继续开会。发言者,有丹麦、阿尔巴尼亚、法国(马戴尔)、保加利亚、英国、澳洲、印度、德国(安娜·西格斯)等八国代表。五时三刻,开小组委员会。七时散。晚餐。……餐后,到一个奥国医生 Dr.Kent 家里去喝茶。……45 人已讲过话。"(日记)

十一月二十六日

"九时许,开会。发言者有英国、哥伦比亚等十五个国家。一时半,午餐。餐后,到联合公园(即在附近)去逛了一周。……四时,开小组委员会。六时,回旅馆。七时,再到会场,应苏联代表团邀请,到 Liesings Stadtkell 晚餐。"(日记)

十一月二十七日

"九时二十五分,开会。茅盾主席。发言者有十五人。十二时,埃及代表约谈话。二时,与奥地利代表互相送礼。下午,继续开会。发言者九人。六时,开小组委员会。中途退席,赴一餐馆,与印度代表团联欢。印度代表到者十一人,我方到者十六人,言谈甚欢。"(日记)

十一月二十八日

"九时半,到会场。等到十一时,才开会。由埃及、德国、印度及法国代表发言后,即通过各种议决案。由南尼致闭幕辞。一时二十五分,散会。六天的理事会,即告结束。计到会者共五十九国,代表 314 人。收获颇大。"(日记)

十一月二十九日

"寄一信给箴(第六信)。……七时半,早餐。写《古本戏曲丛刊》序(初稿),已完。十二时,到 Hotel Stephanes 午餐。……四时半,开会。"(日记)　该序初稿后由吴晓铃在《古本戏曲丛刊》编辑委员会旧档里发现,1983 年 10 月 18 日发表于《光明日报》。

十一月三十日

"九时半,乘公共汽车到 Semmering 去。……在下奥地利走二小时才到山顶。即赴一餐馆午餐。……在森林中跑跑……有似白皮松者,见之令人顿忆团城。……三时许下山。五时一刻到旅馆。……六时半,到 Stenphanes 晚餐,菜甚佳。八时回。又偕白医生在公园中散步一番。"(日记)

十二月一日

上午,购物。"行装大致已经收拾好了。"(日记)

十二月二日

"九时半,到 Stefanie 早餐。餐后,即回旅馆,取皮包上火车。送行者有日本代表大山郁夫及刘长胜诸人;同行者有苏联代表团吉洪诺夫,越南代表团及印度代表等。……十一时二十分开车。沿途见破坏的建筑物不少。一时半,入匈牙利境。五时二十分,到达匈京。六时二十分开车。……在匈京,我国大使黄镇、留匈学生,及匈牙利和委会均来接。"(日记)

十二月三日

"六时十分,出匈境,二十分,即入苏联境。在 Chop 车站休息。时为莫斯科时间九时左右。十时许,在车站早餐,即可算是午餐。……下午二时一刻,从 Chop 站直开莫斯科。"(日记)

十二月四日

在火车上。"四时到基辅,停二十五分钟。在站上散步。"(日记)

十二月五日

"下午一时四十五分到达莫斯科车站。来欢迎者有和大代表及戈宝权等多人。茅盾等接收献花,在站上讲话。二时半,到苏维埃旅馆住下。我住在 427 号。……三时,到餐厅午餐。作陪者有苏联和大代表左雅[卓娅]的母亲及作家协会书记哥热夫尼可夫等。他们即席致辞,茅盾等并有答辞。……今天是苏联的宪法日。……七时,去看马戏。"(日记)

十二月六日

"十一时半,到近郊(三十公里外)一个大地主的别庄去……现公开为一博物院。……又至一剧场去看……亦属于此贵族。……六时三

刻,动身到歌剧院,看《天鹅湖》。七时半,开演。这是柴可夫斯基的得意之作"。(日记)

十二月七日

"十一时许,去游览地道车。从白俄罗斯站下去,到高尔基公园站出来,凡参观了五个站。……一时,到革命博物馆参观。……七时,到'史丹尼斯拉夫斯基—谭钦柯剧院'看《爱斯美拉尔达》。这个芭蕾舞是从雨果的小说《巴黎圣母院》取材的。"(日记)

十二月八日

"十一时,到列宁墓献花圈。十一时三刻,入墓门,绕列宁、史太林的棺材一周,瞻仰遗容。十二时许,出。到莫斯科大学,时已一时许。……六时五十分, 到柴可夫斯基音乐厅, 为庆祝国际和平奖金获得者晚会。这个会由苏联和大、文化部、作家协会、艺术家协会、作曲家协会联合主持。到八时,才开会。吉洪诺夫主席,说明开会的意义并欢迎到会的贵宾们。次由苏尔可夫报告……次由茅盾及智利、印度、巴西、古巴等人讲话。次由诗人们朗诵匈牙利诗人的诗一篇,印度诗人的诗二篇。休息一会。第二部分节目开始。"(日记)

十二月九日

中午,访问高尔基文学研究所。下午,与苏联朋友研究屈原剧的演出事,解答有关提问。中午,得悉明天第一批回国名单中没有自己,颇失望,因为想早日赶回去过生日。但为此在日记中作了自我批评:"可见心情还不能完全恬淡,还不能完全听从分配也。虽无名利心,尚有计较心,这也是很不好的。'闹情绪',是革命工作干部所不应该有的。" 晚,"六时许,费德林来访,抱了一大包他所著的《现代中国文学纲要》,要我分送各友,又送中国诗选和小说选各一册给我。他说,要译我的《中国文学史》,明年可出版。和他同去找茅盾,又谈了一会,辞去。"(日记)

十二月十日

"十一时许,到东方文化博物馆参观。中国部分,按时代排列,东西不少,而伪者极多。绘画中,像周昉、赵子昂、王振鹏、文徵明、仇英,乃至恽格、戴熙，无一不伪。……二时半，即出发到飞机场。四时半，起行起飞。……下午七时半，到达喀山。……坐汽车到餐厅去喝茶。……八时许，飞机续飞。十一时，到达史维亚特洛夫斯基。下飞机吃晚餐。……十二时，上机续飞。"（日记）

十二月十一日

"上午三时，到达奥木斯克，……到四时才续行起飞（当地时间上午七时）。六时，到达新西比利亚，住在旅馆中（当地时间上午十时）。……六时，飞机续行起飞。十时到达伊尔柯次克……（当时时间：午夜三时）。"（日记）

十二月十二日

"八时许，上飞机。八时半，起飞。……十时半，到乌兰把托。有陈郁代办及中航经理等来接。知道同机者为尤金大使。喝茶，休息后，于十一时二十分起飞。一时，到达萨珊大。一时二十分起飞。四时二十分，到达北京机场，来接者甚众。"（日记）

十二月十八日

下午，主持政协文教组学习讨论会，谈学习党的过渡时期总路线的体会，黄苗子、罗子为、李平衡、李毅、张丰胄、邓季惺、李一平、张知辛、陶大镛等发言。

十二月二十二日

"傍晚邀伯祥来小饮，与谈颉刚今后之工作……伯祥谓科学院古代历史研究所有意招之，振铎并告我以我署将设古籍出版社，亦拟请共参加。"（叶圣陶日记）

十二月二十六日

听政务院副秘书长廖鲁言关于农村合作化问题的报告，并作记录。

一九五四年　五十七岁

一月四日

致刘哲民信,提及"我的一九五四年的写作计划,拟以写成《汉代的艺术》为主要工作,这部书或将分册出版",在去年出国开会途中"曾拟好了目录和大纲"。"其次,是把那一千五六百页,二十四册的《域外所藏中国古画集》,选出三百页来,编成一册或二册,拟名为《域外所藏中国古画选》,内容精而好","另编一'叙录',并加一序。"(按,后来二书均未能完成)又提到欲请唐弢帮助编选自己的诗集和小说集。

一月七日

史久芸日记:"七时半,往社管局访郑振铎局长,谈《[古本戏]曲丛[刊]》事。"

一月八日

下午,主持政协文教组学习讨论会,严、黄艮庸、李毅、林仲易、张知辛、张丰胄、黄绍雄、张志和、李一平、黄苗子、陈铭德、许广平、吴绍绪、邓季惺等人发言。

一月十二日

下午,主持讨论中西医结合问题的座谈会,方石珊、萧龙友、赵树屏、朱颜、张孝骞、孟继懋、钟惠澜、许广平、傅连暲等人发言。

一月十六日

致刘哲民信,提到:"我的集子,想重行编过。关于小说的和戏曲的论文,拟各编一个'集子'出版,又所写的'小说'、'诗歌'、'散文'等,亦拟重行编过,各出一集。"　又提及:"近来整理小说和戏曲,又编印了《古本戏曲丛刊》,对之,兴趣很高,故又想写些文章"。

一月二十二日

下午,主持政协文教组学习讨论会,黄苗子、张丰胄、林仲易、李一平、邓季惺、王达仁等人发言。

一月二十三日

史久芸日记:"往社管局访郑振铎局长。沈季湘君已先在。谈至九时,出。"

一月二十六日

下午,听关于朝鲜战争的报告,并作记录。

一月二十九日

下午,听胡绳谈中国革命两个阶段问题、过渡时期问题、工业化问题、过渡时期阶级关系问题等的报告,并作详尽记录。

一月三十日

上午,召集纺织部、卫生部、水利部、机械部等专家,共同讨论如何配合洛阳城市建设,保护和勘察文物古迹。后于4月,由考古所、北京大学、文物局和洛阳地区文物部门共同组织工作队,在洛阳西郊进行了有计划的勘察工作,发现了汉河南县城;同时对洛阳东郊的汉魏故城进行了调查。工作至6月底结束。

一月

所著《基本建设与古文物保护工作》由北京中华全国科学技术普及协会出版,为《基本建设科学知识》丛书之七。

二月七日

在《人民文学》第2期上发表报告文学《华沙行》。

二月八日

下午,听周扬关于文化工作的政治思想领导、戏剧工作、电影、文化馆站、图书馆博物馆、工农业余文艺活动等问题的报告,并作笔记。

二月十日

日本早稻田大学《教养诸学研究》第1期发表安藤彦太郎《民主·周报·蛰居散记》,谈到当时他偶尔读到郑振铎《蛰居散记》时的激动心情。

二月十一日

作《〈古本戏曲丛刊初集〉序》,历述了中国古代戏曲的光辉成就,说明了现在查找古本戏曲的不易,"幸而历劫仅存,怎能不急急的要想使之化身千百,俾古剧能为今人所用呢?""乃征集北京图书馆、北京大学图书馆等公私家所藏,并联合国内各大学、各图书馆、各戏剧团体和戏剧研究者们,集资影印这个《古本戏曲丛刊》六百部,作为内部参考资料。"序载 2 月商务印书馆影印出版的该书卷首。

致刘哲民信,谈编选自己的文集、拟写《汉代的艺术》、着手精选《域外古画集》诸事。

二月十二日

主持讨论过渡时期总路线的学习会议,并记录严、李、林、张丰胄、黄艮庸、袁翰青、张等人的发言。

二月十九至二十四日

香港《大公报·新野》转载《华沙行》。

二月

所著《中国俗文学史》由北京作家出版社再版。

本月,主编《古本戏曲丛刊》初集由商务印书馆上海印刷厂影印出版。参加"古本戏曲丛刊编刊委员会"的还有吴晓铃、赵万里、傅惜华等。

二月下旬至四月上旬

参加以董必武副总理为总团长的"全国人民慰问人民解放军代表团",至福建各地慰问子弟兵。曾带队慰问空军 2740 部队 1 支队、海军 0938 部队等(今存郑振铎写的慰问致词)。

在福建泉州时,曾特地去看望一位普通教师、宗教石刻收藏家吴文良,使他受到鼓舞(在这以前,吴文良曾把他写的《泉州古代石刻集前言》寄到文化部,得到郑振铎的重视)。后并介绍吴与郭沫若、范文澜、夏鼐、尹达、陈梦家等历史考古学家结识,并帮助他编著《泉州宗教石刻》一书。

三月一日

在《光明日报》副刊《文学遗产》创刊号上发表《影印〈古本戏曲丛刊〉缘起》。

三月四日

在福州,致刘哲民信,告以"在福州已经好几天了,就要下乡去"(慰军)。

三月十二日

下午,在福建某地谈创作问题:1、体验生活与写作问题;2、如何描写、歌颂英雄人物问题;3、文艺工作者如何配合总路线、总任务问题;4、继承民族文学遗产问题。(今存讲话提纲)

三月二十九日

在福建某地谈京剧问题:1、历史与历史剧;2、京剧舞台上如何创造历史人物;3、今后的倾向和改革。(今存讲话提纲)

三月

《人民画报》第3期刊载五代顾闳中名画《韩熙载夜宴图》,有郑振铎写的说明文字。

本月,参与校勘、整理,亲自标点的《水浒全传》由北京人民文学出版社出版。

四月一日

在福建,致刘哲民信,提到"这一月多的慰问,收获甚大,或将写几篇文章出来,正在仔细打腹稿"。并提到大约9、10日可抵上海。

四月二日

下午,在福建某地作关于文物工作的报告。

四月七日

在杭州,住西湖饭店。宋云彬陪同赴文管会、博物馆、图书馆视察。晚在宋云彬家小饮,张阆声、许杰作陪。

四月八日

晚,宋云彬来旅馆谈。

四月十八日

已回北京。参加中国科学院举行的梁思永追悼会,并讲话。梁是著名考古学家、考古研究所副所长,于 4 月 2 日逝世。

中午,叶圣陶在家设宴祝其母九十寿辰,郑振铎可能参加。

四月二十四日

"午刻,愈之预约之振铎、储安平、张明养、邵宗汉四人来,遂共餐。安平将远游新疆,即为作饯。"(叶圣陶日记)

四月二十七日

下午,在文化部开会并发言。

四月三十日

上午,在考古所主持欢迎来自各方的考古工作者的会议(可能是洛阳地区文物勘察联合工作队)。

五月二日

星期天,"十点半,愈之、灿然来电话,约共往访叔湘,谈语文书籍之出版事。即允与偕往。至叔湘所,复邀莘田,往中山公园。坐憩于河旁石凳上闲谈。遇振铎父子,即共至国际俱乐部午餐,谈及辞书、语文书、古籍之出版工作,颇有味。"(叶圣陶日记)

五月三日

致阿英信,谈读了阿英某文,觉得"内容极为丰富,惟稍嫌沉闷、繁杂",建议"加以删改,使重点突出"。

五月四日

史久芸日记:下午"六时,同沈季翁[沈季湘]往郑振铎君家。谈至七时半,往招待所。"

五月五日

下午,在文化部,"讨论宪[法]草[案]之小组拍全体照为纪念。今日到者特多,有三十余人。从未出席之丁西林、老舍、程砚秋、齐白石皆至"。(叶圣陶日记)郑振铎参加。参加者还有茅盾、曹靖华、欧阳予倩、周扬、俞平伯、曹禺、吴作人、吴祖光、胡风等人。

五月十一日

上午,文化部为做好今后基建工程中文物保护工作,邀请有关部门举行座谈会。参加者有中央各部工业建设部门的代表及各方面的学者。郑振铎首先讲话,指出配合基本建设保护文物的重要意义,强调指出工程建筑部门和文化部门互通声气,密切合作,做好保护文物工作的重要性。

五月十二日

"余因老舍之约,即赴其寓所,余心清、洪深、振铎、曹禺、白尘、沙汀诸人先在。酒系余所携,大家称赏,饮约十斤。"(叶圣陶日记)

五月二十日

晚,应邀在《中国青年报》社作报告,题为《为什么和怎样接受我国古典文学遗产》,主要谈了:1、什么是古典文学遗产? 2、为什么要学习古典文学遗产? 3、怎样学习古典文学?

五月二十一日

"全国基本建设工程中出土文物展览会"在北京故宫博物院午门大殿开幕。共展出文物3760件。至11月8日结束,展出近半年,观众达17万余人,使群众受到很大教育。毛泽东主席曾抽空于5月17日下午、19日下午、20日下午,四天之内三次登上紫禁城观看这个展览会,使郑振铎深受鼓舞和感动。

五月二十四日

晚,出席中国人民保卫世界和平委员会、中国人民对外文化协会、中华全国文学艺术界联合会和中国音乐家协会等团体在天桥剧场联合举行的纪念会,纪念世界文化名人、捷克斯洛伐克作曲家和爱国者安托宁·德沃夏克逝世50周年。

五月三十一日

"晚《中国建设》约晚餐于森隆,有郑振铎、艾青、冰心夫妇、陈企霞、沙汀、李凌,主人有范之龙、方令孺之女及另一女,带眼镜之主人则面熟而不知名。"(吴祖光日记)

六月三日

致刘哲民信,谈印书、购书诸事。

六月六日

"午刻,偕伯祥至萃华楼,《光明日报》之副刊《文学遗产》之编辑委员会宴客,到者六十余人,一半为熟人。此刊实际负编辑之责者为陈翔鹤。振铎发言,谓此刊不宜多载考证文章,宜解决当前若干关于古典文学之重要问题,其言殊中肯。"(叶圣陶日记)

六月十一日

下午"五点至勤政殿,宪法起草委员会开末次之会,毛主席出席。就宪草通读一过,诸委员举手表决,全体通过。于是起草之事终了,此历史大事也。会毕会餐,设酒。"(叶圣陶日记)郑振铎当参加。

六月十四日

上午"九时在文化部会议室开会,讨论梅兰芳电影事。周扬、刘芝明、郑振铎三部长均参加,当有彦祥、少波及电影局同人等,成立改剧本小组。"(吴祖光日记)

晚"五点至勤政殿,列席政府委员会之会议,议程为讨论并通过宪法草案。"(叶圣陶日记)郑振铎当参加。

今中央人民政府委员会第 30 次会议通过《中华人民共和国宪法草案》和关于公布宪法草案的《决议》。宪法草案于次日在报上公布。郑振铎怀着无比兴奋和庄严的心情,随即写了:《拥护中华人民共和国宪法草案》,载 6 月 18 日《人民日报》;另一同题文章(文字内容不一样),载 6 月 30 日《文艺报》半月刊第 9 卷第 12 期;《为做好学习、讨论〈中华人民共和国宪法草案〉工作而奋斗!》,载 6 月 30 日《文物参考资料》第 6 期;《我们有了"宪法草案"了!》,载 7 月 7 日《人民文学》第 7 期。

六月十五日

上午,出席中印友好协会在中山公园水榭举办的印度艺术图片及手工艺品展览会开幕式。

六月二十八日

下午,参加关于体育工作的会议,听取荣高棠等人讲话并作记录。

七月一日

上午在文化俱乐部"统战部李维汉邀集文教方面参加拟人大代

表名单之人约三十余人为会"(叶圣陶日记),郑振铎可能参加。

七月八日

听周总理关于出席日内瓦会议的报告,并认真作了记录。

七月十日

下午,主持学习会。

七月十五日

晚,出席中国人民保卫世界和平委员会、中国人民对外文化协会、中苏友好协会总会、中国作家协会和中国戏剧家协会等团体在首都青年宫联合举行的纪念会,纪念世界文化名人契可夫逝世 50 周年。

七月十七日

出席中国作家协会主席团第 7 次扩大会议,讨论通过召开全国文学翻译工作者座谈会,《译文》杂志的编辑方针、任务与计划,文艺工作者政治理论与古典文学自修参考书目等等。

七月十九日

上午,对西北、华东社会文化工作者作报告。(今存报告提纲)

七月二十三日

上午,由文化部社会文化事业管理局、中国科学院、北京大学联合举办的第三届考古工作人员训练班在北京大学举行开学典礼,郑振铎讲话。这次训练班共收学员 110 名,至 10 月 22 日结业。

下午,出席在总工会礼堂召开的邹韬奋逝世十周年纪念会。

七月二十四日

在天津《大公报》上发表《悼念邹韬奋同志》。

七月二十九日

作《在基本建设工程中保护地下文物的意义与作用》,载 8 月 31 日《人民日报》,又载 9 月 30 日《文物参考资料》第 9 期,又载 9 月《科学通报》第 9 期等。指出:"共同做好保存、保护地下文物的工作,不仅为了保存、保护昨天和前天的文化、艺术遗产,而是为了发展今天和明天的文化、艺术,其意义和作用是很重大的。"

约七月

某日深夜,陪同周总理视察北海团城。当时郑振铎坚决反对有人主张在扩建金鳌玉蝀桥时拆除团城,力主保存这个北京城里最古老的古迹名胜之一。总理经过调查研究,指示采纳郑振铎的意见,团城得以保存,而桥的工程亦按要求完成,二者相得益彰。

八月三日

上午,主持中国作家协会古典文学部会议,并讲话。郑振铎写有讲话提纲,发言记录后由《文学遗产》编辑部抄寄给他。

八月六日

为所译泰戈尔《新月集》作新序。该书经郑振铎修订增补,今年由人民文学出版社重版。

八月十日

上午,出席全国第一届公共图书馆工作人员训练班举行开学典礼,并讲话。

八月十一日

上午,为图书馆工作人员训练班讲课,题为《图书馆的方针与任务》,阐述了图书馆的性质、类别、概况、方针、任务、工作重点、培训干部等问题。

致刘哲民信,托谢辰生带去,提到"我患痔甚苦,医治近一月,已将痊愈矣"。

八月十二日

下午,在政协礼堂听周总理关于日内瓦会议与外交政策的报告,并认真记录。

八月十五日

出席周总理招待世界民主青年联盟理事会北京会议代表的宴会。

八月十八日

下午,出席中国作家协会召开的全国文学翻译工作大会,并讲话,称为"翻译工作者的大会师"。会议讨论了《世界文学名著介绍选题计划草案》,至 25 日结束。

晚,出席全国政协在北京饭店举行的欢迎以艾德礼为首的英国工党代表团的宴会。与宋云彬等同席。

八月二十日

下午,赴中南海紫光阁,出席全国政协常务委员会扩大会议,讨论《中华人民共和国各民主党派各人民团体为解放台湾联合宣言》。由周恩来总理作报告。宋云彬日记:"会中备晚餐,有绍酒,与振铎、圣陶同席,余心清、陈其瑗等来敬酒,干杯者四五次。"

八月二十三日

日本《日本读书新闻》第 760 期发表内山完造《心如刀绞——读郑振铎〈蛰居散记〉》及《蛰居散记》的内容简介。

八月二十九日

"下午三时赴黄化门大街十七号看郑振铎,欢谈数小时,饮苏联白葡萄酒,以兰花豆等下之。未几,小箴偕其爱人萨空了来,遂同进晚餐。振铎赠余折扇一柄,甚佳。……今日交一百三十四元与振铎,为附印《古本戏曲丛刊》第二集之预付款。"(宋云彬日记)

八月三十日

晚,"回卧室,桌上有文化部郑振铎、王冶秋之请客柬,又复驱车赴前门外煤市街丰泽园。座有李一氓,初见面。李与朱光均爱古书画,能鉴别瓷器及版本,亦共产党中之佼佼者也。"(宋云彬日记)

八月

被选为全国人民代表大会代表。今存 9 月 1 日中央选举委员会颁发的郑振铎的《中华人民共和国第一届全国人民代表大会代表当选证书》,注明"代表单位:江苏省"。

九月三日

晚,出席文化部和军委总政治部在和平宾馆举行的招待来访的保加利亚人民军迪亚科夫中将和保人民军歌舞团的宴会。

九月十一日

史久芸日记:"八时,[与沈季湘]同到东四头条访郑振铎部长,谈承印《[古本戏]曲丛[刊]》事。"

上午，在图书馆工作人员训练班上讲课，题为《中国古典文学的宣传》（今存郑振铎的讲课提纲和冀淑英的记录稿）。

九月十五日

参加中华人民共和国第一届全国人民代表大会第一次会议。大会于 28 日闭幕，通过了《中华人民共和国宪法》、《中华人民共和国全国人民代表大会组织法》等。

九月十六日

陈君葆日记："终于打电话找到汪希文，告诉《晋会要》原稿已由购买人[按，即李绳毅]献给人民政府"，因汪希文来信希望印行后回赠若干部书，"这事，我只好将汪希文的信一同寄往北京，候文化部定夺。"

九月二十三日

为《麦积山石窟》作序。该书本年由文化部社会文化事业管理局编印。

九月二十八日

"中午，郑振铎代表文化部在西长安街全聚德请客，余亦被邀，同席者有李一氓、朱光、沙文汉、杜国庠等，并赠余刊物多种，皆关于考古者也。"（宋云彬日记）

九月三十日

晚，周总理在怀仁堂召开庆祝国庆大会，郑振铎当参加。

九月

日本岩波书店《图书》杂志发表大塚金之助关于日译本郑振铎《蛰居散记》的书评。

十月一日

上午，赴天安门参加国庆观礼。在台下休息室与叶圣陶、夏衍、宋云彬、老舍、巴金等谈笑。

十月五日至七日

中华全国文学艺术界联合会举行第二届全国委员会第二次会

议,郑振铎出席并讲话。

十月九日

　　为郭若愚等著、中国科学院考古研究所编辑的《殷虚文字缀合》作序,载 1955 年 4 月科学出版社出版的该书卷首。

十月十日

　　著名画家徐悲鸿逝世周年(9 月 26 日),北京建立徐悲鸿纪念馆,今日正式开馆,郑振铎主持开幕仪式。

十月十二日

　　"中午至丰泽园宴邓宝珊,同座者振铎、空了、安亭、洛峰、戈茅、浩飞、灿然、彬然。菜不坏,大家尤赞余携往之绍酒。"(叶圣陶日记)

十月十六日

　　亲自书写《褒奖状》致泉州吴文良:"吴文良先生爱护祖国文化遗产,以三十年心力搜集的有关中外交通史料泉州石刻一百五十四方捐献国家,特予表扬。"后 1955 年 1 月,中国新闻社向南洋各国华文报纸播发了这条新闻,影响很大。

十月二十日

　　陪同印度总理尼赫鲁等参观中央民族学院的少数民族文物展览和台湾高山族文物图片展览室等。

十月二十一日

　　出席第一届公共图书馆工作人员训练班结业典礼。结业学员共84 人。郑振铎除了自己曾去讲课外,还曾邀请冯雪峰、傅青华、何干之、戈宝权、袁翰青等人去讲课。

　　本日,陪同印度总理尼赫鲁等参观参观天坛、雍和宫、故宫等。

十月二十三日

　　致商务印书馆信,要求《古本戏曲丛刊》二集加印 5 部(共印 540部)。

十月二十四日

　　在中国作家协会礼堂主持作协古典文学部召开的"《红楼梦》研究座谈会",49 位专家学者参加,约 20 位记者、编辑旁听。"甫一开始,主持会议的郑振铎就扩大了批判的范围[按,郑振铎指出大家都有旧思想,都要自我批评],从而也无形中减缓了对俞平伯的巨大冲击力。"(孙玉明《红学:1954》)会上发言的除了郑振铎、俞平伯外,还有王佩璋、吴组缃、冯至、舒芜、钟敬文、王昆仑、老舍、吴恩裕、聂绀弩、启功、杨晦、浦江清、何其芳、蓝翎、黄药眠、周扬、范宁等。

这以后,文联主席团和作协主席团连续召开联席会议,批判《红楼梦》研究中的"资产阶级唯心论"和《文艺报》的"错误",郑振铎曾出席并讲话。

十月二十七日

中国文联、对外文协等团体在北京举行世界文化名人、英国现实主义作家亨利·菲尔丁逝世 200 周年纪念会。郑振铎作了题为《纪念英国伟大的现实主义作家菲尔丁》的报告。

十月三十一日

周恩来总理颁发《中华人民共和国国务院任命书》第 0181 号,"任命郑振铎为中华人民共和国文化部副部长"。原件今存。

十一月八日

为在陶然亭公园重建云绘楼清音阁作题记:"云绘楼清音阁建筑于清乾隆间(公元十八世纪),原在南海东岸,今移建于此。这是把古建筑迁地重建的创举。……全部保存原来形式及装饰。"(题记手迹勒碑立于陶然亭公园中)

十一月十一日

致刘哲民信,谈打算精选重印建国前编印的《西域画》、《域外所藏中国古画集》等。

十一月十五日

晚,北京举行纪念世界文化名人阿里斯托芬(古希腊喜剧家)诞生 2400 周年大会。郑振铎当参加。

十一月十七日

陈君葆日记:"致郑振铎先生函:关于汪希文介绍的黄卓綮所藏拟价二万元九折之韩文公手写《后出师表》真迹一卷事,其次则关于汪希文九月十二日来信问《晋会要》如付印原物主能否取回若干部一问题。"

十一月二十一日

由郑振铎任团长、周而复为副团长的中国文化代表团一行 67 人启程出访印度和缅甸。代表团内包括京剧、舞蹈表演艺术家和音乐家。"下午二十三时三十五分从北京车站启程,欢送的人不少。"(郑振铎日记)

十一月二十二日

"在火车上。午睡甚酣,不觉已过了一天。"(日记)

十一月二十三日

"七时许,到汉口。来接的人有于黑丁等。即往招待所休息。要明天才能动身。九时许,过江。游黄鹤楼、武大及东湖。在东湖午餐。三时许,渡江回汉口。看汉水铁桥。四时许,回,甚倦。午睡了一会。五时半,醒。客来不少。六时许,晚餐。餐后,有跳舞、歌唱。"(日记)

"郑振铎来信,谓天一阁藏书中孤本交北京图书馆影印或拍照一事,已托北京图书馆赵万里及社管局傅忠谟即为办理云云。"(宋云彬日记)

十一月二十四日

上午"十时许,过江。十一时五十五分,开车南行。"(日记)

十一月二十五日

"八时许,到广州。误点达四小时许。孟波等来接。住爱群大厦1001 号。"(日记)

十一月二十六日

下午"四时许,到各商店购物。六时半才回。晚上,朱光等来谈。白春晖经穗,亦住此处,来谈。"(日记)

十一月二十七日

下午,"四时许,到中大找乃超夫妇。偕到沙面吃饭。饭后,在堤上散步。……九时许,回。写信。"(日记)

十一月二十八日

"上午,访杜[国庠]。到华南文联找好几位朋友。遇到在海上飘泊九天的韩北屏。午睡。下午,开会。夜,朱光请吃饭。"(日记)

本日,还去广州人民医院探望病中的杨骚。

致瞿凤起信,谈《古本戏剧丛刊二集》所收《琴心记》拟改用上海图书馆藏本。

十一月二十九日

"上午,到越秀山等处游逛。在文联午餐。……下午四时许,到从化温泉去。近六时才到达。……晚餐后,即下温泉沐浴。"(日记)

十一月三十日

"七时许,即动身回广州。十时,到机场接[缅甸]吴努总理。同赴迎宾馆午餐。下午,又到迎宾馆,陪他晚餐。到中山堂看排练。"(日记)

十二月一日

"上午,曾来,偕赴岭南文物宫及广州图书馆。……下午三时许,又到广东图书馆。其中有些好书。发现了一部'淳熙己酉皇帝逊位刻于西斋'的《杨诚斋集》(二十四本)。大为得意。这是宋版中的孤本。到光孝寺去看铁塔,是大宝三年及十年所建。五时许,回。周[而复]约欧阳[山]等同赴十三行附近晚饭。"(日记)　按,这本《杨诚斋集》是从日本流回广州的,而广州图书馆从论担称斤的旧书摊中发现并抢救下来,经郑振铎确认其版本价值,后又在他建议下将此书送往北京图书馆珍藏。

十二月二日

"上午,开会。下午,理发。到西堤购物,又到十三行购物。六时,晚餐。出到街头,购《红楼梦》及《桃花扇》各一部。"(日记)

十二月三日

"七时许,赴车站,即乘赴九龙的车到香港。下午十二时半,到达深圳。二时半过国境。三时许,从罗湖开。四时半,到九龙。坐汽船过海。……徐伯郊来谈。晚餐后聚谈。"(日记)

十二月四日

"上午,写给箴一信。……三时许,徐[伯郊]来,费[彝民]来。晚餐后,聚谈到近十一时,睡。"(日记)

十二月五日

"写给森老信一。收拾行装。午餐后,起程。过海,坐飞行公司的汽车,到启德机场。各式飞机均有。下午三时起飞。极为平稳。下午九时许,到达仰光。但仰光时间却只有八时。到旅馆休息了一会。印度代办举行招待会。"(日记)

十二月六日

"上午八时,去拜访缅甸文化部长。八时半,在使馆早餐。十时,到飞机场,于十一时继续飞行。……经过加尔各答。下午五时半(德里时间四时半)到达德里。欢迎者极多。……甘地夫人陪同到总统府住下。六时许,到团员住的地方及大使馆去看看。"(日记)

十二月七日

"写信给箴(一)。……十时许,到大使馆。十一时,到甘地墓献花圈。到总统、总理处签名。十一时一刻,拜访副总统……三刻,拜访教育部长……四时,访总统。四时半,教育部长举行招待会(在总统府花园中)。总统、总理均到……与尼赫鲁总理谈了一会。……到 H.House 举行记者招待会。记者到了五十多人。我说明文化代表团来印度的使命与任务,并介绍主要演员给他们。由他们问了几个问题。很愉快的谈笑了一会。……九时半,到 Sapru House 参观印度全国戏剧会演……闭幕后,这个团体的主持者致辞,并向我们致欢迎之意。"(日记)

十二月八日

"访捷、匈、苏使馆。同赴尼赫鲁总理的午餐宴会。到者均是到过中国的印度朋友们及内阁和国会的重要人物。他引我们看熊猫及花园,并有印度歌及舞蹈表演。……五时半,赴大使馆的招待会。到者一千五百人。盛况空前。"(日记)

十二月九日

"考古家查克洛瓦底夫妇来,同往中亚古物博物馆去参观。比三年前布置得整齐多了。……午餐邀查夫妇同吃。……下午,到 Delite

去看看。六时许，从使馆出发到剧场。尼女英特拉致欢迎辞，我也致辞。……近十时才演毕。即到 H.，赴外交部秘书的宴会。到会者均为外交使节及印度要人。……（总统献花）"（日记）

十二月十日

"早餐后，即赴 H.，与作家、艺术家见面。到者五十多，谈笑甚欢，送礼甚多。十一时三十分，赶到议会旁听。十二时二十分，到大使馆与华侨们见面。我谈了简短的话。一时十五分，回总统府，即偕国防部秘书弗洛底同到他家午餐。……六时三十分到 Delite，今天副总统出席观看。所演的均甚受欢迎。闭幕时由副总统及尼女献花，情形仍甚热烈。"（日记）

十二月十一日

"参观国立物理实验所。对于光学测验，利用太阳光热等甚感兴趣。十二时许，参观总统府博物院，以 Rupar 发掘的彩陶、黑陶、灰陶及刻文陶为最重要。在 Mrs.Hanah Leu 家午餐。六时十五分，在国立体育场室外演出。甚受欢迎。闭幕时，由德里首席部长及甘地夫人献花。"（日记）

十二月十二日

"十时，查克拉瓦底来，陪我们参观胡马扬墓、红堡及高塔。……一时半，才到 Mrs.Amura Swancnadhau 家午餐。副总统亦在……三时，赴印中友协的招待会。四时半，赴甘地广场的群众欢迎会。我讲了话。六时一刻，在国立体育场演出。群众挤得满满的，总有二万人。"（日记）

十二月十三日

"十时许，到广播电台向全印广播。……三时，在 H.举行招待会。来者不少。四时四十五分，到国立物理实验所看印度音乐及舞蹈表演。国立音乐、舞蹈研究所向我们献了不少礼物。八时半，乘专车赴 Agra［亚格拉］。午夜，专车到达该地。"（日记）

十二月十四日

"五时半，即起。乘阳光未出，即去参观 Tag［泰吉］陵。每看一次，即觉变化无穷,莹白如新沐。次到 Etema Daula 及古堡参观。对考古工作者的努力大为感动。次到 Fatehpur Sikni 参观。正在洗涤壁画,其有佳者。……五时,离开 Agra。在车站上有群众大会,向他们讲话。深夜二时半,车停在 Borpal 站时,群众拥了上来。我们由秘书长代表接收了献花及献礼。情况热烈之极!"(日记)

十二月十五日

"十一时许,到达 Jalgaor[贾尔冈]站,欢迎者甚多。接受献花。到了 Ajanta[阿旃他]佛洞时,已将一时。即在洞内午餐。参观了第一、二及第十六、十七洞,第十洞现封锁住未去……五时,离开 Ajanta……八时,在夜色沉沉中,到了 Aurangabad[奥兰加巴德]……接收了各团体代表的献花及歌唱。"(日记)

十二月十六日

"早餐后,即从 A.乘汽车到达 Ellora[阿罗拉]古洞。……一时许,到客舍午餐。我鼓勇再去,继续参观了二小时许。五时,从古洞动身。六时许,在车站有群众欢迎大会,接受了不少花环。甚可感动。六时半,专车开行。九时半,到达 Maumad 站,即换乘原来的专车。有群众欢迎,接受献花。……十一时,开车。"(日记)

十二月十七日

"九时十分,到达孟买。欢迎之情况,热烈极了。……华侨也来了不少。市长和省督代表,陪了我们到省督府住下。……到领事馆。理发。就在那里午餐。下午四时许,回总督府。四时四十五分,拜会总督。五时,到大厅看跳舞。……八时四十分,到 Taj.H 旅馆,同到电影院……灯火辉煌,人声鼎沸,群众情绪极为热烈……我和而复坐在孔雀形的宝座上。……看了好几个跳舞。我们也上台唱了几个。"(日记)

十二月十八日

"早餐后,赴 Taj.H.,在那里看他们处理各事。十二时许,去看室外戏台。一时许,回总督府。……三时,到秘书厅拜会首席部长,……四时四十五分,到广播电台听印度音乐。六时半,参加中国总领事招待会。八时半,赴领事馆宴会。团员演出《别姬》、《泗州城》、采花舞、印

度舞等。"（日记）

十二月十九日

"八时半,早餐。到社会福利委员会的招待会。接受了献花,并讲了话,看了舞蹈等表演。十时,赴印中友协的欢迎会(自由电影院)。情况极为热烈。献花的团体近三十个。印中友协并献了礼。我讲了话。看表演。……晚七时,在 V.P.运动场表演。……我讲了话。演出的效果很好。"（日记）

十二月二十日

"上午参观 B.Y.B.,是一艺术团体,也是一个学校。欢迎仪式,甚为隆重。献了花环。我讲了话。看表演 Rama 与 Sita 订婚的一段故事的小舞剧。……六时许,到运动场。今天的人更多了。情绪热烈。仍和第一天相同,市长献花环。"（日记）

十二月二十一日

"早晨……参观悬空花园……又到水族馆参观……十一时许,到 Majestic Hotel 与作家、艺术家见面。分了五组座谈,情绪很高。我先和建筑师、画家、雕刻家等谈了二十多分钟,又到作家那里去谈。阿南达提议,明年召集一次亚洲作家会议,大家都拍手赞成。十二时半,回省督府。午餐,由省督请,谈得不少话。有姚总领事等同座。三时许,到中央电影厂参加电影创作家协会的欢迎会。我和周[而复]都做了报告。楼[适夷]读了首诗。彼此朗诵及唱歌,到五点许才散。……六时半,到 Excelscor。电影院:今天是室内演出第一场,省督也到场。仍由市长及省督之媳献花。"（日记）

十二月二十二日

"十时,到电影局制片厂,受到热烈的欢迎。看印度纪录片《佛教遗迹》、《大吉岭》及有关代表团的新闻片,均甚好。……六时半,到戏院。今天演出的成绩很不坏。在孟买的演出是胜利的完成了。"（日记）

十二月二十三日

"九时许,到领馆,有华侨招待会。我讲话并接受献旗。有演出。我于近十二时,即到 J.J.艺术学校参观。……下午四时三刻,到 Kamla

Nekru 公园,参加市长的欢迎会。我讲了话。……六时半,散。即到
Excelscor 看印度音乐节目。甚好。"(日记)

十二月二十四日

"早餐后,到 Juku 去。在那里接收了儿童献花。看儿童们跳舞。有
好些团员都下海游泳。……五时许,到 Jai Huud 学校看舞剧。七时许,
到体育场看印度歌舞。直到十时许,才毕。赶到克拉其家晚餐。多半
是熟人。吃的是中国菜,很不坏。"(日记)

十二月二十五日

"九时许,偕舞蹈队到 Andheri 看小巴莱舞。……近一时,回。即
赶到象岛去。在那里午餐。参观石窟,旧地重游,益感兴趣。三时半,
回到旅馆……匆匆到总督府,接受他送的礼物。四时三刻,到领事馆,
我们举行告别的招待会。来的人不少。总督也来了。七时许,到体育
场的群众大会。接受献花、献礼。我讲了几句简短的话。……九时许,
回总督府,向他辞行。……十一时,到 Y.T.车站,登上久别重逢的专
车。十一时五十五分开车,离开孟买。欢送的人很多。"(日记)

十二月二十一日至二十五日

政协第二届全国委员会第一次全体会议在北京召开。郑振铎被
选为第二届中国人民政治协商会议全国委员会委员。

十二月二十六日

"九时四十分,到 Karduwadi[库杜瓦迪]站,欢迎的人非常多,戴
上了不少花环。下午三时许,到达 Gulberga[古巴加]站,群众的欢迎
更为热烈。在站台上走了一周,已经不能再回原车厢了。非常感动。一
会儿,到了 Shahabad,又有站长等来献花。"(日记)

十二月二十七日

"十一时半,到达马德拉斯。欢迎者极为热烈。……到总督府。他
已在门口相迎……正是三年前所住的那一间! ……立即去拜访首席
部长。在旅馆午餐。稍睡了一会。三时,在那里开记者招待会。……
五时,到市体育场,参加市长的招待会……市长礼服相迎,礼节相当
隆重……我致答辞。……六时半,到卡拉曼达普看印度的歌舞表演。

我讲了话。他们向我们献花……和总督约好九时回去晚餐。已上了车,又为招待会的人追回。直到十时许才回总督府和他一同进餐。"(日记)

十二月二十八日

"与省督同进早餐。……十二时半,在 Odeon 看我们自己拍的电影。……五时,赴省督招待会。六时至八时,就在草地上看跳舞。前半是 B.R.Chowdtury 表演……后半是 Shanto Rao 表演。"(日记)

十二月二十九日

"十时许,去参观神学社,其中图书馆还不坏。又到 Kalakshetra 去参观跳舞。……即去拜访 C.Rojagopalachari,他是七十五岁的老政治家。谈了些跳舞及文字改革问题。即辞去。去看舞台,又到 Odeon 看自己的电影。……四时,赴康参赞的招待会。熟人不少。Shanto Rao 送了一份礼来。六时半,赴 Annamali 剧场参加我们的演出。我和省督都讲了话。这次演出,大受欢迎,是最成功的一次。"(日记)

十二月三十日

"十时半,到博物馆参观。最可注意的是古铜像及 Amaravati 的佛教遗物。乘车逛街一周。……三时许,谈拍电影事。六时,到'Kala Mandap'看室外的一次演出。休息时由迈索尔王(the Rajpramukh of Mysore)献花给我并致辞。我致答辞。"(日记)

十二月三十一日

"八时半,与省督同进早餐。……发一信给箴(第三信)。十时许,到Karnataka 音乐学院,参观他们的各种乐器及听他们表演。……归途,看一庙。……这是第一次见到的装饰犹新的天庙(Siva)。……五时半,到 Kala Mandap 看室外第二场演出。……克希米尔王的一家均在看戏。……近十时,又到 Kala Mandap,参加全印和平大会的演出会。……午夜,大家上台,接受礼物,并唱印中友好歌。情绪甚为热烈。拉弗尔、贝尔纳等均在台上。已是一九五五年了!彼此互祝新禧。……克其鲁主持这个会。"(日记)

本年

中苏两国有关部门酝酿合作编辑出版《中国历史大图谱》,苏方派来历史学家尼基甫洛夫,中方由郑振铎总负责。王崇武负责撰写,沈从文负责配图,金灿然负责出版。为编此书,曾在故宫拍摄,不惜暂停游人参观。后王崇武病逝,郑振铎牺牲,此事遂搁浅。郑牺牲前还曾请参加者在家中吃过饭。(据谢承仁回忆。王崇武曾推荐当时北京师范学院青年教师谢承仁参加撰写。)

本年,中国手工艺品到英国伦敦展出,郑振铎撰写了《伦敦展览会》一文。1998年12月由文物出版社收入《郑振铎文博文集》中。

本年,西北行政委员会文化局辑印《大力做好工程地区的文物清理工作》,其中收入郑振铎的《基本建设人员应有的古代文物知识》。

一九五五年　五十八岁

一月一日

"今天元旦。……十时许到旅馆。约了几位舞蹈家同进午餐。有
Tara Choudhri 的,刚从苏联回来,很有声望。看她的照片及苏联艺术
家对她的评论,谈得颇久。……六时许到 Kala Mandap。临时决定在闭
幕时要讲话。只好临时写出。效果尚好。九时许回。在旅馆与印度的
招待人员们举行晚会。跳舞到深夜一时半才回。"(日记)

一月二日

"十时半,赴华侨招待会。献花后,我讲话。……五时,在旅馆举行
招待会。省督等均来,艺术家来者尤多。我讲了话,省督也讲了一会
话。空气甚为融洽。六时许,我偕李少春等八人,同赴海滩的群众大
会。黑压压的一片人海——据说有十五万人参加。游行时有二万人,
坐牛车。格其鲁讲话。我讲话。献花。七时许,离海滩,到南印度艺术
家协会举行的招待会。献花,讲话,并观舞蹈节目。"(日记)

一月三日

"九时许,到旅馆。会同大队,同到 Mahabalipolum 去参观。……也
是旧地重游。……三时许,回。稍睡一会,已将五时半。即到 S 夫人处,
听她的歌唱。她是南印度的夜莺。……六时三刻才散。即匆匆赴印中
友好的招待会。辛特拉等在欢迎,甚为热烈。献花,讲话,送礼等后,并
有跳舞及我们的表演(《秋江》等)。"(日记)

一月四日

"八时半,和省督同进早餐。九时许,到旅馆。中午,在体育场举行
招待会,并送礼。省督等均到场。我讲了话。下午四时半,向省督辞行,
并同进茶点。五时,离开省督府到车站。欢送的人不少。花环挂满了

脖子。五时半,开车。九时半及十一时半,均受到沿途的欢迎,并简单的讲话。"(日记)按,代表团离开马德拉斯。

一月五日

"在火车上。天还未亮,窗外群众已在欢呼。即起身,向之道谢,并接受礼物。"(日记)

一月六日

"十一时半,到加尔各答站。欢迎者甚多。……上车赴省督府住下。……柳总领事来。下午,到旅馆午睡。近四时,偕赴省府拜会省督。四时半,赴市长的招待会。我讲了话。看音乐、舞蹈表演。……六时半,散,即赴总领事馆。在那里晚餐,喝了不少酒。看电影。"(日记)

一月七日

"九时许,早餐。到领馆。十一时,在旅馆举行记者招待会。效果甚好。……下午四时许,到领馆。谈了一会。六时半,即有客来。这个招待会规模很大,请的人近千。除官方的人,如省督等到来之外,艺术家来的不少。谈笑甚欢。近九时,客才散尽。……九时许,在领馆冷餐。只有兄弟国家的客人们在场。跳舞。"(日记)

一月八日

"九时许,到旅馆。十时,查克洛瓦底博士,偕我们到博物院去参观。……又到隔壁的美术工艺学校参观。……四时,到加尔各答大学的会议厅,参加印中友协招待会。首席法官讲话,我讲话。还有歌唱、朗诵等节目。最后是献花、献礼。……六时半,到一电影院看印度歌舞表演。"(日记)

一月九日

"十时,到 Roxyl,看印度艺术家的演出。……近六时,到新帝国影院,参加我们的第一次演出。省督讲话。我讲话。……观众空前热烈的欢迎每一个节目。省督夫妇对《荷花舞》、《秋江》及女高音均赞赏不已。九时一刻,演毕。献花。在旅馆晚餐。和查克拉瓦底夫妇喝酒。"(日记)

一月十日

"十时许,到动物园参观。……十二时许,到图书馆参观。……下午四时,到亚洲学会。其中藏的梵文、波斯文抄本甚多,甚名贵。出版物亦多。……五时,到广场看演出。"(日记)

《考古通讯》双月刊在北京创刊,郑振铎为编辑委员会召集人。

一月十一日

"十时许,到兰加马哈尔戏院,看西彭加尔艺术协会表演的话剧《Sirajdaulla》。这是我们第一次看印度话剧。……我们入门时,欢迎极为热烈……我也答谢一番。……五时一刻,到阮吉体育场看室外第二场演出。效果甚好。"(日记)

一月十二日

"写信,托刘团长带回(第五信)。……五时半,到兰吉体育场。这是我团在加尔各答最后一次演出。观众挤满了,据说有三万人。还有几千人留在场外进不来。每个节目都得到热烈的欢迎。"(日记)按,刘团长是我国林业代表团团长,明天回国。郑振铎在给萨空了、郑小箴信中问到:"我的《版画选》已制版否?"

一月十三日

"整个上午,忙于选购书籍。……下午二时半,到全印广播电台接受乐器。我讲了话。五时一刻,到兰吉体育场看印度演出。……九时半,再到兰吉。加城华侨开欢迎会,到者有六七千人。我讲话。之后,代表团演出《拾玉镯》、《将相和》等,大受欢迎!"(日记)

一月十四日

"九时半,到旅馆。理书。十时半,到植物园,参观了大榕树、育苗房等。在恒河边上野餐。……四时半,到省议会大厅,参加招待会。省督代表尼赫鲁总理,以银制的玫瑰花赠给每个女团员。……八时许,赴省督的晚宴,团员去者共十人。连陪客,共有六十多人。这是很大的一次宴会。"(日记)

一月十五日

"十时许,到旅馆。选书。十时半,偕马列克到博物馆,选购展览会的画六幅。……一时半许,中央招待委员会柯尔准将等邀请我们午餐。……近三时,散……即赴大学生的欢迎会。有欢迎辞,有演出。我讲了话。近五时,茶会。我即回旅馆。稍歇,即赴领馆。招待侨领茶叙。到者一百多人。彼此唱歌,过了七时,才依依不舍而散。"(日记)

一月十六日

"十二时,到老画家 A.Roy 处拜访,看画,并选购四幅。……三时许,到领馆,晤驻缅大使姚仲明。谈了好一会。五时,招待茶会已有客到。五时半,省督偕其夫人,还有老画家等均来,谈得很高兴。……八时许,请招待委员会等人晚餐。……宴后,我们团员举行印度节目的汇报演出。十时半开全体大会。"(日记)

一月十七日

"十时许,上游艇,溯恒河而上,达威灵登桥而回。……一时半,回省督府午餐。……三时,到旅馆。晤却克洛瓦底博士,知书已选好,且已付帐。甚慰。四时,到省督府,由印度外交部副部长钱达,代表印度政府及尼赫鲁总理向代表团送礼。他发表了演说,我也回答一番。……六时许,到领事馆看武达·桑喀的电影 Kalbana(幻想曲),场面甚为弘伟,且可作为学习印度舞蹈之用。未看毕,即回到省督府,向省督夫妇告别,并接受献花。……十时半,开车。"(日记)代表团离加尔各答。

一月十八日

"六时许,火车就停在 Tatanagar(塔塔村)。来欢迎的人不少,华侨天刚亮就来。八时许,接受献花。……九时半,到塔塔钢铁公司参观。……下午三时,到人工湖(Dimna)参观。……五时,达联合俱乐部,应塔塔公司的茶会。六时,到印中友好协会的欢迎会,我讲话,并由歌队唱印中友好歌。接着,又是华侨欢迎会,我又讲话。七时许,回车站。……因倦,很早的就入睡。不知何时,车已开走。"(日记)

一月十九日

"清晨,到巴浦尔车站。……九时许,坐汽车到国际大学参观。来站欢迎的人很多,有谭云山等。到后,即举行欢迎会,由副校长师觉月主持,并献花、献礼(名画三幅),唱歌。我讲话。以后,到中国学院、印地文学院、美术院以及手工艺部参观。情形与三年前无多大变更。……

十二时许,到太戈尔纪念树下献花。……四时,再到国际大学,在太戈尔故居进茶点,由太戈尔之侄女及儿媳作陪。……六时,到音乐学院看印度舞蹈。……继之,由我团表演歌唱及印度舞等。尽欢而散,时已九时有半。回车。师觉月等均送车站。十时半,晚餐。这是饯别的会。彼此举杯致敬。并与车上服务员们一一握手致谢。"(日记)

一月二十日

"车于七时半到站。欢迎的人很多。遇侯、狄等。申代办亦来。八时半,到飞机场。欢送者颇为热烈。我讲了几句话。(告别辞另发。)九时半,飞机起飞。甚为平稳。十一时半,到达仰光机场。(仰光时间为一时半。)有缅方文化部长、宣传部长等来接。姚大使亦来。各国使节及人民团体、华侨代表等二千多人列队欢迎、献花。我发表书面谈话。到总统府签名。"(日记)

一月二十一日

"九时许,到使馆。偕姚大使拜访外交部长及总理。十一时,到仰光市长的欢迎会;献花、献礼,奏两国国歌,……我讲了话。……下午,四时,团委谈演出节目等。七时,到缅甸翻译协会,应宣传部长的招宴。……宴后,由音乐舞蹈学校,演出歌舞节目。……十二时许,演毕,由我们献花。……(讲了几句话,敬酒)"(日记)

一月二十二日

"九时,参观瑞光塔。这是一个弘伟而庄严的佛地。我题了字,并捐六百盾。我们演出的剧场就在塔下的西门空地上。……幕布是文化部长夫人自己缝的。十时,到翁山墓献花圈。……七时,参加姚大使的招待会,到者近千人。各部部长及各国大使、文艺界朋友外,还有华侨及缅中友协的人。德钦哥得迈也来了。"(日记)

一月二十三日

"今天是农历的大除夕。十时许,到大使馆,晤姚大使。……近四时,偕姚大使同到总统府,拜会缅甸总统巴宇博士,同进茶点,谈得甚畅。四时半,辞出。到大使馆,看彩排。尚好。《中缅友好歌》刚刚寄到,立即加工练唱。八时许,在使馆吃年饭。……宴后,余兴,击鼓传花，……后又跳舞，到十二时半才散。这个大年夜，过得很快乐！我写信(第六信)回国道：'大年夜开风扇吃西瓜，大是兴奋。'"(日记)在给萨空了、郑小箴信中还写到："国内传来许多好消息。一江山岛的胜利，使我们大感兴奋。……福州被轰炸，使我们大为愤怒。不知亲友们有没有伤亡的？甚为念念！"

一月二十四日

"九时许，到 Jubilee 堂的'文化馆'参观。这个馆乃是缅甸文化艺术的综合机构，其中，包括图书馆、博物馆、画廊以及美术学校等在内。还有不少学生在上课。印度佛教的展览会正准备开幕。中国送给吴努总理的礼品则陈列在大厅正中的玻璃厨中。十时半，到大使馆，偕姚大使去拜访文化部长。他引导我们看缅甸国立乐队的演奏及仔细观察乐器。……近六时，即到剧场。姚大使已在。六时半，吴努总理来看演员的化装。近七时，缅甸总统来。奏国歌。缅文化部长和我都讲了话。讲后，宣布开幕。共演了十二个节目，均大得好评。情绪甚为热烈。原定观众六千，但实际上却拥进了两万人以上。"(日记)

一月二十五日

"七时起。马维忠偕其子来谈。他很想回国。……十时，到世界和平塔及佛教大会参观。……后又到群众教育训练学校参观，是乡村教育的性质。……参观毕，看舞蹈。……三时半，到动物园参观。……七时许，到翻译学会参加吴努总理的晚餐。有音乐节目。……我们也表演了几个节目。"(日记)

一月二十六日

"十时许，到翁山模范村参观。这是退伍军人学习技艺的地方。……五时，赴印度大使馆，参加印度国庆节。吴努总理等均到。六时许，赴剧场。……吴努总理也来看。……夜里接到箴一信。贝信亦附其中。这是出国后所得到的第一信，甚为高兴，而且放了心。"(日记)

一月二十七日

"九时，到大总[统]府参观。……十二时，到翻译协会，应缅甸各团体的招待，……我讲了话……六时，到大使馆偕姚大使同赴剧场。今天为华侨演出也。华侨致欢迎辞，我讲话，他们献旗。"（日记）

一月二十八日

"八时半，福州同乡来了不少人来找。十时，到缪马中学参观。接待的礼节，甚为隆重。校委主席致欢迎辞，我讲话。参观学生作业及教室。又与全体学生相见。……七时许，到翻译馆应缅甸联邦文化工作者联合会的招待会。看缅甸舞蹈及歌唱。主席致词，我也讲了话。""下午，六时，到九文台南洋中学，参观华侨文娱广场。设备颇为完美，有托儿所等。看福州的舞龙灯。"（日记）

一月二十九日

"马维忠等来谈。十时许，到文化部长吴温家与缅甸艺术家们座谈，彼此学习。十二时半，回。周副团长等，已飞抵仰光，即到姚大使宅午餐。……六时许，到大使馆。偕姚大使等到剧场。七时半开演，到十时半才结束。表演的成绩甚好。"（日记）

一月三十日

"十一时，到仰光跑马厅参观。……六时许，偕姚大使同到剧场。吴努总理、内政部长及英使夫妇、南使等均来观剧。有两个新戏（《杨柳风》、《雁荡山》）效果甚好。"（日记）

一月三十一日

"十时，偕姚大使去拜访印度大使；十时半，又去拜访苏联大使，……三时半，赴仰光大学的招待会，由校务长主持茶会。他致欢迎辞，我讲了话。……八时，到外交部长住宅晚餐。各国大使均在。"（日记）

二月一日

"十时半，到王家湖边草地上，参加缅甸作家与艺术家的招待会。先后由作协主席及美协主席致辞并献礼。茶点后（缅甸面），由我讲话。……六时许，到大使馆，偕姚大使赴剧场。十时半，赴使馆，为袁世海等祝寿，喝了不少酒。"（日记）按，袁世海是代表团的演员。

二月二日

"十时,到大使馆,看舞蹈队排练缅甸舞。……四时,又到大使馆看缅甸舞的彩排,尚可过得去。六时半,到剧场。人甚拥挤。董唱缅歌时,听众要求'再来一次'。跳缅舞时亦然。可见民族感情。散戏时,有音乐协会送乐器给我们。"(日记)

二月三日

"十时,到大使馆。开全体会。……四时,偕姚大使同到一俱乐部,参加缅甸记者的欢迎会。……六时半,到联邦俱乐部,参加华侨欢宴。……近九时,散。到苏联大使馆看电影,并冷餐。"(日记)

二月四日

"八时许,出发到江上游览。直到下午三时许才回。……见到《民族报》,知昨天我的讲话已被歪曲的刊载出来。……近八时,到印度大使馆晚餐。"(日记)

二月五日

"七时半,到飞机场……九时半才能起飞……十一时三刻,到达曼特里飞机场。欢迎的人极多,情况至为热烈。……市长致欢迎辞。我讲了话。住在政府客舍。一时许,到大家住的地方吃午饭。……三时,参观马哈牟尼塔及瑞吉敏塔。各捐了三百盾。……七时,赴招待委员会的晚餐。"(日记)

二月六日

"十时许,逛曼特里山。……下山,到大尚和处喝茶。这大和尚是统管缅甸僧侣的。与之问讯一番。捐三百盾。……下午二时许,到曼特里大学参观,……曾到过中国的巴利文教授杜翁任招待。……六时半,到曼特里大学图书馆,姚大使在那里举行招待会。规模很大,到者近五百人。谈得很畅。"(日记)

二月七日

"近十时,偕姚大使、宣传部长吴同温等,同游眉苗。这是一个避暑胜地,今则成为缅北的军事中心。……四时许,抵旅寓。休息了一会,到医学院与华侨代表数十人见面,喝茶。六时半,到剧场。七时,内政部长致欢迎辞,我也讲了话。七时二十分开幕。十时半,演毕。各部

长均上台献花。"（日记）

二月八日

"十二时许,在医学院午餐。送姚大使回仰光。……六时半,到剧场。演出效果不坏。"（日记）

二月九日

"十时,出发到阿马拉普拉镇,看大王塔,学生们列队欢迎。又去参观一纺织学校……到石阶镇,地方官员及华侨来欢迎并献花。参观干母杜塔(王之宝髻塔)。……五时半,到医学院,应戏剧协会的晚宴也。八时,看音乐戏剧学校的舞蹈。"（日记）

二月十日

夜,"八时半,到剧场,看我们的演出(第三场)。观众挤得满满的。"（日记）

二月十一日

"十一时,到医学院看排练缅甸歌舞。……六时半,到剧场。今夜的观众更多了!约在一万五千人以上。最后,演出《瓦城的花朵》时,掌声如雷,要求重演一次。"（日记）

二月十二日

"九时半,出发到故宫参观……又到第五届佛教大会处参观。……十一时半,回。周、黄、李等乘飞机先飞仰光。……六时许,几位侨领来。六时半,到华侨学校,应他们的欢宴。到者甚多,情况热烈。我们表演了乐器及歌唱。"（日记）

二月十三日

"九时半,到眉苗去……参观植物园及游泳池。……六时半,到宫河音一旷地上,应市政府的招待会。吃缅甸饭。饭后,看舞蹈。……今天在眉苗及市政府二招待会上,我均讲了话。"（日记）

二月十四日

"十时半,飞机起飞。二小时许,即达仰光。……来欢迎的人不少。……六时许,到大使馆。今天庆祝中苏互助同盟订约五周年纪念也。兄弟国家的朋友们来了不少。……宴后,看电影。"（日记）

二月十五日

"十时许,到大使馆。(写给箴的第七信)开全体会,宣布回国的事。……四时许,到电影戏剧招待会,看表演藤球及歌唱《全世界人民心一条》等。六时,散。即到大使馆。……今晚是代表团的招待会也。到者近五百人,情况甚为热烈。……接着,开代表团和大使馆的联欢会。"(日记)

二月十六日

"下午三时许,到大使馆,偕姚大使同赴锡兰公使的茶会。五时半,回大使馆,拍全体照。七时,赴招待会主席的宴会。吴同温致辞,我讲了话。发奖章。彼此送礼。晚餐后,稍有娱乐节目。"(日记)

二月十七日

"正式的节目,到昨晚的招待会已告结束。……五时许,姚大使来谈。七时,到大使馆看缅甸电影《两姊妹》。"(日记)

二月十八日

"七时许起。匆匆早餐。姚大使来,同坐小船赴海兴,与先行的三十五团员告别。……十一时,到大使馆,与苏联大使晤谈。……四时半,到大湖及燕子湖游览。……忽一请柬来,乃尼泊尔领事,庆祝国庆,邀参加。匆匆回旅馆,易衣,与姚大使同去。"(日记)

二月十九日

"十时半,到大使馆,偕宫君同去拜访越南代表陈博士。回时,为华侨写了不少'题字'。……晚餐。到大使馆看电影,计看五彩片《泼水节》及《和平与友谊》,又看香港片《蜜月》,则已有格格不入之感矣。喝酒。姚大使临别赠言。"(日记)

二月二十日

下午"一时许,上了码头,和众人告别。姚大使送上船。……三时,开船。但到了河中,因退潮,又停了。直到十一时半才再开。"(日记)代表团回国。

二月二十一日

"九时半,早餐。写稿。……看《红楼梦》。闲谈。"(日记)

二月二十二日

在船上读《红楼梦》,给团员讲希腊神话。

二月二十三日

"七时起。到槟榔屿。看《红楼梦》。夜十二时许,开船。"(日记)

二月二十四日

"看《红楼梦》。"(日记)

二月二十五日

"六时许起。沐浴。到新加坡。十时许方靠码头。看《红楼梦》。"(日记)

二月二十六日

"十二时许,离新加坡。看《红楼梦》。夜,八时半,朗诵诗歌。"(日记)

二月二十七日

"六时半起。绕甲板走一英哩。海平如镜。看《红楼梦》。下午六时,请船长等吃中国饭。"(日记)

二月二十八日

"晨起,绕甲板走一哩。沐浴。看《红楼》。"(日记)

三月一日

"绕甲板一周。沐浴。夜,讲《红楼》。"(日记)

三月二日

"看《西游记》。午夜,即到香港。停在港外。"(日记)

三月三日

"九时,船停香港海面。十一时许,上岸。住定时已将一时。徐[伯郊]来。五时半,出购物。七时回。费[彝民]、吴来。"(日记)

三月四日

"第二批人下午四时许到。"(日记)

三月五日

"未出,看书及字卷,甚佳。夜,联欢。"(日记) 按,"书及字卷"当是徐伯郊在郑振铎指导下为国家购买的文物。

三月六日

"到香港仔及山顶一游。……夜,费彝民请吃顺德菜,甚佳。在座者多银行家。"(日记)

三月七日

"十时,到轮渡,过海,直达火车码头。十一时二十二分,开车。十二时半,到达边界,很顺利的就过境了。大家欢呼不已!近七时,到达广州车站,欢迎者有孟波、欧阳山等。仍住爱群 1001 号。"(日记)

三月八日

"上午休息。理发。偕适夷上茶楼。购物。下午,开团委会。夜,陶铸和朱光请客。喝了不少酒。"(日记)

三月九日

"八时许起。上街购物。……七时许,到中山纪念堂,今夜是代表团为广州省市干部演出也。碰到不少人。成绩很好。"(日记)

三月十日

"七时许起。演出第二场。"(日记)

三月十一日

"演出第三场。"(日记)

三月十二日

"中午,古大存请吃午点。夜,广东省及广州市宴请全体代表,跳舞。"(日记)

三月十三日

"开会。刘节来,容庚来。夜,省、市文化局宴请我和该地的文管会主要人物。"(日记)

三月十四日

"偕商承祚、黄文宽到博物馆、市文管会及六榕寺参观。看绍武君臣塚。"(日记)

三月十五日

"陈大年、侯过来。陈取出一玉器来,上有甲骨文字,甚为慎重。其实是伪物。商承祚来。偕往省文管会看古物。佳者不多。又到光孝寺,

看铁塔等。晤文化局长萧俊英。到小北门外北园午餐。此地很有野趣，而复等均来。酒喝得不少。"（日记）

三月十六日

"锡永来，偕往中大，访容庚、刘节，晤王季思、董、叶及中文系学生等。……下午，开会，一直到午夜才散。"（日记）

三月十七日

"陈大年来。出购物。下午，开会。夜，继续开会。"（日记）

三月十八日

"下午开会。到八时许才散。即到中山堂，看彩排印、缅节目。尚有不太纯熟处。但衣服甚为华丽。……（田力等赴京）"（日记）

三月十九日

"中午，偕而复等到利口福午餐。启芳送木瓜来。六时许，到西关他家晚餐。"（日记）

三月二十日

"十一时许，商锡永来，送来芋头四个。偕往文管会午餐。……五时许，欧阳山等来。偕往广东作协，在那里晚餐。七时半，作报告。"（日记）

三月二十一日

"九时许，蔡传胜来。理发。理行装。"（日记）准备返京。

三月二十九日

已回北京。参加北京文物管理委员会主任马衡的追悼大会，马衡是 3 月 26 日病逝的。

四月四日

史久芸日记："七时，往东四头条文化部，访郑振铎副部长。"

四月十四日

在《人民日报》上，以"访问印度缅甸中国文化代表团团长"名义发表《走向和平大道》，向全国人民汇报了访问的经过，论述了文化交流的意义。

四月二十八日

在《人民日报》上发表《进一步开展亚非国家之间的文化交流工作》。后又载 5 月 28 日《新华月报》第 5 期，收入 1957 年 4 月三联书店出版的史学双周刊社编《中国和亚非各国友好关系论丛》。

五月五日

中国人民保卫世界和平委员会、中国人民对外文化协会、中国文联、中国作协、中国政治法律学会联合举办世界文化名人席勒、密茨凯维支、孟德斯鸠、安徒生纪念大会，楚图南主持，茅盾作报告，郑振铎、叶圣陶等出席。

五月六日

致瞿凤起信，谈《古本戏剧丛刊》拟收上海图书馆所藏《蝴蝶梦》、《回春记》、《三社记》等戏曲，希望立即告知作者、卷数、页数等。并说："最近为了要修改旧著，正在收罗些地方诗文总集。但亦无甚罕见的东西得到也。"

五月十一日

作《建议加强防火》，为写给文化部的报告。1998 年 12 月由文物出版社收入《郑振铎文博文集》中。

五月十四日

据最近美联社纽约电讯，美国费城艺术博物馆副馆长霍雷斯·杰尼竟撰文公开叫嚷，要把被蒋介石集团劫盗到台湾去的大批国家珍贵文物图书以所谓"长期出借"的方式运到美国去，并且无耻地声称这是美国"不可逃避的国际义务"。郑振铎闻讯极为愤慨，本日与我国文物工作者一起联合发表声明，坚决反对美帝国主义阴谋掠夺我国珍贵文物。

五月二十五日

出席中国文联主席团和中国作协主席团批判胡风的联席扩大会议，共 700 多人参加。

五月二十七日

张元济致郑振铎信，谓："导淮之事，已达下游，将入于泗沂之境"，建议借此机会探觅周代埋于该地的"九鼎"，"一旦发现是秦始皇所求之不能得者,今乃重新得,岂非千古美谈!"

晚,出席周总理举行的欢迎印度尼西亚总理阿里和夫人来华访问的宴会。

五月二十八日

致张元济信,告:"得森玉先生函,知先生时以陈澄中的善本书能否收归国家所有为念,这件事已进行了两年多,最近方才解决,已在香港收完毕。从此世彩堂的韩柳文、蜀刻的唐人数集,以及许多宋元善本,明抄黄跋,均得庋藏于北京图书馆了!从此,善本图书的搜集工作,除了存于台湾及美国者外,可以告一阶段了。今日如编一《善本书目》,实大可惊人。……此时书未运入国门,尚恳秘之,为感!"

六月一日

中国科学院召开大会,至 10 日闭幕,宣告成立中国科学院的四个学部。郭沫若院长作工作报告,周恩来总理到会作重要指示,陈毅副总理作政治报告。会上宣布了经国务院第十次全体会议批准的学部委员会名单,郑振铎被任命为哲学社会科学学部常务委员会委员。

六月五日

作《记瞿秋白同志早年的二三事》,后载 6 月 16 日《新观察》半月刊第 12 期,回忆"五四"前后与瞿秋白的亲密交往和瞿秋白的革命事迹,纪念瞿秋白就义 20 周年,"我们在幸福里永远纪念着他,这个卓越的无产阶级的共产党的最好的最勇敢的战士之一——秋白同志!"

六月八日

"反对美国侵略集团阴谋劫夺在台湾文物展览"在故宫博物院保和殿开幕。

六月九日

在《人民日报》上发表《欢迎印度的文化使节》。

六月十日

率领中国文化代表团应邀去印度尼西亚访问演出,今日从北京启程。

六月十三日

在昆明,作《〈古本戏曲丛刊二集〉序》,说明丛刊二集主要收晚明的剧本,大多为孤本,"虽未必珠玑尽收,网罗无遗,而晚明七十多年间的剧作,于此已可见其代表。""不仅可以助戏剧作家们的推陈出新之资,可供戏曲研究的专家们以大批的研讨的资料,而对于要论述明帝国没落期乃至中国封建社会的没落期的社会历史的历史学家们,也可提供出不少活泼真实的史料来。"

六月十八日

在昆明。写《记阿旃他的壁画》,后载 7 月 15 日《文艺报》半月刊第 13 期。阿旃他是印度的石窟寺,艺术宝库。郑振铎 1951 年 11 月和 1954 年 12 月曾两次前往参观。

致刘哲民信,告以即将出国。

六月十九日

在昆明。写《人人要搜索每一个阴暗的角落》。郑振铎于 3 月回国时,全国正在掀起大规模的批判"胡风集团"的运动,这是他写的唯一一篇表态文章,后载 6 月 26 日《人民日报》。

六月二十日

在昆明。写《历史文物的保护和发展》,后载 9 月《人民中国》半月版(中文版)第 17 期,又载《人民中国》日文版 1956 年第 1 期。

给萨空了、郑小箴写信,说:"在此,游玩了好些名胜。……写成了几篇短文。因为材料一时找不到,未随身带来,《版画选》的说明,只好不写了。但心里很焦急。……是否可先将图片付印?"

六月二十三日

在昆明。夜,给萨空了、郑小箴写信,提到如果组织上要高君箴退休,一定要服从,不要唠叨。又提到在生活开销上要注意节约。

六月二十四日

"五时许起,收拾行李。发八信。九时许,早餐。九时半,出发到机场。十时许,飞机才飞到。直候到一时许,方起飞。一路上不大感到不舒服。五时半,到达仰光,欢迎的人很多,都是旧友。"(郑振铎日记残页)

六月二十六日

上午，率代表团乘飞机离开缅甸首都仰光，前往印尼首都雅加达。晚，到达雅加达。

六月二十七日

在《文物参考资料》第 6 期上发表《为制止美蒋盗运盗卖现存台湾的古文物图书、档案、资料告在台湾的文教科学工作者们》，号召在台文教工作者们阻止国民党当局的行为，并庄严宣布："被盗卖的一器一物一卷一轴，无论到天涯海角，我们都一定要追回。"

七月六日

上午，应印尼总统苏加诺的邀请，率代表团前往茂物的总统别墅访问，并作小规模的演出。下午，参观植物园。

七月十一日

文学古籍刊行社作《明刊〈大唐秦王词话〉出版说明》："本书传本甚少，本社现据郑振铎先生所藏明刊本作底本，并用傅氏碧蕖馆藏明刊本订补了底本中的残阙，影印出版，以供研究者的需要。"

七月二十三日

率代表团到印尼爪哇岛东面的"诗之岛"峇厘，"在那里住了八天，欣赏了不少峇厘岛上的艺术，从绘画、木雕刻到舞蹈，尤其以舞蹈看得比较多"。本日"晚上，在峇厘岛上的南部大城邓巴刹，第一次看到世界著名的峇厘舞蹈。"（郑振铎《峇厘观舞记》）

七月二十四日

上午，到达狄打岗加，乃一位逊王的别墅，由逊王陪同看小孩表演宫廷舞。下午，到革隆公的一个故宫，看面具舞剧。晚，回到邓巴刹，看东峇厘舞。

七月二十六日

《文汇报》上重新发表郑振铎的《欢迎印度的文化使节》。

七月二十七日

"从邓巴刹动身到新加拉夜（即狮王城）。……一路上，风光极为秀丽。远远地见地下有一泓湖水，又经过一座焦黑的寸草不生的火

山。最高之地,称为'金打曼尼',意即极乐世界。过此,即北部峇厘了。省长公署,即设在新加拉夜城。"(《峇厘观舞记》)

七月二十九日

"晚六时许,在省长公署的前面石廊上,看北峇厘舞蹈的演出。古典舞表情深刻,技术甚高。有演唱'梁山伯,祝英台'故事的,虽不懂其歌辞,而甚惹乡情。"(《峇厘观舞记》)

七月

主编的《古本戏曲丛刊二集》由商务印书馆上海印刷厂影印出版。

八月中旬

率中国文化代表团完成对印度尼西亚的 60 天访问演出,回北京。

九月十一日

出席中国人民保卫世界和平委员会、中印友好协会、中国人民对外文化协会、中国文学艺术界联合会、中国美术家协会联合召开的印度阿旃陀壁画 1500 周年纪念会。

九月十二日

在《人民日报》上发表《印度人民的不朽的艺术创作——为印度阿旃陀壁画一千五百年纪念而作》。后又载 11 月 28 日《新华月报》第 11 期。

九月二十四日

到飞机场迎接缅甸文化代表团到京(今存新华社记者照片)。

九月二十五日

在《人民日报》上发表《欢迎缅甸文化代表团》。

为纪念徐悲鸿逝世二周年,徐悲鸿纪念委员会决定在徐悲鸿纪念馆建立徐悲鸿雕像。今日由郑振铎主持,举行奠基仪式。

九月二十七日

"正午吴克坚、周而复来我家午餐,约有郑振铎、汪锋、丁聪。夏公及余心老临时因事未到。"(吴祖光日记)

九月

北京中国古典艺术出版社出版《全国基本建设工程中出土文物展览图录》,郑振铎在 1954 年 7 月 29 日作的《在基本建设工程中保护地下文物的意义与作用》一文作为"代序"载于卷首。

十月四日

下午,与缅甸文化代表团座谈,拟有讲话稿一页(今存)。向缅甸文化代表团赠送礼品(今存新华社记者照片)。

十月八日

在《人民文学》第 10 期上发表《人民的愿望实现了》,末云:"我们是在社会主义的金光四射的亮光下工作的。人人都红光满面、喜气洋洋的在为实现第一个五年计划而努力工作着。在中国历史上,全国人民是第一次那样有目标、有决心、有信心的,为自己的命运、自己的光荣和幸福而努力!"

十月十一日

与夏衍一起参观芬兰版画艺术展(今存新华社记者照片)。

在《大众电影》半月刊第 19 期上发表《祝"印度电影周"开幕》。

十月十四日

在《新民晚报》上发表《祝"印度电影周"开幕》。

十月十五日

在《文艺报》半月刊第 19 期上发表《谈印度的纪录影片》。

十月十七日

王利器为人民文学出版社向郑振铎借去所藏明抄本《录鬼簿》;对外联络局代越南大使馆周亮借去郑振铎所藏清初刊本《金云翘传》。

十月十九日

在《人民日报》上发表《介绍〈印度的艺术与建设〉》。按,《印度的艺术与建设》是印度纪录电影制片厂出品的纪录片。

十月二十日

下午,听周总理关于对外文化艺术交流的重要讲话。总理指出,文化代表团载誉归来,要冷静想一下长期的任务,要继续从人民性和民族形式方面努力,高举和平友好的旗帜、民族独立的旗帜、民主自由的旗帜、社会主义的旗帜。郑振铎作了详尽记录。同时,陈毅副总理也讲话,谈及热爱文化事业、培养新生力量以及改造世界观等问题。郑振铎也作了记录。

约十月中旬

吴祖光到团城向郑振铎报告他父亲吴瀛同意他的建议,拟将数十年保存的一大批珍贵字画文物捐献给国家,第二天郑振铎就偕同唐兰到吴家,"郑、唐两位大师十分兴奋,啧啧赞赏不置。郑先生对我说:'这是一笔巨大的财富,经过兵荒马乱,居然保存至今,实在难得。'"(吴祖光《241件文物捐献记》) 26日,故宫博物院派人到吴家点收,计字画、刻竹扇股、铜器、瓷器、玉器、石刻、石砚等共241件。按,1985年10月8日《人民政协报》文章《二十万文物回归记》历举建国后中外捐献文物人士名单,第一个就是吴瀛。

十月二十二日

下午2时,听廖鲁言关于农业合作化问题的报告。3时3刻,听周总理关于国内和国际形势方针的报告。均作有详细记录。

十月二十七日

参加毛泽东主席接见印度电影代表团的活动,并合影。

十月三十日

在冼星海逝世10周年之际,今日举行"聂耳冼星海纪念室"开幕式,夏衍剪彩,郑振铎出席。

十月

6日,国务院机关事务局局长余心清安排邓小平、李富春、郭沫若及吴晗等人到京郊十三陵郊游。吴晗当着邓、李两位副总理的面,向郭沫若提议发掘明代皇帝墓寝长陵一事。郭非常赞成,邓、李也认可。13日,吴晗起草了致国务院的请示报告,送郭沫若征询意见,郭当天即签名并对报告略作修改,沈雁冰、邓拓、范文澜、张苏等几位翌日签名。15日,六人署名的报告送国务院办公厅主任林枫呈周恩来总理。据说周总理曾征询郑振铎的意见,郑振铎表示不甚赞成。周总理于11月3日批示原则同意发掘。后改为先试掘明定陵,又根据发掘定陵的经验教训,国家决定长期停止对帝王陵寝的发掘。

秋季

据郑尔康回忆:"记得一九五五年秋,父亲患了严重的痔疮,脓血不止,无法坐在椅子上,医生再三劝他休息,他却从委托商店购买一只橡皮圈垫在椅子上继续工作。直到医生和组织上强令他休息,他才勉强去香山疗养。到了香山,他仍然天不亮就起床工作,日暮黄昏时才放下笔,到山脚下红叶村一带散散步,领略一下'霜叶红于二月花'那诗一般的意境。"(《勤奋、俭朴、不断前进的一生——记我的父亲郑振铎》)

十一月十三日

晚,出席北京市市长彭真举行的宴会,欢送即将回国的德意志民主共和国吹奏乐团团长和全体团员。同晚,又出席彭真招待以片山哲和藤田藤太郎为首的日本拥护宪法国民联合会访华团和以小林武为首的日本教职员工会教育考察团的酒会。

十一月十六日

王毅代康生向郑振铎借去所藏延阁本《北西厢》。

十一月中旬

动身去江苏省视察。

十一月二十一日

在南京。上午,在江苏省人民委员会礼堂听取关于江苏省农业生产互助合作运动的报告。

十一月二十二日

在南京。上午,在江苏省人民委员会礼堂听取关于江苏省工业的成就和私营工业的改造的报告。朱偰日记:下午"二时,赴江苏省人民委员会,听取中国人民政协江苏省委员会报告,分组开会,余参加苏州一组,人员名单如下:北京前来:郑振铎、叶圣陶、王绍鏊、杨卫玉、徐伯昕、叶至善;南京同往:方竹如、邹树文、杨仲子、潘指行、朱宝镛、章臣桓、余；苏州方面：郑辟疆、费达生、童润之；秘书：胡运如、朱奋和。决定于二十四日上午十时零五分出发。五时散会。偕曾昭燏往接方光焘，同往南京饭店访郑振铎、叶圣陶。郑山尊同志亦来，举行公宴。谈郑振铎领导文化代表团访问印度尼西亚情形。"

十一月二十四日

下午 4 时，到苏州。

十一月二十六日

在苏州。朱偰日记："晨六时三十分起。上午偕郑振铎、杨仲子、家宝镛[按，朱宝镛，朱偰堂兄]及秘书等赴苏州文管会，谢孝思来迎。参观文物，谈保管文物情况，顺便游狮子林，至五松园，为前所未至。又赴江苏博物馆筹备处观字画及薛福成、翁同龢家所出档案。又至图书馆阅览图书。午后二时三十分，全体人员出发参观文化宫肃反展览会，遂游沧浪亭、怡园。"

十一月二十八日至三十日

到洞庭。

十二月一日

在《人民中国》半月刊（中文版）第 23 期上发表《北京——仰光》。

十二月一日至二日

在洞庭西山。

十二月三日

在横泾。

十二月四日

在苏州，动身回北京。这次"游洞庭东西山，甚得山水之趣。从龙头寺到包山寺十里之间，皆梅林也。如遇花时，一白如雪，芳馨触鼻，必大胜邓尉之梅。东山之滨更多荷田，荷叶田田绵延数十里，若遇盛夏，荷花大开，则其清芬远送，必更令人心醉。惜皆未得其时。"（郑振铎《〈笠泽游记〉题跋》）"从太湖里的洞庭东山回到苏州时，曾经过石湖。坐的是一只小火轮"，"我跃然的站起来，在船头东张西望的"，"这里就是南宋初期的一位诗人范成大的园林。"（郑振铎《石湖》）

　　朱偰日记:"上午偕郑振铎、叶圣陶父子、邹树文,家宝镛同赴周瘦鹃家参观其盆景,瘦鹃近从事以花盆插菊,极佳。〔夜〕十一时廿分送郑振铎上火车。"

十二月六日

　　上午 8 时 5 分,回到北京。

十二月十一日

　　德意志民主共和国总理格罗提渥把 1900 年被帝国主义分子抢去而流落在德国莱比锡大学图书馆的三册《永乐大典》交还给中国人民。12 日,由中央文化部拨交北京图书馆庋藏。

十二月十五日

　　陈君葆组织并陪同香港大学英籍教授北上访问,昨日下午抵京,今日陈君葆致郑振铎一信。

十二月二十日

　　致陈君葆信:"承捐赠吴宽《东庄集》,至为感谢! 现此书已盖上尊章,送交北京图书馆善本部收藏了。尊章'水云楼主曾藏'一方,正欲送交叶启芳先生转,现在附上,省得一番转交手续了。"按,"水云楼"是陈君葆的书斋名,为答谢陈君葆捐书,郑振铎特地请人刻了一枚印章"水云楼主曾藏"钤在书上。

十二月二十二日

　　夏衍向郑振铎借去所藏《四部丛刊》本《淮南子》。

十二月二十三日

　　陈君葆日记:"午后……周总理接见全体团员于紫光阁……我看到了雁冰、振铎、曾昭抡、吴冷西了。"

十二月二十四日

　　陈君葆日记:"九点半到文化部,看到了沈部长和郑振铎、夏衍两位副部长。谈到十点四十五分才辞出。"

十二月

　　上海新文艺出版社派人到北京组稿,得到郑振铎大力支持,允将自己著译的《取火者的逮捕》、《飞鸟集》、《劫中得书记》等,以及所藏有关古典戏剧、李贽《焚书》等书交给该社出版。

约十二月

  拟编《中国文学史资料丛刊》，以收集各时代的重要作家的传记、作品及当时和后代的批评文字为主，并附以其他有关的资料及参考书目。拟分 12 辑，每辑可分册，每册 10 至 30 万字，并附插图。打算从 1956 年 3 月起，每两三月交稿一册，每年预定出版四至六册，至 1959 年出齐。郑振铎写有计划草案，但该计划后未实现。

约本年冬

  陪同柬埔寨西哈努克参观敦煌壁画展，摄有照片。

一九五六年　五十九岁

一月一日

　　北京广播电台播送郑振铎对印度尼西亚人民的新年致词，其中回忆了四个多月前在印尼度过的 60 天难忘的日子。

一月八日

　　作《中国古代木刻画选集序》。该选集是郑振铎于 1952 年编的，因关于木刻史的文字稿未完成，所以一直未交出版。

一月十一日

　　上午，与苏联总顾问谈话，谈文物政策等。

一月十九日

　　为购藏明末汲古阁刊元人集十种作题跋："汲古阁刊元十家集最为难得，商务印书馆曾影印之，今并此影印本亦遍觅无有。富晋书社为余得此原刊初印本，为海盐吴氏旧藏，亟收之。"

一月二十六日

　　在邃雅斋购得清人魏宪选辑《国朝百名家诗选》，归作题跋，指出："此类书在三十年前为学人争取之目标，今则知音绝稀。实则论述清初诗者，此书仍是第一手材料之一也。"又为在来薰阁购得之清人龚自珍《定盦文集》原刻本作题跋，甚喜得此"足与先得之原刻本诗集相匹配矣"。

一月三十一日

　　上午，在怀仁堂听取并记录李富春报告：一、科学与技术的规划制定的意义与方针，二、人力与科学研究机构的筹划，三、如何进一步来做科学与技术的远景规划。

二月三日

历史学家、文献学家柳诒徵在上海逝世。郑振铎闻讯后向上海市文物管理委员会发去唁电。

二月六日

史久芸日记："晨为丁英桂来信事,及郑振铎向徐风老[徐善祥]谈起拟调他[按,指丁英桂]去[人民]文学[出版]社事,与梁涛然同志略谈。"

二月八日

出席全国政协第二届第二次会议,与任鸿隽、叶恭绰、何鲁等人交谈(今存新华社记者照片)。

二月十六日

朱偰日记："赴文化部访郑振铎副部长,开会不晤。"(朱偰昨日到京,为参加全国考古工作会议)

二月十七日

为购藏清抄本明沈德符《历代正闰考》作题跋。

二月二十一日

中国科学院和文化部联合召开第一次全国考古工作会议。出席者共180人。郑振铎作报告《考古事业的成就和今后努力的方向》,着重谈了六年来重要的考古发现及其意义,并指出为了更好地做好考古工作,今后必须:一、加强队伍建设,二、加强研究工作,三、做好配合国家工农业建设的文物清理工作,四、依靠群众,五、做好少数民族地区的考古工作,培养少数民族的考古工作干部。该报告后载2月28日《光明日报》,又载2月《考古通讯》第2期、3月21日《新华半月刊》第6期、3月27日《文物参考资料》第3期等报刊。朱偰日记:"上午赴北京饭店七楼出席全国考古工作会议。八时正会议正式开幕,选举主席团,下列人员当选为主席团成员:科学院院长郭沫若,文化部副部长郑振铎,王献堂、刘大年、向达、徐炳昶、费孝通、杨钟健、夏鼐、朱偰、李则纲、武伯纶、翦伯赞、于省吾、胡厚宣、曾昭燏、李文信、冯汉骥、王冶秋、何乐夫、商承祚、林惠祥、徐森玉、郭宝均。"

二月二十六日

朱偰日记:"郑振铎允为部函四川文化局助葬先君,极感。"按,朱偰之父朱希祖于 1944 年 7 月 5 日逝世于重庆,灵柩暂厝于重庆郊外歌乐山向家湾。1950 年 10 月 21 日,柳亚子出面与朱偰商议,希望将朱希祖生前所藏南明史料捐给国家。朱偰慨然应允,亲手装成五大箱交与柳,同时表示希望政府能帮助迁葬朱希祖。柳答应向政府反映。1950 年 11 月 10 日朱偰日记:"上午修书柳亚子,催请向周恩来办交涉运先君灵柩,并引吴梅村诗句云'巫峡巫山惨淡风,巴州迢递浮云碍。寒日何人酬一樽,登高断肠乌蛮塞'以动之,柳固诗人,想能体谅也。"当时柳亚子联络叶恭绰等人联名上书,然未有下文。此时,郑振铎和王冶秋出面联系,后由重庆市文化局于 6 月 26 日将朱希祖骨灰寄送至南京(旧椟因年久腐朽,不堪长途运送,故举行火葬)。

二月二十七日

出席考古工作会议闭幕式。大会通过一项决议,并发出《给全国青年突击队员们的公开信》,向他们发出保护历史文物的号召。朱偰日记:(下午)"乘大汽车赴文化部大礼堂,举行全国考古工作会议闭幕式,由郑振铎副部长主席。(1)夏鼐副所长作学术研究报告,(2)王冶秋局长作会议工作总结,(3)郑副部长作大会总结。通过决议,并致青年突击队信。在郑副部长处阅手卷。傍晚全体会议人员赴王府大街八面槽饭庄赴郭沫若、郑振铎之宴。因会议胜利结束,全国考古学家会聚一堂群情兴奋,郭院长敬酒三巡,席间觥筹交错,群情热烈,余亦饮茅台酒四五杯,十时尽欢而散。"

本日,中国作家协会召开第二次理事会扩大会议,至 3 月 6 日结束,通过 1956—1957 年工作纲要(草案)。

二月二十九日

朱偰日记:"上午乘电车赴东四头条文化部访郑振铎副部长接洽公务,余允将家藏善本、孤本捐给北京图书馆,以报国家对先君地下矣。"按,"善本、孤本"指《明抄宋本水经注》、《鸭江行部志》、《宋本周礼》及《王渊花鸟画长卷》,当时这些东西并不在南京,而在香港朱偰的姐姐朱倓家中。朱偰致信朱倓,并由其母亲签字认可,最后由新华社香港分社的工作人员往朱偰府中取回,捐予国家。

二月

作《考古工作与基本建设工程的关系》,为在全国基本建设工作会议上的讲话稿。1998 年 12 月由文物出版社收入《郑振铎文博文集》中。

三月六日

为所著《取火者的逮捕》作《新序》,说明自己在建国前"一个最黑暗的时代"里写此书,是表示"在中国共产党领导下,不怕任何的压迫与横暴,坚定地从事于革命事业,相信革命一定会成功。""在这最黑漆漆的夜里看到了将要到来的黎明时的红色曙光。"

朱偰日记:"致信郑振铎。"

三月十二日

为所译泰戈尔《飞鸟集》写《新序》。

三月十三日

史久芸日记:"晨七时一刻出门,往东四头条文化部见郑振铎副部长,谈续印《[古本]戏曲丛刊》事。八时半出。"

将所译《飞鸟集》修订稿及新序寄上海新文艺出版社编辑孙家晋。

三月中旬

去陕西、河南等地视察文物、古迹、图书工作。

三月二十一日

在西安。"下午,余至始皇陵,见陵前有农民在掘土,碎砖破瓦堆弃于傍。余于其中拾得大瓦残片三,合之可成半形。瓦纹奇诡,未之前见,的是秦皇陵寝所用之瓦当也。乃立意欲搜辑周、秦、汉三代瓦当为一书。于西安见到出土的瓦当不少。"(郑振铎《〈秦汉瓦当文字〉题跋》)据石兴邦回忆:"解放后,最早提出要挖秦始皇陵的是西谛先生,他有些浪漫主义,在考古所的学习会上,我们给他提意见,说他是好大喜功。他笑着说他觉得《史记》记载秦陵里面的水银河、天象图,如能挖出来一定是很有意思的。这次去秦陵参观,情绪特别高。正好在这个时候,当地群众修田取土时,将陵北基址挖了出来,**露出一米多**高的砖墙,和七排整齐的五角水道,残砖碎瓦,撒掷遍地,使人见了又惊又恼,急令停工并埋好。陕西出土那件最大的葵纹大瓦当,**就是这**次我们在这里的瓦堆中采到的。"(《难忘的怀念和追思》)

三月二十二日

上午,对陕西省文管会、图书馆、博物馆干部讲话。下午,**对考古**研究所西安工作站及黄河水库调查组同志讲话。

三月二十三日

上午,参观大明宫、含元殿。下午,视察省图书馆及书肆。

三月二十五日

致夏鼐信,提及:"陈副总理也到半坡遗址及工作站参观过,**很感**到兴趣。他主张立即把遗址保护起来,并设一博物馆在其旁。**我们都很兴奋。拟即进行计划修建事。"** 按,陈毅是主持西藏自治区筹备会成立大会路过西安作短暂停留,由郑振铎陪同参观半坡遗址发掘现场的。

三月二十六日

午夜,从西安坐车到洛阳。

三月二十七日

"在洛阳。六时半即起。伤风仍甚厉害,喉头发炎。九时,到白马寺。沿路泥泞之至,车子不好走,十时许才到。……十二时,回。金村来不及去了。下午,李书记等来访。下午三时,到周公庙,看文管会及考古所的文物仓库。……继到汉墓参观。……继到王城公园。正在建设,但发掘的痕迹均已掩盖起来。惟既为公园,则王城遗址可永保矣。七时半,回。夜,市秘书长、文教局长及秘书来谈。吃药。十时睡。"(郑振铎日记)

三月二十八日

"在洛阳。六时半即起。吃药后,伤风已将愈。八时,**偕李秘书长**等同往龙门,近九时到。……在保管所午餐。到香山寺……更上山到白坟……下山。途经关帝冢……三时许,回。……**七时半,到人民会**

堂,看马金风的对舌,闫立品、徐风云的盘夫索夫,很不坏。"(日记)在
龙门参观佛像时,认为"这是值得在那里停留十月、八月,或一年、两
年的时光,应该写出几本乃至几十本的专书来的一个伟大的古代艺
术宝库。"(郑振铎《春风满洛城》)

三月二十九日

"八时三刻,动身到太学遗址去。渡洛河,过枣园,沿途问讯,近二
小时才到达朱圪塔村。遇一李老者(洪九),才一同到遗址上去看。……
三时,余秘书来汇报。四时许,到已倒坏的砖瓦厂去查勘。……入芒
山,登其峰,……不知周秦汉唐有多少名人杰士埋身于此。北邙山是
出俑及古器的地方。发掘之惨,旷古今中外所未有。……六时回,李书
记、朱市长请宴会。八时,到文管会,向他们及考古工作站人员讲话。"
(日记)"去访问东汉时代的太学遗址。这座太学,在其最盛时代,曾经
有六万多学生在那里上学。到今天为止,恐怕世界上还没有比它规模
更弘伟的一座大学。""下午,到倒塌掉的砖瓦厂去查勘。在这个砖瓦
厂的范围里,周、汉、宋墓密布,一受大批的砖瓦的巨大重量的压力,
即纷纷下陷,以至停工不用。……见之触目惊心。这是'古'与'今'同
受其祸的盲目地动土的活生生的大榜样。"(《春风满洛城》)

三月三十日

"六时一刻赴火车站,登车向郑州去。十时〇六分到。……下午二
时半,偕陈、赵等同到白家庄看殷代城墙及遗址。……继至清理队,观
其陈列室及仓库。……六时半,吴、贾诸省长请便餐。八时许,看河南
曲子戏《鸳鸯剑与九龙佩》,至尤三姐伏剑一幕,即出场,因觉得甚倦
欲眠也。"(日记)"下午,就偕同陈建中同志等,到白家庄看那个殷代
的城墙。""这个远古的城墙遗址是相当于荷马史诗所歌咏的特洛伊
古城的,是相当于古印度的摩亨杰达罗遗址的。在中国,恐怕是一座
最古老的城墙的遗存了。""我们决定:这一部分的城墙,绝对地不能
允许有任何的破坏了,应该立即设法,积极地、周到地保护起来。"(郑
振铎《郑州,殷的故城》)

三月三十一日

"在郑州。上午九时,偕赵冒小雨同到铭功路(冈杜)工地,看殷代墓葬,……继至人民公园,看青年湖的发掘工作,出土物不少,亦是殷代遗址。看陈列室,……又到郑州市医分院(开元寺遗址),……写信给箴、空了、恕仙、心南及贝。手为之疲。下午三时,赵等来谈。五时半,去。七时,陈局长来谈。"(日记)"晚上,和陈局长们谈保护河南省和郑州市文物古迹事,谈得很多。我们有信心和决心要做好这个保护工作。"(《郑州,殷的故城》)

四月一日

"微有腹疾。晨六时起。收拾行装,七时毕。与庄敏闲谈。九时三刻,动身到车站。陈局长、张主任来送行。……到开封,已一时,饥甚。……稍睡,即到博物馆参观。……五时许,至旧书铺一转,简直一无所有。购《汲县志》一函。访徐玉诺于文史馆,精神甚健。晚餐后,偕往工人俱乐部看豫剧《春香传》,有了不少改革。已到十时,仅演一半,只好中途回来。谈了一会,即睡。伤风似仍未痊愈。"(日记)

四月二日

在开封,"近九时,出发到铁塔,……继到龙亭,……继到山西会馆,……继至河南烟厂,看繁塔,……继至胡国寺,……午餐后,即赴车站。12点18分开车。……到徐州时,天色已黑矣。有市委书记及市及市教处长来接。住招待所。"(日记)

四月三日

"在徐州。六时起,写信给故宫吴、陈,提出二事:(1)多做龙门造像的模型;(二)考虑在兰设分院。九时许,到范增墓,拾得绳纹陶片不少。疑是汉以前的遗址。……继到云龙山,甚好。上有石佛寺(兴国寺),……继至楚霸王戏马台,……继至市委,看苏姑墓,传是东坡之女埋此。……下午二时许,赴茅村,……四时半,到蔡邱,传为新石器时代遗址。……归途到桓山,山有一石洞,传为桓魁墓……归时……带回不少瓦片。腹疾未愈,然兴致甚佳也。……等候车票消息,到十时半,知今夜走不成。乃决定乘明天下午车动身。有此半天余闲,可料理几件事。汉画像石如何集中,拟尽半日之力为之。"(日记)

致吴仲超、陈乔信,谈视察所见所思,请故宫博物院做两件事:一、多做龙门石窟雕像的石膏模型,指出"这是艺术界的一件大事,不仅为故宫陈列之用已也!""做这一番工作,功德无量。万不可只做自己一时陈列所需要的东西,而忽视了长远之计。"二、考虑在兰州设故宫博物院分院,指出"重要的古文物宜于分散,不宜过分集中。""要分些藏到别的地方去,'以防万一'。""请和冶秋同志及部长们谈谈,如何?"

四月四日

"上午,在徐州。八时半,找铜山县王科长来,了解情况。到奎山文化馆,……继到子房区文化馆,……又到和平剧场,……继到市图书馆二部(专门出借的),又到本馆。……下午一时半许,到车站。准二时许开。"(日记)赴上海。

四月五日

"洗脸后,即到了上海境内,……六时〇一分到站。陈虞孙和交际处的人来接。住上海大厦1287。稍憩后,即偕虞孙到文化局,会同他们到鲁迅和弢[韬]奋墓前献花……今天清明节也……到文管会晤徐森老,看了不少好古物。……下午二时半,到庙弄,……森老来,凤起等来。六时半,到喜乐也晚餐,有辛笛夫妇和沈仲章、刘哲民等,森老请客也。菜很好而价不贵。回时,已过八点。方行来谈。"(日记)

四月六日

"八时半,偕沈之瑜到上海图书馆,……见到《醉月缘》(131页),吴门听然子编,及《重校订正说唱柳状元绣花针报冤传》(二卷),甚为高兴。继到合众图书馆,见到王弢稿本一批及刘氏三世从事研究的《左传笺》的稿本。继到科学图书馆,晤任叔永等。……又到人民图书馆,……下午三时,复偕沈到徐家汇天主堂图书馆,……此楼为天一阁外的最古老者,应坚决加以保护。到徐汇文化馆,……五时许,到文管会,偕森老、稚柳到顾宅看画。……到天鹅阁晚餐。近九时回。巴金、靳以、罗荪、辛笛来谈。"(日记)

四月七日

"八时许,回庙弄,理书。晤文英。回大厦午餐。……三时半,回庙弄理书。发二信。而复、方行来谈。七时许,到辛笛处晚宴。到者巴金等,甚为热闹。"(日记)

四月八日

"六时许起。腹疾仍未愈。郭石麒来。九时许,到庙弄,偕小老、尔[而]复、哲民等,到巴金寓,合同巴、靳、罗孙等同到西郊公园,看象。又到虹桥俱乐部休息。……晤述之、方行、进者诸位。十二时许,偕述之等同到人民路真如路德兴馆午餐。菜甚好。晤予同,甚欢!……到庙弄稍憩后,下午三时,至作家协会,与研究中国文学者座谈。六时半,出,即赴国际饭店晚餐,应巴、靳诸人约也。晤西禾。笑谈甚欢!"(日记)

四月九日

"六时许起,腹疾仍未大愈……痔疾大发,……在寓理书。偕文英上祖母坟。到高宅。到各书肆。中午,而复请在老半斋吃饭。下午,到庙弄,收得哲民交来版税一千元。夜,予同等在锦江请客。谈甚畅。……发一电给江苏省文化局。"(日记)

四月十日

"五时许起。收拾行装。江苏派葛家瑾来汇报工作。无锡已无问题,……徐州情况较我所知的更为严重。……八时半,回庙弄。各书肆有人送书来。……一时三十八分,乘车赴杭。十六时二十一分到。住大华。夜,沙文汉来谈,徐来谈。访宋云彬。晤黄源。……关于保护文物事,已交换了不少意见,大致没有什么大问题。正拟'浙江省的文物保护单位'目录,加以颁布。"(日记)　按,该文物保护单位目录是郑振铎亲拟的。

四月十一日

在杭州。"八时许,出发到孤山视察。……登初阳台,……正午,在楼外楼请阆声、裴子、董聿茂、江问道、郦衡叔、黄源等午餐。……下午三时半,坐小艇游柳港[浪]闻莺、月下老人祠、花港观鱼、三潭印月、湖心亭等地,又到博物馆看华东出土文物展览。其中有宁波出土的汉

唐遗存物,甚为新鲜。六时四十多分,又到楼外楼,沙文汉省长请客也。"(日记)

四月十二日

"八时,出发。到净慈寺,过张沧[苍]水墓。唯访太炎墓,未见。到石屋、水乐、烟霞三洞,……到虎跑寺,……到九溪午餐。餐后,沿溪上。又到理安寺,……返到九溪,再坐车到云栖寺,……归途过六和塔,……四时半,即赴玉泉,……五时,到岳坟。……晚餐后,舒来谈。"(日记)

四月十三日

"八时许,偕黄、许、陈等出发到绍兴。……九时半到。住市委。稍息后,即到鲁迅故居,仔细考察一下。……应即加以收购,以资保护。十一时半,到大善寺,……饭后,到禹陵。……到东湖,……又到龙山(府山),即孟嘉落帽之处。……下山后,黄、陈别去,回杭。我们则到陆放翁读书处,即快阁去。车到鉴湖街相近处,即不能前。下车步行,约走了半小时。经过整条鉴湖街和环翠溇,才到达那里。……回时,走了二十多分钟。……倦甚。……绍兴县长等来谈。"(日记) 郑振铎当时亲拟了《绍兴鲁迅故居及纪念馆计划》。

给萨空了、郑小箴写信,说:"匆匆忙忙地奔波着,总之,要多看,要多听,决不让一小时或两小时空过! 这样的紧张是好的。"

四月十四日

"七时许,由绍兴出发赴宁波。途经溪口,登雪窦寺。……看修理的情况,颇为不佳。……三时半,到宁波。中途车子还闯了小祸。找了好几处,才找到市卫生局,住在那儿。五时许,即到天一阁。乱极! 因成了古物陈列所,显得不伦不类。归途,在月湖边站了好一会。颇怀旧逝。隅卿逝矣! 似犹闻其语笑。……七时许,彭副市长及朱专员、王书记等均来,谈到九时,去。……今天走了近两小时的山路……总有三四十年没有走过这末远的路了! "(日记) 郑振铎当时亲拟了《关于天一阁的性质、方针、任务的意见》。

四月十五日

"六时起。到南郊乡董孝子祠看汉墓。……继偕范鹿其同往西门外白云庄看黄黎洲讲学处及万邦孚和万斯选的墓，……继往中山公园参观，看图书馆。……二时许，朱之光同志嘱余姚派专人运来'明百名贤手札'等文物给我看。其中有甚佳者，亦有伪者。三时半，到天封寺，看天封塔。……继到天一阁，在那里喝茶，说了一会。五时半，到市府，约冯孟颛、朱赞卿、马涯民、杨菊廷诸君晚餐。谈得很高兴。特别谈到黎洲遗书事。赞卿有《明文案》一百七十多卷，孟颛亦有十册，预备寄京供参考。"（日记）

四月十六日

"六时，出发到天童。六时四十分到宝幢，即步行入山。……此寺日本僧千光，在宋孝宗时曾来过，并运巨木助修。又道元，在宁宗嘉定十六年入中国，两登天童，事长翁净和尚（《天童续志》卷下），为日本曹洞宗之祖。明弘治初，画家雪舟曾住天童三年，然后入京。千光、道元，均有记载，独雪舟一字未及。甚为失望。看了日本印的道元画像。……二时许，离寺，走了近四个小时，才到阿育王寺，在那里看唐宋碑及佛的舍[利]子。七时许，回寓。今天在外足足费了十二小时以上，觉得颇倦。"（日记）

给妻子高君箴写长信，中说："我所以不辞跋涉要到这里来，目的就是为了要查雪舟和天童的关系。"

四月十七日

"宁波专署派车护送，到了近九时才动身。……十二时半，才到达天台。……下午二时，出发到国清寺。……晤主持詹云和尚。……询及寺中藏经，他说，并无梵文者。大为失望！后谈及，高明寺有之，乃派人去取。心悬悬然恐怕其无有。盖此项梵文的贝叶写本乃是迦梨台莎的名剧《梭孔特拉》也。……晚餐后，取'经'者回，果是梵文的贝叶经写本，甚古老，题'七种灌顶格'，不知是何经？或竟是《梭》剧的残本？"（日记）

四月十八日

"七时，动身回杭州。……三时许，雨略小，出门到解放路，访古书肆数家。以松古斋为最懂书。得《梅史》,价三十金,绝佳。又至艺文各肆,得明本书十余种。五时回。云彬来,偕宋夫人及其孙辈同到楼外楼晚餐。……又在维新等肆,购古书十余种,惜无佳者。看书(《寄园寄所寄》,不佳)。"(日记)

四月十九日

"八时许,到文管会,晤邵裴子等诸位,看到几张画,……又见到吴兴前山漾新石器时代遗址所发掘的蒂形物。继到图书馆,见到《盛明杂剧二集》,……并托其到南浔借顾复的《平生真赏》一书。十一时半,回。遇冯仲云、周荣兴。……近四时,到清和坊购剪刀等物。又到翰墨林、艺文二古书肆购古书一百二十余元。……宋云彬、张同光来谈。黄源来谈。"(日记)

四月二十日

"七时三刻,出发到玉皇山去。八时,登山。……至山腰又由一径,登凤凰山,是宋故宫禁苑之地。……近十时半,到达紫来洞,……十一时,到达星福观,……近十二时许,由山后一径下,……二时半,出发到于谦墓,……继到龙井,……近五时回。……七时许,舒来谈。"(日记)

四月二十一日

"上午八时,到人民大会堂的一个会议室,向浙江省的文化工作者、教育家和建设部门的人讲话,共到三十多人。题目是《民族文化遗产的发掘问题》,讲了两个半钟头。……听的人颇感兴趣。有余森文、夏承焘、邵裴子、宋云彬、张宗祥等。……下午二时半,偕许钦文到黄龙洞、金鼓洞、紫云洞去。……冒雨到紫云旁牛皋墓去瞻仰一下。……到灵隐……第一次看中国传统的'影塑'方法也。……五时半,到楼外楼,邵、张、夏等公请我也。"(日记) 《民族文化遗产的发掘问题》讲话提纲1998年12月由文物出版社收入《郑振铎文博文集》中。

四月二十二日

"八时许,舒来。同乘小艇游湖上。……以电话约云彬来楼外楼午餐。……下午,坐车到三天竺……又到灵隐,……六时许,到知味观晚

餐。……与舒谈到近九时。到徐冰处闲谈。"（日记）

四月二十三日

"七时半，许钦文来，同往魁元馆吃面。八时半，徐冰夫妇来，偕往孔庙看南宋石经，不得其门而入。即转到龙井。喝新茶……看他们采茶，看他们炒茶……入胡公祠，……近二时，到孤山路徐冰处午餐。……六时〇六分开车。许钦文等来送行。……十时三十五分到达上海北站。沈之瑜、王天木等来接。仍住上海大厦。谈到十一时半，他们才去。"（日记）

郑振铎这次视察浙江省文物工作，许钦文曾参加陪同，许钦文后来回忆说："在排视察的日程时，帮我做接待工作的施科长惊异说，'怎么郑部长这样熟悉我们浙江的文物！'哪里有北宋的古塔，哪里有五代的寺院塑像，哪里有南宋的碑石，哪里有晋朝的经幢，他头头是道。有些地方我们还没有明确究竟是怎样的，他指点得一清二楚。一到宁波市，他就按图索骥地到天一阁去查看孤本、善本等古书，到董孝子的坟旁去察看汉墓，又去观测天封塔的倾斜度，召集藏书家来座谈，研究天一阁的消防等问题；一刻不停地再到阿育王寺和天童寺等处去。"（《天童忆西谛》）

四月二十四日

在上海。"八时半，沈来。九时许，同往革命纪念馆看其布置。……又看渔阳里六号，……次到中山故居，……次到上海历史与建设博物馆的筹备处。……下午三时，到上海博物馆。看他们新获的瓷器和楚器，颇佳。……到绘画保管室，看了不少好画。……到永安公司及各书肆，无所购。六时半，到德兴馆。仲华、思慕请客也。有巴金、而复、虞孙、之瑜等。后又到文化俱乐部喝咖啡。"（日记）

四月二十五日

"六时起。准备讲话提纲。七时许，回庙弄。森老来访。……九时许，偕沈同往鲁迅故居、虹口公园及文物仓库去看。……下午三时，到文化俱乐部，向上海图书馆、博物馆及文物工作者们讲话。到者一百多人。约森老、天木、起潜、景郑诸人在红房子晚餐。"（日记）

四月二十六日

"近六时起。李来谈。方学武、丁英桂等来谈。偕沈等同往豫园及内园参观明式园庭。又到城隍庙去看看，……午饭后，方行、韩述之来。二时许，到文化局。开会，座谈鲁迅陈列馆事。有唐弢、吴强、陈烟桥、陈虞孙等参加。……六时许，周而复来。偕巴金、靳以等，同往乔家栅吃田螺、芝麻汤团等。……（下午，发致文化部第三信。）靳以说：宋之的之死，是为了喝酒过量。不要多喝了啊！很感谢他！"（日记）

四月二十七日

"五时起。写信给箴及朱锲。七时，巴金、周而复来。一同到常熟去。……和市长及朱文化科长等相见。他们陪逛言子墓、辛峰亭及到公园，看太平天国纪功碑。……下午，又登山。先到兴国寺……到大小剑门去……四时半，下山。到昭明太子读书台。……继到文化科，看西郊出土的石斧及汉代瓦罐和五铢钱等。……到上海，已八时三刻矣。甚累。"（日记）

致朱偰信谈5月初如去南京，"所要研究的问题，主要是：徐州及其附近汉画像石墓的保存、集中、模[摹]拓、照相及发掘等问题"，"其次，是南京博物馆的方针、任务问题"等，"如果徐州汉墓的事已办妥，那我就不一定到南京去了"。

四月二十八日

"八时许，到庙弄，整理了应购的书。十时半，到修文堂，又选了不少地方诗集，其中有颇罕见者。正午，到红房子，森老请罗、沈、张、仲章等人。二时许，回。舒已来过。三时许来，谈得很高兴。看《古本戏曲丛刊》三集的第一批样本。"（日记）

四月二十九日

"上午，到旧霞飞路、徐家汇路等处闲游。购杂物。正午，到荣华斋吃苏菜，方行等请客也。有而复等，也找了潘曼芝出来。饭后，同到昆山。登其巅。……在红房子晚餐。"（日记）

四月三十日

"上午，到中山公园一游，……十一时许，到大三元午餐。餐后，又

到静安寺及静安公园走走。"(日记)

四月

文化部第 10 次部务会议通过了郑振铎提议的成立文物出版社的决定。

五月一日

"近八时,到国际饭店十四楼,看五一游行,……三时半,到玉佛寺,看古佛古画。"(日记)

五月二日

"丁英桂等来谈,到三马路各肆一行,在文海见到不少好书。《启祯野乘二集》尤为重要。中午,约森老、凤起、仲章、雪村、乃乾等,在老半斋午餐。谈甚畅。下午,在文海,又见到新寄来的《陈大声乐府全集》,即挟之归,不暇问价矣。稍睡。五时许,到庙弄。巴金、靳以、唐弢、而复陆续来。同到老饭店晚餐。"(日记)

五月三日

"八时许,丁英桂来,徐伯昕来。九时许,回庙弄。文海及修文堂送书来。理书甚苦。午,回大厦午餐。稍睡。下午三时半,回庙弄。只理了一部分书和旧信等。……六时,到新华园 37 号王国秀处晚餐。晤予同、绍虞、谷城及耀翔、俊英夫妇和君珊。"(日记)今起郑振铎整理庙弄老家的藏书,准备运往北京。

五月四日

"发致王献堂及舒两信。八时,到庙弄。整理书籍,装箱打包。徐森老来。中午,约森老、哲民、方行、而复在红房子午餐。到文化俱乐部喝咖啡。二时许,到孙煜峰宅看画,并看周叔廉和顾家的画。杨竹西像卷和葛稚川移居图,最佳。六时许,到三马路购书数种。七时许,回寓,……方行来。偕往文化俱乐部跳舞。今天是青年节,市团委在举行联欢也。得舒一信。……(上午,谨轩来谈。)"(日记)

五月五日

"发致朱偰信一,舒信一。森老来看书,大为兴奋。八时许,到庙弄。理书,弄得双手乌黑,甚累。……三时半,到庙弄。又理书,颇疲倦。

五时许,哲民送稿费来。约唐弢夫妇、柯灵、家圭等同到新雅晚餐。……九时许,偕唐弢夫妇到文化俱乐部。晤彭康、志远、吴强、罗荪、靳以诸熟人。"(日记)

五月六日

"七时半,到庙弄。而复、巴金已先在。述之、方行继至。近八时,偕他们和安科长、小老等,驱车赴嘉兴。……偕往市人民委员会。他们正在开'科普'成立会。在楼上稍息。谈到十八里桥和双桥的新石器时代遗址,嘱以保护。午餐后,到后面楞严寺去。……继乘小汽艇赴三塔寺。……午后,下小雨。继由鸳鸯湖到南湖。……三时半,乘艇由另一水路到市府。四时许,离嘉兴。……八时半,到绿杨村晚餐。餐后,到文化俱乐部喝咖啡。"(日记)

五月七日

"昨闻中华书局图书馆要分配,颇着急。即通知沈之瑜去了解一下,并拟好电文,要发出。……九时半,到庙弄。顾起潜来谈。……已快将书箱包扎好。共有四五十札,近百只也。到来青阁,阅杂书十余种,忽得史忠的《卧痴阁汇稿》,大为高兴。……下午四时许,到庙弄。……五时半,罗荪、靳以来,同往德兴馆晚餐。吴强、巴金夫妇、金枝、唐弢、辛笛等陆续来。"(日记)

朱偰日记:"接郑振铎、王冶秋信。"

五月八日

"八时许,到庙弄。整理书籍。实君、济川来谈。哲民来谈。取去《劫中得书记》的纸版。中午,在老半斋午餐。……三时许,到庙弄理书,已差不了多少。……六时,到老半斋,请捐献古钱、碑帖的罗、沈、张等,又请森老、欣甫、起潜、景郑、乃乾、雪村作陪。谈甚畅。欣甫有《管子》校注千余则,可整理出版也。森老搞碑刻事,已与张明善说好,由他担任助手。此是一件大事,必须努力促成之。"(日记)

五月九日

"八时许,到庙弄。整理抽屉,忽觅得徽派刻工姓氏录一小册,大喜不禁! 此录已觅之数年未见,因之,版画选未能出版。现既得之,就

可入手写《[中国版画]史略》了。济川送《二太史乐府联珠》来。**仲章**
来。……一时半,到三马路各书肆一行。二时,到人民大舞台,看《桃花
扇》的彩排。……六时,到红房子,约予同、耀翔夫妇、绍虞、**谷城、国秀**
诸人晚餐……高谈阔论,震惊四座。"(日记)

五月十日

"原定今日到青浦去。昨得朱偰信,附关于青浦的调查报告一份。
就可以不必去了。文管会韦君来。发致舒及《文艺报》信各一。八时许,
到庙弄。在乱纸堆里和抽屉里,发现了不少关于版画史的材料和稿
子,很高兴。九时许,森老来。包扎家具的人来,运书箱的车子来。中
午,家里已经清静空旷得多了,到红房子午餐。遇耀翔夫妇,代为付
款,甚感不安。……四时许,到方行处看书,颇有佳者。六时许,到三马
路书肆。在富晋得到一部《盛明百家诗》(五十六册),大为高兴! ……
七时,到中苏友好大厦的七层楼上,吃福建菜,九办请客也。有许建
国、金仲华、周而复、陈、钟、刘、沈诸人,……今天所看的书,以周越然
旧藏的明刊本戏曲、小说多种为最佳。方行所编的《黄公度集》和《樊
榭集》,用力均甚勤,可印行。"(日记)

五月十一日

"八时许,到庙弄。森老来,仲章送小米和大痴的画来。中午,在梁
园午餐,有方行、述之、进者、仲章、哲民、森老等。……五时半,到庙
弄。六时半,到巴金宅晚餐。有而复、靳以、辛笛、唐弢、罗荪夫妇等"。
(日记)

五月十二日

"写信给箴、空了、方行及舒,均即发出。整理行装。八时许,到庙
弄。方行来。谈到十时半,同到而复处。偕往中山公园。午,在红房子
午餐。森老亦来。……近四时,到三马路,还书帐一部分。五时,到庙
弄……六时,到作协,偕靳以到文化俱乐部。巴金已先在,**罗荪也来。**
同在那里晚餐。巴金带孩子们去后,我们又上楼跳舞。方行、述之、哲
民带着小老等也来了。在那里,谈到十一时,即上车站。他们已将行李
送上车。沈之瑜和陈虞孙、李局长等均来送行。十一时四十八分开

车。"(日记)

周而复后来回忆说:"一九五六年他[郑振铎]到上海时,我们畅谈个人的写作计划时,我曾经把这部长篇小说[按,即《上海的早晨》]的整个构思告诉他,得到他热情的赞赏和亲切的鼓励。"(《怀念郑振铎同志》)

五月十三日

"到了上灯时(八时一刻)才到济南,剑三偕文化局里的主任、科长们来迎接,往旧日本领事馆。谈到九时半才走。"(日记)

五月十四日

"五时许起。写信给篯及尔康。八时半许,王剑三来。偕往山东博物馆,王献堂、张静斋等均在。看了两个多钟头,二王不及从矣……又看库房……二时半,晁省长来,谈了好一会,三时半,偕剑三等游千佛山。他又等在山下……五时,下山。又同赴大明湖……登历下亭、汇泉寺、铁公祠和真武祠……七时,到丰聚德晚餐,剑三请客也。有王、张二老等。……写给舒一信。"(日记)

五月十五日

"午夜起来梳洗后,即坐候一时半,登车赴火车站,乘从北京南下的五次车赴兖州。……五时十一分到……即赴曲阜,半小时而达衍圣公府。……七时许,赴孔林。……途经颜子庙,进入一看……继赴周公庙,即先圣祠,即鲁灵光殿遗址所在。捡拾得不少好瓦片。……十一时,到孔庙。……此游虽整整地走了七小时,脚不停步,稍见疲劳,然大有所获。……三时半,动身到兖州。……在车上晚餐。遇沈之瑜等三人。八时一刻到。……这一天是很充实、很紧张的。(中午时,写一信给舒,即从曲阜发出。)"(日记)

朱偰日记:"修书致北京(文化部)文物局王冶秋局长,正式捐献(1)明抄宋本《水经注》,(2)《鸭江行部志》,(3)宋本《周礼》,(4)王渊花鸟画轴长卷。"

五月十六日

在济南。"经过一夜的酣睡,精神完全恢复。五时,即起身。准备发言提纲。"（日记）下午 3 时,对山东省文物干部和其他有关人员讲话,题为《农业的社会主义高潮与文物保护工作》。

五月中旬

在二个月内视察了陕西、河南、上海、浙江、山东等地文物工作后,回到北京。

五月二十一日

文化部召开全国博物馆工作会议,参加者共 110 人。郑振铎致开幕词《博物馆事业应该为科学研究服务》。报告提纲后载 6 月 27 日《文物参考资料》第 6 期。

五月二十四日

致潘景郑信,提及:"近拟编《秦汉瓦录》一书,以新出土者为主,但亦拟兼取旧拓者。近在曲阜鲁灵光殿遗址上,复得残瓦数种,甚是兴奋也!"

五月二十六日

全国博物馆工作会议闭幕。郑振铎作总结报告,认为此次会议的收获,首先是更加全面地明确了博物馆的基本性质是"科学研究机关"、"文化教育机关"、"物质文化和精神文化遗存以及自然标本的主要收藏所";其次是密切了馆际关系,广泛地交流了工作经验。他号召博物馆工作者加强学习马列主义基本理论,刻苦钻研业务,为赶超世界先进水平而努力。总结报告提纲后载 6 月 27 日《文物参考资料》第6 期。

本日,首都剧场举行世界文化名人迦梨陀娑、海涅、陀思妥耶夫斯基纪念大会。郑振铎当参加,并曾作《印度大诗人迦梨陀娑传》,后载 5 月 30 日《文艺报》半月刊第 10 期。

五月二十七日

设宴为昆苏剧团的负责人作饯,邀叶圣陶作陪。

六月一日

到北京站迎接罗马尼亚民间乐队到京(今存新华社记者照片)。文化部召开第一次全国戏曲剧目工作会议,至 15 日结束,提出"破除清规戒律,扩大和丰富传统戏曲上演剧目"。

六月三日

晨,大雨中文渊阁为郑振铎送来清人程敦《秦汉瓦当文字》一书,殊喜,即作题跋。

六月八日

致潘景郑信,谈及:"近研究'瓦当',已从西安得到不少新出土的周秦汉三朝的瓦当,特别是去年出土的几何图案瓦,式样奇殊的很不少,这是前人所未收或不收的,因其无文字也。……洛阳汉城及易县、曲阜、临淄等地,均出土瓦当不少,其图纹亦均奇诡万状。拟即以此等瓦当为主,而以前人所著录的(当然也有新出土的)有文字的瓦当为辅。"

六月十四日

致潘景郑信,提及:"我从前曾收清人文集千部左右,后皆出以易米(售给金城银行)。今又开始集清人集(并及诗集),惟佳者不易多见。地方的及时代的诗人总集,已集了近四百多部,惟仍不易得珍本。如承于暇时代为留意,最所感佩!"

六月十七日

为清人曾灿辑《过日集》作题跋:"一九五六年春过上海,徐森玉先生告予云:君集明清人总集,适有《过日集》是禁书,惜已为文管会所得。……回京后,得景郑函云:沪上有《过日集》乙部,欲得之否?亟函购之。今晚从厂肆归,正苦无书,景郑乃邮此书至,灿灿有光,玄览堂中又多乙部佳本矣。" 又为清人朱士端《齐鲁韩三家诗释》作题跋:"此是朱士端未刊稿本,我购自北京琉璃厂通学斋,价六十元。劫中曾见朱氏宜禄堂收藏金石记稿本数十册,与印行之六卷本大异。惜已付之劫火!此吉金乐石山房蓝格本,更宜珍惜之。" 又为购藏明人李登《摭古遗文》作题跋:"此是《金文编》的前身,嘉惠研究古器物的人不少。惜于每一异形字下概未注明来源,未免令人有难于进一步探索之憾,甚至颇疑其多向壁虚造之处也。" 又为购藏清人姜绍书《韵石斋笔谈》作题跋:"此书予曾收旧抄本一部,以校他本殊有胜处。今复于上海得此原刊本,殊自喜。……书贵旧本,乃是实事求是之一端,非媚古泥古也。" 又为明人王世懋《王奉常杂著》作题跋:"此书是四库底本,有翰林院印。其中学圃杂疏三卷是全本,与丛书所收者不同,乃余所久访未获者。" 又为购藏清王廷章等人撰《昭代箫韶》作题跋:"予欲得《昭代箫韶》者三十年矣,以其价昂不能下手,实亦难遇全本也。五三年来着手影印《古本戏剧[曲]丛刊》,乃亟思获此剧收入丛刊中。遍访厂肆,……乃于来薰阁得此书十册,于邃雅斋得此书六册,于修绠堂得此书八册,……再加探访,当不难成一部全书也。"

六月十八日

致周而复信,提及文艺创作现状,指出:"现在,不是怕人写得多,而是怕人不肯写。一向有人对写得多的人有意见,其实是,自己写得少,反而不赞成人写得多也。批评、打击多,而鼓励、推动少。……"

晚,郭沫若设宴招待日本亚洲团结委员会文化代表团,郑振铎、李德全、廖承志、夏衍、成仿吾、田汉、俞平伯等出席。

六月二十一日

"晚赴郑振铎之宴,沙文汉、朱之光同往,在座有冯宾符、王统照等。振铎为《十竹斋笺谱》写的一篇序,请王统照写字,写得非常好。……我们谈到灵隐塑像的事情,振铎主张恢复原来的样,装三尊,他并且主张找装佛匠来塑,不要请教那些艺术家,弄得不成体统。"(宋云彬日记)

六月二十四日

为购藏清人吴翌凤《印须集》作题跋:"二十余年前曾收得枚庵《怀旧》、《昂须》二集,劫中已失之。去岁立愿收总集一类书,……劫火取去我的《怀旧》、《昂须》,今乃倍得之,能无所感欤!"

六月二十五日

作《批判的现实主义作家萧伯纳——〈萧伯纳选集〉序》,后载7月9日《戏剧报》月刊第7期,又载7月人民文学出版社版《萧伯纳戏剧选》卷首。

六月二十七日

致刘哲民信，谈《劫中得书记》修改诸事。按，此时上海出版公司合并于新文艺出版社，刘哲民亦进该社工作，《劫中得书记》即在该社出版。

六月十五日至三十日

全国人民代表大会第三次会议在京召开，郑振铎参加。

六月

所著《取火者的逮捕》经略作修改，由上海新文艺出版社重版。

七月一日

到飞机场迎接匈牙利民间乐团到京（今存新华社记者照片）。

在修绠堂购得明人潘是仁编《宋元诗六十一种》、明人黄贯曾编《唐诗二十六家》，归，各作题跋。前书共作两条题跋，后条指出："潘是仁辑宋元名公诗集于王李七子拟古之风既熄之后，三袁、钟、谭诸家方起之际，诚豪杰士哉！惜采撷未广，取舍难当人意，犹是明人急就成章之习。"

七月三日

致上海新文艺出版社总编室信，已将《劫中得书记》校样修订毕，并寄上三篇附录稿。

七月八日

晨，偕吴晓铃访书肆，得元人王桢《农书》、明人熊大木《唐书志传通俗演义》（残）等，归，各作题跋。

七月十三日

修绠堂书店收到振绮堂汪宪（鱼亭）一批藏书，郑振铎与赵万里正在文化部开会，闻讯立即赶来看。后大多归北京图书馆收藏。

七月十八日

为购藏明画家《石田集》作题跋。"予既于修绠堂得陈明卿刊《白阳集》，兹复于邃雅斋见《石田集》，此集亦是明卿所刊，予一见即惊为双璧，因并收之。"

七月十九日

为二个多月前在上海修文堂所购明画家沈周《石田先生诗文抄》

作题跋；又为日前在修绠堂购得明画家陈淳《陈白阳集》作题跋，曰：
"为书斋所得画人集之冠"，"画人集不可多得，幸非时人所着意，当不
难徐徐聚之。"

七月二十三日

在《人民日报》上发表《漫步书林》(引言)。编者按说，这"是西谛
先生应约为我们写的读书笔记的总题，在这一栏里，作者将谈谈一些
中外古今的好书，而以中国的古书为主。"

七月二十四日

陈君葆组织香港大学生北上观光，今日抵京。31 日，陈君葆赴文
化部访问，郑振铎因外出未见到。

七月二十六日

"[上午]打电话给振铎，问他看过费孝通的文章没有　[按，费孝
通在今日《人民日报》发表《为西湖不平》]，他说没有来得及看。……
[下午]六点钟郑振铎来，同赴大同酒家吃饭。振铎刚刚陪周总理看了
全国国画展览，周说：'今天费孝通那篇文章还不错，我也有同感，'又
说，'此次杭州掘坟，我去电话叫他们恢复，但是忘记补充一句话，就
是不一定要恢复原来样子。'饭后坐了振铎的汽车去看圣陶，谈到九
点多钟才回来。"(宋云彬日记)

七月二十七日

在《人民日报》的《漫步书林》专栏上发表《王桢：农书(上)》，认
为："'民以食为天'。农业生产乃是社会主义建设的一个重要的环节。
首先介绍几部古代的有关农业的书籍是有意义的。"

中国文联、中国剧协等团体在京举行爱尔兰伟大剧作家萧伯纳
诞生 100 周年与挪威伟大剧作家易卜生逝世 50 周年纪念会。郑振铎
参加并讲话。今存照片。

在《光明日报》上发表《纪念萧伯纳诞生一百周年》，指出："作为
一个批判的现实主义的著名代表人物，萧伯纳是世界文学宝库里的
主要作家之一，他的许多作品让我们看到那样的一个时代——那个
即将死去的、血肉糊糊、丑恶不堪的时代。"

七月二十八日

在《人民日报》的《漫步书林》专栏上发表《王桢：农书(下)》,指出:"像这样的一部重要的而且必读的农业科学的古典著作,是值得几位专家们尽快地花费若干时日,把它整理一下的。"

七八月间

中国书店从山西农村收到一部《十竹斋笺谱》,分为元、亨、利、贞四本,郑振铎购去,非常高兴。

八月一日

在《人民日报》的《漫步书林》专栏上发表《刘基(传)：多能鄙事》,认为:"对于古代流传的许多种植法,食物、水果保存法,酒酱酿造法,理容法,养治六畜法,以及经验良方等等,应该分别由有关部门,……加以有组织、有系统的试验。是好的,就要发扬之。是有害的,就要加以批判、驳斥,不能听任其'谬种流传'。"

八月六日

至青岛避暑并写作。住文登路甲6号。

八月七日

在青岛。作《〈劫中得书记〉新序》,说:"我不是一个藏书家。我从来没有想到为藏书而藏书。我之所以收藏一些古书,完全是为了自己的研究方便和手头应用所需的。有时,连类而及,未免旁鹜;也有时,兴之所及,便热中于某一类的书的搜集。总之,是为了自己当时的和将来的研究工作和研究计划所需的。"

致上海新文艺出版社信,告以《劫中得书记》新序已写好。

八月八日

在《人民日报》的《漫步书林》专栏上发表《无名氏：居家必用事类全书》

致潘景郑信,说"京中酷热,又应酬太多,琐事太烦,提笔的时间实在少。故找一个机会,到青岛海滨来写些东西"。提及"近拟收集些清人诗文集及笔记",又指出"清人笔记索引,应编出一部来,大有用处"。

八月十三日

在《人民日报》的《漫步书林》专栏上发表《邝璠:便民图纂》,指出此书"应该在加以整理后印出,供农业部门和医药卫生部门等专家们的参考"。

八月十六日

给萨空了、郑小箴写信,说:"昨天游了崂山……又在海上,乘登陆艇游了一回。告诉你们一个好消息,到了这里之后,不到十天,我就把《木刻画史略》写成了,共有五万多字,正在通读和加工之中,如加上注释和附录,将近十万字。这书已经搁了三年,此时必须出版了!"

八月十八日

在《人民日报》的《漫步书林》专栏上发表《无名氏:黑娥小录》,指出《黑娥小录》一书除了荒诞之谈外,"还有不少科学技术方面的好的成就和经验的记录",应该注意保存,或加以发扬光大。

八月十九日

致上海新文艺出版社信,提及"《劫中得书记》的封面题字,请人写好后,即行寄上",并提及住处为青岛黄海路 14 号。

八月二十日

致潘景郑信,论及:"清人诗文集在今日尚是少人顾问之物,过几时,可能又要大为热闹起来,近三百年的学人心力所聚,似应有一个结束。……至笔记,则治之者更鲜,今日应好好地把这份遗产加以保护并保存下来,有必要时,且加以流传。……附以索引,是有必要的。索引单行亦可,先生其有意乎? 当竭力相助以成之也。"

八月二十三日

致上海新文艺出版社信:"《劫中得书记》的封面题字,已托王统照先生写好,现在寄上。共两张,大的一张较好……"

八月二十五日

在《人民日报》的《漫步书林》专栏上发表《汪懋孝:梅史》,认为《梅史》所刻梅花"刀法极有力",为今日翻刻者所不及,"这里面一定有些道理,应该加以深刻的研讨。"

为主编《古本戏曲丛刊三集》作序,此集所收为明末清初的剧作,"研究戏剧史的人,独以对此辉煌异常的一个大时代的剧本,最难读到。今则,凡有可搜得者,已毕集于此。"序文后载1957年2月文学古籍刊行社影印出版该集卷首。

致刘哲民信,提及青岛环境甚好,"在这里倒能够写出不少东西来。《版画史》的'史'居然也在此二十天之内写成了。近二十年未能完成之作,居然在这个短短的时间之内完成之!其为愉快,更何如也!"

八月二十六日

在青岛。为所著《中国文学研究》作序,总结自己建国前研究中国古典文学的经历。"我的这些文章,表现了我的那些探索的历程。作为专门家的参考,当不会是完全无用的吧。"后载1957年12月作家出版社版该书卷首。

八月二十七日

上午,从青岛回到北京。

八月二十九日

致刘哲民信,托预支《劫中得书记》稿酬以还买书款诸事。

八月三十一日

"上午十时,对考古所新收练习生讲话。"(据郑振铎工作笔记,郑振铎并拟有讲话提纲)

八月

中共中央宣传部批准成立文物出版社,随即在郑振铎指导下,以原文化部文物局资料室为基础成立该社筹备处。

九月一日

在《人民日报》的《漫步书林》专栏上发表《谈买书》,批评那些乱化公款、乱买书的莽汉们的所作所为,认为:"损失国家有用的资金,积压应该供给别的专家们的研究的资料,那才不是'小事'呢。……建议:如果要买'书',书目非由'专家'开出不可。"

在通学斋购得明人李自荣《四六宙函》,归作题跋。

九月二日

为购藏清人沈季友辑《沈南疑先生携李诗系》作题跋。

九月三日

在《人民日报》的《漫步书林》专栏上发表《余象斗：列国志传》，借叙述这册从废纸堆里抢救出来的残存明版《列国志传》，强调指出必须"好好地、大力地杜绝这样的糟蹋、毁坏文献和科学研究的资料的事继续进展下去"，"努力地防止把古书作为废纸，作为造纸浆的原料。"

九月十日

在《人民日报》的《漫步书林》专栏上发表《玄烨：康熙几暇格物论》，认为"玄烨是一位英明的人物。他对于'新鲜事物'，处处留神，事事研究。"并希望今日农村的人们注意新的植物品种的发现。

九月十四日

为张元济 90 寿辰写祝词："近六七十年来，文献图书之得以保守毋失，不至蹈陆宋之覆辙者，赖有南北公私诸藏之网罗散佚耳，而涵芬楼尤为其中巨擘。张菊生先生阐旧学，启新知，于中国学术贡献甚大，而其精力所萃，犹在涵芬楼。不仅能聚之，且能传播之。今士子辈胥能乎？《四部丛刊》、《百衲本二十四史》以研讨古学者皆出先生赐也。仁者多寿，敬颂千龄。"

九月十五日

"上午，写《峇里观舞记》二千余言，钞录后，稍加修改，即送《人民日报》。……五时许，到琉璃厂，在来薰阁得书数种。有钮琇的《临野堂集》，颇佳。前选取的曹学佺《石仓文选》……甚昂。因其罕见，也只好购之。在邃雅斋，也见到好书几部。王暐的《杂著八种》，全在《檀几丛书》外。……连日购书甚多，颇欲将清人集部多收集些，以其甚有用也。不知书债如何还法？！今日起，又开始记日记。不知能持久下去否？"（日记）按，《峇厘观舞记》记述去年 7 月下旬去印度尼西亚峇厘岛上观看舞蹈艺术的情景，作为对最近即将访华的峇厘艺术友好访问团的欢迎。后载 9 月 22 日《人民日报》。今所购明人曹学佺辑《石仓历代文选》，归后作有题跋二则，中曰："一见即惊为秘笈，亟挟之而

归。价百金殊昂,然不迫计及之矣。玄览堂所聚总集中此是白眉。"所
购清人纽琇《临野堂集》亦作题跋。

九月十六日

"上午,理书。九时许,谢稚柳来谈。说起画坛的情况,甚有所感。
十时许,到宝处,和孩子们玩得很高兴。……十二时回。陈济川来……
二时许,到文化俱乐部,开文化组的戏曲座谈会,到者近五十人。谈得
颇畅。"(日记)

九月十七日

"九时许,去车站,欢迎印度尼西亚的峇里艺术团。多半是熟人,
甚为高兴。十时,晤王毅诸人。(八时许,见伊见思、赵其文等。)……
理书,觉佳者甚多,惜未编目也。下午,七时许,赴西郊宾馆欢迎峇里
艺术团的宴会。"(日记)

九月十八日

"上午,赴对外文协审查赴尼泊尔展览的书法。太贫乏,应加以补
充。(由史树青负责,尚有系统。)十时,开会讨论送礼事。我坚持:博
物馆的收藏品绝对地不送。众无异议。下午,五时许,到北京图书馆见
到《太仓文选》二册,《交游尺牍》四册(张时彻),均明刊本也,甚佳。
夜,编'论文集'。"(日记)

九月二十二日

在来薰阁见明人许自昌编《十二家唐诗》,认为其少见,亟收之,
归作题跋。

九月二十五日

在《人民日报》的《漫步书林》专栏上发表《王世懋:学圃杂疏》,认
为《学圃杂疏》一书"随笔札记自己的种植花果的经验,不抄掇前人的
只字片语,的确是一部有用的好书。就散文而论,似淡而实浓郁,似浅
而实深厚,也可列入明文的上乘。"

下午,主持北京戏曲界座谈会,并讲话。

十月四日

在《文汇报》上发表《记茂物的"总统别墅"——"印度尼西亚游

记"之一》,记述去年 7 月 6 日访问苏加诺总统别墅的情形。

十月五日

在《人民日报》的《漫步书林》专栏上发表《周文华:汝兰圃史》,指出:"在搞农业副产方面,像这一类的书是极有用的,还应该多搜集,多流传,多加以实验,并于实验后,多加以推广才是。"

十月八日

在邃雅阁购得汲古阁刊本《唐人八家诗》,归作题跋。

十月九日

为购藏清人张云璈撰《简松草堂全集》作题跋,提出:"清人小小考据语,多可喜处。宜汇为一丛书行世,以嘉惠学人也。"又为购藏明人毛晋刻《三唐人文集》、明人陈与郊章句《文选章句》分别作题跋。

十月十一日

晚,于东安市场聚丰书店购得清人徐倬等辑《全唐诗录》,归作题跋。

十月十五日

在来薰阁购得明人俞允文辑《昆山杂咏》,题跋曰:"予数年来收得地方诗文总集不下三百余种,但以通行本为多,明镌者寥寥可屈指数。此《昆山杂咏》四本为明隆庆庚午刊本,……可称其中白眉矣。"

十月十七日

为购藏明刊格致丛书本《新刻山海经图》和明人马荧辑《闽中十子诗》作题跋。

十月十八日

为购藏清人金古良撰《南陵无双谱》作题跋:"午后,阳光甚佳,驱车至琉璃厂。于富晋书社得李时珍校刊之《食物本草》,于邃雅斋得此书,皆足自怡悦也。董会卿云:'有康熙本《艺菊志》、明末彩绘本占卜书,即可邮至,亦皆予所欲得者。论述美术史及园艺史者,首应广搜资料,而图籍尤为主要之研究基础。予所得园艺及本刻彩绘之书近千种,在此基础上进行述作,当可有成也。天色墨黑,时已入夜,犹甚感兴奋。"

十月二十日

出席首都纪念鲁迅先生逝世 20 周年学术报告会，与郭沫若、周扬、冯雪峰等共为会议主持人。

十月二十一日

晚，赴和平饭店，招待应邀来华参加纪念鲁迅活动的各国作家。

十月二十二日

为购藏明人周履靖编《夷门广牍》(残)作题跋。

首都纪念鲁迅先生逝世 20 周年学术报告会继续举行，与茅盾、周扬共为会议主持人。

十月二十三日

为购藏清人王鸣盛《蛾术编》作题跋，指出此书"颇少见。讲考据之学者此为必备之书，久觅方得，甚是高兴。"

十月二十四日

在《人民日报》的《漫步书林》专栏上发表《谈访书》，指出："所谓'访书'，是应该细心地耐心地急起直追地去访求的。作为一个为图书馆采访的干部，一个负责国家搜集文献的部门的人，绝对地不能坐在家里等人送书上门。"

十月二十五日

在《人民日报》的《漫步书林》专栏上发表《谈访书(续)》，"建议：由中央组织十个或十个以上的'访书工作团'，每团只要一二个干部，组织古旧书店里的三四个收书专家们，一同到各省、市去，再加入各省、市的文化部门的工作同志们或专家们，就可以成为若干的分团了。他们分头工作，不出几个月，至少收集和整理的工作一定可以告成的。"

本日，为购藏清人吴伟业《梅村集》原刊本作序。

十月二十六日

陪同周恩来总理欢迎缅甸吴努主席(今存新华社记者照片)。陪同周恩来总理接见缅甸作家吴登佩密(今存新华社记者照片)。

十月二十九日

致刘哲民信,提及"《古本散曲丛刊》,因纸张关系,尚未能决定何时付印。但在明年之内,可总出版"(按,此丛书后未能出版);又提及"《版画史》已交给人民美术出版社印了"。(按,此书后亦未能印出;后来书稿且一度散失,直至 1983 年才被找全,重交人民美术出版社出版。)

致潘景郑信,谈访求"总集"诸事,又提及"清儒考据的笔记,最有用处。似应先行编一'索引'出版也"。

十月三十一日

晚,在富晋书社取元人李杲辑、明人李时珍校订之《食物本草》(按,本月 18 日先取此书二册),又得清人廖平《四益馆经学丛刊》,归各作题跋,后书题跋指出:"廖氏是今文学派的健者。论述近百年思想史者,应读此书。"

十月

所著《劫中得书记》由上海古典文学出版社出版。

所编《伟大的艺术传统图录》,经过修订,分为上下两册,由中国古典艺术出版社再版。

在郑振铎的亲自过问下, 安徽屯溪市新华书店专门开辟了古旧书店,负责收购徽州契约文书和古旧书籍。中国第一历史档案馆、中国历史博物馆、北京图书馆、北京大学图书馆、北京师范大学图书馆、中国社会科学院历史研究所和经济研究所图书馆、南京大学历史系图书馆、安徽省博物馆、安徽省档案馆、安徽省图书馆、黄山市博物馆以及黄山市属各县和绩溪县、婺源等县博物馆、档案馆、图书馆,都是徽州契约文书的收藏大户。全国各地高校、研究机构和博物、图书与档案部门对徽州契约文书的收集,一直持续到1960 年代"文革"前夕。

十一月一日

"上午八时,到文学研究所开会。……下午三时,到部。送有关印度的书八册给陈毅同志。郑州文化局某君来谈。四时许,到隆福寺修绠堂、文渊阁、带经堂及文奎堂。遇晓铃。在带经堂选购了一些书。在文奎堂得《董文友文集》及《乐府遗音》、《台海采风图考》等书。文奎有明刊本《诗法源流》一书,收诗话不少,题李攀龙辑,实似《格致丛书》本,不知其来历究竟如何。"(日记)

十一月二日

"上午,萧新祺送书数种来,无佳者。十时,到考古所,陈梦家云:琉璃厂藻玉堂近得书不少。即偕之至该肆,果有新至之书数十箱。其中,仅张君所选的劳校数种及明刊《三谢集》为佳耳。但无意中,却得到某人托售的《弁而钗》一部。此'不登大雅'之物也,却索价绝为昂贵。予以久未收小说,且前仅有半部,故仍收之。下午,至政协礼堂听吴努讲演。夜,偕空了、小箴、尔康等至新侨晚餐。"(日记)

十一月三日

"上午,政协开座谈会,讨论埃及事。下午,政协请缅甸联邦人民自由同盟主席吴努作报告。夜,宴请苏联专家雷达雅。"(日记)

十一月四日

"上午,看'文学论集'稿。十时许,到小箴处。十二时许,到勤政殿,参加毛主席欢送吴努的宴会。三时许,散。即赴琉璃厂,到富晋、修绠、来薰及劢贤阁等肆。在劢贤阁得到小书若干。来薰阁有《笠泽游记》及《天章汇录》,亦甚佳。晚,赴文化部茶话会。"(日记)

晚,为明杨循吉《南峰杂著》作题跋,指出:"南峰为明弘正间名士,不守绳墨,惯作讽喻语,曲子尤佳。今得其诗文等七种,殆是人间孤本。论述明代弘正时文学史者,得此乃可添若干新页矣。"又为清邵廷烈《娄东杂著》、明杨时伟编《合刻忠武靖节二编》、清陈弘谋编《天章汇录》诸书分别作题跋。

十一月五日

"上午八时,到飞机场送吴努。九时半才回部。晤李文信及林惠祥。与惠祥谈厦门博物馆事。中午,约章靳以来午餐,喝了不少黄酒。下午,赴文联,开扩大主席团会议。夜,七时,到部,欢宴部的苏联顾问。"(日记)"中午在振铎家便餐。"(靳以日记)按,靳以出访苏联前先到北京。

在《人民日报》的《漫步书林》专栏上发表《谈整书》,大声呼吁:"把束之高阁的未编目上架的书籍,全部陈列出来,群策群力地做一番彻底的整理工作吧。"

为所藏明王世贞等撰《笠泽游记》作题跋。

十一月六日

"上午,到部,处理杂事。十时半,到考古所。下午,三时,到飞机场迎接日本冈山代表团。五时许,到政协全委会商文化组座谈会事。六时半,到怀仁堂,参加庆祝苏联十月革命节三十九周年纪念大会,吴玉章、郭沫若、尤金讲话后,即开始歌舞节目。"(日记)

在《人民日报》的《漫步书林》专栏上发表《谈整书(续)》。

十一月七日

"上午,到部办公。修改了余冠英的讲中国文学的文章。九时,开会讨论文物局的 1956 年总结及 1957 年计划。十一时半,到考古所,晤夏鼐。十二时许,到科学院,参加中捷文化协定的签字仪式。就在那儿午餐,为捷克科学代表团送别也。……四时半,捷克科学代表团普鲁赛克来谈。……六时,赴北京饭店,参加苏联大使馆的为庆祝十月革命节举行的宴会。宴后,看马戏班的表演。"(日记)。

十一月八日

"上午,沐浴。到飞机场送捷克科学代表团普罗赛克等。在部办公。十时许,到考古所。十一时许,到修绠堂,无所得。下午,到琉璃厂各肆一行,亦无所得,仅见劾贤阁有山西来的书数种耳。"(日记)

为所藏明曾益释唐人李贺《昌谷集》作题跋:"李长吉诗想象奔放,奇语叠见。世人情思每苦枯涩,若读长吉诗便知天才诗人是如何的文思沛旺,像长江大河之不可竭尽。其遣辞用字,又是如何的破天心、揭地胆。凡宇宙间物无不可捉入诗里,而为之尽忠肆力。予非诗人而素喜长吉诗,今得曾益释本,纸墨精良,甚足怡悦,复增诵吟之趣矣。"又为所藏明孙鑛评、闵齐华注《文选瀹注》作题跋:"予旧有此书,于劫中失之,顷复从北京琉璃厂邃雅斋得此本。按《文选》注本甚多,以李善注为最善,明有张凤翼纂注。此书则删节六臣及张注,择善而从,盖与陈与郊的《文选章句》同是童蒙读本也,若论选学则非一家之言也。"

十一月九日

"上午,到部办公。开部务会议。十时许,到考古所,商妥购印度考古学者查克拉瓦底遗书事。十一时许,到带经堂,取得书数种。下午二时半,到科学院接待冈山代表团。四时,到美术展览馆看赵望云画展。六时,宴请白羽、靳以等。八时许,到政协开中山纪念会筹备会。"(日记)"晚在振铎家晚餐。有:致祥、白羽、罗荪、□湘、赵望云等。"(靳以日记)

十一月十日

政协全国委员会文化组邀请在京美术家举行 "怎样繁荣美术创作"座谈会,郑振铎主持并讲话。

在带经堂购得明嘉靖刊《玉台新咏》及《续玉台新咏》,明李齐芳刊唐李白《李翰林分类诗赋》,均为诸家书目所未见著录而带经堂购自广州者;又购得明人吴安国《纍瓦编》。分别作题跋。

下午,"给郑振铎……写一封信"。(郭小川日记)

十一月十一日

在《人民日报》的《漫步书林》专栏上发表《谈分书》,认为:"把复本书,把自己所不需要的或不合用的书,分配给了别的图书馆,那是'功德无量'的事,那是使'书'发挥了更大的更广泛的作用的事,那是毫无私心的光明磊落的事。"

十一月十二日

到南京。为纪念孙中山先生诞辰90周年,郑振铎参加以朱德为团长、李济深为副团长的中央谒陵代表团(共38人),今日下午晋谒中山陵,同时瞻仰廖仲恺墓、邓演达墓。

十一月十三日

在南京。"上午,寄信给徐森老等。九时,出发到栖霞山。……省郭秘书长来谈。四时半,到萃文书店购物,颇有佳者。《徐熥集》,尤好。夜,朱偰等来谈。"(日记)

朱偰日记："上午,赴南京饭店访郑振铎,已赴栖霞。张之宜秘书长来,劝余陪郑振铎部长出外视察,并谓长江大桥参观之行(余已报名参加政协参观团)保证今后另行组织邀余同往。七时,赴南京饭店访郑振铎、马寅初,谈久之。"

在《人民日报》的《漫步书林》专栏上发表《谈分书(续)》,指出："应'分'者,我们必须使之'分',使之分配得'得当'……同时,也还应该说明一下,不应该'分'的书,是绝对地不能使之'分'的。"

十一月十四日

在南京。"八时半,到香铺营文化局找朱偰,同去石头城,察看拆去的城垣。形势雄伟极了!不知为何拆之?!转到南大的北阴阳营的新石器时代遗址……继到三台洞……到燕子矶,发现乾隆的题诗碑,倒在地上,任人践踏,大是可惜!……餐后,到南京博物馆,找曾昭燏,看了新的陈列,并携回毛抄《韩山人集》一本。到朱偰家看书,有明板《两浙名贤传》等,甚佳。二时,到六华春晚餐。……夜……舒新城来谈。"(日记)

朱偰日记："晨六时三十分起。上午郑振铎副部长来,偕潘科长赴汉中门外看石头城至新被拆去一段凡219公尺,令人痛惜。又赴阴阳营参观新石器时代遗址凡7000方公尺,作高墩形。又赴三台洞、头台洞、燕子矶一带游览……在燕子矶春风楼小吃,即驱车进城,赴南京博物院参观,郑部长提修正意见。傍晚群集余寓,参观藏书,赞叹不止。六时三十分应曾昭燏之请,赴新街口六华春宴会,招待郑部长。"

致潘景郑信,提及："私人藏书,只可作烟云过眼观。只是为了应用方便或为了一时兴趣,才下手购之耳。其实,大是无谓。如果成了一个藏书家,则非惹出许多麻烦来不可。"

十一月十五日

在南京。"八时半,到南京博物馆,偕曾昭燏、朱锲同到麒麟门外,看新起树立好的刘裕陵前的二石兽及萧宏墓的华表与石兽。……十一时许,到南京图书馆,晤李仲容及柳翼谋之女。看到好几部书。同赴夫子庙建华饭店午餐。……饭后,到夫子庙一游。买毛钞《韩山人诗》

事已哄传一市。继至萃文，买了几部书。四时许，到鸡鸣寺喝茶。四时半，到后湖看菊展。……写信给箴、俊瑞及方行。邹树文来访。灯下看《新世说》，较之刘作，有天壤之隔。"（日记）

朱偰日记："上午，赴南京博物院，偕郑振铎、曾昭燏赴麒麟门访宋武帝刘裕陵，石天禄已涂化学药剂。又赴张库村访萧宏墓，摄影留念。十一时进城。"

给萨空了、郑小箴写信，说："本想随着大队人马回京，因为觉得还是要南行一次，一来一去，空费了三天的时间，且浪费了公家的往来车费，因之，便决定留下来，即在南京、扬州、苏州、上海一带视察一番。"

在《文艺报》半月刊第21期上发表《全世界爱好和平的人民都站在埃及人的一边》。

十一月十六日

"七时许，朱、周来，即同往下关。七时半，开车。八时半，即到镇江。十时二十分，过江。十一时许，到六圩。坐汽车进扬州。……一时许，赴平山堂……继至观音山，迷楼在焉。亦有鉴楼，远望甚佳。下山，即到瘦西湖，登五龙亭，入劳动公园，转入徐园，看菊展。……时已四时，急至梅花岭史公祠。文管会在焉。盛仪妻彭淑洁墓中物大佳。有一本《孝经》，居然完整，尤为可贵。继至个园（在东关街），假山绝佳，实意外的收获。到陈茂和书店购《淮海集》等数部。"（日记）按，下午在扬州市文管会见到的是从明代嘉靖古墓中出土的《孝经》。

朱偰日记："早餐后乘汽车赴南京饭店，会郑部长、邹树文先生、潘其彬同志赴下关火车站，乘七时二十七分快车赴镇江。在轮渡处稍候，即乘轮横渡长江……抵六圩，扬州文化处于同志来接，乘汽车赴扬州，下榻大王边招待所。下午乘汽车出西北郭游平山堂，下至第五泉……又游观音山，登观音阁及鉴楼，遥望扬州及隔江镇江，诸山平远似画。下山赴五亭桥，游瘦西湖，登小金山……观菊花展览会，即赴史公祠吊衣冠冢……观文保会出土文物（盛仪及彭淑洁墓有出土折扇及明刻《孝经路引》）。进城游个园，叠石别有丘壑，现正在修复中。

又览书肆。"

十一月十七日

"五时许,即醒。写信给冶秋。八时许,动身到何家花园(何秋涛故园),该园已是军校,由易副校长陪同参观。……又到棣园(江西会馆)、平园及改作托儿所的某园,均各有胜景。此地原名花园巷也。……午餐后,即到南郊,察看米元章墓;至招隐寺……又至竹林寺,……三时,到焦山。……五时回。途经北固山,登高望远……晚,文化科长等来谈。同逛旧书摊。在河滨公园散步。"(日记)

朱偰日记:"晨六时三十分起。上午游何家花园……又游棣园……又游平园及某家小花园……十时驱车赴六圩,即刻渡江,镇江交际处派人来迎,住招待所。下午赴南郊访米元章墓,为文物保护单位之一。又赴招隐寺……登玉蕊亭……又访虎跑泉、鹿泉,即下山。转入山后,游竹林寺……从此驱车至象山,渡江游焦山……观瘗鹤铭及东方画像碑,即归镇江。半途游北固山,登多景楼遗址……"

十一月十八日

"七时半,游金山寺。……八时许,到车站。稍候,即上车到苏州。十一时三十七分到……住南园饭店,……下午二时许,韩书记及□专员来谈。二时半,到第一初中看'水假山',入洞不深而险。继至孔庙,看平江碑及天文、地理碑,……此国宝也。建筑物已甚破坏,应立即加以保护。时已暮色苍茫。到玄妙观一游。……七时半,到开明,看苏剧《王十朋》,颇佳。但越剧气太浓耳。"(日记)

朱偰日记:"八时三十九分搭快车赴苏州,以十一时三十九分到达。文教部尹部长及交际处派人来接,下榻南园饭店……二时赴狮子林园林管理处接洽,赴网师园,以星期日无人办公不果。乃赴南显子巷第一初级中学参观蕙荫花园,水假山极佳。又赴大成殿访天文、地理及平江图三宋碑。大成殿荒落不堪,梁上巢蝙蝠,不能入室,拟加以修复,供陈列文物之用。又赴玄妙观参观三清殿,即归招待所。晚饭后又赴开明戏院看苏剧《王十朋》(即《荆钗记》),颇佳。演毕,余及郑部长各上台慰问加以鼓励。"

十一月十九日

"七时许,即偕苏州专区的文教部长同坐车到吴江,又偕吴江县长等乘船到同里镇。到镇后,谈了些藏书情况,即到一金某家(代管)看其藏书,皆平常物也,……到吴江县,看'吴江垂虹',桥凡四十多孔,亦宝带的兄弟辈也。(宝带桥凡五十三孔,正在赴吴江途中,曾下车走过。)在大会堂一小楼上看没收之书籍,大都皆糟粕也,只有一部《医四书》,稍佳。画甚多,皆庞某之物,颇有好者,多小名家之作,亦可贵。中有禹之鼎画高江村像,如为真迹,却是白眉矣。下午二时半,回。到文学山房看书,购数十册。回寓休息,觉甚倦。夜,李市长等六七人来谈。"(日记)

朱偰日记:"赴同里镇、吴江县,访垂虹桥。九时三十分抵同里镇,至镇人民委员会查问财粮科保管藏书盗卖一案,并亲至保管处视察,该处系金某藏书,并无善本,另有一批书画已送吴江县文教科。"

十一月二十日

"寄母亲及箴信。……八时,出发到天平山。中途,过唐伯虎墓(将到横塘),下车谒之。由灵岩转入天平……登白云晶舍,饮茶。即下山,经帝子门,过二岭,远远见到有台榭的遗址。予曰:殆即赵凡夫之故居欤?或疑之,曰,行宫也。及登寒山之巅,入废园,乃见怪石甚多;有一乾隆碑倒卧。读之,乃知此确是凡夫隐居处也。出园,见一墓,疑即凡夫埋身之所。见墓前所立碑,果然不差。此是最大的收获也。回至天平,到木椟石家饭店午餐。餐后,登灵岩山。三时,下山。至阄子头巷,看网狮园,有部队住着,但大体尚完好也。晚,专员等来访。看洪福木偶昆剧团。"(日记)

朱偰日记:"晨六时三十分起。上午发自苏州,出南门,先赴横塘,访唐伯虎墓……过横山,径驶木渎,灵岩山在望,折而西北。至天平山,先谒范公祠,又游高义园。邹树文老先生留余偕郑振铎及潘、王、诸三人从半山而下,逾童子关,赴寒山访赵凡夫藏书楼遗址……赵凡夫,名宧光,万历时人,父为宰相。凡夫不仕,隐居于此,藏书万卷,手自批校。死后其藏书为家人售于钱牧斋。南数十武为赵凡夫墓,摄影而返。下午访韩世忠墓……由此上灵岩山,游灵岩寺,观其藏经楼及文物陈列室。登琴台。望太湖……"

十一月二十一日

"寄舒一信。……八时,出发到东山。六日前方通汽车。约一小时可达。去岁则花了半天才到也。……步行到光明渔业合作社,谈了好久,并到太湖边看渔船等。……一时半,到西锦山这个合作社的垦荒处一看。……二时许,到联盟合作社(蒲庄乡),亦是去年去过者。……五时,回寓。来访者甚多。"(日记)

朱偰日记:"赴东山、浦庄,参观农业合作社、渔业生产合作社。"

十一月二十二日

"发徐帆、夏鼐、孙家晋、伯祥及舒信。……八时,出发到虎丘,访花农合作社。……由合作社到山塘街,看五人墓。惜无标记。沿此街到虎丘。……察看虎丘塔,登入塔中。……继到西园、留园,……又转到寒山寺,……下午二时半,到吴县人民委员会内看无梁殿。……继到刺绣工艺美术合作社、宋锦合作社、樟绒合作社和檀香扇合作社去视察。……途经桃花坞,尚有数家卖年画者。在王荣兴购得年画三张。时已入夜矣。有客来访。七时许,到苏州书场,听上海的评弹团,说唱《白蛇传》(三刻)、《顾鼎臣》(一小时)及《三国》(一小时),均佳。约十时回。(遇范烟桥)"(日记)按,致夏鼐信谈在南方视察情况等,又附致陈梦家信。

朱偰日记:"游虎丘、西园、留园、寒山寺、开元寺无梁殿,参观刺绣、宋锦、漳绒三合作社,参观桃花坞檀香扇合作社。"

十一月二十三日

"寄箴一信。……八时,出发到江苏省博物馆参观。博物馆即在拙政园……继即游园,……至狮子林,……午后,到老阊门附近七襄公所参观,现住苏昆剧团,……至汪氏义庄,……继至曲园,……至训经堂,毕沅故宅也。……吴平斋两罍轩及墨香阁已改作二中宿舍了。至鹤园,……继至怡园,前为吴宽故宅……至沧浪亭,……至师校女中,看'瑞云峰',果然名不虚传。归寓,已灯火万家矣(五时)。七时,与专

区颜主任、苏州李市长等十余人谈视察情况。"(日记)

朱偰日记:"访江苏省博物馆,游拙政园、狮子林。偕郑振铎等再访苏州园林,先至七襄公所,又至环秀山庄,继访毕沅经训堂及小灵岩山馆,继至曲园、鹤园、沧浪亭。"

十一月二十四日

"发舒及俊瑞信。……八时,出发到石湖。……见到湖中的两小岛,即范成大故园遗址的一部分也。上上方山,看五通神,即楞枷[伽]寺也。山上有土墩甚多,我们拾得印文陶一片,疑是吴长城之一部分。……下山,坐船到对岸余氏宅,有赐福寿堂一铜匾。出其后门,到越城一游,……过行春桥,到范公祠,……至治平寺,……又至石佛寺……二时许,回。到周瘦鹃宅看盆景,甚佳。应设法帮助之。……七时,到拙政园玉兰堂听道教音乐研究组的演奏,颇有特点。"(日记)

朱偰日记:"游石湖,登上方山访楞伽寺,访俞庄(沈寿故居)、越城、范公祠、治平寺、石佛寺。下午仍从横塘驶归苏州,进胥门访周瘦鹃于王长河道观,其盆景极佳。灯下,偕郑振铎等赴拙政园柏华堂听玄妙观道教音乐,演奏尚佳,富有昆曲情调。"

在《人民日报》的《漫步书林》专栏上发表《谈印书》,提出对一些珍贵、有用而稀少的书应该重印,同时对原本必须认真保护。

十一月二十五日

"八时,到双塔寺,……九时许,到血吸虫病防治所视察。……十时许,回寓,颜专员、丁秘书长等均来送行。丁并送到车站。邹树文和朱偰亦到站送行。于一时三十九分,从苏州开出,午后一时二十分,到上海。陈虞孙来接,住上海大厦35号。饭后,到三马路古书肆一行,颇见寥落。但到了福州路古籍书店,则广庭如市矣。见到好书不少。有陈批《明珠记》、明刻《昆青徽池雅调》、《救荒本草》、《本草尝鉴》及黄跋顾校等,颇为高兴。四时,回庙弄。哲民、家晋、方行、述之、而复等陆续来。偕至九江路老正兴晚餐,酒喝得不少。复偕至文化俱乐部。晤唐弢夫妇等。"(日记)

朱偰日记:"游双塔寺、定慧寺。十一时送郑振铎副部长回上海。

此次同行十日,相处尚佳。"

在《人民日报》的《漫步书林》专栏上发表《谈印书(续)》,指出:"重'印'的专门化的内部参考资料,搜罗得要广、要备。重要的必需的一般参考书,校印得要精审,要使读者们检阅便利。主要的'读本'一类的书或最常被阅读的文艺书,更要有精良的'新版本'。"

十一月二十六日

"发笺、舒信。……九时许,到上海市文管会,晤森老等,看了不少好书。偕森老、稚柳、斐云等到红房子午餐。……下午,沈之瑜来,偕至邑庙豫园,看内园及玲珑石等,……又到历史文献图书馆,见到顾廷龙,看其新辟的书库及阅览室。……近五时,至古籍书店,取来《救荒本草》四册。又到来青阁,购得李卓吾评《陶渊明集》一册。……七时半,在长江看昆剧会演。……(演《嫁妹》、《芦林》及《长生殿》的《絮阁》、《小宴》、《埋玉》)……在剧场,晤云彬、辛笛诸人。"(日记)

"在剧场上遇到郑振铎、赵万里、许涤新。振铎住上海大厦十楼三十五号,同他一道坐车回来。"(宋云彬日记)

十一月二十七日

"近六时起。哲民来。丁英桂、胡文楷来。沈之瑜来。九时,到上海博物馆察看。……至图书馆,晤沈文倬、瞿凤起,见《缠头百练》,匆匆一阅,即回。……下午二时半,张君来,偕往虹口公园内的鲁迅纪念馆,……又至鲁迅墓,……五时,到历史文献图书馆访景郑,他已下班了。近六时,到唐弢处,晤西禾、方行、哲民、而复、巴金、述之等,唐请客也。"(日记)据宋云彬日记,下午视察鲁迅纪念馆、看鲁迅墓,宋被邀同去。

十一月二十八日

"六时半,起。倚枕读陶集,尽一册,颇有新的认识。森老、斐云来。韩世昌等来。九时,偕而复到真如,看元代建筑大庙,……又到南翔镇,看防湿纸厂及金星印染厂。……二时许,回。……至各书肆购《陶渊明集》等数种。……六时许,到十六铺德兴馆晚餐,李俊民请客也。有斐云、方行、哲民、家晋、世勋诸人。"(日记)

十一月二十九日

"发舒一信。六时起。森老、斐云来。沈季襄、丁英桂来。路工、范宁来。九时许,到文化俱乐部,座谈昆剧发展问题,发言者甚为踊跃。"下午,"到历史文献图书馆,晤景郑、起潜,偕到四马路古籍书店,在门市部及仓库,检出了不少要用的书。其中,有《攀古小庐文》,为光绪刊,颇不多见。六时许,偕起潜、小老到新雅晚餐,方行请客也。同席者有予同、方行、辛南、述之、而复、森老、起潜等。"(日记)郑振铎为昆剧座谈会写有讲话提纲,主要谈有关宣传问题、改编问题及剧团的组织问题等,后题为《有关发扬昆剧的三个问题》,收入 1957 年 8 月上海文艺出版社出版、中国戏剧家协会上海分会主编的《昆剧观摩演出纪念文集》。郑振铎还记有俞[振飞]、白、周、王、朱国梁、傅雪漪等人的发言。

十一月三十日

"发笺、舒信。……近八时,廖静文来,谢稚柳来。八时二十分,到市文化局,晤仲华、虞生[孙]等。为上海市二届图书馆工作会议讲话。……五时许,到汉口路,在来青阁买了几部清人集子。其中有《竹洲集》,乃是地方诗文集之一,颇罕见。六时半,到梁园晚餐,述之请客也。在座有予同、方行、而复、进者、哲民等。……在梁园,晤陈济川,说起:苏州阊门外有破布废纸生产合作社门市部,堆了不少古书,而不让人看,选取的残本,索价奇昂。应即行处理一下。九时许,睡。而复、方行、述之来访,稍谈,即去。"(日记)

十二月一日

"六时许起。为了'破布废纸生产合作社'事,写一信给苏州市李市长及范烟桥局长,要其作处理,并打电话给江苏文化局。八时许,徐森老来。赵斐云来。谈到九时半,森老去。十时许,偕斐云到三马路来薰阁。遇路工。在积学书店购得《南西厢记》一部(一册),又见到明刊《本草纲目》的各种版本的配全本。在来青阁,见到程守中的书二札,不拆卖,其中,有好书不少。乾隆本的《画继补遗》是一部很重要的书。中午,在梁园午餐,沈仲章亦来。……三时许,到神州造纸厂看造'还魂纸'的经过。……四时半,到传新。到古籍书店,得《古笑谈》一部。遇斐云,偕到国际饭店。在十八层楼(云楼)晚餐,瑞璜、国秀夫妇、绍虞、文祺、予同、令孺、耀翔、俊英夫妇公请也。……座上闲谈了不少事,特别是关于某某二画家及某一词人事,谈得十分愤激。有一六十岁的老画家,竟因欲入画苑,拜吴某为师,大摆宴席,人间直无羞耻事矣!惨极!无用者可以化为有用。过去有历史污点者可以脱掉帽子,使其安心工作。但不宜即令之冠冕群伦,使正直之人寒心不平也。大家以为:可给以生活安排,但不可给以政治地位,如北京之对待周作人,最为合理合法。又谈到书法及简字问题,则意见分歧矣。九时许,散,觉得是一场很好的座谈也。"(日记) 按,今日写信给苏州市长和视察造纸厂,都是为了防止将有用的古书用作造纸原料。

十二月二日

"发俊瑞信。……八时半,到庙弄。仲华、尔[而]复、方行、述之、哲民及孩子们来。同登车赴松江。约一小时而达。……看东塔。看县图书馆。……看中国人民银行库内的藏书,发现有一本《唐雅》。看唐代的经幢,董其昌的进士牌坊等(在集仙街)。……下午二时,下船,赴佘山。……先到天文台……继到天主堂。……七时半,回沪,在梁园晚餐。"(日记) 这次去松江是方行提议的,因"松江文化局接收到大批线装书,听到郑先生到上海,想请去看看有没有什么好书。顺便可以看看方塔,游览一下佘山。"(刘哲民《回忆西谛先生》)

十二月三日

"六时一刻,赴北站,登车赴杭。六时三十七分开车。……遇金紫光、白云生、韩世昌等,大谈昆曲事,旅途颇不寂寞。十时三十一分,到杭州。有办公厅的人来接。住大华 305 号。……一时许,起。郦衡叔来,谈得很久。黄源来,王局长来,均谈得很兴奋,特别是关于戏曲方面的事。……黄源说起发展婺剧事,甚有意义。五时,到浙江西山医院访舒。"(日记)

十二月四日

"九时,新华社记者和黄源来。同往孔庙。……到灵隐,看塑的大殿佛像,……十一时许,到楼外楼,请北昆诸人也。我讲了几句,反应甚好。……三时半,到文管会及博物馆。……访陈学昭。六时半,访舒,谈到八时半,回。"(日记)

十二月五日

"六时,起。晤赵九章诸人。九时,出发到绍兴……至近十一时才到。……到鲁迅纪念馆,看其陈列颇有改进。……十二时半,到市人委会吃午饭……继到书铺一行,买《馆阁诗》等五种,皆无聊之物也。至青藤书屋,虽仅存一角之地,而规模犹在,可修复也。三时半,回。行至五时,达大华。……匆匆饭后,即赴胜利。……七时,北昆开演。有《出潼关》、《夜奔》、《嫁妹》及《游园惊梦》四出,均甚卖力气。"(日记)

十二月六日

在杭州。"九时,出发到小河,看华丰造纸厂。……归途,经都锦生,入内参观。……二时,到胜利剧场,对浙江文艺界讲话,到者千余人。似颇有好的影响。四时半,散。到浙江医院访舒,……八时半,别。至胜利看《拾画叫画》及《刀会》。"(日记) 对浙江文艺界讲话题为《民族文艺遗产的保存与继承问题》,写有草稿。

题李贺诗集赠徐微。

十二月七日

"发给俊瑞及箴信。……八时半,到浙江医院,偕舒同到玉泉观鱼,又到九溪十八涧。……二时,许钦文送橘子来。三时许,胡士莹、夏承焘、钱南扬来。谈到四时许,同到维新书店选书,……与钦文在湖滨步行到六公园,……六时,沙文汉省长来,同赴餐厅,与王国松、赵宗尧、童第周、赵九章等会餐,谈了很多话。"(日记)

十二月八日

"八时许,到医院……偕舒到水乐洞,……十一时,到灵隐,……三时,到美分院座谈。他们所谈的集中于迁校问题,颇为激昂。……五时许,回。郑晓沧来谈。晚餐后,即赴车站。许钦文等送行。七时二十一分开车,十一时二十分到上海。住上海大厦。"(日记)

十二月九日

在上海。"徐森老来。刘哲民来。森老说起,有郭清狂及史痴翁的册页二本,原为顾氏物,已为上海博物馆所购(加价 50%)。偕他们到来青阁,得到《昭代丛书》、《月壶题画诗》等,又在积学,购得《本草纲目》一部。十一时许,到庙弄,晤文英。中午,在金仲华家午餐。在座者有而复、同生、空了、曹禺及志超等。二时,散。到虹桥俱乐部。……五时,偕曹禺、而复至来青阁买些书。六时许,同到桂沧凌家晚餐。"(日记)

十二月十日

"九时,到全国供销合作总社的废纸收购处,和他们谈话,知道轻工业部亦有收购废纸的'造纸原料联购处',继至一个收购店及其库房参观。……到古籍书店,看到《淮郡文献志》,绝佳,惜太昂,无力致之矣。仅以百元,得一《食史》。《群芳列传》亦佳。……下午二时半,轻工业部的造纸厂管理处来一人,偕往虹口的万利分厂,和长宁路的华孚新分厂去看。……叶铭山正在检书。检出不少好的东西,像棉白纸《庾子山集》、康熙本《重修南通州志》等。检字[纸]女工们也已知道古书的重要。独惜这制度未能遍及各地耳。至来青阁。……六时,金仲华请客。七时半,偕而复到柯庆施寓,谈到九时半,回。"(日记)

十二月十一日

"发致俊瑞信一。七时起。哲民来。方行来,谈了好久,关于出版计划事。近九时,到文管会,看到郭清狂和徐[史]痴翁的画册,王履的《华山图》,陆治的《华山图》和其他善本书等。偕稚柳同到古籍书店,得书数部。约稚柳、西江、实君在老半斋午餐,……三时,偕沈之瑜同到文物仓库,向他们致慰劳。见有黄色钟一只,题'康熙五十四年造'及'大吕'字样,其重异常,疑非铜质。即嘱之瑜运藏文化局。……五时许,哲民、方行来。他们带来了我的著作不少。很感谢他们收集之功!六时,在十六楼请客,到者有仲华、而复、空了、森玉、稚柳、潘有彬、述之、方行、哲民等。"(日记)

十二月十二日

"七时起。收拾行装。丁西林夫妇来谈。他们方于昨天到沪。校读《桂公塘》。十一时,偕空了、曹禺,到美社上海办事处,看珂罗版印刷事。……十二时,到红房子,周而复请客也。同座者为空了、曹禺、西林、方行等,主客共六人。……二时许,哲民来,将《桂公塘》交给他。细算一下,要编出来的旧作,已有十一种。如连同《戏曲史》、《陶俑图录》、《版画史图录六辑》等,则共有十五六种了。三时半,有人来送行。同到车站。钟望阳也来送。四时十一分开车。六时许,晚餐。餐毕,与潘有彬别,他南京即下车。"(日记)

十二月十三日

晚8时23分,到北京。"徐帆、王主任、贝贝等均来接。到家时,见家人无恙,书堆如故,颇有松一口气之感。途中所购书,均已陆续寄到。只有上海、杭州的一部分,未到"。(日记)

十二月十四日

"一到部,就有人来谈。十时半,到中国书店一行,得《弇洲四部稿》等书。到考古所,和夏、荆等谈了一会。回家匆匆午饭……即赴首都。因一时半,刘芝明做报告要我主持也。准时到。他讲到四时许,散。到隆福寺各书肆一行。五时许,到小箴处。"(日记)

十二月十五日

"上午九时,到考古所,在见习员训练班上讲话。下午二时许,到文化部。四时许,在文化局长会议上讲话。"(日记)郑振铎对考古所见习生训练班开学的讲话写有提纲。

十二月十六日

"在书房理书。综计在宁、沪所购,颇有佳者。京肆亦甚有妙品。像《国雅》,在来薰阁购十册,在富晋购八册,想可配得全也。……下午四时许,伯祥偕其子莹官来。"(日记)为购藏清人顾观光《七国地理考》作题跋:"讲考古学者,此类书是案头必备之物也。今咸阳、临淄、长沙、寿春、邯郸、新郑、洛阳、浑源、易县诸地古物大出,七国地理势不能不研究。惜此书尚未能详尽,有待我辈作进一步的论述也。"又为所藏明人徐燨《幔亭集》、明人毛晋刻《五唐人诗集》等书作题跋。

十二月十七日

"早起到部,即得舒一信,甚慰!参加文化局长会议。十一时半,到〔政协〕全国委员会,讨论'会刊'事。……下午四时许,到荣宝斋,送原刻《十竹斋笺谱》给他们做底本。到来薰、邃雅、富晋诸肆。在邃雅得明黑口本《止斋集》;在富晋,得焦氏《澹园续集》。均是善本也。六时半,到恩成居晚餐,应文物出版社约也。有杨心得、鹿文波及出版局诸人。"(日记)　按,政协全国委员会决定成立"会刊编辑委员会",郑振铎为编委会主任委员。

十二月十八日

"六时三刻,到飞机场送茅盾、周扬、老舍、圣陶等赴印度。……八时半,到部。见萧新祺送来明刊本《历代小史》,颇好。富晋等寄来之书籍,均已到。拆包后,甚感高兴!《国雅》已配全!此不是容易之事也!中午,在全聚德请陈虞孙、陈建平等午餐,……三时许,到部开会,钱俊瑞同志作总结发言。"(日记)按,茅盾等人去印度参加亚洲作家会议。

十二月十九日

为所购明人王路清辑《镌竹浪轩珠渊》(附明人洪自诚《菜根谈》)作题跋:"路清……盖明末一好事之徒也。此书未见著录。文奎堂从广东购得,予见之亟收入玄览堂书库。虽非大著作,亦一秘笈也。"为宋人张纲《华阳集》作题跋:"张纲为南宋初名臣,其中原始材料甚夥,开卷外制里即有牛皋转两宫的一诏,殊是重要。今春予至杭州,登紫云洞访牛皋墓。细雨霏微,山容凄淡,徘徊墓前,仿佛犹见此民族英雄的抗战雄姿也。"为明人杨廷和《乐府余音》题跋:"明本散曲予收得不少,独无廷和此作。二十年前尝于北京图书馆见到此本一部,欣羡不已,即抄录一部存于行箧。文奎堂从粤东购得莫天一、李文田旧藏书不少,予仅得其数种。此虽非莫、李所藏,然实罕见善本也。亟收得之,为玄览堂中的妙品之一。"又为明人胡文焕刊《格致丛书》(残)、清人徐夜《徐诗》、明人陈济生《启祯两朝遗诗》(残)等书作题跋。

十二月二十日

于修绠堂购得清人张大镛《自怡悦斋书画录》,归作题跋。

十二月二十二日

致刘哲民信,提及古典文学出版社关于《汤祷篇》的合同收到了。(按,此时上海新文艺出版社古籍编辑组独立,成立上海古典文学出版社,刘哲民到该社工作。)又提到:"关于《访书日记》等二书,俟编好校读一遍后,即寄上。"(按,此书后未及编成。)

为所购明人杨慎辑《哲匠金桴》(残)作题跋:"……下午晴空碧静,心意畅恰,偕王君崇武至隆福寺文渊阁,得水明楼、纺授堂诸集,骤若贫儿暴富,快意之极!复同往中国书店询常熟所购邓志谟五局传奇消息。店中人云:书已寄到。即取出阅之,果是百拙生之作,即挟之归。他们复取出明板书数种,《哲匠金桴》亦在其中,予以其罕见,虽阙佚首卷亦收之。似斯类奇书稍纵即逝,固不能论全阙也。"

十二月二十三日

晚,于修绠堂购得清抄本《蔬食谱》,归作题跋:"《蔬食谱》单行者未之前见,此本疑仍是某书的一部分,抄本甚旧,多切实用语,当可普传天下,为蔬食者大增口福也。" 又为所购明毛晋刊《唐六名家集》作题跋曰:"汲古阁刊诸唐人集,予先后收得《唐人选唐诗》、《三唐人文集》、《八唐人集》、《五唐人集》。今又于北京隆福寺修绠堂得此《六唐人集》,则所阙者仅《三唐人集》及《四唐人集》耳。《唐三高僧集》亦未有,想均不难购得也。天寒地冻,炉暖灯红,披卷读之,心身俱恰。时为……余五十八初度日也。" 又为清人刘心源《奇觚室乐石文述》(残)、清人沈季友撰《李诗系》等书作题跋。

十二月二十四日

致刘哲民信,提及所著《汤祷篇》欲请周予同作序。

致潘景郑信,提及:"我有一个理想:应该有像司马光那样地以'书局自随'的制度,才能有《通鉴》写出来。今天是需要多少部像司马光那样的大著作出版!正在设法中,我想,可能会实现这个计划的。首先应该对《诗经》、《书经》、《三传》、《三礼》、《史记》、《汉书》等,有一个或若干个专门的'研究组'。不知先生以为如何?我希望先生能领导这样的一个'研究组'也。"

于富晋书社购得明人张萱撰《疑耀》，归作题跋，认为当是李贽所作。为藏书《唐皮日休文薮、唱酬诗》作题跋："数年来，予发愿欲治唐人诗，惜所得不多，未敢即行着手。然俟材料俱备，则将待之何年何月乎？只好一面广搜诸本，一面进行校读耳。"为购藏明人焦竑《澹园续集》题跋："明人集浩如烟海，四库失收者多矣！或出于有意，或出于无意。当时四库馆臣诋諆明人著作无所不用其极，是自有其政治作用。今日我辈正应实事求是，为许多明代作家鸣不平也。"

本日，接见《文汇报》记者，就武当山和龙泉县两起破坏珍贵古代文物事件发表谈话，号召"人人能像保护自己的眼睛一样来保护地面和地下的文化宝藏"，后题为《宝爱民族遗产　保护文化古物》，发表于 1957 年 1 月《文物参考资料》第 1 期。

十二月二十五日

为购藏明人曾异撰所撰《纺授堂集》作题跋。

十二月二十八日

下午，主持政协全国委员会文化组的工艺美术问题座谈会，并讲话。

十二月二十九日

晚，过隆福寺文奎堂，购得明人陈懋仁《庶物异名录》、今人刘声木《续补寰宇访碑录》等，归作题跋。又为所藏清人王士祯《古夫于亭杂录》作题跋。

十二月三十日

史久芸日记："十时半，同戴孝侯、伊见思两君往黄化门 17 号郑振铎副部长家午饭。同席者为章锡琛、陈乃乾等共十一人。下午三时回社。"

为购藏清人唐英撰《古柏堂十四种曲》作题跋："天寒欲雪，情怀落漠。偶检架上《古柏堂传奇》，见只有十四种，阙第十五种。忆昨晚在隆福寺大雅堂，睹其从山东购来书中有《灯月闲情》第十五种《双钉案》一册。因即驱车至大雅堂，携此册归，恰好配成全书，大是高兴。一书之全其难如此，岂坐享其成之辈所能了然乎？"又为购藏明人陈荐夫《水明楼集》作题跋。

十二月

　　某日,致刘哲民信,附以准备交给上海新文艺出版社出版的著译书单。该社即复函表示基本全部接受。书目如下:《金枝》(节本,译,第一部分已译),《恋爱的故事》(希腊罗马神话与传说之一),《英雄传说》(希腊罗马神话与传说之二),《灯火集》(散文集,1949年前作),《到处是花是春天》(散文集,1949年后作),《艺林杂话》(序跋集)。(按,上述书目,除第二、三两种后由作家出版社、人民文学出版社出版外,余均未及编成出版。)

本年

　　应上海古典文学出版社之请,开始编辑《中国古代版画丛刊(初编)》。当时郑振铎有一个规模宏大的设想,预计将收500种左右;而所订"初编"规划也有36种,90余册。翌年,上海古典文学出版社开始"初编"的印制工作。

　　本年,在文学研究所评定职称时,仍坚持评俞平伯为一级研究员。

　　本年,香港文学研究社编选出版《郑振铎选集》,为"中国现代文选丛书"之一。

一九五七年　六十岁

年初

巴金、周而复、章靳以、孔罗荪等在上海筹划创刊《收获》双月刊，并邀请郑振铎参加编委会，主要负责中国古典文学方面。郑振铎高兴地接受了邀请。该刊于 7 月 24 日创刊于上海。

一月一日

上午"十时许，到夏衍处闲谈。"下午"近七时，到怀仁堂看京剧。七时半开演，有李多奎的《钓金龟》，谭富英的《捉放曹》，张君秋的《祭塔》，马连良的《放火取印》，均是不大演的戏。颇佳，十一时许，散。"（郑振铎日记）

一月二日

"八时，到部办公。将《版画史》的注解加以补充。……四时许，到琉璃厂。知平安里书贩白某，近收得明红格抄本《说岳精忠通俗演义》，有彩图，即偕孙景润去到他家，值其外出，未见到书。整理《版画史》注。……购得刘喜海刻《宝刻类编》，颇罕见也。"（日记）

一月三日

"十时许，赴考古所。……三时许，到飞机场，迎接周总理回国。……七时许，偕篯赴国际俱乐部。今晚，为庆祝缅甸联邦共和国成立九周年纪念，中缅友协举行电影招待会也。我和吴巴茂都讲了话。电影是彩色的《宋士杰》。"（日记）

一月四日

"八时半，到部办公。路工来谈。九时许，到全国委员会开工作会议。……三时许，到琉璃厂来薰阁，……购普通书数种，回。六时，偕篯赴北京饭店，参加缅甸联邦共和国九周年纪念日庆祝酒会。酒喝得不

少。晤冠华、奚若、春晗诸人,谈颇畅。……(路工携《绿窗女史》等书见示,插图甚佳。)"(日记)

一月五日

"八时半,到部办公。……和金灿然谈古籍出版社事。刘哲民来京,恰相左。……胡愈之到东北视察,东北人民的图书馆长汪某(曾做过汉奸)告诉他说,花了二十万元,买了满满的一库书,且都是和郑某某抢购的。未免夸大其辞!(昨夜酒会时告诉我的)连日在整理《版画史》,即将付印。一上了手,就觉得有不少问题,处处得查书、找书,花的力气还要不少!"(日记)

一月六日

"十一时许,赵万里来。赵世逻来。刘哲民来。他们在此午餐。赵世逻借去明刊本《农政全书》二册。……四时半,到隆福寺修绠堂、文渊阁一行,所得不多。……六时,到余心清宅晚餐,有仲勋、冠华、张彦诸同志,喝了不少酒,吃鹿筋。……晨得予同信一,甚为感伤!"(日记)

一月七日

"到部办公。……十二时,因肚痛未已,即归。……看高士奇《金鳌退食记》等书(《说铃》本),开卷有得。"(日记)为所藏明刊《醋醋斋酒牌》作题跋。此书为路工于安徽屯溪购得而归郑振铎者。

一月八日

"八时许,到部办公。开部集体办公会,谈了不少问题。下午,二时半,开政协全国委员会会刊编委会,……第一期稿,已大致确定。月底可出版也。"(日记)

一月九日

"八时半,到部办公。杭州灵隐寺和尚性空,持宋云彬信来访。灵隐大殿的佛像果然造不起来,还须将北海天王殿的三尊铜佛运去。他们纷纷扰扰,何所为乎?事前不深思熟虑,必会有后悔的一天也。最怕的是'返工',恰恰'返工'的事十分的多。'可怜无补费精神',岂止此一事乎!九时,开部务会议。十一时许,到考古所,晤尹达、作铭等,解决了好几个问题。李子魁来谈。……五时许,刘哲民来。夜,七时半,

到政协礼堂,看徐平羽、吴青所率领的艺术代表团的汇报演出。有乱改的,也有改得好的。"(日记)

一月十日

"八时半,到部办公。赵其文来谈。下午二时半,开《政协月刊》编委会。……夜,刘开渠来谈"。(日记)为购藏《诗慰》残本作题跋。

一月十一日

"八时半,到部办公。九时半,到政协礼堂开会。十时半,即散。到北京图书馆看书,翻阅《三礼图》、《诗慰》等,抄了《诗慰》的全目而回……下午二时,到政协礼堂开学习《再论无产阶级专政的历史经验》的座谈会。先由千家驹报告,然后分组座谈。……夜七时半,偕箴同赴捷克大使馆晚餐。"(日记)

一月十二日

"五时许起,写了杂感二则。八时半,到《政协月刊》编辑室,将'考古游记'及'杂感'交去。近九时,到政协礼堂第二会议室,参加'1956年下半年视察工作座谈会'的文化教育组座谈。我是召集人。大家兴致很高,谈出了不少问题,特别是文物、文化问题。……下午三时,刘哲民、路工来。五时许,同到隆福寺一行,购得《全金诗》及彭廷梅《国朝诗选》等。"(日记)按,"杂感"即《百家争鸣与统战》、《想起"百花齐放"》,"考古游记"即《长安行》,后均载1月28日《政协会刊》第1期。

"风日晴和,虽严冬而稍有春意,偕路工、刘哲民游隆福寺,途遇赵万里,同到宝会斋询新出《永乐大典》消息。"(郑振铎《〈四书集注〉题跋》)购《四书集注》残本、沈德潜《归愚文钞》,归各作题跋。又为《国朝诗选》、《全金诗增补中州集》等书作题跋。在后一书题跋中说:"凡一从事专门学问之学者,辛勤访肆数十载,乃得成一比较完善之专门书库,其点点滴滴皆心上血也,能不珍视之欤!"

一月十三日

"九时半,到隆福寺修绠堂,购得《全唐诗话》、《宝善编选刻》等。十一时半,到广济寺,应齐燕铭约午餐也。在座有叶誉虎、孙人和、赵万里、邢赞庭等。谈至二时许,复偕赴琉璃厂,历访各肆。至来薰阁,取回《唐人四集》。晨闻孙助廉云:来薰阁曾将董刻数书的木板作柴火烧去。这时,细细访之,知只烧去二十多块,已严禁其再作此举矣。四时回。五时许,何其芳偕钱钟书来;罗常培与吕叔湘来。谈吴晓铃转所事。六时许,晓铃来。王西徵来。吴晗来。他们在此晚餐。吴南青来。餐后,客散,独与西徵、南青、晓铃谈昆曲事,颇有所感。"(日记)为《冯元成宝善编选刻》、《唐人四集》作题跋。

一月十四日

"八时半,到部。沈从文来谈。十一时,到考古所。近十二时,到隆福寺鸿文阁,阅其从杭州得到的文溯阁四书总目残本。多增改处,疑是从'奉天'散出者。购陆雪龙编的《翠娱阁评选行笈必携》'文韵、文奇、诗最、词菁'等十种。"(日记)

一月十五日

"八时半,到文化部办公。晤乃乾、葱玉、灿然、仲超等。到文物局,看朱偰捐献的《水经注》、《鸭江行部志》等。又见到新购的韩滉《五牛图》及《纺车图》等。……二时,到文联,开有关关汉卿纪念的会议。近五时散,即回。阅吴沃尧的《我佛山人劄记小说》四卷(起庚戌二月十五日至同年五月十四日的《舆论时事报》第三版剪贴本),旧体裁,旧作风,不足存。独《捏粉人匠》一则有反抗帝国主义侵略的意义耳(卷四)。"(日记)

一月十六日

"上午八时半,到政协礼堂,开第二次的1956年下半年视察座谈会。九时开会,仍由我主持。到者甚为踊跃,发言者也十分起劲。所谈的多为高等教育及科学院问题。"下午,"刘哲民来谈。……夜,写书目数则。"(日记)

夜,为藏书《群雅集》作题跋,提及:"去冬南下,在上海晤徐森玉先生,以此书及彩印本《金鱼图谱》见贻。余方广收各代及地方总集,又正写《古版画史略》,得此二书为之狂喜。"又为藏书《历代诗家》(清戴明说、范士楫编)作题跋:"予初得《历代诗家》二集,今又从潘景郑处得此书初二集全部,乃知是汲古阁所刻,并于封页上端题云'钱牧斋先生鉴定'。论述汲古阁板刻考者,似均未见此书也。书中选明季诗篇不少,乃未入禁书目录,殆是漏网之鱼。清初文禁未密,似此类著作皆尚能镂板流传。至康乾之际,始籍编书为禁毁之举耳。而乾嘉诸老却便于同时大倡校勘之学,一字之讹必争、必正,正是针对编'四库书'者之乱改古书而发耳。"

一月十七日

"八时半,到部办公。……午睡后,又理书。准备给刘哲民带回上海,编印《中国古代版画丛刊初编》之用也。初编共选三十六种,内容甚佳,多有用之要籍,固不仅以版画著也。四时许,哲民来,谈了好一会。路工来。斐云来。……又将元刊本《杂剧三十种》托哲民带沪印珂罗版。"(日记)

一月十八日

"八时半,到部办公。周绍良来,借去《红楼梦微言》四册。斐云来,取回《云烟过眼录》二种。十一时许回,写信给方行、家晋等,托哲民带去。十二时许,到飞机场接茅盾等,他们从印度回也。……下午,整理陶渊明集。……七时,到国际俱乐部,应苏联代办约,参加为苏联文化代表团举行的招待会。和艾德里[林]谈了一会。冷餐后,看电影《周总理在莫斯科》和彩色片《狂欢之夜》。"(日记)

一月十九日

"八时半,到部办公。与陈明达、罗哲文谈编古迹名胜图谱事。……三时半,到隆福寺三友堂、修绠堂,得倪元璐《代言选》及明游氏活字本《文章辨体》……五时许,又到琉璃厂……至富晋、邃雅、来薰等肆,取得曹学佺《大明一统名胜志》数束残本归,并得到明嘉靖傅钥翻元大德本《白虎通德论》(是二卷本,非十卷也)。……夜,整理《一统名胜志》,合那三束残本,仍阙广西一省,又湖广的首四卷,广东的三卷(以邃雅本为最好)。一书之全,其难至此乎!《石仓诗选》亦取来一束,却是沧海之粟,万难配齐。写书衣题识数则。"(日记)夜写题跋的书有《倪鸿玉先生代言选》、明末刊本《楚辞》、明活字印残本《文体明辨》等。

一月二十日

上午，"赵万里来，得见龙泉出土的唐或五代印刷的经卷一张，从火焰中救出物之一也。各书肆来。十一时，苏联汉学家艾德林来，戈宝权夫妇来，康濯、陈白尘、阿英、王任叔来，在此午餐。餐后，同到文联大楼，听俞平伯等清唱《琵琶记》广寿、南浦、描容、扫松、书馆等出。"（日记）

一月二十一日

"八时四十分，到政协礼堂，开视察座谈会。所谈的均是教育问题，显得十分严重。……三时，到政协礼堂，参加常委会，讨论筹备第三次会议事。"（日记）

一月二十二日

"七时许起。到部办公。下午，政协文化组开座谈会，讨论1957年的工作计划。初步拟定以出版、电影、工艺美术、绘画等为座谈中心的半年计划。……（上午，伊见思来，送来《古本戏曲丛书》三集的清样二十一册来。）"（日记）

一月二十三日

"九时，到政协礼堂开视察工作座谈会。反映的意见很多。下午二时半，参加怀仁堂毛主席等接见全国专业团体的歌舞会演的代表们。三时许，到文联大楼，参加《关汉卿全集》编辑讨论会。"（日记）

一月二十四日

"八时半，至文化部办公。参加部务会议。下午，三时许，到隆福寺各书肆，得到不少书，并还了些书帐。七时许，偕贝贝到怀仁堂看全国歌舞会演。其中有佳者，但坏者亦不少。有'一致感'，是其大病。"（日记）

一月二十五日

"八时半，到部办公。参加部务会议。十时半，到政协礼堂，参加工作会议。下午，二时半，到政协礼堂，参加学习座谈会。七时，到文化部礼堂参加'庆祝印度国庆七周年纪念'。十时回。连日阅万历本《古今廉鉴》，颇有所感。有好些动人的故事，应该加以重述，为今日的借鉴

也。"(日记)

一月二十六日

"八时半,到部办公。十一时许,到考古所,一人俱无,盖均去听胡乔木报告去了。到隆福寺各书肆一行。所得甚少,仅在大雅堂见到几部书比较好耳。三友堂有《十竹斋笺谱》,未见到。……二时半,到部,各部长碰头会也。徐光霄报告澳新之行。七时许,到北京饭店,赴印度国庆招待会。宴罢,放映电影(印度的歌舞片)"(日记)

一月二十七日

"路工来,见周曰校本《三国演义》残本,甚佳。十时许,偕往康生同志处,见到好些书及古物。……近四时,到隆福寺大雅堂,购得《王渔洋□刊》及《说文长笺》等,满载而归。……七时许,赴文联大楼看川戏。李笠翁的《风筝误》一折(洞房),甚为不好。余则,均颇佳也。"(日记)

一月二十八日

"八时半,到部。看了几个公文,即赴政协礼堂。主持视察座谈会。见到《政协月刊》第一期,尚为满意。饭后午睡。三时许,到琉璃厂,好书益少矣!仅得《山晓阁明文选》。"(日记)按,主编《政协会刊》今日创刊,发表郑振铎的杂文《百家争鸣与统战》、《想起"百花齐放"》、散文《长安行》等。今为《山晓阁明文选》作题跋。

一月二十九日

"八时半,到部办公。开部务会议。十二时,到政协全委会,开政协会刊编委会。……二时许,到人民英雄纪念碑筹委会开会,讨论工程进度及雕刻。……七时,到文化部礼堂,宴请部的专家们也。"(日记)

一月三十日

"今天是阴历的'大年夜'。八时半,到部办公。十一时,到隆福寺各书肆,购书若干。到考古所,偕陈梦家赴美院看李可染画展,不料已经收场。……下午二时半,到部,开部务会议。四时许,到故宫神武门楼上,看西藏佛教艺术展览。"(日记)

一月三十一日

"今天是'年初一',九时许,到瞿菊农及陈叔通处拜年。……偕陈惠逛琉璃厂,甚为寥落。购书一部。归途,到许广平处一行。下午,客来不少。……六时半,晚餐。餐后,到怀仁堂看昆剧,……今天下午,看《居易录》,摘出材料不少。"(日记)

一月

经文化部(56)文党字第 126 号文和中宣部(56)第 113 号文批准,在郑振铎主持筹备下,文物出版社正式成立。

在郑振铎主持下,《文物参考资料》月刊创刊。郑振铎发表《宝爱民族遗产　保护文化古物》。

二月一日

上午,"沈兹九等来,为《中国妇女》索稿也。……菊农来。秉琦来。斐云、路工、冶秋、葱玉、王益等,在此午饭,商赴安徽访书事。"(日记)

二月二日

上午,"何其芳、毛星来。健吾夫妇来。廖静文来。"(日记)

二月三日

"八时半,到陈梦家、夏鼐处。近十时,回。肖秉谦来谈,老同学也。午睡后,到西郊,访钟书夫妇。访向达、健吾均未遇。到东大地访其芳及翦伯赞。"(日记)

二月四日

"八时半。到部办公。……十时半,到美展看于非闇等画展。付前购陈半丁画款 120 元。……到考古所。……下午三时半,到琉璃厂。在荣宝斋,晤郭沫若先生。在书摊上购得《梵天□业录》一部。晚上,倚枕读之。午夜醒来,又读之,尽四卷。多'掌故',但多半不注出来历,不知是否可靠。像这一类的书,最好是言必有据,才会有用。否则,辗转抄袭,会误引人入歧途的。其中,颇有新鲜的东西,不是人云亦云之读物,当是读书有得者。"(日记)

二月五日

上午,"到部办公。……研究的是美术事,略谈即出。在文物局谈了好一会。赵万里、路工等来谈,他们今晚即赴安徽了。下午,赴琉璃

厂各书肆一行,购得书数种。七时半,**请罗哲文夫妇、徐帆夫妇、何国基夫妇、空了、小箴等,到全聚德吃烤鸭。**"(日记)

二月六日

　　"到部。近九时,到政协礼堂参加座谈会。我说了三点意见。下午,到隆福寺,只购得几部石印书回来。……**晚饭后,到陶孟和处闲谈。**"(日记)

二月七日

　　"八时半,赴北大,主持文学研究所的所务会议。下午三时许,到部办公。在文物局闲谈工作方法,颇有所感。空了在此晚餐。"(日记)

二月八日

　　"八时半,到部办公。十一时许,到隆福寺各书肆一行,得到残本《江文通集》(明嘉靖刊)等。下午二时半,到政协礼堂听王芸生、陈瀚笙及千家驹报告。……六时半,到国际俱乐部晚餐,应曹禺约也。"(日记)

　　致潘景郑信,提到:"正在考虑,如何进行比较切实有用的工作,例如重印整理过的十三经、廿四史之类,此时不做,此项工作便将无人能做了! 薪尽火传、承先启后的事业,正待我辈从事之也。"

二月九日

　　"八时半,到部办公。十一时许,到考古所,他们都去听报告去了,空无一人。下午二时许,再到考古所。四时许,到文化部,部长碰头会也。谈到近六时半才散。由我报告人大、政协视察座谈会上有关文化部的意见。"(日记)

二月十日

　　"十一时半,偕箴、贝到颐和园听鹂馆,应郭沫若约午餐也。到者都为《虎符》的演员。回家已将四时矣。"(日记)

二月十一日

　　"八时半,到部办公。十时,开部长碰头会,处理些人事。……寄书一包(古今小说)给舒。六时许,洪深夫人、黄琪翔夫妇、余心清、习仲勋、张执一、徐冰、郭沫若、黄绍雄、汪烽[锋]诸位陆续来,约他们在此

晚餐也。"（日记）

二月十二日

"八时半,到部办公。伊见思来。九时,开部务会议,讨论机构调整事。稍觉不适。午睡后,三时半,赴飞机场,迎接周总理。"（日记）

二月十三日

"八时半,到部。不久,即赴政协礼堂,开视察座谈会。将此会结束了,即散。颇有成效,得到了不少有益、有用的意见。下午,到美院看叶浅予写生素描,究竟题材不丰富,且抓不住要点、重点,殆是修养与观察力不深厚之故。"（日记）

二月十四日

"八时半,到部办公。晤伊见思、吴仲超及张尔健诸人。九时,开部务会议,讨论文物局等机构人员精简事。十二时,到考古所,写一信给陶孟和,并附我国驻印大使馆来函一件,谈购考古书事。下午,三时许,到苏联展览馆,参观农业展览会的预展。……迂途到琉璃厂,在来薰阁得玉楮、蔡忠惠二集,又得《松陵集》,均甚佳。又购好古国〔阁?〕书店的《杨龟山集》、《澹然居士集》、《雅宜山人集》等,均甚佳,大有收获也!今夜是阴历元宵佳节,迎圆月而归,大为欢悦!晚餐,吃'元宵',阅所得书,作'题识'二则。"（日记）今日作题跋书为《蔡忠惠集》、《玉楮诗稿》。

二月十五日

"八时半,到部办公。……写信给赵朴初、古籍、来青。下午四时许,到隆福寺,文渊阁有数书,甚佳,皆有关福建者,惜未及见之。修绠堂从山东来的书不少,无甚好的。夜,倚枕看书,不觉入睡。中夜醒来,又看书,尽《宝颜堂秘笈》数册。"（日记）

二月十六日

"上午八时许,到文学研究所主持全所会议,由何其芳报告1956年研究工作检查情况,由我加以补充,……下午,二时半,在沈部长家举行部长碰头会。四时许,钱俊瑞从中央开会后,传达毛主席的谈话,精辟之至。有关百家争鸣的一节,尤言人所未言。这是上最精彩的马

列主义的一课。七时,到文联大楼,听周荃庵等的昆曲彩排,果然不同
凡响。"(日记)

二月十七日

"上午……陈梦家来谈,借去明板《鲁班经》二册。小箴、宛真来。
下午三时,到政协礼堂,参加常务会,由周恩来同志主持,通过特邀代
表五十一人,后又提出徐森玉先生等十人,闻亦经副主席等讨论通
过。此次会议,会期极长,参加者总在一千人左右。……七时半,到文
化部参加'全国声乐教育会议'的演奏会,以苏凤娟和应尚能为最
好。"(日记)按《鲁班经》当即《新镌京板鲁班经匠家镜》,今见封面有
郑振铎题词:"此是明刊本,凡三卷。当为全书。总结了历代工匠的经
验,写了下来,午荣和章严之姓字,可与李诫并传矣。"

二月十八日

"九时,到政协礼堂开视察各组座谈会。十一时许,到部办公。发
致森玉一信。下午……到中国书店,得蒋西圃手校《牟巘陵阳集》一部
(残),颇为高兴。偕箴同到东安市场,购水果,后同到黄琪翔宅晚餐。
有郭老、心清、汪锋、张执一、徐冰、仲勋及黄绍雄夫妇等在座。"(日
记)

二月十九日

"八时半,到部办公。……二时半,到政协礼堂三楼,听周恩来总
理报告八十天的国外访问的情况。深入浅出,极为动人。今天的国际
形势,可了如指掌矣。'听君一席话,胜读十年书。'直到八时,方才散
会。坐了五个半小时,而无倦容,可见其吸引力之大。"(日记)

二月二十日

"八时半,到部办公。……十时,到嘉兴寺参加袁仲贤同志追悼
会。他曾任我国驻印度大使。……十时半,到考古所,将明拓本礼器碑
一册交给陈梦家。到隆福寺,得到明末刊本《丁卯集》和万历本《莆舆
纪胜》,均佳。……下午,四时许,到琉璃厂,遇到张奚老。在各肆阅书,
颇有所得。取回来薰阁的《柳絮集》、《国朝诗品》等,邃雅斋的《乾隆戊
戌缙绅全录》及《容台集》等,可谓'满载而归'!但书债何时还之乎?"

（日记）

"于琉璃厂邃雅斋复见乾隆戊戌的搢绅全函，虽时代较晚，而内容包罗甚广。于舆图外，每府均注出要缺、中缺、简缺，以及风俗、学校、土产和养廉银数。每县更有地丁银数、杂税银数、仓谷石数和办公银钱。是大好的清代中叶的经济史料也，不仅仅记载职官姓氏而已。"
（郑振铎《〈乾隆搢绅全书〉跋》）

二月二十一日

"八时半，到部办公。整理视察座谈会记录。下午，在家理书、看书。七时半，到部礼堂参加'声乐教育会议'的联欢茶话。周总理亦来。"（日记）

二月二十二日

"八时半，到部办公。继续整理视察座谈会记录。参加部务会议，……下午四时许，到考古所，晤石兴邦，谈西安考古发掘事。……在修绠堂得到几部单本书。在三友堂取来《十竹斋笺谱》四册，内容已改动不少。……七时，到国际俱乐部，应印度大使尼赫鲁夫妇约，在那里吃饭，并看周总理访问印度的影片及印度歌舞故事片。"（日记）

二月二十三日

"八时半，到部办公。继续整理视察座谈会记录，毕。唐弢、柯灵、张骏祥、周小燕、熊佛西来谈。他们是到北京参加政协会议的。《青年报》的记者四人（《彗星》编辑）来谈。十一时许，到考古所，徐森老已在那里。……二时，到政协礼堂参加常务会，讨论第三次会议的议程等事。……到小雅宝胡同黄绍雄家晚餐。……在座者为郭老夫妇、心清、仲勋、汪锋、执一、陈半丁诸位，谈笑甚欢。"（日记）

二月二十四日

"十一时许，森老来。其后，唐弢、柯灵、佛西来，梦家来，骏祥、小燕来，吴耀宗夫妇来。他们在此午餐。看了些珍本书，谈得很高兴。……四时，赴琉璃厂，在邃雅斋得钱谦益在明末选的《唐诗选玉》，明覆宋本《国秀集》，明刊本《白榆集》及《纪效新书》等。惜徐桢卿《谈艺录》一册，为李一泯夺去！在来薰阁得明末刊本《橘中秘》，明刊本《四唐诗汇》,清初刊本《宋元诗善鸣集》等,皆较好的书也。傍晚,到前门饭店访森老,就在那里晚餐。……晤高觉敷、徐寿轩、唐弢、柯灵诸位。……今晨隆福寺某贾送来《苍霞草》、《明诗穆如集》等。昨天上海来青阁寄来林嵋《蠮蛦集》,甚佳。"(日记)

二月二十五日

"八时半,到部办公。十时半,到政协礼堂参加政协常委会,……下午三时,到政协礼堂开政协二届三次全体会议的筹备会,由章伯钧、李维汉说明会议的筹备经过及精神。四时许,开小组会。近五时散。在灯下读《唐诗选玉》及于源的《柳隐丛谭》与《灯窗琐话》。开卷有得,即在《琐话》里,见到《燕山外史》作者陈球的有关记载二则。"(日记)

二月二十六日

"八时半,到部办公。发给邵曾祺信一。九时,到政协礼堂,参加座谈会。下午二时半,到故宫博物院,看《五牛图》等古画。金冬心的一册,最动人。四时半,到政协礼堂,参加座谈会。……七时半,到部,参加招待专家的茶话会。"(日记)

二月二十七日

"八时半,到部办公。九时,开党组扩大会议,传达毛主席的谈话。十一时许,到考古所,晤夏作铭等。下午三时,到怀仁堂,听毛主席报告,说到的,凡十一个问题,以敌我之间的矛盾、人民内部间的矛盾为主,而尤以如何处理人民内部内的矛盾说得更多些。足以解决了不少迷惑的见解。七时许,散。足足谈了四个小时,风趣横溢,时有妙譬,毫不觉得时间之长也。这才不是八股! 这才真是马克思主义者的谈话! 出怀仁堂,即到新侨饭店,应曹禺约也。有陈同生、郭沫若夫妇、心清、汪锋、张执一等……"(日记)

致王任叔信,问《希腊神话》和《插图本中国文学史》何时发稿,及二书的插图问题。

二月二十八日

"八时半,到部。九时,到政协礼堂,参加座谈会,即讨论昨天毛主席的报告。向达牢骚甚多。下午,三时,仍赴政协礼堂参加座谈会。四时半,先行退出。到琉璃厂,购墨数碇,宋板《文选》数页。在富晋选了些书。在邃雅斋,取回前选的《太上感应篇图说》等。在来薰阁,阅宁波、杭州所购书。虽多残本,而内容丰富极了!明人集尤多罕见者。其中有陈大士《已吾集》,惜已为他人选去。予得《陈耀文集》,张燮、汪士贤刻六朝人集等数十种,均极佳。直到八时半才回,浑忘晚餐未进矣!"(日记)

二月

主编《古本戏曲丛刊》第三集由商务印书馆上海印刷厂影印。

三月一日

"近九时,到政协礼堂,参加第五组座谈会,……张奚若谈得尤为妙趣风生。下午四时,到怀仁堂,参加最高国务会议(扩大)的第十一次会(继续前天的)。发言者,李济深、陈嘉庚、郭沫若、黄琪翔等十余人,皆表示拥护毛主席的报告。最后,毛主席复将有意见的各点加以说明,翔实而明确。"(日记)

三月二日

"八时半,到部办公。看出国书籍展览,不佳。下午三时,到政协礼堂,听李富春关于第二个五年计划的报告。到琉璃厂来薰阁,晤陈济川,看从南方所得书,仍选了一批。"(日记)

叶圣陶夫人胡墨林因患癌症逝世。次日,郑振铎赴吊。

三月三日

"文渊阁送书来。整个上午在理书、阅书。十一时半,到中国书店看书,无甚佳者。购得《硕果录》(抄)残本一册,《项氏清芬录》(抄)八册,湘板《世说新语》八册等。下午,偕箴到嘉兴寺唁叶圣陶夫人胡墨林之丧。桐棺数尺,了此人生,殊感痛戚!遇熟人不少。……阅林西仲《埙斋焚余》,有关当时社会情况的数文,颇好。"(日记)

三月四日

"八时半,到前门饭店455号,参加政协江苏组座谈会。我也讲了话。下午三时,到政协组长办公室,参加文教、医药卫生组(第二组)的

提案审查会。六时回。晚餐后,重阅《文学史》一遍,并略加修改,已毕。"(日记)

三月五日

"六时起。续看《文学史》,毕。八时半,到部办公。将《文学史》交给王任叔。……九时半,到嘉兴寺吊胡墨林丧。十时半,到考古所。罗子为恰在陈梦家处,谈手工业美术品事,争论颇烈。下午三时,到政协礼堂,参加大会开幕。由宋庆龄副主席主持。周恩来主席报告《关于访问亚洲、欧洲十一国的报告》。陈叔通副主席报告会务。至五时半,散会。到隆福寺修绠堂一行,取回《皮日休文薮》、《韵谱本义》二书,皆明版,颇佳。晚餐后,看书,写书题识二则。……发致刘哲民信一。"(日记)今晚所题跋书即《唐皮日休文薮》、《韵谱本义》。

三月六日

"七时许,起。张纪元来谈周作民所遗文物捐献事。九时,到前门饭店参加政协江苏组座谈会。散会后,到来薰阁。先时到徐森老房内稍谈。下午三时,到政协礼堂,参加提案审查委员会。五时回。写信给舒、刘哲民、古籍书店、来青阁及陈裕和,即发出。"(日记)

致刘哲民信,提及:"知《汤祷篇》已排好,甚慰! 俟校样收到后,当即设法搞插图也。"按,后该书未及编入插图。

三月七日

"八时半,到部。九时,参加中宣部召开的宣传会议小组座谈会。下午二时半,到政协礼堂,参加大会讨论。今天在大会上讲话者凡十四人,以科学家为多。……六时,偕箴到国际俱乐部,参加周总理招待九国(到者十国)使节的酒会。……会后,总理讲话,对节约的意义,有所发挥。"(日记)

三月八日

"八时半,到部办公。九时,参加中宣部宣传会议的小组会。我说了话。下午二时半,到政协礼堂参加大会。发言者凡十二人。"(日记)

三月九日

"九时,到政协礼堂,参加大会,听陈云同志和其他十余人的报告。十一时许,到考古所,都去参加训练班的结业式去了。到修绠堂,得书数种。……下午二时半,到政协礼堂,参加无党派小组会。四时半,偕曾昭燏到考古所,和作铭、梦家、秉琦等谈了一会。五时半,偕曾、夏来家。七时许,裴文中、许度文、朱偰、徐森玉、巴金、靳以、斯薰等陆续来,在此晚餐,谈笑甚欢。"(日记)

三月十日

"在家理书。共整理、写目'唐代'书二十四种。罗子为来谈手工业事。下午,继续整理'唐代'书。此种按'时代'为次序的编目法,可能是一个好方法。六时许,到北京饭店,参加周总理招待西罗基及捷克政府代表团的酒会。遇到很多熟人。七时半,回。沈致远、萨空了、高觉敷、卢于道、辛树帜、陆侃如、刘文典、彭国珍、熊佛西等均已先到。他们在此晚餐,谈得很高兴。辛树帜借去《便民图纂》六册。"(日记)

三月十一日

"八时半,到部办公。……下午二时半,到政协礼堂,参加大会讨论。……六时,到北京饭店参加丹麦国王诞辰庆祝会。"(日记)

三月十二日

"八时半,到部办公。团中央有代表柯某等二人来访,谈为各国学生访华时讲演事。九时,苏联外国文学杂志代表来,谈鲁迅事。……十一时,南斯拉夫大使夫人来访,谈关于中国文化艺术的介绍事。下午二时许,到政协礼堂,听捷克政府代表团团长西罗基讲演。近四时,讲毕。到怀仁堂,参加宣传会议,听毛主席讲话。五时讲起,近七时,讲毕。至为透彻明畅。"(日记)

本日,《文学研究》季刊创刊于北京。郑振铎为编辑委员会委员。

三月十三日

"八时半,到部一行。九时,到考古所,开学术委员会也。通过了向学部的报告,1957年工作计划及培养干部计划。并提出了科学论著在工作时间内写作者概不受酬的建议。午,在陈梦家宅午餐。下午三时,到怀仁堂参加宣传会议。由康生、陆定一二同志讲话后,宣布闭幕。"(日记)

三月十四日

"九时,到政协礼堂参加大会。下午二时半,到怀仁堂,拍政协全体照。三时许,在怀仁堂继续开大会。近七时,散。到前门外全聚德晚餐,吴祖光请客也。同座者有徐森玉、沙彦楷、夏衍、唐弢、柯灵、张骏祥、丁聪及新凤霞、徐平羽诸人。"(日记)

三月十五日

"八时半,到部一行。九时,到文联大楼参加作协的创作规划会议。首由茅盾讲话,次由周扬、老舍讲话。下午二时半,仍到文联,参加创作规划会议的小组讨论会。我讲了话。五时许,到中国书店一行,得初印本《晚笑堂画传》等。七时半,到政协礼堂,参加常务(扩大)会。"(日记)

三月十六日

"八时半,到部,九时许到考古所。随到政协礼堂,参加大会讨论。午,在政协午餐,开提案审查委员会。……下午三时,续开大会。周总理报告中缅边界协定问题。"(日记)

三月十七日

"九时许,到前门饭店,开小组会,讨论中缅边界协定问题。十一时许,到邃雅斋和来薰阁。取书数部归。其中有明嘉靖刻谢谠的《八股文窗稿》二册,甚好。下午三时,到文联大楼,听茅盾报告。五时许,偕靳以、唐弢、巴金、曹禺、罗荪等同到隆福寺一行,又到康乐晚餐。送唐弢到前门饭店,晤森老。……九时许,归。写杂感二则。"(日记)

三月十八日

"六时许起。写杂感一则。八时半,到文化部。九时,到政协礼堂,参加大会讨论。在会场,写了《春风满洛城》(考古游记之二)一篇。下午三时,仍到政协礼堂,参加大会讨论。六时许,即在那里晚餐。餐后,参加常委会。"(日记)按,昨日及今日所写杂感题目为《谈读书》、《想到科学研究》、《整理古书的提议》,与《春风满洛城》(记叙1956年3月在洛阳视察的见闻)后均载4月25日《政协会刊》第2期。

三月十九日

"六时起。改稿。八时半,到部。九时,到政协礼堂,参加大会。十一时许,到中国书店取回《澹然居士集》、《陶渊明集》及许多残本书。《唐音统签》的甲签一册,乙签一册,亦在内。下午三时,到政协礼堂,听周总理的总结报告,分国际矛盾问题和国内矛盾问题,阐发至为详明。近七时,报告毕,即在那儿晚餐。餐后,开《政协月刊》编委会,讨论甚为热烈。"(日记)

致刘哲民信,提及"《漫步书林》只写了不到二十篇,不成一书。当努力再写三四十篇,便可凑成不太少的书了。当然要多附些'插图'"。按,此写作计划后未能完成。

三月二十日

"八时半,到部。晤伊见思等,将《戏曲丛刊三集序》交给伊。九时半,到前门饭店,参加小组讨论。十时半,到来薰阁,选购古书不少,多半是残本。《昙花记》、《颜氏家训》及金丝罗纹印的《唐百家诗》四册为最佳。下午四时,到政协礼堂,参加闭幕大会,通过五项决议。五时十分散。六时许,周叔弢来。其后,徐森玉、柯灵、冀朝鼎、陈半丁、谢孝思、陈鹤琴、吴耀宗、何公敢等陆续来。在此看书,晚餐,谈笑甚欢。"(日记)

三月二十一日

"八时半,到部办公。伊见思等来。刘大白女来,托撰《大白诗选序》。九时,开部务会议。曾昭燏来谈,王冶秋来谈。告诉他们文物出版社的编辑计划,及南京博物馆的方针、任务。部务会议开到近二时才散。下午五时,到中国书店选书。燕铭、康生、伯达诸同志均在,后邓拓亦来。"(日记)

三月二十二日

"七时起。写稿数百字。八时半,到部办公。九时,到科学院参加57年计划讨论会。……下午,在家理书,找出旧的日记来,断断续续,不成片断。回首前尘,感触殊深。"(日记)

三月二十三日

"八时半,到部办公。晤罗哲文等。下午二时半,到顺城街北京教师进修学院,讲'唐传奇文',约三小时。五时半,到来薰阁,购得书数种。六时半,归。忽得请柬,乃妇联宴请缅甸翁山夫人,要我作陪。即匆匆赶到北京饭店。"(日记)按,《唐传奇文》今存讲稿提纲。

三月二十四日

"戴敦复来谈,送所译书二册。午,到全聚德午餐,空了今天五十寿辰也。"(日记)

三月二十五日

"八时半,到部办公。八时三刻,陈嘉庚、庄明理、迺卿等来谈华侨博物馆事。十一时半许,到中国书店一行。取回明天启刊本《绘事微言》一册(残存1—2卷),与四库本颇为不同。其第二卷的大半,为四库本所未收。偕范宁回家午餐。下午,到邃雅、来薰、富晋、见到、得到书不少。邃雅书尤廉,盖因旧定价尚未改也。晚上,校对汪士贤《二十一家集》及刘云份《中晚唐人诗集》,颇纠正前人著录之误。"(日记)

三月二十六日

"八时半,到部办公。九时,开部长碰头会,钱部长报告赴杭州解决中央美院分院的经过。十一时许,到政协,与觉农、思源讨论会刊二期稿件事。下午,二时,到文联大楼,参加民间文艺座谈会。我发了言。三时半,到隆福寺书肆一行。得顺治间杭州吴氏刊《本草纲目》,……此版画史上的重要材料也。六时许,偕箴……到北京饭店,访晤翁山夫人,陪同他和吴努之子,同到天桥剧场,看第二届全国民间音乐、舞蹈会演,……今晚,尚有捷克总理西罗基的鸡尾酒招待会,却不得去了。"(日记)按,下午的中国民间文艺研究会召开的在京民间文学专家座谈会,由钟敬文主持,郑振铎第一个发言。参加者还有于道泉、吴晓铃、罗致平、容肇祖、常任侠、常惠、贾芝、黄芝冈、杨成志、许钰等共20多人。

夜,为藏书《唐诗纪事》题跋:"闻琉璃厂藻玉堂新从福建得书不少,亟往询之,则好本不多,且都已为捷足者所得,意兴索然。偶翻架上书,见有汲古阁本《唐诗纪事》及明末刊本所南《心史》,乃姑购之。予年来发兴收毛氏所刻书,所得已过半。今复获此初印本《唐诗纪事》,足补所未备,甚是欣慰。……灯下展阅,四无人声,缺月悬空,已是初春天气,泥土温湿,百蛰都苏,西谛记。"

三月二十七日

"八时半,到部办公。十时,到故宫博物院,陪同捷克代表团游览各处。……下午,到琉璃厂各书肆及中国书店,得崇祯本《食物本草》一本,万历乙亥刊《西京杂记》一本,正德本《唐刘义诗》一本,崇祯刊《心史》二本,汲古阁刊《唐诗纪事》一部,收获不少也。八时,到缅甸大使馆晚餐,其代办宴请翁山夫人,邀史良、汉夫、普生、燕铭、程弘毅及妇联诸同人作陪。"(日记)

三月二十八日

"九时,到飞机场送翁山夫人。……周总理亦乘此机赴昆明。十一时,到部办公。张珩等来谈。下午二时半,到科学院,座谈接待日本考古团事。向达、翦伯赞、裴文中、陈滋德、夏鼐等均到。"(日记)

三月二十九日

"八时半,到部办公。九时,开部务会议,讨论博物馆的方针、任务,……下午,三时,到北海天王殿,看'明清书画展览',……遇康生。偕葱玉到琉璃厂,在邃雅斋、来薰阁看书。购书170余元。其中,以旧钞本《脚气集》为最佳。余皆实用书也。葱玉在此晚餐。七时许,偕往政协礼堂,看印度波罗多舞舞蹈家卡玛拉和拉达姊妹演出。……演毕,偕郭沫若、茅盾等登台向之道贺。"(日记)

三月三十日

"八时半,到部办公。参加部党组会。下午二时半,到茅盾宅,参加部长碰头会。到修绠堂,得书数种,以康熙本《弘简录》及续录(元史新编)为佳。竹册本《陶渊明集》亦为予所未有。"(日记)

三月三十一日

"从邃雅斋介绍来的阎君今天开始在此理书。十时许,到隆福寺修绠堂及文渊阁,得书数种。又到中国书店,得书二种,其中《唐诗鼓吹》,有钱牧斋序的,颇好。下午二时半,到怀仁堂,参加人大的常务扩大会议,听取彭真同志的访问六国报告。李济深、程潜、章伯钧、胡子昂加以补充。六时半,散。张葱玉和空了在此晚餐。和葱玉将《宋人画册》整理一番,直到十时半才毕,颇倦。看《知识就是力量》三月号中的一篇科学幻想小说,颇佳,不觉抛书而睡。"(日记)

四月一日

"六时半起。整理《宋人画册》的画片。八时半,到部办公。路工来谈。伊见思来谈。下午,在家整理《宋人画册》。孟超偕吴晓铃来谈《关汉卿选集》事。七时许,到陈半丁家晚餐。在座者有李济深、黄绍雄、邓宝珊、傅作义、于立群诸人。……九时半,回。检理宋画人的故事,费了不少力气。……今天下午,中国书店王志鹏送来《储光羲集》一册(明嘉靖蒋考刻),《明遗民诗》(卓尔堪原刊本)六册,及《粤东诗海》四十册,均甚佳。储集尤为明刊唐人集的白眉。"(日记)

四月二日

"六时起。检理宋画人传记及年代。八时半,到部办公。路工、赵万里等来汇报安徽、江西的访书小组的工作。……与张葱玉又将《宋人画册》目录次序重行整理一过。十一时许,交给人民美术出版社来人了。这个工作好容易告了一个段落。……十二时许,《北京日报》文教组派人来访问关于古旧书业的意见。近一时才去。下午四时许,准备《从考古学上所见的中国古代文化》的讲演。从北京说起,谈到洛阳、西安、南京、曲阜、泰山、大同等地,专为国际的'学习旅行'的学生而讲也。"(日记)

四月三日

"八时一刻到御河桥团中央为'学习旅行'的各国学生讲'中国古代文化'。十二时,到考古所。下午二时许,到中南海礼堂,参加人大、政协常委联席会,讨论视察工作事。五时半,偕箴到国际俱乐部,参加招待印度舞蹈家卡玛拉姊妹的酒会。到者多为各国使节,郭沫若和茅盾亦来。"(日记)今日上午在全国学联与国际学联联合举办的"中国古迹名胜学习旅行"班上作的《从考古学上所见的中国古代文化》报告提纲,当时用俄、英、法三种文字翻译,1998 年 12 月由文物出版社收入《郑振铎文博文集》中。

四月四日

"八时半,到部办公。意大利代表团四人来访,接见时,谈颇洽。其中有译唐诗的,译《浮生六记》的。……七时,到匈牙利大使馆,庆祝解放十二周年。"(日记)

作散文《轻歌妙舞送黄昏——观印度卡玛拉姊妹的表演后作》,称赞:"印度这个伟大民族,正和中国民族似的,蕴藏着的是多大的力量,多末繁赜,多末丰富多彩的文化艺术的遗产啊!是取之不竭,用之不尽的一个世界上最优秀艺术的源泉。"后载4月5日《人民日报》。

四月五日

"六时许,起。整理《宋人画册》散页。八时半,到部办公。吴仲超、陈万里等来开会,讨论《陶磁图录》编委会事。定为三十册,每册约五十页,全部彩色版。……十二时半,到和平宾馆东部,参加印度舞蹈家卡玛拉姊妹的送别宴会。畅谈甚快!"下午,"继续整理《宋人画册》散页。九时许,到人民剧场。周总理在这里以酒会招待卡玛拉姊妹。到者以艺术界为多,有梅、程、吴雪、叶盛兰、江新蓉诸人。"(日记)

四月六日

"六时许,起。整理《宋人画册》散页。……八时半,到部。九时,印度大使馆的一馆员来访,谈齐白石事。九时半,到政协礼堂参加工作会议。下午,继续整理《宋人画册》。八时许,到文联礼堂看法国电影代表团带来的两部电影,一部是《沉默的世界》……一部是《红气球》"(日记)

四月七日

"六时许起。开始写《宋人画册》的《叙录》。上午八时半,到颐和园,遇任叔,同游一段路。十时许,在听鹂馆聚谈亚洲学会事。到者有向达、陈翰笙、翁独健、周一良、邵循正、冰心、任叔、丁则良、丁西林、季羡林诸人,由周扬、吴晗作主人,谈甚畅,且有结果,拟即成立筹备会。饭后,散。偕任叔、冰心由后山走出,……二时半,到南郊飞机场,欢迎波兰总理西伦凯维基。……五时半,到北京饭店,参加周总理为波兰政府代表团举行的酒会。"(日记)

四月八日

"以西伦凯维基为首的代表团,在八时半到达故宫。我引了他们游三大殿及养心殿,又从乾清门到后花园。……十时许,到部办公。感到甚倦。下午,在家写《宋人画册》的《叙录》。七时,到国际俱乐部,应意大利文化代表团的招待会(酒会)也。"(日记)接见意大利文化代表团,今存新华社记者照片。

四月九日

"六时许起……续写《宋人画册叙录》,尽二页。八时半,到部办公。九时,开部务会议,讨论57年计划及预算。下午,在家续写《叙录》。八时,到北京饭店,参加西伦凯维基总理的招待会。……《叙录》已写毕。"(日记)

四月十日

"八时半,到部办公。到考古所,与苏秉琦谈了一会。下午,开始写《宋人画册》序。"(日记)

四月十一日

"六时许起。写《序》。十一时,到西郊机场,欢送西伦凯维基总理等到上海去。……将《叙录》交给人美社。下午,二时半,到自然博物馆开会,到竺可桢等。五时半,散。续写《序》。八时许,康生同志来谈,借去《六幻西厢》,并以《蕴辉斋画册》赠之。"(日记)按,今下午在"故宫文华殿开会,讨论自然历史博物馆将来方针"(竺可桢日记),到会还有王书庄、裴文中、张文佑、钱雨农、孙冀平等。

四月十二日

"五时半起。续写《序》。至八时许,写毕,约共六千言。九时许,到政协开视察组会议。我参加陕西组,他们举我和翁文灏为组长,并定于十七日下午三时半出发。十时半,到考古所。十一时半,回。下午二时许,到部办公。将《序》交给了人美社卢光照,此事总算完功了!四时,到政协,讨论《会刊》二期及三期以下事。……夜……吴晓铃、白素贞来谈。"(日记)按,所作《宋人画册》的《序言》将宋代绘画分为四个时期来论述,即北宋前期、赵佶时代、南宋前期、南宋后期。前几天所作《叙录》则记述原作出处、历代画谱之记述、及编者的评价与鉴定等。后均载 9 月中国古典艺术出版社版《宋人画册》卷首。

四月十三日

"八时半,到部办公。王毅等来谈。十一时许,到修绠堂,得书数册。下午四时许,到琉璃厂各肆一行,取回富晋书社前选书一包,甚佳。中有明钞本《皇宋名贤四六丛珠》十册,尤佳。《说诗纪事》亦好。"(日记)今于来薰阁得抄本《汇选历代名贤词府全集》(后附《中原音韵》),归作题跋。

四月十四日

"十时许,张奚若来谈,看了些陶集。……各书肆中人来。修绠堂送来了《续文献通考》一部,甚佳。"(日记)

四月十五日

"八时半,到部办公。写信给靳以及上海、扬州书店,给《光明日报》等。十一时半,到考古所。十二时半,到丰泽园,宴请苏联博物馆代表团也。……傍晚,到小箴处。遇图南、愈之、刚侯来访空了,谈了一会。"(日记)

四月十六日

"八时半,到部办公。……发信给哲民、舒岱诸人。……十一时许,到考古所,……下午二时许,到怀仁堂,听华罗西洛夫主席向人代会常委会(扩大)的讲话,……由刘少奇委员长主持,……五时半,到北京饭店,参加周总理为华罗西洛夫主席来华而举行的茶会。"(日记)致潘景郑信,谈"念念不忘,久访未得"的几部清初诗选,并说:"像这样孜孜地为集合残书而工作,对古人似亦不无微劳。"

致刘哲民信,提到:"我近来工作甚为紧张,以至没时间把旧稿整理出来。否则,根据计划,尚可有几部东西交给你们也。"

四月十七日

"六时起……整理行装。八时半,到部办公。伊见思、郑云回来,将《古本戏曲丛刊四集》的目录,定好付印。……收拾行装已毕,带了十多种书,显得行装有些沉重。下午三时,到火车站,同行者均已到,有翁文灏、狄超白、刘思慕、何遂、王历耕、陈调甫、邹秉文、资耀华、杨文庶、蔡方荫，连我共十一人，秘书为张丰胄及孙棠二人。三时五十五分，由北京开车赴西安。赴站送行者有王友棠等。"（日记）按，今率领全国政协视察团去西北视察。

四月十八日

在火车上"看《陈陶诗》及李于鳞选唐诗"。夜"十一时半，到达西安车站。有孙蔚如等来迎接。住人民大厦 310 号。"（日记）

四月十九日

一早，"谢副省长和张统战部长来谈。说起三门峡及水土保持，……九时半，陈尧庭来，偕往鼓楼……继到大雁塔……继到武家坡……近一时，才回。饭后，稍睡，即偕同行者们到半坡村，看新石器时代遗址。……时将四时，亟驱车到华清池。……五时许，到文化馆，看去秋出土的一对秦俑，又大又好，精美之极。秦人衣冠无可考，此是最重要的实物证据也。……近七时到家。石兴邦来谈。"（日记）

四月二十日

"近七时起。有闹肚子意，恐是水土不服也。八时半，到省政协拜会。晤张德生主席，孙蔚如副主席等。九时，到省人民委员会拜会，晤谢、杨二副省长。……到省博物馆参观。……又看了碑林，仍是'绝代'！……下午二时，谢省长和各部门负责人，做了汇报。关于水土保持工作，由常远亭报告；关于移民工作情况，由梁介宾报告；关于高教工作，由李廋枝报告；关于教育工作，由景岩征报告；关于文化工作，由武伯纶报告；关于卫生工作，由王季陶报告；关于地方工业情况，由王治周报告；关于国营工业情况，由惠世恭报告；关于政协工作，由刘刚民报告。一共十个报告，在一个下午搞完，显得分量很重。到六时半，才结束。我说了几句感谢的话。七时，到礼堂看碗碗腔古典剧《金琬钗》……入睡时，将近午夜。"（日记）

四月二十一日

"八时半，同行者均赴顺陵，由陈尧庭引导，看石狮、石人等，甚为满意。次至周陵……继赴昭陵……餐后，到茂陵……三时许，到文管

会,看总章元年的李爽墓中的壁画……五时回。写一信给任叔。六时,晚餐。张统战部长来谈,颇畅。"(日记)

四月二十二日

"六时半起。石兴邦来。早餐后,已过八时,即出发到大明宫去……次到汉城遗址……次到沣西的丰京遗址去……餐后,到张家坡看西周遗址的断崖……二时许,回。归途经阿房宫,登其上……继到考古所西安工作室,见所得唐俑,惊人极了!……五时回,颇感足力疲累。写信给舒,即发出。夜,武伯纶、陈梦家、王子云等来谈。"(日记)

四月二十三日

"八时许,到兴教寺去……归途经桃溪堡,田汉等下车入堡,访崔护故事的遗址,摄影而出。十一时许,到西安市文管会,看到大明宫附近出土的银条及鎏金的银盘。……文化局长刘尚达来谈,问题颇多。……下午三时,偕何遂先生同往省图书馆视察。……五时许,到南院门附近和平书店及澎新书店,购得王渔洋《五代诗话》(附《渔洋诗话》)及刘体仁《七松[颂]堂诗文集》。夜看《渔洋诗话》及公勇小诗,均颇佳。赵望云来谈。"(日记)

四月二十四日

"六时许起。阅王、刘之作。写一信给箴,即发出。八时许,刘尚达局长,偕陈尧廷等,和我们一同出发视察。先看'兴善寺'……次至小雁塔……次至青龙寺……次至兴庆公园,即唐兴庆池遗址……次至八仙庵(宫),是一道观……下午二时半,出发到东岳庙……次至华塔寺……次至开元寺……次至卧龙寺,即康有为盗经地。次至都城隍庙……次至西五台……次至广仁寺……六时许回。赵望云来……石兴邦来谈,送来鲜于康墓志拓本。澎新书店送书三部来,其中以明钞本(黑格)的天文书二册为最好。……夜,写《唐俑》序,近五页,未毕,因倦而睡,时已十时半矣。"(日记)

为刘体仁《七颂堂诗文集》题跋,认为:"其诗、古文之造诣殊深,非渔洋、钝翁诸子所得而牢笼之者。故国情深,触事生感,应于更进一层处读之。"

四月二十五日

"六时半起。续写《唐俑》序二页。八时半,刘尚达和陈尧廷来,偕往蓝田。目的在辋川及水陆庵……但到了西灞河,却水势甚大,高将没腰,无法渡过,只好望洋兴叹,废然而返。……到达汤峪干部疗养院。在那里的温泉里洗了澡。……归旅舍……晚餐后……七时半,省、市党政负责人,仍以谢副省长为主,召集一个座谈会,听取我们的意见。我讲了文物保护及考古与基建的矛盾如何解决事。到十时半才散。将《唐俑》序写毕,约共近五千字。"(日记)按,为陕西省文物管理委员会所编《陕西省出土唐俑选集》作序,文末署 26 日。该书后于1958 年 5 月由文物出版社出版。

本日,主编《政协会刊》第 2 期在北京出版,郑振铎发表"杂谈"《谈读书》、《想到科学研究》、《整理古书的提议》,还发表"考古游记"之二《春风满洛城》。

四月二十六日

"六时起。准备考古与博物馆座谈会的讲话稿。八时半,到省博物馆参加座谈会。到者有博物馆、图书馆及文管会的人三四十人。我对于保护文物政策及博物馆、图书馆的方针、任务有所指示。……写信给微、箴及徐帆,即发出。交书二包给陈尧廷,托其寄京。下午三时许,出发到八路军办事处纪念馆筹备处参观。……次到北郊汉代遗址察看……五时许回。写信给刘哲民、朱理惺、周予同等,即发出。武伯纶、石兴邦来谈。直到十一时许,才回。十一时五十分,上火车,赴兰州。"(日记)

致刘哲民信,提到:"带了《汤祷篇》的校样来,也没有工夫校读。""很想写些轻松的读书记,刻木板印出,你们社里有此'雅兴'否?我自己也可以私印出版也。"

四月二十七日

"在车上谈谈笑笑,时光易过。看《汤祷篇》校样,未毕。夜,十一时二十一分,到了兰州东站。……邓宝珊省长等均来迎接。住交际处402 号,设备颇佳。"(日记)

四月二十八日

"写给箴、舒信,即发出。八时半,出发到白塔山。……下山,到金天观……饭后,文化局长曲、杨二同志,政协副秘书长和省人委沈副秘书长来谈。……夜八时,到银川秦剧团看《八蜡庙》、《起解》、《白叮本》(狄仁杰谏武后事)及《双推磨》,均佳。……《汤祷篇》的清样,已校毕。"(日记)

致刘哲民信,提及《汤祷篇》今天已校毕,"请将清样送给周予同先生,请他写一篇序。我也将有一篇'新序',也盼能在途中写出寄上"。按,后该新序未及写出。

四月二十九日

"寄《汤祷篇》校样给刘哲民。近九时,到省政协拜会,主席、副主席等均在迎候。九时半,到五泉山。……到文管会,何乐夫已在候。……下午三时,到甘肃省图书馆……次到甘肃省博物馆……冯国瑞陪我们同去。有天梯山石窟出土的六朝及唐人写经,甚佳。明钞本《北堂书钞》(蓝格)亦好。六时许,回。稍息,即赴邓宝珊省长宅晚餐。……看了不少书,其中以明刻本《宝绘录》为最佳。"(日记)

四月三十日

"七时许起。写信给舒,即发出。八时半,出发到炼油厂筹备处参观……继到热电厂参观,其付[副]总工程师钱钟鹏,为默存的堂弟……下午,写信给箴、俊瑞,即发出……写给彭子冈、刘哲民二信,即发出。拟好《中国古代版画丛刊初编》的总说明,附在哲民信(航)里寄出。高某来谈。"(日记)

致刘哲民信中还提及:"拟用力写《考古游记》,附以丰富的插图,当会对读者们有用。如能有二十天到一个月的写作时间,就一定会写成功的。这次所见多极了,而且也精彩极了,如写了出来,会使人大为惊羡的。"(按,后该书未及写出。)

四月

所著历史小说集《桂公塘》由上海新文艺出版社再版。

五月一日

"今天是劳动节……我们利用这休假的两天出发到敦煌去。一共有三辆车……同行者有何遂、资耀华、蔡方荫、张丰胄，共五人。陪者有冯国瑞、交际科长、文化局长及医生一人。……上午八时许出发……四时许，到达武威，住在县人民委员会内。稍息一会，即走行到文庙的文管会去……继到钟楼……大云寺即在其傍……次到寺傍藏经阁……回时，已将七时了。晚上，写信给箴及舒。阎朝栋来谈。"（日记）

五月二日

"六时许起……有天祝藏族自治县的活佛来拜会，献哈达一方。……七时半，出发……十一时许，到山丹，在那里午餐……看了城隍庙、娘娘庙和发塔寺……下午一时许，继续前进。三时许，到达张掖……由图书馆的袁馆长陪同到西郊的五松园去……次至五凤楼……次到文化馆……次到钟楼……次步行到关帝庙……次到大佛寺（弘仁寺）看卧佛……经过木塔寺（万寿寺），远望到西来寺，那是相当完整的明代建的密宗庙宇，建筑、佛像、壁画均佳。已嘱喇嘛们好好地保护之。时已天色朦胧，即回县人民委员会。……在灯下写信给舒及尔康。"（日记）

五月三日

"八时，从张掖出发。途经黑水城，那是我久想一到的地方，也是我所见的第一座被沙漠没埋了的古城。曾在那里出土过《刘知远诸宫调》及《四美人图》，对我说来，最感亲切。故下车在沙丘上徘徊了一会。……下午一时，到达酒泉。住专员公署。……三时许，出发到东郊的'酒泉'……继到东城门边，访所谓唐代维文碑……继到大寺……兴尽而返，尚不到五时也。作信给舒及箴，航空寄出。……晚上，地委书记来谈。甘肃省文管会的调查队来谈。"（日记）

五月四日

"八时从酒泉出发。九时许，途经嘉峪关……十一时许，到达玉门油矿（即玉门市，矿长兼市长）。住招待所……二时许，听奚局长报告概况。近三时，出发参观。……到 144 号钻井……又去看注水厂……次至选油厂（27 号）……回到东山，至炼油厂参看……回时，已六时。

写信给箴、舒。中午,得联络局电话,说:中缅友协五周年纪念,将于十日举行。我是赶不及回去了。但写一文以为纪念。"(日记)

所作《愿友谊的花朵长久开放——为中缅友好协会成立五周年纪念而作》,后以"中缅友好协会会长"的身份发表于 5 月 14 日《人民日报》上。

五月五日

"七时,离开玉门招待所……下午二时许,到达安西,在县人民委员会午餐。……三时半,从安西动身……六时,到敦煌千佛洞……常书鸿所长等,在研究所门口迎接。……即偕常所长,在几个洞里走了一回,赞赏不已。"(日记)

五月六日

"便血……找医生看了,说是痔血……吃了些止痛药片,略见瘥。持杖行、立,时复作痛,盖是挨筋也(因坐车过久之故)。八时半,常君介绍敦煌千佛洞情况。九时许,他引导了我们,到各洞参观。……328 的宋洞,有一菩萨像为美国人华尔纳盗去。323 的盛唐洞,其壁画被华尔纳剥去一方,痕迹灼然,令人发指。次到陈列馆,见到不少东西,有《李翰蒙求》一册,五代写本,尤佳。……下午二时许,看榆林窟的壁画摹本。三时,由段文杰君领我们继续参观最底层的各洞。……晚七时半,向研究所的同志们讲话,勖以三事:①保护洞窟,不让再剥落、破坏下去;②发扬、光大民族的艺术传统,创作新壁画,培养后进;③研究并编著有关敦煌及其附近的佛教艺术与考古工作。拟印行《敦煌》二百四十多本,其中'图录'占一百二十多本。其余为汉文古籍、佛教经典、民间文学、杂文书及古代少数民族文学的图籍等。'变文'一册,即可付印。在研究工作上所需资料,我答应尽量地供给他们。他们颇为满意而感动。九时许散。写信给舒、箴、冶秋、哲民、方行、钱俊瑞、夏鼐、何其芳、郑云回、周予同、王任叔诸人。"(日记)

致刘哲民明信片中说:"'百闻不如一见',见到了才知道其弘伟,美丽。""要细看,得住三年!"

五月七日

　　"作信给空了、康生、赵万里,与昨日所写的,同时交邮。……上午八时半,书鸿引导我们参观。……下午三时,续去参观,仍由常书鸿君导引。……五时许,回。……夜……钞录诗文,并作信给舒。"(日记)

　　致萨空了、郑小箴信中说:"这里可以说是民族绘画的优良传统的集中地。学艺术的人如不到这里来巡礼,那就等于没有见到过民族绘画里的最精彩的创作。我们的绘画传统,实在是伟大之至!"

　　致夏鼐明信片中说:"今天又看了一天,赞叹无已!"

五月八日

　　"写一信给向达。近九时,书鸿陪我们出发参观……下午三时许,仍由书鸿带领我们参观……下午,也曾到东山去,见二塔中尚有壁画。望千佛洞全境,觉其南端为沙所埋处,必尚有不少洞窟在着。希望无穷也。夜,开座谈会,代表、委员们都讲了话,到深夜十一时半才散。"(日记)

五月九日

　　"六时半起。将给舒信写毕。八时许,在敦煌研究所前,照全体合影。九时,赴敦煌县城……在文化馆看到北魏写经及北魏小佛幢,均好。到关帝庙找索勋纪功碑……在附近任子宜家稍坐……同赴西门外西云观……十二时回。抵千佛洞……下午四时,书鸿引导了我们去看洞。……下午五时,约敦煌研究所的编委会(扩大)谈话,说明编辑《敦煌》及《中国胜迹图谱》的计划。下午七时半,开座谈会,听取研究会职工们的意见。到十一时许才散会。"(日记)

　　这次在敦煌,曾为敦煌文物研究所题词,指出:"千年之美,毕集于此,诚可谓为民族艺术的优良传统。研究民族艺术的人,如不到这里来,细心学习,至少是一年半载罢,则决不能说是已经明白了中国艺术的优良传统。"并赞扬了研究所同志们"坚苦卓绝的精神"。又为常书鸿等人题词:"常书鸿、李承仁二同志,同心协力,在大戈壁沙漠的一块小绿洲上,为继承、发扬祖国的艺术的优良传统,而艰苦地奋斗了十五年之久。其苦心孤殖[诣],与热爱祖国的艺术的精神,至可钦佩!敦煌千佛洞之能有今天的辉煌,和他们的努力是分不开的。……谨志数语，以颂他们的功德。"

五月十日

"七时，辞别敦煌千佛洞……一时半，到玉门运输站……午餐。……下午五时许，到了酒泉，住在玉门油矿的酒泉办事处。……蔡方荫在这里乘飞机赴北京……晚上，县长来谈"。（日记）

五月十一日

"七时半，离开酒泉……到张掖。在张掖县人委会午餐……到山丹……到永昌……下午六时许，抵武威。住在县人委会。……武威县长在晚上取唐寅等二明代画给我看，皆伪物也。"（日记）

五月十二日

"八时，从武威动身……直到一时半，才抵达[兰州]交际处。……写信给舒、箴、书鸿、靳以、哲民、森玉、梦家等，皆即发出。有省人委的人来谈。"（日记）

致刘哲民信中提及拟编"《艺林杂话》和《到处是花，是春天》的两个集子，回京后，编就即寄上"，并说"还想把《访书日记》整理出来，甚至想用木刻"。（按，可惜这几本书后均未及编成）

五月十三日

"六时半起，写信给潘景郑、吴文良、孙实君，即发出。整理行装。九时，到五泉山公园……又到雁滩……十二时许，回。……兰大国文系教授二人，来邀我座谈，因无时间，却之。曲子贞和杨局长来谈。五时半，到邓宝珊省长宅……在那里晚餐，同座者，于何、资、张外，有张书记、冯国瑞及几个文化局长……饭后，座谈到深夜十一时。我提出甘肃省应该注意的事：（1）古城遗址多，要保护；（2）石窟有七十多处，要保护；（3）注意古墓葬的发掘；（4）普查工作的进行；（5）废铜、废纸的如何选拣；（6）修复工作，以保固为主，以不改动原来形式为原则；（7）出版问题，《中国陶瓷图录》和《中国胜迹图谱》二书，请协助编辑；（8）敦煌研究所及嘉峪关、炳灵寺应行处理的事项。邓、张也谈了一下。……写信给孙家晋及舒。"（日记）

致潘景郑信中提及："千佛洞实是中国艺术的一个大宝库。……

壁画固然弘伟,塑像尤为精绝。集二百多尊北魏、隋、唐、五代、宋的塑像于一处,其重要是无可比拟的。"

五月十四日

"六时起。整理行装。邓宝珊省长等来送行。十时一刻,从兰州开车。在车上看报,看书,谈话。报纸上关于整风座谈的资料特别多,应该特别注意。其中,揭露了不少问题。"(日记)

五月十五日

"八时许,经过西安。遇武伯纶、石兴邦诸人正送日本考古团上车。他们于下午六时许,在洛阳下车。下午九时许,到达郑州。……车上看报,看得很仔细。"(日记)

五月十六日

"下午三时二十分,到达北京。王主任、徐帆等来接。回家后……七时,偕筬参加中印友协的五周年纪念会,并看《梭孔特娅》的演出。"(日记)

上午,在火车上为《陇右金石录》题跋:"在敦煌千佛洞见到此书,略一翻阅,觉得其中资料甚为有用。回到兰州,和杨馆长谈及。……十四日上午方上火车,杨君携此书见贻。尽二日之力阅尽。论述秦川河西诸地胜迹者,固少此书不得也。"

五月十七日

"八时半,到部办公。看积压的文件和来信,即时处理了一堆。……五时半,参加挪威大使馆的国庆酒会,周总理也到了。和奚若、罗隆基、彭真、楚图南等,谈得很起劲。七时,到国际俱乐部,以冷餐欢宴缅中友好协会代表团,我说了话,团长达拉博士(地质学家)也说了话。"(日记)

五月十八日

"五时即起。匆匆梳洗后,即赴飞机场,为缅中友协代表团团长达拉博士送行也。……赴钱默存宅……又到李健吾处……九时,到科学院文研所开座谈会……下午四时许,徐伯昕等来谈政协工作。四时半,到美术馆看麦·马克西莫夫习作展览……五时半,夏衍来谈,汇报

一月来的部中要事。"（日记）

五月十九日

"给舒一信。人民画报社的人来谈，要我写关于永乐宫的文章。何其芳、王平凡来谈文学研究所的事。赵万里、路工来谈。……六时，到和平宾馆，赴印度大使尼赫鲁夫妇的酒会也。到者多为熟人，演《沙恭达拉》的白珊等均到。尼和周总理都讲了话。"（日记）

五月二十日

"给刘哲民一信。八时半，到部办公。九时，到北京饭店，参加科学院的学部会议的预备会。晤予同，甚欢！会后，偕予同、建功来家午餐。……七时许，到北京饭店参加分学部会议"。（日记）

致刘哲民信，提到："《访书记》如付木刻，颇为有趣。因可随写随刻，不拘时日也。不知每天或每月可刻多少字？请告知，以便作'写作'的估计。""《艺林杂话》附有插图极多，如出版，一定会有相当大的销路。"

五月二十一日

"八时半，到部办公。伊见思送书来（古剧丛刊三集三期的原本）。下午，欲写文章，未成。把旧稿找出，要编一本《艺林丛话》。材料倒有不少，都是些资料性的文章。如附以丰富的插图，则对读者颇有用处也。"（日记）

五月二十二日

"写《永乐宫壁画》一文，已毕。八时半，到部办公。九时许，到中缅友协，会见缅甸代办，他交来吴努捐给友协的稿费120元。十时许，到北京饭店，参加分学部会议的预备会。不久，即散。偕夏鼐到文化部，商谈宴请日本考古代表团事。下午，稍睡一会，即赴文化俱乐部，参加政协文化组的座谈会。邀请了八十多人，只来了二十多人，但谈得颇为热闹，也揭发了不少问题。"（日记）

五月二十三日

"八时半，到部办公。文联局的人，郑云回等来。九时，到北京饭店，参加学部会议，直到下午一时才散。……将《永乐宫壁画》一文，交给了人民画报社记者。……下午四时四十分,到文化俱乐部,参加全国委员会欢迎以纳·马·佩雷拉为首的锡兰新平等社会党代表团。李济深和佩雷拉都讲了话。"(日记)

《永乐宫壁画》一文后载 8 月《人民画报》第 8 期。

五月二十四日

"八时半,到部办公。郑云回来谈。王冶秋等来谈。十一时许,到考古所,谈送礼给日本考古团事。……二时半,到部。三时,法国汉学家代表团 Etiemble Ehissy 等来访,谈得颇久。谈起现代画展览会事,说起古物交换事,说起历史、政、经访问事,说起互换教授、学生事。近五时,才辞去。到隆福寺各书肆一行。在东雅堂得继志斋本《金印记》,颇佳。……六时许,到同和居,欢宴日本访华考古代表团,原田淑人因病未到。到者为水野清一、关野雄等四人。我将云冈测量图送还给他,他似出意外。"(日记)

五月二十五日

"八时半,到勤政殿,和陈云、姬鹏飞、刘晓诸同志,陪同伏罗西洛夫同志及费德林同志等,到八达岭参观长城。……我向伏罗西洛夫同志介绍了长城的历史和孟姜女的故事。他听得很高兴,也很感伤。……二时半,回家稍息十余分钟,即到西郊科学院文学研究所开座谈会。这次北大的教授们来了不少,谈得还算尖锐。六时许,散。偕吴晓铃到隆福寺,在大雅堂取得玩虎轩刊的《西厢记》附录一册……一同回家,将借他的《古剧丛刊》的几个底本还给了他。甚倦。躺在院子里的藤椅上竟睡着了。"(日记)

五月二十六日

"九时半,到东车站送原田淑人等去汉口。……三时,偕空了到统战部,听关于党外人士帮助'整风'的彭真的意见。到琉璃厂。在邃雅斋、来薰阁取些书回。六时许,杨廷宝、刘士能、王天木、赵万里、周予同、杜国庠等陆续来,在此晚餐,谈甚畅。康生同志来谈,至十时许才去。"(日记)

五月二十七日

"八时半,到部办公。找王益来谈古书装订事。王毅、张珩等来谈。伊见思来谈。十一时许,到中国书店,购书若干(有残书《圣朝名画评》一册,最佳)。与王、陈经理谈古书装订工事。此事当可解决矣。下午二时半,在茅盾宅,参加'部长谈心会',六时回。"(日记)

在《人民日报》上发表《地下出土的书籍》,谈到去年春天去扬州见到的古墓中出土的四百多年前明嘉靖刻本《孝经》等。

五月二十八日

"六时许起。看《智囊全集》,尽一本。八时半,到部办公。与王书庄谈,对故宫博物院的陈列计划,颇有不同的意见。看稿,改稿。……郑云回交看某公信,大有'特权'思想。不知何故而大怒!……五时许,到隆福寺。在修缥堂见到《弇洲山人续四部稿》,价200元,正余所欲得者。在东雅堂见到残本《三才图会》数十册,嘱其留下。在鸿文阁见到明钞本《喻集》(？)二十四大册,尚有原装,不知北京图书馆何故不收。余得明童佩刊本《杨盈川集》,甚为高兴。欲写《唐诗版本考》,计划初具。"(日记)

五月二十九日

"昨夜,睡得很不安,醒来二次。倚枕看完王兆云的《白醉璅言》一本。早上,翻看《此木轩杂著》,颇有所得。所谓'开卷有得',非虚语也。八时半,到部办公。九时,到北京饭店参加科学院学部会议。……夜,写《唐诗版本考》,仅百许字而止。"(日记)

上午,"至天桥,中央自然博物馆新落成,参加审查王振铎所设计的原宋代苏颂水运仪的模型制造工作。"(竺可桢日记)到者有郑振铎、刘仙洲、叶企孙、唐兰、李俨、席泽宗、陈遵妫、李鉴澄等。

为二十多年前所得明·王兆云《白醉璅言》及明·徐渭辑《徐文长先生秘集》残本分别作题跋。

五月三十日

"八时半,到部办公。九时,到北京饭店,找不到开会地点而回。到考古所办公。到隆福寺各书肆一行。在修文堂得到《苢香馆杂录》六册,稿本,不知为何人所著,皆钞辑古人关于陶、瓷、砚、笔、宝石等等的片断记载,颇为有用。在鸿文阁得明末刊本茅鹿门和胡思泉八股文二册。在修绠堂见到的王世贞《续四部稿》,价 300 元,甚昂,但已嘱其留下。……下午二时许,到文化俱乐部,主持政协文化组的座谈会。邀请百人,到者不足三十人,但发言甚为踊跃,也揭发了不少问题。……晚餐后,到北京饭店 528 号访予同,雪村、调孚已先在,谈得颇畅。极力鼓励予同的积极性,不知能成功否? ”(日记)

五月三十一日

“八时半,到部办公。……下午三时半,英国人格莱(大英博物馆远东部主人[任])偕某老妇来谈。他是懂得中文的,但装为不懂。在座者有夏鼐、唐兰诸人。……说起《格古要论》,说大卫德就要翻译出来,加注,并加插图。阅整理好的藏书目录。太乱,太不集中。此是好奇多嗜,学问不专之故也。”(日记)

六月一日

“七时许起。金紫光、白云生来谈昆剧院事。八时,到部办公。九时,到政协礼堂,参加工作会议。我说了不少话,对于保护文物事,尤为慷慨激昂,不知有效果否? 下午二时半,在科学院文学研究所开座谈会,也说了不少话,因免冷场也。”(日记)

六月二日

“文渊阁萧文豹送来《莆舆纪胜》及《唐诗韵汇》。……商务印书馆戴孝侯、史久云[芸]来谈。勉以多出书。除促其印行《册府元龟》外,并劝他们将《太平御览》加以缩印,并附索引,《百衲本廿四史》也加以标点缩版影印,乃是功德无量之事也。关于《戏曲丛刊》事,他们已允承印,则大可省却一番周折了。《学生国学丛书》也劝其重编出版。这一番谈话,想来影响颇大。十时许,到中国书店,得嘉靖本《唐人万首绝句》,为之大喜! 又得天顺本《雅音会编》。虽仅残存其半,亦收之,以其乃《唐诗韵汇》之祖也。还得到不少其他古书。满载而归,不遑他去矣。空了、小箴携孩子们来此过端午节,大为热闹! ”(日记)“晨七时半,戴孝侯兄来,同往后门黄花门 17 号郑振铎副部长家。自八时半谈至十时。”(史久芸日记)

为明刊《万首唐人绝句》作题跋,提及"予方从事唐诗版刻考证,乃不能不收入之"。

六月三日

"八时,到部办公。谈北京市拆除外城事,即派人去调查。下午,写《拆除城墙问题》、《配合得更紧密、更和谐些》、《良药苦口利于病》等数篇。六时半,到文化俱乐部,开会刊编委会。"(日记)按,前二文后刊于6月25日《政协会刊》第3期上,后一文未知是否发表,三篇手稿今均存。《拆除城墙问题》呼吁:"今天拆除城墙的风气流行各地。千万要再加考虑,再加研究一番才是……何苦求一时的快意,而糟蹋全民的古老的遗产呢?"

六月四日

"八时,到部办公。写《传统技术的继承问题》,又写《郑州,殷的故城》(考古游记之三)。下午,整理书籍。"(日记) 按,前一文副标题为《我的一个紧急的呼吁!》,向全社会大声呼吁重视传统工艺技术的继承与发扬的问题,后载6月15日《人民日报》上;后一文载6月25日《政协会刊》第3期上,记述去年3月底视察郑州所见所闻,强调:"必须更加仔细,更加谨慎小心地从事基建和考古发掘工作,不能再有任何粗率的破坏行为了!"

六月五日

"八时,到部办公。为北方昆曲剧院的成立纪念册,写《为争取昆曲事业的繁荣而奋斗》。到隆福寺各书肆一行……下午,到中国书店收购部,见到明末品评妓女的书一册,题曰《百媚》,有图十五页,颇佳。他们却要送到北京图书馆去。五时,到政协开文化组长碰头会,谈了一些问题。七时,到翠华楼,和陈质平同志谈中缅友协事。就在那儿便餐。近九时,回。十时睡。倚枕看《译文》。"(日记)

《为争取昆曲事业的繁荣而斗争》肯定了梅兰芳演出的《游园惊梦》、《贵妃醉酒》,并说:"作为一个研究中国戏曲史者,一个昆剧爱好者,谨在这里以十分兴奋的心情,庆祝北方昆曲剧院的成立,并预祝其日益发展!"后载6月22日出版的《北方昆曲剧院建院纪念刊》上。

六月六日

"八时,到部办公。……近十二时,到隆福寺,还了《居家必备》的书款400元。下午,未外出,因稍感不舒服也。"(日记)

六月七日

"八时,到部办公。十时,赴科学院,接待南斯拉夫文化代表团团长。……下午三时,在政协第一会议室开文化组座谈会,座谈关于昆剧的事。到者甚多。我主持了一会,因腹痛,早退。归后,又立即上床睡了。中晚餐均未吃。"(日记)

六月八日

"因腹疾未愈,不能到部办公。……午睡醒后,乃大便血。……七时半,北京医院的医生来诊视。"(日记)

中共中央发出《关于组织力量准备反击右派分子进攻的指示》;同日,《人民日报》发表题为《这是为什么?》的社论。

六月九日

"终日看书、理书。书铺中人来。腹疾仍未愈,精神颇为不振。"(日记)

六月十日

"九时半,到北京医院诊病。这是我第一次挂号上医院也。……他们劝我住院,恐一时无暇住院细诊也。……午后,在寓理书。"(日记)

六月十一日

"终日在家休息。理书。"(日记)

国务院发文件通知北京市人民委员会,要求对北京城墙的拆除问题,必须"俟文化部和你市广泛征求各方面意见,并加以综合研究后,再作处理"。这也是郑振铎多次提议的结果。

六月十二日

"上午九时,到科学院开会。……下午,理书。何遂等来。夜,吴南青来,吕方来。……这次理书,必须彻底地理好,并编出初步目录来。没有目录,自己也不好查,有多少书也不知道,实是最不合理的事。现整理已将及三之一了。"(日记)

六月十三日

"五时起。看《唐语林》。理书。八时,到部办公。九时,到新侨饭店,参加科学规划委员会。这个会议只开了三天,时间甚为经济而紧凑,乃是科学的举行之也。……小箴来此,要我进医院治疗痔疾。……但实在无法放下要做的事而到医院去也。"(日记)

六月十四日

"八时,到部办公。九时,到新侨饭店,参加科学规划委员会的哲学、社会科学的分组会。……下午三时,到政协礼堂,主持文化组的昆曲问题座谈会,辩论得甚为热烈。直到六时半才散。夜,在家看书、理书。"(日记)

六月十五日

"近六时起。理书。八时,到部办公。九时,到新侨饭店,参加科学规划委员会。……下午,仍去参加会议。……黄敬的讲话和聂荣臻的总结,博得了一致的赞许。在六时半,大家带着满意的心情回去。晚上,在家理书。"(日记)

六月十六日

"六时许起……理书。文渊阁来,小箴带了孩子们来。戴敦复来。五姨来。家里十分热闹。我和孩子们玩了好一会。下午,空了来。五时许,偕到文化俱乐部,和宋云彬、叶圣陶、王伯祥同到北京饭店晚餐。喝了三斤黄酒。"(日记)

"振铎邀赴北京饭店之川菜馆,饮绍兴酒,甚佳,同座有圣陶、伯祥、萨空了。"(宋云彬日记)

六月十七日

"八时,到部办公。十时,到天文馆看天体运转的表演。尚好。……下午,四时许到天桥饭店,向人代会报到。到琉璃厂一行,购活字本《司空曙集》、《同书》等,不觉将囊中款用罄。……六时半回。在家理书。我的唐人集尚佳,但究竟好本子不多。还须费大力补充之。"(日记)按,"人代会"指第一届全国人民代表大会第四次会议。

为所藏明·蒋一葵《长安客话》作题跋,指出:"此书明刊本绝罕见……一九五六年春予南归,于旧居乱书堆里检得之,即携以北上。亦论述北京掌故之一助也。”

六月十八日

“八时,到部办公。九时,到考古所开扩大所务会议。到琉璃厂各书肆一行,遇李一氓、陈此生。在富晋书社得到周曰校万卷楼刊的《经世弘词》残本一部等。下午,理书。五时半,偕箴到建国门外埃及大使馆参加其国庆招待会。晤董必武同志等。**他对我的在《人民日报》发表的继承民族技术的文章甚感兴趣,并提起从前民间挑摊排活字的事。**”(日记)

六月十九日

“八时,到部办公。九时,到人大常委会开‘代表资格审查委员会’。下午,在家理书。五时许,到北海公园的仿膳喝茶,有曹禺、白羽、李颉[劼]人、巴金、沙汀、艾芜、萧乾、白尘诸人。即在那里晚餐,喝了些酒。”(日记)

六月二十日

“八时,到部办公。十时许,到中国书店一行,遇陈涌、路工。十一时,到北京图书馆,访赵万里,看到顾曲斋刻的‘古杂剧’,有王伯良序。又看明抄本的唐人集二种,并录其目。下午,三时,到怀仁堂,参加‘代表资格审查委员会’。四时,参加第四次人代大会的预备会议,半小时毕,接着开小组会。五时许,回。**理书,理书目。**”(日记)

“下午四时,赴怀仁堂,出席筹备会。**遇振铎。振铎笑谓‘你也作检讨了’。**”(宋云彬日记)宋云彬在前天下午列席民盟中央常委会扩大会议上发言,批判章、罗,亦自作检讨。

巴金致陈蕴珍(萧珊)信:“请打个电话给家璧说:《新文学大系》的事,郑振铎答应照他的意见办。**请他直接去信接洽。**”

六月二十一日

“八时,到部办公。……人民画报的两位编辑来谈。九时,到政协礼堂,参加江苏组的讨论。下午三时,**仍到政协礼堂,参加江苏组讨论。我发言:(1)坚持社会主义民主,反对资产阶级民主;(2)坚持共产**

党的领导;(3)百花齐放在民族的工艺美术方面的问题。六时许,回。热甚。理书。夜,仍理书。杂乱不堪的书堆已渐有条理;许多残书也有若干配齐了。"(日记)

六月二十二日

"八时,到部办公。九时,到人大常委会,参加代表资格审查委员会。九时半,回部,参加北方昆曲剧院的成立典礼。周扬在会上讲'百花齐放,推陈出新',甚为精辟。……陈毅副总理对近来右倾情况,大加批评,……会毕,摄影。……下午三时,到政协礼堂,参加江苏组讨论。储安平作了检讨,但极不深刻。……下午七时许,到小箴处。偕她同到西单剧场,看北方昆曲剧院的招待演出。"(日记)

六月二十三日

"各书肆人来。来薰阁取去复本《通沟》、《牧羊城》等。丁英桂、史久芸、戴孝侯来谈。关于《曲丛》四集事,已谈妥。他们去后,理书。……下午七时半,到人民剧场看北方昆曲剧院的庆祝建院大会。梅兰芳也参加《游园惊梦》的演出。演的是《昭君出塞》、《单刀会》、《书馆》和《游园惊梦》,比昨夜的好得多了。"(日记)"晨七时半,孝侯、英桂二兄来,同往黄化门17号郑振铎副部长家。八时半到达,谈至十时半出。"(史久芸日记)

六月二十四日

"五时半,起。颇倦。修改《发扬社会主义民主》一文。聚英书店来取《政和本草》的书款去。八时,到部办公。九时,到政协礼堂,参加江苏组小组会。讨论国民经济及财政收支二报告。下午,在家看报告。四时许,即送还。"(日记)《发扬社会主义民主》一文后发表于明日《政协会刊》第3期上。

六月二十五日

"八时,到部办公。伊见思来,取去《脉望馆藏元明杂剧》64册。郑昌政,陈滋德来谈《文参》出版'文物保护单位'目录专号事。十时许,到政协礼堂,参加江苏组座谈会。陈仲经讲得很好。……晚七时半,偕箴到文联大楼,看陈白华的《二度梅》,只是她一人唱做而已,配角太

坏。"（日记）看戏时与郭小川交谈，"郑振铎说，昆曲中也有此戏。"（郭小川日记）

主编《政协会刊》第 3 期出版，郑振铎在上面发表《发扬社会主义民主》、《拆除城墙问题》、《郑州，殷的故城——考古游记之三》，以及以"禾忠"笔名发表的《配合得紧密、更和谐些》。

致刘哲民信，介绍丁英桂联系印《古本戏曲丛刊》第四集事。

六月二十六日

"八时到部办公。郑昌政来谈《文参》出专号事。九时，日本京都学术代表团团长重泽俊来访，谈了一小时许。他询问了许多关于中国古典文学的事，并赠送《扬州八怪》等书。十一时，印度大使馆参赞辛格，代表印度政府送来 Harapa 出土的彩陶片二十种，装成一匣。我代表文化部接受之。谈到印度舞蹈家吴特、辛客来华表演。下午二时半，到怀仁堂，参加人代大会第四届会议开幕典礼。……周恩来总理作《政府工作报告》，直到六时半才毕。内容丰富，态度严正，对于反党反社会主义者们是一个大棒喝！……晚餐时，陈其田来找。"（日记）

六月二十七日

"八时，到部办公。广播电台来录音，为纪念五项原则声明三周年，向缅甸广播。九时，到政协礼堂，参加江苏组，座谈周总理报告。我说了话。伍云甫、章汉夫的话，甚为精采。下午三时，到政协礼堂，参加江苏小组，仍座谈周总理报告。钱俊瑞发言，极为中的。"（日记）

六月二十八日

"八时，到文学研究所开所务会议。……下午四时半，到国务院二办，和钱俊瑞、陶孟和金灿然、王冶秋等，讨论地方志显微照片出口及汉学研究所的图书资料出口事。有的人，警惕性太不高了，对于帝国主义毫不加区别，好像'文化交流'是没有立场，没有'国界'似的。这个倾向必须加以纠正。"（日记）

六月二十九日

"五时半起。趁早凉做些工作。整理书目。八时，到部办公。山东的文物干部某人来谈。赵万里来。十一时许，和他同到中国书店，选购

些清末的史料书。下午二时半,到怀仁堂,参加人代会。听李先念副总理的财政收支报告,极为明确而有内容。"(日记)

六月三十日

"趁早凉做《古剧丛刊四集》的编目工作。文渊阁、来薰阁送书来。《宋琐碎录》二册,为明初抄本,绝佳……十一时许,到王任叔处。又赴隆福寺各肆。至修绠堂,以一百二十元,购沈辨之野竹斋刊的《韩诗外传》二册。至东雅堂,得格致本延生养寿书及明万历刊的算书,均甚好。大雅堂从山东得初印书《方氏墨谱》,为近来书中的白眉,已为一珉所得矣。……读《浮生六记》,仍有感情。好书诚不厌百回读也。六时许,黄洛峰、金灿然、王任叔、齐燕铭、周杨、林默涵、吴晗等,在此便餐,讨论编印古书事。这次下了决心,已有结果。由齐燕铭同志组织规划委员会,负责进行。"(日记)

六月

被任命为国务院科学规划委员会委员兼考古学组组长。

所著历史论集《汤祷篇》由上海古典文学出版社出版。该书由老友周予同作序,高度评价了郑振铎的学术成就和革命精神。

钱钟书为其《宋诗选注》(1958年9月人民文学出版社出版)作序,末云:"我也愉快地向几位师友致谢。假如没有郑振铎同志的指示,我不会担任这样一项工作……"

七月一日

"八时,到部办公。海源阁主人杨君来谈。九时许,到政协礼堂,参加江苏组座谈会。十时半,到考古所,讨论召开考古学会议的筹备会。下午三时,到怀仁堂,参加人代会大会。……晚餐后,到首都电影院,参加苏联宽银幕电影《革命前奏曲》的开幕礼……这是第一次看到宽银幕电影。"(日记)

七月二日

"八时,到部办公。……九时,到政协礼堂,参加江苏组座谈会。……下午三时,到人代会大会,听取了董老的报告,和陈嘉庚等几个人的发言。六时半,到北京饭店,参加彭真市长为欢宴印尼制宪会

议议长韦洛坡等的宴会。"(日记)

七月三日

"八时,到部办公。九时,到政协礼堂,参加江苏组座谈会。下午三时,到怀仁堂,参加人代会大会。……将近七时,散。到邃雅斋一行。到鸿宾楼,应李劼人约也。到者有邵荃麟、夏衍、刘白羽、陈白尘、艾芜、沙汀、巴金、张天翼、陈翔鹤等。谈笑甚欢。"(日记)

七月四日

"八时,到部办公。九时许,到政协礼堂,参加江苏组座谈会,听储、费、钱的检讨……许立群加以分析……三时,到怀仁堂,参加人代会大会。"(日记)

七月五日

"八时,赴部办公。九时,召开关于刘家峡水库如何保护炳灵寺石窟的讨论会。到者有吴作人、张仃、电力工业部设计院的代表三人,王冶秋及文物局的人,吴仲超、唐兰、古建所的人和甘肃省邓宝珊省长及陈副省长等,讨论结果,一致认为炳灵寺应予保护,并再仔细勘查一下。下午三时,到怀仁堂参加人代会大会。……五时许,先退。到美术馆看傣族、景颇族的写生展览。邵宇的一百多幅,最好。……七时许,刘白羽、曹禺、李颉[劼]人、沙汀、艾芜、巴金、陈白尘等陆续来,在此晚餐。谈笑甚欢。"(日记)

七月六日

"八时,到部办公。九时,沈部长们与总顾问谢维林座谈,……下午三时,到怀仁堂,参加人代会大会。"(日记)

七月七日

"来薰阁来。大雅堂来。听说三友堂得到一部《水浒传》,即往观,其插图果然大为不同。是一百回本,题作《忠义水浒传》,却从未见过。即取其插图一册回。……下午……徐嘉瑞来谈。"(日记)

七月八日

"八时,到部办公。写成《党和政府是怎样保护文物的?》的发言稿一篇。下午三时,到怀仁堂,参加人代会大会。……八时,到文化部审

查赴世青节的歌舞节目。红线女、关鹔鹴、杜近芳等均参加。周总理也来。演毕,座谈一会。"(日记)

七月九日

"八时,到部办公。九时,到政协礼堂,参加江苏组座谈会。钱俊瑞发言,极有启发性……廖鲁言的发言,则针对三个重点人物而发。下午三时,到怀仁堂,参加人代会大会。周恩来总理作关于中缅边界的报告,详尽周到,最能阐发社会主义国家的外交的方针、方式与其特点。"(日记)

七月十日

"八时,到部办公。得张尔健(人美社)电话,谈《故宫画集》事。九时,到政协礼堂,参加江苏组座谈会。讨论周总理'中缅边界问题'的报告。我首先发言……下午三时,到怀仁堂参加人代会大会。……六时半,到文化部,参加沈部长代表周总理赠给谢维林同志奖状及纪念章。"(日记)

七月十一日

"八时,到部办公。有某持臧克家介绍信,来谈丝板水印的艺术。……九时,到怀仁堂,参加人代会大会。下午三时半,到怀仁堂,参加人代会大会……陆定一同志的发言,最为精辟。"(日记)

七月十二日

"八时,到部办公。九时,到怀仁堂,参加人代会大会。下午三时,到人代会大会。……我的书面发言《党和政府是怎样保护文物的》,也在下午印发了。"(日记)

新华社报道,国务院发出《关于保护古文物建筑的指示》及《征集革命文物办法》等文件。郑振铎参与制定。

七月十三日

"八时,到部办公。九时,到怀仁堂,参加人代会大会。……下午三时,到怀仁堂,参加人代会。梁思成发言,甚有感情。黄琪翔、费孝通、储安平等均作检讨。……六时许,散。偕李劼人到鸿宾楼,曹禺宴客也。到者有金仲华、夏衍、胡子婴、荣毅仁及其弟、刘靖基、巴金、颉

[劼]人等。"(日记)

七月十四日

"九时,到政协礼堂,参加江苏组座谈会。十时,散。又参加科学院召开的座谈会。……下午二时半,到中南海紫光阁,参加文联和文化部召开的座谈会,参加者有文艺界人士二百多人。周恩来总理讲话,对文艺界的反右派斗争和思想改造问题,有了详尽、周到的分析和主张……陆定一、康生和周扬同志的讲话,也坚定了、加强了大家的信心……会毕,已八时,就在那里晚餐。"(日记)

七月十五日

"八时,到部办公。九时,到怀仁堂参加人代会大会。章汉夫、胡绳的发言,博得了很大的掌声。章、罗、章等,也都做了书面的认罪的发言。……下午四时,在怀仁堂继续开会,通过各项议决案,于五时许,闭幕。即驱车到琉璃厂,在博古斋还了《石仓诗稿》帐50元,在戴月轩购狼毫二枝。又到中国书店,购《古今文综》一部。我在童年时代,欣羡此书而不可得,曾手抄其中'论文'部分,成为二册。今始得此,亦快心也!又得他书若干。"(日记)

七月十六日

"八时,到部办公。九时,到政协礼堂,参加科学院反右派斗争会。我作了书面发言。下午三时,仍到政协礼堂,参加斗争会。这个会,主要地以曾昭抡、钱伟长为对象……"(日记)

七月十七日

"八时,到部办公。写反右派文一篇,未毕。十时半许,到隆福寺各书肆一行,遇路工、一氓。……夜,校《宋人画册》的序言及叙录。"(日记)

为所购1916年中华书局出版的张相辑《古今文综》题跋,"追纪少年时代一段艰苦求书之事实"。

七月十八日

"八时,到部办公。写信给靳以及舒。将《宋人画册》校样及《名画集》目录送给卢光照及张宜健。伊见思来谈。与张珩谈《文物画册》编辑事。……六时许,到丰泽园宴请顾问雷达娅同志,张致祥、王冶秋、谢、李、王诸局长,吴仲超、韩寿萱、丁致刚、赵万里等均到场,我代表周总理及沈部长,以中苏友谊勋章及奖状送给她。"(日记)

七月十九日

"八时,到部办公。校文学史插图。十一时半,到中国书店,购王注苏诗等,共四十元。……下午……在家阅书目。"(日记)

七月二十日

"八时,到部办公。写好欢迎印度乌黛·香卡舞蹈团的文章《美的丝织的网》。下午,到沈部长宅,开部长碰头会。……七时许,赴中印友协,为欢迎乌黛·香卡舞蹈团举行的宴会(前门饭店)。"(日记)《美的丝织的网——欢迎乌黛·香卡舞蹈团》后载 26 日《北京日报》。在晚宴上与乌黛·香卡亲切交谈(今存新华社记者照片)。早在 1955 年郑振铎访问印度时他们就相识了。

陈君葆日记:"收到许多封信:郑振铎七月九日的,由港大转来,说吴仲圭画照片,他未看到,嘱再寄一张去。"

七月二十一日

"六时起。在家理书。到修绠堂,购《少林棍法》等,共 33 元。……下午,整理书目。夜,校对《宋人画册》的序及叙录。"(日记)

七月二十二日

"发人美社及北京日报信各一(内附校样及稿)。八时,到部办公。九时,到政协礼堂,参加全国工艺美术艺人代表会议,代表到者凡四百余人。来宾到者,除我外,有叶季壮、楚图南、蔡若虹、张仃诸同志。由白冰如主席并作报告。……六时,偕箴到北京饭店,参加波兰人民共和国的解放十三周年纪念的招待会。朱副主席、周总理等均到场。遇冰心、建功、王逊及杨晦夫妇、艾青夫妇等。"(日记)

《人民日报》发表郑振铎在第一届全国人民代表大会第四次会议上的发言,题为《党和政府是怎样保护文物的?》,热烈赞颂了党和政府大力保护文物的功绩,又批驳了"右派"言论。后又载 7 月 27 日《文物参考资料》第 7 期。

本日,读《新刻按鉴演义京本三国英雄志传》,并作笔记一篇(未刊)。去年9月,王任叔将此书交来,让郑振铎作版本鉴定并说明其价值,郑振铎因其是晚清翻刻本,未予重视,即置之架上。今日王任叔来信索书并催询,郑振铎方完成因工作太忙而忘却作的这一工作。

七月二十三日

"八时,到部办公。张钧来谈要跟乌黛·香卡舞蹈团学习事。贾国卿来谈人民英雄纪念碑进度及开委员会事。整理文学史插图,付诸摄影。下午,在家理书、看书,未出。看《前尘梦影录》及《书影》。"(日记)

七月二十四日

"八时,到部办公。九时,到北京饭店中七楼,参加科学院反右派的座谈会。十二时许,到西郊飞机场,欢迎缅甸联邦国会代表会[团]。下午……看《书影》。七时许,到紫光阁,陪同刘少奇委员长接见缅甸国会代表团团长德钦登貌和全体团员们(共十六人)。八时,在紫光阁欢宴该团,参加者有林老、李济深、陈叔通等副委员长和姬鹏飞、吴晗、胡愈之、梅公彬、萨空了、邵力子诸人。"(日记)

七月二十五日

"八时,到部办公。开始写《谈工艺美术的优良传统及其发展的道路》。下午……五时,陪同沈部长等,在新侨饭店,招待苏联代表茹可夫及齐赫文斯基。八时,偕箴同到人民剧场,观看印度乌黛·香卡舞蹈团的演出……周总理也到了。十一时许,散。即参加周总理的酒会……会后,总理和文艺界谈话,恳切地要文艺界进行反右派斗争,进行思想改造,过社会主义关。"(日记)

七月二十六日

"八时,到部办公。九时,到政协礼堂,参加政协的工作会议……十二时,到紫光阁,参加总理招待缅甸议会代表会[团]的宴会……五时,我以中缅友好协会的名义,以茶会招待缅甸议会代表团。吴拉茂大使夫妇也到了。我和代表团团长德钦登貌都讲了话……夜,写了一篇《赞歌朝霞般的舞蹈》,应人民日报的索稿也。"(日记)《赞歌朝霞般的舞蹈——观印度乌黛·香卡舞蹈团的演出后》一文后载28日《人民日报》上。

七月二十七日

"六时起。修改稿子。八时,到部办公。将《赞歌朝霞般的舞蹈》稿寄给了人民日报。在文物局看到宋画《歌者图》二幅,大为高兴。又看了元人墨迹二十开,安仪周旧藏也。信阳楚墓出土物的照片,也见到了……十一时,到中国书店,购旧抄本《秋水集》等……下午三时,到政协礼堂,对全国工艺美术艺人代表会议的代表们讲《谈工艺美术的优良传统及其发展的道路》。"(日记)

七月二十八日

"六时半起。理书。九时,到沈部长宅,由周扬同志说明文艺界反右派的情况。到的人有曹禺、臧克家、许广平、邵荃麟等同志……下午,看书(《清嘉录》)。七时许,张奚若来谈,问起故宫旧藏范仲淹写的《道服赞》事。"(日记)

七月二十九日

"八时,到部办公。十一时,锡兰的艺术批评家西尔瓦夫人偕同印度大使尼赫鲁夫人和摄影师及助理各一人来访,谈及到麦积山和敦煌摄影事。讨论了很久。"(日记)

七月三十日

"八时,到部办公。十时,到劳动人民文化宫,参加解放军卅周年纪念美术展览会的开幕典礼。……下午二时半,到文联大楼,参加作协党组扩大会,对丁、陈反党联盟展开大辩论。"(日记)

七月三十一日

"八时,到部办公。伊见思送《古本剧丛四集》的目录来。八时半,参加扩大部务会议,由沈部长传达国务会议上周总理的讲话,动员大家从事反右派斗争,并作自己思想及出身的分析。……二时半,到文联大楼,参加对丁、陈的辩论会。……五时许,到越南大使馆,参加欢迎缅甸议会代表团的酒会。"(日记)

八月一日

"六时起。效贤阁送我所选的书来。中有万历本《遵生八笺》,较好。八时,到部办公。九时,开美协扩大会议,批判江丰。遇梁思成,他说起明长陵稜恩殿因雷击起火事。我大吃一惊,立刻到文物局,偕同张珩及思成同到明陵去。……十二时许,回。送思成回清华。下午四时,到文联大楼,参加作协的扩大会议。柳溪、艾青、唐达成作检讨。……六时半,到北京饭店中七楼,参加彭真市长欢迎缅甸议会代表团的宴会。见面时,都问起长陵被雷击时,可见市领导者们的重视!吴晗、曹禺参加。"(日记)后郑振铎照周恩来总理指令,要求全国各古建筑马上安装避雷针。

八月二日

"七时半,赴飞机场,送缅甸国会代表团动身离京也。……八时半,到文学研究所,参加反右派斗争会……傍晚……八时,偕空了、小箴等同到人民剧场,看乌黛·香卡的影子戏……演毕,贺龙副总理、沈衡老、钱俊瑞、丁西林、印度大使及我,均上台道贺,并参观其表演的内部情况。"(日记)据王平凡回忆:"文学所召开批判'右派'杨思仲[陈涌]大会。会后,何其芳同志问郑振铎所长有何意见,郑先生坦率地说:杨思仲除了他和冯雪峰的关系外,我听不出他有什么右派言论……冯雪峰是我的老朋友。他叹了一口气,用他的习惯语言说:我的朋友杨思仲怎么也成了右派?他建议不要再批判了。"(《深切怀念郑振铎先生》)

八月三日

"八时,到部办公。十时许,参加国画界反右派的大会。下午二时半,到文联大楼,参加丁、陈辩论会。……五时许,先退。到印度大使馆,参加为乌黛·香卡舞蹈团举行的酒会。……八时,到和平宾馆东院,参加对外友协为乌黛·香卡团举行的冷餐酒会。"(日记)

八月四日

"上午理书……厂甸高某送《夷门广牍》半部来……下午二时半,到文联大楼,参加丁、陈辩论会。"(日记)

八月五日

"八时,到部办公。十一时,德国文化协会主席沙勒来拜访,他是一个考古学家，慕尼黑大学人类学系的主任……我们谈到工农业的发展及农业的社会主义改造事。我劝他也看看工厂及其他大规模的建设。……下午，在家理书。"（日记）

八月六日

"五时许起。理书。看报。八时，到部办公。伊见思来。山西省文化局长来，谈图书馆及文物古迹事。十一时半，到中国书店，购《梁溪诗钞》等……下午二时半，到文联大楼，参加对丁、陈错误的讨论会。今天发言者，有田间、李又然、林默涵诸人。"（日记）

八日七日

"六时起……裴效先送书来……八时，到部办公。王志成偕沈福文来谈。十一时半，到中国书店，购杂书十五元。下午二时半，到文联大楼，参加关于丁、陈错误的讨论会。"（日记）

八月八日

"上午八时，到西郊文学研究所开所务会议。……下午二时半，到文联大楼，参加关于丁、陈错误的讨论会。"（日记）

八月九日

"八时，到部办公。写了一篇关于丁、陈错误问题的发言。下午二时半，到考古研究所，参加对右派分子陈梦家错误的讨论会。首先由我说了几句话，……近六时，我先走，因为要招待外宾也。匆匆晚餐后，六时四十分，到首都电影院，招待各国大使看宽银幕电影。"（日记）

八月十日

"八时，到部办公。九时，到统战部，参加整风座谈会，由张执一同志主持，说明反右派斗争的进行和整风运动即行开始的情况。主要是研究无党派人士如何参加整风的问题。我说了话，着重在加紧学习、加紧思想改造方面。……下午……在家理书。"（日记）

八月十一日

上午，"到王冶秋同志处，谈三门峡水库的考古发掘费事。……吴晓铃、王志鹏来。书肆送书来（富晋、遂雅）。志鹏取去朱墨本《绣襦记》

四册,陈大来刻《琵琶记》二册去,代我装订。今天是母亲寿辰,亲戚们陆续来……家里十分热闹。我在理书。……夜里,叫萃华楼来做菜。孩子们一桌,大人们一桌,都吃得盆翻碗仰,十分高兴!……今天把《斑麋》看完,写得不坏,译笔也流畅,(土纸本)不知此书有再版否?"(日记)

八月十二日

"八时,到部办公。复统战部办公室关于舒的'43—'45 的历史事。复潘景郑信一。下午,理书。"(日记)

致潘景郑信中指出:"书跋对研究古典文学的人很有用处。""如能像集'顾'、'黄'题跋似的,搜罗重要学人们的'题跋',那是很有意义的,而且用处很大。先生其有意于此乎?"

八月十三日

"八时,到部办公。十时,到政协全委会,开《政协会刊》编委会。……下午二时半,到文联大楼,参加关于丁、陈错误问题的座谈会。发言者有邵荃麟、蒋天佐、钱俊瑞诸同志。……夜,箴邀王真、郑云回在此晚餐。王真是译《茶花女》的晓斋主人之女,能诗会画。福州人的气息很重。"(日记)

八月十四日

"八时,到部办公。审阅《插图本中国文学史》校样。下午二时半,到文联大楼,参加讨论丁、陈反党集团问题的大会……夏衍同志揭发了冯雪峰……适夷当场大哭。人民文学出版社的徐达、郑效洵也说了话。"(日记)

八月十五日

"八时,到文学研究所主持全所大会。由何其芳、汪蔚林、王平凡诸位,分别报告小组讨论及所务会议的决定。最后,我说了话。……七时,到北京饭店,参加朝鲜解放十二周年纪念的酒会。空了亦去。……(晤仲经、夏衍,要叫我出国一趟)(邃雅斋送来《津逮秘书》二箱,价960 元)"(日记)

八月十六日

"六时起。看报。王冶秋同志来谈。八时,到部办公。八时半,开部务会议,由陈克寒部长报告文化部各单位反右派斗争的情况。下午二时半,参加文协党组扩大会议,讨论丁、陈反党集团问题。我发了言。继之,李伯昭、冯雪峰发言。……何其芳的发言……甚为深刻。"(日记) 按,今为中国作家协会党组扩大会议第18次会议。据郭小川日记,"约定下午郑振铎、何其芳发言"。郑振铎发言表示:"我虽然还不是一个党员,但一向是和党站在一起,走在一道的","除了党的工作和事业之外,我不明白还会有什么可关心的!"发言提要后以《骄者必败!》为题,发表于9月1日《文艺报》第21期上。

八月十七日

"五时半起。许奇亮来谈。买了他一包旧纸,价五元。看报。八时,到部办公。八时半,参加部召开的民主党派及无党派人士的座谈会。讨论展开反右派斗争及整风运动的事。茅盾、钱俊瑞及吴晗三同志在会上讲了话。十一时许,散。吴晗和陈麟瑞到我房里谈了一会。下午,在家理书。"(日记)

八月十八日

"五时半起。萧文豹送书来。看报。理书。林珊、路工二同志来谈民间文学研究会事。路工持视《环翠堂集》,甚佳。有景元三年支谦写本的敦煌出的《楞严经》(卷十),则靠不住。如果是真的则太重要了!客去后,理书。下午,理书,已略有眉目了。五时半,洪晶、洪盈来。六时许,君珊、宛真来,空了、小箴携新旗来。谈了一会,同到同和居晚餐。"(日记)

八月十九日

"八时,到部办公。写《考古游记(四)——开封》一篇。《人民美术》社的人来谈美国杂志登出台湾美展的事。"(日记) 按,今作文《金梁桥外月如霜——考古游记之四》,记述去年4月初视察开封所见,后载11月5日《政协会刊》第5期上。

八月二十日

"六时起。看报。为《政协会刊》写杂谈二篇。……八时,到部办公。

人民文学出版社送来《插图本文学史》稿费等 3500 元。到隆福寺各肆一行。在修绠堂购《辞海》等数种……下午二时半，到文联大楼参加讨论丁、陈反党集团的会议，……七时许，散。到新侨饭店晚餐，应君珊约也，有光昆夫妇，晶、莹，空了，小箴，鉴衡，宛真，及箴、贝等，可谓为高家姊妹们集在一堂。"（日记）按，"杂谈二篇"，一篇题为《向那条路走?》，另一篇题为《资产阶级的个人主义思想能在社会主义社会里存在吗? 》（署名"云纹"），后均载 9 月 30 日《政协会刊》第 4 期上。内容均为响应号召批判"右派"。

八月二十一日

"八时，到部办公。和冶秋同志谈了一会（关于章溁古董事）。写《她的爱》观后感一篇，《北平笺谱重印序》一篇。到琉璃厂各肆一行。购吴任臣《山海经广注》（康熙刻）（附图五卷）……下午……到中国书店，购《埃及古迹》等……（修改《俗文学史》下册）"（日记）影评《谈缅甸电影〈她的爱〉》后载 8 月 24 日《人民日报》上。

八月二十二日

"五时半起。看报。吴晓铃来。孙景润来，取去《琐碎录》等书款 250 元。八时，到部办公。写《斥美帝所谓"拯救"的谰言》一篇。写《光辉灿烂的国宝》一文，未毕。十一时，到小箴处，偕她和孩子们同到我处。她帮我整理行装。热极! ……七时，到萃华楼，宴请捷克专家。"（日记）《斥美帝所谓"拯救"的谰言》后载 9 月 15 日《美术》月刊第 9 期。

八月二十三日

"八时，到部办公。写《光彩灿烂的国宝》一文毕。下午二时半，到文联大楼，参加讨论丁、陈反党集团的会议。胡海珠对萧三提了问题；公木对李又然揭发得很多；还有戈杨等的发言。我五时半即离开，到雷蒙做一件大衣，一套西装。"（日记）《光彩灿烂的国宝——新中国是怎样保护文物古迹的? 》一文，1998 年 12 月由文物出版社收入《郑振铎文博文集》中。

八月二十四日

"八时,到部办公。八时半,开部务会议。下午二时半,到文联大楼,参加讨论丁、陈反党集团问题会议。……晚餐后,七时半,到苏联大使馆,看伏洛希洛夫主席访问中国的彩色纪录片……登长城的一段,我也被拍在内。又映世青联欢节的开幕及活动情况,也显得热烈之极!"(日记)

八月二十五日

"七时半起。看报。武伯纶来谈……理行装。理书。"(日记)

八月二十六日

"五时半起……理文学史照片。八时,到部办公。改好《把一切献给党》(讨论丁、陈反党集团会上的发言稿),送到《光明日报》,因他们索之再三也。下午,在家理书。……(三友堂送钟评《水浒传》残本十一册来,即付书款 300 元。)"(日记)《把一切献给党》后载 8 月 28 日《光明日报》。讲到建国前党对自己的关怀帮助,还讲了三点:一、"不允许在党内搞什么小圈子,闹什么独立王国等一类的把戏",二、反对"恃'功'而骄,以'老资格'自居,以'功臣'自居",三、"党是严肃的,但也是温暖的。"此文虽不无"批判"语气,但总的说来态度比较温和,是想帮助冯雪峰等人"过好关"的。

致刘哲民信,提及半个多月前曾"整理稿件,可能有二三本书交给你们出版。《艺林丛话》的稿子,已有不少了,只等插图凑齐,即可寄上。《古城古墓发掘史》,须加以修改,某君的签注,很好,拟录出,附在后边。(书名拟改为《十九世纪间古城古墓发掘史》)现在,专心撰写的,有《考古游记》及《书林漫步》(或将《访书录》或《所见古书录》先整理好),但因为反右派斗争,须常常开会,很难有整段时间来写什么。又因为天气热,更难写得出。故迟迟未能动笔续写。" 按,后这些计划均未能完成。

八月二十七日

"八时,到部办公……十时半,到中缅友协,接见以信波博士为首的从青年联欢节来到中国的缅甸代表团四人……下午四时,到琉璃厂……到王府井……应购的东西,大致已经备齐了。六时许,回。理书。看书。康生同志打电话来,说有黄嘉惠本《董西厢》,已寄来,索价640 元。不久,即派人送了来,果然精彩非凡! 是启、祯间杭郡或徽郡刊本也。必当留之!"(日记)

八月二十八日

"八时,到部办公。武伯纶等来谈。九时许,到海关检疫处打牛痘针。到百货公司等处购衬衫等。十一时许,到隆福寺各书肆一行。下午二时半,到文联大楼,参加讨论丁、陈反党集团的会议。……夜,在家理书。"(日记)

八月二十九日

"六时起。看报。理书。邃雅斋来,取去书款 328 元。八时,到部办公。整理《中国文学史》的插图,费力极了! 下午……写给康生同志一信,将黄本《董西厢》还给他。又给政协文化组及月刊编辑室各一信,将记录及稿件还给他们。夜,持[倚]枕看《留西外史》,实在无聊之至! 此类书不作可也。"(日记)

八月三十日

"八时,到部办公。整理文学史的插图,已毕,即交给人民文学出版社。十一时半,到隆福寺各书肆一行。下午,在家理书,大致已将理好。……傍晚七时,到青年艺术剧院,参加赴联欢节归来过境的印度文化代表团的歌舞表演,偕箴同去……演毕,我登台向他们道贺、道谢。"(日记)

八月三十一日

"八时,到部办公。整理《版画选集》的稿子。接电话,说要提早一天,即三号走,弄得手忙足乱。……下午,二时半,到文联大楼,参加讨论丁、陈反党集团会议。有杨朔、萧三、臧克家(书面)等发言。……晚餐后,七时半,到政协礼堂,参加亚洲电影周的开幕典礼。周总理、郭沫若、夏衍诸同志均到。张奚若、李德全、周建人诸位也在。……九时半,演《女篮五号》,甚好。"(日记)

八月

科学出版社出版吴文良著《泉州宗教石刻》,作者当时是泉州的一个中学教员,长期业余从事此项研究,曾得到郑振铎的大力支持和帮助。该书由郑振铎题笺,八万余字,附有近二百幅图片,采录了宋元时代外国人遗留在泉州地区的伊斯兰教、基督教、婆罗门教和摩尼教等宗教建筑遗物和墓葬碑刻,上有古阿拉伯文、古叙利亚文、古拉丁文等外国文字,是研究中外交通史、宗教史、华侨史、外侨史、民族史、艺术史和中亚古文字的珍贵资料。

约八月

文物出版社成立编辑委员会,郑振铎任主任委员,成员还有徐森玉、马衡、夏鼐、王冶秋。

九月一日

"晨六时起……看报。理书。赵万里来谈。取去《宋氏树畜部》四册。……整理《古版画选》稿。十一时半,空了,夏衍来。十二时,伯伦、柯灵来。在此午餐,并谈赴保事。……下午,继续整理《版画选》稿。空了他们在此晚餐。八时许,去。继续整理稿件。康生同志打电话来,并送来《定本西厢记》一册。此书甚怪,合南北而一之,拆为三十折,欲成为舞台上的剧本。"(日记)

九月二日

"六时起。看报。理稿。八时,到部办公。文联局及柯灵来谈。十时半,到中国书店购《李白诗选》等。回家理书。理物。下午二时半,徐帆等来。下午四时,偕武、柯同到保加利亚大使馆喝茶。五时回。收拾行装。小箴来。将《中国古代版画选》整理好。午夜十二时,空了来,即交给他。将《西厢定本》送还给康生同志。东雅堂送《杜诗》来,价800元,是我所购书里,破记录的书,价最大,书亦最好。"(日记)

九月三日

"六时到飞机场。七时十分,飞机起飞。来送行者有夏衍同志、王主任等,这有保加利亚大使等……到达乌兰巴托(十时二十分)……在旅馆里吃茶。直到十二时许,才飞伊尔库次克……在旅馆里吃了饭,又睡了一会。八时,坐上喷气式飞机……十一时,到达鄂莫斯克,在那里加油……十二时半,继续起飞。三时半到达莫斯科……这时是莫斯科时间下午十时半。一等秘书和一位办事员来接。在候机室第一次看到了电视。十一时半，才到达乌克兰旅馆……我们住在六楼。"（日记）　按，郑振铎与武伯纶（陕西省文化厅长）、柯灵三人去保加利亚，与我驻保大使馆文化参赞王一达，组成中国文化代表团，参加中保文化协定签订五周年的纪念活动。

九月四日

在苏联莫斯科。"八时许，早餐。与大使馆联系一下。下楼散步。遇舒巧诸人，甚见亲热。……十一时半，张映吾来谈。马彦祥来谈。……到大使馆，晤刘晓同志。即在那里午餐。闻关良、李可染经此赴德，惜未遇。二时回。午睡一回。韦民来谈。五时许，朱君来。同到高尔基文化公园……乘地道车到植物园站，又乘汽车到农业展览馆……（写信给箴及舒）"（日记）

九月五日

在莫斯科。"八时半，早餐。和青年艺术团的同志们谈了一会。大使馆派一位翻译来。十时半，偕往普希金造型艺术博物馆参观。……寄明信片给尔康、靳以及舒。……午夜……十二时半，朱长明同志陪同我们上机场。"（日记）今见致郑尔康明信片，说："在莫斯科游了两天，感到社会主义建设的伟大成绩。"

九月六日

"二时半，上飞机，向索非亚飞去……六时许，到达基辅，办出境手续……九时半许，到达罗马尼亚首都布加勒斯特……近十一时，到达索非亚。有周大使和保加利亚的对外文协主席、外交部副部长等来迎接，并献花……住在'保加利亚旅馆'140 号……午睡甚酣，过五时才醒。到大使馆拜访周大使等。七时，赴歌剧院看《浮士德》，其为精彩。"（日记）

陈君葆日记："吴镇画一事，根据振铎来函复老关为转知陈氏夫妇，'据鉴定，当系元初作品；款字系伪作，并非吴镇真迹，因此不拟收购，并拟将照片存参考。'陈氏伉俪已北上。"

九月七日

在保加利亚首都索非亚。"六时半起……写给箴及舒二信……十时半,到对外文化协会,和其主席等谈日程。十一时半……坐车参观市容……十二时半,回旅馆……五时半,阿[保]对外文协派人陪我们去逛市容。先到季米特洛夫故居参观……继到自由市场(合作社与私人的)参观……继到百货公司一游……"(日记)

九月八日

"近六时起……看'书目'等……十时十分出发游览……到萨莫柯夫城,这是索非亚的文化中心,也是革命的发源地……十二时许,到达蒲尔维兹,那是一个休养区……二时半,动身到丽拉山上去。这山是巴尔干山的最高峰……下山,到高乐夫疗养站……归时,已过了六时。"(日记)

九月九日

"今天是保加利亚解放 13 周年纪念日……八时半,到达季米特洛夫墓前观礼台上。九时,检阅开始……下午五时,到大使馆……六时,到鹰桥及公园……近八时,到部长会议大厦,参加保的国庆招待会。"(日记)

九月十日

"九时五十分,出发到丽尔斯基修道院参观……在一家餐馆里午餐。餐毕,到'游击队田野'里去参观……近四时,匆匆回到修道院,看其博物馆……直到九时许才回旅馆。"(日记)

九月十一日

"在十二时前一刻,到科学院,去拜访巴夫洛夫院长等。谈得很高兴。他送给我他的著作三本。……四时半,考古所派一位女同志来,陪我们到韦陀萨山的保扬那礼拜堂,去看十三世纪的壁画。……六时回,周大使来辞行,他明天一早就要陪同于可夫到中国去了。……八时半,到马戏院看马戏。……(王一达同志陪着周大使来,已将保方初步拟出的日程送来。)"(日记)

致北京人民美术出版社信,谈关于所编著《中国古代版画史略》的出版事宜,指出:"这类书,本身就是艺术品,在选纸、印刷方面,都必须事前考虑周到,甚至必须试印若干次再做决定。"

九月十二日

"十时半,拜会保国文化部。契尔文斯奇在假,故由三位副部长接见。谈中央文化部与地方文化部问题,艺术教育问题,出版问题及群众艺术活动问题。……下午三时,到考古博物馆,晤其考古研究所所长,谈及保护文物事。……七时,到人民歌剧院,看《Boris Godynov》……这是根据普希金同名的剧本编的……"(日记)

九月十三日

"十时,参观'革命运动博物馆'……十一时半,访问保加利亚文学研究所……所长等均在迎候。我谈到中国的文学研究有两个困难,一是对浩如烟海的古典著作,要重新估价;二是如何把少数民族的作品包括进去……下午三时半,向季米特洛夫墓献花圈……四时,参观'民间艺术博物馆'……七时,由文化部音乐处长季米特洛夫陪同我们到人民歌剧院,看莫扎儿[特]的歌剧《魔笛》。"(日记)

九月十四日

"发一信给科学院联络局。十时,参观模范读书室……四时许,将行李送存大使馆……六时,和留保学生谈话,勉以努力学习,为社会主义服务……(发给箴一信)"(日记)

九月十五日

"九时,动身到普洛夫迪夫市……在巴扎尔吉克停留了一下,参观一所教堂……十二时半,到达普洛夫迪甫市……四时,到国立考古博物馆参观……又去看了民间艺术博物馆……晚,他们都去听歌剧《Tosca》,我独自在家休息。"(日记)

九月十六日

"近十时,出发到季米特洛夫农业生产合作社参观……到了一时才回来……到了五时,才到市议会和文化工作者会见。谈到六时半,辞出。到山顶上去看卑赞廷时代的城门,和公元前4世纪突拉基人留下的城墙,以及马其顿、罗马人和斯拉夫人的城墙。"(日记)

著名国画大师齐白石病逝,郑振铎列名于治丧委员会名单中。

九月十七日

"八时半,出发到山上看俄军解放纪念碑(1877)和苏军解放纪念碑(1944)……九时半,出发。途经季米特洛夫市。午餐后,参观斯太林化学工厂……四时,动身到Srapa3aropa,乃是一个州的中心……五时半,出发到罗马君士坦丁(四世纪)时代的遗址参观……继次[至]土尔其教堂,正在做修复工作。又到博物馆,不大而内容丰富。"(日记)

九月十八日

"八时半,出发到罗马浴堂参观……十时,动身到卡赞洛克市……即在博物馆参观……继到一山顶特拉基人墓里参观……饭后,参观读书室……继至季米特洛水库参观……二时许,出发到西普卡。参观其修道院……继到巴尔干山上的斯托列托夫峰……"(日记)

九月十九日

"九时,出发。经过纺织城市加勃洛沃市……近十一时,到达特尔诺沃市……参观州立博物馆……继至图书馆参观……三时半……参观已发掘的故宫遗址……五时半,到'升天节修道院'参观……晚餐后,到两个地点看全市夜景。"(日记)

九月二十日

"九时许……往阿尔巴那士村参观……十时许,赴苏新道尔村参观……我忽觉腹痛如绞,只好什么也不吃。请了医生来看,吃了药,他们去参观酿酒厂及第一个最老的读书室(在归途中),我和王一达同志在四时许即回。五时半,到达旅馆。"(日记)

九月二十一日

"四时半即起。腹部已不痛……寄篯、尔康、舒信各一……八时半,动身赴飞机场……十时五十分,即到达瓦尔纳市。住在金沙滩的一家旅馆……七时许,与代表团的代表们作初步的总结……今天傍晚,开始写《版画丛刊总序》。"(日记)

九月二十二日

"九时半,开始续写《版画丛刊总序》,至十二时许,写毕,共三千字。……三时,出发到考古博物馆参观……近五时,出。继到海军博物馆参观……五时半出。到海滨公园散步。六时许,回。"(日记)《中国古代版画丛刊总序》后发表于《中国古代版画丛刊》样本上。

九月二十三日

"六时半,写《圣迹图》、《历代名人像赞》及《忠义水浒传插图》三跋……至十一时许,三跋已写毕。到海滩看他们游泳……三时,到水族馆参观……并到其研究所参观……继到造船厂参观……七时许,回……(寄发箴、舒各一信)"(日记)按,为《历代名人像赞》《圣迹图》《忠义水浒传插图》三书所作跋,后分别载 1958 年 4 月、6 月、7 月上海古典文学出版社影印出版的这三本书内。三书均属郑振铎主编的《中国古代版画丛刊》初编。

九月二十四日

"十时,出发到特基里达许村看石林……午睡后……写《唐五代文学》目录(自藏的)。四时半,出发到城里去。在大街上晤柯灵等先去购物的人。五时,到州人民议会,与正副议长及文化部长等会谈……六时半,举杯互祝繁荣、幸福,和为社会主义事业干杯后,即兴辞而出。副议长陪着我们,到一个工会俱乐部,参观女声合唱团的排练……八时许,回旅馆。"(日记)

柯灵日记:"我捡了两块略具画意的石头,带回作为此游的纪念。这种石块,遍地皆是,我当着东道主信手拈来,根本不以为意。事后西谛委婉地批评说:'这是不应拿的。'西谛耿介,一丝不苟,更视历史文物一草一木如拱璧,我只有自惭粗忽而已。"

上海《收获》双月刊第 2 期上发表郑振铎历史小说《汨罗江》,形象地再现了著名爱国诗人屈原一生的最后一段历程。

九月二十五日

"八时半,瓦尔纳广播电台的记者,提出两个问题:①本州文化工作的成绩和缺点何在?……②中国业余艺术活动是否发展?……九时半,动身赴飞机场……十二时〇五分,到达索非亚飞机场……即驱车到保加利亚旅馆,仍住原来的房间(140 号)……四时半,到大使馆,

晤王珏代办……带回《人民日报》若干份,看到十八日止,有齐白石的
讣告。"(日记)

九月二十六日

"十一时,到文化部古文物研究所,与所长略谈……十二时半,同
到大旅馆中间的六世纪的罗马浴堂去参观……一时午餐,由文化部
副部长来作陪,谈及文化交流事……三时半,到图书馆参观……五
时,到电影厂和电影工作者会谈……七时,到歌剧院看《天鹅湖》……
发给篯一信。"(日记)

九月二十七日

"发给王任叔和舒[信]各一。十时半,到国民议会大厦,由格·达
米扬诺夫主席和主席团的其他各位接见……我也致答辞……下午三
时半,到大使馆……五时许回。看《人民日报》(19—21 日的)。写了不
少封信。八时,对外文联的主席托罗多娃举行招待会……我致答
词……"(日记)

在《文物参考资料》第 9 期上发表在全国工艺美术艺人代表会议
上的讲话,题为《我国工艺美术的优良传统及其发展的道路》,论述了
我国工艺美术源远流长的富有创造性的发展历史,提出了今后向优
秀传统学习、搜集和印行创作资料、以及解决工艺美术的原料问题
等。

九月二十八日

"六时许起……写了《答广播电台问》。问题三个,(1)对保的印
象,对保文化生活及所访问的文教机构的印象,(2)人民读书室是保
的独特文化机构,在中国有没有类似的文化中心?(3)关于中保文化
交流和文化联系的发展,您有哪些想法?写信给森玉、予同及俊英夫
妇,即发出。又写了给篯、冶秋、而复、方行、家晋的信,托柯灵带回……
下午一时,大使馆为我们举行招待会……三时许,散。即回旅馆。午睡
后,写信给其芳、作铭和俊瑞,即发出……下午七时,在保加利亚音乐
厅举行庆祝中保文化合作协定签订五周年纪念大会……我继之讲
话,反映甚好(由祖国阵线的索非亚市委书记翻译),掌声甚为热烈。

大会后,举行音乐舞蹈晚会。"(日记)

致刘哲民和孙家晋信中谈关于影印《中国古代版画丛刊》诸事。因闻悉刘哲民被划为"右派",在信中要他注意"改造"。致夏鼐信中谈保加利亚的考古工作"很可供我们参考"。

九月二十九日

"六时半,动身赴飞机场……七时一刻,起飞……九时三刻,到达匈京蒲·特·佩斯得……十时半,再上飞机……十二时一刻,到达布拉格……有大使馆葛参赞和普鲁赛克博士等来迎接……赴旅馆……由鲁迅图书馆馆长魏灵格洛娃女士陪我们午餐……写信给箴及郑云回(为《古本戏曲丛刊四集》事)。"(日记)　按,郑振铎去捷克斯洛伐克首都布拉格,应邀讲授中国文学(后又增讲中国考古学)并访问。

九月三十日

"写信给舒,谈对古代小说的看法。十时许,美莱娜来,同到东方研究所,晤普鲁赛克博士……谈到日程,谈到工作的安排。大家同意:在星期一、二、四的下午三时到五时,讲课,地点就在研究所。约有三十多人听讲。讲的题目是《中国小说》……中午,普鲁赛克、美莱娜陪同,步行到作家协会午餐……四时,陆君来,同去拜访大使……下午,搬了家,住到6楼17号……写信给王一达。"(日记)

《政协会刊》第4期出版,刊有郑振铎写的《向那条路走?》。

九月

在保加利亚时作诗《走进"读书室"——保加利亚杂诗之一》,后载1958年2月15日《政协会刊》第1期上。

本月,与张珩(葱玉)、徐邦达合编的《宋人画册》由中国古典艺术出版社出版,前有郑振铎写的《序言》。该书共选收故宫博物院所藏两宋画家的"小画"100幅。

十月一日

"准备第一讲:《中国古代的神话与传说》。十时,美莱娜来……我们安排了整个日程,相当地紧张……下午五时半,到大使馆,曹瑛大使正在准备迎接外宾。他们介绍了文化部几位副部长给我,还介绍了总理和科学院负责人,还有音乐家等,谈得很高兴。这个国庆招待会,从下午六时开始,直到近九时,还宾客拥挤,并无散意。我和武伯纶等只好先回旅馆了。"(日记)

十月二日

"九时,美莱娜来,偕同到布拉格'故宫'去参观……直似温读了一部捷克史。又去看历代皇冠……和美莱娜一同午餐……预备讲稿。写信给箴、贝及空了、小箴。"(日记)

致萨空了、郑小箴信中提到:"《古代木刻画选》已经整理好付印否? 为念! "

十月三日

"在寓预备讲稿。写信给舒。"下午"二时一刻,美莱娜来,偕住东方研究所,看他们的中文藏书……三时,开始讲课。第一课是《古代的神话与传说》,听讲者约十余人……借《红楼梦》等书四种。"(日记)

十月四日

"九时半,偕美莱娜及 Haiek 同到国家画廊东方部,和 Hajek 作长谈。喝茶后,偕往郊外一贵族别墅,看其所藏东方文物……三时半,有王姓留学生等三人来谈……四时半,美莱娜来,偕往科学院。除普鲁赛克外,尚有副院长 Laufberger(生物学家)及 Bohm(考古学家)和院的秘书 Kogesnik(化学家),谈得很高兴。六时,辞出,偕美莱娜到作协晚餐。餐毕,逛街。七时半,到 D34 剧院看 E.Onegin。"(日记)

十月五日

"七时半,早餐。看书。准备讲稿。十时,美莱娜来,同出,到古城,参观九世纪的礼拜堂……到大街……七时,晚餐。看书。等候罗哲文不来……"(日记)

十月六日

"近七时起。看书。罗哲文来找。他在深夜十二时后才到达(车误点)……十一时,使馆陆君来找……下午二时半……一位翻译,陪我到画廊参观……继至'科门斯基展览'参观,他是三百年前的欧洲大教育家,为西方教育学的开山祖……其旁,是画廊陈列十九世纪名画

的地方,也进去看了一回……七时,晚餐。看书。罗哲文行李刚取回,将箴托带的晨衣和中国小说等送来。"(日记)

十月七日

"近六时起。发给箴、空了、小箴、适夷、其文和君珊的信……武伯纶和罗哲文今晨动身到外省去。送他们上车。准备讲稿提纲。写信给舒及默存夫妇……二时四十五分,美莱娜来,偕往东方学院讲第二讲:《唐代的传奇文与变文》……有五六位中国留学生也来听讲。六时回……八时,美莱娜来,偕往作家协会晚餐。此宴为捷克科学院所邀请,到者有副院长兼秘书 Kojeivik 夫妇、Psusek 夫妇等八人,连我们共十人。谈得很高兴!"(日记)

十月八日

"近六时起。准备讲稿提纲……午睡一会。美莱娜来。三时,偕往东方学院讲课(第三讲:《宋元话本》)……五时半,讲毕。到大使馆,晤陆君,即搭他的车回旅馆。七时,晚餐。看《儒林外史》。不觉在躺椅上睡着了。"(日记)

十月九日

"六时半起。看书。近十时,大使馆陆同志来,偕往大街上购物……午餐后,美莱娜来,偕上赴 Brno(裴尔诺)的公共汽车……Brno 是莫拉维亚(Moravia)的首邑……到了七时一刻才到达裴尔诺,住在大旅馆(Graud Hotel)104 号。"(日记)

十月十日

"五时半起……看报(借大使馆的《人民日报》)……八时半,出发到 Mikulcice 村,看九世纪的斯拉夫文化遗址的发掘……三时半,在草原上散步。答记者问……八时,到旅馆……写信给森玉、箴、舒。"(日记)

十月十一日

"近九时,出发到:古城(stare Město),参观三个发掘的地方……一时许,到中途的'匈牙利故宫'(Vherské Hradiste)午餐。四时许,回到裴尔诺……五时,复动身回到布拉格……直到十时半,方才到达旅

馆门口。"（日记）

十月十二日

"看书。十时,美莱娜来,偕出。先到国立图书馆的最高一层楼上,看捷克国家画廊的'现代画'部分……步行过查尔斯桥,到米柯拉士(Mikolas)教堂参观……又到安娜皇后的'夏宫'去……一时许回……三时许,查尔士大学一女生来,送来各同学提出的问题。下礼拜六下午三时,要对他们讲话……(上午大使馆送来了徐帆和柯灵的二信,又科学院的两封电报,电报要我在捷再讲'考古'问题。任务又加重了! 但总要在本月底讲完。)"（日记）

十月十三日

"近六时起。写信给箴、徐帆及张映吾,即发出……九时半,美莱娜来,偕往'查尔士故宫'(Karlstejn)游览……近十二时,由堡外边的石阶下去,购了几张明信片,即写寄给尔康及舒各一张。出堡,还到水井那里去看一下……又到 Dobřl?（杜卜里希）的一个故宫去……餐后,我们到后花园去……二时半,出墅回去……三时半,回旅馆。看书。六时许,武伯纶、罗哲文来谈……"（日记）今见致郑尔康明信片,问到:"妈妈的病已经好了没有?"

十月十四日

"近六时起。写讲稿提纲……三时,到东方学院,讲第四讲:《三国志演义和水浒传》,颇为温暖。新从国内来的两个中文教师亦在听。五时半,回。看《西游记》。"（日记）.

十月十五日

"六时许起。写讲稿提纲……三时,在东方学院讲第五讲:《西游记、金瓶梅及其他》,把明正德到崇祯的一百五十年间的'世纪末'的小说,讲得颇为详尽。五时半,讲毕。到大使馆。得舒一信。"（日记）

十月十六日

"准备讲稿……九时半,法士来,偕到捷克文学博物馆参观……在那里看到了许多熟悉的捷克诗人、作家等……又到其图书馆去……回旅馆……二时半,仍由法士君来,陪我到国立雕刻陈列馆去参观……

四时出。又到其傍一个礼拜堂里……回到布拉格……七时，晚餐。看书。写信给箴、小箴及舒和夏鼐，即发出。"（日记）

致夏鼐信中提及："得科学院来电，知考古所派不出人来捷克作报告，要我趁便为捷克的考古所作几次关于中国考古工作的报告。……我也已同意作两次报告（二十三日和三十日）。这是在百忙之中，设法抽出时间来的！我在这里，每星期要作三次报告；每次报告，当然要好好地加以准备。因此，工作十分地紧张。"并提及捷克的考古工作有"大值得我们学习"之处。

十月十七日

"准备讲稿……三时，到东方学院，讲第六讲：《三言、二拍及其它》，对于明末及清初的小说，颇有新的见解……五时许，讲毕，回旅馆。"（日记）

十月十八日

"看书。写信给徐帆、云回及箴，又冶秋、其芳。九时半，美莱娜来，偕往国立博物馆参观……十一时半，辞出。在瓦兹拉夫大街购物……三时许，罗哲文来。富尔曼来……近五时，辞去。即到克里卜斯娃家喝酒，有研究印度和印尼的专家们五六人在那里，谈得颇为高兴……近八时，回。将各信写毕。"（日记）

十月十九日

"九时二十分，美莱娜来，偕往捷克南部旅行。十一时许，到 Orlik 古堡参观……继至 Gvikov 古堡……一时许，到 Pislk 城午餐……二时许，到科学院的 Bechyně（裴希尼）休息站参观……三时，到达 Tabor（塔博尔）城，即去参观其'城市博物馆'……四时出。购明信片数张，寄给尔康、小箴及舒各一张。"（日记）今见致郑尔康明信片，说："今夜住在塔卜尔城。这个城市的历史很光荣。"

十月二十日

"八时出发。到鲁卜加（Hluboká）故宫去……继到世界湖（Třebon）去……一时半，到达台尔齐（Telc）……四时许，到达 Kutnà hara（矿山）……到一个礼拜堂参观……继到人民会议，即旧日铸币厂参观……

继到巴尔波拉礼拜堂参观……因将五时……足足走了一小时又半才
到达旅馆。"(日记)

十月二十一日

"准备讲稿……三时,到东方学院讲七讲:《红楼梦、绿野仙踪与
儒林外史》……五时,讲毕。到大使馆,晤陆钟祥同志……得箴信,知
她已出医院,大为放心……七时,在 Tyloco Divadlo 看《菲加罗的结
婚》(莫扎尔作曲)……倚枕看《人民日报》。"(日记)

十月二十二日

"写信给箴、柯灵及小箴。准备讲演提纲。写信给科学院联络局。
数信均即发出。美莱娜送回考古学的讲话大纲……下午三时,美莱
娜来,偕到捷克科学院考古研究所,讲《新中国考古工作》,由所长
Jan Filip 出来接待。听众里,有老教授 P.Eisner 和波兰的考古学家 K.
Zurowski 等二三十人。他们都很感兴趣。五时半,讲毕。站得很累。Filip
请我们喝咖啡,并送他的著作三本给我。六时回。美莱娜在此谈话,并
同进晚餐。"(日记)

在给郑小箴的信中,要她问萨空了:"我的《中国古代木刻画选》
已付印否?"

十月二十三日

"八时,美莱娜来,偕往'查利温泉'(Karlovy Vary)去……乘爬山
电车上山顶。在小径中闲步……十二时,即到一旅馆午餐。购明信片
两张,写给舒及尔康,即付邮。一时半,动身回布拉格。途经白山……
历史小说家叶拉塞(Alois Jirásek)的博物馆……看了这个博物馆,也
就像温读一遍捷克的历史……五时许,回旅馆……准备讲稿……(接
到联络局寄来书一包)"(日记)今见致郑尔康明信片,提到:"得妈信,
知已病愈出院,甚为高兴!"

十月二十四日

"寄明信片给箴、尔康、舒、赵万里、唐弢、徐森[玉]。十时,到大使
馆,取来了若干册书籍,预备送人……写信给舒及伯祥……下午三
时,到东方学院,讲第八讲:《晚清的小说》。先由普鲁赛克教授起立,

致感谢辞……五时一刻,讲毕。有人问陶诗的问题。富尔门来,约好三十日上午八时半见面。五时半,回。写明信片给夏衍、徐帆、小箴、靳以、家晋,又写信给箴(内附给小箴信)及张映吾,均即发出。近七时,晚餐。罗哲文、武伯纶来谈。"(日记)今见致郑尔康明信片。

致王伯祥信中提及:"我讲的《中国小说》,本来想写下来再讲,结果却只写了'提纲',却没动笔写'本文'。到底什么时候才能把《中国小说八讲》写出来呢?"《中国小说八讲》(提纲)后载刊于 1959 年 10 月 18 日、25 日《光明日报》上。

十月二十五日

"七时四十分,赴飞机场……九时四十分,即到达白拉底斯拉瓦(Bratislava)市。斯洛瓦[伐]克科学院的两位文学研究所所长来迎接。往 Dsvin 旅馆,即在多瑙河旁。十一时,到科学院座谈……下午一时许俱到 1810 年烧毁的故宫遗址参观……四时,出发观市容……五时,看国立画廊……六时半,到文化公园的工业展览馆参观。"(日记)

十月二十六日

"九时一刻,坐汽车出发到 Nitra 去……十一时半到。即至山顶王宫,那里是一考古研究所的所址……到发掘青铜时代的一个遗址去……又去看农村……恰遇一农民结婚,即参加婚宴,并与新娘跳舞。又到一合作社的社员家闲谈……相伴者为文研所的和作协副主席 J.Spitgor……(考古所长为 A.Tocik)(发给予同及俊英信一封)"(日记)

致张耀翔、程俊英信,告以"在捷克的工作又将告结束了,不日即将赴莫斯科"。

十月二十七日

"八时半,出发到塔特莱(Tatry)去……十二时,到了 jilina 城……吃了一顿午饭。近一时,到马尔丁(Martin)城去,那里有一个民族博物馆,我们进去参观……二时半,出。继续前进……直到了五时半,方才到达旅馆……在森林之中,山顶之上……(上午写了几首诗)"(日记)按,郑振铎昨日偶然参加一农家的婚宴后,今作诗《在一个农家的婚宴上》,未完,手迹后载 1959 年 10 月 19 日《光明日报》。

十月二十八日

"九时,出发到伦尼士奇峰去,乘的电缆车……到天文台参观了一下……十二时半,下山,回旅馆……二时半,到滋玉尔村参观……又到助托孚夫那休养地参观……购明信片五张,写信给箴、小箴、尔康、舒及徐帆。"(日记)今见致高君箴明信片,说"坐了这电缆车,上了塔特里山的伦尼士奇峰",又见致郑尔康明信片,说在伦尼士奇峰上"凭栏四望,意兴甚豪"。

十月二十九日

"近五时起……准备对留学生讲演的提纲……八时一刻,出发到Deminova 山洞去……十二时一刻,由山傍一门出洞。即寄发明信片给舒、小箴及尔康。即奔驰到米尼古拉城午餐……即赴飞机场……飞机三时开……中途在白拉特斯拉瓦市停了好久……六时到达布拉格……六时半才回旅馆……写信给箴、舒。"(日记)今见致郑尔康明信片,说"早晨到了狄米诺瓦洞"。

十月三十日

"写了好几张明信片,给尔康等。八时半,富尔门兄弟来……九时,美莱娜来。十一时,到文化部拜访 Nejedly 老院长……下午二时,到大使馆。三时,向留捷学文史、音乐的学生们讲话。六时回。又写了几张明信片。得文学出版社一信,并附文学史要修改的一页(《秦妇吟》),当即改好寄出。七时半许……是普鲁赛克同志的送别会,宾主四人,谈得很畅快!"(日记)

致夏鼐明信片中提及:"大前天在史洛瓦克邦的尼特拉城考古研究所,与所长 A.托西克博士盘桓了将近一天,他伴我到一个青铜时代的遗址去看,发掘的规模很大。"

十月三十一日

"五时起,写了好几张明信片,写给森老一信……八时半,到文化部,拜访副部长 Bedrna……到大使馆,谈了好一会。十时半,回。写给徐帆、联络局信,又发明信片给箴、小箴及舒。十一时,美莱娜来,把考古报告说完。又写一信给新婚的 Paul Rybár 夫妇。把礼品交给美莱娜分送,她也送了两本书给我……三时,陆钟祥、美莱娜、克洛普纱娃等人来,同往飞机场。遇宦乡夫人,她是往伦敦去的。又有科学院代表来送行,谈得颇为热闹。四时二十分,上飞机……八时五十五分(莫斯科时间)到达莫斯科飞机场。张映吾、艾德林和其他汉学研究所的三位同志来接……近十一时才到旅馆住下。"(日记)今日结束在捷克斯洛伐克的讲学与访问,开始应邀在苏联讲学和访问。

十一月一日

"十时,翻译来,说,科学院十一时要开茶话会,讨论庆祝会事,要我参加……十时半,赶往科学院……近十二时,茶话会结束。到列宁山望莫斯科……发一信给箴及小箴……下午五时半,到莫斯科大学,参加苏联科学院庆祝十月革命四十周年纪念典礼……"(日记)

给萨空了、郑小箴信中提到:"《宋人画册》已出版,不知这次政府代表团到苏联时,有没有带多少册来?以此作为'礼品'是很可以动人的。"

十一月二日

"匆匆地准备第一讲的讲稿。写信给舒……九时半,赴中国问题研究所。十时,讲第一讲:《古代的神话与传说》,听者甚众……十二时许,讲毕,在艾德林研究室谈了一会。偕索罗金到北京饭店午餐。在街上走了一会……五时许,到列宁图书馆,看'十月革命四十周年纪念的图书展览'……到礼品商店看了一下……又到兄弟国家书店看了一下。八时,到科学院,参加招待晚餐会。遇到吉谢列夫,谈得很久,很高兴。"(日记)

十一月三日

"昨天下午,毛主席和中国政府代表团已经到达了莫斯科……今天十时,又放射了第二颗人造卫星……十时半,下楼等候索罗金。《莫斯科新闻》的记者找到了我,谈了一会。十一时许,到郊外 Arkhangelskoye 参观,那是一个贵族的别墅……三时,回……写信给尔康及陆钟祥。看书。七时许,看电视,皆有关十月革命的电影及报

告……准备讲稿。"（日记）

十一月四日

"准备讲稿提纲。……十时许，到研究所，讲第二讲:《唐代的传奇文与变文》。讲毕，所长出来招待，艾德林甚赞我的讲演……午餐，稍睡一会。到物质文化研究所参观，吉谢列夫招待得很殷勤……又由他陪同，到莫斯科大学考古系参观……近五时，辞出。写第三讲的提纲。"（日记）

十一月五日

"十时，到中国研究所，讲第三讲:《宋元话本》……五时，到中国研究所，参加他们的庆祝十月革命四十年的纪念会，我讲了几句话，祝贺他们。看了表演，并参加他们的晚餐。"（日记）

《政协会刊》第5期出版，刊有郑振铎写的"考古游记"之四《金梁桥外月如霜》。

十一月六日

"九时，偕刘[导生]、于[光远]二位一同出发到体育场去，参加苏联最高苏维埃会议。十时，开幕。由赫鲁晓夫作报告……匆匆午餐后，又赶回会场，毛主席正在做报告。他结束时，高呼道:'全世界无产阶级与爱好和平的人民联合起来!'全场起立,掌声热烈之至!……刘、于和我在六时许即回……'电视'里继演电影:《列宁在1918》，我直看到十时半,电影才结束。"（日记）

十一月七日

"九时，偕刘、于二位坐汽车同到红场去，参加十月革命节的检阅典礼。今年是十月革命的四十年纪念，其热闹自较往年不同……在观礼台上遇巴金、老舍、许广平、钱俊瑞、梅兰芳及王拓诸位。二时许，步行到首都饭店，应苏联科学院邀宴也。主人是Vlasor,苏联科学院主席团学术副秘书,地质研究所所长,曾到过中国……近五时，才辞出。乘地道车回……坐在室内看电视……写信给箴、舒、尔康等。看'电视'里的电影:《苏联四十年》。"（日记）

十一月八日

"写信给空了、冶秋、唐弢、柯灵及普鲁赛克。十时许,索罗金来。同往高尔吉(小山之意)村列宁逝世的地方参观……遇艾芜亦来参观。到乌克兰旅馆访俊瑞等,未值……写信给夏衍、森玉、伯祥、靳以、予同、俊英及徐帆。八时许,索罗金夫妇来,偕往列宁山看莫斯科全景……转至高尔基大街,灯火耀煌,人山人海。"(日记)

致张耀翔、程俊英信(信末署 11 月 7 日灯下),谈到:"我在这里和捷克,了解一下苏联和捷克的,还有其他各国的'汉学家'们的情况和研究的方向。苏联的最好,最能和我国的研究相结合,并有自己的见解。其他各国则较差,或因人少,或因资料的不足和不及时,均影响了研究工作的进行。似应该设法帮助他们。"

十一月九日

"九时,索罗金和艾德林二同志偕来,同往托尔斯太诞生地参观……四时半,回。八时许,到旅馆……准备讲稿提纲。"(日记)

十一月十日

"八时半,早餐。张映吾打电话来。九时半,到中国研究所讲第四讲:《三国志演义与水浒传》,费德林同志也来听……三时许,朱长明送二信来,谈了好久才去。准备讲稿。六时许,东方研究所的李福亲来谈。他是研究中国民间文学的,问了很多问题,也提了不少意见(对于中国研究民间文学的方法),很可注意。他说,上海出版的《杨家将》,乱改一气,大为不对。说到八时才去……写信给周扬、任叔、家晋、徐帆、人民文学社二编、夏鼐、刘哲民及赵其文等。"(日记)李福清回忆:"郑振铎先生来莫斯科讲学,有一天晚上,我抱着一大摞孟姜女资料去见他,向他请教有关孟姜女故事和中国民间文学的一些问题。他看了看我带来的这么多资料(有木刻本、抄本),对我说,如果他以文化部副部长的名义向各省文联要这些材料,他们不一定寄,要寄也不会这么多,苏联科学家要,他们就热心搜集寄去。他鼓励我好好研究这些珍贵的资料。"(《中国神话故事论集·作者自序》)

致夏鼐信中谈在莫斯科讲学与参观的情况,以及参加庆祝十月革命40周年的活动情况。

十一月十一日

"十时,赴中国研究所,讲第五讲:《西游记,金瓶梅及其他》。十二时许,讲毕,和艾德林商议赴列宁格勒及高加索的日程……三时半,到柴霍甫博物馆,却已闭门休息。即转赴列宁图书馆,到书库(11)看他们所藏的中国书。有《道藏》若干册,未整理。又有《三朝要典》及明钞本《永乐靖难录》,皆好书也。五时半,到托尔斯泰故居,亦已休息……六时半,回。看电视。七时半许,晚餐。看电影。写信给箴。"(日记)

十一月十二日

"寄出给箴信及给人民文学出版社四编室信。十时许,索罗金来,偕往'现代美展'参观……四时半,到杜思退益夫斯基博物馆参观,被享以闭门羹,盖正在整理内部也。Шнейдер(史耐桃尔)来谈译瞿秋白同志文章事。准备讲稿。……写信给舒。"(日记)

十一月十三日

"写信给周而复及方行、韩述之……九时半,到中国研究所,讲第六讲:《三言、二拍及其他》……午睡一会。二时起,准备讲稿。索罗金来。大使馆送联络局寄来的书及信件(唐弢的)来。苏联科学院送21—30日的生活费来。四时许,到'马耶可夫斯基故居及博物馆'参观……继到'柴霍甫故居及博物馆'参观……又到'杜益托益夫斯基故居及博物馆'参观……七时,Манухин(马努辛)来谈译《金瓶梅》,因甚倦,故谈得不起劲……看电视。准备讲稿。"(日记)

致周而复信中谈及"工作十分紧张",并说在莫斯科的讲学即将结束,又将去列宁格勒及高加索。还谈及《收获》双月刊的编辑工作。

本日,为《楚辞插图本》作序。

十一月十四日

"六时起……准备讲稿。复于景斌信……见报,惊悉捷克总统萨波托尔斯基已逝世。九时半,到中国研究所讲第七讲:《红楼梦、绿野仙踪与儒林外史》……二时半许,索罗金来。偕往托尔斯太故居参观,又到奥斯托洛夫斯基故居——博物馆参观。均深受感动。四时半,回。

和索罗金谈了一会。准备讲演提纲。七时，艾德林同志来，谈陶渊明诗事。八时许，晚餐。刘导生同志等来，看电影……写给徐帆和箴的信。"（日记）

十一月十五日

"张映吾同志来。索送讲演费来。九时半，到中国研究所，讲第八讲：《晚清的小说》。十二时半，讲毕。艾德林同志起立，致感谢的话，并由一位女同志献花。总算是'功德完满'了。他们还相当满意。偕索罗金到北京饭店午餐。和王拓同志谈话……四时半，到 Gum 买照相机一架……彩色胶卷二十卷。六时许回。整理行装……写信给舒。看电视。十一时许，索罗金来，一同步行到火车站，上了赴列宁格勒的火车。我和罗君同一房间。同行者有艾德林、刘导生、于光远诸同志。十一时五十五分，开车。"（日记）

十一月十六日

"九时半，到达列宁格勒。有科学院的人来迎接，住欧罗巴旅馆 208 号……十二时，到东方研究所参观……和院士 Орбели（奥尔贝立）谈话。在那里，看了不少敦煌卷子，又见到《刘知远诸宫调》。又到'物质文化研究所'……三时许，辞出。到彼得洛拍夫洛夫堡参观……又到礼拜堂去……又至人民英雄墓参观……五时，回旅馆……发致箴一信，内附给空了、小箴一信。"（日记）按，《刘知远诸宫调》后于 1958 年 4 月由苏联方面归还中国；1958 年 8 月由郑振铎交文物出版社影印出版。

十一月十七日

"五时许起……准备讲稿提纲。写信给尔康和舒……十时半许，步行到冬宫去……到了陈列阿尔泰出土物部分参观……继至中国部分，以敦煌千佛洞的壁画、塑像及甘肃黑水城出土物为最好。第一次见到《义勇武安王位》等二幅版画的原物……又到克里门斯等所得到的新疆壁画与塑像等物的部分，那些东西也是极为惊人的。到了四时，才辞出。匆匆回来吃午饭。饭后，立偕索罗金到俄罗斯博物馆去参观……六时回……艾德林同志送来阿历克赛夫夫人赠的她丈夫遗著

《司空图诗品》,甚为重要。"(日记)

十一月十八日

"写信给唐弢……近十时,到东方研究所,看敦煌卷子,多半是佛教经典,但杂有古代文学、历史、文件等不在少数,甚见兴奋。《庄子》、《文选》二卷,尤可注意。十一时半,对他们及列宁大学的学生们讲《中国文学史的分期问题》。听的人颇感兴趣。二时许,讲毕。由他们提问题……三时许,散。即去午餐,由郭质人[生]同志请客,他是秋白的好朋友。四时许,复到东方研究所,续看敦煌卷子,有《老子》、《论语》等。近六时,辞出。有一万多卷,只看了二三百卷,不知更有何重要的东西?……写信给森玉、其芳、斐云,即发出。九时许,晚餐。餐后,偕艾德林、索罗金二同志在街上散步。"(日记)

致唐弢信中谈在列宁格勒参观诸事,并动员唐弢到北京的文学研究所工作。致徐森玉信中谈列宁格勒所藏敦煌卷子。按,俄国鄂登堡所劫走之敦煌卷子,在近半个世纪内几乎不为外界所知,徐文堪(徐森玉儿子)认为:"郑先生在列宁格勒期间,却以不到一整天的时间,争分夺秒地浏览了大约五百个敦煌卷子,实是继刘半农、向达、王重民、姜亮夫诸先生二、三十年代在欧洲访读敦煌文献之后的一个壮举!""西谛先生的信是关于苏藏文书的第一篇比较具体的报道。"(《郑振铎与列宁格勒所藏敦煌文献》)

十一月十九日

"十时许,出发到史摩林宫参观,这是苏维埃宪法宣布的地方,也是列宁住过的地方……十一时许,到比丘林坟去,遍找不到他的坟所在,只好废然而出。十二时,到冬宫,进库房看他们的中国铜器和字画……和院长谈话。看'金库',辉煌之至!(特藏部)又看希腊、罗马的雕刻和法国近代绘画。最后,到修整壁画的地方参观……七时,到画具店参观……八时回……看书,写信。十一时半,到火车站。东方研究所的好些同志们都来送行……郭质生送列宁格勒风景片,以为纪念。十一时五十五分,开车。"(日记)

十一月二十日

"九时半,到达莫斯科,步行到旅馆。住 618 号……写信给箴、舒、徐帆。朱长明来,取去衣箱二只,预备托杂技团代为带回国……三时半,索罗金来。偕往东方博物馆参观……近六时回。(得箴一信)……写信给君珊,她九月间跌了一交[跤],故慰问她。"(日记)

十一月二十一日

"七时半,赴飞机场……五时半,到达特皮利斯……到飞机场来迎接的,有格鲁其亚共和国科学院的哲学社会科学部主任及文学研究所负责人等。"(日记)今日郑振铎赴高加索旅行,"因为任务已经完成,所以颇自由自在地游览着。但游览也不是一件轻松的事。有时很紧张。陪同游玩的人很不少,见到很多新鲜的事物。见的最多的是考古的发掘地点,和古代文化、艺术的遗存物,还有当代的绘画。曾到过两个大画家的家里,细细的看他们的作品。"(11 月 29 日郑振铎致周而复信)

十一月二十二日

"十时许,到街上散步……一时许,到科学院,和院长见面。又到文学研究所,和各部主任见面。近二时,到美术博物馆去……四时半,回……看《秋白选集》,再也睡不着。八时,偕往画家拉多·古琪亚史末里家里看画……十时许,辞出。到圣大卫德山顶去。"(日记)

十一月二十三日

"十一时,科学院社会科学部主任来,偕往格鲁其亚博物馆,看农业展览及考古展览……又看了他们的'金库'、善本库及书籍展览等……下午一时,到莫太城去,这是格鲁其亚的古都,名胜古迹甚多……又上山,看特比利士的古城部分……七时半,上火车赴埃里温。"(日记)

十一月二十四日

"九时二十八分到。有阿美尼亚科学院的两位同志来迎接……十二时半,由科学院文学研究所所长和考古学教授陪同,前往二十多公里外的土瓦尔诺兹礼拜堂遗址参观……又到李卜西耐礼拜堂参观……又到莱齐米亚琪姆礼拜堂去参观……又去看一个七世纪的另一修女的礼拜堂,又到教王的宫庭[廷]去参观。回时,已将近四时。赶到阿美尼亚博物馆去看其考古部分……五时许, 回旅馆……写信给夏衍、箴、小箴、尔康及舒。九时半,艾德林同志来谈,谈的是关于毛主席的十八首诗词。在那十八首诗词里,不仅是充满了豪迈的新气魄,具有新的意义,而且也铸造新辞,随手拈来,融合无间……(谈时,喝龙井一杯,更见谈兴大高。)"(日记)

十一月二十五日

"十一时,文学研究所所长等来。偕往图书馆,看其'钞本部'……十二时许,到红土岗,看乌拉尔图国的一个城市遗址……三时许,到阿美尼亚大画家沙里扬家里参观……近五时,辞出。回旅馆……写信给尔康……九时,阿美尼亚科学院院长,在旅馆和我会见,并举行招待宴会,到者凡十余人……到十一时半,方散。艾德林同志来谈。"(日记)

十一月二十六日

"十一时半,出发到赛琬湖去……三时许回……到文学研究所座谈。文化部副部长格士巴尔扬亦在座。还有科学院院长的父亲,语言学家安巴尔梦米扬等。谈到五时许,文化部长请我吃饭……七时半,他送我到火车站,并送留声机唱片等。八时,开车。"(日记)"在阿美尼亚的首都埃里温时,曾到几十公里外的赛琬湖游玩。湖水清碧见底,群山四绕,山阴积雪甚厚,山南则土黄草绿,衬以碧天,色彩极为丰富。在湖旁的一家'一分钟饭店'里,尝湖鱼的美味,的确是十分新鲜,而且烹调得好。"(11月29日郑振铎致周而复信)

十一月二十七日

"九时,火车到达特比里西站,有二人来接。仍住前次住的旅馆(4号)……十一时,出发到艺术博物馆……继上山到特比里西的城市博物馆……又到十三世纪的古堡(宫殿)和古城部分游览……至温泉浴室参观,遇王阑西同志等。二时许,回旅馆休息。三时,到大学参观……七时半,到歌剧院看《Othalo》的巴莱舞的彩排……十一时,到一餐馆晚餐。科学院长请我也,就此向他和其他同志们辞行。文化部部长和

副部长均在座。情绪热烈极了！……直到清晨二时，才回旅馆。"（日记）

十一月二十八日

"八时许起。写信给尔康、舒及森玉，即发出……偕索罗金出去购物……四时二十分，上了飞机……远远地在空中望见莫斯科……六时许，到达。有科学院中人来迎接，仍住列宁格勒旅馆（1005 号房）……九时，晚餐。晤李桦、力群等。"（日记）

十一月二十九日

"七时许起。写信给靳以、而复、予同、俊美及文英，即发出。十时半许，索罗金来。同往大使馆，晤宫庭同志等，取回空了、徐帆信三封……十一时半，到'特里柴可夫画廊'参观，正举行列宾画的特别展出……四时半……和索罗金谈元曲……发给舒及家晋信各一。十时许，刘导生同志来谈。"（日记）

致张耀翔、程俊英信，谈到："此行三月，收获甚大，最大的是，我已经戒了酒。到了'酒乡'的高加索而不喝酒，那末，想来是会'戒'得成功了。"

今日，老友王统照病逝于山东。（郑振铎待回国后方悉。）

十一月三十日

"七时许起。写《瞿秋白选集》（俄译本）序。十一时许，索罗金来，偕往中国研究所，向所长辞行。十二时许，到中国大使馆，晤刘晓大使，就在他家里午餐。餐毕，在文化处谈了好一会。二时半，索罗金来，偕往红场照了几张相。又到戏曲博物馆参观……七时，晚餐。续写《瞿秋白选集》序毕。"（日记）郑振铎不顾自己即将返国时间极为紧张，为苏联准备出版的《瞿秋白选集》赶写了一篇感情热烈的序文，称瞿秋白是"共产党和无产阶级的最优秀的战士和文学家"。该书后于1959年4月29日由莫斯科文学出版社出版。郑振铎的《俄译〈瞿秋白选集〉序》后发表于 1959 年 10 月 17 日《光明日报》上。

十二月一日

"六时许起。沐浴。收拾行装。钞写《瞿秋白选集序》一通……李何同志来谈。十时半，索罗金同志来。十一时，到普希金艺术博物馆参观。这是第二次的参观了……一时许，到艾德林同志处午餐。三时半，到莫斯科历史与改建博物馆参观……七时半，索罗金夫妇请我在旅馆晚餐。九时四十五分，艾德林来，同到飞机场……朱长明同志也来送行。十一时半，上了飞机……近十二时，起飞。"（日记）艾德林后来回忆说："在两个多星期的旅行中……郑振铎一分钟也不肯闲着。他参观博物馆和研究所，提出无数总是重要和深刻的问题，写了许多信，疲倦的时候就读唐诗。""凡是我们所到的地方，凡是他提供帮助[按，指讲学]的地方，他处处总是吸取能对他在祖国所从事的工作有所裨益的经验。在列宁格勒，他观察怎样修复湿壁画，目的是为了把这个方法应用到敦煌石窟里去；在亚美尼亚，他探问寺院的屋顶怎样防备上面长出树木来。""他非常喜欢博物馆"，"他说，他希望在中国建立这样一所博物馆，里面能搜集欧洲各个世纪全部优秀的绘画的摹本和雕刻的复制品，让中国青年能够知道全世界的艺术。"（《忆郑振铎同志》）

十二月二日

"十一时三十五分，到达北京南郊飞机场。其时乃是北京时间 16时35分。箴、新旗、王主任、夏鼐等均来接。三个月的旅行，至此告一结束。才到家门，何其芳、罗大冈二同志已在等候，谈了会文研所事。张珩来，谈燕文贵《秋山萧寺图》事。因画伪，决定退回不购。"（日记）

十二月三日

"郑云回、伊见思来。十时半，到部办公，看来信……五时四十分，到紫光阁，总理宴各国工会代表们，我去作陪（陪缅甸代表们）……（晨闻剑三噩耗，甚为伤感！）"（日记）

十二月四日

"八时半，到文学研究所，参加全所会议，我谈出国参观情况……下午，在家整理书、物。到南苑飞机场，欢迎缅甸副总理吴觉迎。到政协，参加月刊编会。"（日记）郑振铎上午讲话提纲今存。

十二月五日

"八时半,到部办公。伊见思来。……七时,到北京饭店,参加周总理招待缅甸副总理吴觉迎的酒会。"(日记)

十二月六日

"八时半,到部办公。冶秋同志来谈。看积存的公文。……二时,到芬兰大使馆,参加芬兰国庆的庆祝会。八时许,到吴晓铃处喝酒,在座者有圣陶、伯祥、罗莘田、吕叔湘、张次公等。"(日记)

十二月七日

"八时半,到文学研究所开会。讨论整改小组事。……下午,整理书、物。"(日记)

十二月八日

"六时许起。赵万里来谈。小箴携新旗和点儿来……空了来。在此午餐。"(日记)

十二月九日

"八时半,到部办公。常书鸿等四人来谈,他们就要到日本去。十时,到中国书店,选购了王晫的《文津》等书。"(日记)

十二月十日

"八时半,到部办公。九时半,到飞机场迎接缅甸副总理吴巴瑞等。……十一时半,到考古所,和夏作铭谈了一会。……下午,整理书、稿。六时许,到北京饭店,参加周总理欢迎吴巴瑞的国宴。"(日记)

十二月十一日

"八时一刻,到故宫博物院,迎候缅甸副总理吴巴瑞。……偕吴仲超、沈洪江同志,看绘画馆的明清画展览,甚佳。邓拓同志亦在那里。……六时许,到全聚德,应楚图南同志约欢迎冰岛作家拉克斯纳斯及其夫人等。他是去年诺贝尔奖金的获得者,有进步倾向。"(日记)今存陪同吴巴瑞游览故宫的照片(新华社记者摄)。

十二月十二日

"八时半,到部办公。写信给王任叔、邵宇、孙家晋诸同志。十一时许,到美术展览馆看全国摄影展览……小箴亦有一幅展出。和王朝闻、华君武二同志谈赴法画展事。……六时半,到首都剧院,主持中缅

友协欢迎缅甸的吴巴瑞、吴觉迎二位副总理及其代表团……我致欢
迎词……由我代表中缅友协,向他们献旗、送礼。近九时,演京剧《追
鱼》,由赵燕侠主演,甚好……(下午,整理稿子。)"(日记)今存与吴巴
瑞夫妇、吴觉迎夫妇、周恩来、贺龙的合影(新华社记者摄)。

　　致上海新文艺出版社孙家晋信中提及"'游记'的名称还未确定。
可能要先在《文汇报》和《收获》上发表一部分。因为是有了底子的,所
以写起来似不大困难——只要有时间写。'插图'倒有不少。……又
'处处春天'的那部书稿已将编好,即可寄上。其中,有一部分是不曾
发表过的,也附有不少'插图'。估计:'游记'约二十万字,'处处春天'
约十五万字。"(按,此二书后来均未能最后写成)

十二月十三日

　　"八时半,到部办公。十时,和夏衍同志一同接见冰岛作家拉克斯
纳斯夫妇。……二时半,到故宫博物院,迎候缅甸副总理吴觉迎来参
观。……七时,到北京饭店,应缅甸大使吴拉茂约,参加欢迎缅甸两位
副总理的宴会。"(日记)

十二月十四日

　　"八时十分,到飞机场,送缅甸副总理吴巴瑞及吴觉迎与其代表
团……周总理亦同去。……回到文化部……钱俊瑞同志来谈。"(日
记)

十二月十五日

　　"上午,在家整理书、稿。……下午,王天木夫妇来。五时,乔冠华
同志来谈。看《梅花草堂笔谈》。"(日记)

十二月十六日

　　"五时许起。写《悼王统照先生》。八时半,到部办公。十一时许,
到紫光阁武成殿,看梁氏妾丁捐献的三十一通宋人尺牍,其中以辛稼
轩一通为白眉。又见到吴氏的《唐拓武梁祠》,已为火所焚。只存十一
幅耳。……偕一氓同志同回,送《搜神广记》一部给他。二时半,到文化
部,参加碰头会。……夜,看王兆云的《挥麈新谈》。"(日记)《悼王统照
先生》后载 1958 年 1 月 8 日《人民文学》总 98 期上,回忆了"四十年

来的交情是不平常的"，痛惜王统照"正在积极地为人民办事，却不幸
死了"。

十二月十七日

"八时半，到部办公。开始写《走向社会主义社会》（日记）。人民文
学出版社送来《插图本文学史》等稿费 16800 元，足以还书债了。……
下午四时许，到东安市场，还书债 200 元，购食物等。"（日记）按，《走
向社会主义社会（日记）》副标题是《在保加利亚、捷克斯洛瓦［伐］克
和苏联的日记》，郑振铎写了一段前言，又整理了 9 月 3 日、4 日的日
记后，因太忙而未写下去。

十二月十八日

"八时，到文学研究所，初步讨论学术研究工作的辩论提纲。……
三时，到琉璃厂各肆，购书一百六十余元。……写信给艾德林和索罗
金二同志。"（日记）

十二月十九日

"八时半，到部办公。《人民日报》文艺版的记者来谈，并索稿。十
一时半，到隆福寺各肆一行。……下午四时许，到飞机场迎接从武汉
飞京的缅甸副总理吴觉迎。"（日记）

十二月二十日

"八时半，到部办公。九时许，朱欣陶来。偕他和罗哲文同赴定陵
察看发掘情况和出土古物。……下午，整理书帐等。"（日记）

十二月二十一日

"七时，到西郊飞机场送缅甸副总理吴觉迎赴蒙古人民共和国。
八时半，到部办公。九时许，参加部长碰头会。……下午，理书。《中国
文学研究》已出版，凡三册，1388 页，一百万余言，只是旧作的一个结
集而已。"（日记）

十二月二十二日

"各书肆中人来取款。九时许，吴晓铃、何其芳、毛星、钱钟书、范
宁、余冠英、王伯祥来，在此讨论编纂《中国文学史》事。并在此午餐。"
（日记）

十二月二十三日

"八时半,到部办公。十时半,到考古所。……二时许,到民间文学研究会,座谈任务、方针。……夜,《人民日报》夏君来谈。整理书目。"(日记)按,中国民间文艺研究会召开座谈会,听取理事、会员、专家和各方面对研究会的工作和对会刊《民间文学》的批评意见,郑振铎讲话。

十二月二十四日

"八时半,到文学研究所,开所务会议,讨论方针、任务的总结。……晚,七时许,到首都剧场,听罗马尼亚青年艺术家玛丽亚·辛迪拉鲁(女高音)的独唱,和大提琴家弗拉迪米尔·沃尔洛夫的独奏。钢琴伴奏者为斯·阿坦娜索夫。只有三个人,但组成了一个很热闹的二小时的音乐会。在休息时,我接见了他们。……(早晨写了《苏州赞歌》,即送《人民日报》。)"(日记) 按,该文歌颂了美丽的苏州城与勤劳的苏州人民,原为《人民日报》的《风土小志》栏所作,据说郑振铎交去后不久又建议不要发表,因认为没有更多地反映大跃进。后在他牺牲后该文刊于 1958 年 10 月 30 日《人民日报》上。

致夏景凡(《人民日报》副刊编辑)信,问《苏州赞歌》"这样写法对不对? 有没有意义? 能不能把苏州的特点表现出来?"

十二月二十五日

"八时半,到部办公。写信给柯灵、而复、方行、予同、俊英及森玉,并汇款给文英和古籍书店。古典文学出版社催《古本版画丛刊初编》式样甚急,即航函复之。《收获》社的人来索稿。下午二时,到政协礼堂,听张执一同志传达周总理的《国际形势和整改任务》的报告。五时许回。《人民日报》夏景凡同志来谈。《风土小志》将怎样写才好呢?"(日记)

致周而复信,提及"有许多材料积压在那里,想写出来",可惜因为工作忙,没有时间。同时热烈祝贺周而复已完成《上海的早晨》第一部,"希望第二、三、四部能继续地写下去。有能力,有'生活'的作家们必须多写快写也!"

致张耀翔、程俊英信,提及:"我最担心的是予同的病,最好是多加休养(以转地疗养为上策),俊英先生的心脏病已痊愈了没有? 为念! 前见到一位冰岛作家,不禁想起了孙公定贵来,他的儿女现在如何了?"

十二月二十六日

"五时起。写风土小志《石湖》。八时半,到部办公。九时,统战部的同志来征询关于整改的意见,科学规划委员会来谈关于地方志编纂事。十一时,到中国书店,还书帐二千余元。下午二时,参加部的党组扩大会。夜,小箴等来祝寿,他们计算:今天是我六十寿辰的前夕也。《插图本文学史》再版本今天送来。"(日记)《石湖》后载 1958 年 1 月 4 日《人民日报》上。

十二月二十七日

"八时半到部办公。广播电台来录音(庆祝缅甸独立十周年)。十时,到中山公园水榭,参观阿尔巴尼亚的图片展览。下午二时,参加文联主席团扩大会议,讨论右派处理及整改事。七时,偕母亲到全聚德晚餐,到者皆亲戚,有五姊夫、威东、空了等。"(日记)

十二月二十八日

"九时,到科学院开会。"(日记)

十二月二十九日

"九时,到齐燕铭同志处,谈影印古书事,即在那里午餐。……夜七时,到鸿宾楼,空了、小箴请我也。"(日记)

十二月三十日

"八时半,到部办公。下午二时许,伯祥、斐云来,皆往文学研究所,参加'文学小组'规划会议。……七时,到保加利亚大使馆宴会。"(日记)

十二月三十一日

"七时半,赴飞机场欢送缅甸副总理吴觉迎。九时许,到苏联展览馆,看齐白石遗作展览。"(日记)一起参观齐白石遗作展的还有陈毅、李济深、夏衍等(今存新华社记者照片)。

十二月

所编论文集《中国文学研究》上中下三册由北京作家出版社出版。该书分"古代文学研究"、"小说研究"、"词曲与民间文学研究"、"中国文学杂论"、"中国文学新资料的发现"等六卷，所收都是郑振铎建国前写的研究文章，虽然尚有不少漏收，但已能反映他建国前在中国文学研究中所涉及的各个领域及其所取得的成就。

本月，所著《插图本中国文学史》由北京作家出版社重版，郑振铎略作修订，并增加了四章。

约本年

拟主编《版本学杂志》，专载有关中国版本的，特别是古代版本的论文及其他考证等文章。拟为季刊，由郑振铎、赵万里、张珩、向达、张政烺编辑，文物出版社出版。写有计划书，但该计划后未实现。

一九五八年　六十一岁

一月一日

"五时半起……写《龚贤的中晚唐诗纪》一文,将成为《唐诗板本考》的一篇。九时,到故宫博物院太和门,等待也门王太子来参观……回家,见路工在候我。他带来了小型彩印的《西湖佳话》、小说《章台柳》、《世无匹》、《锦上花》等,均颇佳……下午,续写《中晚唐纪》。"(郑振铎日记)按,也门王太子为副首相巴德尔。

一月二日

"六时半起。将《中晚唐诗纪》写完。八时半,到部办公……下午二时半,到部,参加 1958 年第一次部务会议,讨论今年计划,并予以通过。又讨论今年春节的文娱活动的通知,原则上通过……(上午,寄《文学史》、《研究》给舒及家晋)(写了《关于中国文学史的分期问题》一文的一小部分。)这两天工作的劲头很大,且催稿甚急,必须多写些东西出来。《收获》的文章也必须早日写成。"(日记)

一月三日

"九时许,伯祥、万里来,一同起草科学规划中的关于文学古籍的翻印、整理计划。拟出了一张 356 种的书单,又在其中选出最重要的作品 100 余种,必须加以精选的读书 52 种,以及'内部资料'的目录 16 种。这个工作,到下午五时告成……下午七时,偕箴出席中缅友协举行的庆祝缅甸独立十周年纪念会。先由我致庆祝辞……某部文工团演出中缅歌舞节目,博得观众很大的欢迎。"(日记)

一月四日

"八时二十分,到文化部,送下乡干部出发。九时,到考古所,参加讨论事,主要地谈整改。下午,三时许,到作家协会,参加书记处扩大会议,报告并研究右派分子的处理意见。五时,偕任叔、适夷到和平餐厅喝咖啡。逛书摊。六时,到北京饭店参加庆祝缅甸独立十周年的招待酒会。"(日记)

一月五日

"七时许起。吴晓铃来谈。整理书单,分为五种:基本丛书凡360种;文艺干部必读书凡120种;应加以精工整理的,凡60种;一般文艺青年及干部必读的读本凡52种;内部参考丛书凡16种。似此加以一番整理,足窥全貌;并可看出轻重缓急来。十一时半,工作毕……二时半,偕尔康同到荣宝斋看展览的明清画……遇叶、王、潘等。在各书肆走了一回,购得不少书。"(日记)

一月六日

"八时半,到部办公。参加北方六省市文化局长座谈会……下午三时,到外交学院讲《关于中国文学》,着重地介绍各时代的名著及其在国外的影响。近六时,讲毕。"(日记)

为所藏明万历刊本《重校琵琶记》题跋。

一月七日

"九时,到国务院,参加科学规划委员会关于哲学社会科学部分的修改规划的座谈会……下午,到隆福寺各书肆,购书夹等。夜,看书目。"(日记)

为购藏《新镌徽本图像音释崔探花合襟桃花记》残本题跋。

一月八日

"八时,到文学研究所,主持第十九次所务会议,讨论了整改问题,右派分子处理问题等……下午,看书、理书。"(日记)

一月九日

"八时半,到部办公。十一时半,到中国书店,选购书数种……下午二时半,到部,参加部务会议……晚餐后,理书。看书。"(日记)

一月十日

"九时,到国务院二办开会,由钱俊瑞同志报告文化部工作。午饭后……在家理书、看书。文联局杨女士来,说起要我率领一个文化代表团到埃及等国去的事。下午七时许,到天桥剧场,听南斯拉夫艺术家们的音乐演奏会。共三人,小提琴家卡罗·芦佩尔,钢琴家欧扬·里波夫赛克,黑管家布鲁诺·布鲁恩……周小燕、傅聪等三人也即将去南斯拉夫作访问演出。"(日记)

一月十一日

"八时半,到部公办。九时,到考古所,主持修改计划的座谈会。十时,到政协全委会主持《政协月刊》编委会……二时,到部,参加部长碰头会……晚上……在家理书、看书。"(日记)

一月十二日

"八时许,到东交民巷某号,陪同也门太子巴德尔王子等赴长城游览……十二时半,赴定陵参观……中午本有周总理的宴会,因陪也门王子,便不能赴约了。史久芸、丁英桂来谈《古本戏曲丛刊》四集事。《人民日报》编辑夏君来索稿。"(日记)据史久芸日记,史、丁二人上午曾来郑家,未遇,"下午四时半,电话郑部长,嘱与丁君同往……下午五时……再同乘车至黄花门,与郑部长谈至七时半。"

一月十三日

"七时半,到南苑飞机场欢送也门王子回国……到国务院□办,参加关于文化部的方针、任务的讨论。十二时,回……下午,理书……看滕固的《征途访古述记》,写得不好,但有些材料可用。"(日记)

一月十四日

"八时半,到部,见《词话》已出版,印得不坏。九时,到文学研究所,开会讨论修改十二年科学规划纲要……二时,到文化部,听钱部长传达毛主席的'十七条',极为警辟,启发性很大。传达后,即开部务会议,讨论第二五年计划纲要及《艺术学》纲要的修改。"(日记)

一月十五日

"八时半,到部办公。写信给任叔、靳以等。接予同来信。得古典社催稿电。"(日记)

一月十六日

"八时半,到部办公。十时许,贾芝来谈,两位英国留学生来谈(文

联局一人陪同）……三时半许，到部，参加部务会议。（二时半到美协，看《近百年画展览》）"（日记）

一月十七日

　　"八时半，到部办公。十时半，到美院去看志愿军的雕塑。到中国书店，购得奇字斋刊本《王右丞集》，这是王集的最完全的一个本子……下午二时半到部，参加部务会议。六时半，回。理书。写《天竺灵签跋》。"（日记）为所购《类笺唐王右丞诗集十卷文集四卷》题跋。《天竺灵签》后于 3 月由上海古典文学出版社影印出版，为《中国古代版画丛刊》（初编）第 2 种。

一月十八日

　　"五时许起。写《移山填海话厦门》。八时半，到部办公……下午二时半，到部，参加部长碰头会。"（日记）《移山填海话厦门》后载 1 月 22 日《人民日报》"风土小志"栏，歌颂了"空前的建设事业"。

一月十九日

　　"六时起。整理书籍……邃雅斋送明刊本《元白集》来，其佳。开通书社送《万事不求人》及《徐文长公批评西厢记》来，均明末刊本……五时许，到和平宾馆，参加中印友协欢送尼赫鲁大使的茶会。"（日记）

一月二十日

　　"八时半，到部办公……五时半，到印度大使馆参赞辛格住宅，参加为尼赫鲁大使举行的钱别酒会。六时半，回。偕箴赴丰泽园，丁西林部长和我联合宴请尼赫鲁大使，为他钱别。"（日记）

　　致夏景凡信："'风土小记'又写成一篇，是讲厦门的。不知可用否？"

一月二十一日

　　"八时半，到部办公。编《唐代文学目录》……下午三时，到前门饭店报到。便道过琉璃厂各书肆一行，购得《峭帆楼丛书》等十余种。上海来青阁寄来书籍十八种。五时半，到和平宾馆，参加尼赫鲁大使夫妇的告别酒会，并看余兴节目。"（日记）

一月二十二日

　　"八时半,到文学研究所办公……一时半,到部,处理几件公事。人民文学出版社送《俗文学史》的稿费来(再版)。下午四时,到故宫博物院鉴选出国的'近百年画',五时许,回。"(日记)

一月二十三日

　　"八时半,到部办公。写《唐人文集目录》……下午三时许,到部参加部务会议,讨论消灭黄色歌曲问题。"(日记)

一月二十四日

　　"八时半,到部办公。十一时许,到中国书店,购书一百零九元(皆丛书)。应用之书,不能不备于案头手边者,所缺尚多。拟陆续购入……下午二时,开全国人代会的代表资格审查委员会,审查撤消代表资格的代表(右派分子)问题。四时许,回。在家写书目。"(日记)

一月二十五日

　　"八时半,到部。九时,到代表资格审查委员会,讨论并决定向大会提出的报告。十一时许,到北京图书馆善本部,看蜀刻唐人集、《格致丛书》等……二时,到部,参加部长碰头会。三时,到怀仁堂,参加人代会的预备会及小组会。四时,到琉璃厂各肆,购些残书,像《六十家词》等。晚七时,到和平宾馆,参加中印友协举办的庆祝印度独立八周年的电影招待会。"(日记)

一月二十六日

　　"六时起。写《宋人文集》目录。这个工作对自己很有益处,藉此,可以掌握宋代文学的全貌与其文献、资料的来源……下午四时半,到北京饭店参加印度国庆节的招待酒会……续写宋人集目录。"(日记)

一月二十七日

　　"九时,到政协礼堂,参加人代会的小组会……下午三时,继续参加小组会。四时半,散。到琉璃厂各肆一行,购丛书若干……八时,到北京饭店,参加波兰大使举行的波兰钢琴家斯泰凡斯卡的独奏会。"(日记)今存与海伦娜·尼采尔－斯泰凡斯卡、波兰大使基里洛克大使夫妇、陈毅、郭沫若、张治中、陈叔通、李济深的合影(新华社记者摄)。

一月二十八日

"八时半,到部办公。九时,到政协礼堂,参加人代会的小组会……下午,在家理书。七时许,到部,参加整风小组会。"(日记)今得上海古典文学出版社寄赠影印出版唐韦庄《又玄集》,"大是得意",作题跋。

一月二十九日

"八时半,到部。九时,到政协礼堂,参加人代会的小组会。下午二时,到部,参加部务会议。四时,到政协礼堂,参加小组会。"(日记)

一月三十日

"八时,到中南海延年堂,参加最高国务会议,听了各党派领导人的谈话……下午三时,到政协礼堂,小组会却没有开。四时,在那里开古籍整理和印行的小组会。齐燕铭、潘梓年、翦伯赞、金灿然诸同志均在。谈了开成立会的事。"(日记)

一月三十一日

"九时,到政协礼堂,参加人代会的小组会……二时半,到文学研究所,参加科学规划委员会的整理、重印古籍小组的文学方面的座谈会。到者有齐燕铭、钱钟书、何其芳、王伯祥、余冠英、徐调孚、金灿然、吴晓铃诸人……七时,到国际俱乐部,看蒙古电影《火星》,并晤见其文化部长。"(日记)

二月一日

"八时半,到京剧院参加整改领导小组会议。十一时,到政协礼堂,参加人代会小组会……下午二时,到部,参加部长碰头会。三时,到怀仁堂,参加第一届全国人代会的第五次会议。听李先念同志的1958年预算报告及彭真同志的常委会工作报告。五时半,散会。偕巴金回家,同在家晚餐。七时许,到政协礼堂,看俞振飞、言慧珠(《醉写》)、李玉茹(《盗扇》)及侯永奎(《华容道》)的昆曲。"(日记)

二月二日

"七时许起。写《明人集目》。陈麟瑞来,为《中国建设》索稿……二时许,到政协礼堂,会同管文蔚、许世友及圣陶、伯祥、空了、尔康等同往定陵参观。又到永陵(世宗)参观……回时,已将六时。圣陶、伯祥在此小酌。近九时,去。已不能再写什么了。晚间不能做事,是一大苦事。

不知担[耽]搁了多少应做的工作!"(日记)

叶至善《父亲长长的一生》:"振铎先生特地邀约我父亲和伯祥先生,同去明十三陵,参观发掘将竣工的定陵地宫。真个像孩子似的,得了新鲜的好东西,立刻想到跟同伴分享,还充当了一回地地道道的讲解员。"

二月三日

"九时,到政协礼堂,参加人代会小组会。十时半,即散。续写《明人集目》……下午二时,到怀仁堂,参加提案审查委员会。三时,人代会开第二次大会,听薄一波的《关于 1958 年的国民经济计划报告》,吴玉章的《关于中国文字改革的报告》。"(日记)

二月四日

"八时半,到部办公。九时,到政协礼堂,参加人代会小组会。下午三时,到怀仁堂,参加人代会大会……七时散。续写《明人集目》,已毕……徐嘉瑞同志来找,因时晏,少谈即去。"(日记)

二月五日

"八时半,到部办公。整理《明人集目》,近六百种。十一时,到中国书店购书。下午三时,到怀仁堂,参加人代会大会。"(日记)

二月六日

"九时,到新影,参加部的整风小组扩大会……下午三时,到怀仁堂,参加人代会大会,听十多位代表们的发言。"(日记)

二月七日

"八时半,到部办公。接见印尼的国会议员耶明及其代表团。十一时许,到中国书店,选购了丛书若干种。下午二时,到国务院,参加提案审查委员会的文教卫生的小组会。三时,到怀仁堂,参加人代会大会,听取十多位代表的发言。"(日记)

二月八日

"九时,到怀仁堂,参加人代会大会……下午三时,到紫光阁,参加提案审查委员会……到前门饭店访徐森老,他是今天下午到的。未遇。"(日记)

二月九日

"九时,到政协礼堂第二会议室,参加国务院科学规划委员会的整理、重印古籍小组的成立会。由齐燕铭同志主持,并说明组织经过。继由周扬同志讲话……中午,请徐森老、金子敦、徐嘉瑞、李一氓、赵万里等,在寓午餐。一氓借去《海内奇观》及《偷甲记》……下午六时,到陈半丁宅晚餐。有余心清、李任潮夫妇、唐生智及邓锡侯。"(日记)按,国务院科学规划委员会古籍整理出版规划小组成员共 19 人,由齐燕铭任负责人,郑振铎、翦伯赞、潘梓年分任文、史、哲三个分组的负责人。

二月十日

"九时,到政协礼堂,参加整理、重印古籍的小组会。我和翦伯赞、潘梓年分别说明文、史、哲三方面目录的编纂情况。徐森老等也发了言……下午二时,开提案审查委员会。三时,参加人代会的会议……八时半,到政协礼堂,参加江苏小组会。"(日记)

二月十一日

"九时,到政协礼堂,参加古籍小组的座谈会……最后,由康生同志作总结性的讲话……下午三时,到怀仁堂,参加人代会大会……六时毕,到鸿宾楼,齐燕铭同志宴请徐森老。在座者有周扬、冶秋、杜国庠、朱光、舒新城、金兆梓、金灿然诸同志。九时许散。回家后,即赶写《关于中国文学史的分期问题》,尚未毕。"(日记)

二月十二日

"五时起。颇倦。赶写《中国文学史分期问题》,已毕。九时,赴国务院礼堂听周总理传达主席的十二条指示……下午三时,到政协礼堂,参加文学小组的座谈会。五时半,偕森老、斐云、默存回寓,即在寓晚餐。同座者尚有其芳夫妇、仲超、巴金、曹禺诸人。"(日记) 论文《中国文学史的分期问题》后载 3 月 12 日《文学研究》第 1 期上。该文系郑振铎根据在苏联的东方研究所和列宁格勒大学所作学术报告的提纲写成的,指出:"我们既不能不顾'历史条件',生硬地搬用欧洲各国的文学发展的规律,又不能违反马克思列宁主义的真理,应用着资产阶级的观点来研究中国文学的发展，或强调'文学'发展的特殊性，使文学的发展和历史的发展完全分离开来。我们既反对教条主义，也反对修正主义。"文章提出了把中国文学史分为上古、古代、中世、近代、现代五个时期，并在各时期内再划分若干段落的看法。文章还对自己建国前所著《插图本中国文学史》作了自我批评，认为"虽包罗得比较全面些"，"虽然已经注意到'时代'的影响，却过分强调每一种文体的兴衰，不曾更好地把文学的发展和历史的发展结合起来。这乃是卷没于资产阶级的进化论的波涛里而不能自拔的。又论述印度文学对于中国文学的影响时，也有过分夸大之病。"

二月十三日

"九时，到西郊宾馆参加科学院的所长会议，由张劲夫谈科学大跃进及规划事，由郭院长传达毛主席在最高国务会议上的讲话……在会场上遇见予同，甚为高兴！……下午二时，到文联大楼，参加文联理事会，讨论处理右派及繁荣创作事。"（日记）

二月十四日

"八时半，到部办公。文物出版社的吕方、张珩等来谈。十二时半，到修绠堂，购得丛书数种……下午七时半，到印尼大使馆，应印尼大使之邀，宴请耶明夫妇。到者有张奚若夫妇、陈叔亮、吴茂荪、王任叔、陈翰笙、包尔汉诸同志。"（日记）

二月十五日

"九时，到西郊宾馆，参加科学院的所长会议，由张劲夫同志和郭院长讲话……予同下午即回沪，子兢亦同行，惜未能多谈或开会也……下午二时，到部，参加部务会议……七时，偕簌同到部，参加招待各国专家的宴会。"（日记）

二月十六日

"八时半，到部办公……九时，文物画报《铁网珊瑚》（或《艺苑英华》）编委会开会。十一时半，散。偕赵[万里]、夏[鼐]二人到中国书后，得明刊本（非汲古阁本）《唐人选唐诗六种》，大为得意！……下午二时，即到部，参加整风小组会议。"（日记）为所获明万历刊本《唐人选唐诗六种》题跋。

二月十七日

"八时半，到部办公。十一时许，到隆福寺。在修绠堂得到第一相本《蔡中郎集》，残本《文苑英华》及《皇清文颖》等。下午，午睡了一会。空了、小箴携孩子们来，一时家中大为热闹。在这里吃了年下[夜]饭，放花，放鞭炮。"（日记）为所藏明刊《蔡中郎集》、《梁陶贞白先生文集》（残）题跋。在后一书跋中写道："予锐意欲收六朝及唐人集，惜入手已迟，所得无多，不能不兼及断简残编。"

二月十八日

"今天是戊戌年的元旦……高宛真夫妇携孩子来拜年；文昭夫妇亦携最小的一个孩子来拜年。赵万里来。偕往康生同志处拜年。到陈叔通先生处拜年。十一时许，到琉璃厂……购《名笔集胜》、《黎洲遗著》等数种。到荣宝斋看画。遇陈家康、乔冠华、李一氓诸同志，剧谈久之……下午，在家理书。忽找出久觅未得的《文殊第二》（维摩诘经变文之一）一卷，怡府笺数十张，大为高兴！……到隆福寺修绠堂取来明覆宋本《高常侍集》（十卷本）。到赵万里家拜年。到空了、小箴处。七时回。饭后，在灯下跋《高常侍集》。倚枕看王大隆的《黄荛圃年谱补》，看不出什么意义来……（郑云回来拜年）。"（日记）

二月十九日

"六时起。理书。计划补充《文学史资料丛刊》第一册。十时许，空了、小箴携孩子们来拜年。威东、雅衷也携了四个孩子们来……下午二时，到冶秋同志处，偕往夏衍同志宅，和仲超、燕铭诸同志，一同商量编订关于文物的长远规划事。近六时回。苏小琦、万斯年二同志来拜年。"（日记）

在琉璃厂藻玉堂购得《六朝诗集》，归作题跋曰："方治汉魏六朝人诗，得此明刻六朝人集中的白眉，喜可知也。"

二月二十日

"八时半，到部办公。到琉璃厂各肆。在开通书社得《万民便览》一册，并见到《日记故事》一册。下午，在家理书。心境甚为怡悦。晚，写

《春天的呼唤》。"（日记）按，《春天在呼唤》署 18 日作，后载 25 日《人民日报》。文中充满激情地说："这一声声的炮仗的响亮的呼唤，就是春的呼唤，就是无穷大的解放了的人民的力量的呼唤。"

二月二十一日

"八时半，到部办公。到琉璃厂，在翰文斋选得铺底书三十多种。其中，尽有佳者。像《文章类选》、《大明天文分野之书》，均佳。下午，在家理书。'丛书'的补充工作，正在进行。重要者只少五六十种矣。再以一年半载的努力，当可补充得差不多。傍晚，约家康、冠华、一氓、空了在康乐吃饭。一氓书案上，陈列的全是晋瓷，连笔架、笔筒、水滴均晋代物也。是我所见到的最阔气的书案！"（日记）

二月二十二日

"八时半，到部办公。九时，开部务会议……五时，到琉璃厂藻玉堂，取来《屏风集》及《南宋群贤小集》（抄本）。七时，到北京饭店，参加苏联建军四十年纪念的宴会，到者在五百人以上，盛况空前！"（日记）

二月二十三日

"六时许起。理书。叶君健来索稿。孙实君来谈……夜，在灯下校阅抄本的《南宋群贤小集》，颇有所得。"（日记）

二月二十四

"六时许起。翰文斋、修绠堂送书来。九时许，到部办公。十一时半，到修绠堂，取得《洪北江全集》及《槐庐丛书》……下午，在家理书。开始写《关汉卿》。"（日记）

二月二十五日

"九时许，到部办公。吕方、张珩来谈文物出版社的印刷事。续写《关汉卿》。……傍晚，到小篯家。遇邓初民。"（日记）

二月二十六日

"近六时起。将《关汉卿》写毕。九时许，到部办公。常书鸿夫妇从日本归来，谈敦煌壁画展览事甚详……下午二时，到国务院科委会，参加哲学、社会科学规划的修改讨论会。"（日记）　论文《关汉卿——我国十三世纪的伟大戏剧家》后载 3 月 31 日《戏剧报》第 6 期上，又作为4月中国戏剧出版社出版的《关汉卿戏曲集》的代序,并又收入5月上海古典文学出版社出版的《关汉卿研究论文集》中。

二月二十七日

"八时半,到部办公。十一时半,到修绠堂选购些应用的书……下午,在家理书,颇以书多为累!"(日记)

二月二十八日

"八时半,到文学研究所办公。和苏联留学生谢曼诺夫谈清末的谴责小说及关于唐代的人文主义的兴起的问题,甚久……下午,在家理书。找出明墨格抄本的《江文通集》(十卷本),其中红、黄二色批校,当出于常熟的大家之手(不止一人)。亦是一发现也!……七时,到文化部看上海戏曲学院学生演出。其中的昆曲《断桥》及《刺梁》二出,最佳。"(日记)

约二月

所编《中国古代版画丛刊初编》样本由上海古典文学出版社出版,收有所作《中国古代版画丛刊总序》、《中国古代版画丛刊初编说明》、《中国古代版画丛刊初编目录》,以及版画样张20页。

三月一日

"八时许,到部办公。九时,到政协全委会,开政协会刊编委会……六时许,到小箴处。她八时半,到新华社集中。我们九时许到东站,和她相见。火车在九时四十分开出。这次,她是到沈阳农村锻炼,对于她是大有好处的。"(日记)

三月二日

"上午,来薰阁、邃雅斋来。开通书店送明万历刻本的《二十四孝日记故事》来,上图下文,图甚精……谢刚主来谈。在家理书、理稿……下午六时半,王冶秋、吕方、陈滋德、张珩、王天木和常书鸿、李承仙等同志来,在此晚餐。他们看书,谈得很起劲。"(日记)

三月三日

"八时半,到部办公。约赵万里来,谈修改整理古籍计划中的文学部分的事。王冶秋来谈博物馆及考古会议事。下午二时半,到部,和夏

衍、冶秋二同志谈博物馆、考古会议事。三时许,偕冶秋到故宫、历史、自然、革命诸博物馆,看其[反]浪费展览会。"(日记)

三月四日

"八时半,到部办公。人美出版社张宜健来谈。广播电台来谈。伊见思、郑云回先后来……下午二时半,赵万里、王伯祥来,商谈有关重印、整理古籍中的文学著作事……今夜是旧历元宵佳节。"(日记)

已被打成"右派"的宋云彬撰写了《编纂〈史记集注〉计划》,打印60份,今寄发叶圣陶、王伯祥、郑振铎等16人征求意见。(按,郑振铎日记中没有收到此编纂计划的记载)

三月五日

"八时半,到西郊宾馆,参加科学规划委员会第五次会议。到会的人,近五百人。首先,听取郭沫若院长的关于科技访苏代表团的报告……次由姜君辰同志,报告1958年哲学、社会科学的规划……下午二时半,继续到西郊宾馆,参加科委会。有科委副秘书长报告自然科学的1957年的成就及1958年的计划;还有冯仲云同志、李达同志等的发言。"(日记)

三月六日

"八时许,到部。八时半,文物工作会议开幕,我致了开幕词,夏衍同志做了国内外形势的报告,冶秋同志做了反浪费、反保守的报告……下午二时,到人民日报,参加文艺界的大跃进的座谈会。"(日记)按,郑振铎在全国文物、博物馆工作会议上的开幕词,提到响应中共中央最近发出的彻底反浪费反保守的号召,后载3月27日《文物参考资料》第3期上。在《人民日报》社的座谈会上,郑振铎发了言,今存发言提纲。

三月七日

"八时半。到部办公……下午一时半,到部,参加文物工作会议。"(日记)

三月八日

"八时半,到部,参加文物工作会议……下午二时许,到部,主持科委的重印、整理古籍小组的文学部门的座谈会。六时散。遇克端,他现在已是党员,且是福建建设的负责人之一了。七时,到部,参加博物馆负责人的座谈会。"(日记)

三月九日

"理书。各肆中人陆续来。十时半,到空了处……下午……在家理书。夜,七时,到文联大楼,看上海京剧团的出国审查节目。演后,座谈了好久。陈毅副总理指示很多重要的意见,说,不要迁就外国人,不要四不像,要有自己的气魄,自己的风格。并主张演全本戏。"(日记)

三月十日

"九时许,到部办公。十时半,到荣宝斋,和邹雅同志等,谈珂罗版印刷事。十二时,到开通书社,购《振绮堂丛书》等数种。有《京锲皇明通俗演义全像戚南塘剿平倭寇志传》一书,系上图下文的万历建本,新从屯溪寄来,绝为佳妙。即挟之而归,心里充满了喜悦。虽非全帙,亦足十分珍视!……下午三时,到政协礼堂,参加常委会的第五十次会议。"(日记)

《考古通讯》第3期上发表郑振铎领衔的15人签名的《决心作左派,力争红与专》,表示"决心作一个捍卫工人阶级利益的左派知识分子"。

三月十一日

"修绠堂送明嘉靖刊本《欧阳修全集》一箱来。八时半,到部办公。十时半,到考古研究所。大字报已有五千多张,'双反'运动正在热烈地进行着……我当时也写了六张……下午五时许,到隆福寺,在信义书店得嘉靖本唐人集八种(疑共有十二种),《艺海珠尘》八集,及《临川文献》等,均颇罕见也。"(日记)

三月十二日

"八时半,到部办公。郑云回及北京晚报、人民画报的人来谈。下午二时半,到政协礼堂,主持文化组的座谈会。发言者凡十四人,甚为热烈,干劲很大。"(日记)　按,郑振铎主持政协全国委员会文化组的"文化艺术界社会主义大跃进座谈会",发言者有查、陈半丁、邵荃麟、王朝闻、葛琴、华君武、于非闇、吴仲超、张景祐、董希文、刘开渠、左恭等，会议并发出了《文化艺术界社会主义大跃进倡议书》，郑振铎等共58 人署名，后载 3 月 26 日《政协会刊》第 2 期上。

三月十三日

"八时半，到部办公。十时，到嘉兴寺吊程砚秋丧。下午二时，到人民日报，参加哲学、社会科学的座谈会。四时，到国际俱乐部，参加对外文化联络委员会的招待酒会。夜，七时一刻，到天桥剧场，看日本的松山树子演《白毛女》的芭蕾舞剧。"（日记）　按，《人民日报》社邀请在京部分哲学社会科学界人士举行关于哲学社会科学工作如何实现跃进问题的座谈会。出席者还有潘梓年、于光远、翦伯赞、姜君辰、刘大年、郑昕、戴白韬、孙冶方、周新民、孙定国等。郑振铎的发言后以《让古人为今人服务》为题，载 18 日《人民日报》上。文中指出："从事考古和古典文学研究工作的人，必须认识清楚……我们的工作是为今天工农业生产、建设的需要服务的，我们要以马克思列宁主义的观点来整理、批判古书和古物，而不是盲目地崇古、爱古、迷古、玩古的。"

三月十四日

"八时半，到部办公。九时，到政协，开工作会议。张执一同志谈了话……下午，到部参加整改扩大会。五时半，到国际俱乐部，参加捷克文化参赞白利德的话别酒会。"（日记）

三月十五日

"八时半，到部办公。十时，到文学研究所看大字报。默存夫妇即留午餐。下午……在家整理重印古籍的文学书目。清代总集无目，即为补之。"（日记）

三月十六日

"近七时起……写《启祯两朝遗诗》目录。我有此书二册，一刻，一抄，共仅二百五六十页，所缺实多。将设法抄全。将《二十四孝日记故事》《万事不求人》等三书，交修绠堂装订。克端来。下午二时半，到天安门，参加自我改造大会。会后，参加游行……到琉璃厂藻玉堂，看到

不少好书。有明彩绘本《三教大全》，尤佳。又到翰文斋……夜，写毕遗诗目，看温飞卿诗。"（日记）

三月十七日

"八时半，到部办公。十一时许，到隆福寺，在文奎堂购得汲古阁本《苏门六子文粹》一部……下午，重读周扬同志的《文艺战线上的一场大辩论》，为写一读后感作准备。"（日记）

周恩来总理颁发《中华人民共和国国务院任命书》第 8271 号："任命郑振铎为中华人民共和国对外文化联络委员会委员"。原件今存。

三月十八日

"八时半，到部办公。写《文艺工作者的红与专的道路》。十时许，回家抄写。正午，文艺报派人取去……下午，理书。四时许，到伯祥处，又偕往圣陶处，谈了一会，同到康乐晚餐……遇曹聚仁也在那里吃饭。"（日记）按，《文艺工作者的红与专的道路》一文后 26 日《文艺报》第 6 期以"座谈发言"形式发表。

三月十九日

"六时许，起。理书。八时半，到部办公。十时，到考古所……十一时半，到中国书店，遇赵万里。选购书数种。见到黄跋、黄校的《陈子昂集》二册，最为白眉……下午三时许，赵万里来，共同把文学书目再行整理一番，并定出 1958 年的计划来。"（日记）

三月二十日

"九时，到文学研究所，参加座谈会，并写了十张大字报……下午，在家理书，并写《清人总集目录》。有许多书是很重要的，但已不甚为人所知。如再不重印，将有渐灭之虞。像《诗慰》、《诗的》、《诗观》之类，都是有关一代文献的。又读《启祯遗诗》并加以整理。我只有两册，一百五十多页，不过存六之一耳。然其中史料极多，诗亦慷慨激昂，为天地间之至文，不能不予以表章也。七时许，到人民剧场，看演《白毛女》。"（日记）

三月二十一日

"近七时起……吴晓铃来谈。八时半,到部办公。参加整风小组会。下午……在家写清代词的目录。夜八时,到部写大字报三十多张,大都是回答问题和意见的。"(日记)

三月二十二日

"九时,到部办公。文物出版社的张珩、吕方和常书鸿等,和我谈出版敦煌画册事……下午,理书。并写清词集目录,已毕。夜,七时半,到空了处,偕他和贝及新旗,同到文联大楼,看《打渔杀家》和《凤还巢》的演出。"(日记)

三月二十三日

"七时许起……方行同志来谈。近九时,到迎宾馆,伴同波兰国民会议副主席雅罗谢维奇及其代表团游故宫……二时半,到琉璃厂各书肆及中国书店,得书数种。夜,冶秋同志来闲谈,说起印木刻书事,颇高兴。"(日记)

三月二十四日

"九时许,到部办公。十时,到考古研究所,和尹、夏二同志谈规划及整改。下午二时,仍到考古所,参加尹副所长的检查大会。我说了几句话……夜六时许,请方行同志晚餐。到者有左恭、赵万里、吴仲超、王冶秋、王任叔、徐达、张珩诸同志。"(日记)

三月二十五日

"八时半,到部办公。九时许,到剧协,参加关于关汉卿纪念的讨论会。下午二时半,到文化部,参加陶瓷图录的编委会。夜,七时半,到人民出版社,参加部整风领导小组[会]。"(日记)

三月二十六日

"六时起,吴晓铃夫妇来,同赴文研所。在图书馆看了一会书。听各组组长汇报,发现了不少问题……下午三时半,捷克研究生威林格洛娃来,谈了一会。偕同吴晓铃,到曲园晚餐。餐后,送她回和平宾馆。"(日记)

《文艺报》第6期发表《为文学艺术大跃进扫清道路——座谈周扬同志的文章〈文艺战线上的一场大辩论〉》,其中收有郑振铎的"发言",主要讲"作为一个更好地为工农兵服务的文艺工作者是必须把自己改造成为又红又专的人"。

三月二十七日

"八时半,到部办公。十时,到加兴寺吊唁成柏仁同志丧……下午,有苏联同学某君来找,问了些问题。六时,到和平宾馆(偕箴),参加缅甸联邦建军节的十三周年庆祝会。"(日记)

三月二十八日

"八时半,到部办公。写大字报……下午,写《1958—1967年整理出版中国历代文学著作的规划草案》的序言部分,已毕。"(日记)

三月二十九日

"八时半,到部办公。十时许,到考古所……(文学组规划,已做好,即送给徐调孚)夜,空了来谈。见到小箴的信,知道她很努力,甚以为慰。"(日记)

三月三十日

"上午,富晋送天顺本《大明一统志》来。开通送《黄岩集》来。藻玉堂送《日记故事》及《宝善卷》、《皇明文选》来。书运大亨,甚是高兴!整理《百川学海》,所阙仅六种耳……下午四时许,到隆福寺修绠堂,见到黄嘉惠本《董西厢》,大为得意。即坚嘱其留下。购商务本《宋人笔记》三十六册。又取来《二程遗书》等。整理书籍。上海古典文学出版社寄来《中国古代版画丛刊》初编第二种《天竺灵签》十部。即送一部给王冶秋同志。"(日记)

三月三十一日

"八时半,到部办公。十一时半,到中国书店,购《中英纪闻》(活字本)等书三种,共34元……下午,理书,看书。开卷有得,但必须将'所得'记下来。否则,等于过眼云烟,仍将逝去也。夜,看书(《宦游笔记》)。"(日记)

四月一日

"八时半,到部办公。九时,与夏衍同志一同主持召开赴西欧的近百年画展的讨论会。决定了一个以我为主持人的筹备会。十一时,到考古研究所,尹达、夏二同志,讨论三门峡水库地区的考古发掘事。下午,在家理书、看书。夜七时半,到故宫博物院参加部整风小组的扩大会议。"(日记)

四月二日

"八时半,到文学研究所。九时,参加大会。由唐棣华副所长作第二次的检查。我也说了几句话……下午五时许,到修绠堂,又到东安市场旧书摊上,购了些旧书。六时许,到北京饭店参加周总理欢迎以罗马尼亚部长会议主席斯托伊卡为首的罗政府代表团的宴会……近十时散。到东方饭店晤王一达同志等。"(日记)

四月三日

"八时半,到部办公。十时,到政协主持《政协会刊》的编委会……下午,理书,看书。夜,七时半,到国际俱乐部,应南斯拉夫大使波波维奇的邀请看南斯拉夫出产的第一部彩色片:《奇拉神甫和斯皮拉神甫》,是一部能使人捧腹的喜剧。"(日记)

四月四日

"九时许,陪基夫·斯托伊卡主席等游长城,就在那儿午餐。餐毕,到十三陵工地参观……又到定陵参观……七时,到匈牙利大使馆,参加十三周年的国庆纪念。"(日记)

四月五日

"八时半,到部办公。九时,接见瑞典的考古学家 Dr.Hanna Rydh,她到过印度多次,来中国却是第一次。她是为自费旅行的一个团体作导游而来的。九时半,到迎宾馆,陪同斯托伊卡主席游览故宫……下午,到琉璃厂开通等书店,取得《戚南塘平倭演义》等。六时半,到首都电影院,看苏联彩色片《共产党人》。"(日记)

四月六日

"八时半,到国际俱乐部。九时许,偕同一百多人,同到潭柘寺游览。篪、贝、旗也同去。"(日记)

四月七日

"八时半,到部办公。九时,开关于三门峡水库的考古、发掘的会议,到者有文物局、考古所、教育部、水利部和北大的负责人。决定了合作的方案和工作的步骤。近十一时,到故宫参观永乐宫壁画展览,又到北海,参观电力展览里的三门峡出土文物……下午,理书。七时许,到北京饭店,参加罗马尼亚大使举行的欢送基夫·斯托伊卡主席为首的罗政府代表团的宴会。"(日记)

四月八日

"六时半,动身到东郊飞机场……参加欢送波兰政府代表团回国。陈毅副总理和雅罗谢维奇副主席都讲了话……八时半,参加欢送罗马尼亚政府代表团赴东北参观。周总理和基夫·斯托伊卡主席都讲了话……回到文化部时,已经将近十时了。处理了几件公文。十一时半,到中国书店一行……二时,到文联大楼,参加茶话会。周扬同志谈南行的情形,并号召文艺界大跃进。我也说了几句话……看《盐邑志林》里的《见只编》。"(日记)

四月九日

"八时半,到文学研究所办公。看大字报,也写了五张。和唐、陈诸同志谈资料工作的计划。"(日记)

四月十日

"八时半,到部办公。高履芳来谈。冶秋来谈……下午,看书。五时许,到修绠堂,取得上海寄来的《李温陵集》等数种。又到中国书店,取得黄嘉惠本《董西厢》二册,插图已夺去,定价仍在二百四十元,可谓昂矣!写了《贞文庵重会玉簪记》跋……(抄了钱谦益的《历朝诗集》序一篇,通行本已将此序删去。)"(日记)　按,今日为《新镌女贞观重会玉簪记》所作长跋,追记了1931年与赵万里、马廉共去宁波访书时始见此书及《录鬼簿》;后1946年秋于书贾处又见此二书,举债而仅能购得《录鬼簿》;于今又于上海古籍书店购得此书。"三十年梦魂相思,终得有之,能不谓为书缘有合乎?十多年前,鱼与熊掌势不可得兼,不意于十多年后,二书竟能璧合。""聚书满家,独此二物萦系心头,似灿灿作光。不仅书是白眉,即遇合亦甚奇也。"

四月十一日

"八时半,到部办公……六时半,汉夫、冠华、仲明、一氓、空了、吴晗等来,为一氓饯行也。取出些书给他们看。谈得很高兴。"(日记)按,李一氓即将出任中国驻缅甸大使。

四月十二日

"八时半,到部办公。为泼水节,向缅甸人民广播(录音)。文联派人来谈(创作规划等)。十时,开'敦煌编委会',到翦伯赞、周一良、王朝闻、董希文、叶浅予、王天木、常书鸿、张珩、吕方等,谈得很起劲,也有了结果。"(日记)　按,郑振铎为编辑出版大型记录性图集《敦煌》,主持成立《敦煌》编辑委员会,自任主任委员,王冶秋、常书鸿任副主任委员,成员还有王朝闻、王天木、叶浅予、刘敦桢、吴作人、张珩、周一良、金维诺、赵万里、赵正之、夏鼐、夏衍、梁思成、宿白、董希文、谢稚柳、翦伯赞等。

四月十三日

"八时许,偕贝、新旗及冶秋、王好,同赴西山。先到香山……到八大处。第一处长安寺,现为文联休养所,吴作人同志等住在那里。和他谈了一会。继到二处……又到三处、四处……他们因走不动,回车休息。我和贝赴八处秘魔崖,那里是作协的休养所……五、六、七处未去……中途在西山果园午餐。登上实胜寺的团城,并远望马城。三时许,回。到郭老宅开亚非学会的筹备会。偕阳翰笙、吴晗、胡愈之,同到家里吃咖啡。"(日记)

四月十四日

"八时半,到部办公。赵其文同志来谈。十一时许,到北京图书馆,看宋板陶集二种及宋世彩堂本韩集、柳集。下午,到中国书店,得到何瑭的《何文定公集》,杨士奇的《东里诗集》(三集)及凌儒的《旧业堂集》等,尤以凌儒的诗文集,最为罕见。囊中为之一空!"(日记)　为购藏《董解元西厢记》、《旧业堂集》分别作题跋。

四月十五日

"八时半,到部办公……看《盐邑志林》中的《见只编》,抄下有关吕兆禧的几段文字。"(日记)

四月十六日

"八时半,到文学研究所,参加西方组的小组会。听大家对李健吾提意见。我也说了话……下午五时,到修绠堂书店,无所得。到百货公司及东安市场购物。遇适夷。七时,回。冶秋来闲谈。"(日记)

四月十七日

"效贤阁送《欣纷阁丛书》来……王仁桢送《梅兰佳话》来……八时半,到部办公。一时许,到考古所,讨论三门峡水库考古发掘事,并参加谈心会。下午二时半,参加第十次部务会议,讨论58—62年的规划纲要……六时半,到阿拉伯联合国大使馆参加庆祝叙利亚十二周年国庆的招待会。周总理讲了话。"(日记)

四月十八日

"效贤阁送书来。八时半,到部办公。十一时,到中国书店,见新到书不少。购《古今说海》及《中立四子》等。下午三时许,到部,看《林冲》电影,沈部长和王任叔同志等均此……夏景凡同志来谈。"(日记)

四月十九日

"六时起。今天为大举捕雀的第一天也。冶秋同志来谈,要我写'书谈'。八时半,到部办公。十时半,到北海天王殿,看北京市博物馆筹备处的陈列……把瓷品硬分为宫廷用品、民间用品二种,尤为可怪。喜神像及行乐图的展览,多半是满族的,尤可不必。即邀葱玉、晋生在仿膳吃肉末烧饼。下午三时许,到美术展览馆,看苏联木刻家A.克拉甫钦珂的木刻展览,并看李桦、力群从苏联带回的版画展。"(日记)

四月二十日

"今天仍在大举捕雀。七时半,偕贝到颐和园……餐后,又到碧云寺……照了不少照片。"(日记)

晨起,天阴欲雨,效贤阁送古书十数种来,购《王百谷诗文杂著八种》等,后作题跋。同日,又为购藏《新镌赤心子汇编四民利观翰府锦囊》作题跋:"此明代坊间编刊的日用书之一","此类书予收得不少,将作一综合的研究"。(郑振铎在另一本同类性质的书的题跋中说:

"已积至数十百种矣。研讨社会生活史者,将或有取于斯。")

四月二十一日

"因机关捕雀,今天不上班。看书。抄《启祯遗诗》序目。"(日记)

四月二十二日

"八时半,到部办公。十一时半,访伯祥,未遇……夜七时,到部参加文化局长的汇报会。"(日记)

四月二十三日

"八时半,到部办公。十一时半,到中国书店,以300元购得《水浒全传》(后印本)一部,又得《碧声吟馆丛书》等。有麟庆编的《河工器具图说》,甚佳。下午,在家看《水浒》等书。夜七时,宴请丹娜和美莱娜,有其芳、唐棣华、石素贞作陪。晓铃因病,未来。谈得很高兴。"(日记)

为购藏清杨定见刊本《忠义水浒全书》题跋,提及自己于十多年前曾购得过一部,今遍寻不见,"偶于北京中国书店见到此书一部,踌躇欲购之,却又怕旧藏可能突然出现。今晨想起《水浒》研究工作亟待进行,此书乃是决不可少的一个本子,便下了决心到中国书店,尽倾囊中所有,携书而归,不可谓非豪举也。"

四月二十四日

"八时,到文学研究所。八时半,开向党交心大会。由潘家洵、朱虹、缪郎山说话,都很沉痛。继我说了些话……夜,七时半,到部参加文化局长汇报会。"(日记)

四月二十五日

"八时半,到部办公。看文件。下午二时半,到文联大楼,参加关汉卿学术讨论会的筹备会。见到《关汉卿戏曲集》已出版,甚为高兴。偕伯赞夫妇在东安市场购物。夜七时,到文联大楼,看绍剧《龙虎斗》……地方戏里是有不少的好东西也。"(日记)

四月二十六日

"八时半,到部办公。下午二时,到文联大楼,参加民歌问题的讨论会。郭老、周扬同志等均到会。我也讲了话。六时许,偕靳以、老舍、适夷、夏景凡,到康乐晚餐。七时半,偕靳以回家,谈了好一会。"(日记） 按,在今日全国文联、作协、中国民间文艺研究会联合举行的关于民歌民谣搜集整理工作的座谈会上,发言者还有郭沫若、周扬、臧克家、老舍、阳翰笙、赵树理、顾颉刚、贾芝等。

四月二十七日

"八时半,偕箴携新、社两个孩子,到西郊公园看长颈鹿、狮、虎、猴子等。下午,阿英来谈。三时许,到中国书店购杂书二百多元。"(日记)

四月二十八日

"八时半,到部办公。看《关汉卿戏曲集》。下午,看书。"(日记)

四月二十九日

"八时半,到部办公。伊见思持商务已印出的毛边纸本《古本戏曲丛刊四集》样书 16 册来,甚为高兴。"(日记)

四月三十日

"八时半,到文学研究所,讨论编辑中国文学史简编事,期以三年,必当成之。其特色为包括到当代为止,且包括少数民族文学在内。下午三时,参加文化局长会议的总结大会,由钱俊瑞同志做报告……五时五十分,到荷兰代办处,参加庆祝荷兰女王的寿辰酒会。"(日记)

四月

苏联对外文化委员会代表苏联政府将中国金代刻本《刘知远诸宫调》42 页和彩绘本《聊斋图说》46 册送归中国。前者郑振铎曾寻访数十年,1957 年在列宁格勒曾翻阅过,这次他又决定将其影印,后于 8 月由文物出版社出版。

五月一日

"九时,到[天安门]西二台观礼。遇到许多熟人。十时,开始游行,并举行人民英雄纪念碑的落成典礼……夜六时,约陆万美、章靳以、叶圣陶、刘白羽、赵树理、陈白尘、徐平羽及空了诸同志晚餐。"(日记)

五月二日

"十时,到部参加文化局长的座谈会,解决些具体问题,直到下午二时半才散。"(日记)

五月三日

"八时半,到部办公。下午,到民间文学研究会参加大会的筹备会。"(日记)

五月四日

"五时许起。为《人民画报》写《纪念关汉卿》一文,已毕。九时半,到部办公。下午三时,到政协礼堂,参加'马克思诞生 140 年纪念大会',由杨献珍同志做报告,上了生动的马克思主义的一课……近九时,家晋由上海来谈。"(日记)　按,所作《元代大戏曲家关汉卿》后载 6 月《人民画报》第 6 期。

五月五日

"上午,在家收拾衣服及书籍。下午三时许,到香山去,住在香山饭店。"(日记)　按,今起郑振铎到北京西郊香山小住、写作。

五月六日至八日

"每天均六时起。爬山。八时,写稿。这三天写了有关关汉卿的文章三篇。第三篇《论关汉卿的戏曲》,尚未写毕。(八日下午,徐帆、孙家晋来)"(日记)

所作《中国伟大的戏曲家关汉卿》一文后载 5 月 27 日《戏剧论丛》第 2 辑。

五月九日

"五时半起。写了一千多字。十时许,箴携新旗、小点来玩。贝也来……将各稿交给徐帆,分别寄出。六时,偕箴到北京饭店,参加捷克国庆纪念,遇到很多熟人。"(日记)

五月十日

"五时半起。沐浴。九时许到香山饭店,继续写《论关汉卿的戏曲》,贝亦来住几天。"(日记)

致刘哲民信:"你已调编辑部工作,当更可努力为人民服务。经过这次的运动,当必能认清是非,划清路线,换骨脱胎,走社会主义的道路也。请努力学习,改造自己……"此时刘哲民已成为"右派分子",郑振铎给予劝勉。

五月十一日、十二日

"在香山饭店写《清明上河图的研究》,共一万多字,已毕。下午五时,回家,将稿交钞。"(日记) 按,论文《〈清明上河图〉的研究》高度评价《清明上河图》"是中国绘画史上最杰出的现实主义的伟大创作之一",是"研究中国封建社会史的很重要的形象化的例证",并考证了其"真本"及其流传踪迹等。后附入本年 9 月文物出版社影印出版的《清明上河图》,又载 1959 年《文物精华》第 1 集(署 12 日作)。

五月十三日

"上午九时,到香山饭店,开始写《中国绘画小史》,写了五千多字。夜,因痔疾发作,八时许,即睡。"(日记)

五月十四日

"只写了一张稿子,即写不下去。痔疾大发。十一时半,回家。休息了一会,稍瘥。"(日记)

五月十五日

"痔疾稍瘥。五时半起……写了短序一篇。"(日记)

五月十六日—十八日

"校对《希腊神话》。痔疾已渐愈。"(日记)

16 日,为二月前所购付装的《京锲皇明通俗演义全像戚南塘剿平倭寇志传》作题跋,指出:"这是一部未见著录的明代小说,以剿平倭寇为主题,有重大的政治意义。"18 日晨,偕赵万里去中国书店,购明蒋仲舒《尧山堂外纪》,归作题跋,提及此书"予三十年前尝得一部,甚喜其有丰富的资料,对于研究文学史的人特别有用。但惜其不注明每事的出处,大损其可靠性与正确性。颇想花些时间将每事的来历写注出来,而不幸此书乃于劫中失去。"并认为今天"注释的工作还是可以做的"。

五月十九日

"下午三时,到飞机场,欢迎缅甸联邦国会民族院议长萧恢塔夫妇,代表院议长波木昂夫妇等八人……夜八时半,刘少奇同志在中南海紫光阁宴请两位缅甸议长和同来的人们,共三桌,我也参加作

陪……因痔疾未痊愈,不能喝酒,只以汽水代酒耳。"(日记)

五月二十日

"夜,八时,北京市市长彭真同志在全国政协礼堂举行晚会,欢迎缅甸的两位议长及其同行者。节目有杂技,有李少春的《武松打虎》,有梅兰芳、袁世海的全本《霸王别姬》。"(日记)

作《写在缅文版〈人民画报〉的前面》(据手稿),当刊于缅文版《人民画报》创刊号上。

五月二十一日

"下午七时半,到国际俱乐部参加保加利亚大使夫妇为庆祝保加利亚人民文化教育节而举行的酒会和电影招待会。电影是《海杜特的誓言》,很不坏。"(日记)

五月二十二日

"五时起。到飞机场欢送缅甸的两位议长及其同行者们……九时,赶到东车站,送篯及新旗到上海去……夜,齐燕铭同志来谈。"(日记)

五月二十三日

"上午十时,到中山公园,公祭赖若愚同志。"(日记)按,全国总工会主席赖若愚因患肝癌逝世。

作《林冲在电影里》,评电影《林冲》,指出:"把'文学名著'的故事拍摄成为电影的工作,不仅仅是向观众介绍了那些'文学名著',同时,无疑的,更重要的,是通过科学的处理,把那些故事里的精华与糟粕分别开来,并着重地介绍其精华的部分,这样,才能使那些故事能够有益于今天的群众。"

致上海古典文学出版社信,说:"关于《古本版画丛刊》事,顷有中央同志提意见,必须立即加以补正,为要!"提出:"(一)凡未曾付印者,应立即停止付印。(二)凡已付印者,应尽量少印。(三)全部已印者,均作为'内部参考资料',不广泛发行。关于《天竺灵签》一书,尤要作为严格控制的'内部参考资料',如未发出者,请勿发。"(按,那册《天竺灵签》其实当时并没有公开发行。)

致楼适夷信,谈"许地山文集的序文,正在赶写中";"我的集子正在编,最近可交上一册。(年内可交上三册)";"五四四十年集的第一集的编辑工作,不知我能否胜任?最好有机会面谈一次"。按,当时楼适夷代表人民文学出版社,约请郑振铎为《许地山选集》写序,并编《郑振铎文集》和为纪念"五四"40周年编选作家选集。在当时人民文学出版社安排出文集的(除了《鲁迅全集》外),只有郭沫若、茅盾、瞿秋白、叶圣陶、巴金等数人,其他的著名作家则出选集。

五月二十四日

"六时四十五分,偕徐帆等赴十三陵,看定陵的万历棺木的打开。就在那里午餐。夏作铭在那里主持一切。棺内有玉碗、玉爵、金盘等,可能还会有别的重要东西。下午,再下地宫。"(日记)

五月二十五日

"上午,看书。……晚餐后,看新买的幻灯机。"(日记)

五月二十六日

"八时,到部办公。得舒信。写信给舒、箴及小箴。下午,得箴信。"(日记)

五月二十七日

"八时,到琉璃厂看陈列出来的旧书,选购了若干种。近九时,到全国政协,听申伯纯同志报告视察的经过。下午五时半,到阿富汗大使馆,庆祝其立国四十周年纪念的酒会,朱副主席等约百许人到会。"(日记)

五月二十八日

"八时,到文学研究所。开会,讨论大跃进计划,拟出刊《文学评论》及《文学小丛书》……下午,看书。"(日记)

五月二十九日

"近六时起。到部办公。下午,在家看书。四时许,到全国政协,开《政协月刊》编委会。六时,到琉璃厂,购书一百余元。"(日记)

五月三十日

"八时,偕冶秋同志及贝贝到定陵,看出来的金冠等。孝端棺亦已掘开,估计东西不会少。和作铭谈了好一会。十一时,又到长陵一游。"
(日记)

五月三十一日

"八时,到部办公。十时许,到北京图书馆,看《新仪象法要》等书,
又赴琉璃厂。"(日记)下午,山东师范学院教师田仲济带研究生等访
问郑振铎,了解有关文学研究会的历史。(今存郑振铎准备的提纲和
访问者的记录,二者内容相差颇大。)

五月

作《〈永乐宫壁画选集〉序》,载 1958 年文物出版社出版《永乐宫
壁画选集》卷首。

六月一日

"上午八时,到隆福寺,见到元刊本《冷斋夜话》,绝佳。十时,夏作
铭同志来谈。下午二时半,葱玉来,偕往文化俱乐部,审阅周作民捐赠
的字画,佳者绝少。晤叔老、夏衍诸同志。偕葱玉、夏衍到琉璃厂,到各
古玩铺一行。"(日记)

六月二日

"上午八时,到部办公。下午到隆福寺,取《冷斋夜话》回,细与津
逮及学津本校之,津逮缺二则,却又多出一则。"(日记)

为抄录《五石斋顺康两朝集部目录》写题记。五石斋是邓之诚的
书斋名。

上海《文汇报》发表王天心 5 月 27 日写的《选择影印古书的目的
要明确——对〈天竺灵签〉、〈历代古人像赞〉的意见》,指责郑振铎影
印这些书"是'厚古薄今'倾向的一种表现"。

六月三日

"上午八时,到部办公。看到苏联送回的《刘知远诸宫调》及《聊斋
图说》,均好。九时,到文联大楼,参加关汉卿纪念会的筹备会。下午一
时,到印度大使馆,晤沁格夫妇,他们请吃午饭也。在座者有吴晓铃夫
妇,谈太戈尔在中国的资料事。……夜七时半,偕贝到天桥剧场,看演
歌剧《茶花女》。"(日记)

于隆福寺喜购明·毛晋所刻《屈陶合刻》，归作题跋。

六月四日

"八时，到文学研究所，参加文学史编辑会……下午，看书，理书。"（日记）

为购藏明汲古阁刊本《松陵集》作题跋，指出："此皮陆倡和集不仅卷帙之富为古今冠，即诗意亦极妙也。" 晚，又为前天早晨在琉璃厂购归之《唐三僧诗》作题跋。

六月五日

"八时，到部办公。十一时许，到隆福寺……古书展览处，将《山堂考索》及白绵纸本《汉魏丛书》定了下来。下午，理书。（上午，将关汉卿纪念会报告稿交给了剧协。）"（日记）为购藏《宝制堂录》题跋。

六月六日

"八时，到部办公。写《许地山文集序》。下午，续写并誊清《许地山文集序》。看书……（发给箴一信）（又发给剧协关汉卿纪念会一信）"（日记）《许地山选集序》中回忆自己与许地山的深厚交谊，指出："在一九二〇年到一九四一年的二十多年里，他的创作无疑地是中国现代文学上的耀目的光辉。我们谈到这个时期的文学时，不能忽略过这样一位有天才的作家。"后载 12 月人民文学出版社版该书卷首。

六月七日

"八时，到部办公。写《中国版画选》序。下午，誊清，并原稿送荣宝斋。下午三时，到统战部，商谈二届人大代表事……夜，到羊市大街，看《风筝》……（《光明》"读书"里有评《天竺灵签》二文)"（日记）按，《中国版画选》本年由北京荣宝斋印制，共收历代版画 167 幅。本日《光明日报》刊出了《评郑振铎编的两种古代版画》专栏，发表王琦《不应为"古"而影印古书》和张若《"古"就是好吗》，批评郑振铎编印《天竺灵签》和《历代古人像赞》。（实际这两本书当时除向香港发售少量外，国内并未发行。）

六月八日

"八时许，赵万里来谈。……看《世说新语》。……（寄箴一信）"（日

记）

六月九日

"八时,到部办公。补充《中国名画集》目录。广播电台的人来,为关汉卿纪念的讲演录音。下午,二时半,到部,听刘芝明同志到昌黎视察的经过报告,又听某同志的抚宁下放干部的汇报。"（日记）

六月十日

"五时起……读《少室山房笔丛》。八时,到部办公。写一信给箴。编好《中国古代绘画选集》的补充目录一份,写一信给庐光照,把目录交给他。适夷同志来,谈'文集'及'四十年集'事……夜,七时半,到文联大楼,听音协组织的十三陵水库的歌曲的合唱、对唱和独唱。"（日记）

六月十一日

"八时许,到文学研究所,参加古代组会议。十二时许,与伯祥等同志同回……夜,七时半,到天桥剧场,晤陈啸高同志,偕贝看闽剧,演的是《归来》、《劝导员》及《海上渔歌》,均现代题材,而以闽剧的传统艺术演出之,颇佳。"（日记）

六月十二日

"八时,到部办公。文汇报记者吴文来索稿……下午,看书。六时,到英国代办处,参加庆祝英女王伊里沙白二世的诞辰。"（日记）

六月十三日

"八时,到部办公。十时,到考古所,晤新来的行政副所长牛兆勋同志,并和新回国的王中民君谈了一会,他汇报了些国外的情况。下午,在家编文集第一卷,小说（一）。"（日记）

六月十四日

"八时,到部办公。编文集。下午,编文集。"（日记）

六月十五日

"六时起……各书肆中人来。购书箱十五只……到东安市场购目录卡等。下午,看书。夜七时半,到文联大楼,看昆曲研习社的彩排晚会,遇陈叔老、康生同志等。周铨庵演《思凡》,张茂滢等演《定情》,王

剑侯演《守岁》,胡保棣、许宜春及袁敏宣演《游园惊梦》,均不坏。"(日记)

六月十六日

"八时,到部办公。写给箴、森老等信。写为总路线而奋斗的一篇短文,即寄给《政协会刊》(笔谈)。下午,编书目,编文集。"(日记)按,据今存郑振铎手稿,所写文章题为《走上建设社会主义的总路线》,内容是拥护党的八大二次会议决议。但该文后未见刊于《政协会刊》。

六月十七日

"五时半起……审阅《政协会刊》笔谈稿。八时,到部办公。编文集。下午,编文集。夜八时许,到东安市场购卡片。为编目用也。"(日记)

六月十八日

"八时,到文学研究所。开所务会议,讨论大跃进的计划……下午六时,到印度大使馆,其代办沁格夫妇举行告别会也。"(日记)

六月十九日

"八时,到部办公。整理好关于关汉卿的报告稿(修正的),又将关于中国古代名画选集的目录删改了一下。此两件均于下午送出。下午,在家看书。晚餐后,到夏作铭、赵万里二同志家去,皆谈徐森老于二十一日北来事。"(日记)

六月二十日

"八时,到部办公。写《缩本百衲本二十四史序》。郑云回来,将编好的文集第一卷,托她带给人民文学出版社。近十一时,到考古研究所开会,谈关于安阳的钢铁厂铁路线通过遗址事。"(日记)按,《缩印百衲本二十四史》12月由商务印书馆出版。郑振铎在序中指出:"马克思、列宁主义的科学家是要站在最稳固的最可靠的第一手资料的基础之上来从事于科学研究工作的。"

致人民文学出版社二编组信:"我的文集第一卷,已经编好。在文字上,曾经作了一些修改,并删除了些。"

六月二十一日

"八时,到部办公。写《人民的戏曲家关汉卿》,交给中国青年报……下午,写信给箴及小箴。四时许,到车站接徐森老……我和斐云等,送他到和平宾馆,住 516 号。"(日记)《人民的戏曲家关汉卿》后载 28 日《中国青年报》。

六月二十二日

"七时许,到法制局门口,会同大家到十三陵水库去。周总理约我和夏衍同志等同车去,在路上,谈起了考古工作事。我把安阳的近况,说了一下。决定:打电话给河南省主席吴芝甫同志。……十时许到达。同去的近三百人。大家的兴致都很高。在大餐厅里,听习秘书长和周总理的讲话后,即分配房间……我和夏衍住在一间……下午,二时许起床。走行四公里到工地去……即做拣石块工作。六时半,晚餐……七时半,开始工作。十时一刻,散工回家。步行了近一点钟才到家。"(日记)按,今起参加十三陵水库劳动,同去者 230 多人,多为国务院各部委领导干部。

六月二十三日

"下午……三时,步行到工地。四时,开始工作。仍是拣石块,装筐。渐见熟练,且感到劳动的益处……七时半,又开始工作。九时半,即停工,与第一支队联欢(我们是第三支队)。看电影《英雄赞》。"(日记)

六月二十四日

下午"三时,步行到工地,仍做拣石块的工作。已经熟练得多了……七时半,开始工作。十时一刻,收工。"(日记)

六月二十五日

"写信给尔康……午睡。艾芜、钟灵来谈。三时,到工地上工。六时半,晚餐。因石子已够用,宣布今天停工。七时半,步行回宿舍。"(日记)

叶至善《父亲长长的一生》:"第四天上午,父亲居然找到了振铎先生[按,叶圣陶也参加了水库劳动,与郑振铎不在一个队],两人一同去浴室洗了澡,都说疲劳关似乎已经闯过。"

在《文学研究》第 2 期上发表论文《论关汉卿的杂剧》,分别论述了关汉卿的悲剧、喜剧和历史剧,认为:"关汉卿,乃是属于人民自己的,乃是和广大人民群众共呼吸,同血脉的。"

六月二十六日

"艾芜交了些材料来。上午,看材料……下午,文艺大队又送一个材料来,甚好。他们到小子瓜山劳动去了;我和圣陶、夏衍、长江留在宿舍里写东西。我写了《打井的人》,未毕。六时,晚餐。和圣陶各饮一瓶啤酒。闲谈到十一时许睡。"(日记)

叶至善《父亲长长的一生》:"在十三陵水库工地上那个宁静的夜晚,两位老朋友分明作的无疑是最后一次娓娓长谈,却一句话也没有记下来,不免叫人觉得可惜。"

六月二十七日

"没有出去参加联欢会,在家写《打井的人》。到下午,写毕,共八千字。近六时,交给文艺大队的取件人了。夏衍同志坐了文艺大队的小车先走,我随了大队同走……七时半即到法制局。老杨的车子已在等候,即回。"(日记)按,《打井的人》今未见发表。

六月二十八日

"上午九时,到故宫神武门,参加关汉卿展览会开幕。在家休息,并整理材料。略觉疲倦。下午二时,到政协礼堂,参加关汉卿纪念会,我做了一个报告。"(日记) 按,郑振铎参与主持的"世界文化名人关汉卿戏剧创作七百年纪念展览会"上午在北京故宫博物院开幕。下午,中国人民保卫世界和平委员会、中国人民对外文化协会、中国文学艺术界联合会、中国作家协会、中国戏剧家协会在北京政协礼堂联合召开"世界文化名人关汉卿创作七百年纪念大会"。郭沫若主持会议,郑振铎为大会主席团成员,并作了题为《中国人民的戏剧家关汉卿》的报告。

六月二十九日

"书店里的人来了不少。上午,到空了处一行……到东安市场买

卡片等。下午,休息。"(日记)

六月三十日

"八时,到部办公。下午,理书。四时许,到车站,接箴及新旗回家,文英亦来。"(日记)

六月

据 1929 年 3 月商务印书馆版《恋爱的故事》修订改名的《希腊、罗马神话与传说中的恋爱故事》由作家出版社重版。

七月一日

"八时,到部办公。十一时许,到隆福寺……又到文奎堂,购书(《明文在》)二种。下午,在家看书。"(日记)

七月二日

"八时,到部。参加部务会议。"(日记)

七月三日

"八时许,到文学研究所,主持所务会议。"(日记)

七月四日

"八时,到部。八时半,到古旧书工作人员训练班,讲:《古旧书籍的收购与发行工作》,共讲了近四小时,听的人还感兴趣,加强了他们的信心,打破了他们的迷信……下午五时,到中南海紫光阁后武成殿,参加古籍整理和重印小组的座谈会,由齐燕铭同志说明编印和发出目录的经过及情况。翦伯赞和我都发表了些意见。陈毅副总理和习仲勋同志陆续地来了。他(陈)发表了很重要的意见,主要是鼓励大家不要菲薄或不安心自己的工作。"(日记)按,郑振铎上午的讲话《古旧书籍发行工作的意义、方针、任务、政策》今存提纲,又有中国书店郑炳纯的记录稿。记录稿 1998 年 12 月由文物出版社收入《郑振铎文博文集》中。

七月五日

"八时,到部。九时,到国务院,参加全体会议。主要是务虚。由陈毅副总理谈国际情势。由李先念副总理谈工业建设的情况。"(日记)

七月六日

"七时许,偕箴、文英、母亲、贝,携新旗,到颐和园去游览……下午一时半回。"(日记)

七月七日

"八时,到部办公。天津《新港》编辑来索稿。光明日报记者来谈。到中国书店购书。下午,在家看书。"(日记)

七月八日

"八时,到部办公。校对《清明上河图研究》……八时半,到故宫文华殿,参加苏联画展的开幕。"(日记)

七月九日

"八时,到部办公。八时半,到文联大楼参加民间文艺工作者代表大会,选出主席团 25 人,我是其一。由老舍致开幕词,贾芝作报告。近十二时,摄影,散会。"(日记)

七月十日

"八时,到文学研究所,和周妙中谈话。参加古代组讨论'计划'的会议。"(日记)

七月十一日

"八时,到部办公。写《希腊神话与英雄传说》的新序一篇。下午三时,赵万里来,取去《山歌》四本。"(日记)《〈希腊神话与英雄传说〉再版序》后载 10 月人民文学出版社出版该书卷首。

七月十二日

"八时,到部办公。下午,看书。到隆福寺阅书数种回。"(日记)下午,冒雨驱车到隆福寺,于修绠堂购得《皇朝礼器图式》10 册,适与十六七年前于上海传薪书店所得该书残本 6 册配成全书,十分欣喜;又于东雅堂购得《湫漻斋丛书》11 种。归,分别作题跋。

七月十三日

"上午,到琉璃厂,看张效彬的展览会,不佳。下午,理书。"(日记)下午,过琉璃厂荣宝斋,观张劝彬藏画,乘便到来薰阁小坐,购《汉魏六朝名家集》,归作题跋。

七月十四日

"上午八时,到文联大楼,在民间文学工作者代表大会发言。十一时许,到文化部办公。下午,文物局开献礼大会,讲了话(在故宫小礼堂)。夜八时,偕文英、箴、新旗到政协礼堂,看豫剧马金凤的《穆桂英挂帅》,很精采,惟男配角太坏耳。"(日记)

七月十五日

"上午八时,到部办公。下午,看书。夜八时,偕贝到政协礼堂,看闽、豫、沪、楚、湘(花鼓戏)演现代题材的戏。十一时半,散。登台慰贺他们。"(日记)

七月十六日

"八时,到体育部,文化部开献礼大会也。"(日记)

毛泽东主席在中南海接见全国民间文学工作者大会全体代表并合影。郑振铎参加。一起合影的还有邓小平、彭德怀、李先念、陈毅、李富春、聂荣臻、彭真、阳翰生、周扬、老舍、箫三等。今存照片。

七月十七日

"上午,到中宣部子民堂,参加少数民族文学座谈会,结果,很有成绩。原定两年半编成'三选一史',周扬同志则主张以一年之力成之。邀代表们到森隆午餐,文研所请客也。下午三时,到文联大楼,参加民间文学工作者大会的闭幕式……夜,八时,偕箴到国务院礼堂,看湖南花鼓戏,演《三里湾》。演毕,登台慰贺他们……(文英回沪,小箴归京)"(日记)　下午,在全国民间文艺工作者大会上作报告,题为《破资产阶级的治学方法,立社会主义的立场、观点和方法》,后发表于8月10日《民间文学》第7、8期合刊上。大会推选郑振铎为中国民间文艺研究会理事和副主席。

七月十八日

"八时许到文学研究所,参加何其芳同志的思想总结的报告。大家都提了些意见。下午,到北京图书馆看两个展览会。"(日记)今存郑振铎听何其芳谈整风的思想总结的记录。

七月十九日

"八时,到部办公。写了一首关于反击美英侵略黎巴嫩和约旦的诗:《五十万人齐怒吼》。下午,即送给人民日报。六时,到印度大使馆,参加欢迎率领印度旗舰'迈索尔'号来上海访问的印度舰队司令查克洛伐蒂海军少将及其夫人等。"(日记)按,今天写的诗后题为《为阿剌伯兄弟们欢呼胜利》,发表于7月26日《人民日报》(署18日作)。

七月二十日

"整天在家整理书目卡,已把戏曲部分整理好一部分,可抄写。夜,参加俄国作曲家里姆斯基－柯萨科夫逝世五十周年纪念会。"(日记)

七月二十一日

"八时,到部办公。下午,在家看书。理卡片。"(日记)

七月二十二日

"八时,到部办公。下午,整理目录卡片。六时,到北京饭店,参加庆祝波兰国家复兴节十四周年纪念会。"(日记)

七月二十三日

"八时,到部办公。参加部务会议。下午,到书店购书。整理书目。"(日记)

七月二十四日

"八时,到文学研究所,参加乔象钟和陈友琴的思想总结座谈会。下午,整理书目卡。"(日记)

七月二十五日

"八时,到部办公。下午,开部务会议。"(日记)

七月二十六日

"八时,到部办公。九时,到美术展览馆,参加苏联摄影展览会。下午,整理目录卡。夜,偕箴到羊市大街,看《红霞》及张君秋的《望江亭》二片。"(日记)

七月二十七日

"八时许,到体育馆,听钱俊瑞同志的整风总结报告,参加者近万人。"(日记)今存郑振铎的记录《整风运动成功的经验》。

七月二十八日

"八时,到部办公。写《刘知远诸宫调跋》一篇。下午,在家看书,理卡片。夜,将《八十日环游地球一周》看完,睡时,已将午夜了。"(日记)《〈刘知远诸宫调〉跋》后载 8 月由文物出版社影印出版该书卷后。

七月二十九日

"八时,到部办公。下午,整理书目卡。"(日记)

七月三十日

"八时,到文学研究所,参加整风总结报告的讨论会。下午,理书。夜,到文联大楼,听四川代表团的曲艺演出。"(日记)

七月三十一日

"八时,到文学研究所,继续参加整风总结报告的讨论会。下午,整理书目卡片。"(日记)

八月一日

"八时许,到部办公……中大学生来谈,关于宋代的民间文学问题。我以为宋代的民间文学之所以丰富多彩,一是唐代流传下来的;二是南渡之后,加入了江浙和蜀中的民间文学,所以,显得多了;三是记载比较多,故我们知道得就比较得多。汉唐二代的文献,已经湮没无存,故我们就不大知道了。宋代的都市,其实并不比汉唐发达、繁荣,其社会本质基本上是相同的。下午,在家整理书目卡……七时半,到长安,听曲艺会演。"(日记)按,第一届全国曲艺会演大会今日开幕,至 14 日闭幕。

八月二日

"八时,到部办公。十时,到政协,开《月刊》编委会。十一时半,到新侨,参加欢宴缅甸代表团。下午,在家理书。夜,七时,周而复偕曹禺夫妇来,同到前门外鸿宾楼晚餐。空了、小箴、翰笙、夏衍及致祥等陆续来。"(日记)

八月三日

"十时,到小箴处。同往大同午餐。下午一时许,送她到车站。她休假已满期,今天回永陵乡去也……(六时,听到中苏会谈公报的广播,甚为兴奋!)"(日记)

八月四日

"八时,到部办公。偕张珩、徐灵,于九时半,到故宫博物院,看近百年画预展,已较前大有进步……夜七时半,偕箴到长安看曲艺会演,周总理亦在座。"(日记)

八月五日

"八时,到部办公……下午,赵万里来,偕往中国书店看书。在灯市口收购部,却见到了不少好书,便又'食指大动'矣。夜,八时,到首都电影院,参加苏联影片《两姊妹》的开幕式。夏衍和苏联秘书都讲了话。"(日记)

八月六日

"八时,到文研所,主持所务会议。下午三时,到文联茶座,参加关于中苏联合公报的座谈会,我也讲了话。"(日记)

八月七日

"八时,到部办公。十一时许,到和平宾馆,应佛教协会约,饯别缅甸和平代表团也……下午四时许,卢光照来。"(日记)

八月八日

"八时,到部办公。准备写《中国古画选》的序。下午,在家理书。夜七时半,到西单剧场看北方昆曲剧院演出《红霞》。这是了不起的一个创举!以最古老的戏曲来表演现代题材,而能获得颇大的成功,的确值得鼓励。演毕,我和刘芝明同志都到台上,向他们祝贺。"(日记)

为藏书《陶靖节集》题跋,鉴定为明代杨时伟刻本。

八月九日

"八时,到部办公。写《画选》序。下午,在家理卡片。看书……八时许,偕箴到羊市大街,看国产彩色故事片《党的女儿》,描写革命斗争的故事,残酷之至,紧张之至!几乎目不忍睹!但那是活生生的事实呀。"(日记)

八月十日

"九时,到科学院,参加规划委员会的地方志小组会……下午四时许,到琉璃厂邃雅斋及来薰阁,购书若干种。遇济川、乃乾……夜,

看《皇朝事宝类苑》,尽五卷。"(日记)

八月十一日

　　"八时,到部办公。写《画选》序。十时许,偕夏衍、徐灵二同志到故宫绘画馆,对出国展览的'近百年画'作最后的决定。张奚老也来了。比较地可以满意。下午二时,到怀仁堂摄影,共有三个团体,一出版工作会议代表,二曲艺会议代表,三粤剧观光团。近三时,在怀仁堂观看曲艺会演。"(日记)

八月十二日

　　"八时,到部办公。写《古画选》序。下午,在家续写《序》。"(日记)

八月十三日

　　"八时,到部办公。写《中国近百年来绘画的发展》,作为出国展览的说明。下午,在家续写,已毕。夜,七时半,到和平宾馆,参加欢迎印尼的和平代表团的酒会。"(日记)《近百年来中国绘画的发展》一文后载1959 年 1 月文物出版社出版的《中国近百年绘画展览选集》卷首。

八月十四日

　　"八时,到部办公。续写《选》序。下午,在家续写。"(日记)

　　下午, 中国曲艺工作者第一次代表大会在北京中国文联礼堂开幕,郑振铎等 31 人组成大会主席团。

八月十五日

　　"八时,到部办公。把《百年画的发展》送给大家提意见。下午,续写《选》序。"(日记)

八月十六日

　　"八时,到部办公。八时半,到文联大楼,参加曲艺工作者代表会议的主席团会议。在大会上讲了话。又回到文化部。续写《选序》。十一时半,到佛教协会,参加他们欢迎缅甸和平代表团副团长吴旺拉夫妇的宴会。下午,续写'稿'。夜,七时半,到北京饭店,参加周总理欢迎柬埔寨王国首相诺罗敦·西哈努克亲王及其他代表们的宴会。"(日记)中国曲艺工作者第一次代表大会今日闭幕。郑振铎的讲话记录后载中国曲艺工作者协会编印、10 月出版的《中国曲艺工作者代表大会纪念册》。下午，通过《中国曲艺工作者协会章程》，并选举该会理事，郑振铎当选。

今见郑振铎存稿《中国绘画小史》，题 8 月 16 日作。

八月十七日

"七时许起。续写《选序》，已毕……下午，看书，整理书目。夜，八时半，到怀仁堂，参加欢迎柬埔寨王国国家代表团的音乐歌舞晚会。有柬埔寨舞蹈及乐曲，有李淑君的《游园惊梦》。"（日记）

八月十八日

"八时，到部办公。将《百年绘画的发展》，根据大家的意见，加以修改，成了'百衲衣'，补缀颇苦。改毕，即送给对外文委。下午，仍修改此文并添加些文句，要将它交给文物出版社。"（日记）

八月十九日

"五时半起。为人民日报写《歌颂那些歌颂社会主义的歌颂者》一短文。八时，到部办公。写《瑞典女作家拉格洛夫百年诞生纪念》一文。下午，写毕。"（日记）按，今所作《歌颂社会主义的歌颂者们》，谈第一届全国曲艺会演大会的圆满成功，后载 25 日《人民日报》；《瑞典女作家拉格洛夫》一文，纪念她的百年诞辰，后载 10 月 25 日《文学研究》第 3 期。

八月二十日

"八时，到部办公。写《昆曲红霞》短文一篇。下午，在家理书，看书。夜，看电影《地下宫殿》等。"（日记）按，今所作《一个古老剧种的新生——谈〈红霞〉在昆曲剧场上》，支持曲剧改革和演现代戏，后载30日《文汇报》。

八月二十一日

"八时，到部办公。十一时许，到隆福寺各书肆一行，购书五十六元。下午，在家看书。夜，到东四剧场，听上海评弹团的演唱。"（日记）

八月二十二日

"八时，到部办公。九时，到政协礼堂第三会议室，参加工作会议。十时半，到琉璃厂各书肆一行。下午，看书、理书。安徽屯溪古书店中

人,送书来看。……五时半,到印度大使馆,参加印度大使欢迎西哈努克亲王的招待酒会。"(日记)

八月二十三日

"八时,到部办公。下午六时,参加罗马尼亚大使馆举行的罗马尼亚解放十四周年纪念酒会。"(日记)

八月二十四日

"在家理书。上海古籍书店中人及陈济川来谈。"(日记)

八月二十五日

"八时,到部办公。写《故宫博物院所藏中国历代名画集》序。下午,在家续写《序》。"(日记)

八月二十六日

"八时,到部办公。续写《序》。下午三时许,冒雨到西单商场旧书店参观其古书陈列,并选购数种。"(日记)

八月二十七日

"八时,到部办公。续写《历代名画集》序。已毕。当即于下午送给人民美术出版社张宜健。夜八时半,到交道口电影院,看朝鲜彩色片《沈青传》。"(日记)按,《故宫博物馆所藏中国历代名画集序》后载1959 年9 月人民美术出版社出版的该书前编上卷卷首(署 27 日作)。

八月二十八日

"八时,到部办公。九时,到文化俱乐部,主持《政协会刊》所召集的座谈会。到者有叶圣陶、许广平、顾颉刚、李希凡、赵朴初、李六如及吴觉农诸同志,谈得很起劲,对于社会主义的工农业大跃进及建设,有大信心! "(日记)

八月二十九日

"八时,到部办公。写《朱翊钧的地下宫殿》一文。下午,写成,即送给人民日报夏景凡。"(日记)《朱翊钧的"地下宫殿"》后载 31 日《人民日报》,介绍刚发掘完工的明神宗的定陵的宏伟,揭露封建帝王的穷极奢侈。

八月三十日

"到部办公。写《宋人集征访目录》。到北京图书馆看善本书。"（日记）

八月三十一日

"五时许起。邃雅斋、富晋送书来。苏颂的《苏魏公集》居然找到，甚为高兴！整天地都在为书而忙。老是觉得'不满足'，有许多要用的书尚未找到！下午四时，到中国书店找书。见黑龙江大学及吉林师范学院的人，购大批的古书，连方志也要，甚是怪事！夜，开始写关于世界文化名人萨迪等的报告稿。"（日记）

八月

中共中央北戴河会议决定在北京天安门前东侧建立中国历史博物馆和中国革命博物馆。这是郑振铎向往多年的事。

九月一日

"八时，到部办公。写《报告》三页。十一时，到故宫文华殿，参加芬兰艺术展览会的开幕。下午，在家理书。五时半，到匈牙利大使馆，参加临时代办沙尔夫妇的告别酒会。"（日记）

九月二日

"八时，到部办公。续写《报告》。下午，在家续写《报告》……六时，到越南大使馆，参加越南民主共和国独立十三周年纪念的庆祝酒会。"（日记）

九月三日

"八时，到部办公。续写《报告》。下午，在家续写《报告》，已毕。夜，整理书目。"（日记）按，所完成报告题为《纪念世界文化名人萨迪、弥尔顿和拉格洛孚的报告》。

深夜，为所藏《新镌古今大雅北宫词纪六卷南宫词纪六卷》作题跋。此书为郑振铎 30 年间辛苦搜集的各种《南北宫词纪》残本凑齐而成的，今日由中国书店装订好送来。"于是，这部百衲衣似的《南北宫词纪》，乃终于成为一部完整无缺的本子了。像这样完整的《南北宫词纪》，恐怕是很少见的，可能是人间无上的本子也。……这不是什么好奇、好事之举。……作为科学研究的必备之书，其能没有最完整不缺的好本子作为研究的根据么？把这部书好不容易地拼凑成为完整不缺的一部，当不是什么没甚意义玩弄版本的事。”

九月四日

“八时，到部办公。下午，在家整理书目。”（日记）

九月五日

“八时，到部办公。得舒一信。九时，到勤政殿参加最高国务会议，听毛主席讲国内外形势，至二小时之多，精辟之至，处处是家常话，句句令人鼓舞。继由谭震林同志谈今年农业的大跃进及人民公社事，也令人兴奋之至！……下午，整理书目。把中晚唐的文集整理好，是大不容易的事，直到夜十时许，才整理完毕，可缮写。”（日记）

九月六日

“八时，到部办公。十时半，到中国书店服务部，看其善本展览。选购十余种。其佳者已尽为北京图书馆得之矣。下午三时半，到勤政殿参加最高国务会议。李富春同志报告今年的国家计划完成的数字及明年计划的内容，并及第二个五年计划的轮廓。周总理报告关于台湾海峡局势的声明。经予以文句上的少加修改后，即发布出去。此是震动世界的一个重要文件也……七时许……北京各界拥护周总理声明，立即举行集会及游行示威。电台也再三地广播这个《声明》。”（日记）

九月七日

“五时半许起。北京各界很早地就在游行示威。人民日报、解放军报及文艺报均来索稿。上午，写诗二篇，给人民及文艺报。下午，看《五杂俎》及书目。夜，写诗一首，给解放军报。”（日记）按，作诗《我们愤怒地控诉！》，后载 8 日《人民日报》；作诗《我们不能容忍》，后载 11 日《文艺报》第 17 期；作诗《拥护周总理的声明》，后载 8 日《解放军报》。内容都是强烈抗议美帝国主义阻挠中国人民解放自己的领土台湾。

九月八日

“八时，到部办公。十时，到北京图书馆，参加‘苏联赠还我国珍贵图书展览’的开幕式。沈部长和苏联代办安东诺夫都讲了话。十时半，赶到中南海,参加最高国务会议。毛主席讲了美国自造钢索,一端套在自己脖子上,一端却交给了中国人民、阿联人民等等,这精辟的话,立刻引起大家欢笑。李先念同志报告财政,陆定一同志报告教育改革及干部参加体力劳动的意义……下午五时半,参加欢迎保加利亚人民共和国教育、文化部科学工作者代表团的宴会(北京饭店中七楼)……九时,张饤同志等来谈。"(日记)

九月九日

"八时到部办公。十时,到中山公园水榭,参加'朝鲜民主主义人民共和国成立十周年图片展览'的开幕典礼。张致祥同志及朝鲜李永镐大使讲话……夜,六时,到新侨饭店,参加保加利亚的国庆宴会……八时,到北京饭店,参加朝鲜民主主义人民共和国的十周年国庆。"(日记)

九月十日

"八时,到部办公。写《伊朗诗人萨迪的玫瑰园》一文,给文艺报……下午三时,到政协礼堂,参加无党派人士的关于最高国务会议的座谈会……夜,看书,理书。"(日记)《伊朗诗人萨迪的〈蔷薇园〉——纪念〈蔷薇园〉出版 700 周年》一文后载 26 日《文艺报》第 18 期。

九月十一日

"八时,到部办公。九时半,参加沈部长视察东北的报告会。十一时半,散。到隆福寺修绠堂,购《四库简目》三部。下午,在家理书,看书。"(日记)

在《新文化报》上发表《坚决粉碎美国战争挑衅》。

九月十二日

"七时半许,到文学研究所。和吴晓铃、周妙中二同志谈《古本戏曲丛刊》外集事。和苏联科学院派来的某女士谈中国诗。下午,整理书目。"(日记)

九月十三日

"八时,到部办公。十时许,到美协三楼,看古代和现代的中国画选,这是和苏联订约编辑的,故必须再加仔细地选择。又看了郏县农

民画展……下午,理书。夜,七时半,到文化部看《铁窗烈火》及《徐秋影案件》二影片,都不坏。"(日记)

九月十四日

"六时起……在家理书。对所购各书,必须加以处理。要断然地不以'多'为贵。范围要有限定,不能见可欲心便乱了也。《光明日报》的《文学遗产》上,今天刊出了北大学生的瞿秋白小组的对我的《俗文学史》的批评,十分的尖锐。这是'一声大喝',足以使我深刻地检查自己,并更努力地改造自己。是痛苦的,但也是一帖良药。"(日记)　按,今天日记反映了郑振铎诚恳而痛苦的心情。但其实"北京大学中文系二年级一班瞿秋白文学会集体写作"的这篇《评郑振铎先生的〈中国俗文学史〉》是极左思潮的产物,竟说郑振铎是"资产阶级专家"、"白旗"、"伪科学",甚至说《中国俗文学史》的某些观点"实质上是服务于帝国主义向外侵略的行动"等等。本月,北大该组织又在人民文学出版社出版的《文学研究与批评专刊》第4辑上发表《郑振铎著〈插图本中国文学史〉批判》、《〈中国俗文学史〉批判》二篇长文,也都是这般论调。

九月十五日

"八时,到部办公。十时,偕沈部长们和部的青年同志们照相。细阅《故宫博物院所藏名画集前编》的印样,未毕。下午四时,到北京饭店,参加郭沫若院长招待世界学联代表及观察员们的酒会。周总理也来了。"(日记)

九月十六日

"八时,到部办公。继续阅《名画集前编》的印样。下午,整理书籍。"(日记)

九月十七日

"八时许,到文学研究所,参加组长联席会,讨论到重点批判几个人的事。偕何其芳、蔡仪二同志到印刷所,看《专刊》封面的样子。下午,在家理书,未出门。"(日记)

九月十八日

"八时,到部办公。将纪念世界文化名人萨迪、弥尔登、和拉格洛夫的报告,加以压缩。一份送给人民日报,一份留给自己宣读。把关于萨迪的一文也修改好,交给《文学研究》。下午,在家整理书目之部的卡片。"(日记)

九月十九日

"八时,到部办公。继续看《名画集前编》校样,已毕。但其中问题很多,当再仔细研究一下。刘汀业送来阎立本《步辇图》,阮部《仙女图》及落水《兰亭》三卷来,皆故宫物,见之甚为高兴。其中,以《步辇图》为尤佳。下午,在家整理书目的卡片,已毕。"(日记)

九月二十日

"八时,到部办公。十一时许,到隆福寺文奎堂展览会上购书数种。下午,在家整理书目卡。夜,七时,到文联大楼,参加和大、作协等四个团体联合举行的纪念世界文化名人萨迪、弥尔顿和拉格洛夫的大会。主席团里,有茅盾、楚图南、萧三、田汉、叶圣陶和我。由我作报告。以后是朗诵及苏联电影《骑鹅旅行记》。"(日记)今存纪念会主席台照片。

九月二十一日

"六时起。在家整理小说目录。"(日记)

九月二十二日

"八时,到部办公。下午,在家理书。"(日记)

九月二十三日

"八时,到部办公。下午,整理书目卡。"(日记)

九月二十四日

"八时,到部办公。八时半,到沈部长住宅,漫谈我的思想、工作作风等。先由我自己检查,说明自己是一个半封建、半殖民地社会所产生的典型的知识分子,有许多缺点。欢迎同志们多提意见,多帮助。发言者,有茅盾、吴仲超、王冶秋、徐光霄、刘芝明诸同志,最后由钱俊瑞同志作总结发言。光霄和俊瑞二同志的话,极为尖锐,但也最击中要害。我表示愿意大力地改造自己的思想,改正自己的作风……下午,整理自己的思想,下决心不再买书,并清理积欠,作为改造思想的基础。书籍亦是'物质基础'之一也。夜,七时半,到对外文委开会,谈赴阿富汗和阿联的文化代表团组织及方针、任务。"(日记)

九月二十五日

"八时,到部办公……十二时许,偕箴到紫光阁,应陈毅副总理夫妇之约,饯别缅甸驻我国大使吴拉茂及其夫人、儿子们。二时半,散。顺道到北京图书馆,看戊戌变政展览的预展。夜,七时,到对外文委,参加赴阿联的文化代表团的第一次会议。全团八人,皆已到齐。"(日记)

九月二十六日

"八时半,到部办公。下午三时,到北京图书馆,参加'戊戌变法六十周年纪念展览'的开幕。到者有陈叔老、范文澜、梁思成等同志……夜,七时半,到人民剧场,参加蒙古人民共和国国家杂技团的访华演出……演毕,到台上和演员们道贺、道劳。"(日记)

九月二十七日

"六时许起。本来想到城外参观原子能反应堆的,因雨未去。八时,到神武门上,看'定陵出土文物展览',甚好。九时,到文联大楼,参加文联主席团扩大会议。由茅盾、周扬、巴金、老舍及钱俊瑞等同志发言……十二时半,散。偕巴金、曹葆华到康乐晚餐……下午四时,到故宫文华殿,看唐宋元画展览。又到保和殿,看黄河水库出土文物展览。"(日记)

九月二十八日

"八时,到首都剧场,参加文化部各单位向部党委'十一'献礼的大会。农民们的歌舞表演很精采,这是专家(下放干部)与群众相结合的一个成就……下午三时许,到北海藕舫斋看北京市国画界的大跃进国画展览,很有不少好的画。"(日记)

九月二十九日

"八时,到部办公。写《文艺杂谈》三则。十一时,到考古所,晤尹、牛二同志,看考古展览。下午二时,到部,看下放干部展览,极可感动!

到宝禅寺十六号,看房子。晤牧之夫妇,他们即将南行了……五时半,周瘦鹃同志来谈,并送小盆景二件,借去盆景书一册。六时,到北京饭店,参加缅甸大使馆举行的为吴拉茂大使饯行的酒会。"(日记)按,《文艺杂谈》三则为:《"最新、最美"的画和诗》、《知识分子的"自我改造"》、《"农民文工团"》,后载 10 月 1 日《新文化报》。

九月三十日

"八时,到部办公。九时,到体育馆,参加中保、中阿、中朝、中越、中蒙、中德、中匈、中波、中罗、中捷十个友好协会的成立大会。会后,有文娱节目……下午六时许,到北京饭店,参加周总理的国庆九周年的庆祝酒会。到会的,有七十多个国家的来宾们。我招待希腊代表团,并和伊拉克、印尼及日本美术等代表团谈话。晤苏联来的艾德林同志,相见欢甚!"(日记)

十月一日

"八时半,出发到天安门。九时,到达观礼台(西 2 台)。熟人很多。十时,阅兵典礼开始……阅兵毕,群众游行开始……最后是学校、文艺及体育大队……游行结束后,群众涌向天安门前。毛主席在检阅台上向大家挥帽招呼……七时,到空了处,偕新旗等到天安门的原看台上,观看烟火。"(日记)

十月二日

"十时许,陪母亲到宝禅寺街新宅去看房子……十二时,到保加利亚大使馆,为饯别文化教育代表团举行的宴会……六时四十分,到翠华楼,为宴别缅甸大使吴拉茂夫妇也。"(日记)按,"新宅"是国家安排给郑振铎一家居住的,但后来因郑振铎不幸殉职,他家并没搬去住。

十月三日

"八时,到部办公。十时许,艾德林同志来访,谈了好一会,把《词话》两部托他带给苏联科学院……下午五时,偕篯到缅甸大使馆,参加缅甸大使吴拉茂的告别酒会……陈毅副总理和他的夫人也来了……七时许,到中山公园音乐堂,参加苏联阿塞拜疆国家歌舞团的初次演

出,甚是精采。演毕,我和张致祥同志登台向他们道贺。"(日记)

十月四日

"八时,到部办公。张奚老和夏衍同志等,均来看阎立本《步辇图》和阮郜《阆苑仙女图》。十一时,到雷蒙做西装一套(黑色)。在家整理行装。下午三时许,到新宅一行。夜,在家理书。"(日记)

十月五日

"七时半,偕箴到车站送缅甸大使吴拉茂夫妇回国……外交部有章汉夫夫妇等去送行……下午三时,到美术展览馆看参加社会主义国家造型艺术展览的预展。"(日记)

十月六日

"八时,到部办公。写信给小箴及舒。下午,偕箴到新宅。"(日记)

十月七日

"八时,到部办公。十时许,偕蔡树藩、林立二同志到阿富汗大使馆,拜访其大使,向之告别……十一时许,到考古所,和安志敏同志等谈了一会。黄文弼等已从新疆回,正在作报告。下午二时许,到新宅一行。三时,到对外文委,听前我国驻阿富汗大使丁国钰同志的报告……六时,到德意志人民共和国大使馆,参加其建国九周年的纪念会。七时一刻,先行出来,到北京饭店,参加文化部饯别保加利亚文化教育代表团的宴会。"(日记)

十月八日

"七时半,到文研所,和何其芳同志谈了一会。八时半,作自我检讨。说到十一时半,还觉得不深不透,并表示要求大家大力帮助。与艾德林同志谈了一会。偕伯祥,平伯回城,便道到新宅,和他们一同进去看了一下。下午三时,到对外文委,听西亚非洲司负责人谈阿联近况。五时许,到雷蒙试衣样。七时许,到阿联大使馆,参加欢宴叙利亚文化代表团的宴会。"(日记)　按,今日在文学研究所"学术批判会"上的"检讨",极为诚恳。今存郑振铎的草稿及他人记录稿。他人记录稿后以《最后一次讲话》为题发表于1983年5月《新文学史料》。

十月九日

"八时,到部办公。十时许,到北京检疫所打霍乱预防针……十一时许,到新宅看理书。下午三时,到对外文委开会,讨论关于出国的方针、计划及守则。"(日记)

十月十日

"七时半,到文研所。八时半,开会。但正在这时,对外文委来了电话,通知说,陈副总理在外交部接见代表团。只好立刻赶去。赶到时,已九时。关于国际形势和台湾海峡地区的最近情况以及代表团的方针、任务,他谈得很详细,给我们以很大的鼓舞和指南。十时半,同到劳动人民文化宫,看美帝导弹展览会。十一时半,到新宅一行。决定行前不搬家,因搬也来不及也。下午,理书。"(日记)

十月十一日

"八时,到文化部。十一时,到考古所。又到新宅一行。下午,理书。赵万里来谈。"(日记)

十月十二日

"十时许,偕箴到新宅……下午,在家看书。夜,七时半,到天桥剧场看《天鹅湖》,很成功。到者皆外交使节,还有意大利文化代表团。演毕,和张奚老、楚图南等,一同登台向演员们道劳、道贺。十时许,回。看《林海雪原》。"(日记)

十月十三日

"七时半许,到文研所,参加座谈会。关于学术思想的批判,是十分重要的。有批判,才能提高。"(日记)郑振铎在"批判会"上记录了吴、曹、范等人对自己的"批判"发言。

十月十四日

"八时,到部办公。十时,偕蔡树藩、林立二同志去拜会阿联大使。谈了半小时,辞出。十一时许,到文物出版社,和张葱玉谈出国画展事。下午,在家理书。"(日记)

十月十五日

"八时,到部办公。十一时许,到新宅。下午,理书。夜,七时半,偕蔡树藩同志及全体团员们,到阿联大使馆晚餐,并看阿联的风景幻灯

片。"（日记）

致张耀翔、程俊英信,说:"这几个月来,简直是一日千里地在进行'革命'。这个革命的确是最后的彻底地消灭资产阶级的个人主义向共产主义飞跃前进的一个大革命。没有一个人会不加入这个运动里的。曾说'一天等于过去二十年'。照现在的飞跃情况看来,简直是'一天走着一百年的道路'……我们能够及身地看到并进入共产主义社会,这是多末兴奋的事啊!"并托转交致周予同信。

致周予同信,因即将出国向他告别,并说:"这几个月来,不断革命,跃进之快,乃是人类历史上空前的景象。我们是在做着中外古今人所未做过伟大事业,即向共产主义社会前进。……革命的发展,如滚球下坡,越滚越快。我们从半封建、半殖民地社会里出身的人,一身的灰尘,一脸的污垢,如不扑洗干净,将怎样地进入这个新社会里去呢?我正在彻底地批判自己的思想、作风和工作方法。我想,每一个人都应该如此。经过一段痛苦的检查,以后,一定是愉快的新生也。"信的手迹后载 10 月 30 日《文汇报》和 11 月 24 日《收获》第 6 期。

十月十六日

"六时半起。八时许,到部办公。写《古本戏曲丛刊序》一篇。十时,到美术展览馆,参加尾形光琳画展的开幕式。十一时半,到百货公司购物后,回。理发。下午三时许,到新宅。四时半,到东车站,接徐森老,遇斐云、仲超、全新诸同志。他住在故宫宿舍。谈了好一会,即偕他和斐云到寓便餐。八时许,他们别去。整理东西。十时许,沐浴。即睡。"（郑振铎最后一天日记）按,郑振铎上午赶写的《古本戏曲丛刊四集序》,为他一生写的最后一篇文章。《古本戏曲丛刊四集》后于 12 月由商务印书馆影印出版,该序手迹即影印载于卷首。郑振铎上午参观的画展,是为纪念日本江户时代杰出的市民画家、工艺美术家尾形光琳诞辰 300 周年举办的。

十月十七日

致靳以信,向他告别,并说:"你到了工厂,千万要放下什么写作的心肠,只是完全地成为一个普通的劳动者,……只有深入工农之间,才会有创作的源泉。否则写出来的东西,乃是无根之木,无源之水,乃是虚伪不实的。全民在党的领导下,一日千里地向共产主义前进,我们将怎样赶得上呢? 将怎样站在这个时代的最前头呢? 文艺在这时代最能,而且最应该发挥宣传、鼓动的作用,得写点什么才好呢!"此信乃是郑振铎的绝笔。手迹后载 10 月 22 日《文汇报》和 11 月 24 日《收获》第 6 期。

本日,率领中国文化代表团乘苏联客机"图 104 号"出发,取道苏联前往阿富汗王国和阿拉伯联合共和国作友好访问。

十月十八日

"图 104 号"飞机在苏联楚瓦什苏维埃社会主义自治共和国的卡纳什地区上空不幸失事,郑振铎与同行代表团副团长蔡树藩和团员 8 人,以及我国外交部对外贸易部的出国工作人员 6 人全部遇难牺牲!牺牲的共 16 位中国同志是:郑振铎、蔡树藩、马适安、阿不都热合满、谭丕模、刘仲平、林立、姜燕、钟兆榕、陈重华、肖武、刘崇富、李福奎、宁开逸、孙瑛璞、陈朔。

十月十九日

新华社播发郑振铎等人遇难的电讯。20 日凌晨 5 点 45 分,中央人民广播电台播送这一噩耗;同日,《人民日报》等报以头版发布这一消息。全国人民和国际文化界无不感到震惊和痛惜!

十月二十日

郑振铎、蔡树藩等 16 位同志治丧委员会成立,由陈毅、贺龙、郭沫若、陈叔通、包尔汉、廖承志、张奚若、沈雁冰、丁西林、王冶秋、卢绪章、齐燕铭、刘芝明、陆平、何其芳、何锡麟、萧三、吴冷西、陈克寒、陈垣、陈忠经、苏灵扬、屈武、马寅初、荣高棠、徐森玉、夏衍、黄中、章汉夫、曾涌泉、张杰、张苏、张劲夫、张致祥、楚图南、蔡廷锴、钱俊瑞、萨空了等 38 人组成。

十月二十一日

下午 3 时,文化部和对外文化联络委员会举行追悼会。

十月二十三日

下午,考古研究所在京全体同志集会追悼郑振铎,牛兆勋介绍郑振铎生平,尹达讲话(夏鼐因病未参加)。

十月二十六日

下午,郑振铎等人骨灰运回北京,沈雁冰等去机场迎接,郑振铎骨灰由夏衍手捧。

十月三十日

夜,周恩来总理"激于志愿军的感人战绩,又临纪念郑振铎、蔡树藩等遇难烈士大会前夕,思潮起伏,不能成寐",因成诗一首。后"送给陈总[毅]校正,仍感不能成诗,遂以告废。"(11 月 17 日周恩来致邓颖超信)周总理这首诗稿后来被发现,题为《欢迎和悼念》。诗序曰:"正值欢迎志愿军胜利归来兴奋之余,又临悼念前往阿富汗和阿联文化访问遇难烈士大会前夕,思潮起伏,长夜难眠。念及毛主席整风思想中忠于人民、提高风格、献身海外、战胜自然诸义,因成俚言四句。我不能诗,专此聊以寄怀。"诗云:"粉身碎骨英雄气,百炼千锤斗士风。走石飞沙留侠迹,上天入地建奇功。"末题:"一九五八年十月三十一日五时"。周总理同时致函陈毅:'陈毅同志学长:送上诗一首并序,请予指正。如可用,望付人民日报发表,如不行,请付之一笑……' 陈毅在这封信上批示:"人民日报:总理的诗即发表　陈毅　10、31"。最后,周总理没有发表这首诗。

十月三十一日

上午 9 时,首都各界代表 1400 多人在首都剧场隆重举行郑振铎、蔡树藩等 16 位同志追悼大会,陈毅、郭沫若、沈雁冰、张奚若、彭真、薄一波、包尔汉、叶季壮、周扬、廖承志、章汉夫等人出席,对外文化联络委员会主任张奚若致悼词,沈雁冰报告了郑振铎生平事迹。追悼会后,16 位同志的骨灰安葬在八宝山革命公墓。墓碑上写着:"郑振铎、蔡树藩等十六位同志是为增进中国和亚非各国人民之间的友谊、中外文化交流、经济合作和保卫世界和平的崇高的任务而牺牲的。他们当中有的长期参加革命对革命有过卓越的贡献,或者在文化、学术方面有着重要的成就,有的是杰出的社会活动家或者是矢忠于革命事业的优秀干部，他们对祖国社会主义建设和保卫世界和平事业表现了无限的忠诚和忘我的劳动，直至贡献出自己宝贵的生命。遇难同志的精神永垂不朽！"

治丧委员会至此共收到各方面唁电唁函224件。我国有关方面还收到许多有关国家和外国友人的唁电唁函，周恩来总理、陈毅副总理等复电答谢。

十月

郑振铎生前据1935年2月生活书店版《希腊神话》修订改名的《希腊神话与英雄传说》由人民文学社重版。

十一月四日

竺可桢日记分析："上月17日图－104飞机失事，由于天气在10月中旬，莫斯科以东的欧洲有巨大气旋；同时乌拉尔东有巨大的高气压。17日那天高空有强烈南偏西风，最大40米/秒，天气恶劣，高层云（Ast），北风6级（N6），下面有层积云（Stcu），雨大云厚。失事区是最大风速，乱流最多。图－104因此失事，我以为中央气象局应研究此问题。"

十二月

郑振铎生前主编的《古本戏曲丛刊四集》由商务印书馆影印出版。

本年

拟编《中国历史、艺术与革命文物小丛书》，共设计一百种，从《北京人》到《十三陵水库》。

附录一

郑振铎笔名别名一览

郑振铎　　本名。"铎"为古代乐器,大铃之一种,盛行于春秋至汉代。"振铎"即摇铃发出号召的意思。《周礼·夏官·大司马》:"司马振铎,群吏作旗。"注曰:"振铎以作众。"《史记·周本纪》:"武王弟叔振铎奉阵常车。"《淮南子·时则训》:"振铎以令于兆民。"今知郑振铎署此名发表的最早的作品,是 1919 年 11 月 1 日出版的《新社会》创刊号上的《北京的女佣》(社会调查)和《我是少年》(诗)等。

振铎　　今知郑振铎署此名发表的最早的文章, 是 1919 年 11 月 1 日出版的《新社会》创刊号上的《发刊词》。

铎　　今知郑振铎最早署用此名的文章,是 1919 年 7 月浙江温州出版的《救国讲演周刊》第 4 期上发表的一则《私进日货被获》的新闻。另,郑振铎在写给别人的信中常署此名。

木官　　小名。因郑振铎出生后"算命"认为"五行缺木",祖父所取。

警民　　字。意思与"振铎"有关,据 1913 年秋《浙江第十中学校同学录》和 1920 年冬《北京铁路管理学校高等科乙班毕业纪念册》。

Y.K.   1925 年 5 月 18 日至 10 月 6 日,在《时事新报·鉴赏周刊》上连载发表《中国小说提要》(二十则)所署用。(其中前十二则后来郑振铎收于《中国文学论集》中。)

文基   1925 年 8 月至 12 月,在《小说月报》第 16 卷第 8 期至 12 期上,连载《列那狐的历史》,署"文基译述"。后,1926 年 6 月上海文学周报社收集作为"文学周报社丛书"之一,由开明书店出版,亦署名"文基"。1931 年 10 月开明书店作为"世界少年文学丛刊"之一再版,改题为《列那狐》,署郑振铎译述。

西源   1929 年 4 月出版的《文学周报》第 8 卷第 13 期上刊有署此名的《评上海各日报的编辑法》,该文后收入 1932 年 7 月上海新中国书局出版的郑振铎《海燕》一书中。由此并可知 1929 年 1 月在《文学周报》第 8 卷第 3 期"梅兰芳专号"中署此名发表的《打倒男扮女装的旦角／打倒旦角的代表人梅兰芳》和《没落中的皮黄剧》二文,亦是郑振铎所作。(反对中国旧戏的男扮女装是当时郑振铎的主张,亦可证此二文为郑振铎所作。)

宾芬   1930 年 1 月至 1931 年 10 月,《小说月报》第 21 卷第 1 期至第 22 卷第 10 期连载《元曲叙录》时署用。"宾芬"殆从"缤纷"而来。屈原《离骚》"佩缤纷其繁饰兮",陶潜《桃花源记》"芳草鲜美,落英缤纷",均言繁富多彩貌,郑振铎取此名殆以暗喻我国著名的元曲。

郭源新   最先见署于 1933 年 5 月 20 日写、发表于同年 7 月 1 日《文学》创刊号上的《谈〈金瓶梅词话〉》一文。同年发表著名小说《取火者的逮捕》等时亦署用。最后,在 1957 年 9 月《收获》第 2 期上发表历史小说《汨罗江》时亦署用。据说是从"郑振铎"三字被写得潦草而来。另,郑振铎的母亲姓郭。

源新　　1937 年 9 月 11 日在《世界知识》、《妇女生活》、《中华公论》、《国民周刊》等四杂志的《战时联合旬刊》第 2 期上发表《非战斗员的屠杀》、10 月 1 日在同刊第 4 期发表《不愿做奴隶的人们，起来！》(诗)等署用。

源　　见署于 1934 年 6 月 1 日《文学》第 2 卷第 6 期《向翻印"古书"者提议》、1936 年 3 月 1 日《文学》第 6 卷第 3 期《再论翻印古书》等文。前一文后收入郑振铎《短剑集》。新见署于 1934 年 10 月 1 日《文学》第 3 卷第 4 期《大众语文学的"遗产"》等文。

谷远　　从"郭源新"的前二字音近而来。见署于 1934 年 1 月 27 日《申报·自由谈》上发表的《文坛的现状》。又见署于 1934 年 5 月 18 日写、6 月 1 日《文学》第 2 卷第 6 期发表的《净与丑》一文。后一文收于《短剑集》。

谷　　见署于 1934 年 2 月 1 日《文学》第 2 卷第 2 期《学者与文人》、同年 6 月 1 日《文学》第 2 卷第 6 期《论文字的繁简》等文。以上二文后均收于《短剑集》。

远　　见署于 1934 年 2 月 1 日《文学》第 2 卷第 2 期《从"不文的文人"说起》,6 月 1 日《文学》第 2 卷第 6 期《中国文学研究者向何处去？》、《中国文学的遗产问题》等文,这些文章后均收于《短剑集》。

何谦　　见署于 1934 年 4 月 24 日写、同年 6 月 1 日《文学》第 2 卷第 6 期发表的《元代"公案"剧发生的原因及其特质》一文。该文后收入《短剑集》。

玄览居士　　见署于 1941 年编辑影印《玄览堂丛书》时写的序言之末。郑振铎后即称自己的藏书室为"玄览堂"。"玄览"出于《老子》:"涤除玄览,能无疵乎?"河上公注:"心居玄冥之处,览知万物,故谓之玄览。"可知"玄览"有深刻地观察世界万物的意思。又,陆机《文赋》:"伫中区以玄览,颐情志于典坟。"当时郑振铎正在为"中央图书馆"秘密收购善本古书,并影印丛书,故取"伫中区以玄览"之意。

玄览　在 1953 年 7 月 31 日等郑振铎致香港徐伯郊关于收购文物的信上署用此名。

幽芳居士　见署于 1963 年文物出版社版《西谛书目》所附《西谛题跋》中《芥子园画传三集存二卷》的题跋,时于抗日战争期间。"幽芳"殆取意于《离骚》"结幽兰而延伫"。

幽芳阁主　见署于《西谛书目》附《西谛题跋》中《道光二十六年日月刻度通书一卷》的题跋。署于 1942 年 1 月 22 日。

友荒　为"幽芳"的谐音。见署于《西谛书目》附《西谛题跋》中《目录学发微一卷》的题跋。署用于甲申(1944 年)6 月 9 日。

幼舫　为"幽芳"的谐音。见署于《西谛书目》附《西谛题跋》中《中国绘画史不分卷》的题跋。署用于甲申(1944 年)6 月 1 日。

纫秋居士　见署于《西谛书目》附《西谛题跋》中《素园石谱四卷》的题跋(写于癸未[即 1943 年]10 月 16 日)、《精选点板昆调十部集乐府先春三卷》的题跋等。"纫秋"出于《离骚》:"纫秋兰以为佩"。约 1940 年,郑振铎购得"纫秋山馆"旧章一枚,认为"似可利用",曾盖于为国家秘密抢救来的古书上作为记号。后便以此化为笔名。"纫秋"和"幽芳"都反映了郑振铎在抗日战争时期的沦陷区上海坚持地下斗争、保持民族气节的高尚精神。

纫秋山馆主人　　郑振铎于共和甲戌(按,"甲戌"为 1934 年,而此时实际当为"甲申"即 1944 年)8 月编辑影印《明季史料丛书》,在 1944年 9 月写的序言之末署用。

纫秋主人　　在《明季史料丛书》出版时,附有《明季史料丛书说明》(该文无署名,当为郑振铎所作),在说明中称编者为"纫秋主人"。

纫秋馆主　　见署于《西谛书目》附《西谛题跋》中癸未(1943 年)3 月写的《艺风藏书再续记一卷》题跋、同年秋写的《秋虎丘传奇存一卷》题跋等。

纫秋　　见署于《西谛书目》附《西谛题跋》中乙酉(1945 年)3 月 5 日写的《西厢觞政一卷》题跋、同年夏 5 月写的《石濂和尚集附图》题跋、同年仲夏写的《烟草谱四卷》题跋等。

陈敬夫　　1941 年底,上海"孤岛"沦陷,许广平被日本宪兵逮捕,郑振铎被迫化名为"陈敬夫",以某文具商店职员的假身份隐蔽蛰居起来,同时继续进行秘密斗争和保护民族文献的艰苦工作。(据高君箴《"孤岛"时期的郑振铎》,载 1979 年上海《社会科学》第 4 期。又,据王伯祥的儿子记忆,当时郑振铎的化名为陈思训,兹录以备考。)

敬夫　　见署于《西谛书目》附《西谛题跋》中甲申(1944 年)12 月 2日写的《海岛逸志六卷》题跋。

禾忠　　见署于 1957 年 6 月 25 日《政协会刊》第 3 期上的《配合得更紧密、更和谐些》。据郑振铎的日记与本文手稿,知该文为他所作。

云纹　　见署于 1957 年 9 月 30 日《政协会刊》第 4 期上的《资产阶级的个人主义思想能在社会主义社会里存在吗?》。据郑振铎的日记与本文手稿,知该文为他所作。

依知　　北京图书馆藏郑振铎手稿中有《知识分子的前途》一文(北图特藏编号第 2312),署名为"依知",当是"依靠知识分子"之意。该文是否发表过,待查。

编者　　见署于 1923 年 12 月 3 日《文学》周刊第 99 期闻一多《泰果尔批评》一文前的《编者附言》。又见署于 1945 年 11 月 3 日《民主》周刊第 4 期《制止物价高翔的方案》、同月 17 日同刊第 6 期《我们反对内战!》、同月 24 日同刊第 7 期《我们的主张和态度》等文。

主编者　　1939 年上海世界书局出版由郑振铎、王任叔、孔另境等编辑的《大时代文艺丛书》,郑振铎于是年 5 月 29 日写了该丛书的总《序》,署"主编者"。

记者　　见署于 1921 年 9 月 10 日《时事新报·文学旬刊》第 13 期"通信"栏答宋云彬信。又 1923 年 2 月 10 日《小说月报》第 14 卷第 2 期起辟《国内文坛消息》专栏(至 1925 年 1 月 10 日《小说月报》第 16 卷第 1 期起改称《文坛杂讯》),署名"记者",其中大部分当为郑振铎所作。

作者　　1921 年 7 月 30 日《戏剧》第 1 卷第 3 期发表郑振铎的《光明运动的开始》,文后有短跋,署"作者"。

译者　　1930 年 4 月 10 日《小说月报》第 21 卷第 4 期郑振铎的《骑士的死》(诗)的《附记》、1934 年 9 月 28 日为《俄国短篇小说译丛》一书写的《引言》等文,均署"译者"。

本社同人　　1920 年 8 月 5 日郑振铎等主编的《人道》月刊创刊。卷首《宣言》署此名。

本刊同人　　1921 年 5 月 10 日郑振铎等主编的《时事新报·文学旬刊》创刊。刊首《宣言》署此名。

文学研究会上海同人　　1921 年 8 月 10 日《时事新报·文学旬刊》第 10 期上载《文学研究会答宋春舫信》署此名。

〔附〕

郑振译　　1920 年 3 月 11 日《新社会》旬刊第 14 期发表《托尔斯泰的教育观———一封给他近亲某夫人的信》所署。当是"郑振铎"之误植，或"郑振铎译"之漏植。

郭源耕　　1934 年 4 月 4 日天津《大公报·文艺副刊》载《题在〈取火者的逮捕〉之前》所署。当是"郭源新"的误植。

匏齐　　郑振铎在 1941 年 12 月书写鲍照《拟行路难》十八首之四赠端毅（唐弢）的字幅，末尾署名"西谛"，名下钤印，文曰"匏齐"。"齐"、"斋"二字旧时通用，疑是郑振铎的书斋名。唐弢在给我的信中也说"匏齐"当读作"匏斋"，即是郑振铎的斋名，有时也用作笔名（按，迄今未见署此名的文章），意思大概是反用《论语》上的"吾岂匏瓜也哉"。

玄览堂　　郑振铎在抗战期间取的书斋名，见前述。从《西谛书目》附《西谛题跋》中可知，直到 1958 年，他还称自己的书房为"玄览堂"。

纫秋山馆　　郑振铎在抗战期间借用的书斋名，见前述。又，郑振铎当时写有《长乐郑氏纫秋山馆行箧书目跋识》等。

备考：

K.H.　　1923 年 6 月 22 日《文学旬刊》第 77 期《杂感》栏前二篇批判商务印书馆出版的《小说世界》的文章署用此名，但这一期的目录上则署名"西谛"，此后亦未见更正。可见这可能是郑振铎临时署用的一个笔名。

玄辛　　《新文学史料》总第 10 期秦瘦鸥《王统照与〈大英夜报〉副刊〈七月〉》中说："郑振铎……用的是郭源新和玄辛两个笔名。"今查《大英夜报·七月》创刊于 1938 年 7 月 10 日，终刊于 9 月 30 日，其中除 9 月 19、20 二天报纸我未能见到外，均未见署名"玄辛"的文章。（也未见署名"郭源新"的文章。）

雨渊　　1936 年 12 月 30 日《世界日报·图书馆周刊》吴晓铃《评〈现代中国作家笔名录〉》一文说："我疑'雨渊、翌仪'亦是西谛师的笔名。"1985 年 10 月河南人民出版社版《文学研究会资料》的《文学研究会部分成员笔名录》"郑振铎"条下收入这两个笔名。今查 1934 年 6 月 1 日《文学》月刊第 2 卷第 6 期"书评"栏《王易的〈词曲史〉》一文署此名。此文未曾收入郑振铎的集子，可能不是他写的。

翌仪　　见上一条。今查上述同期《文学》月刊"书评"栏《青木正儿的〈支那近代戏曲史〉》一文署此名。此文未曾收入郑振铎的集子，可能不是他写的。

谷深　　上述吴晓铃文中提到是郑振铎的笔名，《文学研究会资料》一书亦收入。但至今未知其根据。

二酉　　1947 年 7 月 11 日《华北日报·俗文学》第 2 期《明钞本〈列

国志传〉之发现》、7 月 18 日同刊第 3 期《新刊评价》(三则)、9 月 26
日同刊第 13 期《〈螃蟹段满汉兼子弟书〉跋》所署。据日本学者波多野
太郎说,后一篇是郑振铎写的,并说是赵景深提供给他的;据关家铮
说,是其父关德栋向郑振铎约的稿。《华北日报·俗文学》为傅芸子、傅
惜华兄弟主编。此三文未曾收入郑振铎的集子,可能不是他写的。又,
关家铮编著《二十世纪〈俗文学〉周刊总目》中误作"二西"。

附录二

郑振铎著译编校书目

一　创　作

1　诗　歌

雪朝

1922 年 6 月上海商务印书馆初版。"文学研究会丛书"之一。郑振铎编。全书共分八集:第一集为朱自清诗 19 首;第二集为周作人诗 27 首;第三集为俞平伯诗 15 首;第四集为徐玉诺诗 48 首;第五集为郭绍虞诗 16 首;第六集为叶绍钧诗 15 首;第七集为刘延陵诗 13 首;第八集为郑振铎诗 34 首。书前有郑振铎在 1922 年 1 月 13 日写的《短序》。第八集篇目为:祈祷;在电车上;柳;雁荡山之顶;死了的小弟弟;夜游三潭印月;成人之哭;J 君的话;社会;小鱼;赤子之心;母亲;荆棘;一株梨树;旅程;"回忆";静;忘了;鼓声;本性;脆弱之心;鸡;有卫兵的车;侮辱;灰色的兵丁;小孩子;安慰;燕子;雪;痛苦;漂泊者;无报酬的工作;自由;空虚之心。1923 年 1 月上海商务印书馆再版,前有郑振铎的《再版序言》。

战号

1937 年 10 月上海生活书店初版。篇目为:献词;〔第一辑〕卷头语;为中国;墙角的创痕;我们的中国;骑士的死(译诗);〔第二辑〕我们的伤痕永不在背上;吴淞口的哨兵;"哀兵"咏;"什么时候是我杀敌的时候呢!?";"噉起于东方兮";〔第三辑〕卢沟桥;保卫北平曲;回击;当我们倒下来时;枪执在我的手里;祈战死;吊平津;我翱翔在天空;机关枪手;剩在的三个战士;"勇士";跋。

2　小说

家庭的故事

　　1928年12月30日上海远东图书公司初版;1929年11月上海开明书店出版增补本。篇目为:自序;猫;风波;书之幸运;淡漠;失去的兔;压岁钱;五老爹;王榆;三姑与三姑丈;春兰与秋菊;九叔;三年;五叔春荆;病室;元荫嫂的墓前;赵太太。(最末两篇初版未收。)

取火者的逮捕

　　1934年9月上海生活书店初版。"创作文库"第8种。署郭新源著。篇目为:序;取火者的逮捕;亚凯诺的诱惑;埃娥;神的灭亡。1956年6月上海新文艺出版社重版,前有《新序》。

桂公塘

　　1937年6月上海商务印书馆初版。"文学研究会创作丛书"第2集之一。署郭新源著。篇目为:桂公塘;黄公俊之最后;毁灭。1957年4月上海新文艺出版社重版。

3　散文　书信　日记

山中杂记

　　1927年1月20日上海开明书店初版。篇目为:前记;避暑会;三死;月夜之话;山中的历日;塔山公园;蝉与纺织娘;苦鸦子;不速之客;山市。1992年12月北京开明出版社重版。

海燕

　　1932年7月上海新中国书局初版。"新中国文艺丛书"之一。前半为文艺杂论。篇目为:谴责小说;论武侠小说;致文学青年;且慢谈所谓"国学"(附录:论所谓"国学");蝴蝶的文学;插图之话;编辑者发刊词;评上海各日报的编辑法(附录:封建势力在报纸上);我们在Athos上;离别;海燕;"A la mer! ";大佛寺;阿剌伯人;同舟者;宴之趣;黄昏的观前街。

欧行日记

　　1934 年 10 月 31 日上海良友图书印刷公司初版。"良友文学丛书"第 14 种。收入郑振铎在 1927 年 5 月 21 日至 8 月 31 日的日记。前有作者 1934 年 9 月 8 日写的《自记》。中附有《回过头去——献给上海的诸友》一文。

西行书简

　　1937 年 6 月上海商务印书馆初版。"文学研究会创作丛书"第 2 集之一。前有照片 55 幅。篇目为:题记;(一)从清华园到宣化;(二)张家口;(三)大同;(四)云冈;(五)口泉镇;(六)大同的再游;(七)从丰镇到平地泉;(八)归绥的四"召";(九)百灵庙之一;(十)百灵庙之二;(十一)百灵庙之三;(十二)昭君墓;(十三)包头;(十四)民生渠及其他;跋。2002 年 3 月山西古籍出版社将此书与郑振铎《山中杂记》一书、《海燕》一书后半部 9 篇、及郑振铎一些散文(峇厘观舞记;记茂物的"总统别墅";长安行;春风满洛城;郑州,殷的故城;金梁桥外月如霜;石湖;苏州赞歌)加上冰心《平绥沿线旅行记》,以《西行书简·平绥沿线旅行记》书名重版。

民族文话

　　1946 年 2 月上海国际文化服务社初版。篇目为:自序;一、周民族的史诗;二、武王伐纣;三、殷之"顽民";四、奄、徐与淮夷;五、穆王西征记;六、犬戎的兴起;七、"齐桓晋文之事";八、王子带之乱;九、秦穆公的霸业;十、弦高救郑;十一、楚民族的霸业;十二、子产的内政与外交;十三、柳下惠之介;十四、晏子相齐;十五、大教育家孔子;跋。

蛰居散记

　　1951 年 5 月上海出版公司初版。"文艺复兴丛书"第 1 辑之一。

篇目为:新序;自序;一、暮影笼罩了一切;二、悼胡咏骐先生;三、记刘张二先生的被刺;四、"野有饿殍";五、鹈鹕与鱼;六、汉奸是怎样造成的;七、最后一课;八、烧书记;九"封锁线"内外;十、坠楼人;十一、从"轧"米到"踏"米;十二、韬奋的最后;十三、记几个遭难的朋友们;十四、记吴瞿安先生;十五、记复社;十六、"废纸"劫;十七、售书记;十八、我的邻居们;十九、秋夜吟;〔附录〕忆愈之。1982 年 12 月福建人民出版社重版,为"上海抗战时期文学丛书"第一辑第四种,最后有:〔集外〕记陈三才;惜周作人;一个女间谍;记平祖仁与英茵。末有郑尔康的《重印附记》。

郑振铎书简

　　1984 年 2 月上海学林出版社初版。刘哲民编注。为郑振铎致刘哲民的书信。前有图版 4 页。篇目为:一九四七年(10 件);一九四八年(2 件);一九四九年(15 件);一九五〇年(15 件);一九五一年(40件);一九五二年(45 件);一九五三年(14 件);一九五四年(8 牛);一九五五年(1 件);一九五六年(5 件);一九五七年(11 件);一九五八年 (1 件);〔附录〕《中国历史参考图谱》跋;《伟大的艺术传统图录》序;《伟大的艺术传统》出版计划并目录等;拟编中国百科全书计划书。最后有刘哲民的《回忆西谛先生》。

郑振铎先生书信集

　　1988 年 12 月上海古籍出版社初版。署刘哲民编。影印线装 3册。启功题签。收入郑振铎致张咏霓信(269 通);致赵景深信(6 通);致张元济信(3 通);致唐弢信(45 通);致夏鼐信(18 通);致郭宝钧、夏鼐、苏秉琦信(1 通);致顾廷龙信(1 通);致徐森玉信(3 通);致徐森玉、唐弢信(1 通);致刘哲民信(6 通);致刘哲民、唐弢信(2 通);致徐伯郊信(13 通);致梁思永信(2 通);致梁思永、夏鼐信(2 通);致郭若愚信(1 通)。按,此书胡乱系时,误简等甚多,读者须注意。

抢救祖国文献的珍贵记录——郑振铎先生书信集

　　1992 年 8 月上海学林出版社初版。署刘哲民等编。基本上就是上一书的排印本。按,此书胡乱系时,误简、错字等甚多,读者须注意。

郑振铎日记

　　1998年1月山西教育出版社初版。"中国现代作家日记丛书"之一。署卢今等编。前有图版4页。篇目为:欧行日记;求书日录;一九四三年日记;一九四四年日记。

最后十年(1949~1958)——郑振铎日记选

　　2005年11月河南大象出版社初版。"大象人物日记文丛"之一。陈福康整理。前有陈福康写的序言。

郑振铎日记全编

　　2006年1月山西古籍出版社初版。"现代名人日记丛刊"之一。陈福康整理。前有图版14页。篇目为:整理者言(陈福康);欧行日记;残存的海外日记;求书日录;残存的四天日记;残存的访书日录;一九四三年蛰居日记;写在一九四四年台历上;胜利前后的日记;写在一九四七年台历上;一九四八年上半年日记;出席世界和平大会日记;一九五三年出国日记;访问印度缅甸日记;一九五六年断续日记;一九五七年日记;一九五八年日记。

4　儿童文学

郑振铎和儿童文学

　　1983年7月上海少年儿童出版社出版。郑尔康、盛巽昌编。本书实际是有关郑振铎的儿童文学理论、创作、译述的文集。篇目为:前言(郑尔康);〔文论、书信〕《儿童世界》宣言;《天鹅童话集》序;关于安徒生及其童话;《印度寓言》序;《莱森寓言》序;《列那狐的历史》译序;介绍《列那狐的历史》;《小说月报·安徒生号(上)》卷头语;《小说月报·安徒生号(下)》卷头语;安徒生的作品及关于安徒生的参考书籍;《稻草人》序;《高加索民间故事》序;寓言的复兴;民间故事的巧合与转变;螺壳中之女郎;中山狼故事之变异;榨牛奶的女郎;老虎婆婆;《莱因河黄金》后记;儿童读物问题;中国儿童读物的分析;复余姚达三国民校读书会函;复汪家瑞函;复何思聪函;复增福函;答戴克修;复周得寿函;圣诞节前夜;儿童创作的募集;投稿规则;第二卷的术志;《儿童世界》第一次征文;《儿童世界》第二次征文;本刊征求投稿启事;投稿规则;预告;第三卷的本志;《儿童世界》社特别启事;《儿童世界》新年特刊号征文启事;〔童话〕兔的幸福;太阳、月亮、风故事;太子和他的妃子;怪猫;忠厚的童子皮绿;老狗;竹公主;骡子;风的工作;狐与狼;牧师和他的书记;光明;狮子与老虎;行善之报;小人国;狮王;聪明的审判官;柯伊;彭仁的口笛;兔子的故事;两个生瘤的老人;兔之祖先;米袋王;八十一王子;花架之下;汉土与郭丽;爱美与小羊;伊索先生;张儿;朝露;七星;列那狐的历史;诺洛惠的黑牛;玫瑰花;三愿;约克与豆梗;老妖妇;约克怎样去找他的幸福;贵族与狐;〔故事〕无猫国;大拇指;红线领;巢人;〔图画故事〕两个小猴子的冒险记;鸡之冒险记;小老人梦游记;青蛙寻食记;狗之故事;鹦鹉与贼;仁侠之鹰;水手与大鹰;熊与鹿;蜻蜓与青蛙;象与猴子;方儿与狗;蚂蚁;苹果树下;伤狐避害记;方儿落水记;汽车历险记;黑猫之失败;罗辰乘风记;小羊旅行记;费儿之厄运;猴王;小鱼遇险记;断尾狐;鼠先生画像记;苦约克之经历;溪旁发生的故事;祸首之狗;夏天的梦;古瓶碎了;河马幼稚园;衣服污了;杂货店里;鼠夫人教子记;自行车场;捕鸟记;婴儿看护;猫与镜子;猫与鹅;猫与活动鸭;战时;圣诞节前夜;大力士的失败;除夕的球戏;新年会;爱美之笛;〔诗歌〕两只小鼠;我的新书;散花的舞;谁杀了知更雀;海边;小鱼;不倒翁;运动;雀子说的;初春;蝇子;快乐之天地;儿童之笛声;风之歌;春之消息;纸船;云与燕子;早与晚;麻雀;黎明的微风;小小的星;春游;小猫;给读者;催眠歌;农夫;仙后;湖水;邻家失火;五色旗;〔附录〕翻译童话篇目;《莱森寓言》目次;《印度寓言》目次;《高加索民间故事》目次;《儿童世界》篇名目录(一九二二年);郑振铎和儿童文学(盛巽昌);编后记。

郑振铎爷爷讲故事

　　2000年4月北京经济日报出版社出版。邓九平编。“经典童话书系”之一。本书实际是郑振铎儿童文学作品的选集,并加有注音和插图。共2册。篇目为:【上册】卷头的话(郑尔康);兔的幸福;怪猫;老狗;骡子;狮王;狐与狼;狮子与老虎;兔子的故事;太子和他的妃子;光明;柯伊;彭仁的口笛;米袋王;八十一王子;朝露;诺洛惠的黑牛;玫瑰花;聪明的审判官;花架之下;汉士与郭丽;竹公主;兔之祖先;【下册】大拇指;约克怎样去找他的幸福;伊索先生;约克与豆梗;老妖妇;贵族与狐;列那狐的历史;编后记(郑尔康)。

二　论　著

1　中国文学

中国文学史(中世卷第三篇上)

　　1930年5月上海商务印书馆初版。篇目为:第一章、词的启源;第二章、五代文学;第三章、敦煌的俗文学;第四章、北宋词人;第五章、南宋词人;后记。另附有插图21幅。

插图本中国文学史

　　1932年12月北平朴社出版部初版。共4册。全书原拟作三卷82章,只写成60章。1957年12月北京作家出版社重版,作者又补入了最后4章,并且作了一些修订,又更新、增加了一些插图,共收插图174幅。篇目为:自序;例言;绪论;〔上卷古代文学〕第一章、古代文学鸟瞰;第二章、文字的起源;第三章、最古的记载;第四章、《诗经》与《楚辞》;第五章、先秦的散文;第六章、秦与汉初文学;第七章、辞赋时代;第八章、五言诗的产生;第九章、汉代的历史家与哲学家;第十章、建安时代;第十一章、魏与西晋的诗人;第十二章、玄谈与其反响;〔中卷　中世文学〕第十三章、中世文学鸟瞰;第十四章、南渡及宋的诗人们;第十五章、佛教文学的输入;第十六章、新乐府辞;第十七章、齐梁诗人;第十八章、批评文学的发端;第十九章、故事集与笑谈集;第二十章、六朝的辞赋;第二十一章、六朝的散文;第二十二章、北朝的文学;第二十三章、隋及唐初文学;第二十四章、律诗的起来;第二十五章、开元天宝时代;第二十六章、杜甫;第二十七章、韩愈与白居易;第二十八章、古文运动;第二十九章、传奇文的兴起;第三十章、李商隐与温庭筠;第三十一章、词的起来;第三十二章、五代文学;第三十三章、变文的出现;第三十四章、西昆体及其反动;第三十五章、北宋词人;第三十六章、江西诗派;第三十七章、古文运动的第二幕;第三十八章、鼓子词与诸宫调;第三十九章、话本的产生;第四十章、戏文的起来;第四十一章、南宋词人;第四十二章、南宋诗人;第四十三章、批评文学的复活;第四十四章、南宋散文与语录;第四十五章、辽金文学;第四十六章、杂剧的鼎盛;第四十七章、戏文的进展;第四十八章、讲史与英雄传奇;第四十九章、散曲作家们;第五十章、元及明初的诗词;第五十一章、元及明初的散文;第五十二章、明初的戏曲作家们;第五十三章、散曲的进展;第五十四章、批评文学的进展;第五十五章、拟古运动的发生;〔下卷近代文学〕第五十六章、近代文学鸟瞰;第五十七章、昆腔的起来;第五十八章、沈璟与汤显祖;第五十九章、南杂剧的出现;第六十章、长篇小说的进展;第六十一章、拟古运动第二期;第六十二章、公安派与竟陵派;第六十三章、嘉隆后的散曲作家们;第六十四章、阮大铖与李玉。1999 年 1 月北京出版社重版,后有郑尔康的《重印后记》。2005 年 5 月上海世纪出版集团收入"世纪人文系列丛书"重版。

中国俗文学史

1938 年 8 月长沙商务印书馆初版。"中国文化史丛书"第 2 集之一。共 2 册。全书共 14 章。1954 年 2 月北京作家出版社以原纸型再版,作者略作一点修订。篇目为:〔上册〕第一章、何谓"俗文学";第二章、古代的歌谣;第三章、汉代的俗文学;第四章、六朝的民歌;第五章、唐代的民间歌赋;第六章、变文;〔下册〕第七章、宋金的杂剧词;第八章、鼓子词与诸宫调;第九章、元代的散曲;第十章、明代的民歌;第十一章、宝卷;第十二章、弹词;第十三章、鼓词与子弟书;第十四章、清代的民歌。1996 年 3 月北京东方出版社收入"民国学术经典文库"重版。2005 年 4 月北京商务印书馆收入"商务印书馆文库"重版。

2006年5月上海世纪出版集团收入"世纪人文系列丛书"重版,并加上插图,前有陈福康写的《导读》。

中国文学论集

　　1934年3月上海开明书店初版。"开明文史丛刊"之一。篇目为:序;研究中国文学的新途径;读《毛诗序》;论北剧的楔子;林琴南先生;梁任公先生;《水浒传》的演化;《三国志演义》的演化;《水浒传》的续书;《岳传》的演化;《万花楼》;伍子胥与伍云召;评 Giles 的《中国文学史》;我的一个要求;寓言的复兴;经书的效用;巴黎国家图书馆中之中国小说与戏曲;叙拳乱的两部传奇;《挂枝儿》;关于《游仙窟》;中国小说提要:明清二代的平话集;佛曲叙录;关于《诗经》研究的重要书籍介绍;西谛所藏弹词目录。

痀偻集

　　1934年12月上海生活书店初版。"创作文库"第10集。篇目为:序;〔上卷〕大众文学与为大众的文学;访笺杂记;新文坛的昨日今日与明日;我们所需要的文学;从变文到弹词;宋金元诸宫调考;中国戏曲史料的新损失与新发现;《西厢记》的本来面目是怎样的;明代的《时曲》;谈《金瓶梅词话》;《西游记》的演化;民间故事的巧合与转变;〔下卷〕螺壳中之女郎;中山狼故事之变异;鲁智深的家庭;武松与其妻贾氏;《西游记》杂剧;《丛书书目汇编》;《书目长编》;嘉靖本《三国志演义》的发现;《挂枝儿》;榨牛奶的女郎;元代的动物虐待禁例;元刊本(?)《琵琶记》;秦桧之功;佛曲与俗文变文;《投笔记》;《买胭脂》;《幻影》;《韩湘子》;钞本百种传奇的发现;姚梅伯的《今乐府选》;重刻元本题评音释《西厢记》。

短剑集

　　1936年1月上海文化生活出版社初版。"文学丛刊"第1集第12种。篇目为:序;〔上辑〕"词"的存在问题;标点古书与提倡旧文学;学者与文人;从"不文的文人"说起;儿童读物问题;中国文学研究者向那里去;中国文学的遗产问题;论文字的繁简;向翻印"古书"者提议;〔下辑〕元明之际文坛的概观;元代"公案"剧发生的原因及其特质;净与丑。

困学集

　　1941 年 6 月长沙商务印书馆初版。"文学研究会创作丛书"之一。篇目为:《盛世新声》与《词林摘艳》;《词林摘艳》里的剧本及散曲作家考;关于《大唐西域记》;索引的利用与编纂;跋《图书集成词曲部》;跋嘉靖本篆文《阳春白雪》;邹式金《杂剧新编》跋;跋隆庆本《四雅》;读书小记(共 40 则)。

中国文学研究

　　1957 年 12 月北京作家出版社初版。共 3 册。篇目为:序;〔第一卷、古代文学研究〕读《毛诗序》;关于《诗经》研究的重要书籍介绍;民族文话;〔第二卷、小说研究〕《水浒传》的演化;《水浒传》的续书;《三国志演义》的演化;嘉靖本《三国志演义》的发现;谈《金瓶梅词话》;《西游记》的演化;《岳传》的演化;《万花楼》;伍子胥与伍云召;关于《游仙窟》;中国小说提要;明清二代的平话集;《幻影》;《中国通俗小说书目》序;〔第三卷、戏曲研究〕元明之际文坛概观;元代"公案"剧产生的原因及其特质;论元人所写商人、士子、妓女间的三角恋爱剧;净与丑;论北剧的楔子;《西厢记》的本来面目是怎样的;重刻元本题评音释《西厢记》;《西游记》杂剧;钞本百种传奇的发现;姚梅伯的《今乐府选》;中国戏曲史资料的新损失与新发现;《词林摘艳》里的戏剧作家及散曲作家考;元刊本(?)《琵琶记》;《投笔记》;《买胭脂》;鲁智深的家庭;武松与其妻贾氏;读曲杂录;《修文记》跋;《博笑记》跋;邹式金《杂剧新编》跋;《清人杂剧初集》序;《清人杂剧二集》题记;《清代燕都梨园史料》序;《缀白裘》索引;〔第四卷、词曲与民间文学研究〕跋《图书集成词曲部》;跋嘉靖本篆文《阳春白雪》;《诗余画谱》跋;宋金元诸宫调考;《盛世新声》与《词林摘艳》;元明以来女曲家考略;明代的《时曲》;跋《挂枝儿》;《挂枝儿》;跋《山歌》;《白雪遗音选》序;大众文学与为大众的文学;再论民间文艺;民间文学的再认识问题;佛曲俗文与变文;佛曲叙录;从变文到弹词;西谛所藏弹词目录;民间故事的巧合与转变;螺壳中之女郎;中山狼故事之变异;榨牛奶的女郎;

《韩湘子》;〔第五卷、中国文学杂论〕《小说月报》中国文学研究号卷头语:研究中国文学的新途径;中国文学研究者向那里去;中国文学遗产问题;论文字的繁简;《文艺复兴》中国文学研究号题辞;我们所需要的文学;迎"文艺节";谴责小说;论武侠小说;寓言的复兴;经书的效用;林琴南先生;梁任公先生;〔第六卷、中国文学新资料的发现〕巴黎国家图书馆中之中国小说与戏曲;记一九三三年间的古籍发现;三十年来中国文学新资料发现记。2000年1月北京人民文学出版社重版,分二册。

郑振铎古典文学论文集

　　1984年1月上海古籍出版社初版。平装2册,精装1册。赵朴初题签。前有作者照片和手迹共四幅。篇目为:中国文学的发展;中国文学史的分期问题;评Giles的《中国文学史》;我的一个要求;中国文学研究的重要书籍介绍;中国文艺批评的发端;新文学之建设与国故之新研究;大众语文学的"遗产";为做好古典文学的普及工作而努力;让古人为今人服务;汤祷篇;玄鸟篇;黄鸟篇;释讳篇;伐檀篇;作俑篇;中国古典文学中的诗歌传统;中国的诗歌总集;屈原传;纪念伟大的诗人——屈原;屈原作品在中国文学上的影响;《孔雀东南飞》;《葬花词》;《中晚唐诗纪》;王若虚的文学评论;王若虚论诗;郑厚论次韵诗;纳兰容若论步韵诗;纳兰容若论诗;《碧鸡漫志》;"词"的存在问题;词与词话;几部词集;李后主词;李清照;孟姜女;蝴蝶的文学;中国古典文学中的小说传统;中国小说八讲(提纲);中国小说的分类及其演化的趋势;论唐代的短篇小说;评日本人编的《支那短篇小说》;日本最近发见之中国小说;宋元明小说的演进;宋元话本是怎样发展起来的;论元刊全相平话五种;明代之短篇平话小说;《警世通言》;明代的小说与戏曲;《列国志传》;中国小说提要;清初到中叶的长篇小说的发展;《平鬼传》与《捉鬼传》;老虎婆婆;清朝末年的小说;什么叫"变文"?它和后来的"宝卷"、"诸宫调"、"弹词"、"鼓词"等文体有怎样的关系;中国古典文学中的戏曲传统;关于中国戏曲研究的书籍;中国的戏曲集;中国戏曲的选本;元曲叙录;关汉卿传略;论关汉卿的杂剧;关汉卿《绯衣梦》的发见;马致远杂剧;清代宫廷戏的发展情形怎样?;叙义和团事变的两部传奇;中国剧场的变迁是怎样的?古剧里面有无脸谱和"武打"之类的成份？;接收遗产与戏曲改进工作;有关发扬昆剧的三个问题;关于《大唐西域记》;关于《永乐大典》;《四库全书》中的北宋人别集;《丛书书目汇编》;《书目长编》;索引的利用与编纂;标点古书与提倡旧文学;向翻印"古书"者提议;再论翻印古书;《中国文学者生卒考》自叙;(附)关于《中国文学者生卒考》的几则怀疑的解答;长乐郑氏纫秋山馆行箧书目跋识抄;西谛题跋;跋《心史》;《清代文集目录》序;《清代文集目录》跋;《晚清文选》序;影宋本《楚辞集注》跋;《元人小令集》序;跋所藏散曲目;《中国小说史料》序;《论中国短篇白话小说》序;《中国短篇小说集》序;《中国短篇小说集》第一集序言;《中国短篇小说集》第二集序言;《中国短篇小说集》第二集下册序言;《中国短篇小说集》第三集上册序言;关于《醒世恒言》;《水浒全传》序;《刘知远诸宫调》跋;明抄本《录鬼簿》跋;《关汉卿戏曲集》代序;《元明以来杂剧总录》序;跋脉望馆抄校本《古今杂剧》;《古本戏曲丛刊初集》序;《古本戏曲丛刊二集》序;《古本戏曲丛刊三集》序;《古本戏曲丛刊四集》序;《长乐郑氏汇印传奇第一集》序;《桃花吟杂剧》跋;《清人杂剧初集》跋;《晚清戏曲录》叙;西谛所藏善本戏曲题识;跋所藏善本戏曲目;研究民歌的两条大路——《岭东情歌集》序。

郑振铎说俗文学

　　2000年5月上海古籍出版社初版。"名家说——'上古'学术萃编"之一。郑尔康编。篇目为:前言(郑尔康);何为"俗文学";中国古典文学中的小说传统;中国小说的分类及其演化的趋势;论唐代的短篇小说;宋元明小说的演进;清朝末年的小说;话本的产生;中国古典文学中的戏曲传统;论关汉卿的杂剧;跋脉望馆钞校本古今杂剧;戏文的起来;古本戏曲丛刊初集序;古本戏曲丛刊二集序;古本戏曲丛刊三集序;古本戏曲丛刊四集序;长乐郑氏汇印传奇第一集序;清人杂剧初集跋;变文的出现;什么叫"变文"？和后来的"宝卷"、"诸宫调"、"弹词"、"鼓词"等文体有怎样的关系;从变文到弹词;鼓子词与诸宫

调;明代的时曲;跋挂枝儿;跋山歌;白雪遗音选序;民间故事的巧合
与转变;螺壳中之女郎;中山狼故事之变异;榨牛奶的女郎;韩湘子;
研究民歌的两条大路——岭东情歌集序。

2　世界文学

俄国文学史略

　　1924 年 3 月上海商务印书馆版。"文学研究会丛书"之一。最末
一章《劳农俄国的新作家》为瞿秋白所作,全书亦经瞿秋白校阅。插图
51 幅。篇目为:序;第一章、绪言;第二章、启源;第三章、普希金与李
门托夫;第四章、歌郭里;第五章、屠格涅夫与龚察洛夫;第六章、杜思
退益夫斯基与托尔斯泰;第七章、居克拉莎夫与其同时代作家;第八
章、戏剧文学;第九章、民众小说家;第十章、政论作家与讽刺作家;第
十一章、文艺评论;第十二童、柴霍甫与安特列夫;第十三章、迦尔洵
与其他;第十四章、劳农俄国的新作家;〔附录一〕俄国文学年表;〔附
录二〕关于俄国文学研究的重要书籍介绍;跋。

太戈尔传

　　1925 年 4 月上海商务印书馆初版。"文学研究会丛书"之一。插
图 16 幅。篇目为:序;绪言;第一章、家世;第二章、童年时代;第三章、
喜马拉耶山;第四章、加尔加答与英国;第五章、浪漫的少年时代;第
六章、变迁时代;第七章、旅居西莱达时代;第八章、太戈尔的妇人论;
第九章、国家主义与世界主义;第十章、和平之院;第十一章、太戈尔
的哲学的使命;第十二章、得诺贝尔奖金以后;〔附录〕一、太戈尔的人
生观与世界观(瞿世英);二、太戈尔的艺术观(郑振铎);三、太戈尔之
"诗与哲学"观(张闻天);四、太戈尔的妇女观(张闻天);五、太戈尔对
于印度和世界的使命(张闻天);太戈尔的重要著作;关于太戈尔研究
的书。

文学大纲

　　1927 年 4 月上海商务印书馆初版(实际为 1926 年 12 月至 1927

年10月先后出版）。共4册。1933年8月被收入商务印书馆"大学丛书"再版。插图716幅。篇目为：〔第一册〕叙言；第一章、世界的古籍；第二章、荷马；第三章、《圣经》的故事；第四章、希腊的神话；第五章、东方的圣经；第六章、印度的史诗；第七章、《诗经》与《楚辞》；第八章、中国最初的历史家与哲学家；第九章、希腊与罗马；第十章、汉之赋家历史家与论文家；第十一章、曹植与陶潜；年表（一）；〔第二册〕第十二章、中世纪的欧洲文学；第十三章、中世纪的中国诗人上；第十四章、中世纪的中国诗人下；第十五章、中世纪的波斯诗人；第十六章、中世纪的印度与阿剌伯；第十七章、中国戏曲的第一期；第十八章、中国小说的第一期；第十九章、中世纪的日本文学；年表（二）；〔第三册〕第二十章、欧洲文艺复兴时代的文学；第二十一章、十七世纪的英国文学；第二十二章、十七世纪的法国文学；第二十三章、中国小说的第二期；第二十四章、中国戏曲的第二期；第二十五章、十八世纪的英国文学；第二十六章、十八世纪的法国文学；第二十七章、十八世纪的德国文学；第二十八章、十八世纪的南欧及北欧；第二十九章、十八世纪的中国文学；年表（三）；〔第四册〕第三十章、十九世纪的英国诗歌；第三十一章、十九世纪的英国小说；第三十二章、十九世纪的英国批评及其他；第三十三章、十九世纪的法国小说；第三十四章、十九世纪的法国诗歌；第三十五章、十九世纪的法国戏曲及批评；第三十六章、十九世纪的德国文学；第三十七章、十九世纪的俄国文学；第三十八章、十九世纪的波兰；第三十九章、十九世纪的欺坎德那维亚文学；第四十章、十九世纪的南欧文学；第四十一章，十九世纪的荷兰与比利时；第四十二章、爱尔兰的文艺复兴；第四十三章、美国文学；第四十四章、十九世纪的中国文学；第四十五章、十九世纪的日本文学；第四十六章、新世纪的文学；年表（四）；跋。1986年9月，上海书店影印重版，二册；1992年，上海书店又影印重版，二册，收入《民国丛书》第4编中。1998年8月，北京商务印书馆国际有限公司重排出版，四册，前有陈福康写的《〈文学大纲〉重印序言》。2003年4月，广西师范大学出版社重排出版，二册，前有陈福康写的《重印〈文学大纲〉序》。

文探

1933 年 1 月上海新中国书局初版。"新中国文艺丛书"之一。篇目为：抒情诗；史诗；太戈尔传；太戈尔的艺术观；陀思妥以夫斯基的百年纪念；《茂娜凡娜》；《新月集》；《印度寓言》序；《莱森寓言》序；《灰色马》引言；阿志巴绥夫与《沙宁》；阿志巴绥夫的重要作品；后记；研究民歌的两条大路。

龙与巨怪

1943 年 4 月重庆文信书局初版。署著者郑振铎，发行人王君一，印刷者军事委员会政治部印刷所。土纸本。篇目为：皮奥胡尔夫；居特龙；尼泊龙琪歌；郎歌巴系传说。

3　历史　美术　考古

近百年古城古墓发掘史

1939 年 4 月上海商务印书馆初版。"万有文库"第 1 集第 906 种。1931 年 8 月又被收入商务印书馆"百科小丛书"再版。插图 56 幅。篇目为：序；第一章、阿比多斯及埃及第一期的陵墓；第二章、梦城；第三章、底比斯城及其死城；第四章、都丹喀门王墓；第五章、巴比伦南部的城国；第六章、巴比伦城；第七章、尼尼微；第八章、推来城；第九章、阿加绵农墓；第十章、克里特；第十一章、巴力斯坦；〔附录〕参考书目。1992 年，上海书店影印重版，收入《民国丛书》第 4 编中。

基本建设与古文物保护工作

1954 年 1 月北京中华全国科学技术普及协会初版。"基本建设科学知识"丛书第 7 种。为作者在中华全国科学技术普及协会举办的基本建设科学知识讲座上的讲话的单行本。

汤祷篇

1957 年 6 月上海古典文学出版社初版。前有周予同 1957 年 4 月 5 日写的《序》。篇目为：汤祷篇；玄鸟篇；黄鸟篇；释讳篇；伐檀篇。

中国古代木刻画史略

1985 年 2 月北京人民美术出版社初版。作为郑振铎编选的《中国古代木刻画选集》的第九册。篇目为：一、绪言；二、最早的木刻画；三、宋金的木刻画；四、元代的木刻画；五、明代的木刻画；六、光芒万丈的万历时代；七、徽派的木刻画家们；八、明末的木刻画；九、彩色木刻的创作；十、清代早期的木刻画；十一、清代后期的木刻画；十二、年画。2006 年 1 月上海书店出版社出版单行本，并配以木刻插图，前有陈福康写的《郑振铎先生的最后一部奇书》，后附有郑振铎的：关于版画；《中国版画史图录》自序（附《中国版画史图录》编例）；《中国古代版画丛刊》总序；《中国版画选》序言。

郑振铎美术文集

1986 年 6 月北京人民美术出版社初版。张蔷编。插图 72 幅。篇目为：《子恺漫画》序；《中国版画史图录》自序；（附：《中国版画史图录》编例）；《北平笺谱》序；访笺杂记；《十竹斋笺谱》跋；重印《十竹斋笺谱》序；（附：鲁迅致郑振铎有关美术的信）；《程及水彩画集》序；《中国历史参考图谱》序；《韫辉斋藏唐宋以来名画集》序；《中国艺术展览会》序；伟大的艺术传统；《伟大的艺术传统图录》序；《北京荣宝斋诗笺谱》序；《楚辞图》序；（附：《楚辞图》解题）；中国古代绘画概述；中画绘画的优秀传统；《麦积山石窟》序；《宋人画册》序言；《中国古代版画丛刊》题跋四则（《历代古人像赞》跋；《圣迹图》跋；《忠义水浒传插图》跋；《天竺灵签》跋）；（附：《中国古代版画丛刊》后记）；永乐宫壁画；《中国版画选》序言；《中国历代名画集》序言；《清明上河图》的研究；近百年来中国绘画的发展；《中国古代绘画选集》序言；美术书籍题跋辑录；《劫中得书记》有关美术书籍摘录；《劫中得书续记》有关美术书籍摘录；《欧行日记》摘录；记阿旃他的壁画；永在的温情——纪念鲁迅先生；鲁迅与中国古版画；我国工艺美术的优良传统及其发展的道路。最后有张蔷的《编后记》。

郑振铎艺术考古文集

1988 年 9 月北京文物出版社初版。郑尔康编。插图 12 幅。篇目为：《子恺漫画》序；插图之话；《欧行日记》有关美术方面摘录；《程及水彩画集》序;《韫辉斋藏唐宋以来名画集》序;《西域画》(上辑)序;《敦煌壁画选》序;《楚辞图》序;中画绘画的优秀传统;中国古代绘画概述;记阿旃他的壁画;《宋人画册》序言;《中国历代名画集》序言;《中国古代绘画选集》序言;近百年来中国绘画的发展;《永乐宫壁画选集》序;《清明上河图》的研究;访笺杂记;《北平笺谱》序;关于版画;《中国版画史图录》自序;鲁迅与中国古版画;《十竹斋笺谱》跋;重印《十竹斋笺谱》序;《北京荣宝斋诗笺谱》序;关于《永乐大典》;《劫中得书记》有关美术书籍摘录;《劫中得书续记》有关美术书籍摘录;美术书籍题跋(辑录);《中国古代木刻画选集》序;《中国古代版画丛刊》总序;《中国版画选》序言;《中国古代版画丛刊》题跋四则;中国古代版画史略;《中国历史参考图谱》序、跋;《中国艺术展览会》序;敦煌文物展览的意义;《伟大的艺术传统图录》序;炳灵寺石窟概述;《麦积山石窟》序;长安行;春风满洛城;郑州,殷的故城;金梁桥外月如霜;《陕西省出土唐俑选集》序言;朱翊钧的"地下宫殿";敌伪的文物哪里去了;古迹的发现与其影响;保存古物刍议;一年来的文物工作;基本建设人员应有的古文物知识; 在基本建设工程中保护地下文物的意义与作用;考古事业的成就和今后的努力方向;博物馆事业应该为科学研究服务;我国工艺美术的优良传统及其发展的道路。最后有郑尔康的《编后记》。

郑振铎文博文集

1998 年 12 月北京文物出版社初版。国家文物局编。插图 22 幅。篇目为:序(张文彬);纪念西谛先生诞辰一百周年(代前言)(谢辰生);〔论文　讲话　报告〕古迹的发现与其影响——《近百年古城古墓发掘史》序;古籍整理的新倾向与新方法;跋脉望馆抄校本古今杂剧;敌伪的文物哪里去了;保存古物刍议;《西域画》(上辑)序;《蕴辉斋藏唐宋以来名画集》序;注意保护古迹文物;"中国艺术展览会"序;《图书分类法问题研究资料》前言;一年来"文物工作"纲要;文物工作综述;给"古董"以新的生命;一年来的文物工作;怎样把图书馆、博物馆服务于劳动大众;文化部文物局 1950 年工作总结报告;重视文物的保护、调查、研究工作——《雁北文物勘查团报告》序;《中国历史参考图谱》序、跋;伟大的艺术传统;《敦煌文物展特刊》前言;敦煌文物展览的意义;关于《永乐大典》;关于天一阁藏书的数字统计;(附)关于保护"天一阁"的批示;新中国的文物工作;新中国的考古工作(报告提纲);祖国文物的科学价值(提纲);《敦煌壁画选》序;"中国印本书籍展览"引言;为紧急收购与收集旧档案致文化部的报告;为收购北京旧书肆所有各省方志致文化部的报告;鉴定溥仪所盗书画的情况的报告;关于收购古书画事代文化部拟稿;故宫博物院改进计划的专题报告;炳灵寺石窟概述;基本建设与古文物保护工作;全国基本建设工程中出土文物展览(说明);在基本建设工程中保护地下文物的意义与作用;《麦积山石窟》序;伦敦展览会——中国手工艺品在伦敦展出;历史文物的保护和发掘;建议加强防火;考古事业的成就和今后努力的方向——在全国考古工作会议上的报告;考古工作与基本建设工程的关系——在全国基本建设工作会议上的讲话;关于民族文化遗产的发掘问题;博物馆事业应该为科学研究服务——全国博物馆工作会议开幕词(提纲);全国博物馆工作会议总结报告(提纲);宝爱民族遗产　保护文化古物;整理古书的建议;从考古学上所见的中国古代文化(报告提纲);《宋人画册》序言;《陕西省出土唐俑选集》序言;为敦煌文物研究所的题辞;地下出土的书籍;传统技术的继承问题——我的一个紧急呼吁;拆除城墙问题;党和政府是怎样保护文物的——在第一届全国人民代表大会第四次会议上的发言;光彩灿烂的国宝——新中国是怎样保护文物古迹的;让古人为今人服务;《永乐宫壁画选集》序;古旧书籍发行工作的意义、方针、任务、政策;《故宫博物院所藏中国历代名画集》序言;朱翊钧的"地下宫殿";《古本戏曲丛刊四集》序;〔游记　散文〕大同;云冈;大同的再游;昭君墓;长安行——考古游记之一;春风满洛城——考古游记之二;郑州——殷的故城——考古游记之三;金梁桥外月如霜——考古游记之四;〔书信〕致张寿镛(9通);致夏鼐(4通);致刘哲民(6通);致徐鸿宝、唐弢(1通);致周恩来总理(1通);致潘承弼(3通)。最后有:郑振铎大事年表;跋;后记。

捐献大家——郑振铎

　　2005年10月北京紫禁城出版社初版。上下二卷。上卷为《郑振铎捐献陶俑选》,收有郑振铎《为捐献陶俑致周恩来总理信》、《中国古代陶俑的发展历程》及郑振铎、郭若愚《〈中国古明器陶俑图录〉图版说明》(五分之三为郑振铎所写)等。下卷为《郑振铎文博文选》,篇目为:古迹的发现与其影响——《近百年古城古墓发掘史》序;古籍的搜集与保存;跋脉望馆抄校本古今杂剧;求书日录;保存古物刍议;"中国艺术展览会"序;敦煌文物展览的意义;伟大的艺术传统;《中国历史参考图谱》序、跋;关于收购古书画事代文化部拟稿;故宫博物院改进计划的专题报告;基本建设与古文物保护工作;历史文物的保护和发掘;博物馆事业应该为科学研究服务——全国博物馆工作会议开幕词(提纲);《宋人画册》序言;传统技术的继承问题——我的一个紧急呼吁;拆除城墙问题;光彩灿烂的国宝——新中国是怎样保护文物古迹的;《清明上河图》的研究;古旧书籍发行工作的意义、方针、任务、政策;《故宫博物院所藏中国历代名画集》序言。最后有:郑振铎主要著述目录;郑振铎年表;后记(胡国强)。

4　目录　书话

西谛所藏著本戏曲目录

　　1937年8月作者手写木刻本,线装1册。内容分:杂剧;传奇;曲选;曲谱;曲话曲目。后有作者1937年8月24日写的跋。

西谛所藏散曲目录

　　1937年8月作者手写木刻本,线装1册。后有作者1937年8月31日写的跋。

劫中得书记

　　1956年10月上海古典文学出版社初版。前有作者1956年8月7日写的《新序》,后有三个《附录》。收有《劫中得书记》89则,《劫中得书续记》60 则。王统照题签。

西谛书目

1963 年 10 月北京文物出版社初版。北京图书馆编,前有赵万里写的《序》。全书共分五卷,另《西谛题跋》一卷。附图版 14 幅。2004 年10 月,北京图书馆出版社影印重版,前有郑尔康写的《新版序》。又,1964 年 12 月北京图书馆还根据郑振铎藏书原目编制《西谛书目》油印线装本,共 5 册,内部发行。

西谛书话

1983 年 10 月北京三联书店初版。共 2 册。叶圣陶题签。前有图版 31 页。篇目为:序(叶圣陶);《中国短篇小说集》序;一部唐人小说集;读书杂记(摘录);欧行日记(摘录);《中国通俗小说书目》序;《北平笺谱》序;《西游记》的演化;谈《金瓶梅词话》;明清二代的平话集;《西厢记》的本来面目;《盛世新声》与《词林摘艳》;失书记;劫中得书记;劫中得书续记;跋脉望馆抄校本《古今杂剧》;《清代文集目录》序;《清代文集目录》跋;《中国版画史》序;复镌《十竹斋笺谱》跋;蛰居散记(摘录);求书日录;《中国历史参考图谱》序;跋《唐宋以来名画集》;《宋人画册》序言;《伟大的艺术传统图录》序;西谛题跋(摘录);漫步书林;《古本戏曲丛刊初集》序;《古本戏曲丛刊二集》序;《古本戏曲丛刊三集》序;《古本戏曲丛刊四集》序;〔附录〕《西谛书目》序(赵万里)。

郑振铎书话

1996 年 10 月北京出版社初版。郑尔康编。前有图版 2 页。篇目为:序言(姜德明);〔第一辑　读书随笔〕步韵诗;纳兰容若;孔雀东南飞;碧鸡漫志;李后主词;唐诗;郑厚;王若虚的文学评论;几部词集;李清照;警世通言;关汉卿绯衣梦的发现;投笔记;马致远杂剧;〔第二辑　关于古版小说〕水浒传的续书;全相平话三国志;谈金瓶梅词话(摘录);关于醒世恒言;〔第三辑　书林杂记〕向翻印"古书"者提议;标点古书与提倡旧文学;再论翻印古书;失书记;求书日录;蛰居散记(摘录);漫步书林;〔第四辑　序·跋〕中国短篇小说集序;中国短篇小说集第一集序言;中国短篇小说集第二集序言;中国短篇小说集第二集下册序言；中国短篇小说集第三集上册序言；北平笺谱序；元人小令集序；中国小说史料序；晚清文选序；跋所藏散曲目；十竹斋笺谱跋；跋心史；重印十竹斋笺谱序；影宋本楚辞集注跋；论中国短篇白话小说序；〔第五辑　西谛题跋〕西谛题跋（摘录）；〔第六辑　西谛题跋〕劫中得书记。后有郑尔康 1995 年 12 月 19 日写的《编选后记》。

三　翻　译

1　俄苏

海鸥

　　1921 年 4 月上海商务印书馆初版。"共学社丛书·俄国戏曲集"第 6 种。柴霍甫（契诃夫）作，郑振铎译。

六月

　　1921 年 4 月上海商务印书馆初版。"共学社丛书·俄国戏曲集"第 10 种。史拉美克作，郑振铎译。

贫非罪

　　1922 年 3 月上海商务印书馆初版。"共学社丛书·俄罗斯文学丛书"之一。剧本。阿史特洛夫斯基作，郑振铎译，经许地山校阅。前有译者 1921 年 9 月 21 日写的《叙》，后附有《阿史特洛夫斯基传》。1956年北京作家出版社重版。

灰色马

　　1924 年 1 月上海商务印书馆初版。"文学研究会丛书"之一。长篇小说。路卜洵作，郑振铎译。前有译者在 1922 年 6 月 19 日写的《引言》，及瞿秋白、沈雁冰的序，后有俞平伯的跋。

血痕

　　1927 年 3 月上海开明书店初版。"文学周报社丛书"之一。为阿志巴绥夫的短篇小说集，郑振铎、鲁迅、胡愈之、沈泽民合译。前有西

谛 1926 年 9 月 14 日写的《序》。其中《血痕》、《巴莎杜麦拿夫》为郑振
铎译。

高加索民间故事

　　1928 年 6 月上海商务印书馆初版。德国狄尔（Dirr.A）编，郑振铎
译。篇目为：序；渔夫的儿子；拨灰棒；乞丐；先生与他的学生；做梦的
人；求不死国的人；乐园的玫瑰花；雌雄夜莺；金头发的孩子们；猪的
故事；秃头的看鹅人；巴古斋汗；巴拉与布特；处女王；三愿；阿述曼；
忠仆；红色鱼；沙旦姬；新娘是谁的；勇敢的那斯尼；父亲的遗产；勇敢
的女儿；前妻的女儿；魔马魔羊与魔棒；美丽的沙仑娜；吉超；富翁与
穷人；有用的公羊；火马；孝顺的儿子。

沙宁

　　1930 年 5 月上海商务印书馆初版。"文学研究会世界文学名著
丛书"之一。长篇小说。阿志巴绥夫作，郑振铎译。前有译者 1928 年
12 月 27 日写的《译序》。

俄国短篇小说译丛

　　1936 年 3 月上海商务印书馆初版。"文学研究会世界文学名著
丛书"之一。高尔基等四人作，郑振铎译（其中有一篇是王鲁彦译的）。
篇目为：引言；浮士德；严加管束；在狱中（王鲁彦译）；林语；你是谁；
木筏之上；〔附录〕作者略传。

2　印度

飞鸟集

　　1922 年 10 月上海商务印书馆初版。"文学研究会丛书"之一。诗
集。太戈尔作，郑振铎译。前有译者在 1922 年 6 月 26 日写的《例言》、
《太戈尔传》和《序》。本书初版是选译的。由叶圣陶、徐玉诺校阅。1956
年上海新文艺出版社重版，由译者修订增补，收诗 326 首，并有译者
1956 年 3 月 12 日写的《新序》。

新月集

1923 年 9 月上海商务印书馆初版。"文学研究会丛书"之一。
1931 年 4 月被收入"万有文库"第一集,第 883 种。诗集。太戈尔作,
郑振铎译。前有译者 1923 年 8 月 22 日写的《译者自序》。本书初版选
择了 31 首。由许地山校阅。1954 年北京人民文学出版社重版,由译
者修订增补,收诗 40 首,并有译者 1954 年 8 月 6 日写的《译序》。
太戈尔诗

1925 年 3 月上海商务印书馆版。"小说月报丛刊"第 26 种。郑振
铎选译。为《园丁集》、《爱者之贻》、《歧路》、《吉檀迦利》、《采果集》、
《世纪末日》等诗集的选译。其中《园丁集》部分附有陈竹隐、徐培德的
几首译诗,《采果集》部分署赵景深译。
印度寓言

1925 年 8 月上海商务印书馆版。"文学研究会丛书"之一。郑振
铎选译。篇目为:序;骆驼与猪;鸟与粘胶;金属光片与电光;百灵鸟与
它的幼鸟;两件宝物;驴披狮皮;多话的龟;猴与镜;群兽的大宴;蓝
狐;蛇与鹦鹉,井中的盲龟;剑与剃刀及皮磨;二愚人与鼓;体质好与
体质坏的;狐与蟹;象与猿;麻雀与鹰;鼓与士兵;狐与熊;聪明人与他
的两个学生;猫头鹰与乌鸦;乌鸦与牛群;铁店;虎与兔;隐士与他的
一块布;孔雀与狐狸;富人与乐师;聪明的首相;幸运仙与不幸仙;猫
头鹰与他的学校;虫与太阳;鸢与乌鸦及狐狸;猫头鹰与回声;骡与看
门狗;海与狐狸及狼;狮与少狮;群猪与圣者;四只猫头鹰;狮及说故
事的狐狸;国王与滑稽者;伐树人与树林;狮与山羊;主人与轿夫,公
羊与母羊及狼;圣者与禽兽;乌鸦与蛇;兽与鱼;农夫与狐狸;幸运的
人与努力的人;鹭鸶与蟹及鱼;愚人与热病;莲花与蜜蜂与蛙;狮与
象。
泰戈尔诗选

1981 年 8 月湖南人民出版社初版。收入郑振铎的《新月集》和
《飞鸟集》,及其他以前未曾收集的部分郑振铎译的泰戈尔诗。叶圣陶
题签。石真作前言。
吉檀迦利

2000年8月北京人民日报出版社初版。"世界名家名著文库"之一。署冰心、郑振铎译。篇目为:吉檀迦利(冰心译);新月集(郑振铎译);飞鸟集(郑振铎译)。书前有林杉的《生命的激情与爱——读泰戈尔的散文诗集〈吉檀迦利〉》。

3　译述

树居人

1924年8月上海商务印书馆初版。"儿童史地丛书"之一。美国杜柏·K·E作,郑振铎、何其宽译述。

天鹅

1925年1月上海商务印书馆初版。"文学研究会丛书"之一。高君箴、郑振铎译述。收日本、北欧、英国及其他各地的童话34篇,其中25篇是郑振铎译述的。前有郑振铎1924年11月26日写的《序》和叶绍钧1924年11月20日写的《序》。其中郑振铎译述的篇目为:柯伊;竹公主;八十一王子;米袋王;彭仁的口笛;牧师和他的书记;聪明之审判官;兔子的故事;光明;驴子;狮王;花架之下;自私的巨人;安乐王子;少年皇帝;驴子与夜莺;天鹅梭鱼与螃蟹;箱子;独立之叶子;锁钥;平等;芳名;飞翼;一个母亲的故事;伊索先生。

列那狐的历史

1926年6月上海开明书店初版。"文学周报社丛书"之一。德国歌德作,署文基译述。1931年10月上海开明书店再版,为"世界少年文学丛刊"之一,改名为《列那狐》,署郑振铎译述。

竹公主

1927年上海商务印书馆初版。"儿童世界丛刊"之一。根据日本古代神话故事《竹取物语》,郑振铎译述。篇目为:(一)月宫;(二)五公子;(三)释迦之石钵;(四)宝玉树枝;(五)火鼠衣皮;(六)燕巢里的贝壳;(七)龙珠;(八)富士山之烟云。

恋爱的故事

1929年3月上海商务印书馆初版。"文学研究会丛书"之一。插图11幅。1958年6月北京作家出版社修订重版，改名为《希腊罗马神话与传说中的恋爱故事》。1982年1月北京外国文学出版社重版。篇目为：叙言；大熊小熊；勒达与鹅；欧罗巴与牛；阿波罗与达佛涅；玉簪花；向日葵；恩底弥翁的美梦；乌鸦之柯绿妮丝；爱神的爱；巨人的爱；史克妠与喀耳刻；喀耳刻与辟考斯；象牙女郎；美妠与其父；阿多尼斯之死；歌声俄耳甫斯；白比丽丝泉；仙女波莫娜；那耳喀索斯；柏绿克丽丝的标枪；赛克斯与亚克安娜；潜水鸟；伊菲斯；俄诺涅与帕里斯；潘与西冷克丝；勒安德洛斯与赫洛；〔附〕根据与参考；索引。

英国的神话故事

1932年11月上海新中国书局初版。"国语补充读物"之一。篇目为：诺洛惠的黑牛；玫瑰花；三愿；约克与豆梗；老妖妇；约克怎样去找他的幸福。

希腊神话

1935年2月上海生活书店初版。共2册。插图16幅。篇目为：周序；序；前言、人类的创造；第一部、底赛莱的传说；第二部、安哥斯系的传说；第三部、战神爱莱士系的英雄；第四部、底比斯的建立者；第五部、赫克里士的生与死；第六部、雅系的传说；第七部、辟洛甫士系的传说。1958年10月北京人民文学出版社重版，略有修订，改名为《希腊神话与英雄传说》，并删去周作人的序，另有郑振铎的《再版序》。

赫克里斯的故事

1959年7月北京人民文学出版社初版。"文学小丛书"第113种。署郑振铎编著，实为出版社从郑振铎《希腊神话与英雄传说》一书中选出一节，并略作修订和注解。

希腊罗马的神话与传说

2000年3月上海书店出版社初版。即北京作家出版社出版的《希腊罗马神话与传说中的恋爱故事》和北京人民文学出版社的《希腊神话与英雄传说》二书合在一起重印之书。

4　其他

莱森寓言

1925 年 8 月上海商务印书馆初版。"文学研究会丛书"之一。德国莱森作,郑振铎译。篇目为:驴与赛跑的马;夜莺与孔雀;狼在死榻上;狮与驴;二狗与羊;狐;荆棘;夜莺与百灵鸟;梭罗门的鬼魂;伊索与驴;弓手;有益的东西;象棋中的武士;盲鸡;铜像;马与牛;鸭;麻雀与驼鸟;驴与狼;狮与兔;周比特与马;凤鸟;夜莺与鹰;麻雀;猫头鹰与觅宝者;米洛甫士;赫克里士;驴与狮;羊;仙人的赠品;二狗;群兽争长。

民俗学浅说

1934 年 4 月上海商务印书馆初版。"社会科学小丛书"之一。英国柯克斯(M.R.Cox)作,郑振铎译。篇目为:译序;第二版序(M.R.C.);序论;第一章、可离的灵魂;第二章、动物的祖先;第三章、灵魂论鬼与神;第四章、第二世界;第五章、魔术;第六章、神话民间故事等。

四　外　译

烧书记——日本占领下的上海知识人

1954 年 7 月 20 日日本东京岩波书店初版。"岩波新书(青版)"之一。安藤彦太郎、斋藤秋男译。篇目为:自序;暮影笼罩了一切;记刘张二先生的被刺;"封锁线"内外;最后一课;烧书记;售书记;"废纸"劫;记几个遭难的朋友们;记复社;韬奋的最后;悼夏丏尊先生;汉奸是怎样造成的;我的邻居们;惜周作人;鹈鹕与鱼;记陈三才;记平祖仁与英茵;一个女间谍;坠楼人;吴佩孚的生与死;从"轧"米到"踏"米;日本投降以来的中国政局的清算。(所收除《悼夏丏尊先生》和《日本投降以来的中国政局的清算》二篇外,都为郑振铎发表在《周报》上的《蛰居散记》。篇名多有改译。）书前有译者 1954 年 4 月的《前言》，后有 1954 年 3 月 20 日译者的《解说》，并附《1940 年当时的上海市街图》。

传统中国历史人类学——王权·民众·心性

2005 年 6 月 12 日日本东京知泉书馆初版。高木智见译。本书为《汤祷篇》一书补入《作俑篇》一文的全译。前有译者的《凡例》，后有《译者解说·郑振铎的史学研究》、译者的《后记》《主要引用文献索引》。

五　选　集

郑振铎选集

1936 年 3 月上海万象书屋初版。"现代创作文库"第 11 种。徐沉泗、叶忘忧编选。前有编者的《题记》。篇目为：取火者的逮捕序；（小说）漩涡；黄公俊之最后；桂公塘；埃娥；取火者的逮捕；（散文）谴责小说；论武侠小说；蝴蝶的文章；离别；海燕；大佛寺；阿剌伯人；黄昏的观前街；蝉与纺织娘；塔山公园；猫；街血洗去后；止水的下层；（诗）鼓声；云与月。

郑振铎创作选

1936 年 10 月上海仿古书店初版。"最新现代名人创作丛书"第 19 种。筱梅编选。篇目为：〔一、散文〕街血洗去后；阿剌伯人；黄昏的观前街；蝉与纺织娘；蝴蝶的文学；离别；海燕；月夜之话；山中的历日；同舟者；宴之趣；"A La Mer！"；大佛寺；止水的下层；〔二、小说〕安特美恩的美梦；爱坡罗与妲芬；丽达与鹅；桂公堂〔塘〕；美娅与其父；亚杜尼斯之死；白比丽丝泉。

郑振铎杰作选

1941 年 7 月上海新象书店初版。"当代创作文库"之一。巴雷编选。前有《郑振铎小传》。篇目为：取火者的逮捕；漩涡；黄公俊之最后。

三年

上海艺光出版社初版。出版年月不详。"现代名家创作集丛"第9种。王一平编选。篇目为:元荫嫂的墓前;王榆;春兰与秋菊;病室;三年。

郑振铎选集

香港文学研究社初版。出版年月不详。"中国现代文选丛书"之一。前有编者1956年11月30日写的序。篇目为:〔第一辑〕埃娥;取火者的逮捕;风波;桂公塘;〔第二辑〕鼓声;云与月;蝴蝶的文学;海燕;大佛寺;阿剌伯人;黄昏的观前街蝉与纺织娘;塔山公园;猫;取火者的逮捕序;谴责小说;论武侠小说。

郑振铎选集

1984年1月福建人民出版社初版。陆荣椿编。篇目为:【上册】序(叶圣陶);〔第一辑　诗歌〕《雪朝》短序;祈祷;在电车上;雁荡山之顶;夜游三潭印月;成人之哭;J君的话;社会;小鱼;赤子之心;母亲;荆棘;旅程;"回忆";静;忘了;鼓声;本性;脆弱之心;鸡;有卫兵的车;侮辱;灰色的兵丁;小孩子;安慰;燕子;雪;痛苦;漂泊者;无报酬的工作;自由;空虚之心;《战歌》献词;卷头语;为中国;墙角的创痕;我们的中国;我们的伤痕永不在背上;吴淞口的哨兵;"哀兵"咏;"什么时候是我杀敌的时候呢!";"噈起于东方兮";卢沟桥;保卫北平曲;回击;当我们倒下来时;枪执在我的手里;祈战死;吊平津;我翱翔在天空;机关枪手;剩在的三个战士;"勇士";我是少年;灯光;追寄秋白、颂华、仲武;微光;生命之火燃了!;厌憎;题《题鸢草》;忧闷;荒芜了的花园;同了E君;智者的成绩;辛苦;悲鸣之鸟;死者;读了一种小诗集以后;泪之流;工作之后;感觉;给歌者;小诗;小诗两首;毒龙之国;怅惘;爱;云与月;泥潭;诗人唱些什么;〔第二辑　小说　戏剧〕《家庭的故事》自序;猫;风波;书之幸运;淡漠;失去的兔;压岁钱;五老爹;王榆;三姑与三姑丈;九叔;三年;五叔春荆;病室;赵太太;《希腊罗马神话与传说中的恋爱故事》叙言;阿波罗与达佛涅;恩底弥翁的美梦;爱神的爱;喀耳刻与辟考斯;象牙女郎;歌声俄耳甫斯;柏绿克丽丝的标枪;俄诺涅与帕里斯;《取火者的逮捕》新序;《取火者的逮捕》序;取火者的逮捕;亚凯诺的诱惑;埃娥;神的灭亡;赫克里斯的故事;桂公塘;黄公俊之最后;毁灭;向光明去;漩涡;陈士章传;风涛;访问;汨罗江;春的中国;【下册】〔第三辑　散文　游记〕迂缓与麻木;街血洗去后;六月一日;向光明走去;《山中杂记》前记;避暑会;月夜之话;山中的历日;塔山公园;蝉与纺织娘;苦鸦子;不速之客;我们在 Athos 上;离别;海燕;"A la mer!";大佛寺;阿剌伯人;同舟者;宴之趣;黄昏的观前街;蝴蝶的文学;欧行日记;《西行书简》题记;大同;云冈;口泉镇;百灵庙之一;百灵庙之二;昭君墓;《蛰居散记》自序;暮影笼罩了一切;记刘张二先生的被刺;鹈鹕与鱼;最后一课;烧书记;"封锁线"内外;韬奋的最后;记几个遭难的朋友们;记复社;售书记;长安行;春风满洛城;郑州,殷的故城;金梁桥外月如霜;〔第四辑　文学杂论〕《新社会》发刊词;新文化运动者的精神与态度;光明运动的开始;血和泪的文学;消闲;文学与革命;中国文人(?)对于文学的根本误解;新文学观的建设;论散文诗;文学旬刊改革宣言;《稻草人》序;净与丑;论武侠小说;谴责小说;抒情诗;中国文学研究者向哪里去;中国文学的遗产问题;访笺杂记;新文坛的昨日今日与明日;我们所需要的文学;大众文学与为大众的文学;《中国文学论集》序;《世界文库》发刊缘起;《中国新文学大系·文学论争集》导论;《短剑集》序;标点古书与提倡旧文学;学者与文人;从"不文的文人"说起;儿童读物问题;《民族文话》自序;《文艺复兴》发刊词;迎"文艺节";《中国文学研究》序;《俄罗斯名家短篇小说集》序;新月集;阿志巴绥夫与沙宁;永在的温情;忆愈之;悼夏丏尊先生;悼许地山先生;记瞿秋白同志早年的二三事。书后有附录文章三篇和《编后记》。

郑振铎

　　1986 年 9 月三联书店香港分店、北京人民文学出版社初版。《中国现代作家选集》丛书之一。郑尔康编。前有图版八页。篇目为:序(唐弢);〔作品部分〕月夜之话;塔山公园;蝉与纺织娘;苦鸦子;海燕;大佛寺;宴之趣;黄昏的观前街;苏州赞歌;猫;三姑与三姑丈;取火者的

逮捕;桂公塘;黄公俊之最后;毁灭;风涛;访问;汨罗江;〔资料部分〕
(略)。

郑振铎散文选集

1989年9月天津百花文艺出版社初版。"现代名家散文选集丛
书"之一。陈福康编。篇目为:蝴蝶的文学;街血洗去后;向光明走去;
月夜之话;蝉与纺织娘;苦鸦子;宴之趣;离别;海燕;回过头去;阿刺
伯人;黄昏的观前街;访笺杂记;记黄小泉先生;云冈;北平;幻境;永
在的温情;暮影笼罩了一切;鹈鹕与鱼;最后一课;烧书记;我的邻居
们;售书记;从"轧"米到"踏"米;秋夜吟;悼夏丏尊先生;悼许地山先
生;忆六逸先生;哭佩弦;轻歌妙舞送黄昏;赞歌朝霞般的舞蹈;长安
行;春风满洛城;郑州,殷的故城;金梁桥外月如霜;苏州赞歌;石湖。
书前有陈福康写的《序言》。(按,本书因篇幅限制,编者选的不少作品
未被收入,最后收入篇目非编者所定。)

郑振铎选集

1990年5月四川文艺出版社初版。陆荣椿、王爱玉编。篇目为:
【第一卷】〔诗歌〕《雪朝》短序;祈祷;在电车上;雁荡山之顶;社会;赤
子之心;母亲;荆棘;旅程;"回忆";静;忘了;鼓声;本性;脆弱之心;有
卫兵的车;侮辱;小孩子;安慰;燕子;雪;痛苦;漂泊者;无报酬的工
作;自由;空虚之心;《战歌》献词;卷头语;为中国;墙角的创痕;我们
的中国;我们的伤痕永不在背上;吴淞口的哨兵;"哀兵"咏;"暾起于
东方兮";卢沟桥;保卫北平曲;回击;祈战死;吊平津;剩在的三个战
士;跋;我是少年;灯光;追寄秋白、颂华、仲武;微光;生命之火燃了;
温柔之光;厌憎;题《题鸾草》;忧闷;荒芜了的花园;枫叶;同了E君;
下午的园林;智者的成绩;悲鸣之鸟;死者;读了一种小诗集以后;泪
之流;蚁之争;感觉;给歌者;小诗;怅惘;爱;云与月;泥泽;微思;铜铃
之什;微思;诗人唱些什么;小诗二十首;〔小说〕《家庭的故事》自序;
猫;风波;书之幸运;淡漠;失去的兔;压岁钱;五老爹;王榆;三姑与三
姑丈;九叔;三年;五叔春荆;赵太太;《取火者的逮捕》新序;《取火者
的逮捕》序;取火者的逮捕;亚凯诺的诱惑;埃娥;神的灭亡;桂公塘;

黄公俊之最后;毁灭;漩涡;风涛;访问;汨罗江;【第二卷】〔散文·游记〕《山中杂记》前记;避暑会;月夜之话;山中的历日;蝉与纺织娘;塔山公园;苦鸦子;不速之客;我们在 Athos 上;离别;海燕;"A la mer!";大佛寺;阿剌伯人;宴之趣;黄昏的观前街;蝴蝶的文学;《西行书简》题记;(一)从清华园到宣化;(二)张家口;(三)大同;(四)云冈;(五)口泉镇;(六)大同的再游;(七)从丰镇到平地泉;(八)归绥的四"召";(九)百灵庙之一;(十)百灵庙之二;(十一)百灵庙之三;(十二)昭君墓;(十三)包头;(十四)民生渠及其他;《蛰居散记》自序;(一)暮影笼罩了一切;(三)记刘张二先生的被刺;(四)野有饿莩;(五)鹈鹕与鱼;(六)最后一课;(八)烧书记;(九)"封锁线"内外;(十一)从"轧"米到"踏"米;(十二)韬奋的最后;(十三)记几个遭难的朋友们;(十五)记复社;(十七)售书记;街血洗去后;六月一日;向光明走去;访笺杂记;北平;永在的温情;忆冲锋的老战士鲁迅先生;失书记;悼夏丏尊先生;悼许地山先生;想起和济之同在一处的日子;记瞿秋白同志早年的二三事;长安行;春风满洛城;郑州,殷的故城;金梁桥外月如霜;石湖;苏州赞歌;〔文学杂论与专论〕思想的反流;新旧文学的调和;新旧文学果可调和么;血和泪的文学;消闲;文学与革命;光明运动的开始;中国文人(?)对于文学的根本误解;平凡与纤巧;太戈尔的艺术观;新文学观的建设;新文学之建设与国故之新研究;抒情诗;史诗;新与旧;谴责小说;论武侠小说;《呐喊》;夸大狂;新文坛的昨日今日与明日;我们所需要的文学;文学大众化问题;大众文学与为大众的文学;学者与文人;标点古书与提倡旧文学;从"不文的文人"说起;儿童读物问题;为士兵们做的文艺工作;迎"文艺节";民间文艺的再认识问题;鲁迅与中国古版画;诗经与楚辞;明清之际文坛概观;元代"公案剧"产生的原因及其性质;净与丑;中国文学研究者向哪里去;中国文学的遗产问题;《俄罗斯名家短篇小说集》序;《灰色马》引言;《文学旬刊》改革宣言;《新月集》;《稻草人》序;《文学》百期纪念号题辞;《印度寓言》序;《子恺漫画集》序;《中国文学论集》序;《世界文库》发刊缘起;《中国新文学大系·文学论争集》导言;《短剑集》序;《文艺复兴》发刊词;《民族文话》自序;《中国文学研究》序。书后有《编后记》。

郑振铎抒情散文

1992 年 2 月北京文化艺术出版社初版。罗南编。篇目为:街血洗去后;六月一日;《山中杂记》前记;月夜之话;山中的历日;塔山公园;蝉与纺织娘;苦鸦子;不速之客;离别;海燕;大佛寺;同舟者;黄昏的观前街;蝴蝶的文学;欧行日记(节选);大同;云冈;百灵庙之一;百灵庙之二;昭君墓;暮影笼罩了一切;鹈鹕与鱼;最后一课;烧书记;韬奋的最后。

郑振铎散文

1997 年 3 月北京中国广播电视出版社初版。"二十世纪中国文化名人文库"之一。卢今、李华龙、钟越编。篇目为:【上册】〔卷一　社会走笔〕街血洗去后;止水的下层;西方人所见的东方;八月十四日;"野有饿莩";鹈鹕与鱼;汉奸是怎样造成的;最后一课;"封锁线"内外;坠楼人;从"轧"米到"踏"米;我的邻居们;〔卷二　山水风物〕《山中杂记》(全书);大佛寺;阿剌伯人;黄昏的观前街;《西行书简》(全书);北平;峇厘观舞记;记茂物的"总统别墅";长安行;春风满洛城;郑州,殷的故城;金梁桥外月如霜;石湖;移山填海话厦门;苏州赞歌;〔卷三　人物·传记〕欢迎太戈尔;鲁迅先生并不偏狭;忆冲锋的老战士鲁迅先生;鲁迅——"民族魂";悼胡咏骐先生;记刘张二先生的被刺;韬奋的最后;记几个遭难的朋友们;记吴瞿安先生;忆愈之;一个女间谍;记陈三才;记平祖仁与英茵;惜周作人;悼夏丏尊先生;记黄小泉先生;悼许地山先生;想起和济之同在一处的日子;悼李公朴闻一多二先生;忆六逸先生;哭佩弦;回忆早年的瞿秋白;记瞿秋白同志早年的二三事;悼王统照先生;屈原传;关汉卿传略;林琴南先生;梁任公先生;耿济之先生传;〔卷四　随笔与散文〕离别;海燕;"A la mer!";同舟者;宴之趣;幻境;暮影笼罩了一切;记复社;秋夜吟;不朽的故事;轻歌妙舞送黄昏;赞歌朝霞般的舞蹈;美的丝织的网;欢迎缅甸文化代表团;春天在呼唤;〔卷五　古事新谈〕古事新谈(二十四则）；【中册】〔卷六　学术小品〕蝴蝶的文学；老虎婆婆；孟姜女；伍子胥与伍云召；《买胭脂》；鲁智深的家庭；武松与其妻贾氏；螺壳中之女郎；中山狼故事之变异；韩湘子；榨牛奶的女郎；〔卷七　杂文〕随感录（四则）；怎样服务社会；中国人与人道；天地人；《公理日报》停刊宣言；变节；迂缓与麻木；自杀；青年的自杀；六月一日；且慢谈所谓"国学"；贡献给今日的青年；绅士和流氓；战争与和平；失去了的导师；在腐烂着的人们；锄奸论；锄奸续论；寒夜有感；"物不得其平则鸣"；南通血案抗议；为正义与人道而呼吁；五四运动的意义；把主人当做了什么人；前事不忘；论根绝贪污现象；悲愤的抗议；纪念"七·七"节；双十节感言；想起"百花齐放"；想到科学研究；谈读书；〔卷八　书话〕失书记；烧书记；售书记；"废纸"劫；谈买书；谈访书；谈整书；谈分书；谈印书；访笺杂记；〔卷九　文学杂论〕文学的使命；书报评论；平凡与纤巧；文学与革命；论散文诗；新文学观的建设；诗歌之力；何谓诗；诗歌的分类；新与旧；致文学青年；我们所需要的文学；杂谈（二十六则）；"文人"的面目；《中国新文学大系·文学论争集》导言；鲁迅先生的治学精神；鲁迅的辑佚工作；迎"文艺节"；说"文艺节"；谈缅甸电影《她的爱》；林冲在电影里；寓言的复兴；民间故事的巧合与转变；中国文学的遗产问题；中国小说的分类及其演化的趋势；屈原作品在中国文学上的影响；论唐代的短篇小说；李清照；元代"公案剧"产生的原因及其特质；论元人所写商人、士子、妓女间的三角恋爱剧；论关汉卿的杂剧；《水浒传》的续书；谈《金瓶梅词话》；论武侠小说；谴责小说；【下册】〔卷十　序跋、题辞〕我们在 Athos 上；《蛰居散记》自序；《蛰居散记》新序；《劫中得书记》序；《劫中得书记》新序；《劫中得书续记》序；《漫步书林》引言；《中国文学研究》序；《中国短篇小说集》序；《中国短篇小说集》第一集序；《中国短篇小说集》第二集序；《中国小说史料》序；《论中国短篇白话小说》序；《中国通俗小说书目》序；《水浒全传》序；《关汉卿戏曲集》代序；《西厢记》的本来面目是怎样的？；《古本戏曲丛刊初集》序；《古本戏曲丛刊二集》序；《古本戏曲丛刊三集》序；《古本戏曲丛刊四集》序；《清人杂剧初集》序；《清人杂剧二集》题记；

《伟大的艺术传统图录》序;《中国历史参考图谱》序;《宋人画册》序言;《新社会》发刊词;《民主》发刊词;《文艺复兴》发刊词;《文艺复兴》中国文学研究号题辞;〔卷十一　书信〕致赵景深(4封);致张元济(3封);致唐弢(15封);致夏鼐(18封);致郭宝钧、夏鼐、苏秉琦(1封);致梁思永、夏鼐(2封);致郭若愚(1封);致刘哲民(27封);〔卷十二日记两种〕欧行日记;求书日录;〔附录〕勤奋、俭朴、不断前进的一生——忆我的父亲郑振铎(郑尔康)

郑振铎读本

1999年1月北京中国人事出版社初版。郑尔康编。篇目为:〔小说〕家庭的故事(书中选10篇);取火者的逮捕(全书);桂公塘(全书);〔散文〕山中杂记(全书);海燕(书中选9篇);蛰居散记(书中选10篇)。每篇作品之后有编者写的说明,书末有《郑振铎小传》。

郑振铎小说精品

2000年5月北京中国文联出版社初版。"中国现代名家小说丛书"之一。乐齐主编。篇目为:〔中篇小说〕向光明去;桂公塘;〔短篇小说〕猫;风波;书之幸运;淡漠;失去的兔;压岁钱;五老爹;王榆;三姑与三姑丈;九叔;三年;五叔春荆;病室;元荫嫂的墓前;赵太太;取火者的逮捕;亚凯诺的诱惑;埃娥;神的灭亡;黄公俊之最后;毁灭;朝露;七星;漩涡;风涛;访问;汨罗江。

西谛三记

2001年1月上海文艺出版社初版。"学者讲坛系列"之一。吴格主编。篇目为:欧行日记(选);蛰居散记;考古游记。前有陈福康写的《光风霁月　海阔天空》,后有陈福康写的《郑振铎传略》、《郑振铎著译书目》。

郑振铎集

2004年2月北京中国社会科学出版社初版。"中国社会科学院学者文选"之一。中国社会科学院科研局组织编选。篇目为:〔文学史研究〕话本的产生;戏文的起来;何谓"俗文学";〔诗歌研究〕玄鸟篇——一名感生篇;黄鸟篇;屈原作品在中国文学上的影响;〔小说研究〕三国志演义的演化;伍子胥与伍云召;谈金瓶梅词话;〔戏曲与诸宫调研究〕宋金元诸宫调考;元代"公案剧"产生的原因及其特质;论元人所写商人、士子、妓女间的三角恋爱剧;跋脉望馆钞校本古今杂剧;论关汉卿的杂剧;〔民间文学研究〕民间故事的巧合与转变;榨牛奶的女郎;〔艺术史研究〕《中国版画史图录》自序;《宋人画册》序言。书前有《编者的话》(孟繁林);书后有《作者著译编校书目》、《作者年表》。

失书记

　　2007 年 3 月台北大块文化出版股份有限公司初版。篇目为:失书记;蛰居散记(选);求书日录;劫中得书记;中国版画史序;跋唐宋以来名画集;漫步书林。书前有止庵的序《劫难太多,解人太少》,书后有郝明义的跋《隐身沦陷区八年的书痴——郑振铎》。按,"沦陷区八年"的说法不确。

〔附〕

黄昏的观前街

　　1947 年 12 月上海博文书店盗版。发行人李荣庆。实为将郑振铎《海燕》一书原版删去《致文学青年》一篇并擅改书名而成。

致文学青年

　　1947 年 12 月上海博文书店盗版。发行人李荣庆。实为将郑振铎《文探》一书原版最末增加《致文学青年》一篇并擅改书名而成。

六　文集　全集

郑振铎文集(第一卷)

　　1959 年 10 月北京人民文学出版社初版。本卷收小说,系作者生前亲自编订。("集外"中有四篇为出版社后来补入。)本卷收入《家庭的故事》,据 1929 年增补本(作者删去一篇《春兰与秋菊》);收入《取火者的逮捕》《桂公塘》两集子;本卷"集外"部分收入篇目为:向光明去(断片);朝露;七星;漩涡;风涛;访问;汨罗江。

(按,郑振铎牺牲后,《郑振铎文集》由沈雁冰、叶圣陶、胡愈之、王任叔、何其芳、徐调孚、高君箴七人组成编委会。但仅出至第二卷即中辍。1983年续出,后又中辍。)

郑振铎文集(第二卷)

1963年3月北京人民文学出版社初版。本卷收诗歌和散文。诗歌部分收入《雪朝》(《短序》及郑振铎的诗);《战号》(删去译诗《骑士的死》);以及"集外",篇目为:〔第一辑(1919~1946)〕我是少年;灯光;追寄秋白、颂华、仲武;微光;生命之火燃了!;温柔之光;两件故事;厌憎;题《题鸢草》;忧闷;荒芜了的花园;枫叶;旅舍中之一夜;同了E君;下午的园林;智者的成绩;辛苦;悲鸣之鸟;死者;思;往事;读了一种小诗集以后;泪之流;无言;工作之后;蚁之争;感觉;湖边;给歌者;小诗;小诗两首;毒龙之国;怅惘;爱;云与月;泥潭;旅中;不死的爱情;微思;铜铃之什;北平杂忆(一至三十二);北平杂忆(三十三至五十二);微思;诗人唱些什么;小诗二十首;〔第二辑(1957-1958)〕走进读书室;为阿刺伯兄弟们欢呼胜利;拥护周总理的声明;我们愤怒地控诉;我们不能容忍。散文部分收入《山中杂记》、《海燕》(不包括前半部分八篇杂文和二篇附录)和《欧行日记》等集子。

郑振铎文集(第三卷)

1983年9月北京人民文学出版社初版。本卷收散文。收入《西行书简》、《蛰居散记》两集子。《蛰居散记》后又有"补遗",篇目为:一、一个女间谍;二、记陈三才;三、记平祖仁与英茵;四、惜周作人。本卷"集外"收入篇目〔第一辑(1919—1949)〕欢迎太戈尔;街血洗去后;止水的下层;西方人所见的东方;记黄小泉先生;北平;永在的温情;鲁迅先生并不偏狭;忆冲锋的老战士鲁迅先生;失书记;悼夏丏尊先生;不朽的故事;悼许地山先生;耿济之先生传;想起和济之同在一处的日子;悼李公朴闻一多二先生;八月十四日;忆六逸先生;哭佩弦;〔第二辑(1949—1958)〕鲁迅——"民族魂";岑厘观舞记;记茂物的"总统别墅";轻歌妙舞送黄昏;赞歌朝霞般的舞蹈;美的丝织的网;回忆早年的瞿秋白;记瞿秋白同志早年的二三事;悼王统照先生;欢迎缅甸文化代表团;长安行;春风满洛城;郑州,殷的故城;金梁桥外月如霜;石湖;移山填海话厦门;春天在呼唤;苏州赞歌。

郑振铎文集(第四卷)

　　1985年6月北京人民文学出版社初版。本卷收杂文、文学杂论和《汤祷篇》集子。杂文部分所收篇目为:《新社会》发刊词;我们今后的社会改造运动;自杀;随感录(四则);再论我们今后的社会改造运动;怎样服务社会?;学生的根本上的运动;什么是劳动问题?;新文化运动者的精神与态度;中国人与人道;天地人;《公理日报》停刊宣言;变节;双十节纪念;迟缓与麻木;六月一日;青年的自杀;上海的居宅问题;上海之公园问题;影戏院与"舞台";且慢谈所谓"国学";《编辑者》发刊词;评上海各日报的编辑法;贡献给今日的青年;绅士和流氓;战争与和平;为士兵们做的文艺工作;动员全国的人力;战时的文艺政策;失去了的导师;在腐烂着的人们;《民主》发刊词;走上民主政治的第一步;我们的责任更加重;锄奸论;制止物价高翔的方案;寒夜有感;锄奸续论;论官僚资本;论民权初步;我们要求民主的选举;"物不得其平则鸣";从接收说到官规与军纪;南通血案抗议;怎样处置汉奸的财产;为正义与人道而呼吁;论大学教授待遇问题;五四运动的意义;人权保障在那里;把主人当作了什么人;前事不忘;古事新谈(二十四则);论根绝贪污现象;悲愤的抗议;纪念"七·七"节;日本投降以来的中国政局的清算;文化正被扼杀着;上海应该有一个国立图书馆;本刊一年回顾;双十节感言;我们的抗议;论公共事业的非法加价;哀悼我们最敬爱的导师斯大林同志;我们有了《宪法草案》了;进一步开展亚非国家之间的文化交流工作;人民的愿望实现了;想起"百花齐放";想到科学研究;谈读书;整理古书的建议;拆除城墙问题;愿友谊的花朵长久开放;走上建设社会主义的总路线。本卷"文学杂论"部分所收篇目为:一九一九年的中国出版界;文学的定义;书报评论(二则);文学的使命;光明运动的开始;语体文欧化之我观;语体文欧化问题与东华先生讨论;平凡与纤巧;文学与革命;中国文人(?)对于文学的根本误解;论散文诗;新文学观的建设;新文学之建设与国故之新研究;给读者;本刊改革宣言;文学的分类;诗歌之力;何谓诗;诗歌的分类;本刊的回顾与我们今后的希望;明年的《小说月报》;新与旧;致文学青年;文学大众化问题征文;杂谈(二十六则);"文人"的面目;《中国新文学大系·文学论争集》导言;鲁迅先生的治学精神;鲁迅的辑佚工作;《文艺复兴》发刊词;文艺作家们向那里走?;说"文艺节";谈缅甸电影《她的爱》;林冲在电影里。

郑振铎文集(第五卷)

1988 年 5 月北京人民文学出版社初版。本卷收中国文学论文。收入《中国文学研究》前三卷:《古代文学研究》、《小说研究》、《戏曲研究》。

郑振铎文集(第六卷)

1988 年 5 月北京人民文学出版社初版。本卷收中国文学论文。收入《中国文学研究》后三卷:《词曲与民间文学研究》、《中国文学杂论》、《中国文学新资料的发现》。

郑振铎文集(第七卷)

1988 年 6 月北京人民文学出版社初版。本卷收郑振铎建国前撰写的未收入《中国文学研究》的中国文学论文和建国后撰写的中国文学论文。篇目为:〔文学杂论〕整理中国文学的提议;中国古典文学中的诗歌传统;中国古典文学中的小说传统;中国古典文学中的戏曲传统;中国文学的发展;中国文学史的分期问题;中国短篇小说集序;中国短篇小说集例言;中国短篇小说集第一集序言;中国短篇小说集第二集序言;中国短篇小说集第二集下册序言;中国短篇小说集第三集上册序言;中国小说的分类及其演化的趋势;论唐代的短篇小说;宋元明小说的演进;明代之短篇平话小说;明代的小说与戏曲;清初到中叶的长篇小说的发展;清朝末年的小说;中国小说史料序;论中国短篇白话小说序;水浒全传序;中国小说八讲(提纲);中国的戏曲集;中国戏曲的选本;关汉卿绯衣梦的发见;元人小令集序;中国剧场的变迁是怎样的?古剧里面有无脸谱和"武打"之类的成份;跋所藏散曲目;明抄本录鬼簿跋;接收遗产与戏曲改进工作;有关发扬昆剧的三个问题;古本戏曲丛刊初集序;古本戏曲丛刊二集序;古本戏曲丛刊三集序;古本戏曲丛刊四集序;关汉卿传略;论关汉卿的杂剧;关汉卿戏曲集代序;刘知远诸宫调跋;步韵诗;纳兰容若;孔雀东南飞;碧鸡漫志;李后主词;唐诗;郑厚;王若虚的文学评论;几部词集;李清照;孟姜女;平鬼传与捉鬼传;警世通言;老虎婆婆;蝴蝶的文学;什么叫"变文"?和后来的"宝卷"、"诸宫调"、"弹词"、"鼓词"等文体有怎样的关系;"词"的存在问题;词与词话;影宋本楚辞集注跋;屈原传;屈原作品在中国文学上的影响;〔劫中得书记〕劫中得书记;劫中得书续记;跋脉望馆钞校本古今杂剧;清代文集目录序;清代文集目录跋;〔书林杂记〕求书日录;关于永乐大典;漫步书林;中晚唐诗纪。

（按,《郑振铎文集》原拟分十集出版,出至第七卷后停出。）

郑振铎全集(第一卷)

1998 年 11 月石家庄市花山文艺出版社初版。本卷收三个小说集,"集外",及两个活报剧。三个小说集同《郑振铎文集》第一卷,"集外"篇目为:惊悸;平凡地毁了一生;一个不幸的车夫;向光明去(断片);陈士章传;漩涡;王秀才的使命;风涛;访问;汨罗江。活报剧为:秋晨;春的中国。

郑振铎全集(第二卷)

1998 年 11 月石家庄市花山文艺出版社初版。本卷收诗歌、散文,诗歌收《雪朝》、《战号》两个诗集及集外;散文收《山中杂记》、《海燕》、《西行书简》、《蛰居散记》四个集子及集外。诗歌部分同《郑振铎文集》第二卷。散文部分《山中杂记》、《海燕》同《郑振铎文集》第二卷;《西行书简》同《郑振铎文集》第三卷;《蛰居散记》比《郑振铎文集》第三卷的"补遗"多 1 篇:五、吴佩孚的生与死;集外比《郑振铎文集》第三卷"集外"增补了 5 篇:一位最好的先驱;纪念几位今年逝去的友人;选文小记;忆贤江;华沙行。

郑振铎全集(第三卷)

1998年11月石家庄市花山文艺出版社初版。本卷收杂文、文学杂论和《汤祷篇》。杂文比《郑振铎文集》第四卷杂文部分增补了17篇:杂谈二则(无题);我所见的上海战争;杂感;论新中国的建设;日本国民之再教育;东南亚洲的动荡与世界和平;人为的涨价与人为的抑价;对于物价的紧急措置;由昆明学潮说起;论中美苏关系与中国前途;战后大学教育问题;不朽的故事;争取民权·保卫民权;从凄寂的"九·一八"说起;重行申明我们的态度和主张;歌颂社会主义的歌颂者们;最后一次讲话。文学杂论比《郑振铎文集》第四卷"文学杂论"部分增补了5篇:《文学旬刊》宣言;文学的危机;在摇篮里;《星海》发刊缘起;抒情诗。(又,《郑振铎文集》第四卷收《杂谈(二十六则)》,此卷增补为《杂谈(三十四则)》)。《汤祷篇》同《郑振铎文集》第四卷。

郑振铎全集(第四卷)

1998年11月石家庄市花山文艺出版社初版。本卷收《中国文学研究》前三卷,同《郑振铎文集》第五卷。

郑振铎全集(第五卷)

1998年11月石家庄市花山文艺出版社初版。本卷收《中国文学研究》后三卷,同《郑振铎文集》第六卷。

郑振铎全集(第六卷)

1998年11月石家庄市花山文艺出版社初版。本卷收"中国古典文学文论","漫步书林"和《劫中得书记》。"中国古典文学文论"基本同《郑振铎古典文学论文集》一书,篇目次序略有变动,增补4篇(篇目为:整理中国文学的提议;在华沙屈原纪念会上的讲话;中国文学论集序;佝偻集序),删去或另编21篇(篇目为:新文学之建设与国故之新研究;让古人为今人服务;《汤祷篇》一书6篇;列国志传;关于永乐大典;长乐郑氏纫秋山馆行箧书目跋识钞;西谛题跋;跋心史;影宋本楚辞集注跋;跋所藏散曲目;刘知远诸宫调跋;明钞本录鬼簿跋;桃花吟杂剧跋;清人杂剧初集跋;西谛所藏善本戏曲题识;跋所藏善本戏曲目)。"漫步书林"和《劫中得书记》同《郑振铎文集》第七卷。

郑振铎全集(第七卷)

1998 年 11 月石家庄市花山文艺出版社初版。本卷收《中国俗文学史》一书。

郑振铎全集(第八卷)

1998 年 11 月石家庄市花山文艺出版社初版。本卷收《插图本中国文学史》一书前半,至第 34 章。

郑振铎全集(第九卷)

1998 年 11 月石家庄市花山文艺出版社初版。本卷收《插图本中国文学史》一书后半,第 35 章至第 64 章。

郑振铎全集(第十卷)

1998 年 11 月石家庄市花山文艺出版社初版。本卷收《文学大纲》叙言、第 1 章至第 14 章。

郑振铎全集(第十一卷)

1998 年 11 月石家庄市花山文艺出版社初版。本卷收《文学大纲》第15 章至第 29 章。

郑振铎全集(第十二卷)

1998 年 11 月石家庄市花山文艺出版社初版。本卷收《文学大纲》第 30 章至第 46 章。

郑振铎全集(第十三卷)

1998 年 11 月石家庄市花山文艺出版社初版。本卷收儿童文学作品(包括文论、书信、童话、诗歌等)及儿童文学译文。儿童文学作品部分基本同《郑振铎和儿童文学》一书,篇目次序略有变动,删去或另编 7 篇(篇目为:《高加索民间故事》序;寓言的复兴;民间故事的巧合与转变;螺壳中之女郎;中山狼故事之变异;榨牛奶的女郎;老虎婆婆),儿童文学译文部分篇目为:印度寓言;莱森的寓言;高加索寓言;克鲁洛夫寓言;安徒生童话。最后附录《儿童世界》篇名目录(1922年)。

郑振铎全集(第十四卷)

1998 年 11 月石家庄市花山文艺出版社初版。本卷收艺术、考古文论和《近百年古城古墓发掘史》一书。艺术、考古文论部分基本同

《郑振铎艺术考古文集》一书,删去或另编 9 篇:《欧行日记》有关美术方面摘录;《劫中得书记》有关美术书籍摘录;《劫中得书续记》有关美术书籍摘录;美术书籍题跋(辑录);长安行;春风满洛城;郑州,殷的故城;金梁桥外月如霜;古迹的发现与其影响。增补 8 篇,篇目为:印度艺术展览介绍;《雁北文物勘查团报告》序;全国博物馆工作会议总结报告; 宝爱民族遗产　保护文化古物;党和政府是怎样保护文物的?;为制止美蒋盗运盗卖现存台湾的古文物图书档案资料告在台湾的文教科学工作者们;斥美国的所谓"拯救"的谰言;在全国文物、博物馆工作会议上的讲话。

郑振铎全集(第十五卷)

1998 年 11 月石家庄市花山文艺出版社初版。本卷收外国文学文论和《俄国文学史略》、《太戈尔传》二书。"外国文学文论"篇目为:写实主义时代之俄罗斯文学;史蒂芬孙(R.L.Stevenson)评传;译文学书的三个问题;审定文学上名辞的提议;十四年来得诺贝尔奖金的文学家;一九二一年的得诺贝尔奖金者;歌德的死辰纪念;俄国的诗歌(一);文学的统一观;圣皮韦(Sainte Beuve)的自然主义批评论;何谓古典主义;丹麦现代批评家勃兰特传;《世界文学》;杂感;我们的杂记;翻译与创作;论《飞鸟集》的译文;再论《飞鸟集》的译文;得一九二三年诺贝尔奖金者夏芝;法国文学对于欧洲文学的影响;诗人拜伦的百年祭;狐与玫瑰;《西特》与《皮奥伏尔夫》;介绍《威廉退尔》;皮奥胡尔夫;居特龙;郎歌巴系传说;尼泊龙琪歌(一);尼泊龙琪歌(二);尼泊龙琪歌(三);特洛哀的陷落;荷马系的小史诗;蔚蓝的城;英国戏剧家琼斯死了; 现在的斯堪德那维亚文学; 陀思妥以夫斯基的百年纪念;茂娜凡娜;史诗;世界文库发刊缘起;纪念英国伟大的现实主义作家菲尔丁;印度大诗人迦梨陀婆传;伊朗诗人萨迪的《蔷薇园》;瑞典女作家拉格洛乎;《贫非罪》序;《父与子》序言;《阿那托尔》序言;人之一生。

郑振铎全集(第十六卷)

1998 年 11 月石家庄市花山文艺出版社初版。本卷收书信。收入

《郑振铎书简》、《郑振铎先生书信集》二书及此外郑振铎一些书信。

郑振铎全集(第十七卷)

1998 年 11 月石家庄市花山文艺出版社初版。本卷收日记和题跋。日记收 1948 年以前。

郑振铎全集(第十八卷)

1998 年 11 月石家庄市花山文艺出版社初版。本卷收《希腊罗马神话与传说中的恋爱故事》和《希腊神话与英雄传说》二书。

郑振铎全集(第十九卷)

1998 年 11 月石家庄市花山文艺出版社初版。本卷收《灰色马》、《沙宁》、《俄国短篇小说译丛》(删去王鲁彦所译一篇)三书。

郑振铎全集(第二十卷)

1998 年 11 月石家庄市花山文艺出版社初版。本卷收《泰戈尔诗选》、《高加索民间故事》、《民俗学浅说》三书及"杂译"。"杂译"部分篇目为:彼得·克罗泡特金与苏维埃(政论);红色军队(政论);我们从什么着手呢?(政论);赤色的诗歌(歌词);李宁的宣言(政论);东方圣人的礼物(小说);给英国人(诗);红笑(小说);麻雀(散文);古希腊菲洛狄摩士的恋歌(诗);老太婆(小说)。最后附有《生平及著译年表(简)》。

(按,《郑振铎全集》实际还不够全,漏收较多,也有少量误收及处理不妥之处。)

七 编 校

1 中国文学

白雪遗音选

1926 年 12 月上海开明书店初版。"鉴赏丛书"第 1 种。署西谛选。前有 1925 年 10 月 23 日写的《序》。本书收有从清代华广生的《白雪遗音》(清道光八年刊本)中选出的俗曲马头调等 134 首。

中国文学研究

1927 年 6 月上海商务印书馆初版。为《小说月报》第 17 卷号外。共 2 册。郑振铎编。前有西谛的《卷头语》。还收有郑振铎的:研究中国文学的新途径;武松与其妻贾氏;中山狼故事之变异;螺壳中之女郎;鲁智深的家庭;明代之短篇平话小说;中国戏曲的选本;佛曲叙录;西谛所藏弹词目录;中国文学年表。卷首还有 20 幅画像。

中国短篇小说集

1926 年至 1928 年上海商务印书馆先后出版。郑振铎选。共分 3 卷,5 册。(第 3 卷下册因故未出。)选入从唐代至清代的文言与平话小说,并加简注。每册前均有编者的序数篇。

挂枝儿

1929 年左右出版,原书未见。1926 年郑振铎购得清代浮白山人选本《挂枝儿》(从明冯梦龙原编中选出),共 41 首。后将它排印出版,收入"鉴赏丛书"中,并作跋。(见郑振铎《中国文学研究·跋挂枝儿》)

我与文学

1934 年 7 月上海生活书店初版。为"《文学》一周纪念特辑"。郑振铎、傅东华编。前有编者 1934 年 6 月 15 日写的《引言》。

文学百题

1935 年 7 月上海生活书店初版。为"《文学》二周纪念特刊"。郑振铎、傅东华编。内第 89、90、95、96 四题为郑振铎所作,题目为:什么叫做"变文"? 它和后来的"宝卷","诸宫调","弹词","鼓词"等体有怎样关系;宋元话本是怎样发展起来的;中国剧场的变迁是怎样的? 古剧里面有无"脸谱"和"武打"之类的成份;清代宫廷戏发展的情形怎样。

文学论争集

1935 年 10 月上海良友图书印刷公司初版。为"中国新文学大系"第 2 卷。郑振铎编。分二卷、八编。前有编者 1935 年 10 月 21 日写的《导言》,后有"附录"两篇。书中收入郑振铎的文章有:新与旧;新文学观的建设;新文学之建设与国故之新研究;论散文诗;谴责小说;光明运动的开始。

警世通言

1936年9月上海生活书店初版。"世界文库"之一。为郑振铎校勘标点的明代冯梦龙编辑的平话小说集。共40卷。

醒世恒言

1936年9月上海生活书店初版。"世界文库"之一。为郑振铎校勘标点的明代冯梦龙编辑的平话小说集。共40卷。后附有郑振铎的《关于〈醒世恒言〉》。

晚清文选

1937年7月上海生活书店初版。"世界文库"之一。为郑振铎收辑的晚清作家126人的476篇文章(外加阙名的三篇)的选集。共3卷。前有编者1936年10月31日写的《序》。1987年6月,上海书店影印重版,前有罗竹风写的《重印〈晚清文选〉前言》。2002年9月,北京中国社会科学出版社重排出版。2003年3月,北京西苑出版社排出重版,收入"中华典藏"。

鲁迅全集

1938年6至8月由复社出版于上海。署鲁迅先生纪念委员会编纂。共20册。许广平在《编校后记》中说,整个编辑工作"以郑振铎、王任叔两先生用力为多"。

十人集

1939年7月上海世界书局初版。"大时代文艺丛书"第6集。该丛书郑振铎参与主编,该书第一篇即郑振铎的小说《风涛》。

孤本元明杂剧

1939年商务印书馆初版(实际于1941年4月后出版)。排印本,共线装32册。收杂剧144本,其中包括久已失传的孤本136本。是从1938年郑振铎发现的《脉望馆抄校本古今杂剧》中选出的。从郑振铎《长乐郑氏汇印传奇第一集》自序中知此书是他"择印"的。从郑振铎《求书日录》中亦知此书是他"和商务印书馆订了合同,委托他们出版"的。前有王季烈的序。1957 年 11 月中国戏剧出版社据商务印书馆原纸型重印,改为精装四册。

朱自清文集

1953 年 3 月上海开明书店初版。共 4 册。郑振铎为编辑委员会 11 人之一。

水浒全传

1954 年 3 月北京人民文学出版社初版。共 3 册。此书是用明万历 17 年(1589)年汪道昆序本的 100 回和袁无涯刻本的后 20 回做底本,由郑振铎、王利器、吴晓铃等人校勘、整理而成的。全书由郑振铎标点。前有郑振铎 1953 年 11 月 9 日写的《序》。

2　外国文学

春之循环

1921 年 10 月上海商务印书馆初版,"文学研究会丛书"第 1 种;11 月上海商务印书馆又版,"世界文学丛书"第 1 种。戏曲。印度泰戈尔作,瞿世英译,郑振铎校。前有郑振铎 1921 年 9 月 12 日写的《序》。

阿那托尔

1922 年 5 月上海商务印书馆初版。"文学研究会丛书"之一。戏曲。奥地利显尼志劳作,郭绍虞译,郑振铎校改。前有郑振铎1922 年 3 月 25 日写的《序》。

法国文学研究

1924 年 4 月上海商务印书馆初版。为《小说月报》第 15 卷号外。郑振铎编。内收郑振铎与沈雁冰合写的《法国文学对于欧洲文学的影响》等。

欧洲近代文艺思潮

1931 年 8 月上海商务印书馆初版。"新时代史地丛书"之一。吕天石撰述,郑振铎校阅。

海上述林

1936年鲁迅以"诸夏怀霜社"名义出版。为瞿秋白译文集,分上下2卷。郑振铎是筹款、编辑、校对工作的重要参加者。

3 童话

猴儿的故事
　　1923年1月上海商务印书馆初版。《童话》第3集之1。郑振铎编。前有振铎的《编者的话》。
鸟兽赛球
　　1923年1月上海商务印书馆初版。《童话》第3集之2。郑振铎编。前有振铎的《编者的话》。
白须小儿
　　1923年1月上海商务印书馆初版。《童话》第3集之3。郑振铎编。前有振铎的《编者的话》。
长鼻矮子
　　1923年1月上海商务印书馆初版。《童话》第3集之4。郑振铎编。前有振铎的《编者的话》。

4 样本

《文学大纲》样本
　　1926年10月左右上海商务印书馆出版。原书未见,今见最早于1926年10月17日《文学周报》第245、246期合刊封面有此样本"承索附邮三分"的广告。据说此样本是用红蓝两色套印封面的。
《插图本中国文学史》预约样本
　　1932年7月左右北平朴社出版部出版。收图版八、九幅,并收有郑振铎的《插图本中国文学史预约简章》、《自序》、《例言》、《目次》及正文抽页共八页等。
《世界文库》样本

1935 年 5 月左右上海生活书店出版。收有蔡元培《世界文库序》;郑振铎《发刊缘起》、《编例》;主编人与编译委员会名单;《文库》第一册部分正文样张、插图样张;胡愈之、茅盾、许地山、谢六逸、朱光潜、傅东华、陈望道、夏丏尊、叶圣陶诸人对该《文库》的题词手迹;郑振铎拟的《世界文库》第一集目录、第一册目录及预定办法等。《中国版画史》样本 1940 年 4 月左右上海良友复兴图书印刷公司出版。收有郑振铎《中国版画史各册内容说明》、《中国版画史自序》、《编例》、《中国版画史引用书目一斑》;并附正文样张二页、版画样张八页等。据 1940 年 4 月《良友》杂志第 153 期广告,该样本售一元钱。

《中国历史参考图谱》样本

1947 年 2 月下旬上海出版公司出版。收有郑振铎《自序》、《各辑内容说明》、《中国历史参考图谱出版日期表》、《预约中国历史参考图谱办法》,并附有图版四页、图 12 幅及插图说明等。

《中国古代版画丛刊初编》样本

1958 年 1 月下旬以后上海古典文学出版社出版。线装 1 册。收有郑振铎《中国古代版画丛刊总序》、《编印中国古代版画丛刊初编说明》、《中国古代版画丛刊初编目录》等,并附版画样张 14 页。

5　其他

北京铁路管理学校高等科乙班毕业纪念册

1920 年北京出版(实际当为 1921 年 1 月)。精装 1 册。郑振铎即为该毕业班学生。此书由该校师生捐款印成,郑振铎为中文编辑五人之一。该书为中文、英文两部分,有发刊词、题词、摄影、纪事、文苑、论说、杂组、小说等栏目。"摄影"栏收有郑振铎当时的照片一帧,"小说"栏载有他的《一个不幸的车夫》。另外,"纪事"栏所载《庚申级小史》及《本校大事纪》等,对研究郑振铎当时生平很有价值。

中国历代天灾人祸表

1939 年 12 月上海暨南大学出版。共线装 11 册。暨南大学历史系教授陈高傭主编,他在《编纂缘起》中说,此书是在郑振铎"充分力量帮助"下和"商酌编纂的计划"、"日常启发鼓励"下完成的。

八　影　印

新编南九宫词

1930 年 3 月(？)国立北京大学出版组印行。为郑振铎提供的明万历初毘陵蒋孝三径草堂本。仅印百部。末有郑振铎 1930 年 5 月 31 日跋。

清人杂剧初集

1931 年 1 月编选影印。为"西谛所刊杂剧传奇第一种"。1 函 10 册。收清人杂剧九家四十种。前有郑振铎 1931 年 1 月 25 日写的《序言》和 1931(疑当作 1930)年 12 月写的《例言》。书中并有郑振铎的题跋十来则,末有郑振铎 1931 年 3 月 23 日写的《跋》及附录《西谛影印元明清本散曲目录》、《西谛所印杂剧传奇目录》。

博笑记

1932 年 5 月上海传真社影印。明刻本,"传奇三种"之一。上下 2 册。后有郑振铎 1932 年 4 月 3 日写的跋。

修文记

1932 年 5 月上海传真社影印。明刻本,"传奇三种"之一。上下 2 册。后有郑振铎 1932 年 4 月 4 日写的跋。

清人杂剧二集

1934 年 5 月编选影印,10 月印成。1 函 12 册。容庚题签。收清人杂剧 13 家 40 种。前有吴梅 1931 年 7 月 29 日写的《郑西谛清剧二集序》和郑振铎 1934 年 5 月 22 日写的《二集题记》。

录鬼簿二卷续编一卷

1938 年国立北京大学出版组影照石印。(元)钟嗣成著。1931 年 8 月 16 日郑振铎与赵万里、马廉三人在浙江宁波访见天一阁旧藏明蓝格抄本《录鬼簿》,当夜三人即分头影写,18日抄毕。此即用他们三人的手抄本影印的。郑振铎抄录此书的"卷下"及"续编"最后部分。

玄览堂丛书(一集)

　　1941年6月上海影印,共10函120册,收有关明史的珍贵古籍33种、附1种,总34种。前有郑振铎化名"玄览居士"写的序。

长乐郑氏汇印传奇第一集

　　1944年上海影印。署"甲戌八月印成",编者序署"民国二十三年七月七日",当为迷惑敌伪。据郑振铎日记,实为1944年。共2函12册。收明代和清初的传奇6种。前有编者序,书中附《长乐郑氏汇印传奇第一集说明》1页。

玄览堂丛书续集

　　1947年5月南京国立中央图书馆影印,共10函120册,收有关明史的珍贵古籍21种、附4种,总25种。

玄览堂丛书三集

　　1948年南京国立中央图书馆影印,1955年7月南京图书馆装订,共2函32册,收有关明史的珍贵古籍12种。

古本戏曲丛刊初集

　　1953年8月付印,1954年2月出版,商务印书馆上海印刷厂代印。该丛刊由郑振铎、吴晓铃、赵万里、傅惜华等人组成的"古本戏曲丛刊编刊委员会"名义印行,实际由郑振铎一人主编,为中国戏曲研究者的内部参考资料。原计划编印十来集,郑振铎生前印成三集。本集共12函120册,收元、明传奇(间有杂剧)共百种。前有郑振铎1954年2月11日写的序。

古本戏曲丛刊二集

　　1954年9月付印,1955年7月出版,商务印书馆上海印刷厂代印。12函120册。收明代传奇共百种。前有郑振铎1955年6月13日写的序。

古本戏曲丛刊三集

　　1955年10月付印,1957年2月文学古籍刊行社出版,商务印书馆上海印刷厂代印。12 函 120 册。收明末清初传奇共百种。前有郑振铎 1956 年 8 月 25 日写的序。

天竺灵签

　　1958 年 3 月上海古典文学出版社影印。为"中国古代版画丛刊初编"第 2 种。后有郑振铎 1958 年 1 月 17 日写的跋。

历代古人像赞

　　1958 年 4 月上海古典文学出版社影印。为"中国古代版画丛刊初编"第 6 种。后有郑振铎 1957 年 9 月 23 日写的跋。

圣迹图

　　1958 年 6 月上海古典文学出版社影印。为"中国古代版画丛刊初编"第 5 种。后有郑振铎 1957 年 9 月 23 日写的跋。

忠义水浒传插图

　　1958 年 7 月上海古典文学出版社影印。为"中国古代版画丛刊初编"第 15 种。后有郑振铎 1957 年 9 月 23 日写的跋。

刘知远诸官调

　　1958 年 8 月北京文物出版社影印。后有郑振铎 1958 年 7 月 28 日写的跋。

古本戏曲丛刊四集

　　1957 年 10 月付印，1958 年 12 月商务印书馆影印出版。12 函 120 册。收元代和元明之交的全部现存杂剧。前有郑振铎 1958 年 10 月 16 日写的序，为遇难前夕的手迹。

九　编辑图籍

北平笺谱

　　1933 年 9 月（实为 1934 年 2 月）北平荣宝斋等木刻套色水印出版。1 函 6 册。鲁迅、西谛合编。初版百部，后又再版百部。共收诗笺 332 幅。前有鲁迅 1933 年 10 月 30 日写的序和郑振铎 1933 年 12 月写的序，后有郑振铎1933年11月15日写的《访笺杂记》。2002年12月西泠印社出版社影印了《北平笺谱精选》。

十竹斋笺谱

1934年12月北平荣宝斋木刻套色水印，直到1941年才出全。“版画丛刊”之一。1函4册。鲁迅、西谛合编。后有郑振铎1941年6月27日写的跋。以后又被郑振铎收入他编的《中国版画史图录》。1952年荣宝斋重印，前有郑振铎1952年5月14日写的《重印十竹斋笺谱序》。

中国版画史图录

1940年至1947年上海中国版画史社出版。珂罗版和彩色木刻印刷。5函20册，共收图一千数百幅，从唐代至清代的典籍、佛经、小说、戏曲等的插图，以及画谱、笺谱等中博采精取，并附有部分文字说明。

顾氏画谱

1941年5月1日中国版画史社出版，良友复兴图书印刷公司经售。原为明代顾黯然所编历代名公画谱。本拟辑入《中国版画史图录》，因格于体例，故别为单行本，为图录外集之一。末有1941年3月郑振铎的跋。

韫辉斋藏唐宋以来名画集

1947年11月上海出版公司出版。原为张葱玉的藏画，郑振铎选纸择工，为其印出。方待装订出版，原画却被人弄到国外，幸得赖此留下图影。前有郑振铎1947年7月7日写的序。

西域画

1947年10月上海出版公司出版上辑。为“域外所藏中国古画集”之一。共3册。珂罗版。

中国历史参考图谱

1947年3月至1951年5月上海出版公司出版。共24辑。有24函单页散装、24册线装（6册1函套）、24册平装三种。前有郑振铎1947年2月1日写的《自序》，后有郑振铎1951年5月11日写的

《跋》。并附有若干册文字说明(未写全)。1993 年 12 月北京图书馆出版社影印。

域外所藏中国古画集

1948 年 1 月上海出版公司出版。共 24 辑。24 函单页。1990 年 1 月成都古籍书店影印,1 函 7 册。

敦煌壁画选

1951 年 3 月北京荣宝斋木刻套色水印本。1 函 8 页。前有郑振铎 1951 年 3 月写的《序》。后经重新编选,在 1952 年出第 1 辑,1953 年出第 2 辑,1954 年出第 3 辑,每辑各 12 幅。1956 年又合三辑为一辑,重新选图 24 幅,前有郑振铎 1952 年 5 月 15 日写的《序》。

伟大的艺术传统图录

1951 年 9 月至 1952 年 7 月上海出版公司出版。共 12 辑。12 函单页散装。郭沫若题签。前有郑振铎 1951 年 4 月 13 日写的《伟大的艺术传统序》和 1951 年 9 月 28 日写的《伟大的艺术传统图录序》。1954 年 5 月出版精装本和线装本。1956 年 10 月北京中国古典艺术出版社重印,改装为 2 册,前用 1952 年 7 月 10 日写的《伟大的艺术传统图录序》。

中国造型艺术

1952 年苏联艺术科学院出版。俄文本。原为 1950 年在莫斯科举办的中国艺术展览的特刊。中有郑振铎与王振铎、张珩等人合写的《中国古代艺术》一文(其中"总说"部分为郑振铎所写)。

楚辞图

1953 年北京人民文学出版社出版。郑振铎辑。选自宋代以来至清代门应兆所绘各图,合为一辑,为离骚图集较全之本。分上、下卷,前有郑振铎 1953 年 5 月 17 日写的《序》,次为目录,后有郑振铎 1953 年 5 月 17 日写的《解题》。

宋人画册

1957 年 9 月北京中国古典艺术出版社出版。郑振铎、张珩、徐邦达编。前有郑振铎 1957 年 4 月 12 日写的《叙录》。1997 年 10 月人民美术出版社重印出版。

中国近百年绘画展览选集

1959年1月北京文物出版社出版。前有郑振铎1958年8月14日写的序文《近百年来中国绘画的发展》。这个展览会是1958年4月1日成立的郑振铎负责的筹备会主持的。

中国古代绘画选集

1963年11月北京人民美术出版社出版。本书是郑振铎生前主持选编的,并于1958年8月16日写了序言。

中国古代木刻画选集

1985年2月北京人民美术出版社出版。本书郑振铎于1952年即编好,因关于中国古代木刻史的文字部分未写好,故未交出版;后作者于1956年完成文字部分,交出版社后,又因种种原因未即出版,且原稿一度遗失;近年找见后,分线装9册出版。共印320套。前8册选收唐代至清代的木刻画以及年画,第9册为郑振铎所著《中国古代木刻画史略》。

中国古明器陶俑图录

1986年12月上海古籍出版社出版。郭沫若题笺。本书郑振铎于1949年即编好,图版亦由上海出版公司在当时印成,但由于郑振铎未将图版说明写完等原因而未及时出版。说明文字后由郭若愚补写,郑尔康于1986年2月18日作《后记》。

十　编辑丛书

俄国戏曲集

1921年1月至4月上海商务印书馆出版。为"共学社丛书"的一种,共10本。由郑振铎主编,其中收入郑振铎译的《海鸥》、《六月》二书。

俄罗斯文学丛书

1921年2月至1923年1月上海商务印书馆出版。为"共学社丛书"的一种,共8本。郑振铎编辑。第一本是他作序的《甲必丹之女》,还收入他译的《贫非罪》以及他作序的《父与子》等书。

文学研究会丛书

1922年5月起上海商务印书馆出版。郑振铎主编。收入郑振铎著译的《飞鸟集》、《新月集》、《俄国文学史略》、《灰色马》、《太戈尔传》、《莱森寓言》、《印度寓言》、《恋爱的故事》等书,还收入郑振铎与人合作、校阅、作序的《天鹅》、《阿那托尔》、《雪朝》、《诗之研究》、《将来之花园》、《人之一生》、《太戈尔戏曲集》等等。

童话(第三集)

1923年1月上海商务印书馆出版。郑振铎主编。共出4种:《猴儿的故事》、《鸟兽赛球》、《白须小儿》、《长鼻矮子》,每一书前都有振铎的《编者的话》。

文学研究会通俗戏剧丛书

1924年1月起上海商务印书馆出版。郑振铎主编。已知共出9种,其第一种为熊佛西的《青春底悲哀》,第二种为侯曜的《复活的玫瑰》,均有郑振铎序(实为丛书的序)。

小说月报丛刊

1924年11月起上海商务印书馆出版。上海小说月报社编辑。已知出至1925年4月,共60种。其中第26种是郑振铎选译的《太戈尔诗》。

文学周报社丛书

1925年12月起出版。上海文学周报社编辑。所出版的第一本书是郑振铎作序的《子恺漫画》。后来还出版了郑振铎的《列那狐的历史》和郑振铎与人合译并作序的《血痕》等书。

鉴赏丛书

1926年12月起由上海开明书店出版。上海鉴赏社编辑。收入郑振铎编的《白雪遗音选》等书。

大学丛书

1929 年起由上海商务印书馆出版。中华教育文化基金董事会编译委员会主编。郑振铎为"大学丛书委员会"之一人。该丛书1933 年收入他的《文学大纲》。

版画丛刊

1933 年郑振铎与鲁迅为介绍宋、元、明以来中国彩色和单色版画中的精品而编辑的一套古代版画丛书。第 1 种即《北平笺谱》,第 2 种即《十竹斋笺谱》。

世界文库

1935 年 5 月 20 日起由上海生活书店出版。郑振铎主编。原拟第 1 集刊行 60 至 80 册,月出 1 册。内容为选辑中外古典文学名著,长篇的均连载。后出了一年,共 12 册而中辍;第二年起改变体例,改出单行本。第 1 册卷首有郑振铎写的《世界文库发刊缘起》和《世界文库编例》及蔡元培写的序。所收的中国古典文学名著多是郑振铎校辑和标点的。1936 年 6 月以后,陆续又出单行本 16 种,其中收有郑振铎编辑校对的《醒世恒言》、《警世通言》、《晚清文选》等书。

中国文学珍本丛书

1935 年 9 月起由上海杂志公司发行,施蛰存主编。据 1935 年 9 月 2 日《申报》载《〈中国文学珍本丛书〉预约广告》,郑振铎为该丛书编选委员 20 人之一。

文学研究会世界文学名著丛书

1936 年起由上海商务印书馆出版。今见有 14 种,其中收入郑振铎译的《俄国短篇小说译丛》等。

文学研究会创作丛书

1936 年起由上海商务印书馆出版。今见有 23 种,其中收入郑振铎的《桂公塘》、《西行书简》等。

二十五史补编

1936 年上海开明书店出版。1935 年 3 月,郑振铎被开明书店聘为该丛书的"总目鉴定人"之一。

大时代文艺丛书

1939 年 7 月上海世界书局出版。郑振铎、王任叔、孔另境主编。书前有郑振铎 1939 年 5 月 29 日写的主编者序。已知共出 11 种,其中第 6 种是郭源新等著的《十人集》。

玄览堂丛书

1940 年至 1948 年影印。共分 3 集。第 1 集在上海影印,后二集在南京影印。共收入刻本及抄本珍贵史料 70 余种,大多为明代人著述。第 1 集前有郑振铎化名"玄览居士"写的序。

中国版画史

1940 年起开始撰写选辑。原拟分为 24 卷,分正文与图录两部分。其中正文论述自唐代以至近代的版画史,共 4 卷;图录选辑 24 种版画书籍,共 20 卷。后正文部分未完成,仅写成部分图录说明;图录部分至 1947 年共出版五函 20 册,与原拟书目略有变更,并另外出有"图录外集"一种,共 4 册。

鲁迅三十年集

1941 年 10 月上海鲁迅全集出版社出版,鲁迅先生纪念委员会编。共 30 册,29 种。郑振铎是重要编辑者之一。

明季史料丛书

署"共和甲戌八月圣泽园印成一百部",甲戌为 1934 年,当为迷惑日伪而署,实影印于 1944 年 9 月。为缩印本,1 函 10 册。收入 20 种,大多为清代人著述。第 1 册前有郑振铎化名"纫秋山馆主人"在 1944 年 9 月写的序,后附有《明季史料丛书说明》。

文艺复兴丛书

1946 年 5 月至 1951 年 5 月上海出版公司出版。今见 8 种。收入郑振铎的《蛰居散记》以及郑振铎作序的《遭难前后》等。

大地文学丛书

1946 年秋,由郑振铎、洪深、叶圣陶、郭沫若、茅盾等人组成"大地文学丛书"编辑委员会,由上海大地书屋出版。原拟出版的该丛书第 4 种为郑振铎的《劫中得书记》,后仅见出版了前两种。

晨光世界文学丛书

1949 年 3 月起由上海晨光出版公司出版。原拟称作《美国文学丛书》。共 18 种 20 卷。据该出版公司编辑赵家璧说，该丛书实际是由郑振铎主编的。

中国古典文学

1950 年 8 月起由中央文化部艺术局编委会开始编辑。据《新华月报》1950 年 8 月 15 日第 2 卷第 4 期"文艺动态"报道，该丛书由郑振铎主编，有 30 多位专家参加。该丛书是应苏联有关方面要求编选的。

中国历代诗选

1950 年 8 月起由中央文化部艺术局编委会开始编辑。据《新华月报》1950 年 8 月 15 日第 2 卷第 4 期"文艺动态"报道，该丛书由郭沫若、郑振铎、艾青主编，有 10 多位专家参加。该丛书是应苏联有关方面要求编选的。

古今民间文艺丛书

1950 年北京来薰阁书店出版。为书店主人陈济川邀请郑振铎、魏天行、傅惜华、老舍等人主编，共出 3 种，又专刊 2 本。后因私营书店不能兼做出版工作，未再出下去。

中国近代史资料丛刊

1951 年开始由上海神州国光社出版。中国史学会组织编撰。参加编撰的史学家有范文澜、翦伯赞、白寿彝、齐思和、邵循正、向达等。约十年内陆续出版，共 10 种，62 册，3000 多万字。郑振铎是该丛刊总编辑之一。

古本戏曲丛刊

1954 年 2 月起影印出版。由郑振铎与吴晓铃、赵万里、傅惜华等人组成的"古本戏曲丛刊委员会"主编。收入珍贵的古代戏曲刊本与抄本。原计划编印十来集，郑振铎生前只印出了三集。第 1 集前有郑振铎 1954 年 2 月 11 日写的序。郑振铎在牺牲前夕为第 4 集写了序，成为他写的最后一篇文章。

中国古代版画丛刊（初编）

　　1956 年郑振铎应上海古典文学出版社之请编辑。当时他有一个规模宏大的设想,预计将收 500 种左右;而原定的"初编"规划,也有 36 种,95 册。1957 年上海古典文学出版社开始"初编"的印制工作,郑振铎曾在 1957 年 9 月 22 日写了丛刊的《总序》(发表在样本上)。在1958 年 7 月前出版的由郑振铎题跋的有《天竺灵签》、《历代古人像赞》、《圣迹图》、《忠义水浒传插图》等。后该丛刊归中华书局上海编辑所处理,认为规划内容和版本选择都须重加修订,郑振铎也同意。不幸郑振铎于 1958 年 10 月牺牲,遂由中华书局上海编辑部根据原郑振铎拟定的"初编"计划加以修改,并主要借用了郑振铎生前藏书,于1961 年出版了《中国古代版画丛刊》18 种,5 函44 册。上述郑振铎生前作跋 4 种版画均收在内。

十一　编辑报刊

救国讲演周刊

　　周刊。1919 年 6 月创刊于浙江省温州市。"救国讲演周报社"主编,郑振铎和陈仲陶负责。红黑二色石印,毛边纸 24 开本。约发行六、七期,即为当地瓯海道尹黄庆澜扼杀。

新学报

　　原定为半年刊,后改为季刊。1920 年 1 月创刊于浙江省温州市。由郑振铎提议创刊,"永嘉新学会"主办,郑振铎为该会会员,后并任编辑委员。共出版了五期。

闽潮

　　周刊。福建省旅京同学同乡会主办,五四运动时期北京油印刊物,郭梦良主编。据程俊英说,郑振铎也参与编辑。今未见。

新社会

　　旬刊。1919 年 11 月 1 日创刊于北京。"北京社会实进会"刊行。郑振铎与耿济之、瞿秋白、瞿世英、许地山等人编辑。郑振铎写《发刊

词》。共出 19 期,至 1920 年 5 月 1 日,为北洋军阀政府京师警察厅封
禁。

人道

　　月刊。《新社会》被禁后,1920 年 8 月 5 日创刊于北京。仍署"北
京社会实进会"刊行。郑振铎与耿济之、瞿秋白、瞿世英、许地山等人
编辑。郑振铎发表《人道主义》等文。仅出 1 期,因社会实进会方面害
怕而停刊。

批评

　　半月刊。1920 年 10 月 20 日创刊于北京,附于上海《民国日报》
发行。由郑振铎与北京大学学生罗敦伟、徐六几、周长宪、张邦铭、缪
金源等人组织的"批评社"主编。共出 7 期。

学灯

　　日刊。为上海《时事新报》副刊。1921 年春,郑振铎开始参加编
辑;1921 年 7 月 17 日起正式接替李石岑任该刊主编;至 1922 年 1
月 31 日发表《西谛启事》,改由柯一岑主编。

文学旬刊

　　旬刊。为上海《时事新报》副刊。1921 年 5 月 10 日创刊。文学研
究会上海分会机关刊物。郑振铎主编。创刊号上发表了郑振铎写的
《宣言》和《体例》等。从 81 期起,改为周刊,郑振铎写了《本刊改革宣
言》。1923 年 12 月 10 日出满百期,郑振铎写了《本刊的回顾与我们
今后的希望》。1923 年 12 月 24 日第 102 期,发表《郑振铎特别启
事》,说明因事务忙,将编辑事移交给叶绍钧经理。

戏剧

　　月刊。1921 年 5 月 31 日创刊于北京。"民众戏剧社"主办,中华
书局发行。郑振铎为民众戏剧社发起人之一。共出 10 期,至第 2 卷第
4 期停刊。

诗

　　月刊。1922 年 1 月 1 日创刊于上海。"中国新诗社"主办,中华书
局发行。叶圣陶、刘延陵、朱自清、俞平伯等编辑。郑振铎从一开始就

参与,创刊号即发表他的诗作;从第 4 期起,由郑振铎提议标明为"文学研究会刊物"。共出 7 期,至第 2 卷第 2 期停刊。

儿童世界

　　周刊。1922 年 1 月 7 日创刊于上海,商务印书馆出版。郑振铎主编,曾在《时事新报》等刊物上发表《儿童世界宣言》。到 1923 年,郑振铎编了一期"新年特刊"(篇幅为平时的四倍多)后,即调为《小说月报》主编。

小说月报

　　月刊。上海商务印书馆出版。创刊于 1910 年。1921 年 1 月起全面革新,由沈雁冰主编,郑振铎则在北京负责北方的组稿和审稿工作。1923 年 1 月第 14 卷第 1 期起,由郑振铎主编;至 1927 年 5 月郑振铎避走欧洲,由叶圣陶代理主编。1928 年 6 月郑振铎返沪后,继任主编;至 1931 年 12 月出至第 22 卷第 12 期,因 1932 年 1 月 28 日日寇飞机轰炸闸北,《小说月报》被迫停刊。在郑振铎主编期间,先后出了太戈尔、拜伦、法国文学研究、非战文学、安徒生、罗曼·罗兰、中国文学研究等专号或增刊。

星海

　　1924 年 8 月创刊。上海商务印书馆出版。文学研究会会刊,郑振铎主编。第 1 期为《文学》周刊百期纪念,郑振铎发表《发刊缘起》。原拟出第 2、3 期以至更多,约五个月出一期,并拟定了各期的名称:一、星海;二、星海;三、欧洲十九世纪的文学;四、创作集;五、戏剧研究。后仅见出版第 1 期。

鉴赏周刊

　　周刊。为上海《时事新报》副刊。1925 年 5 月 11 日创刊,至 12 月 28 日止,共出 30 期。刊头为郑振铎题字制版。该刊连载发表了郑振铎的《中国小说提要》和《白雪遗音选》等。

公理日报

　　日刊。1925 年 6 月 3 日创刊于上海。"上海学术团体对外联合会"主办,实际是郑振铎及叶圣陶、胡愈之、沈雁冰等人主编。共出 22

期,至 6 月 24 日被迫停刊,郑振铎写了《停刊宣言》。该报是"五卅运动"中的著名报纸。

一般

月刊。1926 年 9 月 5 日创刊于上海。上海江湾立达学园《一般》杂志编辑部出版,夏丏尊等主编。据 1926 年 4 月 30 日《立达半月刊》第 13 期《园讯》,及同年 8 月 8 日《文学周报》第 237 期《〈一般〉的诞生》,该刊由胡愈之提议出版,郑振铎为筹备编辑者之一。

编辑者

月刊。上海市出版业工会商务印书馆编译所办事处刊物,1931 年 6 月 15 日创刊,郑振铎、周予同主编。郑振铎写《发刊词》。1931 年 9 月郑振铎到北平工作,该刊旋即停办,共出 5 期。

文学月刊

月刊。北平清华大学中国文学会出版。从 1931 年 12 月 15 日第 2 卷第 1 期起,郑振铎任该刊顾问。

文学年报

年刊。1932 年 7 月创刊于北平。北平燕京大学国文学会编辑。郑振铎任该刊顾问,创刊号稿件均由郑振铎一一审阅。

文学

月刊。1933 年 7 月 1 日创刊于上海,生活书店发行。郑振铎为主要发起人和编委会成员。第 1 卷署文学社编,第 2 至第 4 卷署郑振铎、傅东华编,第 5 至第 6 卷署傅东华编,第 7 至第 9 卷第 2 期署王统照编,第 9 卷第 3、4 二期署傅东华编,1937 年 11 月停刊。郑振铎参与主编期间,曾出《我与文学》、《文学百题》等纪念特刊。

文学季刊

季刊。1934 年 1 月 1 日创刊于北平。第 1 卷第 1 至第 3 期由北平立达书店出版发行,第 1 卷第 4 期至第 2 卷第 4 期由上海生活书店发行。郑振铎、靳以主编。1935 年 12 月 16 日停刊,共出 8 期。创刊号上有郑振铎写的《发刊词》。

太白

半月刊。1934 年 9 月 20 日创刊于上海。生活书店出版。出至 1935 年 9 月 5 日第 2 卷第 12 期止。陈望道主编。郑振铎是编辑委员会 11 人之一。

水星

月刊。1934 年 10 月创刊于北平。北平文化书局发行。卞之琳、巴金、沈从文、李健吾、靳以、郑振铎主编。共出 9 期。

暨南学报

1936 年 2 月创刊于上海。国立暨南大学编译委员会编辑,上海开明书店出版。郑振铎为编辑委员会之一人。

世界文库月报

月刊。1936 年 8 月创刊于上海。为《世界文库》附出的专刊。生活书店出版,郑振铎主编。共出 5 期,至 1937 年 3 月停刊。

国立暨南大学图书馆馆报

月刊。1937 年 4 月 24 日创刊于上海。郑振铎当时兼任暨南大学图书馆馆长。

中华公论

月刊。1937 年 7 月 20 日创刊于上海。生活书店发行。张志让、张仲实、郑振铎主编。

救亡日报

日刊。1937 年 8 月 24 日创刊于上海。上海市文化界救亡协会主办。至 11 月 22 日第 85 期,该报上海版终刊。郑振铎为编辑委员会 30 人之一。

战时联合旬刊

旬刊。1937 年 9 月 1 日创刊于上海。为《世界知识》、《妇女生活》、《中华公论》、《国民周刊》等四个刊物在上海抗战期间出的联合刊物。金仲华、沈兹九、王志莘、杜佐周、张志让、张仲实、郑振铎、钱亦石、谢六逸、王纪元等编辑。

抗战文艺

初为三日刊,后改为周刊、半月刊、月刊等。1938 年 5 月 4 日创刊于汉口。中华全国文艺界抗敌协会主办，郑振铎为编辑委员会33人之一。

书评专刊

　　周刊。1938 年 5 月 8 日创刊于上海。为《文汇报》副刊《世纪风》（日刊）的专刊。郑振铎编。共出 9 期,至 7 月 3 日停刊。

文学集林

　　1939 年 11 月创刊于上海,开明书局出版。郑振铎、徐调孚主编。第 1 辑题为《山程》,第 2 辑题为《望》,第 3 辑题为《创作特辑》,第 4 辑题为《译文特辑》,第 5 辑题为《殖荒者》。

西洋文学

　　月刊。1940 年 9 月 1 日创刊于上海,西洋文学社发行。郑振铎被聘为该刊名誉编辑。

学林

　　月刊。1940 年 11 月创刊于上海,开明书店出版。据 1946 年 9 月 25 日《读书通讯》半月刊第 117 期金兆梓的《何炳松传》和史隐的《何柏丞先生年谱略》,郑振铎为该刊编辑委员会之一。

民主

　　周刊。1945 年 10 月 13 日创刊于上海。郑振铎主编,上海民主周刊社发行。创刊号上有郑振铎写的《发刊词》。1946 年 10 月 31 日出至第 2 卷第 3、4 期合刊,被国民党反动派禁止。终刊号上郑振铎发表《我们的抗议》。

文艺复兴

　　月刊。1946 年 1 月 10 日创刊于上海。上海出版公司发行,郑振铎、李健吾主编。创刊号上郑振铎发表《发刊词》。1947 年 11 月 1 日出至第 4 卷第 2 期时停刊。从 1948 年 9 月 10 日至 1949 年 8 月 5 日又陆续出了《中国文学研究专号》三本。

文学周刊

　　周刊。1946 年 4 月 17 日创刊于上海。为《联合日报晚刊》（后改名为《联合晚报》）副刊。郑振铎主编。创刊号上有郑振铎写的代发刊词《文艺作家们向那里去？》。1946 年 10 月 25 日出至第 27 期停刊。

中文物参考资料

月刊。1950 年 1 月创刊于北京。中央文化部文物局主办。

中国考古学报

不定期。1951 年 12 月复刊于北京,复刊号为"第五册第一、二分合刊"。郑振铎为编辑委员会主任委员。后该刊改成《考古学报》。

考古学报

季刊。1953 年 3 月创刊于北京。郑振铎为编辑委员会主任。

译文

月刊。1953 年 7 月 1 日创刊于北京。茅盾主编,据陈冰夷回忆,郑振铎是编辑委员会成员,成员名单是茅盾亲自拟定,经文协主席团会议讨论通过的。

考古通讯

双月刊。1955 年 1 月 10 日创刊于北京。郑振铎为编辑委员会召集人。

政协会刊

不定期。1956 年 12 月全国政协常委会第 32 次会议决定成立"会刊编辑委员会",郑振铎为编委会主任委员。第 1 期正式出版于 1957 年 1 月 28 日,郑振铎生前共出版了 13 期。

文学研究

季刊。1957 年 3 月 12 日创刊于北京。郑振铎为编辑委员会委员。

收获

双月刊。1957 年 7 月 24 日创刊于上海。郑振铎为编辑委员会 12 人之一。

十二　郑振铎作序跋的书目
（以作序跋先后为序）

俄罗斯名家短篇小说第一集

　　1924 年 7 月新中国杂志社出版。耿匡、沈颖等选译。1920 年 3 月
20 日作序。

艺术论

　　1921 年 3 月上海商务印书馆出版。托尔斯泰著,耿济之译。1920
年 8 月 20 日作序。

甲必丹之女

　　1921 年 2 月上海商务印书馆出版。普希金著,安寿颐译。1920 年
9 月 17 日作序。

黑暗之势力

　　1921 年 3 月上海商务印书馆出版。托尔斯泰著,耿济之译。1920
年 11 月 25 日作序。

父与子

　　1922 年 1 月上海商务印书馆出版。屠格涅甫著,耿济之译。1922
年 3 月 12 日作序。

诗之研究

　　1923 年 11 月上海商务印书馆出版。勃利司潘莱著,傅东华、金
兆梓译述。1922 年 6 月 8 日作序。

将来之花园

　　1922 年 8 月上海商务印书馆出版。徐玉诺著。郑振铎作《卷头
语》。

太戈尔戏曲集(一集)

　　1923 年 9 月上海商务印书馆出版。瞿世英等译。1923 年 8 月 7
日作序。

稻草人

　　1923 年 11 月上海商务印书馆版。叶绍钧著。1923 年 9 月 5 日作序。

人之一生

　　1923 年 11 月上海商务印书馆版。安特列夫著,耿济之译。1923 年 9 月 6 日作序。

青春底悲哀

　　1924 年 1 月上海商务印书馆出版。熊佛西著。1923 年 9 月 18 日作序。

复活的玫瑰

　　1924 年 3 月上海商务印书馆出版。侯曜著。1923 年 9 月 18 日作序。

太戈尔戏曲集(二集)

　　1924 年 11 月上海商务印书馆版。瞿世英等译。1923 年 10 月 25 日作序。

子恺漫画

　　1925 年 12 月上海文学周报社出版。丰子恺画。1925 年 11 月 9 日作序。

岭东情歌集

　　1929 年上海北新书局出版。陈穆如编。1929 年 3 月 27 日作序。

中国通俗小说书目

　　1932 年北京图书馆中国大辞典编纂处印行。孙楷第著。1932 年 12 月 17 日作序。

清代燕都梨园史料

　　1934 年冬北平邃雅斋书店出版。张次溪编。1934 年 12 月 23 日作序。

元人小令集

　　1935 年 4 月上海开明书店出版。陈乃乾编。1935 年 2 月 15 日作序。

石点头

1935 年 12 月上海贝叶山房出版。(明)天然痴叟著。戴望舒校点。末有郑振铎的代跋,待查。

山歌

1935 年上海传经堂出版。(明)冯梦龙编。1935 年 9 月 19 日作跋。

中国小说史料

1936 年上海中华书局出版。孔另境编。1936 年 1 月 14 日作序。

玄武门之变

1937 年 4 月上海开明书店出版。宋云彬著。1937 年 4 月 18 日作序。

中国的抗战

1938 年 6 月 25 日上海译报社出版。梁士纯著。郑振铎作《序》。

程及水彩画集

1941 年由程及自费在上海出版,1946 年 3 月再版。1941 年 10 月 1 日作序。

遭难前后

1947 年 3 月上海出版公司出版。许广平著。1947 年 2 月 7 日作序。

苏联木刻

1947 年 5 月上海天下图书公司出版。葛一虹编。1947 年 5 月 5 日作序。

卡拉马助夫兄弟们

1947 年 8 月上海晨光出版公司出版。陀思妥耶夫斯基著,耿济之译。1947 年 7 月 27 日作序。

参加苏联"中国艺展"古代艺术品目录

1950 年 7 月 31 日(衍期出版)北京中央文化部文物局出版。1950 年 8 月 7 日作序。

雁北文物勘察团报告

1951 年 3 月北京中央文化部文物局出版。1951 年 3 月 17 日作序。

敦煌文物展览特刊

1951 年 5 月 31 日北京中央文化部文物局出版，郑振铎作《前言》。

北京荣宝斋诗笺谱

1957 年 11 月北京荣宝斋出版。1951 年 8 月 23 日作序。

中国印本书籍展览目录

1952 年 10 月北京图书馆编,郑振铎作《引言》。

楚辞集注

1953 年 6 月北京人民文学出版社影印。(周)屈原撰,(宋)朱熹集注。1953 年 2 月 20 日作跋。

炳灵寺石窟

1953 年 9 月北京中央文化部社会文化事业管理局出版。1953 年 8 月 28 日作序(概述)。

论中国短篇白话小说

1953 年 11 月上海棠棣出版社出版。孙楷第著。1953 年 10 月 2 日作序。

全国基本建设工程中出土文物展览图录

1955 年 9 月北京中国古典艺术出版社出版。1954 年 7 月 29 日作《代序》。

麦积山石窟

1954 年 4 月北京中央文化部社会文化事业管理局出版。1954 年 9 月 23 日作序。

殷虚文字缀合

1955 年 4 月北京科学出版社出版。郭若愚等著。1954 年 10 月 9 日作序。

萧伯纳戏剧选

1956 年 7 月北京人民文学出版社出版。1956 年 6 月作序。

陕西省出土唐俑选集

　　1958年5月北京文物出版社出版。陕西省文物管理委员会编。1957年4月26日作序。

楚辞插图本

　　原书未见。苏联出版。1957年10月13日在苏联莫斯科作序。

瞿秋白选集（俄译本）

　　1959年4月29日苏联莫斯科文学出版社出版。1957年11月30日作序。

关汉卿戏曲集

　　1958年4月中国戏剧出版社出版。郑振铎作《代序》。

永乐宫壁国选集

　　1958年北京文物出版社出版。1958年5月作序。

许地山选集

　　1958年12月北京人民文学出版社出版。1958年6月6日作序。

中国版画选

　　1958年北京荣宝斋出版。1958年6月7日作序。

缩印百衲本二十四史

　　1958年12月商务印书馆出版。张元济主编。1958年6月20日作序。

故宫博物院藏中国历代名画集

　　1959年9月北京人民美术出版社出版前编上卷，1958年8月27日作序。

〔附〕

近代中国文人志

　　1937年杨世骥编撰，郑振铎曾为之作序，但该书后来未见出版。

晚清戏曲录

　　1941年阿英编撰，郑振铎于1941年2月25日为之作序，但因

当时环境恶劣未能出版。1954 年 8 月阿英将此书和晚清小说方面的
资料合并在一起,改书名为《晚清戏曲小说目》,由上海文艺联合出版
社出版,并将此序录于前言中。

十三   收入郑振铎作品的书目
（限于建国前出版）

新诗集

　　1920 年 1 月新诗社出版。收入郑振铎的《我是少年》。

国语留声片课本

　　1922 年 10 月上海商务印书馆出版。赵元任编。收入郑振铎的
《我是少年》。

抒情小诗集

　　1923 年 6 月上海古今图书店出版。查猛济编。收入郑振铎的《J
君的话》。

近代俄国小说集

　　1923 年 11 月上海商务印书馆出版。收入郑振铎译的《芳名》和
《飞翼》。

新文艺评论

　　1923 年上海民智书局出版。侃工编。收入郑振铎的《论散文诗》、
《俄国的诗歌》、《屠格涅甫〈父与子〉叙言》、《〈灰色马〉的引言》。

歧路

　　1924 年 11 月上海商务印书馆出版。收入郑振铎的诗《忧闷》、
《无言》、《工作之后》、《湖边》。

童话评论

　　1924 年上海新文化书社出版。赵景深编。收入郑振铎的《儿童世
界宣言》、《稻草人序》。

创作讨论

1925 年 1 月上海商务印书馆出版。收入郑振铎的《平凡与纤巧》。

或人的悲哀

1925 年 1 月上海商务印书馆出版。收入郑振铎的《淡漠》。

梭罗古勃

1925 年 3 月上海商务印书馆出版。收入郑振铎译的《你是谁？》。

近代丹麦文学一脔

1925 年 3 月上海商务印书馆出版。收入郑振铎的《丹麦现代批评家勃兰特传》。

失去的指环

1928 年 9 月 1 日上海良友图书印刷公司出版。收入郑振铎的《压岁钱》。

中国近十年散文选

1929 年 5 月上海全球书店出版。曹养吾编。收入郑振铎的《蝉与纺织娘》。

现代中国小说选

1929 年 9 月上海亚细亚书局出版。丁玲等著。AL 社编。收入郑振铎的《风波》。

现代中国散文选

1930 年 6 月上海江南文艺社出版。江南文艺社编。"学生自修读本"。收入郑振铎的《研究中国文学的新途径》。

近代名人白话文选

1930 年 9 月北平平化合作社出版。成希菊编。收入郑振铎文，待查。

小说甲选

1931 年 8 月上海群众图书公司出版。鲁迅等著。陈思编。收入郑振铎的《三年》。

现代中国散文选(二集)

1931 年 11 月上海江南文艺社出版。江南文艺社编。"学生自修读本"。收入郑振铎的《且慢谈所谓"国学"》。

古史辨(第三册)

  1931 年 11 月北平朴社出版。顾颉刚编。收入郑振铎的《读〈毛诗序〉》。

中学生文学读本(第四册)

  1932 年 5 月上海中学生书局出版。鲁迅等著。洪超编。收入郑振铎的《王榆》。

小品文讲话

  1932 年 10 月上海光明书局出版。石苇编著。收入郑振铎文,待查。

小品文精选

  1933 年 2 月上海神州国光社出版。陆晶清编。收入郑振铎的《蝉与纺织娘》。

实用白话书信

  1933 年 8 月上海南强书局出版。王逸岑编。收入郑振铎的《与鸿杰书》、《与周启明书》。

名家游记

  1933 年 11 月上海文艺书局出版。新绿文学社编。收入郑振铎的《阿剌伯人》。

现代小品文选(下卷)

  1933 年 11 月上海北新书局出版。赵景深编。收入郑振铎的《阿剌伯人》、《海燕》、《宴之趣》、《蝉与纺织娘》。

现代学术思想文选

  1933 年 12 月上海亚细亚书局出版。薛时进编。收入郑振铎的《研究中国文学的新途径》。

中国新文学运动史资料

  1934 年 4 月上海光明书局出版。张若英编。收入郑振铎的《新文学之建设与国故之新研究》、《新文学观的建设》。

模范游记文选

1934 年 8 月上海光明书局出版。戴叔清编。收入郑振铎文,待查。

文艺鉴赏与批评

1934 年 9 月上海光华书店出版。收入郑振铎的《中国文学批评的发端》。

模范散文选注

1934 年 9 月上海光明书局出版。何光霁编。收入郑振铎的《塔山公园》、《宴之趣》。

一九三四年小说年选

1935 年 3 月上海开华书店出版。巴金等著。中国小说年选社编。收入郑振铎的《毁灭》。

现代创作散文选

1935 年 3 月上海中央书店出版。姚乃麟编。"新编文学读本"。收入郑振铎的《海燕》、《不速之客》、《宴之趣》、《蝉与纺织娘》。

怎样研究文学

1935 年 3 月北平人文书店出版。华北文艺社编。收入郑振铎的《怎样研究中国文学》。

都市的风光

1935 年 6 月上海开明书店出版。收入郑振铎的《北平》。

升学与就业

1935 年 6 月上海开明书店出版。收入郑振铎的《致文学青年》。

中国新文学大系·小说一集

1935 年 8 月 30 日上海良友图书印刷公司出版。茅盾编选。收入郑振铎的《猫》、《书之幸运》。

中国新文学大系·散文二集

1935 年 8 月 30 日上海良友图书印刷公司出版。郁达夫编选。收入郑振铎的《蝴蝶的文学》、《离别》。

中国新文学大系·诗集

1935 年 10 月 15 日上海良友图书印刷公司出版。朱自清编选。

收入郑振铎的《鼓声》、《云与月》。

幽默的叫卖声

　　1935 年 10 月上海生活书店出版。《太白》速写集。收入郑振铎文,待查。

现代文选

　　1935 年 10 月上海合众书店出版。萧逖山编。收入郑振铎的《研究中国文学的新途径》。

现代创作小说选

　　1935 年 11 月上海中央书店出版。茅盾等著。姚乃麟编。收入郑振铎的《风波》。

二十六个和一个

　　1935 年上海生活书店出版。收入郑振铎译的《严加管束》。

现代中国散文选

　　1935 年北平人文书店出版。孙席珍编。收入郑振铎的《黄昏的观前街》、《阿刺伯人》。

西北胜迹

　　1935 年平绥铁路管理局出版。谢冰心编。收入郑振铎的《云岗》、《昭君墓》。

分类小品文选

　　1936 年 1 月上海仿古书店出版。唐宗辉编。收入郑振铎的《止水的下层》。

现代中国小品散文选(第一集)

　　1936 年 3 月上海中国文化服务社出版。罗芳洲编。"文学基本丛书"。收入郑振铎的《莫干山的瀑布》、《苦鸦子》、《街血洗去后》。

现代小品文选(第一集)

　　1936 年 4 月上海仿古书店出版。俊生编。收入郑振铎的《莫干山的瀑布》、《苦鸦子》、《街血洗去后》。

现代散文选

　　1936 年 5 月上海仿古书店出版。俊生编。收入郑振铎的《研究中国文学的新途径》。

现代名家情书选

1936年5月上海中国文化服务社出版。薛时进选注。"国语补充读物"。收入郑振铎的《风波》。

小品文

1936年5月上海启明书店出版。钱公侠、施瑛编。"中国新文学丛刊"。收入郑振铎的《离别》。

小说（一）

1936年5月上海启明书店出版。钱公侠、施瑛编。"中国新文学丛刊"。收入郑振铎的《三年》、《书之幸运》。

历史小品集

1936年7月上海艺峰丛书社出版。鲁迅等著。"艺峰丛书"。收入郑振铎的《毁灭》。

古今名文八百篇

1936年9月上海大众书局出版。徐蔚南、储祎选。收入郑振铎的《海燕》。

现代中国小品散文选（第二集）

1936年10月上海中国文化服务社出版。罗芳洲编。"文学基本丛书"。收入郑振铎的《蝉与纺织娘》、《塔山公园》。

现代小品文选（第二集）

1936年上海仿古书店出版。俊生编。收入郑振铎的《蝉与纺织娘》、《塔山公园》。

鲁迅的盖棺论定

1936年11月上海全球书店出版。范诚编。收入郑振铎的《悼鲁迅先生》、《永在的温情》、《鲁迅先生并不偏狭》。

现代文存（第一辑）

1936年12月香港世界文学编译社出版。收入郑振铎的《永在的温情》。

中国文化建设讨论集

1936 年 12 月上海经纬书局出版。马芳若编。收入郑振铎关于中国文化建设的一段文章。

名家传记

1937 年 3 月上海中华书局出版。新绿文学社编。收入郑振铎的《记黄小泉先生》。

当代创作小说集(下集)

1937 年 6 月上海经纬书局再版。刘大杰等著。收入郑振铎的《猫》。

旧俄小说名著

1937 年 6 月上海启明书局出版。施洛英编。收入郑振铎译的《你是谁?》。

鲁迅先生纪念集

1937 年 10 月 19 日上海文化生活出版社出版。收入郑振铎的《永在的温情》。

汉奸

1937 年 10 月桂林前导书局出版。舒沛泉编。收入郑振铎的《扫除汉奸》。

抗战颂

1937 年 11 月上海五洲书报社出版。唐琼编。收入郭源新(郑振铎)的《国魂的再生》、《剩在的三个战士》。

鲁迅逝世周年纪念册

1937 年抗战出版社出版。汪馥泉编。收入郑振铎的《鲁迅先生的治学精神——为鲁迅先生周年纪念作》。

飞将军抗战记

1937 年上海战时出版社出版。收入郑振铎的《我空军炸敌目击记》、《我翱翔在天空——飞机师之歌》(诗)。

战时散文选

1937 年上海战时出版社出版。茅盾等著。"战时小丛刊"。收入郑振铎的《我空军炸敌目击记》。

战时诗歌选

　　1937年上海战时出版社出版。冯玉祥等著。"战时小丛刊"之十八。收入郑振铎的《国魂的再生》、《剩在的三个战士》。

鲁迅与抗日战争

　　1937年上海战时出版社出版。收入郑振铎的《忆冲铎的老战士鲁迅先生》。

如何扫除汉奸

　　1938年2月救亡文化出版社出版。收入郑振铎的《扫除汉奸》。

中日战争的回顾与前瞻

　　1938年2月国际时事研究会编辑出版。收入郑振铎的《明代倭寇侵略江浙纪略》。

第一年

　　1938年9月30日上海谊社出版部出版,上海谊社编;又,1939年3月上海美商华盛顿印刷出版公司再版,野风等编,及香港未名书店再版,改名《第一年代》。收入郑振铎的《卢沟桥》、《回击》、《我翱翔在天空》。

建国文选(第一集)

　　1939年2月上海黎明出版社出版。收入郑振铎的《回击》。

第一年代续编

　　1939年5月15日香港未名书店出版。石灵等编。收入郑振铎的《四维大张》、《礼之用》、《送旧中国入净火》。

名家散文选

　　1939年5月上海三通书局出版。茅盾、丰子恺等著。"三通小丛书"。收入郑振铎的《山中杂记》。

十人集

　　1939年7月上海世界书局出版。收入郑振铎的《风涛》。

中国勇士

　　1940年3月香港奔流书店出版。巴金等著。"集体创作丛书"。收入郑振铎的《毁灭》。

瞿犊王进烈士纪念集

　　1940年7月上海出版。收入源新(郑振铎)、竟曰(严景耀)的《我们最勇敢的民族战士》。

瓶外卮言

　　1940年8月天津天津书局出版。姚灵犀等著。收入郭源新(郑振铎)的《谈＜金瓶梅词话＞》。

将军

　　1940年9月上海新流书店昆明出版。老舍等著。收入郑振铎的《毁灭》。

孟夫子出妻

　　1940年12月上海奔流书店出版。收入郑振铎的《毁灭》。

海

　　1941年5月上海中流书店出版。收入郑振铎译的《血痕》。

胡咏骐先生纪念册

　　1941年7月15日上海出版，由上海市保险业同业公会等九个单位编辑发行。收入郑振铎的《悼胡咏骐先生》。

现代小品文精选

　　1941年上海言行社出版。收入郑振铎的《蝉与纺织娘》。

近代世界诗选

　　1941年11月长春满洲图书株式会社出版。梁孟庚编，山丁选。收入郑振铎译的《只有你》。

现代中国小说选

　　1942年5月沈阳盛京书店出版。老舍等著。收入郑振铎的《元荫嫂的墓前》、《王榆》、《春兰与秋菊》、《病室》、《三年》。

历史小品选

　　1942年8月桂林立体出版社出版。鲁迅等著。宋云彬序。收入郑振铎的《汤祷》。

中国作家与鲁迅

　　1942年9月桂林学习出版社出版。收入郑振铎的《永在的温情》。

名作家散文选

　　1943 年 12 月天津益成书店出版。巴金、鲁迅等著。收入郑振铎的《山中杂记》。

"四八"被难烈士纪念册

　　1946 年 10 月中共代表团编。内收郑振铎署名的上海各界追悼王秦叶邓黄诸先生大会筹备会启事和中国民主促进会致毛泽东暨转烈士家属信，并收郑振铎挽"四八"烈士联。

人民英雄——李公朴　闻一多先生遇刺纪实

　　出版年月不详。李闻二烈士纪念委员会编印。收入郑振铎的《悼李公朴闻一多二先生》、《悼李闻二先生》，还收入郑振铎署名的十三位作家致联合国人权委员会的控诉电报。

陶行知先生纪念集

　　1946 年陶行知先生纪念委员会编印。收入郑振铎的《悼陶行知先生》。

一二·一民主运动纪念集

　　1946 年 11 月上海镇华出版社出版。于再先生纪念委员会编印。收入郑振铎《悼于再先生和昆明死难同学》以及郑振铎列名的《上海各界公祭于再先生祭文》等。

昆明一二一学生爱国运动

　　(重庆)陪都各界反对内战联合会编。收入郑振铎文，待查。

历史小品

　　1946 年 11 月晨钟书店出版。(又署《历史小品集》，正气书店出版。)收入郑振铎的《毁灭》。

现代中国小说选

　　1946 年 11 月上海百新书店出版。丁玲等著。赵景深、孙席珍等编。收入郑振铎的《风波》。

抗战前后八十家佳作集

　　1947 年 9 月香港新流书店出版。上下册。上册收入郑振铎的《毁灭》。

附录三

郑振铎研究资料选目

（限于 1986 年 10 月前发表者）

饿乡纪程·四（瞿秋白）

　　1920 年 12 月作，载 1922 年 9 月上海商务印书馆初版《新俄国游记》（《饿乡纪程》改名）。

讨论创作致郑振铎先生信中的一段（沈雁冰）

　　1921 年 1 月 10 日作，载 1921 年 2 月 10 日《小说月报》第 12 卷第 2 期。

文学研究会会务报告

　　载 1921 年 2 月 10 日《小说月报》第 12 卷第 2 期。

致郑振铎信（瞿世英）

　　1921 年 2 月 16 日作，载 1921 年 2 月 27、28 日《晨报》，又载 4 月 17、18 日《时事新报·学灯》。

致郑振铎信（瞿世英）

　　1921 年 3 月 29 日作，载 1921 年 4 月 1、2、3 日《晨报》，又载 4 月 14、15 日《时事新报·学灯》。

关于北京社会主义青年团第四次大会的秘密报告（关谦）

　　1921 年 4 月 2 日作，收入 1980 年 2 月中国社会科学出版社版《五四爱国运动档案资料》。

致郑振铎信（郭沫若）

1921 年 6 月 14 日作,载 1921 年 6 月 30 日《文学旬刊》第 6 期。

什么是两性问题?——质问《时事新报》西谛君!(G.D.)

载 1921 年 7 月 19 日《民国日报·觉悟》。

答吾友郑西谛先生(费觉天)

载 1921 年 8 月 8 至 11 日《晨报》,又载 8 月 16、17 日《时事新报·学灯》。

与西谛觉天二兄论"文学与革命"书(菊农)

载 1921 年 8 月 15 日《时事新报·学灯》。

从文学革命与社会革命上所见底革命的文学(费觉天)

1921 年 8 月 20 日作,载 1921 年 12 月 15 日《评论之评论》第 1 卷第 4 期。

感情的生活与革命的文学(周长宪)

载 1921 年 12 月 15 日《评论之评论》第 1 卷第 4 期。

反响之反响(郭沫若)

1922 年 10 月 3 日作,载 1922 年 11 月《创造》季刊第 1 卷第 3 期。

"中国文学史研究会"底振议(馥泉)

1922 年 11 月 3 日作,载 1922 年 11 月 10 日《文学旬刊》第 55 期。

读郑振铎译的《飞鸟集》(梁实秋)

载 1923 年 7 月 7 日《创造周报》第 9 期。

西谛君的《淡漠》(志点)

载 1923 年 7 月 10 日《小说月报》第 14 卷第 7 期。

郑译《新月集》正误(成仿吾)

1923 年 11 月 27 日作,载 1923 年 12 月 2 日《创造周报》第 30 期。

郑译《灰色马》序(瞿秋白)

郑译《灰色马》序(沈雁冰)

跋《灰色马》译本(俞平伯)

上三篇均载1924年1月上海商务印书馆版《灰色马》。

致郑振铎信(成仿吾)

载1924年6月9日《文学》周刊第125期。

致郑振铎信(梁俊青)

载1924年6月16日《文学》周刊第126期。

致《文学》编辑诸君(郭沫若)

1924年7月2日作,载1924年7月14日《文学》周刊第130期。

《天鹅》序(叶绍钧)

1924年11月20日作,载1925年1月上海商务印书馆版《天鹅》。

质西谛君(平伯)

1925年6月15日作,载1925年7月20日《语丝》周刊第36期。

答西谛君(平伯)

1925年7月29日作,载1925年8月10日《语丝》周刊第39期。

搀论言耻与御侮(燕生)

载1925年8月21日《莽原》周刊第18期。

致C.T.(玄珠)

1926年1月8日作,载1926年1月31日《文学周报》第210期。

《列那狐的历史》(调孚)

载1926年9月5日《一般》月刊第1卷第1期。

《文学大纲》(佩书)

载1927年1月5日《一般》月刊第2卷第1期。

致郑振铎信(王任叔)

1927年1月14日作,载1927年3月27日《文学周报》第267期。

《白雪遗音选》(珊梵)

载1927年2月5日《一般》月刊第2卷第2期。

关于《文学大纲》(谢六逸)

1927年9月作,载1927年10月2日《文学周报》第284期。

郑振铎的《家庭的故事》(孙席珍)

　　1929 年 2 月 19 日作,载 1929 年 2 月《文学周报》第 358 期。

"热辣辣的政治"(学濂)

　　1929 年 7 月 5 日作,载 1929 年 7 月 22 日《语丝》周刊第 5 卷第 20 期。

学术和时髦(连柱)

　　载 1930 年 2 月 1 日《萌芽月刊》第 1 卷第 2 期。

大学潮(穆如)

　　1930 年 2 月 8 日作,载 1930 年 4 月 1 日《萌芽月刊》第 1 卷第 4 期。

悼"光明大学"(王泉)

　　1930 年 2 月 23 日作,载 1930 年 4 月 11 日《巴尔底山》旬刊第 1 卷第 1 期。

左联给复旦大学文学系诸教授的信

　　1930 年 5 月 11 日作,载 1930 年 5 月 21 日《巴尔底山》旬刊第 1 卷第 5 期。

安全的一份(狐尾)

　　载 1930 年 5 月 21 日《巴尔底山》旬刊第 1 卷第 5 期。

笔社与聚餐(戎一)

　　载 1930 年 5 月 21 日《巴尔底山》旬刊第 1 卷第 5 期。

《清人杂剧》(陈子展)

　　1931 年 6 月 9 日作,载 1932 年 9 月 20 日《青年界》第 2 卷第 2 期。

郑西谛清剧二集序(吴梅)

　　1931 年 7 月 29 日作,载 1934 年 10 月郑振铎自费影印《清人杂剧二集》。

《清人杂剧初集》(赵景深)

　　载 1931 年 11 月《现代学生》第 2 卷第 2 期。

《插图本中国文学史》(王以中)

载 1932 年 10 月 10 日《读书月刊》第 2 卷第 1 期。

评郑著《中国文学史》(吴世昌)

　　1932 年 12 月 4 日作,载 1933 年 3 月 1 日《新月》第 4 卷第 6 期。

读《汤祷篇》(曹松叶)

　　载 1933 年 7 月 1 日《东方杂志》第 30 卷第 13 期。

一场变文官司(何如)

　　载 1933 年 8 月 11 日《申报·自由谈》。

中国古代文学史上诸问题——兼质《插图本中国文学史》作者(张长弓)

　　载 1935 年 8 月《文艺月报》第 1 卷第 1 期。

来函照登(吴世昌)

　　载 1933 年 10 月 29 日《申报·自由谈》。

与郑振铎论大众文学(杨柳)

　　1934 年 2 月 9 日作,载 1934 年 3 月 15 日《新垒》月刊第 3 卷第 2、3 期合刊。

郑振铎著《插图本中国文学史》〔第一,三,四各册〕(吴世昌)

　　载 1934 年 3 月 1 日《图书评论》第 2 卷第 7 期。

郭源新的《桂公塘》(马儿)

　　1934 年 4 月 3 日作,载 1934 年 4 月 15 日《新垒》月刊第 3 卷第 4 期。

《桂公塘》和《天下太平》(艾淦)

　　1934 年 4 月 20 日作,载 1934 年 5 月 1 日《春光》月刊第 1 卷第 3 期。

评《桂公塘》(天狼)

　　载 1934 年 5 月 15 日《新垒》月刊第 3 卷第 5 期。

《中国文学论集》(邹啸)

　　载 1934 年 7 月 1 日《文学》月刊第 3 卷第 1 期。

郑振铎先生访问记(婀丝)

　　载 1934 年 12 月《现象》第 1 期。

希腊的神·英雄·人(知堂)

1935 年 1 月 28 日作,载 1935 年 2 月 3 日《大公报·文艺副刊》。

平绥沿线旅行记(谢冰心)

1935 年 1 月 29 日作,1935 年平绥铁路局印行。

表评一二(郁达夫)

1935 年 4 月作,载 1935 年 8 月上海良友图书公司版《中国新文学大系·散文二集》的《导言》内。

《世界文库》序(蔡元培)

1935 年 5 月 7 日作,载 1935 年 5 月 20 日《世界文库》第一册。

对《世界文库》之意见(胡愈之、茅盾、许地山、谢六逸、朱光潜、傅东华、陈望道、夏丏尊、叶圣陶)

载 1935 年 5 月上海生活书店版《〈世界文库〉样本》。

最近的两大工程(姚琪)

载 1935 年 7 月 1 日《文学》月刊第 5 卷第 1 期。

中国现代小说发展的动向底蠡测(王任叔)

载 1935 年 9 月 15 日《创作》第 1 卷第 3 期。

怀念北平的垃圾(了了)

载 1936 年 3 月 22 日《立报·小茶馆》。

关于《世界文库》(叶独宰)

载 1936 年 4 月 5 日《夜莺》第 1 卷第 2 期。

关于《世界文库》底翻印旧书(甘奴)

载 1936 年 4 月 15 日《创家》第 1 期。

大度与宽容(巴金)

载 1936 年 4 月 15 日《作家》第 1 期。

《短剑集》(毕树棠)

载 1936 年 5 月 16 日《宇宙风》半月刊第 17 期。

大编辑郑振铎(杨光政)

载 1942 年 1 月 1 日《作家》第 2 卷第 1 期。

暨南四教授(原予鲁)

载1945年10月1日《作家笔会》。

从郑振铎先生求书说起(郭天闻)

载1945年12月1日《上海文化》第1期。

读郑振铎《惜周作人》(胡明树)

1946年3月9日作,载1946年4月10日《文艺生活》光复版第4期。

五四人物回首话当年(邵琼)

载1946年5月5日《世界晨报》。

郑振铎论(郭天闻)

载1946年6月1日《上海文化》第5期。

书话·山中杂记(晦庵)

载1945年9月4日《文汇报·笔会》。

郑振铎(斋藤秋男)

载1947年3月日本《新中国》第11期。

当代史学家评《中国历史参考图谱》(郭沫若等)

载1947年4月1日《文艺复兴》月刊第3卷第2期,又载5月1日上海《大公报》。

访郑振铎先生谈明器和陶阗(潘际坰)

载1947年11月6日上海《大公报》。

《中国版画史图录》述评(王育伊)

载1948年2月27日天津《大公报·图书周刊》。

从文学转到考古的郑振铎(刘岚山)

载1948年5月30日《新民晚报·夜光杯》。

郑振铎报告上海革命文艺成就

载1949年7月20日《文汇报》。

评《烧书记》(按,即《蛰居散记》日译本)(大西)

载1954年日本《读书春秋》第5期。

郑振铎(H.T.费德林)

载1955年苏联莫斯科真理出版社版《会见中国作家》,又载同年莫斯科苏联作家出版社版《中国记录》。

《郑振铎选集》序(编者)

　1956 年 11 月 30 日作,载 1956 年香港文学研究社版《郑振铎选集》。

《汤祷篇》序(周予同)

　1957 年 4 月 5 日作,载 1957 年 6 月上海古典文学出版社版《汤祷篇》。

"读水浒全传郑序"及"谈水浒传"(王古鲁)

　载 1957 年 5 月《北京师范大学学报》第 1 期。

郑振铎——文学研究会的重要成员(季林)

　载 1958 年 1 月香港文学出版社版《中国作家剪影》。

选择影印古书的目的要明确——对《天竺灵签》、《历代古人像赞》的意见(王天心)

　1958 年 5 月 27 日作,载 1958 年 6 月 2 日《文汇报》。

不应为"古"而影印古书(王琦)

　载 1958 年 6 月 7 日《光明日报·读书》。

"古"就是好吗(张若)

　载 1958 年 6 月 7 日《光明日报·读书》。

评郑振铎先生的《中国俗文学史》(北京大学中文系二年级一班瞿秋白文学会集体写作)

　载 1958 年 9 月 14 日《光明日报·文学遗产》

郑振铎著《插图本中国文学史》批判

《中国俗文学史》批判

　上两文均载 1958 年 9 月人民文学出版社版《文学研究与批判专刊》第 4 辑。

新华社关于郑振铎等人遇难的电讯

　载 1958 年 10 月 20 日《人民日报》。

悼郑振铎副部长(茅盾)

　1958 年 10 月 19 日、31 日作,载 1958 年 11 月 25 日《诗刊》月刊

第11期。

悼振铎先生（叶圣陶）

　　1958年10月20日作，载1958年10月《文艺报》半月刊第20期。

不是悲伤的时候——悼念郑振铎同志（靳以）

　　1958年10月20日作，载1958年10月22日《文汇报》。

惊闻振铎先生噩耗，伤悼殊甚，作一律悼之，意未尽，次日复有此作（叶圣陶）

　　1958年10月21日作，载1958年11月8日《人民文学》月刊第11期。

悼念郑振铎同志（周而复）

　　1958年10月21日作，载1958年11月1日《光明日报》。

悼念郑振铎先生（何其芳）

　　1958年10月22日、31日作，载1958年11月《文学研究》第3期增刊。

悼念郑振铎先生（余冠英）

　　1958年10月23日作，载1958年11月《文学研究》第3期增刊。

悼念铎兄（王伯祥）

　　1958年10月24日作，载1958年11月《文学研究》第3期增刊。

最近坠机丧生的郑振铎（苏雪林）

　　载1958年10月24日台湾《中华日报》。

评郑振铎先生的《插图本中国文学史》（曹道衡等）

　　载1958年10月25日《文学研究》季刊第3期。

对郑振铎先生《论关汉卿的杂剧》的意见（邓绍基、董衡巽）

　　载1958年10月25日《文学研究》季刊第3期。

悼念郑振铎教授（亚奈士·赫迈莱夫斯基）

　　1958年10月26日作，载1958年11月《文学研究》第3期增刊。

郑振铎先生传略(吴晓铃)

1958 年 10 月 30 日作,载 1958 年 11 月《文学研究》第 3 期增刊。

悼念振铎同志(思慕)

载 1958 年 10 月 30 日《新闻日报》。

悼郑振铎同志(巴金)

载 1958 年 10 月 31 日《人民日报》。

哭振铎(胡愈之)

载 1958 年 11 月 1 日《光明日报》。

悼郑振铎副部长(茅盾)

载 1958 年 11 月 1 日《新文化报》。

学习他的坦率和不断要求进步的精神———悼郑振铎同志(钱俊瑞)

载 1958 年 11 月 1 日《新文化报》。

悼郑振铎同志(刘芝明)

载 1958 年 11 月 1 日《新文化报》。

痛悼西谛(夏衍)

载 1958 年 11 月 1 日《新文化报》。

悼念郑振铎副部长(冶秋)

载 1958 年 11 月 1 日《新文化报》。

郑振铎先生撰著编译目录初稿(吴晓铃)

载 1958 年 11 月《文学研究》第 3 期增刊。

忆郑振铎同志(艾德林)

载 1958 年 11 月《文学研究》第 3 期增刊。

悼郑振铎同志(郭沫若)

1958 年 11 月 2 日作,载 1958 年 12 月《考古学报》季刊第 4 期。

悼振铎(巴金)

1958 年 11 月 3 日改写,载 1958 年 11 月 24 日《收获》双月刊第 6 期。

悼西谛(唐弢)

1958 年 11 月 5 日作,载 1958 年 11 月 24 日《收获》双月刊第 6 期。

哀念郑振铎同志(俞平伯)

1958 年 11 月 13 日作,载 1958 年 11 月 16 日《光明日报》。

和振铎相处的日子(靳以)

1958 年 11 月 13 日作,载 1958 年 12 月《人民文学》月刊第 12 期。

悼郑振铎同志(赵朴初)

载 1958 年 11 月 15 日《文汇报》。

郑振铎同志的一生(夏衍)

载 1958 年 11 月 16 日《光明日报·文学遗产》。

悼念郑振铎(海曼歌·比斯瓦斯)

载 1958 年 11 月 16 日《光明日报·文学遗产》。

悼念郑振铎、谭丕谟两同志(陈翔鹤)

载 1958 年 11 月 16 日《光明日报·文学遗产》。

悼念振铎先生十二韵(郭绍虞)

载 1958 年 11 月 24 日《收获》双月刊第 6 期。

"文学研究会"成立时的点滴回忆——悼念振铎先生(郭绍虞)

载 1958 年 12 月 5 日《文艺月报》第 12 期。

郑振铎同志传略(考古研究所)

载 1958 年 12 月《考古学报》季刊第 4 期。

沿着古代的大路与小路(H.T.费德林)

载 1958 年苏联作家出版社版《中国作家》。

振铎老友周年祭(叶圣陶)

1959 年 10 月 15 日作,载 1959 年 10 月 19 日《光明日报》。

悼念振铎(巴人)

载 1959 年 10 月 18 日《光明日报》。

"留下了一片赤诚的心"——回忆郑振铎教授在捷克斯洛伐克的日子(米列娜·维林格罗娃)

载 1959 年 10 月 19 日《光明日报》。

纪念郑振铎先生逝世一周年（夏鼐）

载 1959 年 12 月 10 日《考古》月刊第 12 期。

郑振铎（J.普实克）

载 1959 年捷克斯洛伐克《东方文库》第 17 期。

忆西谛先生（吴晗）

载 1961 年 9 月 30 日《图书馆》第 3 期。

西谛先生的风格（铁弦）

载 1961 年 9 月 30 日《图书馆》第 3 期。

"西谛藏书"概述（朱家濂、王树伟）

载 1961 年 9 月 30 日《图书馆》第 3 期。

谈谈振铎同志搜集和收藏的戏曲书（赵万里）

载 1961 年 9 月 30 日《图书馆》第 3 期。

"西谛藏书题跋"读后感（朱家濂）

载 1961 年 9 月 30 日《图书馆》第 3 期。

忆振铎兄（平伯）

载 1961 年 10 月 15 日《光明日报·文学遗产》。

悼念郑振铎同志逝世三周年（冶秋）

1961 年 10 月 15 日作，载 1961 年 11 月《文物》月刊第 11 期。

郑振铎与童话（赵景深）

1961 年 10 月 17 日作，载 1961 年上海少年儿童出版社版《儿童文学研究》丛刊。

郑振铎与《新社会》（晦庵）

载 1961 年 11 月 4 日《人民日报》。

《人道》（晦庵）

载 1961 年 11 月 15 日《人民日报》。

忆西谛先生（吴岩）

载 1961 年 11 月《文物》月刊第 11 期。

纪念郑振铎（Л.З.艾德林）

载 1961 年莫斯科《东方文选》第 4 期。

天童忆西谛(钦文)

　　1963 年 1 月作,载 1963 年 5 月 1 日《新港》月刊第 5 期。

《西谛书目》序(赵万里)

　　载 1963 年 10 月 3 日《光明日报》。

文苑风云五十年·郑振铎(陈敬之)

　　载 1965 年 9 月台湾《畅流》第 32 卷第 3 期。

文学研究会及其重要分子(玄默)

　　载 1966 年 8 月 11 日台湾《中央日报》。

《世界文库》札记——郑振铎与鲁迅(伊藤漱平)

　　1966 年 11 月 20 日作,载 1967 年 2 月日本《明清文学语言研究会会报》第 8 期。

郑振铎死于非命(陈敬之)

　　载 1967 年 5 月台湾《艺文志》第 20 期。

郑振铎与中国文学研究——纪念郑振铎七十岁诞辰(Л.З.艾德林)

　　1968 年作,收入 1971 年苏联莫斯科科学出版社版《五四运动在中国》。

郑振铎与中国文学史——在郑振铎诞辰七十周年纪念会上的讲话(Л.З.(艾德林)

　　1968 年作,为第二十届国际中国学研究会议苏联代表团提交的论文(英文本)。

纪念郑振铎

　　载 1969 年 4 月 16 日苏联《文学报》第 16 期。

中外文学史家郑振铎(李立明)

　　载 1974 年 10 月香港《良友之声》月刊第 79 期。

重读《蛰居散记》(李辉英)

　　载 1975 年 4 月香港文学研究社版《三言两语》。

郑振铎(赵聪)

　　载 1975 年 10 月香港中国笔会版《现代中国作家列传》。

郑振铎——斗士与文学评论家(余惠)

　　载 1976 年 12 月香港海洋文艺社版《现代中国作家选论》。

郑振铎(李立明)

　　载 1977 年 10 月香港波文书局版《中国现代六百作家小传》。

忆陈毅同志与父亲郑振铎的交往(郑尔康)

　　1978 年 7 月作,载 1981 年 4 月《中国现代文艺资料丛刊》第 6
期。

勤奋、俭朴、不断前进的一生——忆我的父亲郑振铎(郑尔康)

　　载 1978 年 10 月 20 日《光明日报》。

追思——西谛先生逝世二十周年纪念(端木蕻良)

　　载 1978 年 11 月 12 日《北京日报》。

追念振铎(冰心)

　　1978 年 11 月 17 日作,载 1978 年 12 月《文艺报》第 6 期。

郑振铎(郑尔康)

　　1978 年 12 月作,载 1979 年 1 月徐州师范学院《中国现代作家
传略》第 2 辑。

减字木兰花·有怀西谛学兄(夏承焘)

　　1978 年作,载 1981 年 3 月湖南人民出版社版《夏承焘词集》。

忆西谛(辛笛)

　　载 1979 年 2 月 19、20 日香港《大公报》。

父亲与书——记郑振铎同志和他的藏书(郑尔康)

　　载 1979 年 2 月《新港》月刊第 2 期。

怀念郑振铎同志(周而复)

　　1979 年 5 月 5 日修订,载 1979 年 11 月《新文学史料》季刊第 5
期。

郑振铎与《小说月报》的变迁(高君箴)

　　载 1979 年 5 月《新文学史料》季刊第 3 期。

《西谛题跋》序(吴晓铃)

　　载 1979 年 5 月《读书》月刊第 5 期。

"五四"期间温州的《救国讲演周刊》(王希逸)

　　载 1979 年 7 月《浙江文史资料选辑》第 13 辑。

文学研究会与大革命(松井博光)

　　载 1979 年 10 月 15 日日本东方书店版《黎明的文学》。

《西谛书目》和《西谛题跋》(冀淑英)

　　载 1979 年 12 月《文献》第 1 期。

"孤岛"时期的郑振铎(高君箴)

　　载 1979 年 12 月上海《社会科学》第 4 期。

郑振铎的神话及历史小说(苏雪林)

　　载 1979 年台湾版《二三十年代作家与作品》。

西谛先生(季羡林)

　　1980 年 1 月初稿,1981 年 2 月 2 日修改,载 1981 年 5 月《文汇月刊》第 5 期。

在团城的时候(吴岩)

　　1980 年 2 月 27 日作,载 1981 年 10 月《榕树文学丛刊》第 3 期。

鲁迅与郑振铎(高君箴)

　　载 1980 年 2 月《新文学史料》季刊第 1 期。

郑振铎(林非)

　　载 1980 年 3 月天津百花文艺出版社版《现代六十家散文札记》。

觉园(吴岩)

　　载 1980 年 3 月《散文》月刊第 3 期。

作家的可贵友谊(吴泰昌)

　　载 1980 年 3 月《散文》月刊第 3 期。

"五卅"期间的一张报纸(高君箴)

　　载 1980 年 5 月 25 日《文汇报》。

谈谈郑振铎著的《插图本中国文学史》(许杰)

　　1980 年 5 月作,载 1980 年 10 月《书林》双月刊第 5 期。

怀念"老郑"(师陀)

　　1980 年 9 月 10 日作,载 1981 年 5 月《钟山》季刊第 2 期。

郑振铎在温州(叶大兵)

　　载 1980 年 9 月《杭州大学学报》第 3 期。

鲁迅与郑振铎——纪念鲁迅诞生一百周年(陈福康)

　　1980 年 9 月作,载 1981 年《绍兴师专学报》第 2 期。

读新发表的郑振铎信件——兼谈文学研究会与鲁迅(苏茵)

　　载 1980 年 10 月《鲁迅研究资料》第 6 辑。

西谛先生二三事(吴岩)

　　1980 年 12 月作,载 1985 年 9 月中国社会科学出版社版《上海"孤岛"学回忆录(下)》。

疾风劲草识良师(周一萍)

　　1981 年 2 月 5 日作,载 1984 年 3 月中国社会科学出版社《上海"孤岛"文学回忆录(上)》。

郑振铎《日记》手稿(刘烜)

　　载 1981 年 2 月《文献》第 4 期。

忆郑振铎(钱今昔)

　　载 1981 年 3 月 15 日青海师院《中小学语文教学》第 3 期。

回忆"孤岛"时期的郑振铎同志(吴文祺)

　　1981 年 3 月 19 日作,载 1984 年 3 月中国社会科学出版社版《上海"孤岛"文学回忆录(上)》。

谈郑振铎的散文(汪文顶)

　　载 1981 年 3 月《榕树文学丛刊》第 7 期。

忆西谛(李健吾)

　　1981 年 5 月 4 日作,载 1981 年 7 月 25 日《收获》双月刊第 4 期。

《西谛书话》序(叶圣陶)

　　1981 年 6 月 9 日作,载 1981 年 12 月《文汇月刊》第 12 期。

《蛰居散记》重印附记(郑尔康)

　　1981 年 6 月作,载 1982 年 12 月福建人民出版社版《蛰居散记》。

郑振铎与上海暨大世界语学会(郑金殿)

　　载 1981 年 10 月《中国报道》(世界语月刊)第 10 期。

郑振铎笔名、别名辑录笺注(陈福康)

　　1981 年 10 月作,载 1986 年 2 月《新文学史料》季刊第 1 期。

重读《我与文学》——兼怀郑振铎同志(塞先艾)

　　载 1981 年 11 月 3 日《人民日报》。

怀念郑振铎先生(臧克家)

　　1981 年 11 月 25 日作,载 1981 年 12 月 9 日《解放日报》。

"宝礼堂"百宋藏本捐献逸话(刘哲民)

　　1981 年 11 月作,载 1982 年 2 月《文汇月刊》第 2 期。

编辑工作四十年——记我的父亲郑振铎(郑尔康)

　　载 1981 年 12 月上海《出版工作》第 12 期。

西谛与《文艺复兴》(刘哲民)

　　载 1982 年 1 月 31 日《新民晚报》。

藏书家的郑振铎(苏精)

　　载 1982 年 5 月 1 日台湾《传记文学》月刊第 40 卷第 5 期。

郑振铎先生在抗战时期抢救民族文化的功绩(吴文祺)

　　1982 年 6 月作,载 1983 年 8 月《上海图书馆建馆三十周年纪念论文集》。

论"血和泪的文学"——郑振铎早期文学思想研究之一(陈福康)

　　载 1982 年 6 月《新文学论丛》第 2 期。

郑振铎(陈福康)

　　载 1982 年 8 月中华书局版《中华民国史资料丛稿·人物传记》第 15 辑。

让文艺担负起改造社会、创造光明的责任——论郑振铎的文艺创作(陆荣椿)

　　1982 年 11 月 10 日作,载 1984 年 1 月福建人民出版社版《郑振铎选集》。

郑振铎编辑的报刊(陈福康)

载 1983 年 6 月《中国现代文学研究丛刊》第 2 辑。

堪与《中国文学研究》合璧的文集——《郑振铎古典文学论文集》(李唐)

载 1983 年 8 月 4 日上海古籍出版社《古籍书讯》。

精诚爱国一以贯之——纪念郑振铎先生逝世廿五周年(黄杰、程韶荣)

载 1983 年 10 月 12 日《福建师大》(校刊)。

鲁迅与郑振铎的《桂公塘》(陈福康)

载 1983 年 10 月 20 日《文学报》。

郑振铎在商务印书馆的十年(郑尔康)

载 1983 年 12 月《出版史料》第 2 期。

郑振铎创作评论篇目索引(陈福康)

载 1984 年 1 月福建人民出版社版《郑振铎选集》。

关于郑振铎等人翻译《国际歌》(陈福康)

载 1984 年 2 月《新文学史料》第 1 期。

回忆西谛先生(刘哲民)

载 1984 年 2 月上海学林出版社版《郑振铎书简》。

郑振铎传略(陈福康)

载 1984 年 3 月《晋阳学刊》第 2 期。

西谛先生与书目工作(陈福康)

载 1984 年 3 月《文献》第 19 期。

论"五四"时期郑振铎的文学真实观(陈福康)

载 1984 年 3 月《中国现代文学研究丛刊》第 1 期。

一座文化宝库的抢救经过(郑尔康)

载 1984 年 3 月中国社会科学出版社版《上海"孤岛"文学回忆录(上)》。

郑振铎文学活动述略(黄杰、程韶荣)

载 1984 年 4 月《福建新文学史料集刊》第 4 期。

郑振铎历史小说札记(任伟光)

　　载 1984 年 4 月《福建新文学史料集刊》第 4 期。

郑振铎是否参加过社会主义青年团(陈福康)

　　载 1984 年 5 月《历史档案》季刊第 2 期。

郑振铎五四时期对国外文学理论的介绍与扬弃(陈福康)

　　载 1984 年 6 月《文艺论丛》第 20 期。

郑振铎著译编校书目(陈福康)

　　载 1984 年 9 月《中国现代文艺资料丛刊》第 8 期。

郑振铎的文学思想(管权)

　　载 1984 年 12 月《福建论坛》第 6 期。

回忆郑公二三事(程俊英)

　　载 1985 年 5 月《图书馆杂志》第 2 期。

一次被搞错与被遗忘的文坛论争(陈福康)

　　载 1985 年 7 月《鲁迅研究动态》第 3 期。

郑振铎纪念胡也频的文章(丁景唐、丁言昭)

　　载 1985 年 8 月 23 日《福建日报》。

《中国古明器陶俑图录》后记(郑尔康)

　　1986 年 2 月 18 日作,载 1986 年 12 月上海古籍出版社版《中国古明器陶俑图录》。

在民族生死存亡之秋——郑振铎三十年代在北平的两次演讲(陈福康)

　　载 1986 年 2 月《新文学史料》季刊第 1 期。

保存者、开拓者和建设者——郑振铎先生评传(陈福康)

　　载 1986 年 3 月 11 日《光明日报》。

怀念郑西谛——兼谈《古本戏曲丛刊》的出版(李一氓)

　　1986 年 7 月 27 日作,载 1986 年 8 月 3 日《解放日报》。

补充一点材料(陈福康)

　　载 1986 年 9 月《鲁迅研究动态》第 9 期。

记北京图书馆所藏郑振铎日记和文稿(陈福康)

　　载 1986 年 10 月 13 日《文献》季刊第四 4 期。

后　记

在书目文献出版社初版的《郑振铎年谱》的最后,我写了一篇《后记》,如今重读,觉得很多话似乎还没有过时,于是就几乎重抄在下面:

关于撰写本书的动因、经过以及其中的甘苦等,在郑尔康先生写的序文中均已谈及,且多有褒扬,我就可以不说了。这里,很想谈谈自己在本书撰写过程中时常想到的一些问题。

1922年2月,当胡适收到刚出版的《章实斋年谱》的样书时,曾在日记中写下这样一段话:

> 此书是我的一种玩意儿,但这也可见对于一个人作详细研究的不容易。我费了半年的闲空工夫,方才算真正了解一个章学诚。作学史[按,原文如此,疑当作"作史学"或"作学问"——引者]真不容易!若我对于人人都要用这样一番工夫,我的《哲学史》真没有付印的日子了!我现在只希望开山辟地,大刀阔斧的砍去,让后来的能者来做细致的工夫。但用大刀阔斧的人也须要有拿得起绣花针儿的本领。我这本《年谱》虽是一时高兴之作,他却也给了我一点拿绣花针的训练。

胡适的《章实斋年谱》算不上特别精审之作,后来姚名达就对其作了很多订补;但胡适的这段话却是很有几分道理的,不仅道出了年谱撰写之不易,而且接触到学术工作中宏观研究与微观研究的辩证关系问题。

"用大刀阔斧的人也须要有拿得起绣花针儿的本领",这句话我认为称得上至理名言。古今中外这方面的例子,简直是举不胜举。就说鲁迅吧,蔡元培便指出:"鲁迅先生本受清代学者的濡染,所以他杂集会稽郡故书,校嵇康集,辑谢承后汉书,编汉碑帖,六朝墓志目录,六朝造象目录等,完全用清儒家法。"这正是鲁迅的一种"拿绣花针"的本领,也是他的一种治学工夫的训练。当然,蔡元培也指出鲁迅"不为清儒所囿,而又有他方面的发展"。(《〈鲁迅全集〉序》)郑振铎更以鲁迅大刀阔斧的开创性著作《中国小说史略》为例子,具体阐明鲁迅的治学方法与治学精神,最后,郑振铎得出这样的结论:

> 他是最精密的考据家、校订家。他的校订的工夫是不下于顾千里、黄荛圃他们的;而较他们更进步的是,他不是考据,校订为止境。
>
> 他是在根本上做工夫的。他打定了基础,搜齐了材料,然后经过了尖锐的考察,精密的分析,而以公平的态度下判断。
>
> 不麻胡,不苟且,从根本上做工夫,这便是他治学的精神。
>
> 学问家的成功从没有侥幸的事;而鲁迅先生的成功,便是他刻苦努力的结果。(《鲁迅先生的治学精神》)

说鲁迅是"最精密的考据家、校订家",这在当今某些人听来,也许是十分逆耳的。大约从解放后批判胡适运动时起,"考据"、"考证"之类名词便成了不祥之词,总是命定地与"繁琐"这类贬词连在一起,甚至总是被贴上"资产阶级"的标签,从而遭到鄙视与唾弃。然而我老想,胡适确实提倡过"考据",他的说法中也有不少错误的地方;但他本人却是长于理论思维的,第一本(或者说半本)《中国哲学史》,不就是他写的吗? 因批胡适而祸及"考据",我总以为是学术史上的一大"冤案"。这以后,所谓"以论带史"的研究方法风靡一时,至"文革"时更登峰造极,连最起码的历史事实都可以不顾,当然更遑论区区"考证"了。

　　"文革"结束以后,学术研究走上正轨,"实事求是"的呼声响彻学界,所取得的成就有目共睹,此处不用多说。然而,我总觉得学术界某些人长期以来所形成的对于考证学、文献学等的偏见却未见消除。某些论者认为"在根本上做工夫",不是郑振铎说的像鲁迅那样"打定了基础,搜齐了材料,然后经过了尖锐的考察,精密的分析,而以公平的态度下判断",而是追求所谓"新理论"、"新方法"。而且客观现实也表明后者的确是一种"速成"的"捷径"。有人还为那些严谨扎实的学者感到可怜,甚至在文中公然"开导"他们:你们掌握的知识材料早已足够了,只要运用"新方法"将它们"重新排列组合"就能迅速"出成果"。一些出版社的编辑者遇见考证翔实的著作往往毫无兴趣,首先强调的是所谓观点、角度的"创新",而不问其立论的根据。笔者愿在此斗胆说一句也许会得罪人的话:当今某些文章的学风,实际上与以前的本末倒置的"以论带史"的思想方法并无二致。前人有诗曰:"鸳鸯绣出从君看,不把金针度与人。"某些看上去花团锦簇的文章,令人目迷五色,实际上空得很;要是有人去请教他的"金针",恐怕要"拆穿西洋镜"的呢。

　　写到这里,又想到必须赶紧声明几句:我并不认为"考证"就是研究的一切,而只认为它是研究工作不可缺少的一种方法或基础;我更不敢鄙薄纯理论研究,而是认为它必须建立在实证性研究的基础上。我想为"考证"恢复点名誉(虽然人微言轻,不自量力),无非是强调"实事求是"、"无征不信"的科学态度。梁启超认为:"学派上之'主智'与'主意','唯物'与'唯心','实验'与'冥证',每迭为循环。大抵甲派至全盛时必有流弊,有流弊斯有反动,而乙派与之代兴。乙派之由盛而弊,而反动亦然。然每经一度之反动再兴,则其派之内容必革新焉,而有异乎其前。人类德慧智术之所以进化,胥恃此也。"(《清代学术概论》)从这里我体会到,我们的文学史研究(这里主要指的是现代文学史研究)经历了"文革"及其以前的"假大空"浮夸风的破坏,现在理应更着重强调实事求是、无征不信的研究方法,过早地"超越"这个阶段,过分地提倡"冥证"式的研究,对我们的事业是没有好处的;其次,我们现在强调实事求是、无征不信,决不是简单重复清儒乾嘉学派的口号与方法,而是"必革新焉,而有异乎其前",这也是不言而喻的。

历史上的"学派"虽然有盛衰起伏,而作为真正学术兴旺的根基,应该是各派并存。记得曾与刘再复先生谈起治学方法。他提到古人有所谓"义理"、"词章"、"考据"三种方法,如果生硬地与我们现在的文学研究比附,那么"义理"就相当于理论研究,"词章"则相当于鉴赏性批评,"考据"相当于实证性研究。他认为这三者均不可偏废,就如同自然界的生态平衡那样,如果人为地除去其中的任何一种,都将受到辩证法规律的惩罚。再复自己是搞理论的,他的这段话说得很令人信服。其实,三个方面的研究都是互相沟通的,对每个研究者来说,虽然难免有其专攻的一面,但最好能够像鲁迅那样各个方面都来得。无论研究者的专长在哪一方面,其他方面的了解与训练都将有助于他的主攻方面的成功。但是,现在最受人轻视的,却无疑是"考据"这一方面。马良春先生郑重提出了建立中国现代文学"史料学"的建议,然而回声却甚微。樊骏先生指出近年来中国现代文学研究的进展,最重要的应是"从单纯的文学批评向综合的历史研究的转化",然而不少现代文学研究者实际却否认自己的工作应是一种历史研究。这些,在我看来都是跟鄙视"考据"的偏见有关的。

由于编撰年谱的工作与所谓"考据"有关,所以引起我发了上面一通议论。对我来说,也算是久蓄于胸,一吐为快。不是说"百家争鸣"么?不是提倡每个研究者发扬所谓"自主意识"么?那么,以上所谈,当也不以为忤吧。

现在,再回到年谱上来。

年谱编写,属于历史学范畴,又是人物传记的一种特殊形式。与一般传记不同的是,它能更全面更客观地反映人物一生的事迹,所谓"叙一人之道德、学问、事业,纤悉无遗而系以年月者,谓之年谱"(朱士嘉《〈中国历代名人年谱目录〉序》);同时,它又易于免去一般传记的文学性虚饰。一般认为,年谱在我国成为一种专用体裁,肇始于宋代,是从谱牒、年表、宗谱、传状等体发展演变而来的。而从明代起,它从附骥于史籍传记类、谱系类的地位脱颖而出,成为一种独立的门类而被著录于目录书籍中。到清代,"乾嘉之际,竞尚考据,而编纂年谱之业遂蒸蒸日上"(顾廷龙《〈中国历代名人年谱目录〉序》)。我国年谱的编写具有悠久的历史,但被我们用于现代文学作家的研究之中,则是相当晚近的事了。

鲁迅提倡"知人论世",认为研究作家必须顾及"全人"方才不至于"说梦"。他有这样一段论述:"编年有利于明白时势,倘要知人论世,是非看编年的文集不可的,现在新作的古人年谱的流行,即证明着已经有许多人省悟了此中的消息。"(《〈且介亭杂文〉序言》)鲁迅从编年文集谈到年谱的作用,给我们启迪甚深。近年,关于现代作家的年谱专著(不包括简谱、年表之类)已有鲁迅、郭沫若、茅盾、叶圣陶、冯雪峰、周作人等人,以及闻一多、朱自清的合谱等,这也表明了已经有不少研究者"省悟了此中的消息"。这是令人高兴的,虽然还不多;但令人遗憾的是,这些年谱的研究成果尚未被某些研究者充分利用,有一些史实在年谱中早已搞清楚了,但在一些论文中却仍然常常被搞错。

年谱本身的质量,取决于编写者的史才、史学、史识、史德。在编写本年谱时,我曾略略翻阅了几本历代年谱,发觉恰如来新夏先生所说:旧时年谱"如出于自编,多半是个人或炫其'功业',以求传世;或鸣其困塞,以博取同情。如为子孙或故旧所编,或颂扬祖德以标榜门庭;或胪列事迹以志景仰"(《清人年谱的初步研究》)可见,编写者"史德"的高下直接体现于年谱之中。年谱是应该力求客观的,但编写者的主观感情却不能不渗透其中,而且这确实不能也不必完全排除。我想,关键在于这种感情是否与最广大的人民的感情相通;同时又必须严格尊重历史事实。

对于郑振铎,李一氓先生认为"他是中国文化界最值得尊敬的人",胡愈之先生认为他在很多领域"都作出了平常一个人所很少能作到的那么多的贡献",李健吾先生认为他"永远是出生入死的先锋官! 为追求理想而在多方面战斗的一位带头人!"我在研究郑振铎的生平和著作中,越来越深切地感受到上述这些评价是准确的。苏联已故的著名社会科学家艾德林说过,凡熟悉郑振铎的人,都热爱他,"不爱他是不可能的"。我作为一个中国人,作为中国社会科学队伍中的一个新兵,而又是比较认真地研究了郑振铎的一生的人,对于这位文化战线上的先驱者自然是十分崇敬与热爱的。我坦率地承认,在这本年谱中渗透着我的这种感情。但同时,我又是严格按照确切的事实来记述的。我相信,只有这样,才能经得住历史与读者的考验。

以上是我 1986 年中秋前后写于北京师范大学研究生楼的文字。下面,我再添写几句有关这次修订的话。有的话尔康老师在新写的序中已经讲过的,我就不写了。

初版《郑振铎年谱》问世至今,已近二十年了。当年只印了 2480部,后来也没有再版过,近 700 页的厚厚的一本书,只卖 4.60 元,所以早就卖完了。当时我自己买了不少,但这么多年下来还不时有朋友问我要,当然已经拿不出了。有不少朋友就说,为什么不争取再版呢。其实,我早在十多年前就向原出版社提出过,但当时出版社说有困难。那我也完全知道。这样,一拖就是十多年,原出版社的领导也不知道换过多少人了,我认识的几位编辑先生也早已退休了。

在这二十年来,又发掘和发现了很多与郑振铎有关的重要史料(其中有的是由我发掘和发现的),因此,我又非常想对初版年谱作一番认真的补正,而并非简单的再版。这个出版的难度当然就更大。但许多前辈和学友,还有郑先生家属,都鼓励我作修订。而且我知道,在我国,重要人物年谱初版后隔几年重作修订,正是一个优良的治学传统。仅以现代人士年谱而言,不同撰著者的重撰的年谱不算,同一撰著者对自己的初版作修订的就有很多,就拿我现在手边的书举例:鲁迅博物馆鲁迅研究室的《鲁迅年谱》,1981 年人民文学出版社初版,2000 年同社又出修订版;张菊香、张铁荣的《周作人年谱》,1985 年南开大学出版社初版,2000 年同社又出修订版;龚济民、方仁念的《郭沫若年谱》,1982 年天津人民出版社初版,1992 年同社又出修订版;商金林的《叶圣陶年谱》,1986 年江苏教育出版社初版,2004 年人民教育出版社又出修订版;周永祥的《瞿秋白年谱》,1983 年广东人民出版社初版,1992 年学林出版社又出修订版;张桂兴的《老舍年谱》,1997 年上海文艺出版社初版,2005 年同社又出修订版……以上这些年谱的撰作者,大多正是我的熟友;以上这些年谱,有的增补的量还非常大,质量大为提高。因此,令我羡慕不已。大概在两年前,在“临渊羡鱼”之余,自己就决定“退而结网”,不管能不能找到出版社,先干起来再说。

　　我没有想到的是,首先,我就职的上海外国语大学的科研处,就批准了我的这一工作,正式列入了学校的科研项目。这样,不仅鼓励、帮助了我,而且按我校规定,我们学校的出版社就可以出版我的这部修订本了。对此我真的非常感激! 又没有想到的是,山西古籍出版社总编辑张继红先生,从尔康先生那里一听说我在修订这部年谱,立即就主动表示可以在他们社出版。我考虑到我校出版社主要出版有关外语教研方面的书,而张总编辑又对郑振铎先生有极深刻的认识(我整理的《郑振铎日记全编》就是由张总主持出版的),因此,就决定修订完成后交给张总。

　　我又没想到,在修订工作即将完成之际,北京图书馆出版社(即原书目文献出版社)的一位我不认识的殷编辑来电话问我有关郑振铎藏书的事,当得知我在修订《郑振铎年谱》后,坚定地认为还是应该在他们社出版。她的理由很充分:一是我这本书本来就是由他们社初版的,二是郑先生与北京图书馆(今改名国家图书馆)又是那么深的关系。她说,虽然这只是临时她个人的意见,但相信她的领导一定会同意的。我对北京图书馆(书目文献)出版社一直怀有很深的感情(那毕竟是出我的书的第一家出版社啊),但我已与山西的张总谈好了,怎么办呢? 殷编辑说没关系,她的社长与张总是老朋友,他们打个电话就成;而且,她也认识张总,她这次给我打电话,就是从张总那里问来的号码。我想起听张总说过,山西古籍社是一个小出版社,经济独立核算,自负盈亏。而我这本书又是赚不到什么钱的,因此,我对殷编辑说,只要张总同意,我没意见。过了没几天,殷编辑来电话了,说他们的郭社长亲自给张总打电话了,但张总不愿"割爱",他们也就不能强求。

我在这里写到这些,心情是很感动的!一是我觉得现在我们的社科研究条件和出版条件确实比以前好多了,作为一个研究者,感到幸福;二是我看到现在有越来越多的同志,认识到郑振铎的价值,作为一个郑振铎的研究者,深受鼓舞!因此,自己只有更努力地工作,才对得起这个伟大的时代和那么多支持、关心我的同志!

对于这次修订工作,这里不拟具体多谈,但关于年谱的"附录",想说明一下。本书原有三个附录,其一(郑振铎笔名别名一览)、其二(郑振铎著译编校书目)这次都根据多年积累的资料作了较多的增补。其中"郑振铎著译编校书目"中,原来就有"收入郑振铎作品的书目"一类,可谓一般作家书目所无的"独创",这次修订时因觉得可增加的太多,曾考虑是不是删掉;但想到当初特地创编此目,是因为可以从中看出郑振铎有哪些作品在历史上流传较广,这对于研究者是有用的,因此最后还是决定保留并大作增补(但考虑到篇幅,只限收建国前出版的书)。附录三(郑振铎研究资料选目),这次却未作大的增补,其实这二十年来我看过的有关郑振铎研究的新资料、新文章非常多,但因有时没有工夫随时记下篇目与出处,现在如要一一补编起来,工作量将非常之大,且肯定会有遗漏。而我又是最想求全求备的,这样做起来此书何时杀青就遥遥无期了。考虑再三,还是基本保留原样,并在题目下加了一句"限于1986年10月前发表者"。这要请读者原谅了。好在这二十年来发现和发表的新资料,能吸收进年谱本文的,我都已吸收进去了。

最后,对上面提到的所有同志,我再次表示深深的感谢,特别是张继红先生。

感谢郑尔康先生再次为我写序。

我还要感谢二十年前帮助我出书的刘宣先生、贺敬美先生等老编辑,并深切怀念二十年前为本书题笺、题词的已故的郭绍虞先生、李一氓先生。

昨天是母亲节,我又特别怀念先母和先父!父亲生前曾帮我抄写过很多有关郑振铎研究的稿子及资料,我在郑振铎的日记中看到郑先生曾经去过我父亲工作的杨振华笔庄购买过毛笔,但不知道那天是不是父亲接待的。母亲建国前没有上过学,只因为我一直在研究郑振铎,她竟然也知道了郑振铎的名字,她老人家是在我修订这部年谱期间逝世的。请允许我将此书献给一辈子清清白白、辛辛苦苦的父母双亲!

陈 福 康

2007 年 5 月 15 日深夜

图书在版编目（CIP）数据

郑振铎年谱／陈福康著．—太原：三晋出版社，2008．10
ISBN 978 – 7 – 80598 – 903 – 7

Ⅰ．郑…　Ⅱ．陈…　Ⅲ．郑振铎（1898～1958）—年谱
Ⅳ．K825.6

中国版本图书馆 CIP 数据核字（2008）第 149808 号

郑振铎年谱（上、下）

著　　者：陈福康
责任编辑：田潇鸿

出 版 者：山西出版集团·三晋出版社
地　　址：太原市建设南路 21 号
邮　　编：030012
电　　话：0351 – 4922268（发行中心）
　　　　　0351 – 4956036（综合办）
E – mail：fxzx@sxskcb.com
　　　　　web@sxskcb.com
　　　　　gujshb@sxskcb.com
网　　址：www.sxskcb.com

经 销 者：三晋出版社
承 印 者：山西美术印刷厂

开　　本：890mm×1240mm　1/32
印　　张：36.875
字　　数：937 千字
印　　数：1 – 1500 套
版　　次：2008 年 10 月　第 1 版
印　　次：2008 年 10 月　第 1 次印刷
书　　号：ISBN 978 – 7 – 80598 – 903 – 7
定　　价：120.00 元（全二册）